과학기술과 법

서울대학교 기술과 법 센터
Center for Law & Technology

博 英 社

머 리 말

서울대학교 법학연구소 技術과法센터(SNU Center for Law & Technology: 이하에서는 "기술과법센터"라고 약칭함)는 지난 2003년 3월에 설립되어 한 달에 한 번씩 월례워크숍을 개최해 왔고, 2005년 7월부터 격월간으로 「과학기술과 법」에 관한 전문학술지 「Law & Technology」를 발간해 왔다. 지난 4년간에 걸쳐서 이와 같이 왕성한 학술활동을 할 수 있었던 것은 많은 기업들의 후원에 의해서 가능했던 것이지만, 특히 KT가 기술과법센터에 의뢰한 연구프로젝트의 성실한 수행결과라는 점을 부인할 수 없다. 다만, 기술과법센터는 그 연구프로젝트의 성격상 그 학술활동의 내용을 정보통신 관련법과 정책에 한정하지 않을 수 없었다. 「技術과 法」의 문제는 정보통신기술에 한정되지 않는다고 하는 문제의식으로부터 출발해서, 「科學技術과 法」의 문제를 전체적이고 종합적으로 검토하는 것이 그 연구프로젝트의 목적에 꼭 들어맞는 것은 아니지만 KT의 연구후원의 취지에 정면으로 반하는 것은 결코 아니라고 스스로를 합리화하면서, 과학기술과 법에 관심을 가지고 연구를 해 오신 여러 선생님들께 원고를 부탁해서 이 책을 출판하게 되었다. 집필을 맡으신 선생님들은 모두 국내학계를 선도해 가는 분들이시기 때문에, 과학기술과 법이라고 하는 단행본을 출판하는 목적과 취지를 이심전심으로 잘 이해하시고 그에 맞는 훌륭한 원고를 집필해서 제출해 주셨다.

• 科學技術에 관한 法

「科學技術과 法」은 여러 가지 의미를 가지고 있다. 우선 「과학기술과 법」이라는 용어는 「科學技術에 관한 法」 또는 「法에 관한 科學技術」과 같이 法이나 技術의 종류나 특성을 설명하는 의미로 파악될 수 있다. 「科學技術에 관한 法」에 관해서 보면, 선진외국뿐만 아니라 대한민국의 국회도 해방 이후 과학기술의 진흥이나 지원 또는 규제를 위해서 이미 다수의 관련 법률을 제정한 바 있다. 예컨대, 이 책의 제 2 장에서 다루게 될 생명공학에 관해서 生命工學育成

法(1995.1.5 공포 법률 제4938호), 生命倫理 및 安全에 관한 법률(2004.1.29 공포 법률 제7150호) 등이 있고, 제 3 장에서 다루게 될 의료기술에 관해서 國民醫療法(의료법의 전신으로 법률 제221호로 제정 1951.9.25 공포된 법률)뿐만 아니라 臟器 등 移植에 관한 법률(1999.2.8 공포 법률 제5858호) 등이 있고, 제 4 장에서 다루게 될 정보통신기술에 관해서 公衆電氣通信事業法(전기통신사업법의 전신으로 1983.12.30 공포된 법률 제3686호) 및 情報通信網 利用促進 및 情報保護에 관한 법률(2004.12.30 공포 법률 제7262호) 등 다수의 법률이 있다. 또한, 「法에 관한 技術」 또는 「法律의 효율적인 해석과 집행을 위한 科學技術」로는 국내에서 개발된 법률정보데이터베이스 「법고을」 LX라거나 손해배상액의 산정을 위한 프로그램, 미국에서 개발되어 국내에서도 활용되고 있는 Westlaw 및 Lexis 도입 등이 있다.

• 科學技術의 시각에서 바라본 法

「科學技術과 法」이 학술적으로 보다 중요한 의미를 가지는 것은 「科學技術의 시각에서 바라본 法」 또는 「法의 시각에서 바라본 科學技術」이라는 학술적 방법론일 것이다. 이제까지 국내의 법해석론은 법조문의 의미를 파악하는 데 전념해 왔는데, 법조문의 문리적 해석도 중요하지만 새로운 기술과 새로운 시장환경 속에서 그 적용결과가 어떠한 의미를 가지는지를 분석해서 법조문의 의미를 되새김질하는 노력도 중요해졌다. 「科學技術의 시각에서 바라본 法」은 법조인이 과학기술을 충분히 이해하고 관련 시장을 면밀히 분석한 후 법을 해석해 보는 것을 뜻한다. 법조인이 스스로 또는 과학기술자와 함께 과학기술의 시각에서 법률을 바라보면, 동일한 법률에 관한 해석에 있어서도 종전의 단순한 문리해석과 상이한 결론에 도달할 수 있고 보다 합리적인 해결책을 모색할 수도 있다는 것이다. 이러한 의미에서 「科學技術과 法」은 새로운 대상이나 새로운 분야의 법학이 아니라 「과학과 법학의 학제간 연구(interdisciplinary study)」라고 하는 보다 합리적인 방법론이라고 말할 수 있다. 새로운 技術은 기존의 市場에 커다란 변화를 불러일으키거나 새로운 시장을 열게 되고, 그러한 시장변화 또는 새로운 시장형성은 당사자들의 새로운 利害關係의 충돌 또는 紛爭을 통해서 法律의 새로운 해석론 또는 입법론을 필요로 하게 된다. 이와 같이 기술과 시장 그리고 법률 사이의 상호 영향을 깊이 있게 분석하기 위해서 과학기술과 법이라고 하는 방법론이 절실히 필요한 것이다.

• 法의 시각에서 바라본 科學技術

科學技術과 法은 「法의 시각에서 바라본 科學技術」이라고 하는 방법론으로 실무상 아주 유용하게 활용되고 있다. 예컨대, 필자가 Google, Microsoft, Intel, Yahoo 등의 기업들을 방문한 적이 있는데, 그 기업들의 사내 변호사들의 강의를 들어보면 기업들이 한결같이 법률의 관점에서 기술개발의 구체적인 방향과 내용을 점검하고 결정한다는 내용이었다. 특히 인상적인 것은 별천지와도 같은 사내 근무환경이었는데, 직원들이 기술개발을 함에 있어서 교과서에서 배운 지식을 기계적으로 적용하는 것이 아니라, 때로는 文化의 관점에서 때로는 經濟의 관점에서 또 때로는 法律의 관점에서 기술을 개발하는 데 전념투구할 수 있도록 아주 이상적인 근무환경을 조성해 놓았다는 점이다. 교과서에 나온 기술은 시장에 진입하기조차 어렵고, 오직 문화, 경제, 법률의 관점에서 재해석한 기술 또는 문화, 경제, 법률을 충분히 이해하고 소화해서 개발해 낸 기술만이 세계시장을 지배할 수 있는 것이다. 국내외 기업들은 이미 「法의 시각에서 바라본 技術」이라는 개념을 잘 알고 활용하고 있다고 생각된다.

• 단행본 「科學技術과 法」을 펴내면서

앞에서 필자가 생각해 온 「科學技術과 法」의 개념을 간략히 설명해 보았지만, 사실 구체적으로 무엇을 어떻게 접근하고 연구하는 것을 뜻하는 것인가에 관해서는 백인백색의 다양한 견해가 있을 수 있다는 것도 부인할 수 없다. 미국의 경우를 보더라도, 버클리 법대의 技術과法센터(Berkeley Center for Law & Technology)를 비롯해서 20여 개 대학에 기술과 법 또는 유사한 명칭의 연구조직과 강좌가 개설되어 있는데, 그 구체적인 내용과 운영방식은 누가 연구조직을 책임지고 누가 강의를 담당하는가에 따라서 서로 커다란 차이를 보여주고 있는 실정이다. 따라서, 과학기술과 법이라고 하는 단행본을 펴냄에 있어서도 그 구체적인 내용을 어떻게 할 것인가에 관해서 다양한 의견이 있을 수 있겠지만, 생명공학, 의료기술, 정보통신기술과 법이라는 주제로 분류했고, 다소 어색한 분류이지만 과학기술과 시장과 법률의 상호관계를 잘 보여 주는 주제로 「기술혁신과 경쟁질서」에 관한 원고를 별도로 분류해 보았다. 집필자분들께서 보내 주신 27편의 원고를 일별해 보면 이제 대한민국에서도 막 태동하게 된 과학기술과 법의 멋진 모습을 볼 수 있고 앞으로 더 체계적이고 깊이 있게 발전해 나갈 수 있는 가능성과 희망을 찾아볼 수 있다. 과학기술과 법이라고 하는 다소 생소한 주제를 가지고 고민해서 주옥같은 원고를 보내 주신 집필자 선생님들께 진심으로 감사드린다. 동시에 독자 분들을 비롯해서 더욱 많은 분들께서 과학기술과 법에 관심을 가지고 연구에 동참해 주실 것을 부탁드리고자 한다. 마지막으로, 이러한 연구와 단행본 발간을 가능하게 후원을 해 준 KT에 거듭 감사드린다.

2007년 8월

丁 相 朝

서울대 법대 교수

서울대 技術과法센터장

차 례

제 4 부 정보통신과 법

제 5 부 기술혁신과 경쟁질서

제 1 부 총 론

제 1 장

과 학 사

홍 성 욱*

Ⅰ. 서 론

현대는 과학의 시대이다. 과학은 확실한 지식의 권위로서, 기술혁신과 경제발전의 원천으로서, 그리고 철학과 예술의 영감의 근원으로서 그 어느 시기보다 더 높고 고상한 지위를 부여받고 있다. 다른 지식과 달리 과학은 확실하며, 객관적이고, 합리적이며, 보편적인 지식으로 간주된다. 법학, 공학, 사회과학, 심지어 인문학까지도 자연과학의 객관성과 합리성을 모방하려고 노력한다. 과학이 인간의 다른 활동에 비해서 이렇게 높게 평가되기 시작한 것은 사실 서양의 '근대성'의 핵심이다. 근대과학은 기타 학문과는 물론이고 이전의 전통과학과도 다른 특징을 가진 것으로 간주되기 시작했던 것이다.

근대과학은 16~17세기 '과학혁명'(Scientific Revolution)에서 시작되었다. 지금 우리가 표방하는 '과학적 세계관'의 골격이 이 시기에 완성되었다. 과학혁명은 전통적으로 철학과 신학을 위해서 봉사하던 작은 학문분야였던 과학이 확실한 지식으로 인정받으면서 다른 지식의 모델이 된 사건이었다. 과학과 법률과의 관계도 처음에는 법률이 과학에 영향을 주다가, 과학적 지식의 확실성이 확립되면서 그 관계가 역전되었다.

이 글에서는 우선 전통과학과 근대과학의 차이를 조망하고, 과학혁명기에 나타난 세계관과 방법론의 변화를 상술할 것이다. 그리고는 16~17세기 과학혁명기 동안의 과학과 법률과의 관계를 다룬 뒤에, 18세기 이후의 과학의 발전과

* 서울대학교 자연대 생명과학부 교수, 과학사 및 과학철학 협동과정 전공주임.

같은 시기 동안에 나타난 과학과 법률의 상호 영향을 살펴볼 것이다. 과학혁명을 자세히 다루는 이유는 현대 과학의 여러 특성들을 이해하기 위해서는 우선 16~17세기의 과학혁명 시기로 거슬러 올라갈 필요가 있기 때문이다(과학혁명에 대한 논의는 김영식 2001을 참조).

Ⅱ. 전통과학 대 근대과학: 그 특징들

과학혁명기 이전에 존재했던, 즉 우리가 고대 혹은 중세의 과학이라고 부르는 '전통과학'(traditional science)은 근대과학과는 몇몇 측면에서 다른 특성을 가진다. 우선 전통과학은 대중적(public)이었다. 이것은 전통과학이 당시 사회 속에서 더 넓은 문화의 일부였음을 의미한다. 또 전통 시대에 과학은 사람들을 교육하거나 설득하는 과정의 하나로서 수행되었다. 상당수의 사람들이, 특히 지식인들 대다수는 자연에 대한 지식을 쉽게 이해할 수 있고, 유용하고, 설득력 있는 것으로 여겼다. 또 전통과학의 목표는 자연에 대한 훌륭한 설명과 수사를 제공하고 것이었다. 따라서 과학의 방법은 주로 논증과 관찰에 국한되었고, 실험은 거의 행해지지 않았다. 이는 과학의 목적과도 관련이 있는데, 전통과학은 자연 세계에 대한 새로운 지식을 발견하는 것을 목표로 하는 대신에, 자연은 물론 자연과 깊은 관련이 있다고 생각되던 인간 세상을 함께 이해하는 것을 목표로 삼았다. 따라시 과학은 종교나 철학과 뗄 수 없었으며, 과학자들이 관심을 가진 문제들도 철학적·사회적 문제들과도 깊은 연관이 있었다.

과학혁명기 이후의 근대과학은 전통과학과 비교해 볼 때 전혀 대중적이지 않다. 일반 대중은 말할 것도 없고 지식인들조차 과학을 전공하지 않는 한, 과학자들의 연구와 발견이 어떻게 진행되고 있으며 그 의미가 무엇인지 거의 알지를 못한다. 과학 연구는 과학 그 자체를 위해서 수행되고, 과학자들은 자연에 초점을 맞추지 자신들의 작업을 사회적 문제들과 연관시키려 하지 않는다. 과학의 가장 중요한 목표는 대중을 설득하는 것이 아니라 새로운 것을 발견하는 것이 되었으며, 과학자들은 새로운 것을 발견하기 위해서 인간이 제작한 기구를 사용해서 실험을 하는 것이다. 실험실에서의 실행과 수학적 방법의 적용은 근대과학의 가장 강력한 방법론이다. 또 과학은 그 자체로 완결된 전문적 활동이지, 종교나 철학과는 거의 무관한 것으로 간주된다.

전통과학이 근대과학으로 변화한 시기가 16~17세기의 과학혁명이다. 코페르니쿠스의 『천구의 회전에 관해서』가 출판된 것이 1543년이고 뉴턴의 『프린키피아』가 나온 것이 1687년인데, 일반적으로 과학혁명기라고 하면 이 시기를 일컫는다. 이 시기 동안에 아리스토텔레스주의 자연철학이 기계적 철학으로 대체되었고, 지동설이 제창되고 수용되었으며, 갈릴레오와 데카르트에 의해서 근대 물리학의 초석이 놓였고, 뉴턴이 이를 집대성해서 근대 물리학을 완성했다. 뿐만 아니라 연금술에서 발전한 근대 화학이 그 모습을 갖추기 시작했고, 미적분과 하비의 피의 순환론이 근대 수학과 의학의 출범을 알렸다. 과학에 실험의 방법이 도입되고, 과학자 단체가 만들어진 것도 이 시기였다. 다음 절에서는 과학혁명기에 나타난 변화를 몇 가지 특징적인 항목들을 잡아서 비교, 분석하면서, 약 200년이 안 되는 시기 동안에 혁명적이라고도 할 수 있는 세계관과 과학관의 변화가 있었음을 상술할 것이다.

Ⅲ. 과학혁명 시기의 변화: 1500년경과 1700년경의 비교

과학혁명기 동안에 일어난 변화가 얼마나 심원한 것이었는가를 이해하기 위해서는 1500년경의 세계관과 이로부터 약 200년이 지난 1700년경의 세계관을 비교해 보는 것이 유용하다.

우선 1500년경에는 대부분의 사람들이 고대 그리스부터 내려온 아리스토텔레스 자연철학을 신봉했다. 아리스토텔레스의 자연철학은 다음과 같은 몇 가지 핵심적인 주장을 담고 있었다.

1. 지구는 움직이지 않는 우주의 중심이며, 인간은 그 중심에 살고 있다.
2. 우주는 신의 하늘(god's heaven, 항성천구)로 둘러싸여 있고, 유한하며, 그리 크지 않았다. 지구는 움직이지 않고 대신 달, 태양, 행성, 항성의 천구가 운동을 하는 것이었다.
3. 하늘 세상인 천상계와 지구를 의미하는 지상계의 명확한 구분이 존재했다. 아리스토텔레스의 자연철학에 따르자면 천상계의 자연스러운 운동은 천체의 회전운

동이었던 반면, 지상계의 자연스러운 운동은 수직방향의 낙하와 상승운동이었다. 또 천상계를 구성하는 물질은 에테르(ether)이며, 지상계를 구성하는 물질은 물, 불, 공기, 흙의 4원소였다.

4. 자연현상은 그 자체의 목적을 지니는 것으로 생각되었고, 바로 이 목적을 이해하는 것(즉 어떤 일이 '왜' 일어나는가를 알아내는 것을 의미하며, 아리스토텔레스는 이 목적을 '최종인(final cause)'이라고 불렀다.)이 과학의 목표였다.
5. 우주와 자연은 일종의 살아 있는 유기체로 여겨졌다. 아리스토텔레스주의 철학은 자연을 유기적인 것으로, 르네상스시기에 득세하던 마술적 철학은 우주를 생명력이 가득한 것으로 보았다.
6. 과학은 철학과 신학의 일부였다. 특히 중세시대에는 자연철학이 신학적은 함의를 내포하고 있기 때문에 철학자들이 과학에 관심을 가졌다.
7. 추론(reasoning)과 관찰이 과학의 주된 방법이었다.
8. 자연과 인간이 만들어낸 사물(인공물) 사이에는 엄격한 구분이 있었다.
9. 8과 연관된 것으로서, 과학과 기술 사이에도 엄격한 구분이 있었다.
10. 중세 시대부터 과학은 중세 대학의 교양학부에서 주로 행해졌다.
11. 과학을 상징하거나 대표하는 이미지가 존재하지 않았다.

1500년을 기준으로 잡아서 약 200년이 지난 1700년에는 사람들이 다음과 같이 다른 믿음을 갖게 이르렀다.

1. 지구는 더 이상 불변의 우주의 중심이 아니며, 태양 주위를 도는 다른 행성들과 마찬가지로 조그마한 행성일 뿐이다.
2. 우주는 거의 무한히 크다.
3. 천상계와 지상계의 구분은 존재하지 않으며, 이 두 세상에 같은 운동법칙(예를 들어 뉴턴의 법칙)이 적용된다.
4. 자연 현상에는 목적이 존재하지 않는다. 따라서 '왜'를 질문하는 대신 '어떻게' 그 현상이 발생했는지를 규명하는 것이 과학의 중심적인 관심사가 되었다.
5. 1700년경에는 인간과 동물을 포함한 세계는 물질과 운동만으로 구성되어 있고, 물질과 운동으로만 설명이 가능하다고 생각되었다. 이는 세계를 유기체로 보는 대신에 기계로 간주하는 새로운 관점을 제시했다. 심지어 몇몇 사람들은 인간까지도 기계적 원리에 따라 작동하는 기계라고 생각했다. 기계적 철학이 아리스토텔레스주의 철학과 마술적 철학을 대체하면서 이전의 자연철학에서 중요하던

형상(form), 성질, 마술적 힘, 공감과 반감(sympathies and antipathies)과 같은 개념은 사라졌다.

6. 과학 연구는 종교나 철학이 아니라 그 자체를 위해 수행되었고, 그 지식은 '확실한 지식'이라는 특별한 지위를 획득하게 되었다.
7. 추론과 단순한 관찰 대신 자연에 개입하는 실험이 표준적인 과학적 방법이 되었다. 지금은 거의 모든 과학자들이 자신의 실험실에서 다양한 실험을 수행하고 있으며, 심지어 이론적 연구를 하는 과학자들도 그들의 연구를 위해 실험에 의해 제공된 데이터를 사용하는 상황이다.
8. 자연과 인공물 사이의 구분이 사라졌다. 뉴턴의 법칙은 천상계와 지상계뿐만 아니라 대포알과 같은 인공물과 달의 운동 같은 자연현상 모두에 적용된다.
9. 과학과 기술 사이의 사회적이고 인식론적인 간격이 매우 많이 좁혀졌다. 실험적 방법의 도입으로 기구와 같은 기술의 산물이 과학에 많이 사용되기 시작했으며, 이 과정이 진행되면서 학자들은 기술과 공학이 과학이 풀어야 할 문제를 제공해 준다고 믿기 시작했고, 반면에 일부 기술자들은 과학이 그들의 작업에 도움을 줄 것이라고 생각하기 시작했다.
10. 과학의 주요 공간이 더 이상 대학이 아니라 1660년에 설립된 런던의 왕립학회나 1666년에 설립된 파리의 과학 아카데미와 같은 새로운 과학 단체들이 되었다. 이러한 단체들에서 실험 과학이 융성했다.
11. 뉴턴 이후에 대중들은 뉴턴 과학이 자연세계의 진정한 비밀을 밝혀냈다고 믿기 시작했다. 18세기를 거치면서 과학은 진보하고, 경험적이며, 믿을 만하며, 가설에 얽매여있지 않은 것으로 여겨지게 되었다.

이 차이를 표로 정리하면 다음 표와 같다.

이 중 (5)와 (7)에 대해서는 조금 더 상세한 설명이 필요하다. 기계적 철학과 아리스토텔레스주의 자연철학의 차이를 가장 쉽게 이해하는 방법은 색깔의 실재성에 대해서 생각해 보는 것이다. 아리스토텔레스주의 자연철학에서는 색깔, 형태, 소리, 냄새를 물체로부터 분리될 수 없는 '기본 성질'로 여겼다. 따라서 사과 껍질의 붉은 색은 우리의 감각과는 무관하게 존재하는 실재로 간주되었다. 즉 빛이 하나도 없는 깜깜한 방에서도 사과는 붉은 색을 띄고 있는데, 단지 빛이 없기 때문에 우리가 이를 볼 수 없을 따름이라는 것이었다. 색은 다른 무엇으로 환원될 수 없는 기본적인 성질이었으며, 자연은 이러한 성질과 형상

	1500년 이전	1700년 이후
(1) 지구의 위치	우주의 중심	태양 주위를 움직이는 작은 행성
(2) 우주	닫힌 작고 유한한 우주	무한히 큰 우주
(3) 천상계와 지상계	완벽한 구분, 서로 다른 운동과 물질	구분 없음
(4) 과학의 목표	신학적, "왜?"의 문제(원인)를 탐구	자연 내에 특정한 목적은 없음, "어떻게?"의 문제를 탐구
(5) 자연의 이미지, 자연철학	유기체적, 살아있는 생물처럼 취급	기계적 철학 물질과 운동
(6) 과학과 철학	철학과 종교의 일부로서의 과학	그 자체로 참이고 믿을 만한 지식으로서의 과학
(7) 과학적 방법	추론과 관찰	실험과 수학
(8) 자연과 인공물	엄격한 구분	명확한 구분 사라짐
(9) 과학과 기술	사회적, 인식론적 구분	둘 사이의 경계가 허물어지기 시작함
(10) 과학의 공간	중세 대학	새로운 과학단체 왕립학회, 과학아카데미
(11) 과학의 이미지	상징적인 이미지 없음	뉴턴주의적 과학: 진보적, 확실성, 경험적, 가설로부터 자유로워짐

(form)으로 가득한 것이있다.

반면에 데카르트에 의해서 완성된 기계적 철학에서는 세상을 구성하는 것이 물질과 운동뿐이라고 간주했다. 그렇기에 사과의 붉은 색은 빛이 사과 껍질과 반응해서 변형된 뒤에 우리의 눈에 들어옴으로써 만들어낸 지각에 다름 아니었다. 따라서 기계적 철학에 의하면 빛이 존재하지 않는 깜깜한 방에서는 사과가 붉은 색을 띈다고 말할 수 없는 것이었다. 색깔은 인간의 감각과 무관하게 존재하는 실재가 아니라, 인간의 눈과 뇌가 변형된 빛을 받아들여서 만든 감각지각에 다름 아니었다. 인간이 없거나 빛이 없는 상태에서는 붉은 색이라는 것도 존재하지 않는 것으로 간주할 수 있었다. 색깔이 물체와 운동으로 환원되듯이, 세상의 다른 모든 것도 물체와 운동으로 환원될 수 있었다. 자연은 물론 인간의 육체도 복잡한 기계에 다름 아니었던 것이다. 자연은 신비스러운 힘이나 생명력으로 가득 찬 것이 아니라, 매우 정교한 자동 기계에 불과했다. 우리는 기계를 분해하고 다시 조립하면서 그 기계를 이해할 수 있듯이, 자연에 대해서도 마찬가지의 방법을 사용할 수 있었다.

기계적 철학만큼이나 근대과학의 방법론을 구성하는 데 중요한 영향을 미친 것이 영국의 철학자 프란시스 베이컨의 실험철학이다. 프란시스 베이컨의 실험철학의 출발은 당시 지식에 대한 그의 불만이었다. 그는 당시 여러 지식이 편견과 오만에 가득 차 있다고 보았는데, 감각과 경험에 기반한 아리스토텔레스의 철학은 감각의 불완전성을 간과했으며, 자연에 대한 지배를 외치던 마술사들은 자신들이 힘을 오만할 정도로 과신했고, 기계공들(mechanics)은 체계적인 방법이 없기 때문에 무지한 상태에 머물러 있으며, 수학자들은 자신들의 이성을 과신한다는 것이었다. 그는 이러한 오만과 편견을 피하면서 좀더 대중적이고 안전하며 확실한 지식의 기반을 찾아내는 방법에 몰두했다. 그러다 그는 지식의 독특한 측면에 주목했다. 예를 들어, 사람들은 바람이 왜 부는지 잘 몰라도 풍차가 어떻게 돌아가는지는 알 수 있다는 사실이었다. 즉, 자연에 대한 근본적인 지식은 가질 수 없을지라도 적어도 사람이 작동시켜서 운동하는 대상에 대해서는 얼마만큼 확실한 지식을 가질 수 있다는 것이었다. 따라서 베이컨은 오만과 편견이라는 함정에 빠지지 않고 자연에 대한 확실한 지식을 얻는 해답이 "자연을 작동하게 하는 데"있다고 판단했다.

그런데 자연을 어떻게 작동하게 할 것인가? 전통적인 추론과 관찰의 방법으로는 이것이 아예 불가능했다. 그는 자연을 작동시키기 위해서는 자연을 "괴롭혀야"(vex) 한다고 주장했는데, 자연을 괴롭히는 방법이 바로 자연에 개입하고 침투하는 실험의 방법이었다. 실험은 자연을 작동하게 함으로써 자연에 대한 사실(fact)을 얻어내며, 우리는 이 사실적인 정보를 수집함으로써 자연에 대한 진정한 이해로, 그리고 결국에는 자연의 법칙으로 나아갈 수 있는 것이었다. 이렇게 얻어낸 자연의 법칙이 옳은 것인가 아닌가는 거꾸로 판단할 수 있었다. 즉, 만약 그 지식이 참이면 그것은 작동해야 한다는 것이었다. 즉 참된 우리의 지식은 유용한 일들에 응용될 수 있어야 했던 것이다. 여기에서 "진리와 유용성은 하나이며 동일하다" 혹은 "지식은 그 자체로 힘이다"라는 유명한 경구가 나올 수 있었다.

자연에는 열, 전기, 빛, 화학, 식물, 동물, 광물과 같이 실험적으로 검토해야 할 것들이 널려 있었다. 베이컨은 그 종류나 연구 주제가 너무나 많기 때문에 한 사람이 모든 실험을 혼자서 수행할 수는 없다고 보았다. 그는 과학자들이 힘을 합쳐서 이러한 실험을 수행해야 한다고 생각했다. 이를 위해서는 많은 과학자들이 함께 작업하는 "과학자 단체"를 만드는 것이 필수적이었고, 이러한 단체는 사회에 유용한 일을 하기 때문에 정부에 의해서 지원이 되어야 했다. 베이컨의 이상은 그의 생전에는 실현되지 않았지만, 사후에 그의 추종자들은 왕립학회, 과학아카데미와 같이 실험을 수행하는 과학단체를 설립했다. 17세기에 설립된 과학자 단체는 실험을 통해서 사실을 얻어내는 베이컨의 이상을 것을 과학활동의 목표로 삼았다.

Ⅳ. 과학혁명기 동안 과학과 법의 관계

과학혁명기 동안에 자연과학(자연철학)은 다른 학문 분야와 영향을 주고받으면서 발전했다. 17세기가 되면 이미 과학은 신학의 시녀에서 벗어났지만, 과학자들은 종교적인 태도를 지닌 채로 과학 활동을 수행했다. 영국의 실험과학자 로버트 보일과 뉴턴은 자신들의 과학이 세상을 관통하는 신의 섭리를 발견하는 활동이라고 강조했다. 또 과학은 인간에 대한 새로운 관념을 제창함으로써 철학에도 많은 영향을 주었다. 예를 들어, 갈릴레오와 데카르트의 기계적 철학은 토머스 홉스의 정치철학에 영향을 주었다. 파스칼, 가상디, 메르센느는 자연과학과 신학·철학 모두에 깊은 관심을 가졌던 사람들이었으며, 스피노자역시 당시 과학의 발전에 영향을 받아서 윤리학을 기하학적인 확실성을 가지는 것으로 만들기 위해서 노력했다.

과학혁명기 동안 과학과 법률 사이의 상호 영향은 과학과 철학 혹은 과학과 신학의 상호 영향에 비해서는 덜 알려져 있지만, 양자의 발전에 결정적으로 중요한 역할을 하기는 마찬가지였다. 과학혁명기 동안 과학과 법률의 상호작용은 다음 세 가지 차원에서 찾아질 수 있다.

첫번째는 자연과학에서의 '자연 법칙'(law of nature)의 개념이 법률과 신학의 영역에서 유래되었다는 것이다. 1930년대와 40년대에 걸쳐서 중요한 과학사회학적인 연구를 내놓았던 질셀(Edgar Zilsel)은 과학에서의 자연법칙이라는 생각이 나타나게 된 배경으로 입법자로서의 신의 개념(God as a lawgiver)과 강력한 '자연법'(natural law) 사상의 조우를 꼽고 있다. 입법자로서의 신의 개념은 유대-기독교 전통에서 찾아볼 수 있는 개념이다. 따라서 이 개념이 없던 플라톤과 아리스토텔레스 같은 고대 그리스의 자연철학자들은 자연의 법칙이라는 개념을 생각하지 못했으며, 같은 시기의 소피스트들은 의지가 없는 자연이 법칙을 따라서 움직인다는 생각이 자가당착이라고 보았다. 기독교가 지배적이었던 중세에는 입법자로서의 신의 개념은 널리 퍼져 있었지만, 단일한 법률로 모든 백성을 다스리는 강력한 군주제가 발달하지 않았다. 질셀은 16세기에서 17세기를 거치면서 유럽에 봉건 정치체제가 붕괴하고 국토를 한 명의 왕이, 단일한 법률을 사용해서 다스린다는 생각이 널리 퍼지면서, 비로소 자연법칙이 등장할 수 있는 조건이 만들어졌다고 보았던 것이다(Zilsel 1942).

모든 사람에게 적용되는 강력한 '법률'이 만들어지고 여기에 입법자로서의 신이라는 개념이 결합되면서 과학에서의 자연법칙이라는 생각도 받아들여지게 되었음을 잘 보여주는 것은 절대왕정이 발달한 프랑스에서 자연법칙이라는 개념이 처음 등장했다는 것이다. 운동의 법칙(laws of motion)을 제창한 프랑스 자연철학자 데카르트는 자연이 따르는 자연법칙이라는 개념을 최초로 명확하게 제시한 사람이었다. 이후 보일, 후크와 같은 과학자들도 자연법칙이라는 용어를 사용했고, 뉴턴은 자신의 유명한 운동법칙에서 자연법칙을 과학이 추구해야 할 궁극적인 목표로 제시했다. 지금은 과학의 거의 모든 영역에서 '법칙'이라는 개념이 사용되지만, 이는 입법자로서의 신이라는 생각이 받아들여진 상태에서 절대 왕정의 강력한 법률이 구비된 뒤에야 등장했다고 볼 수 있다. 과학은 종교의 영역에서 '입법자로서의 신', 그리고 법률의 영역에서 '법칙'(law)의 개념을 빌어 왔던 것이다.

법률이 자연과학에 미친 두 번째 영향은 '사실'이라는 개념에서 찾아볼 수 있다. 법은 오랫동안 인간사에서 무엇이 사실(fact)인가를 가리고 이에 바탕을 두어 확실성을 갖춘 판결을 내리는 것을 추구했다. 중세 초기에는 육체에 모진 고통을 가하는 죄인식별법(ordeal)을 사용해 재판을 했지만, 이러한 방법의 비합리성에 대한 불만이 지속적으로 제기되면서 12세기 중세 후기부터는 교회와 세속의 지배층들이 보다 더 합리적 판결의 토대를 마련하려 했다. 이 과정에서 중요하게 부각된 개념이 '사실'인데, 법정에서 사실은 "과거에 일어났던 인간의 사건 또는 행위"라는 뜻으로 정착되었다. 법정의 배심원들은 무엇이 사실인가(matter of fact)를 가리는 역할을 담당했으며, 법관은 법률의 문제(matter of law)를 판단하는 사람이었다.

영국의 초기 관습법(common law)의 경우에 배심원들은 사건의 전후사정을 잘 아는 피고의 이웃으로 구성되었다. 그렇지만 사회가 복잡해지면서 사건의 전후를 잘 모르는 배심원들이 평결에 참여하는 경향이 늘었고, 이들은 개인적 안면이 없는 사람들의 법정 증언을 들으며 그 중 무엇이 사실인지를 스스로 판단해야 했다. 따라서 사실을 아는 자에서 사실을 평가하는 자로 역할이 바뀐 배심원들은 증언의 신뢰성을 판단해서 그 사실 여부를 따져야 했던 것이다. 배심원들의 판단에는 공평성(impartiality), 무사무욕(disinterestedness), 분별력 등과 같은 능력이 요구된다고 여겨졌다. 또 법정에서 증인이 하는 증언의 신뢰성을 판단하기 위해서 배심원들은 증인이나 목격자의 사회적 지위, 나이, 성, 분별력, 재산, 명성, 생활방식, 성실성 등을 고려하는 것이 일반적이었다(Shapiro 1994).

법정에서 목격자의 진술의 신뢰성을 판단하는 데 사용되던 기준은 법정 밖에도 영향을 주었다. 예를 들어, 근대 이후 역사학에서 사료의 신뢰성을 판단하는 것에도 비슷한 기준이 적용되었다. 그렇지만 가장 큰 영향은 자연철학에서 나타났다. 17세기 자연철학자들은 실험실에서 실험을 함으로써 자연에 대한 '사실'을 만들어 냈다. 이러한 사실의 신뢰성을 확립하기 위해서 자연철학자들은, 마치 법정과 비슷하게, 자신의 실험을 목격한 증인을 내세웠으며, 특히 증인의 사회적 지위를 강조했다. 또 실험을 보고할 때에도 아주 지루할 정도로 상세한 방식으로 실험을 기술했는데, 이는 논문을 읽는 사람들이 보고된 실험을 머릿속에서 재현해 볼 수 있도록 하기 위함이었다. 이는 근본적으로 '목격자'의 수를 늘림으로써 실험의 신뢰성을 증가시키는 방식이었다(Shapin 1984). 자연철학자들의 목표는 목격자의 신뢰성을 높이고 이들의 수를 늘림으로써 자신들이 만들어 낸 실험 결과를 사실로 받아들여지게 하는 데 있었다. 초기에는 법률가로 활동하다가 나중에 자연철학으로 관심을 바꾼 베이컨은 '사실'이라는 개념을 법률의 영역에서 자연철학의 영역으로 옮겨오게 한 결정적인 역할을 담당했던 사람이었다. 앞에서도 지적했지만 베이컨에게 있어서 실험은 사실을 만들어 내는 활동이었다(Shapiro 2002).

과학과 법률의 상호작용은 후자가 전자에 미친 영향에 국한되지는 않는다. 세 번째 상호작용은 과학이 법에 미친 영향에서 찾아질 수 있다. 17세기 과학혁명이 완성되면서 과학은 '개연성'(probability)과 대비되어 '확실성'을 상징하는 지적인 활동으로 인식되기 시작했다. 사람들은 자연 과학에 수학적 확실성과 물리적 확실성의 두 가지 다른 형태가 존재한다고 생각했는데, 17세기 후반기에 법철학자들과 법률가들은 자연에 대한 확실한 지식을 모델로 해서 '도덕적 확실성'(moral certainty)이라는 개념을 제창했다. 이 도덕적 확실성은 도덕과학(moral science)의 영역에서 적용되는 것으로서, 절대적 진리는 아니어도 '의심 없는 진리', 즉 참 지식으로 간주되는 것들을 의미했다. 18세기에 들어 도덕적 확실성은 '한점의 의심도 없는 믿음'(belief beyond reasonable doubt)이라는 법률적인 개념으로 발전했다. 지금 배심원제에서는 배심원들이 유죄, 무죄를 판단할 때 사용하는 가장 중요한 기준이 '한점의 의심도 없는 믿음'인데, 이 관념은 17세기 과학적 확실성이라는 개념에서 연유해서 발전한 것이다(Shapiro 1986).

V. 과학혁명의 영향과 근현대 과학의 발전

16~17세기 과학혁명은 자연과학의 영역은 물론 인접 학문분야에도 큰 영향을 미쳤다. 과학이 지금의 지적, 사회적 권위를 가진 학문으로 자리 잡은 데에는 이 과학혁명의 영향이 절대적이었다. 그 영향은 매우 심원하고 또 오랫동안 지속된 것이어서, 지금도 우리는 17세기에 형성된 뉴턴의 고전역학, 생리학, 수학을 배우고 있을 정도이다. 또 실험과학의 방법론, 과학단체들, 과학 학술지(저널)처럼 당시에 시작되었던 과학의 새로운 전통은 지금도 계속되고 있다. 이뿐만 아니라 과학혁명은 자연에 대한 기본적인 태도의 많은 부분을 형성했고, 우리는 아직까지도 그러한 태도를 견지하고 있다. 예를 들어, 많은 사람들은 여전히 자연을 구성하는 것이 물질과 운동뿐이라고 생각하고 있으며, 자연 현상에 마술적 힘이나 정령, 혼 등은 존재하지 않는다고 생각하는 것이 그러한 예이다. 세계를 기계적으로, 환원론적으로 보는 것은 그 때나 지금이나 비슷하다.

과학혁명기를 통해서 사람들은 자연과 인공물 사이에 본질적인 차이가 존재하지 않는다고 생각하게 되었다. 이러한 생각은 과학과 기술의 차이가 좁혀지면서 나타나기 시작했지만, 이러한 생각이 한 번 정착된 뒤에는 과학과 기술의 차이를 더 좁히는 역할을 했다. 과학혁명기를 통해서 과학자들은 기술적 문제에 관심을 두기 시작했으며, 기술은 과학기기의 형태로 과학 실험에 들어왔다. 18세기에 과학과 기술의 거리는 더 가까워졌는데, 18세기 후반의 영국을 보면 과학자, 기술자, 산업가들은 '문학철학회'와 같은 단체에서 만나서 뉴턴철학과 공통 관심사에 대해서 토론을 하기 시작했다. 산업혁명기에 사람들은 과학적 태도와 지식이 기술에 응용되었다고 믿기 시작했으며, 19세기 후반 이후에는 화학기술과 전기기술의 분야에서 과학이 실제로 기술에 응용되기 시작했다. 이러한 과학과 기술의 상호작용은 20세기에 들어 가속화되었다.

물론 현대 과학의 모든 기초가 17세기에 만들어진 것은 아니다. 화학은 18세기 말엽에 라부아지에의 산소이론에 기초한 근대적인 화학 체계가 설립되었으며, 19세기에 분자론과 원자론이 받아들여지면서 지금의 골격을 갖추었다. 생물학은 19세기에 들어, 특히 다윈의 진화론의 등장과 함께 변화를 겪었다. 생물학 분야는 19세기 말엽까지도 실험보다는 경험과 관찰에 의존하는 분야로 남아있었지만, 20세기 초엽부터 실험형태학과 유전학의 발달을 필두로 점차 실험과학에 편입되었다. 20세기 중엽에는 분자생물학이 발전했고, 이는 지금 우리가 목도하는 생명공학의 초석이 되었다. 생리학, 심리학, 지질학도 19세기에 전문화되었고, 지금 우리가 알고 있는 물리학도 수학의 일부와 실험과학의 일부가 결합해서 19세기에 하나의 학문 분야로 정립되었다. 잘 알려져 있듯이, 물리학은 20세기 초엽에 상대성이론과 양자물리학의 발전에 힘입어서 200년 이상 지속되어 오던 뉴턴물리학의 패러다임을 대체하는 새로운 현대물리학의 패러다임을 세울 수 있었다.

사실 19세기 이전에는 지금 우리가 사용하는 '과학'(science)이라는 말 대신에 '자연철학'이라는 말이 일반적으로 사용되었다. 과학과 과학자(scientist)라는 단어가 지금처럼 사용되기 시작한 것도 19세기 이후라고 볼 수 있다. 19세기 이전의 자연철학자들은 자신들의 연구가 신의 섭리를 드러낸다는 식의 종교적인 의미를 찾으려고 노력했지만, 전문화된 과학자들은 이러한 노력에 더 이상 신경을 쓰지 않았다. 과학을 위한 과학, 연구를 위한 연구, 직업으로서의 과학자, 대학과 연구소에서의 과학활동 등이 정착된 시기는 17세기 과학혁명이 아닌 19세기 초엽으로 볼 수 있는 것이다. 이 시기를 첫번째로 일어났던 17세기의 제 1 차 과학혁명에 빗대어서 제 2 차 과학혁명이라고 부르는 과학사가들도 있다.

19세기에 나타난 또 다른 중요한 변화는 과학의 연구가 제도적으로 정착되었다는 것이다. 독일의 기슨대학의 화학자 리비히에서 시작된 실험실에서의 과학 연구는 독일의 다른 대학은 물론 유럽과 미국으로 전파되었다. 미국의 경우에는 존스 홉킨스 대학이 독일의 연구 대학을 모델로 세워졌고, 존스 홉킨스 대학의 성공은 하버드, 스탠포드, 시카고 대학으로 하여금 비슷한 모델을 채용하게 만들었다. 19세기 말엽에는 기업체가 연구소를 설립해서 기업의 기술혁신과 관련된 과학 연구를 지원했으며, 20세기 중엽 이후에는 정부가 과학연구를 지원하는 가장 중요한 후원자로 부상했다.

Ⅵ. 18～20세기 동안의 과학과 법의 관계

과학이 전문화되면서 과학과 다른 분야들과의 상호작용도 전문분야와 전문분야 사이의 상호작용으로 변화했다. 17세기 과학혁명기에는 과학과 법의 상호작용이 '법칙', '사실', '증언', '확실성' 같은 핵심적인 개념과 근본 철학을 서로 빌어 쓰는 방식으로 나타났지만, 18세기 중반부터는 이러한 근본적이고 본질적인 상호작용은 더 이상 나타나지 않았다. 대신 과학과 법의 관계는 철학적이라기보다는 제도적인 것이 되었다. 과학자들은 법에 전문적 지식, 새로운 형태의 지식을 공급했다. 반대로 법은 과학자들에게 경제적 보상을 제공했으며, 동시에 더 좋은 증거를 요구했다. 과학자들은 전문가 증인(expert witness)의 지위로 법정에 등장하기 시작했고, 법정에 증거를 제시하기 위해서 독극물학이나 법의학이 전문 분야로 발전했다.

전문지식을 가진 과학자의 의견이 증거력을 지닌 전문가의 증언으로 채택된 첫번째 사건은 영국의 과학자 겸 엔지니어였던 존 스미턴(John Smeaton)이 전문가로 채택된 웰즈 항구 사건(Wells Harbor Case)이었다. 제방이 항구의 지형의 침식에 미치는 영향에 대해서 뉴턴의 철학에 입각해서 자신의 의견을 개진한 스미턴에 대해서 법관 맨스필드는 "스미턴 씨의 의견은 논박될 수 없는 사실에서 연역된 것이다. … 나는 자연적이거나 인공적인 원인에서 문제가 생긴 것이 논란이 될 때에 과학지식인들의 의견이 받아들여져서는 안 된다고 생각하지 않는다. … 침식의 원인은 과학의 주제이고, 이 주제에 대해서는 스미턴 씨가 가장 잘 판단할 수 있다. 따라서 우리는 사실에 입각한 그의 판단이 적절한 증거가 될 수 있다고 본다"고 판결했다(Golan 2004).

맨스필드 판사는 스미턴의 의견이 사실에 입각한 것이라고 했지만, 스미턴은 지각의 변화가 완만한 것이라는 뉴턴주의 철학에 근거해서 침식을 계산한 것이었다. 즉 그의 의견은 눈에 보이는 사실이 아니라 눈에 보이지 않는 법칙에 근거한 것이었다. 당시 항구의 침식에 대해서 스미턴과 다른 의견을 가진 호즈킨선 같은 과학자는 스미턴의 계산이 사실이 아니라 가설위에 구축되었다고 그를 비판했다. 이렇게 같은 자연현상에 대해서 가능한 상이한 설명들의 차이가 극명하게 드러나는 곳이 바로 법정이 되었다. 19세기를 지나면서 전문가들의 증언은 법정의 분규를 종식시키기 보다는 이를 더 논쟁적으로 만들곤 했다. 많은 경우 원고와 피고는 유명한 과학자들 중에서 자기편을 옹호해 주는 전문가 증인을 찾아내서 이들로 하여금 법정에서 증언하도록 만들 수 있었다. 이렇게 같은 문제에 대해서 과학자들의 상충된 증언이 계속되면서 과학자가 법정에 증인으로 나가는 것이 과학의 권위를 실추시킨다고 불평하는 사람들도 생겨났다. 특히 이러한 주장을 했던 사람들은 법정이 채택한 대심제도(adversarial system)가 법률적인 사실을 드러내는 데에는 적합하지만, 공평성을 전제로 하고 있는 과학과는 잘 부합하지 않는다는 점을 강조했다. 이러한 문제를 극복하기 위해서 전문가들이 자신의 의견을 서면으로 작성해서 제출해야 한다는 해법도 제시되었지만, 법정에서 채택되지는 않았다.

19세기 후반기에 영국에서는 과학자들이 전문가 증인으로 법정에서 적극적인 역할을 해야 한다는 입장과 과학자들이 법정에 서는 것은 과학의 지위를 떨어뜨릴 뿐이라는 입장 사이에 팽팽한 논쟁이 있었다. 법정의 역할을 옹호하는 사람들은 법정에서의 논쟁이 과학 학회에서의 논쟁보다 훨씬 더 치열하고, 상대에 대한 심문에서 전문가들이 미처 생각하지 못했던 점을 생각하도록 한다는 점을 지적하곤 했다. 반면에 이에 반대하는 사람들은 법정에서의 논쟁이 사실적이고 자연적인 것이라기보다는 반대 심문에 의해서 강제된 것이며, 과학의 근본 철학이나 개념을 이해하지 못하는 법률가들이 이것까지도 문제를 삼는다고 비판했다. 이들에게는 공평한 과학과 편파적인 법정은 근원적으로 양립할 수 없는 것이었다.

사실 지금도 과학자가 전문가 증인으로 법정에 서는 것에 대해서 이러한 두 가지 입장이 존재한다고 볼 수 있다. 그렇지만 이러한 갈등을 과학의 권위의 실추로 보기보다는 과학이라는 지식체계와 법이라는 다른 지식체계가 만나면서 생긴 피할 수 없는 긴장으로 보는 것이 더 타당하다. 즉 법정에서의 판단은 사람들의 삶과 행복에 직접 영향을 주는 것이며, 과학자가 법정에서 증언을 하는 것은 과학 지식이 출판된 논문에 실리는 것이 아니라 다른 사람의 삶과 행복에 직접 영향을 주는 형태로 제시됨을 의미한다. 즉 법정에서 과학을 둘러싼 논쟁이 계속되는 이유는 과학의 근본을 의심해서가 아니라, 그에 근거한 결정이 사람들의 삶과 행복에 큰 영향을 미치기 때문이라고 보는 것이 더 타당할 것이다(Hamlin 1986).

법정에서 증거로 제시되는 사인(死因)을 분석하는 법의학(forensic science)도 19세기에 발달했다. 독극물 살인의 원인을 찾아내는 과정에서 시작된 법의학은 과학적 증거를 '결정적인' 것으로 받아들여지게 하는 데 숱한 어려움을 겪었다. 비소에 의한 살인은 유럽에서 가장 빈번했던 독극물 범죄였는데, 19세기에 법의학자들은 비소가 섞인 증거물에 화학적 반응을 일으켜서 비소를 환원해내는 방법을 제시했다. 이는 비밀스러운 독살을 물질적 증거의 상태로 드러나게 한다는 방법으로 환영받았지만, 곧 비소의 함유량이 적을 경우에 반응이 제대로 일어나지 않는다는 문제점을 노정했다. 이를 극복하기 위해서 색상반응법에서 마시공정(Marsh process)에 이르기까지 수많은 새로운 방법이 개발되었지만, 어느 것 하나 100% 확실한 테스트를 제공하지는 못했다. 법의학 과학자들은 여러 가지 다른 방법을 적용해서 나온 다양한 실험 결과를 종합해서 판정하자는 의견을 제시했는데, 이러한 결론은 실험을 통한 과학적 판단이 법정에서 다양한 증거의 경중을 비교하고 판단하는 법률적 판단과 흡사하다는 것을 암묵적으로 인정하는 셈이 되었다(Burney 2002).

과학에서의 증거가 법정에서 채택되는 과정은 굴곡으로 점철된 과정이었다. 19세기 후반부터 과학 분야가 확장되고 새로운 과학적 증거가 계속 제시되면서, 어떤 과학적 증거가 법정에서 증거로 채택될 수 있는가의 문제가 시급한 것으로 부상했다. 1923년 미국의 대법원은 "과학 전문분야에서 일반적으로 받아들여진 기법(technique)"만이 법정에서 증거로 채택될 수 있다는 프라이 결정(Frye Rule)을 통과시켰다. 이 결정에 입각해서 현미경으로 분석한 머리카락 같은 특정한 증거는 법정에서 받아들여지는 것으로 결정되었지만, 거짓말탐지기나 최면에 의한 증거는 법정에서 증거의 효력을 상실한 것으로 결론지어졌다. 프라이 결정은 1993년에 완화되어 다수의 과학자사회가 받아들이지 않는 증거도 동료심사를 거쳐서 중요한 소수의 과학자들이 인정하는 것이면 증거로 받아들일 수 있다는 식으로 변화했다(Daubert v. Merrell Dow Pharmaceuticals, 509 U.S. 579; cf Solomon & Hackett 1996). 1980년대 이후에 나타난 또 다른 변화는 DNA 증거와 관련된 것이었다. 1980년대에부터 법정에서 증거로 제시된 DNA 증거는 1980년대 말~1990년대 초엽에 숱한 논쟁의 대상이 되었다가, 표준적인 유전자 지문 감별법이 도입되면서 1990년대 중엽 이후에는 법정에서 결정적인 효력을 가진 증거로 받아들여졌다(Daemmrich 1998).

Ⅶ. 결 론

자연과학은 16~17세기 과학혁명기를 통해서 근대과학으로 새롭게 거듭났다. 이 과정에서 자연과학은 이미 그 절차가 잘 확립되어 있던 법률의 영역에서 '법칙', '사실' 등의 개념을 채용했으며, 사실을 확증하는 믿을 만한 '증인'의 중요성을 강조했다. 당시 자연과학이 법률적 용어와 개념을 적극적으로 차용한 이유는 늘 일어나고 누구나 동의하는 자연현상이 아니라 자신의 실험실에서 이루어진 특정한 실험의 결과를 다른 사람들에게 믿을 수 있는 것이라고 설득력 있게 소개해야 했기 때문이다. 신뢰성(credibility)은 과학과 법률을 이어주는 접점이었다. 과학이 확실한 지식으로 자리를 잡은 뒤에는 역으로 법이 과학의 확실성을 채용했다. 법률가들은 법률적인 판단이 개연성의 수준에 머물 수 있다는 비판을 인식하고, 수학적 확실성, 물리적 확실성에 비견할 수 있는 개념으로 도덕적 확실성이라는 개념을 창안했으며, 이 개념은 이후 '한 점의 의심도 없는 믿음'으로 발전했다.

17세기를 지나면서 과학과 법률의 관계는 전문화된 제도와 제도 사이의 관계로 변했다. 과학은 자신들의 분야에서 이미 확립된 실험실에서의 확실성을 법정에 그대로 도입하려 했지만, 이 과정은 우여곡절로 점철되었다. 전문가들의 증언은 상충되는 증언을 하는 또 다른 전문가들에 의해서 논박되었으며, 그 증언의 기본 전제를 의심하는 변호사들의 반대 심문에 의해서 낱낱이 해부되곤 했다. 과학자들의 상충된 증언들이 과학의 신뢰성을 실추시키고 과학의 이미지를 훼손한다는 주장이 지속적으로 제기되었고, 독극물학이나 법의학이 사인을 과학적으로 입증하는 것도 지속적인 논란과 반대에 직면했다. 그렇지만 이러한 과정에도 불구하고 19세기 이후 법정은 화학, 독극물학, 의학, 심리학, 정신분석학, 공학, 생명과학 등에 종사하는 과학자들에게 새로운 종류의 '증거'를 지속적으로 요구했다. 프라이 규칙(1923) 이후에는 이 과정에서 과학자들의 전문 분야에서 일반적으로 받아들여진 기법에 근거한 증거는 법정에서 증거의 구속력을 갖는 것으로 간주되었고, 그렇지 않은 것은 증거로 채택될 수 없는 것으로 간주되었다. 그렇지만 이러한 절차는 과학자들의 전문분야의 일반적 합의의 권위를 절대적인 것으로 만드는 문제를 안고 있었으며, 이는 1993년에 '합의'를 더 넓게 해석하는 방향으로 변화했던 이유가 되었다.

제 2 장

과학기술과 인권

안 경 환*

Ⅰ. 문제의식

'인권'(human rights)이라는 단어에는 엄숙한 무게와 함께 비장한 역사의 상흔이 느껴진다. 인류의 역사에 전범으로 자리잡고 있는 모든 인권문서의 탄생 배경에는 수많은 인간의 피와 눈물이 농축되어 있다. 사람(man)이라는 비교적 가치중립적인 언어가 '인간'(human being)이라는 다른 언어로 기표될 때는 이러한 비상적(非常的) 역사성을 띤다. 이러한 '인권의 비상적 성격'은 인류사의 발전과정이기도 하다. 이제 인류사가 이룬 진보의 결과, 인권은 한계상황에서 아니라 보편적 일상의 문제로 정착되기 시작하였다. 비유적으로 인권이 '일용할 양식'인 사회를 이른바 선진사회라고 평가한다. 인권의 일상화는 인권의 범주를 급격하게 확대시켰다. 한때는 타고난 개인의 운명 내지는 주어진 삶의 조건으로 수용하던 것도 이제는 인권의 이름으로 권리의 무대 전면에 등장하게 되었다. 과거에는 단지 찬란한 헌법의 장식물 내지는 장래를 향한 희망의 등불에 불과하던 각종 사회권도 현실적 생명력을 보유한 재판규범으로 승격되었다. 우리나라는 세계의 현대사에 유례 없는 기적의 나라로 평가받는다. 2차 대전 직전까지 강대국의 식민지였던 나라가 경제성장과 정치적 민주화를 동시에 이룬 거의 유일한 나라이다. 그러나 한국의 경제적 성과는 각종 수치와 지

---

* 서울대학교 법과대학 교수, 현 국가인권위원회 위원장.
ahnkw@snu.ac.kr, 이 글의 작성에 국가인권위원회의 역할에 관련된 부분에서 조형석의 도움이 컸다. 이 글에서 언급한 국가인권위원회의 역할은 위원회의 공식의견이 아닌 필자의 개인의견임을 밝혀 둔다.

표를 통해 국제사회에 주지되었지만 민주화의 성과인 인권신장은 지표로 제시되지 않았다.

한 사회의 인권수준을 가늠하는 지표가 무엇인가? 비교적 국제적 기준이 선명한 경제지표와는 달리 합의된 인권지표를 제시하기 어렵다. 국제적인 차원에서 개인의 존엄, 정치적 · 시민적 자유, 사회 · 경제적 권리, 여성 · 아동의 권리 등등 세부적 영역에 따라 인권지표를 계량화하는 시도가 행해지고 있다. 그러나 이들 세부지표를 아우르는 통합지표의 개발은 미래 과제로 남아 있다.[1]

역사적으로 인류의 삶에 일어난 가장 극적인 질적 변화는 과학기술의 발전에 따라 좌우되어 왔다. 오늘날에는 오히려 과학 · 기술이 특수한 선도집단이나 국가의 정책을 넘어 보통사람의 일상을 너무나 깊이 지배하고 있다. 실로 오늘날처럼 과학 · 기술, 그리고 인권의 일상성이 확보된 시기가 있었을까? 흔히 21세기를 일러 과학기술의 시대라고 일컫는다. 그런가 하면 인권 또한 못지 않은 일상적 화두가 되어 있다. 이 글은 일상적 현실로서의 '과학 · 기술'과, 마찬가지로 일상적 규범으로서의 '인권'의 관계를 어떻게 이해할 것인가라는 문제의식에서 출발한다. 종래의 인권담론의 전형적인 자세는 과학기술의 발전이 인간의 존엄을 해치며, 인권 침해적 과학기술 사회로부터 인간의 존엄을 지켜내는 것을 주된 의제로 삼는다. 이 글에서는 '과학기술적' 인권의 법제의 특성을 현상적으로 약술한다. 이어서 국제적 규범으로서의 인권법제 속에 과학기술의 문제가 어떻게 반영되었는지 검토한다. 마지막으로 우리나라의 국가인권위원회의 업무와 관련된 과학기술과 인권의 문제를 약술한다.

Ⅱ. 과학기술적 인권의 특성

1. 과학과 기술의 관계

"현대의 지성세계는 과학의 제국주의와 철학의 사대주의로 요약할 수 있다"[2]라는 주장이 있듯이 과학은 현대 지성의 최정점에 서 있다고 해도 과언이

1) 이성우, "과학적 인권연구를 위한 개념과 인권지표의 다면성에 관한 연구," 「분쟁해결연구」 제 3 권 제 1 호(2005. 6), 6-31쪽.

2) James McCllan, Science and Technology in World History, 전대호 옮김, 「과학과 기술로

아니다. "과학은 진리 탐구의 영역이나 인권은 법적 정의의 영역이다." 과학의 이상과는 달리 과학에 기초한 기술과 산업발전의 혜택은 계층별로, 인종별로, 국가별로 불균등하게 배분되는 것이 현실이다.[3)]

'과학'(science)과 기술(technology)에 대한 명확한 정의가 정립되어 있지는 않으나 양자가 서로 명확하게 구분된다는 입장과 서로 준별될 수 없거나 구별의 의미 내지는 실익이 없다는 입장이 대립되어 있다. 어쨌든 과학과 기술을 준별하는 것이 종래의 통념이었다.[4)] 이러한 관점에서 고대 중국에는 기술만 있었고, 과학은 없었다고 주장하기도 한다.[5)] 이러한 구분론의 관점에서 보면 자연과학은 자연을 몰가치적, 객관적으로 탐구하여 얻은 지식인 반면, 기술은 자연법칙을 이용하여 인간의 생활에 실용화하는 기법을 말한다.[6)] 그러나 루이스 멈포드(Lewis Mumford)는 과학적 지식의 탄생의 배경에는 기술적 필요성이 있다고 주장하기도 하고 적어도 인권문제의 논의에 관한 한 과학, 기술을 개념적으로 구분하는 실익이 없게 되었다.[7)] 어쨌든 한때는 유한계급의 지적 호기심을 충족시키는 과학이 전문화의 길을 걸으면서 상아탑 안으로 도피하였고 인간의 복지와는 무관한 '과학을 위한' 과학의 탐구에 탐닉하였다는 비판[8)]이 설득력을 더해 갈 정도로 과학과 기술의 괴리를 부추긴다. 기술은 진보, 확산, 가치 부수성의 특성을 가진다. 21세기에 기술발전의 미칠 영향으로 남녀평등, 지역의 균형발전, 지구촌화 등을 예측한다.[9)] 이렇듯 기술의 기여가 전면에 드러나

본 세계사 강의」, 모티브(2006) 역자 후기 569쪽. "과학이 진리에 대해 최종적인 판결을 내릴 수 있는 특권자로 군림하고 있는 지금, 많은 철학자들은 스스로 과학자로 자처한다." 568쪽.

3) 홍성욱 "과학과 인권" 「인권평론」 창간호(2006. 12) 한국인권재단 131쪽.

4) L. Stevens & H. Byerly. "The Many Faces of Science: An Introduction to Scientists," Values & Society(1995), 이상빈 옮김, 「과학의 양심선언」, 10101(1998) 18쪽. "과학은 기술이 아니다. … 과학의 주된 관심사는 기술지식인 노하우(knowhow)와는 반대되는 '지식을 얻는 것'(knowing that), 다시 말하면 지리 지식이라고 할 수 있다."

5) 중국의 전통적인 지식인 문화는 대체로 기술과 분리되어 있었다. … 기술자들은 대체로 문맹이었고 사회적 지위가 낮았다. … 다른 한편 학자와 '과학자'들은 글을 읽고 쓰고 장기간의 교육을 받았고 높은 사회적 지위를 누렸다. 그들은 기술의 세계에서 사회적으로 분리되어 있었다. 국가시험과 관료체제는 학자 관료를 장인 기술자로부터 제도적으로 격리했고 과학과 기술의 분리를 강화했다. James McCllan, 앞의 책 주 2), 194-195쪽.

6) 권태준 "과학적 실천이란 무엇인가," 「현대사회와 과학문명」, 서울대학교 사회정의 연구실천모임 편, 나남출판(1997), 38-51, 39쪽.

7) 홍성욱, 앞의 글, 주 3), 131쪽 주 1).

8) Joseph Rotblat, "과학적 가치와 인간," 「과학연구의 윤리」, 유네스코 편 당대(2000), 282-295쪽.

9) 이장규, "산업기술의 발전과 21세기의 삶," 서울대학교 사회정의연구실천 모임 엮음(나남출

지만, 기술의 원천은 과학이다.

2. 인권의 역사와 과학기술의 기여

과학기술의 발전이 인류의 삶의 질적 제고에 기여한 공로는 혁혁하다. 서양의 역사에서 중요한 인간 정신의 해방의 사건의 예로 거론되는 루터의 종교개혁의 성공도 인쇄술의 발달로 인해 결정적으로 도움을 얻었다. 루터 이전 200여 년 전부터 수많은 선각자들이 교회의 개혁을 부르짖었지만 자신들의 주장을 확산시킬 매체가 없었다. 1517년 10월 31일, 비텐베르크 만성(萬聖) 교회 정문에 내다붙인 루터의 대자보의 95개 조항은 이미 40년 전에 실용화된 구텐베르크의 인쇄술에 힘입어 전 유럽지역에 확산되었던 것이다.[10] 노예의 해방도 기계의 발명에 결정적으로 힘입었다.

산업혁명 시대의 공장노동자에 대한 비인간인 처우에 대해서 당시에도 많은 비판이 있었다. 1725년 다니엘 드포(Daniel Defoe)의 일기를 보면[11] 18세기 영국의 잔혹한 노동환경을 알 수 있다. Charles Dickens의 소설도 당시의 '사회적 텍스트'로 정평이 있다.[12] 지난 2세기 동안 서구사회에서도 영양과 건강상태의 개선과 평균수명의 연장은 괄목할 만하다. 한 마디로 과학과 기술은 비인간화보다 인간화에 더욱 기여한 것은 의심의 여지가 없다. "근대 과학 이전의 문명에서의 삶에 향수를 느끼는 '휴머니스트'들은 자신이 당시에 살았더라면 노동자나 농노가 아니라 특권계급의 일원이라고 가정하는 경향이 있다"[13]라는 풍자는 음미할 가치가 있다.

3. 과학기술법제의 특성

여러 가지 관점에서 현대 과학기술이 제기하는 문제점을 효과적으로 다루기에는 전통적인 법의 접근방식이 부적절하다는 지적이 제기되었다. 한 마디로

판, 1997), 140-169쪽, 특히 161-167쪽.

10) Jacques Barzun, From Dawn to Decadence(Harper Collins Publishers Inc. 2000), 이희재 옮김, 「새벽에서 황혼까지 1500-2000」 1권(민음사), 31-32쪽.

11) Stevens & Byerly, 앞의 책, 주 4), 372쪽.

12) Charles Dickens, Hard Times(1854).

13) Stevens & Byerly, 앞의 책, 주 4), 372쪽.

말해서 과학기술법제의 특성은 사회발전의 속도를 적시에 반영하지 못하면 설득력을 가질 수 없다. 많은 분야에서 전통적인 법학에 근거를 둔 근본적 가설들이 전복된다. 우선 종래의 법제는 인권을 "아날로그 개념으로 파악한다. 원자론 수준에서 규정되는 개인은 그의 단선적이고도 일면적인 행위양태를 기준으로 하여 국가적 규율을 받는다. … 그러나 정보화로 특징지어지는 세계에서 개인은 자신의 욕망과 욕구에 따라 무단하게 자신을 변경시키고 복제하는 … 디지털 방식의 인간관계에 선다."[14] 여기에서는 해방에의 관심보다는 선택에의 관심이 선행한다.[15]

종래의 인권법제의 접근법이 현실적 정합성이 취약한 한 예로, 전통적인 인권문제의 경우에 가해자나 피해자가 비교적 선명하게 드러난다. 가해자는 국가 또는 다수의 집단이고 피해자는 특정인 또는 소수의 집단에 한정되었다. 그러나 과학기술의 경우는 피해자 그룹(vulnerable group)을 특정하기 어렵고 사회의 구성원 전체가 대상이 될 수 있다. 또한 과학기술의 경우는 침해 주체가 사적 영역에 속하는 경우가 많다. 인권에 대한 전통적 도발과 위협은 주로 정치권력으로부터 나오는 반면, 인권에 대한 새로운 도전은 기술을 상업화하려는 민간기업이나 기술 적용을 원하는 일반시민으로부터 나온다. 침해 구제의 내용과 시기에 있어서도 다른 양상을 보인다. 법과 인권의 문제가 대체로 이미 발생한 과거의 문제를 다루어 과학기술의 경우에는 일단 피해가 발생할 경우, 그 피해의 범위와 강도가 엄청나게 큰 경우가 즐비하다. 따라서 때때로 예방적 구제가 더욱 중시된다.[16]

법과 윤리 사이에 엄격한 경계를 유지할 수 없다는 난점이 있다. 과학기술의 경우 강제력이 부여되는 법의 단계에 이르지 않는 단순한 윤리의 문제도 그 파장이 심대하고 대중에 미치는 영향이 절대적이다.[17] 전통적인 윤리의 경우, 그 윤리의 바탕에는 구성원간의 합의가 존재한다. 그러나 과학연구의 경우는 연구자와 기술 산업화의 문제가 심각하게 제기된다.[18] 이러한 상황에서 이른바

14) 한상희 "정보화와 인권, 그리고 헌법,"「문화과학」제36호(2003. 12) 63-78쪽.

15) 같은 글, 70-71쪽.

16) 박은정, "생명공학시대의 인권의 특성,"「과학기술과 인권」, 유네스코 한국위원회 편(당대, 2001), 36-39쪽; 박은정, "법, 인권 생명," 계간 과학사상 제36호(2002), 142-143쪽.

17) 생명공학의 위험성과 비윤리성을 강조하는 저술로는 박병상,「녹색의 상상력 ── 과학기술 사회와 생태적 삶」(달팽이, 2006) 참조.

18) 이장규·홍성욱, 공학기술과 사회 ── 21세기 엔지니어를 위한 기술사회론 입문, 지호(2006), 278-284쪽.

'과학적 인도주의'의 논의가 부각되는 것은 지극히 자연스런 일이다.[19]

또한 과학기술의 경우 다른 어떤 분야에서보다도 국제규범의 적용범위가 넓고 세계화가 가속된다. 그만큼 지구화시대, 미래세대의 정의에 대한 성찰이 필요하고 새로운 차원의 논증이 요구되는 분야이기도 하다.

마지막으로 특기해야 할 한국의 상황은 과학기술과 법을 접목하는 시도가 모자란다는 것이다. 다른 말로 표현하자면 '서비스'와 '통합학문'으로서의 법학의 취약을 들 수 있다.[20] 우리나라에서 통용되고 있는 학문의 분류체계에 의하면 법학은 '문과'로, 보다 세분하면 '사회계열'로 분류된다. 현대사회에서의 법학은 문과 또는 이과 어느 특정 분류에 속하지 아니한다. 학문의 새로운 시대적 추세가 종래의 세분된 영역에 한정된 연구와 교육을 고수할 수 없게 만든다. 이른바 '학제적' 연구라는 연구방법론이 새로운 보편적 방법론으로 수용되고 있다. 조화, 융화, 융합, 통섭(統攝)[21] 등등의 이름으로 논의, 시행되고 있는 각종 지적 공조는 현대 사회가 당면한 여러 문제를 해결하여 사회의 총체적 발전을 도모하기 위해 불가피한 자구책이기도 하다.[22] 법학은 속성적으로 학제적 성격을 보유할 수밖에 없다. 법은 사회현상을 다루는 학문이고 사회의 현상은 원인이 다양하다. 개별적인 법률서비스는 구체적인 문제에 한정되지만, 이러한 구체적인 문제는 다양하기 짝이 없고 어떤 단일한 분류로도 묶어낼 수가 없기 때문이다. 인문학이나 자연과학 등의 학문은 현실적인 사회제도를 덜 유념하거나, 유념하지 않고 문제를 제기할 수가 있다. 이들 학문이 추구하는 가치를 절대성으로 표현한다면 법학의 임무는 현실적으로 성공의 가능성이 높은 제도를 정착시키는 상대성에 있다고 할 수 있다. 이런 관점에서 볼 때 법학은 여타 학문의 성과를 바탕으로 하여, 이성적인 사회제도를 건설하는 합리적인 지식의 총체이다.[23] 그런데 특히 현대사회의 인류의 삶의 물질적 수준을 결정하는 데

19) 박은정, 앞의 글, 주 16) 144쪽.

20) 안경환 "21세기 한국법학의 지향 목표," 서울대학교 법학(제47권 제 4 호 2006, 1-13쪽), 안경환, "21세기 법학교육과 법학전문대학원," 서울대학교 법학 제45권 제 2 호(2004), 1-7쪽; 안경환 "Law School의 본질과 현상," 동아법학 제37호(2005), 277-288쪽; Kyong-Whan Ahn, "Law Reform in Korea and the Agenda of Graduate Law School," 24 Wisconsin Int'l L. J. 223 (2006), pp. 213-237. 이들 글에서 필자는 '대학원'(graduate school) 차원의 법학 교육문제를 논하면서 특히 과학기술과 법의 융합적 연구의 중요성을 강조했다.

21) Edward Osborne Wilson, Consilience: The Utility of Knowledge, Random of Knowledge Random House(1999), 최재천 외 역, 「통섭(지식의 대통합)」, 사이언스북스(2005).

22) 김광웅, "미래의 학문, 대학의 미래" 「서울대학교 개교 60주년기념 학술심포지엄 자료집」(2006), 57-106쪽.

자연과학의 기여는 절대적이다.[24] 그만큼 자연과학과 법학의 결합이 중요하다.

법학은 통합학문이다. 현대인의 일상에서 발생하는 분쟁의 범위와 성격은 어떤 기준이나 분류로도 한정할 수 없는 총합적 지적체계인 것이다. 이렇게 보면 법학은 사학, 철학, 물리학, 공학, 미술 여타의 학문과 '나란히' 병렬적 지위에 서는 것이 아니라 이들 학문 '위에' 서서, 이들 학문의 성과에 기초하여 사회적 제도를 건설, 운용하는 지적체계인 것이다.[25] 우리나라 법학의 결정적 취약점은 이러한 통합학문으로서의 법학의 학문적 역할이 확립되지 못했다는 점이다.

4. '과학 인권'의 포괄성

우리나라에서는 경제성장에 대한 자신감과 함께 과학낙관주의 분위기가 지배한다.[26] 인권개념의 확대, 발전과정을 보면 자유권(제1세대 인권)에서 사회권(제2세대 인권)으로, 이어서 개발, 연대권을 주된 내용으로 하는 '제3세대 인권'으로 확장되고 있다. 과학기술의 분야도 생명공학,[27] 에너지, 환경, 정보통신,[28] 지적 재산, 환경 등등 분야도 다양하기 짝이 없고, 세부 분야에 따라서 다른 접근법이 요구된다.[29] 아동, 수형자, 정신장애자 등 취약집단 사람을 대상으로 하는 연구[30]의 윤리적 한계를 역설하는가 하면, 인간은 물론 동물을 대상

23) 법학의 특성은 모든 이론을 현실의 제도로 만드는 데 기여하는 실천적 학문이라는 점이다. 보다 직접적으로 규정하자면 법은 인간의 공동생활에서 발생하는 갈등과 분쟁을 해결하는 원리, 다시 말하자면 '문제'에 대한 '답'을 제공하는 임무를 담당한다

24) 안경환, "21세기 인간상과 기본권" 헌법학연구 5-2(1999), 5-15쪽. 안경환, "과학기술 시대의 법" 한겨레신문, 2005년 2월 24일.

25) 미국에서도 흔히 법학교수를 'half-intellectual'이라고 폄하하기도 한다. 그러나 어떤 분야의 지적 논쟁에도 균형감각을 갖추고 참여할 수 있는 법률가 지성인이 존재한다는 점에서 법학자 집단을 'well-balanced intellectual'이라고 부르는 경우도 있다.

26) 우리나라를 비롯한 동아시아는 과학기술에 대한 국민신뢰가 높다. 박은정, 앞의 글 주 16), 30쪽.

27) "생명윤리는 생명공학의 기본이다. 자본의 돈벌이를 위해 생명윤리를 경시한다면 후손의 생명이 경시된다. 건전한 생명공학을 위해서도 일부 프랑켄스타인 박사와 같은 연구자 집단, 그 연구자 집단을 불투명하게 지원하는 정부에 감시와 제동의 멍에를 시민의 이름으로 씌워야 한다." 박병상 지음, 「녹색의 상상력: 과학기술사회와 생태적 삶」, 달팽이출판(2005), 150쪽.

28) Gregory J. Walters, Human Rights In an Information Age: A Philosophical Analysis (University of Toronto Press, 2001), Introduction. Ch. 1.

29) Leslie Stevenson & Harry Byerly, Many Faces of Science: An Introduction to Scientists, Values & Society(1995), 이상빈 옮김, 「과학의 양심선언」 10101(1998), 372-373쪽.

30) 박은정, "생명공학과 연구윤리: 사람을 대상으로 하는 연구를 중심으로," 유네스코 한국위원회 편, 「과학연구윤리」, 당대(2000) 74-119쪽.

으로 하는 연구에까지 윤리문제를 확장하는 담론도 세를 얻고 있다.[31]

특히 통신 기술의 발전이 인권의 증진에 미치는 영향은 지극히 심대하다. e-mail, 인터넷, 휴대폰, 팩스, 컴퓨터, 스캐너, 디지털 카메라 등등 이 모든 도구들이 정보를 순식간에 확산시킬 수 있다. 이들 첨단매체를 이용한 정보의 확산은 정부의 통제를 회피하고 국경을 넘나들고, 무지와 불신의 장벽을 무너뜨리며,[32] 멕시코의 반군 자파티스트의 활동이나, 버마의 해외민주화운동도 사이버스페스에서의 활동에 크게 의존하고 있다. 국제사회는 제네바의 UN 고등판무관실에 24시간 인권비상연락망(Human Right Hot Line)을 설치하고 있다고 비유할 수 있다.

Ⅲ. 국제 규범체계

1. 세계인권선언

1948년에 채택된 〈세계인권선언〉(The Universal Declaration of Human Rights, UDHR) 제27조 제 1 항과 1966년에 성안된 '사회권 규약' 제15조 제 1 항 (b)호는 "과학의 진보 및 응용으로부터 이익을 향유할 권리"에 대하여 규정함으로서 과학기술과 인권의 조화를 도모한다.[33]

세계인권선언은 〈경제 사회 문화적 권리에 관한 국제협약(The International Covenant on Economic, Social and Cultural Rights, ICESCR, 속칭 '사회권협약' 또는 'A Covenant')〉, 〈시민적 정치적 권리에 관한 국제협약, The International Covenant on Civil and Political Rights, ICCPR, 속칭 '자유권 협약' 또는 'B Covenant'〉 등과 함께 "UN의 권리장전"(International Bill of Rights)[34]의 핵

---

31) 김진식 "동물이용 연구윤리," 같은 책 121-172쪽.

32) Paul Gordon Lauren, "The Evolution of International Human Rights: Visions Seen," 2nd ed.(University of Pennsylvania Press, 2003), pp 279-281.

33) 동일한 내용을 경제적·사회적 및 문화적 권리에 관한 미주인권협약 추가 의정서(Additional Protocol to the American Convention on Human Rights in the Area of Economic, Social and Cultural Rights "Protocol of San Salvador") 제14조 1항 (b)호에서도 규정하고 있음.

34) International Bill of Human Rights, U.N. GAOR 3d Session, Supp. NO. 1. at 71, U.N. Dec. A/565(1948).

심을 이룬다.[35]

세계인권선언은 강제력이 없는 '선언'의 형식을 취하고 있지만 많은 내용이 사실상 국제관습법(customary international law)의 효력을 보유한다는 데 의문이 없다. 노벨상 수상자이자 UN 인권위원회의 프랑스 대표를 역임한 르네 까쌩(Rene Cassin)은 1948년 세계 인권선언에 담긴 인권의 체계를 4개의 기둥 위에 선 신전에 비유했다. 즉 (1) 평등권, 신체의 자유 등과 같은 개인적 권리(personal rights, 1-11조), (2) 프라이버시권, 혼인과 가족에 관한 자유 등 자신이 속한 집단의 다른 구성원과 관계를 설정하는 '사회적 권리'[36](social rights, 12-17조), (3) 사상의 자유, 집회결사의 자유 등 정치적 자유(political rights, 18-21조), (4) 근로의 권리, 직업선택의 자유, 노동조합결성의 자유, 행복추구권, 교육을 받을 권리 등 경제적 문화적 권리(economic and cultural rights(22-27조)의 네 개의 기둥이 받치고 있다는 것이다. 이들 네 개의 기둥 위에 박공벽(pediment)의 역할을 하는 28조-30조가 자리잡고 있다.[37][38] 제28조는 사회적, 국제적 실천에 대해 규정하고, 제29, 30조는 권리 사이의 조화를 규정한다.

이러한 선언의 기본구도는 과학과 인권을 대립적 관계로 파악하는 것이라고 할 수 있다. 보다 세분하면 첫째, 과학의 정치적 남용이 전쟁으로 이어지는 불행을 경계하고, 둘째, 평화시 규범으로서의 인권의 일상화를 도모하고, 셋째, 대중의 개인적 인권과 자신의 과학적 성과의 혜택을 누릴 과학자의 권리 사이의 조화를 이루는 규범체계를 도모하는 것이다.

2. 사회권 규약

이러한 세계인권선언의 정신이 사회권협약에 구체화된 내용은 보다 진일보한 것이 사회권 규약(A규약)이다. 규약 제15조가 국가의 의무를 명시한다. "본 협약의 체약당사국은 모든 사람이 … 과학적 진보와 그 응용의 이익을 향유할 권리(to enjoy the benefits of scientific progress and its application)가 있음을

35) 정상기 · 명재진, 생명과학기술의 응용과 기본권보호적 한계, 집문당(2003), 제 6 장 "기본권 보호에 관한 생명과학의 국제법적 규제."

36) 전형적인 헌법학적 의미의 '사회적 권리'와는 다른 분류임은 주의를 요한다.

37) 홍성욱, 앞의 글, 주 3), 134-135쪽.

38) Richard Pierre Claude, "Science in the Service of Human Rights," University of Pennsylvania Press(2002) p. 21.

인정한다."[39] 사회권 규약 제15조 제 1 항 (b)호는 적극적으로 과학의 진보로부터 이익을 향유할 권리와 소극적으로는 과학의 진보의 결과로 인권침해를 당하지 않을 두개의 권리를 모두 포함하고 있다. 이는 세계인권선언의 "과학적 발전과 그 혜택을 공유할"(to share in scientific advancement and its benefit) 권리보다 한 걸음 더 진전한 것으로 평가한다.[40] 따라서 당사국은 과학의 진보에 의한 인권침해를 하지 않을 의무와 또한 인권침해가 발생하지 않도록 조치를 취할 적극적 의무가 있다.

사회권 규약위원회(ECOSOC)는 이 권리를 실현하기 위해 최소 핵심적인 권리(Core Minimum Rights)를 천명했다. 즉 사회권 규약위원회는 정부보고서의 작성지침에서 인권의 향유에 반대되는 목적을 위해, 과학적 및 기술적 진보의 사용을 방지하기 위해 취해진 조치에 대하여 정보를 제공할 것을 요구하고 있다. 또한 규약 제15조 2항은 이를 위하여 각 당사국이 입법조치의 채택을 포함한 모든 적절한 수단에 의하여 이를 달성할 것을 규정하고 있다.

UNESCO도 이러한 최소원칙을 거듭 확인했다. 즉 자유로운 환경의 조성(environment of freedom), 위해로부터 보호(protection from harm) 수혜자의 평등(equality among beneficiary) 그리고 국제적 협력 (international co-operation)을 강조한다.

과학기술과 인권의 문제는 두 가지 방향에서 접근할 수 있다. 첫째는 과학기술에 대한 균등한 접근권의 보장이고, 둘째는 과학기술 자체에 대한 통제이다. 세계인권선언이나 사회권규약이 최초로 성안되었을 때는 주로 전자의 의미로 사용되었으나, 후일 후자로 비중이 옮겨 왔다. 평등한 접근권에서 과학기술에 대한 통제권으로 중심이 이동한 결정적인 계기는 1968년에 개최된 테헤란

39) Article 15 (1). The State Parties to the present Covenant recognize the right of everyone: (a) to take part in cultural life; (b) to enjoy the benefits of scientific progress and its applications; (c) to benefit from the protection of the moral and material interests resulting from any scientific, literary or artistic production of which he is the author.

(2) The steps to be taken by the State parties to the present Covenant to achieve the full realization of this right shall include those necessary for the conservation, the development, and the diffusion of science and culture.

3. The State parties to this Covenant recognize the benefits to be derived from the encouragement and development of international cooperation in the scientific and cultural fields.

40) Claude, 앞의 책, 주 38), p. 26.

국제인권회의에서 비롯되었다. 테헤란 국제인권회의에서 채택한 '테헤란선언(Proclamation of Teheran)'은 과학기술의 발달이 경제적, 사회적, 문화적으로 거대한 진보를 가지고 왔으나 그러한 발전이 개인의 자유와 권리를 위협하고 있으므로 계속적인 주의가 요구된다고 언급하였다.[41] 또한 1999년 헝가리 부다페스트 과학회의에서 개최된 세계과학회의에서 채택한 "과학과 과학 지식의 이용에 관한 선언(Declaration on Science and the Use of Scientific Knowledge)"[42]과 "과학의제-행동강령(Science Agenda-Framework for Action)"[43]에서도 이러한 원칙이 거듭 확인되었다. 한 마디로 요약하면 국가의 의무는 과학을 보존, 발전, 확산(conserve, develop, diffuse)시킬 의무로 요약할 수 있다.

3. 자유권 규약

사회권규약과는 달리 자유권규약은 과학기술을 매개체로 한 인권의 침해에 대한 구제제도를 마련한다. UN 자유권 규약(B Covenant)은 각종 시민적, 정치적 자유를 규정하고 선택의정서(Optional Protocol)[44]에 근거하여 공권력에 권리를 침해당한 개인이 직접 UN인권위원회에 진정을 제기할 수 있는 개인통보(communication)제도를 보장한다. 이를테면 자유권 규약 제17조는 모든 사람은 사생활, 가정, 주거 또는 통신에 대하여 자의적이거나 불법적인 간섭을 받지 않을 사생활의 권리를 보장한다.[45] 국가는 사생활에 대한 부당한 간섭을 금지할 의무가 있으며, 이를 위한 법제도를 제공할 의무가 있다. 따라서 이 규정에 따라 당사국은 컴퓨터, 데이터 뱅크 및 기타 장치를 통해 개인 정보를 수집하고 보관하는 것은 공공기관 또는 개인, 사설 단체를 불문하고 반드시 법률로써 규제되어야 하며, 어떤 개인의 사생활에 관한 정보가, 그것을 획득, 소지, 사용할 법률상 권한이 없는 자의 손에 닿거나, 동 규약에 부합하지 않는 목적으로 이용되지 않도록 효과적인 조치를 취해야 한다.

---

41) Proclamation of Teheran(1968), para. 18.

42) Declaration on Science and the Use of Scientific Knowledge(World Conference on Science, 1 July 1999), para. 3.

43) Science Agenda-Framework for Action(World Conference on Science, 1 July 1999), para. 3.2.

44) GA. Res. 2200A(XXI), 16 December, 1966.

45) No one shall be subjected to arbitrary or unlawful interference with his privacy or correspondence, nor to unlawful attacks on hi honour and reputation.

4. 기타 국제문서

기타 포괄적 내지 개별적 주제에 관한 국제적 문서로는 1975년 유엔 과학, 기술진보의 이용에 관한 선언(UN Declaration on the Use of Scientific and Technological Progress)이나[46] 인간게놈 및 인권에 관한 세계선언(Universal Declaration on Human Genome and Human Rights, 1999), 과학과 과학 지식의 이용에 관한 선언(Declaration on Science and the Use of Scientific Knowledge), 과학의제-행동강령(Science Agenda-Framework for Action), EU의 유럽생명윤리협약(The Convention for the Protection of Human Rights and Dignity of Human Being With Regard to the Application of Biology and Medicine: Convention on Human Rights and Biomedicine, 1997) 유럽 인권과 생의학에 관한 협약(Convention on Human Rights and Biomedicine, 1997) 등등이 있고, 각종 의료[47] 과학단체의 선언 윤리 강령 등도 많다. 특히 통신기술의 발달로 인한 프라이버시 침해를 방지하기 위한 노력도 활발하다. 〈개인데이터의 국제유통과 프라이버시보호에 관한 가이드라인〉(Guidelines on the Protection of Privacy and Transborder Flows of Personal Data, OECD가이드라인), 〈전자화된 개인정보와 관련된 규정을 위한 가이드라인〉(Guidelines for the Regulation of Computerized Personal Data Files, UN가이드라인), 〈개인정보의 처리 및 자유로운 전송에 관한 개인보호 지침〉(Directive of the European Parliament and the Council on the protection of individuals with regards to the processing of personal data and the free movement of such data, EU지침) 등이 있다.

Ⅳ. 대한민국 헌법체계

1. 인간의 존엄과 가치와 과학기술

대한민국 헌법은 과학기술과 관련된 몇 개의 조항을 두고 있다. 출발점은 모든 기본권의 기초조항이 되는 헌법 제10조에서 구할 수 있다. 헌법 제10조

46) Resolution 3384(XXX) of November 15 1975.

47) International Code of Medical Ethics of the World Medical Association(1949, 1968, 1983).

"모든 국민은 인간으로서의 존엄과 가치를 가지며 행복을 추구할 권리를 가진다. 국가는 개인이 가지는 불가침의 기본적 인권을 확인하고 이를 보장할 의무를 진다"라고 선언함으로써 인간의 존엄과 가치와 행복추구권이라는 포괄적인 내용의 기본권을 보장함과 동시에, 별도의 문장으로 국가의 기본권 보장의무를 규정하고 있다.

인간의 존엄과 가치는 행복을 추구할 권리와 '인간다운 생활을 할 권리'와 논리적으로 결합되어 있다. "인간다운"이라는 수식어는 인간이 공동체의 일원으로서 적정한 역할을 분담할 수 있는 지위와 여건을 의미할 것이다. 이는 단순한 생존 이상의 의미를 보유한다. 인간의 행복은 자유로운 인격의 존재로서의 자아를 실현할 포괄적인 자유와 더불어 물질적 풍요를 추구할 권리를 통해 실현된다. 과학은 인간의 생명, 자유, 재산, 이 모든 것을 포괄하는 인간생활의 예측가능성을 높이고 결과적으로 삶의 질을 높이는 데 결정적으로 기여한다.

2. 국제인권규범의 법적 효력

헌법 제6조 제1항은 국제법의 국내법적 효력에 관련하여 "헌법에 의하여 체결, 공포된 조약과 일반적으로 승인된 국제법규는 국내법과 같은 효력을 가진다"라고 규정한다. 우리나라는 1990년 "사회권협약"에 가입하였다. 따라서 협약상의 권리 의무를 진다. '일반적으로 승인된 국제법규'는 다른 말로 국제관습법(customary international law)을 의미한다. 유엔인권선언이 이 범주에 속하는 대표적인 문건임은 물론이다.

3. 과학기술의 보호 육성

우리나라 헌법 제 22조는 1항에서 "모든 국민은 학문과 예술의 자유를 가진다"라는 학문과 예술의 자유 일반에 관한 기본조항을 규정하고, 이어 2항에서 "저작자, 발명가, 과학기술자와 예술가의 권리는 법률로써 보호한다"라는 규정을 두어 각종 제정법의 근거를 마련하였다. 이 조항에 근거하여 제정된 과학기술기본법(2001. 1. 16, 법률 제6353호)은 제2조에 "과학기술혁신이 인간존엄을 바탕으로 하여 자연환경 및 사회윤리와 조화"를 이루도록 하는 것을(2004년 9월 23일 개정) 기본이념으로 천명하여 국제적 규범 체제에 동참하였다. 이러한 상황에서 다른 학문, 예술과 구분되는 과학기술에 대한 특별한 보호, 육성은 헌법과 법률의 체계 속에 정면으로 드러날 수 없다. 다만 헌법 제127조는 1항 "국가는 과학기술의 혁신과 정보 및 인력의 개발을 통하여 국민경제의 발전에 노력하여야 한다"라는 선언적 규정을 두고 이어 3항에서 "대통령은 제 1 항의 목적을 달성하기 위하여 필요한 자문기구를 둘 수 있다"라고 규정한다. 이 규정을 바탕으로 1991년 3월 8일 국가과학기술 자문회의법에 제정되었고 국가과학기술자문회의가 구성되어 오늘에 이르기까지 존치되고 있으나 활동실적은 미미하다는 것이 중론이다.

Ⅴ. 국가위원회의 역할

2001년에 제정된 국가인권위원회법 제19조는 위원회의 업무에 관해 규정하고 있다. (공권력에 의한) 인권침해행위에 대한 조사와 규제(제 2 호), 차별에 대한 조사와 규제(제 3 호)의 양대 업무 이외에도 인권에 관한 제도 정책에 관한 권고 또는 의견의 표명(제 1 호)의 권한이 있다. 또한 국제인권조약에의 가입 및 그 조약의 이행에 관한 연구와 권고 또는 의견의 표명(제 7 호)을 할 권한을 보유한다.

설립이후 국가인권위원회에 접수된 과학기술을 매개로 한 공권력에 의한 인권침해 진정(2001. 11~2007. 1. 16)은 총 478건에 달한다. 이 숫자는 같은 기간 동안 접수된 공권력 침해관련 진정 총수 22,823건의 2.2%에 해당하는 숫자이다. 내용을 세분하면 CCTV(219건), 개인정보 집적(193건) 도・감청(29건), 원자력(19건), 지문 등 생체정보(11건), 유전자 감식(7건) 등으로 나타난다. 이렇듯 현재까지 국가인권위원회에 접수된 과학기술 관련 공권력 침해를 이유로 한 진정은 주로 정보와 프라이버시에 관련된 것이 대종이었다.

과학기술에 관련하여 국가인권위원회가 권고한 정책의 예로는 보건복지부 장관을 상대로 한 생명윤리법에 제정안에 대한 의견 제시(2002. 11. 4)[48] 실종

48) 여성의 인권보호를 위한 규정의 보완, 생명 업무를 상업적 영리 추구 기관에 업무 위탁하는

아동찾기지원법안에 대한 의견표명,49) 교육인적자원부 장관을 상대로 한 교육행정정보시스템(NEIS)에 관한 개선권고(2003. 5. 12)50) 공공기관의 개인정보보호에관한법률 개정안에 대한 의견표명, 행정자치부 장관과 국회의장을 상대로 한 공공기관의 CCTV 등 무인단속장비의 설치 운영 관련 정책 권고(2004. 4. 19)를 행했다.

생명과학기술의 발달은 생명윤리 및 안전에 관한 문제를 야기하며 인간의 존엄과 가치를 침해할 수 있는 위험을 수반한다. 정보통신기술의 발달은 개인정보의 과도한 수집 및 관리 문제로 사생활의 자유와 비밀을 침해할 위험을 안고 있다. 개인정보에 있어서는 정보화 진전에 따라 개인정보의 데이터베이스 수집과 집적이 증가하고, 개인정보 자동수집기술이나 지문, 홍채 등 생체인식기술이 발전하여 프라이버시권이 침해될 가능성이 증가하고 있다. 모든 사람은 자신의 사생활을 최대한 효과적으로 보호하기 위해 자신의 정보가 자동 정보파일(automatic data files)에 저장되었는지, 저장된다면 어떠한 정보가 또한 어떠한 목적으로 저장되었는지를 이해하기 쉬운 형식으로 확인할 권리를 가지며, 또한 어떤 공공기관이 파일을 관리하고 있는지에 대해 확인할 수 있어야 하며, 만약 그러한 파일이 부정확한 개인 자료를 포함하거나 또는 법률에 위반하여 수집, 처리되었을 경우 모든 개인에게 수정 및 삭제를 요청할 권리가 주어져야 할 것이다.

그러나 공공기관의 개인정보 수집에 의한 인권침해가 발생할 우려가 높음으로 인권위는 국가와 공공기관이 개인의 정보 보호 및 개인정보 침해 구제 등에 있어 국제적 기준에 부합하는 정책을 수립하고 시행할 수 있도록 지원, 감시하는 법률을 검토하고 적극적으로 정책권고를 해야 할 것이다.

뿐만 아니라 생명과학기술과 관련된 법령 및 제도에 대한 모니터링을 지속적으로 실시하여 생명과학기술이 인간의 질병 예방 및 치료 등을 위하여서만 개발·이용될 수 있는 친인권적 환경 조성을 위해 노력할 것이다. 한 예로 현재 보건복지부 산하의 국가생명윤리심의위원회가 담당하고 있는 생명윤리와 관련된 모든 입법 및 정책과 관하여 업무 협조와 모니터링을 통하여 적극적으

것을 제한 내지는 축소할 것을 내용으로 하는 권고로 권고 내용의 일부가 수용되었다.

49) 유전자 검사 대상 아동을 명확하게 특정하도록 하고 유전자검사 결과관리 등에 관해 명확한 범주와 대상을 법률에 명시할 것을 내용으로 하는 권고로

50) NEIS의 개발 영역 중 교무/학사, 입·진학, 보건 영역 등의 개선 권고로 전면 수용되었다.

로 의견을 개진해야 할 것이다.

무엇보다도 국가위원회는 국제협약의 당사국의 의무를 국내 및 국제적 차원에서 모니터링 하기 위하여 고안된 적절한 지표와 국제기준을 중심으로 개인정보 및 생명윤리에 대한 기준을 설정하도록 노력해야 할 것이다.

제 3 장

법정에 선 과학과 종교: 미국 창조-진화 논쟁

박 희 주*

인류역사를 통해 가장 강력한 두 지적체계는 아마도 과학과 종교라고 할 수 있을 것이다. 이 두 체계는 때로는 앙숙하며 때로는 협력하기도 하고 때로는 서로를 멀리하는 등 다양한 관계를 연출해 왔다. 갈릴레오 사건 이후 한동안 잠잠하던 갈등의 관계는 다윈의 진화론이 도입된 이후 재연될 조짐이 보이다 20세기 미국의 경우 사회문제 나아가 법정문제로까지 비화되었다. 이 글에서는 진화론이 도입된 이후 미국 사회에서 일었던 1920년대의 반진화론운동과 스코프스재판 그리고 80년대 창조론운동과 아칸소재판을 다룬다. 이 두 재판을 통해 과학과 종교는 진화론과 창조론 문제를 두고 법정에 서게 된 것이다.

1859년 종의 기원 출간이후 미국 사회에 소개되었던 진화론은 주로 과학자와 지식인에 국한되었으나 1900년대 접어들어 미국 중등교육의 급속한 확대와 함께 사회전반에 보급된다. 이에 위협을 느낀 기독교 보수세력을 중심으로 1920년대 반진화론운동이 거세게 일어나고 결국 테네시 주를 비롯한 3개 주에서 반진화론법이 통과된다. 스코프스재판은 한 진보적 시민단체가 반진화론법을 문제삼아 일으킨 사건이다. 스코프스재판 결과 양 측은 모두 상처를 입는다. 진화론측은 패소하였으며 반진화론 측 역시 재판과정에서 언론의 집중포화로 이미지에 큰 타격을 받게 된 것이다. 이후 양 측 모두 더 이상의 진화론논쟁을 기피하는 분위기가 형성되었으며 진화론은 생물학 교과서에서 점차 사라져가게 된다.

---

* 과학사, 명지대학교 방목기초교육대학 교수.

미국 중등교과과정에서 사라진 진화론은 예기치 않은 사건으로 1960년대 복귀한다. 구 소련은 1957년 세계최초로 인공위성 발사에 성공함으로써 과학종주국을 자처하던 미국의 자긍심에 찬물을 끼얹었다. 국가적 위기감마저 느낀 미국은 이 문제를 타개하기 위해 초등교육에서 대학교육에 이르기까지 과학교육의 전면적인 개편을 추진하게 되고 그 일환으로 진화론도 복귀하게 된 것이다. 한편으로 1920년대의 반진화론운동은 70년대 들어 창조론운동으로 모습과 전략을 바꾸어 등장하며 미국 사회에 급속하게 퍼져나간다. 창조론자들은 더 이상 교과서에서 진화론을 제거하는 것이 불가능하게 되었다고 판단하고, 대신 진화론과 동등하게 창조론을 중등과정에서 의무적으로 교육할 것을 요구하게 된다. 이러한 전략으로 등장한 것이 소위 '동등시간법'이며 1981년 아칸소와 루이지애나 주에서 통과된다.

스코프스재판을 연출했던 미국시민자유연맹은 아칸소 주에서 법이 통과되자마자 즉각적으로 나서며 동등시간법의 위헌성을 들어 아칸소 주 법원에 이 법을 재소한다. 아칸소 재판의 핵심쟁점은 '창조과학'의 과학성이었다. 창조론자들의 주장과는 달리 '창조과학'이 과학이 아닌 종교라고 한다면 미국 헌법상 공립학교에서 이를 가르치는 것은 위헌사항이 되는 셈이었다. 이를 판단하기 위해 전문가 증언이 도입되었고 비교적 판단내용이 단순했던 스코프스재판과는 달리 재판의 내용은 복잡해져 갔다. 치열한 법정공방 끝에 동등시간법은 위헌으로 판결이 나고 창조론측은 패소했다. 하지만 창조과학의 과학성 문제는 법정을 떠나 이후에도 전문과학철학자 간에 치열한 논쟁을 유발하기도 했다. 이 글의 전반부에서는 미국 사회의 진화론 도입과 이에 따른 반진화론운동의 전개과정 그리고 스코프스재판을 다루며 후반부에서는 동등시간법의 제정배경을 설명한 후 주로 아칸소재판의 쟁점과 이를 둘러싼 논쟁에 초점을 맞추어 진행한다.

Ⅰ. 1920년대 반진화론법과 스코프스재판[1)]

1. 스코프스재판 이전의 진화론

다윈의 진화론이 도입되기 전 생물세계의 기원에 관한 미국과학자들의 생각을 지배했던 개념은 특별창조설이었다. 성서에 기초를 둔 이 관점에 따르면 하나님이 오늘날 우리가 알고 있는 것과 크게 다르지 않은 형태로 모든 종류의 생물을 창조하였다는 것이다. 그러나 1859년 런던과 뉴욕에서 동시 출간된 다윈의 『종의 기원』은 이러한 상황을 송두리째 바꾸어 놓았다. 다윈 진화론의 핵심메커니즘인 자연선택이론에 대해서는 반대의 목소리가 적지 않았지만 대부분의 과학자들이 생물의 진화와 공통조상설을 받아들였던 것이다. 이후 소수의 단순한 형태의 생명체로부터 오랜 세월 생물학적 과정을 통해 오늘날 볼 수 있는 다양한 생물세계가 점진적으로 발달해 나왔다는 생각이 보편화되기 시작했다. 공통조상으로부터 진화해 온 생물종에는 물론 인간도 포함되었다.

『종의 기원』이 출간된 후 20년 진화론은 미국과학자들 사이에 광범위하게 퍼져나갔으며 반진화론을 표방하는 생물학자는 모습을 찾기 어려웠다. 진화론이 과학자들 가운데 지배적 관점이 되면서 진화론은 중등교육에도 급속히 퍼져나갔다. 『종의 기원』 출간 이후 생물학 훈련을 받은 과학자들에 의해 고등학교 생물교과서가 집필되기 시작했다. 이들 교과서는 생명세계를 설명하면서 자연스럽게 진화론을 교과서에 도입했다. 찰스 E. 베시가 쓴 교과서가 대표적 경우였다. 이 외 19세기 후반에서 20세기 초반에 출판된 많은 교과서들이 진화론을 포함하고 있었으며 이 시기 고등학교 교과서에서 진화론은 창조론을 거의 대체하게 되었다.[2)]

이상스러운 일은 이러한 근본적 변화에도 불구하고 이에 대한 조직적인 반대가 거의 없었다는 점이다. 1920년경 격렬한 반진화론운동이 불붙기 전까지 미국공립학교는 수십 년 동안 이들 교과서로 진화론을 가르쳐 왔다. 왜 근본주

---

1) 이 부분에 대한 보다 상세한 내용은 박희주 “1920년대 반진화론 운동과 스코프스재판,” 「신앙과 학문」, 12권 2호, 2007. 참조.

2) Edward J. Larson, *Trial and Error: The American Controversy Over Creation and Evolution*(NewYork: Oxford University Press,1989, 2nd ed.) pp. 22-23.

의자들은 진화론에 대한 저항을 이토록 미루었을까? 대략 세 가지 정도를 들 수 있는데 우선 중등교육의 확대이다. 1900년을 전후해 공립중등교육이 급속히 확대되기 전까지 미국에서의 중등교육은 극히 미미한 수준이었다. 따라서 학교 교육 문제로서의 진화론은 사회적 관심을 거의 끌지 못했다. 그러나 20세기에 진입하면서 중등교육은 급속히 확산되고 이에 따라 진화론도 미국사회 전반에 광범위하게 퍼져나갔다. 두 번째 이유는 근본주의자들이 처음에는 진화론을 신앙과 사회에 대한 심각한 위협으로 보지 않았다는 점이다. 당시 이들은 소위 "고등비판"으로 대변되는 자유주의 신학과 격전을 벌이는 중이었고 따라서 진화론은 즉각적인 관심권 안에 들어오지 않았다.[3)]

마지막으로 1차 세계대전의 영향을 들 수 있다. 인간본성의 가장 어두운 면을 보여주었던 이 전대미문의 전쟁의 원인에 대해 고심하던 미국 지식인층은 독일의 전쟁이데올로기와 다윈주의 사이에 긴밀한 연관이 있다는 사실을 인식하게 되었다. 소위 "독일식" 다윈주의는 진화론의 핵심 메커니즘으로 잔혹한 생존투쟁을 강조했는데, 이를 국제관계에 그대로 적용한 결과가 1차 세계대전으로 나타났다고 이들은 보았던 것이다. 생물학자 버논 켈로그(Vernon Kellogg)의 『사령부의 밤』(1917)은 이러한 시각에 결정적 영향을 끼쳤다. 독일의 전율스러운 전쟁이데올로기와 그 이면의 진화론적 철학을 폭로하기 위해 집필한 이 책은 독일의 전쟁이데올로기는 다름 아닌 "가장 악질적 형태의 신다윈주의를 수용해 무소불위의 자연선택을 인간의 삶과 사회, 문화에 직접 적용한 것"이란 점을 설득력 있게 보여주었다.[4)] 켈로그의 책을 읽은 많은 사람들이 독일의 잔혹한 전쟁이데올로기와 다윈주의와의 관련을 확신하게 되었고, 그 중에 윌리엄 제닝스 브라이언(William Jennings Bryan)이 있었다. 브라이언은 세 번이나 미국 대통령후보를 지냈던 사람으로 1920년대 반진화론운동을 이끈 핵심인물이다.

이따금씩 진화론에 대한 반감을 표출하기는 했지만 브라이언이 진화론의 사악함을 확신하게 된 것은 켈로그의 책을 읽고서였다. 이후 진화론에 대한 브라이언의 반감은 점차 커갔으며 1921년의 "진화론의 위협" 등 일련의 연설을

3) 20세기 전후 미국에서의 고등비판의 등장과 이에 따른 논쟁에 대해서는 Ferenc Morton Szasz, *The Divided Mind of Protestant America, 1880-1930*(Alabama: The University of Alabama Press, 1982) 2장과 3장을 보라.

4) Vernon L. Kellogg, *Headquarters Nights*(Boston: Atlantic Monthly Press, 1917) p. 22.

통해 그는 진화론에 본격적인 공세를 퍼붓기 시작했다. 브라이언의 연설은 팸플릿으로 만들어져 광범위하게 유포되었으며 많은 보수기독교인들이 열정적으로 읽었다. 이 연설로 브라이언은 근본주의 그룹에서 즉각적인 명성을 얻었으며 근본주의 진영의 선봉에 서게 된다.

이즈음 브라이언이 "하나님과 진화"라는 제목으로 『뉴욕타임스』에 기고한 글은 공립학교의 진화론교육에 반대하는 브라이언의 논리를 잘 보여주고 있다.

> 국가의 세금으로 지원받는 교사가 종교를 가르쳐서는 안 된다는 원칙을 근거로 많은 지역의 학교에서 성경이 배제되었다. 이 원칙에 충실히 따른다면 종교를 반대하는 교사가 공립학교에서 반종교적 교육을 하는 것도 금지해야 한다. 공립학교에서 성경을 가르칠 수 없다면 거꾸로 왜 충실한 납세자인 기독교인들이 성경을 거짓말로 만드는 추측에 불과한 이론[다윈주의]을 공립학교에서 가르치는 것을 허용해야 하는가?[5)]

공립학교에서 성경을 가르칠 수 없다면 그리고 그 일환으로 인간과 만물의 기원에 대한 창세기의 창조기사를 가르칠 수 없다면 진화론도 가르치지 말아야 한다는 것이 브라이언의 기본 입장이었다.

브라이언이 진화론 논쟁에 뛰어든 것은 여러 면에서 근본주의 운동에 중요한 의미를 지녔다. 우선 브라이언은 진화론논쟁을 미국 사회전체가 연루된 종교, 교육 논쟁으로 선포함으로써 그 누구보다 향후 근본주의운동의 틀을 형성하는 데 중요한 역할을 했다. 또한 브라이언이 진화론 논쟁에 뛰어들었다는 사실 자체가 엄청난 반향을 불러일으켰다. 국민적 인지도를 가진 브라이언 같은 인물이 진화론을 반대함으로써 반진화론자들의 신념은 더욱 공고해졌던 것이다. 나아가 브라이언은 이들에게 부족했던 "국민적 평판과 명예, 그리고 충성스러운 추종자들을 거느린 대변인" 자리를 채워주었다.[6)] 한마디로 브라이언은 1920년대 반진화론운동을 이끈 견인차였다.

5) William Jennings Bryan, "God and evolution," *The New York Times*, 1922. 2. 26, p. 1.
6) Lawrence W. Levine, *Defender of the Faith: William Jennings Bryan: The Last Decade, 1915-1925*(Cambridge: Harvard University Press, 1965) p. 272.

2. 반진화론법의 제정

근본주의자들이 진화론을 자신들의 주적(主敵)으로 인식하게 되자 이들의 관심은 자연스럽게 학교에서의 진화론교육으로 집중되었다. 이들은 광범위한 진화론 교육이 아이들의 영혼을 망칠 것이라고 우려했고 이로부터 반진화론운동은 시작되었다. 1920년 진화론에 대한 공격을 시작하면서 브라이언은 많은 지지자들로부터 격려편지를 받았다. 어떤 이는 당장 반진화론 캠페인을 시작하자고 제안했고 어떤 목사는 한술 더 떠 브라이언에게 이 캠페인은 당신이 남은 생애에 할 수 있는 가장 숭고한 일이 될 것이라고 말하기도 했다.[7]

브라이언이 "진화론과의 전쟁에서 가장 강력한 시민의 지도자"라고 한다면 윌리엄 벨 라일리(William Bell Riley)는 이 전쟁에서 가장 강력한 종교지도자였다. 라일리는 미네아폴리스의 유명한 제일침례교회 목사를 지냈으며 1918년 세계기독교근본주의연맹(WCFA)을 창립했던 인물이다. 1921년 봄 라일리는 켄터키 주에서 22회에 이르는 반진화론집회를 조직했으며 그해 말에는 켄터키 침례교이사회에서 반진화론 성명서를 채택했다. 브라이언도 "이 운동은 전국을 강타해 다윈주의를 학교에서 몰아내고야 말 것이다"며 라일리를 열렬히 지지했다.[8]

1922년 1월 켄터키 주 의회에서 연설한 브라이언은 반진화론법을 제안하며 분위기를 고조시켰다. 그는 주 기금으로 운영되는 어떤 기관에서도 다윈주의를 가르치는 것을 금지하는 내용의 법안을 청원했다. 이 청원에 따라 하원의원 조지 일리스(George Ellis)는 미국최초의 반진화론법을 도입하게 된다. 브라이언은 이 법의 통과를 위해 주 전체를 순회하며 캠페인을 벌였지만 아슬아슬하게 1표 차이로 켄터키 하원에서 부결되었다. 켄터키의 반진화론법 제정은 실패로 돌아갔지만 전국적인 관심을 이끌어내었으며 이후 10년 동안 20개 주에서 45개의 유사법안이 도입되는 촉매제 역할을 했다. 미국 최초의 반진화론법은 1923년 오클라호마 주에서 통과된다.

1921년 봄 라일리가 켄터키 주에서 시작한 반진화론법 캠페인은 테네시 주의 스코스프재판에서 정점에 이르게 된다. 테네시의 첫 번째 반진화론 법안은 1923년 봄 상정되었으나 상·하 양원의 위원회에서 모두 거부당했다. 그러

7) Szasz, *The Divided Mind of Protestant America, 1880-1930*, p. 110.

8) Levine, *Defender of the Faith*, p. 277에서 재인용.

나 반진화론법에 대한 요구의 수위는 점차 높아갔으며 1925년 시골벽지의 농부 출신이며 보수 침례교 신도였던 하원의원 존 바틀러(John Butler)는 반진화론 법안을 하원에 상정했다. 바틀러는 반진화론을 이슈로 삼아 하원의원에 당선되었던 인물이었다. 그는 자신의 선거공약을 이행해 "성경이 가르치는 신에 의한 인간의 창조기사를 부인하고 대신 인간이 하등동물로부터 유래했다는 어떠한 이론"도 주정부의 기금으로 운영되는 학교에서 교육하는 것을 금지하는 내용의 소위 '바틀러 법안'을 상정했다.[9] 상정 후 이틀 만에 하원의 교육위원회는 이 법안을 통과시켰고 나흘 후 최종투표에서 하원은 71대 5의 압도적 지지로 이를 통과시켰다. 1925년 3월 주지사 오스틴 피(Austin Peay)의 승인으로 바틀러법은 발효되었다.

3. 스코프스재판과 그 영향

테네시 주의 반진화론법이 통과되자마자 뉴욕에 본부를 둔 미국시민자유연맹(American Civil Liberties Union, 이하 ACLU)은 "이 법의 실효성을 법정에서 시험하고자 합니다. 이에 자원할 테네시 주의 교사를 찾습니다"는 내용의 광고를 지역신문에 뿌렸다. ACLU는 1920년 "미합중국의 헌법에 보장된 개인의 권리와 자유 수호"를 목적으로 창립된 진보적 시민단체로서 지도부는 ACLU의 취지를 전국적으로 알릴 재료를 찾던 중이었다. 테네시 주의 반진화론법은 이러한 취지에 꼭 들어맞던 호재였던 것이다.

인구 2천에 불과한 시골 마을인 데이턴(Dayton)도 이 광고를 보았다. 데이턴의 유지들은 어떻게 하면 데이턴의 전국적인 인지도를 높일까 고민하던 차에 지역신문의 광고에서 기가 막힌 기회를 보았던 것이다. 이들은 곧 존 토마스 스코프스(John Thomas Scopes)라는 젊은 교사의 동의를 얻는 데 성공했다. 스코프스는 데이턴의 한 고등학교에서 수학, 과학, 체육 등을 가르치는 보조교사였다. 스코프스는 학교 교장이 병가로 한 달간 쉬게 되자 그가 맡고 있던 생물학 시간을 맡게 되었는데 조지 헌트(George Hunter)의 『시민의 생물학』(Civic Biology)을 교재로 사용했었다. 이 책은 당시 가장 많이 사용되던 고등학교 생물학 교과서였으며 특히 진화를 많이 다루고 있었다. 따라서 스코프스는 확실

9) 바틀러 법안의 전문은 이글 말미에 있는 부록에 첨부.

히 기억하지는 못하지만 아마도 생물학시간에 진화론도 가르치지 않았을까 말했던 것이다. 실제 상황이 어떠했던 스코프스는 시험대에 서기로 자원했고 스코프스는 1925년 5월 구금되었다.

이후 사건은 빠르게 전개되었다. 사건 일주일 후 전직 변호사 출신이기도 했던 브라이언은 앞서 언급한 세계기독교근본주의연맹(WCFA)의 요청을 받아들여 소송을 돕기로 했다. 이에 맞서 당시 미국에서 가장 유명한 변호사 중 한 사람이었던 클라렌스 다로우(Clarence Darrow)는 즉각적으로 원고측 변호인을 자원했다. 다로우는 급진적 정치범과 노동법 변호로 지난 30년 동안 전국적으로 명성을 날리던 인물이었다. 다로우와 브라이언은 노동자의 권리 등 진보적 정치이념에서 입장을 같이했으나 종교적 문제에서는 첨예하게 입장이 갈렸다. 불가지론자로서 다로우는 학문의 자유와 진화론에 대한 개인적 신념을 위해, 종교인으로서 브라이언은 진화론의 악에 맞서 자신의 신앙을 수호하기 위해 법정에서 맞서게 되었던 것이다.

1925년 6월 10일 금요일 재판이 시작되었을 때 ACLU 변호인 측의 목표는 분명했다. "이런 법을 만든 무지와 불관용을 온 천하에 드러내는 것"이었으며 구체적 타깃은 브라이언이었다.[10] 스코스프재판의 첫번째 긴장된 순간은 화요일에 다가왔다. 스코프스 측이 성경의 창조기사와 진화론 사이에 어떤 갈등도 없다는 점을 보이기 위해 과학자와 목사 15명으로 구성된 전문가 증언단을 투입하려 했던 것이다. 그러나 원고 측은 전문가 증언의 도입을 극구 반대하고 나섰다. 무엇보다 피고인 측의 전문가 증언단에 버금가는 과학적 위상을 가진 반진화론자를 찾지 못했기 때문이다. 전문가증언의 도입여부를 두고 논쟁은 지루하게 계속되었고 화요일 전체를 소진하였다. 당시 법정은 증언을 증인 자신의 의견으로만 제한했기 때문에 전문가증언을 받아들이지 않는 경향이 있었다. 또한 전문가증언을 위해 나온 전문가는 다른 전문가들의 의견에 대해 증언하는 것이 허용되지 않았다.[11] 스코스프재판의 경우 과학자들이 일반적으로 진화에 대해 어떻게 생각하는지에 관한 증언은 필연적으로 다른 과학자의 의견을 포함할 수밖에 없기 때문에 이러한 전문가 증언은 허용되지 않았던 것이다.

---

10) Larson, *Trial and Error*, p. 72에서 재인용.
11) Larson, *Trial and Error*, p. 68.

금요일 아침 재판장 롤스턴은 마침내 전문가증언을 배제하기로 결정을 내렸다. 어이없게도 이 결정으로 재판은 거의 끝난 듯 보였다. 왜냐하면 다로우와 그의 동료들은 15인의 전문가 증언에 기초해 자신들의 전체적인 전략을 구성했기 때문이다. 누가 보아도 피고 측의 패색이 짙어졌을 때 스코스프재판에서의 가장 극적인 순간이 도래했다. 월요일 아침 재판이 속개되었을 때 다로우는 브라이언을 성경에 대한 전문가증인으로 불렀다. 왜 브라이언이 이 제의를 수락했는지는 불분명했다. 왜냐하면 다로우는 반대쪽 변호사를 심문할 권한이 없었고 더욱이 전문가 증언은 이미 금지된 상황이었기 때문이었다. 브라이언은 아마도 자신이 겪게 될 지독한 심문보다 다로우의 도전에 꼬리 내리는 것으로 비춰지는 자신의 모습을 더 두려워했는지 모른다. 판사의 거듭된 경고와 동료들의 반대에도 불구하고 브라이언은 다로우 역시 심문에 응해야 한다는 조건으로 법정논쟁사상 유래가 없는 이상한 요청을 받아들였다.[12)]

이어진 1시간 반 동안 다로우는 브라이언의 문자적 성경관에 대해 잔혹하게 심문했다. 요나를 삼켰던 큰 물고기는 어떤 물고기였는지, 태양을 멈춤으로 날의 길이를 연장했던 여호수아가 태양이 지구주위를 돈다고 생각했던 것인지, 가인은 어디서 부인을 얻었는지 등등 곤혹스러운 질문이 끝없이 이어졌다. 자신을 따르던 사람들에게 이런 종류의 심문이 얼마나 큰 손상을 입히고 있는지 차츰 깨닫기 시작한 브라이언은 부들부들 떨면서 저항했다. "성경을 믿는 모든 사람을 조롱하려는 목적 하나만을 이루기 위해" 다로우는 심문을 진행한다고 그는 소리쳤다. 이를 맞받아 다로우는 "우리는 미국 교육시스템을 손에 쥐려는 고집불통 바보들을 몰아내려는 목표를 추구하고 있고 이는 당신도 아는 바이다"라고 쏘아붙였다.[13)] 심문이 끝나자 많은 사람들이 다로우에게 달려가 축하를 전했지만 브라이언은 참담하게 무시당했다. 몇몇 근본주의자들은 그에게 눈을 흘기며 등을 돌리기도 했다.

브라이언은 땅에 떨어진 권위를 되찾기 위해 다음날 다로우를 심문하기를 원했다. 하지만 동료들이 이를 말렸다. 동료들은 브라이언-다로우의 대결이 이미 위험한 선을 넘어섰다는 것을 감지했고 브라이언의 거센 항의에도 불구하고 이러한 대결은 이제 더 이상 없을 거라고 못박았다. 브라이언은 마지막으로 자

12) L. Sprague de Camp, *The Great Monkey Trial*(NewYork: Doubleday & Company, 1968) pp. 381-82.

13) *ibid.*, pp. 403-4에서 재인용.

신의 못다한 장문의 연설을 신문에 실어 불경한 반대를 깨끗이 청소하기를 원했다. 그러나 이마저도 이루지 못했는데, 재판이 끝난 일주일 후 갑자기 사망했기 때문이었다.

판결은 화요일에 확정되었다. 바틀러법을 어긴 죄로 스코프스에게 최소 벌금인 $100를 부과하는 것으로 재판은 마무리되었다. 8일간의 역사적인 재판은 이렇게 조용히 끝을 맺었다. 법적으로 볼 때 스코프스 측은 패소했다. 그러나 다른 측면에서 볼 때 스코프스 측은 패하지만은 않았다. 반진화론법을 만들었던 무지와 불관용을 만천하에 드러낸다는 자신들의 목적을 이루었기 때문이었다. 8일간의 재판에서 브라이언과 그를 따르는 이들에게 쏟아진 언론의 비난은 근본주의자들을 위축시켰다. 이에 더해 근본주의 운동의 구심점 역할을 해 온 브라이언의 갑작스러운 죽음은 심각한 충격을 더해 주었다. 하지만 언론의 조롱과 갑작스러운 지도자의 상실에도 불구하고 반진화론운동은 즉각 사그라지지는 않았다.

근본주의자들은 스코프스재판을 반진화론운동의 마지막이라기보다는 운동을 지탱하는 자극으로 받아들였다. 이들은 반진화론법을 통과시키고 이를 지켜내는 것이 가능하다는 것을 보여주는 산예로 스코스프재판을 받아들였던 것이다. 브라이언의 죽음도 순교로 받아들여져 운동을 자극한 측면이 있었다. 실제로 반진화론운동은 스코스프재판 이후 더욱 활발해졌으며 각 주에서 반진화론법을 통과시키도록 압박했다. 반진화론운동은 스코스프재판이 끝난 2년 후인 1927년 13개 주에서 반진화론법이 상정되며 최고점에 달했다.[14] 그러나 반진화론 운동의 열기만 높아진 것은 아니었다. 스코스프재판을 통해 일었던 반진화론법에 대한 언론과 도시민들의 반감도 반진화론 운동의 열기와 상응해 높아지며 양자 간의 갈등의 골은 깊어갔다. 이들의 강력한 저항으로 인해 결국에는 아칸소와 미시시피 주를 제외한 모든 주에서 반진화론법의 통과는 실패로 돌아갔다. 스코스프재판 이후 가열되었던 반진화론운동은 이렇게 반진화론법 통과가 무산되면서 내리막길을 걷기 시작했다. 1930년에 이르면 진화론논쟁은 신문에서 거의 찾아보기 힘들게 된다.

스코스프재판이 궁극적으로 반진화론 운동에 긍정적인 영향을 미치지 않

14) 스코프스 논쟁에 관한 해석의 변천사에 대해서는 박희주, "창조-진화 논쟁 어떻게 해석할 것인가? 『한국과학사학회지』 21권 1호, 1999, 112-120을 참조하라.

았다는 점은 분명하다. 그렇다고 진화론 측의 승리로 보기도 힘들었다. 스코스프재판 8년이 지난 후인 1933년 한 조사에 의하면 미국 교사들 중 약 절반에 이르는 사람들이 진화론을 입 밖에 내는 것을 두려워했다는 것이다. 그래비너와 밀러의 연구는 1920년대 진화론자들이 여론재판에서 자기들이 승리했다고 믿는다면 이는 심각한 착각이라고 주장하며 "가장 중요한 대결장인 고등학교 생물학 교육에서는 패했다"고 지적한다. 당시 널리 사용되던 고등학교 교과서를 분석한 이들의 연구는 스코스프재판 이후 진화론 교육이 "쇠퇴"했으며 1960년대 새로운 BSCS(Biological Sciences Curriculum Studies) 교과서가 나오면서야 회복되기 시작했다는 것이다.[15] 스코스프재판과 연이은 투쟁은 양 측 모두에 두려움, 즉 반진화론자들에게는 조롱거리가 된다는 두려움, 그리고 출판업자와 교사들에게는 원치 않는 논쟁에 휘말린다는 두려움을 주었다. 이러한 양측 모두의 두려움으로 인해 미국중등학교에서의 진화론논쟁은 점차 잦아들었으며 1960년대 논쟁이 재개되기까지 약 30년의 소강상태가 이어졌다.

Ⅱ. 1960년대 이후 창조론운동과 아칸소 재판

1. 진화론의 복귀

1957년 10월 구 소련은 세계최초의 인공위성 스푸트니크의 발사에 성공했다. 반면 몇 주 후 쏘아올린 미국의 인공위성 뱅가드는 실패로 돌아가고 말았다. 이미 3년 전에 소련은 세계최초의 수소폭탄 실험에도 성공한 바 있다. 이러한 일련의 사태는 국가안보에 결정적인 역할을 했던 미국의 과학기술이 소련에 뒤쳐지면서 냉전시대에 패하고 있다는 위기감을 미국에 안겨주었다. 과학기술의 종주국을 자처하던 미국이 왜 소련에 뒤쳐지기 시작했을까 원인을 분석한 결과 무엇보다 2차 세계대전 이후 발전이 가속화된 첨단 과학기술과 교육현장 사이에 심각한 괴리가 있다는 사실을 깨닫기 시작했다. 이러한 인식을 배경으로 미국의 초등교육에서 대학교육에 이르는 전면적인 과학교육 개편이 시작되었던 것이다.

15) Judith V. Grabiner and Peter D. Miller, "Effects of the Scopes Trial: Was it a victory for evolutionists?" *Science*, vol. 185(1974) pp. 832-825.

수학, 물리, 화학에서 시작한 과학교과과정 개편작업은 생물학으로 확대되었다. 미국생명과학학회(American Institute of Biological Sciences)에서 생물학 교과서 개편작업을 맡았으며, 이는 생명과학교과연구(Biological Sciences Curriculum Study, 이하 BSCS)로 잘 알려져 있다. 여기에서 개발한 교과 내용은 우리나라에도 도입된 바 있다. BSCS는 전체 생명과학을 통합하는 핵심개념 10가지를 중심으로 새로운 교과서를 구성했는데, 그 첫번째 개념이 다름 아닌 진화였다. 미국의 교과서 출판과 사용은 출판업자들이 자유롭게 생산할 수 있으며 이를 각 주 교육위원회에서 채택하는 방식으로 이루어진다. 1963년 배포되기 시작한 BSCS 교과서는 교육현장에서 예상 외의 호평을 받으며 광범위하게 채택되었다. 진화를 강조한 BSCS 교과서가 확산되면서 미국 진화론 논쟁사에서 30년 동안의 소강상태는 종결되고 60년대 이후 진화론논쟁은 새로운 국면으로 접어들었다.

2. 창조론 운동의 등장과 동등시간법

80년대 전성기를 이루었던 창조론운동의 등장에 결정적 영향을 끼친 것은 한 권의 책이었다. 1961년 수리공학자 헨리 모리스(Henry M. Morris)와 신학자 존 위트콤(John C. Whitcomb)의 공저 『창세기 대홍수』가 그것이다.[16] 『창세기 대홍수』는 보수 기독교 지식인들 가운데서 점차 진화론의 수용 쪽으로 흐르는 경향을 감지한 모리스와 위트콤이 창세기의 문자적 해석에 기초해 창조론을 과학적, 신학적으로 설명하려고 시도한 책이었다. 이 책은 근본주의 지식인들 사이에서 큰 반향을 불러일으켰으며, 이 책에 공감한 근본주의 과학기술자들이 모여 1963년 창조연구학회(Creation Research Society)를 시작했다. 나아가 모리스는 이 책의 출간 10년 되던 해 버지니아 공대 대학교수직을 사임하고 창조과학의 보급에 전적으로 투신한다. 이렇게 해서 설립된 것이 캘리포니아에 소재한 창조연구원(Institute for Creation Research)이다. 창조론에 관심있는 학자들을 위한 학회와 창조론의 대중적 보급을 목적으로 한 창조연구원이 핵심이 되어 창조론 운동은 70~80년대 미국 전역으로 퍼져나간다. 미국뿐만 아니라 해외에도 소개되어 한국에는 80년대 초 창조론운동이 상륙했다.

16) John C. Whitcomb and Henry M. Morris, *The Genesis Flood*(New Jersey: Presbyterian and Reformed Publishing Co., 1961).

창조론운동은 진화론을 교과서에서 제거하려고 했던 20년대의 반진화론 운동과는 달리 창조론을 생물학 교과서에 포함시키는 것을 목표로 하게 된다. BSCS 교과서의 도입 이후 창조론자들은 교과서에서 진화론을 제거하는 것이 불가능하게 되었다고 판단한다. 기왕에 그렇다면 진화론과 함께 창조론을 교과서에 포함시켜 기원에 대한 교육의 형평을 맞추어야 한다는 것이 기본논리였다. 그러나 이에는 심각한 문제가 따랐는데, 미국 헌법에 의하면 국가공공기관인 공립학교에서 종교를 가르치는 행위는 위헌사항이기 때문이었다. 미국 헌법은 수정조항 1조 첫 부분에서 종교와 관련하여 "미국의회는 종교를 확립하거나 혹은 자유로운 종교 활동을 금하는 어떠한 법도 만들어서는 안 된다"고 규정하고 있다.[17]

창조론이 종교라면 이를 공립학교 교과과정에 포함시키는 것은 헌법에 위배된다. 이러한 문제를 우회하기 위해 고안해 낸 전략이 다름 아닌 '과학적 창조론'(혹은 '창조과학')이다. 즉 창조론을 '성서적 창조론'과 '과학적 창조론' 둘로 나누어 전자는 배제하고 종교가 아닌 과학으로 제시된 후자만 선택적으로 생물 교과서 삽입을 요구한다는 전략이었다. 이와 아울러 두 모델접근법이라는 전략을 개발하여 진화와 창조를 생명체의 기원을 설명하는 두 개의 모델이라고 제안하며 기원의 문제는 이 둘 중 하나를 선택할 수밖에 없는 양자택일의 문제라고 규정했다. 새로운 전략에 바탕하여 70년대 말 창조론자들은 공립학교에서 예컨대 진화론을 1시간 가르치면 마찬가지로 창조과학도 1시간 의무적으로 가르칠 것을 요구하는 소위 "동등시간법"(Equal-Time Law)을 고안하고 미국 전역에 걸쳐 이 법의 제정을 요구하는 캠페인을 벌이게 된다. 그 결과 1981년 아칸소와 루이지애나 주 의회에서 이 법안을 통과시키는 데 성공한다.

"동등시간법"으로 알려진 아칸소 주의 법률 590조는 창조과학에 대한 정의와 창조론운동의 핵심전략을 잘 요약하고 있다. 주요사항을 간추리면 다음과 같다.[18] 우선 '창조과학'은 "창조에 대한 과학적 증거와 이들 증거로부터의 추론"을 의미한다. 구체적으로 창조과학은 "무"(無)로부터 우주, 에너지, 생명의 "갑작스러운 창조"를 의미하며 태초에 창조된 모든 생물은 "오직 제한된 범위

17) 이는 기독교가 거의 유일한 종교였던 법제정 당시 특정 기독교 교파의 독주를 견제하기 위한 목적으로 제정되었던 법이었으나 20세기 들어 타종교의 권익 보호를 위해 기독교의 독주를 견제하고 세속교육을 종교교육으로부터 보호하는 장치로 변하게 되었다.

18) 법률 590조 전문은 이 글 말미의 부록 참조.

내에서만 변화"하고 인간과 원숭이는 "독립된 조상"을 가진다. 그리고 "전 세계적 규모의 홍수의 발생을 포함하는 격변"에 의해 지구지형의 생성을 설명하며 지구와 이에 포함된 생명체는 "상당히 최근"에 발생했다는 내용을 포함한다. 이러한 창조과학의 정의는 7, 80년대 미국창조론운동을 이끌었던 소위 젊은지구창조론(young earth creationism) 입장을 그대로 반영하고 있다.[19] 무에서의 창조, 모든 생물종의 개별창조, 종내(種內)의 미시적 변화는 수용하지만 종간(種間)의 거시적 진화는 부정, 노아의 홍수 등에 의한 지질대격변설, 6천년 내지 2만년 정도의 지구연령 등의 핵심 입장을 담고 있으며 단지 노아의 홍수나 하나님과 같은 성서적 용어만 '창조과학'에서 배제할 따름이다.

법률 590조는 아칸소 주에 속한 모든 공립학교는 이러한 내용의 창조과학에 진화과학과 "동등한 교육기회"를 제공해야 한다고 규정하고 있다. 그 근거로 진화과학만을 가르치는 일방적 교육은 학생과 학부모의 "종교적 신념과 도덕적, 철학적 가치관을 훼손하고 부당한 신념에 대한 고백을 강제하며 학부모의 종교적 훈육, 도덕적 훈육을 방해"함으로써 헌법에 의해 보장된 "종교활동의 자유, 신앙의 자유, 표현의 자유를 침해"함을 들고 있다. 또한 진화론만을 교육하는 것은 "진화에 대한 종교적 신념을 포함"하고 있는 "자유주의 신학, 인본주의, 무신론을 선호하게" 만들고 "유신론적 종교에 대해 적대감"을 불러일으킴으로써 특정 종교를 옹호해 헌법이 규정한 종교의 확립 금지조항을 위반한다고 지적한다. 나아가 공립학교에서 진화론만을 가르치는 것은 학생들에게 "진화과학만을 주입"해 다른 과학 모델들을 선택할 수 없게 만들므로 "학문의 자유"도 침해한다고 주장한다. 법률 590조의 법적 틀은 미국 사회의 큰 흐름인 다양성추구, 그리고 종교적 중립성과 공정성에의 호소에 맞추어져 있으며 이러한 전략은 상당한 설득력을 발휘했다. 한 하원의원의 불평은 이러한 상황을 잘 말해 준다. "이 법은 아주 무서운 법이다. 하지만 워낙 교묘하게 잘 작성되어 있어서 이 법을 반대했다가는 어느 누구도 내년 선거에서 재선을 장담하기는 힘들 것이다."[20]

19) 창조론은 크게 젊은지구창조론과 오랜지구창조론으로 나뉜다. 전자는 진화론을 거부할 뿐만 아니라 오랜 세월에 걸쳐 지구의 지층이 형성되었다는 현대지질학의 연구성과도 대부분 거부한다. 반면 후자는 진화론은 거부하되 지구연령과 지층의 형성 문제에 있어 현대지질학을 수용한다.

20) Bill Clark, "Law on creation theory proves boon for Governor of Arkansas," *The New York Times*, 1981. 3. 22, p. 26.

3. 아칸소 재판과 철학적 논쟁[21)]

1981년 3월 동등시간법이 통과되자마자 스코스프재판을 연출했던 미국시민자유연맹(ACLU)이 나서 이 법의 위헌성을 제소했다.[22)] 창조과학은 창조론자들의 주장과는 달리 과학이 아닌 종교이며, 따라서 국가공공기관인 공립학교에서 이를 가르치도록 규정한 동등시간법은 위헌이라는 것이 제소의 요지였다. 따라서 창조과학이 과연 과학인지를 따지는 과학성 문제가 재판의 핵심 사안으로 떠올랐다. 아칸소 주에서 정식 재판이 열렸는데, 하이라이트는 창조 진화 양측이 동원한 전문가들의 일주일에 걸친 증언이었다. 양측에서 모두 자기 측을 대표하는 쟁쟁한 과학자, 신학자, 교육전문가들을 동원하여 치열한 설전을 벌였는데 가장 관심을 끌었던 사람은 진화론 측의 생물철학자 마이클 루스(Michael Ruse)였다. 오늘날 대표적 생물철학자 중 한 사람인 루스는 증언에서 창조과학이 과학이 아님을 입증하는 다음 다섯 가지 과학의 요건을 제시하였다.

1. 과학은 맹목적이고 변치 않는 자연의 규칙성(자연법칙)에 기초해야만 한다.
2. 과학은 자연법칙에 의해 설명가능해야 한다.
3. 과학은 경험적 실재에 비추어 검증 가능(testable)해야 한다.
4. 과학은 반증 가능(falsifiable)해야 한다.
5. 과학은 잠정적(tentative)이어야 한다.[23)]

재판장이었던 윌리엄 오버튼(William Overton) 판사는 이상의 요건에 비추어 볼 때 창조과학은 초자연적 설명에 바탕하고 또한 근본적으로 독단적인 믿음에 근거하므로 과학이 아니라고 판정을 내렸고 이에 근거해 동등시간법은 결국 위헌판정을 받게 된다.

법정에서 보다 더 치열한 논쟁은 재판이 끝난 후 발생했다. 재판이 끝난 후 얼마 되지 않아 몇몇 중진 과학철학자들이 루스가 너무한 것 아니냐며 반론

21) 이 부분은 박희주 "상대주의와 과학-비과학 구분문제: 창조-진화 논쟁의 경우" 『과학철학』, 3권 2호, 2000, 49-65면에서 필요한 내용을 발췌 요약한 것이다.

22) 미국시민자유연맹은 1925년 테네시주의 반진화론법에 반대해 세계의 이목을 집중시켰던 스코프스논쟁을 연출한 바 있다.

23) Michael Ruse, "Michael Ruse: Witness Testimony Sheet, McLean v. Arkansas," in Michael Ruse(ed.), *But Is It Science: The Philosophical Questions in the Creation/Evolution Controversy*(New York: Prometheus Books, 1988), pp. 300-304.

을 제기하고 나선 것이다. 래리 라우단(Larry Laudan), 필립 퀸(Philip Quinn) 등이 그들인데, 이들은 모두 창조과학에 반대하는 사람들이었지만 루스가 전문 철학자로서의 윤리에 충실치 못하고 이중 잣대를 적용한 것이 아니냐는 비판을 제기했다. 전통적으로 과학철학자들 간에 과학을 비과학으로부터 구분하는 문제(demarcation problem)는 수 세기를 끌어 온 난제였는데, 이는 논리실증주의의 붕괴 이후 해결할 수 없는 문제 혹은 가짜 문제(pseudo-problem)로 간주되어 왔다. 과학철학계가 이렇게 포기한 상황에서 루스가 대담하게 다섯 가지 범주를 제시한 것이었다.[24)]

라우단이 먼저 포문을 열고 나섰다. 라우단은 법정 판결이 내려졌던 해에 기고한 한 논문에서 시험불가능, 독단성(비잠정적), 반증불가능 등의 이유로 창조과학을 비과학이라고 한다면 이는 잘못된 결론이라고 반론을 제기했다. 왜냐하면 창조과학은 시험, 반증가능한 경험적 주장을 실제 내포하고 있기 때문이다. 예컨대 지구연령이 6,000~20,000년이라는 주장은 경험적으로 확인가능하며 또한 실제 확인 절차를 밟았으며 그 결과 틀린 것으로 판명났다는 것이다. 따라서 "창조과학"을 반박하는 정공법은 창조론이 포함하는 경험적 주장들을 반박하는 것이지 "창조과학"이 그러한 주장을 내포하고 있지 않다고 가장하는 것은 잘못이라고 라우단은 주장한다.[25)]

라우단은 루스의 첫번째와 두 번째 범주 역시 논란의 소지가 있다고 비판한다. 어떤 현상이 자연법칙에 의해 설명될 때만이 비로소 과학의 대상이 될 수 있다고 한다면 과학사상에 등장하는 여러 중요한 자연현상에 대한 주장 역시 비과학적이라는 것이다. 예를 들어 갈릴레오와 뉴턴은 중력현상에 대한 인과론적 설명이 주어지기 전에 이미 중력의 실재를 가정했으며 다윈은 멘델에 의해 유전현상이 설명되기 전에 자연선택이론에서 이미 그 존재를 가정했다. 노아의 홍수의 실재가 자연법칙에 의해 설명되지 않기 때문에 비과학적이라고

---

24) Larry Laudan은 "The Demise of the Demarcation Problem," R.S. Cohen and L. Laudan (eds), *Physics, Philosophy and Psychoanalysis*(D. Reidel Publishing Co., 1983), pp. 111-127에서 아리스토텔레스로부터 포퍼에 이르기까지 과학-비과학 문제를 구분하는 데 실패한 역사를 설득력 있게 제시하고 있다. Laudan은 과학과 비과학을 구분하는 어떤 변치 않는 보편적인 범주가 존재한다고 가정하는 것부터가 잘못이라고 주장하며 따라서 구분문제는 잘못된 전제에서 출발한 가짜문제라고 선언한다.

25) Larry Laudan, "Commentary: Science at the Bar — Causes for Concern," *Science, Technology, & Human Values*, vol. 7, Fall 1982, pp. 16-17.

주장한다면 같은 논리로 중력이나 유전현상을 가정한 뉴턴이나 다윈 역시 비과학적이라는 받아들이기 힘든 결과에 도달하게 된다. 문제의 핵심은 다분히 논쟁의 소지가 있는 과학의 범주를 창조과학이 만족하느냐 여부를 가리는 것이 아니라 현재 가지고 있는 증거가 진화론과 창조과학 어느 쪽을 보다 강력하게 지지하는지 여부를 판단하는 데 있다고 라우단은 결론짓는다.[26)]

같은 호에 실린 반론에서 루스는 창조과학이 저질과학이며 따라서 과학교과과정에 포함시킬 수 없다는 라우단의 접근은 법정논쟁에 적용되기에는 전혀 미흡하다고 주장한다. 왜냐하면 미국 헌법은 공립학교에서 종교의 가르침을 금하지 저질과학을 금하지는 않는다는 것이다. 따라서 진화론 측의 전략은 창조과학이 과학의 범주에 전혀 속하지 않음을 보이는 쪽으로 기울었고 루스에게 이를 증명하는 역할이 주어졌던 것이다. 루스의 반론은 창조론자들의 독단성을 지적하는 법정 증거를 되풀이하며 재판결과를 옹호하는 선에서 그쳤다.[27)]

이어 아칸소 법정논쟁에 루스와 함께 참여했던 철학자이자 법률가인 베리 그로스(Barry Gross)가 루스를 거들며 중재에 나섰다. 그로스는 "자제가 필요한 몇 가지 이유"라는 글에서 무엇보다 루스의 과학-비과학 범주는 철학 토론을 위한 세미나실이 아닌 법정에서 제시되었다는 점을 염두에 두어야 한다고 지적한다. 학구적 토론의 목표가 끝없는 진리추구라고 한다면 재판의 목표는 제한된 시간 내에 판결을 이끌어내는 데 있다는 것이다. 이러한 차이를 이해하지 못한 라우단의 전략은 법정투쟁에서 승리하기에는 순진한 접근이라는 것이 요지이다.[28)] 그로스의 이러한 주장은 현실적으로 설득력 있게 들리나 학문적 엄격성과 법정의 필요성간의 타협이 불가피하다는 개운치 않은 여운을 남겼다.

미국철학협회 의장을 지냈으며 과학철학과 종교철학을 전공한 필립 퀸도 이 논쟁에 뛰어들었다. 기본적으로 퀸은 오버튼 판사의 위헌판결이 정당하다고 받아들이나 세부사항에 있어 과도한 면이 있다고 비판한다. 미국헌법의 국가와 종교의 분리조항에 관한 판결들에서 당시 적용되었고 오버튼 역시 사용했던 판정기준은 해당 법이 첫째, 세속적인 법적 목적을 가져야 하며, 둘째 그 법의 주

26) *Ibid*,. pp. 18-19.

27) Michael Ruse, "Response to the Commentary: Pro Judice," *Science, Technology, & Human Values*, vol. 7, Fall 1982, pp. 19-23.

28) Barry R. Gross, "Commentary: Philosophers at the Bar — Some Reasons for Restraint," *Science, Technology, & Human Values*, vol. 7, Fall 1983, pp. 30-38.

된 효과가 종교를 진흥하거나 저해하는 것이 되어서는 안 되며, 셋째 정부와 종교가 과도하게 얽히게 만들어서는 안 된다는 것이었다. 이중 한 가지 사항에만 저촉되어도 위헌판정을 내리는 데 충분하나 오버튼은 아칸소주의 "동등시간법"이 세 가지 사항 모두를 범했다고 판결했으며, 특히 둘째 사항을 포함시킴으로써 무리수를 범했다고 강하게 비판했다. 이 법이 둘째 사항인 종교를 진흥한다는 주장을 뒷받침하기 위해 창조과학은 종교임을 보여야만 했고 이를 위해 루스가 동원되었으며 루스 역시 무리한 주장을 하게 되었다는 것이 퀸이 가한 비판의 요지이다.[29)]

퀸은 이어 재판 판결문, 루스와 라우단의 주장을 상세히 분석한 후 다음과 같은 결론을 내렸다. 그는 기본적으로 과학철학자가 전문가 증인으로 법정에 나서는 것이 가능하다는 데 동의하나 여기에는 위험이 따른다고 경고한다. 전문철학자와 비전문 재판관 사이의 원활한 의사소통이 실패할 위험, 전문가 의견이 그릇 이해될 위험, 그리고 동료 전문가사회의 결집된 의견을 대변하는 데 실패할 위험이 그것인데, 아칸소재판의 경우 가장 큰 문제는 마지막 경우라고 지적한다. 진화론 측의 법적 승리는 라우단의 주장대로 "과학과 과학이 작동하는 방식에 대한 그릇된 판에 박힌 이미지를 재확립하고 영속시키는" 불필요한 대가를 치르면서 얻어졌다고 비판하며, 이러한 루스의 증언은 과학철학자들이 공유하고 있는 다수 의견을 대변하는 데 실패했다고 주장한다. 전문가사회에서 동의된 부분을 그릇되게 제시할 경우 이에 바탕한 정책은 그 정책에 대한 신뢰성의 원천인 전문가 사회에서는 정작 도외시될 것이라는 논리이다. 루스의 증언은 이 점에서 실패하였으며 과학철학자가 전문가 증인으로 나설 경우 이를 타산지석으로 삼아 더욱 세심한 주의를 기울여야 할 것이라고 퀸은 제언한다.[30)]

다음해 중순 한 세미나 발표에서 퀸은 이 문제를 철학자가 현실문제에 개입할 때 흔히 봉착하는 소위 "철학자의 딜레마"로 규정하며 자신의 입장을 보다 선명하게 정리한다. 철학자가 정책수립에 참여할 경우 자신의 전문가적 견해에 지적으로 충실한 논거는 종종 비전문가를 설득하는 데 비효율적일 수 있으며, 거꾸로 효율적인 논거는 자신의 지적입장에 부합하지 못한 것일 수 있다는 것이다. 다시 말해 "비효율성"을 택할 것인가 아니면 "지적 타락"을 택할

29) *Ibid.*, pp. 35-36.
30) *Ibid.*, pp. 50-51.

것인가 하는 어려운 선택에 놓이게 된다는 것이다. 창조론재판에 참여한 루스가 바로 이러한 상황에 처했으며 따라서 루스가 "효율적인 그러나 질 나쁜 논거 the bad effective argument"를 사용한 것을 썩 내키지는 않지만 "도덕적으로 용납 가능한" 것으로 받아들인다고 한발 뒤로 물러섰다.[31)]

그러나 루스는 다음해 기고한 반론에서 기존의 입장으로부터 한 걸음도 물러나지 않고 퀸의 두 가지 핵심적 비판을 맞받았다. 첫째, 자신의 증언이 전문 과학철학자들 간의 합의된 의견을 대변하는 데 실패했다는 지적에 대해 과학철학자들 간에 합의된 의견이 도대체 존재하느냐고 반문하며 철학자는 공통된 의견이나 다수의견이 아닌 자신의 전문가적 소신대로 증언하면 된다고 항변했다.[32)] 둘째, 자신의 증언이 이해해 줄 만한 타협이었다는 퀸의 다소 누그러진 평가에도 불구하고 먼저 자신은 자신의 아칸소 법정증언에 "자부심을 가지며" 또한 자신의 증언은 자신이 믿는 그대로를 이야기했을 따름이라고 밝혔다. 루스는 자신의 증언이 "치밀하지만 진실하지 않은" 증언보다는 차라리 "어리석지만 진실한" 증언으로 기억되기를 바란다고 덧붙이며 자신의 철학적 입장은 "논리경험주의"(논리실증주의)에 속한 것임을 공개적으로 표방했다.[33)]

자신이 60년대 이후 과학철학계에서 쇠락의 길을 걷던 논리실증주의학파의 일원임을 자처한 점도 놀라웠지만 아칸소증언으로부터 10여 년이 지난 1993년 미국과학진흥협회(AAAS)의 "일반대중사회에서의 생물과학"이란 세미나에서 루스는 자신의 입장을 번복하는 발언을 하여 동료들을 더욱 놀라게 했다. "과학활동에는 어떤 형이상학적인 선제가 내재되어 있다." "과학은 논리실증주의자들의 주장보다는 훨씬 이념적인 체계이다." "진화를 받아들이는 우리 역시 (창조론자와) 마찬가지로 종종 온갖 종류의 가치를 우리의 과학에서 읽어 내거나 읽어들인다는 점을 인식할 필요가 있으며 … 우리는 진화를 종교와 유사하게 취급하는 경향이 있다."[34)] 80년대 초의 타협을 거부하던 논리실증주의 입장에서 후퇴한 이러한 루스의 변화는 논리실증주의로부터 점점 멀어져가며 상대

31) Philip L. Quinn, "Creationism, Methodology, and Politics," in Michael Ruse ed., *But Is It Science? The Philosophical Questions in the Creation/Evolution Controversy*(Prometheus Books, 1988) pp. 397-98.

32) *Science, Technology, & Human Values*, vol. 11, 1986, Michael Ruse ed. But Is It Science?에 재수록 p. 392.

33) *Ibid.*, p.387, pp. 391-92.

34) Eugenie C. Scott, "Cold Comfort for Creationists in Ruse Talk" *NCSE Reports* vol. 13. (1993) no. 2 p. 10; Michael Ruse, "Book notes" *Biology and Philosophy*, vol. 8(1993) p. 353.

주의를 포함한 대안들이 빠르게 영향력을 확대해 가던 당시 과학철학계의 상황을 반영한 것으로도 보인다.

1982년부터 5년여에 걸쳐 과학철학자들 간에 공식 비공식적으로 치열하게 전개되었던 창조론의 비과학성에 대한 논쟁은 상아탑 속의 학자가 비이상적인 세상 법정으로 나가서 실질적인 역할을 수행해야만 할 때는 세상적 필요와 학문적 이상 사이에서 적당히 타협하여 손을 더럽힐 수밖에 없고 다시 상아탑으로 돌아올 때는 손을 씻으면 된다는 퀸의 제안에 의해 적당한 선에서 절충되었다. 이때 타협의 역할을 여러 사람이 나누어 가끔씩만 수행함으로써 한 개인의 전문가적 양심이 타락으로까지 가는 것을 방지하는 한도 내에서 이러한 타협은 현실적으로 용납될 수 있을 것이라고 그는 덧붙였다.[35]

Ⅲ. 결 언

이상에서 20세기 과학과 종교 문제 중 대표적 경우로 기억되는 1920년대 반진화론운동과 스코스프재판 그리고 80년대 창조론운동과 아칸소 재판을 살펴보았다. 글을 맺으면서 두 역사적 재판을 간략히 비교하고 그 의미를 살펴본다. 첫째, 스코스프재판과 아칸소 재판을 결과했던 두 법은 서로 전략은 달랐지만 궁극적으로 추구하는 목표는 동일했다. 생물학 교과서에서 창조론이 사라진 후 진화론만 교육되자 근본주의자들은 이를 제거하기 위해 1920년대 반진화론법을 제정했다. 하지만 60년대 들어 상황이 바뀌어 진화론제거가 불가능해지자 이번에는 창조론을 의무적으로 삽입하기 원했고, 그래서 등장한 것이 동등시간법이었다. 이와 같이 전략은 달랐지만 창조와 진화를 함께 제거하거나 혹은 함께 교육하는 방식으로 기원문제에 관한 교육에서 균형을 유지하려고 했다는 점에서 두 법의 목표는 동일했다. 둘째, 재판의 대상이 달랐다. 전자에서는 법을 어기고 진화론을 가르친 교사가 대상이었던 반면 후자에서는 동등시간법 자체가 대상이 되어 그 위헌성 여부를 심사받게 되었다. 셋째, 스코스프재판과 아칸소 재판 모두 과학이론이 법률적 판단의 대상에 포함된 특이한 경우였다. 따라서 과학이론에 대한 의견을 구할 전문가 증언이 중요한 변수로 등장했다. 그러

35) Quinn, "Creationism, methodology, and politics," pp. 398-99.

나 전자에서는 전문가 증언이 허용되지 않았고 후자에서는 허용되었다. 스코스프재판의 하이라이트가 두 변호인 브라이언과 다로우의 대결이었다면 아칸소 재판의 하이라이트는 전문가 증언단의 대결이었다. 끝으로 스코스프재판에서는 스코프스에게 벌금형이 부과되어 진화론 측이 패소한 반면 아칸소 재판에서는 창조과학의 과학성이 부인되어 창조론 측이 패소한다.

법정판결에서는 이같이 명확하게 승패가 갈라졌지만 재판의 실제적 결과는 단순치 않았다. 스코스프재판의 경우 충돌의 장이 어디냐에 따라 명암이 크게 엇갈리게 되었다. 법정 판결에서는 진화론 측이 패소했다. 그러나 진보적 언론이 중심이 된 여론재판에서는 근본주의 측의 이미지가 훼손되면서 심각한 타격을 입었다. 가장 중요한 격전지였던 생물교육에서는 결과적으로 진화론이 사라지게 되었다. 반진화론법이 통과된 주는 3개 주에 불과했지만 교과서 출판업자는 판매량에 부정적 영향을 주는 논쟁적 주제를 피하기 위해 그리고 교사는 보수적 학부모들의 항의를 피하기 위해 어느 주나 할 것 없이 진화론을 기피하게 되었던 것이다. 그 결과 스코스프재판 이후 30여 년 동안 미국 생물학 교육에서 진화론은 사라지게 되었다.

아칸소 재판의 경우는 위헌성 심사와 전문가 증언의 도입으로 인해 판결내용이 매우 복잡해졌다. 그 여파로 재판이 끝나고도 전문 학자들 간에 치열한 논쟁이 계속되었다. 아칸소 재판의 핵심이슈였던 창조과학의 과학성 문제는 과학철학적 관점에서 볼 때 과학과 비과학을 구분하는 조건을 설정해야 하는 해결불능의 난제였다. 그러나 과학철학자 자신들의 사회적 가치와 재판의 실제적 요구는 그들로 하여금 창조과학의 비과학성 쪽으로 이끌었다. 자신이 지향하는 사회적 가치와 전문가적 양심 사이의 갈등을 두고 벌어진 과학철학자들 간의 논쟁은 퀸이 제시하듯 세상적 필요와 학문적 이상 사이의 타협으로 마무리되었다. 하지만 긴 논쟁을 통해 그러한 갈등이 절충되는 과정은 과학 비과학 구분문제가 인식론적 문제인 동시에 다분히 사회 정치적 문제라는 것을 보여주었다.

◈ 부 록

테네시주법 27조
하원 법안 185조
(하원의원 바틀러 상정)

이 법은 테네시 주의 공립학교기금으로 전부 혹은 일부 지원되는 테네시 주의 모든 대학, 사범대학, 모든 공립학교에서 진화론 교육을 금지하며 이를 위반할 시 처벌을 규정한다.

1항. 다음 사항은 테네시 주 의회에 의해 시행된다. 테네시 주의 공립학교기금으로 전부 혹은 일부 지원되는 테네시 주의 어떠한 대학, 사범대학, 공립학교에서 어떠한 교사도 성경에서 가르치는 신에 의한 인간 창조기사를 부정하고 대신 인간이 하등한 동물로부터 유래했다는 이론을 가르치는 것은 불법이다.
2항. 이 법을 어긴 교사는 누구라도 경범죄에 해당한 형을 받게 되며 매 경우마다 \$100 이상 \$500 이하의 벌금형을 부과한다.
3항. 이 법은 공공의 안녕을 위해 통과 직후부터 발효한다.

이 법은 공공의 안녕을 위해 통과 직후부터 발효한다.

1925년 3월 13일 통과
W.F. 베리, 하원의원 의장

L.D. 힐, 상원의원 의장
1925년 3월 21일 승인

• 아칸소주 1981년 법 590호

"창조과학과 진화과학의 동등한 취급을 요구한 법; 학생들에게 선택권을 부여함으로써 학문의 자유보호; 종교활동의 자유보장; 신앙의 자유와 언론의 자유보장; 종교의 확립금지; 기원문제에 대한 종교적 교육금지; 창조론 혹은 진화론에 대한 믿음으로 인한 차별금지; 정의와 설명제공; 법안의 목적과 관련 사실에 대한 언명; 조항들의 분리가능성; 상충된 법의 철회; 법안의 발효일."

아칸소 주의회에 의해 다음을 법률로 정한다:

1항. 동등한 대우를 위한 요구

아칸소 주에 속한 공립학교는 창조과학과 진화과학에 동등한 교육기회를 제공해야만 한다. 강의, 교과서, 도서자료, 교육프로그램이 어떤 방식으로든 인간, 생명, 지구 그리고 우주의 기원과 관련한 주제를 다루는 경우 해당 과목의 강의 전체에 걸쳐, 해당 과목의 교과서 전체에 걸쳐, 자연과학과 인문학의 해당 도서 전체에 걸쳐, 공립학교의 해당 교육프로그램 전체에 걸쳐 위 두 모델을 동등하게 다루어야 한다.

2항. 종교 교육 금지

진화과학 혹은 창조과학에 대한 교육은 이들 모델에 대한 과학적 증거와 이들 증거로부터의 추론에 국한되어야만 하며 어떠한 종교교육이나 종교적 저서에 대한 언급도 배제해야만 한다.

3항. 차별금지 요구.

아칸소 주에 속한 공립학교와 공무원은 진화과학과 창조과학에 대해 만족스러운 이해수준을 보이면서 이 두 모델 중 하나를 전체적으로 혹은 부분적으로 거부하는 학생 누구에게라도 성적을 낮게 주거나 혹은 그를 따로 지목하여 공적으로 비판하는 차별을 금지한다.

(a) "창조과학"은 창조에 대한 과학적 증거와 이들 증거로부터의 추론을 의미한다. 창조과학은 다음과 같은 과학적 증거와 이로부터의 추론을 포함한다. (1) 무로부터 우주, 에너지, 생명의 갑작스러운 창조, (2) 하나의 유기체로부터

모든 생명체의 진화를 이루는 데 돌연변이와 자연선택은 충분하지 않음, (3) 태초에 창조된 식물과 동물의 각 종류는 오직 제한된 범위 내에서만 변화, (4) 인간과 원숭이의 독립된 조상을 가짐, (5) 전 세계적 규모의 홍수의 발생을 포함하는 격변에 의해 지구 지형의 생성을 설명, (6) 지구와 생명체는 상당히 최근에 발생

(b) "진화과학은 진화에 대한 과학적 증거와 그러한 과학적 증거로부터의 추론을 의미한다. 진화과학은 다음과 같은 과학적 증거와 추론을 포함한다. (1) 무질서한 물질로부터 자연적인 과정을 통해 우주가 출현했으며 무생명으로부터 생명이 출현했다. (2) 단순한 초기의 생명체 종류로부터 현존하는 생명체가 출현하는 데는 돌연변이와 자연선택이면 충분하다. (3) 돌연변이와 자연선택에 의해 단순한 초기의 생명체 종류로부터 현존하는 생명체가 출현, (4) 원숭이와의 공통조상으로부터 인간이 출현, (5) 균일설에 의한 지구의 지질학과 진화론적 과정 설명, (6) 수십억 년 전 지구의 역사가 시작되고 이보다 조금 뒤 생명의 역사가 시작.

(c) "공립학교"는 공립 중고등, 초등학교를 의미한다.

4항. 이 법에서 사용된 정의

5항. 부가설명.

이 법은 어떠한 종교적 교리나 자료에 대한 교육을 요구하지 않는다. 이 법은 기원의 문제에 대한 어떤 특정 교육을 요구하지 않으며, 단지 공립학교가 진화과학과 창조과학을 가르치고자 한다면 양자에 대한 교육을 요구할 뿐이다. 이 법은 개별 교과서 혹은 도서가 진화과학과 창조과학을 동등하게 다룰 것을 요구하지 않는다. 이 법은 각 교사가 매 강의 시간마다 동등하게 진화과학과 창조과학을 다룰 것을 요구하지 않으며 단지 강의 전체에 걸쳐 동등하게 다루어줄 것을 요구한다. 따라서 어떤 교사는 진화과학을 다른 교사는 창조과학을 다룰 수도 있다.

6항. 이 법의 목적

아칸소 주의회는 다른 가치관과 신앙을 가진 학생들의 학문의 자유를 보

호하기 위한 목적으로 이 법을 제정했다. 즉 학생들의 다양한 종교적 신념에 대한 중립성을 보장하기 위해, 학생과 학부모의 종교활동의 자유를 보장하기 위해, 학생들의 신앙과 의사표현의 자유를 보장하기 위해, 신학적으로 자유주의적, 인본주의적, 무신론적 종교의 확립을 금지하기 위해, 창조와 진화에 대한 학생들의 개인적 신념으로 인해 이들이 차별받지 않도록 하기 위해, 학생들의 진리에 대한 추구를 돕기 위해 이 법은 제정되었다. 아칸소 주의회는 종교적 개념의 교육이나 종교의 확립이란 목적을 갖고 있지 않다.

7항. 아칸소 주의회가 발견한 사실. 아칸소 주의회는 다음 사실을 발견했다.

(a) 우주, 지구, 생명, 인간의 기원 문제는 생물학, 생명과학, 인류학, 사회학뿐만 아니라 물리학, 화학, 세계사, 철학, 사회과목과 같은 많은 공립학교 교과과정에서 다루고 있다.

(b) 기원 문제를 다루는 거의 모든 과목에서 학생들에게 진화과학만을 가르치고 있다. 공립학교는 진화론과 반대되는 증거와 창조과학을 대부분 배제하고 있다.

(c) 진화는 실험적으로 관찰될 수 없고 완벽히 검증될 수 없고, 논리적으로 반증될 수 없고 또한 일부 과학자들은 진화과학을 부정하고 있기 때문에 진화과학은 확고부동한 과학적 사실은 아니다.

(d) 진화과학은 다양한 종교인과 다양한 도덕적 가치와 철학적 신념을 가진 개인들을 포함해 많은 학생들과 학부모들의 종교적 신념, 도덕적 가치, 철학적 신념과 어긋난다.

(e) 기원에 관한 다른 대안 모델 없이 진화과학만을 공립학교에서 가르치는 것은 미국헌법에서 규정한 학생과 학부모의 종교활동의 자유, 신앙의 자유, 표현의 자유를 침해하는 것이다. 왜냐하면 이는 이들의 종교적 신념과 도덕적, 철학적 가치관을 훼손하고 부당한 신념에 대한 고백을 강제하며 학부모의 종교적 훈육, 도덕적 훈육을 방해하기 때문이다.

(f) 공립학교에서 진화과학만을 가르치는 것은 나아가 헌법에서 규정한 종교의 확립 금지를 침해하는 것이다. 왜냐하면 이는 많은 유신론적 종교에 대해 적대감을 불러일으키고 자유주의 신학, 인본주의, 무신론을 선호하게 만드는데 이들 종교적 신념은 진화에 대한 종교적 신념을 포함하고 있기 때문이다.

(g) 공립학교에서 진화과학만을 가르치는 것은 학문의 자유도 침해한다. 왜냐하면 이는 학생들이 과학 모델들을 선택할 수 없게 만들며 대신 학생들에게 진화과학만을 주입하기 때문이다.

(h) 기원에 관한 대안적 과학 모델들 대신 오직 하나의 모델만을 가르치는 것은 아칸소 주에 꼭 필요한 어떤 유익을 위해 요구되는 것이 아니다. 그러한 학생을 진화과학만을 가르치는 교과목이나 수업시간에서 배제하는 것은 적절한 조치가 아닌데 교사의 영향이나 동료 학생으로부터의 압박감이 여전히 존재하기 때문이다.

(i) 이들 학생이 공립학교에 출석하는 것은 법으로 정해진 것이며 이들의 학부모와 다른 시민들은 법에 의한 교육세 납세의무를 지고 있다.

(j) 창조과학은 기원에 관한 대안적 과학모델이며 진화과학과 마찬가지로 어떤 종교적 교리 없이 엄격히 과학적인 관점에서만 가르칠 수 있다. 왜냐하면 과학적 데이터가 창조과학을 가장 잘 지지한다고 결론을 내린 과학자들이 존재하며 창조과학에 대한 과학적 증거와 추론들이 이미 제시되어 있기 때문이다.

(k) 진화과학과 창조과학을 모두 공립학교에서 가르치는 것은 헌법이 규정한 종교의 확립금지 조항을 위반하지 않는다. 왜나하면 각 모델들에 대해 어떠한 종교적 내용도 없이 과학적 증거와 이와 관련한 추론만을 가르치기 때문이다.

(l) 대부분의 시민들은 기원문제에 관한 자신의 종교적 신념과 관계없이 학생들의 지식추구를 보다 잘 인도할 수 있도록 공립학교에서 기원에 관한 대안적 과학 모델들에 대한 대등한 취급을 원한다. 또한 이들은 학생들의 종교적, 도덕적, 철학적 신념에 영향을 끼치는 주제에 대해서 중립적인 접근을 원한다.

8항. 이 법은 “창조과학과 진화과학에 대한 동등한 취급법”이라고 명한다.

9항. 조항의 가분성

이 법의 어떤 조항이 무효가 된다고 하더라도 그 조항을 제외하고 적용 가능한 다른 조항에 영향을 미치지 않으며 이 법의 조항들은 분리 가능함을 천명한다.

10항. 상충된 법의 철회

이 법과 상충하는 아칸소 주의 모든 혹은 일부 법은 철회된다.

11항. 발효

이 법의 요구사항은 다음 학년도의 시작이 이 법이 발효된 날짜로부터 6개월 이상 떨어져 있을 경우 다음 학년도의 시작일 전에 충족되어야 하며 최소한 시작일까지는 반드시 충족되어야 한다. 6개월 이상 떨어져 있지 않을 경우는 다음 학년도의 시작일로부터 일년 후까지는 반드시 충족되어야 하며 이후에는 지속적으로 충족되어야 한다.

1981년 3월 19일 승인

프랭크 화이트 주지사

제 4 장

항공우주기술과 법

이 상 면*

[서 언]

1903년 라이트 형제의 비행기 발명에 의해서 인간의 활동영역이 지구 표면에서 공중으로 넓어졌다. 종전에는 인간의 활동 영역이 지구표면이었으므로, 법이란 곧 지구 표면에서 활동하는 인간 사회의 법규범을 말하는 것이었다.[1) 법 가운데 기본적으로 한 국가 영역 내에서만 적용되는 법을 국내법이라고 말하고, 국가 사이에 적용되는 법을 국제법이라고 부른다.[2)]

* 서울대학교 법과대학 교수.

1) 인간의 활동은 대부분 한 국가 내에 한정되기 마련이었으므로 한 영토공간에서의 국내법이 그 주류를 이루었다. 국제법이라는 것도 이 시대에는 지구 표면에서 일정한 영토공간을 차지하고 있는 국가 간의 법을 말하는 것이었다. 국내법을 헌법이나 형법처럼 국가와 국민간의 법인 공법과, 민법이나 상법처럼 국민 상호간의 법을 사법으로 나누기도 한다. 국제법도 국가 간의 법인 국제공법과 국경을 넘는 제국민간의 거래 관계 등 법률관계를 규율하는 국제사법으로 나누기도 한다. 이를 하나의 예를 들어서 설명하여 보자. 국가 간에 바다에서 일어나는 문제를 규율하는 법을 국제법 가운데서 해양국제법이라고 하며 이를 간단히 줄여서 해양법이라고 부르기도 한다. 국제해양법, 즉 해양법은 국제공법에 속한다. 국가 간에 바다에서 일어나는 문제를 규율하는 것 가운데 해상운송 해상보험 등 제국민간의 거래 관계에 관련 되는 법을 해상법(maritime law)이라고 부른다. 해상법은 그 규율대상이 국내에서의 해상운송과 관련되는 행위를 규율하는 것이면 국내법이고, 국경을 넘는 제국민간의 거래관계를 규율하는 법이면, 역시 해상법이라고 부르며 국제사법의 분야에 속하게 된다.

2) 국제법 가운데 국가간의 바다 문제를 다루는 법을 국제해양법이라고 칭하는데, 이를 간단히 줄여서 해양법이라고 부른다. 국제상거래법은 국경을 넘는 재화나 용역 및 인력의 상업적 이동을 취급하는 제국민간의 거래관계를 규율하는 법이다. 해상법은 국경을 넘어 물품을 운송하는 것을 영업으로 하는 것에 관련되는 법규범을 말하는 것인데, 한 국가 내에서 해상운송에 관한 문제를 취급하는 법이면 이를 각국에서 보통 상법의 일부로 해상법이라고 칭하며, 제국민간에 국경을 넘는 해상운송 행위를 다루는 법을 역시 국제해상법 또는 간단히 해상법(mari-

비행기 발명 후에 인간의 활동이 지구 표면에 한정되지 않고 공중으로 확대 되면서 새로운 법체계가 생겨났다. 공중에서의 인간의 활동 가운데 가장 먼저 중요한 것으로 등장한 것이 여객과 화물의 운송, 즉 항공운송이었다. 항공운송은 해상에서의 여객 및 화물의 운송을 규율하는 해상운송과 비교가 되는 것으로서 상당한 부분은 종래의 해상운송의 규범이 준용되었다.

비행기의 발명으로 국가 간에도 공중에서 폭탄을 투하하는 등 전장의 범위가 확대되었다. 국제법에서도 공중에서의 전투행위를 규율하기 위한 공전법(空戰法)이 필요하게 되었다. 바다에서 국가간의 전쟁 행위를 규율하는 해전법(海戰法)이 국가간의 조약이나 오랜 세월 발전하여 내려온 관습에 기초하는 것과 마찬가지로, 국제사회에서 공전법(空戰法)도 조속히 제정해야 하는 것이었지만, 여러 가지 사정으로 많은 진전을 보지 못하고 말았다.

공전법(空戰法)이 국가간의 공중에서의 전쟁행위를 규율하는 국제공법의 한 분야인 것과 대비하여, 국경을 넘는 제국민간의 항공운송관계를 규율하는 항공법은 국제사법의 한 분야이다. 국내에서의 항공운송에 관련되는 규범도 항공법이라고 부르며, 많은 나라에서 상법의 한 부분으로 규정하고 있다.

1957년 소련이 인공위성 스푸니크 호를 성공적으로 발사하여 세상을 놀라게 하였다. 이듬해에 미국도 역시 인공위성을 성공적으로 발사하게 되면서 우주에서의 전쟁도 가능하게 되는 것이 아닌가 하는 놀라움이 극에 달하게 되었다. 공중에서 적용되던 항공법과 공전법에 대비하여, 이제는 우주 공간에서 적용되는 우주법이 필요하게 되었다.

1958년 유엔 총회에서는 우주공간의 평화적 이용에 관한 결의를 채택하였고, 이를 위한 위원회도 구성하여 갑자기 생겨난 우주활동을 규제하는 규범을 마련하기 시작하였다. 십년이라는 세월이 흘러 1967년에 우주조약(Outer Space Treaty)이 비로소 채택되어 효력을 발생하였다. 그 후에도 우주인 구조에 관한 조약, 우주물체의 등록에 관한 조약, 우주 활동에서 일어나는 사고 책임에 관한 조약이 체결되었다. 1979년에는 달에 관한 조약까지 체결되었다. 이 조약들은 국가의 우주활동에 관한 국가간의 법규범이므로 국제공법의 한 분야로 자리잡게 되었다.

---

time law)이라고 부르는 것이 보통이며, 국경을 넘는 사적 당사자들에 의해서 행해지는 행위를 규율하기 때문에 국제사법의 한 분야로 분류되었다.

최근에 와서는 국가의 우주 활동 가운데도 위성통신, 원격탐사, 위성직접 방송 등 상업적인 성격이 다분한 분야가 늘어나고 있다. 위성발사를 국가가 아닌 대기업과 같은 사적 주체들이 하는 경우가 대거 늘어나고 있다. 실제로 태평양상 선박에서 인공위성 발사를 대행해 주는 회사도 생겨나게 되었다. 이런 사적 주체들이 국경을 넘어 타국이나 타국의 사적 주체들과 우주물체의 제조와 발사는 물론 운영에 이르기까지 다양한 계약을 체결하여 이행하는 현상을 볼 수 있다. 이러한 행위는 다분히 영리를 목적으로 하는 것이며, 일종의 용역이나 기술의 거래행위라고 볼 수 있으므로, 지구 표면에서의 사적 주체간의 거래 행위와 별로 다를 것이 없게 되었다. 이 역시 국경을 넘는 거래 행위이므로, 국제사법의 영역이 될 수 있을 것이다.3)

Ⅰ. 대기권(air space)와 외기권(outer space)의 구분

1. 구분의 개연성

대기권(air space)이란 지구와 관련되는 기체가 지구를 에워싸고 있는 공역을 지칭하는데, 지상으로부터 공중으로 비행물체를 띄우는 것이 현재 가능하거나 앞으로도 가능하리라고 생각되는 영역을 말하며, 국가가 영토주권에 기초하여 공중에 대한 관할 행위를 할 수 있는 영역을 말한다. 이를 쉽게 말하면, 비행기가 날 수 있거나, 날 수 있으리라고 생각되는 최대한의 공중공간을 말한다. 미사일은 발사후 일정한 탄도를 따라 가는 것이기 때문에 관리행위라고 말하기 어렵다. 최근에는 미사일의 탄두에 카메라가 부착되어 있어 탄도를 조종

3) 이해를 돕기 위하여 편의상 국가간의 경우를 국제공법으로 보고, 제국민간의 경우를 국제사법의 영역으로 취급하여 설명하였으나, 국제공법은 국내법상 민법이나 상법과 마찬가지로 평등한 당사자간의 관계를 규율하는 법인 까닭에 원래부터 사법적인 성격이 있는데다가, 앞에서 살핀 바와 같이 국가의 우주활동 가운데서도 상업적인 것과 관련되는 것이 적지 않고, 국가를 일방 당사자로 하고 타국의 사인을 타방당사자로 하는 법률관계를 형성하는 거래관계도 있으므로, 국경을 넘는 법률관계라고 하여 일률적으로 공법적인 것으로 보고, 사인이 개재가 되었다고 하여 단순히 사법상의 관계라고 보는 것은 무리가 있다. 국경을 넘는 법률관계 가운데서도, 국가간의 문제인가, 국가와 사인간의 문제인가, 순수한 사인간의 문제인가 하는 점은 강학상에서만 유용한 것이 아니라, 실제로 각 경우에 따라 적용을 받는 규범이 다르고 책임소재 및 분쟁해결 방식이 다를 수 있으므로, 그 구분의 실익이 존재한다고 하겠다.

할 수 있는 탄도미사일이 개발되어 있어서 대륙 사이의 대양을 건너서 다른 대륙까지 날아가 목표물을 격파할 수 있는 대륙간탄도미사일이 개발되어 있지만, 이 역시 관리행위라고 말할 수는 없다. 비행기처럼 자유로운 활공을 통하여 떠난 길을 다시 돌아와 안착한 것이 아니기 때문이다.

외기권(outer space)이란 일반적으로 지구의 인력권을 벗어난 인공위성이나 우주선 등 발사체가 지구의 원심력을 이용하여 자연스럽게 지구 주위를 돌 수 있는 최저한의 고도 이원의 무한대로 생각되는 공간을 말한다. 외기권을 우주공간(outer space)이라고 부르기도 하고 이를 더욱 줄여서 공간(space)라고 부르기도 한다. 현재, 비행물체가 지구표면에서 양력을 이용하여 최고도로 비행한 기록은 대략 60km 정도로 알려져 있지만, 이러한 기록은 갱신될 것으로 보인다.

인공위성이 지구의 인력과 균형을 이루어 원심력을 지니면서 지구 주위를 도는 궤도의 최저 근지(近地) 고도는 대략 100km 정도로 알려져 있다. 최고 비행 고도인 60km 정도와 인공위성의 최저 근지 고도인 100km 정도 간의 차이가 기술의 발달에 의하여 점점 좁혀질 것으로 보인다. 지금도 첩보 인공위성이 저궤도를 돌다가 첩보 수집을 이하여 일정한 고도를 강하하여 촬영하는 등 첩보 수집을 하고나서는 다시 상승하여 궤도에 진입하는 것이 가능하다고 한다. 우주선(space ship)도 궤도를 이탈하여 지상으로 접근하다가 다시 상승하는 것이 가능하다고 한다. 이것은 위에서 살핀바, 비행기의 최고 비행 고도와 인공위성의 최저 근지 고도가 상당히 접근하였으며, 그 구분이 어려워질 수 있다는 것을 보여준다. 그러나 이처럼 인공위성이나 우주선이 최저 근지고도에서 궤도를 이탈하여 더욱 하강하였다가 추진 장치를 이용하여 다시 상승하는 것이 가능하다고 할지라도, 이는 인공위성의 상궤적인 궤도를 이탈한 것이므로, 자연스러운 궤도 순항행위는 아니라고 할 것이다.

2. 구분의 필요성

대기권(air space)과 외기권(outer space)의 구분은 대기권에서는 국제항공법의 적용을 받고, 외기권에서는 국제우주법의 적용을 받기 때문에 중요하다. 국제항공법은 항공기의 발달과 함께 일어난 국경을 넘는 항공운송을 규율하기 위하여 국가에 합의를 통하여 발달하였다. 국제항공법은 1949년 시카고 민간항공협약의 체결과 국제민간항공기구(ICAO)의 탄생으로 정립하게 되었다. 1957년에는 항공운송책임에 관한 바르샤바 협정이 체결되어 고의 또는 과실로 발생한 사고에 대한 책임소재 및 처리 방법의 대강을 규정하게 되었다. 시카고 민간항공협정과 바르샤바 항공운송책임에 관한 협약이 국가간의 협정이었다.

국제우주법은 보통 간단히 줄여서 외기권법 또는 우주공간법(outer space law) 또는 더 줄여서 공간법(space law)라고 부르기도 한다. 우주법은 1957년 소련이 인공위성 스푸트니크 호를 최초로 발사하는 데 성공하였고, 미국이 이어서 그 이듬해에 인공위성을 성공적으로 발사하게 됨으로써, 유엔을 비롯한 국제사회에서 우주전쟁이 일어나지 않을까 하는 노파심에서 우주공간의 평화적 이용을 논의하는 임시 우주공간평화이용위원회가 구성되었고, 여기에서 우주공간의 평화적 이용을 모토로 하는 유엔결의가 즉각적으로 나왔다. 우주공간평화이용위원회를 필두로 하여 유엔 회원국의 한결같은 노력으로 인공위성 최초 발사로부터 10년이 되는 1967년에 이르러 〈우주공간의 평화적 이용에 관한 조약〉이 채택되어 효력을 발생하였다. 그 후 이어서 〈우주인의 구조에 관한 협약〉 〈우주물체 등록에 관한 협약〉 〈국제책임에 관한 협약〉이 소속 채택되어 효력을 발생하였다. 이들 네 개의 우주에 관한 조약들은 세계 대부분의 나라들이 가입하였다. 1979년에는 달의 영유금지 및 평화적 탐사에 관한 협정은 우주에 관한 다섯 개 조약 가운데 가입한 나라 수가 가장 미미하다.

국제항공운송이 민간의 활동을 시발로 이루어졌고, 지금도 국제해상운송과 함께 처음부터 국가 주도로 이루어졌던 것에 비하여, 국제우주법은 우주개발이 인공위성 발사를 필두로 하여 국가 주도로 이루어졌다. 우주공간의 상업적 이용이 최근에 이르기까지 장기간 요원한 이야기로 생각되었고, 민간 주체가 우주의 상업적 이용의 시대가 도래하리라고 상상하기 어려웠으므로, 우주법이 국가간의 조약을 기초로 하여 형성되었던 것은 당연한 것이었다. 최근에 이르러서 우주관광이 시도되고 있고, 민간 회사에 의한 해상 기지에서의 인공위성의 상업적 발사가 실용화 하면서 민간주도 우주운송사업의 개연성이 더욱 높아가고 있다. 앞으로 국제사회에서 이에 관한 규범을 정립할 필요성이 점증하고 있다고 하겠다.

대기권(air space)과 외기권(outer space)이 명확히 구분이 되어, 비행기가 대기권에서만 날고, 인공위성이 외기권에서만 궤도를 돈다면, 국제항공법과 국제우주법이 각각 발달하여 대기권과 외기권을 각각 규율하면 될 것이다.[4] 그런데, 비행기가 날 수 있는 고도가 점점 더 높아지고 있고, 비행기에 일정한 추진체를 부착하여 궤도 진입이 가능하게 되는 경우에는 국제항공법뿐만 아니라 국제우주법도 적용받게 될 것이다. 또한, 인공위성이나 우주선이 궤도에서 지구로 진입할 때 일정 시간을 활공 비행하여야 하는데, 이때도 우주공간이 아닌 곳에서도 우주법을 적용하여야 하는 것인가 아니면 어느 고점을 통과하면 갑자기 국제항공법을 적용받아야 하는 것인가 하는 문제가 있다.

지금까지 일반적으로 알려진 인공위성의 최저 근지 고도가 100km 정도로 알려져 있으므로 100km를 우주와 항공의 경계로 하자는 설을 주장하는 나라가 상당수 있다. 호주도 100km를 경계로 하는 국내법을 제정하였다. 러시아도 이 설을 강력히 지지하고 있으며, 프랑스, 벨기에, 독일, 폴란드가 이를 지지하고 있다. 이탈리아는 90km 경계설을 지지하고 있다. 이처럼 지구 표면에서 일정한 높이까지의 공간을 대기권으로 보고 그 이원을 외기권(outer space)로 보는 설을 공간설(spacial theory)라고 한다.

그러나 앞에서 살펴본 바와 같이, 100km가 일반적으로 인공위성의 최저 근지 고도라고 알려지긴 하였으나, 지금 우주기술이 비약적으로 발달하여 그 경계가 인위적인 데 불과한 것이 될 수 있으므로, 아예 그러한 인위적인 경계를 없애고 인공위성이면 인공위성의 경우에 합당한 규범을 만들고, 우주선이면 우주선에 적합한 규범을 만들면, 되는 것이라는 설이다. 최근에는 우주기지(space station)가 세워지면서 물건을 하나하나 우주로 인공위성을 통해 쏘아올리는 것보다 발달하고 있는 나노 기술을 이용하면 우주 줄사다리를 이용하여 끌어올리는 편이 비용을 파격적으로 줄일 수 있을 것이라는 학설이 실용화되리라고 한다. 이처럼 공중의 활동과 우주의 활동이 연결이 되는 점이 증가하고 있는데, 이를 일정한 고도에서 양분하는 표준을 정한다는 것은 현실에도 맞지 않고, 이러한 규범을 만듦으로써 오히려 불편해질 수도 있다. 이처럼, 경계획정을 아예 하지 말고 기능에 따라서 각각 규범을 정하면 된다는 학설이 기능설

4) 물론 인공위성이 발사될 때나 우주인이나 우주선이 지상으로 귀환할 때는 대기권을 통과하게 된다. 이 가운데 우주선이 지상으로 귀환하는 모양은 흡사 비행기와 유사한 면이 있으나 우주선은 비행기와 달리 다시 상승하거나 항로를 쉽게 바꾸어 장거리를 비행할 수 없으므로 국제항공법을 적용하는 것은 무리하고 할 것이다.

(functionalism)이다. 미국이 이를 주장하고 있다.

Ⅱ. 항 공 법

1. 항공법의 정의

항공법은 대기권에서의 항행에 관한 법규범이다. 영어로는 aeronautical law라고 하기도 하고 aviation law, 또는 간단히 air law라고 말하기도 한다. 일반 사람들과 관련이 되기로는 항공권을 구입했을 때, 항공사와의 계약관계가 바르샤바 조약 문구와 함께 항공권 뒷면에 인쇄되어 있는 것을 보고 항공법을 실감하게 되겠지만, 항공법은 항공운송법과 관련된 면에서 국제법과 상법과 관련되는 면이 있다고 할 것이나, 민법, 형법, 행정법 등 여러 관련 법규가 함께 관련이 경우가 적지 않다. 항공법은 또한 전쟁과 관련해서는 공전법(空戰法)과 관련이 된다. 항공운송이든 공전이든 간에 항공법은 지난 일백년 정도의 일천한 역사 동안에 비약적인 항공기술의 발전과 함께 많은 발전을 해 왔다.[5)]

1910년 파리에서 국경을 넘는 독일의 풍선 문제 등 항공에 관한 문제가 토의되었지만 아무 것도 채택하지 못한 채 폐막되었다.[6)] 총회에서 논의된 것 가운데 영공에 대한 관념이 일반적인 지지를 얻었다. 해상법에서 역사 오랜 많은 관습들이 기반이 되었던 것에 비하면, 항공법에서는 그러한 관습적인 면이 없었다. 제 1 차 세계대전이 끝난 다음, 1919년 2월 8일 파리와 런던간의 정기 항공로가 개설이 되면서 각국의 규칙들을 참조하여 국제협약을 맺어야 하겠다는 생각이 일반적인 지지를 얻었다. 해양의 자유처럼 항공의 자유를 보장해야 할 것인가 아니면 영공의 자유를 각국의 주권 하에 두어야 할 것인가가 대립하게 되었지만, 제 1 차 세계대전에서 공중전을 한 것을 생각하여 후자가 일반적인 지지를 얻게 되었다. 또한, 항공법이 해상법과 비슷한 면을 모방해야 할 것인가 아니면 독자적인 길을 가야 할 것인가 하는 문제가 있을 수 있었으나, 두 가지

5) 항공법의 효시를 1900년에 국제법학회(Institut de Droit International)에서 프랑스 법학자 포실(Fauchille)이 국제항공규준을 발표한 것을 들기도 한다. 1903년 라이트 형제가 비행의 효시를 연 것보다 먼저다.

6) Cooper, J. C., "The International Air Navigation Conference, Paris 1910," 1952 Journal of Air Law and Commerce, 127-143.

논의는 서로 배타적인 것이 아니라, 항공법이 그 독특한 면을 유지하면서 해상법이 개척해 놓은 것을 부분적으로 본따는 것이 편리하게 되었다.

2. 항공법의 법원(法源)

(1) 법원(法源)의 종류

항공법의 존재형식, 즉 법원(法源)은 다른 법 영역에 비하여 다양하다. 항공법은 1919년 파리와 런던 간에 정기 항로가 개설되면서 논의된 만큼, 국제성이 강하다. 바로 그 해에 비행규제에 관한 파리협약이 채택되었다.[7] 동 협약 제34조에 의하여 국제항공위원회(CINA)가 구성되었다.[8] 동 위원회는 기술적인 문제에 관하여 많은 규제권한이 부여되었다. 항공에 관한 정보의 수집과 출판 및 회원국들이 문의하는 질의에 대한 응답권이 부여되었다. 파리협약에서는 승무원의 자격이라든지 항공 적합성 기준 같은 것이 정해졌다. 항공기의 정의도 "공기의 반응으로 대기중에 비행할 수 있는 모든 기계"로 채택되었다.[9] 이 말에는 비행기 비행선 별룬 헬리콥터 심지어는 글라이더도 포함이 되는 넓은 개념이었다.

(2) 법원의 형성의 기초

1925년에는 항공사법에 관한 국제회의가 파리에서 개최되어, 항공법전문가국제기술위원회(CITEJA)가 구성되었다.[10] 이 회의에서는 항공사의 책임문제, 항공기 저당과 같은 항공사법이 많이 논의된 것이 특징이었다. 앞에서 이미 살핀 1919년 파리협약에서 구성한 국제항공위원회(CINA/ICAN)와 항공법전문가국제기술위원회(CITEJA)는 항공법 기초형성에 현저한 영향을 끼쳤다.

---

7) Convention Portant Réglementation de la Navigation Aérienne(Convention Relating to the Regulation of Aerial Navigation), Paris, October 13, 1919. 이하에서 파리협약(Paris Convention)이라고 한다.

8) 프랑스어로는 Commission Internationale de la Navigation Aérienne(CINA), 영어로는 International Commission for Air Navigation(ICAN)이라고 불리었다.

9) Le mot aéronef désigne tout appareil pouvant se soutenir dans l'atmosphère glace aux ré actions de l'air.

10) Comité International Technique d'Experts Juridiques Aériens(CITEJA). 영어로는 International Technical Committee of Legal Experts on Air Questions라고 불리었다. Conférence Internationale de Droit Privé Aérien(Paris, 1925), published in Paris 1936.

1926년에는 마드리드에서 미서(美西)항공협약이 채택되었다.[11] 1927년에는 범미(汎美)항공협약이 준비되어 이듬해 체결되었다.[12] 범미협약은 국제항공위원회 같은 기구를 구비하지 못했고, 기술부속서를 갖추지 못했고, 항공운항에 관한 통일적인 규칙을 마련하지 못했다.

(3) 국제민간항공협약과 국제민간항공기구(ICAO)

1944년에는 시카고민간항공협약이 채택되어 파리협약을 대체하게 되었다.[13] 시카고 협약에서는 앞에서 이미 살핀 1919년 파리협약에서 구성한 국제항공위원회(CINA/ICAN)와 항공법전문가국제기술위원회(CITEJA)가 주축이 되었다. 이때는 이미 항공교통이 매우 발달해 있었으므로, 국제민간항공기구를 필요로 했다. 임시국제민간항공기구(PICAO)가 탄생하였다. 1947년에는 국제민간항공기구(ICAO)로 정식 출범하였다.

시카고민간항공협약에서 여러 가지 진전이 있었지만 항공기(aircraft)의 정의에서 "공기의 반응으로 대기중에 유지될 수 있는 기계"로 정의되어 파리협약의 틀에서 벗어나지 못했다. 그래서 1967년에는 ICAO 총회에서 지표면으로 분사하여 부양을 얻는 호버크래프트(hovercraft)를 제외하기로 합의했다. 로케트나 크루즈 미사일 같은 것은 대기의 반작용으로 양력을 얻는 것이 아니므로 항공기의 범주에 들지 않는다.[14] 무인 항공기는 사람이 조종을 하지 않으면서 대기의 반작용으로 양력을 얻는 것이므로 항공기의 범주에 들어야 할 것이다.

국제민간항공기구(ICAO)는 창립된 후에 머지않아 국제연합(UN)의 전문기구(specialized agency)가 되었다. ICAO는 법적인 문제를 비롯하여 기술적인 문제, 경제적인 문제 등 여러 분야의 관련 문제를 논의하고 해결하며 규칙을 정한다. ICAO는 법률위원회(Legal Committee)가 있어 항공법규에 관한 국제조약을 준비하고 초안하는 작업을 하며 성안이 되면 외교회의에 제출한다. 법률

11) Ibero-American Convention on Air Navigation, Madrid, November 1, 1926. 이하에서 미서협약(Ibero-American Convention)이라고 부른다.

12) Pan-American(or Inter-American) International Convention on Commercial Aviation, Havana, Feb. 20, 1928. 이하에서 범미협약(Pan-American Convention)이라고 부른다.

13) Convention on International Civil Aviation, Chicago, October 13, 1919. 이하에서 시카고 협약(Chicago Convention)이라고 칭한다.

14) 다국어항공항행사전(Multilingual Aeronautical Dictionary)에서는 로케트를 "보통 개스 형태의 분사 물질에 의해서 추진되는 장치"라고 정의하고 있다. Advisory Group for Aerospace Research and Development, NATO, Multilingual Aeronautical Dictionary, 1980.

위원회의 이러한 작업은 그 전신인 국제항공위원회(CINA/ICAN)와 항공법전문가국제기술위원회(CITEJA)의 전통에서 기인한다.

(4) 국제항공운송협회(IATA)

국제민간항공기구(ICAO)가 정부간에 체결한 민간항공기구라면, 국제항공운송협회(IATA)는 주요 사적 항공사들이 항공운송에 관한 법적 경제적 기술적 문제에 관하여 체결한 협정에 의하여 구성된 민간항공사기구이다. 세계의 거의 모든 항공사들이 회원사다. IATA는 민간항공운송에 관련되는 다양한 문제들에 관하여 정부들과 긴밀한 관련을 지으면서 협의를 하고 규칙을 정하기도 한다.[15)]

(5) 양자협정

시카고 국제민간항공협약 제6조에 따라 국가들은 상호주의에 기초하여 타방 당사국 항공사에 자국에 취항하는 권리를 허여하는 협정을 체결한다. 1946년 영국과 미국간에 체결된 버뮤다 협정(Burmuda Agreement Ⅰ)이 모델이 되어 수천개에 이르는 항공협정이 체결되었다.[16)] 동 협정에서는 항공교통량에 의거하여 "공평하고 평등한 기회(fair and equal opportunity)"를 부여하기로 했다. 국가간 항공협정의 중요한 요소가 되는 것은 항공노선, 관세, 운항능력(capacity) 등이다. 이 가운데 관세(tariffs)에 관해서는 1945년에 31개 항공사간에 아바나(Havana)에서 체결된 IATA에 의해서 다자간 조정한 후 국가 간 확인으로 정해졌다. 국가들은 자국의 하나 또는 그 이상의 항공사로 하여금 특정 항로를 정기적으로 운항하도록 했다. 이들 항공협정에서는 항공교통량 수요에 따르는 항공능력(capacity) 부여를 일차적 목표(primary objective)로 삼기로 했다. 항공능력 부여에는 당사국간 협의를 통하여 항공편수, 필요한 설비 등은 사전적 결정(predetermination)이 아닌 사후적 감독(ex post-facto)으로 검토(review)하도록 했다. 체약국들은 상대방의 항공관련 서류를 인정하고 건강, 관

---

15) Brancker, J. W. S., IATA and What It Does(1977), passim.

16) Agreement between the Government of the United Kingdom and the Government of the United States relating to Air Services between their respective Territories, Bermuda, Feb. 11, 1946. 이하에서 버뮤다 제1협정(Burmuda Agreement Ⅰ)이라고 칭한다. 동 협정 체결시 영국은 보호주의적인 입장을 취했고, 미국은 항공대국으로서 최대한의 항공의 자유를 주장했다.

세, 입국심사를 현지 기준으로 인정하기로 했다. 분쟁이 생기면 협의(consultation), 의무적 조언(obligatory advice) 또는 중재(arbitration)에 의해서 해결하기로 했다.

(6) 공정경쟁의 원칙

버뮤다 제 1 협정 체제는 항공의 자유경쟁을 주장하는 미국 측에서 파격적인 전세기운항(charter flights)으로 영국이 1976년 동 협정을 파기하면서 무너지게 되었고, 이듬해 버뮤다 제 2 협정으로 가닥을 잡았으나, 역시 반독점법(antitrust law)를 내세우며 자유경쟁을 주장하는 미국측의 주장으로 흔들렸다. 1978년에 와서 미국이 내거는바, 비규제 정책과 공정한 운임경쟁 및 관세의 국제화 정책이 종국적으로 소비자들에게 저렴한 항공료를 부여하게 된다는 바람에 설득력을 얻게 되었다. 이러한 정책을 원칙으로 받아들여 체결한 첫 번째 양자조약은 1978년 3월 31일에 미국과 화란간에 1957년 항공운송협정을 개정한 의정서였다.[17] 이 의정서에서는 정기운항(scheduled flight)에 의한 지정이든, 전세운항(charter flight)에 의한 지정이든 지정항공사(designated airlines)두기로 하여 공정한 경쟁을 하도록 했다. 운항노선도 대폭 유연성(flexibility)을 부여하기로 했다. 전세기 운항 서비스는 출발지규칙(country of origin)을 택하기로 했다. 정기운항에 관련되는 관세문제도 출발지규칙을 따르기로 했다. 항공요금도 상대국 항공사를 먹어치우려(predatory) 하거나 차별적이 아닌 한 저렴한 항공료가 보장이 되도록 자유경쟁이 되도록 했다.

3. 운항기의 항공운송책임

(1) 항공운송책임

운항기의 승객 및 수하물 등 항공운송채임에 대한 기본 원칙이 규정된 것은 1929년 <국제항공운송에 관한 특정 규칙의 통일에 관한 바르샤바 협약>이었

---

17) Air Transport Agreement between the Government of the Netherlands and the Government of the United States of America, Washington, April 3, 1957. Protocol Relating to United States-Netherlands Air Transport Agreement of 1957, Washington, March 31, 1978. Wassenberg, H. A., "Innovation in International Air Transportation Regulation(the US-Netherlands Agreement of March 10, 1978)" 3 Air Law 138-162(1978).

다.[18] 바르샤바협약의 규칙들은 지금도 전 세계에 걸쳐서 시행되고 있다. 이리하여 승객은 언제 어디서 비행기를 타든 간에 책임소재에 관해 믿고 타고 갈 수 있게 되었다. 운항기 측에서도 만일의 경우에 대비하여 자신의 책임이 어느 정도 될 것인지를 알고 보험에 가입하게 되었다. 이렇게 해서 항공운송책임제도가 생긴 것이다. 바르샤바협약은 몇 차례나 개정이 되었다. 1955년에 추가된 헤이그 의정서(Hague Protocol)는 1963년에 효력을 발생하였다.[19] 1961년에는 〈체약운항자 이외의 인(人)에 의해 수행되는 국제항공운송에 관한 특정 규칙의 통일에 관한 과달라하라 협약〉이 전세기 문제를 해결하기 위하여 부속협약(Supplementary Convention)으로 체결되었다.[20] 이 부속협약은 1964년 5월 1일에 발효하였다. 그 외에도 몇 개의 개정 의정서가 체결되었다.

(2) 바르샤바 협약

가. 협약의 적용

바르샤바 협약은 국제운항(international carriage)에만 적용되며, 요금을 조건으로 탑승하는 승객 및 그의 수하물(baggage, goods)에 적용된다. 항공기에 무료 탑승 내지 운송은 항공운송회사가 하는 경우에만 해당된다. 항공운송회사에만 무료 탑승 내지 운송을 할 수 있도록 예외를 둔 것은 이들 항공운송회사들이 무료 탑승 내지 운송을 제공하더라도 사실은 선전 등 모종의 대가와 교환을 하려는 의도로 제공하기 때문이었다. 바르샤바 협약의 규정들은 국내 항공운송법에도 반영이 되는 일이 많다. 무료 탑승 내지 운송을 제공하는 것에 관해서도 국내 항공운송법에 반영시키는 것을 볼 수 있다.

운항의 국제성은 운송계약에 표현된 당사자의 의도에 따라 판단한다. 국제운항(international carriage)이 아닌 것의 대표적인 예는 극지여행과 같은 시험비행과 조난선 구호용으로 보내는 것과 같은 특수한 상황에서의 일시적인 비행

18) Convention for the Unification of Certain Rules Relating to International Carriage by Air, Warsaw, October 12, 1929. 이하에서 바르샤바협약(Warsaw Convention)이라고 부른다.

19) Protocol to Amend the Convention for the Unification of Certain Rules Relating to International Carriage by Air, The Hague, Sept. 28, 1955. 이하에서 헤이그의정서(Hague Protocol)이라고 칭한다.

20) Convention Supplementary to the Warsaw Convention for the Unification of Certain Rules Relating to International Carriage by Air Performed by a Person Other than the Contracting Carrier, Guadalajara, Sept. 18, 1961. 이하에서 과달라하라협약(Guadalajara Convention)이라 부른다.

과 우편협약에 따라 운항되는 비행에는 적용되지 아니한다.

나. 운항서류

승객 운송에는 항공권을 발행하여야 하는데, 항공권에는 운항사의 이름과 주소, 발행일자, 출발지와 목적지, 중간기착지가 있으면 중간기착지, 그리고 바르샤바 조약의 규정이 적용된다는 문구가 적혀 있어야 한다. 항공권이 없거나 잘못 기재된 경우에도 동 조약은 적용이 되겠으나, 이를테면 바르샤바 조약이 적용된다는 문구가 적혀 있지 않다면, 항공권에 적혀 있어야 할 책임의 한도나 제한에 관하여 무제한 책임을 져야 할 것이다. 1961년의 헤이그 의정서에서도 바르샤바 협약이 적용된다는 것을 적시하지 않는 경우에도 역시 무제한 책임가능성에 대하여 규정하였다.

다. 운항책임

바르샤바 협약 제17조에서는 운항상 승객의 사망, 상해 기타 승객이 당한 육체적 손해에 따른 손해배상책임을 규정하였다. 제18조에서는 승객의 수탁 수하물(checked luggage)에 대하여 손해가 발생한 경우의 책임에 대하여 규정하였다. 물론 책임은 운항(transportation)에 관해서만 적용되는 것이며, 항공기 제조회사나 관제탑에 대해서는 규정이 없다. 운항계약에는 운항자가 합리적인 시간 내에 손해나 지연이 없이 운항을 완성하는 것이다. 운항책임은 과실책임론(fault)에 기초한다. 입증에는 반대입증(reversed burden of proof)을 할 의무가 운항자측에 있다. 운항자가 제한책임을 진다는 문구를 항공권에 기재하게 하는 대신에 입증의 책임을 운항자에게 지운 것이다. 이것은 1929년 당시 항공운송이 보편화되어 있지 아니하였을 때 만든 규정이었다. 항공운송이 보편화된 오늘날에는 물론 승객은 보험에 가입함으로써 운항에 관련된 위험부담을 제 3 자와 설정할 수도 있다. 그리고 물론 승객이 안전벨트를 매지 않아 사고의 피해가 커진 경우에는 기여과실(contributory negligence)의 이론에 따라 손해배상이 줄어들게 된다.

그 외에도 운항자가 무제한 책임을 지는 경우는 그 손해가 운항자의 악의적 불법행위(wilful misconduct)에 의해서 일어났거나, 법정지 법원에서 사안을 검토하건대 악의적 불법행위에 해당한다고 판단되는 경우다.[21] 항공권이 없거나, 수하물 위탁증이 없거나 그에 관련되는 경우 및 항행증서(air waybill)가 없

21) 바르샤바 협약 제25조.

거나 그에 관련되는 경우도 그렇다.

이상을 요약하여 다시 말하자면, 운항자가 무제한 책임을 지는 경우는 악의적 불법행위(wilful misconduct), 승객에게 항공권을 지급하지 않은 경우, 및 항공권에 바르샤바 협약이 적용된다는 것을 기재하지 아니한 경우 세 가지다.

그 이외의 경우에는 바르샤바 협약 제22조에서 규정한 한계에 따라 손해를 배상하면 된다. 즉, 인명의 사망 상해에 대해서는 125,000프랑이고, 수하물에 대해서는 수탁자가 별단의 가격 선언을 하지 않은 이상 킬로그램당 250프랑이다. 물론 프랑은 인플레이션이 있게 마련이므로 65.5밀리그램의 금에 해당하는 가치가 있는 것을 기준으로 한다.

항공사고 등으로 손해가 발생한 시점이 항공사가 책임을 져야 하는 시점인가가 중요하다. 항공사의 책임이 발생하는 시점은 바르샤바 협약에는 정확히 규정되어 있지 않지만, 일반적으로 인식되는 바는, 승객이 항공사의 직원의 통제하에 들어간 시점에서 시작하여 도착지의 도착 통로에 나오는 순간까지이다. 가령 테러리스트를 피해서 항공기가 불시착한 경우에, 활주로에 착륙한 비행기에서 계단을 다 내려온 경우나, 터미널로 걸어 나오거나 버스를 타고 나오는 경우나, 비자통제소를 통하여 나와 수하물 찾는 곳으로 가는 경우나, 이 모든 경우는 비행기에 탑승하거나 내리는 경우에 포함되지 않는다. 따라서 이 와중에 테러사고가 발생하였다면 바르샤바 협약에 관련되어서는 항공사에게는 책임이 없다.[22] 그러나, 환승을 하기 위해 어느 공항의 라운지에서 휴대품 검사를 받는 가운데 사고가 발생하였다면, 항공사의 탑승에서부터 내리는 과정에서 항공사의 통제하에 있는 것이므로 바르샤바 조약상 운항중에 해당한다.[23]

수하물도 운항중에 있었는가 여부에 따라 책임소재가 달라진다. 바르샤바 협약 제18조 제 2 항에 의하면 수하물이 항공사의 책임하에 있던 기간에 사고가 일어난 것을 조건으로 하고 있다. 운송이 비행장 밖에서 일어난 것은 포함이 되지 않지만, 짐을 싣고 내리고 기탁자에게 최종적으로 배달하여 책임이 종료되는 과정에 발생한 사고는 운항사 책임이다.[24]

운항의 지연으로 승객이나 수하물이 늦게 도착하여 손해가 발생한 것도 바르샤바 협약 제19조에 의하면 앞에서 살핀바, 승객의 사상의 경우와 마찬가

22) Re Tel Aviv, US District Court, District of Puerto Rico, December 9, 1975.
23) Evangelinos et al. v. TWA, US Court of Appeals(3rd Circuit), May 4, 1976.
24) 바르샤바 협약 제18조 제 3 항.

지로 항공사의 책임이다. IATA규칙에서도 항공사가 최상의 노력(best efforts)으로 합리적인 수송으로(reasonable dispatch) 승객과 화물을 운송할 것을 규정하고 있다. 단순히 늦게 도착한 것이 배상책임이 되는 것이 아니라 비합리적인 수송으로 늦게 도착한 것이 문제가 되는 것이다. 물론 합리적이니 비합리적이니 하는 말에 모호한 점이 있을 수는 있으나 상황을 보아 판단하는 것이다.

가령 비합리적인 이유로 운항이 취소되어 연예인의 공연이 취소되었다면 그것도 손해배상의 사유가 된다. 항공사가 초과예약(overbooking)으로 인하여 예약한 승객을 태우지 못하여 손해가 발생했다면 이 역시 항공사의 책임이다.

손해는 산정할 수 있는 것이어야 하며, 사고와 직접적인 인과관계가 있는 것이어야 한다. 바르샤바 협약 제17조에는 육체적 상해(bodily injury)만을 규정하였다. 정신적 상해는 어떻게 되는가? 미국의 한 법원이 판시한 사건에서는 정신적 상해가 육체적 상해와 직접적인 인과관계가 있을 것을 요구하고 있다.[25] 미국의 다른 법원에서는 육체적 상해와 직접적인 관련이 없이 일어난 손해에 대해서도 배상책임이 있다고 판시하였다.[26]

라. 손해배상의 청구

바르샤바 협약 제29조에 의하면 손해배상은 2년 이내에 청구하여야 되도록 규정되어 있다. 2년의 계산 시점은 항공기가 도착하였거나, 도착하였어야 할 시점 또는 운송이 중단된 시점이다. 2년이라는 기간은 미국의 실제 소송에서 청구인이 소송중 사망한 경우, 그의 상속인에게 다시 2년의 기간이 주어진 경우도 있다.[27] 프랑스 법원에서는 미성년자의 경우 2년의 제소기간의 진행을 성년이 될 때까지 정지하도록 조치한 일이 있다.[28] 한국에서도 서울지방 법원이 1997년 대한항공 괌사고 손해배상 소송에서 원피고가 합의하는 경우 2년의 제척기간을 연기해 준 일이 있다.

청구의 주체는 누가 될 것인가? 이 문제는 바르샤바 협약 제24조에서 각국 국내법으로 처리할 문제로, 공백으로 남겨 두었다. 각국의 국내법에서는 일반적으로 피해자나 그의 상속인이 청구의 주체가 된다. 가끔 단체의 소속인원

25) *Roseman v. Trans World Airlines*, and, Court of Appeal, New York State, June 13, 1974.
26) *Palagonia et al. v. TWA*, New York Supreme Court, County of Westchester, Dec. 28, 1978.
27) *Nicolet v. TWA*, US District Court, Southern District of New York, June 17, 1954.
28) *Consorts Lorans et al. v. Air France*, Cour de Cassation(Assemblée Plénière), Jan. 14, 1977.

이 피해자인 경우에 그 단체가 청구권을 행사하는 경우가 있으나, 개인의 생명권이나 신체에 관한 권리가 소속 단체가 단체의 일을 수행할 권리보다 앞서는 절대적인 권리이기 때문이다.[29]

바르샤바 협약 제28조에 의하면 손해배상 청구를 하는 관할 법원은 네 가지다. 첫째는 항공사의 주소지(court of domicile)이며, 둘째는 항공사의 주영업소(principal place of business)가 있는 곳이고, 셋째는 항공사의 탑승계약, 즉 항공권 발행 업무를 대행해 주는 업소가 있는 곳이며, 넷째는 목적지(place of destination)이다. 1983년 9월 1일 사할린 부근 소련 영공에서 격추된 대한항공 KAL 007기 추락 사건은 미국과 한국에서 제소되어 처리되었고, 1997년 8월 6일 미국령 괌에서 추락한 대한항공 KE 802기 추락사건도 한국과 미국에서 제소하여 처리되었다. 대부분의 소송은 손해배상액이 높은 미국에서 소송을 제기하는 편을 선택하였다. 마찬가지로 2001년 4월 15일 김해에서 추락한 중국민항 CA 129기 추락사건은 한국과 중국에서 소송이 제소될 수 있었는데, 대부분의 피해자들이 한국인들이었고 사고지가 한국이었던 만큼 대부분의 소송이 한국에서 제기되었다. 중국에서는 당국의 회유에 따라 화해로 끝냈다. 한국에서는 극소수 피해자들이 화해를 한 이외에 대부분은 부산지방법원에 소송을 제기하였고, 그 중 대다수가 항소하였다.

마. 손해배상의 한도

손해배상의 한도에 대하여 바르샤바 협약 제22조에서 규정한 한계대로 인명의 사망 상해에 대해서는 125,000프랑이고, 수하불에 대해서는 수탁자가 별단의 가격 선언을 하지 않은 이상 킬로당 250프랑이며, 프랑의 가치는 인플레이션을 감안하여 65.5밀리그램의 금에 해당하는 가치가 있는 것을 기준으로 한다고 앞에서 언급한 바 있다. 그러나 바르샤바 협약 제25조에서는 손해가 항공사 측의 '악의적인 불법행위(wilful misconduct)나, 수소(受訴) 법원에서 악의적인 불법행위(wilful misconduct)에 해당하는 불법행위(default)로 말미암아 발생'한 것이라고 판단하는 경우에는 그러한 한계의 적용을 받지 않게 규정되어 있다.[30] 바르샤바 협약의 프랑스어 본에는 'dol' 또는 'faute … équivalent au dol'

---

29) *Footbal Club Torino v. Aviolinee Italiane*, March 9, 1953.

30) 'wilful misconduct or by such default on his part as, in accordance with the law of the court to which the case is submitted, is considered to be equivalent to wilful misconduct'. Art. 25, Warsaw Convention.

이라고 규정하였다. 영어 본과 프랑스어 본에서 규정한 불법행위의 개념이 차이가 난다는 것에 유의하여야 한다. 프랑스어에서 'dol'은 타인에게 특정의 상해를 가하려는 의도가 있다는 뜻이다. 'wilful misconduct'에서는 범행자가 자신의 행위가 그릇된 것(misconduct)이라는 것을 알아야 하고, 어느 특정의 상해를 가한다는 것을 의식하지 아니하더라도 자신의 행위로 말미암아 잠재적 손해가 발생한다는 것을 인식한 것이면 된다. 영미법에서 말하는 'wilful misconduct'가 더 넓은 개념이라는 것을 알 수 있다. 대륙법계 국가에서는 이러한 'wilful misconduct'에 해당하는 것으로 중과실(gross negligence)을 'dol'에 해당하는 것으로 보는 경향이 있다. 프랑스에서는 1957년 사건 이래 'dol'이 용서할 수 없는 과실(faute inexcusable)에 해당하는 것이라고 보고 있다.[31] 영미법에서 말하는 'wilful misconduct'는 평균인이 당연히 행하여야 하는 주의를 기울이지 아니한 것을 말하는 주의의무 태만 정도의 과실인 'negligence'와는 전혀 다른 범주에 속하는 용어다.

바르샤바 협약에서는 영미법상 판례법에서 나오는 '징벌적 손해배상(punitive damage)'에 대해서는 규정하고 있지 않다. '징벌적 손해배상(punitive damage)'이란 가해자의 행위가 고의로(intentional) 악의적이며(malicious) 그 작위, 부작위가 대단히 의도적인(action or inaction that are so grossly intentional) 것이라서, 배심원들이 그 범죄성에 대하여 가벌성 여하를 묻지 아니하고(whether it is punishable as an offence) 그 타인에 대한 의도적이며 악의적으로 짓밟는 행위(such a conscious and aggravated disregard of others)에 대하여 가벌성을 결론짓는 것이다(concludes that the conduct takes on a criminal character). 미국에서는 민사사건에서 배심원들이 경우에 따라(occasionally) 청구인의 요구하는 바가 증명된 경우에 징벌적 손해배상을 명하기도 한다. 그렇게 되면 징벌적 손해배상이 원래의 손해배상에 부가되게 되어 거대한 손해배상을 하게 된다. 징벌적 손해배상이라고 해서 보험으로 전보되지 않는 것은 아니다. 이러한 징벌적 손해배상이 생기게 된 원인은 악의(malice)로 사기(fraud) 등으로 손해를 끼치는 것(oppression)에 대하여 지나친 손해배상을 내리는 경우에 재심을 허용하지 않았던 앵글로색슨 전통에서 나온 것으로, 법원이 정신적

31) Sontag et al. v. Air France et al., Tribunal de Grande Instance de Paris(1re Ch.), Jan. 8, 1971.

손해(mental anguish) 등에 대하여 제대로 손해배상을 내리지 아니한 경우에 내리기도 하고, 소송비용 등 법적으로 원고에게 호의적인 조치를 내리기 어려운 경우에 내려주는 전통에서 생긴 것이다.

헤이그 의정서에서는 바르샤바 협약의 제25조에 규정된 손해배상의 한도를 특수한 경우에는 적용하지 아니하는 것으로 수정하여 "손해가 항공사나 그의 고용인이나 대리인이 작위 또는 부작위를 하여, 손해를 유발할 것을 의도하였거나(with the intent to cause damage), 그러한 손해가 발생할 것이라는 것을 알았거나 알 수 있었을 경우에는(recklessly and with knowledge that damage would probably result), 바르샤바 협약 제25조의 손해배상 한도를 적용하지 말 것을 규정하였다. 이 새로운 규정에서는 'dol'과 'wilful misconduct'가 포함된 것을 의미하며, 작위뿐만 아니라 부작위까지 포함되었다는 것을 뜻한다.

바르샤바 협약이 헤이그 의정서에 의하여 수정이 되었어도 미국의 판례법이나 제정법에서 발달해 온 손해배상 상한선의 철폐 경향과 공정거래에 관한 법규 등에 부응하지 못한다는 비판으로 미국에서는 헤이그 의정서를 비준하지 않는 가운데 1965년 5월 15일에 바르샤바 협약 자체를 파기 통고하는 사태가 벌어졌다. 이러한 사태를 해결하기 위하여 IATA 가맹 항공사들이 국제 항공의 손해배상 한도를 US $75,000로 정하는 몬트리올 협정에 합의하였고 미국도 이에 동의하였다. 몬트리올 협정은 국제 항공사들과 미국의 민간항공위원회(US Civil Aeronautics Board)가 합의한 것으로 일종의 민간협약이므로 바르샤바 협약을 개정한 것은 아니었다. 몬트리올 협정에 의하면 승객들은 상기 손해배상액 이외에도 보험에 가입하는 것으로 별도의 손해를 전보받는 것이 가능해졌다. 더구나, 항공사에서는 항공사와 그 대리인이 상황에 필요한 모든 조치를 한 것을 증명하는 경우에는 책임을 부담하지 않아도 되었다. 승객도 항공사가 과실이 있다는 것을 증명하지 않고도 손해가 발생한 정도를 증명하면 되었다. 1975년에는 몬트리올에서 바르샤바 협약을 개정하는 외교회의가 열렸다. 네 개의 몬트리올 의정서가 채택되었다. 몬트리올 의정서에서는 바르샤바 협약상의 손해배상한도액 표시 방법을 국제통화기금(IMF)에서 정한 특별인출권(Special Drawing Rights: SDR)으로 변경하기로 했다. 특별인출권은 달러만이 아닌 주요 통화를 합하여 평가한 가치이므로 좀더 정확하다고 말할 수 있겠으나, 국제사회에서는 역시 달러 등 실제 통화를 수요하고 있으므로 특별인출권의 가치를 달러 등 실제 통화로 환산하여 손해 배상액을 산정하는 것이다.

(3) 제조물 책임

가. 원리의 생성

항공기 사고는 항공사의 과실에 의해서 발생하기도 하지만, 항공기를 제조하거나 수리한 회사의 책임으로 발생하기도 한다. 제조물 책임(products liability)이란 물건을 제조한 자(manufacturer)나, 물품을 처리한 자(processor)나, 물품을 제조하지 아니한 판매자(non-manufacturing seller)가 구매자나 판매로 말미암아 손해를 입은 제 3 자의 신상(person)이나 재산(property)에 상해(injury)를 유발하여 생기는 책임을 말한다.[32] 제조물책임 소송이 제기되는 사유로는 디자인상의 결점(defective design)이나, 제조상의 결점(defective construction)이나 제조물을 시장에 내놓을 때 부정확한 작동 설명(inadequate instruction)을 한 경우다. 제조물이 판매되어 그 결점(defects)이 발견된 경우에 영미법계에서는 보증위반(breach of warranty)의 법리와 불법행위(torts) 법리에 의해서 그 손해를 전보받아야 한다. 보증위반의 법리는 물품의 제조자와 직접 구매자(direct purchaser)간에 성립하는 것이어서, 항공기 사고 피해자가 구제를 받기에는 부적합한 면이 있는 반면에, 불법행위에 기한 소송은 계약(contract) 위반에 기해서도 가능하고 제정법(statute)이나 보통법(common law)에 의해서도 가능하기 때문에 그 적용 범위가 넓다.

이러한 결점은 판례에 의해서 1916에 보증위반 소송에서 '제 3 자 손해배상(third party compensation)'이 가능하게 되면서 보완되었다고는 하나,[33] 제조물의 부품 문제로 인한 소송에서 항공기 제조사가 피고로 되는 경우가 아니고서는 피해자가 손해에 대한 전보를 제대로 받기가 어려웠다. 엄격책임(strict liability)주의가 점점 더 세력을 얻더니, 1963년에 이르러서는 판례법으로 확정되었다.[34] 제조업자가 제조품을 시장에 내어 놓고 실험 없이 사용되리라는 것

---

32) Products liability is the liability of a manufacturer, processor or non-manufacturing seller for injury to the person or property of a buyer or third party caused by a product which has been sold. Hursh, R. D. and Bailey, H. J., American Law of Product Liability(2nd ed., 1974(with supplements), pp. 2-3.

33) *Maynard v. Stinson Aircraft Corp.*, State of Michigan, Circuit Court for Wayne County, October 22, 1937.

34) *Greenman v. Yuba Power Products*, 59Cal.2d57, 377P2d897, 27Cal.Reporter697(1963). The

을 알고 한 경우 그 물품의 결점으로 인하여 사고가 발생하여 상해를 입힌 경우에 엄격한 책임부담을 져야 한다는 것이었다. 이 법리는 불법행위법 제2차 리스테이트먼트에 수록되었다.35) 이 법리는 1975년에 와서 항공기 제조 관련 사건에서 채택되었다.36)

이러한 새로운 법리에 하에서, 원고는 제조물이 생산자를 떠날 당시에 이미 결점이 존재하였다는 것을 증명해야 했다. 물론 제조자는 그 제조물이 생산자를 떠난 다음에 제조물에 변경이 가해진 경우에는 책임이 없다. 제조물은 고장이 날 수도 있고 고장이 나면 수리를 해야 하는데, 수리를 한 자는 어느 정도의 책임을 부담하여야 하는 것인가. 여기에도 엄격책임주의가 적용되어야 하는가, 아니면 부분적 책임만 부담하는 것인가. 수리에도 항공의 안전을 보장하기 위한 목적은 달성되어야 하는 것이므로 엄격책임주의가 적용된다.37)

나. 추락에 안전을 배려하는 법리(crashworthiness)

제조물 책임과 관련하여 추락시 사고에 안전을 배려하는 장치가 중요하다. 추락시 사고에 안전을 배려하는 장치란 추락 사고시 승객이 사망에 이르지 아니하고 상해로부터 보호할 수 있는 장치가 있는가, 항공기의 구조가 사고시 승객의 생존을 위하는 구조를 구비하고 있는가, 원래의 사고로부터 일어난 상해를 악화시키지 아니하는 디자인을 구비하고 있는가 하는 점이다.

다. 제조물 책임에 관한 입법

항공기 제조에 관련되는 규칙은 각국의 판례에서도 찾아볼 수 있지만, 국내 입법에 의해서 확실하게 실현될 수 있다. 미국에서는 〈통일제조물책임에 관한 표준법(Model Uniform Product Liability Act)〉을 제정하여 실시하고 있다. 유럽에서는 유럽이사회(Council of Europe)에서 후원하여 〈개인사망상해에 관한 제조물책임에 관한 스트라스부르크 협약〉이 1977년에 체결되어, 개인의 상해, 사망과 관련되는 제조물 책임에 관한 규범을 규정하였다.38) 1973년에 체결

---

court ruled that 'a manufacturer is strictly liable in tort when an article he places on the market, knowing that it is to be used without inspection for defects, proves to have a defect that causes injury to a human being'.

35) American Law Institute, Restatement (Second) of Torts of 1965, Section 402-A, 'Special Liability of Seller of Products for Physical Harm to USer or Consumer'.

36) *Berkebile v. Brantly Helicopter Corp*, 281 A. 2d707(Pa.Super1971); 311A2d140(Pa.Super 1971). Affirmed 377A2d893(Pa.1975).

37) Davis, Tom, Aviation Repair Stations and Strict Liability, 1974 Journal of Air Law and Commerce, 413-424.

된 〈제조물 책임에 적용되는 법에 관한 헤이그 협약〉은 〈국제사법 통일에 관한 헤이그 협약〉에까지 그 근원을 거슬러 올라갈 수 있는 만큼 각국 법의 충돌시 어느 법을 적용하는가에 관한 규칙들을 규정하였다.[39] 유럽연합에서도 유럽공동체(EEC) 시절에 〈하자제조물책임에 관한 가맹국의 법률, 규칙 및 행정규정 조정에 관한 이사회 지시에 대한 건의〉를 채택한 바 있다. 이러한 건의는 1979년 10월 26일에 결국 수정이 되어 채택되었다. 수정되어 채택된 바에 의하면 결국 손해(damage)라는 말은 상해의 고통(pain and suffering)과 비물질적 손해(non-material damage)를 포함하게 되었다.

Ⅲ. 우 주 법

1. 우주법의 정의

우주법(space law)은 우주공간에 관련된 국제법 주체의 법규범이다. 우주공간(celestial space)이라 함은 앞서 살핀 바와 같이 지구상에서 국가들의 주권이 미치지 못하는 외기권(outer space)을 말하는 것이므로, 우주법이라고 하면 우주공간에 관련되는 국제법이다.[40] 우주 공간은 영토, 영해 및 그 이원의 지구 표면의 상공의 일체의 공간을 말하는 것이어서, 어느 한 나라의 전유물이 될 수가 없는 것이므로, 그 우주 공간에 존재하는 일체의 천체들과 함께 국가들의 공유물(res communis)이다. 공유물인 까닭에 어느 한 나라의 전유물이 될 수가 없다.

유엔에서는 1957년에 우주공간의 법적 지위 문제를 논의하기 시작하여 1963년에는 우주공간과 그 속에 있는 일체의 천체에 대한 비전유의 원칙

38) European Convention on Products Liability in Regard to Personal Injury and Death, Strasbourg, Jan. 27, 1977.

39) The Hague Convention on the Law Applicable to Products Liability, The Hague, June 15, 1955.

40) 우주공간(celestial space) 내지 외기권(outer space)을 줄여서 우주(space)라고 부르기도 하지만, 자세히 분류하자면, 공간에는 영토공간(terrestial space), 수중공간(hydrospace), 공중(air space), 우주공간(outer space)으로 분류된다. 영토공간은 평면적이며, 수중공간은 평면적인 수면 아래 존재하는 입체적 공간을 말한다. 공중(air space) 내지 우주공간은 영토, 영해 내지 그 이원의 해양 표면 상공으로 전개되는 일체의 공간을 말한다.

(principle of non-appropriation)을 포함한 우주공간의 평화적 이용의 원칙, 탐사와 이용에 관한 자유의 원칙, 과학적 조사의 원칙 등 우주법의 기본원칙을 반대 없이 채택하였다.[41] 이 기본원칙들은 1967년에 채택된 우주조약(Outer Space Treaty)의 대 골간이 되었다.[42] 우주조약은 처음에는 미국, 영국, 소련(U.S.S.R.)에 의하여 체결되었으나, 지금은 일백여 국가들이 가맹하고 있다. 이 원칙들은 우주조약에 규정되어 있지만, 1963년 상기 유엔 결의로 반대 없이 채택된 이래 급속하게 국제관습법으로 정착되었다고 볼 수 있다. 다시 말하면, 그 규범성은 조약으로서도 존재하고, 관습으로도 존재한다는 뜻이다. 우주법은 그 큰 틀이 상기 우주조약과 그것이 정착된 국제관습으로 존재하는 것이지만, 그 후에 채택되어 발효한 관련 조약들과 역시 그들이 정착한 관습으로 존재하는 것이며, 경우에 따라서는 만국 공통의 '법의 일반원칙'(general principles of law)으로도 존재한다고 볼 수 있다.

2. 우주법의 분설

(1) 평화적 이용의 원칙

우주조약(Outer Space Treaty)은 궤도에 핵무기(nuclear weapons) 기타 대량살상무기(weapons of mass destruction)를 탑재하는 여하한 물체도 올려놓을 수 없도록 규정하고 있다.[43] 우주조약은 또한 달과 기타 천체는 평화적인 목적을 위해서만 사용될 수 있도록 하고 있다.[44] 이들 원칙들이 우주공간의 군사적 이용을 배제하고 있는 것인가 어떤가 하는 것이 문제가 된다. 많은 나라들은 평화적 이용이라는 것은 우주공간에서 모든 군사적 이용이 배제된다고 주장하는 반면에, 미국, 러시아 등 우주 강대국들은 그 군사적 이용이 평화적 목적에 부응하는 것인가 아닌가에 달려 있다고 생각된다. 그 군사적 이용이 평화적 목적에 부응하는 것인가 여부는 이용을 하고자 하는 국가의 입장에서는 주관적으

41) UN Doc. GA Res. 1962(XVIII).

42) 우주조약의 정식 명칭은 〈달과 기타 천체를 포함하는 외기권의 탐사와 이용에 관한 국가들의 활동을 규제하는 원리에 관한 조약〉(Treaty on Principles Governing the Activities of States in the Exploration and Use of Outer Space, Including the Moon and other Celestial Bodies)이다. 18 U.S.T. 2410, T.I.A.S. No. 6347, 610 U.N.T.S. 205. 이하에서 우주조약(Outer Space Treaty)이라고 줄여서 말한다.

43) 우주조약 제4조 제1항 참조.

44) 우주조약 제4조 제2항 참조.

로 해석될 여지가 있고, 그러한 이용에 반대하는 국가의 입장에서 보면 정반대가 될 수도 있는 것이므로, 논란의 대상이 될 수 있다. 지구 표면에서와 마찬가지로 자위권(self-defence)과 유엔이 정한 집단조치에 해당하는 경우로 제한할 것인가, 비록 평화적으로 이용될 우주공간이지만, 무기개발과 전쟁 수행 능력 제고를 위하여 평화적인 명목으로 이용할 수 있는 것인지가 논란의 대상이 될 수 있다. 이미 미국은 테러 방지와 대량살상무기 전파를 차단한다는 명목으로 이라크와 아프가니스탄을 침공하였는데, 우주공간에 떠 있는 미국의 인공위성과 우주선에서 제공하는 정보는 전쟁수행에 연일 중단 없이 이용되어 왔다.

(2) 원격탐사(Remote Sensing)

우주조약에서는 외기권과 그 안에 존재하는 천체는 모든 국가의 탐사와 이용에 있어서 평등과 국제법 원칙에 따라 자유롭다고 선언하고 있지만, 특히 이용에 관하여 어떠한 국제법 원칙에 부응해야 하는 것인지가 논란의 대상이 될 수 있다. 우선, 인공위성이나 우주선에서 원격탐사(remote sensing)을 통하여 한 국가의 영토와 영해를 마음대로 촬영할 수가 있는 것인지, 원격탐사를 통하여 획득한 정보를 독단적으로 이용할 수 있는 것인지, 해당국가와 공유해야 하는 것인지, 또 어느 정도 이를 제 3 국에 공개할 수 있는 것인지 여러 가지 문제가 될 수 있다.

저개발 국가들은 원격탐사의 탐사와 배포에 관하여 사전 동의(prior consent)를 요한다고 주장했다. 그 논거는 천연자원의 영구주권론(permanent sovereignty over natural resources)에 의거하는 것이라고 하며, 이 법리야 말로 국제법상 강행규범(jus cogens)에 해당하는 것이어서 모든 국가가 준수해야 한다는 것이었다. 반면에 우주강대국들은 원격탐사에 의한 정보의 획득과 이용 및 배포에는 무차별적이어야 한다고 주장했다. 유엔 총회 법률소위원회에서는 이 문제를 15년이나 논의한 결과 1986년에는 원격탐사에 관한 몇 가지 원칙을 총의(consensus)로 채택할 수 있었다.[45)]

채택된 원칙을 보면, 우주강대국의 주장대로 사전동의(prior consent)의 원칙이 채택되지는 않았으나, 저개발 국가들의 주장에 따라 원격 탐사에 관한 몇 가지 원칙이 채택되었다. 우선 원격탐사를 하는 국가는 탐사를 당하는 국가들

45) UN Doc. GA Res. 41/65(1986).

과 인민에 대하여 그 부와 자원에 대하여 완전하고도 항구한 주권을 존중하여야 한다는 것이며, 여하한 경우에도 탐사를 당하는 나라의 합당한 권익(legitimate rights and interests)을 해해서는 안 된다는 것이다. 또한, 탐사를 당하는 나라는 자연 재난으로 인하여 영향을 받는 나라는 그 정보를 받아 이용에 참가할 수 있도록 의논할 수 있는 권리가 있다고 한다. 다시 말하면, 탐사국은 피탐사국에 대하여 특별한 배려를 하여야 하지만, 원격탐사를 하거나 그 획득한 자료의 이용과 배포에는 피탐사국의 사전동의를 요하는 것은 아니라는 뜻이다.[46]

(3) 직접방송(Direct Broadcasting)

인공위성은 지상으로부터 고도가 낮을수록 지구를 빨리 돌게 되며, 반대로 멀어질수록 지구를 회전하는 속도가 지상에서 보면 느린 것으로 보이게 된다. 지구표면으로부터 35,786킬로미터 상공에서는 지구의 자전속도와 같게 되어서, 지구표면에서 보면 인공위성이 정지해 있는 것처럼 보이게 된다. 이 궤도를 정지궤도(geostationary orbit)라고 부른다. 정지궤도에 인공위성을 띄워 방송파를 발사시키면, 더욱 선명한 화질에 고음질의 방송을 시청할 수 있는데, 방송파가 국경을 넘어 이웃 나라에 퍼지게 되어 자칫 풍속과 법질서를 해할 우려가 있으므로, 많은 국가들이 자국의 영토에 타국의 직접방송에 의한 방송파가 투사되는 경우에 사전동의(prior consent)를 받아야 한다고 주장했다. 유엔 총회에서는 1982년에 압도적인 다수표로 직접방송을 시도하는 나라는 그 전파가 투사되는 나라와 협의할 것과 방송파를 투사 받는 나라의 요청에 따라 합의를 하여 방송을 할 것을 결의했다.[47] 특히, 미국과 서부유럽 국가들은 이러한 결의가 외기권 이용의 자유를 규정한 우주조약(Outer Space Treaty)을 위반하는 것이라면서 거세게 반대했다. 만약에 이러한 나라들이 방송파를 투사받는 국가들의 사정을 무시하고 방송을 강행하는 경우에 피해를 입는 국가들이 그 방송파에 대항하는 방송파를 내어보내는 등 방해를 할 수 있는 것인가, 또는 이러한 방해행위가 우주이용의 자유를 저해하는 것인가 하는 등 여러 가지 문제가 발생할 수 있다.[48]

46) Christol, C., Remote Sensing and International Space Law, 16 Journal of Space Law 21 (1988).

47) 108국 찬성, 13국 반대, 13국 기권.

(4) 위성통신(Satellite Telecommunications)

우주활동에서 통신은 대단히 중요하다. 특히 원격탐사(remote sensing)와 직접방송(direct broadcasting)에서 우주통신은 그 활동에 결정적이다. 유엔에서는 지구표면에서의 통신을 관장하는 국제통신연맹(International Telecommunication Union: I.T.U.)이 우주통신에 관해서도 관장하여야 한다고 결의했다. I.T.U.는 지구상에서의 통신을 위한 주파수 할당을 관장해 온 것처럼, 우주공간에서 또는 우주공간과 지상간의 통신에 사용되는 주파수의 할당을 관장한다. I.T.U.가 우주통신과 관련하여 하는 일 가운데 중요한 것 가운데 하나는 정지궤도(geostationary orbit) 통신의 주파수를 할당하는 것이다.

I.T.U. 외에도 국제위성통신과 관련되는 국제조직이 몇 개 더 있는데, 이 가운데 가장 중요한 것이 국제위성통신기구(INTELSAT)이다.[49] INTELSAT은 상용화되어 전 세계 130여 개국이 참여하고 있는데, 현재 51개의 인공위성을 거느리고 있다. INTELSAT협약은 1971년에 채택되어 1973년에 발효하였다. 이와 유사한 것이 해사위성통신기구(INMARSAT)이다.[50] INMARSAT도 상용화된 국제기구로서 현재 11개의 인공위성을 통하여 해상뿐만 아니라 범세계에 걸친 육해공에 걸친 무선통신에 중추적인 역할을 하고 있다. 특히, 요즈음 각광을 받고 있는 이동통신에 INMARSAT의 역할은 상당하다. INTELSAT와 INMARSAT는 냉전시대의 편의에 따라 구분되었던 것이지만, 그 성격이 유사한 점이 적지 않아 앞으로 먼 장래에는 통합의 길로 갈 가능성도 배제할 수 없으나, 현재로서는 창립 이래 누적된 전통에 따라 각기 특성을 발휘하고 있다.

(5) 손해배상책임(Liability)

지상, 해상이나, 공중 또는 우주에서 국가, 국제조직 또는 사적 주체(private actors)가 우주 활동에 관련되는 행위를 하다가 타국 등 우주활동 주체에게 손해를 입히는 일이 발생할 수 있다. 이른바 우주활동에 관련되는 불법행위 법의 요체가 1967년 우주조약(Outer Space Law)에 그 대강이 규정되었었

48) Christol, C., The Modern International Law of Space 606(1982).

49) International Telecommunications Satellite Organization, 23 U.S.T. 3813, 4091, 10 I.L.M. 909.

50) International Maritime Satellite Organization, 31 U.S.T. 1, T.I.A.S. 9605.

지만, 1972년에는 우주활동에 관련되는 손해배상책임협약(Liability Convention)이 채택되었다.[51] 이 협약에서는 그 손해가 어디에서 발생하였는가에 따라, 이중의 손해배상책임제도(dual system)가 마련되었다. 지상이나 해상, 즉 지구의 표면이나 항공기(aircraft) 안에서 발생한 것이면, 엄격책임(strict liability)이 발생하고, 그 이외의 공간(elsewhere than the surface of the earth)에서 타 발사국(launching state)의 우주물체, 우주인, 우주물체에 탑재한 물품에 대하여 발생한 것이면, 과실책임(fault-based liability)이 발생한다.[52] 여기서 발사국(launching state)이라는 말은 넓은 의미로 쓰인 것으로 발사능력이 없는 국가가 타국의 도움을 받아서 발사한 경우도 포함이 된다.

이 손해배상책임협약(Liability Convention)이 처음으로 적용된 것은 1974년 소련의 인공위성(Cosmos 95U)이 캐나다 동토지대 상공에 추락하여 방사능 오염물질을 배출하여 손해를 발생시킨 경우였다. 캐나다는 동 손해배상책임협약과 관련 국제협정들(relevant international agreements)과 법의 일반원칙(general principles of law)을 적용하여 1천 4백만 달러를 요구하였으나, 소련은 3백만 달러를 지불하겠다고 주장했다. 결국 캐나다는 3백만 달러를 접수하고 분쟁을 마무리하였다.

국가, 국제조직 등 국제법 주체들의 우주활동에는 지적재산권, 보험 등 사법적인 문제가 포함될 수 있고, 이러한 문제는 사적 주체들이 우주활동에 참가할 경우에 더욱 두드러지게 나타나게 된다.

(6) 우주환경의 보존

우주로 발사되는 물체는 지구로 회수되지 않는 한 우주공간에 남게 되는 것이므로, 우주공간에는 쓰레기가 계속 남아 누적되게 된다. 우주공간에 배출되는 방사능 등 해로운 물체도 역시 누적되게 된다. 또한, 외기권에서 지구로 유입되는 것이 지구의 환경에 악영향을 미칠 수도 있다. 1967년 우주조약(Outer Space Treaty)에서는 오히려 후자의 경우에 초점이 맞추어 가맹국들로 하여금 외계의 것이 지구의 환경을 오염(harmful contamination)시키거나 악영향(adverse changes)을 미치지 않게 우주 탐사를 할 것을 규정하였다. 이 점에

51) 24 U.S.T. 2389, 961 U.N.T.S. 187.
52) Id., 제 3 조.

관해서도 미국 등 우주선진국에서는 이러한 오염이나 악영향이라는 것은 지구의 대기권에 한정되는 것이라는 주장을 펴 왔다.[53]

적지 않은 국가들이 우주쓰레기(space debris) 문제와 방사능 낙진 문제를 제기했다. 유엔의 관련 위원회에서도 이 문제가 논의되었다. 이러한 우주 환경 문제에 대하여 법적인 규제를 하여야 한다는 의견이 개진되었다.[54] 특히, 우주쓰레기는 미립자 상태의 것으로부터 크게는 인공위성이나 우주선과 충돌하는 경우에 커다란 사고를 유발할 수 있는 것들도 무수히 있어서, 안전해야 할 우주활동에 심각한 불안을 야기할 수 있다. 우주쓰레기는 인공위성이 많이 나열해 있는 지구의 정지궤도에 특히 많이 떠돌고 있어서, 나날이 늘어나는 정지궤도의 이용 추세를 고려해 볼 때 정지궤도를 중심으로 하는 우주활동에 심각한 위협이 되고 있다. 특히, 어느 국가가 우주공간에 남긴 우주쓰레기가 특정 국가의 인공위성이나 우주선에 손해를 입힌 경우에 그 법적 책임에 관한 논란이 일어날 수 있다.

[결 언]

항해술의 발달에 따라 지리상의 발견이 이루어져 전 세계가 하나로 연결되어 인류문명이 급속히 발달하였고, 항해술의 발달을 선도한 나라들이 그 문명의 선도적 역할을 하여 세계를 지배하였다. 앞으로는 항공기술과 우주기술이 발달한 나라가 새로운 차원의 인류문명을 선도하게 될 것으로 보인다. 기술의 발달과 경쟁에는 가급적 질서를 필요로 하고 확립된 질서위에 더 많은 발전이 있게 되며, 그 발전과 함께 인류의 생활도 풍요로워질 것이다. 항공과 우주의 기술과 발달과 함께 법이 필요하게 되는 것이며, 잘 발달된 법리와 법제는 기술의 발전과 문화의 발달에 기여한다.

---

53) 심지어 미국의 상원에서 우주조약을 비준 동의할 적에 금지의 대상이 되는 것은 오로지 전기와 관련이 없는 물리적 손해(physical non-eletronic damage)에 국한된다는 것을 내용으로 하는 결의를 채택하기도 했다. Treaty on Outer Space, S. Exec. Doc. No. 8, 90th Congress, lst Session, 5(1967).

54) Portree O. & Loftus J., Orbital Debris and Near-Earth Environmental Management: A Chronology(1993).

제 2 부　생명공학과 법

제 5 장　법에 대한 도전으로서 인간의 본성 / 쿠르트 젤만, 김재형 번역

제 6 장　생명공학의 필요성과 문제점 / 이성우

제 7 장　생명공학영역에서 사적 자치와 기회균등정의 / 김도균

제 8 장　진화심리학과 가족법 / 윤진수

제 9 장　형사절차에서의 DNA증거의 활용과 한계 / 이용식

제10장　줄기세포 연구와 관련된 법적 이슈들 / 오일환

제 5 장

법에 대한 도전으로서 인간의 본성*

쿠르트 젤만(Kurt Seelmann)**

번역: 김 재 형***

"인간의 본성(Natur des Menschen)"[1]이라는 용어는 다의적이라는 점에서 매력과 함께 난점을 갖고 있다. 우선 인간의 본성은 인간 특유의 "본질(Wesen)," 좁게는 이성(Vernunft)이라고 할 수 있다. 이와 반대로 인간의 본성은 의식적인 존재에 선재(先在)하고 인간을 좁은 의미의 자연과 연결시키는 요소라고 하기도 한다. 첫 번째 개념은 18세기에 자연법 개념에서 전성기를 누렸고, 두 번째 개념은 다윈, 니체와 같은 저자의 영향으로 인간의 신체성에 대한 철학적 재발견이 이루어진 이후 전성기를 맞이했다. 그렇다면 법은 이 두 거대담론으로부터 무엇을 이끌어내고 있는가? 법의 관점에서 "인간상(人間像: Bild des Menschen)"은 무엇인가? 20세기의 논쟁이 보여주듯이, 두 담론을 이해하고 사용하려면 두 담론을 변형하여야 한다. 즉, 그것을 사회적 맥락에서 바라보고 방법론적으로 숙고해 보아야 한다.

---

* 이 글은 쿠르트 젤만 교수가 2006년 9월 27일 서울대학교 법과대학 BK21 사업단 초청으로 개최된 제93회 Foreign Authority Forum에서 "The Nature of Man as a Challenge to Right" 이라는 제목으로 한 강연을 번역한 것으로, 그 후 독일어 원고를 참고하여 수정하였다.

** 스위스 바젤대학교 법과대학 교수.

*** 서울대학교 법과대학 교수.

1) 역주: 독일어의 Natur 또는 영어의 nature는 자연, 본성, 성격, 성질이라는 의미를 갖고 있기 때문에, 번역하기 어려운 경우가 있다. 가령 Naturrecht는 자연법이라는 번역이 굳어져 있지만 실제로는 이성법 또는 본성법이라는 의미를 갖는 경우가 많다. 자연법이라는 표현은 자연의 섭리, 자연법칙 또는 자연질서를 연상시키기 때문에 경우에 따라서는 오해를 불러일으킬 수 있다는 점에서 좋은 번역이라고 생각되지 않는다. 이 글에서는 Natur 또는 nature를 맥락에 따라 자연, 본성, 성격 등으로 번역하였다.

I. 20세기와 인간의 본성

1. 사회적 성격[2)]

구스타프 라드브루흐(Gustav Radbruch)는 지금으로부터 80년 전에 "법에서의 인간"[3)]이라는 제목 — 이것은 자주 인용되고 있다 — 으로 하이델베르크 대학교 교수취임강연을 하였는데, 그는 여기에서 "법이 상정하고 있는" "인간상"을 탐구하였다. 그는 법이 인간을 어떻게 생각하고 있는지에 관하여 다루었다. 라드브루흐는 법이 어떻게 그 인간상에서 개인(Individuum)을 추상화하고 있고 추상화해야 하는지에 관한 문제를 탐구하면서, 권리의무의 주체, 다른 말로 인격체(Person)에 착안하였다. 라드브루흐에 의하면 "경험적·구체적 인간은 법질서의 기초가 아니라, 법질서의 부정이다." 막스 쉬티르너(Max Stirner)와 같이 "개인(Einzigen)"[4)]에 근거를 두고 있는 사람은 논리적으로 무정부주의로 귀결될 것이다. 라드브루흐에 의하면, 법은 인간이나 상황을 특징짓는 수많은 개별적인 사항을 추상화해야 한다. 현대적인 어법으로 말하자면, 법은 어떤 문제나 충돌에 관하여 결정을 하거나, 이에 관하여 적어도 그 특성을 쉽게 파악할 수 있도록 복잡성을 줄여야 한다는 것이다.

그러나 라드브루흐는 법이 수행한 이러한 추상화의 성과에 대하여 비판적이다. 그는 위와 같은 추상화를 통하여 중세의 공동체적 구속으로부터 인간이 해방되었을 뿐만 아니라, 합리적 이기주의자가 창출되었다고 본다. 그의 견해에 의하면 근대적 인간은 1차적으로 자신을 위하여 존재하고 사회적 관계는 2차적일 뿐인데, 이러한 인간은 변화된 경제적 관계를 토대로 법이 만들어낸 산물이다. 이와 유사하게 19세기 말에 헨리 썸너 메인(Henry Sumner Maine)은 법의 발전을 "신분"에서 "계약"으로,[5)] 즉 전통적인 사회적 신분에 기하여 무의식적으로 공동체에 구속되는 것으로부터 계약에 의하여 개별적으로 사회적 관계를 형성하는 것으로 나아가는 것이라고 진단하였다. 라드브루흐가 20세기의

2) 역주: Soziale Natur 또는 Social Nature에 해당하는 것으로 사회성 또는 사회적 본성이라고 번역할 수도 있다.

3) Gustav Radbruch, Der Mensch im Recht, Tübingen, 1927.

4) 역주: 구체적 개별인간이라고 번역할 수도 있다.

5) Henry Sumner Maine's thesis, Ancient Law, London, 1861.

근대법에서 사회적 맥락과 개인적 필요에 따른 구별을 재발견하고 이를 고려하였듯이, 만프레드 레빈더(Manfred Rehbinder)는 20세기 후반에 헨리 썸너 메인의 신분에서 계약으로라는 발전방식을 "신분-계약-역할"이라는 표어 아래 사회적 역할을 지향하는 것에 의하여 보완하고, 이를 현대법에서 인간상을 위한 출발점으로 삼는다.[6] 이른바 "사회적 복지국가"의 발전에 따라 임대차법에서 임대인에 대하여 임차인을 점차 우대하거나 노동법에서 사용자에 대하여 근로자를 우대하게 되었는데, 이와 같은 발전은 그들의 역할과 권력관계에서 차이가 있다는 점에 근거를 둔 것이고, 현실생활에서 그러한 개념을 구현한 것이다. 개인적 상황을 이유로 보상적으로 불평등하게 대우하는 것은 고전적 자유주의에서 모든 권리주체를 엄밀히 동등하게 대우하는 것에 반하는 것이다.

라드브루흐와 같은 저자들이 법에서 인간상의 발전을 그와 같이 진단한 것은 평등한 대우에 의하여 불평등을 창출하는 법에 대한 사회적 비판과 관련된다. 여기에서 나아가 그들의 방법론적 비판은 규범의 세계를 이원론적으로 현실과 대립시키고, 법이 현실에 대하여 미치는 영향이나 현실이 법의 개념들에 대하여 미치는 영향을 반영하지 않거나 충분히 반영하지 못하는 법사상에 대한 것이기도 하였다.

2. 생물학적 성질[7]

20세기의 "법에서의 인간"이라는 논쟁은 — 오늘날에도 여전히 주목을 끄는 한 — 무엇보다도 추상적 인격체와 구체적 개인에 관한 논쟁이었다. 따라서 이 논쟁은 사회적인, 즉 경제적으로 차이가 있는 인간의 본성이 법적으로 의미가 있는 것인지, 어느 정도로 의미가 있는 것인지, 아니면 그것이 원칙적으로 법에서 배제되어야 하는지 여부였다.

그렇다고 해서 그 당시에 인간의 생물학적 성질이 무시되었다고 말할 수는 없다. 오히려 인간의 생물학적 성질은 견해의 차이조차 없을 만큼 자명한 것이었다. 이는 과거뿐만 아니라, 오늘날에도 — 식료품법, 임미시온보호법, 건강법과 혼인법부터 감옥에서 먹고 자고 운동할 권리까지 — 논란의 여지 없이

6) Manfred Rehbinder, Status-Kontrakt-Rolle. Wandlungen der Rechtsstruktur auf dem Weg zur offenen Gesellschaft. Festgabe für Ernst E. Hirsch, Berlin 1968, S. 141ff.

7) 역주: Biologische Natur 또는 Biological Nature는 생물학적 본성이라고 번역할 수도 있다.

인정되고 있다. 이러한 법적 주제들은 모두 법이 사람의 생물학적 측면을 고려하여 사람의 신체적 성질을 다루는 경우, 즉 그 규범의 기초를 사람의 실제 신체에 두는 경우에만 의미를 갖는다.

법에서의 인간이라는 주제에 관하여 위에서 개관한 것에 그치고 만다면, 무의미하지 않은 맹점을 남겨두었다는 비난을 받게 될 것이다. 즉, 20세기에는 완전히 다르게 법에 생물학적 요소를 끌어들인 적이 있다. 우리는 인간의 생물학적 성질이 특히 독일법에서 매우 치명적인 역할을 수행하였다는 것을 무시해서는 안 된다. 칼 라렌쯔(Karl Larenz)는 "독일 민족(Volksgenosse)"만이 "법적 주체(Rechtsgenosse)"일 수 있고 오직 "게르만 혈통"을 가진 사람만 독일 민족일 수 있다고 선언하였는데,[8] 이로써 많은 사람이 인종주의적 이유로 인격체의 지위에서 배제되었다. 주지하다시피 라렌쯔는 그와 같이 생각하고 저술했던 유일한 사람이 결코 아니었고, 뉘른베르크의 인종법에서는 실제로 그보다 더 심했다. 그러나 이러한 문제는 나치 독일의 규범에 한정된 것이 아니다. 다른 곳에서도 그러한 생각이 덜 치명적이기는 했지만 존재하였다는 것은 확실하다. 남아프리카의 인종차별정책(Apartheid)뿐만 아니라 많은 식민지에 있는 두 가지 종류의 법을 보면, 생물학에 기한 신분차별은 유럽에 기원을 두고 있는 현상으로서 항상 20세기와 연결될 것이라는 점을 알 수 있다. 국제적 수준에서는 1945년 이후에야 비로소 반응이 나타났다. 즉, 모든 인간을 법적으로 동등하게 존중한다는 인간의 존엄이라는 개념과 사상은 전후의 여러 국가의 헌법과 국제협약에 규정되었는데, 이는 법에서 생물학주의에 대한 결과였다. 오늘날 비록 인종주의가 현실적으로 존재하고 있기는 하지만, 법이론가가 생물학에 기한 차별을 정당화하는 경우를 찾기는 어렵다.

그러나 자유주의적 사회민주주의자인 구스타프 라드브루흐와 국가사회주의자인 칼 라렌쯔 — 그 두 사람은 많은 다른 저자들을 대표한다고 볼 수 있다 — 사이에 유사성, 심지어 부분적인 공통점까지 있다는 것은 놀랍다. 그들은 인간이 자유롭고 평등하다는 고전적 자유주의 사상에 반대한다는 점에서 공통점이 있다. 그들은 공통적으로 법에서의 인간을 정의할 때 좀더 구체적으로 구별하려고 노력한다. 차이가 있는 부분은 구체적인 구별방법에 있다. 즉, 라드브

8) Karl Larenz, Rechtsperson und subjektives Recht, in: Georg Dahm u.a.(Hrsg.), Grundfragen der neuen Rechtswissenschaft, Berlin 1935, S. 225ff.

루흐는 해방(emancipation)을 목적으로 하는 사회적 구별을 고려하는 반면, 라렌쯔는 외견상의 자연적 차이에 믿을 수 없을 만큼 집착하고 있다. 라드브루흐의 견해, 즉 사회적 차이에 따른 구별은 오늘날까지 이념의 역사를 결정하고 있고, 법적으로 인간을 사회적 존재로 파악하는 데 일반화와 개별화는 오늘날까지 법적 논쟁의 양극단으로 되어 있다. 반면에 라렌쯔의 견해인 생물학적 특성에 따른 구별은 인간에 대한 퇴행적인 모욕이라고 인식되고 있다. 즉, 이론적으로는 그러한 구별은 적어도 1537년 교황 바오로 3세의 "지극히 높으신 하느님(Sublimis Deus)"이라는 교서에서 행한 언명 이전으로 후퇴한 것이다. 이 교서에서 당시 외국의 지배를 받고 있던 남미 원주민인 인디오를 포함한 모든 인간은 이성적 존재이고, 따라서 인격체로서 평등한 법적 지위를 향유한다고 하였다.[9] 법률실무에서는 그보다는 훨씬 더 짧게 퇴보하는 것이라고 말할 수 있지만, 서구사회에서 우리 시대에 미국 민권운동을 통해서 노예제의 차별적 결과를 실제로 폐지한 때까지는 퇴보하는 것이라고 할 수 있을 것이다.[10] 오늘날 생물학적 차이에 따라 법적 지위를 구별하는 것을 지지하는 사람은 일반적으로 곤란한 처지에 놓여 있다. 이것이 전문가뿐만 아니라 일반 대중도 최근까지 인간의 생물학적 성질이라는 주제에 특별한 관심을 갖지 않는 이유 중 하나였을 것이다.

Ⅱ. 자연과학 연구와 두 개의 새로운 도전

최근까지 그러하였다. 그러나 지난 몇 년 동안 상황이 근본적으로 바뀌었다. 특히 과학연구의 두 분야로 말미암아 법률가의 세계도 불안해지기 시작하였다. 배아연구와 뇌 연구가 그것이다.

배아연구는 — 인간의 어느 발달단계부터 기본권과 인권이 보호될 수 있

9) 이에 대해서는 Rainer Specht, Darf der König von Spanien Indianer unterwerfen, in: Giuseppe Orsi, Kurt Seelmann, Stefan Smid, Ulrich Steinvorth(Hrsg.), Nation, Nationalstaat, Nationalismus, Rechtsphilosophische Hefte Ⅲ 1994, S. 51ff.

10) 역주: 이론적으로는 이미 1537년에 교황 바오로 3세가 위와 같은 발언을 하였으나, 실무적으로는 1965년에 비로소 미국 민권운동을 통해서 이것이 이루어졌다. 따라서 이론적인 퇴보가 16세기까지 되돌아가는 것이지만, 실무적인 퇴보는 1965년까지 되돌아가는 것이기 때문에, 이론적인 퇴보보다 짧을 것이라는 의미이다.

는 것인가라는 단순한 지위 문제를 제기함으로써 — 인간의 존엄을 다시 논쟁의 대상으로 만들었다.[11] 배반포(blastocyst), 즉 외견상 인간의 형태를 갖추고 있지 않은 배아가 법적으로 보호되는가? 특히, 연구목적으로 줄기세포를 분리함으로써 배아를 죽이고, 그러한 행위에 의하여 배아가 완전히 수단화되는 것으로부터 배아가 보호받는가? 여기에서 배아의 법적 지위에 관한 문제가 결정적이라는 점은 명백하다. 즉, 이 문제에 대하여 긍정적으로 답변한다면, 연구를 위하여 배아를 수단화하는 것은 권리주체를 무시하는 것으로서 부적법하며 인간의 존엄에 대한 명백한 침해이다. 고도의 연구목표가 있다거나 그러한 "잉여" 배아의 죽음을 피할 수 없다고 하더라도 이 사실은 조금도 바뀔 수 없을 것이다. 결국 살아 있는 인간은 — 나쁜 예후가 있더라도 — 의학의 진보를 위하여 섣불리 희생되어서는 안 된다. 이에 관해서는 이견이 없다. 배아 연구는 지위 문제를 제기함으로써, 누가 이제 "법에서 인간"이고, 따라서 누가 인간으로서의 존엄을 보장받는가라는 문제를 논쟁의 중심으로 만들었다. 종래 — 다만 반세기 동안일지라도 — 모든 인간이 인간의 존엄을 보장받은 것이 당연하게 받아들여졌는데, 이는 최근의 배아연구에 의하여 논란의 대상이 되었다.

최근 뇌 연구는 법률가들에게 이와 유사한 불안감을 불러일으켰다.[12] 그 이유는 이 연구 분야가 두뇌작용에 관한 우리의 지식을 급속하게 확대시켰기 때문이다. 특히 의식상태의 발생이 특정한 무의식적인 신경작용에 의하여 수반되고, 이러한 신경작용은 경우에 따라서는 우리의 의식상태에 시간적으로 선행한다는 것이 밝혀졌다. 그리하여 아직 불확실한 점이 많이 남아 있지만, 심리적 상태는 전적으로 신체 작용에 의하여 결정된다는 결론이 도출된다. 우리는 우리의 의식상태가 외부 세계에 우선한다고 생각한다. 그러나 뇌 연구는 그러한 생각을 착각이라고 폭로하고 의식상태를 물질적 두뇌 활동에 대하여 2차적인 것으로 본다. 이러한 새로운 연구결과는 법률가와 그의 인간상에 대하여 과연

---

11) 상세한 것은 Kurt Seelmann, Haben Embryonen Menschenwürde? In: Matthias Kettner (Hrsg.), Biomedizin und Menschenwürde, Frankfurt a.M. 2004, S. 151ff.

12) 다만 Björn Burkhardt, Bemerkungen zu den revisionistischen Übergriffen der Hirnforschung auf das Strafrecht, In: Dokumentation. Neuro 2004: Hirnforschung für die Zukunft. Düsseldorf 2004, S. 40ff.; Gerhard Roth, Willensfreiheit, Verantwortlichkeit und Verhaltensautonomie des Menschen aus Sicht der Hirnforschung, in: Dieter Dölling(Hrsg.), Ius humanum — Grundlagen des Rechts und Strafrechts, Festschrift für Ernst-Joachim Lampe zum 70. Geburtstag, Berlin 2003, S. 43ff. 참조.

이러한 결과를 고려할 때 의지와 행동의 자유라는 것이 인간에게 있을 수 있고, 따라서 인간을 법적 책임이 귀속되는 존재로 볼 수 있는지에 관하여 의문을 제기한다. 민법상의 과실책임과 특히 형법상의 책임 개념은 도전을 받고 있고 유지될 수 없는 것처럼 보인다.

Ⅲ. 권리와 책임에 관한 법

새로운 두 자연과학 연구분야는 법적 인간상의 중요한 측면과 관련된다. 완전한 도구화의 금지라는 의미에서 인간 존엄의 보호가 책임 귀속의 근거로서 결정의 자유와 마찬가지로 논의의 대상이 되었다. 이것은 법적 인간상의 기초에 영향을 미친다. 독일 기본법 제1조 제1항에서 "인간의 존엄은 침해될 수 없다"고 장중하게 선언하고 있는데, 이러한 규정을 가진 헌법이 논쟁의 대상으로 되었다. 나아가 민법의 체계적 기초인 사적 자치와 형법의 중심원리인 책임(Schuld)에 관해서도 문제가 제기되고 있다.

1. 배아연구

먼저 배아연구의 경우에 법적 인간상의 문제에 관하여 좀더 정확하게 살펴보자. 여기에서는 배반포단계에 있는 초기의 배아가 도대체 인간 존엄의 보호를 누릴 수 있는지 여부가 논란이 된다. 그에 대한 모든 의문은 적어도 묵시적으로는 권리를 향유할 권한 — 이를 인간의 존엄이라고도 한다 — 을 가지려면 인간이라는 종에 속한다는 것 이외에 추가적인 요건이 있어야 한다는 것을 전제로 한다. 현재 진행중인 논의에서 이것은 명시적으로 다음과 같이 표현되기도 하였다. 즉, 자신의 권리가 침해되었다고 인식할 수 있는 사람만이 그 권리가 침해될 수 있다고 한다. 이성을 갖고 있고 자신의 장래에 대한 관념을 가진 사람만이 갑자기 고통 없이 죽는 것이 적법한 것인지를 의심함으로써 피해를 입을 수 있다는 것이다.[13] 동물을 고통 없이 죽이는 것이 원칙적으로 도덕

13) Norbert Hoerster, Abreibung im säkularen Staat. Argumente gegen den §218, Frankfurt a. M. 1991, S. 69ff.

적, 법적으로 허용될 수 있는데, 이는 통상 동물들이 장래에 대한 의식이 없고 동물들이 언제든지 사람의 손에 죽을 수 있다는 생각을 하지 못하는 존재이기 때문에 이러한 생각으로 피해를 입지 않는다는 사실에 근거를 두고 있다.

그러나 이것은 누가 인간의 존엄을 가지고 있는가라는 문제, 즉 1940년대에 종국적으로 해명된 것으로 보였던 문제를 다시 한 번 새롭게 제기한다. 인간이라는 종에 속한다는 것으로 충분하다는 견해는 이른바 "종에 의한 차별," 즉 부당하게 근거도 없이 어떤 종에 속하는 것에 의존하는 것이라고 비난받게 된다. 이것은 특별한 인종을 다른 인종과 구별하는 인종주의 또는 하나의 성을 다른 성에 대하여 우선시하는 성별주의에 비견할 수 있다. 모든 발달단계에 있는 인간은 누구든지 인간 존엄의 보호를 받아야 한다고 요구하는 사람이 이제 그 근거를 제시할 부담을 지는 것처럼 보인다.

그러나 이 시나리오가 지나치게 과장되어서는 안 된다. 독일 기본법은 모든 인간이 그 출신, 업적과 성향뿐만 아니라, 발달 상태와 상관 없이 인간으로서 존엄하다고 규정하고 있다. 윤리적 논의에서 인간 존엄의 보호에 대한 도덕적 권리의 기초에 관한 새로운 문제가 제기되더라도 이러한 헌법상의 지위에는 아무런 영향이 없다. 인간의 존엄을 보호하는 것에 대한 법적 정당화는 가령 잠재력의 고려에 근거를 둘 수 있는데, 이는 법에서 — 가령 기대권처럼 — 잠재력의 고려를 발견하고 승인하는 것과 마찬가지일 것이다. 일반적으로 말하자면, 배아의 위와 같은 지위가 배아의 도덕적 권리에서 도출될 수 없다는 견해를 취한다고 할지라도 법적 권리를 인정하는 데는 아무런 문제가 없다. 예를 들면 제3자의 이익이나 그렇지 않으면 윤리적으로 논란이 없는 인간존엄 보호의 핵심영역에 대한 위험을 근거로 이것이 정당화될 수 있다.

이것이 배아연구가 인간에 대한 법적 시각에 영향을 미치지 않았다는 것을 의미하는 것은 아니다. 예를 들면 정자와 난자의 결합 후 최초 14일 동안 — 자발적 다태탄생 또는 자발적 잡종교배가 가능한 동안 — 그 생명체가 나중에 태어날 인간과 사이에 인적 동일성이 존재하는지에 관하여 법적으로 의문을 제기할 수 있다. 동일성이 인정될 때 위와 같이 초기 단계에 있는 배아가 나중의 법적 지위에 대한 기대를 갖고 있다는 것이 법적으로 정당화될 것이다. 이러한 배아가 기본권의 보호를 받는 것이 법에서 금지되지는 않는데, 그 이유로는 예컨대 있을 수 있는 위험성을 가능한 한 감소시키기 위하여 후견적 근거를 들 수 있다. 왜냐하면 이 정도까지 아주 정확하게 구분하는 것은 불가능하거나 쉽지 않기 때문이다. 법적으로 다툼이 있는 영역은 윤리적 관점에서 나타나는 것보다 훨씬 더 제한적일 것이다.

2. 뇌 연구

뇌 연구는 법의 인간상에 대하여 다른 시각에서 질문을 던지는 것처럼 보인다. 왜냐하면 뇌 연구는 결정되어 있는 의지를 가진 사람이 도대체 어떤 것에 대하여 책임을 질 수 있는가에 대하여 의문을 제기하기 때문이다. 법제도는 여기에서 그 기초를 잃는 것이 아닌가? 그러나 만약 그렇다고 한다면 법제도는 훨씬 오래 전에 그 기초를 잃었을 것이다. 왜냐하면 칸트가 이미 다음과 같이 말했기 때문이다. 즉,

> "… 인간의 모든 행위는 그 현상에서 그의 경험적 성격과 그와 함께 작용하는 다른 원인에 기하여 자연의 질서[14]에 따라 결정되고 있다. 만일 우리가 인간의 의사(Willkür)[15]의 모든 현상을 그 근거까지 탐구할 수 있다면, 우리가 확실하게 예견할 수 없고 선행 조건에 기하여 필연적인 것이라고 인식할 수 없는 인간의 행위는 하나도 없을 것이다."[16]

다시 말하면 뇌 연구를 하기 오래 전에, 경험적 세계에서 일반적인 인과율이 거의 논란이 없는 사실이라는 점에 비추어 볼 때 책임과 같은 것이 행위자에게 귀속될 수 있는지에 관하여 법률가들이 문제를 제기하였다. 위와 같은 책임의 근거를 단순히 인간의 행위가 자유롭게 행해지는 것처럼 보인다는 사실에서 찾는 견해가 종종 제안되기도 하였다. 그러나 이것은 문제에 대한 해결책을 제시할 수 없다. 비록 행위자의 자유의 인식(awareness)[17]이 합리적으로 정당화되지 않는 경우조차 이성적으로 작용하는 법은 그러한 자유의 인식을 무시할

14) 역주: 이는 인과율을 가리킨다.

15) 역주: 이는 자의(arbitrariness)라고 번역할 수도 있는데, 칸트 철학에서 의지(Wille)와는 명확하게 구별되는 개념이다.

16) Immanuel Kant, Kritik der reinen Vernunft(2. Aufl. 1797), Ed. Weischedel, Bd. II, Wiesbaden, 1956, S. 500.

17) 역주: 독일어 원고에는 감정(Empfindung)이라는 용어를 사용하고 있다.

수 없다고 주장하는 것이 옳을지도 모른다. 그러나 법적 책임을 단순히 이러한 책임감에서만 찾게 되면, 단지 개인심리에 의하여 사회의 규범적 구조를 잠식하게 될 것이다.[18)]

개인적 관점뿐만 아니라 제도적 관점에서도 다른 근거들이 더 설득력이 있는 것처럼 보인다.

개인적인 차원에서 행위자는 논리적인 이유로도 — 심리적인 이유뿐만 아니라 — 결코 자신이 어떻게 결정할지 알 수 없다.[19)] 모든 인과적 결정요소를 알고 있고, 따라서 다른 사람의 장래의 행위를 예측할 수 있는 관찰자를 가정해 보면 이것이 아주 명확해진다. 이 관찰자가 잠정적 행위자에게 그의 예언을 알려주는 순간, 이 예언은 더 이상 존재하지 않게 된다. 왜냐하면 예언 그 자체가 잠정적 행위자의 생각에 반영되어 결정요소가 되기 때문이다. 관찰자의 예언은 이러한 원인이 가져오는 효과를 고려하여 보충되어야 한다. 예언이 잠정적 행위자에게 알려질 때마다, 이 절차는 불가피하게 반복된다. 행위자와 관찰자가 한 사람, 즉 자기 관찰자(self-observer)라고 가정하면, 이러한 이유로 그는 — 행위자로부터 분리된 관찰자는 예언할 수 있다고 할지라도 — 결정이 행해지기 전에는 그 자신의 결정을 논리적으로는 결코 예언할 수 없다.

제도적 관점은 원칙적으로 이 사실에 부합한다. 즉, 사회적 행위가 지향하는 것을 정하기 위한 규범적 권한 규칙이 있다는 것은 명백한데, 그 규칙의 의미는 오직 규범적 맥락에서만 이해할 수 있다. 경험적 인간은 인과적으로 결정되어 있을 수도 있다. 이러한 차원에서는 가령 처벌의 위협이 또 하나의 인과적 결정요소가 될 것이다. 규범적으로는 인간은 — 권리주체로서 — 당위적 요청에 직면한다. 그 요청은 개별적인 경우에 행위를 하는 개인에게 인과적 결정요소가 되지 않는 경우에도, 그리고 바로 그러한 경우에 중요한 것이다. 왜냐하면 그러한 경우에 법은 제재를 통하여 개인이 '법' 안에 있다는 것을 분명하게 보여주기 때문이다. 이러한 규범적 차원은 행위자의 관점에 대한 구조적 맥락

18) Günther Jakobs, Individuum und Person. Strafrechtliche Zurechnung und Ergebnisse der modernen Hirnforschung, ZStW 117(2005), S. 247 ff., 265 Fn. 56.

19) 이러한 의미로는 Donald MacKay, On the Logical Indeterminacy of a Free Choice, Mind 69(1960), S. 3; 이에 대해서는 Reinhard Merkel, Handlungsfreiheit, Willensfreiheit und strafrechtliche Schuld. Versuch eines Beitrags zur Ordnung der verworrenen Debatte, in: Gerechtigkeitswissenschaft - Kolloquium aus Anlass des 70. Geburtstags von Lothar Philipps, Berlin 2005, S. yy-zz도 참조.

에 지나지 않는데, 개인적 관점에서 나타난 것과 마찬가지로 그것은 논리적으로 — 외부의 관찰자가 볼 수 있도록 열려 있는 — 인과적 차원으로 환원될 수는 없다. 두 차원 사이의 관계는 아직 좀더 정확하게 밝혀져야 한다 — 가령 현재와 미래에 대해서는 책임의 귀속이라는 의미에서 시기적으로 구분하는 것과 과거에 대해서는 인과적 설명을 하는 것을 생각해 볼 수 있다.[20] 그러나 원칙적으로는 현대의 뇌 연구의 성과는 법 제도의 요구와 양립할 수 있는 것으로 보인다.

Ⅳ. 인격체로서의 인간

법에서 인간을 권리와 책임을 갖는 권능의 중심체로 정의하는 것은 배아 및 뇌 연구와 모두 양립할 수 있음을 보았다. 이들이 양립할 수 있다는 것을 넘어서, 이러한 정의는 법제도와 법제도의 자기이해를 위해서 포기할 수 없다는 것은 자명하다.

인격체 개념, 즉 그 상호작용에 기하여 법질서가 형성되는 주체를 가리키는 개념은 두 전제요건[21]을 필요로 하기 때문에, 그것은 포기할 수 없다. 다른 사람에게 권리와 책임을 귀속시킨다는 것은, 그를 상호작용의 당사자, 의미(Sinn)의 작성자이자 수령인으로 만든다는 것을 뜻한다. 오직 관찰에 기한 것으로는 상호작용을 할 수 없다. 다른 사람을 자연 현상으로 보는 사람은, 의사, 심리학자 또는 인류학자로서는 여러 면에서 유용할 것이다. 다른 사람을 의미의 작성자이자 수령인으로 보는 사람은 이와는 다르다. 즉, 그는 다른 사람과 토론을 하거나 다른 사람의 이유를 들어 줄 준비가 되어 있고 개방되어 있어야 한다. 그는 다른 사람을 진지하게 받아들이며, 다른 사람을 자유로운 행위자이며 칭찬과 비난을 받을 수 있는 사람으로서 존중한다. 그리고 다른 사람이 이러한 상호작용에 참여할 수 없을 때에만, 혹은 예컨대 치료의 객체가 될 때에만, 그 관계는 부분적 혹은 전면적으로 인과적 경과를 관찰하는 것으로 변하고,

20) 이에 대하여 상세한 것은 Kurt Seelmann, Grundannahmen einer Rechtsgesellschaft aus der Sicht der Rechtsphilosophie, in: Marcel Senn(Hrsg.), Gehirnforschung und rechtliche Verantwortung, ARSP-Beiheft Nr. zzz, Wiesbaden, 2006, S. x-y.

21) 역주: 권리와 책임을 가리킨다.

우리는 신체적 또는 정신적 질병을 관찰한다. 반대의 증명이 있을 때까지는 다른 사람을 그의 행위와 생각에 대해 책임이 있는 인격체로서 진지하게 생각할 때에만 법률관계가 가능하다. 그것이 법률관계의 핵심이다.

V. 인격체와 자연의 관계

그러나 아직도 법에서의 인간의 본성에 대한 하나의 문제가 남아 있는데, 이는 "반대의 증명이 있을 때까지는" 다른 사람이 합리적으로 행동하고 생각하는 것으로 간주해야 한다는 주장 속에 암시되어 있다. 달리 말하면, 그 반대는 법의 차원에서도 중요하다 — 행위자의 세계는 관찰자의 세계 저편에 있지 않다.[22] 인격체(Person)는 구체적 개인(Individuum)과 완전히 분리할 수 없다는 것이 분명하고, 인격체의 법적 구성은 개인이 도저히 충족시킬 수 없는 의무를 지울 수도 없다. 정신질환이 있는 환자는 유효한 계약을 체결할 수 없고, 정신적으로 온전한 사람도 걷는 대신에 거리를 날아다닐 의무를 질 수 없다. 노동법은 하루 24시간 노동에서 출발할 수 없으며, 도로교통법은 보행자의 불가침성에서 출발할 수 없다. 개인에게는 일찍이 "natura rei"라고 불렀던 것, 즉 사물의 본성이 있는데, 이는 인격체의 개념에서도 그냥 무시되어서는 안 된다.

그러나 현재의 논의는 거기에서 더 나아간 것이다. 즉, 법은 경험칙이라는 의미에서 자연적 조건을 사실로서 고려해야 할 뿐만 아니라, 나아가 생물학적 성질로서의 인간의 본성은 법에서 규범적·도덕적 지위를 갖는 것인가? 법에서 인간의 본성에 관하여 질문하는 경우에, 본성의 이러한 규범적인 지위가 중심적인 요소이다. 인간 본성의 도덕·규범적 지위의 문제는 가령 다음과 같은 질문으로 표현될 수 있다. 법은 자신의 신체를 노예로 팔거나, 장기를 팔거나, 다른 사람의 이익을 위해 스스로 상해를 입거나 자살까지 하는 것을 금지해야 하지 않는가? 자연적으로 발생하지 않는 존재나 상태를 만들어내는 것 역시 금지되어야 하지 않는가?

오늘날 그러한 금지를 기초로 삼고 있는 경우가 종종 있고, 부분적으로 현행법의 기초가 되고 있다. 현대에 인간의 생물학적 성질의 고유한 가치에서 출

22) 역주: 행위자와 관찰자의 세계는 동일하다는 의미이다.

발하는 경우는 거의 없다. 이것에 대한 종교적, 형이상학적, 직관적 논거들이 있는데도 그러하다. 위와 같은 입장들을 정당화하는 데에 관련된 문제들 때문에, 또한 그것들은 우리의 정치적 자유를 광범위하게 침해할 것이기 때문에, 자연적 본성을 직접 규범적인 근거로 드는 것은 오늘날의 논의에서 아무런 역할을 하지 못한다. 그러나 다른 가치로부터 생물학적 성질이라는 가치를 도출하는 것은 훨씬 더 중요하다. 즉, 인격(Persönlichkeit)[23]에 근거하여 인간 존재의 생물학적 기초에 도덕적 가치를 귀속시키는 경우가 확대되고 있다.

특히, 칸트와 헤겔은 인간의 신체를 양도할 수 없다는 것을 주장하였다. 즉, 인격체의 생물학적 기초 없이는 인격체도 없다는 것이다. 이것은 신체의 침해를 인격체에 대한 침해로서 법적으로 처벌하는 것을 정당화한다. 그러나 칸트와 헤겔은 논의를 더 밀고 나아간다. 신체에서 가치가 도출된다는 관점에서 보면, 다른 사람에 의한 침해뿐만 아니라 자신에 의한 침해도 법적으로 처벌받을 수 있다. 자신의 신체, 그와 더불어 자신의 법적 주체성을 포기할 권리를 주장하는 것은 그 자체로 모순이다. 이것이 논리적 모순인지, 단순히 "venire contra factum proprium(선행행위에 반하는 행태)"이라는 의미에서 규범적 일관성이 없는 것인지, 혹은 오히려 인격체의 개념의 일관성이 의문시되는 것인지에 관하여는 논란이 있을 수 있다.[24] 나아가, 그러한 모순논변이 과연 위에 언급한 어떤 영역에 적용될 수 있을 것인지, 특히 자살을 정말로 자기모순적인 행위로 볼 수 있는지, 그리고 장기의 판매에 대하여 반대하기 위해서 인격체의 양도불가능성에 모순된다고 하는 것으로 충분한 근거가 될 수 있는지에 관하여 의문이 제기될 수 있을 것이다.

인간복제와 같은 현실적인 문제들은 우리에게 매우 흥미로운 것인데, 인격의 사고를 통해서도 이를 파악할 수 없다. 이 문제는 이러한 통상적인 문제 구조에 쉽게 합치되지 않는다. 만일 인간의 복제가 침해에 해당한다면 무슨 근거로, 새로운 동일한 존재에 대한 침해이거나, 세포 기증자의 자기침해라거나, 혹은 심지어 우리 모두, 즉 우리 종(種)의 존엄성에 대한 침해라고 볼 수 있는가?

---

23) 역주: 우리나라에서도 인격권 또는 인격적 이익의 보호 문제가 중요하게 다루어지고 있다.

24) 칸트와 헤겔의 모순논변(Widersprüchlichkeitsargumenten)에 관해서는 Kurt Seelmann, Selbstwiderspruch als Grund für Rechtszwang—Fremdbestimmung von Lebenssinn?, in: Georg Lohmann, Brigitte Hilmer, Tilo Wesche(Hrsg.), Anfang und Grenzen des Sinns. Für Emil Angehrn, Basel 2006. S. 250-263 참조.

개인에 대한 침해가 있다고 주장하기가 어렵기 때문에, 종의 존엄성이 오늘날 널리 논의되고 있다. 만약 그것을 자기 자신에 대한 의무로 이해한다면, 그와 같은 의무는 기본법에 의하여 보호되는 인간 존엄의 존중과 보호에 대한 권리를 존엄에 대한 의무로 전환시킬 것이며, 그리하여 그러한 권리는 사실상 소멸할 것이다. 또한 집단적 존엄성 혹은 타인의 인간상의 보호라는 개념은 타인의 특정 도덕 관념에 법적 구속력을 부여할 위험이 있다. 널리 논의되고 있고 하버마스(Habermas)도 다루었던 다른 대안이 남아있는데, 이는 이 문제를 상호작용의 장애, 즉 다른 사람을 동등한 법적 주체로 인정하지 못하는 것으로 보고 있다.[25] 타인이 복제 과정의 결과로서 파악되어야 한다면, 그는 완전한 권리주체, 즉 인격체로서 충분하게 존중받는 것인가? 이에 대하여 물론 간단히 대답할 수 없다. 그러나 어떤 사람이 어떻게 행동하고 살아갈 것인가에 관한 지향(orientation)의 보장을 단순히 방해하였다고 하더라도 이것이 아직 권리를 침해한 것은 아니라는 점을 고려해야 한다. 왜냐하면 법은 이전에 획득한 지향(acquired orientation)을 조정해야 하는 것으로부터 우리를 보호해 주지는 않기 때문이다. 기껏해야 삶을 살아갈 줄 아는 지향의 능력(competence of orientation), 즉 이 세계에서 우리가 길을 찾아갈 수 있는 능력을 보호하는 것이 법의 정당한 과제라고 보아야 할 것이다. 그러나 이것은 개인이 다른 사람과 상호작용하는 권한, 즉 법적 주체성을 보호하는 것에 불과하다.

Ⅵ. 요 약

이 문제들에 대한 결론이 어떠하든지 간에, 최근 몇 년 동안의 생명윤리적 논의의 결과로서 법적으로 의미 있는 인격에 대하여 인간의 자연적 측면이 중요하다는 것이 더욱 부각되었다. 흥미롭게도, 그것은 인간 존엄성의 보호를 제한하는 배아 연구와 개인의 책임에 의문을 제기하는 뇌 연구를 통해서 법률가의 세계관을 직접적으로 공격하는 것은 아니었다. 그것들은 모두 법적 인간상

25) 이 논쟁에 관해서는 Klaus Thomalla, Die Frage nach der ethischen Dimension des Handelns am Beispiel der Gentechnik: Zum Antwortversuch von Jürgen Habermas, in: Matthias Kaufmann, Lukas Sosoe(Hrsg.), Gattungsethik — Schutz für das Menschengeschlecht? Frankfurt a.M. u.a. 2005, 131ff.

에 대한 의문을 제기한다. 그것은 체계적으로 분류하기 어렵고 감정적인 것으로서, 우리의 인격상(人格像; Bild der Persönlichkeit)에 부착되어 있는 규범적 본성 개념이다.

우리가 인격이라는 용어를 인격체의 사회적 성격을 특정할 때뿐만 아니라 그의 생물학적 성질이라는 측면에 직면할 때에도 사용한다는 것은 결코 우연이 아니다. 그리스 희곡의 인격체(Person)라는 용어는 중세 신학을 통하여 수용되었는데, 인격의 개념은 이보다 훨씬 나중에 생겼다. 계몽주의와 낭만주의 시대에 인격의 개념은 새로이 만든 용어로서 법에 들어왔고, 인간이 스스로 창출하지만, 역설적으로 의식적으로 추구하면 잃어버리게 되는 인간의 개인적 측면을 나타내는 것이다. 인격체와 달리, 인격은 "존칭"26)이고, 사람마다 매우 다르게 표현된다. 최근에 법이 "인격의 보호"에 특별히 노력을 기울이고 있는 것도 우연이 아니다. 지난 수십 년 동안 인간 존엄의 보호조차도 그 초점을 평등한 법적 주체로서의 인격체의 보호로부터 각각의 개인의 동일성과 완전성으로서의 인격의 보호로 옮겼다.27)

모든 인간은 인격체로서 평등하다. 인격체로서, 그들은 권리와 의무의 주체이기 때문이다. 그러나 이러한 논쟁이 보여주듯이, 인격체는 완전히 구체적인 개인으로부터 분리될 수 없고, 개인의 노력으로 인격이 된다. 20세기 초반의 논쟁, 특히 구스타프 라드브루흐에 의하면, 현대 세계에서는 사회적으로 고도로 구별된 개인이라는 개별화 범주를 고려하지 않고서는 인격체라는 일반화 개념은 존재할 수 없다. 최근의 논의에 의하면, 인간의 자연적 측면이라는 시각에서도 위와 같은 균형을 찾아야 할 것이라고 한다.

그러나 윤리학, 심리학에서 사회학, 정치학까지, 많은 학문은 인간의 사회적 성격에 관심을 갖고 있다. 인간의 생물학적 성질은 생물학, 인류학에서 의학까지 여러 분야의 주제이다. 현대법은 분명히 그러한 측면을 종전보다 더욱 빠르게 반영하여 체계에 받아들이고 있지만, 법제도의 중심에는 여전히 인간이 인간의 법적 특수성으로서의 인격체라는 점이 자리잡고 있다. 규범으로 규율되는 — 필요하다면 강제로 부과되는 — 상호작용 내에서 모든 사람을 인격체로

---

26) Hans Hattenhauer, "Person" - Zur Geschichte eines Begriffs, Juristische Schulung 1982, 405ff., 408.

27) 이에 대하여는 Kert Seelmann., Repräsentation als Element von Menschenwürde, in: Studia Philosophica 63(2004), 141ff.

인정하는 이러한 관점에 대하여 다른 학문에서는 거의 관심이 없다. 그러나 최근에는 다음과 같은 충돌시에 법이라는 문화적 현상의 중요성이 사회의 다른 요소에 대해서도 나타나게 되었다. 즉, 배아 연구와 법이 서로를 제한하고 있음을 발견할 때, 뇌의 연구가 법의 기초를 잠식하는 것으로 보일 때, 또는 우연에 대한 권리가 당연한 일로서 너무 많이 요청되는 때에 그러하다. 법률가들이 현대적이려고 노력하기 때문에 다른 분야와의 논쟁에서 자신의 입장을 아주 빨리 포기한다면, 학문분과를 초월하는 교류가 활발해지는 것이 아니라 오히려 불가능하게 된다.

제 6 장

생명공학의 필요성과 문제점

이 성 우*

Ⅰ. 생명공학의 필요성

DNA의 시대가 활짝 열리고 있다. 이 지구상에서 가장 신비한 자연현상이라면 수많은 생명체들이 자신을 닮은 자손을 낳아 번식을 하는 유전현상일 것이다. 기존의 농업이나 생물학에서 사용하던 생물학적 방법, 즉 미생물발효에 의한 치즈, 김치, 와인 등의 제조나 동식물의 육종방법은 해당 생물체 자체와 종(species)이 속하는 유전자 풀(gene pool)의 범위 내에서 유전적 변형을 유도하거나 변이를 찾아내어 이용하는 것이었으나, 1970년대의 생명공학기술은 외래 유전자를 잘라내어 다른 생명체에 도입하여 발현시킴으로써 외래 유전자에 의해 생명체에 유전적인 변형을 일으킬 수 있다는 점에서 그 이용 가능성이나 위험성이 기존의 기술과는 판이하게 다른 것이다.[1)]

현대 생명공학은 1973년 미국스탠포드 대학의 코헨 교수와 캘리포니아 대학의 보이어 교수가 특정 단백질의 유전정보를 가진 DNA를 제한효소로 잘라내어 재조합한 운반체(vector)를 미생물인 박테리아에 도입함으로써 원하는 단백질을 숙주 생명체인 박테리아의 배양을 통해 대량생산할 수 있는 'DNA 재조합 기술' 개발에 성공하면서부터 널리 알려지기 시작했으며, 이때부터 공업적

* 현 지우국제특허법률사무소(지우IP연구개발센터) 대표변리사. 1987년 특허청 심사관으로 시작하여, 1998년부터 2002년까지 유전공학심사담당관, 2005년부터 2007년까지 특허심판원 수석심판관으로 재직했으며, 2002년부터 2005년까지 미국 조지워싱턴대 법대와 조지타운대 의대에서 생명공학기술의 특허보호와 윤리성 문제를 연구했다.

1) Oliver Mills, Biotechnological Inventions: Moral Restraints and Patent Law, 2005, p. 1-17.

생산기술(technology)로 인식되어 생명공학(biotechnology)이라는 용어가 널리 사용되게 되었다.[2)]

이 놀라운 생명공학기술은 질병치료에 유용한 단백질을 미생물을 이용해 대량 생산하는 길을 열었을 뿐만 아니라, 생화학자들에게 분석하기에 난해하게만 여겨지던 끝없이 염기서열이 반복되는 DNA의 가닥의 특정부위를 잘라내어 염기서열을 결정하고 그 기능을 밝혀낼 수 있는 유력한 수단을 제공하였고, 후에 전체 인간게놈 염기서열을 해석하는 휴먼게놈프로젝트가 추진되는 기초가 되었으며, 후에 PCR기술의 발명 등에 힘입어 서열결정이 엄청나게 빠른 속도로 이루어지게 되어, 결국 당초 목표인 2010년보다 완성 시기를 훨씬 앞당겨 2003년에 완성하게 되었다. 실로 DNA의 구조가 밝혀진 지 50년, DNA재조합기술이 발명된 지 30년만에 인간의 유전자 지도를 만들어 내는 놀라운 결과를 보게 되었고, 이제 생명공학은 혁명적인 발전을 거듭하면서 인간 자체와 다른 생명체 및 환경 등과의 관계에 광범위한 영향을 미치고 있다.

한편, 1997년 영국 로슬린연구소의 윌머트 박사가 체세포를 이용한 복제양 돌리를 탄생시킨 후, 세계는 그 놀라운 기술성과 함께 복제인간 출현 등 예상되는 윤리문제가 크게 대두되어 현재까지 생물학자는 물론 일반대중까지 치열한 논쟁의 대상이 되고 있다.[3)] 실제로 영국, 미국, 한국이 선두 그룹이 되어 시도되던 인간 배아 복제와 줄기세포 생산 기술은 윤리문제의 대두로 연구개발에 많은 제한을 받게 되었지만 줄기세포를 이용한 각종 재생조직 개발을 통한 재생의학(Regenerative Medicine)의 발전 가능성으로 세계 각국의 기술개발 경쟁이 치열하다.

앞에서 살펴본 바와 같이 생명공학 기술은 인슐린, 인터페론, EPO 등 유용한 치료 단백질의 대량 생산의 길을 열어 난치병 치료 등 인류 건강증진에 큰 기여를 하고, 또 각종 유전자의 기능을 밝혀 내는 핵심적인 연구수단을 제공함으로써 그 필요성이 인정되었을 뿐만 아니라, 이제 생명공학은 32억 개의

---

2) 이 기술은 1980년 미국 특허청에서 USP 4237224 로 특허되었으며, 각 기업과 대학 및 연구소에 낮은 기술실시료(royalty)를 받고 라이센스되어 인슐린, 인터페론, EPO 등 유용한 치료 단백질을 대량생산하는 길을 열어 미국의 생명공학 산업의 기반이 되었다.

3) The President's Council on Bioethics, Human Cloning and Human Dignity: An Ethical Inquiry, 2002. 이 보고서에서는 미국 대통령생명윤리위원회 17명의 멤버들이 복제연구에 대하여 오랜 검토 끝에 7명은 난치병치료와 의료기술발전에 필요하다는 이유로 연구에 찬성하고, 나머지 10명은 인간 존엄성을 해치는 등 윤리적인 이유로 연구에 반대한다는 입장을 보였다.

염기의 배열 순서를 분석해 낸 유전체 연구의 성과를 바탕으로 후기 게놈시대의 새로운 혁신기를 맞이하게 되었다. 이제 바이오산업은 고도 지식집약형 기술로써 인류가 직면한 식량, 에너지, 질병의 해결에 크게 기여할 것으로 기대를 모으고 있으며, 21세기 새로운 경제엔진으로써 미래 국가 경쟁력을 좌우할 가장 중요한 전략산업으로 여겨지고 있다.

한편, 생명공학 기술의 발전에 따라 고가의 의약품 생산에 사용되는 유용한 유전자와 생체조직의 소유권 및 특허권 등 법적인 문제가 제기되고 있으며,[4] 또한 인간 유전체의 변형을 가져올 수 있고, 또 생명체의 경계를 허물어 버려 생태계에 혼란을 야기할 수 있다는 우려가 제기되는 등 윤리적, 사회적인 많은 문제들을 야기하고 있다.[5]

이러한 생명공학 기술 발전에 대한 논쟁을 살펴보면 과학자들과 경제학자, 법률가, 윤리학자에 따라, 그리고 일반 대중의 의견이 서로 상이하게 나타나고 있어, 본 고에서는 DNA라는 유전물질의 발견과 생명공학기술의 발전에 따라 야기되는 법적 윤리적인 문제점들을 살펴보고자 한다.

Ⅱ. 유전정보와 디지털정보의 발전과 문제점

1. DNA와 게놈(Genome), 그리고 프로테옴(Proteome)

1944년 생명체의 유전정보가 세포의 핵 속의 'DNA'라는 화학물질에 실려 있다는 연구결과가 Avery 등에 의해 발표되었을 때, 동료 생물학자들도 잘 인정하려 하지 않았다. 세포의 핵 속에 있는 염색체는 DNA와 단백질이 실타래처럼 함께 뭉쳐 있는데, DNA는 단백질과 비교하여 그 구조가 단백질에 비하여 단순하여 유전물질로서 과학자들의 관심을 끌지 못했고, 오히려 다양성과 복잡

4) The Congressional Office of Technology Assessment, New Developments in Biotechnology: Ownership of Human Tissues and Cells, OTA Report(March 1987), pp. 3-15.

5) Jeremy Rifkin, The Biotech Century, 1998, pp. 60-79. Jeremy Rifkin은 1997년에 New York Medical College의 Stuart Newman과 함께 실제 실험 없이 아이디어 차원에서 인간-동물의 키메라에 관한 발명을 미국 특허청에 출원하여 윤리적인 논쟁을 시작하였으나, 2005년 2월 특허청으로부터 뉴먼의 특허가 인간하이브리드에 관한 것이고 인간에 대한 특허는 미국헌법의 노예금지조항에 위반된다는 서한과 함께 최종 거절되었다.

한 구조를 가진 단백질(protein)이 유전정보를 담고 있는 물질일 것이라는 생각이 지배적이었기 때문이다.

Avery의 발표 이후, 생물학자들의 관심이 온통 이 유전정보의 기록매체인 'DNA'에 쏠리게 되었고, 1953년 케임브리지 대학의 두 젊은 과학자인 Watson과 Click에 의해 DNA 2중나선 구조, 즉 DNA의 구성 성분인 아데닌(A), 구아닌(G), 시토신(C), 티민(T)이라는 4가지의 핵산염기 배열 가닥이 서로 상보적으로 결합하는 이중나선 구조로 되어 있음이 밝혀졌다.

DNA의 핵산염기 배열순서는 곧 생명현상의 주형이 된다는 사실이 알려지면서 세상의 관심이 단백질을 제치고 온통 이 유전정보의 기록매체인 'DNA'에 쏠리게 되었다. 이제 생명 정보의 구조가 알려졌으니 곧 생명의 신비가 베일을 벗게 될 것이고 이는 시간문제일 뿐 머지않아 실현 가능한 것으로 예측되었다.

DNA 이중나선 구조가 밝혀진 지 50년이 지난 2003년 4월 14일, 미국 워싱턴 근교의 베데스다에 위치한 국립보건원(NIH)의 내춰(Natcher)빌딩에서는 DNA 이중나선 구조를 밝힌 James D. Watson 비롯하여 세계 각국에서 초청된 Human Genome Project 관계자와 저명한 과학자들이 참석한 가운데 "이중나선 구조로부터 인간 게놈서열, 그리고 미래(From Double Helix to Human Sequence-and Beyond)"라는 제목의 심포지엄을 개최했다. 이 심포지엄은 DNA 이중나선 구조를 밝힌 50주년을 기념하고, 또한 그 동안 미국 국립보건원과 에너지성의 주도로 국제컨소시엄으로 진행된 인간 유전체의 전체 염기서열을 밝히는 작업의 완성을 공식적으로 선언하고, 향후의 발전 방향을 논의하고자 하는 목적으로 열렸다.[6] DNA 이중나선 구조가 밝혀진 지 50년 만에 세포핵 속에 존재하는 인간 설계의 프로그램언어인 32억 쌍의 DNA의 핵산염기 배열순서가 밝혀진 것이다.[7]

이에 앞서 당시 영국 수상이었던 토니 블레어 총리는 영국에서 50주년 기념행사를 성대히 거행하였는데, 영국 과학자들은 영국이 주도적으로 DNA 이

6) Nature, "From Double Helix to Human Sequence-and Beyond," 2003.

7) 필자도 이 날 기념식에 참석했는데, 이 날 발표된 자료들에 의하면 휴먼게놈은 31억 6천 4백만 개의 염기서열로 이루어져 있고, 개인간의 차이는 적어 99.9%가 동일한 서열로 되어 있으며, 유전자 수는 3만 내지 4만 개이고, 이 중 5%만이 단백질을 만드는 유전정보를 가지는데, 이들 유전자의 염기서열 평균 크기는 3000개 정도임이 밝혀졌다.

중나선 구조를 밝혀, 결국 인간유전체의 서열을 모두 밝힘으로써 20세기 후반부에 전개된 컴퓨터과학에 의한 정보통신사회의 전개처럼 유전정보를 바탕으로 하는 21세기 전반부에 전개될 생명공학의 시대의 리더가 될 것으로 기대하고 있다.[8)]

인간게놈프로젝트가 완료되어 유전자 지도가 완성되었다고 발표되었을 때, 전 세계는 "질병 정복이 눈앞에 다가왔다"고 흥분했다. 그러나 이후 유전자는 멀쩡한데도 그 유전자가 만든 단백질이 손상돼 질병에 걸리는 경우가 많다는 사실이 속속 드러났다. 또 게놈에는 단백질을 만드는 정보가 담긴 엑손(exon)과 정보가 없고 그저 엑손을 연결하는 역할을 하는 인트론(intron) 두 부분으로 구성되어 있는데, 유전자 부분이 아닌 인트론에 이상이 생겨 질병이 발생하는 케이스도 알려지고 있어 유전자 지도 완성만으로는 질병정복에 한계가 있음이 밝혀지고 있다.

실제로 인간유전체의 초안이 발표된 지 5년이 지난 2006년 현재, 이 인간유전체 정보가 의약(drug) 개발에 새로운 접근방법과 유용한 수단을 제공한다는 소식은 많지만, 아직까지 당초 꿈꾸었던 '게놈 기반의 생명공학 혁명'은 일어나지 않고 있는 것으로 평가되고 있다.[9)]

사람의 하나의 세포핵 속의 게놈에 존재하는 유전자는 2만 6500개 정도인데, 게놈 속의 유전정보를 특정 단백질 생산하기 위한 비교적 짧은 길이의 지령 정보(mRNA)가 상황에 따라 변형돼 수십 가지의 다른 형태로 단백질들이 만들어내기 때문이 유전자로부터 발현되어 생명현상을 조절하는 물질인 단백질은 100만 종이 넘는 것으로 예측되고 있다. 이들 게놈이 만들어내는 단백질의 구조와 기능을 밝혀 맞춤형 신약 개발 등에 활용하고자 하는 프로테오믹스(Proteomics)연구가 각광을 받게 되었다. 결국 다시 최종 치료제로 활용될 단백질이 관심의 초점으로 떠오른 것이다.

전문가들은 프로테오믹스는 매우 광범위한 연구로 한두 국가로선 이 모든 단백질의 기능을 해독할 수 없고, 앞으로도 오랜 시간이 걸려 21세기 내내 진행될 것으로 예측하고 있다. 유전자지도처럼 인체의 모든 단백질의 기능과 구

---

8) Foreign & Commonwealth Office London and British Council, DNA and after: 50 years of UK excellence, 2003.

9) Felix W Frueh, Impact of microarray data quality on genomic data submissions to the FDA., Nature Biotechnology, 2006 Sep; 24: 1105-7.

조를 해독한 단백질지도를 만들겠다는 목표로 인간프로테옴기구(HUPO)라는 국제기구가 탄생했다. 단백질지도가 완성되면 질병을 근원적으로 예방하고 치료하는 맞춤형 치료약 등 획기적 신약이 쏟아져 관련 시장이 급성장할 것으로 예측하고 있다.

2001년 5월 노바티스라는 제약사에 의해 '글리벡'(GleevecTM)이라는 암단백질만을 타깃으로 제작된 최초의 표적항암치료제로 백혈병 치료제가 발매되었는데, 게놈연구와 프로테옴 연구가 진전되면 글리벡과 같이 부작용이 적으면서도 효능이 더욱 우수한 약들이 많이 개발될 것이다. 글리벡의 개발과정을 살펴보면 만성백혈병에 대한 철저한 질환기작연구를 통해 만들어졌다.[10] 만성 골수성 백혈병의 원인은 필라델피아 염색체라고 알려진 염색체 전이현상에 의해 일어난다. 9번과 22번의 염색체의 일부분이 서로 교차되면서 원래는 따로 있던 두 유전자(abl과 bcr)가 바로 옆에 위치한다. 이 두 유전자에 의해 새로운 변형단백질(abl/bcr)이 만들어지는데, 이 단백질에 의해 비정상 백혈구 수가 늘어나 만성 골수성 백혈병이 발생한다. 신약개발을 제안한 드러커 박사는 변형 단백질이 타이로신 인산화효소라는 것에 착안해 단백질의 효소활성 억제를 통해 백혈병을 치료할 수 있을 것이라 생각했다.

개발팀은 변형단백질을 발현하는 간세포로 후보약물을 검토하는 실험을 진행해 1996년에 이마티닐 메실레이트(imatinib mesylate)라는 화합물이 변형단백질의 효소활성을 억제한다는 것을 확인했다. 이후 동물실험(전임상실험)을 거쳐 1999년에 인체독성실험(임상 1상)까지 성공적으로 마치고, 임상 2상(소수의 환자군을 대상으로 약의 효과와 안정성 검사)과 3상(다수의 환자군 대상) 실험에서 만성백혈병 치료 효과와 안정성을 검증했다. 그리고 2001년 '글리벡'이라는 이름으로 미국과 유럽에서 최초의 암 치료제 판매승인을 받았다.

글리벡은 암세포만 공격하는 최초의 암 치료제로 2001년 미국의 히트신약으로 선정되었다. 이전까지 항암제의 가장 큰 문제점은 암세포를 선택적으로 공격할 수 없어 항암치료를 받으면 환자의 정상세포도 손상돼 부작용도 심하게 나타났으나 글리벡은 암세포만 선택적으로 공격하므로 이런 부작용이 적고 또 글리벡은 주사약이 아니라 먹는 경구용이어서 암 치료를 위해 수개월 이상 주사를 맞는 환자의 큰 고통을 덜어줬을 뿐만 아니라, 약효가 빨리 나타나 대략

10) http://www.dongascience.com/News/contents.asp?mode=view&article_no=20061017091840.

1~3달 정도 후에 만성백혈병 증세가 완화되는 획기적인 암치료제인 것으로 판명되었다.

위 글리벡의 경우와 같이 유전체와 단백질의 체계적인 연구를 통해 질병의 기작을 밝히고 이를 치료할 수 있는 맞춤형 신약의 개발이 급증할 것으로 예상되고 있는데, 이러한 신약개발에 유용한 유전자나 단백질에 대한 특허출원이 급증할 것으로 예측되고 있다.[11] 그 시장 규모도 2000년 340억 달러 규모의 세계 단백질 시장이 프로테오믹스 연구가 실용화되기 시작하는 2011년에는 1200억 달러로 늘어날 것으로 전망되고 있다.

현재 세계인간프로테옴기구(HUPO)는 산하 40여 개의 지역별, 국가별 기구들을 이끌고 혈액·간·뇌 단백질지도사업과 항체사업·표준화사업을 수행하고 있는데, 이 중 혈액단백질지도사업은 우리나라 연세대 백융기 교수가 공동위원장을 맡는 등 한국이 주도하고, 세계 최고 수준의 단백질 분석기기를 개발해 기술표준을 제공하는 등 휴먼게놈프로젝트에서 소외되었던 한국이 프로테오믹스 연구에는 적극적으로 참여하고 있다.[12]

2. 유전정보와 디지털 정보의 차이점

그런데 여기서 아이러니한 일은 DNA의 4가지 염기서열로 기록되는 유전정보는 단순히 전기의 흐름과 끊김이라는 두 가지 정보인 「0」과 「1」의 두 가지 부호로 표시되는, 즉 디지털 정보를 사용하는 컴퓨터의 발달과 서로 비슷한 시기에 발달하기 시작했을 뿐만 아니라, 작금의 게놈해석을 바탕으로 하는 새로운 생명공학의 전개는 그 엄청난 정보 처리량으로 컴퓨터에 의한 디지털 정보의 발달에 전적으로 힘입고 있다는 것이다.

디지털 정보로 프로그램되는 컴퓨터의 발달은, 1946년 미국 펜실베이니아 대학의 J. P. 에케르트와 J. W. 모클리가 진공관을 사용하여 컴퓨터의 원조인 에니악(ENIAC)을 완성함으로 시작되었다. 이 에니악은 진공관을 사용한 최초의 자동 계산기로 1만 8000여 개의 진공관과 1500개의 계전기를 사용하였고 무게가 30t이나 되는 거대한 기계였다. 150KW의 전력을 소비하였고 연산속도는 매초에 5000번 처리할 수 있는 아주 원시적인 컴퓨터였다. 하지만 이 애니악의

11) 조경주, 유전체 관련 특허 동향, 보건산업 기술동향 2006년 가을호, 2006. 12. 29, pp. 3-10.
12) http://www.chosun.com/economy/news/200604/200604160296.html.

등장으로 전기적 흐름에 의한 디지털 정보와 정보처리 시스템에 대한 관심이 급증하여 1952년에는 드디어 디지털 언어로 프로그램이 내장된 상업적인 컴퓨터가 등장하였고 이러한 디지털 정보에 대한 과학자들의 관심과 이해의 증진은 1953년 Watson과 Click에 의한 유전정보의 해독에 지대한 영향을 미친 것으로 평가되고 있다.

이 컴퓨터에 의한 디지털 정보가 복제되어 전달될 수 있는 것과 같이 생명의 유전정보도 네 가지 암호문자 즉, 네 종류의 DNA염기 「A」, 「G」, 「C」, 「T」로 표시되어 무한히 복제가 가능하고 복제된 유전정보는 20종류의 아미노산 결합순서를 결정하여 수많은 단백질로 발현됨으로써 생체의 구조를 형성할 뿐 아니라, 복잡 다양한 생명현상과 유전현상을 감당한다는 특징이 있다. 생명현상의 외형적 발현은 단백질에 의하지만 사실 이 단백질을 만들고 기능하게 하는 유전정보 프로그램은 그 기록매체인 'DNA'라는 화학물질에 실려 있었던 것이다.

정보의 측면에서 본다면 컴퓨터의 디지털정보가 2차원적 정보라면 DNA에 의한 유전정보는 4차원적 정보라는 점에서 그 차원을 달리하는 정보라 하겠다. 또한 디지털 정보를 해석하는 데는 그 해석 프로그램이 담긴 메모리칩과 전기의 흐름이 있는 컴퓨터 하드웨어가 필요하듯이, 유전정보의 해석도 유전정보 및 이를 해석하는 프로그램을 담고 있는 DNA와 DNA에 의한 유전정보를 해독하기 위한 생명체의 기본단위이면서 살아 있는, 즉 생기가 흐르는 세포라는 생체공간에 의해서만 완전히 해석되고 단백질로 만들어져 발현된다는 차이점이 있다.

그런데 놀라운 사실은 인간을 포함하여 지구상에 존재하는 천만 종이 넘는 생물종들이 모두 이러한 DNA염기서열 정보로 프로그램되어 있고, 이러한 유전정보를 담고 해석할 수 있는 세포(cell)라는 생체 기본단위로 이루어져 있으며, 유전정보는 세포분열과 개체발생을 통하여 후대에 정확하게 복제되어 전달되고, 아울러 유전정보의 해석과 발현으로 외부환경과 반응하며 통일되게 다양성을 보이고 있다는 사실이다.

그렇다면 이 지구상에서 가장 고급의 정보를 가장 많이 축적하고 있는 메모리칩은 무엇일까? 단연 인간의 세포 핵 속에 들어 있는 32억 쌍의 DNA 염기서열로 구성된 「게놈」일 것이다. 인간은 모계와 부계로 부터 유전자를 한 세트씩 물려받아 수정란이 모체의 태중에서 10개월 만에 분열을 거쳐 똑같은 게놈정보를 갖는 수조 개의 세포로 구성된 태아로 성장하며, 성인은 총 60조 개의 세포(1/10~1/100㎜)를 갖게 된다. 이들 각각의 세포의 핵 속에는 인간 전체를 만들고 운용할 수 있는 DNA 염기서열로 이루어진 프로그램정보가 각각 두 세트씩 저장되어 있으며 휴먼게놈프로젝트는 이 한 세트의 DNA 염기서열을 해석하여 밝히는 사업이다. 세포 각각에는 2m 정도의 DNA가 실타래처럼 뭉쳐 있으므로 60조 개의 세포에 포함된 DNA를 풀어서 전부 합치면 지구를 10만 번 이상 감을 수 있는 길이에 해당한다. 인간이야말로 60조 개의 초슈퍼컴퓨터가 유기적으로 정밀하게 조합되어 생명체를 이루는 정보의 집합체라 할 수 있다. 이 게놈 속에 저장된 정보의 축적도와 운용체계는 디지털정보와는 근본적으로 다르며 인간의 상상을 뛰어넘는 신비한 경지의 것이어서 이러한 게놈 유전정보는 살아 있는 생명체의 세포라는 생체 하드웨어에 의해서만 완전하게 해석되고 그 기능이 발휘될 수 있는 것이다.

이런 의미에서 생명공학의 발전에는 실제적인 유전정보를 담고 있고, 또 유전자의 기능을 발현시켜 그 생리활성이나 안전성을 테스트할 생명체인 세포 조직이나 줄기세포, 미생물, 동식물 등 유전자원의 확보가 절대적으로 필요하며, 이러한 생명체와 생체의 체계적인 연구가 뒷받침되어 디지털정보로 잘 활용될 수 있도록 정비되지 않는다면 게놈해석으로 촉발된 21세기 새로운 생명공학시대에 적응하지 못하고 낙오될 가능성이 높다 하겠다.

3. 유비쿼터스시대의 도래와 유전정보 등 생체정보의 보안문제

세계의 석학들과 언론들은 21세기는 정보기술(IT)과 생명공학(BT)이 주도하는 고도 지식기반사회가 될 것이라 예측하고 있다.

현대의 슈퍼컴 등 디지털 정보통신시대의 도래는 엄청난 양의 정보를 분석 처리해야 하는 휴먼게놈프로제트나 신약개발 등 현대의 생명공학기술 개발을 가능하게 하는 결정적인 역할을 했다. 휴먼게놈프로제트나 현대의 생명공학기술발전은 컴퓨터로 대표되는 디지털정보통신기술의 발달이 없었으면 불가능한 신산업이라 하겠지만, 역으로 생명공학(BT)의 발달은 막대한 양의 유전정보를 처리하기 위한 생물정보학(Bioinformatics)의 발달을 가져왔고 앞으로 뇌와 신경의 연구 및 모방을 통한 수많은 정보처리 기술들의 개발을 가져와 획기적인 정보기술(IT)의 발전을 가져올 것으로 예측되고 있다.[13)]

최근에는 DNA칩이나 단백질칩을 이용한 유전자를 분석하여 질환을 발견하거나 진단하는 연구가 급속히 진전되고 있다. 우리나라도 지난 1월에 한국생명공학연구원(원장 이상기)의 바이오나노연구단장 정봉현 박사팀이 바이오센서를 휴대폰에 연결하여 실시간에 간세포 효소 수치를 측정할 수 있는'간 기능 진단폰' 개발했다고 발표했다.[14)] 정 박사팀은 혈액속의 효소(GOT/GPT) 수치를 전기화학적으로 측정하는 바이오센서 개발에 성공했으며, 이 센서를 연결하여 효소수치를 휴대폰을 통해 직접 측정할 뿐만 아니라, 측정치를 휴대폰의 인터넷 기능을 이용하여 병원으로 전송될 수 있도록 하고 있다.

휴먼게놈연구와 프로테옴연구가 진전되면서 이러한 디지털 정보를 기반으로하는 인터넷과 각종 진단 시스템이 발달하여 '유비쿼터스 헬스케어'시대가 본격화되면 환자가 병원을 일일이 방문해서 별도의 검사를 받아야 하는 등 번거로운 절차를 거치지 않아도 건강체크를 할 수 있고, 나아가 인터넷 의약품 상거래와 함께 언제 어디서나 진료와 치료가 가능한 시스템이 갖춰지는 것이다.

이러한 유비쿼터스시대가 도래하면 각종 개인의 유전정보 등 생체정보가 디지털 정보화되어 인터넷 등으로 전송되는 사례가 급속도로 증가될 것이지만, 개인의 신상정보가 유출되어 인권을 침해할 우려도 커질 것이므로 개인 유전정보 및 생체 정보에 대한 보안문제가 제기될 것이다.

우리나라는 4년 여의 치열한 논쟁 끝에 2004년 1월 29일 '생명윤리 및 안전에 관한 법률'을 제정하여 2005년 1월부터 시행하였다. 이 법은 인간배아복제에 관한 규정과 아울러 유전자 검사와 유전자치료법에 대해서도 함께 규정하고 있지만,[15)] 이는 매우 제한적이므로 앞으로 전개될 유비쿼터스시대에 대비하여 각종 개인의 유전정보 등 생체정보 유출 및 보안문제에 대한 법적 윤리적 문제에 대한 적극적인 연구가 필요하다.

---

13) 이성우, 슈퍼컴과 DNA정보 활용, 지식정보 인프라 2000년 8월호, 2000. 9.
14) "휴대폰을 이용 질병진단 원천기술확보," 국정브리핑, 2007. 1. 19.
15) 김장한, 생명윤리 및 안전에 관한 법률의 분석, 한국생명윤리학회, 2005. 9.

Ⅲ. 인체유래 생물학적 물질 이용과 연구결과의 소유권 문제

1. 인체유래 생물학적 물질 이용한 연구결과의 소유권에 대한 논란

합법 불법을 떠나서 일반적으로 인체를 상업화하는 형태는 인간의 신체의 일부분이나 산출물을 돈을 받고 판매하는 경우와 인간의 유전정보를 특허화 하거나, 정보를 가공하여 유용하는 행위나 대리모를 해 주고 대가를 받는 경우를 들 수 있다.[16)]

생명공학기술은 유전자재조합기술과 조직배양기술을 이용하여 당뇨병, 암, 소인증, 간염 등의 많은 질환에 대한 유전자 규명과 치료제를 개발에 획기적인 공헌을 해 왔는데 이 기술은 대부분은 환자의 적출물 등 인체에서 얻은 조직이나 세포를 재료로 하고 있다.

또 최근에는 치료용 재생조직이나 각종 실험용으로 인체 세포나 조직을 요구하는 경우가 늘고 있어 이를 체계적으로 보관하거나 적기에 제공하고자하는 인체조직은행(Tissue Bank)에 대한 시도와 이에 따른 특허권과 소유권 등 법적 문제와 윤리적인 문제에 대한 연구가 늘어나고 있다.[17)]

[표 1] 인체의 상업화 형태

	이용형태	실 례	비 고
신체의 상업화	인체 산물	혈액 판매, 난자 매매	*환자의 적출물
	인체의 부분	신장 등 장기 매매	
신체의 추상물의 상업화	신체의 표현	모델	
	유전 정보	유전자 특허, 개인의 유전정보 유용	
신체적인 서비스의 상업화	성적 서비스	화대	
	대리 출산	대리모에 대한 보상	
	기타	연구 대상에 대한 지불	임상시험 등

16) Stephen Willkins, BODY FOR SALE: Ethics and exploitation in the human body trade, Routledge,an imprint of Taylor & Francis Books Ltd, 2003, p. 3.

17) Maschke, Karen; Murray, Thomas, Ethical Issues in Tissue Banking for Research: The

이와 같이 생명공학 기술이 발전하면서 인간의 조직이나 세포를 재료로 하여 새로운 의약품을 만들어서 경제적 이익을 얻는 경우에 조직이나 세포의 공여자는 거기에 대한 일정 몫을 요구할 수 있는가가 문제가 될 수 있다. 미국에서는 이러한 인체유래 생물학적 물질의 소유권에 관한 유명한 Moore v. Reagents of University of California(249 Cal. Rptr 494) 판결이 있다.

1976년 10월 Moore 씨는 희귀병의 일종인 털세포백혈병(hairy cell leukemia)이라는 암으로 캘리포니아대학교 병원에 입원하였다. 주치의인 Golde 박사는 질병치료를 위하여 필요하다며 비장의 적출을 권고하여 무어 씨는 이에 동의하였는데 수술 전에 골드 박사는 무어 씨의 비장이 상업적 가치가 있음을 알고 있었지만 이를 사전에 설명하지 않았다. 이 비장적출수술에 의하여 병이 호전되었지만, 무어 씨는 그 후에도 건강관리를 위하여 병원을 다니라는 지시를 받아 1983년까지 7년 동안 통원치료를 계속하였는데, 골드 박사는 그가 병원에 올 때마다 그의 몸에서 혈액과 골수 등을 채취하였다.

이 치료과정 중에 골드 박사 등은 무어 씨의 비장세포에서 암치료 등 의학상 유용한 단백질을 다량으로 생산하는 세포주('Mo'cell line)를 만들어내었고, 1979년에 이 대학은 이 세포주 및 그 산물에 대하여 특허출원하여 1984년 3월에 특허[18]를 받았다. 그 후에 골드 박사와 대학은 1981년에 두 제약회사와 개발계약을 체결하여 대가로 3백만 달러 상당의 주식과 3년간 33만 달러를 받았다. 어쨌든 'Mo' 세포주는 30억 달러의 가치가 있는 것으로 평가되었다.[19]

이와 같은 사실을 알게 된 무어 씨는 골드 박사가 비장적출수술을 하기 이전부터 적출된 비장의 일부를 연구용에 사용할 의사가 있었음에도 불구하고, 자기에게 그 계획을 설명하지도 동의도 구하지 않았다고 주장하여 1984년에 골드 박사와 대학 및 제약회사를 상대로 캘리포니아 주 지방법원에 횡령(conversion) 및 의사가 '설명에 의한 환자의 동의(informed consent)'를 구하지 않았다는 등을 이유로 하여 원고로부터 수익을 분배받을 수 있게 해 달라는 민사소송을 제기하였다.

Prospects and Pitfalls of Setting International Standards, Theoretical Medicine, Volume 25, Number 2, April 2004, pp. 143-155(13).

18) U.S. Patent No. 4,438,032(1984. 3. 20).

19) Warren Greenburg and Deborah Kamin, Property Rights and Payment to Patients for Cell Lines Drived from Human Tissues: An Economic Analysis, Soc. Sic. Med. Vol. 36. No. 8., 1993, pp. 1701-1706.

제 1 심 지방법원은 횡령의 쟁점에 대하여 제거된 조직에 대하여 재산권을 인정할 수 없다고 하여 원고의 주장을 배척하였다. 하지만 제 2 심인 주 고등법원은 적출된 비장이나 그로부터 만들어진 세포주 등에 대하여 원고의 소유권이나 재산권을 긍정하여 횡령을 인정하는 판결을 내렸다. 이 주 고등법원의 판결은 연구자들에게 연구에 사용된 조직의 출처를 밝히고 연구에 대한 동의를 얻을 것을 부담지워, 결국 막대한 비용을 부담하게 되므로 연구기관에 큰 충격으로 받아들여졌다.

하지만 주대법원은 소장으로 신청된 사실 중 의사의 개시의무위반에 대한 소송원인은 성립하지만, 횡령에 대한 소송원인은 성립하지 않는다고 판시하였다. 주 대법원은 우선 확립된 원칙으로서 ① 정상적인 정신을 가진 성인은 치료를 받을지의 여부를 결정할 권리를 가진다. ② 치료에 대하여 환자의 동의가 유효하기 위해서는 "의사가 환자에 대하여 설명한 후에 환자로부터 주어지는" 설명에 의한 동의(informed consent)를 받아야 한다. ③ 그 설명은 의사가 환자의 결정에 중요한 영향을 미치는 모든 정보를 알릴 신임의무를 부담한다는 점을 열거하였다.[20]

이러한 기준에 따라 ① 연구목적이든 경제적인 목적이든 간에 의사가 치료방법의 결정에 관하여 의사의 전문적 판단에 영향을 미치는 환자의 건강에 관계가 없는 개인적인 흥미나 관심을 갖고 있는 경우에는 그 사실을 환자에게 반드시 알려야 한다. ② 그와 같은 흥미나 관심을 알리지 않았다면 그것은 설명에 의한 동의(informed consent)를 결여한 치료를 한 것으로서 또는 의사의 신임의무 위반으로서 소송원인이 성립하게 된다는 원칙을 만들어내었다. 그리하여 이 원칙의 적용을 통해 적어도 골드 박사에 대해서는 비장적출이나 수술후의 채혈 등을 하기 이전에 그가 연구상의 관심이나 경제적 관심을 갖고 있음에도 불구하고 그것을 무어 씨에게 알리지 않았다면 신임의무위반 또는 설명에 의한 동의 결여를 이유로 소송원인이 성립한다고 볼 수 있기 때문이다.

주 대법원은 5:2로 합의되어 판결되었는데, 소수 의견을 낸 Broussard 판사는 횡령은 개인소유나 동의 받지 않은 경우에는 적용되지 않는다고 했고, Mosk 판사는 다수 의견이 비상업적인 의학 연구와 상업적인 연구를 혼동하고 있으며 골드 박사측이 무어 씨한테 동의 없이 경제적 이익을 취한 것이 인정되

20) 김문환, 생명공학과 법, 삼영사, 1993, pp. 110-116.

므로 무어 씨한테 세포주의 재산적 이익이 주어져야 한다는 의견을 피력했다.[21)]

이 무어 소송 케이스에서 캘리포니아 주는 법적으로 환자의 적출물에 대하여 소유권을 인정하지 않고 있었고, 이렇게 경제적 가치가 없어 버려지는 적출물을 이용하여 치료에 유용한 세포주나 의약품을 개발하는 노력과 기술은 연구자에 의한 것이므로 연구자에게 그 연구결과의 소유권 또는 특허권이 귀속되어야한다는 측면에서 타당한 것이라 하겠고, 이런 의미에서 주대법원의 판결은 대학과 의학연구자 및 관계 산업계의 승리로 받아들여지고 있다.

2. 인체 조직은행(Tissue Bank)의 필요성

최근 들어 윤리적으로 문제가 없고 비교적 안전한 성체줄기세포를 이용한 세포치료가 임상시험을 거쳐 상업화 직전에까지 도달하고 있지만, 줄기세포 추출이나 분화의 제한성 등의 문제가 있고, 배아줄기세포연구는 배아를 깨쳐 줄기세포를 얻어야 하고 배아복제기술도 난자의 확보 등 윤리적인 문제가 제기되고 있어 현재로선 줄기세포연구와 재생의학연구의 기초 소재로의 공급이 절대적으로 부족한 실정이다.[22)]

세계적으로 우리나라를 비롯하여 많은 나라들은 인간의 존엄성을 고려한 윤리적인 이유로 난자나 인체조직의 매매를 금지하거나 그 소유권을 부정하고 있으며, 연구를 위한 공급도 설명에 의한 동의(informed consent)를 거쳐 기증에 의존하고 있는데, 이러한 의사의 사전 동의가 어떤 의미를 갖는지, 과연 동의를 하는 환자에게는 어떤 인격적·윤리적 보호가 필요한지에 대한 보다 구체적인 연구가 필요하다. 기증 동의서의 작성도 하나의 계약관계라 할 수 있는데 환자로부터 동의를 받아 인체유래 생물학적 물질을 난치병 치료 등 의료기술 개발연구에 활용할 수 있도록 합리적인 공급시스템(난자, 정자, 조직 은행: Tissue Bank) 구축의 필요성도 제기되고 있다.[23)]

특허제도는 발명자에게는 그 발명을 출원하여 공개하도록 출원일로부터 20년간 특허권이라는 배타적인 권리를 부여하는 한편, 이러한 배타적인 권리를

21) Lisa M. Gehrke, 전게논문, p. 815.

22) 이성우, 줄기세포연구 및 재생의학 발전에 따른 특허보호와 생명윤리, 지식재산 21 2005년 11월호 통권/93호, 2005. 11. pp. 44-55.

23) Ethical issues in Tissue Banking for Reaserch: A Brief Review of Existing Organizational Policies, Thearetical Medicine 25: 113-142, 2004.

이용하거나 이전하여 산업발전을 유도하는 신기술보호제도이다. 이와 같이 자본주의 시장경제체제 하에서 독점적인 특허권이 인정되는 중요한 이유 중 하나는 현재까지 알려지지 않은 발명품이 특허제도를 통하여 현실의 상품으로 만들어져 안정적으로 시판될 수 있고, 이는 결과적으로 국민경제발전에 큰 도움이 되기 때문이다.

연구결과의 특허보호도 인체나 인체의 부분을 포함하고 있는 경우에는 특허 받을 수 없다. 그렇다면 경제적 부 창출을 위한 소유권이 부정되는 불확실한 여건에서 어떻게 줄기세포를 이용한 재생의학산업을 키워 나갈지에 대한 연구가 필요하다.[24)]

앞장의 무어 소송 케이스에서 살펴본 바와 같이 환자의 적출물은 통상 폐기되는 것으로 소유권이 인정되지 않고, 이렇게 버려지는 적출물을 이용하여 치료에 유용한 세포주나 의약품을 개발하는 노력은 연구자에 의한 것이므로 연구자에게 그 연구결과의 특허권을 주어 연구의욕을 고취시키켜 의료산업을 발전시킬 필요성이 제기되고 있다.

의학 연구자와 생물학적 물질의 제공자간의 합리적이면서도 합법적인 공여 시스템이 수립되는 한편, 그로부터 얻어지는 연구 결과의 소유권 및 보상체계 문제가 부(富)창출 시스템인 특허제도와 잘 조화될 때 건강한 생명공학의 발달을 가져올 수 있는 것이다.

3. 치료방법의 특허보호 문제

최근 들어 유전자 치료방법이나 진단방법이 급속도로 발전하고 있고, 또한 줄기세포연구와 관련한 윤리성 논란과 관련하여 성체줄기세포의 경우는 윤리성이 문제되고 있지 않아 기술개발이 활발하게 이루어져 임상시험을 거쳐 곧 실용화에 들어갈 것으로 예상된다. 따라서 재생조직과 각종 치료방법들이 개발되어 실용화될 것이므로 앞에서 살펴본 인체유래 생물학적물질을 이용한 연구결과의 소유권 문제와 아울러 치료방법의 특허보호 문제가 활발하게 논의될 것으로 보인다.

---

24) 이성우, 한국일보 기고문, http://news.hankooki.com/lpage/culture/200511/h2005110917204575650.htm.

미국의 경우 1952년의 특허법 개정 이래 치료방법이 특허의 대상으로 되고 왔고, 많은 의료 방법들이 특허(1995년까지 약 7000건)되었지만 의사의 치료행위에 대한 특허권 침해소송이 제기된 적은 없었다. 그런데 1996년에는 1993년의 Pallin 소송사건(백내장수술방법)을 계기로서 치료방법의 특허문제에 대한 치열한 논쟁이 벌어져 치료 방법은 종래대로 특허를 인정하되, 의사 등에 의한 의료행위에는 원칙으로서 특허권을 행사할 수 없다는 취지의 특허법 규정이 도입되었다(287조(c)(1)).[25] 미국의 치료방법의 특허보호 사례는 세계적으로 독특한 케이스로 이러한 법제정의 경험은 우리에게 많은 시사점을 던져주고 있다.

Pallin은 애리조나 주의 안과 의사인데 백내장 수술에 의한 치료방법을 개발하여 특허출원했고, 특허를 취득했다.[26] 특허기술은 백내장에 의해 흐려진 렌즈를 인공 렌즈로 갈아 끼우는 수술에 관한 것으로 종래의 수술에서는 갈아 끼우기 위해 절개한 상처를 봉합하여야만 했기 때문에 환자가 수술 후 난시가 되는 일이 많았으나 이 특허발명의 수술방법에 의해 눈의 특정 부위를 절개해서 수술하면 봉합할 필요 없이 상처가 아물고 난시 등이 부작용이 나타나지 않는 장점이 있는 매우 유용한 의료기술이었다.

1993년 Pallin은 동일한 수술방법을 행하는 의사 Singer와 의료기관을 특허침해로 고소했고, 이에 대하여 피고 측은 이 건 특허출원 이전부터 피고 스스로가 이 수술방법을 시술하고 있었으므로 특허는 무효되어야 한다고 주장했다. 이 소송은 1996년에 원고패소로 사건이 종료됐는데, 그 판결내용은 특허클레임은 무효이고, 원고는 피고 및 그 외 의사에 대해서 이 특허의 침해를 주장해서는 안 된다는 것이었다.

Pallin 사건은 수술 방법을 포함하는 특허권 침해를 이유로 의사가 다른 의사를 고소한 첫번째 사건으로 Pallin은 의사에 대해서 치료방법특허를 행사하지 않으려는 경향은 윤리적인 문제가 아니라, 실질적인 실시가능성 때문이라고 주장하고 의사들은 고액의 비용 때문에 가장 효과적이고 유용한 의료기술을 사용을 중지하지는 않을 것이며, 특허 로열티는 의료분야의 연구개발 및 혁신을 가져올 수 있는 인센티브로 작용하여 많은 의사들에게 의료기술개발에 참여시키는 긍적적인 효과를 줄 수 있다고 주장하였다.

---

25) 김병일, 치료방법발명의 특허성, 2004.11 Weekly IP Look. 포럼/세미나 자료.
26) US Patent. No. 5,080. 111.

이 사건은 Pallin의 패소로 종료되었지만, 미국 의사협회는 의료행위에 대한 특허부여가 위 사건을 야기하였다는 이유로 특허법 개정을 요구하였는데, 의사회 측이 제시한 치료방법에 대한 특허가 초래할 폐해로서 주장된 근거로는 ① 특허를 받은 치료방법에 의한 시술이 제한을 받게 된다. ② 경제적 부담이 증가한다. ③ 환자의 비밀정보가 유출될 우려가 있다. ④ 새로운 치료방법 개발에 대한 인센티브는 특허로 보호되지 않아도 다른 방법으로 충분히 보호될 수 있다는 것 등이었다. 몇몇 의료기관들은 의료 및 수술방법의 특허출원시도를 비윤리적인 것으로 간주하였나, 이와 대조적으로 치료방법의 특허출원은 생명공학산업의 발전과 장래 과학기술혁신의 기초되므로 장려되어야 한다는 선언도 있어 열띤 논쟁이 계속되었다.

이러한 의료행위의 특허보호와 윤리성 논쟁은 의회에서 전문가들의 토의를 거쳐 Frist 상원의원에 의해 S2105 법안으로서 1996년 9월 24일에 제출되었지만 이 법안은 그 후 연방정부의 예산확대에 관한 HR3610법안에 포함되었고 실질적인 의논 없이 1주일 후인 9월 30일에 의회를 통과하여 곧바로 클린턴 대통령이 서명함으로서 법안이 성립했다.[27)]

이 법안의 주요 내용은 치료방법은 종래 특허보호대상이지만 의료관계자와 의료기관이 의료방법을 실시하여 특허침해가 되더라도 특허권자는 권리행사(침해행위금지, 손해배상청구)를 할 수 없지만 이 치료방법의 실시가 ① 의약품과 의료기기 등의 물건 특허, ② 의약의 사용에 관계되는 특허, ③ 생명공학특허를 침해하는 경우에는 특허권자는 의료관계자와 의료기관에 대해 권리행사를 할 수 있도록 규정하고 있다.

최근 생명과학기술의 급속한 발전에 따라 유전자진단 및 치료 방법과 인체로부터 적출된 조직이나 성체 줄기세포 등 인체유래 생물학적 물질을 배양하여 새로운 세포치료제를 개발함으로써 환자를 치료하는 방법이 특허될 수 있는지 여부는 줄기세포연구와 이를 활용한 재생의학산업 발전에 있어서 매우 중요하다.

우리나라나 일본 또는 유럽과 중국 특허청에서는 특허실무상 '인간을 수술, 치료 또는 진단하는 방법'은 의료행위이므로 '산업상 이용할 수 있는 발명'

27) Gocyk-Farver, Beata, Patenting Medical Procedures: A Search for a Compromise between Ethics and Economics. Cardozo Law Review, 1997, pp. 1527-1547.

이 아니라는 이유로 특허가 허여되지 않는 등 의사가 행하는 치료·진단방법(의약이나 의료장치는 제외)에 대해서는 특허에 의해 보호되지 않는 것으로 취급되고 있다.[28] 향후 우리나라를 비롯하여 선진국 특허청도 생명공학과 재생의학관련 세포치료에 관한 기술발전에 따라 이 분야 특허출원이 늘어날 것이고 이를 심사하기 위해서는 기술발전에 맞게 심사기준 또는 관련 법제 마련을 검토해야 할 것으로 보인다.

Ⅳ. 생명공학발전과 공공이익과의 충돌과 조화 문제

생명공학의 발전은 인류에게 난치병으로 여겨오던 암, 당뇨병, 치매 등의 치료의 길을 열어 주고 있는데, 생명공학 기술에 의한 치료약을 개발하는 데는 임상시험 등 제조허가에 막대한 비용이 들어가 이를 법적으로 보호해 주는 특허권의 확보가 필수적이지만, 독점권 부여로 인한 의약품 가격의 상승과 의약품 접근의 제한 등으로 인해 선진국과 후진국간의 심각한 논쟁거리가 되고 있다.[29] 생명공학이나 의약산업은 FDA의 제조허가과정과 특허제도에 의해 고가의 가격을 유지할 수 있고, 이러한 고가의 가격 유지에 의한 부창출로 막대한 초기 투자비용을 보상받는 시스템이며, 이러한 제조허가나 특허로 대표되는 부창출시스템이 없는 대량 생산은 경제적으로는 큰 의미가 없다 하겠다.

아프리카의 경우 HIV/AIDS감염으로 인하여 위기상황을 맞고 있는 시점에서 치료약을 싼값에 제공하고자 에이즈 치료약의 특허권과 공중보건문제와의 조정을 통해 해결하고자 하는 노력의 일환으로 2001년 Doha특별선언문의 채택으로 이어지게 되었다.[30]

28) 특허청 심사지침서 제2부 제2절 산업상 이용할 수 없는 발명 편에는 인간을 수술하거나 치료하거나 또는 진단하는 방법의 발명, 즉 의료행위에 대해서는 산업상이용할 수 있는 발명에 해당되지 않는 것으로 보아 특허받을 수 없는 것으로 하되, 인간으로부터 채취한 것(혈액, 소변, 피부, 모발 등)을 처리하는 방법 또는 이들을 분석하여 각종 수집하는 방법은 치료를 위해 채취한 자에게 되돌려 줄 것을 전제로 하여 처리하는 방법(예: 혈액투석방법)을 제외하고는 일반적으로 산업상 이용할 수 있는 발명으로 보아 특허될 수 있는 것으로 하고 있다.

29) Bruce Lehman, The Phamacuitical Industry and the Patent System, Conference on Intellectual Property and International Public Health, Oct. 6-8 2003.

30) WTO/TRIPs협정의 발효 이후 지적재산권의 보호와 공중보건의 문제는 회원국들 사이에서, 특히 개발도상국 회원국과 선진국은 자국의 이해에 맞게 조문의 해석에서 상당한 견해 차이를 보이는 등 가장 민감한 사안이 되어 왔는데, 2001년 카타르 도하에서 152개 회원국들의

이 선언문은 모두 7개항으로 되어 있다.

1. 우리는 특히 HIV/에이즈, 결핵, 말라리아와 다른 유행병의 발생으로부터 생기는 많은 개발도상국과 최빈국을 괴롭히고 있는 공중 위생 문제의 중대함을 인정한다.
2. 우리는 TRIPs 협정에 대하여 WTO 협정이 이러한 문제를 제기하는 보다 광범위하고 국제적인 행동의 일부분이 될 필요성에 대해 강조한다.
3. 우리는 지적 재산권 보호가 신약 개발에 있어 중요하다는 것을 인정한다. 우리는 또한 가격에 의한 효과에 대한 염려 역시 인정한다.
4. 우리가 TRIPs 협정이 공중보건을 보호하기 위한 조치를 취하는 것을 방해하지 않으며 방해할 수 없다는 것에 동의한다. 따라서 TRIPs 협정에 대한 우리의 서약을 되풀이하며 우리는 협정이 공중 보건을 보호하기 위한, 특히 의약품에 대한 접근성을 촉진하기 위한 WTO 회원국들의 권리를 지지하는 방식으로 해석되어야 하며 이행되어야 한다고 단언한다.
5. 따라서 위의 4.의 관점에서 TRIPs 협정에 대한 우리의 서약을 유지하면서 우리는 이러한 유연성이 다음과 같은 것을 포함한다는 것을 인정한다:
   (a) 공중 국제법 해석의 습관적인 규칙을 적용할 때 TRIPs 협정은 특별히 그 목적과 원리에서 표현된 것처럼 협정의 목적과 목표의 관점에서 독해되어야 한다.
   (b) 각 회원국은 강제실시권을 허가할 권리가 있으며 이러한 실시권이 허가될 수 있는 영역을 자유롭게 결정할 수 있다.
   (c) 각 회원국은 국가적 응급상황 또는 극도의 비상상태의 상황 구성을 결정할 수 권리가 있다. 이것은 HIV/AIDS, 결핵, 말라리아와 다른 유행병과 관련되는 공중보건 위기가 국가 응급상황 또는 극도의 비상상태상황을 나타낼 수 있다는 것으로 이해될 수 있다.
   (d) 지적 재산권의 소진과 관련되는 TRIPs 협정 규정의 효력은 각 회원국들에게 제 3 조와 제 4 조의 최혜국과 내국민 대우 규정에 대한 위반 없이 소진의 체계를 확립할 자유가 있다는 것을 일임하는 것이다.
6. 우리는 제약부문의 제조기술이 불충분하거나 제조기술이 없는 WTO회원국들이 TRIPs 협정하의 강제실시권의 효과적인 사용의 어려움에 직면했다는 것을 인

동의 하에 TRIPs 협정과 공중보건에 관한 특별선언문(Declaration on the TRIPs Agreement and Public Health)을 채택하게 되었다.

정한다. 우리는 TRIPs 이사회에서 이러한 문제의 신속한 해법을 찾아 2002년이 끝나기 전에 일반이사회에 보고하기를 명령한다.

7. 우리는 제66.2조에 따르는 최빈국에게 선진국이 그들이 사업과 제도의 기술이전을 촉진할 수 것이라는 선진국의 서약을 재확인한다. 우리는 TRIPs 협정의 제66.1조에 서술된 최빈국의 이행기간의 확장 권리에 대한 침해 없이 최빈국이 TRIPs 협정의 Part 2의 section 5, 7을 이행하거나 적용하는 것과 그러한 권리를 강화하는 것을 2016년 1월 1일까지 따르지 않을 수 있다는 것에 동의한다. 우리는 TRIPs 이사회가 TRIPs 협정 제66.1조에 따르는 효력에 대한 필요한 조치를 취할 것을 명령한다.

이 Doha선언문이 현재까지 회원국간의 협정을 통해 구체화되지는 못하고 있지만, 미국을 비롯한 선진국들이 그 동안 취해 오던 입장에서 벗어나 전 세계를 위협하고 있는 에이즈와 같은 질병으로부터 인류를 보호하는 것이 특허보호로 얻을 수 있는 경제이익보다 앞설 수 없다는 논리에 어느 정도는 동의하고 이러한 위기상황을 전 세계가 협조차원으로 풀어나가야 한다고 선언하고 있어 TRIPs 협정을 해석하는 데 있어서 하나의 중요한 요소가 될 수 있다는 데 큰 의의가 있다.

특히 문장 5는 TRIPs 협정에서 공중보건의 보호와 밀접한 관련이 있으면서도 논란이 되어 왔던 강제실시권(제31조)조항과 연관하여 브라질, 자이레 등 중남미 국가나 아프리카 국가들을 중심으로 에이즈 치료제 등에 대한 강제실시권 허여를 시도하였으며, 우리나라에서도 글리벡에 대한 강제실시권 허여 심판이 특허청 심판원에 청구되었으나 허여되지 않은 사례가 있다.[31)]

2001년 5월 만성골수성백혈병(CML)체료제로 FDA의 승인을 얻은 글리벡의 특허권자인 노바티스가 한국정부에게 글리벡의 보험약가를 미국과 스위스의 약값과 동일하게 최소 월 300만 원의 가격(한 캅셀당 25,000원)을 제시하면서 시작되었는데, 정부의 약가 인하제안에 대해 노바티스가 수용불가 입장을 보이고 한시적으로 2001년 12월 2일 전까지 글리벡을 투약받은 환자와 이후 발생한 신규환자 중 급성기, 가속기 환자에 대하여 무상공급을 실시하기로 했다. 이에 따라 백혈병환자들에게 적정한 가격의 약품을 안정적으로 공급하기 위하여 2002년 1월 30일 건강사회를위한약사회, 사단법인인도주의실천의사협의회

31) www.kipi.or.kr 이수영, 의약품 특허와 강제실시권, 9-10면.

및 평등사회를위한민중의료연합은 특허등록 제261366호의 특허권자인 노바티스 아게를 피청구인으로 하여 인도로부터의 수입이 가능하도록 특허법 제107조 제 1 항 제 3 호의 규정에 의한 통상실시권 설정의 재정을 청구하였다.

이에 대하여 2003년 2월 한국특허청은 글리벡 특허에 대한 강제실시청구를 받아들이지 않았는데, 그 결정 이유는 첫째, 글리벡을 저가로 수입할 경우 글리벡을 복용하지 않으면 안 될 절박한 상황에 있는 환자측의 경제적 부담을 많이 완화해 줄 수 있는 반면, 만성골수성백혈병의 경우처럼 전염성 기타 급박한 국가적, 사회적 위험이 적음에도 불구하고 발명품이 고가임을 이유로 강제실시를 허용할 경우, 발명자에게 독점적 이익을 인정하여 일반 공중의 발명의식을 고취하고, 기술개발과 산업발전을 촉진하고자 마련된 특허제도의 기본취지를 크게 훼손할 수 있는 만큼 강제실시권 인정여부는 이러한 두 가지 상충되는 이익을 비교형량하여 신중히 결정해야 하는 당위적 측면과, 둘째 현재 모든 만성골수벨혈병 환자(만성기 포함)에게 보험이 적용되며, 이 경우 환자의 실제 부담액은 보건복지부가 책정 고시한 약가의 10% 수준인 점, 글리벡의 공급이 현재 정상적으로 이루어지고 있는 점, 대외무역법 제14조 및 대외무역관리규정 제 7 조의 규정에 의한 자기치료목적의 수입이 가능한 점 등 글리벡의 공급실태와 관련된 상황적 측면을 종합적으로 고려하여 특허법 제107조 제 1 항 제 3 호의 규정에 의한 통상실시권 설정을 인정할 정도의 공고의 이익이 있다고 보기 어려운 것으로 판단된다는 이유로 글리벡 특허에 대한 강제실시 청구를 받아들이지 않았다.

V. 결 언

DNA의 구조와 유전체의 서열이 밝히는 휴먼게놈프로젝트가 완료되었지만 아직도 유전체와 이로부터 만들어지는 단백질의 기능을 밝히는 프로테옴 연구는 이제 막 출발한 초보적인 수준에 불과하다. 최근의 컴퓨터와 인터넷으로 대표되는 디지털정보의 눈부신 발달은 막대한 양의 정보처리를 요하는 현대 생명공학의 견인차 역할을 하며 혁명적인 발전을 거듭하면서 '유비쿼터스 헬스케어'시대를 앞당길 것으로 예상되지만, 생체의 유전정보와는 질적인 차이가 존재하고, 실제적인 유전정보를 담고 있는 생체물질의 확보와 활용이 필수적이므로 이에 따른 인간의 존엄성 등 법적 윤리적 문제의 제한이 있다는 점이 고려되어야 한다.

생명공학기술은 이제 인간 자체와 다른 생명체 및 환경 등과의 관계에 광범위한 영향을 미치고 있을 뿐만 아니라, 많은 법적 도덕적 및 사회적인 문제들을 야기하고 있어 이에 대한 적극적인 연구와 대처가 필요하다. 특히, 최근의 줄기세포관련 연구에 대한 윤리성 논란을 살펴볼 때 이러한 생명공학기술은 인체에 그대로 적용될 수 있어 생명공학기술이 인체에 적용되려면 지금보다 더욱 엄격하면서도 실제적인 윤리성 및 안전성 기준이 마련되고 실천되어야 당분야의 연구와 산업화가 공중의 신뢰를 얻으며 지속적으로 발전할 수 있을 것이다.

앞에서 살펴 본 바와 같이, 에이즈 치료제나 글리벡과 같이 생명공학 기술에 의한 치료약을 개발하는 데는 임상시험 등 막대한 비용이 들어가 이를 법적으로 보호해 주는 특허권의 확보가 필수적이지만, 독점권 부여로 인한 의약품 가격의 상승과 의약품 접근의 제한 등의 부작용이 나타나고 있다. 우리나라가 생명공학산업을 국가 전략산업으로 육성하려 한다면 선진국과 제3세계가 잘 협력할 수 있도록 Doha선언과 강제실시권 제도는 물론, 선·후진국간에 논란이 되고 있는 생물다양성협약 등 유전자원에 관한 국제적인 문제에도 적극적으로 임할 필요가 있다.

생명공학기술은 의약품개발을 통한 제조허가와 특허권 확보로 고부가가치를 창출 하는 산업으로 발전되고 있는데, 이러한 부창출 시스템이 잘 유지되면서도 여기서 얻어진 부(富)가 선 후진국에 고루 분배되어 인류의 보건복지 향상에 기여하도록 해야 할 것이다.

제 7 장

생명공학영역에서 사적 자치와 기회균등정의

김 도 균*

Ⅰ. 인간 게놈 프로젝트의 성과가 야기할 문제상황

생식의학과 유전공학기술이 결합되어 '착상전 유전자 검사'(Preimplantation Genetic Diagnosis-PGD) 기술이 개발되면서 특정 장기의 조직을 배아의 줄기세포로부터 배양하고 치료의 목적으로 유전자를 교정하고 조작하여 개선하는 생명공학적 간섭의 길이 열렸다.[1] 즉, 인공체외수정, 체세포복제를 통한 배아형성 및 소비, 장기복제생산, 인간복제, 유전적 결함의 제거와 교정 및 추가와 같은 유전자 치료 등의 기술들이 가능해진 것이다. 인간 게놈 프로젝트(the Human Genome Project)가 가시적 성과를 보여주면서 새로운 생명공학 기술은 우생학(eugenics)의 부흥을 예고하고 있다. 인류의 집단기억에 각인되어 있는, 낡은 유형의 '전체주의적 우생학'이 국가에 의해서 디자인된 단일한 인간 모델로부터 시민을 '제조'해 내려고 했다면, 새로운 우생학은 '국가의 중립성원칙'과 '사적 자치의 원칙'이라는 자유주의적 근본가치들을 기반으로 하여 '생식의 자유'(procreative freedom)를 천명한다. 새로운 우생학을 지지하는 사람들은, 각 개인이 생명공학의 기술을 활용하여 후손의 유전자적 특징을 다양한 선택지들로부터 선택할 수 있는 '생명공학적 자유'(genetic choice/genetic freedom)를

* 서울대학교 법과대학 부교수.

1) 이 문제는 B. Steinbock, "Preimplantation Genetic Diagnosis and Embryo Selection," in: J. Burley and J. Harris(ed.), *A Companion to Genetics*, Oxford, 2002, 175-190면 참조. 또한 줄기세포연구와 관련하여 다양한 쟁점들에 대해서는 박은정 외 지음, 줄기세포의 윤리와 법정책, 이화여자대학교출판부, 2004 참조.

행사하게 되면서 인생계획의 다양성과 인간존엄의 원칙을 오히려 강화하는 결과를 낳게 될 것이라고 전망하고 있다.[2)]

인간 게놈 연구의 성과로부터 생겨날 인간유전자 개량(genetic improvement)과 관련하여 다루어질 법적이고 도덕적인 쟁점들은 매우 복합적이지만, 대략 세 가지 차원으로 분류할 수 있을 것이다[3)]: (ㄱ) 개인/가족의 차원에서 생겨나는 쟁점들, (ㄴ) 사회적 차원에서 생겨나는 쟁점들, (ㄷ) 종으로서의 인류의 차원에서 생겨나는 쟁점들이다.

개인/가족의 차원에서는 태어날 아이의 유전적 특성의 검사와 관련하여 우선 유전자적 결함을 가진 아이를 가질 것인지 아닌지와 밀접하게 연결되어 있다. 그리고 태어날 아이의 유전자적 조건을 개선할 것인지의 문제도 생겨난다. 이 차원에서 법적으로 고려되는 쟁점으로는 부모의 자율성(사적 자치)의 문제와 개인정보보호 및 신뢰의 문제(confidentiality)이다.[4)] 즉 충분한 정보 아래에서 자발적으로 동의하였는지, 그리고 당사자의 동의 없이 타인(친척, 고용주, 보험회사 등)에게 유전적 정보(유전적 질병의 가능성)를 알려줄 수 있는지 등의 문제들이다. 이로부터 대체로 다음과 같은 유형의 소송들이 제기될 것으로 생각되고 있다. 유전자 조작으로부터 생겨난 위험한 생물체를 과실에 의해서 또는 고의로 방출하는 행위를 둘러싼 소송들, 잘못된 유전자 검사나 상담 때문에 원래 바랬던 대로 아이가 태어나지 않았을 경우의 손해배상소송들, 유전자 감별에 의해서 태어난 아이가 후에 제기할 소송들, 유전자 검사자가 제3자(고용주, 보험회사 등)에게 유전자 정보를 제공함으로써 차별대우를 받거나 불이익을 입게 되었을 때 당사자의 소송[5)] 등이다.

사회적 차원에서는 인구정책적 고려에서의 유전자 감별(genetic screening), 재정배분 및 상업화 문제, 지적 재산권 인정과 같은 문제들이 생겨날 것으로

---

2) 새로운 우생학의 기획과 철학적 문제점에 대해서는 N. Agar, "Liberal Eugenics," in: H. Kuhse and P. Singer(ed.), *Bioethics: An Anthology*, Oxford, 1999, 171-181면 참조.

3) G. Annas, "Mapping the Human Genome and the Meaning of 'Monster Mythology'," in: J. Burley and J. Harris(ed.), 위의 책, 130면 이하 참조.

4) 생명공학에서 발생하는 법적 쟁점들에 대해서는 정규원, "세포응용연구의 법적 문제," 박은정 외 지음, 줄기세포연구의 윤리와 법정책, 47면 이하 참조. 또한 M. Powers, "Privacy and Genetics," in: J. Burley and J. Harris(ed.), 위의 책, 364-378면 참조.

5) M. Yesely, "Genetic Difference in the Workplace," in: J. Burley and J. Harris(ed.), 위의 책, 387-397면; T. Sorrel, "The Insurance Market and Discriminatory Practices," in: J. Burley and J. Harris(ed.), 위의 책, 398-407면.

예측되고 있다. 전문가들은 특히 유전자 감별의 결과를 사회적으로 어떻게 이용할 것인지의 문제가 나타나리라고 전망하고 있다. 가령 공무원 채용, 군인 자격, 사기업에의 고용, 이민자 등록, 보험계약 등의 영역에서 유전자 감별의 결과를 활용할 것인지의 여부, 유전자 연구에의 국가적 지원, 시민들의 유전자 개량의 문제, 유전자물질 및 정보에 대한 소유권 및 특허를 둘러싼 분쟁들[6] 등이 그것이다.

종(種)으로서의 인류 자체와 관련된 차원에서 보면 유전자 연구의 성과는 무엇보다도 인간이 자기 자신에 대하여 바라보는 관점을 변화시키는 결과를 낳을 것이다.[7] 그렇게 되면 인간이 인간 자신을 어떻게 이해할 것인가라는 이른바 '정체성'(identity)의 문제가 발생한다. 유전자 연구가 진행되면 될수록 인간은 자기 자신이나 남에 대하여 '제조된 생명체'로서, 조작가능한 제작물로서 인식하고 대우하게 될 것이다. 개인의 인생경로에서 유전자 특징이 환경보다 중요한 요인으로 여겨지게 되면 인간의 행위 역시 자유의지의 결과라기보다는 유전적으로 결정되는 것으로 생각될 것이다. 이리하여 형법상의 책임 문제 및 가벌성과 관련하여 중요한 변화가 일어날 것이다.[8] 뿐만 아니라 대부분의 질병들이나 비정상적 상태는 더 이상 자연의 산물(운명 또는 우연)이 아니라 인위적인 선택인 사회적 구성물(social constructs)이게 된다. 어떤 유전자적 특질이 '정상'이며 '비정상'인지를 판독해 낼 기준은 더 이상 순전히 의료적인 관점에 의해서만 형성되지 않을 것이다. 유전자 감별의 지형은 의료전문적인 관점뿐만 아니라 윤리적인 관점에 따라서, 나아가서는 보건정책의 관점에 따라서 사회적으로도 결정되기 때문이다.[9]

인간유전자 연구가 낳을 결과를 둘러싼 논의는 너무도 방대하여 그려내기가 쉽지 않다.[10] 가장 먼저 떠오르는 것은 정상 유전자와 질병 유전자에 관한

6) P. Ossorio, "Legal and Ethical Issues in Biotechnology Patenting," in: J. Burley and J. Harris(ed.), 위의 책, 408-419면; S. Munzer, "Property, Patents, and Genetic Material," in: J. Burley and J. Harris(ed.), 위의 책, 438-454면.

7) 이에 관하여는 위르겐 하버마스(장은주 옮김), 인간이라는 자연의 미래: 자유주의적 우생학 비판, 나남출판, 2003, 47면 이하 참조.

8) 가령 신동일, "인간복제의 금지필요성과 제한적 허용연구," 한국형사정책연구원, 2001, 69면 이하.

9) 장애(disability)의 문제에 대한 의료적 모델(medical model)과 사회적 모델(social model)의 비교는 A. Silvers, "On not Iterating Women's Disability: a Crossover Perspective on Genetic Dilemmas," in: R. Chadwick and D. Schroeder(ed.), *Applied Ethics* Vol. Ⅲ, London and New York, 2002, 71-94, 특히 78면 이하.

데이터 확보를 통하여 난치병을 치료하는 소극적 우생학과 유전자의 개량을 통한 보다 나은 인간유형을 낳으려는 적극적 우생학 사이의 논쟁이다. 아마도 대중적인 의견이라면 "난치병 치료는 좋다. 그러나 적극적 우생학은 윤리적으로 어쩐지 …"일 것이다. 그러나 소극적 우생학과 적극적 우생학 사이를 엄밀하게 구분할 수 있는가? 이 논쟁을 법적인 논의의 차원으로 가까이 끌고 오면 '선택의 자유 및 사적 자치와 인간의 존엄성 사이의 가치충돌' 문제로 좁혀질 것이다. 좀더 넓히자면 유전자 개량학 영역에서의 正義(genetic justice) 문제일 것이고, 도덕철학적인 차원으로 확장하자면 '인간의 윤리적 자기이해'의 문제가 될 것이다.

Ⅱ. 유전자 개량학에 대한 반대론과 적극적 찬성론

1. 전통주의적 접근: 인간존엄의 가치

전통적 반대론에서는 나치 시대의 전체주의적 우생학(예: '멋진 신세계')에 대한 공포와 불안이 주조(主調)를 이룬다.[11] 이 입장을 종교적인 관점에서의 반대론과 인간존엄이라는 가치 위에 선 반대론으로 구분하여 정리할 수 있는데, 여기서는 인간존엄성 원리에 기댄 접근만을 살펴보고자 한다. 이를 '규범주의적 반대론'이라고도 부를 수 있을 것이다.[12] 이 입장은 유전자 조작 및 개입의 규범적 한계를 헌법에서 보장하는 최상위 가치규범인 '인간존엄의 원리'에서 찾는 것이다.[13] 이 반대론에 따르면 배아, 태아, 인간의 사이에는 인간생명으로서의 자연적 연속성이 존재하므로 존엄성의 가치가 보장되어야 한다는 것이다. 배아 및 태아의 도덕적, 법적 지위로부터 유전자의 조작과 개량, 착상 전에 시행되는 유전자 검사, 배아복제 및 인간복제 등의 행위는 금지되어야 한다는 결론을 이끌어낸다.

10) 이에 관하여는 박은정, 생명공학시대의 법과 윤리, 이화여자대학교 출판부, 2000.

11) 예를 들어서 1999년 한국법철학회 춘계학술발표회의 김일수, "생명과학시대의 자연, 인간, 법," 발표문, 7면 참조.

12) 이 입장에 대해서는 이상돈, 법철학: 법, 이성, 사회, 법문사, 2003, 327면 이하.

13) 이상돈, 위의 책, 327; 김학태, "현대의학에 있어서의 생명의 시간과 인간의 존엄," 법철학연구 제4권 제2호, 2001, 247-272면 참조.

배아-태아-인간 사이의 '생명 연속성'을 주된 논거로 삼고 있는 반대론에 따르자면, 체세포 핵치환 방식에 의해서 복제되는 배아는 인간으로 발전할 잠재성을 가지고 있기 때문에, 생명체의 기본단위는 DNA라는 생명공학적 시각에서 보면 체세포는 이미 인간생명체로서의 지위를 가진다고 보아야 할 것이다.[14] 그렇지만 DNA나 체세포 또는 초기 배아는 인간으로 발전할 존재이므로, 인간존엄성이라는 법익이 보호하는 인간에 해당된다는 주장은 특정한 형이상학을 바탕으로 하는 생명관을 전제하고 있다.[15]

이 주장은 이른바 '멈출 수 없는 내리막길 논변'(the slippery slope argument)의 변형판이라고 볼 수 있다. 유전자 조작기술 또는 유전자 개량기술을 허용하게 되면, 마치 미끄러운 내리막길 위에 올라선 것과 같이 어디선가 멈출 수 없이 허용범위를 계속하여 확대해 가야 할 것이며 종국에는 인간존엄의 가치가 부정되는 결과로 이어질 것이라는 이 논변[16]은 두 가지 유형으로 나누어 볼 수 있다. 하나는 잘 알려져 있는 '재앙적 결과 논변'(the horrible result argument)이고, 다른 하나는 '자의적 결과 논변'(the arbitrary result argument)이다.[17] 이 두 번째 유형의 논변의 내용은, "유전자조작을 허용한다는 내리막길을 탄 후에는 '생명/비생명' 사이에 또는 '자연적'/'인위적' 수정 사이를 아무리 정교하게 구분을 하고 경계선을 그으려고 해도 자의적일 뿐이다"라는 것이다.[18] 이를 '생명의 연속성' 논증과 결합하면 다음과 같이 될 것이다:

(1) '인간존재'는 절대적 특성을 가진 개념이다(즉 더 인간존재적이라거나 덜 인간존재적이라는 표현이 불가능한 개념이다).

(2) 인간생명의 발전(전개)은 점진적(연속적) 과정이다.

(3) 점진적 발전의 종점은 인간존재로서의 생명적 완성이다.

---

14) 이상돈, 위의 책, 330면. 이상돈 교수는 '연속성 논증'을 비판하면서 다음과 같이 지적하고 있다: "손가락으로 피부를 살짝 긁어도 수없이 많은 체세포가 떨어져 나오는 현실을 놓고 볼 때 … '남의 피부를 손가락으로 긁는 행위는 인간존엄에 반한다'는 논리가 성립하게 된다. … 결론적으로 배아의 처분불가능성은 연속성 논증에 의해서는 규범적으로 근거지을 수 없다."

15) 위르겐 하버마스(장은주 옮김), 인간이라는 자연의 미래, 66면 이하 참조.

16) 이 논변에 관하여는 김종석, "유전자 조작, 파멸의 서곡인가 생존을 위한 대안인가? 미끄러운 경사길 논변을 중심으로," 참여연대 시민과학 센터 주최 생명공학 안전윤리 법제화를 위한 워크숍 발표문, 2000. 6. 1, 57-63면.

17) 이에 관하여는 B. Williams, "Which Slopes are Slippery?," in: R. Chadwick and D. Schroeder(ed.), *Applied Ethics* Vol. Ⅱ, London/NewYork, 2002, 33면 이하 참조.

18) 이른바 '모래언덕'의 역설(the paradox of the heap)이다.

⑷ 만일 인간생명발전이 비-인간적 존재로부터 시작한다면, 어디서인가에서 단절점(구분점)이 있어야만 한다.

⑸ 그러나 어떠한 구분점도 자의적일 뿐이다.

⑹ 그렇지만 자의적인 구분점은 허용될 수 없다.

⑺ 따라서 인간생명의 발전은 애초부터 인간존재인 무엇으로부터 시작되어야 하므로, 초기 배아도 인간으로 인정되어야 한다.[19)]

즉 자연과 인위의 구분, 그리고 인간생명과 비생명 사이의 구분은 어떤 특정한 이론에 기대지 않고서는 불가능하며,[20)] 그 이론에서 제시한 구분점(가령 고통의 인식 등)은 실은 자의적인 설정의 결과일 뿐이라는 것이다. 곰곰이 살펴보면 이 논증에서 전제 ⑷는 타당하지 않다는 점을 발견하게 될 것이다. 그러나 전제 ⑷가 없이는 이 논변은 성립될 수 없다. 그렇기 때문에 인간존엄성의 가치에 호소하는 반대론자들은 인간생명의 시초, DNA나 체세포 등에도 인간생명의 지위를 부여하든지 아니면 인간존엄성의 논변을 포기하든지 해야 하는 진퇴양난의 처지에 빠지게 된다. 그리고 현실적으로도 어려움에 처하게 되는데, 초기 배아를 인간으로 인정하려는 시도는 원래 의도와는 다른 난점에 직면하게 된다. "어떤 인간도 의학적 이유에 근거하여 죽이거나 실험대상으로 이용되어서는 안 된다"라는 규범이 어떠한 종류의 배아실험도 금지되어야 한다는 결론으로 이어지지는 않는다는 것이다. 즉 현실적으로는 특별한 사정이 존재하는 경우에는 (가령 폐기될 잉여의 냉동배아) 예외조항이 인정되어야만 하는 것이다.

이러한 이유에서 '인간존엄성 반론'은 생명의 연속성과 자연성에 반하는, 즉 인간존엄의 자연적 기초를 침해하는, 생명공학기술은 금지되어야 한다는 원칙 위에서 몇 가지 예외조항을 두기는 한다. 가령 생명윤리자문위원회에서 제안한 생명윤리기본법안은 이러한 입장을 담고 있는데, 중대한 유전적 질병의 치료방법을 개발하기 위하여, 폐기될 잉여의 냉동배아를 이용하는 연구, 불임치료의 목적으로 매우 엄격한 조건아래에서 수행된 시험관 아기의 허용 등이 그것이다.[21)] 이러한 유연한 '인간존엄성 반론'은 정도의 차이는 있지만, 세계 각국의 입법 및 국제기구의 선언문에서, 한국 사회의 법학자들의 입장과 생명

19) 이 논증은 B. Williams, 위의 논문, 41면에서 빌어 왔다.

20) 위르겐 하버마스, 인간이라는 자연의 미래, 69면.

21) 생명공학연구의 윤리성확보를 위한 기획연구(생명윤리자문위원회 활동보고서), 한국과학기획평가원(생명윤리자문위원회), 2001. 10., 2면.

윤리법안에서도 나타나고 있다.[22] 그런데 한번 예외조항이 인정되면 인간존엄성 논증이 주요 논거로 하고 있는 '멈출 수 없는 내리막길' 논변 자체가 부정되는 결과를 가져오게 될 것이다. 따라서 인간존엄성 논변은 근본주의적 종교론에서 제창하는 '모든 종류의 유전자연구, 안락사, 낙태 금지'라는 결론으로 되돌아가든지 또는 어떤 식으로든지 '임의의 자의적 구분'을 내려야만 할 것이다. 결국에는 후자의 길을 선택할 수밖에 없을 것인데,[23] 그렇다면 어느 지점에서 경계선을 그었을 때 합리적인 구분이라고 받아들여질 수 있을까?

현대 입헌민주주의의 특징은, 대립하는 입장들의 대부분이 합리적인 근거들을 가진 가치관들 위에 서 있다는 '이성적 다원주의의 사실'(the factum of reasonable pluralism)에 있다. 어느 한 입장만이 옳다는 일원주의, 아니면 상충하는 입장들 사이의 그때그때의 잠정적 타협(modus vivendi)일 뿐이라는 '상대적 다원주의'가 아닌, '합리적 근거들 위에서 논증가능한 다원주의'를 특징으로 한다는 것이다.[24] 하버마스가 말하는 '탈형이상학적 관점'(nachmetaphysische Denkweise)이 입헌민주주의 사회의 특징이라면, "특정한 세계관 또는 가치관으로부터 가능한 한 중립적이어야 한다"는 요청이 입헌민주주의 사회에서의 법적 논의가 준수해야 할 제 1 의 전제이다. 그렇다면 법은 생명공학의 영역에서도 종교적, 형이상학적 세계관 및 가치관들로부터 중립적인 태도를 가져야만 할 것이다.[25] 이러한 탈형이상학적 관점에서 보았을 때 인간존엄성의 원리는 어떻게 재구성될 수 있을까? 세속화의 시대 또는 탈형이상학의 시대에서 인간존엄성의 원리는 '자신이 원하는 바를, 옳고 바람직하다고 생각하는 바를, 선택하고 행동한다'는 사적 자치의 원칙, 또는 자주성의 원칙으로 나타난다.

---

22) 세계보건기구의 선언문(WHO/20 1997 Mar. 11 WHO document(WHO50.37 1997 May 14)), 유네스코의 선언문(UNESCO press release No. 97-29 1997 Feb. 28), 유럽의회의 결정(The European Parliament. Resolution on Cloning(1997. 3. 13)) 등을 예로 들 수 있을 것이다.

23) 생명공학의 영역에서 인간존엄성에 호소하는 논변의 한계와 문제점에 대해서는 E. Hilgendorf(김영환/홍승희 옮김), "남용된 인간의 존엄: 생명윤리 논의의 예에서 본 인간의 존엄이라는 논증점의 문제점," 법철학 연구 제 3 권 제 2 호(2000), 259-284면.

24) J. Rawls, *Political Liberalism*, New York, 1993.

25) 위르겐 하버마스, 인간이라는 자연의 미래, 66면 이하.

2. 과학주의와 자유지상주의의 결합: 유전자 시장 모델에서의 '생식의 자유'

인간존엄성에 기반을 둔 반대론의 대척점에 있는 입장이 과학주의와 자유지상주의이다. '과학에 의한 인류의 행복 달성'이라는 믿음 위에 서서 생명공학의 폐해가 과학적으로 입증되지 않는 한, 인공수정, 배아복제 및 인간복제는 전문적 과학자들과 의사들의 자유연구와 규제에 맡겨야 한다는 과학주의는 개인의 '자유로운 선택'을 정책의 정당화근거로 삼는 자유지상주의와 결합하여 지지를 얻어가고 있다.[26]

(1) 유전자 개량의 자유권

자유지상주의적 관점과 과학주의를 결합한 예로서 영국의 생명공학윤리 전문가인 존 해리스(John Harris)의 논변을 살펴보도록 하겠다. 해리스는 "멋진 아이를 낳기를 원하고 희망하는 것이 도덕적으로 잘못인가?"라고 물으면서 유전자치료 및 개량을 통해서 유전자결함을 치유하는 것이 도덕적으로 전혀 문제가 없다는 주장을 펼친다.[27] 해리스는 장애인과 비장애인 사이에 도덕적 우열관계는 없다고 하더라도 신체적 또는 정신적 장애 상태보다 건강한 상태를 원하는 것이 일반적으로 인정되는 합리적인 선호라면, 유전적인 결함으로 장애를 가진 아이가 태어날 것이 확률적으로 가능성이 높을 경우에 유전자 치료를 통하여 유전자 개량을 하는 것 역시 합리적이라고 말한다. 그리고는 유전자 결함의 치료(소극적 우생학)와 유전자 개선을 통한 강화(적극적 우생학) 사이에 도덕적 차이가 도대체 어디에 있는지 묻는다.[28] 해리스는 인간의 배아줄기세포(human embryonic stem cells)의 연구, 치료 및 개량과 관련하여서도 안전성이 확실하지 않다거나, 인간배아의 도덕적 지위를 훼손한다거나 하는 이유를 드는

---

26) 일반적 자유지상주의자의 논리에 관해서는 복거일, 쓸모없는 지식을 찾아서, 문학과지성사, 1996, 188-193, 227-231면 참조. 전문가로서 이 입장을 취하는 경우는 서정선, "생명복제실험 성공의 생물학적 의의," 과학사상, 1997 가을호, 59면 이하. P. Kitcher, *The Lives to Come: The Genetic Revolution and Human Possibilities*, New York, 1996; J. Robertson, *Children of Choice: Freedom and the New Reproductive Technologies*, Princeton, 1994.

27) J. Harris, "Is Gene Therapy a Form of Eugenics?" in: H. Kuhse and P. Singer(ed.), 위의 책, 16면.

28) J. Harris, "Is Gene Therapy a Form of Eugenics?," 168면 이하.

일반적인 반대론을 반박한다. 안전성의 문제는 과학기술의 발달로 해소되어 갈 수 있을 것이며, 배아의 도덕적 지위의 문제는 배아줄기세포를 어디서 획득하느냐 하는 쟁점(실험의 절차적 윤리성 문제)과 깊은 관련이 있기 때문에, 줄기세포의 획득기술이 발전하면서 이 난점도 해소되어 갈 것이라고 전망한다.[29] 해리스에 따르면 결국에는 '생식의 자율성' 또는 '생식의 자유'가 유전자 치료 및 개량에서 우선되는 지위를 가지는 것이다.

자유민주주의 법체계 아래에서 보자면 이는 '자신의 유전자를 복제할 자유'이며, 부모로서의 선택(parental choice)의 자유, 궁극적으로는 사적 자치(personal autonomy)의 표현일 것이다. 일찍이 노직(R. Nozick)은 소비자들이 유전자를 자유롭게 선택하는 '유전자 슈퍼마켓'(a genetic supermarket)이라는 발상을 제시한 바 있었다.[30] 이를 일반화하면 '유전자 시장 모델'(genetic supermarket model)이라고 말할 수 있을 터인데, 이 모델에 따르면 부모는 자신의 후손의 신체적, 정신적 능력을 강화하는 유전자 조작 및 간섭을 자유롭게 선택할 도덕적, 법적 권한을 가진다.[31] 자유주의를 근간으로 하는 입헌민주주의 사회에서는 자신의 삶에 대한 통제권을 가지고서 타인에 의한 강제나 간섭 없이 자유롭게 생활방식을 선택해 가는 개인들의 상호관계가 핵심이다.

이렇게 보면 각 개인이 자신의 후손을 위해서 생명공학적 선택(genetic choice)을 하는 것은, 자식을 위하여 교육상의 선택들을 하는 것과 마찬가지로, 사적 자치에 대한 도덕적, 법적 권리를 행사한 것이다.[32] 이러한 '유전자 시장 모델'은 자유로운 생명공학적 선택을 통하여 개인적으로도 사회적으로도 최적의 발전상태에 이르게 될 것이라고 주장한다.[33] 생명공학의 영역에서 일반적인 자유지상주의적 입장을 적용하자면 다음과 같다[34]:

---

29) 이러한 생명공학 기술의 발전경향에 대해서는 J. Harris, "The Ethical Use of Human Embryonic Stem Cells," in: J. Burley and J. Harris(ed.), 위의 책, 162면.

30) R. Nozick, *Anarchy, State, and Utopia*, Oxford, 1974, 315면. 이를 발전시켜서 J. Glover, What Sort of People Should There Be?, Harmondsworth, 1984, 45-56면.

31) J. Robertson, *Children of Choice*, 164면.

32) M. Clayton, "Individual Autonomy and Genetic Choice," in: J. Burley and J. Harris(ed.), 위의 책, 192면 참조.

33) N. Agar, "Liberal Eugenics," in: H. Kuhse and P. Singer(ed.), 위의 책, 172면.

34) 이 자유주의적 근본가치에 대해서는 R. Dworkin, Life's Dominion, London, 1993, 148면. 이 입장을 더욱 자유지상주의로 끌고 나간 J. Harris, "Goodbye Dolly?: The Ethics of Human Cloning," in: H. Kuhse and P. Singer(ed.), 위의 책, 149면 이하 참조.

> 유전자 개량의 자유권: 후손을 위한 유전자 개량의 영역에서, 특별히 타당한 사유가 없는 한, 개인이 자유롭게 선택할 법적 권리를 제한할 수 없다.

이는 법적인 논의에서 매우 전형적으로 나타나는 구조이다. 쟁점은 당연하게도 '특별히 타당한 사유'가 무엇인가에 집중된다. 흥미롭게도 해리스는 부모가 선택을 자유롭게 할 권리와 자식이 부모를 가질 권리 사이에 충돌이 있을 수 있음을 상상하고는, 다음과 같이 그 문제를 풀고 있다.[35] 해리스는 인간복제로 인해 침해될, 자식이 보유하는 '부모를 가질 권리'의 내용을 '자신이 두 명의 개인들이 가지는 유전자가 결합된 산물일 것을 요구할 수 있는 권리'(the right to be the product of the mixture of the genes of two individuals)로 구체화할 수 있다고 본다. 한 개인의 체세포의 (이배체) 핵을 다른 사람의 (핵이 제거된) 난자에 이식하여 복제된 자식의 경우 이 권리를 침해당했다고 주장할 수 있을지도 모르지만, 이러한 방식으로 복제된 개인 역시 언제나 두 개의 분리된 유전자형의 후손, 즉 유전적으로 상이한 두 사람의 유전적 후손임에는 틀림이 없기 때문에 위의 권리가 본질적으로 침해되었다고 말하기는 어렵다고 해리스는 주장한다.[36] 현대 입헌민주주의 사회에서 인간의 존엄성은, 자기 삶의 의미와 가치에 관한 중대한 물음들을 오로지 자기의 양심과 가치관에 따라서 대면하고 해결할 수 있는 도덕적 권리를 가지고 있다는 데서 표현된다. 그렇다면 유전자 개량의 자유권 역시 이러한 기본적인 도덕적, 헌법적 권리의 하나로서 헌법에 의해서 보호되어야 한다는 것이다.[37]

이 주장은 타당하다고 보아야 할 것이다. 그러나 문제는 오히려 다른 곳에서 생겨난다. 사적 자치의 원칙은 부모가 될 사람(들)의 생식의 자유 및 유전적 선택의 자유에서만 나타나는 것이 아니라, 자식이 될 개인의 자주성에서도 표현된다. 즉 유전자 개량의 차원에서 사적 자치성에 연관되는 당사자들은 일단 부모, 자식, 그리고 비슷한 유전적 특징을 가지고 있는 제 3 자이다.[38] 그렇다면 부모의 생명공학적 선택의 산물인 자식에게 있어서 사적 자치의 원칙은 어떤 도덕적, 법적 의미를 지니며, 부모의 사적 자치와 충돌되는 경우 어떻게 해결할

35) J. Harris, "Goodbye Dolly?: The Ethics of Human Cloning," 147-48면.
36) J. Harris, "Goodbye Dolly?: The Ethics of Human Cloning," 148면.
37) J. Harris, "Goodbye Dolly?: The Ethics of Human Cloning," 150면.
38) M. Clayton, "Individual Autonomy and Genetic Choice," 192면 참조.

것인가? 이 물음은 자유지상주의 이론의 내부에서도 중요한 자리를 차지한다. 사적 자치권을 가진 상이한 주체들 사이의 충돌을 사적 자치의 원칙 자체에 입각하여 해결해야 하기 때문이다. 부모가 가지는 '생식의 자유권'이 항상 자식의 '사적 자치권'보다 우선하는가? 후자의 가치는 부모의 자유권행사에 도덕적, 법적인 제한사유로 정당한가? 이에 대한 답은 '사적 자치권'을 어떻게 파악하는가, 그리고 자식의 사적 자치권을 어떻게 바라보는가에 달려 있다. 바로 이 지점에서 자유지상주의의 철학적 전제들이 드러난다.

(2) 생명공학의 영역에서 자유지상주의적인 사적 자치 모델의 한계

자유지상주의적 모델(a libertarian model)인 유전자 시장 모델에 대하여 다음과 같은 비판들이 제기되고 있다. 우선 각 개인의 생명공학적 선택이 집합적 행동(collective action)의 차원으로 누적되면 사회적으로 비합리적인 결과로 나타나는 경향이 크다는 것이다. 각 개인의 합리적(경제적 의미에서) 선택이 사회적인 차원에서는 모두에게 불리한 결과로 이어진다는, 이른바 '죄수의 딜레마'(the Prisoner's Dilemma) 현상이 발생한다는 것이다. 가령 남녀 성별 선택이 가져올 사회적 문제(性比의 불균형 등)를 들 수 있을 것이다.[39] 그렇지만 이러한 비판에 대해서는 그러한 부작용이 생기지 않도록 법정책적으로 적절하게 규제를 하면 된다고 자유지상주의자들은 반론한다. 바로 그것이 국가와 법의 역할이 아닌가라는 것이다.

유전자 시장 모델에 대한 두 번째 비판으로서, 그렇지 않아도 사회적으로 매우 불공정한 불평등 상태를 아예 유전자적으로 강화하는 유전자적 불평등(genetic inequality)이 영속화할 가능성이 크다는 것이다. 이는 정의의 이념에 근거한 반론이다. 이 정의논변(justice argument) 자체만으로는 유전자 시장 모델을 비판하기에는 부족하지만, 사적 자치의 원칙과 결합하였을 때는 보다 설득력 있는 논거가 될 것이다.

39) M. Clayton, "Individual Autonomy and Genetic Choice," 198-199면 참조.

Ⅲ. 사적 자치의 대안적 모델과 생명공학적 선택의 자유

1. 사적 자치의 원칙과 자율적 삶의 영위

사적 자치의 원칙(the principle of personal autonomy)은 "자신의 삶을 자신의 판단에 따라서 꾸려간다"는 이상을 근간으로 하고 있다. 즉 개인은 자신의 삶과 운명을 일생에 걸쳐서 스스로 선택하고 계획하고 영위할 수 있을 때, 그런 한도 내에서, 자율적이라고 말할 수 있는 것이다. 이 사적 자치의 이상은 다양하게 해석되어 도덕철학, 정치철학, 법학으로 스며들고 제도화되어 있다.

앞에서 살펴보았듯이 자유지상주의적인 사적 자치 모델(a libertarian model of personal autonomy)은 이 사적 자치의 이상을 '자유로운 선택과 결정'이라는 측면에서 해석한다. 타인의 위협이나 강박이 있었는지, 잘못된 정보에 의한 착오인지, 매우 불공정한 상황에서의 선택이었는지 등을 따져서 그런 결함들이 없는 경우에 한 개인의 선택과 결정이 자율적이었다고 판단하는 것이다. 이 모델에서는, 개인에게 있어서 좋음이란 '소망 또는 욕구의 충족'과 관련된 능력확보에 있다.[40]

사적 자치에 대한 다른 해석은 '인생계획'(life plan)의 성공적인 실현을 이끌어들인다.[41] 이 해석에서는, 개인에게 좋음은 자신이 바람직하다고 생각하는 인생계획을 꾸려가고 실현할 수 있는 데 있다. 여기서는 사적 자치가 인생계획의 성취로서 파악된다. 이 '성취모델'(a model of autonomy as an achievement)에서는 개인이 자신이 바람직하다 또는 가치 있다고 판단하는 인생계획의 목표에 비추어서 무엇인가를 원하고 선호하는 체계를 형성하고, 수정하고, 실현하는 과정이 커다란 역할을 한다. 즉 '자유로운 선택'의 가치보다는 '자율적인 인생을 영위한다'는 가치(the value of leading an autonomous life)가 사적 자치성의 이상에 더 근본적이라는 것이다. 전자는 후자에 독립하는 가치가 아니라, 후자를 실현하는 데 기여하는 중요한 가치로서 자리매길 수 있다는 것이다.[42]

사적 자치에 대한 두 가지 해석의 차이점을 좀 더 명확하게 이해하기 위해

---

40) J. Harris, *The Value of Life*, London, 1985, 201면 참조.
41) N. Agar, "Liberal Eugenics," 176면 이하 참조.
42) J. Raz, *The Morality of Freedom*, Oxford, 1986, 371면.

서 드워킨(R. Dworkin)이 제시하는 '허가로서의 자유'(liberty as license)관과 '독립으로서의 자유'(liberty as independence)관[43]의 구분법에서 보이는 발상을 활용해보는 것이 도움이 될 것이다.

첫번째 관점은, 전통적인 소극적 자유론의 입장이 주장하는 바처럼, 한 개인이 외부적이고 적극적인 장애로부터 자유롭게 자신이 원하는 바를 할 수 있다면 그만큼 자율적이라고 본다.[44] 이 관점에서는 자유의 대상인 행위가 어떤 종류의 것인지, 자유를 제한하는 장애가 어떤 종류의 것인지는 고려의 대상이 되지 않는다. 모든 종류의 사회적, 법적, 정치적 강제는 개인의 선택 및 행위의 자유를 제한하는 것이며, 다만 자유를 제한하는 요인이 정당한지의 여부는 타인의 자유와 안전을 보호하기 위해서 필수적인가 하는 외적인 기준에 비추어서 따질 뿐이다. 그런데 이 관점을 일관되게 따르면 다음과 같은 불합리한 결과에 도달하게 된다. 좋은 법규, 가령 살인을 엄격하게 금지하는 법규가 악법, 가령 정치적 의사를 표현하는 것을 금지하는 법규보다 훨씬 더 강력하게 개인의 자유를 제약한다는 결과이다. 이처럼 전통적인 자유지상주의의 입장에 놓여 있는 '허가로서의 자유'관은 선택의 자유의 대상인 행위들 내에서 그리고 자유를 제한하는 장애들 내에서 〈중요한 행위와 장애-중요하지 않은 행위와 장애〉를 질적으로 구분하지 못하는 무분별한 개념(indiscriminate concept)이라는 비판을 받을 만하다.[45]

드워킨이 타당한 자유관으로 평가하는 '독립으로서의 자유'관은 정치적 공동체에서 자주적이고 평등한 성원으로서의 지위를 보장하고 자율적인 삶의 계획을 영위할 수 있는 조건을 보장하는 것을 근본목표로 본다. 이 관점을 활용하면 정치적으로 평등하고 자주적인 지위를 보장하는 데 필수적이고도 중요한 행위들과 그렇지 않은 행위들, 이들을 제약하는 장애요인들의 비중들을 질적으로 구분할 수 있는 가능성이 열린다.[46] 근본적인 도덕적 권리, 즉 '동등한 배려와 존중'에 대한 권리를 보장하고 실현하는 데 필수적인 자유들은 그렇지 못한

43) 드워킨이 말하는 '독립으로서의 자유'는 '자주성으로서의 자유'(freedom as autonomy)으로 이해할 수 있다.

44) R. Dworkin, *Taking Rights Seriously*, 267면.

45) R. Dworkin, *Taking Rights Seriously*, 262면. 만일 한 법학자가 '허가로서의 자유'의 관점 위에 서서 언론의 자유를 근거짓는다면, 그는 독점을 형성할 경제활동의 자유와 가게의 진열장 창문을 깨뜨릴 자유도 언론의 자유와 동일한 비중을 가지는 자유로 분류하는 셈이다. 비슷하게 R. Dworkin, *A Matter of Principle*, Cambridge/Mass. 1985, 189면.

46) R. Dworkin, *Taking Rights Seriously*, 263면 참조.

자유들보다 더 큰 비중이 부여된다.

따라서 선택의 자유들 내에서의 질적 구분[47]은 민주적 시민으로서의 자주성 함양과 실현이라는 기준에 비추어서 판단된다. 가령 롤즈(J. Rawls)는 민주적 시민으로서의 개인이 다음과 같은 두 가지 도덕적 능력을 가지고 있다고 본다: (i) 각자가 바람직하다고 판단하는 삶의 목표에 대한 견해를 가지며 이를 발전시키고 수정하고 합리적으로 수행해 가는 능력과 (ii) 다른 사람들과의 토의를 통해서 형성된 공정한 사회적 협력의 규범들을 숙지하고 이를 적용하고 이에 따라서 행동할 수 있는 능력이 그것이다.[48] 이 두 가지 능력은 개인적 차원에서의 숙고, 타인들과의 논의, 공동적 의사결정에의 참여라는 세 가지 과정을 수행할 수 있는 능력을 포함한다. 개인이 이러한 도덕 능력의 요건을 다 갖춘 경우 롤즈는 그 개인을 '종합적으로 자주적'(fully autonomous)이라고 부른다.[49] 이렇게 보면 사적 자치는, 민주적 시민이 전 생애에 걸쳐서 자신의 두 가지 도덕적 능력을 적절하게 계발하고 충분히 실현할 수 있게 하는 데 필수적인 조건을 이루는 자유들이 보장된 상태에서 실현된다.[50] 따라서 선택의 자유에 담긴 내용이 타당한가의 여부는 이 기준에 의해서 판단될 것이다.

2. 생명공학적 선택: 능력에 미치는 영향과 인생계획에 미치는 영향

사적 자치의 이념에 대한 고찰은 생명공학적 선택의 맥락에서 어떤 의미를 가지는가?

(1) 도덕적 결정으로서의 생명공학적 선택행위

부모가 자식의 유전적 특징을 개량하려는 결정은 단순히 의료적 차원의 결정만은 아니다. 오히려 그것은 자식의 삶의 방식을 선택하는 결정으로서 매우 도덕적인 성격이 강한 개인적 결정이다. 즉 부모가 자신이 바람직하다고 판단한 가치체계에 입각하여 자식의 삶의 경로를 결정하는 윤리적 선택으로서, 인생계획을 꾸리고 이를 실현할 수 있는 능력과 여건을 마련해 주는 중요한 결

47) J. Rawls, *Political Liberalism*, 335면 이하.
48) J. Rawls, *Political Liberalism*, 48면, 302면 참조.
49) J. Rawls, *Political Liberalism*, 305면 이하.
50) 정확하게 일치하는 것은 아니지만 J. Rawls, *Political Liberalism*, 293면의 발상을 응용하였다.

정인 것이다. 따라서 생명공학적 선택을 단순히 '유전자 시장에서의 소비자 선택'이라는 관점으로 파악하는 것은 그 선택의 중요성을 소홀히 하는 것이 된다.[51] 그러나 이러한 논리를 기반으로 하여 성급하게도 다음과 같은 결론을 내리는 것은 타당하지 않을 것이다: 부모의 생명공학적 선택은 자식이 태어나기 전에 미리 자식의 삶의 방식을 전반적으로 결정해 버린다는 점에서, 타인의 조종과 간섭으로부터 자유로운 상태에서 선택하고 결정한다는 사적 자치의 원칙을 침해한다.

자유지상주의적 우생학자들은 이에 대해 다음과 같이 반론할 것이다. 부모의 유전자 교정 및 개량 결정이 언제나 자식의 사적 자치권을 침해하는 것으로 볼 수는 없다. 또한 자식의 사적 자치권의 침해라는 사실에서 부모의 생명공학적 선택이 부당하다는 결론을 이끌어낼 수는 없다. 자식의 성장 및 교육환경을 개선함으로써 보다 나은 인생을 누리게 하는 것이 도덕적으로 허용된다면, 마찬가지로 유전적 특징을 개량함으로써 자식의 인생을 좀더 낫게 만드는 것 또한 도덕적으로 허용되지 않겠는가라고 반문한다.[52] 이처럼 우생학적 자유(eugenic freedom)와 자녀교육상의 자유를 결합함으로써 자유지상주의 모델은 생명공학적 선택의 자유를 도덕적으로 정당화한다. 이렇게 보면 유전자적 결함을 치유하여 정상의 상태로 여겨지는 수준으로 교정하려는 유전자 치료(genetic therapy)와 정상의 수준을 넘어서는 특성을 창출하려는 우생학적 개입(eugenic intervention) 사이에 윤리적 차이가 있다는 비판 역시 큰 위력을 발휘하지 못하게 된다. 결함치료를 목적으로 하든, 정상의 능력을 넘어서는 보다 우수한 유전자형을 가진 자식의 생산을 목적으로 하든 타인에게 구체적인 위해를 끼치지 않는 범위에서는 생명공학적 선택은 법적으로 금지되어야 할 타당한 사유들이 없기 때문에 허용되어야 한다는 것이다.[53] "유전자 조작 및 간섭, 그리고 배아단계의 생명을 다루는 경우에 제시될 법률적 기준은 유전공학적 간섭

51) B. Steinbock, "Preimplantation Genetic Diagnosis and Embryo Selection," in: J. Burley and J. Harris(ed.), 위의 책, 185면.

52) J. Harris, *Wonderwoman and Superman: The Ethics of Human Biotechnology*, Oxford 1992, ch. 2 참조; J. Robertson, *Children of Choice*, 167면: "만약 특별한 교사와 캠프, 교육 프로그램들, 심지어 몇 인치의 키를 더 키우기 위해서 성장호르몬을 조절하는 것이 부모의 교육적 재량권에 속하는 것이라면, 왜 보통의 능력을 가진 자식의 소질을 개선하기 위한 유전공학적 개입은 덜 정당한 것이 되는가?"

53) R. Dworkin, *Life's Dominion*, 166-7면.

그 자체를 반대하는 방향으로 나아가서는 안 되며, 규제는 생명공학을 사용하는 방식과 영향과 관련해서만 행해져야 할 것이다"라는 자유주의적 상식에 위에서 든 자유지상주의적 논리는 합치한다. 그렇다면 생명공학적 법정책과 관련하여 자유지상주의적 모델 외에는 탈형이상학적 접근방식은 없는 것일까?

따라서 논의의 핵심은 부모의 생명공학적 선택의 자유가 후손의 인생계획 또는 자주적 삶을 영위할 기회를 침해하는가 여부에 있다.

(2) 인생계획의 선택과 수행의 권리: 2인칭 인격체로서의 자식의 관점

부모는 자신이 판단하기에 바람직하고 좋은 인생계획에 비추어서 자식의 능력을 강화하려는 생명공학적 선택을 한다. 즉 외견상으로는 '능력의 강화'만을 목표로 하는 선택인 듯이 보이지만, 그 배후에는 이미 부모가 가지고 있는 '특정한 인생계획'이 생명공학적 선택의 기준으로서 작동되는 것이다.[54] 가령 IMF 이후의 한국사회에서 어떤 유전자적 능력이 미래의 자식에게 바람직한지를 결정하는 것은 한국사회의 조건과 부모(들)의 실존적 경험, 그 결과 형성된 가치관과 인생관에 따라 결정될 것이다. 물론 어떤 유전자적 특성들은 어떤 사회적 조건 아래에서도 바람직한 성격을 가질 것이지만, 현재 당장 필요하다고 여겨지는 능력들 중에서 나중에는 부정적으로 여겨질 것들도 있을 것이다. 미래의 사회에서 인생계획의 수립과 수행에 적절하고 유리한 유전자형들이 어떤 것일지에 대해서는 예측하기가 쉽지 않을 것이다.[55] 게다가 지적인 능력은 매우 복합적인 유전자적 요인들의 상호작용으로서 이루어진다는 연구결과나, 지적인 능력들마다 다층적이고 영역이 분리되어 있어서 어느 일정한 부분의 유전자 강화만으로는 결과를 예측하기가 어렵고, 어떤 상황 아래에서는 한 정신적 능력(예: 예술적 능력)의 강화는 다른 정신적 능력(예: 공간지각력)의 감소를 낳는 경향도 있다는 연구결과를 고려한다면[56] 유전자조작에 신중해지지 않을 수 없을 것이다. 더군다나 그때그때의 선택과 결정에 국한하지 않고 인생계획 전반을 성공적으로 영위한다는 사적 자치의 이상에 비추어보면 더욱 더 유전자조작에 조심스러워야 할 것이다.

자유지상주의적 모델은 자유주의 사회를 특징짓는 '선택의 자유' 이상을

54) N. Agar, "Liberal Eugenics," 176면; 위르겐 하버마스, 인간이라는 자연의 미래, 110면 이하.
55) N. Agar, "Liberal Eugenics," 176면.
56) 가령 H. Gardner, *Multiple Intelligences: The Theory in Practice*, New York, 1993, 96면.

강조하면서 다양한 인생계획들의 존재를 보장한다고 말하지만, 이것은 부모의 관점에서만 그러한 것일 뿐이다. 부모의 생명공학적 선택의 산물일 자식의 관점에서 보았을 때는, 일정한 삶의 계획을 강요당하고 삶의 선택의 자유를 제한당하고 있다. 하버마스가 말하듯이 "민주사회에서는 모든 시민들은 자신의 개인적 삶의 계획을 '최선의 역량에 따라서' 추구할 수 있는 평등한 권리를 지니"는데,[57] 부모의 생명공학적 선택은 자식의 관점에서 보았을 때, 입헌민주사회에서의 가장 기본적인 도덕적 권리의 행사에 영향을 미치는 것이다. 왜냐하면 부모가 자신의 선호도에 따라서 자식의 유전적 특질을 미리 확정해 놓은 경우에, 자식은 이 非可逆的인 결정에 대해서 속수무책이기 때문이다. "모든 개인들이 동등한 규범적 지위를 누리며 사회적 상호작용에서 서로 상호적-대칭적 인정을 교환한다는 믿음은 인간 사이의 관계가 근본적으로 可逆的(reversible)이라는 점에서 출발한다"는 하버마스의 명제에 비추어보면, 일방적으로 감행된 유전자 조작의 결과는 비가역적이어서, 인간 사이의 평등성 믿음을 뒤흔들어 놓을 가능성이 크다고 하겠다.[58] 그러나 앞에서도 지적했듯이 생명공학적 선택 자체를 금지하는 것은 자유주의적 법체계의 논리에 어긋난다. 그렇다면 어떤 기준에 의해서 판단하여야 하는가?

(3) 사적 자치 원칙의 내용

위에서 설명한 사적 자치의 두 번째 모델은, 자율적 삶의 전제조건들에 비추어서 어떤 생명공학적 선택은 금지하고 어떤 선택은 허용해야 하는지에 대한 도덕적 기준을 마련하려고 한다. 이는 현대 입헌민주주의 사회에 내재해 있는, 우리가 타당하다고 여기고 있던 도덕적(법적) 규범들과 실천들이 도전받을 때 성찰의 지침이 되는, 근본적인 가치체계와도 부합한다. 입헌 민주주의 사회의 근간이 되는 사적 자치의 원칙은 '윤리적 개인주의'(ethical individualism)의 법적 표현이라고 볼 수 있는데, 이를 드워킨의 발상을 빌어서 다음과 같이 두 가지 배경원리로 구성해 볼 수 있을 것이다:

(ㄱ) 어떠한 삶의 계획도 실패하기보다는 성공하는 편이 당사자에게 객관적으로 좋고, 이는 모든 개인에게 동등하게 적용된다.

57) 위르겐 하버마스, 인간이라는 자연의 미래, 110면.
58) 위르겐 하버마스, 인간이라는 자연의 미래, 114-115면.

(ㄴ) 각 개인은 자신이 선택한 삶의 계획에 특별히 책임을 지며, 바로 자신이 선택한 삶에 대한 특별한 책임을 부담하고 있기 때문에 무엇이 성공적인 삶일 것인가를 정하는 근본적인 문제에 스스로 답을 내릴 수 있는 권리를 가지게 된다.[59]

"각 개인은 각자의 삶의 저자이어야 한다"는 도덕적 요청을 이 두 원리는 적절하게 구체화하고 있다. 그렇다면 이 원리들을 생명공학적 선택의 타당성을 판단하는 '생명공학적 논의'(genetischer Diskurs)의 지침기준으로서 삼을 수 있지 않을까? 유전자 검사 및 조작을 전면적으로 금지한다는 한 극단과 유전자 검사 및 조작을 완전히 시장에 맡기고 전면적으로 상업적 자유를 인정한다는 다른 극단 사이 어디에서인가 우리는 적절한 선을 찾아야만 할 것이다. (ㄴ)에서 제시되는 '선택의 결과에 대한 특별책임원리'는, 당사자에게 이익이 된다는 명분으로 개인의 결정에 개입해 들어오는 생명공학적 후견주의(genetic paternalism)에 대한 반대의 입장을 받아들인다. '모든 개인의 인생계획이 성공하도록 관심을 가질 것!'을 내용으로 하는 (ㄱ)의 요청은 사적 자치가 성취될 수 있는 공정한 배경조건을 제공하는 것에 가치를 부여한다. 가령 중대한 유전질병의 원인으로 지목된 유전자의 개선을 위한 착상전진단술이나 배아복제는 자유롭고 평등한 생명공학적 대화의 조건 아래에서[60] 그 남용이 규제되는 경우라면, 허용될 수 있을 것이다. 그러한 조치나 기술연구는 탈형이상학적으로 이해된 인간존엄성의 규범과 사적 자치의 원칙에 비추어볼 때 금지되어야 할 근거가 없기 때문이다.

3. 생명공학적 정의원리: 생명공학적 차등원리

현대 입헌민주주의 사회에서 보편적으로 인정될 추상적인 정의규범은 다음과 같이 표현될 수 있을 것이다:[61]

(ㄱ) 국가는 공동체 구성원의 삶이 더 나아지도록 정책을 펼쳐야 하고, 각자의 삶

59) R. Dworkin, *Sovereign Virtue*, Cambridge/Mass./London, 2000, 448면.
60) 이러한 조건에 대해서는 이상돈, 법철학, 339면 이하 참조.
61) R. Dworkin, *Sovereign Virtue*, 65면 이하 참조.

에 동등한 관심과 배려를 보여야 한다.

(ㄴ) 위험과 혜택을 분배할 때 각자의 선택과 노력은 적절하게 고려하고, 개인이 도저히 어찌할 수 없는 불운은 일정정도 사회가 보상한다.

(ㄴ)의 기준은 우연(chance)과 선택(choice) 사이의 구분이 현대 입헌민주주의 사회의 도덕 및 법체계의 핵심에 놓여 있음을 반영하는 것이다. 생명공학적 영역에서의 정의론 역시 '개인의 선택과 책임원칙에 민감한 정의론'(a choice-sensitive/responsibility-sensitive conception of justice)이어야 할 것이다. 그런데 생명공학의 발전은 종전에는 우연(이른바 유전적 제비뽑기: 'genetic lottery')으로 취급되었던 '유전적 특징들'이 선택의 대상으로 바뀔 수 있음을 암시하고 있다. 즉 유전자와 관련하여 인간의 운명에서 '주어진 것'과 '만들어진 것' 사이의 경계선이 이동되었고, 이에 따라서 삶과 죽음의 문제들은 도덕적 확실성의 영역에서 도덕적 불확실성의 영역으로 이전되었다.[62)]

이러한 상황은 생명공학적 정의(genetic justice)에서 행운평등주의(luck egalitarianism)가 가지는 역할에 대해 성찰하게 하는 계기를 마련해 준다. 기회균등의 원리가 형식적 기회균등 이상의 요청을 포함한다면, 기회균등원리에는 각 개인에게 자연의 선택으로 주어지는 운(luck)이 중요한 재화들의 배분에 영향을 미치는 것을 완화해야 한다는 규범적 요청이 당연히 들어가게 마련이다. 각 개인의 노력이나 선택과는 상관없이 당사자들에게 자연적으로 주어지는 운을 '순전한 운'(brute luck)이라 부르고, 주어진 운을 자신의 의지와 노력으로 선택을 통해서 개선하거나 악화시키는 경우를 '선택적 운'(option luck)이라 부르기로 하자. 개인의 노력과 선택만을 강조하는 경우 순전한 운의 불평등으로 말미암아 생겨난 사회적 불평등은 개인의 노력과 선택의 결과가 아니므로 정당하지 못하다고 보게 될 것이다.[63)] 그렇다면 생명공학의 영역에서 자신의 노력이나 선택의 산물이 아닌 유전자 행운(genetic luck)이 낳은 불평등은 사적 자치와 기회균등의 원리에 비추어서 어떻게 판단되어야 할까?

일방적으로 감행된 유전자조작의 결과가 지닌 '되돌릴 수 없음'과 그것이

62) R. Dworkin, *Sovereign Virtue*, 444면 이하; 위르겐 하버마스, 인간이라는 자연의 미래, 87면 이하 참조.

63) '운'(luck)을 이렇게 구분하는 입장은 E. Rakowski, *Equal Justice*, Oxford, 1991, 73면 이하 참조. 그리고 이 구분을 생명공학영역에 적용하는 R. Dworkin, *Sovereign Virtue*, ch. 13 참조.

각 개인의 인생계획의 선택과 수행에 미치는 심각한 영향력을 고려하면, 유전자적 선택은 '매우 불확실한 상황아래에서 선택당사자에게 중대한 영향력을 미칠 결정'에 해당될 것이다. 그렇다면 이 경우에 롤즈가 제시한 이른바 '최대위험 최소화의 원칙'(maximin criterion)을 적용할 수 있지 않을까?[64)]

롤즈는 한 사회의 기본구조를 규율할 정의규범들을 제정하는 데 반드시 우선적으로 고려되어야 할 재화들이 있다고 본다. 한 개인이 자주적 인간으로서, 한 사회의 구성원으로서 살아가기 위해서 반드시 구비해야 할 '기본적인 권리와 자유, 직업 및 교육의 기회, 권력 및 권한, 경제적 부'와 같은 재화들을 기본적 재화(primary goods)라고 롤즈는 부른다.[65)] 롤즈에 따르면, 이 기본적 재화들을 분배하는 정의규범을 어떻게 제정하느냐에 따라서 각 개인들의 운명이 중대한 영향을 받기 때문에 정의규범제정에 참여하는 당사자들은 매우 조심스럽게 계산을 할 것이다. 즉 정의원리제정의 당사자들은 정의규범제정을 통해서 자신의 이익이 최대화되는 방향이 아니라, 정의규범의 제정으로 입을지도 모를 손해들이 가장 적게 되는 방향으로 대단히 위험회피적인 방식으로 협상을 하게 될 것이고, 손해가 가장 큰 집합들 중 최소한도의 손해를 낳는 상황을 보장해 줄 정의규범을 선택하게 될 것이라고 롤즈는 상정한다. 가장 큰 손해들을 낳을 결과들 중에서 최소의 손해를 낳을 결과를 보장해 줄 선택전략을 채택하게 될 것이라는 의미에서 이러한 협상전략을 '손해최소화의 전략'(최소극대화 전략: maximin strategy)이라고 롤즈는 명명한다. 정의규범의 제정에 참여하는 당사자들이 자신의 출신, 사회적 지위, 재능 등에 대한 정보를 모른다는 '무지의 베일'(the veil of ignorance)의 조건 아래에 있다고 가정하면, 각 당사자는 자신이 정의규범의 제정 후에 사회에서 가장 불리한 지위에 놓일지도 모를 위험을 저지하기 위해서 사회에서 가장 불리한 지위에 있는 자들도 인간다운 생활을 누릴 수 있게 하는 정의규범을 제정하고자 할 것이다.[66)]

롤즈는 이러한 판단과정을 거쳐서 정의규범제정의 당사자들은 다음과 같은 정의규범의 제정에 합의를 할 것이라고 본다. 첫째, 표현의 자유와 집회의 자유와 같은 정치적 자유권, 양심의 자유와 사상의 자유, 신체의 자유와 사적 소유의 권리, 인신의 자유와 같은 가장 기본적인 권리들의 배분과 관련해서는

64) 롤즈의 정의론은 존 롤즈(황경식 옮김), 사회정의론, 이학사, 2004, 98-264면 참조.
65) 존 롤즈, 사회정의론, 107면 이하, 142면 이하 참조.
66) 존 롤즈, 사회정의론, 216면 이하 참조.

자유와 권리가 최대한 넓은 범위에서 평등하게 배분되는 원리를 채택할 것이다.[67)]

둘째, 직업 및 교육의 기회, 권력 및 권한, 경제적 부와 같은 사회경제적 재화들을 순전히 능력과 업적이라는 기준에 따라서만 배분할 경우, 결국 이 개인적 능력과 업적 상의 우월성을 낳게 한 가족 배경, 인종, 종교, 성 그리고 사회적 배경이 정의규범의 원천이 되어 버리고 만다. 이러한 배분기준은 '손해최소화 원칙'을 택하는 정의규범제정의 참여자들의 관점에서 보았을 때도 위험성이 너무 크다. 롤즈에 따르면, 이러한 위험성 때문에 당사자들은 다음과 같은 숙고 아래에서 정의규범을 정하게 된다.

당사자들은 우선 비슷한 의지와 재능을 가지고 비슷한 노력을 하는 개인들에게는 자기가 선택한 분야에서 거의 동등한 성공의 전망을 가질 수 있게끔 기회균등의 원리가 보장되어야 한다고 판단할 것이다. 나아가서 재능 및 능력, 노력과 같은 개인적 자산이 자연적으로 뛰어난 사람들의 집단과 그렇지 못한 사람들의 집단이 나누어지는 경우, 우월한 개인적 자산은 해당되는 개인의 노력의 산물이라기보다는 자연적 환경이나 사회적 환경의 산물이므로 순전히 자신의 노력의 산물이라고 보기는 힘들다. 롤즈에 따르면, 이러한 재능들은 사회적인 공유자산(common assets)으로 보아야 하므로 개인적 능력이 뛰어난 사람들에게 그 능력과 업적에 걸맞게 권력, 권한, 경제적 부가 배당되어야 하겠지만, 이러한 배분을 통해서 사회 전체의 재화를 더 많이 생산하고 사회최소수혜자들의 지위를 높이는 결과를 낳을 경우이만 그러한 불평등배분이 정당하다.[68)] 사회경제적 재화들의 불평등 배분을 통해서 사회 내 모든 구성원들의 이익을 증대시키고 더 나아가서 사회적으로 최소수혜를 받는 구성원들의 이익을 최대화하는 결과를 낳을 때 사회경제적 재화의 불평등은 정당하다는 것이다. 롤즈는 이와 같은 정당한 불평등의 배분원리를 사회적 약자에게 유리하게 차등배분한다는 점에서 '차등원리'(the difference principle)라고 명명한다.[69)]

롤즈의 정의관을 생명공학의 영역에 적용해본다면 다음과 같이 될 것이다.[70)] 생명공학적 정의규범의 수립에 참여하는 당사자들은 자신의 선택의 자유

67) 존 롤즈, 사회정의론, 337면.
68) 존 롤즈, 사회정의론, 152면 이하 참조.
69) 존 롤즈, 사회정의론, 123면 이하 참조.
70) N. Agar, "Liberal Eugenics," 177면 이하 참조.

는 충분히 행사할 수 있기를 바라면서 동시에 사적 자치의 전제조건(즉 기회)이 공평하게 배분되기를 원할 것이고, 유전자라는 재화의 분배 결과 자신이 삶의 계획의 내용이나 실현 면에서 가장 나쁜 경우에 처할지도 모를 위험과 손해를 가능한 한 최소화하려고 할 것이다. 이 원칙을 받아들인다면 생명공학적 정의규범의 제정에 참여하는 당사자들은 다음과 같은 생명공학적 정의원리들에 도달하게 될 것이다:

(ㄱ) 모든 개인의 사적 자치(선택)의 자유를 최대한 평등하게 보장하는 원리
(ㄴ) 유전자 재화들에 대하여 접근할 공평한 기회균등의 원리
(ㄷ) 생명공학적 차등원리(the Eugenic Difference Principle)[71]: 당사자들에게 제공될 것으로 예상되는 인생계획들 중에서 가장 나쁜 내용을 가진 인생계획의 전망을 개선하는 방향으로 유전자 재화들은 개인에게 배분되어야 한다.

물론 이러한 생명공학적 차등원리는 자유주의적 정의원리의 한 가능성에 불과하다. 이와는 다른 생명공학적 정의원리도 가능하겠지만 생명공학영역에서 사적 자치, 자주성, 기회균등이라는 가치들이 최대한 조화롭게 실현될 수 있는 방향으로 생명공학적 정의원리가 계발되어야 할 것이다.

Ⅳ. 맺 음 말

생명공학적 선택의 영역에서 부모의 선택의 자유는 가능한 한 충분히 존중되어야 할 것이다. 이 점에서는 자유지상주의의 입장에 동의할 수 있다. 그러나 인생계획을 자율적으로 수립하고 이를 실현할 자식의 권리를 중대하게 침해하는 경우에는 부모의 선택의 자유는 제한될 수 있을 것이다. 구체적인 사안에서 양자 사이의 비중을 측정하여 우위성을 판단하는 기준은 위에서 제시되었던 사적 자치에 대한 자유주의적 모델에 담겨 있는 근본원리들과 정의원리들에 비추어서 구체화될 수 있지 않을까 생각한다.

---

71) 이 '우생학적 차등원리' 개념은 N. Agar, "Liberal Eugenics," 178면 참조.

제 8 장

進化心理學과 家族法

윤 진 수*

I. 序 論

進化心理學(Evolutionary Psychology)이란 進化論에 입각하여 인간의 심리 내지 행동을 설명하려고 하는 학문이다.[1] 간단히 말하자면 현재 인류가 가지고 있는 심리적인 특성은 진화의 과정에서 환경에 대한 適應度를 높이기 위하여 갖추게 된 것이라고 하는 것이 진화심리학의 기본적인 출발점이라고 할 수 있다. 이러한 진화심리학은 비교적 최근에 생긴 학문으로서, 역사가 오래 되지는 않았지만, 지금까지 잘 설명되지 않고 있던 현상을 비교적 설득력 있게 설명하고 있다는 점에서 주목을 끌고 있다.

이 글에서는 가족법의 관점에서 이와 관련이 있는 진화심리학의 주된 내용을 소개해 보고자 한다. 가족법의 주된 관심 대상인 부부관계 및 자식의 출산과 양육의 문제는 진화심리학의 주된 관심 대상과도 일치한다. 아래에서 보는 것처럼 진화의 핵심적인 주제인 성공적인 適應(adaptation)이란 자신의 유전자를 얼마나 잘 후대에 전달할 수 있는가 하는 관점에서 파악할 수 있기 때문이다.[2]

---

* 서울대학교 법과대학 교수.
이 글의 초고를 읽고 유익한 비평을 하여 주신 서울대 심리학과 김명언 교수님과 인류학과 박순영 교수님께 감사의 뜻을 표한다.

1) 엄밀히 말하자면 진화심리학은 인간뿐만 아니라 유인원과 같은 다른 동물도 대상으로 하며, 그러한 다른 동물의 연구에서 얻어진 결과를 인간에게 적용하려고 한다.

2) 필자는 "財產法과 비교한 家族法의 特性", 민사법학 특별호 제36호, 2007, 579면 이하에서도 진화심리학적인 관점을 도입하여 가족법의 특성을 설명하려고 시도한 바 있다.

다만 미리 몇 가지 유보사항을 밝혀 두고자 한다. 첫째, 진화심리학은 科學의 한 분야이고, 따라서 다른 科學과 마찬가지로 진화심리학으로부터 바로 법적으로 무엇이 옳고 무엇이 그르다고 하는 規範的인 결론을 이끌어낼 수는 없다.[3] 예컨대 아래에서 보는 것처럼 幼兒殺害(infanticide)라는 현상을 진화심리학적으로 설명할 수 있다고 하여 유아살해가 정당화될 수 있는 것은 아니다. 그러나 진화심리학을 통하여 인간의 심리를 보다 잘 이해함으로써 법의 이해에 도움을 줄 수는 있는 것이다. 둘째, 진화심리학은 앞에서 말했듯이 아직 역사가 짧은 학문이고, 그 학문적인 위상에 대하여 비판론도 적지 않다. 또 진화심리학의 가치를 인정하더라도, 여러 가지 현상의 진화심리학적 설명에 대하여는 그것이 반드시 가장 설득력 있는 설명이라고는 할 수 없다는 비판도 있다. 그러나 여기에서는 진화심리학의 현재까지의 연구 결과 중 비교적 확립되었다고 볼 수 있는 것을 소개하고자 한다. 셋째, 이 글의 필자는 법학을 전공하는 사람으로서, 진화심리학의 여러 가지 주장에 대하여 그 당부를 평가할 능력은 가지고 있지 않다. 그러나 진화심리학을 접하면서 그 주장이 우리의 일상적 경험을 잘 설명할 수 있는 틀이 될 수 있다고 생각하여, 그 내용을 소개하고자 하는 것이다.[4]

이 글의 구성은 다음과 같다. Ⅱ.에서는 진화심리학의 기본적인 내용을 소개하고자 한다. 이어서 Ⅲ.에서는 짝짓기 또는 남녀관계에 관하여 진화심리학적 관점을 소개하고, 그것이 가족법에 어떤 함의를 가지는지 살펴보고자 한다. 그리고 Ⅳ.에서는 부모와 자녀 관계와 같은 혈족 사이의 관계에 관하여 진화심리학적 관점을 소개하고 이를 가족법에 응용하고자 한다.

---

3) Owen D. Jones, "Evolutionary Psychology and the Law", in: David M. Buss ed., The Handbook of Evolutionary Psychology, 2005, pp. 955 f.; Owen D. Jones & Timothy H. Goldsmith, "Law and Behavioral Biology", 105 Columbia Law Review. 405, 484 f.(2005).

4) 주로 참고한 것으로는 Charles Crawford, Dennis L. Krebs ed., Handbook of Evolutionary Psychology, 1998; Louise Barrett, Robin Dunbar, John Lycett, Human Evolutionary Psychology, 2002; David M. Buss, Evolutionary Psychology, The New Science of Mind, 2nd ed., 2004(데이비드 M. 버스 지음, 김교헌·권선중·이흥표 옮김, 마음의 기원:진화심리학, 2005); David M. Buss ed.(註 3) 등이다. 특히 Buss가 편집한 마지막 문헌이 진화심리학에 관한 최근까지의 연구 성과를 거의 빠짐 없이 소개하고 있다고 보인다. 국내 문헌으로서는 최재천·한영우·김호·황희선·홍승효·장대익, 살인의 진화심리학, 2003, 1면 이하가 진화심리학을 알기 쉽게 요약하여 설명하고 있다.

Ⅱ. 進化心理學이란 무엇인가

1. 進化論

현대의 진화론은 찰스 다윈이 창시한 것이라고 할 수 있다. 이러한 다윈의 진화론은 自然選擇(Natural Selection)의 이론과 性 選擇(Sexual Selection)의 이론으로 요약될 수 있다. 우선 자연선택 이론은 다음과 같은 내용이다. 첫째, 유기체는 모든 부분에서 變異(variation)를 일으키고, 이러한 변이는 진화를 위한 원재료(raw material)에 해당한다. 둘째, 이들 변이 중 일부만이 유전된다. 셋째, 이 점이 가장 중요한데, 특정한 유전적 변이를 가진 유기체는 그렇지 않은 유기체에 비하여 더 많은 후손을 남기는데, 왜냐하면 이러한 속성이 생존이나 번식을 돕기 때문이다. 가령 주된 영양 공급의 원천이 乾果를 맺는 나무인 환경에서는 건과를 잘 깨뜨릴 수 있는 부리를 가지고 있는 핀치(finch)라는 새가 그렇지 않은 핀치 새보다 더 잘 살아남는다.[5] 이러한 과정을 통하여 유기체는 그 환경에 적응하는데, 어떤 특성이 장래의 세대에 증식하는 성공의 정도를 適合度(fitness)라고 부른다. 달리 말하여 적합도란 동일한 특성의 다른 변이와의 관계에서 번식에 성공하는 정도를 말한다.[6]

성 선택 이론은 다음과 같은 점에 착안한 이론이다. 즉 유기체의 특정 형질은 그 생존에 도움이 되는 것 같지 않은데, 그러함에도 불구하고 진화하여 존속하고 있다. 예컨대 공작의 꼬리 깃털과 같은 것이다. 이를 설명하는 방법이 성 선택 이론이다. 즉 어떤 특성은 이성을 차지하기 위한 同性간의 競爭(intra-sexual competition)에 유리하기 때문에 살아남아서 존속할 수 있었다. 예컨대 수컷 바다사자는 몸집이 클수록 다른 수컷 바다사자를 물리치고 암컷을 차지하기에 유리하다. 그리고 다른 특성은 異性간의 選擇(intersexual selection)에서 유리하기 때문에 존속할 수 있었다. 예컨대 숫 공작의 화려한 깃털을 암컷이 선호하게 되면, 그 깃털이 숫 공작의 생존 그 자체에는 도움이 되지 않고 오히

5) Buss(註 4), pp. 5f. 다윈의 자연 선택 이론은 1859년에 발간된 그의 책 The Origin of Species에서 전개되었다. Charles Darwin, The Origin of Species, Edited with an Introduction and Notes by Gillian Beer, 1996.

6) Barrett et al.(註 4), p. 3.

려 부담이 되더라도, 이는 암컷과 짝짓기를 하여 자손을 남기는 데 유리하기 때문에 이러한 형질이 존속하게 된다는 것이다.[7)]

2. 進化心理學

진화심리학은 인간의 마음을, 진화 과정 중에 생존이나 번식과 관련된 특정의 문제를 지속적으로 해결해 주었기 때문에 지금의 형태로 존재하고 있는 진화된 심리적 메커니즘(Evolved Psychological Mechanism)으로 파악한다.[8)] 즉 진화심리학은 (a) 특정한 행동은 적응적이고 다른 행동은 비적응적인 것으로 만든 조상들이 살았을 환경에서의 조건과, (b) 자연 선택이 적응적인 행동을 산출하기 위하여 형성한 메커니즘 및 (c) 이러한 진화된 메커니즘이 오늘날 작동하는 방식을 연구하는 것이라고 개념화할 수 있는 것이다.[9)]

이해를 돕기 위하여 한두 가지 예를 들어 본다. 오늘날 많은 사람들은 육류와 같은 脂肪을 좋아하는 경향이 있다. 이는 과거 지방을 섭취하기 어려웠던 우리 조상들의 환경에서는 적응적인 것이었다. 이 때에는 지방을 섭취할 수 있는 기회가 오면 많이 지방을 섭취해 두는 것이 생존에 도움이 되었고, 그리하여 지방을 좋아하는 選好가 발달하게 되었다. 그러나 현대에 이르러서는 더 이상 지방이 부족한 자원이 아니고, 오히려 지방을 과도하게 섭취하는 것이 여러 가지 질병의 원인이 되고 있다. 그럼에도 불구하고 지방을 좋아하는 경향은 우리 마음에 깊이 뿌리박고 있기 때문에 쉽게 고쳐지지 않는다.[10)]

다른 예로서는 두려움을 들 수 있다. 사람들은 어떤 것에 대하여는 본능적으로 두려움을 보이는데, 이는 그 대상이 우리의 생존에 해롭기 때문에 이로부터 벗어나도록 하는 기능을 가진다고 할 수 있다. 예컨대 사람들은 뱀은 두려

7) Buss(註 4), pp. 6 ff.; Barrett et al.(註 4), pp. 37 ff.; Charles Crawford, "The Theory of Evolution in the Study of Human Behavior: An Introduction and Overview", in: Crawford and Krebs ed.(註 4), pp. 10 ff.; Geoffrey F. Miller, "How Mate Choice Shaped Human Nature: A Review of Sexual Selection and Human Evolution", in: Crawford and Krebs ed.(註 4), pp. 87 ff. 다윈의 성 선택론은 1871년에 발간된 그의 책 The Decent of Man에서 전개되었다. Charles Darwin, The Decent of Man, With an introduction by H. James Birx, 1998. 성 선택 이론을 대중적으로 설명한 책으로는 매트 리들리 지음, 김윤택 옮김, 붉은 여왕, 2002 (원저: Matt Ridley, The Red Queen, 1993)이 있다.

8) Buss(註 4), pp. 50 ff.

9) Crawford(註 7), p. 34.

10) Buss(註 4), p. 52.

워하지만 자동차는 두려워하지 않는다. 그러나 현대에는 뱀에 물려 죽는 사람보다 자동차에 치여 죽는 사람이 훨씬 더 많다. 그렇지만 과거에는 뱀이 생존에 큰 위험 요소였고, 따라서 뱀에 대한 두려움은 쉽게 배우는 반면, 자동차에 대한 두려움이 우리의 마음에 자리잡기에는 자동차가 출현한 기간이 너무 짧다.[11] 또 어린아이들은 생후 몇 개월이 지나면 낯선 사람에 대한 두려움(낯가림)을 나타내는데, 흥미 있는 것은 낯선 여성보다는 낯선 남성을 더 두려워한다는 것이다. 이를 진화심리학자들은 어린아이들이 낯선 여자보다는 낯선 남자에 의하여 살해될 위험이 더 컸기 때문이라고 해석한다.[12]

여기서 한 가지 유의하여야 할 것은 진화의 결과 우리가 가지게 된 마음의 경향성과 사람들의 의식적 의도를 혼동하여서는 안 된다는 것이다. 진화심리학에서는 개체의 의도와 그 상황에 대한 의미부여가 무엇이든 간에 생명체가 특정방식으로 행동한 결과가 확률적으로 번식에 유리하면 자연에 의하여 선택되고, 그러한 과정의 결과 우리들이 현재 지닌 심리과정과 행동방식도 확률적으로 번식적 이점을 가지도록 발현되게 된다고 보고 있으나, 이는 구체적으로 개인이 그러한 점을 의식하고 이를 달성하기 위하여 행동한다는 것을 의미하는 것은 아니다. 가령 뒤에서 보는 것처럼 남자들은 젊은 여자를 좋아하는 경향이 있는데, 이 때 그러한 남자들이 항상 젊은 여자와 짝을 지으면 보다 많은 아이를 낳을 수 있다는 것을 의식하고 행동하는 것은 아니다. 물론 그러한 점을 의식하여 행동하는 것이 배제되지는 않지만, 개인의 심리적인 경향이 개인의 의도 내지 의식과 항상 일치하는 것은 아닌 것이다.

3. 進化心理學에 대한 批判

그러나 이러한 진화심리학에 대하여는 여러 가지 비판이 제기되었다. 이러한 비판의 요지는 주로 진화심리학자들은 인간의 행동이 유전적으로 결정되어 있다고 믿고 있고(遺傳的 決定論, Genetic Determinism), 따라서 인간의 자유 의

11) Buss(註 4), p. 92; 매트 리들리 지음, 김한영 옮김, 본성과 양육, 2004(원저: Matt Ridley, Nature via Nurture, 2003), 271면 이하 참조.

12) Buss(註 4), pp. 92 f.; Joshua D. Duntley, "Adaptations to Dangers from Humans", in: Buss ed.(註 3), p. 240. 이들 문헌은 Heerwagen, J. H., & Orians, G. H.(2002), "The ecological world of children", in: P. H. Kahn, Jr. & S. R. Kellert(Eds.), Children and Nature: Psychological, socialcultural, and evolutionary investigations, pp. 29-64를 인용하고 있다.

지를 부정하며, 진화심리학은 현존 질서를 정당화하는, 스펜서(Herbert Spencer)가 주장하는 사회적 다윈주의(Social Darwinism)의 한 형태이고, 진화심리학은 인간의 본성이 바뀌지 않는다고 믿기 때문에 사회의 변화를 부정한다고 하는 것이다.[13)]

그러나 이러한 비판은 오해에 기인한 것이다. 첫째, 진화심리학은 인간의 본성(nature)이 존재한다고 하는 점을 전제로 하기는 하지만,[14)] 그렇다고 하여 인간의 행동이 본성에 의하여만 결정된다고 하는 유전자결정론을 신봉하는 것은 아니고, 인간의 행동이 환경에 의하여도 영향을 받는다는 것을 당연한 전제로서 받아들이고 있다.[15)] 다른 말로 한다면 본성은 어떠한 조건에서도 똑같은 방식으로 반응하는 고정된 것이 아니라, 주어진 조건에 따라 적절하게 반응할 수 있는 능력을 포함한다는 면에서 열려 있다고 할 수 있다. 즉 인간의 근본적 욕망의 내용은 보편적이라 할지라도 개체마다 처한 조건이 다르면 적절한 반응의 내용도 달라지는 것은 당연하다는 점이다. 둘째, 진화심리학은 사회생물학과 마찬가지로 동물이나 인간의 사회 집단에 편재하는 사회적 위계질서를 설명하기는 하지만, 이를 정당화하는 것은 아니다.[16)] 셋째, 환경이 달라지면 인간의 행동과 사회가 변화하는 것은 당연한 것이다.[17)] 뿐만 아니라 진화심리학에 의하여 인간의 심리가 해명되면 될수록, 어떠한 행동이 인간이 본성에 뿌리박고 있어서 바꾸기 어려운가 하는 점을 알 수 있게 되고, 이것이 우리가 희망하는

13) Edward H. Hagen, "Controversial Issues in Evolutionary Psychology", in: Buss ed.(註 3), pp. 168 ff.에 요약되어 있다. 이러한 비판은 Edward O. Wilson이 1975년에 Sociobiology라는 책을 발간하면서 처음 제기되었다. Edward O. Wilson, Sociobiology, 1975, Ch. 27(pp. 547 ff.). 이 논쟁의 경과에 대하여는 예컨대 매트 리들리(註 11), 340면 이하; 스티븐 핑커 저, 김한영 옮김, 빈 서판, 2004(원저: Steven Pinker, The Blank Slate, 2002), 200면 이하 참조. 사회생물학(sociobiology)과 진화심리학은 동일한 것이라고 하는 주장도 많으나, 진화심리학자들은 진화심리학은 사회생물학과 밀접하게 연관되어 있기는 하지만 이와는 독립된 별개의 학문이라고 강조한다. 예컨대 Hagen, 위 논문, p. 167; John Tooby and Leda Cosmides, "Conceptual Foundations of Evolutionary Psychology", in: Buss ed.(註 3), p. 15 Fn. 3 등 참조. 최재천 외(註 4), 2면은 진화심리학의 일차적인 초점은 특정 행동을 일으키는 심리기제를 향해 있는 데 비하여 사회생물학은 행동 자체에 우선적인 관심을 가진다고 한다.

14) 이 점에서 인간의 마음은 빈 서판(blank slate, tabula rasa)과 같다고 하는 견해와는 상반된다.

15) Tooby and Cosmides(註 13), pp. 30 ff.; Hagen(註 13), pp. 168 f.; Buss(註 4), p. 19; Jones & Goldsmith(註 3), pp. 485 ff. 등. 이른바 본성과 양육(nature and nurture) 논쟁에 대하여는 리들리(註 11) 및 핑커(註 13)의 책을 참조.

16) Hagen(註 13), p. 169; Jones & Goldsmith(註 3), pp. 492 f.

17) Hagen(註 13), pp. 170 f.; Buss(註 4), pp. 19 f.

사회의 변화를 가져오는 데 도움이 되는 것이다.[18)]

Ⅲ. 進化心理學과 男女關係

1. 짝짓기에 있어서 男性과 女性의 生物學的 差異

유성생식을 하는 種에서 중요한 것은 한 개체가 다른 이성의 개체를 만나 짝짓기를 함으로써 자신의 유전자를 후세에 전하는 것이다.[19)] 반대로 어떤 개체가 짝짓기에 성공하지 못한다면 아무리 그 유전자가 생존에 유리한 자질을 갖추고 있다고 하여도 이는 진화의 관점에서는 의미가 없게 되는 것이다. 그러므로 인간의 심리가 짝짓기에서 어떻게 유리하도록 진화하였는가 하는 것은 진화심리학에서 매우 중요한 주제이다.[20)]

진화심리학 연구자들은 남성과 여성이 짝짓기에 있어서 서로 다른 행동을 보인다는 점을 여러 가지 조사에 의하여 확인하고 있다. 그런데 이는 크게 보아 생물학적으로 두 가지 이유에 근거한다. 그 하나는, 자손을 낳기 위하여 남성과 여성에게 요구되는 부담의 크기에 큰 차이가 있다는 점이다. 남성이 자녀 출산을 위하여 제공하는 것은 精子인데, 정자는 卵子에 비하여 크기도 작을 뿐만 아니라, 남성은 한 번 성교에 수천만 개의 정자를 방출하고, 또 이는 얼마든지 보충될 수 있다. 반면 여성은 난자를 평생 몇백 개 정도밖에 생산하지 못한다. 뿐만 아니라 일단 수정에 성공하면 여성은 수정란을 자궁에 넣은 채 임신한 상태로 있어야 하고, 출산한 다음에도 몇 년 동안 授乳를 하여야 한다. 그러므로 남성은 많은 여성과 성교를 할수록 자신의 자손을 많이 퍼뜨릴 수 있지

18) 이것이 뒤에서 언급할 Owen Jones가 말하는 법의 지레 작용에 관한 법칙(law of law's leverage)이다.

19) 왜 無性生殖 아닌 有性生殖이 발생했는가 하는 것은 이 글의 주제와는 직접 관련이 없으나 그 자체 흥미 있는 연구의 테마이다. 리들리(註 7) 참조.

20) 그런데 이와 관련하여 어려운 문제가, 왜 同性愛가 존재하는가 하는 점이다. 배타적인 동성애자는 원칙적으로 그의 유전자를 후대에 전할 가능성이 없다고 할 수 있는데, 그렇다면 동성애자는 자연 선택에 의하여 배제되어야 할 것이다. 그럼에도 불구하고 현재 상당한 비율의 동성애자가 존재한다는 사실은 어떻게 설명할 수 있는가가 문제된다. 이 점에 대하여는 아직까지 만족할 만한 설명이 없다고 할 수 있다. Buss(註 4), p. 155; Barrett et al.(註 4), pp. 168 f.: 제프리 밀러 지음, 김명주 옮김, 메이팅 마인드, 2004(원저: Geoffrey Miller, Mating Mind, 2000), 331면 등 참조.

만, 여성은 많은 남성과 성교를 한다고 하여 더 많은 자녀를 낳는 것은 아니다. 이러한 남녀의 차이는 짝짓기를 둘러싼 행동에 있어서 많은 차이를 가져오는 원인이 된다.

또 다른 남녀의 차이는 體內受精이라는 哺乳類의 특성에 기인한 것이다. 여성은 자기가 낳은 아이가 자신의 아이라는 것을 의심할 이유가 없다.[21] 반면 남성은 자신의 짝(배우자나 파트너)이 낳은 아이가 자신의 아이인지 100% 확신할 수는 없다.[22] 이는 남성과 여성의 자녀에 대한 관계에서 많이 문제되기는 하지만,[23] 남성과 여성 사이의 관계에서도 문제가 된다.

2. 남성과 여성의 상대방 선택 기준

앞에서 본 것처럼 자녀를 낳기 위하여서는 여성이 더 많이 투자를 하여야 하기 때문에, 여성이 자신의 짝을 잘못 선택하여 다시 자손을 낳을 수 있는 건강한 자녀를 낳지 못하거나, 또는 짝이 자신의 육아에 도움을 주지 않는다면 그러한 결과는 여성에게 매우 중대한 손실을 가져오게 된다. 따라서 여성은 자신의 짝을 선택할 때 매우 신중할 것이다. 반면 남성으로서는 자녀의 출산에 드는 부담이 그리 크지 않기 때문에, 짝을 신중하게 고르는 것보다는 되도록이면 많은 짝을 유혹하여 많은 자손을 낳는 것이 자신의 이익에 부합할 것이다. 이러한 추론은 여러 가지 경험적 연구에 의하여 뒷받침되고 있다.

우선 실험적 연구에 의하면 남성이 처음 보는 여성에게 성관계를 갖자고 제의했을 때 그 제의는 거의 100% 거부된다. 반면 여성이 처음 보는 남성에게 그러한 제의를 했을 때에는 75%의 남성은 그 제의를 받아들이며, 나머지 25%의 남성도 그 제의를 거부하는 다른 이유를 댄다고 한다.[24]

21) 근래 의학기술의 발달에 의하여 수정된 다른 여성의 난자를 자신의 자궁에 착상시켜 출산하는 이른바 出産 代理母(gestational surrogate mother)가 출현하여 본문에서의 설명을 다소 약화시키는 면은 있으나 일반적으로는 본문과 같이 말할 수 있을 것이다.

22) 이른바 父性의 불확실(paternal uncertainty). "어머니는 언제나 확실하지만, 아버지는 婚姻이 가리키는 자이다(Mater semper certa est, pater est, quem nuptias demonstrant)"라는 라틴어 法諺은 이를 말한다.

23) 아래 Ⅳ. 참조.

24) Buss(註 4), p. 163. 여기서는 Clarke, R.D. & Hatfield, E.(1989), Gender differences in receptivity to sexual offers, Journal of Psychology and Human Sexuality, 2, pp. 39-55를 인용하고 있다.

다른 한편 남성과 여성은 모두 짝을 선택할 때 상대방의 신체적 매력이나 건강과 같은 육체적 조건을 중요하게 생각한다. 우선 어떤 얼굴을 아름답다고 생각하는가 하는 점에 관하여는 상이한 문화 사이에도 비교적 기준이 일치한다. 즉 문화에 관계없이 다른 사람들의 평균적인 얼굴과 가깝고 좌우 대칭적인 얼굴(Average and Symmetrical Faces)이 더 매력적이라고 평가한다는 것이다.[25] 이러한 대칭과 같은 요소는, 그것이 건강과 좋은 유전자(good genes)를 가지고 있는 지표이기 때문에 이를 선호하는 심리적 메커니즘이 발전했다고 설명할 수 있다.[26] 앞에서 언급한 공작의 깃털과 같은 것도 이러한 측면에서 설명할 수 있다.[27]

그런데 다른 한편으로 남성과 여성은 상대방을 선택하는 기준에 있어서 차이가 있다는 점이 여러 문헌에서 강조되고 있다. 즉 문화의 차이에 관계없이 남성은 주로 여성의 연령[28]과 신체적 매력을 중시하는 반면, 여성은 남성의 연령이나 외모보다는 사회적 지위나 경제적 능력 및 자녀들에게 얼마나 관심을 기울일 것인가 하는 점을 더 중시한다.[29]

일반적으로 대부분의 문화에서는 결혼하는 남성의 연령이 여성의 연령보다 많은 것이 보통이다.[30] 뿐만 아니라 나이가 들수록 더 자신과 나이 차이가

---

25) Buss(註 4), pp. 144 f.; Lawrence S. Sugiyama, "Physical Attractiveness in Adaptationist Perspective", in: Buss et al.(註 3), pp. 294, 310 ff.; Barrett et al.(註 4), pp. 111 ff. 등 참조.

26) 리들리(註 7), 196-197면 참조.

27) 그러나 실제로는 이 점에 관하여 두 가지의 서로 다른 이론이 주장되고 있다. 그 하나는 유전적 지표(good indicater) 이론으로서, 공작의 깃털과 같은 특정 형질은 좋은 유전자를 가졌다는 지표이므로 異性에게 매력을 가진다는 것이다. 이 이론에서는 이러한 형질을 핸디캡이라고 설명하는데, 수공작의 깃털이 생존에 장애가 되면 될수록, 그 수컷은 우수한 유전자를 가졌기 때문에 그러한 핸디캡에도 불구하고 살아남았다는 점을 암컷에게 더 믿을 만하게 전달한다는 것이다. 이러한 핸디캡 이론은 이스라엘의 Amotz Zahavi라는 학자가 처음 주장하였다고 한다. 반면 다른 이론은 美的 誇示(aesthetic display) 이론이라고 불리는 것으로서 영국의 통계학자인 R. A. Fisher가 처음으로 주장하였다. 이 이론에 따르면 어떤 암공작이 긴 깃털을 가진 수공작을 좋아하여야 할 필연적인 이유는 없고, 다만 다른 암공작들이 긴 깃털을 가진 수공작를 좋아하기 때문에 이 암공작도 긴 깃털을 가진 수공작을 좋아한다는 것이다. 이 암공작이 짧은 깃털을 가진 수공작과 교미하여 짧은 깃털을 가진 수공작을 낳으면, 이 수공작은 다른 암공작으로부터 외면당하기 때문에 결국 긴 깃털을 가진 공작의 유전자가 진화 과정에서 살아남는다는 것이다. 그러나 근래에는 이 두 가지의 설명이 반드시 모순되는 것은 아니며, 상호 보완적이라고 설명한다. 리들리(註 7), 167면 이하; Miller(註 7), pp. 92 ff. 등 참조.

28) 여성이 젊을수록 남성에게 매력이 있다.

29) Barrett et al.(註 4), pp. 96 ff.; Schmitt, "Fundamentals of Human Mating Stratigies", Buss et al.(註 3), pp. 270 f. 등.

30) Buss(註 4), pp. 138 ff. 2005년도 우리나라 남자의 평균초혼연령은 30.9세이고 여자의 평균

많은 어린 여성을 선호한다. 미국과 같은 나라에서는 돈 많은 남성이 여러 차례에 걸쳐서 나이 든 처와 이혼하고 더 젊은 여성과 결혼하는 일이 흔하다.

반면 여성은 남성의 신체적 매력도 중시하지만[31] 그보다는 남성의 사회적 지위나 경제적 능력을 더 중요시한다. 즉 사회적 지위가 높거나 재산이 많을수록 더 매력적인 파트너가 될 수 있는 것이다. 또는 장래 높은 사회적 지위를 이루거나 많은 재산을 얻을 가능성이 있는 사람을 더 매력적인 것으로 판단한다. 이 또한 문화에 상관없이 확인되는 패턴이고,[32] 이러한 현상은 여성이 자녀를 양육할 때 많은 경제적 자원을 필요로 한다는 점에서 설명할 수 있다.

국내의 한 결혼정보업체가 구축한 컴퓨터 중매 시스템에서도 마찬가지 현상이 나타난다. 우리나라의 선우라는 결혼정보업체는 하모니 매칭 시스템이라는 컴퓨터 중매 시스템을 만들었는데, 여기서는 결혼을 희망하는 사람이 자신의 조건을 입력하면 그에 맞는 후보자들이 떠오른다. 그런데 여기서 남성의 경우에는 연봉(직업)이, 여성의 경우에는 키와 몸무게 등을 조합해 만든 '외모지수'가 가장 큰 영향을 미친다고 한다.[33]

왜 이렇게 남자와 여자의 경우에 차이가 있을까? 우선 남성의 입장에서는 여성의 연령과 신체적 매력이 번식 능력과 밀접한 관계가 있기 때문이다. 남성

초혼연령은 27.7세이다. 통계청, 2005년 혼인·이혼통계 결과 참조.

31) 여성들은 키가 크고 신체적으로 강인한 남성들을 그렇지 않은 남성들보다 선호한다고 한다. 이는 여성이 자신을 보호할 수 있는 남성을 원하기 때문이라는 것이다. Buss(註 4), pp. 119 f. 참조.

32) Buss(註 4), pp. 109 ff.; David M. Buss, "The Physiology of Human Mate Selection: Exploring the Complexity of the Strategic Repertoire", in: Crawford and Krebs ed.(註 4), pp. 421 ff. 등 참조.

33) 커플매니저는 옛말 컴퓨터가 짝 골라준다 '무정한 맞선'(조선일보 2006-11-01 기사). 조선일보 인터넷 홈페이지(www.chosun.com/culture/news/200611/200611010080.html/) 참조. 최종방문 2007. 1. 27. 이에 따르면 서울 중위권 대학인 S대 출신, 연봉 3000만 원, 일반기업(30대 대기업을 제외한 기업군) 사무직원, 30세인 남자의 최적 후보자는 올해 29세로 전문대를 졸업한 10급 공무원으로, 연봉은 1800만 원이다. 그런데 남자의 조건 가운데 직업을 변리사로, 연봉은 7000만 원이라고 소개하자 소개된 여성의 나이는 28세로 한 살 더 어려졌고, 출신 대학은 전문대에서 서울 중위권 대학으로, 직업은 대기업 사무직이며 연봉은 2600만 원으로 바뀌었으며, 배우자감으로 선택된 여성의 인상 등급은 '좋음'에서 '매우 좋음'으로 한 단계 뛰었다. 여성의 경우에도 28세로 서울 중위권 대학을 졸업한 인상등급이 약간 나쁜 사람의 경우에는 최적의 후보자가 서울 중위권 대학을 졸업한 연소득 4,000만 원의 대기업 전산직에 근무하는 33세 남자였으나, 인상등급을 매우 좋음으로 바꾸자 최적의 후보자가 명문 사립대 석사 출신의 연소득 4,500만 원인 외국계 기업 컨설턴트인 32세 남자로 바뀌었다. 위 결혼정보업체 대표는 "평균적인 인식은 여전히 '남자는 돈, 여자는 외모'라는 데서 별로 벗어나 있지 않더라"고 말했다.

의 생식능력은 나이가 들어도 크게 줄어들지 않는 반면, 여성의 생식능력은 나이에 따라 큰 변화를 겪는다. 그런데 남성은 자신과 혼인하는 여성이 아이를 낳을 수 있는가에 대하여 큰 관심을 가진다. 여성의 신체적 매력도 이와 관련이 있다고 설명된다. 즉 여성의 도톰한 입술, 깨끗하고 부드러운 피부, 맑은 눈, 윤기 있는 머릿결, 근육의 탄력성 등과 같은 신체적 외관과, 활기찬 걸음걸이 등과 같은 행동은 젊음과 건강을 암시하며, 이는 여성의 번식 능력을 나타내기 때문에 남성이 좋아하는 미의 기준이 된다는 것이다.[34] 진화심리학자들은 가장 매력 있는 여성의 허리-엉덩이 비율(waist-to-hip ratio)도 여성의 번식능력과 관련하여 설명할 수 있다고 한다. 즉 날씬한 여성을 좋아하는지 좀 뚱뚱한 여성을 좋아하는지는 문화에 따라 다소 차이가 있으나, 그 비율이 낮을수록 매력적이라고 하는 점에서는 일치하는데, 대체로 그 비율이 0.7 정도일 때 가장 높이 평가되며, 이러한 비율이 여성의 건강과 번식능력의 가장 좋은 지표라고 한다.[35]

반면 여성의 입장에서는 자녀를 임신하고 낳아 젖을 먹여 양육하는 동안 자신과 자녀에게 얼마나 많은 경제적 지원이 주어질 수 있을 것인가가 가장 중요하다. 과거에는 경제적 자원에 대한 지배권이 여성보다는 남성에게 더 많이 인정되었을 뿐만 아니라, 여성은 자녀를 임신하고 젖을 먹여 양육하는 동안에 자신과 자신의 자녀를 부양할 능력이 약화된다. 따라서 여성이 자신과 자신의 자녀를 잘 부양할 수 있는 남성에게 끌리는 것은 자연스러운 일이다.[36]

젊은 여성이 자신보다 나이가 많은 남성을 선호하는 것도 이와 관련이 있다. 일반적으로 남성의 연령이 증가함에 따라 경제적 능력이 증가하는 것이다.[37]

3. 婚姻制度와 相續形態

우선 인간은 왜 혼인을 하는가? 첫째, 인간의 어린 자녀는 다른 동물에서는 찾아볼 수 없을 정도로 긴 성장기간을 필요로 하며, 이 기간 동안에는 어머

34) Buss(註 4), p. 143.

35) Buss(註 4), p. 147. 그러나 이는 영양 상태가 좋은 나라에서만 그러하다는 주장도 있다. Barrett et al.(註 4), p. 109 참조.

36) Barrett et al.(註 4), p. 96 참조.

37) Buss(註 4), pp. 116 f. 참조.

니만의 양육보다는 부모 공동의 양육이 성공적인 생존과 성장에 도움이 된다. 따라서 부모가 자녀의 양육에 협력하는 것이 자녀를 성공적으로 살아남게 하여 자손을 증식시키는 데 도움이 된다. 또한 여자로서는 자신과 그 자녀에게 이와 같은 배려를 할 수 있는 남자를 선호하게 된다. 다른 한편으로는 남성으로서는 결혼이라는 제도가 자신과 결혼한 여성이 낳은 아이가 자신의 자녀라는 믿음을 가지게 하는 데 도움이 된다.[38)]

인간의 혼인형태는 문화에 따라 一夫一妻制(monogamy), 一夫多妻制(polygyny),[39)] 一妻多夫制(polyandry) 등 다양하지만, 압도적으로 우세한 것은 일부다체저 사회이고,[40)] 일부일처제 사회는 소수이며, 일처다부제 사회는 매우 드물다.[41)] 일반적으로 일처다부제는 티베트와 같이 자원이 부족하여 생존하기에 가혹한 사회에서 형제가 가족공동의 토지를 분할하는 것을 방지하기 위하여 한 여자와 결혼하기 때문에 나타나는 특수한 현상으로 이해되고 있다.[42)]

남성의 입장에서는 되도록 많은 여자와 성관계를 가지는 편이 한 여자와 성관계를 가지는 것보다는 자신의 자손을 더 많이 퍼뜨리기에 유리하다. 이 점에서 일부다처제가 인류의 역사상 더 많았던 것은 이해할 수 있다. 다른 한편 여성으로서는 남편으로부터 충분한 지원을 받을 수 있다면 반드시 일부다처제가 불리한 것이라고는 할 수 없다. 즉 가난한 남편의 하나뿐인 아내가 되는 것보다는 부유한 남편의 두 번째나 세 번째 아내가 되는 것이 자녀를 양육하는 데 더 유리할 수 있는 것이다.[43)]

그러면 어떻게 해서 인간의 사회는 일부다처제에서 일부일처제로 변화하게 되었는가? 이 점에 대하여는 여러 가지 주장이 있지만, 현재로서 가장 설득력 있는 설명은 이는 남녀평등의 문제라기보다는 남자들 사이의 평등의 문제라

---

38) Buss(註 4), pp. 135 f.

39) polygamy라는 말도 많은 경우에는 일부다처제를 나타내는 말로 쓰이지만 엄밀히 말한다면 polygamy는 monogamy(단혼제)에 대응하는 複婚制를 가리키는 것으로서 일부다처제와 일처다부제를 포괄한다.

40) 물론 일부다처를 허용하는 문화에서도 대부분의 부부는 일부일처일 수밖에 없다.

41) 이에 관한 고전적인 연구인 머독(Murdock)에 따르면 그의 연구 대상인 사회 중에서 대다수인 193개의 사회가 일부다처제로 분류되고, 43개의 사회가 일부일처제(단혼제)로 분류되며, 2개의 사회만이 일처다부제로 분류되고 있다. 조지 피터 머독 지음, 조승연 옮김, 사회구조, 2004(원저: G. P. Murdock, Social Structure, 1949), 55면.

42) Schmitt(註 29), p. 263; 韓相福・李文雄・金光億, 文化人類學概論, 1985, 125-126면 등 참조.

43) 이른바 Polygyny Threshhold Model. Barrett et al.(註 4), pp. 132 f.; Schmitt(註 29), p. 261 참조. 또한 리들리(註 7), 235면 이하 참조.

고 보아야 할 것이다. 즉 남성들 사이에 권력이나 부의 불평등이 심할수록 일부다처제가 성행한 반면, 민주주의가 진행되어 남성들 사이에 그러한 불평등이 작아지면 일부일처제가 정착되게 된다는 것이다.[44] 이 이론에서는 주로 많은 여자를 배우자로 가질 수 있는 남성들이 배우자를 가질 수 없는 남성들의 불만을 두려워한 나머지 묵시적인 타협을 하였다고 설명한다.

다른 한편 혼인형태와 상속형태의 관련성에도 주목할 필요가 있다. 즉 일부다처제의 경우에는 재산을 아들들에게만 물려주려는 경향이 있는데, 왜냐 하면 재산을 많이 가진 남자일수록 한 사람 이상의 여자를 처로 맞이하여 더 많은 후손을 낳을 수 있지만, 재산을 딸들에게 물려준다고 해서 더 많은 후손을 낳을 수는 없기 때문이라는 것이다.[45]

4. 婚外情事, 嫉妬, 家庭暴力

남자와 여자가 법률상의 배우자 이외의 사람과도 정사를 맺는다는 것은 어느 사회를 막론하고 흔히 찾아볼 수 있는 일이다. 남성의 경우에는 이는 어느 정도 쉽게 이해될 수 있다. 자신의 처 외의 사람과 정사를 맺음으로써 자신의 자손을 더 많이 낳을 수 있기 때문이다. 그런데 여성의 경우에는 자신의 남편 이외의 사람과 정사를 자주 가진다고 하여 그만큼 자식을 더 많이 낳을 수는 없다. 이에 대하여는 다음과 같은 설명이 현재 유력하다. 첫째, 혼외정사를 가지는 여성은 그 상대방으로부터 선물과 같은 물질적인 지원을 받을 수 있다.[46] 둘째, 혼외정사를 가지는 여성은 남편과 같은 현재의 파트너보다 더 좋은 유전자를 가진 남자의 유전자를 가지는 아이를 낳음으로써 자신의 후손을 퍼뜨리는 데 유리하게 될 수 있다는 것이다.[47] 셋째, 현재의 배우자에게 만족하지 못하는 여성은 단기적 짝짓기를 통해 현재의 배우자보다 더 나은 배우자

---

44) 로버트 라이트 지음, 박영준 옮김, 도덕적 동물, 2003(원저: Robert Wright, The Moral Animal, 1993), 155면 이하; 데이비드 P. 버래쉬, 주디스 이브 립턴 지음, 이한음 옮김, 일부일처제의 신화, 2002(원저: The Myth of Monogamy, 2001), 234면 이하 참조.

45) Barrett et al.(註 4), pp. 204 ff.

46) 이는 반드시 여성이 배우자를 가진 경우에 국한되는 것은 아니며, 짝짓기기 부부관계와 같이 장기에 걸치지 않는 단기인 경우(short-term mating)에도 마찬가지로 적용된다.

47) 이는 註 27)에서 언급한 美的 誇示(aesthetic display) 이론과 관련이 있다. 따라서 이 이론을 매력적인 아들(sexy son) 가설이라고도 한다.

를 찾거나, 현재의 배우자를 쫓는 수단으로 사용한다는 것이다.[48)]

그런데 이처럼 남성이나 여성이 현재의 배우자 아닌 다른 사람과 혼외정사를 가지는 것은 현재의 배우자에게는 매우 큰 손실을 가져올 수 있다. 남성의 입장에서는, 자신의 배우자가 낳은 아이가 자신의 아이가 아닌데도 자신의 아이라고 믿고 이를 키우는 일이 생기게 되어, 자신의 아이를 낳고 키우는 데 들여야 할 노력을 낭비하는 것이 된다. 반면 여성의 입장에서는 자신이나 자신의 자녀에게 바쳐져야 할 남편의 자원이 다른 여성이나 다른 여성의 자녀에게 돌아가는 손실을 입게 된다. 이러한 손실을 방지하기 위하여 발달된 심리적 메커니즘이 嫉妬(jealousy)라고 할 수 있다.[49)] 즉 남성이나 여성은 자신의 파트너가 자신에게 이러한 손실을 끼칠지도 모르는 상황에 빠지게 되면, 이를 저지하려는 감정적인 반응을 보이게 되는 것이다.

그런데 흥미 있는 사실은, 어떤 상황에서 질투를 나타내는가에 관하여 남성과 여성 사이에 차이를 보인다는 것이다. 남성은 자신의 파트너가 다른 남성과 육체적으로 접촉을 가지는 상황에 대하여 더욱 민감한 반응을 보이는 반면, 여성은 자신의 파트너가 다른 여성과 육체적 접촉을 가지는 것 그 자체보다는 그 여자와 정서적으로 밀착하게 되는 상황에 대하여 더욱 질투심을 느낀다고 한다.[50)] 이는 남성의 경우에는 상대방의 불충실이 가져올 수 있는 가장 큰 손실이 상대방이 낳은 아이가 다른 남자의 아이임에도 불구하고 이를 모르고 키우는 것인 반면,[51)] 여성의 경우에는 남편의 다른 여성과의 감정적 유대 없는 1

48) Buss(註 4), pp. 175 ff. 참조. 또한 Buss(註 32), pp. 424 f.; Schmitt(註 29), pp. 264 ff.; 데이비드 버스 지음, 이상원 옮김, 위험한 열정 질투, 2003(원저: David M. Buss, The Dangerous Passion, 2000), 247면 이하 등 참조.

49) 버스(註 48) 참조. 또한 Buss(註 4), pp. 325 ff.; Tooby and Cosmides(註 13), pp. 57 ff. 등 참조.

50) Buss(註 4), pp. 326 ff.; Barrett et al.(註 4), p. 102; Lorne Campbell and Bruce J. Ellis, "Commitment, Love, and Mate Retention", in: Buss ed.,(註 3), p. 434; 버스(註 48), 18면 이하 등 참조. 이러한 결과는 다음과 같은 조사를 통하여 확인되었다. 즉 511명의 대학생으로 하여금 2가지 상황, 즉 파트너가 다른 사람과 성관계를 맺는 것과, 파트너가 다른 사람과 정서적 관계를 맺는 것을 비교하게 한 결과, 여성의 83%는 파트너가 정서적 배신을 할 때 더 많이 당황하고 힘들어 한 반면, 남성의 40%만이 이런 반응을 보였다. 이와 반대로 남성은 60%가 파트너가 성적 배신을 할 때 당황하고 힘들어한 반면, 여성은 17%만이 이러한 반응을 보였다는 것이다. 이는 남성과 여성을 상대로 한 생리학적 측정에서도 확인되었고, 또 미국뿐만 아니라 독일, 네덜란드, 한국, 일본 등 여러 나라에서 행한 조사에서도 확인되었다고 한다. 자세한 것은 Buss(註 4), pp. 326 ff.; 버스(註 48), 87면 이하 참조.

51) 많은 문화에서 결혼할 여자의 처녀성이 강조되고, 또 전통적으로는 배우자 있는 여성의 간통만이 처벌되었던 것도 이와 관련이 있는 것으로 생각된다.

회적 성관계만으로는 자신과 자신의 자녀에게 돌아가야 할 자원이 다른 여성과 그 자녀에게 돌아간다는 위험을 느끼지 않기 때문이라고 설명할 수 있다.

다른 한편 배우자간의 家庭 暴力(domestic violence)의 문제, 그 중에서도 남성의 여성에 대한 가정 폭력의 문제도 상당 부분 진화심리학적으로 설명할 수 있다. 즉 가정 폭력은 여성이 자신을 떠나서 다른 남자와 관계를 가지는 것을 막으려는 남성의 여성 통제 수단으로 이해할 수 있는 것이다.[52] 이러한 점은 그 극단적인 형태인 殺人(homicide)의 경우에 잘 나타난다. 일반적으로 살인사건의 상당수는 남성의 嫉妬가 동기가 된다. 즉 남성이 자신을 버렸거나 버리려고 하는 여성을 죽이는 것이다.[53] 이를 뒷받침하는 것으로서는, 젊은 여자일수록 배우자나 전 남편 등에 의하여 살해당할 위험이 크고, 또 경제적이나 다른 면에서 여자를 자신에게 남아 있게 할 자원이 부족한 남자가 살인을 저지를 위험이 크다는 것이다. 젊은 여자의 경우에는 번식을 위한 가치가 크기 때문에 남성으로서는 그러한 여자를 잃는 것이 더 큰 손실을 가져온다. 또 자원이 부족한 남자로서는 폭력 외에 여자를 붙잡아 둘 다른 수단이 별로 없는 것이다.[54]

물론 자신의 짝을 죽이는 것은 그 자체로서는 별로 가해자에게 도움이 되지 않는 逆機能的(dysfunctional) 행동이지만, 이는 배우자에게 자신을 떠나면 죽이겠다는 위협이 구체화된 것으로 이해할 수 있다. 그러한 위협 자체는 위협을 하는 사람에게 배우자로 하여금 자신을 떠나지 못하게 하는 이익을 가져오는 것이고, 위협이 위협만으로 그친다면 위협으로서의 효과가 없기 때문이다.[55]

---

52) Buss(註 4), pp. 335 ff. 참조.

53) Martin Daly and Margo Wilson, "The Evolutionary Social Psychology of Family Violence", in Crawford and Krebs ed.(註 4), pp. 447 ff.; Campbell and Ellis(註 50), p. 435; 데이비드 버스, 홍승효 옮김, 이웃집 살인마, 2006(원저: David Buss, The Murderer next Door, 2005) 등 참조. 최재천 외(註 4)는 조선 후기 형사사건의 자료들을 통하여 이러한 주장을 검증하고 있다.

54) Buss(註 4), 336 f.; Daly and Wilson(註 53), pp. 449 ff. 등 참조.

55) Buss(註 4), 336; Daly and Wilson(註 53), pp. 449 f. 등 참조.

Ⅳ. 進化心理學과 親族關契

1. 親族간의 利他主義

가족관계에서 사람들이 이타적으로 행동한다는 것은 새삼 강조할 필요가 없을 것이다. 가령 부모는 반드시 어떤 보답을 바라지 않고서 자녀를 양육한다. 극단적인 상황에서는 부모가 자신의 목숨을 희생하면서까지 자녀의 목숨을 구하기도 한다. 근래에 언론에서 많이 다루어지고 있는 이른바 기러기 가족, 즉 남편만이 한국에 머물러 있고, 아내와 자녀들은 자녀들의 해외에서의 공부를 위하여 해외로 출국하는 현상도 이러한 부모의 이타주의의 발로라고 할 수 있다. 이처럼 가족관계에서 이타주의가 중요한 요소를 차지하고 있는 것은 친족관계가 없는 사람들 사이의 관계와는 매우 구별되는 특성이다.[56]

법도 이처럼 개인이 가족관계에서 이타적으로 행동할 것을 전제하고, 또 이를 명하기도 한다. 다시 말하여 가족 사이에는 서로 돕고 보호할 의무가 있다는 것이다. 가령 민법 제913조는 친권자는 자를 보호하고 양육할 권리의무가 있다고 규정하고 있다. 또 민법은 부부 사이에는 동거, 부양, 협조 의무가 있다고 규정하고 있을 뿐(제826조 제 1 항), 부부 사이의 보호 의무에 관하여는 명문으로 규정하고 있지는 않으나, 부부 사이에도 돕고 보호할 의무가 있음은 위 규징을 보아도 알 수 있다.

그러면 왜 가족관계에서는 사람들이 이타적으로 행동하는 것일까? 여기서는 부모와 자녀와 같은 血族 사이의 이타주의에 대하여 살펴본다.[57] 혈족 사이의 이타주의는 血族選擇(kin selection)의 이론에 의하여 설명될 수 있다.[58] 이

56) Gary S. Becker, A Treatise on the Family, 1981, p. 194는 利己性(selfishness)은 市場 거래에서 흔한 반면 利他主義는 가족 내에서 흔한데, 그 이유는 이타주의는 市場에서는 비효율적이고 가족 내에서는 효율적이기 때문이라고 한다. Becker는 1992년 노벨 경제학상 수상자이다.

57) 私見으로서는 부부 사이의 이타주의는 이른바 互惠的 利他主義(reciprocal altruism)의 개념에 의하여 설명할 수 있다고 본다. 尹眞秀(註 2) 참조.

58) 血緣主義(nepotism)도 대체로 같은 의미로 사용되기도 하지만(예컨대 S. Pinker, The Blank Slate, 2002, pp. 245 ff.), 進化心理學(evolutionary psychology)에서는 血族選擇이라는 용어가 더 널리 쓰이는 것으로 보인다. 예컨대 Hudson Kern Reeve, "Acting for the Good of Others: Kinship and Reciprocity With Some New Twists", in: Crawford and Krebs ed.(註 4), pp. 44 ff.; Barrett et al.(註 4), p. 26 등 참조.

이론에 따르면 자신과 공통의 유전자를 가진 사람(혈족)에 대하여 도움을 주면 그 유전자가 후대에 전해질 확률이 높아지기 때문에 그처럼 도움을 주게 되는 이타적 성향이 진화하게 되었다고 설녕한다. 이 점을 이론적으로 설명한 사람은 영국의 생물학자인 William D. Hamilton이다. 그는 1964년에 발표한 논문[59]에서, 개미와 같은 동물(반드시 사람에 국한되지는 않는다)이 자신과 공통의 유전자를 가지고 있는 동물을 도우면 도움을 받은 개체의 생존 가능성이 커지고 그 결과 자신의 공통의 유전자가 후대로 전파될 가능성도 커지는데, 이러한 성향을 자연 선택이 지지한다는 것이다. 그런데 자신과 공통의 유전자를 가진 개체는 반드시 자신의 직계 후손에 한정되는 것은 아니고, 형제 자매나 사촌 등 방계혈족이라도 상관없다. 그 이전에는 자신의 직계 후손에게 유전자를 전해주는 것만을 생각하였으나,[60] 그 외에도 자신과 공통의 유전자를 가진 개체의 번식을 도움으로써 그 유전자의 전달 가능성을 높일 수도 있다는 것이다.[61]

Hamilton의 이러한 이론은 직접적 적응도와 간접적 적응도를 포함한다는 의미에서 포괄적 적응도(inclusive fitness)의 이론이라고 한다. Hamilton의 이론은 다음의 공식으로 요약될 수 있다 rB>C. 여기서 B는 도움을 받은 사람이 받는 이익(Benefit)이고, C는 도움을 준 사람이 부담하는 비용(Cost)이며, r은 도움을 준 사람과 도움을 받은 사람 사이의 혈족관계의 係數(relatedness)이다. 다시 말하여 도움을 준 사람이 부담하는 비용보다 도움을 받은 사람이 받은 이익에 혈족관계의 계수를 곱한 값이 클 때에만 이타적 행동이 일어날 수 있다는 것이다.

여기서 혈족관계의 계수(relatedness, 近親度)란 두 개인이 공통의 선조로부터 전달받은 공통의 유전자를 보유하고 있을 확률을 말한다. 한 사람은 그 유전자의 반을 아버지로부터 받고 다른 반을 어머니로부터 받으므로 부모와 자녀 사이의 계수는 0.5이고, 부모가 같은 형제 자매(일란성 쌍생아는 제외한다. 일란성 쌍생아 사이의 계수는 1이다) 사이의 계수도 0.5이며(아버지로부터 동일한 유전자를 물려받을 확률은 0.5×0.5이고 어머니로부터 동일한 유전자를 물려받을 확

59) W. D. Hamilton, "The genetical evolution of social behaviour", Journal of Theoretical Biology, 1964, pp. 1-52. Eugene Burnstein, "Altruism and Genetic Relatedness", in: Buss ed.(註 3), p. 528에서 재인용.

60) 이를 직접적 적응도(direct fitness)라고 한다.

61) 이를 간접적 적응도(indirect fitness)라고 한다.

률도 0.5×0.5이므로 이를 합하면 0.5이다), 부모의 한쪽만이 같은 경우에는 그 계수는 0.25이고, 조부모와 손자도 마찬가지이며, 사촌의 경우에는 0.125가 된다.[62] 그런데 자신과 공통의 유전자를 가진 사람은 반드시 자신의 직계 가족일 필요는 없다는 것이다. 이는 일반인이 가지는 상식에도 대체로 부합한다. 예컨대 형제 자매의 경우에도 부모가 같은 형제자매는 부모 중 한 쪽이 다른 경우보다 더 밀접한 관계를 유지한다.[63] 이는 부모가 같은 형제자매가 더 근친도가 높기 때문이다.

자녀 학대에 있어서 친부모에 의한 자녀 학대의 비율보다 繼父나 繼母와 같은 의붓 부모에 의한 자녀 학대의 비율이 엄청나게 높다는 것[64]도 이러한 혈족 선택의 강력한 힘을 거꾸로 뒷받침하는 예라고 할 수 있다. 부모와 자녀 사이의 이타주의를 보여주는 또 다른 예로서 자녀의 사망에 대한 부모의 반응을 들 수 있다. 이를 慘慽이라고 표현하는데, 자녀가 부모보다 먼저 사망하는 경우에 부모가 심한 심리적 고통을 받는 것은 동서양을 막론하고 일반적인 현상이다. 이 또한 진화심리학적 관점에서 설명할 수 있다. 자녀의 사망은 자신의 유전자를 후대에 전해 줄 가능성을 감소시키기 때문이다.[65]

법도 이러한 친족 사이의 이타주의를 반영하고 있다. 예컨대 유언이 없는 法定相續의 경우에는 배우자, 직계비속, 직계존속, 형제자매, 기타 4촌 이내의 방계혈족의 순서에 의하여 상속인이 된다. 직계혈족이 4촌 이내의 방계혈족에 우선하는 것은 近親度가 높은 사람이 낮은 사람에 우선한다는 것을 의미한다.

62) Barrett et al.(註 4), pp. 26 ff.; Buss(註 4), pp. 13 ff., 220 ff. 또한 Jeffrey A. Kurland and Steven J. C. Gaulin, "Cooperation and Conflict among Kin", in: Buss ed.(註 3), p. 449 참조.

63) Kurland and Gaulin(註 62), p. 461의 표 참조.

64) 미국에서 한 명 이상의 의붓부모와 살고 있는 아이들은 친부모 아동들에 비해 집에서 살해될 가능성이 40~100배까지 높고, 캐나다에서 1974년에서 1990년까지 발생한 자식 살해 사건을 대상으로 한 연구에서는, 친부에게 아동이 구타당해 사망한 경우는 아동 100만 명당 2.6명인 반면, 계부에게 아동이 구타당해 사망한 경우는 아동 100만 명당 70.6명이었다고 한다. 버스(註 53), 258-259면에서 인용하고 있는 Daly and Wilson의 연구 참조. 또한 Daly and Wilson(註 53), pp. 440 ff.; Buss(註 4), pp. 199 ff.; Joshua D. Duntley, "Adaptations to Dangers from Humans", in Buss ed.(註 3), pp. 240 f.; Kurland and Gaulin(註 62), p. 464 등 참조.

65) 그런데 사망한 자녀의 나이에 따라 부모의 슬픔의 정도가 달라진다는 연구가 있다. 즉 유아보다는 사춘기 직전의 자녀가 죽었을 때 가장 큰 슬픔을 느끼고, 자녀의 나이가 들면 점차 슬픔의 강도가 줄어든다는 것이다. 그 이유는 사춘기의 자식이 잠재적인 생식 가능성이 가장 크기 때문이라는 것이다. 라이트(註 44), 262면 이하 참조. 자녀의 연령에 따라 부모에게 주는 이익이 달라진다는 점에 대하여는 Catherine Salmon, "Parental Investment and Parent-Offspring Conflict", in: Buss ed.(註 3), pp. 508 f. 참조.

법정상속의 경우에 왜 친족이 상속을 받는가 하는 점에 관하여 여러 가지 설명이 있으나, 피상속인은 자신의 혈족 및 배우자에게 재산을 남기려고 하는 의사를 가지는 것이 보통이므로 그러한 피상속인의 의사를 추정하는 것이라는 설명이 비교적 설득력을 가진다고 생각된다.[66] 그런데 왜 피상속인이 자신의 혈족에게 재산을 남기려고 하는가 하는 것이 문제되는데, 이 점은 親族 選擇의 원리에 의하여 설명이 될 수 있을 것이다. 다시 말하여 인간은 자신과 공통의 유전자를 가지는 친족에게 재산을 남겨 줌으로써 그 유전자가 후대에 전해질 확률을 높이려고 한다는 것이다.[67][68] 이 경우에도 근친도가 낮은 먼 친족보다는 근친도가 높은 가까운 친족을 피상속인이 선호할 것임은 당연하다.

실제로 유언에 의하여 재산을 다른 사람에게 유증하는 경우에도 이와 유사한 패턴이 관찰된다. 유언에 의하여 유증을 받는 사람은 대부분 배우자나 혈족과 같은 친족이고, 혈족 가운데에도 자신과 유전적 관계가 가까운 사람들에게 그들의 재산을 더 많이 유증하였다.[69] 그런데 이 점에 대하여 김명언 교수는 대안적 설명으로 familiarity-induced liking 가설이 적용될 수 있다고 지적하였다. 즉 동고동락을 해왔고 경험을 함께 해왔기 때문에 더욱 좋아하게 되어 재산을 주게 된다는 것이다. 이 문제는 이러한 요소를 통제하고 조사함으로써 어느 이론이 맞는지 경험적으로 판단할 수 있을 것으로 생각된다.

그런데 이러한 혈족 선택으로 설명할 수 없는 친족관계도 있다. 예컨대 양

66) 그런데 Lange/Kuchinke, Erbrecht, 5. Aufl., 2001, S. 229는 법정상속인이 상속인이 되는 것은 피상속인과 긴밀한 관계에 있었는지, 사이가 나빴는지 하는 점을 묻지 않으므로 피상속인의 추정적 의사에 근거한 것이 아니라고 한다. 그러나 이러한 경우에 피상속인이 법정상속인에게 상속재산을 넘겨주지 않고자 하였으면 유언에 의하여 다른 처분을 할 수 있었을 것이므로, 이러한 점을 들어서 피상속인의 추정적 의사에 근거한 것이 아니라고 할 수는 없다고 생각된다.

67) John H. Beckstrom, "Sociobiology and Intestate Wealth Transfers", 76 Northwestern Law Review 216 ff.(1981) 참조.

68) 그런데 형제자매와 부모 자녀 사이는 유전적 근친도가 같은데 왜 형제자매보다 직계존비속이 우선할까? 이에 대하여는 나이가 든 형제자매보다는 자녀의 생식적 가치가 더 크기 때문이라고 설명할 수 있다. Kurland and Gaulin(註 62), p. 462; Buss(註 4), p. 232 참조. 직계비속이 직계존속보다 우선하는 것도 마찬가지로 설명할 수 있다.

69) 이 점에 관하여 국내의 실증적으로 조사한 자료를 찾지 못하였으나, 다른 나라의 경우에는 이 점이 지적되고 있다. 미국에 관하여는 Judith N. Cates and Marvin B. Sussman, "Family Systems and Inheritance", in: Judith N. Cates and Marvin B. Sussman ed., Family Systems and Inheritance Patterns, 1982; 영국에 관하여는 Janet Finch et al., Wills, Inheritance, and Families, 1996, pp. 97 ff.; 캐나다에 관하여는 Buss(註 4), pp. 232 ff. 등 참조. 또한 Kurland and Gaulin(註 62), p. 462 참조.

부모와 양자 사이에 혈족의 관계가 없는 入養의 경우에는 이를 혈족 선택과 같은 이론으로 설명할 수는 없다.70)

2. 子女의 父 및 母에 대한 관계

친족 중에서도 부모와 자녀가 가장 밀접한 관계를 가진다는 것은 위와 같은 혈족 선택의 관점에서 보면 별다른 설명을 요하지 않는다. 부모와 자녀는 일란성 쌍생아를 제외하면 가장 근친도가 높은 사이이기 때문이다. 그런데 여기서 아버지의 자녀에 대한 기여가 어머니의 자녀 양육에 대한 기여보다 못하다는 것이 일반적인 관찰이다. "母情이 父情보다 강하다"는 말은 이를 나타낸 것이다. 왜 모정이 부정보다 강할까?

진화심리학적으로는 이에 대하여 두 가지 설명이 가능하다. 그 하나는 父性의 不確實(paternal uncertainty) 때문이라는 것이다. 어머니는 자신이 낳은 자녀가 자신과 유전적으로 공통성을 가진다는 것을 100% 확신할 수 있고, 그렇기 때문에 그 자녀의 양육에 진력할 충분한 심리적 동기가 있지만, 그 어머니의 남편과 같은 파트너는 그 어머니가 낳은 자녀가 자신의 자녀라는 데 대한 확신을 가질 수 없으므로 그 자녀에게 충분한 애정을 쏟지 않는다는 것이다. 다른 하나는 짝짓기 기회비용 가설(mating opportunity cost hypothesis)이다. 부모가 자녀의 양육에 힘을 쏟으면 그만큼 다른 상대방과 짝짓기를 할 가능성이 줄어든다. 그런데 여성은 많은 남자와 짝짓기를 한다고 해도 번식률이 증가하지 않지만, 남성은 많은 여자와 짝짓기를 하면 그만큼 많은 자손을 남길 수 있는 것이다. 따라서 남성의 짝짓기 기회비용이 더 크다. 그러나 다른 한편으로 아버지가 자녀를 잘 돌보지 않으면 그만큼 자녀가 제대로 성장할 가능성이 줄어들기 때문에 이는 아버지가 자녀를 양육해야 할 계기를 제공한다.71)

이와 관련하여 한 가지 흥미 있는 문제가 이른바 母系相續(matrilineal

70) Barrett et al(註 4), pp. 50 f. 참조. 물론 입양에 있어서도 양부모와 양자 사이에 혈족관계가 있는 경우가 많다. 종래 우리나라에서 인정되고 있던 異姓不養의 원칙은 父系血族이 아닌 자를 양자로 하는 것을 허용하지 않고 있었다. 또한 입양이 인정되는 많은 문화권에서도 양자의 대부분은 양부모의 어느 일방과 혈족관계가 있는 경우가 많다. Salmon(註 65), p. 513은 인간 진화의 역사에서 혈족이 아닌 사람을 입양하는 예를 찾아보기 어렵다고 하면서, 강력한 생물학적 및 문화적 욕구가 혈족관계가 없는 사람을 입양하게 하는 것 같다고 추측한다.

71) Buss(註 4), pp. 190 ff.; David C. Geary, "Evolution of Paternal Investment", in: Buss ed.(註 3), pp. 484 ff. 참조.

inheritance)의 문제이다. 모계상속이란 일반적으로 자녀가 자신의 아버지로부터는 상속을 받지 못하고, 자신의 어머니나 외삼촌으로부터 상속을 받는 것을 말한다. 이러한 모계상속이 왜 발생하는가에 관하여, 진화심리학에서는 모계상속이 이루어지는 사회에서는 남자들의 부성 확실성이 낮기 때문이라고 설명한다. 즉 남자는 자신의 처가 낳은 아이가 자신과 유전자를 같이하는지 여부에 관하여는 확실하지 않지만, 자신과 어머니를 같이 하는 누이가 낳은 아이가 자신과 유전자를 같이한다는 점에 대하여는 확신이 있기 때문이라는 것이다.[72)]

그런데 이처럼 모정이 부정보다 강하다는 사실로부터 바로 어떤 법률적 결론을 이끌어낼 수 있을까? 이 점에 관하여 이혼 후 양육자 지정에 관한 미국법상의 '어린 시절의 推定(tender years presumption)' 내지 母 選好(maternal preference) 이론과, 父姓主義의 위헌 여부에 관한 헌법재판소 2005. 12. 22. 선고 2003헌가5·6 결정[73)]에서의 권 성 재판관의 반대의견을 살펴볼 필요가 있다.

먼저 미국법상의 어린 시절의 추정 이론은, 자녀가 어릴 때에는 어머니와의 애착이 중요하므로, 이혼시의 양육자를 지정할 때에는 어머니가 부적합하다는 입증이 없는 한 어머니를 양육자로 하여야 한다는 것인데,[74)] 그 중요한 근거는 어머니의 사랑이 아버지의 사랑보다 강하다는 것이었다.[75)] 그러나 1970년대 이래로 이러한 어린 시절의 추정은 평등권 위반이라는 이유로 각 주 법원이 위헌이라고 하거나, 아니면 각 주가 이를 폐지하는 법률을 제정하였다.[76)] 생각

72) 상세한 설명은 Barrett et al.(註 4), pp. 207 ff. 참조. 이와는 약간 다른 설명으로는 모계 상속이 주로 농경원예사회(farming/horticular societies)에서 흔하고 牧畜을 주로 하는 사회에는 드물다는 점에 착안하여, 농경원예사회에서는 여자들의 노동에 의존하는 비중이 높고, 반대로 남자들은 큰 부를 축적하기가 어려운데, 이러한 상황에서는 여자들에게는 모계상속이 유리한 반면 남자들로서도 모계상속이 될 수 있는 한 많은 사람과 짝짓기를 하는 데 유리하므로 모계상속이 형성되었다고 한다. 목축 사회의 경우에는 남자들이 그러한 전략을 택할 수 없다는 것이다. Barrett et al.(註 4), p. 209 참조.

73) 헌법재판소판례집 제17권 2집 544면 이하.

74) 李賢宰, "子의 最善의 利益에 관한 연구: 미국을 중심으로", 전남대학교 법학석사 학위논문, 2003, 49면 이하.

75) 미국 워싱턴 주 대법원이 1916년에 선고한 Freeland v. Freeland 판결(92 Wash. 482, 159 p. 698)은, "어머니의 사랑은 가장 약한 여성의 경우에도 지배적인 특성이며, 일반적으로 공통의 자녀에 대한 아버지의 애착을 능가하고, 뿐만 아니라 자녀는 아버지보다는 어머니의 보살핌을 필요로 한다. 이러한 이유들 때문에 법원은 어머니로부터 자녀의 양육권을 박탈하는 것을 꺼리며, 어머니에게 자녀의 양육권을 맡기는 것이 자녀의 복리를 위태롭게 할 정도로 부적합하고 부적당한 사람이라는 것이 명백하게 밝혀지지 않는 한 어머니로부터 양육권을 박탈하지 않는다"고 판시하였다.

76) 李賢宰(註 74), 55면 이하; John DeWitt Gregory, Peter N. Swisher, Sheryl L. Wolf,

건대 자녀의 양육자를 결정함에 있어서 부와 모 가운데 누가 더 자녀에게 강한 애정을 가지고 있는가 하는 점은 중요한 고려 요소가 되어야 할 것이다. 따라서 부와 모가 다른 모든 점에서 동등하다면 母를 우선시키는 것은 나름대로 근거가 있는 것이다. 다만 미국법상의 어린 시절의 추정 이론은 母가 양육자로서 부적합하다는 것이 밝혀지지 않는 한 母를 양육자로 하여야 한다는 것이었으므로 지나치게 경직된 규율이라고 할 것이다.

그리고 위 헌법재판소 2005.12.22. 결정(註 73)은 子는 父의 姓과 本을 따르도록 한 개정 전 민법 제781조 제1항 본문은 헌법에 합치되지 아니한다는 헌법불합치결정을 선고하였는데, 위 결정에 대한 권 성 재판관의 반대의견은, 부성주의 문화의 합리성이 있음을 강조한다. 즉 모와의 혈통관계는 출산과 수유라는 자연적이고 객관적이며 외관상 확인가능한 일반적 사실을 통하여 대외적으로 명확히 인식됨에 반하여 부와의 혈통관계는 대부분 추정에 근거하여 인식될 뿐이므로, 자(子)의 부가 누구인가를, 한편으로는 사회에 대하여 인식케 하고, 다른 한편으로는 사회로부터 인정받게 하는, 대외적 공시의 필요성이 대두되는데, 이러한 사회적 필요에 응하여 등장한 인류의 문화적 발명의 하나가 바로 부성주의라고 한다. 또한 모자관계에 비해 상대적으로 소원하거나 결속력이 약할 수 있는 부자관계는 자(子)가 부의 성을 사용함으로써 그 일체감과 유대감이 자연히 강화되고 부(父)의 자(子)에 대한 책임의식이 더욱 고취되어 결과적으로 가족 전체의 통합과 결속이 강화될 수 있으므로 부성주의는 나름대로 그 합리성을 충분히 인정할 수 있다고 한다. 이는 말하자면 父姓主義가 父性의 不確實性을 보상하는 기능을 한다는 것으로 이해될 수 있다.

그러나 부성주의의 근원이 부성의 불확실성에서 유래하였다고 하여 그것만으로 부성주의가 정당화된다고 할 수는 없다. 이는 가부장제를 이러한 이유에서 옹호할 수 없는 것과 마찬가지이다. 이처럼 부성의 불확실성이라는 사실에 근거하여 부계혈통주의라는 제도 내지 규범이 정당화된다고 하는 것은 이른바 自然主義的 誤謬(naturalistic fallacy)의 한 예이다. 뿐만 아니라 구체적으로 살펴보더라도 父姓主義가 누가 아버지인가를 공시하는 기능을 하고 있다고 말할 수는 없다. 아들이나 딸이 아버지의 성을 쓴다고 하여 아버지가 누구인가가 공시되는 것은 아니다. 기껏해야 아들이나 딸이 그 성을 쓰는 부계의 집단에

Understanding Family Law, 2nd ed., 2001, pp. 445 f. 등 참조.

속한다는 사실을 말해 줄 뿐이다. 부자관계의 공시는 신분등록제도에 의하여 이루어지는 것이고, 이는 모자관계의 경우에도 마찬가지이다. 모가 자녀를 낳았다고 하여 모자관계가 공시되는 것은 아니기 때문이다.

그리고 위 반대의견은 자(子)가 부의 성을 사용함으로써 그 일체감과 유대감이 자연히 강화되고 부(父)의 자(子)에 대한 책임의식이 더욱 고취된다고 하나, 그러한 주장에 근거가 있는 것인지는 알 수 없다. 과연 子가 父의 성을 사용하는 것이 부성의 불확실성을 더는 데 도움이 될 것인가?[77)]

3. 父母와 子女 사이의 葛藤(Parent-Offspring Conflict)

다른 한편 부모는 자녀를 위하여 전적으로 희생하는 것은 아니고, 부모의 이익과 자녀의 이익은 대립할 수 있다. 가령 부모에게 여러 자녀가 있는 경우에, 부모는 자녀들 모두에게 골고루 신경을 쓰려고 하는 반면 각 자녀는 자신에게 더 관심을 두기를 원하는 것이다.[78)] 이러한 부모와 자녀 사이의 갈등은 자녀가 하나일 때에도 일어날 수 있다. 자녀는 부모가 가능한 최대의 자원을 자신에게 쏟아 붓기를 원하지만, 부모는 자녀 외에도 시간과 정력을 들여 해결해야 할 문제가 많은 것이다. 부모와 자녀는 유전적인 근친도가 정확하게 1이 아니기 때문이다.[79)]

이러한 부모 자녀 사이의 갈등의 예로서 다음 두 가지를 살펴본다. 그 하나는 부 또는 모에 의한 幼兒殺害(infanticide)이고, 다른 하나는 상속에 있어서의 長子單獨相續(primogeniture)의 문제이다.

우선 유아살해는 그 살해된 유아가 부 또는 모의 親子라면 진화론적 관점에서는 전혀 비합리적인 것으로 보일 수도 있다. 그러나 유아살해는 거의 모든 문화에서 찾아볼 수 있으므로 이에 대하여는 진화심리학적인 설명이 요청된다. 幼兒殺害의 가장 큰 요인은 그 유아가 살인자의 친자인가 아닌가 하는 점에 달

77) 尹眞秀, "傳統的 家族制度와 憲法", 서울대학교 법학 제47권 2호, 2006, 181-182면 참조.

78) 이처럼 형제자매의 경우에는 그들이 자랄 때 부모의 애정과 보살핌에 관하여 경쟁하는 관계에 있기 때문에 그들 사이의 근친도가 부모 자녀 사이의 근친도와 같더라도 그들 사이에는 갈등이 많이 나타난다. Buss(註 4), pp. 223 f.; Kurland and Gaulin(註 62), p.452 f. 참조.

79) 이 문제를 정식화한 사람은 Trivers이다. R. Trivers, "Parent-offspring conflict", American Zoologist 14: 249-264(1974), reprinted in: Natural Selection and Social Theory, Selected Papers of Robert Trivers, 2002, pp. 129 ff.

려 있지만,[80] 친부모라 하더라도 유아를 살해할 가능성이 있는데, 중요한 한 가지 요인은 자식이 건강한가 아닌가 하는 점이고, 다른 한 가지는 그 출산이 불리한 상황에서 이루어졌는가, 아이를 제대로 키울 만한 자원이 갖추어졌는가 하는 점이다.[81]

우선 장애가 있거나 매우 허약한 아이는 살해될 위험성이 매우 높다. 이 경우에는 부모로서는 이러한 아이를 포기하고 다른 건강한 아이를 낳아 기르는 것이 유리하다고 판단할 개연성이 높은 것이다.[82] 그리고 불리한 환경에서 아이를 낳았을 때, 예컨대 산모가 미혼모여서 아이를 제대로 기를 수 없다고 판단하거나, 아니면 자녀가 너무 많아서 새로 낳은 아이를 제대로 기를 자신이 없을 때에는 유아살해가 일어날 확률이 높아지는 것이다.[83] 이 때에도 불리한 환경에서 낳은 아이를 포기하고 더 좋은 환경에서 낳은 아이를 기르는 것이 유리하다고 판단할 수 있는 것이다. 그런데 여기서 주목하여야 할 것은 첫째, 자녀의 나이가 어릴수록 유아살해의 위험이 높고,[84] 둘째, 母의 경우에는 모의 나이가 어릴수록 유아살해의 위험성이 높다는 것이다.[85]

자녀가 나이가 들수록 살해의 위험이 낮아진다는 것은 자녀가 그만큼 자신을 방어할 능력이 커지기 때문이라고 생각할 수도 있지만, 살해자가 혈족이 아닌 경우에는 오히려 나이가 들수록 살해의 위험이 높아진다는 점에서 이러한 설명은 반드시 타당하지 않다. 진화심리학에서는 자녀가 나이를 먹을수록 그 생식적 가치가 커지기 때문이라고 설명한다.[86] 다른 한편 모의 나이가 많을수록 유아살해의 위험이 줄어든다는 것에 대하여는, 나이를 먹을수록 다른 자녀를 가질 가능성이 줄어들기 때문이라고 설명할 수 있다.[87]

---

80) 위 註 64) 참조.

81) Barrett et al.(註 4), p. 179; Kurland and Gaulin(註 62), pp. 467 등 참조. 이들 문헌은 Daly와 Wilson의 연구를 인용하고 있다.

82) 장애를 가지고 태어나 치료를 요하는 신생아에 대하여 부모가 치료를 거부하는 것도 이와 마찬가지의 맥락에서 이해할 수 있다. 이 문제에 대한 미국의 논의를 소개한 것으로는 尹眞秀, "美國法上 父母의 子女에 대한 治療 拒否에 따르는 法的 問題", 家族法硏究 제18권 1호, 2004, 9면 이하 참조.

83) Kurland and Gaulin(註 62), pp. 465 ff. 참조.

84) Buss(註 4), pp. 204 f.

85) Buss(註 4), p. 207; Barrett et al.(註 4). p. 186;. Kurland and Gaulin(註 62), pp. 467 f. 및 p. 468의 표 참조.

86) Buss(註 4), p. 204.

87) Buss(註 4), pp. 207 ff.; Kurland and Gaulin(註 62), pp. 466 f.

그리고 자녀가 여럿 있는 경우에, 그 중 한 자녀(대개는 장남)만이 상속하는가(長子單獨相續, primogeniture), 아니면 여러 자녀들이 공동으로 상속하는가 하는 점은 나라에 따라 다르지만, 한 나라에서도 시대에 따라 변화를 보인다. 예컨대 포르투갈에서는 중세 초기에는 모든 아들들이 상속된 토지를 분할하여 공동으로 상속하였으나, 13세기 중엽 무렵 아랍인에 의하여 점령되었던 땅들을 모두 되찾자, 귀족들이 그 토지를 확장하는 것이 불가능하게 되었다. 그리하여 토지를 상속인들 사이에 분할하는 것이 가문의 경제적 및 정치적 영향력을 위협하게 되면서, 12세기 중엽 무렵부터 장자단독상속이 보편화되었다. 이와 비슷한 현상은 프랑스와 영국에서도 찾아볼 수 있다.[88)][89)]

진화심리학에서는 이러한 長子單獨相續[90)]이 보편화된 것이, 단순히 자녀를 많이 낳는 것보다는 한 자녀에게 재산을 모아 줌으로써 그 자녀가 더 많은 자녀를 낳도록 하는 것이 부모의 유전자를 후세에 퍼뜨리는 데 유리하기 때문이라고 해석한다.[91)][92)] 즉 이 경우에도 부모의 이익과 자녀의 이익이 충돌하는 것이다.

V. 結　　論

이제까지 進化心理學과 가족법에 대하여 간단히 살펴보았다. 위에서의 설명만으로도 진화심리학적인 관점이 가족법이나 인간의 친족관계에서의 행동을 이해하는 데 도움이 된다는 점을 알 수 있을 것이다. 물론 진화심리학도 성립한 지 얼마 되지 않았을 뿐만 아니라, 이를 법에 응용하는 연구는 아직 초창기에 있다고 해도 과언이 아니다. 그렇지만 이에 관하여는 좀더 심도 있는 연구

---

88) Barrett et al.(註 4), pp. 213 ff. 이하의 문헌 참조.

89) 우리나라에서도 조선 전기에는 子女 均分相續이 원칙이었으나, 조선 후기에 들어가면서 장남을 우대하는 경향이 나타나게 되었다. 尹眞秀, "高氏 門中의 訟事를 통해 본 傳統 相續法의 變遷", 家族法硏究 제19권 2호, 2005, 337면 이하 및 특히 340면 註 39)에 인용된 문헌들 참조.

90) 경우에 따라서는 末子單獨相續(ultimogeniture).

91) Barrett et al.(註 4), p. 209 참조.

92) 우리나라에서 근래에 출산율이 유례 없이 저하되고 있는 것도 이러한 관점에서 설명할 수 있다고 생각한다. 즉 좋은 조건의 배우자와 결혼하기 위하여는 좋은 교육과 좋은 조건을 갖추어야 하는 상황에서는 부모들로서는 자녀를 많이 낳기보다 적게 낳아서 그 자녀의 양육에 전력을 쏟는 것이 유리하다고 생각하는 것이다.

가 필요하다고 생각된다.[93]

그런데 논자에 따라서는 과학의 영역에 속하는 진화심리학은 규범의 영역에 속하는 법과는 관련이 없다고 하는 사람도 있을 수 있다. 이러한 사람을 위하여 진화심리학적 지식을 법에 응용하려는 학자 중 한 사람인 Jones가 제창하는 법의 지레작용에 관한 법칙(law of law's leverage)을 소개하고자 한다. 그가 말하는 법의 지레작용에 관한 법칙은 다음과 같다.

"어떤 인간 행동의 빈도를 감소시키거나 증가시키기 위하여 필요한 법적 개입의 강도는 그러한 행동에 기여하는 素質이 과거의 환경에서 평균적으로 그러한 소질을 가지고 있는 사람에게 적응적이었던 정도와 적극적 또는 소극적으로 상관관계에 있다."[94]

이를 다른 말로 표현한다면 법이 인간의 행동을 과거 조상들의 환경에서 번식의 성공을 증진시켰던 방향으로 변경하고자 한다면 비용이 덜 드는 반면, 그와 반대 방향으로 변경하고자 할 때에는 비용이 많이 든다는 것이다.[95]

몇 가지 예를 들어 본다. 예컨대 법이 婚外情事(姦通)를 금지하고자 할 수는 있으나, 이를 제대로 수행하려면 매우 많은 비용이 들 뿐만 아니라 실제에 있어서는 거의 불가능에 가깝다고 할 수 있다. 왜냐하면 적어도 과거에는 혼외정사가 인간의 번식의 성공에 기여하였기 때문이다. 또 재산상속을 허용하지 않는 것도 마찬가지이다.[96] 그리고 우리나라에서 1980년대에 강력하게 실시되었던 課外禁止의 조치가 결국 유지되지 못하였던 것[97]도 이러한 관점에서 이해할 수 있다. 부모가 자녀의 교육을 위하여 투자하는 것은 진화심리학적으로 보아 매우 適應的인 현상으로서, 이에 대한 강력한 욕구가 존재하므로 법으로

93) 미국에서 진화심리학과 법에 관하여 연구하는 기관으로는 Gruter Institute for Law and Behavioral Research(인터넷 홈페이지: www.gruterinstitute.org)와 The Society for Evolutionary Analysis in Law(SEAL, 인터넷 홈페이지: www.sealsite.org)가 있다. 특히 후자의 홈페이지에는 진화심리학과 법에 관한 유용한 자료 목록이 있다.

94) "The Magnitude of legal intervention necessary to reduce or to increase the incidence of any human behavior will correlate positively or negatively, respectively, with the extent to which a predisposition contributing to that behavior was adaptive for its bearers, on average, in past environment." Jones(註 3), p. 962.

95) Jones(註 3), p. 963.

96) 1917년의 러시아 혁명 후에 소련에서 일시 상속제도를 폐지한 일이 있었으나 1922년에 이르러 이를 다시 부활시켰다.

97) 헌법재판소 2000. 4. 27. 선고 98헌가16, 98헌마429 결정(헌법재판소판례집 제12권 1집 427면 이하)은 과외를 원칙적으로 금지하고 있던 당시의 학원의 설립·운영에 관한 법률 제3조를 위헌이라고 선언하였다.

이를 막는다는 것은 실효성을 기대하기 어려운 때문이다. 반면 인간에게 이타적 행동을 요구하는 것도 또한 쉽지 않다.[98] 1960년대에 우리나라에서 고아 문제의 해결을 위하여 고위 공무원들에게 고아의 입양을 의무화한 일이 있었다고 하는데, 그 결과가 어떠했을지는 쉽게 짐작할 수 있다.

이 글은 법의 영역에 진화심리학을 소개하기 위한 차원에서 쓰여진 초보적인 수준의 것이다. 이 글이 법률가들에게 진화심리학에 대한 흥미를 유발하는 계기가 된다면 다행으로 생각한다.

98) 위급한 상황에 빠진 사람에 대하여 구호의무를 부과하는 이른바 선한 사마리아인 법(Good Samaritan Law)은 우리나라에서는 원칙적으로는 인정되지 않고 있다. 그러나 나라에 따라서는 그 피해가 중대한 반면 그 피해를 용이하게 방지할 수 있는 것과 같은 예외적인 경우에는 불법행위책임을 인정하기도 한다. H. Koziol(ed.) Unification of Tort Law: Wrongfulness, Principlse of European Tort Law Vol. 3, 1998의 Case 10에 대한 각국 보고; H. Koziol 저, 신유철 옮김, 유럽손해배상법, 2005, 80-81면; J. Kortmann, Altruism in Private Law, 2005 등 참조. Good Samaritan Rule에 대한 경제적 분석으로는 D. Wittman, Economic Foundation of Law and Organization, 2006, pp. 175 ff. 및 그곳에 인용되어 있는 문헌들 참조.

제 9 장

형사절차에서 DNA증거의 활용과 한계

이 용 식*

I. 글을 시작하며

현대 과학기술의 눈부신 발달 속에서도 가장 빠른 진화속도와 화려함을 자랑하는 분야를 꼽으라면, 아마도 유전공학분야일 것이다. 그리고 이러한 유전공학기술의 발전이 이끄는 시대적 조류의 가장 끝자락에 법관련 분야가 위치한다. 이는 '가치' 혹은 '규범'이라는 것을 다루는 법영역의 속성상 당연하다 할 것이다. 그러한 법영역 중에서도 형법은 다시 제일 뒷쪽에 선다. 이 또한 '형벌'이라는 것을 수단으로 인간을 다루는 형사법의 운명이라고도 할 수 있다. 따라서 그 더딘 반응에 대해 책할 일만은 아닌 것이다.

하지만 형사법이 법적용의 신중함이라는 사회적·규범적 요청에 발목이 잡혀있는 사이에 범죄는 이러한 제한이나 요구로부터 자유로웠다. 즉 범죄는 시대변화의 엄청난 속도에 부응하듯, 아니 오히려 그 흐름을 주도하듯 빠르게 지능화, 흉포화되고, 양적 또는 질적으로 무한정 팽창하고 있다. 결국 형사법이라는 규범과 법현실속의 범죄간의 격차가 그 한계치를 넘어서게 되면 형사법이 추구해온 신중함은 무능함으로 평가되게 된다.

따라서 이러한 규범과 법현실간의 격차를 해소하기 위해서는 어느 정도의 변화의 수용이 필요하다. 즉 과학적 기술을 수사 및 형사절차에 수용하고 활용할 현실적인 필요성이 제기되는 것이다. 지금부터 이 글에서 논할 DNA지문분석 및 DNA정보의 활용 역시 최근들어 형사법영역에서 이러한 필요성과 관련

* 서울대학교 법과대학 교수.

하여 많은 논쟁의 소재를 제공하는 문제 가운데 하나이다.

DNA지문과 관련하여 문제되는 영역을 크게 다음과 같이 나누어 볼 수 있다. 먼저 (1) DNA지문분석에 의해 생산된 결과는 믿을 수 있는가, (2) DNA지문분석결과는 형사절차에서 어떠한 가치와 의미를 갖는가, 혹은 부여할 수 있는가의 문제가 바로 그것이다.

(1)의 논점은 다시 DNA분석기술의 내용 및 과학적·사실상의 신뢰도 문제와 DNA지문분석결과는 누구에 의해 어떠한 지침 혹은 절차에 따라 도출되어야 하는가라고 하는 절차적인 신뢰성 확보의 문제로 나뉜다. 바로 후자의 절차적 신뢰성 및 정당성의 확보가 규범적 통제의 필요성과 관련하여 문제되는 핵심 영역이라고 할 수 있다. 즉 DNA시료의 채취 및 수집, 분석 및 활용의 각 단계에서 문제되는 개인의 기본권침해와 수사의 필요성이라는 현실적인 이익을 어떠한 절차적 가이드라인으로 해결해야 당해 과학적 분석결과에 법적인 의미와 가치를 부여할 수 있는지에 대한 논의가 중심을 이룬다. 다음으로 (2)의 논점과 관련해서는 위의 과정으로부터 얻어진 과학적 분석결과를 형사법상 증거로 활용할 수 있는가, 만약 있다면 그 증거능력과 증명력을 어떠한 기준으로 평가하고 확정할 것인가가 문제된다.

따라서 이 글에서는 DNA와 관련한 기본적인 과학지식 및 현실태에 대해서 간략히 개관하고, DNA지문분석기술과 분석결과를 활용하는 과정에서 야기되는 사실상 또는 규범적인 문제점을 하나하나 살펴보고자 한다. 그런 후에는 우리나라의 관련판례 및 외국의 입법례 그리고 2006년 법무부에 의해 입법예고된 『유전자감식정보의 수집 및 관리에 관한 법률(안)』을 중심으로 제도정비의 문제점을 검토하고, 이를 바탕으로 DNA지문증거의 형사법적 활용과 규범적 테두리 내에서 그 효용을 극대화하기 위한 합리적인 규범통제장치의 밑그림을 그려 보려 한다.

Ⅱ. DNA에 대한 생물학적 기초

1. 유전자와 DNA 발견의 역사

유전자(gene)란 어버이의 특징(얼굴 생김새 또는 기질)을 자식에게 전해주는 유전(遺傳)에 있어서 그 전달자를 말한다. 이러한 유전의 법칙과 유전자의 존재는 이미 알려져 있다시피 1865년 오스트리아의 멘델(G. J. Mendel)에 의해 발견되었다. 멘델은 완두콩의 교배실험을 통하여 우성의 법칙, 분리의 법칙, 독립의 법칙을 발표하였고, 이러한 초기의 연구결과는 1900년의 드브리스(H. D. Vries), 코렌스(C. E. Corrensce), 체르마크(E. Tschermark) 등에 의해 재발견되었으며, 1944년에 이르러서야 오스월드 에이버리(Oswald Avery)에 의해 처음으로 그 화학적 성분과 유전정보를 담고 있는 물질이 디옥시리보핵산(DNA)임을 알게 되었다. 그 후 1952년 미국의 헤쉬이(A. D. Hershey) 등은 대장균에 감염된 바이러스인 파지(phage)를 실험재료로 하여 유전자의 본체가 DNA임을 증명하였고,[1] 1955년에는 제임스 왓슨(James Waston)과 플란시스 크릭(Francis Crick)이 DNA의 구조가 이중나선구조임을 밝혀냄으로써, 바야흐로 분자유전학(molecular genetics)의 시대를 열게 되었다.[2]

그리고 1980년부터는 DNA의 조작기술을 통한 유전공학(genetics engineering)분야가 주목을 받으면서 의약품, 환경, 농업, 식품 등의 다양한 영역에 활용되기에 이르렀고, 1985년에는 DNA지문법이 개발되었다. 이와 같이 DNA를 법영역에 활용하는 데에는 영국의 제프레이(A. J. Jeffreys)의 공헌이 컸으며, 이것을 시작으로 DNA지문법이 사법적 영역은 물론 공법적 영역에서도 광범위하게 활용되어 지금에 이르고 있다.[3]

2. DNA의 구조에 대한 개관

인간의 신체를 이루고 있는 세포 속에는 핵이 존재하고, 그 안에는 어버

1) 최상규, "DNA지문과 범죄수사," 형사정책연구 3·4호(1990/겨울호), 31면.
2) 최상규, 위의 논문, 28면.
3) 최상규, 위의 논문, 28-29면.

이로부터 물려받은 유전정보가 염색체의 형식으로 그 핵안의 DNA에 보존되어 있다.[4] 하나의 세포의 핵에는 두 쌍의 Genom이 존재하고, 이는 다시 23쌍을 이루는 46개의 염색체로 구성된다.

염색체는 단백질의 일종인 Histon과 인간의 유전소질을 전달해주는 DNA로 구성되는데, 이중나선의 형태를 띠고 있는 DNA가 단백질을 감고 있는 긴 실 모양을 이룬다. 여기서 DNA는 아데닌(A: adenine), 구아닌(G: guanine), 티민(T: thymine), 시토닌(C: cytosine)의 4가지 염기 및 뉴클레오타이드(nucleotide)의 연결로 구성되고, 그 배열순서에 따라 다양한 유전형질이 결정되게 된다.

따라서 인간의 유전정보는 서로 반대방향인 이중나선(double helix)의 형태로 결합된 4가지 염기(A, T, G, C)의 배열순서를 파악함으로써 획득될 수 있다고 한다.

3. 유전자분석과 DNA 분석기법

DNA분석이라 함은 DNA구조, 즉 그 구성요소(DNA Bausteine), 염기 서열(Reihenfolg)과 변이성의 검사를 목적으로 한다. 1970년대 이후 지속적인 발전을 거듭해 온 DNA분석은 유전기술에 따라 RFLP법(제한효소절편다형성법)과 PCR법(중합효소연쇄반응법 또는 유전자확장법)의 2가지로 구분될 수 있다.[5]

(1) RFLP법

RFLP법은 DNA를 제한효소로 절단하여 그 절편의 다양성을 판독하는 방법으로 Wyman과 White에 의해 1980년에 도입되었고,[6] 방사선동위원소가 부착된 탐침(Probe)을 사용한다.[7]

그 과정을 살펴보면,[8] ① 사람의 신체물질(혈액(반), 정액(반), 체모, 타액 등)을 화학약품으로 처리하여 DNA를 추출하고, ② 추출된 DNA에 제한효소로

---

4) 최상규, 위의 논문, 31-32면; 조성용, "형사소송법상 DNA지문감식의 허용과 한계," 형사정책연구 제15권 제 2 호(2004/여름호), 73-74면; 강인숙, "형사절차에서 DNA분석에 대한 규점적 통제," 전북대학교 박사학위 논문, 2004, 11-12면 참조.

5) 정규원, "유전자감식의 법적문제," 형사정책 제18권 제 2 호, 2006. 12, 69-72면 참조.

6) 이정빈, "유전자 감정의 범죄수사 적용에 관한 연구," 한국형사정책연구원, 1994, 14면.

7) 이정빈, 위의 책, 17면.

8) 강인숙, 앞의 논문, 22-23면.

소화하여 조각을 만들고, ③ 일정한 농도의 겔에 잘려진 DNA 절편을 삽입하여 일정한 시간 전류를 통하게 한 후, DNA 크기에 따라 조각을 분리하여 배열하게 한다. ④ 분리배열된 DNA 조각을 얇은 막에 옮기고, 그 막을 오븐에 넣고 열을 가한 후 방사선동위원소가 부착된 탐침을 가하게 되는데, 탐침은 막의 DNA 조각 가운데 상보적인 DNA에만 붙는다. ⑤ 그 후 상보적인 결합을 한 탐침과 막에 X-lay필름을 감광하면 탐침의 방사능이 베타입자를 방출하여 필름에 감광함으로써 밴드상을 얻게 한다. 이 밴드를 동일성확인을 위해 준비된 다른 검체의 검사결과와 대조하여 신원확인을 하는 것이다. 하지만 이 RFLP법은 분석절차가 매우 복잡하고, 많은 시간이 걸린다[9]는 단점이 있다. 그리고 이 기법에서는 탐침의 작용에 의해 어느 유전자좌에서 변이가 발생하였는가를 읽어낼 수 있기 때문에 탐침의 작용에 따라 결과의 완성도가 달라진다.

(2) PCR법

추출된 DNA에 중합효소를 이용해서 특정유전자좌를 증폭하여 다형성을 판독하는 PCR법(Polymerase Chain Reaction) 또는 PCR Amp-FEL법[10]은 먼저 ① 온도순환기에 시험관을 넣고 프로그램에 따라 95℃에서 가열함으로써 샘플 DNA의 이중나선을 해체하여 단일나선으로 변성시킨 후, ② 온도를 빠르게 낮추어 50~60℃ 정도를 유지시켜 보합(hybridization)이 일어난 수 있는 조건을 만들어 초벌자와 샘플 DNA의 상보적 염기순서간에 보합(상보적 염기와 이중나선 형성)이 일어나게 한다. ③ DNA 중합효소는 초벌자를 연장하며 복제를 수행하여, 두 초벌자에 위해 공통적으로 복제되는 부분만이 기하급수적으로 증가하게 되는 것이다. ④ 이 결과를 전기영동하면 증폭된 DNA만을 볼 수 있다.[11]

특정부위의 염기순서를 증폭시키는 PCR법은 절차가 간편하고, 분석시간도 하루 정도로 단기이고, 극미량의 자료만으로도 분석이 가능할 뿐 아니라, 증거물인 DNA의 오염이나 부패 등에도 영향을 크게 받지 않는다는 장점이 있다.[12] 하지만 민감성이 뛰어나다는 장점은 자료가 오염되어 있는 경우, 예

9) 이정빈, 앞의 책, 19면.
10) 최상규, 과학수사 — 이론과 실제 —, 법문사, 1998, 286-296면; 정연보, 분자생물학의 테크놀로지, http://www.idgene.co.kr, 16면 참조.
11) 강인숙, 앞의 논문, 27면.
12) 강인숙, 앞의 논문, 27-28면.

를 들면 100만분의 1 이하의 다른 DNA가 함유된 경우에도 원치 않는 염기서열의 증폭으로 인한 검출오류가 발생할 수도 있다[13]는 점에서 문제점이 지적되고 있다.

4. DNA지문의 개념과 용어의 사용례

DNA를 처음 법과학에 응용할 목적으로 연구개발에 착수했던 영국의 제프레이(A. J. Jeffreys) 교수는 인간의 미로글로빈(myoglobin)유전자를 연구하면서 수십 수백 염기쌍이 수만회 혹은 그 이상 같은 방향으로 반복되어 있는 구조를 갖고 있는 미니새털라이트(minisatellite) DNA부위를 발견하였다. 이 미니새털라이트 부위는 일란성 쌍생아를 제외한 모든 객체에서 검출된 패턴에서 상이성을 보일 뿐 아니라 개인차도 매우 심하여, 개체가 갖고 있는 고도의 특이성을 잘 보여주기 때문에 마치 손가락의 지문과도 같다는 의미에서 DNA지문(DNA fingerprints)로 불리게 되었다.[14] 개체의 동일성확인에 있어서 더욱 존재가치를 갖는 DNA지문은 분석기술의 발전에 힘입어 범죄수사영역에서 중요한 의미를 갖는다.

영미에서는 주로 분석결과의 사실적인 특징에 초점을 맞추어 DNA지문, DNA 프로파일링, DNA typing 등의 용어가 사용되고 있다. 하지만 우리나라에서는 형사소송법상의 감정[15]이라는 용어를 사용하여 '유전자감정' 혹은 유전자감식규정(대검예규 과수 제279호, 1998. 3. 10)을 염두에 두고 '유전자감식'이라는 용어를 사용하고 있다. 그러나 양자는 형사소송법상 처분권과 증거능력의 측면에서 형식적인 요건과 효과에 있어서 차이를 갖는다. 따라서 유전자감식 또는 유전자감정이라는 용어로 형사절차 전반을 포괄적으로 규정하는 데 있어 일정한 한계가 있다고 평가된다. 유전자 및 DNA에 관해서 전술한 바와 같이, 엄밀한 의미에서 유전자 그 자체가 아니라 그 안에 존재하는 DNA가 핵심정보를 담고 있으므로 여기서는 'DNA(지문) 분석'이라는 용어를 사용하려 한다. 그리고 이러한 DNA지문을 형사절차 내에서 활용하여 증거로서의 자격 및 효력

13) 강인숙, 앞의 논문 28면; 이정빈, 앞의 책, 19-22면.
14) 최상규, 앞의 논문, 33면 참조.
15) 특수한 지식, 경험을 가진 제 3 자가 그 지식, 경험에 의해 알 수 있는 법칙 또는 그 법칙을 적용하여 얻은 판단을 법원에 보고하는 것을 말한다.

을 인정할지 여부를 논할 때에는 형사법적 의미를 부각시킨다는 의미에서 'DNA(지문) 감정'이라는 용어를 사용하는 것이 바람직하다[16]고 보인다.

Ⅲ. DNA지문의 형사법적 활용

DNA지문 분석기술이 개발된 초기부터 현재에 이르기까지 DNA와 관련한 자연과학적 기술의 발달은 형사법영역 그 중에서도 특히 범죄의 수사와 해결에 많은 변화와 영향을 주었다.[17] 형사절차에서 활용되는 DNA분석의 목적은 주로 동일성확인, 즉 범행지에서 발견된 생물학적인 유류물질이 누구에서 나온 것인가를 확인하는 것이다. 그리고 이와 더불어 범죄혐의를 받고 있는 용의자 내지 피의자의 혐의를 배제시키는 것도 그 목적에 포함시킬 수 있다. 형사법상에서 DNA지문이 활용되는 영역을 구체화하여 살펴보면 다음과 같다.

1. 동일성확인

DNA지문분석의 가장 큰 활용영역은 동일성확인 혹은 증명일 것이다.[18] 예를 들면 범죄현장 등에서 발견된 유류물질(모근이 남아있는 머리카락, 혈액, 정액 등)의 DNA와 피의자 혹은 피고인으로부터 채취한 신체세포(구강점막, 혈액)의 DNA를 대조하여 동일성을 확인함으로써 범죄혐의의 유·무를 판단하는데 DNA지문을 활용하는 것이다.[19] 이는 혈액형에 의한 동일성확인에 있어서 두 사람이 우연히 일치할 확률이 0.014(약 70분의 1)인 반하여, DNA지문이 일치할 확률은 3천억 분의 1 내지 수 조분의 1이기 때문에 그 동일성판단의 신뢰성이 비교할 수 없을 만큼 높다는 점에 근거한 것이다. 따라서 DNA지문의 일치는 범죄현장에 있던 자가 피의자·피고인임을 증명하는 강력한 방법 내지 수단이 되고, 범죄수사현실에서 중요한 증거자료로 사용되고 있다.

---

16) 강인숙, 앞의 논문, 10면.

17) Altendorfer, Rechtsproblem der DNA—Analyse im Strafverfahren, Dissertation der Ludwig-Maximilians-Universität zu München, 1991, S. 26.

18) Christoph S. Schewe, Quo vadis genetischer Fingerabdruck? -Zum Regelungsbedarf bei der Speicherung von DNA—Identifizierungsmustern—, JR Heft 5/2006, 181 ff.

19) 강인숙, 앞의 논문, 43면.

특히 이러한 신원확인을 위한 DNA지문의 활용은 강간을 비롯한 성범죄 및 음주운전사고 혹은 약물중독범죄 등에서 범죄인의 동일성을 증명하는 데 큰 기여를 하고 있다. 이는 이미 알려진 사람으로부터 얻은 신체세포의 비교·대조의 객체로 삼는다는 점에서 차이는 있지만 혈통확인 및 친족확인을 위한 DNA지문 활용과 동일하다. 하지만 전술한 바와 같이 DNA지문을 통해 동일성을 확인하기 위해서는 최소한 두 개 이상의 DNA지문의 채취와 대조가 이루어져야 가능하다. 후술하겠지만, 이 과정에서 형사법적으로 여러 가지 문제가 발생하고 있어서 DNA지문의 적극적 활용의 걸림돌이 되고 있다.

2. 책임능력 · 행위능력의 확인

이것은 아직까지는 현실화되지 않은 DNA지문 활용의 가능성 영역이라고 할 수 있는데, DNA분석을 통해서 정신적인 인격구조(예를 들면, 정신분열증 또는 조울증을 일으키기 쉬운)과 기질적인 특성(예를 들면, 알코올중독에 빠지기 쉬운 성벽 또는 폭력적인 성벽) 및 질병관련표지(예를 들면, 당뇨병 또는 동맥경화증)를 확인하여 이를 형사절차에서 가벌성요건 및 소송조건의 평가에 반영하고자 하는 시도[20]가 그것이다.

그러나 이는 아직까지 그리고 한동안은 가능성의 영역으로 남아 있을 듯하다. 왜냐하면 위에 언급한 정신적인 인격구조나 기질적 특성은 단일유전자에 의해 확인되거나 발생하는 것이 아니라 복수유전자(Polygen)의 상호작용에 의해 비로소 발생하는 것이고, 게다가 환경적 요인의 영향까지 배제하기 힘들기 때문에 더더욱 현실적 활용가능성은 낮다고 보는 것이 일반적인 평가이다.

Ⅳ. 형사절차상 DNA지문 활용의 허용범위와 한계

1. DNA지문 활용과 관련한 법적 문제상황

지금까지 살펴본 바와 같이 DNA지문과 그에 대한 분석은 사람의 혈액,

20) Altendorfer, a.a.O., S. 28.

체모, 정액 및 신체조직의 일부로부터 분리된 DNA의 형태를 분석하여 동일인 여부를 식별해 낼 수 있는 과학적인 감정기법으로 현재 인식되고 있다. 하지만 이러한 분석을 위해서는 범죄현장에서의 수집처럼 신체침해를 수반하지 않는 경우도 있지만, 이를 대조분석하기 위해서는 불가피하게 신체 침해적 수집방법이 사용되어질 수밖에 없는 것이 현실이다. 따라서 이 과정에서 개인의 신체와 관련된 법적 권리의 침해가 발생하게 되고, 이를 둘러싼 법적인 문제점들이 노출되게 된다. 특히 DNA지문분석에 대한 과학기술의 발전과 더불어 그에 대한 의존도가 지속적으로 증가하는 현실에서, 이러한 법적 문제의 해결은 DNA지문을 비롯한 과학적 증거의 적극적 활용을 위해서라도 시급히 해결되어야 할 선결과제이다.

DNA지문과 관련하여 문제되는 법적인 논점은 크게 헌법적인 문제와 형사법적인 문제로 나누어 볼 수 있다. 먼저 DNA지문분석은 헌법과 관련하고 근본적으로는 인간의 존엄성과 개별적으로는 인격권, 프라이버시권, 신체불가침권, 정보자기결정권 더 나아가 적법절차원칙과도 충돌할 소지를 갖고 있다.

한편 형사법과 관련한 쟁점은 수사단계에서의 문제와 공판단계에서의 문제, 2부분으로 나누어 볼 수 있다. 먼저 수사단계에서는 과학적 수사기법으로서의 DNA지문분석의 활용이 그 수집 및 채취과정에서 피의자의 권리를 침해할 수 있기 때문이다. 이는 형사소송법 제106조, 제109조, 제141조 및 제219조 등의 해석과 관련되어 구체적으로 문제된다. 그리고 공판단계에서는 과학적 증거로서의 DNA지문에 대하여 증거능력을 인정할 수 있는가, 인정한다면 어느 정도의 증명력을 인정해야 할 것인가가 문제된다. 이는 바꾸어 말하면 DNA지문이 증거증력과 증명력을 인정받기 위해서는 과학적 이론의 타당성 및 기술적 타당성의 관점에서 갖추어야 할 요건과 기준이 무엇인가에 관한 문제라고도 할 수 있다.

이번 장에서는 DNA지문분석과 관련한 일반적인 법적 문제점, 특히 헌법 및 형사법과 관련한 법적 문제점을 중심으로 살펴보고, 다음 장에서는 이를 기초로 하여 DNA지문분석의 활용에 대한 적절한 규범통제방법을 형사절차와 관련하여 집중적으로 검토해 보고자 한다.

2. 헌법영역에서 DNA지문분석의 활용과 한계

과학기술이 인간의 생명과 관련하여 많은 긍정적인 기여를 하고 있음은 부정할 수 없는 현실이다. 하지만 사실적인 결과와 달리 과학기술의 남용 및 과신에 따라 빚어질 수 있는 위험에 대한 불안과 우려 역시 항상 그림자처럼 드리워져 있다는 것 역시 부정하기 힘들다.

즉 과학기술의 유용성과 실용성의 뒷면엔 항상 위해요소와 위험성이 공존한다. 여기서는 인간의 DNA분석 및 그 결과의 활용, 특히 형사절차에서의 활용과 관련하여 발생할 수 있는 위해성과 한계성을 헌법적 한계라는 관점에서 살펴보고자 한다.[21)]

(1) 인간의 존엄성과 인격권의 침해 여부

과학기술의 도입의 도입으로 인해 헌법적 가치인 인간의 존엄성과 기본권이 침해될 위험성이 존재한다면, 국가는 과학기술의 허용과 활용에 앞서 인간의 존엄성을 존중과 보장이라는 측면에서 적극적으로 대처해야 한다. 과학기술을 법적 영역, 특히 형사절차에서 활용함에 있어서는 그 남용과 과신으로 인한 권리침해의 위험성과 더 나아가 그러한 위험성이 종국적으로는 인간의 존엄성 및 인권의 침해로 이어질 수 있다는 점을 고려해야 하고, 그 도입과 활용에 있어 더욱 주의와 경계가 요청된다 할 것이다. 따라서 이러한 심사숙고를 위해서는 그 바탕에 인간이라는 존재에 대한 평가가 전제되어야 할 것이다.

먼저 인간은 DNA로 구성된 생물학적 신체만으로 구성된 것이 아니라 자유의지를 가진 이성적인 인격체로 보는 것이 규범적인 영역에서 바라보는 인간에 대한 초상이라 할 수 있다. 이러한 인간상은 1962년 우리나라 헌법 제 8 조가 "모든 국민은 인간으로서의 존엄과 가치를 가지며, 이를 위하여 국가는 국민의 기본적 인권을 최대한으로 보장할 의무를 진다"고 인간의 존엄성보장을 선언한 이래로, 헌법을 비롯한 우리 법체계 전반의 기본 이념으로 자리매김하고 있다.

헌법적 관점에서 바라본 인간의 존엄이란 인격성(Persönlichkeit)을 전제로 하여 인간다움의 본질을 파악하려는 윤리적 · 규범적 가치를 말한다. 그렇다면

21) 헌법적인 문제점과 관련하여 보다 자세한 언급은 강인숙, 앞의 논문, 48-101면을 참조.

DNA지문의 분석과 활용이 이러한 인간의 존엄성 및 인격권의 침해를 가져오는가, 그렇다면 전면적으로 DNA지문과 관련된 과학기술의 도입과 활용을 포기해야 하는가 하는 문제가 이후 논하게 될 모든 법적 문제의 토대를 이룬다.

하지만 인간의 본질과 가치의 존중을 요구하는 인간의 존엄성 보장의 요청도 이를 구체적으로 실현하는 개별적인 기본권의 일정한 제한에 따라 한계를 갖는다. 먼저 과거에서 현재까지의 시간적 흐름 속에서 인간의 존엄성이라는 그릇 속에 새로운 것들이 담기게 됨으로써 그 가치 및 그에 대한 인식의 변화가 있어 왔고, 전술한 바와 같이 헌법이 예정하고 있는 인간상은 개인의 인격성이라는 인간의 고유한 가치에 기원하지만, 이는 어디까지나 공동체의 범위 내에서 존재하는 개인의 인격을 의미한다. 즉 개인이 갖는 인간의 존엄성 역시 공동체라는 공간적인 한계 내에서만, 즉 다른 타자와의 공존을 긍정하는 한도 내에서만 구현된다. 인간의 존엄성에 관한 공동체에의 구속은 개인과 공동체의 관련 하에서 인간을 파악해야 함을 의미하는 것이고, 이는 개인의 존엄과 공동체의 실질적 요청간의 조화를 위한 제한의 필요성과 인용의 불가피성이 공감대 형성의 기저를 이룬다. 이는 인간의 존엄성에 기초한 개별 기본권과 그에 대한 기본권 제한의 문제로 구체화된다. 아래에서는 DNA지문분석의 활용과 관련한 개별 기본권의 제한 및 그 문제점을 중심으로 살펴보고자 한다.

(2) 프라이버시권의 침해 여부

프라이버시권(Right of privacy)이라 하면 대체적으로 다음과 같이 2가지 정도로 정의되고 있다. 먼저 프라이버시권을 소극적으로 접근하여 '개인의 이익으로서 사회가 통제할 수 없는 개인적인 생활영역에 대한 보호권'[22]으로 이해하는 관점이 있고, 다른 하나는 프라이버시권을 '자기의 정보를 언제·어떻게·어느 정도 타인에게 공개하고 유통시킬 것이냐 하는 문제를 스스로 결정할 권리'[23]라고 파악함으로써 적극적이고 능동적으로 개념정의하려는 입장이 있다.

이러한 프라이버시권과 DNA지문분석이 충돌하는 영역은 다음과 같다. 먼저 형사절차에서 사용하기 위해 행해지는 DNA의 분석과정에서 범죄사실 및 형사법적으로 관련된 정보 이외의 신체적 특징 및 소질 등 다양한 정보의 노출

---

22) Konvitz, Privacy and the Law: A philosophical Prelude, 1966, 272면 참조.
23) 박남규, "프라이버시권의 보장에 관한 고찰," 현석 김병규박사 화갑기념논문집, 1980, 163면.

이 있을 수 있다는 점이다. 특히 DNA분석에 의해 얻어지는 정보에는 본인이 이미 다른 과학적 기술로 인해 알고 있는 정보도 있지만, 본인조차 인식하지 못하고 있는 정보도 상당하기 때문에 전술한 바와 같이 프라이버시권을 자기정보통제권으로 파악하는 관점에서는 심각한 문제가 발생한다. 더욱이 DNA데이터뱅크와 같은 정보의 집적이나 보관이 이루어질 경우에는 문제의 심각성이 더욱 커진다.

물론 형사절차 내에서 이루어지고 있는 우리나라의 DNA지문분석은 아직까지 이러한 위험에 노출되어 있지 않지만, 이를 이미 도입하여 적극적으로 활용하고 있는 미국과 독일에서는 이러한 위험성에 대한 인식과 우려가 표면화되고 있다. 프라이버시권으로부터 도출된다고 할 수 있는 정보자기결정권과 관련해서는 후술하도록 한다.

(3) 신체불가침권의 침해 여부

우리 헌법은 제12조 제 1 항 1문에 생명권에 기초를 두고 있는 신체의 완전성과 신체활동의 임의성을 보장하고 있다. 이러한 신체의 불가침성이란 신체의 생리적인 기능은 물론 그 외형상의 완전성까지 포함하는 것으로써 인간의 존엄성의 가장 기초적인 근간을 이룬다. 하지만 헌법은 신체불가침권을 인정하는 한편, 법률에 근거한 어느 정도의 제한도 함께 허용하고 있다. 여기서 어느 정도의 제한을 허용할 것인가는 제한목적의 정당성과 권리의 제한과 침해법익간의 비교형량 및 균형성에 의해 결정된다.

그렇다면 형사절차상의 DNA지문분석은 신체불가침권과 어떠한 관계에 있는가를 살펴보기로 한다. 먼저 DNA지문을 통해 동일인임을 확인하기 위해서는 범죄현장에서 수집한 흔적증거와 대조할 자료 또는 시료가 필요하게 되는데, 이러한 대조시료의 수집과정에서 대상자의 신체에 대한 침해가 불가피하게 발생하게 된다. 이러한 신체침해의 문제는 특히 혈액채취 등에 의한 DNA수집의 경우에 문제된다. 이에 대해서는 형사법영역에서 보다 자세히 다루기로 한다.

(4) 정보자기결정권의 침해 여부

인간의 존엄성 및 인격권 그리고 프라이버시권과 같은 일반적인 헌법상의 권리는 종국적으로는 정보의 자기통제에 관한 권리, 즉 정보자기결정권으로 귀결된다. 이러한 정보자기결정권에 관해서 우리 학설[24]과 판례[25]는 그 법적 근거로 사생활의 비밀과 자유를 규정하고 있는 헌법 제17조를 든다. 그리고 독일 연방헌법재판소의 판례[26]도 "현대의 정보처리조건하에서 인격의 자유로운 발현은 개인정보[27]의 무제한적 수집, 저장, 사용, 교부로부터 개인을 보호하는 것을 전제로 한다"고 밝힘으로써 자신의 인적 정보를 교부하고 사용하는 것과 관련하여 스스로 결정할 권리가 있음을 선언하고 있다. 이러한 정보의 자기결정권을 인정할 때, 형사절차상의 DNA지문분석은 인간의 세포핵으로부터 그 동일성 및 개별화된 특성을 담고 있는 정보를 추출해 내는 것으로 볼 수 있다. DNA지문분석과 정보자기결정권의 충돌문제가 발생할 수 있는 상황을 구체적으로 살펴보면, 먼저 범행장소에서의 유류물 수집과 분석이 문제될 수 있다. 범죄현장에서 수집된 유류물, 특히 신체로부터 나온 유류물은 유류물의 특성상 그 당시로서는 누구의 것인지 알 수 없기 때문에 훼손을 이유로 구체적인 법적 규제 없이 수사기관에 의해 DNA지문분석에 들어가는 것이 일반적인 관행이다. 물론 이는 정보자기결정권에 대한 공익상의 제한으로 정보수집 목적의 정당성과 비례의 원칙에 의해 정당성이 인정될 수 있겠지만, 이에 대한 구체적인 법적 근거와 통제가 필요하다. 특히 그렇게 수집된 DNA정보의 보관 및 저장을 통해 수사기관이 데이터베이스를 구축하려 할 경우에는 더더욱 문제된다. 그리고 다음으로 문제되는 상황은 범죄현장에서 수집된 DNA정보와 비교·대조할 자료를 수집하기 위해서 혐의자 혹은 피의자로부터 신체물질을 추출하여 DNA 정보를 얻는 과정에서 발생한다. 두 번째의 상황은 다음에서 논의하는 진술거부권과도 관련성을 갖는다.

---

24) 정보자기결정권의 헌법적 근거와 관련해서는 i) 헌법 제10조 제1문 전단의 인간으로서의 존엄과 가치에서 찾는 견해(김철수, 헌법학개론(제15전정신판), 2003, 540면), ii) 정보자기결정권을 사생활의 비밀과 자유(헌법 제17조)에서 찾는 견해(김승환, "정보자기결정권," 헌법학연구, 제9집 제13호, 2003/10, 167면)가 있다(강인숙, 앞의 논문, 79면에서 재인용).

25) 서울고등법원 1995. 8. 24. 선고 94구39262 판결.

26) BVerfGE 65, 1(43).

27) 독일연방정보보호법(BDSG) §3 Abs. 1에 따르면, 개인정보란 "특정한 또는 특정할 수 있는 자연인의 인적 또는 물적인 상태에 관한 개별적인 보고(Einzelangaben)"를 의미한다.

(5) 진술거부권(자기부죄거부권)의 침해 여부

진술거부권 혹은 자기부죄거부권(privilege against self-incrimination)은 누구라도 자기에게 불이익하거나 혹은 자기 스스로를 소추의 위험에 처하게 할 수 있는 정보의 제공이나 진술을 거부할 수 있는 권리이다. 즉 모든 피의자는 자신에게 불리한 진술을 거부할 수 있다. 그렇다면 여기에는 각종 검사, 범행재현, 필적 샘플 등의 제공 등도 포함되는가, 즉 진술이 아니라 신체적 또는 물(질)적 자기부죄거부도 인정되는가가 문제된다. 영미법에서는 이를 부정하는 것이 일반적이다.[28] 미국과 독일도 법원의 판결을 통해 자기부죄거부의 특권은 인신증거, 실물증거가 아닌 통신증거 또는 증언증거만을 그 대상으로 한다고 일관되게 판시해 왔다. 하지만 미국은 1990년 Muniz사건에서 일상적인 질문들은 수정 헌법 제 5 조의 보호범위 밖에 있다는 판결을 통해서,[29] 그리고 독일은 연방대법원의 전원합의체 판결[30]을 통해서 기본법 제 1 조 1항과 결합하는 제 2 조 1항에 의해 개인은 진술뿐 아니라 자기부죄적 행위를 하지 않을 자유를 갖는다고 명시적으로 승인하였다. 이 두 판결은 DNA지문분석이 자기부죄적인 행위에 해당될 수 있고, 따라서 일상적인 질문 그 이상의 개인인격정보를 노출시킬 경우에는 자기부죄거부권의 보호영역에 포함될 수 있음을 시사[31]하는 것으로 이해된다.

그러나 기본권의 제한측면에서 자기부죄거부의 특권은 소극적인 방어권이고, 수사절차에서의 혈액샘플 수집이나 DNA지문분석의 경우처럼 신체에 대한 검증이나 검사와 관련해서는 이를 인용할 의무가 있다[32]고 보는 것이 일반적이다.

(6) 적법절차원칙의 위배 여부

우리 헌법 제12조는 법률주의, 죄형법정주의와 함께 제 3 항에서 "… 적법

28) 민영성, "미국법상의 line-ups 및 기타 기소전 피의자식별절차에 관해서," 부산법학 제 2 권 제 1 호, 1995, 43-62면.

29) 388 U.S. 263(1967).

30) BGH GS, StrV. 1996, S. 465 이하.

31) 강인숙, 앞의 논문, 89면.

32) Gössel, Gentechnische Untersuchungen als Gegenstand der Beweisführung, In: Klaus Geppert/Diether Dehnicke(Hrsg.), Berlin, New York, Walter de Gruyter, 1990, S. 137.

한 절차에 따라 검사의 신청에 의하여 법관이 발부한 영장을 제시하여야 한다"라고 규정함으로써 적법절차가 헌법상의 핵심원리임을 밝히고 있다. 이를 문리적으로 해석하면, 적법절차원칙이란 신체의 자유에만 국한되는 신체의 자유에 관한 절차적 보장원리로만 인식될 수 있다. 하지만 헌법재판소는 헌법 제12조의 적법절차원칙을 신체의 자유를 보장하기 위한 절차적 보장원칙으로만 보지 않고, 모든 국가작용에 적용되는 절차적 합리성과 실체적 정당성을 보장하는 헌법상의 원리로 그 적용범위와 대상을 확장하여 해석하고 있다.[33)]

생각건대, 원래 영미법에서 유래한 헌법 제12조 제 1 항 제 3 항의 적법절차에 관한 규정은 대륙법적 법치주의를 근간으로 하는 우리 법제에서 실질적인 절차적 정당성을 보강해 주는 긍정적인 기능을 수행할 수 있다고 판단되고, 그러한 의미에서 적법절차의 원칙을 신체의 자유에 한정할 것이 아니라 전술한 바와 같이 이를 확장하여 수용하는 것이 바람직하다고 판단된다.

특히 헌법 제12조가 명문으로 상정하고 있는 형사절차에서의 적법절차원칙은 비록 규정상 보호법익이 제한되어 있지만, 이에 국한시키기보다는 '적법절차에 의하지 아니하고는 신체적·정신적 또는 재산적 불이익이 되는 어떠한 제재도 받지 아니한다'는 의미로 확장하여 해석하는 것이 타당하다[34)]고 보인다.

따라서 DNA지문분석을 당사자에게 신체적 혹은 정신적인 침해 내지 불이익을 주는 형사법적 제재로 인식한다면, DNA지문분석 역시 헌법상의 적법절차원칙에 의해서 절차적인 합리성과 실질적인 정당성이 마련되어야 할 것이다.

3. 형사법영역에서 DNA지문분석의 활용과 한계

(1) 형사소송법상 DNA지문이 갖는 체계적 지위

DNA지문이 형사소송법과 관련하여 문제될 수 있는 영역을 크게 살펴보면, 4가지 단계로 나누어 볼 수 있다. 즉 수집-분석-활용-관리가 그것이다. 이러한 단계는 형사소송의 진행과 관련하여 보면, 수사단계-감정단계-증거사용단계-보관단계와 서로 상응된다.

33) 헌재결 1997. 9. 25, 96헌가16; 1997. 5. 29, 94헌바22.

34) 강인숙, 앞의 논문, 99면.

먼저 수사단계에서 이루어지는 DNA지문의 수집과정은 헌법적 관점에서 검토한 바와 같이 개인의 인격권과 자기정보결정권과 관련하여 여러 가지 문제점을 내포하고 있다. 그러나 현실적으로 범죄의 실체적 진실발견에 중요한 과학적 증거의 활용 및 그에 대한 필요성이 날로 증가하는 현실에서 이를 부정하는 것 역시 바람직하지 않다는 데에는 모두가 공감할 것이다. 따라서 헌법적 관점의 문제점의 해결책은 DNA지문증거의 적절한 활용방안과 한계의 설정에서 찾아야 할 것으로 생각된다. 그러므로 형사소송법과 관련해서는 구체적으로 이러한 활용의 범위와 한계를 어떻게 설정할 것인지에 대해서 논해 보고자 한다.

다음은 수사과정에서 수집된 DNA를 분석하는 과정이다. DNA증거의 수집에 논의의 초점이 맞추어져 있는 상황 하에서 수집된 DNA지문증거의 분석에 관해서는 활발한 논의가 진행되고 있지 않은 것이 현실이다. 하지만 DNA지문증거의 수집 못지않게 이에 대한 분석의 합법성 및 공정성 그리고 정확성의 담보는 이로부터 얻어진 내용이 공판정에서 중요한 증거로 쓰일 수 있다는 점에서 중요하다. 따라서 여기서는 DNA지문의 분석과정을 형사소송법상의 검증절차와 관련하여 제도적·법률적 보완점 등을 살펴보고자 한다.

이렇게 하여 수집-분석된 DNA지문증거는 공판정에서 피고인 또는 피해자의 진술이나 범행을 증명하는 증거로 사용된다. 하지만 과학적 증거인 DNA지문분석결과에 대해서 증거능력을 인정할 수 있는가의 문제는 앞서 언급한 수집 및 분석의 문제와는 또 다른 법률적 문제이다. 특히 거짓말탐지기에 의해 얻어진 결과 등에 대해 그 증거능력을 인정함에 있어서 회의적인 기존의 입장과 그 논거들을 고려할 때, DNA지문증거에 대해서도 이와 같은 저항이 존재할 수 있음을 예상하는 것은 그리 어려운 일이 아닐 것이다. 물론 이는 바로 앞 단계의 DNA지문분석과정의 과학적 정확성 및 분석과정의 엄격성에 의해 어느 정도 사실적인 타당성을 이끌어낼 수 있겠으나, 그 타당성에 대해 어떠한 법률적 평가를 어느 정도로 부여할 것인지는 형사소송법상의 증거법과 관련하여 논의되어야 할 것으로 판단된다. 따라서 여기는 과학적 증거에 대한 기존의 논의들을 살펴보고, DNA지문증거에 대한 형사소송법적 평가를 고찰해 보고자 한다.

마지막으로는 DNA지문증거의 관리에 관한 문제이다. 이는 DNA데이터베이스 구축에 관한 논의와 연계되어 있다. 즉 수사과정에서 얻어진 범죄자의 DNA지문을 포함하여 대조시료의 차원에서 수집된 관련자들의 DNA, 더 나아가 지역적 혹은 연령적 차원에서의 일반인에 DNA의 수집과 축적을 의미하는 DNA데이터베이스의 구축이 최종적으로 DNA와 관련한 논점으로 남는다. 이와 관련해서는 장을 바꾸어 DNA데이터베이스 구축을 시도하고 있는 외국의 예를 살펴보고, 그에 대한 찬반논의의 과정에서 제기되는 주장과 논거들을 통해 우리나라에서 DNA데이터베이스 구축의 필요성과 문제점을 최근 법무부에 의해 입법예고된 『유전자감식정보의 수집 및 관리에 관한 법률(안)』을 중심으로 검토해 보려 한다.

(2) 수사단계에서 DNA지문분석 자료의 수집과 관련한 문제점

가. 과학수사기법으로서의 DNA지문분석

과학상 지식이나 과학적인 기법 및 기술을 수사에 이용하는 것을 우리는 흔히 '과학수사'라고 부른다. 범인식별(신원확인)을 위해 지금까지도 사용하고 있는 지문대조법에서부터 사진촬영, 도청, 거짓말검사, 마취분석, 혈액형분석, 그리고 여기서 논하려고 하는 DNA지문분석에 이르기까지 그 과학수사의 영역은 현대과학 및 기술의 발전과 궤를 같이하며 급속한 속도로 그 비중과 영역을 확장해 가고 있다.

하지만 그 효율성만큼이나 과학적 수사기법의 무제한적인 활용 및 맹목적인 신뢰에 대한 우려의 목소리 역시 적지 않다. 헌법적 관점에서 살펴본 바와 같이 특히 DNA지문의 수집과 분석에는 인격권 내지 자기정보결정권의 침해 등과 같이 상당한 인권침해적 요소가 포함되어 있기 때문이다. 게다가 이러한 우려의 목소리에는 과학적 지식의 맹목적인 신뢰 및 활용에 의해서 발생할 수 있는 문제점, 즉 아무리 과학적인 지식을 응용한 수사기법이라고 하더라도 해당 과학적 지식의 정확성 및 활용의 방법에 따른 오류의 가능성을 배제할 수 없을 뿐 아니라, 그로 인한 오판의 가능성이 존재한다는 측면에서 제기되는 근본적인 의문과 우려도 포함된다.

따라서 형사절차에 새로운 과학적 수사기법을 도입함에 있어서는 수사목적달성을 위한 당해 수사기법의 효율성 이외에도 과학적 수사방법의 확실성 및 정확성의 측면에서 제기될 수 있는 문제점들에 대한 다각적인 검토와 평가도 충분히 고려되어야 할 것으로 본다. 특히 형사절차에서의 새로운 수사기법의 정확성에 대한 신뢰도와 적절한 활용은 피의자·피고인은 물론 피해자의 권리와 이익의 측면에서 상당히 중요하고, 그 과학적 수사기법으로 얻어진 결과가 미치는 영향력 역시 상당하다는 점을 고려할 때, 이에 대한 신중한 검토와 법적인 근거 및 통제수단의 마련은 반드시 도입에 선행하여 논의되어야 할 사항으로 본다.

나. DNA지문분석의 현실태에 대한 문제제기

1946년 이전 법무국 행형과 및 경기도 경찰부소속의 지문계 통합하여 1946년 미군정하에서 경찰부 수사국에 감식과를 설치한[35] 우리나라는 경기도 경찰부 법의·이화학실과 형사사진실 통합하여 법의학실험소를 설치하였고, 1948년에는 내무부 치안국내에 감식과를 설치하고 법의학계, 이화학계, 지문계를 두었다. 그리고 1955년에는 내무부 소속으로 전문적 종합감정기관인 국립과학수사연구소를 설치함으로써 수사기관으로부터 독립하여 감식사무를 관장하도록 하였다.[36] 그 후 검찰은 1978년에 국내 최초로 도입된 거짓말탐지기를 수사실무에 도입·활용하였고, 1991년에는 기존의 문서감정실, 형사사진실, 음성분석실 등에 이어서 마약감식실과 유전자감식실을 신설하여 국내 최초로 유전자 분석을 시작하였다.[37] 그리고 국립과학수사연구소에서도 1981년에 생물학과내에 유전자분석실을 설치·운영하게 되어 현재에 이르고 있다.[38]

그리고 1992년 범행현장에서 발견된 신문지에 묻었던 정액과 용의자의 혈액에서 각각 DNA를 분리하여 PCR에 의한 유전자증폭법으로 유전자 DIS80형과 HLADQ∝형 분석을 시도하여 동일인임을 밝혀낸 의정부시 L 양(8세)강간사건이 DNA분석기법이 실제사건해결에 적용된 최초의 사례로 기록되고 있다.[39] 그 이후로도 여러 사건에서 범인의 현장존재 확인, 즉 현장에 있던 자와 피의자 혹은 피고인이 동일인인지를 확인하는, 또는 피해자의 신분을 확인하는 중요한 증거로 DNA지문분석이 사용되어 왔고 현재에 이르고 있다.

하지만 10년이 넘는 지금까지도 DNA지문증거의 수집 및 분석에 관하여 통일적으로 규율할 수 있는 개별 법률은 물론 형사소송법상 DNA지문 수집 및

35) 강인숙, 앞의 논문, 108면.
36) 강인숙, 앞의 논문, 108면.
37) 강인숙, 앞의 논문, 109면.
38) 대검찰청, 과학수사편람, 1993, 21면.
39) 최상규, "국내 최초의 DNA 감정사례," 수사연구(1992/10), 38면 이하.

분석의 절차, 허용범위 및 한계에 관한 명문의 법적 근거도 제대로 마련되어 있지 않은 것이 우리의 현실이다.

굳이 그 근거를 찾아보자면, 검찰의 내부훈령인 '유전자감식규정(대검예규 제279호)을 거론할 수 있겠으나, 이는 어디까지 실무영역에서의 기준일 뿐이며, 이에 대해서도 명확한 법적 근거규정이 없다고 평가된다. 이미 살펴본 바와 같이 다른 과학적 수사기법에 비해 헌법상 보장된 기본권인 인격권 혹은 자기정보결정권을 침해할 가능성이 월등히 높은 DNA지문분석의 형사법적 활용에 관하여 법적인 근거 없이 이를 허용하고 있는 것은 큰 문제가 아니라 할 수 없다. 특히 DNA지문분석결과에 대해 감정증거로서의 증거능력과 강제처분으로서의 성격을 인정하고 있는 법원의 입장과 앞으로 더욱 증대될 DNA지문분석의 활용가능성을 고려할 때, 법적 근거의 마련은 시급한 과제라 판단된다.

다. DNA수집과정에 대한 규범적 통제

형사절차에서 DNA지문분석이 활용되는 영역은 동일성확인이다. 즉 범죄현장 등에서 발견한 유류물질이 누구의 것인가를 밝혀서 범행사실, 범죄인 등을 간접적으로 확인하는 것이 분석의 목적이라 할 수 있다. 일반적으로 범죄현장으로부터 수집되는 것(혈흔, 머리털, 정액, 피부조각 등)을 범행흔적시료(Tatspurenmaterial)라 하고, 이와 동일성 유무판단을 위해 비교·대조하기 위해 피의자·피해자·관련자 등으로부터 채취되는 것을 대조시료(Vergleichsmaterial)라고 한다.[40] 결국 DNA지문분석은 범죄현장 또는 피해자 등에서 발견된 유류물질 그리고 유류물질의 분석결과와 대조하여 동일성을 확인할 수 있는 대조자료의 수집(과정)이 전제되어야 한다. 다시 말해 DNA지문분석을 하기 위해서는 DNA를 추출할 수 있는 유류물질의 발견·획득과 함께 대조자료를 채취·획득하는 절차가 선행되어야 한다.

그런데 DNA분석의 대상이 되는 물질이 (1) 어디에서 수집되는가(수집의 대상 혹은 객체)에 따라, (2) 수집과정에서 신체적 침해를 동반하는가에 따라 법적 규율을 달리해야 한다. 따라서 여기서는 이를 수집대상을 기준으로 크게 ① 피의자로부터의 수집, ② 피해자로부터의 수집, ③ 제3의 관련자로부터의 수집의 세 가지 경우로 나누고, 이를 다시 i) 신체적 침해를 수반하는 채취(체내물질), ii) 신체적 침해를 수반하지 않는 채취(신체 외부의 감정물), iii) 신체

40) 조성용, 형사소송법상 DNA지문감식의 허용과 한계, 76면.

이외에서의 증거물 획득으로 나누어 고찰해 보고자 한다.

① 피의자로부터의 수집

i) 신체적 침해를 수반하는 채취(체내물질의 획득) 범행장소에서 습득된 유류물로부터 피의자의 동일성을 확인하기 위해서는 불가피하게 피의자로부터의 대조시료의 수집이 요구된다. 이 대조시료의 수집과정에서 피의자의 신체침해가 문제된다.

먼저 DNA지문분석을 위한 DNA의 추출은 신체세포를 함유한 신체 어느 부위에서든 가능하다는 것이 일반적인 과학적 지식이므로, 설령 범죄수사를 위해 불가피하게 신체침해가 이루어지더라도 그 침해가 경미하고, 고통을 수반하지 않는 수집방법이 선택되어야 할 것이다. 따라서 피의자의 정액 혹은 채혈을 통해 채취하는 것보다는 양치질을 통해 배출되는 타액이나 모근이 남아 있는 머리털의 수집과 같은 보다 완화된 수단이 사용되는 것이 신체침해로 인한 피의자의 기본권 침해를 최소화하고, 나아가 DNA지문분석의 법적 정당성 및 활용범위를 넓힐 수 있는 토대가 된다고 본다.

그러나 우리나라에서는 이러한 수집절차에 대해 개별법률에 의한 규율 및 통제가 이루어지지 않고 있고, 그 기능을 검찰의 내부훈령인 유전자감식규정(대검예규 제279호)이 대신하고 있는 실정이다. 물론 여기서는 중대한 신체침해 및 기본권 침해의 가능성이 있음에도 이에 대한 법률적 차원의 규율 및 통제의 근거규정이 없다는 점도 문제이지만, 더욱 문제시되는 것은 대검예규의 유전자감식규정이 감정의뢰된 증거물(범행흔적시료)과 동일성확인을 위해 필요한 대조시료(비교용 검체)의 수집방법을 혈액, 즉 채혈에 의한 수집을 원칙으로 규정하고 있다[41]는 점이다.

하지만 강제채혈에 의한 증거수집에 관련해서는 크게 압수·수색영장설,[42] 감정처분허가장설,[43] 압수·수색영장 및 감정처분허가장설,[44] 신체검사영장 및 감정처분허가장설[45] 등의 학설대립이 있다.[46] 그러나 이러한 학설의 대립은 강제채혈의 법적 성격에 대한 시각차에서 비롯된다고 보인다. 먼저 강

41) 유전자감식규정(대검예규 제279호), 제 8 조 제 2 항 참조.

42) 김형준, "형사절차상 혈액·뇨의 강제채취와 그 한계," 형사법연구, 1996, 314면 이하 참조.

43) 강구진, 형사소송법원론, 학연사, 1983, 227면 이하 참조.

44) 이상돈, "강제채혈의 유형과 허용요건," 고시계, 2001/5, 82면 이하 참조.

45) 이재상, "강제채혈과 강제채뇨," 고시계, 1998/8, 164면.

46) 조성용, 앞의 논문, 80면.

제채혈을 신체에 대한 '수색'(형사소송법 제109조)으로 이해하고 이를 위해서는 압수·수색영장이 필요하다[47]고 보는 관점이 있다. 하지만 신체에 대한 수색은 압수할 물건의 발견을 목적으로 사람의 신체표면이나 외관에 대한 검사를 의미하는 것이고, DNA채취를 목적으로 한 강제채혈처럼 체내의 물질인 혈액을 체외로 꺼내는 것을 수색의 개념에 포함시키는 것은 문제가 있다고 보인다. 그리고 다음으로는 채혈을 '감정'에 필요한 처분으로 이해하여 이를 위해서는 감정처분허가장이 필요하다고 보는 견해[48]가 있다. 이러한 견해는 채혈이 DNA지문분석을 위한 수단이라는 점을 강조하여 이를 전문가인 감정인에 의한 분석, 즉 감정으로 이해한다. 하지만 강제채혈을 통한 혈액의 수집과정과 혈액의 분석과정은 분리해서 보는 것이 타당하지 않은가 생각한다. 왜냐하면 혈액의 수집은 수사기관이 피검사자의 동의와 관계없이 채혈을 강제하는 강제처분의 성격을 갖기 때문이다. 따라서 혈액의 수집과 분석을 하나로 묶어 전체를 단순히 '감정'에 준하여 처리하는 것은 혈액의 수집과정에서 중대한 신체침해가 수반된다는 사실을 간과한 것이 아닌가 생각된다. 따라서 DNA지문분석을 위한 혈액의 수집은 소송상의 중요사실을 확인하기 위해서 행해지는 신체검사의 일종으로 보아, 이를 '검증'에 준하여 처리하는 것이 바람직하다고 본다. 물론 신체침해를 수반하는 체내검사를 기존의 형사소송법상 '신체검사'라는 개념에 포섭시킬 수 있는지에 대해서는 비판이 있을 수 있으나, 실체적 진실발견을 위한 증거수집의 필요성, 최소한의 신체침해를 전제로 하는 보충성의 원칙, 혈액의 채취는 다른 경미한 수집방법이 불가능한 경우에 최후적인 수단으로써 허용할 수 있다는 등의 제한과 한계의 준수를 조건으로 허용될 수 있다고 사료된다.

하지만 무엇보다 바람직한 것은 입법론적으로 DNA지문분석을 위한 신체의 침해에 대해서 법적 근거와 그 수집절차에 대한 상세한 법적 통제장치의 마련[49]이라 본다. 이 부분에 대해서는 후술하도록 한다.

ii) 신체외부의 증거물 획득 형사절차에서 신체 침해 없이 신체에서 획득되는 증거물은 신체 내부로부터 자연적으로 배출되는 체액, 타액, 정액

47) 심희기, "과학적 수사방법과 그 한계," 형사법연구, 1996, 314면.

48) 신치재, "AIDS에 대한 형사법적 법리와 그 대책," 형사정책, 제7호, 1995, 142면.

49) 입법론적으로 체내검사의 요건과 절차를 별도로 규정하는 것이 바람직하다고 보는 견해로는 조성용, 앞의 논문 82면; 한영수, "음주측정을 위한 '동의 없는 채혈'과 '혈액의 압수'," 형사판례연구 9, 2001, 361면.

등과 신체표면에서 획득되는 증거물로 범행 중에 피해자의 손톱이나 손톱 밑에 남겨진 범죄인의 피부조직, 피의자와 피해자 또는 제 3 자의 신체에 남겨진 혈액이나 정액의 반흔을 의미한다.[50] 이러한 유류물은 형사절차에 중요한 사실인 범죄사실, 범죄인, 범죄형태 등의 입증에 중요한 증거로서 가치가 인정되고 형사소송법 제184조에 의해 증거보전의 필요성이 인정될 수 있다.[51]

따라서 신체 외부로터의 증거물 발견 · 수집 · 보존은 우리 형사소송법 제216 내지 217조에 의할 때, 압수 · 수색영장과 (신체)검증영장(형사소송법 제140조) 또는 적법한 체포 · 구속 집행시에는 영장 없이 가능하게 된다. 다만 신체검사를 집행할 때는 피검사자의 성별, 연령, 건강상태 기타 사정을 고려하여 그 사람의 건강과 명예를 다치지 않도록 주의하여야 하며, 여성의 신체를 검사하는 경우에는 의사나 성년의 여성을 참여시키도록 하여야 한다(형사소송법 제141조 제 1 항, 제219조).

iii) 신체 이외에서의 증거물 획득　　전술한 경우 이외에도 DNA를 추출할 수 있는 증거물은 피의자의 물건 혹은 범죄관련 유류물로부터도 획득될 수 있다. 이와 같이 범죄현장에 남겨진 신체에서 유리된 신체구조물들은 '물건'으로 분류될 수 있고 형사소송법상 소추를 위한 물적 증거방법으로서 의미를 갖는다. 따라서 형사소송법 제218조에 따른 압수의 대상이 될 수 있고, 제218조의 소유 · 소지 · 보관자의 임의제출, 제215조에 의한 압수영장, 또는 제216조에 의하여 사전 영장 없이 압수할 수 있다.

② 피해자로부터의 수집　　우리 형사소송법 제141조 제 2 항은 "피고인 아닌 자의 신체검사는 증적의 존재를 확인할 수 있는 현저한 사유가 있는 경우에 한하여 할 수 있다"고 규정하고 있다. 여기서 피고인 아닌 자에는 피해자도 포함되며, '현저한 사유가 있는 한' 피해자의 동의가 없는 경우에도 피해자의 신체에 대한 검사가 가능하다고 해석된다. 이러한 신체검사에 신체침해를 수반하는 방법에 의한 검사도 허용되는가가 문제되는데, 전술한 바와 같은 필요성, 보충성, 최소침해성의 제한조건하에서 인정된다고 본다.

주로 문제되는 경우는 강간사건에서 강간의 피해자로부터 대조시료를 채취하는 경우이다.[52] 이 때 피해자의 질분비액의 채취가 신체침해를 수반하는

50) 강인숙, 앞의 논문, 115면.
51) 강인숙, 앞의 논문, 115면.
52) 조성용, 앞의 논문, 89면.

방법이 아닌가라는 문제가 제기되는 것이다. 하지만 강제채혈에서와 마찬가지로 신체검사영장에 의한 검증으로 파악하여[53] 해결하는 것이 바람직하다고 본다. 물론 피해자로부터의 수집은 피의자 혹은 피고인으로부터의 수집에 비해 보다 엄격한 조건하에 행해져야 한다는 요청은 타당하다고 본다. 형사소송법 제141조 제 2 항이 '증적의 존재를 확인할 수 있는 현저한 사유'의 존재를 요구하는 것도 이러한 맥락에서 이해될 수 있다고 본다. 그리고 설사 이러한 사유가 충족되더라도 피해자에게 고소권이 있는 범죄와 관련해서는 피해자의 의사(고소의 포기의사 혹은 취소의사)가 우선 고려되어야 할 것이다.

③ 제 3 의 관련자로부터의 수집 우리 형사소송법 제141조 제 2 항과 제219조에 의하면, 피해자 이외의 증인이나 다른 관련자에 대해서도 신체검사영장에 의한 혈액채취가 허용된다. 물론 이때에도 피검사자의 성별, 연령, 건강상태 기타 사정을 고려하여 그 사람의 건강과 명예를 다치지 않도록 주의가 요구된다(형사소송법 제141조 제 1 항).

그리고 피해자와 마찬가지로 제 3 자인 사건 관련자에 대해서도 '증적의 존재를 확인할 수 있는 현저한 사유가 있는 경우에 한하여' 신체검사가 허용될 수 있다(형사소송법 제141조 제 2 항).

(3) 수집된 DNA지문의 분석과정에 관한 법률적 문제

지금까지 DNA지문분석에 앞서 필요한 수집단계에서의 문제점을 수집객체와 방법에 따라 나누어 살펴보았다. 이는 다시 공판단계에서의 증거능력의 문제와 관련성을 갖게 된다. 따라서 수집절차에 대한 법적 평가의 문제에 대해서는 DNA지문증거의 증거능력과 관련하여 좀더 살펴보기로 하고, 여기서는 증거로서의 의미를 부여받기 위해서 필요한 과학적인 감정의 단계, 즉 DNA지문분석단계에서 제기될 수 있는 문제점들을 살펴보고자 한다. 후술하겠지만, DNA지문분석단계의 주된 논점은 분석의 과학적 정확성 및 신빙성에 대한 것으로, 이는 DNA지문증거의 증명력문제와 연관성을 갖게 된다.

현재 사용되고 있는 DNA분석방법인 RFLP기법 혹은 PCR기법에 대해서는 위에서 이미 설명하였고, 과학적인 측면에서 제기되는 양 기법의 정확도 및 신뢰성에 대한 기술적인 의문이나 논쟁은 여기서는 논외하기로 한다. 다만 여

53) 조성용, 앞의 논문, 89-90면.

기서 다루려고 하는 것은 분석과정에서 발생할 수 있는 법률적인 문제에 관한 것이다.

수집과정에서 잠깐 언급한 바와 같이 우리나라에서는 DNA지문증거의 수집과 분석절차에 대한 세분화된 접근이 이루어지고 있지 않다. 즉 피의자의 신체로부터 합법적으로 수집된 시료에 대해서는 당연히 DNA감정 혹은 분석까지도 허용된다고 이해하고 있는 것이다. 하지만 이 글에서 전제하고 있는 것처럼 수집단계와 분석단계는 별개의 절차로 간주되어야 하고, 각각의 절차에 관한 법적 근거가 필요하다고 생각한다. 물론 DNA지문분석의 법적 근거와 관련하여 형사소송법상의 규정, 즉 제141조 제 1 항 내지 제219조를 거론하는 견해도 있으나, 형사소송법 제141조 제 1 항에는 수집된 시료의 분석절차나 방법 혹은 유형에 대한 어떠한 언급도 되어 있지 않다. 따라서 DNA가 갖는 인격권과의 관련성을 고려하여 별도의 개별적인 법적 근거를 마련할 필요하다고 보는 견해가 앞으로 확대되어 갈 DNA지문증거의 활용가능성을 고려할 때 바람직하다고 본다. 특히 DNA지문의 수집절차에서 신체침해를 동반하는 수집방법이 사용될 가능성 및 불가피한 필요성이 인정되고, 이러한 수집방법 및 분석기법이 내재적으로 강제처분의 성격을 띤다는 점을 감안한다면 강제처분의 법정주의를 선언하고 있는 우리 헌법 제12조 제 3 항과 형사소송법 제199조의 규정에 비추어 개별적인 법적 근거의 필요성을 주장하는 견해가 더욱 설득력을 갖는다고 판단된다.

이와 관련해서는 독일의 DNA관련 입법례의 검토를 통해 필요한 법적 근거 및 절차적 내용을 살펴보기로 한다.

독일은 1997년 유전자지문(genetischer Fingerabdruck)에 관한 형사절차개정법률을 제정 · 시행하였다.[54] 그리고 다음 해인 1998년 9월에는 'DNA신원확인법(DNA-Identitäts-feststellungsgesetz)'을 제정하여 DNA분석에 관한 형사소송법 관련규정을 개정하였다. 그 주요 내용을 개괄적으로 소개하면 다음과 같다. 먼저 ① 동법 제81조는 DNA분석의 대상을 규정하고 있는데, i) 강체처분에 의해 피의자로부터(독일 형사소송법 제81a조 제 1 항), 또는 ii) 실체적 진실발견이라는 목적달성을 위해 확증이 필요한 경우에 한하여 증인을 포함한 제 3 자로부터 신체검사 등에 의해 수집된 혈액이나 증거물(형사소송법 제81c조 제 2

54) Senge, Strafverfahrensänderungsgesetz-DNA Analyse, NJW 1997, S. 2409.

항), 그리고 iii) 그로부터 발견·보관·압수된 유류물 등이 이에 해당한다고 규정하고 있다. 또한 ② 동법 제81e조는 DNA지문분석을 혈통 혹은 수집된 증거가 피의자의 것인가 아니면 피해자의 것인가, 즉 동일성확인을 위해 사실적인 확정이 필요한 경우에만 허용된다고 규정함으로써, 이 외의 목적(분석대상자의 질병소인 혹은 유전적 소질 등)을 위한 DNA분석의 남용 혹은 전용을 명문으로 금지하고 있다. 또한 채취된 DNA지문분석은 당해 수사절차 및 형사절차에서만 사용되어야 한다. 따라서 DNA데이터베이스 혹은 학문적 연구를 위한 목적으로 전용되는 것을 금지하는 법적 근거를 마련해 두고 있다. 그리고 이렇게 한정된 목적에 사용된 DNA시료는 목적달성 후에는 즉시 폐기되도록 규정하고 있다. 단 유류물과 감정의 결과는 폐기대상에서 제외된다. ③ 동법 제81f조 제 1 항 제 1 문에 의하면, DNA분석은 법관의 판단·명령에 의해 이루어진다. 또한 동조 제 2 항은 DNA분석의 담당주체의 선정과 관련해서는 당해 수사를 담당하고 있는 수사기관과 조직상으로 혹은 실질적으로 분리된 감정인(기관)에 의뢰하여야 한다고 규정함으로써 DNA분석주체와 관련하여 제기될 수 있는 공정성의 시비문제를 해소할 수 있는 제도적·규범적 장치를 마련해 두고 있다.

이렇게 DNA분석과 관련하여 분석의 대상, 목적, 주체, 사후처리에 대한 독일의 입법례는 아직 이에 대한 법적 근거가 마련되어 있지 않은 우리의 형사법제에 있어서 시사하는 바가 크다고 보인다.

(4) 공판단계에서 증거로서의 활용과 관련한 문제점

DNA지문분석 결과를 공판단계에서 증거로 활용하는 것과 관련하여 법적으로 제기되는 문제는 크게 3가지로 요약될 수 있다. 먼저 첫번째는 DNA지문분석의 유효성에 관한 문제제기이다. 이는 유독 DNA지문에만 제기되는 문제는 아니다. 흔히 과학적 증거방법이라고 일컬어지는 거짓말탐기기, 최면술감식, 정신병리적 혹은 심리학적 감식, 지문감식, 마이크로분석, 음성감정 등에 의해 얻어진 결과 및 증거에 대해서도 일반적으로 제기되는 문제라 할 수 있다. 이러한 과학적 증거방법의 유효성 내지 허용조건에 대해서는 미국에서 확립된 프라이기준(Frye test)와 관련성기준(Relevancy test)을 중심으로 살펴보기로 한다. 두 번째의 쟁점은 DNA지문분석절차의 적정성에 관한 문제이다. 왜냐하면

DNA지문분석기법의 종류와 절차 그리고 분석에 사용되는 시약의 질, 분석주체와 그 수준에 따라 분석의 결과가 달라질 수 있기 때문이다.[55] 따라서 법정에서 증거로 사용되기 위해서는 어떠한 절차를 거쳐 얻어진 DNA지문분석의 결과인지를 밝힐 필요가 있고, 이를 위해서는 DNA지문분석과 관련된 과학적·기술적인 기준의 마련과 절차 및 기준의 준수여부가 당해 DNA지문분석 결과의 증거로서 가치를 결정하는 중요한 판단요소가 되고, 이를 둘러싼 논쟁이 존재하는 것이다. 세 번째로 문제되는 것은 DNA다형성의 우연한 일치가능성에서 비롯된 통계학적 평가에 대한 신뢰성이다. 이하에서 자세히 살펴보기로 한다.

가. DNA지문분석의 유효성 및 증거로서의 허용조건

새로운 과학이론을 바탕으로 한 과학적 증거의 증거능력에 관해서 그 유효성 혹은 신빙성을 검증하기 위해 일반적으로 사용되어지는 방법으로는 프라이 테스트(Frye test)와 관련성 접근방법(Revancy approach)이 있다.[56] 먼저 프라이 테스트라고 불리우는 검증방법은 1923년 미연방항소법원이 Frye v. United States 사건에서 채택한 방법으로, 과학적 증거는 다른 증거와 달리 단지 사실에 대한 관련성 또는 유용성의 관점에서만 판단할 것이 아니라, 새로운 과학적 이론이나 기법은 그것이 속하는 과학적 영역에서 일반적으로 승인되어야 한다는 기준을 의미한다. 즉 프라이 테스트는 새로운 과학적 이론이나 기법의 타당성 혹은 그 유효성을 판단할 때, 두 단계의 절차를 요구한다. i) 해당 과학적 이론이나 기법이 속하는 과학분야 또는 영역을 특정할 하고, ii) 그 영역 내에서 해당 이론이나 기법에 대한 일반적 승인이 존재하는가 여부를 판단하는 것이 그것이다. 하지만 프라이 테스트는 과학기술에 대한 배심원의 맹신이나 과학적 증거에 의해 압도될 것을 우려하여 지나치게 엄격한 기준을 적용함으로써[57] 실질적으로 새로운 과학기술에 의해 얻어진 과학적 증거의 활용가

55) 이정빈, 앞의 논문, 97-98면.

56) 심희기, 앞의 논문, 95면 이하 참조.

57) 실제로 1989년 New York주 대법원은 DNA감정결과의 증거능력과 관련하여 프라이 테스트를 적용한 바 있다. People v. Castro 사건에서 New York주 대법원은 유전자감정결과의 체계적 복잡성과 배심원단에 미칠 영향력을 고려하여 이에 대해 증거능력을 인정하기 위해서는 기존의 프라이 테스트의 2단계 요건 외에 검사를 시행하는 과정에서 절차를 준수할 것을 요건으로 추가하였다(이를 프라이 플러스(Frye Plus)라고 부르기도 한다). 이 판결은 새로운 과학기술에 의한 과학적 증거의 활용에 관하여 기존의 프라이 테스트보다 좀더 엄격한 기준의 충족을 요구하고 있는 것으로 보인다(원혜욱, "유전자감정결과의 증거사용에 관하여," 형사정책

능성이 너무 희박해진다는 비판이 제기된다. 또한 전술한 과학적 영역을 특정하는 1단계의 기준이 무엇인지, 제2단계에서 말하는 '일반적' 승인은 무엇을 의미하며, 어떻게 판단할 것인지에 대한 구체적인 기준이 무엇인지 명확하지 않다는 점들이 주된 비판의 대상이 되고 있다.

이러한 문제점과 비판점을 안고 있는 프라이 테스트를 대체하기 위해 제안된 것이 관련성 접근방법(Revancy approach)이다. 이는 과학적 증거를 다른 증거와 달리 취급하지 않고 그 증거로서의 가치와 증거로 활용할 때 발생할 위험성을 비교형량하여 증거로서의 가치가 인정될 때 새로운 과학기술을 활용하여 얻어진 과학적 증거를 증거로서 승인하는 방법이다. 이 방법에 의한 판단은 i) 제출된 과학적 증거의 증거가치의 평가, ii) 증거로서 활용할 때 발생할 수 있는 위험성의 확인, iii) 증거가치와 위험성의 비교형량이라는 3단계에 의해 이루어진다.[58] 먼저 과학적 증거의 증거가치는 그 신뢰성이 가장 중요한 문제이고, 이에 대해 판단은 과학적 지식이 부족한 판사에게만 의존할 것이 아니라 해당분야의 전문가의 증언에 의해 새로운 기술의 유효성 및 그 결과의 증거가치를 판단하는 것이 바람직하다고 한다. 따라서 해당 과학분야의 전문가집단의 승인, 전문가의 자격과 능력, 적용된 기술 및 그 오차율 등은 제반 지식과 상황이 종합적으로 고려된다고 한다. 그리고 위험성 판단에서는 새로운 과학적 증거가 비록 관련성을 갖는다 할지라도 배심원에 대한 불공정한 편견, 쟁점의 혼동, 배심원을 오도할 위험이 있거나 혹은 소송지연, 시간낭비, 불필요한 중복증거라고 판단될 소지가 있는지를 검토한다. 그리고 마지막 제3단계에서는 증거가치와 그 위험성을 비교하여 확인된 위험성이 증거가치보다 압도적으로 우월할 경우에 해당 과학적 증거의 증거능력을 배제하게 된다.[59]

DNA지문분석결과의 증거활용에 관하여 우리나라는 위에서 설명한 두가지 방법 중 명확하지는 않지만 대체적으로 프라이 테스트에 의존하고 있는 것으로 보인다. DNA분석결과의 증거능력을 인정하고 있는 우리 판례는 광주고등법원 판례[60]에서 과학적 증거인 DNA분석결과를 증거로 사용하기 위한 요건으로 다음과 같은 4가지를 명시한 바 있다. i) 감정인의 자질과 능력과 관련

연구 제12권 제1호(2001·봄호), 14면 참조).

58) Paul C. Gianelli & Edward J. Imwinkelried, Scientific Evidence, 1993, 27면; 심희기, 앞의 논문, 106면.

59) Paul C. Gianelli & Edward J. Imwinkelried, 28면 이하 참조.

60) 1997. 12. 5. 선고 97노58(광주고등법원 제주지원 판결).

하여 해당과학분야의 전문적인 지식과 경험 및 기술수준을 가지고 있을 것, ii) 감정대상과 관련해서는 감정자료는 적절히 관리되어 보전되어야 하고, 감정에 사용될 정도로 양적으로 충분할 것, iii) 검사기법과 관련해서는 당시 일반적으로 확립된 표준적인 검사시법을 사용할 것, iv) 분석절차와 관련해서는 객관적인 방법에 의하여 조작과 검사결과에 대한 분석이 이루질 것 등이 바로 그것이다. 이는 프라이 테스트 기준을 상당부분 수용한 판례로 평가된다.[61] 하지만 이미 지적한 바와 같이 프라이 테스트는 기준의 엄격성으로 인해 과학적 증거의 활용가능성을 지나치게 제한하는 경향이 있기 때문에 증거능력과 관련한 법원의 이러한 기준을 적용하는 것에 대해 DNA분석기관인 국립과학수사연구소 및 검찰은 위의 요건을 과학적 증거의 증거능력을 심사하는 기준이 아니라 증명력을 판단하는 기준으로 이해하는 것이 과학적 증거의 활용도를 높이는 데 있어 바람직하다는 입장을 보이고 있다. 하지만 우리 법원은 위의 요건을 충족하는 DNA분석결과에 대해서도 단지 정황증거로서의 기능만을 인정하고 있는 실정이어서, 과학적 증거에 대한 유효성 및 허용조건의 문제를 넘어 과학적 증거의 증거가치에 대한 근본적인 시각의 개선이 요구된다고 보인다.[62] 물론 이를 위해서는 DNA분석결과를 증거로 활용함에 있어 충분한 법적·제도적 통제장치의 마련이 전제되어야 함은 당연하다.

나. DNA지문분석절차의 적정성에 관한 문제

적절한 절차의 준수는 새로운 과학기술의 유효성과 허용성에 대한 판단뿐만 아니라 그로부터 얻어진 결과에 대한 신빙성의 판단에 매우 중요하고도 밀접한 관련성을 갖는다. 특정한 과학기술이 적절하게 실행되었는가를 판단하기 위해서는 다음과 같은 세가지 조건이 검토되어야 한다고 한다. i) 기술에 기구가 사용되었다면 그 기술을 실행할 때 그 기구가 적절하게 조작 및 작동되었는가, ii) 기구 조작시 적절한 절차를 거쳤는가, iii) 그 기술을 실행하는 주체와 실험결과를 해석하는 주체가 적절한 자격을 갖춘 자인가 등이다.[63]

하지만 이러한 기준들에 대해서도 아직 명확하지 않은 점이 있다. 먼저 적절한 기구의 조작이 이루어지지 않은 경우 또는 적절한 실험절차가 준수되지 않은 경우에 그 효과로 증거능력을 부정할 것인지 아니면 증명력 판단에서 고

61) 원혜욱, 앞의 논문, 18면.
62) 이상용, "유전자정보의 보호와 이용통제에 관한 연구," 한국형사정책연구원, 2003, 106-107면.
63) 심희기, "과학적 증거의 허용성과 신빙성," 형사법연구 제12호, 1999, 16면.

려할 것인지에 대해 견해의 대립이 존재하기 때문이다. 다음은 실험조작자와 결과해석자의 자격에 관한 문제이다. 현재 우리나라에서는 국립과학수사연구소, 대검찰청 중앙수사부 유전자 감식실, 서울대학교 의과대학 법의학교실, 고려대학교 의과대학 법의학교실 등 4곳에서 DNA분석을 시행하고 있다. 하지만 국립과학수사연구소와 대검찰청 중앙수사부 유전자 감식실은 수사기관의 성격을 가지고 있기 때문에 분석결과에 대한 신뢰성 및 공정성 시비가 문제될 수 있다. 즉 수사기관으로부터 분리독립된 제3의 분석기관에서 DNA분석 및 감정이 이루어지도록 하는 것이 바람직하다는 기본적인 관점에서 볼 때, 현재 DNA지문분석절차의 적정성에 관해서는 아직 제도적 보완이 필요하다고 판단된다.

다. DNA다형성의 우연한 일치가능성에 관한 문제

우리가 법정에서 DNA증거에 대한 평가와 관련하여 제시되는 수백만 분의 1 또는 수천만 분의 1이라는 수치는 우연히 일치할 확률을 통계적 기법을 통해 계산한 신뢰도를 의미한다.

하지만 현재 활용되고 있는 DNA 분석기법에 의한 분석결과에서 한 개인이 특정 유전자좌에서 다형성을 보여준다 하여도 그 DNA 패턴은 그 개인에게서만 독특하게 나타나는 고유한 것이라고 말할 수 없다고 한다. 즉 DNA분석을 통하여 비교되는 검체들이 동일한 유전자좌에서 다형성을 띠고 있음이 밝혀진다 해도 두 자료가 한 사람에게 유래된 것이라고 단정할 수 없다는 것이다.[64] 이러한 의문은 미국에서도 제기되었는데, United States v. Porter et al.,판결에서 법원은 특히 밴드의 독자성과 하위집단 내부에서의 발현빈도의 신빙성에 대해서 의문이 너무 본질적이고, 이러한 문제점은 DNA증거의 신빙성은 물론 과학적 증거의 증거능력 허용여부에도 큰 영향을 미친다고 판시한 바 있다. 따라서 특정 다형성 유전자좌의 유용성 조사 및 DNA분석결과의 일치확률에 대한 신빙성을 획득하기 위해서는 DNA분석대상자가 속한 인종 또는 민족집단 내에서 대표성이 인정될 수 있는 일정수 이상의 인구표본을 선정, 다형성 유전자좌의 대립형발현빈도를 조사하여야 한다[65]는 주장이 설득력을 갖는다. 물론 국립과학수사연구소와 대검찰청 과학수사과에서는 한국에게 가장 적합한 유전자

64) 강인숙, 앞의 논문, 34-35면.
65) 심희기, "유전자감정의 증거능력과 증명력," 고시계(1999/11), 127면.

분석기법의 개발과 평균 1억 내지 100억 분의 1의 일치확률을 담보할 수 있는 선진기술의 보유를 주장하였으나,[66] 그 신뢰성에 대해서는 여전히 의문이 제기되고 있다.[67] 우리 법원도 1997년 판결을 통해 국립과학연구소에서 작성한 유전자분포도는 임의로 채택한 400여 개 정도의 자료를 분석하여 작성된 것으로 그것이 한국인의 표준적인 유전자분포도를 반영한다고 볼 만한 객관성을 갖추지 못하였다고 보았고, 따라서 이러한 빈도분석에 기한 분석결과의 신빙성에 의문을 제기한 바 있다.[68] 따라서 DNA분석결과에 대한 신뢰도 및 신빙성을 재고시키기 위해서는 한국인의 표준적인 유전자분포도 및 특정 대립형질의 발현빈도표의 작성 등을 통하여 그 정확성을 높이는 것이 선결과제라 보인다.

V. 판례를 통해선 본 DNA지문증거의 증거법상 관련 논점

그렇다면 DNA분석결과의 증거로서 활용하는 것에 대해 우리 판례의 입장은 어떠한지, 즉 어느 정도의 증거가치를 부여하고 있고, 어떻게 취급하고 있는지 살펴볼 필요가 있다.

먼저 판례에 나타난 DNA지문증거에 대한 우리 법원의 태도는 다소 소극적인 모습이라고 평가된다. 즉 DNA지문증거의 증거능력에 대해서는 대체로 이를 긍정하면서도, 그 증명력에 대해서는 정황증거로서의 가치 정도만을 부여하고 있기 때문이다.

법원이 DNA지문증거의 증거활용에 대해 이렇게 소극적인 이유는 바로 위에서 언급한 과학적 증거의 유효성과 허용성, 적정절차의 마련과 준수, 우연한 일치가능성 및 확률적 문제 등에 대한 사실적 혹은 규범적 검토나 판단이 아직 제대로 이루어지지 않은 데 연유한다고 할 수 있다. 그 중에서도 특히 한국인의 표준적인 유전자분포도 및 특정 대립형질의 발현빈도표의 마련 등과 같이 DNA지문분석결과에 증거로서의 신뢰성을 부여할 수 있도록 하는 과학적인 검증방법 및 기준이 명확히 마련되어 있지 않은 점이 DNA지문분석결과의 증거가치를 반감시키는 주된 원인이 아닌가 한다.

---

66) http://www.police.go.kr/data/police/2002/02_03_01.

67) 강인숙, 앞의 논문, 36-37면에서 재인용.

68) 1997.12.5. 선고 97노58(광주고등법원 제주지원 판결).

이러한 문제점이 직접적으로 드러난 판례로서는 앞에서도 잠시 언급한 광주고등법원 판례[69]를 들 수 있다. 제주시내 모 여자중학교 구내식당 내실에 침입하여 현금을 강취한 후 강간을 한 혐의로 기소된 피고인은 제1심에서 사건현장의 유류물로부터 수집된 정액의 DNA지문분석결과와 피해자의 진술로 인해 유죄를 선고받았다. 이에 항소심인 광주고등법원 제주부는 ① 피해자의 진술이 너무 막연할 뿐만 아니라 그 신빙성을 의심할 만한 사정이 있다는 점, ② DNA분석결과 유류물의 정액반과 피고인의 DNA형이 일치하지만, 이를 계산하기 위하여 시용된 한국인 유전자형 분포통계는 단지 수백 명의 유전자형의 조사에 의한 것으로 객관적인 검증이 이루어지지 않았으며 확률이 9만 분의 1에 불과하다는 점 등을 들어 DNA분석결과와 피해자의 진술을 유죄의 증거로 삼을 수 없다고 판시하면서 무죄를 선고하였다.

이 광주고등법원 판례[70]는 대전지방법원 판례와 비교하여 볼 필요가 있다. 대전고등법원 판례는 야간에 다방에 침입하여 금품을 강취하고 강간을 한 혐의로 기소된 피고인에 대하여 검사가 제출한 DNA감정서를 근거로 제1심에서 유죄를 선고한 사건에 대한 항소심인데, 항소법원은 사건현장에서 채취한 혈흔의 DNA지문이 피고인과 동일하며 피고인과 동일한 유전자형을 가지는 사람은 70만 명당 1명에 불과하다는 점을 인정하여 피고인의 항소를 기각하고 유죄를 다시 확인하였다. 이 판례에서 문제된 사건은 1997년의 범행에서 얻어진 피고인의 DNA지문의 분석을 통해 1994년의 동일한 사건의 동일범임을 밝혀낸 사례로 DNA지문분석의 유용성과 관련하여 의미를 가지는 사건이었다.

DNA지문분석결과의 증거활용과 관련하여 두 판례가 문제로 삼고 있는 부분은 집단유전학적 동일유전자형의 분포가능성에 대한 통계학적 증거의 오류가능성에 관한 문제이다. 광주고등법원 판례는 이와 관련하여 해당 DNA지문분석결과의 증명력을 부정한 데 반해, 후자의 대전고등법원 판례는 이를 긍정하였다. 물론 제출된 DNA감정결과에서 제시한 일치확률이 전자는 9만 분의 1인 데 반하여, 후자는 70만분의 1이라는 차이가 존재하기는 하지만, 이러한 동일유전자형의 분포가능성에 대한 통계학적 수치를 어느 정도 신뢰할 수 있는가는 여전히 문제된다. 이는 한국인의 표준적인 유전자분포도 및 특정 대립형질

69) 광주고등법원 제주부 1997.12.5. 선고 97노58 판결.
70) 대전고등법원 1997.11.4. 선고 97노328.

의 발현빈도표와 같은 통일적인 혹은 표준적인 기준이 마련되지 있지 못한 상황과 관련성을 갖는다고 판단된다. 두 판례의 사건에서 DNA지문분석을 담당한 주체만을 살펴보더라도, 전자는 국립과학수사연구소의 감정과 통계이고, 후자는 대검찰청 과학수사과 유전자감식실에 의해 나온 결과와 통계수치이다. 이렇게 통일되고 표준적인 기준이나 분석기법 및 절차에 대한 규정이나 지침없이 여러 분석기관에서 개별적인 분석기법과 절차를 통해 DNA와 관련한 분석과 결과를 산출해 내고 있다는 것은 그만큼 DNA지문증거에 대한 신뢰성을 감소시키는 요인으로 작용한다고 보인다. 이러한 혼란을 보여주는 사례가 서울고등법원 판례[71]인데, 여기서 법원은 동일한 피고사건과 관련하여 (국립과학수사연구소와 대검찰청 과학수사과 유전자감식실이 각각 작성한) 서로 다른 2개의 DNA 분석결과 중 별다른 이유에 대한 설시 없이 전자를 배척하고 후자의 감정을 받아들인 바 있다.[72] 이러한 혼란은 적절한 기준의 마련과 대책을 마련하지 않는다면 앞으로 DNA지문분석기법의 다양화와 기술적인 발전 및 활용영역의 확대에 따라 더욱 커질 우려가 있다고 본다.

따라서 결과의 객관성을 위해서 복수의 분석기관을 유지한다 하더라도 분석기법 및 절차 그리고 한국인에 적합한 표준적인 유전자분포도 및 특정 대립형질의 발현빈도표 등의 적절한 기준의 공유 등은 앞으로 DNA지문증거의 신뢰성 및 활용 그리고 정확성을 담보해 내기 위해 반드시 해결되어야 할 과제라고 생각된다.

Ⅵ. 형사절차상 DNA지문의 활용에 관한 규범적 통제

DNA지문분석이 범죄수사에 있어 어느 정도의 유효성을 갖고 있는가에 대해서는 수사기관인 경찰 및 관련전문가뿐만 아니라 일반인들에게도 널리 알려져 있는 공지의 사실이다. 독일의 예를 들면 형사수속을 위한 DNA지문분석을 이미 1990년대 후반부터 제도화하였고, 2005년 3월 말에 이르러서는 축적된

71) 서울고등법원 1996. 6. 27, 95노1729.

72) 물론 이 판결에 대해서는 서로 상이한 분석결과가 나왔기 때문에 피고인에게 유리한 분석결과를 채택하였거나 MCT118 DNA형 분석법이 HLADQ형 분석법에 비하여 일치율이 높다는 점이 고려된 것으로 보는 견해(강인숙, 앞의 논문, 208면)도 있다.

DNA지문분석 데이터가 약 40만 2000건,[73] DNA지문분석을 이용해서 해명해 낸 범죄는 2000년 한 해만도 살인사건 371건, 성범죄 870건에 이른다고 한다.[74]

따라서 이 글에서는 대표적으로 독일의 DNA관련 입법례 및 그 변천사를 고찰해 보고, 최근인 2005년 8월에 독일에서 행해진 DNA감정제도(통합)개정법의 내용과 이러한 외국의 입법례가 DNA지문분석 및 활용에 관하여 명확한 법적 근거조차 마련되어 있지 않은 지금의 우리의 법현실에 어떠한 의미와 시사점을 갖는가를 살펴보고자 한다.

1. 독일 DNA관련 입법례의 고찰

(1) 독일 DNA관련 법안의 변천에 관한 개관[75]

독일에 있어서 DNA지문분석에 관한 규정이 법령상에 등장한 것은 1997년이고, 이것은 형사소송법전의 개정을 통해 이루어졌다. 형사소송에 있어서 분자유전학적 방법에 의한 검사의 조건과 검사의 내용을 규제하고, 채취된 자료의 이용과 폐기에 관한 규정을 담고 있다.[76] 이 규정의 내용을 요약하면 다음과 같다.[77]

첫째는 목적의 한정이다. 피의자의 혈액샘플은 당해 형사소송 혹은 다른 계속중인 형사소송을 위해서만 이용가능하다는 것이다(제81a조 제 3 항 제 1 문). 둘째는 폐기에 관한 규정이다. 소송상 필요하지 않을 때에는 채취된 샘플 전부를 폐기해야 한다(세81a조 제 3 항 제 2 문). 셋째는 DNA검사의 목적의 특정이다. DNA지문분석은 혈통의 인정, 흔적이 피의자 혹은 피해자로부터 유래된 것인가의 확인을 위해 허용된다. 이러한 목적을 벗어난 검사, 예를 들면 유전성질환의 소질검사 등은 허용되지 않는다(제81e조 제 1 항). 넷째는 DNA분석의 명령권이 재판관에게 있음을 명시하고 있다. 다섯째는 DNA분석결과의 공정성과 신빙성을 담보하기 위해서 수사기관과 DNA분석을 실시하는 기관과의 조직적 및 실질적인 분리를 명문화하고 있다(제81f조 제 2 항 제 1 문). 여섯째는 관계자

73) http://www.bundesregierung.de/Artikel/-,413.828739/dokument.htm.

74) http://www.bundesregierung.de/Artikel/-,413.775986/dokument.htm.

75) Klaus Rogall, Die DNA-Analyse im Strafverfahren-Eine endlose Geschichte, FS-Schröder, 2006, 692ff.

76) Strafverfahrensänderungsgesetz-DNA-Analyse(BGBl. I 1997 S. 534).

77) Klaus Rogall, a.a.O., 693f.

의 성명, 주소 및 출생월일이 노출되지 않도록 하여 검사자료를 감정인에게 전달해야 한다고 규정함으로써 검사자료의 익명화를 규정하고 있다(제81f조 제 2항 제 3 문). 일곱째는 검사의 결과로 얻어진 데이터는 연방데이터보호법의 적용을 받는다(제81f조 제 2 항 제 4 문). 질서위반행위에 관해서는 DNA분석이 허용되지 않는다(질서위반법 제46조 제 4 항) 등이 그 내용이다.

하지만 이러한 내용은 다음 해인 1998년의 법개정과 법무위원회에서의 수정을 거친 CDU/CSU 및 FDP법안이 동년 9월 DNA동일성확정법(DNA-Identitätsfeststellungsgesetz)으로 제정 및 시행됨으로써 DNA지문분석의 활용범위가 확대되게 된다.

먼저 DNA동일성확정법은 모두 5개의 조항으로 이루어져 있는데, 이를 간략히 정리하면 다음과 같다. 제 1 조는 형소법 제81g조에 포함된다는 취지를, 제 2 조는 독일 형사소송법 제81g조에 의한 조치의 대상을 형사소송이 계속되고 있지 않은 일정한 자에게도 확대하여 그 대상자를 정하고 있다. 제 3 조는 동법 제 2 조 및 형사소송법 제81조g에 의해 얻어진 DNA의 개인식별의 표본에 관한 이용, 특히 데이터베이스에의 보존에 관한 규정을 포함하고 있다. 제 4 조는 기본법 제 2 조 제 2 항이 규정한 신체불가침에 관한 기본권이 본법에 의해서 제한된다는 것을 규정하고, 제 5 조는 법률의 시행에 관한 규정을 담고 있다.[78)]

여기서 DNA동일성확정법의 목적을 살펴보면, 다음의 2가지로 정리해 볼 수 있다.[79)] 첫째는 1998년 4월 17일 연방검사국에 설치된 DNA데이터베이스에 대한 법적근거를 마련하는 것이고, 두 번째 목적은 독일 형사소송법 제81a조 제 1 항, 제81e조 및 제81f조의 규정을 피의자, 피고인, 유죄확정판결을 받은 자, 정신질환 때문에 변론능력이 없는 자, 독일 형법 제20조에 의한 책임무능력자 및 소년재판소법 제 3 조의 책임무능력자에 관해서 일정한 조건하에 장래의 형사소송에서의 개인변별을 위하여 체세포를 채취하고, 이것을 분자유전학적으로 검사하고, 그래서 그 분석결과를 연방형사국법(Bundeskriminalamtgesetz)의 규정에 따라 데이터베이스에 보존하고, 가공할 수 있도록 함으로써 DNA분석결과의 이용가능성을 열어 놓는 것이다. 이는 장래의 형사소송을 목적으로 한 감

78) Gesetz zur Änderung der Strafprozeßordnung(DNA-Identitätsfeststellungsgesetz)(BGBl I 1998 S.2646).
79) Klaus Rogall, a.a.O., 695f.

식상의 조치인 동시에 장래의 형사소송을 위한 증거보전행위로서의 의미를 갖는다. 하지만 정작 DNA동일성확정법상의 이러한 조치는 독일 형사소송법 제81a조 제1항, 제81e조 및 제81f조의 규정에 의해서는 허용되지 않는다. 왜냐하면 이러한 형사소송법의 규정은 계속중인 소송에 있어서 행위자의 유죄인정에 필요한 경우에 한해 피의자로부터의 체세포 채취와 분자유전학적 검사가 허용되기 때문이다. 따라서 DNA동일성확정법 제1조, 즉 형사소송법 제81g조에 의하면, 행위자가 자백하고 다른 증거방법에 의해 유죄의 증명이 가능하기 때문에 DNA지문분석이 행위자의 유죄인정을 위해 꼭 필요하지 않은 경우에도 장래의 형사소추를 위한 준비조치로서 이용하는 것이 가능하게 된다.

결국 1998년의 법개정에 의해서 DNA지문분석에 관한 규제와 통제는 형사소송법과 DNA동일성확정법에 의해 2원화되게 된다. 그 후 DNA동일성확정법은 1999년과 2000년에 다시 개정되었는데, 1999년 개정에서는 장래의 형사소송에 대비하여 DNA지문분석을 시행할 것인가 여부를 판단할 때, 정보의 수집을 용이하게 하기 위해서, 타관청이 이미 축적하고 있는 범죄이력 등에 관한 정보를 일정한 요건하에서 이용할 수 있다는 내용이 명문화되었고,[80] 2000년 개정은 타 법률의 개정과 연동하여 이루어진 문언수정이었다.[81]

그리고 2002년에는 형사소송법이 개정되는데, 이때는 누구에게서 유래한 것인지 판명되지 않은 흔적물질에 관해서 DNA지문분석을 시행할 때에도 재판소의 명령이 필요하다는 것을 명문규정으로 형사소송법에 편입시키는 개정작업이었다(제81f조).[82]

DNA동일성확정법은 2003년에도 한 차례 더 개정되는데, 이 개정에서는 성폭력 등 성적 자기결정을 해하는 범죄에 대한 대책강화의 일환으로써 DNA지문분석에 의한 성별의 확정을 실시하는 것이 가능하다는 취지의 규정을 도입하였다.[83]

---

80) Gesetz zur Änderung des DNA-Identitätsfeststellungsgesetz(BGBl I 1999 S.1242).

81) Gesetz zur Änderung und Ergänzung des Strafverfahrensrechts- Strafverfahrensänderungsgesetz 1999(StVÄG 1999)(BGBl I 2000 S.1253).

82) Gesetz zur Änderung der Strafprozeßordnung(BGBl I 2002 S.3018).

83) Gesetz zur Änderung der Vorschriften über die Straftaten gegen die sexuelle Selbstbestimmung und zur Änderung anderer Vorschriften(BGBl I 2003 S.3007).

(2) 2005년 DNA지문감정제도개정법의 의미와 내용[84)]

위에서 살펴본 바와 같이 DNA지문분석에 관해서 2원화된 법적 통제를 유지해 오던 독일은 결국 2005년 8월 17일 『司法訴訟에 관련한 DNA감정제도를 개정하기 위한 법률』의 공포하게 되는데,[85)] 이 법률은 내용면에서는 DNA지문분석의 활용 확대를, 형식면에서는 단행법인 DNA동일성확정법을 폐지하고, DNA지문분석 관련규정을 형사소송법에 일체화함으로써 법적 통제의 일원화를 그 목적으로 한 것으로 평가된다. 동법에 의한 제도개정의 내용은 크게 (i) 형사소송을 위한 DNA지문감정과 (ii) 장래의 형사소송준비를 위한 DNA지문감정, (iii) DNA동일성확정법의 폐지 등의 3가지로 나누어 볼 수 있다.

먼저 (i) 형사소송을 위한 DNA지문감정과 관련해서는 흔적물질 또는 피의자의 DNA지문감정을 실시하기 위한 요건과 일정한 조건하에 DNA일제조사를 허용한다는 내용이 핵심이다. 종래 범행현장 등에서 채취된 흔적물질의 DNA지문감정을 시행하려 하는 경우에는 피의자로부터 채취한 체세포 등의 DNA지문감정의 경우와 마찬가지로, 재판관의 명령이 필요했다. 이것은 흔적물질의 경우, 그 유래가 불분명하고, 감정실시에 관해서 피분석자의 동의를 얻는 것이 불가능하기 때문에, 재판관의 명령을 감정의 실시요건으로 해야 한다는 것으로써, 2002년의 법개정에 의해서 법률상 명문화되었던 내용이다.[86)]

그러나 피분석자가 불분명한 흔적물질의 경우, DNA지문감정을 실시하더라도 특정개인의 인격권을 제한한다는 것은 아니기 때문에, 재판관은 사실상 모든 사례에서 감정실시를 허용하는 것이 통상적인 관행이었다. 그 때문에 재판관의 명령을 감정실시의 필수요건으로 할 필연성은 없다고 평가됨에 따라서, 이번의 2005년 법개정에서는 재판관의 명령을 원칙으로 하되, 지체의 염려가 있는 경우에는 검찰 혹은 경찰의 명령에 의해서도 감정을 실시하는 것이 가능하도록 하였다(독일 형사소송법 제81f조 제 1 항 개정).

그리고 피의자의 DNA지문감정실시요건과 관련해서는, 종래 피의자로부터 채취한 체세포 중의 DNA지문감정을 실시하려 하는 경우에는 흔적물질에 있어서와 동일하게, 재판관의 명령이 필요하다고 보았지만, 이번 개정에서는 흔적

---

84) Klaus Rogall, a.a.O., 697f.

85) Gesetz zur Novellierung der forensischen DNA-Analyse(BGBl I 2005 S.2360).

86) Gesetz zur Änderung der Strafprozeßordnung. op. cit.

물질의 DNA지문감정실시요건과 마찬가지로 재판관의 명령요건을 원칙적으로 유지하면서도, 지체의 우려가 있는 경우에는 검찰 혹은 경찰의 명령만으로도 실시할 수 있도록 예외를 인정한다. 또한 채취된 체세포를 어떠한 목적으로 이용할 것을 본인에게 통지하고, 본인이 감정실시에 동의한 경우에는 이러한 명령은 필요하지 않다고 규정한다(형사소송법 제81f조 제1항의 개정).

2005년 개정에 의해 새롭게 도입된 것으로는 DNA일제조사(DNA-Reihenuntersuchung)관련규정을 꼽을 수 있다. 여기서 DNA일제조사라 함은 범죄조사의 목적으로 특정지역의 주민 전원을 대상으로 해서 행해지고, 감정대상을 특정하지 않고 실시하는 대규모의 조사를 일컫는다. DNA일제조사에 관한 규정은 이번 개정 전까지는 존재하지 않았지만, 어떠한 요건을 충족하는 경우에 이러한 대규모의 조사를 실시할 필요성이 있다는 인식하에 새롭게 도입된 것이다. 신설된 규정에는 DNA일제조사를 실시하기 위한 요건으로 다음과 같은 것을 규정하고 있다(형사소송법 제81h조).

- 조사는 모살, 고살, 강간 등, 특히 중대한 범죄의 수사에 필요한 경우에 한해 실시가 가능하다.
- 조사에는 재판관의 명령을 필요로 한다.
- 조사에 있어서는 연령, 거주지 등에 의해 대상이 지정되어야만 한다.
- 조사에의 참가는 임의적이고, 또한 협력이 임의적이다라는 것이 미리 고지되어야만 한다.
- 조사를 통해서 수집된 데이터는 당해사안의 수사에 더 이상 필요하지 않게 된 때에는 즉시 소각해야 한다.

이상 서술한 바와 같이, 조사에의 참가는 임의적이고, 조사에의 참가를 거부했다고 해서 혐의가 인정되는 것은 아니다. 또한 어떤 자가 범죄를 저질렀다고 볼 충분한 증거가 있는 경우에는 당해 인물은 피의자로서 취급되기 때문에, 본인의 의사에 반해서도 감정을 받도록 하는 것이 가능하다.

(ii) 장래의 형사소송준비를 위한 DNA지문감정과 관련해서는 DNA지문감정실시의 대상이 되는 범죄행위가 주된 개정내용이다. 종래에는 중대한 범죄 혹은 성범죄를 저지른 자에게, 또는 재범 등의 이유에 의해서 장래 다시 당해 인물에 대한 형사소송이 행해질 것이 예상되는 경우에, 재판관의 명령에 기초

하여 체세포의 채취 및 DNA지문감정을 행하는 것이 허용되었지만, 2005년 법 개정에 의해 누범자에 관해서는 저지를 각각의 범죄가 중대하지 않더라도, 전체적으로 그 불법성이 중대하다고 볼 수 있는 경우에는 체세포의 채취 및 DNA지문감정을 실시하는 것이 가능하게 되었다. 또한 지체의 우려가 있는 경우에는 검찰 혹은 경찰의 명령에 의해서도 체세포의 채취하는 것이 가능하다고 하고, 게다가 채취된 체세포를 어떠한 목적에 이용할 것인가가 본인에게 고지되고, 또한 본인이 감정실시에 동의한 경우에는 이러한 명령은 필요하지 않다고 규정하고 있다(형사소송법 제81g조 제 1 항, 제 3 항).

(iii) 2005년 법개정의 또 하나의 의의는 DNA동일성확정법의 폐지를 통한 규범통제의 일원화라고 할 수 있다. 전술한 바와 같이, 지금까지는 DNA지문감정에 관해서는 형사소송법과 DNA동일성확정법이라고 하는 2가지 법률에 의해 규율되어 왔었다. 그러나 2005년 개정에서는 후자를 폐지하고 관련규정을 형사소송법에 일체화함으로써, 법체계를 정비하였다. 이를 통해서 이제까지 DNA동일성확정법에 도입되었던 규정(예를 들면, 수집된 감정데이터를 연방형사청에 축적하기 위한 근거규정 등)이 형사소송법에 새롭게 도입되게 된 것이다(형사소송법 제81g조 제 5 항).

이렇게 DNA지문분석 및 감정과 관련하여 통일적인 법적 통제를 목표로 한 개정법은 2005년 11월 1일에 시행되어 현재 독일의 DNA지문분석과 감정 그리고 과학수사에 있어 중요한 법적 근거와 지침이 되고 있다.

(3) 독일의 입법례가 주는 의미와 시사점

지금까지 개관한 독일의 DNA관련 입법의 변천과 최근 개정이 갖는 의미를 한마디로 요약하면, 과학적 수사방법인 DNA지문분석 및 감정에 대한 법적 근거를 마련하고, 이를 법적 통제하에 두고 있다는 점일 것이다. 그리고 DNA 분석결과의 활용가치의 최대화와 피의자 등을 비롯한 관련자에 대한 기본적 인권침해의 최소화라고 하는 상충된 목적의 조화로운 공존을 위해 적절한 타협점을 지속적인 노력을 통해 모색하고 있고, 이를 형사소송법적 차원에서 다루고 있다는 점은 시사하는 바가 크다고 생각한다.

따라서 이하에서는 이러한 시사점을 고려하여 우리나라의 DNA지문분석 및 활용에 관한 바람직한 입법방향과 제도적 정비방안을 모색해 보고자 한다.

2. 우리나라의 형사절차상 DNA지문분석 및 활용에 관한 규범적 통제방안의 모색

우리나라에서는 아직까지 DNA지문분석 및 그 정보의 활용과 관련한 규범적 통제가 뿌리내리지 못했다고 보인다. 물론 수사지침의 성격을 갖는 검찰의 유전자감식규정(대검예규 제279호)이 있긴 하지만, 이는 어디까지나 수사기관의 내부훈령일 뿐 기본권의 침해 혹은 제한의 여지가 있는 DNA지문분석 및 정보의 수사상 활용에 대한 법적 근거로서는 충분하지 않다고 평가된다. 하지만 이러한 법현실을 개선하려고 하는 노력이 최근 학계와 입법관련분야에서 이루어지고 있다. 그 중 한 가지가 최근에 폭증하는 성폭력 범죄와 살인·강도 등 의 강력범죄사건에 대한 대책의 일환으로, 2006. 7. 25. 중요 범죄를 범한 수형자·피의자에 대한 유전자감식정보의 수집·관리를 골자로 한 법무부의 『유전자감식정보의 수집 및 관리에 관한 법률(안)』의 입법예고안을 들 수 있다.

이러한 시도는 양적 혹은 질적으로 점점 더 지능화 내지 흉포화되어가고 있는 범죄현실에 대해서 기존의 수사방식과 기법만으로는 적절히 대응할 수 없다는 현실적 인식과 기본권침해적인 성격의 수사기법의 도입에 대한 규범적인 통제의 필요성에 대한 자각이 바람직한 방향을 찾아 나아가기 시작한 것으로 평가될 수 있을 것이다.

따라서 여기서는 법무부가 입법예고한 『유전자감식정보의 수집 및 관리에 관한 법률(안)』의 내용을 살펴보고, 보완 및 시정되어야 할 문제점들에 대해 생각해 보려 한다.

(1) 유전자감식정보 수집·관리의 의의

법무부는 동 법률안을 입법예고하면서, (i) 최근 살인, 강도, 강간 등 국민을 불안하게 하는 강력사건이 빈발하고 범죄수법도 날로 지능화·흉포화되는 경향을 보이고 있으며 이들 범죄는 재범 이상의 범죄자에 의한 경우가 적지 아니하나, 기존의 수사방식만으로는 이들 범죄를 사전에 예방하거나 범인을 조기에 검거하기 현실적인 상황, (ii) 이러한 범죄를 범한 수형자·피의자 및 범행현장 등에 대한 유전자감식정보를 확보하여 관리하는 유전자감식정보관리스템을 도입함으로써 범죄발생시 무고한 사람을 수사선상에서 배제하고 조속히 범인을 검거함으로써 수사의 효율성을 재고할 수 있다는 점, (iii) 아울러 범죄를 저지르면 반드시 검거되어 처벌을 받는다는 사회적 인식이 확산되어 일반예방적 관점에서 범죄억지력를 갖게 된다는 점 등을 제안이유로 들고 있다. 그리고 이에 덧붙여 동 법률안은 재소자 등 재범가능성이 높은 집단 혹은 강력 미제사건의 증거물 등에서 검출된 DNA지문을 분석하고, 데이터베이스화하여 범죄수사에 활용하는 것으로서 개인의 질병 · 신체특징 · 범죄성향 등과 전혀 무관한 신원확인정보만을 DNA로부터 추출한다는 점에서 개인정보의 침해를 최소화할 수 있다고 언급하고 있다.

하지만 DNA지문분석 및 활용이 갖는 이러한 긍정적인 측면은 이미 알려진 바이고, 문제는 이러한 긍정적인 측면에 기본권 침해라는 부정적 측면이 동전의 앞뒷면처럼 붙어 있다는 것이다. 즉 수사의 효율성과 기본권침해의 최소화라는 상충된 이익을 어떻게 조화시킬 것인가, 그 적절한 균형점을 찾는 것이 어렵고도 중요한 과제라 할 것이다.

따라서 이하에는 이러한 관점을 가지고 동 법률안의 내용을 살펴보고, 그 안에 상충되는 이익의 균형점이 존재하는지, 존재하다면 그 위치는 어디인지를 보다 자세히 검토해 보고자 한다. 그리고 마지막으로 앞서 살펴본 독일의 입법례와의 비교를 통해 양 법률 및 그에 의한 법률적 통제에 관해서 평가를 해 보고자 한다.

(2) 『유전자감식정보의 수집 및 관리에 관한 법률(안)』의 주요내용

가. 유전자감식정보의 개념적 제한

동 법률안 제 2 조 제 3 항은 '유전자감식정보'를 개인식별에 관한 유전자정보에 국한하고 있다. 즉 여기서 말하는 유전자정보란 유전자감식을 통해 알아낸 개인식별을 위한 유전자 정보만을 의미하고, 이외의 개인의 질병이나 유전적 소인에 관한 유전자정보는 여기에 해당하지 않는다고 밝히고 있다. 그리고 이렇게 사람의 유전자를 검사 · 분석 · 비교 · 대조하여 개인의 동일성 여부를 판단하는 것만을 동 법률이 허용하는 '유전자감식'의 범위인 동시에 목적임을 명시하고 있다.

나. 대상범죄를 12개 유형의 특정 범죄에 한정

동 법률안 제 2 조 제 6 항은 유전자감식이 허용되는 대상범죄를 12개 유형의 특정범죄에 한정하고,[87] 이들 대상범죄에 대해서만 수형자나 피의자로부터 유전자 감식시료를 채취할 수 있도록 하고 있다. 여기서 '특정범죄'라 함은 다음에 해당하는 죄를 말한다.

- 형법 제13장(방화와 실화의 죄) 중 방화의 죄(제164조 내지 제167조 소정의 각 죄 및 동 미수, 예비 · 음모죄)
- 형법 제24장(살인의 죄)의 각 죄
- 형법 제25장(상해와 폭행의 죄) 중 제259조, 제262조 소정의 각 치사죄
- 형법 제29장(체포와 감금의 죄)의 각 죄
- 형법 제31장(약취와 유인의 죄)의 각 죄
- 형법 제32장(강간과 추행의 죄) 중 제297조 내지 제301조, 제302조, 제303조 소정의 각 죄
- 형법 제38장(절도와 강도의 죄) 중 절도의 죄(제330조 내지 제332조 소정의 각 죄)와 강도의 죄(제333조 내지 제341조 소정의 각 죄 및 동 미수, 예비 · 음모죄)
- 폭력행위등처벌에관한법률 제 4 조, 제 5 조 소정의 각 죄
- 특정범죄가중처벌등에관한법률 제 5 조의 2, 제 5 조의 4 내지 9 소정의 각 죄
- 성폭력범죄의처벌및피해자보호등에관한법률 제 5 조 내지 제12조 소정의 각 죄
- 마약류관리에관한법률 소정의 각 죄

다. 유전자감식정보의 3분류와 정보데이터베이스 관리의 2원화

동 법률안 제 4 조 제 1 항에 따르면, 유전자감식정보는 (i) 수형자에 대한 유전자감식정보, (ii) 피의자에 대한 유전자감식정보, (iii) 범죄현장 등에 대한 유전자감식정보 등 3가지로 분리되어 관리되도록 하였고, 관리주체에 관해서도 제 5 조에서 (i) 수형자의 유전자감식정보는, 특정범죄로 1년 이상 실형이 확정된 자에 한하여 교정시설의 장이 채취할 수 있도록 하고 대검찰청이 관리하도록 하는 반면, (ii) 특정범죄 관련 피의자 및 미제사건 또는 특정범죄로 수사

87) 이와 달리 범죄의 종류에 관계없이 모든 'recordable offence'를 입력대상으로 함으로써 대상범죄를 보다 넓게 인정하고 있는 입법례로는 영국, 오스트리아, 크로아티아, 슬로베니아, 스위스 등이 있다(이승환, "합리적인 범죄자 DNA 데이터베이스 구축," 한국형사정책학회 2006년 추계학술대회 자료집(유전자정보은행에 관한 형사정책적 검토), 2006, 7-8면 참조).

중인 사건의 증거물의 유전자감식정보는 경찰청이 관리하도록 함으로써 유전자감식정보의 관리를 2원화하고 있다.

라. 인권보장 장치의 마련

동 법률안 제 3 조는 유전자감식정보・시료의 관리 및 이용에 있어서, 국가의 국민 사생활 보호의무를 법규정에 명시하는 한편, 전술한 바와 같이 유전자감식정보를 개인식별에 관한 유전자정보에 국한함으로써 인권보장을 위한 근본적인 제한을 설정하고, 절차적으로는 특정범죄로 구속영장이 발부된 피의자에 대하여 유전자감식시료를 채취할 때에 판사의 영장에 의하도록 함으로써 사법적 통제에 의한 제한을 마련해 두고 있다.

또한 채취방식에 관해서는 제 9 조에서 유전자감식시료 채취는 구강점막 채취방식이나 간이채혈방식에 의하도록 함으로써 혈액채취 등에 의한 심각한 신체침해 소지를 최소화하려는 노력을 반영하고 있다. 그리고 유전자감식정보의 처리에 관해서는 유전자감식시료 및 채취한 유전자는 감식정보 수록할 때, 범죄현장에서 채취한 시료는 판결확정시 각 지체없이 폐기토록 함(동 법률안 제11조)과 동시에 감식정보와 피채취자 인적사항을 분리하여 관리하도록 하고 규정하고 있다. 물론 동 법률안 제12조는 (i) 수형자의 경우에는 재심에서 무죄・면소・공소기각의 판결을 선고받은 때, (ii) 피의자의 경우에는 혐의 없음・죄가 안 됨・공소권 없음의 사유로 불기소처분을 받거나 법원에서 무죄・면소・공소기각의 판결을 선고받은 때 각 직권 또는 본인의 신청으로 삭제토록 하는 규정을 두고,[88] 동 법률안의 의무사항을 위반한 경우에 대한 벌칙에 대해서 규정(동 법률안 제15조)하고 있다.

(3) 『유전자감식정보의 수집 및 관리에 관한 법률(안)』의 의의와 문제점

DNA지문분석 및 활용에 관한 법적 통제를 기존처럼 검찰의 유전자감식규정(대검예규 제279호)에만 의존하지하고, 이를 법률적 차원으로 끌어올려서 개인의 기본권침해의 최소화 및 제한의 법적 근거를 마련한다는 취지에서 분명 동 법률안을 의미를 갖는다. 그리고 전체적으로 보아도 수사의 효율성과 기본권침해의 최소화라는 상충된 이익의 균형점을 찾으려는 노력이 보인다. 하

88) 독일, 덴마크, 벨기에, 헝가리, 네덜란드, 스웨덴은 유죄가 확정된 이후에도 5~20년이 경과하면 자료를 삭제토록 하고 있는데, 그 이유는 일정한 기간을 추가범죄 없이 지내는 선의의 범죄자에 대한 고려라고 볼 수 있다(이승환, 앞의 논문, 10-11면).

지만 DNA지문분석과 관련한 분야를 시료채취의 단계와 분석, 그리고 사후관리의 차원으로 나누어 관찰해 볼 때, 마지막 사후관리의 측면, 즉 유전자감식정보의 데이터베이스의 구축과 관련해서는[89] 그 균형점이 수사의 효율성이라는 측면에 조금 더 치우쳐 있다는 인상을 받는다. 그 이유는 바로 동 법률안 제 7 조가 규정하고 있는 피의자의 유전자감식정보와 관련한 문제점 때문일 것이다. 따라서 여기서는 이 문제점을 중심으로 보다 바람직한 개선방안을 모색해 보고, 아직 법률안의 수준에 머물러 있어 구체화되지 않은 이유도 있겠으나, 세부적인 절차와 관련하여 좀더 보완되어야 할 몇 가지 사항을 지적하고자 한다.

가. 피의자의 유전자감식정보의 데이터화와 무죄추정원칙

동 법률안 제 7 조는 특정범죄로 구속영장이 발부된 피의자에 대한 유전자감식정보를 수록하여 관리할 수 있도록 하고 있다. 물론 이에 대한 근거는 범죄의 예방적 관점 또는 장래 수사의 효율성이 될 것이다. 하지만 이러한 근거들이 형사법의 근본이념이기도 한 무죄추정원칙을 후퇴시킬 만큼 강력한 정당성을 갖는지는 의문이다.[90]

동 법률안 제7조의 제 2 항 내지 제 4 항이 규정하고 있는 피의자로부터의 시료채취는 특정범죄의 현장 등에서 발견된 흔적시료와의 대조를 통해서 그 동일성을 확인하는 것이 DNA지문분석의 목적이기 때문에 당연히 허용될 수밖에 없고, 이는 DNA지문분석기법을 수사기법으로 수용하는 한 받아드려야 하는 최소한의 침해라고 볼 수 있다. 하지만 제 1 항이 규정하고 있는 피의자의 유전감식정보의 저장 및 수록, 즉 데이터베이스에 입력하여 관리하는 것은 결국 당해 특정범죄사건과 관련 없이 피의자의 유자감식정보의 활용가능성을 열어 놓는 것이 된다.

'피의자'라는 지위는 형사법체계 내에서 '피고인', '유죄확정판결을 받은 자' 또는 '수형자'와는 다른 지위를 갖고 있으며, 형사소송법상으로도 그 지위에서

89) 유전자데이터베이스(혹은 유전자정보은행)의 구축과 관련한 논의로는 심희기, "유전자정보은행과 프라이버시 이슈들," 형사정책 제18권 제 2 호, 2006. 12, 85-103면; 윤영철, "개인유전정보의 형사사법적 이용의 문제점과 이에 대한 해결방안," 형사정책 제18권 제 2 호, 2006. 12, 57-60면; 권창국, "DNA데이터베이스 도입 및 관련법제에 관한 연구 — 미국 등 각국의 DNA 데이터베이스법제 및 관련판례의 검토를 중심으로 —," 형사정책연구 제16권 제 4 호, 2005 · 겨울호, 167-197면 참조.

90) 같은 취지의 글로는 박용철, 피의자의 유전자 정보 채취의 제문제 — 유전자감식 정보의 수집 및 관리에 관한 법률(안) 제출과 관련하여 —, 형사정책 제18권 제 2 호, 2006. 12, 20-21면.

기인하는 여러 가지 권리를 향유하는 존재이다. 이러한 피의자의 특수한 지위와 권리의 기반이 되는 것이 바로 무죄추정의 원칙이라 할 수 있다. 즉 피의자는 공소제기 또는 유죄확정판결이라는 공권력 혹은 사법기관의 평가가 내려지기 전에는 무죄로 추정된다는 것이다. 그런데 수사단계에 있는 피의자의 DNA지문분석의 결과인 유전자감식정보를 '유전자감식정보색인부'라고 하는 데이터베이스에 저장하고 관리할 수 있는가, 물론 동 법률안 제12조 제 2 항은 제 7 조의 규정에 의하여 유전자감식정보가 수록된 피의자가 검사로부터 혐의 없음·죄가 안 됨·공소권 없음의 사유로 불기소처분을 받거나, 법원에서 무죄·면소·공소기각의 판결을 선고받은 때에는 직권 또는 본인의 신청에 의하여 당해 유전자감식정보를 삭제하여야 한다고 규정하고 있기 때문에 실질적으로 단기간의 정보저장만이 이루어질 뿐, 무죄추정의 원칙에 반하는 것은 아니라고 보는 시각이 없는 것은 아니지만, 그렇게 데이터베이스화되어 관리되는 것 자체의 의미와 그 저장·관리하는 동안 당해 피의자의 유전자감식정보가 시료채취하게 된 당해 범죄사건과 관계없는 다른 범죄 및 사건의 비교검색자료로 활용될 가능성이 아무런 제한 없이 열려 있다는 것이 문제이다. 비록 시간적으로 길지 않은 기간이라고 하더라도 시료채취사건과 무관하게 피의자의 유전자감식정보가 이용될 가능성이 무제한적으로 개방되어 있다는 것은 개인정보의 보호라는 헌법적인 요청을 고려하여 볼 때, 그리 바람직하지 않다고 보인다.

따라서 특정사건의 범죄흔적시료와의 동일성 확인을 위해 채취한 피의자의 시료 및 DNA지문분석 결과인 유전자감식정보는 현재 법률안이 제시하는 것보다 더욱 엄격하게 그 활용이 제한되어야 한다고 본다.[91] 즉 단기간일지라도 피의자의 유전자감식정보의 데이터베이스화 및 저장이 불가피하게 필요하다는 점을 인정한다고 하더라도, 이렇게 저장된 피의자의 유전자감식정보를 다른 정보처럼 취급하여 검색 및 타 사건의 비교자료로 이용되는 것을 철저히 막아야 한다고 본다. 따라서 수사상의 필요성 때문에 피의자의 유전자정보를 저장하더라도 피의자가 관련된 당해사건에 필요한 범위를 넘어서 이를 활용하는 것은 금지한다는 명문의 규정을 두고, 따라서 이러한 관리에 필요한 세부적 지침을 마련하는 것이 필요하다고 본다.

---

91) 같은 취지의 논문으로는 황만성, "유전자감식정보의 형사절차상 활용방안 — 유전자감식정보법안의 검토를 중심으로," 형사정책연구, 2007. 봄, 194면.

나. 수형자의 유전자감식정보의 관리와 재범가능성

수형자의 경우는 피의자의 경우만큼 크게 문제되는 사항은 아니지만, 수형자의 유전자감식정보를 데이터베이스화하여 관리·활용하는 것이 근거가 무엇인지, 그리고 과연 타당한지는 한 번 검토해 볼 필요가 있다고 보인다.

수형자의 유전자감식정보의 관리 및 활용에 대해 규정하고 있는 동 법률안 제6조의 근거는 재범가능성과 이에 기한 수사의 효율성이 될 것이다. 물론 피의자의 경우보다는 수사의 효율성 차원에서의 고려가 좀더 반영되어야 한다는 사실적인 이유에는 어느 정도 공감한다. 하지만 그 수사의 효율성의 요청을 근거 짓고 있는 '재범가능성'이라는 기준[92]은 애매모호한 감이 없지 않다. 특히 동 법률안은 DNA지문분석을 활용하여 유전자감식이 허용되는 대상범죄의 영역을 비교적 자세히 규정하고 있다. 하지만 동 법률안이 상정하고 있는 각 범죄의 재범가능성에 대한 사실적인 통계자료 및 범죄학적 분석이 뒷받침되어야 보다 정당성을 확보할 수 있지 않은가 하는 의문을 품어 본다.

다. 개인정보유출을 방지하기 위한 보다 철저한 익명화 작업의 필요성

앞서 살펴본 바와 같이 독일의 입법례에서는 관계자의 성명, 주소 및 출생월일이 노출되지 않도록 하여 검사자료를 감정인에게 전달해야 한다고 규정함으로써 검사자료의 익명화를 요구하고 있다(제81f조 제2항 제3문). 즉 시료채취 후 이를 분석하는 단계부터 익명화를 법적으로 강제함으로써 분석자 혹은 감정인에 의한 정보노출의 가능성까지도 차단하고 있다.

하지만 우리나라의 동 법률안에서는 분석단계가 아니라 DNA지문분석으로 얻어진 유전자감식정보의 저장·사후관리단계의 차원에서 유전자정보주체의 개인적인 정보를 암호화 또는 익명화하도록 규정하고 있다. 하지만 유전자감식정보색인부의 인적사항만 통제한다고 해서 피감식대상자인 유전자정보주체의 개인정보가 보호될 수 있을지 의문이다.

따라서 보다 확실한 개인정보의 보호를 위해서는 시료채취 후 이루어지는 분석작업의 단계에서부터 분석자나 감정인이 피분석자의 인적사항이나 개인정보를 알 수 없도록 익명화하여 분석을 의뢰하는 것이 바람직하다고 보인다. 물

92) 이와 관련하여 황만성, 앞의 논문, 189면에서는 "범죄자 DNA데이터베이스가 실용적이 되고 불필요한 인권침해요소를 최소화하기 위하여는 DNA관련 증거물을 쉽게 찾을 수 있는 종류의 범죄(예를 들어 성폭행, 살인 등) 및 재범률이 높은 범죄를 입력대상으로 정하는 것이 합리적일 것이다"라고 서술하고 있으나, 재범가능성에 대한 판단기준 및 사실적인 검증작업이 선행되어야 할 것으로 보인다.

론 동 법률안이 국회의결을 거쳐 공포되고 시행령이 마련되면 거기에 포함시키면 된다고 생각할 수도 있으나, 지금까지 긴 논의 속에 살펴본 바와 같이 DNA 지문분석의 실효성에 불구하고 선뜻 이를 받아들일 수 없는 이유가 개인정보의 유출로 인한 피해 및 침해에 대한 우려라는 것을 감안한다면, 이러한 내용을 시행령보다는 법률에 명시하는 것이 타당하다고 사료된다.

(4) 『유전자감식정보의 수집 및 관리에 관한 법률(안)』이 갖는 한계

동 법률안은 유전자감식정보의 수집 및 관리에 관한 측면만을 다룬 개별 법령의 성격을 갖고 있으며, 유전자정보의 개념을 개인식별을 위한 정보만으로 제한하고 있다는 점 등에서, 앞서 본 독일의 DNA동일성확정법(DNA-Identitätsfeststellungsgesetz)과 유사한 모습을 갖는다고 볼 수 있다. 그리고 독일에서도 여러 번의 법개정을 거쳐 형사소송법으로의 수렴이 이루어져 DNA지문분석 및 활용에 관한 법적 통제의 일원화가 최근에 이루어졌다는 사실은 또 다시 시사하는 바가 있다고 생각한다.

물론 법현실과 법체계가 상이한 외국의 입법례 및 방향에 대한 무조건적인 추종은 경계해야 할 것이지만, 개별법이 갖는 한계에서 비롯되는 문제점을 고려한다면 이에 대한 고민도 있어야 할 것으로 본다.

먼저 동 법률안은 유전자감식정보의 수집 및 관리를 주된 규율영역으로 제시하고 있다. 하지만 유전자감식정보의 관리측면에 좀더 비중을 두고 있다는 인상을 갖게 한다. 물론 유전자시료의 채취 및 수집에 관한 규정도 존재하지만, 많은 부분이 유전자정보은행, 즉 정보의 관리와 활용에 초점을 맞추고 있다.

아직 입법예고된 상태의 법률안이기 때문에 공포되고 시행령이 만들어져야 제대로 된 평가를 내릴 수 있겠으나, 그런 사정을 감안하더라도 시료의 채취방법 및 분석주체의 선정, 그리고 분석방법 및 기준 등에 대한 구체적인 언급이 없다는 것이 아쉬움으로 남는다.

그리고 가장 우려되는 것은 동 법률안에 의해 수집 내지 관리된 유전자감식정보가 형사소송법상 어떠한 가치를 갖는가, 즉 이러한 유전자감식정보의 형사소송법적인 활용(증거로서의 이용)에 대한 구체적인 언급이 없다는 점이다. 물론 이러한 규정을 반드시 동 법률안에 포함시킬 필요는 없다. 그러나 동 법률안에 의해 채취·수집·관리된 유전자감식정보가 형사소송에서 증거로서 활용되기 위해서는 어떤 형식으로든 형사소송법과 연동되는 근거규정 및 활용을 위한 요건 등이 구체적으로 마련되어야 할 것으로 보인다.[93]

독일이 DNA지분분석의 활용과 관련하여 2원화된 규범통제방식을 버리고, 1원화로 방향을 전환한 것도 이와 같은 맥락에서 살펴보아야 할 것으로 생각된다. 따라서 동 법률안의 제정이유와 의미를 충분히 인정하고 평가하더라도, 그 실효성과 목적달성을 위해서는 형사소송법과의 연계 및 상호보완적 관련규정를 두어 근거를 동 법률안에든 혹은 형사소송법에든 마련해 둘 필요성이 있다고 보인다.[94]

Ⅶ. 글을 마치며

과학기술의 가져다주는 편리함 혹은 유용함에 마음이 끌리는 것은 현대인에게는 당연한 욕구일 것이다. 하지만 규범적 영역에서 이러한 현실적 욕구의 조급한 관철은 자칫 돌이킬 수 없는 결과를 초래한다. 특히 형사법 영역은 범죄의 해결이라는 현실적인 요구와 피의자·피고인 더 나아가 수범자로서의 일반인이 향유하는 인권 혹은 헌법상의 권리의 보호라는 상반된 요청이 공존하고, 형사법은 그 어느 것도 소홀히 할 수 없기 때문에 딜레마에 봉착하게 된다.

DNA를 둘러싼 최근의 논의도 이러한 딜레마를 공유하고 있다.

따라서 이 딜레마를 바람직하게 해결하는 방안은 상충하는 이익간 혹은 상반된 요청들 사이에서 최적의 균형점을 찾는 것이라 할 수 있다.

그래도 다행스러운 것은 현재 학계 및 관련분야의 뜨거운 논의가 진행되고 있고, 이를 반영한 법률안의 제안됨으로써 어느 정도 규범적 통제에 관한 필요성과 그 의미에 대한 공감대가 형성되어 가고 있고, 그러한 구체적인 움직임이 현실화되고 있다는 것이다. 이러한 긍정적인 변화와 움직임과 관련하여 이 글에서 제기한 몇 가지의 지적과 문제점이 올바른 방향설정에 이바지할 수 있기를 소망해 본다.

---

93) 유전자감식정보법안의 문제점에 대한 관련 문헌으로는 황만성, 앞의 논문, 187-202면 참조.

94) 같은 취지의 논문으로는 조성용, "형사소송법상 DNA지문감식의 허용과 한계," 103-106면. 이 글에서는 이러한 취지에 입각하여 형사소송법상의 새로운 법조항의 신설을 제안하고, 그 구체적인 법규정의 내용을 제시하고 있다.

제10장

줄기세포 연구와 관련된 법적 이슈들

오 일 환*

[서 언]

The owl of Minerva spreads its wings only with the falling of the dusk

-GWF Hegel-

미네르바의 부엉이는 어둠이 깃들고서야 날개를 편다

-헤겔-

프랑스 대혁명이라는 역사적 사건이 발생한 이후 이들에 대한 철학적, 법적 합리성을 모색하는 과정을 설명한 헤겔의 표현이다. 종종 경험적 감성과 실증적 과학은 시대정신을 앞서가며 뒤늦게서야 그에 대한 철학적, 미학적 사유를 요구하는 경우를 볼 수 있다.

오늘날 하루가 다르게 발전하는 생명과학의 세계 역시 마찬가지로 과거에는 생각해 볼 필요도 없었고, 윤리적 법적 고찰의 대상에 포함되지도 않았던 많은 부분에서 새로운 합리성을 추구할 것을 요구하고 있는 카테고리에 포함될 수 있을 것이다.

순수과학이나 종교적 영역에 맡겨져 있던 생명의 기원이나 정체성에 관한 문제, 생명으로서의 법적권한의 범위에 관한 문제, 자신의 유전정보나 세포를 공여한 이후 발생하는 정보의 권리에 대한 문제 등은 과거 우리 인류가 고민할 필요가 있던 대상은 아니었으나, 최근의 과학분야에서의 새로운 기술은 이러한

* 의사, 이학박사, 가톨릭 의대 교수, 가톨릭 세포치료센터 소장.

문제들에 대한 합리성의 요구를 가장 첨예하고도 절박한 방식으로 요구하고 있는 것이다.

특히, 최근 불거진 줄기세포와 복제문제 등은 여러 가지 생명과학 중에서도 가장 큰 파장을 불러일으켰을 뿐 아니라 각 문화적, 종교적 차이에 따른 모든 개인과 사회, 국가간의 이질성으로까지 발전하며, 입법과정의 진통을 자아내고 있는 형국이다.

본 장에서는 줄기세포와 관련된 최근의 경향과 전망을 과학적 측면에서 소개함으로써 관련분야에서 법적, 윤리적 갈등이 제기되고 있는 부분에 대한 논의의 참고가 되기를 희망하며 정리해 본다.

Ⅰ. 줄기세포에 의한 의학의 새로운 패러다임

보다 오래 장수하고 싶어하는 인간의 끊임없는 욕망은 시대와 문화를 초월하여 가장 오랫동안 지속되어 온 희망일 것이다. 결국 의학의 발전은 각 시대에 따라 질병을 어떻게 이해하고 어떠한 방식으로 건강을 추구하는지를 단적으로 보여주는 대 서사시의 흐름으로 이해해도 좋을 것이다.

고대 및 중세 시대에는 인간의 질병을 이해하는 데 있어 초현실적 이해가 주된 내용을 이루었다고 볼 수 있다. 과거 나병환자를 신의 저주를 받은 것으로 이해하여 화형에 처한다든지, 마귀의 힘에 의한 어떠한 부작용(Witch Craft)에 의한 현상으로 이해하여 병에 걸렸을 때 수도사, 무당, 서낭당 등을 찾은 것 역시 같은 맥락에서 이해할 수 있을 것이다.

이러한 질병관이 비교적 과학적으로 정립되기 시작한 것은 근대 과학의 발전과 합리주의적 사고가 정립되면서였다고 볼 수 있는데 이 과정에서 데카르트와 같은 기계적 합리주의가 큰 영향을 미쳐, 모든 질병에는 반드시 원인이 있다고 하는 병인론(pathogenesis)이 확립되기 시작하였고, 독일 의학자 비루효(Rudolph Virchow)의 세포병리학, 즉 모든 질환은 각 장기를 구성하는 세포단위의 손상에서부터 시작된다("omnis cellula a cellula"—all cells arise from cells)는 획기적인 근대적 병인론이 확립되기에 이르렀다.

특히, 17세기 이후 코흐에 의한 결핵균의 발견과 플레밍에 의한 페니실린의 발견으로 더욱 자신감을 찾은 인류는 이러한 근대적 병인론으로 상당한 수준에 달하는 질병에 대한 이해와 의학의 진보를 이룩하지만 질병에 대한 이해의 정도에 비해 이를 극복하기 위한 치료적 접근은 비교적 제한되어 증상을 더 나빠지지 않게 보존하는 정도의 약물치료가 주종을 이루게 되었다.

그러나 많은 종류의 만성질환이 그러하듯, 일단 발병한 질환에 대한 근원적인 치료는 용이하지 않아 결국 시간이 지나면서 각 장기의 기능이 말기의 기능부전(organ failure)의 상태까지 가는 것을 겪게 됨에 따라, 이들에 대한 근본적 개선방법을 찾기 시작하였고 이러한 배경하에 개발되기 시작한 것이 장기이식(organ transplantation)이다. 현대의학에서도 백미에 해당하는 장기이식기술은 많은 의료인들과 환자들의 흥분을 자아내며 말기 장기부전상태가 호전될 수 있다는 가능성을 제시하였지만, 이 역시 건강한 사람이 장기를 기증할 때만 가능하다는 한계로 인하여 문제에 봉착하게 되었다. 예를 들어 한 해에도 3000명이 넘는 신장부전환자가 장기기증자를 애타게 기다리지만 그 공급은 좀처럼 늘어나지 않고 있는 것이다.

이러한 상황에서 대두된 전혀 새로운 개념이 바로 줄기세포(stem cell) 에 의한 재생의학(regenerative medicine)의 개념이다. 즉, 줄기세포를 이용하여 필요한 각종 장기의 세포로 분화를 유도할 수 있다면, 전술한 세포병리학적 관점에서 제기되는 각 세포의 질환을 개선하여 장기의 기능을 회복할 수 있을 것이라는 개념이다. 다시 말해 지난 2000년간의 의학의 전체적 역사를 통해 볼때 주로 질병의 원인균을 제거하거나 신체의 기능을 도와주어 더 이상 나빠지지 않게 하는 수동적 치료의 개념과 달리, 줄기세포에 의한 재생의학은 이미 나빠진 장기의 기능을 그 이전의 상태를 향하여 회복시키고자 한다는 점에서 적극적 개입의 의학으로 그 기본 개념을 달리함으로써 의학전반에 걸쳐 패러다임의 변환을 유도하고 있는 것이다.

의학의 변천

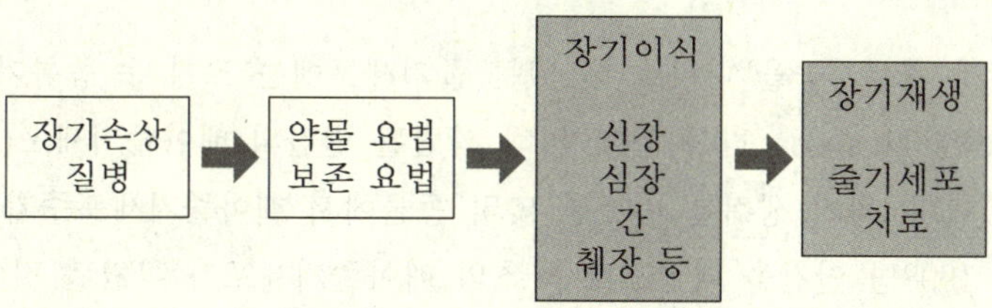

의학적 측면 이외에도, 줄기세포의 출현이 생명과학계에서 가지는 또 하나의 의미는 세포체학(cellomics)의 측면에서 이해할 수 있다. 이는 왓슨과 크릭의 DNA 이중나사 발견이후로 인간의 생명현상과 질병을 DNA 염기서열을 통해 설명할 수 있으리라는 전제하에 끊임없이 연구되어 온 유전체학(genomics)이 많은 발전을 거듭한 이후 인간의 전체 유전자(genome)를 분석하기 위한 전 세계적 협력(HUGO)을 통하여 유전자 지도를 완성한 이후에도 인간의 실존적 질환치료에서 직접적인 도움이 가시화되지 않고 있는데다, 그보다 더 복잡한 한 차원 높은 기능유전체학(functional genomics)의 연구로 발전해 나감에 따라, 유전적 이해보다는 질병치료에 대한 실천적 도움을 얻을 수 있는 방향을 추구하는 맥락에서 세포를 통한 치료요법을 생각하기 시작했다는 점에서 과학계 내부에서도 중대한 패러다임의 변화로 이해되고 있다. 병든 사람에게 세포를 주입하여 치료를 해보겠다는 발상 자체는 과학이 발전하기 전부터 민간요법의 형태로, 이를테면 다운 증후군(Down syndrome)을 앓는 아이에게 정상아동의 혈액성분을 채취하여 가루로 만든 후 넣어주면 더 좋아질 것이라고 믿으며 비과학적으로 시작된 사례는 있지만, 줄기세포의 존재는 실제적인 세포의 재생이라는 측면에서 의학적 구체성을 가지기 시작한 예로 볼 수 있다.

> 용어정리: 줄기세포(stem cell)
>
> 줄기세포는 다양한 종류의 세포를 생산할 수 있는 능력을 통해 신체 각 부위에서 재생작용을 할 수 있는 세포를 말한다. 영어의 stem cell 이란 단어에서 유래한 것으로서 본래 영어로의 "stem"은 기원하다(originate from)의 뜻과 식물의 줄기(stalk)란 두 가지 뜻이 있으나 일본에서 번역할 때 두 가지 모두 사용하여 전자를 원기(原紀) 세포, 후자를 간(幹) 세포라 번역하였으나 우리나라에서는 이 중 잘못된 번역인 후자를 사용하여 줄기세포란 용어가 쓰이고 있다.

Ⅱ. 두 가지 종류의 줄기세포

이렇게 재생기능을 나타낼 수 있는 줄기세포에는 크게 두 종류가 있다. 첫째는 1988년 Thomson 박사 등에 의해 확립된 인간의 배아줄기세포(embryonic stem cell)이다. 과거 생쥐를 비롯한 몇몇 동물에서 배아줄기세포주가 수립되어 있었으나 1998년 인간을 대상으로 최초의 배아줄기세포가 확립된 것이다. 이들 배아줄기세포는 정자와 난자가 합쳐진 수정란으로부터 유도된 배반포의 일부인 내괴세포를 시험관에서 배양하면 일정기간 지난 후 불멸화(immortalization)된, 즉 죽지 않고 계속 증식하는 세포군들이 출현하게 되는데, 이러한 세포주(cell line)들을 배아줄기세포주라 부른다.

배아줄기세포주 수립과정

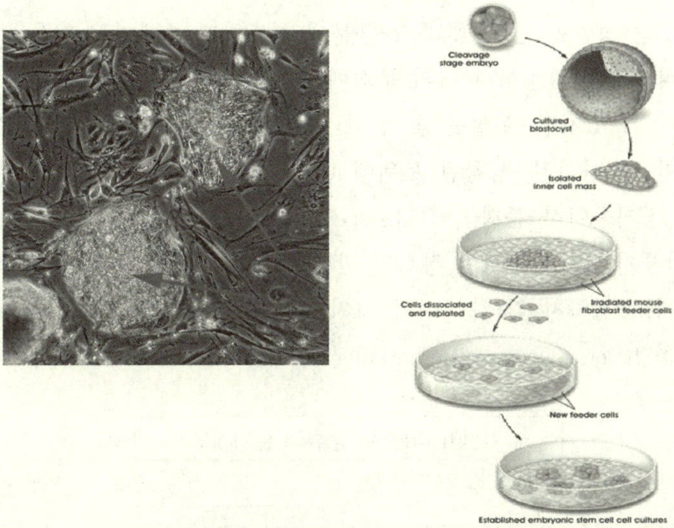

두 번째 줄기세포는 소위 성체줄기세포(adult stem cell)로서 성인이 된 인간의 신체 각부위에서 그 특정장기를 재생산할 수 있는 능력이 있는 세포가 발견되고 있고, 비교적 분화의 양상이 해당조직의 본래 형질로 나타나는 경우가 많아 조직특이적 줄기세포(tissue specific stem cell)로 불리우기도 한다. 대표적으로 골수나 제대혈에서 발견되는 조혈모세포(hematopoietic stem cell), 신경계에서 발견되는 신경줄기세포(neural stem cell), 골수나 지방조직 및 다양한 조직에서 발견되는 중간엽줄기세포(mesenchymal stem cell)와 췌담도, 간, 등 다양한 조직특이적 줄기세포가 이들에 해당한다. 중요한 것은 발생학적 과정이 끝난 출생이후 및 성인이 되어서도 우리 신체의 각 부분이 손상을 받았을때 일정량은 재생을 할 수 있는 보고(reservoir)에 해당하는 세포가 있다는 것이며, 이들이 바로 성체줄기세포의 개념에 해당한다(그림).

배아줄기세포와 성체줄기세포는 모두 장기를 재생할 수 있는 세포의 공급원이라는 점에서 공통점을 가지지만 세포의 특성자체는 전적으로 상이하여 세포치료학적 측면에서의 장단점을 달리한다. 첫째로, 배아줄기세포의 경우는 줄기세포의 특성을 유지한 채 증식하는 이른바 자가재생산 과정이 용이하여 원하는 특정 세포의 수를 대규모 확장하는 것이 용이하다. 반면 이러한 증식능력의 우수성은 동전의 양면과 같아서 생체 내에 이식된 줄기세포는 자칫 지나친 증식력으로 인하여 기형종(teratoma)이라는 암을 일으킬 수 있다. 반면 성체줄기세포의 경우는 성인이 된 신체의 각 부분에 희소하게 존재하고 있을 뿐 아니라 이들을 증식시키는 과정에서 거의 분화에 빠져, 줄기세포로서의 성질을 상실하게 되는 한계가 있지만, 이들은 몸 안에 이식되었을 때 암 발생과 같은 부작용 없이 안전할 뿐 아니라, 생착된 부위에 따라 주변 조직의 특성에 맞춰 분화하는 이른바 장기특이적 분화능력(site specific differentiation)의 특성을 갖고 있다. 즉 배아줄기세포가 증식이 장점인 반면 생체 내에서의 분화에 저항하고, 시험관 내에서도 원하지 않았던 여러 가지 종류의 장기세포로 동시에 분화되는 이질적 분화(heterogeneous differentiation)가 문제인 데 반해, 성체줄기세포는

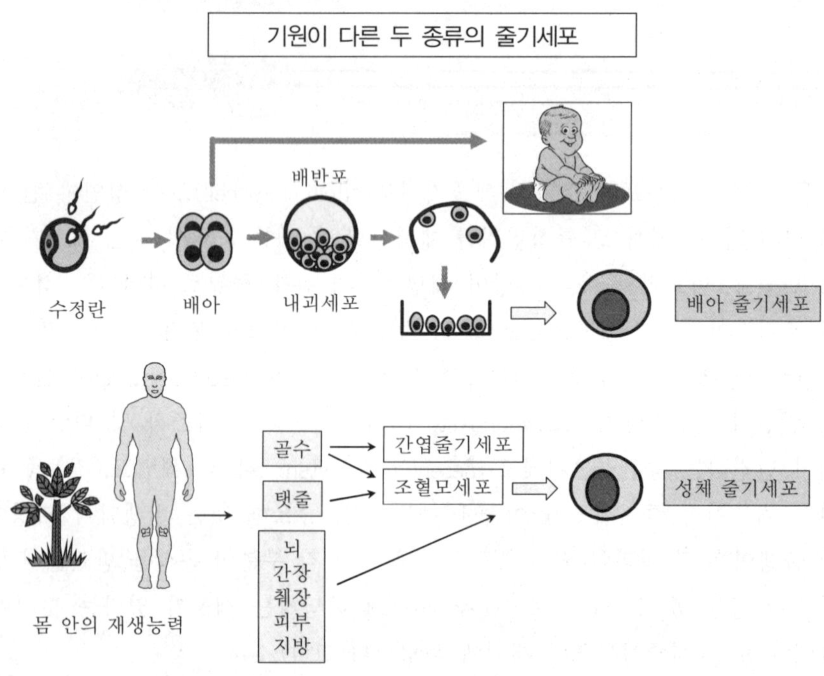

그 정반대의 특성, 즉 증식이 어렵고, 얻을 수 있는 숫자가 제한된 반면, 생체 내에 이식되었을 때 필요한 장기로 적절히 분화할 수 있는 능력은 성체줄기세포가 가지고 있는 중요한 장점이 되고 있는 것이다(그림).

현재까지 성체줄기세포나 배아줄기세포 그 어느 것도 세포치료의 목적을 위하여 완벽한 것은 없다. 배아줄기세포는 안전성과 분화의 문제를, 성체줄기세포는 증식의 문제를 해결해 낼 수 있어야 하는 것이 기술적 문제인 데 반해, 임상적 적용면에서는 성체줄기세포가 더 안전하므로 실질적인 세포치료의 영역은 주로 성체줄기세포분야에서 이루어지고 있는 것이 세계적 추세라 할 수 있다.

Ⅲ 재생작용을 위한 줄기세포의 특성

1. 다중분화능력

손상받은 장기를 재생한다는 목적을 위해 갖추어야 할 필수적인 조건들이 줄기세포에서 발견되고 있다. 그 첫째로는 줄기세포가 다양한 조직으로 분화할 능력, 즉 다중분화능에 관계된 것으로서, 제한된 종류의 줄기세포를 통해 몇 종류의 세포를 분화유도해 낼 수 있는가를 고려할 때 중요한 개념이다. 이러한 목적에서 배아줄기세포는 200여 종이 넘는 세포로 체외에서 배양조건을 달리 함에 따라 분화유도가 가능하고, 성체줄기세포의 경우도 미분화 다중분화능 세포들이 과거 생각되었던 분화의 한계를 넘어 다양한 종류의 유용한 세포로 분화될 수 있음이 보고되고 있다.

2. 병변부위 추적능력

질병의 치료목적이라는 관점에서 유용한 줄기세포의 세포학적 특성이 하나 더 있다. 그것은 바로 줄기세포가 신체 내의 병변이 있는 부위를 인지하여 선택적으로 찾아가서 조직의 수리 및 재생을 할 수 있는 이른바 '병변 추적능력'이 있다는 것이다. 주로 신경계의 줄기세포들을 통해서 자세히 입증된 이 능력은 예를 들어 뇌 손상을 준 후 손상부위와 반대쪽에 줄기세포를 이식하여도 줄기세포가 병변부위를 인식하여 반대쪽으로 이동하여 간다. 비슷한 예로 뇌 안에 알츠하이머씨 병과 관련 있는 아밀로이드를 주입하면 유독성 물질로 판단하여 줄기세포들이 몰려들지만 기타 비독성 단백질을 주입할 경우는 이를 무시한다는 것이다. 이와 비슷한 추적능력은 간엽줄기세포, 조혈모세포 등의 여러 종류의 줄기세포에서 발견되었는데, 이를 이용하면, 수술 등으로 손대기 어려운 부위의 조직손상이나, 또는 근골계의 유전적 질환과 같이 전신성 조직의 재생이 필요한 질환에서 매우 유용하게 세포치료적 접근이 가능해질 수 있으므로, 줄기세포만이 가지고 있는 세포치료학적 측면의 중요한 특징이라 할 것이다.

3. 장기생착 및 자가재생산능력

줄기세포를 통하여 장기를 재생하는 데 있어 또 하나의 중요한 요소는 일단 줄기세포에 의해 분화 또는 재생된 장기의 세포가 얼마나 생체 내에서 장기적인 세포치료효과를 유지할 수 있는 것인가가 문제이다. 일시적인 재생 후 세포가 수명이 다한 다면, 그 장기재생에 의한 치료효과 역시 일시적일 것이기 때문이다. 이러한 관점에서 가장 대표적인 특징을 보이고 있는 것이 조혈모세포의 예이다. 조혈모세포들은 미분화된 자기자신과 동일한 세포를 생체 내에서 자가재생산(in-vivo self-renewal)을 할 수 있는 능력이 있어서, 일단 몸 안에 이식된 세포들이 당장에 필요한 분화된 성분의 세포들을 만들어 냄과 동시에, 이들을 장기적으로 재충전할 수 있는 줄기세포 자체의 재생산까지 하므로, 장기재생의 효과가 몇 십 년에 이르기까지 유지될 수 있는 특성이 있다. 이에 비해 시험관 내에서 특정세포로 분화유도를 거친 후 이식해야 하는 배아줄기세포의 경우는(암의 발생을 피하기 위하여) 이러한 장기생착의 능력면에서 상대적으로 불리한 요소를 가지고 있는 것이 사실이다.

4. 분화의 유연성

최근 2~3년 사이에 인간이 줄기세포를 연구하는 과정에서 발견하게 된 가장 큰 놀라움 중의 하나가 줄기세포가 원래 예정되어 있던 세포가 아닌 다른 세포로 변화하는 능력, 이른바 줄기세포 분화의 유연성(stem cell plasticity)이라 할 수 있을 것이다. 이러한 능력은 특히 생체 내에 존재하는 성체줄기세포들이 특정한 조건하에서만 나타내는 능력이라는 점에서 의학계에 커다란 수수께끼를 던지고 있다. 이러한 분화의 유연성은 혈액을 만들기로 예정되었던 조혈모세포들이 괴사된 상태의 심근세포를 재생하기 위하여 심근세포로 분화되거나, 간독성 상태에서 혈액이 아닌 간 세포로 분화되는 것을 비롯하여, 신경세포, 신장세포 등의 예기치 못했던 다양한 장기로 다양하게 분화될 수 있음이 보고되었을 뿐만 아니라, 근육세포가 혈액세포로, 또는 신경세포가 혈액세포로 분화하는 등 다양한 양태의 분화유연성이 보고되고 있다. 아직 이러한 분화의 유연성이 어떠한 기전에 의해 발생하는지에 대해서는 밝혀지고 있지 않은 가운데, 세포융합이나 세포의 핵 내 재프로그래밍(nuclear reprogramming) 등의 가설들이 제시되고 있으나, 현재 그 어느 가설도 아직은 충분히 정립되지 않은 상태이다.

Ⅳ. 줄기세포의 획득과 관련된 법적 · 윤리적 문제

성체줄기세포의 경우는 개체로부터 동의하에 골수, 제대혈, 지방조직 등을 떼어내게 되므로, 줄기세포를 얻는 과정에서 공여자에게 주는 피해가 없다고 볼 수 있고, 또한 이로 인해 윤리적 논란에서 상대적으로 자유로운 것이 사실이다.

그러나 많은 윤리적, 사회적 논란이 배아줄기세포주의 확립과정에서 발생하고 있는데, 그것은 생명의 정체성, 즉 줄기세포생산을 위해 사용될 배아가 한 개의 독립적 생명체로서의 철학적, 법적 지위를 가질 수 있느냐의 문제이다. 먼저 배아의 형성단계를 자세히 살펴보자. 난소에서 배란된 난자는 자궁을 거쳐 올라온 정자와 난관에서 만나 수정(fertilization)의 과정을 거친다. 이후 몇 시간 내에 이 수정란은 대사활성이 급격히 증가하며 세포분열에 진입하여 2세포기 4세포기 등을 거쳐 오얏나무 열매를 닮은 상실배(morula)가 되고, 수정된 후 1주일 정도면 이들 안에서 주머니 모양의 배반포가 되고 내부에는 접시모양의 내괴세포(inner cell mass)가 생긴다. 일단 배반포(blastocyst)의 단계까지 진행되면 이들은 자궁에 내려와 특정부위의 자궁내막에 착상을 하게 되며, 이로부터 이들 내괴세포는 발생이 진행됨에 따라 양막, 난황막뿐 아니라 내배엽, 중배엽, 외배엽에 이르는 다양한 세포를 만들어내게 되고 태아의 모습을 띠게 된다(그림).

수정에서 착상까지

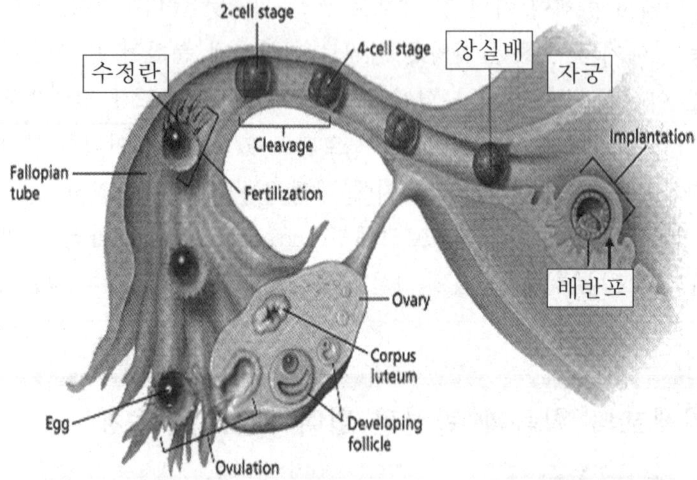

생명의 정체성과 출발에 대한 논의

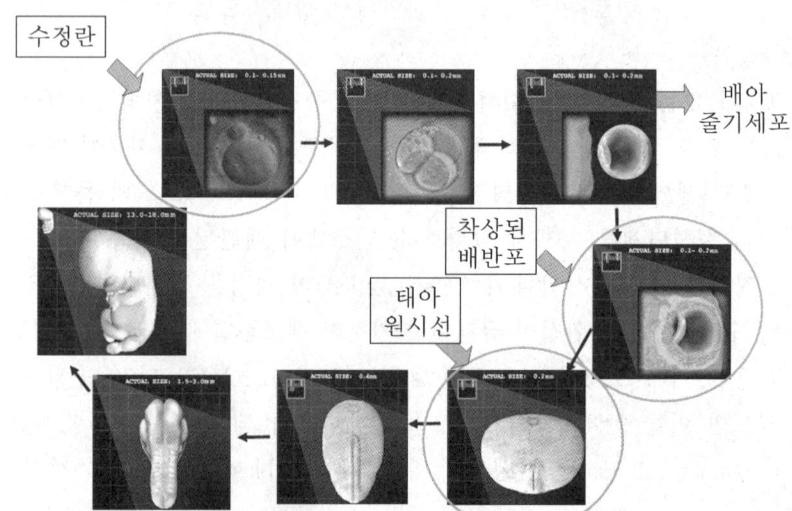

문제는 배반포에 대한 발생학적 위상이다. 수정란은 배반포를 형성하는 것으로서 발생의 초기단계를 완료하게 되며, 이들 배반포는 체외수정의 경우 냉동보관될 수 있어 차후 임신을 원하는 경우 다시 자궁에 착상시키면 임신할 수 있게 된다. 배반포가 형성될 단계이면 이미 한 개체로서의 특성에 해당하는 유전적 소인결정(genomic imprinting)이 모두 완결되며, 이로서 개체발생을 위한 큰 그림은 그려진 상태이고 나머지 9개월 동안의 임신과정을 거쳐 본격적인 장기형성 및 형태학적 완성이 이루어지게 된다.

배아줄기세포의 주된 공급원으로 사용되는 배반포의 생명체로서의 위상은 따라서 문화적, 종교적 차이에 따라 극명한 차이를 보일 수밖에 없게 되고 이것이 생명체에 대한 파괴행위에 해당하는지에 대한 견해 역시 언제부터 생명체로 간주하느냐에 따라 엇갈린 대답이 나올 수밖에 없게 된다. 여기에 대해서는 크게 3부류의 견해가 존재한다.

첫째, 일부 진보적 견해를 가진 사람들과 일부 생명공학자들의 견해에 의하면, 배반포는 체외수정에 의해 이루어진 배양과정의 산물로 간주해야 하므로, 현재 생명체가 되기 위한 일관적 과정에 진입한 상태라 볼 수 없다는 것이다. 다시 말해 자궁에 착상된 이후부터 한 인간이 되기 위한 과정으로 인정하고, 그 이전단계의 시험관에서 생산되거나 냉동보관된 배반포까지는 단순한 세포덩어리(cell mass)로 간주해도 좋다는 견해다.

두 번째 견해는 주로 미국의 진보진영과 유태인들 사이에서의 주장인데, 배반포가 자궁에 착상된 후 약 1달 이내에 나타나는 원시선(primitive streak)이라는 구조물이 나타나야 그 때부터 생명으로 간주한다는 견해로서, 유태인의 전통적 신화에 근거하고 있다.

세 번째 견해는 개신교, 가톨릭 등의 종교계와 생명윤리 진영에서의 견해로서 이들은 정자와 난자가 만나 수정되는 순간부터 한 생명체가 잉태된 것으로 보며, 이들은 시험관 조작에 의해 생성되거나 냉동된 배반포라 할지라도 장차 자궁에 착상될 경우 언제든 한 인간으로 태어날 수 있는 자기동일성을 가진 생명체로서 간주되어야 한다고 보고 있다. 특히, 일반적인 연구용으로 사용되는 세포주의 경우 어떠한 상황에서도, 아무리 오랫동안 기다려도 세포덩이로 남아 있지만 배반포는 착상즉시 인간으로 태어날 수 있다는 자기동일성의 원칙에서 세포덩어리로 간주될 수 없다고 보고 있다.

이러한 세 가지 견해에 대해, 전술한 바와 같이 문화적 배경과 종교, 철학적 배경에 따라 극명한 차이를 보이고 있지만 현재까지 수렴된 견해는 제시되지 않고 있고 각 국가별로도 서로 다른 견해를 견지하고 있는 상황이다.

이에 관련된 세계적 경향을 보면 2006년 초 미국 일리노이주 법원은 보관센터에서 일어난 사고로 냉동배아가 폐기된 것에 대해 제공자들이 낸 보상청구소송에서 "냉동배아는 자궁 이식 여부와 상관 없이 인간으로 봐야 하며, 따라서 배아를 잃은 부부는 보상을 받을 권리가 있다"고 판결한 바 있다.

지난 2002년에는 미국 메사추세츠 고등법원이 아버지 사후 2년 후 냉동정자 수정을 통해 태어난 쌍둥이 소녀에 대해 "아버지가 숨지기 전 냉동정자로 자녀를 임신하는 데 동의했기 때문에 이들은 상속을 받을 권리가 있다"고 판결함으로써 냉동배아의 법적 위상을 인정한 바 있다.

반면 유럽인권재판소는 배아의 인권에 대해 부분적 지위를 허용하는 입장을 보인 바 있는데, 이는 난소암 치료 후 불임이 된 34세의 영국 여성이 냉동시켜 보관중인 배아를 이용해 출산할 수 있도록 해 달라며 제기한 소송에 대해 영국 법원이 "영국법에 따라 상대 남성이 냉동배아 철회를 요구할 경우 배아이식은 불가능하다"고 판결했고 이어 유럽인권재판소에서는 "배아는 독립된 인권을 가질 수 없다"고 판결하고 해당여성의 가족생활권도 존중되어야 하지만 냉동배아의 폐기를 요구하는 남성 쪽에서의 배아철회권보다 우위에 있을 수는 없다"고 밝힘으로써, 배아의 위치에 대한 상대적 지위, 즉 요청된 바에 의해 폐기될 수도 있는 부분적 지위를 인정하는 판례를 남긴 바 있다.

이에 따라 장기간 보관된 냉동배아의 위상에 대해서는 법적 판단 이외에도 기술적 판단, 즉 5년 이상 냉동보관된 배아의 경우는 생명체가 될 가능성이 상대적으로 적으므로 생명체로서의 위상에 대한 상대적 유보를 고려할 수 있다는 입장도 제기되고 있는 반면 지난 2005년에는 미국에서는 13년간 액체질소에서 냉동보관된 배반포로부터 임신하여 두

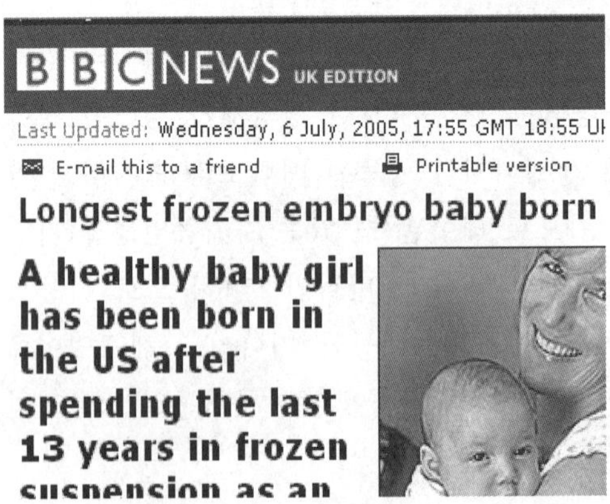
BBC NEWS UK EDITION
Last Updated: Wednesday, 6 July, 2005, 17:55 GMT 18:55 U
E-mail this to a friend
Printable version
Longest frozen embryo baby born
A healthy baby girl has been born in the US after spending the last 13 years in frozen suspension as an

번째 아이를 가진 여성의 사례가 공개됨으로써, 보관기관의 장단 여부가 배아의 위상에 대한 고려를 바꿀 수 없다는 논의가 제기된 바 있다(사진).

V. 줄기세포 연구과정에서 제기되는 법적·윤리적 문제

두 종류의 줄기세포가 장기재생을 다양한 종류의 세포를 생산할 수 있지만 배아줄기세포의 경우는 단일한 세포가 220종에 해당하는 다양한 세포로 분화할 수 있는 전분화능(totipotency)을 가지고 있어 해당세포로 직접 분화를 유도한 후 세포치료에 이식해야 하는 반면 성체줄기세포는 주로 필요로 하는 세포로의 분화능을 확보한 세포를 선택하여 세포치료를 시술하게 된다. 즉, 신경손상질환에서는 신경세포를 주로 생산할 수 있는 줄기세포, 혈액질환에서는 혈액을 생산할 수 있는 세포 등을 선택하여 세포치료에 사용한다는 점에서 기술적 차이가 존재한다.

배아줄기세포의 경우, 시험관 내에서 약물처리 및 유전적 조작에 의해 필요로 하는 다양한 세포로 분화시키는 데 필요한 핵심기술들이 계속 개발되고 있다.

그러나 문제는 줄기세포를 통한 장기재생 세포치료가 여기에서 끝나지 않는다는 데 있다. 일반적으로 세포치료가 이루어지기 위해서는 다음의 세 가지 조건이 만족되어야 한다.

첫째, 치료적 목적에 부합될 만큼의 충분한 양의 세포가 확보되어야 하고 이들이 몸 안에 이식되었을 때 부작용을 일으키지 않는 안전성이 확보되어야 한다.

둘째, 이렇게 이식된 세포들이 몸안에 들어가서 면역거부반응에 의해 제거되지 않아야 한다.

셋째, 몸 안에서 들어간 세포들이 충분히 장기간 생존해야 하며, 이들이 해당 장기의 기능 개선에 기여할 수 있는 치료적 효과를 나타내야 한다.

이러한 기본적 요구에서 볼 때, 첫째 조건, 즉 충분한 양의 확보와 안전성 문제에 있어서는 성체줄기세포와 배아줄기세포가 각기 다른 과제를 가지고 있게 된다. 즉, 전술한 바와 같이 성체줄기세포는 세포종류에 따른 차이는 있으나 전반적으로 충분한 양으로 배양하는 것이 어려워, 채취할 때 충분한 양을 얻는 것이 필요하며, 배아줄기세포의 경우는 배양이라는 면에서는 상대적으로 우수한 증식력을 가지고 있는 반면에 미분화상태에서 증식을 계속하는 경향이 있어 이로 인한 기형종의 발생이 문제가 되고 있다.

그러나 보다 심각한 문제는 두 번째 조건, 즉 면역거부반응을 극복해야 한다는 항목에서 발생한다. 일반적으로 면역거부반응은 세포의 표면에 주조직적합성 항원(major histocompatibility antigen; MHC)이라는 일련의 단백질들이 발현되면서, 각 개체가 자신만의 고유한 색깔에 해당하는 항원성을 가지게 된다. 이러한 조직적합성은 매우 특이하게도 동일한 유전적 소인을 가진 부모들 사이에서 태어난 자녀들간에도 상이한 양상을 나타내어 진화의 과정에서 발산과정(divergence)를 보이는 대표적인 것으로 각 종(speicies)의 내·외부적으로 생명체에 공통되는 기본적특성이 진화의 과정 중 점차 유사하게 수렴되는 convergence와 반대의 양상을 보인다. 그만큼 주 조직적합성이라는 것은 한 개체를 철저히 자신만의 유일성으로 특화해 나가는 진화과정 중의 주요 과정이며, 그 만큼 조직적합성이 맞는 사람을 찾는다는 것이 쉽지 않게 된다. 대표적으로 성체줄기세포의 경우 골수이식을 예로 들 수 있는데, 평균 몇 만에서 몇 십만 명 정도를 스크리닝 해야 조직적합성 유전자 6개 좌(locus)가 일치하는 사람을 찾을 수 있게 된다. 이러한 어려움을 직접적으로 부닥치게 되는 것이 배아줄기세포의 경우인데, 이들은 전세계적으로도 제한된 숫자만의 세포주가 존재하게 되므로 이들을 잠재적 환자대상에게 이식하려 할 때 그 조직적합성이 맞을 확률은 지극히 낮게 된다. 이 과정에서 발생하는 것이 바로 체세포 핵치환(nuclear transfer)에 의한 치료복제(therapeutic cloning)의 과정이다. 즉 여성으로부터 채취한 난자에서 핵을 제거한 후(잠재적) 환자의 체세포 핵을 주입하면 이들 핵치환된 난자는 모든 유전물질을 담고 있는 핵이(잠재적)환자에게서 유래하므로 그로부터 발생되는 대부분의 유전인자 및 조직적합성이 난자공여자가 아닌 체세포 공여자와 일치하게 된다. 이들로부터 유래된 배아 및 배반포로부터 형성된 줄기세포는 따라서 체세포 공여자에게 이식될 경우 자기 자신의 세포로 인식되어 면역거부반응을 피할 수 있게 된다(그림).

이론적으로는 이토록 간단한 설명이지만, 주지하는 바와 같이 실상은 많은 문제를 야기하고 있는 분야가 또한 체세포복제과정이다.

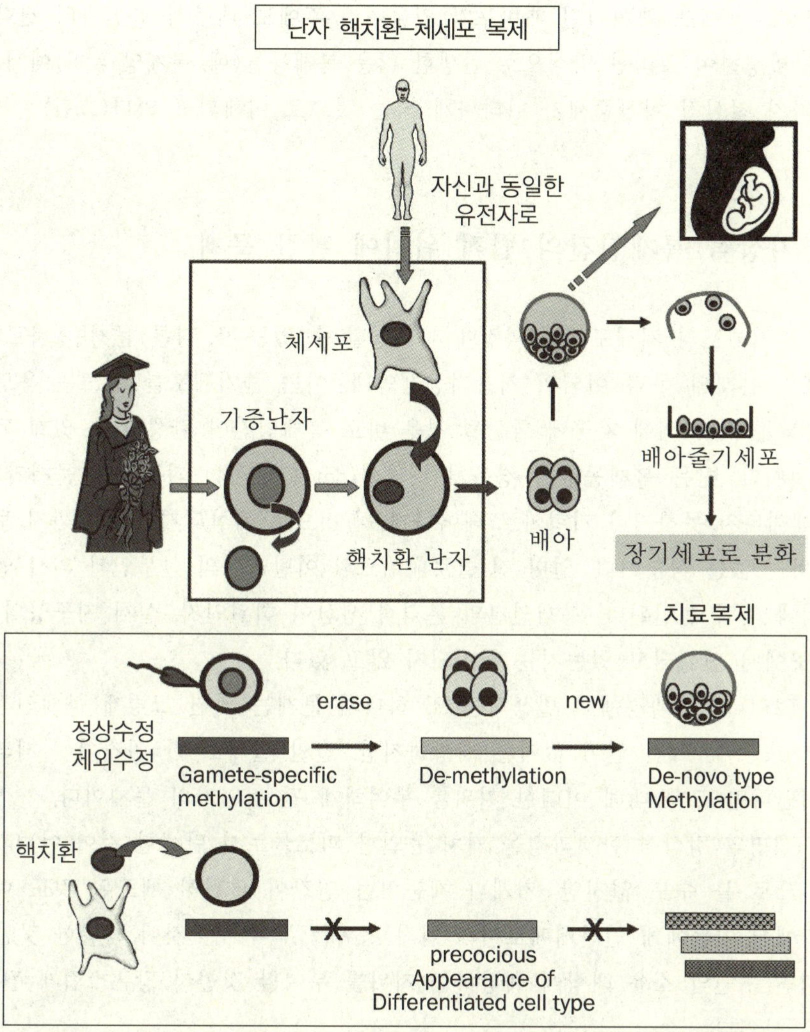

첫째로 과학적으로는 핵치환된 난자로부터 배반포까지의 과정, 또 이들로부터 배아줄기세포 확립까지의 과정이 너무나도 낮은 성공률로 인하여 한 사람의 체세포 복제를 위하여 몇백 개에서 몇천 개까지의 난자가 필요하게 된다는 것이다. 이렇게 성공률이 낮은 이유는 핵치환된 난자가 정상적으로 수정된 난자와는 달리 세포 내부의 유전적 변화로 인해(부록참조) 세포사멸에 이르는 현상때문인데, 이들은 탈메칠화라고 하는 DNA의 메칠기를 벗어버리는 과정을 거치지 않기 때문에 발생하는 것으로 이해되고 있다. 또한 바로 이러한 현상으로 인해, 체세포 핵이식된 배반포가 만들어진 후에도 내부적 유전자의 결함이 종종 발생하여 그러한 방식으로 탄생한 많은 복제동물(예, 복제양 돌리)에서 여러 가지 전신적 이상증세가 나타나게 되는 것으로 이해되고 있다(그림).

Ⅵ. 가상적 복제인간의 법적 위치에 관한 문제

줄기세포의 체세포 복제과정에서 발생할 수 있는 또 다른 문제는 바로 배반포의 본래의 목적 이외의 사용가능성인데, 이는 줄기세포를 만드는 용도로 사용되는 것 이외에 자궁에 착상될 경우 바로 복제인간이 탄생할 수 있게 된다는 것이다. 많은 복제동물의 경우처럼 발생(development) 과정에서 문제가 생겨 태어나지 못하거나 기형아로 태어나게 될 것으로 예상되지만 현재까지 보고된 바는 없는 상황이다. 얼마 전 클로네이드와 이탈리아의 산부인과 의사 안티노리에 의해 선언된바, 복제인간의 본격적 생산이 허위인지, 실제 지구상의 어느 곳에서 진행되고 있는지는 확인되지 않고 있다.

그러나 이 과정에서 발생하는 또 하나의 문제는 과연 그렇게 복제인간이 탄생했을 때, 그런 일이 없기를 희망하지만, 만일 실제로 한 인간이 복제되어 태어난다면 그에 대해 어떠한 지위를 부여하게 될 것인가의 문제이다.

생명의 정상적 탄생과정을 거쳐 유일한 피조물로서 탄생한 것이 아니기에 인간으로 볼 수도 없지만, 기계나 제품처럼 인간이 완전히 제조된 것도 아닌 상황에서 이들에게 인간개체로서의 법적 지위를 부여하는 것이 타당한 것인지, 아니면 주인의 소유 대상에 해당하는 지위를 부여할 것인지 당혹스럽게 될 것으로 보인다.

또한 이들이 가족 내에서 가지게 되는 지위에 대해서도, 복제된 인간이 복제되기 전의 인간과 가지게 되는 관계가 부모관계도 아니고, 형제관계도 아니고, 자기자신도 아닌 어떠한 형태의 인간관계에도 부합되지 않게 되는 상황 또한 발생하게 될 것으로 보인다.

Ⅶ. 성체줄기세포와 관련된 법적 문제들

줄기세포의 여러 가지 잠재적 문제점들이 지적됨에 따라, 비교적 사회, 문화적 갈등요소가 적은 성체줄기세포를 대안으로 생각하는 경향이 늘고 있다. 성체줄기세포는 일단, 줄기세포를 생산하는 과정에서 윤리적·법적 시비가 발생할 가능성이 적고, 복제의 필요성이 없기 때문에 대안적 차원에서 검토될 수 있을 것이다. 그러나 성체줄기세포에 의한 세포치료 영역 역시 법적·사회적 갈등요소로부터 완전히 자유로운 것은 아니라는 점은 중요하다. 세포치료의 개념이 비교적 초기적 단계에 있음에도 불구하고 그 효과와 기대가 실제 이상으로 부풀려짐에 따라 발생하는 사회적 문제 이외에도, 세포치료와 그 제작과정, 연구과정에서도 몇 가지 법적 고려가 필요한 요소가 있는 것으로 보인다.

우선 첫째로, 세포의 공급과정에서 제기되는 문제 중 하나로서 근래 인기를 끌고 있는 제대혈의 위치에 관한 문제이다. 현행 입법예고에서는 줄기세포의 공급원에 해당하는 제대혈을 혈액에도 해당되지 않고 장기조직에도 해당되지 않는 제대혈이라는 그 자체의 독자적 위상을 부여함으로써 혈액관리 및 장기조직에 관한 법률과 상이한 양상을 띠며 민간업체의 경쟁적 보관사업의 대상이 되고 있지만, 현재 정확한 위상에 대해서는 검토가 필요한 상황으로 보인다. 한 예로 유럽의 경우는 개인이 제대혈을 소유하는 것 자체를 허용하지 않는 국가관리의 대상으로 보는 반면, 미국의 경우는 부분적인 허용을 보이는 나라에 해당한다. 이러한 정책적 차이는 제대혈에 대한 정확한 위상에 따른 것으로 차후 한국에서도 이에 관련된 시각차가 발생할 것으로 예상된다.

둘째로, 성체줄기세포의 치료 및 시술에 관련된 것으로서, 과거 줄기세포 치료라는 것이 없을 때는 병원에서 시술되는 의료행위와 공장에서 생산되는 제약(制藥) 과정이 분명했지만, 이들 세포치료가 등장하면서 이 과정에 대한 경계가 무너지게 되었다. 즉, 환자의 골수를 채취하거나 제대혈을 채취해서 기업이 배양을 할 경우 이를 제약행위로 간주해서 약사법에 의해 관할하게 될 것인지, 의료기관에서 환자시술을 위한 것이므로 의료행위로 간주하여 의료법으로 관할할 것인지에 대한 견해차이이다. 현재 선진국 대부분은 일정규모 이상의 배양이나 조작을 하는 경우 제약행위로 간주하고, 한국에서도 식품의약품 안전청의 관할하에 약사법으로 관할하고 있지만, 일부 의료진이나 기업을 중심으로 이들이 의료시술행위로 간주되어야 한다는 주장이 제기되고 있는 상황이다.

셋째로, 성체줄기세포, 배아줄기세포 및 기타 세포를 모두 포함하여, 환자로부터 얻어진 시료를 통하여 연구하는 과정에서 환자의 권리에 관계된 개념이다. 이것은 비단 줄기세포뿐 아니라 의학의 연구 전반에 걸쳐 최근 문제되고 있는 개념으로서, 유전자 연구에 있어 환자의 동의라는 형태로 생명윤리 및 안전에 관한 법률에 의해 규정되고 있다.

즉 동 법률 제2조에서 "'유전자검사'라 함은 개인의 식별, 특정한 질병 또는 소인(素因)의 검사 등의 목적으로 혈액·모발·타액(唾液) 등의 검사대상물로부터 염색체·유전자 등을 분석하는 행위를 말한다"라고 규정함으로써, 모든 영역의 분자생물학적 의학연구를 포괄적으로 유전자검사행위로 간주하는 개념적 혼선을 빚고 있다. 즉, 개인의 프라이버시를 보호하고 특정한 유전적 소인을 가졌다는 이유로 차별대우를 받지 않도록 보호해야 할 목적으로 만들어진 법안이, 생명과학의 전반적 순수연구와 질병에 대한 원인으로서의 분자생물학적 연구까지도 모두 개인의 유전정보에 대한 침해가능한 행위로 규정하고 있는 것이다. 이에 따라 동 법률은 이러한 모든 종류의 연구행위에 대해 연구의 목적, 시행할 검사의 종류, 연구자, 연구비, 동의철회요건, 시료의 보관기간 등을 상세히 기술한 소위 informed consent(서면동의서)를 받아야 한다고 규정하고 있다.

여기서 발생하는 중요한 개념적 차이를 보면, 개인의 신체적, 체질적 특성을 나타내는 개인적 특수성(예를 들어 유전되는 질환, 특이적체질, 성격이나 특정 행동양식 등 불명확한 검증되지 않은 유전적 배경 등)에 대한 예측적(prospective) 측면에서의 검사로 인한 사회적 차별과 인권침해를 제한한다는 본래의 취지를 지나치게 확대 해석하여, 이미 발병한 질환에 대한 원인 및 진단을 위한 검사 및 분석(retrospective, diagnostic)에 대한 행위까지 확대되어 있다. 또한 관련 법률에 의하면 정상적인 세포군들의 특성 및 생리작용을 밝히기 위한 연구에서도 일단 분자생물학적 기법(DNA, RNA, 유전자 증폭 반응 등)이 포함되기만 하면 개인에 대한 유전자검사행위로 간주되게 된다. 대학에서 혈액세포를 이용하여 유전자 증폭법의 실습을 하면 관련학생이 모두 동의 없는 유전자 검사를 한 셈이 되며, 위암조직 10개에서 나타나는 유전자 변이양상을 정상위조직 10개와 비교하여 위암의 발생기전을 밝히는 연구를 하는 경우 역시 20명의 공여자에 대한 유전정보 침해로 간주하게 됨으로써, 실질적으로 거의 모든 생명과학 관련연구자들이 실정법상 자신도 모르는 새 범법자로 전락하게 되는 것이 2007년도 현행 시스템의 문제라 할 수 있다.

우리나라와 달리, 국제적 기준에서는 이미 이러한 문제에 대한 합리적 결론을 낸 상태이고, 이에 대한 별다른 진통 없이 운영되고 있는 것으로 보인다.

우선, 미국의 학술원 및 16개 학술위원회에서는 다음과 같은 입장을 표명하고 있다. "Genetic information should be defined operationally as information used for diagenosing or treating an inherited disorders or for genetic counselling." 즉 법률로써 보호되어야 할 개인의 정보의 범위를 유전될 수 있고 유전상담이 필요한 분야로 명확히 정의함으로써, 기타 의학연구가 가지는 사회적 유용성(social interest)에 대한 보호와의 균형을 유지하고 있다. 이 보고서에서는 "It is important to realize that iformation developed in the course of genetic research, like that developed in the course of research generally, is not valid patient information for use in genetic counselling. Therefore, research data should not be considered geetic information as that terms is used in statutory language." 즉 순수의학연구의 과정에서 도출되는 정보를 개인의 유전정보로 확대해석하는 것에 대한 오류를 지적하며 용어 선택에서부터 이들을 법적 의미가 있는 유전정보라고 표현하는 데 반대하고 있다.

또 다른 문제가 될 수 있는 informed consent의 경우에도 국제적인 기준에서는 그 비교적 명확한 개념적 구별을 짓고 있다. 대표적인 예로 세계의학회(WMA; world medical association)에서 입안하여, 현재 국제적으로 가장 중요한 가이드라인으로 채택되고 있는 헬싱키 선언(Helsinki Declaration)에서는 우선 다음과 같은 선언이 발견되고 있다.

-중략-

4. Medical progress is based on research which ultimately must rest in part on experimentation involving human subject.
5. In medical research on human subjects, considerations related to the well-being of the human subjects should take precedence over the interests of science and society.

즉 의학의 발전을 위해 궁극적으로 인간유래대상을 포함하는 연구의 중요성을 인정함과 동시에 연구로부터 유래될 수 있는 사회적, 과학적 이득이 인간의 well-being의 중요성보다 우선할 수 없다는 것을 명시하고 있다.

반면 동의서에 관련된 부분에서는 인간의 시료 등을 포함하는 연구와 치료목적 등으로 인간의 신체에 대해 직접적으로 시험하는 임상시험을 구분하고 있다.

11. Medical research involving human subjects must conform to generally accepted scientific principles, be based on a through knowledge of the scientific literature, other …. -이하 생략-

13. The design and performance of each experimental procedure involving human subjects should be clearly formulate in an experimental protocol.

-이하 중략-

22. In any research on human beings, each potential subjects must be adequately informed of the aims, methods, sources of funding, any possible conflicts of interests, institutional affiliations of the researchers, the anticipated benefits and potential -이하 생략-

After ensuring that the subjects has understood the information, the physician should then obtain the subject's freely-given informed consent, preferably in writing.

즉 위의 선언문에서 보듯 인간의 신체에 직접적으로 시험되는 "research on human beings"와 포괄적인 인간유래 시험연구 "medical research involving human subjects"를 구분함으로써, 전자의 경우에서 informed consent의 필요성을 강조하고 명기한바, 목적, 방법, 재원, 이해관계, 소속 등 모든 것을 밝히는 동의를 구하도록 하고 있다.

그러나 일선의 연구상황에서 보다 문제가 되는 것은 직접적 인간에 대한 임상시험이 아닌, 시료를 사용하거나 공여자의 치료과정에서 자연적으로 발생한 적출물을 대상으로 연구하는 상황에 대해서는 따로 규정하고 있지 않은데, 이에 대해 미국에서는 다음과 같은 입장이 제시되고 있다.

"To give a description of each and every research protocol that might be performed in the(sometimes distant) future on a patient's tissue is an unreasonable burden for the patient and the researcher.

We therefore recommend that simple(general or unspecified) consent forms be worded to include donation of excess human tissue for research, teaching, and quality control testing."

즉 적출된 시료에 대해 모든 연구과정과 미래에 하게 될지도 모를 연구전반에 대해 모두 상세하게 기술하는 것이 현실성 있는 방안인지에 대해 의문과 동시에, 보다 포괄적인 목적의 동의의 필요성을 제안하고 있는 것이다. 마찬가지로 유럽의 국가들도 별도의 개인적 프라이버시나 특수성에 관련되지 않는 한, 전반적 연구목적에 대한 일반적, 포괄적 동의를 통해 운영함으로써, 환자의 알 권리와 연구결과의 사회적 가치 사이에 대한 균형을 유지하고 있는 실정이다. 이와 같은 맥락에서 볼 때 현재 한국에서 시행되고 있는 생명윤리 및 안전에 관한 법률안의 경우에도 향후 많은 논의과정을 통하여 개인이 기존 의학연구의 성과들로 인해 시술의 혜택을 받을 수 있는 의학의 수혜자로서의 권리와 동시에 환자 자신 또한 의학발전을 위한 기여의 측면 사이에서 균형 있는 합의과정이 진행되어야 할 것으로 예상된다.

Ⅷ. 결 론

과학의 발전이 인류에 미치는 영향은 양날의 칼과 같다고 할 것이다. 어느 시대를 막론하고 과학은 그 사회 구성원들이 어떻게 사용하는가에 따라 전혀 다른 얼굴로 우리에게 다가오게 된다. 오늘날 줄기세포에 대한 많은 기대와 환호도 있지만, 이로 인한 사회적 위기를 걱정하는 사람들도 많은 것이 사실이다. 특히 인간복제의 문제는 현시대를 넘어 인류사적 측면에서도 중대한 문제가 될 수 있기에 신중히 검토되어야 할 것이다. 다행한 것은 역사는 인간의 자유와 합리성을 극대화시키는 엔트로피의 법칙에 의해 움직여 왔고 앞으로도 인간은 현재의 상황에서 내릴 수 있는 통찰과 판단을 통해 그 과정을 반복하게 될 것이라는 믿음에는 변함이 없다. 줄기세포에 관련된 여러 가지 사회적 기대와 논의들에 대해 정확한 자리매김의 작업은 비단 과학계뿐 아니라, 철학과 법학자들 모두에게 있어서도 중요한 과제가 될 것이다.

◈ 첨부1—성체줄기세포의 세포치료 현황 및 전망

성체줄기세포는 전술한 바와 같이 상대적으로 윤리적 부담이 적고, 임상적 안전성으로 인하여 세포치료에 활발히 시도되고 있는 줄기세포이다. 그러나 성체줄기세포라는 개념이 비교적 복잡하고, 그 종류가 다양할 뿐 아니라 해당 분야별로 세포치료기술의 발전상이 상이하다. 따라서 본 부록에서는 비교적 전문적인 용어의 사용을 감수해 가면서라도 대략적 현황을 정리하여, 보다 실체적 판단에 접근할 수 있기를 희망한다.

(1) 혈액줄기세포(Hematopoietic Stem Cell)

혈액줄기세포는 인간이 알게 된 가장 오래된 줄기세포이면서도, 그 종류와 응용이 매우 다양하여 대표적인 성체줄기세포라고 할 수 있다.

인간이 혈액줄기세포에 대해 처음 알게 된 것은 1958년 유고슬라비아의 대형 원전사고가 일어난 즈음이었다. 이 사고로 여기서 일하던 6명의 물리학자들이 대량의 방사선피폭을 당했다. 이로 인해 이들의 골수가 심하게 파괴되어 혈구감소증으로 죽어가고 있을 때, 건강한 사람의 골수를 이식했더니 피폐화된 이들의 골수가 뚜렷이 살아나고 있는 것을 확인하게 되었다. 이 과정에서 조혈모세포라고 하는 성체줄기세포가 이러한 파괴된 조직을 근원적으로 복구하는 재생작용을 한다는 것을 알게 되었다.

이들은 태생기에는 태아간에 존재하다가 출생 후에는 성인의 골수에 주로 모여 있어 한 개체가 평생을 살아가는 동안에 필요한 모든 종류의 혈액계 및 면역계 세포들을 생산해 내는 세포이기도 하지만 항암제 처치나 방사선 조사 등에서 가장 쉽게 파괴되는 장기이기도 하다. 따라서 백혈병이나 각종 악성종양의 치료과정에서 결과적으로 파괴되는 골수를 재생하는 것이 중요한 관건이 되므로, 조혈모세포에 의한 골수의 재생효율을 조절하기 위한 연구는 의학적으로 뿐 아니라 바이오 산업에서도 첨단 부가가치 산업에 해당하여, 세계각국의 관련 산학기관이 활발히 경쟁하는 분야이기도 하다.

이와 같은 골수 재생의 목적을 가진 골수 이식뿐 아니라, 최근에는 선천성 및 후천성 면역결핍증에 대한 치료도 결국 조혈모세포차원에서의 교정을 통하여 이들 교정된 줄기세포인 조혈모세포가 장기적이면서도, 정상기능을 할 수 있는 면역체계의 재구성을 할 수 있게 하는 연구가 개발되고 있다. 특히, 최근에는 이러한 면역재구성능력을 이용하여, 비파괴성 골수이식(non-myeloablative stem cell transplantation)을 통하여, 미리 부분적인 조혈모세포의 혼합생착(chimerism)을 형성해 놓으면, 공여자의 다른 장기세포에 대해서도 self로 인지하여 면역관용이 유도되는 것과 관련하여, 신장이나 간 등의 장기를 이식한 후 면역억제제를 사용하지 않고도 거부반응이 일어남이 없이 장기가 생착되게 할 수 있는 방안들이 임상적으로도 이용되기 시작하고 있다. 또한 이러한 mixed chimerimsm이 유도된 상태에서 공여자의 임파구를 주입함으로써 암에 대한 면역치료가 가능한 사례들이 만성골수성 백혈병뿐 아니라 전이성 신장암과 같은 고형종양에 대해서도 효과적임이 증명되고 있다.

조혈모세포 분야에서 또 하나의 중요한 경향은 기존의 골수위주의 세포채취방식에서 바뀌어 출산후 버려지게 되는 제대혈을 이용하는 경향이다. 제대혈은 채취시 산모나 태아에 피해를 주지 않을 뿐 아니라 근래 제대혈 세포가 골수에 비해 손색이 없을 정도의 조혈모세포를 풍부하게 함유하고 있다는 것이 밝혀지게 되어 유럽의 각 지방자치단체 및 미국의 혈액원은 이들을 공공목적으로(마치 우리나라의 혈액원과 같은 방식으로) 보관한 후 필요한 환자들에게 이식하는 것이 정착되었다. 이렇게 제대혈 은행에 보관된 제대혈을 골수세포 대신 이식한 임상례들이 미국과 유럽 등지에서 각각 1000례 이상씩 발표됨에 따라 조혈모세포의 효과적 응용이 더욱 개발될 전망이다.

• 비조혈계 장기의 재생 및 분화의 유연성

골수에 이식되어 혈액 및 면역계 세포들을 재구성할 수 있는 조혈모세포의 능력에 못지않게 최근 각광받고 있는 것은 이들 조혈모 세포, 또는 혈액줄기세포들이 본래 생산하기로 예정된 혈액계가 아닌 간이나, 심장근육과 같은 다른 장기로 분화할 수 있다는 발견이다. 이와 같은 과정은 순수분리된 조혈모세포들을 심근경색증으로 괴사에 빠진 심근에 주사했을 때, 또는 type1 tyrosinemia의 동물모델에서 나타나는 간독성의 경우에 각각 심근 및 새로운 간세포를 재생하는 것이 증명됨으로써 성체줄기세포의 치유 재생력에 대한 감탄사를 연발하게 하였다. 즉 평상시에는 발생하지 않고 있다가 이들 장기들이 위급한 상황에 빠졌을 때만 이러한 전이분화(transdifferentiation) 또는 분화의 유연성(stem cell plasiticity)이 발생하여, 본래의 혈액세포가 아닌 당장에 필요한 심장근육, 또는 간세포를 재생한다는 것이다. 이러한 분화의 유연성은 최근 심장이나 간뿐 아니라, 근육, 혈관, 신경세포, 및 신장에 이르기까지 확대되고 있는 것이 보고되고 있으며, 장차 더욱 다양한 모델에서 계속 입증될 전망이다. 중요한 것은 비록 현재 이들 분화의 유연성이 어떠한 과학적 기전에 의해 발생하는지는 알지 못하지만 이러한 성질들은 이미 임상적 적용의 단계에까지 근접해 있다는 것이다. 이에 따라 혈액줄기세포를 통한 뇌졸증, 심근경색증, 신경마비 등에 이르기까지 다양한 동물모델과 전임상 실험결과들이 제시되고 있는 것이 현실이다. 따라서 혈액줄기세포의 응용은 단지 골수계의 재생이나 면역학적 활용의 차원을 넘어 보다 광범위한 의학의 영역에서 효력을 발휘하게 될 것으로 보이며 획득의 용이함, 오랜 임상적용 경험 등에 힘입어 성체줄기세포 중 가장 활발히 사용되게 될 것으로 보인다.

(2) 간엽줄기세포(mesenchymal stem cell)

골수에는 직접 혈액계를 생산하는 조혈모세포 이외에도, 간엽줄기세포(mesenchymal stem cell)이라고 하는 기질성 세포가 존재하는 것이 확인되었는데, 이들은 주로 뼈, 연골, 근육, 지방 등의 간엽성 조직으로 분화하는 능력을 가지고 있으며, 골수내에서 기질(stroma)을 구성하는 세포이다. 최근에는 이러한 간엽줄기세포가 골수 이외에도 지방조직이나, 태반, 치아 등에서도 발견되는 것으로 알려져, 이러한 줄기세포의 획득이 보다 용이하게 될 전망이다.

간엽줄기세포(mesenchymal stem cell)들은 생체 내에 주입되었을 때 각 장기의 특성에 맞는 조직형으로 분화될 뿐 아니라 조혈모세포들에 비해 상대적으로 많은 수의 세포를 증식시키기가 용이하므로 이들을 통해 세포재생치료의 목적을 이루려는 시도도 활발히 일어나고 있다. 이들 간충직 세포들을 통해 골이나 연골세포를 만들어 이식하는 것은 이미 상당한 정도의 임상적용단계까지 도달하여 골절이나 연골손상 등의 상황에 대한 치료뿐 아니라 선천성 골형성부전증(osteogenesis imperfecta)에 대해서도 골수이식을 시행한 결과 임상적으로 매우 유의한 골절의 감소와 골성장을 관칠할 수 있었다는 것이 보고되기에 이르렀다. 흥미 있는 것은 이들 간엽줄기세포들이 골이나 연골뿐 아니라 예전에 상상하지 못했던 훨씬 다양한 종류의 세포로 분화시킬 수 있다는 연구들이 발표되면서 이들이 마치 배아줄기세포의 성체형 버전이 될 수도 있지 않을까라고 기대가 조심스럽게 나오고 있다는 것이다. 즉 이들 간엽줄기세포중에는 최근 큰 반향을 일으킨 바 있는 MAPC(MAPC; multipotent adult progenitor cell)라는 세포군이 있어 이들은 배아줄기세포와 비슷한 정도의 무한대 증식을 할 능력이 있고, 신경조직, 간조직, 근육, 신장, 심장 등 다양한 조직으로 분화할 능력을 갖추었을 뿐 아니라, 40~120차례의 계대배양을 한 후에도 텔로미어(telomere)의 길이가 변하지 않음으로써, 배아줄기세포의 장점과 성체줄기세포의 장점을 갖춘 새로운 줄기세포가 될 가능성도 보이고 있다. 그러나 최근의 많은 연구에 의하면 중간엽줄기세포가 가지고 있는 분화다양성의 정도로는 현재의 상황에서 직접적인 세포치료의 효과를 보는 데 한계가 있어, 이에 관련된 핵심적인 연구가 보다 필요하게 될 것으로 보인다.

(3) 신경줄기세포(neural stem cell)

척수나 뇌의 신경세포들은 대개 한번 손상되면 다시 재생하지 않는 것으로 여겨져 오다가 근래 몇 년 동안 신경세포역시 끊임없는 재생작용을 하며, 이들을 담당하는 신경줄기세포가 별도로 존재한다는 것이 밝혀지면서 신경질환 자체에 대한 새로운 접근이 가능하게 되었다. 여기에다 최근에는 태아 뇌에서 유도된 신경줄기세포를 유전자 조작에 의해 불멸화시킴으로써 신경줄기세포를 다량 생산해 내는 것이 가능하다는 것이 보고되었다. 이에 따라 각종 뇌신경계 질환에 대한 신경계 세포치료요법이 시험되고 있는 상황이다. 흥미 있는 것은 신경줄기세포는 다른 줄기세포들에 비해 뇌 손상이 있는 부위를 인지하고 선택적으로 찾아가는 이동(migration)의 능력이 가장 많이 증명되고 있다. 따라서 이러한 병변부 추적성질을 이용한 뇌 신경계의 선택적 부위 재생이 가능할 수 있을 것으로 보인다. 신경계의 세포치료 중 가장 대표적인 것이 파킨슨씨병에 대한 도파민생산 뉴론공급, 뇌 또는 척수손상 후의 손상받은 신경조직 재생을 통한 마비증세 극복, 또 뇌종양에 대한 신경줄기세포의 추적을 통한 뇌종양세포공격 등이다. 비록 매우 고무적인 결과들이 보고되고 있으나 대부분은 아직 실험동물을 이용한 연구수준에 그쳐 있는 상황이다. 척수손상에 의한 사지마비의 경우에도 여러 동물모델에서 좋은 성적을 거두었고 외국에서 일부

임상시험까지 시도되었지만 확실한 경과에 대해서는 장차 주목해서 지켜볼 일인 것 같다. 이러한 신경줄기세포의 경우에도 역시 가장 문제가 되는 것은 배아 줄기세포나 성체줄기세포 모두 신경재생에 동원되는 세포의 숫자가 매우 적어서 해부학적으로 눈에 띌 만한 세포의 재생까지는 이루어지지 못하고 있고, 그들 세포가 실제 뇌조직 등에서 존재하는 수명이 짧아서 쉽게 소실된다는 것이다. 따라서 성체 신경줄기세포의 생체내 자가재생산과정을 통한 지속적 줄기세포의 공급과 적합한 특정 뇌조직으로의 분화가 동시에 일어나게 할 수 있다면 신경의 세포재생요법의 새로운 대안으로 제시될 가능성이 있으나 아직은 구체적 증거가 나오지 않고 있는 상황이다. 즉 신경세포에 의한 줄기세포 치료요법은 이것이 가능하지 않았을 때에 비하면 희망적인 상황이지만 이것으로 곧 임상적 효과를 거두는 단계까지 간다는 것과는 다른 별개임을 인식할 필요가 있다고 본다.

(4) 췌담도줄기세포(pancreatic stem cell)

췌장의 자가면역반응에 의해 인슐린을 생산하는 베타세포가 파괴되는 것이 이른바 제 1 형 당뇨병으로서 이들 파괴된 베타세포를 줄기세포를 통해 재생하는 연구가 최근 몇 년 사이에 급속한 진전을 이루었다. 이것은 배아 줄기세포를 특정한 조건에서 시험관 배양하면 인슐린을 생산할 능력이 있는 베타세포로 분화되며, 이들을 당뇨가 있는 쥐에 이식하면 실제로 인슐린분비작용을 할 수 있다는 연구보고와 더불어, 성체의 췌도 주변에 있는 상피세포가 실제로 췌장을 형성하는 줄기세포에 해당한다는 것이 발견되면서 시발되었다. 이어 이들 성체에서 유래된 췌장줄기세포는 시험관 내에서 인슐린을 분비할 능력이 있는 베타세포로 분화되는 것을 관찰하였는데, 문제는 이들이 베타세포로 분화되는 동안 기능적인 세포의 증식이 충분히 이루어지지 못하고 인슐린 생산양이 부족하다는 것이다. 이렇게 만들어진 췌장줄기세포는 베타세포로 분화되는 과정에서 면역반응에 관계된 항원의 발현이 억제되어 실제 당뇨병에 걸린 쥐에 이식했을 때도 거의 면역거부반응으로 공격받지 않고 살아남아 생리적인 혈당조절을 성공적으로 할 수 있음이 보고되었다. 그러나 이 경우에도 역시 장기적 치료효과를 얻기 위해서는 이식된 베타세포가 오랫동안 생존해야 하는데 성체형 췌장줄기세포에서 유래된 베타세포는 약 5개월 가량 유지되는 것이 관찰되어 많은 경우의 세포치료에 있어서 이러한 장기간의 이식 생존율은 의학에 실제 적용되기 위해서 반드시 넘어야 할 산이라고 볼 수 있겠다.

(5) 기타 줄기세포

위에서 언급한 세포들 이외에도 인체의 각 조직부위마다 성체줄기세포가 있어 이들을 이용한 재생치료가 시도되고 있다. 대표적인 예로 간장을 재생하기 위한 간줄기세포(hepatic stem cell)를 골수줄기세포나 간조직에서 추출하여 인공간조직을 형성하려는 시도가 이루어지고 있으며, 눈의 각막조직의 경우는 각막주변에 존재하는 줄기세포(각막윤부줄기세포; limbal stem cell)를 추출, 배양하여 실제로 각막손상 등으로 시력을 상실한 환자에 대한 다수의 임상시험이 있었고, 세계 여러 나라에서 좋은 성과를 거두고 있다. 이 밖에도 심장조직을 재건하기 위하여 심장조직 자체에 존재하는 심근 줄기세포(cardiac stem cell)를 통한 심근 재생술이 연구되고 있으며, 최근에는 악성종양을 일으키는 암의 원인 자체를 줄기세포의 특성에서 찾으려는 암줄기세포가 활발히 연구되고 있는 상황이다.

(6) 정 리

위에 기술한 성체줄기세포의 여러 종류와 그 사용가능성에서 상당한 차이를 보이는 경향이 있다. 이와 같은 차이는 각 종류의 성체줄기세포가 연구되어 온 역사적 길이의 차이와도 관련 있다 할 것이다. 즉 이미 임상에서 다수 활용되어 온 조혈줄기세포의 경우는 이미 30여 년 전부터 모든 상황에 걸쳐 철저히 연구가 되어 있으므로 환자의 치료에 응용될 수 있는 반면, 다른 줄기세포들은 비교적 짧은 연구역사를 가지고 있어 지금 초기상태에 있다고 할 수 있다. 결국, 줄기세포에 의한 희망은 현재의 상태가 중요하기보다는 앞으로의 연구에 의해 얼마나 발전할 수 있고, 그 연구 자체가 사회구성원들에게 받아들여질 수 있느냐의 문제를 생각하지 않을 수 없게 된다. 성체줄기세포가 가지고 있는 비젼과 가능성은 현재의 상황에서 희망적이긴 하지만 완결된 상태가 아니므로 아직 결론내기에는 이르다고 할 수 있을 것이며, 차후의 연구개발에 의해 많은 변화가 발생하게 될 것으로 전망한다.

◈ 첨부 2 — 인간복제에서 간과하는 것들

• 인간복제로 빚어진 인류사적 위기

2002년 12월 27일은 세기적 충격의 날이었다. 인간복제 소식이 그간 소문으로만 무성하더니, 기어이 이탈리아의 안티노리에 의해 복제아기 "이브"가 탄생했다고 발표된 날이기 때문이다.

행여 뒤질세라, 단 하루만에, 미국의 클로네이드가 자신들의 복제아이가 태어난다고 하였고, 그 후 1월에는 일본에서 다시 태어난다고 하였다. 그리고는 또다시 수 주 내 탄생예정인 복제아이가 3명이라고 밝히는 등, 이들의 말대로라면, 이미 열 명이 넘는 복제아이가 탄생하였거나, 곧 탄생을 앞두고 있게 된다. 그간 소설이나, 공상영화 속에서만 묘사되던 복제아이와 복제인간의 삶에 대한 가능성이 현실화되었다니, 만일 이것이 사실이라면 논리학적으로 "내가 나를 탄생시켰다"라고 하는 것이 논리학적으로 가장 큰 모순이 발생하는 것이다. 또한 아담과 이브의 창조신화의 주역으로서 인간이 아담과 이브를 탄생시킬 수 있다는 인류사적 충격이 시작되는 것이므로, 진화론의 신봉자이건, 창조신화의 신봉자이건, 모두 인간을 바라보는 관점이, "필요하면 제조될 수도 있는 존재"로 바뀌게 되었으므로, 충격적이긴 마찬가지였을 것이다.

결국 인간복제가 가져오는 파장은 복제인간의 출현이라는 현상적 파장을 넘어선, 인류사적, 인간 존재론적 위기를 자아냄으로써, 오늘날 첨단과학의 발전의 한 복판에서 인류가 나아갈 길에 대한 총체적 검토를 시급히 요구하고 있는 것이다.

• 복제인간 진실인가, 조작극인가?

인간 복제의 성공여부를 떠나 그러한 시도 자체가 인류가 감당하기 힘든 총체적 충격을 초래하고 있지만, 인간복제 추종자들의 주장자체에도 미심쩍은 부분이 많은 것이 사실이다.

정말 복제된 아기라면, DNA 검사를 통해 최소한의 증거라도 제시해야 하건만, 지금까지 실제 그 복제아기를 본 사람도, 복제아이의 혈액을 채취한 사람도, 검사해 본 사람도 없는 상황이다. 미국의 전직 언론인 마이클 길론이 과거

초현실주의나 심령역학 등 비과학적 사고방식에 젖어있던 사람이라는 점을 차치하고서라도, 그는 이미 복제아기 이브의 탄생 몇 달 전까지 3대 메이저 방송사인 ABC, NBC, CBS는 물론 폭스 뉴스와 CNN, HBO 등 케이블 방송사까지 찾아다니며 "10만 달러를 주면 독점 취재권을 주겠다"며 그 자신이 바로 현재 벌어지고 있는 "복제연극"의 상업적 이해의 첨예한 당사자임이 드러났다.

거기다 클로네이드가 객관적 검사를 맡기기로 한 마이클 길슨 조차도, 복제아기가 탄생했다는 집에 접근조차 허용되지 않아, 그마저 객관적인 복제아기의 진위여부에 대한 자신의 역할을 포기하기에 이름에 따라, 이제 복제아기는 부인도 시인도 하기 힘든 미궁에 빠지게 되었다.

복제의 과학적 증거를 밝히기 위해서는 인간의 유전자에 다양하게 존재하는 미세염기서열(micro-satellite)이라고 하는 염기서열 분석을 통하여 복제된 부모와 복제된 아기의 염기서열이 완전히 일치하는 것을 보여주어야 한다.

그것도 한 쪽 자리의 염기서열은 우연히 일치할 수 있기 때문에, 몇 군데를 스크리닝해서 모두가 다 일치할 때만 정확히 같은 사람이 적어도 "유전적으로는" 복제되었다고 할 수 있다. 이것은 가장 쉽고도 값싸게 제공할 수 있는 증거일 뿐 아니라, 태아의 양수에서도 뽑아서 검사할 수 있는 검사인데, 그들이 이 검사를 거부하는 것을 어떻게 생각해야 할까?

• 인간복제 정말 가능한가?

순수한 과학적 차원에서 보면 유전적 복제, 즉 DNA의 염기서열이 같은 개체를 탄생시키는 것까지는 가능하다.

복제양 "돌리"에서와 같이 체세포의 핵을 떼어내고, 그것을 핵이 제거된 난자에 이식하면, 여기서 발생하는 수정란은 적어도 유전적으로는 체세포의 핵형과 동일하므로, 그 수정란에서 발생할 아기는 체세포의 핵을 떼어냈던 사람과 유전자의 염기서열은 동일하게 될 것이다. 인간복제를 희망하는 사람들이 크게 두 가지 부류가 될 것이다, 자기 자신을 복제해서 더 오래 살 수 있다고 믿는 사람과, 불임부부 또는 사고로 숨진 자신들의 자식을 다시 얻기 위해서라고 한다. 그러나 이러한 과정에서 인간이 크게 간과하고 있는 것이 몇 가지 있다. 그들이 복제의 과정에서 간과하고 있는 것을 들어 본다.

첫째, "나"는 복제될 수 없다.

자신의 영생을 위해서 복제하려는 사람들은 복제를 통해 또 하나의 자기가 태어난다고 믿는 모양이다. 그러나 자신의 의식조차 복제된 대상으로 옮겨지는 것은 아니므로, "내가" 더 오래 사는 것은 아니다. 이 세상에서 "나"는 단 하나뿐인 존재인 것이다. 복제된 인간은 나를 닮은 또 하나의 다른 생명일 수밖에 없다는 것이다. 일란성 쌍둥이라 할지라도, 엄연히 서로 다른 존재일 뿐 아니라, 태어난 후의 후천적인 영향에 의해서도 전혀 다른 인격적 개체가 되는 것을 우리는 볼 수 있다. 따라서, 특정인간을 복제한다고 하는 것 자체가 이미 인간을 단지 "유전자 서열의 집합체"로만 규정하는 환원론적 인간관에 입각한 착각일 수밖에 없는 것이다.

둘째, 복제된 것은 내 자식이 아니다.

당연한 이야기 이지만, 자식이 없는 불임 부부가 복제를 통해서 아기를 얻었다고 했을 때, 그것은 이미 자식이 아니다. 복제라고 하는 과정을 통해서 "제조된" 생명체일 뿐이다. 아버지와 어머니 사이의 결합에 의해 탄생하는 정상적 자녀와 분명 다른 것으로서, 이는 나 자신의 유전자만 가지고 태어났으므로, 분명 남편과 아내의 양쪽을 닮은 자식도 아니고, 나 자신의 유전자를 100% 가졌다고 해서, "나 자신"도 아니고, 그렇다고 내 형제는 더욱 아닌 것이다. 즉 자식을 복제함으로써, 가족관계를 형성하기 위한 욕구는 엉뚱하게도, 인류의 근원적인 가족관계의 틀을 전혀 벗어난, '클론'이라고 하는 새로운 인간을 지구상에 출현시킴으로써, 오히려 정반대의 효과인 가족관계의 근본적인 파괴와 종말을 가져올 수 있는 것이다.

인간 복제를 반대하는 사람들에 대해 이탈리아의 안티노리는 이렇게 말한 바 있다. "당신들은 우리가 하고자 하는 일에 대해 사사건건 반대만 해 왔다, 과거 우리가 시험관아기 탄생기술을 개발할 때도 시험관에서 인간이 제조될 수 없느니 하며, 반대해 왔지만 보라, 지금 시험관수정을 통해 태어난 아이들은 행복하게 잘 살고 있지 않은가? 지금 우리가 복제하려고 하니 또 같은 이유로 반대하지만, 이번에도 복제된 아기는 시험관아기의 경우와 같이 행복하게 잘 살 것이다"라고.

이러한 주장도 역시, 시험관아기의 경우 두 부부가 임신을 원했을 때, 남편의 정자와 부인의 난자가 단지 시험관에서 수정하는 과정을 거칠 뿐, 탄생의 과정상 이렇게 태어난 아이가 그들의 자식이라는 점에서 문제가 없다. 하지만 복제된 아기는 어떤 측면에서 보아도, 자식도, 형제도 될수 없는 것이다.

마찬가지로, 사고로 자식을 상실했을 때, 그 자식의 유전자를 복제함으로써 탄생한 복제아이도 역시 원래 있던 그 아이는 아닌 것이며, 자식이 귀한 이유는 탄생에 의해 주어진, 누구와도 바꿀 수 없는 "하나뿐인" 존재이기에 귀한 것인데, 이런 경우 이렇게 태어난 아기는 살다가 마음에 안 들면 또다시 제조할 수도 있는 "인형"과도 같은 존재가 되는 것이다. 불임부부의 문제를 해결하겠다는 복제 찬성론자의 변명은 이처럼 헛된 것을 추구하는 인간의 자기기만적 추구에서 비롯된 것임을 잘 드러내고 있는 것이다.

셋째, 과학적으로 복제인간은 정상적인 인간이 될 수 없다.

복제과정을 좀더 자세히 들여다보면, 우선 핵을 제거한 난자에 체세포의 핵을 주입한 후 전기적 자극 등을 통해 수정란과 같은 세포분열이 유도되고, 이들이 진행되어 4개의 세포, 포배기, 낭배기 등의 과정을 거치며 배아를 형성하고, 이들을 자궁에 착상시키면 아이가 태어나는 것과 같은 과정에 진입하게 된다.

이 과정에서 가장 문제가 되는 것은 이와 같은 핵치환 과정에 의해 발생한 수정란은 자연적 과정에 의해 발생한 수정란과는 사뭇 다른 양태를 보인다는 것이다. 정상적 과정에서는 엄마의 DNA와 아빠의 DNA가 만나게 되면 수정된 지 수 시간 내에 우리가 상상할 수 없을 정도의 복잡한 과정을 거쳐, 고도의 체계적인 유전자 조절 과정이 시작되는데, 핵치환된 수정란의 경우는 이 과정, 즉 유전자의 총체적 조화과정이 정상적으로 이루어지지 않는다는 것이다. 그 결과는 이렇게 핵치환에 의해 발생된 경우 배아발생 단계까지 진행되지 못한 채 세포가 사멸하는 경우가 많으며, 이들이 자궁에 착상된 이후에도 자연유산 등 중도에 사망하는 경우가 많다. 잘 알려진 것처럼 복제양 돌리의 경우도 약 몇 백회 가량의 시행착오를 거쳐서야 비로소 한 마리가 탄생할 수 있었으며, 2002년 최초의 복제고양이도 200여 차례의 복제시도 끝에 80개의 배아를 얻었지만 그 중 다 사망하고, 단 한 마리만이 태어날 수 있었다.

더욱 우려가 되는 것은 이렇게 힘든 과정을 거쳐 몇 백 번의 시도 끝에 태어난 아기가 그나마도 운 좋게 태어나는 단계까지는 도달했지만, 그 역시 내재하는 유전적 결함은 그대로 가지고 있다는 것이다. 태어난 지 24시간도 되지 않아 사망하는 경우도 많고, 조금 더 오래 산다고 해도, 조기사망을 하며, 정상적인 자기수명을 유지하지 못하게 된다.

세계적 수준의 복제분야 전문가들이 한결같이, 복제인간이 태어났다고 하더라도 이미 가지고 있는 결함으로 인해, 기형이 되거나, 조기사망, 또는 심지어 돌연변이가 될 수도 있다는 것을 지적하고 있는 것도 바로 이와 같은 이유 때문이다.

넷째, 시간의 흐름은 되돌릴 수 없다.

만일 인간복제나 동물복제가 기존의 모든 문제점을 극복하여, 중도에 죽지 않고 정상적인 발생을 했다면, 그때는 복제의 모든 문제가 해결되었다고 볼 수 있을 것인가?

그렇지 않은 것 같다. 그것은 우리가 4차원이 아닌 3차원의 세계에 살고 있는 한 시간의 흐름은 역행할 수가 없다는 것이다. 즉 내가 복제될 때, 내가 가지고 있는 나이에 해당하는 시계바늘은 이미 돌아가 있는 상태에서 시작하는 것이지, 나이의 시계바늘이 원점으로 돌아가지는 않는다는 것이다.

재미있는 것은 세포주에서조차도 시간의 법칙은 그대로 적용된다는 것인데, 세포주라는 것은 인간이나 동물의 세포를 떼어내서 실험용으로 사용하기 위해 불멸화시킨 것인데, 쥐에서 유래된 세포는 아무리 세포주로 잘 만들어도, 보통 쥐의 수명에 해당하는 만큼의 세포분열을 한 후에는 그 세포가 더 이상 증식하지 않고 소실되며, 인간에서 채취한 세포주도 역시 일정기간 인간의 수명에 해당하는 만큼 체외에서 세포분열을 시키면 그 다음은 사멸하게 된다는 것이다. 즉 각 종자에 따른 수명은 이미 세포 안에 각인된 채 태어남에 따라 이것이 어떻게 조작되고 변형된다 해도, 운명처럼 따라다니는 시간의 한계는 거스를 수 없다는 이야기가 된다.

현재까지 알려진 과학적 이해에 의하면 이러한 과정은 세포의 나이를 결정하는 것이 "텔로미어(telomere)"라고 하는 각 염색체의 끝부분에 있는 특수한 염기서열이 있는데, 이것은 식물에서 나무가 해를 넘길수록 나이테가 증가하는 것만큼이나, 동물의 세포에서 나이와 세포분열횟수에 대한 속일 수 없는 시간의 증거가 된다. 즉 태아시절이나 처음 태어났을 때는 세포분열능력이 왕성하며 텔로미어의 길이가 길지만, 세포분열의 횟수만큼이나 이 텔로미어의 길이가 짧아져서, 노화에 이르게 되면 아주 짧은 소실직전까지 이르게 된다는 것이다.

이러한 시간적 흐름에 대한 법칙이 복제동물에서 어떻게 뒤바뀔 것인가는 과학계에서도 역시 초유의 관심사이어 왔다. 왜냐하면, 복제된 체세포는 이미 세포분열의 시계바늘이 상당히 진행된 상태에서 복제되는데, 복제를 통해 태어난 이 동물은 엄연한 '아기'로 태어나기 때문이다. 그러나 얼마 전 발표된 복제양 돌리의 소식을 생각하면 그렇게 간단하지는 않은 것 같다.

복제양 돌리를 탄생시킨 어미에 해당하는 양이 약 6살 때 그 체세포를 떼어내어 복제된 돌리가 탄생하였다. 그간 비만증과 관절염 등 계속된 성인병에 시달리던 "돌리"는 노쇠한 양에게서 나타날 수 있는 진행성 폐렴이 발생하여, 얼마전 로스린 연구소에서 안락사되었다. 돌리의 나이 6세를 기해서 노화로 인한 생명의 종식을 맞은 것이다. 평균 양들의 수명이 11～12년이라는 것을 고려하면, 이는 너무나도 소름끼칠 정도로 정확한 수명의 법칙이 복제양 돌리에 적용된 것을 볼 수가 있다. 결국 6세 때 떼어낸 체세포는 복제되어도 자신의 시계바늘이 6년간 돌아간 상태에서 복제되어, 비록 새로 태어났다 할지라도, 나머지 6년간만큼의 시간이 허용된다고밖에 할 수 없는 것이다. 따라서, 체세포 핵이식을 통해 복제된 동물이나 인간 모두, 각종 기형이나 조기사망을 설령 극복했다 할지라도, 복제과정에서 필연적으로 조로에 빠질 수밖에 없는, 결국 생명이 자신의 시간의 축을 되돌리지 못한다는 것이 복제양 "돌리"의 죽음이 남기고 간 교훈이 될 것이다.

• 인류의 선택

인간의 복제소식 이후 평범한 사람들의 뇌리에 파고든 감각은 승리감 보다는 불안감이 더 컸다는 것이 여러 조사를 통해서 알려졌고, 인간복제에 대한 가능성을 어떻게 차단해야 하는지조차 모르고 있는 상황에서 발생한 이러한 사건들이 어떻게 재발 방지될 수 있는 것인지 전 세계가 몸살을 앓고 있다. 인간복제를 추진하는 행위자체에 대한 윤리성만 이야기되고 있지, 정작 그런 복제과정을 통해 태어난 인간이 한 평생 인간으로서 살아가야 할 삶의 정황에 대한 고려는 그다지 많지 않은 것이 애석하다. 온갖 질병과 기형을 갖고 살아가는 고통 이 외에도, 자신이 부모나 형제가 없는 그저 제조된 '클론'이라는 사실을 그 복제에 의해 태어난 아기가 어떻게 받아들여야 할 것이며, 한평생을 어떻게 감당하며 살아갈 수 있을 것인지에 대해 생각해 보면 우리는, "생명윤리"라고 하는 단어조차도 관념적 언어임을 느끼게 된다.

이제 인간이 클론으로서 제조될 수 있는 가능성이 가까이 다가왔고, 이것으로 인한 대량의 인간복제가 이루어진다면, 인간사회에서 더 이상 "그냥 제조하면 될" 생명이나 각 개인의 존엄성은 설득력이 약해질 것이며, 자유, 평등, 사랑과 같이 인류의 발전을 지탱해 왔던 그 모든 전제들 역시 힘을 잃게 될 것이다. 또한 이들 클론들의 유전적 결함이 점차 교배과정에 의해 서서히 확산된다면, 이는 필연코 '인간'이라고 하는 종으로서는 종의 쇠퇴를 통한 자살행위가 될 수도 있는 것이다.

그렇기에 이제는 평범한 상식과 건강한 윤리의식을 피부로 느끼며 살아가는 사람들의 판단이 이 역사 속에서 다시금 중요한 결단을 내려야 하는 시기가 되었다.

최근의 눈부신 생명공학의 발전으로 인류는 그 어느 때보다도 가장 풍성한 복지의 기회에 노출되어 있지만, 또한 가장 근본적인 갈등에도 동일하게 노출되어 있다고 할 수 있을 것이다. 인간복제와 같은 상황이 극단적인 우려의 한 표현이라고 할 수 있지만 인류는 과학의 발전에 따른, 보다 총체적인 생명의 정체성에 대한 갈등을 경험하고 있다. 배아줄기세포를 얻기 위해 사용되는 배아가 하나의 생명인가 아니면 단순한 세포덩어리에 불과한가에 대한 질문도 아직 정리되지 않고 있다. 또한 최근에는 핵치환을 통해 배아줄기세포를 생산하기 위해 수백 개의 난자를 동원하게 되는 기술분야들이 개발되고 있지만 복제의 과정에서 드러나게 된 수많은 과학적 문제점이 해결도 되지 않은 상태에서, 이들이 당장 인간에게 적용되어 이미 장밋빛 미래가 열리고 있는 것으로 생각하는 경우도 흔하다.

질병으로 고통 받는 이들에 대한 사랑의 표현으로서의 의료를 책임지고 있는 의료인이나 생명이 가지는 보편적 가치에 대한 경건함을 담지하고 있는 사람들이 함께 모여 생명공학의 청사진을 위한 방향설정이 절실하게 느껴지는 하루였다.

제 3 부 의료기술과 법

제11장

分離된 人體部分의 法的 性格

— 의료기술의 발전에 관련하여 제기되는 법문제의 처리를 위한 출발점으로서

梁 彰 洙*

"여러분에게 말하거니와, 여러분의 목숨을 위하여 무엇을 먹을까, 또 여러분의 몸을 위해 무엇을 입을까 걱정하지 마십시오. 목숨은 양식보다 소중하고, 몸은 옷보다 더 소중하지 않습니까?"

(마태복음 6장, 25절)

"몸은 지체 하나가 아니라 여럿으로 이루어져 있습니다. … 지체는 여럿이지만 몸은 하나뿐인 것입니다. … 몸의 지체 중에 허약한 것으로 여겨지는 것일수록 오히려 훨씬 더 요긴한 것입니다."

(고린도1서 12장, 14절-22절)

Ⅰ. 序

1. 머리카락 한 올로부터 사람을 그대로 복제할 수 있게 될 것이라는 「소문」이 있다. 그것이 인류에의 축복인지, 엄청난 재앙의 시작인지는 아직 헤아리

* 서울대학교 법과대학 교수.

기 어렵다. 그러나 그러한 인간복제의 예에서 뚜렷하게 드러나는 생명공학 또는 의학의 발전이 여러 가지 법문제를 제기한다는 점에는 의문이 없다. 그리고 거기서 「법문제」란 법철학적 기타 메타법학적인 문제만이 아니라, 많은 법해석론상의 문제를 포함한다. 그리고 보다 구체적으로 민법의 분야에서 그와 관련하여 제기되는 해석법학적 문제를 접근함에 있어서는 아무래도 사람의 신체, 즉 인체 및 그 구성부분 또는 산출물을 법적으로 어떻게 파악할 것인지에 대한 해명을 그 출발점의 하나로 하지 않을 수 없다.

우리는 「생명윤리 및 안전에 관한 법률」(2004년 1월 29일 법률 제7150호)이 있음을 안다. 그리고 근자에 행하여진 의학 또는 의료기술의 발달과 관련해서, 「장기 등 이식에 관한 법률」(1999년 2월 8일 법률 제5858호), 「인체조직 안전 및 관리 등에 관한 법률」(2004년 1월 20일 법률 제7097호)이 새로 만들어져 시행 중이다. 그리고 예전부터 혈액관리법(1970년 8월 7일 법률 제2229호)이 있었고, 또 「시체 해부 및 보존에 관한 법률」[1] 및 「장사 등에 관한 법률」[2] 등이 있어 왔다.[3] 그러나 이들 법률을 들추어 보면 바로 알 수 있는 대로, 이들은

1) 1962년 2월 9일 법률 제1021호. 1995년 1월의 전문 개정 전에는 「屍體解剖保存法」이라고 불렀다.

2) 1961년 12월 5일 법률 제799호. 2000년 1월의 전문 개정 전에는 「葬事 등에 관한 法律」이라고 불렀다.

3) 이 글과 관련하여서는 그 외에도 이제는 폐지된 「적출물 등 처리규칙」(1981년 9월 21일 제정, 보건사회부령 제688호)이 중요하다. 이 규칙은 1996년 1월 18일 보건복지부령 제19호로 전문 개정되면서 그 이름이 「적출물처리규칙」으로 바뀌었다. 이 새로운 규칙에 의하면, 이는 "의료법 제17조 제2항 및 제3항의 규정에 의하여 적출물 등의 처리방법, 적출물처리업자의 지정, 기타 적출물 등의 처리에 관하여 필요한 사항을 규정"하는 것을 목적으로 하는데(동 규칙 제1조), 거기서 말하는 「적출물」에는 "의료인의 의료행위에 따라 발생된 인체조직물", 즉 "신체로부터 적출되거나 절단된 사태아·장기·태반·살·뼈·치아 등"이 포함된다(동 규칙 제2조 제1호). 그리고 1999년 9월 21일의 보건복지부령 제132호로 일부 개정되면서, 그 「적출물」에는 "(1) 신체로부터 적출되거나 절단된 사태아·장기·태반·살·뼈·치아 등의 인체조직물, (2) 환자의 피·고름 또는 분비물"을 말하는 「인체조직물류」가 포함된다(동 규칙 제2조 제1목). 그런데 위 규칙은 2000년 8월 18일의 보건복지부령 제170호로 폐기되었다. 이는 폐기물관리법이 1999년 2월 8일 개정되면서, 이른바 「감염성폐기물」(동법 제4조의2 참조)에 대한 규율이 그 법률에 포함된 것과 관련된다. 위 법률 및 그 시행령, 시행규칙에 의하면, 의료법 제3조의 규정에 의한 의료기관 등에서 배출하는 이른바 「조직물류」, 즉 "인체 … 로부터 적출되거나 절단된 물체" 및 "인체 … 의 피·고름·분비물"(그러나 「葬事 등에 관한 法律」 제2조 제1호의 규정에 의한 임신 4개월 이상의 死胎는 제외된다. 이 예외는 어떠한 취지일까?)은 위 법률에서 말하는 바의 「감염성폐기물」로서 위 법률의 적용을 받는 것이다. 앞서 본 적출물처리규칙의 내용이 이 「감염성폐기물」에 관한 규율과 어떠한 관계가 있는지는 보다 면밀한 검토를 요한다.

신체의 私法的 關係에 관련이 있는 규정을 전혀 포함하지 않는 것은 아니지만, 대체로 배아복제, 장기이식 등과 같은 의료행위 내지 연구활동에 대하여 행정기관이 규제를 행하는 것에 초점을 맞추고 있다.

2. 분리된 인체부분은 민법의 관점에서 보면 어떻게 파악될 수 있는지의 문제는 종래 우리나라에서 충분히 다루어졌다고 할 수 없다.[4] 이 글은 이 문제를 다루려고 하는 것이다. 우선 우리나라의 종전 학설을 살펴보고(Ⅱ), 나아가 비교법적인 참고로 독일연방대법원 1993년 11월 9일 판결을 분기점으로 하여 그 전후의 독일에서의 논의를 다룬다(Ⅲ). 이를 통하여 결론적으로 우리는 분리된 인체부분에 대한 우리나라에서의 그 사이의 논의가 소유권의 객체로서의 측면만을 부각시키고 그에 대한 인격권에 기한 보호의 측면을 충분히 고려하지 않았음을 반성하게 된다(Ⅳ).

Ⅱ. 우리나라에서의 논의

종래의 우리나라 학설은 다음과 같이 논술한다.

1. 사람의 신체에 대한 권리

살아 있는 사람의 신체에 대하여는 애초 인격권이 성립할 뿐이고, 소유권은 성립하지 않는다. 이는 타인의 신체는 물론이고 자신의 신체에 대하여도 마찬가지이다. 그 이유에 대하여는 "인격절대주의를 취하는 근대법에서는, 인격을 가지는 사람에 대한 배타적 지배를 인정하지 않는다"고 하거나,[5] "노예제도

4) 이 문제에 관한 우리나라의 문헌으로는, 朴東瑱, "냉동보관중인 정자의 훼손에 대한 민사법적 평가", 의료법학, 제 3 권 제 1 호(2002), 158면 이하; 송영민, "人體의 細胞·組織에 대한 所有權法의 適用可能性 — 加工의 法理를 중심으로", 의료법학, 제 4 권 제 1 호(2003), 367면 이하; 박은정, 생명 공학 시대의 법과 윤리(2000), 407면 이하(특히 同書, 제 9 장 「인체에 대한 소유권?」)을 들 수 있다. 또 엄밀한 의미의 법해석학적 문헌은 아니지만, 강희원, "사람, 인간 그리고 재산으로서의 인체? — 인체 상품화의 철학적·윤리학적 문제", 법철학연구, 제 3 권 제 1 호(2000), 156면 이하도 같이 들어 둔다.

5) 郭潤直, 民法總則, 新訂(修正版)(1998), 242면.

는 폐지되었"고 "사람은 권리의 주체이므로 다른 권리의 객체로 될 수 없기 때문"이라고 하는[6] 설명이 행하여지고 있다.[7] 이상은 신체의 일부에 대하여도 마찬가지이다.

그리고 이와 같이 사람의 신체(및 그 일부)에 대하여 소유권이 성립할 수 있는가, 즉 사람의 신체가 소유권의 객체가 될 수 있는가의 문제에 대한 설명과 함께, 사람의 신체 및 그 일부[8]는 법에서 말하는 「물건」(민법 제98조 참조)이 아니라는 설명도 함께 행하여진다. 이에 연접하여, 나아가 인공적으로 인체에 부착된 의치 · 의안 · 의수 · 의족 등도 신체에 고착하고 있는 한 신체의 일부로서 물건이 아니라고 하는 서술도 보인다.[9] 그리하여 의치 등 신체의 기능을 보조하는 人工物에 관하여 그것이 물건인지, 그리고 틀림없이 소유권의 객체가 되는지 등의 법문제에 대하여는 이제 「고착성」이 유일한 판단기준으로 제시된다.

2. 분리된 신체부분의 법적 성질

한편 살아 있는 사람의 몸으로부터 분리된 인체부분은 이제 법적으로 「물건」이 된다. 예를 들어 모발, 치아, 혈액 등이 그러하다. 이와 같이 인체부분이 「분리」에 의하여 물건이 되는 이유에 대하여는 별다른 언급이 없는 경우가 대부분이지만, "살아 있는 인간의 인격권[10] 외로 일탈한 것이므로 물건이 된다"고 하는 설명도 제시된나.[11] 이 이유제시는, 아마도 이상의 서술이 「물건」의 의미 내지 개념을 그 요소마다 나누어 설명하면서, 그 개념요소의 하나로서 非人格性을 들고 있는 것과 관련되는지도 모른다. 다른 한편 신체의 일부분이 몸으로부터 분리되는 것이 그것이 「물건」이 되는 유일한 요건이므로, 이제 「분리」

6) 李英俊, 民法總則[韓國民法論 I](2005), 867면.

7) 그 외에 高翔龍, 民法總則, 제3판(2003), 268면 등도 유사한 설명을 한다.

8) 이하에서 인체의 「일부」라고 하면, 인체의 구성부분은 물론이고 인체로부터 나오는 것을 모두 포함한다. 프랑스민법 제16조의1 제3항은 "인체, 그 구성부분 및 그 산출물(Les corps humain, ses éléments et ses produits)은 재산권의 목적이 될 수 없다"고 정하는데, 이 글에서 말하는 인체의 「일부」 또는 「인체부분」은 이 규정에서 정하여진 「인체의 구성부분 및 산출물」을 모두 포함하여 가리키는 것이다.

9) 예를 들면 郭潤直(註 5), 242면; 高翔龍(註 7), 269면 참조.

10) 여기서의 「인격권」이 人格權인지, 人格圈인지는 명확하지 아니하나, 전후의 맥락상 前者로 추측된다.

11) 高翔龍(註 7), 269면.

는 매우 중요한 법적 의미를 가지게 된다. 앞의 1. 말미에서 언급한 의치 등의 人工補助物에 있어서, 여기서 말하는 「분리」는 그 고착성의 상실을 의미할 것이다. 그 한도에서 「고착」과 「분리」는 하나의 對를 이루는 법개념이다.

3. 분리된 신체부분의 귀속

이와 같이 이제 물건이 된 인체부분에 대한 소유권은 그것이 그로부터 분리된 사람의 소유에 속한다는 것이 통설이다.[12] 우리나라의 학설 중에는 그 이유를 제시하는 것을 찾을 수 없다. 그리고 그에 대한 예외에 언급하지 않는다. 이와 같이 분리된 인체부분이 원시적으로 그 신체의 주체에 귀속된다고 하면, 예를 들어 병원에서 행하여진 다리절단수술에서 절단된 다리는 그 소유권이 수술받은 사람에게 원시적으로 귀속된다.

그런데 우리는 병원이 그것을 소각하는 등의 사실적 처분을 하거나 또는 제 3 자에게 양도하거나 다른 사람의 신체 내에 이식하는 등으로 법적인 처분을 하는 경우를 쉽사리 상정할 수 있다. 그렇다면 병원측은 이에 대하여 적법한 권한을 가지는가, 또는 어떠한 권원에 기하여 이를 취득하는가 하는 의문이 일단 제기된다. 수술약정을 포함하는 의료계약의 해석으로 그러한 처분권 또는 나아가 소유권이 수여되었다고 할 것인가? 아니면 환자는 진료 또는 수술 등의 어느 단계에선가 그 분리된 신체부분에 대한 소유권을 포기하는 의사표시를 하여서, 병원은 이제 無主의 동산이 된 신체부분을 先占하여 소유자가 되는 것(민법 제252조 제 1 항)인가? 만일 환자가 처음부터 의식이 없는 상태였다면, 환자의 의사표시를 전제로 하는 위와 같은 법구성은 어려움에 부딪치게 되는데, 과연 어떠한가?

나아가 분리된 혈액이나 심장 등 인체부분이 타인의 신체 안에 이식된 경우에는 이제 그 타인의 인체의 일부가 되어 다시 물건성을 상실한다고 한다.[13] 신체부분의 물권적 귀속 또는 그 법적 성질의 변화에 관한 것인 한, 이는 그 신체부분의 원래의 주인이 위와 같은 이식에 동의하지 않는 경우에도 마찬가지라는 취지를 포함하는 것으로 추측된다.

12) 郭潤直(註 5), 242면; 李英俊(註 6), 867면; 高翔龍(註 7), 269면 등.
13) 李英俊(註 6), 867면; 金相容, 民法總則, 全訂版 增補(2003), 287면 등.

4. 신체부분의 분리에 관한 법률행위

이와 관련하여, 우리나라의 학설은 예외없이, 신체의 일부를 분리시키는 것을 내용으로 하는 채권계약이나 분리된 인체부분에 대한 처분행위는 공서양속에 반하지 않는 한 유효하다고 한다.[14] 여기서 분리된 인체부분에 처분행위가 원칙적으로 유효하다는 서술은, 인체부분의 매매와 같은 그 처분의 원인행위도 공서양속에 반하지 않는 한 유효함도 의미하는 것일까? 아마도 특히 이른바 물권행위의 유인성을 주장하는 입장에서는 그러한 의미로 이해되어야 할 것이다.

그렇다면 이와 관련하여서는 장기 또는 기타의 「인체조직」의 매매("금전 기타 재산상의 이익 기타 반대급부를 주고 받거나 주고 받을 것을 약속하고 … 하는 행위")를 금지하고 있는 「장기 등 이식에 관한 법률」 제6조 및 「인체조직 안전 및 관리 등에 관한 법률」 제5조[15]가 강행법규이어서 이에 반하는 계약을 무효로 하는 것이 아닌지 여부가 검토되어야 할 것이다. 왜냐하면 이들 법률이 규율하고 있는 「臟器」 또는 「인체조직」이 여기서 논의하고 있는 「인체의 일부」 또는 「인체부분」에 해당함이 명백하기 때문이다(「장기 등 이식에 관한 법률」 제3조 제1호 및 「인체조직 안전 및 관리 등에 관한 법률」 제3조 제1호 각 참조).

5. 소유권적 법구성의 한계

이상과 같은 종래의 설명으로써는 보다 근본적으로 다음과 같은 문제가 납득이 가도록 해결된다고 하기 어렵다.

예를 들어 병원에서 수술을 하는 과정에서 일정한 신체조직이 절제되었다고 하자. 위와 같은 설명에 의하면, 이는 살아 있는 몸으로부터 분리된 인체부분으로서, 신체 밖으로 나오는 순간에 그것은 환자의 소유에 속한다. 그리고 환자와 병원의 수술계약에 포함된 명시적 또는 묵시적 합의 또는 환자의 소유권 포기에 이은 병원의 先占 등에 의하여 그 소유권이 병원으로 이전된다는 것(앞

---

14) 前註의 문헌 참조.
15) 한편 혈액관리법 제3조는 보다 광범위하게 혈액의 유상처분을 금지하고 있다.

의 3. 참조)은 이를 일단 인정하기로 하자. 이 경우 병원이 그 절제된 신체조직물을 소각 등으로 멸실시키지 아니하고,

(ⅰ) 수술의 원인이 된 질환에 관련한 연구를 위하여(적어도 그 질환에 관한 통계자료의 수집을 위하여) 이를 사용할 수 있는가;

(ⅱ) 위 (ⅰ)에서 본 연구 이외의 목적으로 예를 들면 유전자검사를 할 수 있는가;[16][17]

(ⅲ) 앞의 (ⅰ) 및 (ⅱ)를 통하여 얻은 당사자에 관한 정보를 제 3 자에게 배포할 수 있는가;[18]

(ⅳ) 유상 또는 무상으로 제 3 자에게 양도할 수 있는가.

만일 병원이 그 조직의 소유자라고 하면, 그는 그에 대하여 전면적으로 사용·수익·처분할 수 있는 것이고(민법 제211조 참조), 그렇다면 위와 같은 병원의 행위를 막을 수 없는 것이 아닐까? 이에 대하여는 이는 수술계약의 해석문제이고, 별다른 문제는 없다고 할는지 모른다. 그러나 설사 위와 같은 행위들이 그 해석상 모두 금지된다고 하더라도, 당해 병원으로부터 이를 양도받은 제 3 자의 경우는 어떠한가? 위와 같은 수술계약상의 금지는 계약당사자에게만 미치는 것이므로, 이를 다시 양도받은 제 3 자에게 그 금지를 대항할 수 없을 것이다.

---

16) 생명윤리 및 안전에 관한 법률 제24조는 유전자검사(동법 제 2 조 제 6 호에 의하면, 동법상의 「유전자검사」라 함은 개인의 식별, 특정한 질병 또는 素因의 검사 등의 목적으로 혈액·모발·타액 등의 검사대상물로부터 염색체·유전자 등을 분석하는 행위를 말한다)를 하려면 일정한 사항에 대하여 보건복지부장관에게 신고를 하여야 한다고 정한다. 그리고 이에 위반한 자에 대하여는 500만 원 이하의 과태료에 처하여진다(동법 제55조 제 1 항 제 1 호). 그런데 여기서 문제삼고자 하는 것은, 유전자검사에 대한 위와 같은 행정적 규제가 아니라, 그 검사목적물의 「주체」가 그러한 검사를 하는 이에 대하여 그 검사를 막을 私法上의 권리가 있는가 하는 점이다.

17) 혈액에 대하여 혈액관리법 제 8 조 제 1 항은 "혈액원은 보건복지부령이 정하는 바에 의하여 혈액 및 혈액제재의 적격 여부를 검사하고 확인하여야 한다"고 정한다. 여기서 「혈액원」이라 함은 혈액관리업무를 실시하기 위하여 보건복지부장관의 개설허가를 얻은 이를 말한다(동법 제 2 조 제 2 호의 2 참조). 나아가 「혈액관리업무」란 수혈 또는 혈액제재의 제조에 필요한 혈액을 채혈·검사·제조·보존·공급 또는 품질관리를 하는 업무를 말한다(동법 제 2 조 제 2 호 참조).

18) 혈액관리법 제12조 제 3 항은 "혈액관리업무에 종사하는 자는 이 법 또는 다른 법령에서 특별히 규정된 경우를 제외하고는 건강진단·채혈·검사 등 업무상 지득한 타인의 비밀을 누설하거나 발표하여서는 아니 된다"고 정한다. 그런데 여기서 제기하는 문제는 그 지득한 비밀을 누설하는 것 이전에, 과연 헌혈된 혈액으로부터 본문에서 말한 바와 같은 「헌혈자의 개인정보」를 획득할 수 있는가 하는 것이다.

이러한 문제점은 기본적으로 인체부분이 모체로부터 분리되었다고 해서 이제 이를 통상의 물건으로서만 다루고, 그것이 분리 전까지는 전혀 별도의 지배의 대상이 되지 않는 사람의 신체적 일부이었다는 점(또 그것이 다른 사람의 신체의 일부가 됨으로써 이제 다시 사람의 일부가 될 수 있는 성질의 것이라는 점)을 적절하게 법적으로 평가하지 않는다는 데서 연유하는 것이 아니가 생각된다. 인체부분은 그것이 모체로부터 분리되었다고 해서 과연 「물건」이기만 한 것일까?

6. 시체에 대한 논의로부터의 시사

그런데 사람이 사망한 후에 남기는 시체에 대하여는 다른 시각에서의 논의가 행하여지고 있다. 우선 시체가 법적으로 「물건」인지에 대하여는 분리된 신체부분에 대해서와는 달리 견해가 나뉜다. 최근에는 이를 부인하는 학설이 유력하게 주장되고 있는데, 이들은 "시체가 「미라」나 학술용 골격으로 되어 인간의 존엄과 가치에 대한 인식을 자극하지 않게 된 경우라면 모르되, 그렇지 않은 경우에는 시체의 물건성을 인정할 수 없다"고 하거나,[19] "시체 · 유골은 권리의 주체이었던 사람이므로, 사망에 의해서 인격적 존재가 물건으로 즉시 바뀐다고 보는 것은 너무 형식논리적인 사고라 아니할 수 없다"고 하거나,[20] "인간의 존엄과 가치는 그의 死後에도 유지 · 보호되어야 하기 때문"이라는[21] 이유를 세시한다.[22]

그런데 시체가 물건이고 소유권의 객체가 된다고 보는 종전의 다수설도, 그 소유권의 내용은 보통의 소유권과 같이 사용 · 수익 · 처분할 수 있는 것이 아니라, 오로지 매장 · 제사 · 공양 등을 할 수 있는 권능과 의무가 따르는 특수한 것이라고 설명한다.[23] 이 경우의 「소유권」을 그와 같이 특수한 것으로 보는 근거에 대하여는 유감스럽게도 별다른 언급이 없으나, 추측컨대 여기에는 앞서 본 부정설이 제시하는 이유가 작용하고 있다고 해도 좋을 것이다.

---

19) 李英俊(註 6), 288면.
20) 金相容(註 13), 288면.
21) 白泰昇, 民法總則, 改訂版(2004), 284면.
22) 이 중에서 李英俊과 白泰昇은 모두 독일의 다수설은 시체의 물건성을 부정한다고 주장하고 이를 원용한다.
23) 오늘날의 학설로서는 郭潤直(註 5), 242면; 李銀榮, 民法總則, 제 4 판(2005), 301면 등.

그렇다면 「인격적 존재의 신체적 요소」라는 관점은 비단 사람이 사망한 후에 남는 시체에 대해서뿐만 아니라 생전의 분리된 인체부분에 대하여도 관철되어야 하지 않을까? 여기서 한 걸음 더 나아가서, 애초 사람의 신체는 법적으로 어떠한 지위에 있는 것인지에 대한 명확한 인식이 필요하다는 생각을 하게 된다. 즉 앞의 1.에서 본 대로, 사람의 신체에 대하여는 애초 인격권이 성립할 뿐이고 소유권은 성립하지 않는다고 하는데, 과연 「신체에 대한 인격권」이란 보다 구체적으로 어떠한 내용을 가지며, 어디에까지 미치는가?

Ⅲ. 독일에서의 논의 — 연방대법원의 한 판결을 중심으로

1. 종전의 통설적 이해[24)]

(1) 종래의 통설에 의하면, 독일법은 사람(Person)과 물건(Sache)을 준별하고 나아가 人法(Personenrecht)과 物法(Sachenrecht)을 엄격하게 구분하는 태도를 출발점으로 한다. 그리고 살아 있는 사람의 신체는 인격 그 자체의 직접적이고 대상적인 표상으로서, 인격과 분리될 수 없는 일체를 이룬다. 이와 같이 사람과 물건을 준별하는 것, 그리고 사람과 신체를 일체로 파악하는 것[25)]에 기하여 논리필연적으로 신체는 물건이 아니며 소유권의 객체가 될 수 없고,[26)] 신체에 대한 권리는 인격권의 성질을 가진다는 것이 귀결된다.

독일민법 제90조[27)]는 물건을 有體物, 즉 「유체의 대상물(körperliche Gegen-

24) 이하는 기본적으로 Christian Zerr, *Abgetrennte Körpersubstanzen im Spannungsfeld zwischen Persönlichkeitsrecht und Vermögensrecht. Deutsch-französischer Rechtsvergleich über die Zulässigkeit der Kommerzialisierung von Körpersubstanzen*(2004), S. 37 ff. et passim; Rolf Müller, *Die kommerzielle Nutzung menschlicher Körpersubstanzen*(1996), S. 34 ff.가 정리한 바에 의한 것이다.

25) 이와 같이 사람과 신체를 일체로 파악하는 입장은 독일이나 프랑스에서 一元說(Einheitstheorie; conception unitaire)이라고 불린다. 일원설에 대하여 독일에서는 異見을 찾기 어렵다. 그러나 프랑스에서는 생물학의 발전에 따라 신체 내부의 화학적 작용이 해명되고, 나아가 臟器 등을 기계의 부품처럼 교체하는 것이 가능하게 됨에 따라 오히려 인체부분을 대체로 물건으로 파악하는 것이 현실적이라는 이른바 「현실적 파악설(doctrine réaliste)」이 유력하게 주장되고 있다고 한다. 이에 대하여는 우선 Zerr(前註), S. 45 f. 참조.

26) 이는 로마법 이래의 원칙이다. 예를 들면 울피아누스는 "누구도 자신의 四肢의 소유권자로 다루어지지 않는다(Dominus membrorum suorum nemo videtur)"라고 명언하고 있다(D. 9, 2, 13 pr.).

stände)」이라고 정의하고 있다. 혹 이 정의규정으로부터는 신체도 유체물로서 물건에 해당한다고 생각될는지 모른다. 그러나 권리침해로 인한 불법행위를 정하는 제823조 제1항은 개별적인 보호법익으로서는 신체(Körper)를 생명, 건강, 자유 및 소유권과 아울러 명시적으로 규정하고 있다.[28] 여기서 신체와 소유권을 별도로 구분하여 규정하는 데서도 분명한 것처럼, 신체는 소유권의 객체가 아닌 것이다.[29] 이들 중 소유권을 제외한 앞의 넷은 모두 인격권의 성질을 가지는 권리를 개별적으로 열거한 것으로 이해된다.

또한 일반적으로 「신체」에는 자연적 구성부분뿐만 아니라, 그에 견고하게 부착된 인공적 장치도 이에 속한다. 무엇보다도 이것이 그 말의 통상적 의미에 부합한다.

(2) 살아 있는 사람의 신체로부터 분리된 인체부분은 그 분리와 동시에 물건으로서 소유권의 객체가 된다.[30] 전통적으로 그것은 전적으로 소유권이나 점유 등의 물권법적 관점에서만 파악되었으나, 근자에는 이에 대하여도 인격권에 기한 보호가 주장되었다. 이에 의하면, 인체부분이 애초에 속해 있던 신체의 주체는 인격권에 기하여 그 소유자에 대한 관계에서도 용도 등을 지정하고 그 의사결정에 반하는 처리를 막을 수 있는 법적 가능성을 가진다는 것이다. 이러한 견해가 제기되는 계기가 된 것은 무엇보다도, 다시 원래의 신체에 재이식하거나 그와 재결합시킬 목적으로 인체부분을 떼어낸 경우이었다고 한다.[31] 이와 같은 경우에는 비록 아직 재결합되지 아니하고 분리된 상태에서도 인격권에 기한 보호를 줄 필요가 있다는 것이다.

한편 분리된 인체부분에의 침해가 신체 전체에 영향을 미치는 경우에는 이것이 신체 또는 건강 등의 침해로 평가될 수 있다는 점에 대하여는 異論이 없었다. 예를 들면 자신에 수혈을 하기 위하여 뽑아 둔 피가 오염됨으로 말미

27) 이 절에서 인용하는 법조항에서는 다른 지시가 없는 한 별도로 독일민법의 조항이다.

28) 제823조 제1항에 대하여는 뒤의 註 37 및 그 본문부분의 설명도 참조.

29) 본문에서 말한 출발점을 이루는 태도는 그 외에도 예를 들면 독일형법에서 —우리나라에서와 같이— 상해죄(Körperverletzung)와 손괴죄(Sachbeschädigung)를 준별하는 것(동법 제223조 및 303조)서도 구체적으로 발현되어 있다.

30) 극소수의 학설은 그 분리와 동시에 無主의 동산이 되었다가 그 자주점유자에게 원시적으로 소유권이 취득된다고 한다. 예를 들면, Staudinger/Coing(11.Aufl., 1957), § 90 BGB, Rn. 4가 그러하다.

31) Taupitz, Der deliktsrechtlische Schutz des menschlichen Körpers und seiner Teile, in: *NJW* 1995, S. 746 참조.

암아 수혈 후에 병에 걸린 경우가 그러하다. 또 소수이기는 하지만, 인체부분이 당사자의 동의 아래 분리되었으나 그것이 그 후에 애초 예상되지 아니하였고 당사자가 원하지 않는 용도에 사용된 경우에는 그 분리에의 同意의 효력에 영향을 미쳐서 분리 자체가 위법하게 된다는 견해도 주장되었었다.

그러나 분리된 인체부분의 침해가 그 자체로써 제823조 제 1 항 또는 뒤의 2.⑵에서 보는 제847조 제 1 항에서 정하는 「신체의 침해」가 된다고 하는 입장은 제시된 바가 없었다. 이제 보기로 하는 독일연방대법원의 1993년 11월 9일 판결은 바로 그러한 새로운 입장을 「발견」하고 채택하였다.

2. 독일연방대법원 1993년 11월 9일 판결[32)]

⑴ 1987년에 당시 31세인 원고는 방광암으로 피고의 병원에서 수술을 받았다. 그는 이 수술로 말미암아 생식기능이 영구히 소멸하게 될 것을 알고, 장래 자신의 아이를 가질 가능성을 확보하기 위하여 수술 전에 피고의 병원에 자신의 정액을 냉동보관시켰다. 피고 병원의 정액보관설비가 협소하다는 문제를 해결하기 위하여, 피고는 1989년 1월에 원고에게 만일 4주일 안에 반대의사를 밝히지 않는 한 원고의 보관정액을 폐기하겠다고 통지하였다. 원고는 그 정해진 기일 내에 피고가 계속 정액을 보관하여 줄 것을 등기우편으로 요청하였다. 그런데 이유는 밝혀지지 않았으나, 이 서면은 원고에 관한 피고의 서류철에 편철되지 않았다. 그리하여 피고는 동년 5월에 원고의 냉동정액을 폐기하였다. 원고는 그 전인 동년 3월에 결혼을 하여 그 처와의 사이에 자신의 정액으로 아이를 갖고자 하였는데, 그 후 위와 같은 정액의 폐기사실을 알게 되었다.

이 사건에서 원고는 피고에 대하여 최소한 2만 5천 마르크의 위자료를 지급할 것을 청구하였다. 원고는 위 정액으로 인공수정의 방법으로 자신의 처가 아이를 포태할 수 있었을 것이라고 주장하면서, 그 청구원인으로, 첫째, 그의 정액에 대한 소유권은 일반적 인격권에 의하여서도 「중첩적으로 보호(überlagert)」되고 있고, 따라서 명예훼손의 경우에 관하여 전개된 판례법리에 준하여 일반적 인격권의 침해를 이유로 금전적 배상을 청구한다는 것, 둘째, 냉

32) *BGHZ* 124, 52 = *NJW* 1994, 127 = *JZ* 1994, 463 = *VersR* 1994, 55 = *MedR* 1994, 113. 이 판결에 대하여는 이미 朴東瑱(註 4), 176면 이하도 다루고 있다.

동정액의 폐기로 인하여 원고가 이른바 心身症[33]을 앓게 되었으므로 신체 또는 건강의 침해를 이유로 위자료를 청구한다는 것을 제시하였다.

피고는 자신의 영역에서 의무위반이 있었음을 다투지 아니하였고, 나아가 원고가 부담한 냉동정액의 보관비용을 상환할 것은 이를 인정하였다. 그러나 위자료지급의무는 이를 부인하였다.

(2) 이 사건에서 원고의 청구를 이해하기 위해서는 다음과 같은 사실에 유념할 필요가 있다.

이 사건 당시에 독일민법은 비재산손해(immaterieller Schaden)의 배상, 즉 위자료청구는 "법률로 정하여진 경우에 한하여" 할 수 있다는 태도를 취하고 있었다(제253조).[34] 그리고 제847조는 불법행위에 관하여 "신체 또는 건강의 침해 및 자유의 침탈의 경우"(제 1 항)[35]에 위자료청구를 할 수 있다고 정하였다.[36] 그러므로 위자료가 청구된 이 사건에서는 우선 원고에게 위 제847조 제 1 항상의 「신체 또는 건강의 침해」가 있는지가 문제된다.

나아가 독일연방대법원은 제 2 차세계대전이 끝난 후 얼마 되지 아니하여, 이른바 일반적 인격권을 승인하고, 이를 절대권 침해에 관한 독일민법 제823조

33) 심신증, 즉 심신의학적 증상(psychosomatische Störung; psychosomatic disorder)이란 환자의 어떠한 신체적 증상이 주로 감정적·심리적인 원인에 의하여 발생하였다고 여겨지는 경우를 말한다. 우선 *Dorland's Illustrated Medical Dictionary*, 26th ed.(1981), p. 396 참조.

34) 이와 같이 위자료청구를 제한적인 범위에서만 인정하는 출발점 자체에 대한 입법론적 비판도 적지 않다. 우선 Hohloch, Allgemeines Schadensersatzrecht. Empfiehlt sich eine Neufassung der gesetzlichen Regelung des Schadensersatzrechts(§§ 249-255 BGB)?, in: Bundesminister der Justiz(Hrsg.), *Gutachten und Vorschläge zur Überarbeitung des Schuldrechts*, Bd.1 (1981), S. 375; Schlechtriem, Vertragliche und außervertragliche Haftung. Empfiehlt es sich, das Verhältnis von vertraglicher und außervertraglicher Haftung durch den Gesetzgeber neu zu ordnen, die Bereiche beider Haftungsarten neu abzugrenzen und ihre Ausgestaltung aneiander anzugleichen?, in: Bundesminister der Justiz(Hrsg.), *Gutachten und Vorschläge zur Überarbeitung des Schuldrechts*, Bd.2(1981), S. 1654 ff. 참조.

35) 동조 제 2 항은 "부녀에 대하여 윤리에 반하는 중죄 또는 경죄가 행하여진 경우 또는 부녀로 하여금 위계 또는 강박에 의하여 또는 종속관계를 남용하여 혼인 외의 성교를 승낙하게 한 경우"에도 위자료청구를 할 수 있다고 정하였다.

36) 그 후 2002년에 이르러, 종전의 제253조를 동조 제 1 항으로 하고, 동조 제 2 항으로 "신체, 건강, 자유 또는 성적 자기결정권의 침해"의 경우에는 위자료청구를 할 수 있다는 규정을 신설하는 것으로 개정되었다. 그 개정과 동시에 제847조는 삭제되었다. 위의 제253조는 채권 일반에 관한 것으로서, 불법행위는 물론이고 다른 원인으로 인한 손해배상, 특히 채무불이행으로 인한 손해배상에도 적용된다. 그러나 그 이외에는—「성적 자기결정권의 침해」의 경우를 새로이 위자료청구권이 인정되는 경우에 포함시킨 것을 제외하고—종전에 비하여 큰 변화를 가져오는 것은 아니었다.

제 1 항에서 정하는 「기타의 권리」[37]로 인정하였다.[38] 그리고 이어서 동 법원은 일반적 인격권이 침해된 경우에는, 위자료청구권이 인정될 수 있는데,[39] 점차로 이는, 留止請求와 같이 소유권과 같은 전형적 절대권에 일반적으로 인정되는 구제수단과는 달리, 중대한 침해(schwerwiegende Verletzung)의 경우에 한정하여 인정된다는 태도를 취하기에 이르렀다.[40] 그리고 침해의 중대성 유무는 구체적인 사안의 제반 사정에 기초하여 판단되는데, 특히 첫째, 가해자의 고의 등 귀책사유의 내용, 둘째 권리침해의 정도나 의미가 고려된다.[41]

이와 같은 절충적 태도의 배경에는, 일반적 인격권이 침해된 경우에 재산손해가 발생하는 것은 오히려 예외이어서 금전으로 하는 비재산손해의 배상, 즉 위자료의 청구를 인정하지 아니하면 실제로 그 보호의 실효성을 달성할 수 없으며, 또 이로써 인격권 침해의 사전 억제 내지 가해자에 대한 경고를 행할 필요가 있다는 고려가 있고, 다른 한편으로 그렇다고 해서 경미한 인격권 침해에도 위자료청구를 긍정하는 것은 위의 독일민법 제253조에서 보는 대로 위자료 일반에 대하여 그 청구를 억제하자고 하는 입법적 선택과 조화되기 어렵다는 고려가 자리하고 있다. 그리고 판례는 이러한 위자료청구의 인정을 앞서 본 민법 제847조의 유추적용으로 설명하려고 시도한 때도 있었으나, 이제는 그것이 인간의 존엄 및 「인격의 자유로운 발전」에 관한 권리를 정하는 독일기본법 제 1 조, 제 2 조 제 1 항으로부터 직접 도출하는 것[42]이 일반이다.[43]

37) 주지하는 대로 독일민법은 불법행위에 관하여 우리 민법과 같은 하나의 일반조항을 두지 않고, 권리 침해(과실만으로 성립한다)(제823조 제 1 항), 보호법규 위반(동조 제 2 항) 및 양속위반의 고의적 가해(제826조)이라는 세 개의 「기본요건(Grundtatbestand)」을 규정하는 태도에서 출발한다. 그리고 그 중 제823조 제 1 항은 피침해권리로 "생명, 신체, 건강, 자유, 소유권 또는 기타의 권리"를 열거하고 있다. 여기서 「기타의 권리」란 모든 권리를 말하는 것이 아니라 절대적 권리에 한정됨에는 異論이 없다. 이에 관하여는 우선 Larenz/Canaris, *Lehrbuch des Schuldrechts*, Bd.II/2, 13.Aufl.(1994), § 76 II 4 a(S. 392) 참조. 그러므로 제823조 제 1 항은 절대적 권리가 침해된 경우에 관한 규정이라고 할 수 있다.

38) *BHGZ* 13, 334.

39) 리딩케이스는 *BGHZ* 26, 349(Herrenreiter[男騎士] 사건)이다.

40) BGH *NJW* 1971, 698; 1980, 994; 1985, 1617 등 참조.

41) 그 외에도 위자료청구가 다른 적절한 구제수단이 없는 경우에, 말하자면 보충적으로 인정된다는 것이 판례의 태도인지에 대하여는 다툼이 있다.

42) *BGHZ* 128, 1(카롤리네 공주 사건)이 이를 선명하게 보여준다. 그 전에 이미 *BGHZ* 35, 363; *BGHZ* 39, 124도 그러한 방향을 지시하고 있었다. 한편 "형평에 적합한 경우에 또 그 한도에서" 비재산적 손해의 금전배상을 인정하는 독일 저작권법 제97조 제 2 항도 그 실정법적 기초로 원용된다. 이에 대하여는 Larenz/Canaris(註 37), § 80 I 4 b(S. 495) 참조.

43) 이상 일반적 인격권의 침해로 인한 위자료청구에 관한 서술에 대하여는 우선 Larenz/

이와 같이 신체 또는 건강의 침해는 일반적으로, 그리고 일반적 인격권의 침해는 침해자에게 고의가 있는 등의 제한된 요건 아래서 위자료청구권을 발생시키지만, 물건소유권의 침해는 위자료청구권을 발생시키지 못한다. 그러므로 우선 인체로부터 분리된 인체부분에 대하여 당사자가 어떠한 권리를 가지는지에 따라서 위자료청구권이 인정되는지 여부 및 그 요건이 달라지게 된다. 그리고 이 사건의 경우에는 가해자에게 —아마도 중대하다고 하기 어려운— 과실이 있을 뿐이므로, 단순히 일반적 인격권의 침해인지, 아니면 신체 또는 건강의 침해가 있다고 할 것인지도 상당한 의미를 가지는 것이다.

이렇게 보면, 이 사건은 별로 우리의 흥미를 자극하는 것이 아닐는지도 모른다. 우리 민법에서 법률이 정한 경우에 한하여 위자료청구권이 인정된다든가, 또는 일반적 인격권이 침해된 경우에는 그 침해가 중대한 것이어야 된다는가 하는 제한이 없고, 신체 침해이든 인격권 침해이든 어느 경우에나 통상 위자료 청구를 인용하고 있기 때문이다.[44] 그러나 사건 해결의 결과라는 측면에서가 아니라 그 이유제시의 측면에서 보면, 역시 시사하는 바가 적지 않다. 법적 논변의 다채로움은 물론이고, 얼핏 별달리 문제될 것이 없는 것으로 생각되는 「신체부분」의 법적인 의미가 그처럼 다양하게 제시될 수 있다는 것 자체가 우리로서는 생각하게 하는 바가 있는 것이다.

(3) 제1심 법원은 원고의 청구를 기각하였다.

원심법원도 원고의 항소를 기각하였다. 그 이유는 다음과 같다. 우선 원고가 주장하는 바의 「증상」이란 그 자체가 신체의 완전성을 해하는 것이 아니었으므로 애초부터 신체 침해에 해당하지 않고, 또 원고가 주장하는 것과 같은 「영혼의 상흔」은 독일민법 제847조의 의미에서의 건강침해를 구성하지 않는다. 또한 원고의 일반적 인격권이 침해된 것도 아니다. 냉동정액의 폐기로 말미암아 원고가 인공임신을 할 것인지, 언제 어떠한 방법으로 할 것인지에 관한 자유를 침해당하기는 하였다. 그러나 일반적 인격권은 현존하는 어떠한 법적 지위의 유지(Bestand der Rechtsposition)만을 도모하는 것이고 어떠한 적극적 활

Canaris(註 37), § 80 I 4(S. 494 f.); Kötz/Wagner, *Deliktsrecht*, 10.Aufl.(2006), Rn. 422 ff.(S. 164 ff.) 참조.

44) 朴東瑱(註 4), 178면은 그러한 이유를 들어 "독일에서의 논쟁은 우리 민법 하에서는 큰 의미가 없다"고 한다.

동의 보호(Aktivitätenschutz)를 주는 것이 아니다.[45] 그러므로 그러한 자유는 일반적 인격권의 범위에 속하지 않는다는 것이다.

(4) 그러나 독일연방대법원은 원고의 상고를 인용하고, 피고에 대하여 원고에게 2만 5천 마르크의 위자료를 지급할 것을 명하였다. 그 이유를 요약해서 말하면, 이 사건에서 냉동정액의 폐기는 독일민법 제847조에서 정하는 「신체의 침해」에 준하는 것으로 보아야 한다는 것이다. 이하에서 이 판결의 논리를 따라가 보기로 하자.

(a) 다수의 학설은, 신체의 일부분이 신체로부터 분리되면 그것은 「물건」이 되어서 당사자의 신체에 대한 권리가 이제 그 분리된 인체부분에 대한 소유권으로 변환된다고 한다. 그리고 일부의 학설은 이는 보존된 정액에 대해서도 마찬가지라고 한다. 이 사건 원심법원도 이러한 견해에 좇고 있다. 이에 의하면, 원고의 냉동정액을 폐기한 것은 신체 침해를 구성하지 않으며, 따라서 제847조에서 정하는 위자료청구권의 요건을 충족하지 못하게 된다.

(b) 그러나 그러한 파악은 너무 협소하며, 이는 보다 넓게 해석되어야 한다. 사람이 자신의 신체에 대하여 가지는 권리는 일반적 인격권의 「법률적으로 구체화된 일부분(gesetzlich ausgeformter Teil)」이며, 제823조 제 1 항에서 규정되어 있는 바의 신체는 살과 뼈 등과 같은 素材의 관점에서가 아니라, 인격이 현존하고 구현되는 장소로서, 즉 인격의 기초로서 보호되는 것이다.

그런데 의학의 발전은 신체의 일부를 분리하였다가 후에 이를 다시 신체에 접합하는 것을 가능하게 하였다. 예를 들면 피부나 뼈를 자신에게 이식하려는 경우, 인공생식을 위하여 난자를 채취하는 경우, 또는 자신에의 수혈을 위하여 채혈하는 경우 등이 그러하다. 이와 같이 신체기능의 유지나 실현을 위하여 다시 결합할 수 있게 할 목적으로 신체의 일부가 분리되는 경우에 대하여는, 앞서 본 바와 같이 신체가 인격의 기초로서 보호된다는 관점에서 보면, 그러한 규범의 보호목적상 그 일부는 신체와 「기능상 일체(funktionale Einheit)」를 이룬다는 결론에 이른다. 이는 특히 일반적 인격권에서 나오는 권리자의 자기결정권이라는 관점에서도 정당화되는 바이다. 그러므로 그와 같은 인체부분이 아

45) 이는, 일반적 인격권은 현재 어떠한 사람에게 이미 귀속되어 있는 일정한 배타적인 인격적 속성의 완전성을 보호하고자 하는 것이고, 장래 일정한 행위를 할 일반적인 가능성, 즉 이른바 일반적인 행동의 자유를 보호하는 것이 아니라는 의미라고 이해된다.

직 다시 신체에 결합되기 전에라도 그 멸실·훼손은 제823조 제1항, 제847조 제1항의 의미에서의 신체 침해라고 하여야 한다.

(c) 그러나 권리자의 의사가 그와 같은 재결합에 있는 것이 아닌 인체부분의 분리의 경우는 그러하지 아니하다. 여기서는 권리자의 자기결정이 그 분리된 인체부분을 신체와 기능상 일체로 파악되게 한다는 측면이 결여되어 있다. 그러므로 이 때에는 인체부분이 신체로부터 종국적으로 분리되면, 이제 그것은 신체성을 상실하고, 따라서 「물건」이 된다. 이는 특히 타인에게 주기 위하여 인체조직이나 혈액을 기증하는 경우에 그러하다. 그런데 여기서의 「물건」은 단순히 소유권의 객체가 아니라 인격권에 의해서도 중첩적으로 보호된다고 할 것이다.[46] 그러므로 기증된 인체부분이 기증자의 명시적 또는 묵시적 의사에 반하여 사용되었거나 폐기되었으면, 기증자는 일반적 인격권이 침해된 경우에 관한 법리에 기하여 침해자의 고의 등과 같은 제한적인 요건 아래서만 위자료를 청구할 수 있다.

(d) 그러면 이 사건에서와 같이 장래의 인공생식을 위하여 냉동보존된 정액의 경우는 어떠한가? 상실된 생식능력을 대체하기 위하여 보존된 정액은, 권리자의 신체적 완전성과 그에 담긴 인적인 자기결정 및 자기실현의 점에서, 난자 기타 앞의 (b)에서 제823조 제1항 등의 의미에서의 「신체」에 해당한다고 한 인체부분과 내용적으로 그 의미가 덜하다고 할 수 없다. 그것은 생식이라는 신체기능을 실현시킬 유일한 가능성인 것이다. 그러므로 비록 그것이 권리자의 신체에 재결합될 수 없는 성질의 것이고 따라서 위 규정상의 신체에 해당하지 않는다고 하더라도, 위 규정은 이 경우에 준용되어야 한다. 남자에 있어서 인공생식을 위하여 보존된 정액은 법적으로 여자에 있어서 인공생식을 위하여 채취된 난자와 같이 취급되어야 하는 것이다. 따라서 그러한 정액이 폐기된 경우는 제847조 제1항에서 정하는 「신체의 침해」에 해당하여, 일반적으로 위자료청구권이 인정되어야 한다.

(e) 한편 위자료액의 산정과 관련하여서는, 그 냉동정액으로써 처가 아이를 가질 실제적인 개연성이 어느 정도인가는 문제되지 않으며, 원고가 자신의 처와의 사이에 아이를 가질 유일한 가능성이 상실되었다는 점이 결정적이다. 그리고 그 상실로 인한 원고의 「부담(Belastung)」은 무겁게 평가되어야 한

46) 판결은 여기서 다수의 문헌을 인용하고 있다.

다. 다른 한편 피고측에 단지 과실이 있었다는 점도 고려되어야 한다. 이러한 모든 사정을 종합하여 보면, 위자료는 2만 5천 마르크가 적절하다.

(5) 위 판결은 다음과 같이 요약될 수 있다.

첫째, 신체는 인격의 물적 기초로서 보호되는 것이므로, 사람의 신체에 대한 자기결정은 존중되어야 한다.

둘째, 그러므로 어떤 사람이 후에 다시 자신의 신체에 재결합되게 하기 위하여 신체의 일부를 분리시킨 경우에는, 이는 신체와 「기능적 일체」를 이루는 것으로서, 제823조 제 1 항, 제847조 제 1 항의 의미에서의 신체의 일부로 보아야 한다.

셋째, 그렇지 아니한 경우에는 이는 신체의 일부가 아니라 물건이 된다. 그러나 그것은 일반적 인격권에 의하여 중첩적으로 보호를 받는다. 그러므로 그것이 멸실 또는 훼손되면, 일반적 인격권이 침해된 경우에 위자료청구권이 인정되는 요건에 관한 제한 아래서만 위자료청구가 허용된다.

넷째, 인공생식을 위하여 보존된 정액은 둘째의 경우에 준하여 취급되어야 한다.

3. 위 판결의 태도에 대한 비판

(1) 앞서 본 독일연방대법원의 판결은 학설이 인체부분의 법적 처리에 관하여 보다 면밀하게 논의하게 하는 계기가 되었다.[47] 그리고 이 판결을 평석 또는 연구한 문헌들[48]은 원심의 판결을 깨고 원고에게 위자료를 인정한 그 결론에 대하여는 대체로 찬성하였다.

그러나 위 판결의 이유, 특히 인체부분이 신체와 분리되더라도 신체와 「기능적 일체」를 이루는 경우에는 그 인체부분에 대한 침해는 소유권의 침해가 아

47) Zerr(註 24), S. 149은 이 판결의 「功績」으로 이 점을 들면서, 그러나 내용적으로는 그 이유를 달리 제시하였어야 했다고 평가한다.

48) Laufs/Reiling, Schmerzensgeld wegen schuldhafter Vernichtung deponierten Spermas?, in: *NJW* 1994, S. 775 ff.; Rohe, Zum Anspruch auf Schmerzensgeld bei Vernichtung von eingefrorenem Sperma, in: *JZ* 1994, S. 465 ff.; Schnorbus, Schmerzensgeld wegen schuldhafter Vernichtung vom Sperma—BGH, NJW 1994, 127, in: *NJW* 1994, S. 830 ff.; Nixdorf, Zur ärztlichen Haftung hinsichtlich entnommener Körpersubstanzen: Körper, Persönlichkeit, Totenfürsorge, in: *VersR* 1995, S. 740 ff.; Taupitz(註 31), S. 745 ff. 등 참조.

니라 신체의 침해 그 자체로 보아야 한다는 점(앞의 2.(5)의 둘째 참조)에 대하여 학설은 엄한 비판을 가하였다.[49] 그것은 기본적으로, 첫째, 신체 또는「신체침해」에 대한 종전의 이해를「기능적 일체」라는 징표를 통하여 확장하는 것은 여러 가지로 난점이 있어 이에 찬성할 수 없고, 둘째, 그러한 색다른 법구성에 의하지 아니하고도 다른 법적 수단을 통하여서 충분히 자신의 냉동정액을 파기당한 원고에게 위자료를 인정할 수 있다는 것이다.

(2) 먼저「기능적 일체」라는 징표를 통하여 신체 또는 신체 침해에 대한 종전의 이해를 확장하는 것에 대하여는 반대의 소리가 높다.

(a) 종래 신체는 이른바「자연적 관찰」에 입각한 개념으로 이해되어 왔다. 즉 사람들이 통상 신체라는 말의 의미로 인식하는 바에 따라 법(가령 제823조 제1항 등)에서 말하는 신체도 정의된다는 것이다.[50] 그러한 자연적 관찰에 의하면, 신체란 살아 있는 사람에게 통합되어 있는 구성물들의 단일체를 말한다.

그런데 위의 판결의 태도는 무엇보다도 그러한 신체의 자연적 개념에 반한다. 일반적으로 사람들은 당사자 자신에게 이식하기 위하여 피부나 뼈 등이 분리된 경우라도 다시 결합되기 전까지는 그 분리된 피부 등을 신체의 일부라고 하지 않는다. 그러한 의미에서 위 판결은 신체의 개념에 관하여 말의 통상적 의미에 배치되는 해석을 하는 것이다.[51]

(b) 나아가 위 판결은 종래의 신체개념에 "주관성의 요소(ein Moment der Beliebigkeit)"를 도입한다.[52] 즉 위의 판결은 인체부분의 분리가 후에 원래

---

49) Zerr(註 24), S. 152는「매우 엄한 비판(besonders heftige Kritik)」이라고 한다. 한편 Deutsch, *Medizinrecht*, 4.Aufl.(1999), S. 356에 의하면, "이 모든 면에서 놀라운 판결은 역시 대다수에 의하여 거부되었다"고 한다. 여기서「놀라운」이라는 표현에 대하여는 뒤의 註 52도 보라.

50) Staudinger/Dilcher(12.Aufl., 1980), Vorbem. zu § 90 BGB, Rn. 8 ff.가「일반인들 간의 거래관념(Verkehrsanschauung unter Laien)」을 운위하는 것도 마찬가지의 맥락이다.

51) 이러한 관점에서 Laufs/Reiling(註 48), S. 775; Rohe(註 48), S. 466; Taupitz(註 41), S. 749는, 형법상으로는 위 판결이 신체와「기능상 일체」를 이룬다고 하는 인체부분이 파손된 경우에도 여전히 손괴죄를 인정하지 상해죄를 인정하지 않을 것이라고「예언」하고(앞의 註 29도 참조), 이러한 민법과 형법상의 평가상 차이는 별로 바람직하지 아니한다고 한다.

52) Deutsch(註 49), S. 355 Fn.2의 표현. 도이취는 여기에다「놀랍게도(überraschenderweise)」라는 말을 덧붙이고 있다. 이는 물론 긍정적인 것이 아니라 부정적인 판단이 포함된 말이다. 또한 Taupitz(註 41), S. 750은 이러한 관점에서 위 판결의 태도를「신체침해요건의 주관화(Versubjektivierung)」라고 부른다.

의 신체와 다시 결합할 수 있는 것을 **의욕하여** 행하여졌으면 그것은 제823조 제1항에서 말하는 신체로 다루어져야 한다고 설시하는 것이다. 이와 같이 하는 것은 앞서 말한 바와 같이 명확하게 획정되어 있는 신체개념의 명료성을 해친다.[53] 이러한 주관적 요소의 도입은 특히 다음과 같은 현저한 난점이 있는 것이다.

첫째, 외부에서 보면 과연 그 인체부분이 어떠한 목적으로 분리되었는지를 쉽사리 인식할 수 없다. 그러므로 많은 경우에 이를 파손하는 이는 자신의 행위가 신체 침해인지 아니면 소유권 침해인지를 명확하게 알 수가 없다. 그가 남의 물건을 손괴한다고 생각하였던 것이 실제로는 신체 침해가 되는 일도 얼마든지 상정할 수 있다. 물론 민법상으로는 —불법행위의 영역에 한정하여 본다면— 과실기준의 현명한 적용에 의하여[54] 현저한 불합리는 피할 수 있을는지도 모른다. 그러나 그 점에 대하여 판단을 하여야 한다는 것 자체가 사건의 법적 처리에 불필요한 부담을 주는 것이다. 특히 과실의 유무는 무과실책임에서는 문제되지 않으므로, 이때에는 반드시 불합리를 피할 방도가 있는지 의문이다.[55]

둘째, 신체에 다시 결합시키기 위하여 일시적으로 인체부분을 분리하는 것은 반드시 당사자가 앞서 말한 바와 같은 「의욕」을 할 수 없는 상황에서도 행하여질 수 있다. 예를 들면 무의식상태의 환자로부터 그 신체의 일부를 후에 그에 다시 결합시키기 위하여 떼어내는 경우가 그러하다. 이 경우에는 그 분리된 인체부분은 원래의 신체와 「기능적 일체」를 이룬다고 할 것인가, 아닌가.

셋째, 원래 본래의 신체와 재결합될 목적으로 일단 분리된 인체부분이 후에 그 목적이 변경되는 경우는 어떻게 처리되어야 하는가? 예를 들어 자신에게 수혈하기 위하여 혈액을 뽑아 놓았는데 후에 수혈 없이도 수술이 원만하게 진행되어 수혈의 필요가 없게 되었으면, 이는 다른 사람에의 수혈을 위한 용도로 전환되어야 할 것이다. 그렇다면 그 혈액은 이제 신체의 일부가 아니라 물건이 되는가?

---

53) 특히 Nixdorf(註 48), S. 743; Taupitz(註 41), S. 750; Brohm(註 48), S. 200 등이 이 점을 강조한다. Laufs/Reiling(註 48), S. 750도, 이는 「불법행위법의 腐蝕(Erosion)」을 초래한다고 한다.

54) 또 형법상으로는 이른바 구성요건착오(Tatbestandsirrtum)의 법리(독일형법 제16조)가 적용된다. 우리 형법에서는 제15조가 이에 관하여 규정한다.

55) Taupitz(註 41), S. 750가 이 점을 강조한다.

(c) 다른 관점에서도 위 판결에는 문제가 있다.[56] 위 판결에 의하면, 신체와 「기능적 일부」를 이루는 인체부분에 손상을 일으키는 행위는 그 자체로 1차적으로 신체 침해가 된다. 만일 이와 같이 손상된 인체부분이 후에 신체와 재결합되었는데, 앞서의 인체부분 손상으로 말미암아 이제 신체 전체가 침해되거나 또는 「건강」이 침해된 경우는 어떻게 처리되는가? 이는 동일한 법익, 즉 신체에 가하여진 결과손해라고 할 수밖에 없다. 종전의 신체개념에 의하면, 위와 같은 경우에는 소유권 침해와 신체 침해라는 두 개의 독자적인 법익침해가 인정되어 각각에 대하여 별개로 불법행위요건의 충족 여부가 판단되거나, 아니면 소유권 침해가 그와 다른 법익인 신체의 침해를 일으킨 것이어서 특히 상당인과관계의 유무가 통상의 기준에 좇아 판단될 것이다.

그런데 독일의 판례는 동일한 법익에 가하여진 결과손해에 대하여 가해자가 책임을 져야 하는가에 대하여 일반적인 불법행위 성립요건으로서의 상당인과관계의 판단기준보다 엄격한 기준을 적용한다.[57] 그러므로 위 판결의 태도는 불법행위책임의 현저한 확장을 가져오게 된다.[58]

(d) 위 판결의 태도에 의하면, 신체는 복수의 곳에 존재할 수 있게 된다. 예를 들어 서울에서 자기수혈을 위하여 혈액을 뽑아 놓은 사람이 뉴욕으로 여행을 간 경우가 그러하다. 법이 추구하는 법익보호의 이념은 법익침해의 예방을 추구한다. 위와 같이 한 사람의 신체가 여러 곳에 존재한다는 것이 과연 그러한 목적에 적절한가?

(e) 위 판결이 설시하는 이유에 대한 비판은 방법론적인 관점에서도 행하여진다. 즉 위 판결은 당사자의 자기결정을 중시하면서 일반적 인격권을 내세워 종래의 신체개념을 "너무 좁다"고 하여 그 확장을 시도한다. 즉 내용이 보다 일반적인 「일반적 인격권」에 입각하여 보다 특수한 신체 개념의 내용을 補塡하려는 것이다. 그러나 일반적 인격권은 내용이 불분명한 이른바 「개괄권

---

56) 이 항목에서의 논의는 독일 손해배상법에 특유한 것인지도 모른다.

57) 예를 들어 BGH *NJW* 1976, 1144은, "직접적으로 보호되는 법익에 관한 손해결과가 예견할 수 없는 사정으로 인하여 이례적으로 중하게 된 경우[본문에서 말한 「동일한 법익에 가하여진 결과손해」가 이에 해당한다]와는 달리, 다른 법익에 대한 간접적 가해의 경우에 있어서는 그러한 간접적인 결과가 전반적 사정에 비추어 가해자 자신은 물론이고 그의 입장에 있는 최상의 관찰자에 의하여서도 예상될 수 없으면 가해자는 그에 대하여 책임을 지지 않는다"고 한다.

58) Taupitz(註 41), S. 750.

(Rahmenrecht)」으로서, 다양한 이익형량을 거쳐서만 —무엇보다도 유형의 창출을 통하여— 구체화될 수 있는 것이다. 그리고 그러한 내용형성작업은 법에서 개별적으로 열거되어 있는 실정의 인격적 법익(제823조 제 1 항으로 말하면 생명, 신체, 건강, 자유)의 내용을 끊임없이 참조하면서 행하여져야 한다. 다시 말하면, 개별적인 권리와 법익이 그러한 개괄권의 구체적 내용이 형성됨에 있어서의 指標가 되어야 하지, 반대로 제823조 제 1 항의 「기타의 권리」로서 법의 세계에서 시민권을 인정받는 개괄권인 일반적 인격권이 그 규정에서 구체적으로 규정된 개별적인 권리인 신체의 내용을 해석하는 데 지표가 되어서는 안 되는 것이다. 그런데 위 판결은 그 방향이 거꾸로 되어 있다.[59)]

(3) 나아가 위 판결에 대하여는, 자신의 냉동정액을 파기당한 원고에게 다른 법적 수단을 통하여서 충분히 위자료를 인정할 수 있음에도 불구하고 위 판결은 이 사건에서 불필요하게 종전의 신체개념의 확장을 도모하고 있다는 비판이 가하여졌다.

(a) 논자들이 공통적으로 지적하는 것은, 이 사건에서 일반적 인격권의 침해를 이유로 하여서도 충분히 원고의 위자료청구를 인정할 수 있다는 것이다. 앞의 2.(2)에서 본 대로, 확고한 판례에 의하면 일반적 인격권이 중대하게 침해된 경우에는 위자료청구가 긍정된다. 이 사건에서 비록 피고의 가해행위에는 고의가 아니라 단지 과실이 있는 데 불과하지만, 위 판결은 "원고가 자신의 처와의 사이에 아이를 가질 유일한 가능성이 상실되었다"는 것으로 인한 원고의 「부담」은 무겁다고 스스로 평가하고 있고, 이러한 평가는 정당하다고 생각된다. 그렇다면 이 사건에서는 일반적 인격권의 침해로 인한 위자료청구가 긍정되어야 한다는 것이다.

(b) 또 위 판결에 대한 비판론자 중에는, 원고가 주장하는 자신의 후손을 가질 수 없게 됨으로 인한 「영혼의 상흔」은 이를 건강침해로 볼 수 있는 것이 아닌가, 또 원고와 피고 사이의 냉동정액보관계약에는 위자료청구권을 제한하는 제253조의 적용을 배제하는 특약이 포함된다고 해석할 수는 없는가 등을 주장하는 이도 있다.[60)]

59) 특히 Laufs/Reiling(註 48), S. 775; Taupitz(註 41), S. 750 f.가 그러한 비판을 가한다.
60) Taupitz(註 41), S. 747 f.가 그러하다.

4. 현재의 통설적 이해

(1) 현재 독일에서는 분리된 인체부분이 물건으로서 소유권의 객체가 된다는 점은 일반적으로 인정되고 있다. 또한 인체에 대한 권리는 원래 인격권에 속하는 것이므로, 그것이 인체로부터 분리된 후에도 동시에 인격권에 기한 보호를 받는다는 점에 대하여도 별다른 의문이 제기되지 않고 있다. 이는 결국 분리된 인체부분의 소유권이 제 3 자에게 귀속된 경우에도 신체의 주체가 그 사용 등에 대하여 일정한 영향을 미칠 수 있는 법적 가능성을 가짐을 의미한다.

(2) 그런데 분리된 인체부분에 대한 소유권과 인격권이 서로 어떠한 관계에 있는지에 대하여는 의논이 분분하다.61) 인격권적 측면을 더 우선시하는 관점이 있는가 하면,62) 소유권적 측면을 내세우되 그 대상의 특성에 따라 인격권적 고려가 필요하다고 하기도 한다.63)

Ⅳ. 小 結

(1) 이렇게 살펴보아 오면, 우리는 종전에 인체부분의 법적 성격에 대하여 오로지 소유권의 측면에서만 이를 다루어 왔으나, 이로써는 인체부분과 관련하여 제기되는 여러 문제를 적절하게 처리할 수 없음을 알 수 있다. 인체부분은 그것이 아무리 사소한 것처럼 보인다고 해도 역시 인격의 물적 요소의 연장으로서의 성질을 부인할 수 없다. 그러므로 당사자는 일정한 범위에서 그 운명을 통제할 수 있어야 한다.

(2) 그러나 정작 문제는 이제부터다. 그 「일정한 범위」란 어디까지인가? 분명한 것은, 분리된 신체부분에 대한 법적 처리, 특히 그 인격권에 기한 통제가

---

61) 그 논의를 정리하는 것으로 우선 Müller(註 24), S. 38 ff. 참조.

62) 예를 들면 Forkel, Verfügung über Teile des menschlichen Körpers. Ein Beitrag zur zivilistischen Erfassung der Transplantation, in: *JZ* 1974, S. 595 f.; Deutsch(註 49), S. 357 등이 그러하다.

63) 무엇보다도 Schröder/Taupitz, *Menschliches Blut*(1991), S. 42 ff.; Taupitz, Privatrechtliche Rechtspositionen um die Genomanalyse. Eigentum, Persönlichkeit, Leistung, in: *JZ* 1992, S. 1093 등이 그러하다.

일률적으로 행하여질 수 없다는 것이다. 그것이 어떠한 신체부분인지, 실제적으로 어떠한 장면에서 분리가 행하여졌는지, 그 목적은 무엇인지,64) 나아가 그 때그때의 기술발달의 상황 등을 고려하여 일반의 사회관념을 유형적으로 파악하여야 할 것이다.65)

예를 들면, 일상적으로 행하여지는 理髮에서 잘려나간 머리카락을 냉장보관된 정액이나 체외수정된 난자와 모든 면에서 동일하게 처리할 수는 없다는 것이다. 전자의 경우에는 틀림없이 소유권의 포기가 인정되어야 할 것이지만, 후자의 경우에는 그러할 수 없음은 물론이다. 그러나 전자의 경우에도, 오늘날의 유전자기술에 비추어 보면 여전히 인격권에 기하여 제 3 자가 그로부터 유전자정보를 얻는 일을 막을 수 있어야 할 것이므로, 그 머리카락에 대하여 어떠한 권리도 없다고 말하기는 어렵다. 이렇게 보면, 분리된 신체부분에 대한 법적 처리에 있어서는 그 분리에 관련한 당사자의 의사를 ―당사자들 사이에 체결된 계약을 포함하여― 적절하게 해석하는 것이 매우 중요한 의미를 가지게 된다. 그리고 이러한 맥락에서는 앞의 Ⅰ. 1.에서 열거한 관련 법률규정의 목적이나 내용도 아울러 고려되지 않을 수 없을 것이다.

그리하여 예를 들어 의료행위에 의하여 발생한 인체조직물, 즉 "신체로부터 적출되거나 절단된 사태아 · 장기 · 태반 · 살 · 뼈 · 치아 등의 인체조직물"이나 "환자의 피 · 고름 또는 분비물"66)은 통상적으로 의료계약상의 상대방에게 그 소유권이 이전된다고 하여도 좋을 것이다. 이 때 환자의 소유권 양도의 의사표시는 환자가 당사자가 되어 의사 또는 의료기관과의 사이에 유효하게 체결한 의료계약67)의 해석상 그 계약에 포함되어 있다고 할 것이다. 그러나 의료인 측은 이를 「통상의 용도」로 사용하여야 할 의무를 부담한다. 통상의 용도와 다른 용도로 사용하는 경우에는 이에 관하여 환자의 별도의 동의를 얻어야 한다. 특히 환자 자신을 위하여 사용할 목적으로 적출된 인체부분68)을 제 3 자를 위

64) 독일에서는 인체부분에 대한 당사자의 이익에 좇아 「自益提供(Eigenspende)」, 「他益提供(Fremdspende)」, 「提供이 아닌 경우」로 나눈다. 예를 들어 Zerr(註 24), S. 167 f. 참조.

65) 예를 들면 Deutsch(註 48), S. 357 ff.; Zerr(註 24), S. 199 ff.; Müller(註 24), S. 49 ff. 등 참조.

66) 이들은 註 3에서 본 1999년 2월 8일 개정 후의 「적출물처리규칙」 제 2 조 제 1 목에서 「조직물류」로 규정하는 바이다.

67) 환자가 무의식인 경우에 대하여는 보다 상세한 검토를 요한다.

68) 「인체조직 안전 및 관리 등에 관한 법률」 제 4 조는 그 법률의 적용범위에서 제외되는 것의 하나로 「자가이식용 조직」을 들고 있다(제 1 호). 이것이 본문에서 말한 경우에 해당할 것이

하여 또는 의료인측을 위하여 사용하려는 경우가 그러하다.[69]

(3) 그러나 아직도 어려운 문제가 산적되어 있다. 예를 들어, 앞의 (2) 말미에서 「통상의 용도」라고 하였지만, 그것을 구체적인 경우에 획정하는 것은 쉬운 일이 아닐 것이다. 이 글을 마감하려는데 마침 서울대학교 수의과대학의 연구팀이 분화능력을 가진 줄기세포를 제대혈에서 분리·배양해서 이를 이용하여 당뇨병을 치료하는 인슐린의 분비세포로 전환하는 데 성공하였다는 보도가 나왔다.[70] 일반적으로 제대혈은 위와 같이 분화능력을 가진 줄기세포를 추출할 수 있으므로, 産母가 이를 장래의 일에 대비하여 자신의 비용으로 그 보관을 의료기관에 의뢰하여 보관이 행하여지고 있는 것으로 알려져 있다. 그런데 위의 연구에서는 과연 그 제대혈에 대하여는 당사자들 사이에 어떠한 합의가 있었던 것일까, 흥미로운 일이 아닐 수 없다.

다. 이에 관하여는 앞의 註 64도 참조.

69) 이상에 대하여는 Deutsch(註 49), S. 359 f. 참조.

70) http://news.naver.com/hotissue/daily_read.php?office_id=034&article_id=0000344546&datetime=2007012313060344546.

제12장

인공수정, 체외수정과 법

이　인　영*

Ⅰ. 들어가는 말

불임이란 배우자와 동거하면서 피임을 하지 않고 정상적인 부부관계를 가진 상태에서 1년 이내에 임신이 되지 않거나 생존아를 출산할 수 있는 임신을 지속할 수 없는 상태라고 정의한다. 우리나라의 불임발생비율은 한국보건사회연구원에서 발간한 정책보고서 2003-13「우리나라 불임 및 불임관련 의료이용 실태와 문제해결을 위한 연구」[1]의 조사결과에 의하면 불임발생률이 13.5%로 나타났다. 전국 표본조사에서 추출된 15~44세 유배우자 가임 여성 6,393명 중에서 피임한 경험이 전혀 없는 여성을 대상으로 배우자와 동거한 직후부터 미피임 기간이 1년 이상 경과한 여성 1,123명(조기폐경, 자궁적출 및 양측나팔관제거 등으로 인한 임신 불가능 여성제외) 중 임신이 되지 못한 여성을 비율로 계산한 것이다. 불임발생 여성 중에서 미피임 기간이 3년 이상 경과하였으나 임신이 되지 못한 불임여성 비율은 11.3%이며, 출산으로 종결되지 못하고 유산된 경우가 3.3%로 조사되었다. 임신이 가능한 조건에서도 3년이 경과하여도 출산에 이르지 못한 경우가 전체 14.6%로 나타났다. 대한산부인과학회의 조사보고서인「한국보조생식술 현황: 2001년」에 의하면 불임증의 원인인자별 분포는 여성인자만 있는 경우가 46.9%, 남성인자만 있는 경우가 20.4%, 여성인자와 남

* 한림대학교 법학부 교수.

졸고, "체외수정에 관한 입법론적 고찰"(가족법연구 제19권 제2호)에서 수정 · 발췌하였음.

1) 한국보건사회연구원/건강증진기금사업지원단,「우리나라 불임 및 불임관련 의료이용실태와 문제해결을 위한 연구」, 정책보고서 2003-13, 2003. 1.

성인자가 공존하는 경우가 10.2%, 원인불명의 불임증이 17.4%, 기타 다른 인자가 5.1%로 나타났다.2)

이와 같이 증가하는 불임을 극복하기 위한 치료법의 개발은 지난 세기 동안에 다양하게 개발되어 종래 선천적인 이유에 의해서나 후천적인 이유에 의해서 임신이 불가능하였던 불임 부부들이 아이를 가질 수 있게 되었다. 1978년 처음으로 시험관 아기의 탄생 이후 보조생식술의 여러 시술방법이 많은 불임 부부들에게 희망을 안겨 주고 있지만, 한편으로 사회적, 법률적, 윤리적 측면에서 심각한 논란과 문제점을 불러일으키고 있는 것도 사실이다. 이에 따라 일부 국가에서는 체외수정과 관련된 법규가 제정되어 체외수정의 허용여부, 시술요건, 시술관련자의 책임, 의무규정 등을 마련하고 있다. 우리나라의 경우 체외수정의 허용범위 및 비배우자간 체외수정, 출산한 아이의 알 권리 등 아직 사회적 합의조차 이루지 못한 부분들이 많음에도 불구하고 이미 보편적인 불임치료법으로 광범위하게 체외수정이 이루어지고 있으며, 이 분야의 기술우수국 수준에 있다. 현재 인공수정이나 체외수정과 관련된 입법이 없으며, 최근 난자공여와 관련된 일련의 사건을 접하면서 생식세포의 기증과 관련된 입법을 마련하고 있다. 2005년 1월 1일부터 시행된 생명윤리및안전에관한법률에서는 배아의 생성과 보관, 폐기 등에 관한 규정을 두고 있다.

불임부부에게는 인공수정이나 체외수정은 하나의 첨단의료기술이며, 그 기술의 혜택을 받고자 생식의 자기결정권에 따라 선택가능한 시술방법이기도 하다. 선택가능한 방법이기 때문에 이에 대한 충분한 고려가 필요하며, 특히 부부 이외의 제 3 자의 정자, 난자에 의한 체외수정의 경우 이로 인해 태어난 아이의 법적 친자관계, 복리 등의 문제를 사전에 충분히 고려하고 필요한 경우에는 의료인뿐만 아니라 전문적인 상담원과의 면담을 거쳐서 이루어져야 할 최선의 대안으로서의 성격을 가져야 한다.

2) 대한산부인과학회 인공수태시술 의료기관 심사소위원회, "한국보조생식술현황: 2001," 대한산부인과학회지, 제47권 제12호, 2004, 2299면.

Ⅱ. 인공수정과 체외수정의 개념

1. 넓은 의미의 보조생식술의 의의

(1) 보조생식술의 개념

보조생식술(Assisted Reproductive Technology, ART)이란 아이를 가질 수 있게 도와주는 의료적, 그리고 실험실에서의 시술에 주어진 명칭이다.[3] 즉, 불임치료의 방법으로 난자와 정자를 체외에서 조작하여 임신이 되도록 도와주는 모든 방법을 일컫는다.[4] 이와 같이 인위적인 조작이 개입되어 임신이 되도록 하는 방법을 보조생식술이라고 한다면, 자연적인 성관계를 통하여 임신하는 경우를 자연수태(natural or spontaneous conception)라고 구별한다.

보조생식술은 인위적 조작의 개입정도에 따라 인공수정(artificial insemination), 체외수정(in vitro fertilization), 미세수정(micro-insemination)으로 나눌 수 있다. 미국에서 보조생식술의 성공률을 매년 보고하는 National Summary and Fertility Clinic Reports에 의하면 보조생식술(Assisted Reproductive Technology, ART)이란 임신을 돕기 위하여 정자와 난자를 결합시키는 것과 난소로부터 난자를 떼어내는 모든 처치와 과정을 말한다.[5] 다만, 인공수정(Artificial Insemination)은 난자에 조작을 가하는 방법이 아니기 때문에 보조생식술에 포함되지 않는다고 한다. 프랑스의 공중보건법전 제 2 편 제L152조의 1에 의하면 생식에 대한 의학적 개조란 체외수정, 배아이식 및 인공수정을 가능케 하는 임상적 및 생물학적 행위, 자연적 과정 이외에서의 생식을 가능하게 하거나 이와 동등한 효과를 갖는 일체의 기술이라고 정의하고 있다.

(2) 보조생식술의 현황

1993년 5월에 제정된 인공수태 윤리에 관한 선언에 의하여 인준된 인공수

---

3) http://www.dnapolicy.org/art/tech.jhtml

4) Andre P. Rose, Reproductive Misconception: why Cloning is not just another Assisted Reproductive Technology, Duke Law Journal, March 1999, p. 1137.

5) 1997 Assisted Reproductive Technology Success Rates — National Summary and Fertility Clinic Reports from CDC's Reproductive Health Information Source, http://www.cdc.gov/nccphp/drh/art97/97nation.htm.

태시술 의료기관은 그 시술내용을 연 1회 대한의학협회 또는 동 협회가 지정한 관련학회에 보고하도록 되어 있으며, 대한산부인과학회 내에 인공수태시술 의료기관 심사소위원회가 설치되었다. 대한산부인과학회에서 1992년부터 매년 보조생식술의 현황에 대하여 조사보고서를 내고 있는데, 그 자료에 따르면 2004년 10월 현재 92개의 의료기관이 인공수태시술기관으로 인준되었다. 보조생식술 현황보고서에 의하면, 1994년의 9,864건에서 1999년의 17,274건, 2001년의 14,667건으로 상당히 시술건수가 증가한 것을 알 수 있으며, 보고된 자료는 자발적으로 보고한 의료기관을 중심으로 집계한 통계수치이기 때문에 전체 시술건수는 훨씬 더 많을 것으로 짐작할 수 있다.[6)]

우리나라에서 시술하고 있는 보조생식술의 유형을 보면, 2001년 보고된 총 14,667예의 주기 중에서 체외수정 및 자궁내 배아이식술(IVF-ET, Vitro Fertilization and Embryo Transfer)[7)]의 경우 7,740(52.8%)예, 난자세포질내 정자주입술(ICSI, Intracytoplasmic sperm injection)[8)]의 경우 4,987예(34.0%)의 방법으로 행해지고 주로 신선한 배아를 이용하는 것으로 보고되었다. 냉동보존 배아이식(Cryopreserved ET, Cryopreserved Embryo Transfer)의 경우 1,646예(11.2%)가 시행되었으며, 난자공여시술(OD, Ocyte Donation)의 경우 231예(1.6%), 생식세포난관내 이식술(Cryopreserved ET, Cryopreserved Embryo Transfer)[9)]의 경우

6) 한국보조생식술현황, 대한산부인과학회지, 제47권 제12호, 2004, 2286면.

7) 성숙한 난자를 난소에서 채취하여 정자와 체외에서 수정시킨 후, 그 수정란을 배양하여 다시 자궁 속에 이식하는 방법이다. 체외수정은 원래에는 난관에서 이루어져야 할 수정과정이 체내에서는 불가능하기 때문에 체외에서 이루어지는 것이므로 그 대상이 되는 것은 난관에 장애가 있는 경우에 시술한다.

8) 체외수정의 경우 정자와 난자는 난관과 비슷한 환경의 체외배양기에 함께 넣어져 정자는 자신의 힘으로 난자에 들어가게 된다. 난자 내 정자직접 주입법은 이러한 수정단계를 인공적으로 난자의 세포질 내로 정자를 주입함으로써 수정이 이루어지도록 하는 방법이다. 이 방법은 남편의 정액이 극히 불량한 경우, 즉 정자의 수가 너무 적어 1cc당 100만 마리 미만이거나, 정자의 운동성이 거의 없거나 기형률이 매우 높은 경우에 시행한다. 그 외 미세수정의 방법으로 원형정자세포 미세주입법(ROSI)이 있으며, 남편이 정자를 생산하지 못하는 경우에 아직 완전한 정자로 발달되기 전의 상태로 꼬리가 없어 운동성이 없는 원형정자세포(round spermatid)를 정자미세주입법과 같은 방법으로 원형정자를 직접 난자 내에 주입하여 수정시키는 방법이다. 또한 무정자증 환자의 시험관아기시술(TESE)의 경우 고환내의 정자를 회수한 다음 미세수정방법을 이용하여 임신을 가능하게 한다. 일단 남편의 고환조직에서 정자의 생산능력이 있어야 하고 또는 정관이나 부관의 폐쇄가 없어야 가능하다. 이 방법으로 임신 가능한 확률은 일반 시험관아기 시술과 비슷하다.

9) 체외수정과 같은 방법으로 채취한 난자와 정자를 체외수정을 시키지 않고 체외에서 섞은 후 바로 원래 수정이 이루어지는 장소인 난관 속에 넣어 주어 자연적으로 수정이 일어나도록 하는 방법으로 정자가 난관까지 도달할 수 없거나 체내인공수정으로 효과가 없는 경우에 실시

63예(0.4%)였다.[10)]

우리나라의 경우 1999년 기준으로 보조생식술로 태어난 신생아의 비율은 0.66%이다. 일본의 경우 1.0%, 영국의 경우 1.14%, 프랑스의 경우 1.29%, 북유럽국가의 경우 1.70~3.79%와 비교하면 낮은 비율이라고 할 수 있다.[11)] 대한산부인과학회 인공수태시술 의료기관 심사소위원회의 조사보고서에 의하면 우리나라의 보조생식술의 성공률은 외국의 조사결과와 유의한 차이를 볼 수 없었다고 한다. 보조생식술의 성공에 영향을 주는 여러 요인이 있는데, 가장 중요한 요인은 여성의 나이라는 것이 조사결과에서 나타났고, 그 밖의 요인으로 불임이 여성인자 또는 남성인자에 원인이 있는지 여부와 이식배아의 수 등이 영향을 미친다.

2. 체내 인공수정(Artificial Insemination)의 개념

인공수정은 일련의 처리된 정자를 여성의 자궁강 내로 주입하여 자연적인 수정이 이뤄지도록 유도하는 기술로서, 이에 사용되는 정자는 남편으로부터, 또는 제 3 의 기증자로부터 얻는다. 가장 일반적인 경우로 AIH(Artificial Insemination with Husband)는 남편정자에 의한 인공수정으로 배우자간 인공수정이라고 하는데 결혼한 남녀가 여러 가지 의학적 문제 때문에 통상적인 성적 결합이 어려운 경우 또는 특수한 사정으로 결혼생활을 할 수 없을 때 남편의 정자를 그의 부인의 체내에 인공적으로 주입하여 임신하게 하는 방법이다.[12)] 다른 방법으로는 제 3 자의 정자에 의한 인공수정이 있다. 이를 AID(Artificial Insemination by Donor) 즉, 비배우자간 인공수정이라고 하며, 남편에게 불임원인이 명확하게 있을 때 사용하는 방법이다. AID의 경우 사회적 윤리적 논란 외에 친자관계의 결정과 같은 법률적인 문제를 야기하였으며, 특히 AID가 행해졌던 초기에는 생물학적으로 夫의 자식이 아닌 자식을 낳는 행위이므로 간통으로 비난받는 것을 면할 수 없었다. 그러나 현재 AID의 경우 부부의 동의여부와 관계없이 간통죄에 해당하지는 않는다는 것이 다수 입법례의 견해이고, 다만 부의

한다.

10) 한국보조생식술현황, 대한산부인과학회지, 제47권 제12호, 2004, 2298면.

11) 한국보건사회연구원/건강증진기금사업지원단, 「우리나라 불임 및 불임관련 의료이용실태와 문제해결을 위한 연구」, 정책보고서 2003-13, 2003. 1.

12) 문신용, 불임치료 — 보조생식술의 현재와 미래, 서울대학교 산부인과교실.

동의를 얻지 않은 AID는 부부간의 배신행위로 혼인을 지속할 수 없는 중대한 사유가 되고 남편의 이혼청구가 인정될 가능성이 있다.[13)]

3. 체외수정(IVF-ET, Vitro Fertilization and Embryo Transfer)의 개념

체외수정 및 배아이식은 난소 내에 있는 난자를 체외로 채취하여 인위적으로 받은 정액과 시험관 내에서 수정한 후 그 수정란을 자궁 내에 이식하여 임신하게 하는 인공수태방법이다. 이와 같이 체외수정은 난자를 체외로 채취한 후 인공적으로 수정시킨 후 다시 모체의 자궁에 이식하는 과정으로 연결된다. 이 과정을 통해서 태어난 아이를 시험관 아이(test tube baby)라고 부른다. 체외수정은 불임부부의 정자와 난자의 수정이 성공적으로 이루어지기 위해 사용되며, 특히 여성의 나팔관이 막혀서 정자와 난자가 결합하는 것이 불가능한 경우에 사용되며, 더 나아가 난자에 정자를 수정하려고 시도하는 것을 모두 포함한다. 이러한 전통적인 방법에서는 체외수정은 정자와 난자가 결합하여 수정란을 만드는 환경을 제공하기 때문에 본질적으로 나팔관의 기능을 수행하고 있다고 할 수 있다.[14)] 1974년에서 1977년 사이에 이루어진 체외수정과 배아이식 기술의 발전은 1978년 세계 최초의 시험관 아기인 루이스 브라운이 탄생하도록 성공적으로 적용되었으며, 그 이후 표준적인 불임치료의 방법으로 정착되었다. 우리나라에서 시험관 아기 시술이 처음 도입된 것은 1985년 10월에 서울대병원 산부인과 장윤석 교수팀에 의해 시험관에서 배양된 수정란이 모체의 자궁 속에 이식돼 남매 쌍둥이가 태어난 것이다. 시작은 시험관 아기의 발상지인 영국보다 7~8년 정도 늦었지만 현재 불임의학과 관련된 국내 의료계의 체외수정 시술수준은 세계일류 수준인 것으로 평가받고 있다.

체외수정의 방법 중에서 윤리적 논쟁의 여지가 있는 경우로는 제3자의 정자, 난자 또는 배아를 공여 받는 경우이다. 특히 난자를 생산할 수 없는 불임여성이 공여된 난자를 사용하여 체외수정의 과정을 거쳐서 배아를 자신의 자궁에 이식하는 경우를 들 수 있다. 체외수정에서 논쟁이 더욱 가열되는 사례는

13) 정연철, "인공생식의 입법례에 관한 연구," 「동의논집」 제28집 인문사회과학편, 1998. 2, 22면.
14) Keith Alan Byers, A Growing Need for Consummer-Orirnted Regulation of In Vitro Fertilization, Journal of Legal Medicine, September 1997, pp. 274-275.

체외수정을 통해서 제 3 의 여성의 자궁을 이용하는 경우이다. 예를 들어 난자를 생산할 수 있지만, 아이를 포태할 수 없는 자궁을 가진 불임여성의 경우 대리모시술에 의존하게 된다.[15] 대리모시술 중에서 대리모와 생물학적으로 연관되어 있는 아이를 출산하는 형태의 대리모를 유전대리출산(genetic surrogacy)이라 하고, 이에 반해 체외수정과 배아이식이 가능하게 됨에 따라 자궁만을 빌려주는 출산모의 역할을 행하는 대리모를 임신대리출산(gestational surrogacy)이라고 한다.[16] 임신대리출산의 경우 의뢰한 아버지의 정자를 사용하여 수정한 난자를 대리모여성의 자궁에 이식하며, 통상 난자는 의뢰한 어머니로부터 채취하는 것을 말하며,[17] 이 경우 아이는 출산을 의도한 부부와 생물학적, 유전적으로 연관되어 있다.[18] 임신대리출산의 경우 자의 유전적 형질은 의뢰한 부부가 결정하고 대리모는 의뢰인 부부의 자를 임신하여 출산하는 역할만 하게 된다.[19]

Ⅲ. 체외수정과 관련된 쟁점사항

1. 체외수정의 허용여부에 관한 논쟁

(1) 체외수정을 근본적으로 반대하는 종교적 입장

체외수정에서 가장 강력한 반대의 목소리는 로마 가톨릭 신학자들로부터

15) 가장 논쟁이 가열되는 사례로는 대리모가 자궁을 수정란을 이식하는 것에 동의할 뿐 아니라, 대리모 자신의 난자를 사용하는 경우를 들고 있다. Keith Alan Byers, supra note 15, p. 275.

16) 의뢰한 부부의 남편의 정자를 제 3 의 여성의 체내에 주입하여 인공수정 또는 체외수정을 하는 것이 보통이지만, 경우에 따라서는 직접적인 성적 교섭을 통하여 행하는 경우도 있을 수 있다. 대리모가 희망부의 정자에 의한 체내 혹은 체외인공수정 또는 직접적인 육체관계에 의하여 대리 임신하는 경우를 진정한 의미에서 '대리모'라고 부르고, 대리임신을 위해서 단지 자신의 자궁을 빌려주는 대리모는 엄밀하게 표현하자면 포태모 또는 배를 빌려주는 어머니라고 구분하는 견해가 있다. 김민중, "의학적 인간인공생식 및 그 법률적 고찰," 대전대학 논문집 제 9 권 제 1 호, 18면.

17) 대리모를 허용하는 입장에서는 임신출산 대리모는 성교에 의하지 않은 생식 분야의 혁신을 추구하는 하나의 영역이 되었다고 평가한다. Pamela Laufer-Ukeles, "Approaching Surrogate Motherhood: Reconsidering Difference", Vermont Law Review, Vol. 26(Winter, 2002), p. 409.

18) 영국의 대리모 관련협회인 Surrogacy UK에 의하면 유전대리출산이라는 용어 대신에 Straight, 임신대리출산은 Host라고 명명하고 있다. http://www.surrogacyuk.org.

19) 유전적 모성과 육체적 모성으로 구분하는 견해도 있다. 장영민, "생명공학의 형법적 한계," 형사정책연구 제 4 권 제 4 호(1993 겨울호), 19면.

나온다. 가톨릭 신학자들은 자연법 체계에 근거하여 생식의술에 대해 의문을 제기하고 있다. 가톨릭이 공식적으로 반대입장을 표한 것은 1968년의 "인간 생명: 출산규범 Humanae Vitae: On the Regulation ofBirth"과 1987년의 "인간 존엄성 존중과 출산의 존엄성에 관한 가르침 Instruction on Respect for Human Life Its Origin and on the Dignity of Procreation"에서이다. 모든 결혼 안에서의 성적 만남은 언제나 새로운 생명을 탄생시킬 수 있는 가능성을 열어 두어야 한다고 주장한다.[20] 가톨릭에 의하면 도덕적으로 합당한 출산은 결혼 안에서의 개별적인 성적 결합의 결과로서 이루어져야 한다. 특히 로마 가톨릭교회의 훈령에 따르면 부부간의 사랑행위는 인간을 출산하기에 합당한 유일한 제도로 인식되고 있다고 기록하였다. 그러므로 체외수정(IVF), 접합자 난관내 이식(ZIFT), 배아이식(ET), 비배우자간 인공수정(AID) 등은 도덕적으로 문제가 있다고 판단하고 있다.[21] 그러나 이에 반해 배우자간 인공수정은 아무런 도덕적 문제가 없다고 보았다. 그 이유는 인공수정의 방법은 남편의 정자가 난세포와 잘 수정할 수 있도록 도와주는 비교적 간단한 의술에 불과하다고 판단하였기 때문이다.[22]

(2) 체외수정의 제한적 허용

체외수정은 그 기본정신과 목적에 따라서 허용적인 의료행위로 평가되며, 대부분의 국가는 불임 치료로서 이를 적용하는 것에 긍정적인 태도를 가지고 있다. 그리고 대부분 체외수징이 불임 치료 목적을 위한 수단으로 채택되고 남용 내지 오용의 위험성을 예방하기 위해서 전면적 허용의 입장보다는 제한적 내지 조건적 허용의 형태로 규제하고 있다. 이를 잘 반영하고 있는 것이 독일의 배아보호법이다. 독일의 배아보호법의 입법취지는 기본적으로 불임치료의 수단으로서만 생식기술을 인정하고, 장차 인간이 될 생명으로서의 인간의 배아를 다른 연구에 이용되는 것으로부터 보호하고자 하는 것이다. 이를 위하여 의사와 연구자의 행위를 엄격하게 규제하고 생식기술의 부정 이용 등을 처벌의

20) 스콧 래/폴 콕스 지음, 김상득 옮김, 「생명윤리학」, 2004, 163면.

21) 앞의 책, 165면.

22) 생식의술의 간섭을 금지하는 가톨릭의 태도는 결혼 안에서의 성에 관한 성경적 가르침과 피조물에 대한 인간 지배의 한 수단으로 생식 기술을 인정하는 신학적 입장에서 생식의술의 배제는 자의적이라는 비판을 받고 있다. 그리고 의학기술의 발달을 수용하고 있는 일반적인 가톨릭의 태도와 일치하지 않는다는 비판을 받고 있다.

대상으로 한다.

또한 프랑스의 경우에도 공중보건법 제2절의2에 규정되어 있는 생식에 대한 의학적 개조는 그 질병의 성질이 의학적으로 진단되고 있는 불임증의 치료를 목적으로 한다. 이러한 의학적 개조는 자식을 특히 중한 질병의 감염 또는 유전적 질환으로부터 회피시키기 위한 목적도 있다. 한 쌍의 남녀는 함께 동거하였고, 생식연령에 달했으며, 혼인한 상태 또는 적어도 2년 이상의 공동생활을 한 증거를 제출하여야 하며, 배아이식 또는 인공수정에 관하여 사전에 승인받아야 한다(제L152조의2). 노르웨이의 '인공 생식 절차에 따른 어린이 지위에 관한 법'은 인공수정(Artificial Insemination)은 단지 남편이 불임이거나 심각한 유전질환을 가지고 있는 경우에만 수행될 수 있으며 체외 수정은 부인이 불임일 때만 실시될 수 있고 부부의 생식체(gametes)로만 시술된다고 규정하고 있다.[23] 또한 노르웨이의 '보건법'에서도 체외수정에서의 난자의 채취는 불임치료를 받고 있는 여성에 한해서, 그리고 담당의사가 난자의 채취가 그 여성의 치료에 유익하다고 판단할 때만 체외수정이 가능하다고 규정하고 있다. 이스라엘의 '인공수정 실시지침'에서는 익명의 기증자의 정자이거나 남편의 정자와 혼합된 정자를 이용한 비배우자간 인공수정(AID)은 정상적, 과학적 방법으로 부인이 그녀 남편만의 정자로는 임신될 수 없다는 것이 분명한 경우에만 수행된다.[24]

미국의 경우 체외수정에 관한 더 구체적인 조건을 예시하고 있는데, 예를 들어 미국의 텍사스 주법에 의하면 체외수정시술은 피수정자의 난자와 그 배우자의 정자로만 행해져야 하며, 최소한 연속적인 5년 기간의 불임 또는 불임 이력을 가진 환자와 환자 배우자가 자궁 내막 증식증이나 과정액증에 걸린 때, 난관이 제거되었거나 막힌 경우 또는 정액이 부족한 때와 다른 불임치료로는 도저히 성공적인 임신을 하는 것이 불가능한 경우로 제한하고 있다.

(3) 우리나라의 관련 규정

생명윤리및안전에관한법률 제13조는 누구든지 임신 이외의 목적으로 배아

23) Norway. Law No. 68, 12 June 1987(Norsk Lovitedend, Section 1, No. 13, 26 June 1987 pp. 502-503).

24) Israel, Rules concerning the Administration of Sperm Banks and Directives for the Performance of Artificial Insemination, Ministry of Health, 1981.

를 생성하여서는 아니 된다는 규정을 두고 있다. 체외수정의 한계범위로서 누구든지 임신을 목적으로 배아를 생성함에 있어서 1. 특정의 성을 선택할 목적으로 정자와 난자를 선별하여 수정시키는 행위, 2. 사망한 자의 정자 또는 난자로 수정시키는 행위, 3. 미성년자의 정자 또는 난자로 수정시키는 행위(다만, 혼인한 미성년자가 그 자녀를 얻기 위한 경우를 제외한다)를 금지하고 있다.

대한의학협회의 인공수태 윤리에 관한 선언에 의하면 현대 의학적 근거하에 양측난관의 부존재와 같이 체외수정 및 배아이식의 방법 이외에는 임신의 성립이 불가능하다고 판정된 경우를 최우선 적응증으로 한다. 이 경우 이외에도 자궁내막증, 희소정자증 및 기타 원인불명의 불임증 등에서 다른 방법으로 임신성립에 계속 실패한 경우에는 체외수정 및 배아이식수술의 적응증이 된다고 규정하여 체외수정의 시술 범위를 명시하고 있다. 보다 구체적으로 현대의학적 근거하에 양측난관의 부존재와 같이 체외수정 및 배아이식의 방법 이외에는 임신의 성립이 불가능하다고 판정된 경우, 그리고 자궁내막증, 희소정자증 및 기타 원인불명의 불임증 등에서 다른 방법으로 임신성립에 계속 실패한 경우에 체외수정 및 배아이식수술의 적응증이 된다고 규정하여 체외수정의 시술 범위를 명시하고 있다.

2. 체외수정의 안전성 확보에 관한 논의

(1) 단기적인 통계치

체외수정의 안전성에 관한 의문이 제기되었지만, 실제 다태아의 출산의 우려와 저체중아의 출산의 높은 발생비율과 관련된 위험이 존재하는 것 이외에는 체외수정에 의한 선천적 장애아 비율이 자연적으로 임신한 경우보다 더 높은 것은 아니다.[25] 보조생식술으로 태어난 아이들의 경우에 관찰되는 선천적 장애의 발생빈도와 유형을 살펴볼 때 일반출산에서 발견되는 것에 비해 특별히 다르지 않다고 한다. 그런데 이러한 조사결과는 모두 단기적인 통계수치라는 점이다. 보조생식술과 관련된 장기적인 위험에 대해서는 실질적인 지식을 얻을 만한 정보가 아직은 없다. 체외수정을 통해 최초 아이의 출산이 아직 20년이

---

25) Jana C. Merrick/Robert H. Blank, 「Reproductive Issues in America」, ABC-CLIO, Inc., 2003, p. 40.

지나지 않았으며, 전 세계적으로 출산된 아이의 수가 너무 적어서 장기적인 효과에 관한 통계적 연구가 이루어지기에는 미흡할 수 있다.[26)]

(2) 잠재적인 위험요소

체외수정의 위험과 관련해서 잠재적인 요소들이 있다. 예를 들어 과배란을 유도하는 과정에서의 난자의 발달, 정자의 선택(비정상적인 정자를 선택하는 경우), 수정 그 자체, 그리고 생식체 또는 배아를 보존하는 냉각기술의 사용에 의해서 발생할 수 있다.[27)]

그 중에서 가장 우려되는 것은 복수배아의 착상 및 다태아 임신을 조장하는 시술과 관련해서 야기되는 미숙아 출산의 위험이다. 다태아 임신에 대한 미국의 최근 연구는 13,206건의 임신을 조사대상으로 하였는데, 단태아의 2%, 쌍둥이 임신의 35%, 세쌍둥이 임신의 77%가 보조생식 시술에 의해서 이루어졌다. 세쌍둥이의 분만의 경우 의료비가 단태아 분만보다 11배가 증가하였으며, 출산아의 수가 많을수록 의료비는 급격히 증가하였다. 이와 같이 극적으로 증가하는 비용의 문제는 사실 부차적인 것이며, 보다 심각한 문제는 다태아출산과 관련되어 있는 사망률 및 질병 발생률이다. 1995년에 발간된 미국의 750만 건 이상의 출산에 관한 연구보고서는 미숙아 자체가 높은 유아사망률에 연결되어 있는 요인이라고 밝혔다.[28)] 우리나라의 경우도 체외수정과 배아이식(IVF와 ICSI) 시행주기에서 출생한 아이 중 단태아의 비율은 66.6%였으며, 쌍둥이인 경우 33.1%, 세쌍둥이의 경우 0.3%였다. 전체적으로 체외수정부부의 쌍둥이 이상의 다태임신의 빈도가 일반 인구에서의 쌍태아빈도인 3%와 비교하면 매우 높은 편이다.[29)] 영국의 인간수정 및 발생관청(HFEA)의 지침에서는 모성 및 주산기 이환율이 증가되는 다태임신의 출산율이 상당히 높기 때문에, 이를 개선하는 방법으로 이식되는 배아의 수를 3개 이하로 제한하고 있다.[30)]

---

26) 마이클 매클루어/김완구 · 이상헌 · 이원봉 옮김, "의학적으로 생식을 도와주는 생식보조기술: 배아는 배아이다," 탄생에서 죽음까지: 과학과 생명윤리, 문예출판사, 2003, 85면.

27) Janna C. Merrick/Robert H. Blank, supra note 26, p. 40.

28) 마이클 매클루어/김완구 · 이상헌 · 이원봉 옮김, 앞의 책, 85-86면.

29) 대한산부인과 학회 인공수태시술 의료기관 심사소위원회, 한국의 보조생식술의 현황:2001년, 대한산부인과학회지 제47권 제12호, 2004, 2300면.

30) 영국의 경우 체외수정 및 배아이식이나 제3자 공여 인공수정을 시행하거나, 난자나 정자, 또는 배아의 저장 또는 이들을 이용한 실험을 하는 모든 의료기관 및 실험실은 법률에 의하여 인간수정 및 발생관청(HFEA)의 허가를 받아야 한다. 허가를 받은 의료기관은 매년 정기적으

또한 불임부부의 여성 또는 난자기증을 고려하고 있는 여성에게는 배란촉진제의 사용이 난소암의 위험을 2.5배 증가시킨다는 우려가 제기되고 있다. 미국의 국립보건원이 후원하고 난소암협동연구그룹인 COCG가 수행한 최근 2년 동안의 보고서에 의하면 난소자극을 유발하는 불임치료제의 처방이 어떠한 조건에서는 향후 난소암의 가능성을 상당히 증가시킬 수 있다고 한다.[31] 이러한 조사결과에 따른 불확실성이 있기 때문에 불임치료의 계획을 짤 때 보수적인 태도로 이에 주의를 기울일 것을 제안하고 있다.

한편 지금까지 냉동배아를 이식하여 출생한 사람의 숫자가 통계적으로 유의미한 연구결과를 가져올 수 있을 만큼 충분하지 않았으므로 배아냉동으로부터 손상된 효과에 대해서 정확하게 모른다. 그러나 1995년의 동물연구에서는 다른 상황이 보고되고 있다. 이 연구결과에 따르면 냉동배아에서 출생한 쥐들은 어미 쥐의 체중이나 배아의 크기와 무관하게 성년기와 노년기의 체중이 증가하였다. 젖떼기 전 발달시기에 차이가 있었고, 유전적 경향이 큰 턱 뼈의 형태의 특성차이를 보였다.[32] 이러한 결과들은 배아에 대한 직접적인 냉동손상의 경우를 제외하면 배아냉동이 매우 해로운 것은 아니지만, 전혀 해롭다고는 할 수 없을 것임을 시사하고 있다.

3. 체외수정 시술기관의 허가 요건

(1) 시술기관의 허가요건

체외수정은 통상적인 의료행위와 다른 특수성과 안전성을 요하는 의료행위이므로 일정한 자격과 기술을 취득한 의사가 일정한 시설을 갖춘 의료기관에서 시술하여야 한다. 체외수정이 불임치료의 한 방법으로 보편화되고 있다고 하지만, 생식기술의 발달로 인해 새로운 치료법이나 실험적인 치료법을 채용하는 경우가 많으므로 의료사고가 문제될 여지가 크다. 의료행위 시 기울여야 할 주의의무로 환자인 불임여성, 정자, 난자 등에 대한 검사 의무가 무엇보다 선행

로 시행하고 있는 시술이나 실험이 허가 기준을 준수하고 있는지에 대하여 감사를 받아야 한다. 2000년 8월 현재 116개의 의료기관이 허가를 받아 시술을 하고 있다.

31) 난소암의 가족병력이 없고 배란촉진제에 노출된 횟수가 적은 여성들은 위험수준이 높지 않겠지만, 배란촉진제의 처방으로 12회 이상 난소주기에 자극을 받은 여성들이 가장 위험하다는 보고가 있다. 마이클 매클루어/김완구 · 이상헌 · 이원봉 옮김, 앞의 책, 86면.

32) 앞의 책, 88면.

해서 이루어져야 한다.[33] 또한 정자, 난자, 배아의 냉동보관이나 이식·착상의 과정에서 배아에게 손상을 가할 우려가 있다는 점에서 충분한 인력요건과 시설요건을 구비한 의료기관에 한해서 시술하도록 하는 것이 필요하다.

(2) 시술기관의 요건과 관련된 외국의 입법례

가. 영국의 경우

(a) 인간수정 및 발생관청의 허가사항 영국의 인간의 수정 및 발생에 관한 법률[34]에 의한 '인간수정 및 발생 관청'(Human Fertilisation and Embryology Authority)은 체외수정 및 배아이식(in vitro fertilization and embryo transfer; 이하 IVF), 제 3 자 인공수정(Donor insemination; 이하 DI), 난자 및 정자, 또는 배아의 저장을 다루는 영국 내 모든 의료기관을 규제하고, 진료 및 전문 의료 기준(medical & professional standards)을 제시하며, 이를 정기적으로 관찰, 감시하는 기관이다. 또한 HFEA는 각 치료에 대한 자료를 관리하며, 일반 대중들을 위하여 정보를 제공하고,[35] 특히 인류를 위해 도움이 되는 연구를 하도록 하며, 윤리적으로 문제가 될 수 있는 인간 배아를 이용한 실험을 허가하고 감시한다. 그리고 허가사항을 시행할 수 있도록 시행령(Code of Practice)을 정하고 있다.

(b) 체외수정 관련 인력요건 배아생산기관의 인력으로는 총괄책임자,

33) 비배우자 인공수정을 하기 위해선 정자은행의 존재가 필수적이다. 현재 우리나라에도 정자은행이 운영되는 곳이 있다. 정자은행은 정자를 채취한 뒤 냉동보존액과 혼합해 용기에 넣은 후 영하 196도의 액체질소 탱크에 냉동보관했다가 필요시 녹여 인공수정에 이용하는 보관시설 및 방법으로 자신의 정자를 보관해 두는 자기정자동결을 위해서 그리고 비배우자간 인공수정을 위해서 필요하다. 그러나 정자를 매매할 것인지, 익명으로 제공받는 것이 옳은 것인지, 정자제공자가 유전병을 지녔는데 선별이 안 되어 실제로 장애아가 나타났을 때 어떻게 대처해야 할지, 혹은 정자제공의 수에 제한을 두지 않아 나중에 근친상혼의 위험도 발생할 가능성에 관한 문제 등 상당히 많은 윤리적, 법적 문제들이 제기되고 있다. 따라서 정자제공자는 혈액검사(특히 간염, 성병, AIDS), 정액검사, 염색체검사를 먼저 거쳐야 하며, 정자동결 후 6개월이 경과한 다음 이를 다시 검사하여 사용하여야 한다.

34) Human Fertilisation and Embryology Act 1990(c. 37).

35) 시험관아기의 종주국인 영국의 인간수정 및 발생관청인 HFEA는 허가된 모든 시술 및 그 결과에 대한 데이터를 모아서, 이로 인해 알 수 있는 정보를 등록하고 관리해야 하는 의무를 가지고 있다. a. 불임시술로 태어나는 어린이들에 대한 정보 등록 및 관리, b. 불임시술의 규정 준수를 감시, c. 정부, 환자, 의료기관 및 일반인들에게 정보 제공의 의무를 가진다. HFEA의 데이터 등록은 1991년부터 시작되어 영국 전역에서 행해지는 불임 시술 및 환자에 대한 상세한 정보가 수록되어 있다. 이는 전 세계적으로 볼 때도 가장 방대한 데이터베이스에 속한다.

임상에 종사하는 스태프, 간호부분 스태프, 상담스태프, 실험실 스태프 등이 있다. 불임 치료를 원하거나, 난자나 정자 등의 공여를 원하는 사람들의 프라이버시와 관심을 보호하고 접합자나 배아의 오용을 방지하기 위하여 허가된 모든 행위에 대해 책임을 가지는 총괄적인 책임자가 필요하다. 특히 센터(불임시술 의료기관)에서 시행되는 시술은 임상, 간호분야, 상담 및 실험실 스태프의 기술이 혼합된 것이므로 책임자가 총괄 책임을 진다.[36)]

또한 임상에 종사하는 스태프(Staff Engaged in Clinical Services)가 있어야 한다. 체외수정을 이용하여 시술하는 모든 임상적인 책임은 영국의사협회(General Medical Council)의 회원이면서 영국 산부인과 학회(the Royal College of Obstetricians and Gynecology)의 수련을 받은 의사에게 있다. 그리고 지속적인 의학교육과 전문적인 수련을 정기적으로 받는 것도 역시 중요한 사항이다. 체외수정을 이용하는 시술에 참여하는 다른(책임의사가 아닌) 의사 역시 Medical Practitioners에 등록이 되고, 충분한 기간의 경험이 있는 의사이어야 하며, 직접 시술시는 반드시 임상 책임의사의 관리 및 감시 하에 하여야 한다.

간호부분 스태프(Nursing Staff)도 영국 간호 및 조산원 협회(the United Kingdom Central Council for Nursing, Midwifery and Health Visiting (UKCC)) 등에 등록되고 인정된 자이어야 한다. 체외수정 실험만 하는 기관을 빼고는 최소한 한 명 이상의 상담 스태프(Counselling Staff)가 필요한데, 이는 인증된 상담자격, 즉 diploma 이상의 임상 심리학(clinical psychology) 또는 심리치료학(psychotherapy) 또는 사회사업학 등의 이에 준하는 자격을 가진 스태프가 있어야 한다. Counselling staff는 그들의 자격에 준하는 전문학회의 위원이어야 하며, 윤리지침과 시행 법령을 따라야 한다.

실험실 스태프(Staff Engaged in Scientific Services)의 경우에도 허가된 기관에서 일하는 모든 임상 과학자들은 (clinical scientists) 반드시 the Council for Professions Supplementary to Medicine(CPSM) 또는 그 상급 기관에 등록이 되어있어야 한다. 배아실험실(embryology laboratory)의 책임자는 반드시 적절

36) 총괄 책임자는 아래와 같은 사항에 대하여 점검하고 책임을 진다. 허가된 임무를 함에 있어서 해당자의 자격, 경험 등이 그 업무에 적당한지 여부, 적당한 장비들이 사용되고 있는지 여부, 접합자 및 배아의 보관과 폐기가 잘 이루어지고 있는지 여부, 허가된 임무가 적절하게 수행되고 있는지 여부, 해당 기관이 허가를 받을 만한지 여부이다(HFEA Code of Practice 5th Edidion, 2000.4).

한 의학 또는 과학적 학위와 충분한 기간 배아실험실에서의 경험이 필요한데, 이는 부록 F(Annex F)에 있는 ACE Guidelines에 제시되어 있다. 냉동보존실(cryopreservation facilities)의 책임자 역시 적절한 수련과 이에 해당되는 기술에 대해 경험이 많은 사람이어야 한다. 시술에 관여하는 모든 스태프들은 정기적인 교육(regular updating)을 받아야만 한다. 해당 의료기관들은 실험, 임상, 간호, 상담 등에 대하여 종사하는 모든 스태프들의 전문적인 수련 과정을 만들어 시행해야 하는데, 수련을 시키기에는 너무 적은 스태프가 있는 경우 타 기관에 의뢰하여야 한다.

(c) **체외수정 관련 시설요건** 영국의 HFEA Code of Practice 5th Edition(2000. 4) 중 시설요건은 Part 2. Facilities & Administrative Procedures에 규정되어 있다. 일반적인 기준(General Standards)으로 총 책임자는 반드시 적절한 장비(proper equipment)와 시술(suitable practices)이 행해지는지 감시해야 한다.[37] 모든 허가된 시술은 허가된 기관에서 행해져야 하며, HFEA의 규칙에 따라 체외수정(IVF)을 하도록 감시해야 한다. 불임센터는 어떤 종류의 치료를 하고 있는지 알리고 싶은 경우 영국 의사협회 및 영국 간호 및 조산원 협회(guidelines of the GMC and the Code of Professional Conduct of the United Kingdom Central Council for Nursing, Midwifery and Health Visiting)의 가이드라인에 따라 홍보할 수 있다. 그리고 일반인을 위한 것은 Advertising Standards Authority의 가이드라인을 따라야 한다.

첫째, 임상 시설(Clinical Facilities)로 시술기관은 난자 채취시의 호흡 마비 등의 응급상황에 대처할 수 있는 의료진과 시설이 반드시 있어야 한다. 시술기관은 치료를 원하는 환자나 공여를 고려하고 있는 사람들이 편안하게 프라이버시를 지키면서 검사 및 치료를 받을 수 있는 장소를 제공해야 한다.

둘째, 실험실 및 냉동 보존실(Laboratory Facilities and Safe Cryopreservation)[38]에서는 배아 등의 취급시 미생물의 감염 가능성이 있음을 주지해야

37) Maintaining and Improving Standards으로 센터는 내부에서 일어나는 어떤 종류라도 HFEA 위반 사항이 있는 경우 보고해야 한다.

38) 시술기관는 안전한 냉동 보존실도 있어야 한다. 냉동 보존 앰플의 손상, 소실 등에 대한 적절한 응급처치를 할 수 있도록 하여야 한다. 그리고 아래와 같은 사항의 표준 사용법에 대하여 기술하여야 한다. 표준사용법에는 ① 용기의 세척, 안전한 관리에 대한 방법, ② 냉동 및 해동 시술(freezing and thawing procedures), ③ 냉동기간 및 저장 위치, ④ 오염된 물질을 어떻게 취급하는지에 대한 사용법을 명시하여야 한다. 각 센터간의 이송 시에도 손상 및 감염

하며, Control of Substances Hazardous to Health(COSHH) Regulations을 따라야 한다. 배아와 접할 수 있는 모든 것에 대하여 HIV, Hepatitis B and Hepatitis C에 대하여 사전 검사를 하여야 한다. 체외수정시 난자 채취실은 가능하면 체외수정을 하는 실험실과 가까운 곳에 위치해야 한다.

셋째, 상담실(Counselling Facilities)의 경우 체외수정이나 공여 등의 허가된 시술을 원하거나, 배아의 저장이나 사용을 원하거나, 공여하고자 하는 사람들은 반드시 적절한 상담을 받도록 해야 하며, 상담하고 의논할 수 있는 안락하고 독립된 장소가 있어야 한다.

넷째, 배아 저장실(Secure Storage for Gametes and Embryos)의 경우 접합자 및 배아를 안전하게 저장할 수 있고 접근을 통제할 수 있어야 한다.

나. 미국의 경우

(a) 체외수정관련 인력요건　　체외수정시술 의사의 자격으로 미국 출산협회 및 미국 의과 대학의 기준에 부합하고 해당 주에서의 의료면허가 있어야 하고, 해당 기관과 대학에 의해 설정된 기준에 따라 체외수정 수련과 기술을 소유한 의사에 의해 감독되는 의료 기관만이 체외수정을 시술할 수 있다. 의사의 책임 중 하나로 수혜자가 그 부성, 모성 주장에 실패할 어떤 경우 의사가 체외수정 목적의 수정란의 임시 보호자가 될 자격을 갖는다. 또한 체외수정 시술의사 또는 시술기관은 시험관 내에서의 수정란 및 배아의 안전 보관에 직접적인 책임을 진다.

(b) 체외수정관련 시설요건　　미국의 경우에는 각 주마다 인간배아의 경우 생식의학분야의 교과서 등에 배아연구시 필요한 시설에 관한 기본적 기준을 제시하고 있지만 주마다 구체적인 관리요건이 다르다.[39]

인간배아 취급연구실은 기본적으로 불임증 치료를 위한 연구 또는 보조생식술을 수행한다. 이의 차질 없는 수행을 위하여 난자 및 수정란의 정상적 발생에 적합한 환경을 조성하여야 하며, 안정적이고 독성물질 및 병원성 미생물이 존재하지 않는 환경유지가 필수이다. 실제적으로 생식세포는 온도 및 pH를 포함한 다양한 미세환경(microenvironment)에 민감하게 반응하기 때문에 이러한 모든 요인을 고려한 청결환경 확보가 우선적으로 시도되어야 할 것이다. 또

위험성이 증가되지 않도록 해야 한다.

39) http://www.health.state.ny.us/nysdoh/phforum/nycrr10.htm.

한 일련의 생식세포조작과정을 원활하게 수행하기 위하여 필수적인 장비 확보 및 보다 편안한 환경에서 시술자가 편안하게 작업을 할 수 있는 조건설정에도 노력을 기울어야만 한다. 우선적으로 고려하여야 할 사항은 청결한 환경유지를 위하여 감염 및 오염원을 적극적으로 차단하여야 하며 최우선등급의 멸균기술 도입 및 모든 작업영역이 매일 손쉽게 멸균될 수 있도록 환경이 정비되어야 한다. 또한 일반연구실과 체외수정연구실의 격리는 일반적인 권장사안이며 일반적으로 체외수정연구실이 수술실과 연결되어 있으나 수술실보다 높은 등급의 환경관리가 이루어지고 있다.

다. 프랑스의 경우

프랑스의 인체존중에 관한 법률 제9조에 의하면 인간의 배아보호에 관한 규정을 두고 있는 데 배아를 산업 또는 상업적 목적으로 생산하는 것을 처벌하며, 보건의료법전의 허가를 얻은 경우를 제외하고 생식에 대한 의학적 개조활동을 하는 행위에 대해서도 처벌규정을 두고 있다. 프랑스 보건의료법전 제2편 제L152조의9 국무원의 심의를 거쳐 명령으로 정한 생식에 대한 의학적 개조에 관한 임상적 또는 생물학적 행위는 이 목적을 위하여 특히 승인된 의사의 책임 하에 이를 실시하도록 허가된 각각의 시설이나 연구실에서 하여야 한다고 규정하고 있다. 보건의료법전 제184조의1에 의하면 인공수정을 제외한 생식에 대한 의학적 개조의 임상활동은 보건시설 이외에서는 할 수 없다. 생식에 대한 의학적 개조에 관한 실험은 공공보건시설 및 의학생물학분석연구소 이외에서 해서는 안 된다. 인공수정을 제외하고 생식에 대한 의학적 개조에 관한 임상상의 활동 및 생물학상의 활동은 규정에 따라 허가받아야 한다.

라. 우리나라의 관련 규정

생명윤리및안전에관한법률 제14조에 의하면 인공수태시술을 위하여 정자 또는 난자를 채취·보관하거나 이를 수정시켜 배아를 생성하고자 하는 의료기관은 보건복지부장관으로부터 배아생성의료기관으로 지정받아야 한다. 배아생성의료기관으로 지정받고자 하는 의료기관은 보건복지부령이 정하는 시설 및 인력 등을 갖추어야 한다. 이에 따라 인력기준과 시설기준에 관한 자세한 규정을 두고 있는데, 시행규칙 제4조에 의하면 배아생성의료기관으로 지정받고자 하는 자는 별지 제1호 서식에 의한 배아생성의료기관지정신청서에 각호의 서류를 첨부하여 보건복지부장관에게 제출하여야 한다. 1. 의료기관 개설신고필증 또는 의료기관 개설허가증 사본, 2. 시설 및 인력 등의 현황을 기재한 서류, 3. 기관위원회의 구성 및 운영 사항을 기재한 서류. 다만, 법 제9조 제4항의 규정에 의하여 기관위원회에 관한 협약을 체결한 자의 경우에는 그 협약서(이하 "기관위원회협약서"라 한다)를 첨부하여야 한다. 4. 당해 기관의 인공수태시술 방법, 시술 건수 현황을 기재한 서류, 5. 잔여배아 보관 및 제공 현황을 기재한 서류이다.

우리나라의 규정에 의하면 반드시 설치되어야 할 시설요건을 명시하고 있지는 않다. 기본적으로 의료기관으로서 배아생성기관에는 임상시설, 정자, 난자 채취실, 실험실 및 배아냉동보존시설 등의 시설이 구비되어야 한다. 하지만 체외수정과 관련해서 불임부부와 공여자의 프라이버시를 지킬 수 있는 독립된 공간으로서 상담실의 설치가 보완될 필요가 있다. 체외수정을 원하는 여성이나 그 배우자, 그리고 공여자에게 심리적 상담을 포함한 의학적 상담이 제공되어야 할 필요가 있으며, 이는 감염이나 유전적 질환의 위험을 사전에 점검할 수 있으며, 또한 부부가 진정으로 아이를 원하는 지를 의사가 판단할 수 있기 위해서이다.

4. 체외수정 시술기관의 질관리

(1) 질관리 의무

현재 우리나라의 경우 체외수정에 관한 규제를 자율적으로 의료계에 부여하고 있지만, 그들의 이익이 불임을 치료하고자 하는 부부 내지 불임여성의 이익과 항상 일치하는 것은 아니다. 체외수정 관련 입법이 없기 때문에, 사실 의료기관은 불임환자의 치료 영역에서 상당히 큰 허용범위를 누리고 있다. 체외수정 의료기관이 가지고 있는 시술성공률과 관련해서 가지고 있는 능력과 현재 누리고 있는 자유와 비교해 보면, 불임환자인 소비자를 치료하는 과정에서 요구사항이나 의견들을 수렴하는 제도적 장치들이 거의 없다. 체외수정의 과정이 불임부부를 도와주는 기술로서 이용되는 한도 내에서는 한편으로 의료시술의 소비자로서의 이익을 보호하여야 할 필요가 있다.[40] 정부는 체외수정 의료기관을 모니터할 수 있는 방안을 모색해야 하며, 적어도 소비자의 권리보장이라는

40) Keith Alan Byers, supra note 15, p. 295.

측면에서 성공률의 적정한 보고서가 소비자들에게 공개되어야 한다.[41]

(2) 성공률에 대한 보고

미국의 경우 1990년 이전에는 체외수정에 관한 연방법률이 없었으며, 마찬가지로 주 법률도 구비하지 않은 경우가 대부분이었다. 또한 관련입법을 하고 있는 주 법률의 경우에도 체외수정의 소비자를 보호하는 관점에 초점을 맞추고 있지 않았다. 법률규정은 아니지만 1973년 11월 보건교육성(Department of Health, Eudcation and Welfare)은 「연구에 있어서의 인간생명의 보호를 위한 지침 초안」을 발표하였고, 1975년 행정규칙을 제정하여 시험관수정을 기혼자에게만 행하도록 제한하고, 수정란을 수정 후 14일 이상 시험관 내 보관하지 못하도록 규정한 바 있다. 미국 질병관리본부의 Reproductive Health Information Source기관에서 매년 National Summary and Fertility Clinic Reports로서 보조생식기술의 성공률(Assisted Reproductive Technology Success Rates)을 매년 보고하였다.[42]

미국의회는 1992년 Wyden법안으로 알려져 있는 체외수정크리닉의 성공률과 자격에 관한 법안(the Fertility Clinic Success Rate and Certification Act of 1992)을 통과하였다. 이 연방법안은 보건부에게 특히 질병예방본부를 통해서 불임시술센터의 성공률 자료를 모으는 것은 물론 불임실험실을 위한 표준인증 절차를 개발하기를 요구하였으며,[43] 지료가 수집되면 매년 보고서를 제출하도록 의무화하였다.[44] 그러나 이 법률은 기금 부족 등의 이유로 집행되지 못하였으며, 1995년에 몇몇의 입법자들이 집행의 흠결에 대해 관심을 가지기 시작하였고, 보건부장관에게 이 법안의 이행을 위한 기금을 배정할 것을 요구하였다. 1995년 5월 보건부는 이 법률의 이행을 위해 일정한 기금을 배정함으로써 매년 보고서의 발간이 가능하게 되었다.[45]

---

41) 김영훈, 미국의 인공적 임신에 관한 공법적 고찰, 미국법연구, 11면.

42) http://www.cdc.gov/nccdphp/drh/art97/97nation.htm.

43) 42 U.S.C.A. §§ 263a-1~263a-7(Supp. 1996).

44) 42 U.S.C.A. §§ 263a-5(Supp. 1996).

45) 계속되는 연방자금지원이 없으면, 불임센터는 성공률을 보고해야 할 연방차원의 의무가 없을 것이다. 그리고 전국적 규모의 불임센터는 종합적인 연방규정이 없다면 통일적인 허가규정을 이행할 것을 요구받지도 않았으며, 연방정부가 더 효과적으로 IVF 산업을 감독하려고 결정하기 전까지는 IVF 산업을 감독하는 연방집행관이 존재하지 않았을 것이다. Keith Alan Byers, supra note 15, pp. 293-294.

(3) 우리나라의 질관리 현황

대한산부인과학회에서 매년 한국보조생식술 현황에 대하여 조사보고서를 내고 있는데, 그 자료에 따르면 2004년 10월 현재 92개의 의료기관이 인공수태 시술기관으로 인준받은 것으로 나타났다. 1993년 5월에 제정된 인공수태 윤리에 관한 선언에 의하면 인준된 인공수태시술 의료기관은 그 시술내용을 연 1회 이상 대한의학협회에 보고하도록 되어 있으며, 1994년 대한산부인과학회 내에 인공수태시술 의료기관 심사소위원회가 설치되었다. 1992년부터 국내보조생식술의 현황을 보고하고 있지만, 인공수태시술기관에서 연간 시술건수는 많은 경우 1000건 이상에서 50건 이하의 수치를 가지고 있는데 지방의 중소도시의 경우 연간 시술건수가 매우 적은 편이다.

대한산부인과학회에서 보고하고 있는 보조생식술에 대한 조사결과는 불임환자 및 보조생식술 시술기관의 실태파악에도 도움을 주지만, 더 나아가 시술방법의 계속적인 개선과 발전, 부작용의 감소와 임신성공률의 향상을 도모하는데 유용한 자료가 될 수 있다. 개별 의료기관의 치료성적은 그 자체로도 의미가 있을 수 있지만, 배아생성의료기관으로부터 매년 수집된 전체 통계자료는 해당 시술의 성공률과 성공에 영향을 주는 요소에 대한 통합적 분석을 위한 자료로서 활용할 수 있으며, 일반국민들과 정보를 공유할 수 있다는 점에서 의미가 크다고 할 수 있다.

5. 정자와 난자, 수정란 공여에 관한 논의

(1) 무상공여의 원칙

배아의 단계에는 특히 초기 배아의 단계(pre-embryo stage)에서의 법적 지위는 그것이 체외수정을 통해서 생산된 것인 경우 적어도 자궁내 착상이 가능한 기간 동안에 착상시키거나 아니면 냉동시켜야 생명의 잠재력을 유지할 수 있게 된다. 그렇기 때문에 일반적으로 이식이 가능한 장기와 동일하게 취급하고 있다.[46] 장기 등 이식에 관한 법률과 같이 금전이나 재산상의 이익 기타 반대급부를 주고받거나 주고받을 것을 약속하는 행위를 금지하고 있다.[47] 매매가

46) 박은정, 생명공학시대의 법과 윤리, 이화여자대학교 출판부, 2001, 426면.

금지된다는 것은 배아 기증이 무상으로 행해져야 한다는 무상제공의 원칙을 의미한다.

이론상으로 공여자의 자기결정권을 철처하게 하면 장기의 제공은 그것이 무상이든 유상이든 당사자간의 합의만 있으면 충분하다고 할 수 있다. 그러나 만약 장기의 제공을 무제한으로 시장원리에만 맡기게 된다면 여러 가지 폐해가 일어난다. 즉, 부유한 자는 장기를 제공받을 수 있지만 가난한 자는 그렇지 못하다는 불공평이 발생하며, 생명에의 위기에 처한 환자의 절박한 상황을 이용하여 경제적 이득을 취하는 일이 있을 수 있다. 또한 경제적으로 궁핍한 자가 금전을 목적으로 장기를 공여하는 것도 장려할 만한 일이 못된다.[48)]

배아도 장기와 같이 시장거래에 의한 양도를 금지하는 등의 제한이 내재되어 있어 전적으로 완전한 소유권을 인정하지 못한다. 이혼한 부부가 냉동수정란의 처분권을 둘러싸고 다툰 소송에서 1992년 미국의 테네시법원은 배아는 사람으로 인정하지 않았으며, 또한 재산으로 인정하지도 않았다.[49)] 즉 태어나지 않은 존재는 법에 의해 완전한 의미의 사람으로 인정된 적이 없다고 하면서 한편 부모에게 냉동수정란에 대한 재산적 청구권을 인정하지도 않았다. 다만 냉동수정란을 파괴한 의료진에 대해서 부모의 정신적 피해에 대한 배상을 인정하고 있다. 이것은 사람으로서의 지위를 인정할 수는 없지만 생명체의 잠재성을 가지고 있으므로 신체의 다른 기관보다는 더 강한 보호를 받아야 한다는 논리의 결과이다.

일부 학자들에 의하면 정자나 난자는 인간이 되기 위한 반쪽 유전자만 가지고 있기 때문에 인간이 될 잠재성이 있다고 볼 수 없어서 매매가 가능하다고 보았고 수정란은 인간이 될 잠재성이 있으므로 매매를 허용해서는 안 되고, 배아는 인간처럼 대우해야 한다고 주장한다.[50)] 그러나 정자나 난자는 매매를 허용하고 수정란은 매매를 허용하지 않는다면 논리적으로는 문제가 없어 보여도 실제적으로는 매매금지 규정을 무의미하게 할 수 있다. 왜냐하면 정자나 난자

47) 장기 등 이식에 관한 법률 제6조는 합법적으로 행하는 장기이식을 보호하고 이식의료에 대한 국민의 신뢰를 확보하기 위한 규정으로 장기매매를 금지하고 그 위반행위에 대하여 벌칙을 규정하고 있다.

48) 주호노, 축조해설 장기등 이식에 관한 법률, 육법사, 2000, 70면.

49) Davis v. Davis, 842 S.W. 2d 588(Tenn. 1992).

50) David B Rensilk, "The Commodification of Human Reproductive Materials," Journal of Medical Ethics, Vol. 24(1998), p. 390.

를 각각 구입해서 시험관에서 수정을 시키면 새로운 수정란이 만들어지기 때문이다.

(2) 난자채취와 공여에 대한 논의

난자의 제공을 거래할 수 있다는 시장경제 원리에만 맡기게 된다면 경제적으로 돈이 필요하거나, 재정적으로 곤궁한 상태에 있는 여성들이 주로 난자매매계약을 체결할 것이며, 이것은 다른 의미로 경제적인 착취(economic exploitation)라고 평가한다. 난자의 매매가 가능하다고 한다면 후진국의 여성들이 경제적 궁핍을 이유로 배아생산의 재료로서 난자를 공여하도록 가족, 사회의 요구가 있거나 묵시적으로 강요받을 수 있는 결과를 충분히 상정할 수 있다. 또한 선진국이나 중진국의 불임여성 또는 난자를 필요로 하는 생명과학연구자들을 위하여 정자, 난자의 거래가 전 세계적으로 이루어지고 있다는 문제점이 있으며, 가장 큰 문제점은 개발도상국 내지 후진국의 여성의 경제적 궁핍 상황을 이용한 '블랙 마켓(black maket)'의 잠재적 가능성이 있다는 점이다. 이미 발표된 바와 같이 황우석 연구팀에 난자를 제공한 여성들의 동기가 대부분 경제적 이익을 얻는 것으로 밝혀졌으며, 난자 제공 의사가 있는 국내 여성과 일본인 불임 부부를 연결시키거나 알선 유인한 기업체가 있어서 국제거래의 블랙마켓이 성행하였던 사실을 알 수 있었다.

최근의 생명과학의 발달은 여성으로 하여금 생명과학의 혜택을 입고 있는 일반국민의 일원이면서 최근의 생명과학의 진보를 위해 대상 내지 도구로서 제공되는 일원으로서 이중적 역할을 가지게 만들었다. 여성의 난자를 채취하고 이용하는 연구에서 일어날 수 있는 가장 큰 폐해는 난자제공과 관련된 매매의 과정에서 여성의 몸을 도구화, 상품화하는 문제이다. 무엇보다 생식체인 정자나 난자 등에 금전적인 대가를 지불하는 것은 기부자(contributor)의 가치 및 인간생명의 존엄의 가치를 떨어뜨린다고 할 수 있다. 여성을 과학지식의 진보를 위해 무의식적으로라도 위험한 의학연구의 대상으로 사용할 수 없으며, 이미 황우석 연구에서 나타난 바와 같이 난자 채취나 기증이 국가적 이익이나 공익을 위해서 필요하다는 논리로 여성에게 희생을 강요하거나 조장할 수 없다. 그러므로 많은 수의 여성의 난자를 사용해야 하는 체세포복제 배아줄기세포연구 등과 같은 첨단 생명과학연구에서 여성을 단지 과학적 발전과정의 도구로서 취급하여 여성의 신체 또는 신체의 일부가 객체화 내지 상품화하는 현상들이 일어나지 않도록 하는 사회적 합의가 있어야 할 것이다. 또한 관련 연구지침을 개발할 때 여성의 건강요구와 상황이 고려되고 있는지, 그리고 여성이 과학적 진보의 이익을 향유하기 위해서 여성에게만 특수하게 영향을 미치거나 또는 일차적으로 여성이 영향을 받는 질병과 조건에 대해서 연구를 하고 이를 지원하는 체계가 우리사회에 마련되어 있는지 여부를 먼저 점검할 필요가 있다.

(3) 무상공여와 관련된 외국의 입법례

대부분의 입법례에서는 배아를 대가를 받고 취득하거나 양도하는 행위에 대해서 처벌규정을 두고 있다. 예를 들어 프랑스의 인체의 존중에 관한 법률에 의하면 어떠한 형태로든 대가를 받고 인간의 배아를 취득하는 행위는 7년의 금고 또는 70만 프랑의 벌금에 처하며, 어떠한 형태이든 대가를 받고 인간의 배아를 취득하는 것을 용이하도록 하기 위하여 주선하는 행위 또는 인간의 배아를 유상으로 제 3 자에게 주는 행위도 동일하게 처벌한다고 규정하고 있다(동법 제 9 조 형법 제 5 부에 제 1 편 보건의료에 관한 죄를 삽입한다).[51] 독일의 배아보호법(Embryonenschutzgesetz)은 체외에서 조작하거나 자궁 내에 착상을 완료되기 전에 여성으로부터 채취된 인간의 배아를 양도하거나 배아의 유지 이외의 목적을 위하여 획득하거나 이용한 자는 3년 이하의 징역형 또는 벌금에 처한다는 규정을 두고 있다(동법 제 2 조). 영국의 인간의 수정과 발생에 관한 법률에 의하면 의료행위, 보관, 연구를 위한 허가의 일반조건 중에서 명령에 승인됨이 없이 생식체나 배아의 공급에 관하여 금전이나 기타 이익을 수수하지 않을 것을 명시하고 있다(동법 제12조).

한편 생식체인 난자의 기증을 전혀 허용하지 않는 입법례가 있다. 본인 이외의 제 3 자의 난자 기증(Oocyte donation)을 허용하지 않는 국가로는 2004년 미국의 생식의학회에서 조사한 바에 의하면 14개의 국가이며, 통계상으로 포함되지 않은 이슬람교의 국가에서도 정자기증 및 난자기증, 배아기증이 실제로 행해지지 않는다고 한다.[52] 난자기증을 허용하지 않는 14개 국가는 독일, 일본,

---

51) 프랑스 인체의 구성요소 및 산출물의 제공과 이용, 생식에 대한 의학적 개조 및 출생전 진단에 관한 법률(1994. 7. 29)에도 인체의 구성요소의 적출 및 인체의 산출물의 채취에 관계한 사람에 대하여 어떠한 형태로든 어떠한 대가도 지불되어서는 아니 된다. 필요한 경우에는 국무원의 심의를 거쳐 명령으로 정한 방법에 의해 지출한 경비를 상환할 수 있다(법 제 2 조).

오스트리아, 스위스, 노르웨이, 방글라데시, 이집트, 엘살바도르, 요르단, 모로코, 포르투갈, 사우디아라비아, 튀니지, 터키이다. 예를 들어 독일의 배아보호법에 의하면 본인의 난자만을 사용할 것을 전제로 하며, 본인의 임신 이외의 목적으로 하는 난자의 채취를 허용하지 않고 있다. 노르웨이의 '보건법'도 체외수정에서의 난자의 채취는 불임 치료를 받고 있는 여성에 한해서, 그리고 담당의사가 난자의 채취가 그 여성의 치료에 유익하다고 판단할 때만 체외수정이 적용된다고 규정하고 있다.[53)]

(4) 우리나라의 관련규정

생명윤리및안전에관한법률 제13조 제3항에 의하면 누구든지 금전 또는 재산상의 이익 그 밖에 반대급부를 조건으로 정자 또는 난자를 제공 또는 이용하거나 이를 유인 또는 알선하여서는 안 된다고 규정하고 있다.

대한의사협회의 의사윤리지침에 의하면 인공수정에 필요한 정자와 난자를 매매하는 것은 허용되지 않으며, 의사는 그러한 매매행위에 관여하여서는 아니된다고 규정하고 있다.

6. 잔여 배아의 이용과 폐기에 대한 논의

(1) 불가피한 잔여배아 생산

인간배아는 난자가 정자에 의하여 수징되면 23쌍의 인간염색체 수를 지닌 단세포 수정란(접합체, zygote)으로부터 시작된다. 접합체는 세포분열을 계속하며 상실배(morula)단계와 6~7일 후 100~200개의 세포로 이뤄진 배반포(blastocyst)단계가 된다. 그 후 14일 시점에 이르면 배반포의 한쪽 끝에 세포더미인 원시선(primitive streak)이 형성되며 이 시점부터 각 세포들이 구체적인 신체기관으로 성장한다. 원시선이 생기는 14일까지의 존재는 접합체, 상실배, 배반포로 분류되며 14일까지의 존재를 배아(embryo)로,[54)] 자궁에 착상된 후 장기들

52) Fertility & Sterility, Vol. 81, No. 5, Suppl. 4, May 2004, pp. 27-28.

53) Norway. Law No.68, 12 June 1987(Norsk Lovitedend, Section 1, No. 13, 26 June 1987 pp. 502-503).

54) 외국의 입법 또는 보조생식술에서 취급하는 배아라 함은 14일 미만의 존재로서 자궁에 착상되지 않은 상태로 존재하는 배아를 말한다. 초기배아(pre-embryo)로 따로 분류하는 이유는 전배아의 생물학적 특성 때문인데, 이 때에 원시선이 나타나고 전배아의 모든 세포들은 각기

이 단순히 양적인 성장을 하는 때의 존재는 태아(fetus)로 분류된다.[55]

체외수정의 기술의 발달로 임신에 사용되지 않는 많은 배아들이 생겨났고 냉동 기술의 발달로 그 배아들을 그 상태대로 동결보관하고 있다. 최근 배아를 통한 연구가 가지는 의학적 유용성이 상당수 제시됨에 따라 잔여 배아(spare embryo)에 대해 많은 과학자들이 관심을 보여 왔다. 하지만 배아를 다루는 연구과정에서 필연적으로 배아가 손상, 파괴되고 폐기될 수밖에 없다는 사실에서 윤리적인 논쟁들이 제기되고 있다. 즉, 배아는 아무런 손상을 받지 않으면 하나의 생명체로 성장하는 존재이고, 따라서 하나의 인간개체라고 본다면 살아있는 인간과 동일한 생명권을 지닌다고 보아야 하며, 그렇기 때문에 신생아 혹은 성인을 죽이는 것이 허용될 수 없는 것처럼 배아를 가지고 연구하고 폐기하는 것 역시 허용될 수 없다는 점을 지적하는 다른 주장이 존재하기 때문이다. 이에 반해 체외수정이 많은 불임부부에게 아이를 갖게 해 주기 때문에 선행원칙에 충실하다고 볼 수 있으므로 그로 인해 발생하는 잔여 배아의 생산 및 파기는 이중 효과의 원리로 받아들여야 한다는 주장도 있다. 이는 마치 산모의 생명을 살리기 위한 임신중절이 정당화되는 것과 같다는 의미에서 잔여배아를 이용한 연구를 허용할 수 있다고 한다.[56]

(2) 냉동보관과 초기배아의 처분권한에 관한 논쟁

최근에는 잔여 배아를 냉동시켜 보존하는 데서 많은 문제가 발생하고 있다. 배아의 냉동은 대부분의 우수한 불임클리닉에서 행하는 전형적인 체외수정의 시술과정에 중요한 역할을 한다. 이것으로 인해 한 번 수술로 10개 이상의 난자를 꺼내어 수정할 수 있다. 그중 3~4개의 배아는 여성의 몸에 이식하고 나머지 배아들은 얼려 둔다. 첫 임신이 성공하지 않으면, 보관된 배아를 녹여서 적절한 시기에 다시 이식할 수 있게 된다. 이로 인해 난소채취의 추가 과정이 없으므로 여성이 받는 물리적인 스트레스와 추가비용 부담을 덜어준다. 또한 여성이 난소의 기능을 잃거나 난자가 손상될 경우를 대비해서 난자와 배

성인으로 성장할 수 있는 잠재력을 지니게 되기 때문이다. 가령 8세포기의 모든 세포는 8명의 인간개체로 성장할 수 있게 된다.

55) National Bioethics Advisory Commission, "Human Stem cell research and Potential for Clinical Application," Ethical issues in Human Stem Cell Research, 1999, p. 10.

56) 김상득, 「생명의료 윤리학」, 철학과 현실사, 2000, 99면.

아를 미리 얼려 두어 나중에 선택의 자유를 주고 있다. 또한 배아의 유전적 진단을 하기 위해서 냉동보관을 하기도 한다. 수정란은 실온에서 일주일 이상 살 수 없기 때문에 결과를 알기까지 냉동보존하면 안전하기 때문이다. 한편 배아를 죽이는 것을 피하기 위하여 잔여 배아를 냉동상태로 만들어 보존할 수 있다. 이때 냉동 배아를 계속 보관했다가 결국 인간으로 태어나게 해야 될 것인가 아니면 그들을 정해진 기간이 지나면 자동으로 폐기할 것인지 여부를 판단해야 한다. 즉 배아를 인간이 될 잠재성을 가진 존재로 보고 대우한다면 대리모를 통해서라도 인간으로 태어날 수 있도록 해야 한다는 딜레마가 발생하게 된다.[57)]

한편 초기 배아가 여성의 신체 이외에서 생존하도록 냉동보관을 허용하고 있기 때문에 인간배아의 법적 지위와 관련해서 후견권 내지 처분권한에 관해 문제가 된다. 특히 여성 자신의 신체를 통제할 수 있는 권리의 범위 내에 배아를 계속 보관할 것인지 여부에 대한 결정권도 포함되는지 여부에 대한 논쟁도 제기되고 있다. 법원의 판결 또는 법률의 제정을 통해서 배아의 파괴를 금지하더라도 이것은 난자의 공여자가 의무적으로 착상을 시도해야 하는 것을 의미하지 않는다. 초기 배아는 착상을 원하는 다른 불임부부에게 기증될 수 있다. 그러므로 여성이 더 이상 원하지 않는다면 배아의 착상을 강요받지 않을 것이다.

미국의 경우 법원에서는 수정된 난자와 초기 배아에 대한 결정권한을 누가 가지고 있느냐에 논쟁이 집중되었다.[58)] 미국의 연방대법원 판례에서 사용하고 있는 초기 배아에 대한 소유권 또는 재산이라는 용어는 상당히 오해의 소지를 불러일으킬 수 있다. 이러한 용어는 배아를 다른 재산과 동일하게 취급하는 것이라고 볼 수 없으며, 다만 이러한 용어의 사용은 법적으로 초기 배아에게 발생할 수 있는 처분 등의 다양한 가능성의 형태를 누가 결정하느냐 여부를 의미한다고 해석할 수 있다.[59)]

초기 배아에 대한 처분권한의 제한문제는 두 가지 접근방법을 가지고 있다. 첫째, 여성의 몸속에 있는 경우의 배아의 처분권한이고 이 문제는 낙태와

57) 앞의 책, 100면.

58) 누가 처분권을 가지느냐의 문제는 초기 배아처분의 가능한 옵션이 무엇인지의 문제와는 분리된다. John A. Robertson, "In the Beginning: the Legal Status of Early Embryo," Virginia Law Review, April 1990, at 454.

59) Id. at 454-455.

피임행위와 관련성을 가지고 있다. 둘째, 체외수정으로 인한 배아의 생성과 보관에 관한 제한문제이다. 미국 연방대법원은 초기 배아가 여성의 신체 밖에서 별개의 실체를 가지고 있는 경우 생식의 자율성, 프라이버시와 관련하여 해당 처분권에 대한 논쟁을 해결하고 있다. 미국의 초기 판결인 York v. Jones 사례(1989)는 불임시술기관과 불임부부의 냉동배아에 대한 관리권한을 처음으로 직접 취급한 사례로서 의미를 가지고 있으며, 법원은 의심할 여지가 없이 배아는 생식체를 제공한 부부의 재산으로 추정하였다. 부가적으로 배아를 수송하는 것에 대해서 제약을 가할 때에는 프로그램 참여시의 문서에 명백하게 기술되어 있어야 하며, 사전에 불임부부가 배아를 다른 곳으로 이동할 수 있는 권리를 가지고 있지 않다는 점을 명백하게 밝힌 경우에만 그러한 제한이 가해질 수 있다고 하였다.[60] 이후의 Davis v. Davis 사례(1992)에서 테네시 주 대법원은 당사자 각각에게 배아에 대한 소유권 이익이 있다고 인정하지 않았다. 이익균형심사를 통해서 법원은 배아를 기증하려는 부인의 이익은 부양을 피하려는 남편의 이익보다 더 중요성이 있다고 보지 않았다. 이 판결의 결과 배아를 보관하고 있는 불임클리닉에게 판결과 모순되지 않는 방법으로 배아를 폐기할 수 있도록 하였다.[61] 즉, 불임클리닉은 배아를 만드는 과정에서 당사자의 동의를 구하는 과정에 처리, 보관에 관한 부분을 포함하여 동의를 받는 형태로 향후 발생할 수 있는 배아처분권한의 문제를 해결하려고 하였고, 동의서식의 내용에 장래에 일어날 수 있는 예측가능한 상황에 대한 부분도 미리 동의를 받아서 대처하려고 하였다.

(3) 우리나라의 관련 규정

생명윤리및안전에관한법률 제16조에 의하면 배아의 보존기간은 5년이다. 다만, 동의권자가 보존기간을 5년 미만으로 정한 경우에는 이를 보존기간으로 한다. 배아생성의료기관은 위의 보존기간이 도래한 배아 중 연구의 목적으로 이용하지 않는 경우 배아를 폐기하여야 한다. 배아생성의료기관은 배아의 폐기에 관한 사항을 기록·보관하여야 한다. 배아생성의료기관이 배아를 폐기하는 경우에 그 폐기절차 및 방법은 폐기물관리법 제12조의 규정에 의한 절차 및 방

60) Id., at 445.
61) Davis, 842 S. W. 2d at 604-05.

법을 준용한다.

7. 배아의 부정이용의 금지

(1) 정자공여자와 난자공여자의 동의

난자를 채취하는 과정은 매우 고통스러운 과정을 동반한다. 과배란을 위해 투여된 호르몬 제재의 부작용으로 난소과자극증후군이 초래될 수 있으며, 다수의 난포를 동반한 난소 증대와 함께 전신 모세혈관의 투과성 증가로 인해 체액 저류가 야기되어 부종, 복수, 흉수, 혈액응고 장애, 간부전 및 성인성 호흡곤란 증후군을 일으키기도 한다. 중증인 경우 입원 치료가 필요하다.[62] 또한 난자를 채취하는 과정에서의 배란촉진제의 사용이 난소암의 위험을 2.5배 증가시킨다는 우려가 제기되고 있다.[63] 또한 난자의 채취를 위해 질을 통해 난소에 바늘을 삽입함으로 인하여 감염이 발생할 수도 있다. 이러한 합병증은 발생률이 매우 낮기는 하지만, 발생시 골반염으로 발전하여 난자기증자가 이후에 불임까지 초래될 수 있다.[64]

난자 채취에 수반하는 예후와 부작용이 불확실하기 때문에 난자기증의 동의 과정에서 피시험자인 여성에게 충분한 설명이 전제되어야 할 것이다. 헬싱키 선언에 의하면 "인체를 이용하는 시험에 있어서는 그 시험 자체의 목적과 방법, 기금의 출처, 모든 가능한 이해분쟁, 시험자가 속한 기관, 예견되는 이익과 내재하는 위험성, 그리고 그에 따르는 고통 등에 관하여 피험자에게 사전에 충분히 알려주어야 한다"고 명시하고 있다. 환자에 대한 충분한 설명의 대상으로 위에서 언급한 난자채취의 모든 부작용과 예후가 포함된다. 설명의무와 관련된 대법원의 태도는 의사가 수술 등에 대한 환자의 승낙을 얻기 위한 설명의

62) 정기성 외, 배란유도시 발생한 중증 난소과자극중후군에 대한 임상적 고찰, 대한산부인과학회지 제37권 제10호, 1994, 2019-2027면 참조. 대한산부인과학회, 「부인과학」, 도서출판 칼빈서적, 1991, 425면.

63) 난소암의 가족병력이 없고 배란촉진제에 노출된 횟수가 적은 여성들은 위험수준이 높지 않겠지만, 배란촉진제의 처방으로 12회 이상 난소주기에 자극을 받은 여성들이 가장 위험하다는 보고가 있다. 마이클 매클루어/김완구 · 이상헌 · 이원봉 옮김, 앞의 책, 85-86면.

64) 구영모, "인간배아복제와 연구절차 — 2004, 2005년 사이언스 논문에서 논란이 된 절차상의 문제," 민노당 정책위원회 긴급토론회 자료집, 2005년 11월 28일, 4면; 재인용 Serafini PD, et al. Oocyte donation program at Huntington Reproductive Center quality control issues, Pasadena, California. in Cohen CB.(ed.) New Ways of Making Babies: The Case of Egg Donation. Bloomington and Indianapolis: Indiana University Press. 1996: 37.

무는 그 의료행위에 따르는 후유증이나 부작용 등의 위험발생 가능성이 희소하다는 사정만으로 면제될 수 없으며, 그 후유증이나 부작용이 당해 치료행위에 전형적으로 발생하는 위험이거나 회복할 수 없는 중대한 것인 경우에는 그 발생 가능성의 희소성에도 불구하고 설명의 대상이 된다고 밝히고 있다.[65]

또한 동의의 자발성은 무엇보다 중요하다. 뉘른베르크 강령에 의하면 인체실험 대상자의 자발적 동의는 절대적으로 필수적이다. 이것은 실험대상자가 동의를 할 수 있는 법적 능력이 있어야 하며, 어떠한 폭력, 사기, 속임, 협박, 술책의 요소가 개입되지 않고, 배후의 압박이나 강제가 존재하지 않는 가운데 스스로 자유롭게 선택할 수 있는 권한이 주어진 상태이어야 하며, 이해와 분명한 지식에 근거한 결정을 할 수 있도록 충분한 지식과 주관적 요소들에 대한 이해를 제공해야 한다. 후자를 충족시키기 위해서는 실험대상자가 내린 긍정적인 결정을 받아들이기 전, 그에게 실험의 성격, 기간, 목적, 실험 방법 및 수단, 예상되는 불편 및 위험, 실험에 참가함으로써 올 수 있는 건강 혹은 개인에게 올 영향에 대해 사전에 알려야 한다. 환자가 아무리 명시적으로 동의하였다고 하더라고 그것이 강요에 의한 동의인 경우에는 진정한 동의라고 보기 어렵다. 그러므로 충분한 정보에 근거한 동의에는 동의의 자발성이 전제되어 있어야 한다.

영국의 인간의 수정과 발생에 관한 법률은 부칙 3에 생식세포와 배아의 사용에 대한 동의에 관해 자세한 규정을 두고 있다. 동의하기 전에 적절한 상담의 기회가 주어져야 하며, 관련된 적절한 정보가 제공되어야 한다고 규정하고 있다.[66] 공여자의 동의는 서면으로 하여야 하고 유효한 동의는 이 부칙의 절차에 따라서 행한 동의에 국한한다. 프랑스의 「인체의 구성요소 및 산출물의 제

---

65) 대법원 1996. 4. 12. 선고 95다56095 판결 손해배상(의).

66) 부칙 6. [체외수정과 그 후의 배아의 이용] (1) 사람의 생식세포는 위의 2항 (1)에 언급된 하나의 또는 그 이상의 목적으로 하는 생식세포의 사용과 그로 인하여 조작될 배아에 관하여 그 사람의 유효한 동의가 없는 한 체외에서 배아의 조작을 일으키는 데 사용되어서는 아니 된다. (2) 체외에서 조작된 배아는 위의 2항의 (1)에서 언급된 하나 또는 그 이상의 목적으로 배아를 이용하기 위하여 배아를 조작하는 데 사용된 생식세포의 제공자들의 유효한 동의가 없는 한 어떤 목적으로도 제공될 수 없다. (3) 체외에서 조작된 배아는 배아의 이용을 위하여 배아를 조작하는 데 사용되는 생식세포의 제공자들의 유효한 동의가 없는 한 어떠한 목적으로 사용될 수 없으며, 배아는 그들의 동의에 따라 이용되어야 한다. Sheila Mcan, Consent and the Law: Review of the current provisions in the Human Fertilisation and Embryology Act 1990, pp. 31-40.

공과 이용, 생식에 대한 의학적 개조 및 출생 전 진단에 관한 법률」에 의하면 인체의 구성요소의 적출 및 인체의 산출물의 적출은 공여자의 사전승낙이 없이는 이를 할 수 없으며, 이 승낙은 언제든지 취소할 수 있다(제2조).

(2) 우리나라의 관련규정

생명윤리및안전에관한법률 제15조는 배아생성의료기관으로 지정받은 의료기관은 배아를 생성하기 위하여 정자 또는 난자를 채취하는 때에는 정자제공자·난자제공자·인공수태시술대상자 및 그 배우자의 서면동의를 얻어야 한다. 서면동의에는 다음의 사항이 포함되어야 한다. 1. 배아생성의 목적에 관한 사항, 2. 배아의 보존기간 그 밖에 배아의 보관에 관한 사항, 3. 배아의 폐기에 관한 사항, 4. 임신외의 목적으로 잔여배아를 이용하는 것에 대한 동의여부, 5. 동의의 철회, 동의권자의 권리 및 정보보호 그 밖에 보건복지부령이 정하는 사항이다. 배아생성의료기관은 서면동의를 받기 전에 동의권자에게 충분히 설명하여야 한다. 동법 제21조에 의하면 배아생성의료기관 및 배아연구기관은 동의서에 기재된 목적으로 배아를 취급하여야 하며, 잔여배아의 보관·취급·폐기 등의 관리를 철저히 하여야 한다.

대한의학협회의 인공수태 윤리에 관한 선언에 의하면 시술의사는 불임부부에게 체외수정 및 배아이식에 관련된 제반사항을 설명하여야 하며, 시술동의서를 받아야 한다. 시술대상 부부는 체외수정 및 배아이식의 시술과정과 예상성공률 및 발생가능한 합병증 등을 이해하고 부부간에 시술에 대한 충분한 협의를 거친 후 시술에 동의하여야 한다.

8. 인공수정, 체외수정으로 출생한 자의 법적 지위

(1) 배우자간의 인공수정자의 법적 지위

인공수정과 관련하여 발생할 수 있는 법률관계 중 가장 중요하고 기본적인 문제가 바로 인공수정자가 친생추정을 받을 수 있느냐 및 친생부인권 행사와 관련된다. 부의 정자와 처의 난자에 의하여 수정되고 처가 직접 임신하여 출산한 자는 자연적으로 수태되어 출산된 자와 동일하게 법적 지위를 인정받는다. 현행 민법 제844조에 의하면 처가 혼인 중에 포태한 자는 부의 자로 추정하고 있으며, 혼인성립의 날로부터 200일 후 또는 혼인관계 종료의 날로부터 300일내에 출생한 자는 임신중에 포태한 것으로 추정한다고 규정하고 있다. 이에 따라 인공수정으로 출생한 자는 당연히 부부의 혼인 중의 자의 지위를 가지며 부에 대한 상속권과 부양청구권 등이 인정된다.

(2) 비배우자간의 인공수정자의 법적 지위

비배우자간의 인공수정은 시술의사가 불임부부와의 상담을 거쳐 부의 동의를 확인하고 시술하므로 부의 동의가 없는 비배우자간 인공수정을 거의 찾아볼 수 없다. 비배우자간 인공수정의 경우 민법 제844조에 의한 친생추정을 긍정하는 견해와 부정하는 견해[67]로 나뉘어져 있다. 다수설은 부의 동의하에 제 3 자의 정자를 사용하여 출생한 자는 부의 친생자 추정을 받는 혼인중의 자로 인정하고 있다.[68] 부의 동의하에 비배우자간의 인공수정으로 출생한 자의 친생추정 여부에 대해 하급심 판례가 있으며, 부의 동의를 받아 혼인 중에 포태되어 출생하였다면 민법 제844조에 의하여 당연히 부의 친생자 추정을 받는다고 판시하고 있다.[69]

한편 부의 동의 없이 인공수정에 의해서 출생한 자와의 친자관계를 부정하기 위해서는 친생자추정을 받는 혼인중의 자의 경우에는 부가 친생부인의 소를 제기할 수 있다. 비배우자간의 인공수정에 의하여 출생한 자의 부에게 친생부인권이 있는가에 대해서는 부의 동의가 없었던 경우에는 이를 주장할 수 있지만, 이미 동의한 경우에는 친생부인권을 행사할 수 없다고 보는 것이 다수설의 입장이다.[70] 그 논거로는 첫째, 제 3 자의 정자를 인공수정하는 경우는 자의 출생이 부의 동의하는 행위에 의하여 시작되었으므로 동의한 자에게 친생부인권을 행사하지 못하도록 하는 것이 당연하다. 둘째, 부가 제 3 자의 정자를 사용하는 데에 동의하고, 자의 출생 후에 이를 친생부인하는 것은 신의칙에 위반한

67) 민법 제844조는 인공수정을 예정하고 입법화된 것이 아니므로 입법자가 예상하지 않은 인공수정자의 경우까지도 이에 포함시키는 것은 법률운영에 혼란이 가중된다는 비판이 있다. 고정명, "인공수정자의 부성추정에 관한 연구," 「법학논총」 제 1 집, 국민대학교 법학연구소, 1997, 28-29면.

68) 김주수, 「친족상속법(제 6 전정판)」, 법문사, 2002, 286면.

69) 서울가정법원심판 1983. 7. 15, 82드5134; 서울고등법원판결 1986. 6. 9, 86르53; 대구지방법원판결 1991. 9. 17, 91가합 8269; 서울가정법원 2000. 8. 18, 2000드단7960.

70) 김주수, 앞의 책, 286-287면.

권리남용에 해당하므로 그러한 부에게는 친생부인권을 인정할 수 없다. 셋째, 자의 이익우선의 원칙, 복리위주의 원칙에도 위배된다. 자의 입장에서 부의 친생부인으로 인하여 모와는 혼인 외의 자 관계, 부와는 인척관계로 법률상의 지위 변화로 인하여 부양청구권과 상속 등의 문제에서 불이익을 입게 될 수 있다. 따라서 비배우자간 인공수정을 동의한 부는 친생부인권을 행사할 수 없다고 보아야 할 것이다.

9. 생식체 제공의 익명성과 자의 알권리

(1) 기증의 익명성과 자의 알권리 보호

비배우자간 인공수정은 대부분 비밀로 이루어진다. 부부 당사자는 물론 시술과 관련된 의료인도 비밀 유지의무를 진다. 그리고 정자나 난자를 공여하는 자들도 익명성을 기본으로 기증을 하게 된다. 정자나 난자 공여자의 성명을 공개하게 되면 제3자의 기증에 의해 태어난 자녀는 추후 자신의 혈통이 노출됨으로써 그 자녀를 포함한 가족 전체의 평화나 이익이 위태로울 수 있기 때문이다. 이것은 가정의 평화보호나 자의 복리를 위해서도 타당할 뿐만 아니라, 책임과 의무를 예상하지 않고서 마치 헌혈 행위 정도의 인식으로 정자를 기증한 제3자의 기대에도 적합하며 기증자의 보호를 위하여서도 합당하다고 보는 것이다.[71]

한편 정자, 난자 기증자의 정보를 공개해야 한다는 주장의 논거로는 익명성을 지킴으로써 제3자의 정자나 난자에 의한 인공수정을 통해 출생한 자에게 자기의 혈통을 알 수 있는 기회를 박탈하고, 이것은 출생한 아이로부터 자신의 인격을 자유로이 발현할 수 있는 기회도 박탈할 수 있다는 점을 지적한다.[72] 또한 출생한 아이가 자신과 유전적으로 연결된 난자, 정자의 제공자에 대해서 아는 길을 확보해 두는 것은 의료상 필요한 경우를 대비하기 위해서 또는 근친혼을 방지하기 위해서라고 주장한다.[73] 헌법 제36조에 따라 친자관계도 인간

71) 고정명, 인공수정출산의 법리와 실제, 114-5면; Broda 오스트리아 대법원장의 제56차 독일 법률가회의-1986년 9월 9일.

72) Daniel J. Hall, The management of genetic origins, Human Reproduction, Vol. 13 No. 11, 1998, pp. 3268-3273.

73) 정연철, "인공생식의 입법례에 관한 연구," 동의논집 제28집 인문사회과학편, 1998. 2, 57면.

존엄을 바탕으로 이루어져야 한다고 해석될 수 있는바, 자신의 존재, 출생 및 친자확인에 대한 권리도 인간의 기본권에 해당하기 때문에 이에 따라 정보공개를 요구할 수 있다고 주장한다.[74)]

(2) 외국의 입법례

프랑스의 경우 의료인의 비밀유지의무 위반에 대한 형사처벌규정을 두고 있다. 생식체를 제공한 개인 또는 한 쌍의 남녀 및 그것을 수령한 한 쌍의 남녀를 한 번에 특정할 수 있는 정보를 누설하는 행위는 2년의 금고 및 20만 프랑의 벌금에 처한다. 영국의 경우 관할관청의 임원 또는 직원이거나 이었던 자는 자신이 보유하고 있거나 보유하고 있었던 정보를 공개할 수 없으며, 체외수정등록부에 기재되어 있는 모든 정보는 보안과 비밀유지가 준수되어야 한다. 그러나 한편 정당한 정보공개에 대한 규정도 두고 있는데, 법정에서 기증자가 한 아이의 아버지인지의 여부가 문제된 경우 이를 결정함에 있어 법원은 소송당사자의 신청에 따라 관할관청에 문제된 내용에 관한 정보가 등록부에 수록되어 있는 것을 공개하는 것, 가능하다면 일정한 분량을 공개하는 것을 명령할 수 있다.

스웨덴의 경우 정자기증자를 정하는 것은 불임부부의 선택권을 배제하고 의사의 결정에 의해서 이루어지며, 인공수정 시술 후 기증자의 정보와 시술에 관한 자료를 70년 동안 보존해야 한다고 규정하고 있다.

호주의 경우 주는 체외수정의 절차와 관련된 기록과 제 3 자의 생식체 사용의 기록 등이 구비되어 있어야 시술허가를 해 준다. 또한 생식체 공여자의 신원과 동의사항, 배아의 생물학적인 부모(biological parentage), 수집과 보관의 장소, 시기, 방법, 생식체를 기증한 사람의 신원, 참여자의 신원과 절차, 그 절차의 결과로서 아이와 관련된 정보 등의 보관을 요구하고 있다.[75)]

(3) 우리나라 관련 규정

현행 법률상 자의 알권리를 인정하는 규정을 두고 있지 않다. 대한의학협회의 인공수태 윤리에 관한 선언에 의하면 어떠한 경우에도 정액공여자의 신분

74) 앞의 책, 57-58면.

75) Vera Terry/Cedric D. Shorey, "Artificial Reproductive Technologies in Australia-Legislation for the New Millennium?" 19 Medicine and Law 209, 2000, p. 220.

의 비밀은 보장되어야 하며, 정액공여자에 대해서도 시술결과를 공개해서는 안 된다고 규정하고 있다. 의사윤리지침에서도 의사는 인공수정에 필요한 정자 또는 난자를 제공하는 사람의 신원을 누설하거나 공개해서는 안 된다고 규정하고 있을 뿐 자녀의 알권리 측면에서의 정보공개청구는 전혀 인정하고 있지 않다.

Ⅳ. 체외수정과 관련된 최근의 쟁점사항

1. 할구분할 복제방식의 허용 여부

수정란 복제방식인 'twinning'으로 알려진 할구분할(blastomere separation) 혹은 배아증식(embryo multiplication) 복제술[76]은 발생단계의 2~8세포기의 시기에 있는 초기단계의 배아의 세포를 생화학적 방법을 사용하여 실험실에서 분리시켜 유전적으로 동일한 쌍둥이 배아를 만들어내는 것으로서, 이는 수정란이 두 개로 나뉘어져 자연적으로 쌍생아가 형성되는 과정과 유사하다. 분리된 각각의 세포는 할구세포(a blastomere)로 불리며 새로운 개별적 개체로 발생할 수 있는 능력, 즉 전능성(totipotent)을 가지고 있어 독립적인 완전한 개체를 만들 수 있다. 이와 같이 하나의 배아를 여러 세포로 나누어 유전적으로 동일한 다수의 개체를 만들 수 있다.

수정란 복제기술이 인간에게 적용된 예로서 1993년 10월 13일 미국의 조지워싱턴대학 메디컬센터에서 Jerry Hall과 Robert Stillman이 처음으로 인간배아의 초기 2~8세포배아를 단일배아세포로 분리하는 복제방식이다.[77] 수정란 배아분할방식에 의하여 탄생하는 것은 엄밀한 의미의 복제라고 할 수 없다. 그러나 수정란을 분할시켜 인공적으로 일란성 쌍둥이를 만들어내는 것이므로, 유전적으로 동일한 아이를 대량으로 생산해 낸다는 것이 어렵지 않다는 것을 보여준다.

76) 배아분할방식 복제는 착상전 진단검사용으로 배아의 하나를 생체조직검사에 사용하는데 이는 침습적인 방법으로 배아를 손상시키지 않고 생체조직검사의 결과에 따라 나머지 배아를 착상을 하도록 하거나, 불임치료시 착상을 위한 배아의 수를 필요한 만큼 늘리는 것을 허용하는 것이다. John Harris, "Goodbye Dolly?" The ethics of human cloning, Journal of Medical Ethics, 1997. December, p. 20.

77) Ibid.: 김천수, "인간복제기술의 발전과 법적 허용한계," 한일법학회, 136면.

수정란분할법을 허용함으로써 일어날 수 있는 문제점들은 다음과 같다. 먼저, 할구분할방식으로 여러 명의 복제인간을 만드는 것은 배아시장의 형성을 가능하게 할 것이다. 아이가 유전적으로 훌륭한 자질을 보인다면, 그 배아를 만든 부부는 복제한 배아를 팔려고 하거나, 냉동보관된 배아의 매매를 부탁받을 수 있다. 그리고 어떤 부부는 그들의 아이를 전부 단일한 복제인간으로 구성할 수 있다. 자녀 사이에 연령상 차이가 있지만, 유전적으로 동일한 아이를 여러 명 키울 수 있는 것이다. 냉동보관 중인 배아는 세월이 흐른 후 다른 여성의 자궁을 통해 탄생할 수 있는데, 예를 들어 쌍둥이 한 쪽은 50세인데 다른 쪽은 5살이 될 수도 있다. 한편 장래에 골수나 신장이식이 필요할 때 자신과 유전적으로 동일한 배아를 보관하였다가 필요시에 대리모의 자궁에 착상시켜 발육시킬 수 있을 것이다. 조직적합성이 뛰어나서 면역거부반응의 문제가 발생하지 않기 때문에 이용하려는 시도가 있을 수 있다.[78] 이러한 문제점들이 일어날 가능성을 전혀 배제할 수 없기 때문에 이러한 복제방식을 허용할 수 있는지 여부에 대한 신중한 논의가 있어야 할 것이다.

2. 체외수정과정에서의 유전적 진단 및 유전적 조작

(1) 적극적 우생학의 가능성

인공수정이나 체외수정시술은 단순한 불임치료의 차원이 아니라 우생학적 동기에서 좋은 아기를 원하는 부모의 욕망을 채워주는 도구가 될 수 있다.[79] 즉, 우생학적으로 뛰어난 정자 또는 난자를 구입해서 원하는 아이를 얻는다는 생각으로 상업화경향에 이를 수 있다.[80] 특히 제 3 자로부터 정자나 난자를 공여받아 임신을 할 경우, 일반적으로 유전자에 문제가 없는 건강한 생식체를 공여받길 원한다. 이를 소극적(negative) 우생학이라고 한다. 그러나 여기에서 그치지 않고 신체나 지능이 뛰어난 사람의 난자 또는 정자를 또는 특정의 유전인자를 가지고 있는 배아를 희망할 수 있다. 이러한 조건을 갖춘 정자와 난자를 구하기 위해 많은 돈을 지불하기도 또는 시험관에서 유전자를 조작하기도 할

78) R. Munson 저/박석건 · 정유선외 옮김, 의료문제의 윤리적 성찰, 단국대학교 출판부, 2001, 367면.

79) 김상득, 앞의 책, 87면.

80) 정연철, 앞의 논문, 24면.

것이다. 이러한 과정을 적극적(positive) 우생학이라고 한다. 그런데 소극적 우생학을 허용하게 된다면, 결국 적극적 우생학도 허용하는 방향으로 이어질 수 있다. 따라서 이 둘 간의 경계를 구분할 필요성은 강하게 제기되지만 구분이 명확하게 유지되기는 힘들다.

합리적으로 계획을 세우고 결정을 내려서 조절하는 것이 중요하다고 주장하는 사람들은 유전선별검사와 상담 및 산전 진단을 긍정적으로 평가하여 병의 원인이 되는 유전자를 다음 세대로 전달하지 않는 전망을 약속하는 의미로 사용하려고 한다.[81] 그 과정에서 선택적 낙태도 가능하다. 선택적 낙태라 함은 출생 장애가 있는 아이를 낳지 않으려고 유산을 하려는 것이지 단지 아이를 갖지 않으려고 유산하는 것이 아닌 경우를 의미한다.[82] 열등한 유전형질을 가진 태아에 대한 인공임신중절에의 유혹은 비단 부모에게만 있는 것이 아니다. 미국의 "책임 있는 유전학을 위한 회의(Council for Responsible Genetics)"에 의하면 몇 몇 보험회사들이 임신한 피보험자에게 그들의 태아에 대한 유전 검사를 하도록 압력을 넣은 후, 유전적 신체장애의 위험이 높은 태아라고 판명되면, 아이를 출산하고자 하는 부모들에게 보험 혜택을 철회하겠다고 협박함으로써 출산에 관한 결정을 조작하려고 했다.[83]

(2) 맞춤아이(designer baby)의 출산

생식세포 유전자 치료기술이 있다면 우리는 미래 세대를 개선하기 위해 이 기술을 이용해야 한다는 주장이 제기된다. 존 해리스(John Harris)는 이를 교육에 비유하고 있는데, 향상된 지적 능력의 목적이 교육을 통해서 창출해야만 하는 것이라면 왜 유전공학을 통해서 창출하면 안 되는가에 대하여 반문한 바 있다.[84] 유전자치료는 가시적인 위험성이 없이 환자와 후손 모두에게 이로

81) 산모가 양수천자와 알파피토단백 검사를 받은 뒤에 신경관 결손이 있는 아이를 낳게 될 것이라고 들은 경우, 산모에게 유산을 거부하고 아이를 낳을 권리가 있는가? 공리주의자들은 잘못된 결정이라고 주장할 것이다, 태어날 아이가 앞으로 받게 될 고통이 부모가 겪을 상실감보다 더 크기 때문이다. 다른 이유로 칸트학파도 태아도 사람이지만 그 아이가 겪을 고통은 막아주어야 한다고 주장할 것이다. 장애아가 될 가능성이 거의 확실한 아이를 낳을 권리를 여성에게 있다고 한다면 사회는 그런 아이를 양육하는 비용을 책임져야 하는가? 어떠한 이론에 의하든 아이는 장애가 있든 없든 간에 인간이며, 사회가 부양하고 보호해야 하는 존재라는 점에서 당연히 사회가 책임을 져야 한다.

82) R. Musonwj/박석건 정유석 외 옮김, 앞의 책, 327면.

83) 앞의 책, 328면.

우며, 전통적인 의학의 목적에 부합되며 우리 사회가 유지하고 지지하는 윤리 체계를 위협하거나 위험스럽게 하지 않을 것이라는 논거를 들고 있다.

출생전의 착상 전 유전자검사를 통해 건강한 수정란을 선택하고 이에 따라 출산된 아기를 맞춤아이(designer baby)라고 말한다. 실제로 2004년 11월 한 영국인 부부가 희귀 혈액질환을 앓고 있는 아들을 치료할 수 있는 혈액을 가진 이른바 '맞춤아기(designer baby)'를 체외수정을 통해 낳을 수 있게 됐다. 이 때 영국 인간수정 및 발생학위원회(HFEA)는 이들 부부에게 체외수정을 통해 아들의 혈액과 일치하는 배아를 선택하고 그 배아를 착상시켜 아기를 낳는 것을 허용한다고 발표했다.[85] 이에 대해 반대론자들은 이식용 장기생산을 위해 맞춤아기를 상업적으로 생산할 수 있는 길이 열려 인류의 존엄성을 해치게 되었다고 비난했다. 위 사례의 영국인 부부의 아들은 동생의 탯줄로부터 골수를 재생시킬 수 있는 줄기세포를 이식받을 예정이었다. 비록 치료가 목적이라고 하더라도 '체리를 고르듯' 바람직한 유전자를 지닌 아기를 선택하는 것은 지능이나 체력, 외모 등 사회적 이유를 원인으로 하는 맞춤아기 시대를 열고 말 것이라는 주장들이 제기되었다. 이러한 문제점을 극복하기 위해 영국은 연구윤리심의위원회(IRB)와 특별위원회의 심의를 이중으로 거치도록 하여 제한적으로 허가하고 있다.

3. 인공자궁(artificial wombs)의 문제

2007년 1월 뉴욕의 다운타운 병원 부인과 종양전문의인 쥐세페 델 프리오레 박사(Dr. Giuseppe Del Priore)가 이끄는 연구팀은 올해 안에 자궁이식 수술을 목표로 암이나, 불임여성들에 대한 검사를 시작했다고 밝혔으며, 병원의 윤리위원회는 조건부로 이러한 수술 계획을 승인했다고 밝혔다. 자궁이식(Uterus transplant)수술 방법은 먼저 뇌사자 등(dead donors)으로부터 자궁을 기증받아 불임여성의 몸에 이식을 한 다음 체외수정을 통해 수정란을 자궁에 착상시키고, 태아가 다 자라면 제왕절개술로 아기를 꺼낸 후 자궁을 제거하는 방식이다. 이러한 수술은 사실상 '임시자궁'이다. 이런 과정에서 임산부는 면역거부 억제제를 계속 투여해야 한다. 일부에서는 더욱 많은 동물 실험 후 인체 대상 수술

84) J. Harris, 「Wonderwoman and Superman」, 1992, p. 142.
85) http://www.sk.co.kr/mag/mag0306/contents/04_management/04text_05.html.

을 시도해야 한다는 주장과 함께 이와 같은 수술이 태아와 여성 모두에게 도움보다는 위험이 클 것이라는 주장도 일고 있으며, 의학적 문제뿐만 아니라 윤리적 문제에 대한 반발도 있어 큰 파장을 일으키고 있다.[86)]

이와 같이 인공자궁의 문제는 오래전부터 논의되어 왔다. 이미 1989년에 쿠와바라(Kuwabara) 교수에 의해 염소를 위한 인공자궁을 만들었다. 염소 태아를 위한 인큐베이터의 기술이 성공하면, 다음 단계는 인간 태아를 키우는 인큐베이터를 만들려고 할 것이다.[87)] 최근의 입법경향은 시험관에서 14일 동안 배양되는 배아에 대한 규정만 있을 뿐이며, 낙태에 관한 규정 이외에 자궁으로부터 배아를 이동하는 행위에 대해서는 어떠한 입법도 마련되어 있지 않다.

만약 인공자궁이 개발된다면 다음과 같은 몇 가지 상황들을 생각할 수 있다.

먼저, 임신한 어머니가 20주에 유산을 하게 되었는데, 이 경우 태아는 생존가능성이 거의 없다. 그런데 이 아이를 분만 처치하여 인공자궁으로 옮겨 놓았고, 인공자궁에서 양육한 후 아이를 출생한 경우이다. 이 경우 부모와 아이의 법적 관계에는 어떠한 변화도 없으며, 출생한 아이는 '그들의 아이'가 된다. 그런데, 다른 사례로서 생식체인 정자와 난자를 공여받은 배아를 제공받아 임신하였는데 20주에 유산의 위험이 있었고 태아를 구조하기 위해서 치료의 과정으로 기술적으로 인공자궁으로 옮겨 태어날 때까지 키웠다면, 이 경우 아이의 법적 지위는 어떻게 해결할 것인가 문제될 수 있다. 우리나라의 경우 모자관계의 추정에서는 당연발생주의에 의하여 유전학적 결합과 관계없이 임신하여 출산한 모가 법률상의 어머니가 된다고 해석하는 입장에서 인공자궁에서 출생한 자의 친자관계의 추정이 문제될 수 있을 것이다.

또한 조만간 실현이 불가능한 전제이기는 하겠지만, 만약 임신의 전 과정을 시험관(in vitro)에서 키워지는 경우를 생각해 볼 수 있다. 임신이 인공자궁에 착상하는 것에서부터 시작되었고, 전 과정이 여기에서 이루어졌다면, 이 경우 사회적 부모가 없으며, 배아를 만들기 위해서 생식체를 제공한 정자, 난자 공여자만 있는 경우이다. 이 경우 출생한 아이의 모성 추정 및 법적 지위를 적절하게 설명해 줄 법률규정이 준비되어 있지 않다.[88)]

---

86) 2007. 1. 16. 연합뉴스.

87) 잠정적으로 가능하다는 의견도 있다. Lupton ML, Artificial wombs: medical miracle, legal mightmare, 16 Med Law 621, 1997.

88) Vera Terry/Cedric D. Shorey, "Artificial Reproductive Technologies in Australia-Legisla-

V. 결 론

증가하는 불임을 극복하기 위한 치료법의 개발은 지난 세기 동안에 다양하게 개발되어 종래 선천적인 이유에 의해서나 후천적인 이유에 의해서 임신이 불가능하였던 불임 부부들이 아이를 가질 수 있게 되었다. 보조생식술의 여러 시술방법이 많은 불임부부들에게 희망을 안겨 주고 있지만, 한편으로 사회적, 법률적, 윤리적 측면에서 심각한 논란과 문제점을 불러일으키고 있는 것도 사실이다. 이에 따라 일부 국가에서는 체외수정과 관련된 법규가 제정되어 체외수정의 허용여부, 시술요건, 시술관련자의 책임, 의무규정 등을 마련하고 있다. 우리나라의 경우 인공수정이나 체외수정과 관련된 입법이 없으며, 최근 난자공여와 관련된 일련의 사건을 접하면서 입법의 필요성을 논의하고 있는 중이다. 2005년 1월 1일부터 시행된 생명윤리및안전에관한법률에서는 배아의 생성과 보관, 폐기 등에 관한 규정을 두고 있을 뿐이다. 최근 생식세포의이용및관리에관한법률을 제정하고자 입법안을 마련하고 있다.

현재 체외수정은 그 기본 정신과 목적에 의거하여 허용적인 의료행위로 평가되며, 대부분의 국가는 불임 치료로서 이를 적용하는 것에 긍정적인 태도를 가지고 있다. 그리고 대부분 체외수정이 불임 치료 목적을 위한 수단으로 채택되고 남용 내지 오용의 위험성을 예방하기 위해서 전면적 허용의 입장보다는 제한적 내지 조건적 허용의 형태로 입법이 이루어져 있다.

체외수정에 관한 법제화가 논의될 때 고려하여할 사항은 다음과 같다.

첫째, 체외수정의 안전성에 관한 의문이 제기되었지만, 실제 다태아의 출산의 우려와 저체중아의 출산의 높은 발생비율과 관련된 위험이 존재하는 것 이외에는 체외수정에 의한 선천적 장애아 비율이 자연적으로 임신한 경우보다 더 높은 것은 아니다. 복수배아의 착상 및 다태아 임신을 조장하는 시술과 관련해서 야기되는 미숙아 출산의 위험이 항상 내재되어 있다. 이에 대해 모성 및 주산기 이환율이 증가되는 다태임신의 출산율이 여전히 높기 때문에, 이를 개선하는 방법으로 이식되는 배아의 수를 일정한 수(예를 들어 3~5개) 이하로 감소시키는 방안이 필요하다고 본다.

---

tion for the New Millennium?" 19 Medicine and Law 209, 2000, p. 230.

둘째, 체외수정이 통상적인 의료행위와는 다른 특수성과 안전성을 요하는 의료행위이므로 일정한 자격과 기술을 취득한 의사가 일정한 시설을 갖춘 의료기관에서 이를 시술할 필요가 있다. 정자, 난자, 배아의 냉동보관이나 이식·착상의 과정에서 배아에게 손상을 가할 우려가 있다는 점에서 충분한 인력요건과 시설요건을 구비한 의료기관에 한해서 시술하도록 해야 한다. 배아생성기관에는 치료를 원하는 환자나 공여를 고려하고 있는 사람들이 편안하게 프라이버시를 지킬 수 있도록 장소제공이 필요하다. 특히 배아의 저장이나 사용을 원하거나, 공여하고자 하는 사람들은 반드시 적절한 상담을 받도록 해야 하며, 상담하고 의논할 수 있는 안락하고 독립된 장소로서 상담실의 설치가 보다 보완되었으면 한다. 체외수정을 원하는 여성이나 그 배우자, 그리고 공여자는 심리적 상태를 포함한 의학적 상담을 받을 필요가 있다고 생각한다. 이것은 감염이나 유전적 질병의 위험을 사전에 점검할 수 있으며, 또한 부부가 진정으로 아이를 원하는지 여부를 판단할 수 있기 위해서이다.

셋째, 체외수정의 과정이 생물학적으로 똑같은 아이를 얻고자 하는 불임부부를 도와주는 기술로서 이용되는 한도 내에서는 소비자의 이익이 보호되어야 할 필요가 있다. 정부는 체외수정 의료기관을 모니터할 수 있는 방안을 모색해야 하며, 적어도 소비자의 권리보장이라는 측면에서 성공률의 적정한 보고서가 소비자들에게 공개되어야 한다.

넷째, 배아도 장기와 같이 시장거래에 의한 양도를 금지하는 등의 제한이 내재되어 있어 전적으로 완전한 소유권을 인정하지 못한다. 체외수정에 필요한 정자와 난자를 매매하는 것은 허용되지 않으며, 의사는 그러한 매매행위에 관여하는 것을 금지하여야 한다. 냉동 배아를 계속 보관했다가 결국 인간으로 태어나게 해야 될 것인가 아니면 그들을 정해진 기간이 지나면 자동으로 폐기해야 할 것인지 여부를 판단해야 한다. 배아의 처리에 관한 문제는 배아를 만드는 과정에서 당사자의 동의를 구하는 과정에 처리, 보관에 관한 부분을 포함하여 동의를 받는 형태로 해결될 수 있으며, 동의서식의 내용에 장래에 일어날 수 있는 예측 가능한 상황에 대한 부분도 미리 동의를 받아서 해결할 필요가 있다.

다섯째, 정자나 난자를 공여하는 경우도 익명성을 기본으로 기증을 하게 되지만, 익명성을 지킴으로써 제 3 자의 정자나 난자에 의한 인공수정을 통해 출생한 자로부터 자기의 혈통을 알 수 있는 기회를 박탈하게 되고, 이것은 자신의 인격을 자유로이 발현할 수 있는 기회를 출생한 아이로부터 박탈하는 결과를 가져올 수 있다. 체외수정의 절차, 신원, 부모, 공여자, 수정의 과정에서 생식체의 수령인, 배아정보, 시도된 수정의 최종 결과, 체외수정 임신에 의해 수행된 착상의 최종 장소 등과 관련된 기록을 출생한 아이가 성년이 될 때까지 장기간 보관할 필요가 있다.

한편 수정란을 분할시켜 유전적으로 동일한 아이를 대량으로 생산해 낸다는 것이 어렵지 않다는 점에서 수정란분할 복제방식의 허용여부에 대해서 점검이 필요하다. 적극적 우생학의 형태로 신체나 지능이 뛰어난 사람의 난자 또는 정자를 또는 특정의 유전인자를 가지고 있는 배아를 요구할 수 있다. 이러한 조건을 갖춘 정자와 난자를 구하기 위해 많은 돈을 지불하기도 또는 시험관에서 유전자를 조작하거나, 선택적 낙태도 행할 수 있기 때문에 이에 대한 적절한 규제가 필요하다. 최근의 입법경향은 시험관에서 14일 동안 배양되는 배아에 대한 규정만 있을 뿐이며, 낙태에 관한 규정 이외에 자궁으로부터 배아를 이동하는 행위에 대해서는 어떠한 입법도 마련되어 있지 않다. 실현가능성이 희박하기는 하지만, 인공자궁과 관련된 예상되는 사례들에 대한 검토도 필요할 것이다.

제13장

임상시험과 법

김 현 철*

Ⅰ. 임상시험의 의의

1. 임상시험의 개념

임상시험(Clinical Trial)이란 임상시험에 사용되는 의약품의 안전성과 유효성을 증명할 목적으로, 해당 약물의 약동·약력·약리·임상적 효과를 확인하고 이상반응을 조사하기 위하여 사람을 대상으로 실시하는 시험 또는 연구를 말한다.[1)] 임상시험은 직접 사람을 직접 대상으로 한다는 점에서 사람에게 직접 적용하기 전에 동물을 대상으로 실험을 해보는 전임상시험(Pre-clinical Trial)과 구별된다.

2. 임상시험 규제의 정당성

이처럼 임상시험은 사람을 대상으로 아직 그 유효성과 안전성이 입증되지 않은 신약을 시험해 보는 것이기 때문에, 임상시험 연구의 대상이 되는 사람, 즉 인간피험자(Human Subject)는 예상하지 못할 위험에 항상 노출되어 있는 것이다.

뿐만 아니라 인간피험자는 그 자체 목적이 되는 것이 아니라 장래 개발될 신약을 사용할 미래의 환자를 위한 수단이 되는 것이다. 칸트는 인간은 그 자

* 이화여자대학교 법과대학 교수.
1) 의약품임상시험관리기준 제2조 제1호의 임상시험에 대한 정의.

체 목적이 되어야 한다고 선언하였으며 그렇기 때문에 존엄하다고 하였는데, 이런 입장에 따르면 임상시험은 근본적으로 인간피험자를 수단으로 삼는다는 점에서 인간의 존엄에 반할 수 있다. 다만 보다 많은 미래의 환자를 치료할 수 있는 신약을 개발하기 위해서는 임상시험을 어쩔 수 없이 거쳐야 하기 때문에 그 한도에서 정당화될 수 있는 것이다.

이런 이유에서 임상시험은 국제적으로 정해진 엄격한 임상시험의 지침에 따라 수행되어야 한다. 임상시험 과정 중에서 인간피험자의 인권이 침해되거나, 안전이나 복지가 위협받거나 착취되지 않도록 연구자와 연구기관, 윤리위원회, 정부 관계 기관 등의 공동으로 노력하여야 한다. 특히 인간피험자에게 이득이 없는 비치료적 임상시험의 경우나 스스로 연구 참여에 동의할 수 없는 취약한 피험자의 경우에는 보다 엄격한 기준에 따라 연구가 수행되어야 할 것이다.

3. 임상시험 규제의 역사적 배경

(1) 세계대전과 뉘른베르크 강령

임상시험은 인간피험자를 대상으로 하는 연구이다. 이때 인간피험자는 자신에게 어떤 위험이 닥칠지 모르기 때문에, 어느 누구도 쉽게 인간을 대상으로 하는 연구에 참여하려고 하지 않을 것이다. 그래서 역사적으로 포로나 노예, 빈자 등 취약한 사람들을 강제로 인간피험자로 삼은 경우가 종종 발견된다. 특히 20세기에 벌어졌던 세계대전에서 나치수용소나 일본 관동군 731부대 등에서 행해졌던 잔인한 인체실험은 전인류에게 큰 충격을 주었다.

전쟁이 끝난 후 1947년 뉘른베르크에서 열린 전범재판에서 나치독일 정부의 지원 하에 유태인 및 다른 소수민족들을 대상으로 한 극악한 인체실험에 참여했던 과학자들이 전범으로 재판을 받게 되었다. 이때 기소되었던 상당수의 과학자들이 사형 등의 극형을 받게 되었다. 재판부는 판결문을 선고하면서 최종판결문의 일부로 10가지 조항의 '허용가능한 의학실험'에 대한 기준을 제시하였는데 이를 뉘른베르크 강령(Nuremberg Code)이라고 부른다.

뉘른베르크 강령은 제 1 조 첫머리에서 피험자의 자발적인 동의가 절대적으로 필수적임을 밝히고 있다. 동의가 자발적이기 위해서는 첫째, 피험자가 동의할 수 있는 법적인 행위능력을 가지고 있어야 하고 둘째, 스스로 자유롭게 선택할 수 있는 환경이 조성되어야 하며 셋째, 연구에 관하여 충분한 설명을 들어야 한다.[2] 그리고 피험자는 언제든지 실험을 하지 않을 자유를 가진다.[3]

(2) 헬싱키 선언

뉘른베르크 강령이 법관에 의해 제시된 규준인 반면에, 헬싱키 선언은 의사들에 의해 선언된 인간대상 연구가이드라인이라는 점에서 특징 있다. 1953년 세계의사회(World Medical Association)는 인간 대상 실험의 문제를 전문적으로 다루기 시작했다. 이는 의사들을 위한 전문적인 지침을 만들 필요가 있다는 점이 고려되었기 때문이다. 또한 뉘른베르크 강령이 가지는 한계와 문제점에 대한 검토도 이루어졌으며, 새롭게 추가되어야 할 원칙들도 논의하여, 그 결과 1954년 세계의사회 회의에서는 '인간 대상 실험에 관한 결의: 연구와 실험 종사자를 위한 원칙'(제네바 선언)이 채택되었다.

1964년에 헬싱키에서 열린 세계의사회 제18차 총회에서 제네바 선언을 확대하여 이른바 헬싱키 선언을 채택하였다. 헬싱키 선언은 그 이후 임상시험 등 인간을 대상으로 하는 연구에서 지켜야 하는 기본적인 원리가 되었고, 각 나라와 연구 기관에서 연구윤리 및 심의 지침을 만드는 주요 원칙 및 가이드라인으로 수용되고 있다. 헬싱키 선언은 뉘른베르크 강령에서 선언한 인간피험자의 자발적 동의 이외에 연구계획에 대한 윤리위원회의 심사가 필요함을 추가하였다. 이는 이후 임상시험심사위원회 체제의 시작이 되었다.

(3) 탈리도마이드 사건과 터스키기 매독사건

임상시험의 계획서를 심사하고 시험과정을 감독하는 임상시험심사위원회

---

2) 뉘른베르크 강령 제 1 조는 다음과 같다. "인간피험자의 자발적 동의는 절대적으로 필수적이다. 이것은 피험자가 동의를 할 수 있는 법적 행위능력이 있어야 한다는 의미이며, 어떠한 폭력, 사기, 속임, 협박, 술책의 요소가 개입되지 않고, 배후의 압박이나 강제가 존재하지 않는 가운데 스스로 자유롭게 선택할 수 있는 권한이 주어진 상태이어야 하며, 이해와 분명한 지식에 근거한 결정을 할 수 있도록 충분한 지식과 주관적 요소들에 대한 설명을 제공하여야 한다는 의미이다. 이를 충족시키기 위해서는 피험자가 내린 긍정적인 결정을 받아들이기 전, 그에게 실험의 성격, 기간, 목적, 실험 방법 및 수단, 예상되는 불편 및 위험, 실험에 참가함으로써 올 수 있는 건강 혹은 개인에게 올 영향에 대하여 알려야 한다. 동의가 제대로 되었는지를 보증하기 위한 의무와 책임은 실험을 시작하고 지도하며 참여하는 개별연구자에게 있다. 이것은 타인에게 법적인 책임을 지지 않고서는 위임할 수 없는 개인적 의무이자 책임이다."

3) 뉘른베르크 강령 제 9 조.

(IRB) 체제는 임상시험에 대한 규제의 중요한 부분이 되었는데 특히 미국에서 발달하였다. 미국에서 임상시험에 대한 규제의 필요성이 제기된 것은 이른바 탈리도마이드 사건이 계기가 되었다. 탈리도마이드는 1950년대 후반 독일에서 개발된 임산부의 입덧 예방을 위한 의약품이었다. 이 약품은 세계 40여 개국에서 판매되었으나, 미국에서는 동물실험이 미비되었다는 이유로 FDA가 판매허가를 내 주지 않았다. 그 이후 탈리도마이드가 손발이 짧은 기형아 출산을 야기한다는 것이 밝혀졌다. 이를 계기로 미국 내에서 신약을 판매하기 위해 충분한 전임상 및 임상시험을 거쳐야 한다는 공감대가 형성되었다.

그러던 중 1972년 1930년대부터 가난한 흑인들에게 제대로 사정을 알려주지 않고 치료도 해 주지 않은 채 매독에 관한 연구를 수행하던 터스키기 연구가 밝혀져서 미국 내에 큰 충격을 주었다. 이를 계기로 1974년 미국에서 국가연구법(National Research Act)이 제정되었고, '생명의학 및 행동연구 관련 인간보호를 위한 국가위원회'가 설립되어 인간피험자를 대상으로 하는 연구에 적용될 윤리적 규준을 연구하기 시작하였다. 그 연구의 결과로 1979년 벨몬트 보고서(Belmont Report)가 간행되었고, 1981년에서 인간피험자 보호를 위한 일반규정인 45CFR46(이른바 Common Rule)이 연방규정으로 제정되어 미국의 인간피험자 보호체계가 자리잡게 되었다.

(4) 임상시험에 대한 국제적 규제

헬싱키 선언이 전세계 의사 및 생명과학자들에게 적용되는 보편규범이 되고, 미국 등에서 임상시험 등 인간피험자를 대상으로 하는 연구를 심사, 감독하는 윤리위원회 제도가 정착하게 되면서 이를 국제적인 규범으로 정립하려는 움직임이 일어났다. 1970년대 후반부터 세계보건기구(WHO) 국제의학기구협회(CIOMS)가 국제적인 의학연구를 위한 가이드라인을 제안하였고, 1990년대에는 미국, 유럽연합, 일본 정부 및 기업의 대표가 참여한 회의(ICH)에서 국제표준 임상시험지침(이른바 ICH-GCP)이 제정되었다.

임상시험지침(Good Clinical Practice, GCP)이란 인간피험자를 포함하는 연구의 계획, 실행, 기록, 보고 등을 위해 국제적으로 인정되어 통용되는 윤리적, 과학적 기준을 말한다. 이는 헬싱키 선언의 원칙에 기원을 두고 있으며, 피험자의 권리, 안전 및 복리를 보호하고 연구결과인 임상시험데이터의 신뢰성을 확보, 보증하는 데 그 목적과 의미가 있다고 할 수 있다. 특히 ICH-GCP는 이후 임상시험심사위원회 규정 등 세계 각국의 임상시험 규제의 기본적인 모델을 제시하였다. 그 후 미국, 유럽, 일본 등의 제약회사들은 임상시험자들에게 이 지침서를 준수하여 줄 것을 요청하여 국제적으로 널리 통용되며 각국의 입법에도 큰 영향을 미치게 되었다.

(5) 한국의 임상시험 규제제도의 도입

한국에서 임상시험에 대한 규제제도를 검토하기 시작한 것은 1980년대 초부터였다. 의약품임상시험 관리기준제도의 검토 및 시안작성의 추진은 1983년부터 시작되었고, 그 결과 1987년 12월 의약품임상시험관리기준이 제정·공포되었다. 1992년 6월에는 약사법 시행규칙을 개정하여 임상시험용 의약품 허가근거를 마련하였고 임상시험의 실시원칙을 제시하였다. 1994년 7월에도 약사법 시행규칙을 개정하여 임상시험계획서 승인절차 등을 명시하였다. 1994년 8월에는 의약품임상시험관리기준을 마련하여 임상시험의뢰자, 임상시험 실시기관, 임상시험책임자 등이 준수해야 할 사항을 규정하였다. 이에 따라 식품의약품안전청 고시로 임상시험과 관련된 기준들을 정립하고 있다. 그 중 중요한 것으로는 의약품임상시험관리기준, 의약품임상시험계획승인지침, 의약품임상시험실시기관지정에관한규정, 유전자치료제허가및임상시험관리지침 등이 있다. 임상시험에 대한 관리 및 규제의 법률적 근거는 2001년 8월 14일 약사법 제26조의4가 신설되면서 뒤늦게 마련되게 되었다.

Ⅱ. 한국의 임상시험 관리에 관한 법과 체계

1. 임상시험에 관한 법적 근거

(1) 약 사 법

임상시험은 의약품 개발 및 허가에 관한 일련의 절차 중의 하나이다. 즉 임상시험의 궁극적 목적은 새로운 의약품을 개발하고 이를 시판할 수 있도록 국가의 허가를 받기 위한 것이다. 그래서 임상시험에 관한 법적 근거는 약사법에 명시되어 있다.

약사법 제26조의4는 제1항에서 '의약품등으로 임상시험을 하고자 하는 자는 임상시험계획서를 작성하여 식품의약품안전청장의 승인을 얻어야 한다. 임상시험계획서를 변경하고자 하는 때에도 또한 같다'고 규정하고 있다.

또 제2항, 4항, 5항에서는 임상시험을 하고자 하는 자의 의무사항을 규정하고 있다. 임상시험을 하고자 하는 자는 제2항에 따라 불가피한 경우가 아니면 수용자를 피험자로 해서는 아니 된다고 규정하고 있으며, 제4항에 따라 피험자에게 임상시험의 내용 및 임상시험 중 피험자에게 발생할 수 있는 건강상의 피해에 대한 보상내용과 절차 등을 피험자에게 설명하고 피험자의 동의를 받아야 한다. 그리고 제5항에 따라 보건복지부령이 정하는 적합한 제조시설에서 제조 또는 제조되어 수입된 의약품등을 사용하여야 한다.

식품의약품안전청장은 제3항에 따라 임상시험이 공익상 또는 보건위생상 위해가 발생하거나 발생할 우려가 있다고 인정되는 경우 임상시험을 제한할 수 있다. 또 제5항에 따라 승인 또는 변경승인 받은 임상시험이 승인 또는 변경승인 받은 사항에 위반되거나 중대한 안전성·윤리성 문제가 제기되는 경우에는 임상시험용의약품 등의 사용금지 및 회수·폐기 등 필요한 조치를 명할 수 있다.

(2) 약사법 시행규칙

약사법 제26조의4 제7항에서는 임상시험계획에 포함될 사항·피험자의 동의내용과 시기 및 방법·임상시험실시기준 등에 관하여 필요한 사항은 보건복지부령으로 정한다고 규정하고 있다. 이에 따라 보건복지부령인 약사법시행규칙 제28조, 제29조, 제29조의2에 임상시험에 대한 규정을 두고 있다.

제28조는 임상시험계획의 승인이나 변경승인을 위해 제출할 서류의 종류와 임상시험계획서에 포함될 내용 등을 규정하고 있다. 제29조는 임상시험의 실시기준에 대하여 규정하고 있다. 제29조의2는 피험자가 예상하지 못한 중대한 질병 또는 손상에 노출될 것이 우려되는 경우나, 임상시험용 의약품등을 임상시험목적 외의 상업적인 목적으로 분배하는 경우, 임상시험자자료집의 내용을 허위로 작성·제공한 경우 그리고 임상시험용 의약품등이 효과가 없다고 판명된 경우에는 식품의약품안전청장은 임상시험용 의약품등의 사용금지, 회수·

폐기 등 필요한 조치를 할 수 있도록 하고 있다.

약사법시행규칙 제29조에서 정하고 있는 임상시험의 실시기준은 다음과 같다.

1. 임상시험은 식품의약품안전청장이 승인 또는 변경승인한 임상시험(변경)계획서에 의하여 안전하고 과학적인 방법으로 실시할 것
2. 식품의약품안전청장이 지정하는 임상시험실시기관에서 실시할 것
3. 임상시험의 책임자는 전문지식과 윤리적 소양을 갖추고 해당 의약품등의 임상시험을 실시하기에 충분한 경험이 있는 자중에서 선정할 것
4. 임상시험의 내용 및 임상시험 중 임상시험피험자에게 발생할 수 있는 건강상의 피해에 대한 보상내용과 절차 등을 피험자에게 설명하고 식품의약품안전청장이 고시한 바에 따라 동의서를 받을 것. 다만, 피험자의 이해능력·의사표현능력의 결여 등의 사유로 동의를 받을 수 없는 경우에는 친권자 또는 후견인 등의 동의를 받아야 한다.
5. 임상시험피험자의 안전대책을 강구할 것
6. 임상시험용 의약품등은 임상시험 외의 목적에 사용하지 아니할 것. 다만, 말기암 및 후천성면역결핍증 등 생명을 위협하는 중대한 질환을 가진 환자에게 사용하기 위하여 식품의약품안전청장이 별도로 정하는 경우에는 그러하지 아니하다.
7. 임상시험은 임상시험계획의 승인을 얻은 날부터 2년 이내에 개시할 것
8. 임상시험 전에 식품의약품안전청장이 정한 바에 따라 임상시험자자료집을 임상시험자에게 제공할 것
9. 안전성·유효성과 관련된 새로운 자료 또는 정보사항 등을 입수한 경우에는 지체없이 이를 임상시험자에게 알릴 것
10. 임상시험용 의약품은 별표 4의약품제조및품질관리기준 및 별표 4의 4 생물학적제제 제조및품질관리기준에 적합하게 제조된 것을 사용할 것
11. 매년 임상시험실시상황에 대하여 별지 제18호의3서식에 의한 보고서(전자문서로 된 보고서를 포함한다)를 작성하여 다음해 2월말까지 식품의약품안전청장에게 제출할 것
12. 임상시험을 종료한 때에는 20일 이내에 별지 제18호의 4 서식에 의한 보고서(전자문서로 된 보고서를 포함한다)를 작성하여 식품의약품안전청장에게 제출할 것
13. 임상시험계획서, 임상시험용 의약품등의 제조 및 관리에 관한 기록 등 임상시험실시와 관련된 각종자료를 임상시험의 완료일부터 10년간 보존할 것

14. 그 밖에 식품의약품안전청장이 임상시험의 적정한 실시를 위하여 정하는 사항을 준수할 것

(3) 의약품 임상시험관리기준

약사법시행규칙 제29조 제2항에 근거하여 식품의약품안전청 고시로 의약품 임상시험관리기준이 제정되어 있다. 이 의약품 임상시험관리기준에 따라 임상시험에 대한 관리가 이루어지고 있어, 실무에서는 이 기준이 가장 중요하게 취급되고 있다. 200년 1월 4일 식품의약품안정청고시 제1999-67호로 전면 개정되었고, 최근 2007년 1월 19일 식품의약청고시 제2007-4호로 다시 개정되었다.

기준 제1조의 목적에서 '이 기준은 약사법 제26조의4 제7항 및 같은법 시행규칙(이하 "규칙"이라 한다) 제28조 및 제29조, 마약류관리에관한법률 제57조의 규정에 의하여 임상시험을 실시하고자 할 때, 임상시험의 계획·시행·실시·모니터링·점검·자료의 기록 및 분석·임상시험결과보고서 작성 등에 관한 기준을 정함으로써, 정확하고 신뢰성 있는 자료와 결과를 얻고 피험자의 권익보호 및 비밀보장이 적정하게 이루어질 수 있게 함을 목적으로 한다'고 규정하고 있다.

기준 제3조에서는 임상시험실시의 기본원칙을 나열하고 있는데 그 내용은 다음과 같다.

1. 임상시험은 헬싱키 선언에 근거한 윤리규정, 임상시험관리기준 및 관련규정에 따라 수행되어야 한다.
2. 임상시험으로부터 예측되는 위험과 불편 사항에 대한 충분한 고려를 통해 피험자 개인과 사회가 얻을 수 있는 이익이 그 위험성을 상회 또는 정당화할 수 있다고 판단되는 경우에 한하여 임상시험을 실시하여야 한다.
3. 피험자의 권리·안전·복지는 우선 검토의 대상으로 과학과 사회의 이익보다 중요하다.
4. 해당 임상시험에 사용되는 의약품에 대한 임상 및 비임상 관련 정보는 실시하고자 하는 임상시험에 적합한 것이어야 한다.
5. 임상시험은 과학적으로 타당하여야 하며, 임상시험계획서는 명확하고 상세히 기술되어야 한다.
6. 임상시험은 식품의약품안전청장이 승인한 임상시험계획서에 따라 실시하여야

한다.

7. 피험자에게 제공되는 의학적 처치나 결정은 의사 등의 책임하에 이루어져야 한다.
8. 임상시험 수행에 참여하는 모든 사람들은 각자의 업무 수행을 위한 적절한 교육·훈련을 받고, 경험을 갖고 있어야 한다.
9. 임상시험 참여 전에 모든 피험자로부터 자발적인 임상시험 참가 동의를 받아야 한다.
10. 모든 임상시험 관련 정보는 정확한 보고, 해석, 확인이 가능하도록 기록·처리·보존되어야 한다.
11. 피험자의 신원에 관한 모든 기록은 비밀보장이 되도록 관련규정에 따라 취급하여야 한다.
12. 임상시험에 사용되는 의약품은 의약품제조및품질관리기준(GMP)에 따라 관리되어야 하며, 식품의약품안전청장이 승인한 임상시험계획서에 따라 사용되어야 한다.
13. 임상시험은 신뢰성을 보증할 수 있는 체계하에서 실시되어야 한다.

(4) 기타 임상시험과 관련된 식품의약품안전청 고시

의약품 임상시험관리기준 이외 임상시험과 관련된 식품의약품안전청 고시로는 의약품임상시험계획승인지침, 의약품임상시험실시기관지정에관한규정, 유전자치료제허가및임상시험관리지침 등이 있다.

의약품임상시험계획승인지침은 2002년 12월 3일 고시 제2002-66호로 제정되었고 2004년 7월 19일 고시 제2004-51호로 개정되었다. 이 지침은 의약품의 임상시험계획승인에 필요한 자료의 작성요령, 범위, 요건, 면제범위, 승인절차 및 기준 등에 관한 세부사항을 정함으로써 의약품의 임상시험계획승인업무에 적정을 기함을 목적으로 한다.

의약품임상시험실시기관지정에관한규정은 1998년 4월 16일 고시 제1998-13호로 제정되었고, 이후 몇 차례의 개정을 거친 후 2004년 고시 제2004-71호로 개정되었다. 이 규정은 의약품임상시험실시기관의 대상의약품별 및 임상시험단계별 지정과 실시기관 지정신청 등에 관한 사항을 정함을 목적으로 한다.

유전자체료제허가및임상시험관리지침은 유전자치료제에 특화된 허가 및 임상시험관리지침으로서 2000년 고시 제2000-61호로 제정되었다.

그리고 의약품이 아닌 의료기기에 대한 임상시험도 의료기기법에 근거를 두고 식품의약품안전청 고시로 규율하고 있는데, 의료기기임상시험실시기준(고시 제2005-39호), 의료기각임상시험계획승인지침(고시 제2005-38호), 의료기기임상시험실시기관지정에관한 규정(고시 제2006-60호) 등이 이에 해당한다. 비임상시험에 대해서는 2000년 제정되고 2005년 고시 제2005-79호로 개정된 비임상시험관리기준 등이 있다.

Ⅲ. 의약품 개발 및 허가와 임상시험

1. 의약품 개발과정

임상시험은 의약품 개발과정에서 그 의약품의 효능과 안전성을 확보하기 위해 시행되는 시험이다. 따라서 임상시험에 대한 이해는 의약품 개발 및 허가의 전과정에 대한 이해를 필요로 한다. 의약품이 개발단계를 거쳐 시판허가를 얻기까지의 과정은 다음과 같다.[4)]

- 전임상시험: 대상 물질의 표적 질병에의 생물학적 활성과 안전성을 평가하기 위한 실험실 시험 또는 동물시험으로서 임상시험 진입 전에 수행된다.
- 임상시험승인신청(IND: Investigational New Drug application): 전임상시험 완료 후 인체를 대상으로 처음 실시하는 임상시험으로 임상시험계획에 대해 식품의약품안전청의 사전승인을 받아야 한다.
- 제1상 임상시험: 통상적으로 소수의 건강한 지원자를 대상으로 실시하며 약물의 인체투여 가능 최대용량 및 약물의 인체에 대한 안전성을 평가하게 된다. 아울러 이를 통해 해당 약물의 효능에 대한 자료를 얻게 된다.
- 제2상 임상시험: 적절한 숫자의 환자를 대상으로 해당 약물의 유효성과 안전성을 확인하며 최적의 투여용량 및 용법을 결정하게 된다.
- 제3상 임상시험: 다수의 환자를 대상으로 장기간 투여하면서 약물의 안전성 및 유효성에 대한 정확한 평가를 내리게 된다.
- 시판허가신청(Marketing Application): 모든 임상시험 종료 후 신의약품에 대한 시판허가를 식품의약품안전청에 신청하는 의약품개발 최종단계이다. 식품의약품

4) KFDA 바이오 핸드북, 식품의약품안정청, 5면.

안전청은 제출된 모든 자료를 종합적으로 정밀검토 후 신의약품의 시판여부를 결정하게 된다.

2. 임상시험 수행과정

(1) 임상시험의 과정

임상시험 수행과정은 임상시험 계획, 연구자 선정, 사전상담(Pre-IND),[5] 계획서 구상, 계획서/증례기록서 개발, 연구개시 방문, 모니터일/점검, 연구약 공급 준비, 식품의약품안전청/임상시험심사위원회 계획승인, 연구종료 방문, 증례기록서 수집, 자료입력, 보고서 작성, 계획수행 종료, 실태조사 등의 긴 과정으로 이루어지게 된다. 그 중 임상시험은 위에서 언급한 것처럼 제 1 상, 제 2 상, 제 3 상으로 나누어지며 경우에 따라서는 제 4 상을 하기도 한다.[6]

제 1 상 임상시험단계에서는 임상시험용 의약품을 최초로 사람에게 투여하게 된다. 이런 임상약리시험이 전형적인 제 1 상 임상시험으로 간주되지만, 다른 개발 단계에서도 추가적인 정보를 얻기 위해 임상약리시험이 실시될 수 있다. 이 단계에서의 임상시험은 일반적으로 치료를 목적으로 하지 않으며, 건강한 지원자에게 실시된다. 그러나 심각한 잠재적 독성을 갖고 있는 약물의 경우, 예를 들면, 항암제등 세포독성약물은 일반적으로 환자를 대상으로 임상시험을 하게 된다. 이 단계의 임상시험은 단일군, 공개임상시험으로 실시된다.

제 2 상 임상시험 단계에서는 환자군에서 치료직 유효성을 탐색하여 가능한 용량과 투여기간 설정 등 다양한 정보수집을 목적으로 하는 임상시험 즉 치료적 탐색 임상시험이 행해진다. 최초의 치료적 탐색 임상시험은 다양한 연구설계를 이용할 수 있는데 다른 약물 대조군 또는 위약 대조군을 통한 비교임상시험 등이 여기에 포함될 수 있다. 그 이후의 임상시험들은 일반적으로 특정 치료 적응증에 대한 의약품의 안전성 · 유효성을 평가하기 위해 무작위 배정, 비교 임상시험을 수행한다. 제 2 상 임상시험은 비교적 철저한 선정기준에 의해 모집된 환자군이므로 대상군에 있어 상대적으로 동질성이 있으며 환자군에 대한 철저한 모니터링을 수행해야 한다. 이 단계의 주된 목적은 제 3 상 임상시험

5) 사전상담제도는 임상시험착수 전에 개발 중인 시험약의 전반적인 임상계획 등을 식품의약품안전청과 협의하는 제도로서 의약품임상시험계획승인지침 제14조에 그 근거를 두고 있다.

6) 임상시험의 전반적인 고려사항, 식품의약품안전청, 2004, 5-7면.

에서 의약품의 용량 및 용법을 결정하는 것이다.

제 3 상 임상시험 단계에서는 의약품의 안전성과 유효성을 확증하기 위한 것이 주목적이 되며, 치료적 확증 임상시험이라고 지칭하기도 한다. 제 2 상 임상시험을 통하여 얻어진 약물 안전성·유효성에 대한 예비정보를 확증하기 위해 3상 임상이 설계된다. 장기간 투여하고자 하는 의약품의 경우, 장기 임상시험이 제 2 상 단계에서 시작될 수도 있으나, 대개는 제 3 상 단계에서 실시된다. 제 3 상 임상시험 단계에서는 용량-반응 관계를 추가적으로 평가하거나 더 넓은 대상군, 중증의 질환에 사용할 수 있는지의 여부, 또는 다른 의약품과의 병용 가능성 여부에 대한 추가적인 연구를 실시할 수 있다.

제 4 상 임상시험도 있는데, 이는 의약품으로서 품목허가가 난 이후에 시작하는 것이다. 제 4 상 단계에서 수행되는 임상시험은 품목허가사항변경을 위한 연구는 아니나, 사용경험을 통한 약물 최적용량 등의 과학적 입증을 위해서 중요하며 객관성을 제시할 수 있어야 한다. 일반적으로 실시되는 임상시험은 부가적인 약물간 상호작용, 용량-반응 또는 이상반응 추적관찰을 위한 임상시험, 허가사항 범위 이내의 적응증에서 의약품 사용을 뒷받침하기 위해 설계된 연구들(예, 이환율/사망률 연구, 역학 연구 등)이 있다.

(2) 임상시험시 고려할 원칙

임상시험 수행과정에서 반드시 고려해야 하는 일반적 원칙으로는 다음의 2가지를 둘 수 있다.[7)]

첫째, 임상시험 피험자의 보호

임상시험에 참여하는 피험자의 보호와 관련된 내용은 "임상시험관리기준"에 제시되어 있으며 사람에서 사용되는 모든 문서에서 연구에 적용되어야 한다. 임상시험을 수행하기 전에는 비임상 연구 또는 이전에 수행된 임상시험자료를 통해 사람에서의 임상시험이 안전성 측면에서 수행가능한지를 확인해야 한다. 의약품을 개발하는 동안 얻어진 전임상 독성, 약리자료 및 임상자료는 전문가에 의해 검토 되고 평가되어야 하며 그 결과에 따라 향후 수행될 연구의 방향을 결정해야 한다. 연구자와 의뢰자는 임상시험위원회와 함께 피험자의 보호에 대한 책임을 공유해야 한다.

7) 위의 책, 1면.

둘째, 임상설계와 분석에 대한 과학적 접근

임상시험은 원하는 목적을 달성하기 위해 임상시험관리기준 및 과학적 원칙에 따라 설계, 실시, 분석되어야 하며, 각각의 임상시험계획서 및 결과보고서에는 그 목적이 명확하게 기술되어야 한다. 순차적으로 실시된 임상시험의 경우 이전에 실시된 임상시험의 결과는 추후에 실시될 임상시험의 계획에 영향을 미치며, 새로이 얻어진 임상시험의 결과에 따라 의약품의 개발전략을 수정할 수도 있다. 임상시험의 종류는 아래와 같이 임상시험의 목적에 따라 분류할 수 있다.8)

임상시험의 종류	임상시험의 목적	예
임상 약리 시험	▪ 내약성 평가 ▪ 약동학과 약력학 정의/서술 ▪ 약물대사와 상호작용 조사 ▪ 치료효과 추정	▪ 용량-내약성 임상시험 ▪ 단독과 반복 투여에 따른 약동학/약력학 임상시험 ▪ 약물 상호작용 임상시험
치료적 탐색 임상시험	▪ 목표적응증에 대한 탐구 ▪ 후속시험을 위한 용량 추정 ▪ 치료확증 시험을 위한 시험설계, 평가항목, 평가방법에 대한 근거 제공	▪ 대리 약리학적 평가 또는 임상적 평가 방법을 사용하여 잘 정의된 소수의 환자에서의 비교적 단기간에 걸친 초기 임상시험 ▪ 용량-반응 탐색 임상시험
치료적 확증 임상시험	▪ 유효성 입증/확증 ▪ 안전성 자료 확립 ▪ 임상적용을 위한 이익과 위험의 상대 평가 근거 제공 ▪ 용량과 반응에 대한 관계 확립	▪ 유효성 확립을 위한 적절하고 잘 통제된 임상시험 ▪ 무작위 배정에 의한 용량-반응 임상시험 ▪ 안전성 임상시험 ▪ 이환율/사망률을 위한 임상시험 ▪ 비교적 간단한 대규모 임상시험 ▪ 대조군을 이용한 비교 임상시험
치료적 사용 임상시험	▪ 일반 또는 특정 대상군/환경에서 이익과 위험에 대한 이해 ▪ 하지 않은 이상반응 확인 ▪ 추천되는 용량을 확인	▪ 대조군을 이용한 유효성 임상시험 ▪ 이환율/사망률에 대한 임상시험 ▪ 부가적인 평가 항목에 대한 임상시험 ▪ 비교적 간단한 대규모 임상시험 ▪ 약물경제학적 측면의 임상시험

8) 위의 책, 2면.

Ⅳ. 임상시험심사위원회(Institutional Review Board, IRB)[9)]

1. 개 관

인체를 대상으로 하는 임상시험에서 반드시 지켜야 할 것은 피험자로부터 자발적 동의를 구하는 것과 임상시험심사위원회(IRB)의 윤리적인 감독을 받는 것이다. 임상시험심사위원회는 인간피험자가 참여하는 생의학 연구에 대해 미리 그 계획을 검토하고 연구를 승인하며 주기적으로 점검 또는 확인하기 위해 시험기관이 공식적으로 지정한 심사위원회를 말한다.

의약품임상시험관리기준 제2조 제2호에서는 임상시험심사위원회를 '계획서 또는 변경계획서, 피험자로부터 서면동의를 얻기 위해 사용하는 방법이나 제공되는 정보를 검토하고 지속적으로 이를 확인함으로써 임상시험에 참여하는 피험자의 권리·안전·복지를 보호하기 위해 시험기관 내에 독립적으로 설치한 상설위원회를 말한다'고 정의하고 있다.

2. 임상시험심사위원회(IRB)의 임무

임상시험심사위원회는 여러 임무를 지니게 되는데, 특히 피험자의 권리·안전·복지를 보호해야 하며, 취약한 환경에 있는 피험자가 임상시험에 참여하는 경우에는 그 이유의 타당성을 면밀히 검토하여야 한다.[10)]

(1) 임상시험에 대한 검토 및 심사

임상시험심사위원회는 시험책임자가 제출한 임상시험과 관련된 사항을 심사위원회 표준작업지침서에서 규정한 기간 내에 검토하고, 그 심사결과를 기록하여 문서화하여야 한다. 임상시험에 대한 심사결과는 승인 또는 시정승

9) 임상시험 관련자를 위한 기본교육 — 임상시험책임자, 임상시험담당자, 임상시험조정자, 임상시험관리약사, 임상시험심사위원회(IRB), 식품의약품안전청·국립독성연구원, 2006, 36면, 37- 47면; 임상시험 관련자를 위한 기본교육 — Clinical Research Association(CRA), 식품의약품안전청·국립독성연구원, 2006, 42-52면; 임상시험 관련자를 위한 기본교육 — 연구간호사(CRC), 식품의약품안전청·국립독성연구원, 2006, 36-37면.

10) 의약품임상시험관리기준 제7조 제1항.

인, 보완, 반려, 승인된 임상시험의 중지 또는 보류의 4가지 의견으로 나누어진다.[11]

임상시험에 대한 검토 및 심사는 임상시험계획에 대한 심사가 가장 중요하겠지만, 이외에도 심사위원회는 실시 중인 임상시험에 대해 적어도 1년에 1회 이상 지속적으로 검토를 수행하여야 한다. 이 경우 검토의 주기는 피험자에게 미칠 수 있는 위험의 정도에 따라 적절히 정할 수 있다.[12] 그리고 심사위원회는 일정한 경우에는 정규심사 외의 신속심사를 할 수 있다.[13]

임상시험에 대한 관리 및 심의 등을 위하여 임상시험심사위원회는 필요한 문서를 확보하고 있어야 하며,[14] 시험책임자의 최근 이력 및 기타 경력에 관한 문서로부터 시험책임자가 해당 임상시험을 수행하기에 적합한지 여부를 검토하여야 한다.[15]

(2) 피험자의 보호

임상시험심사위원회는 응급환자를 대상으로 실시하는 임상시험과 같이 피험자 또는 대리인의 사전 동의가 불가능하다고 계획서에 명시되어 있는 임상시험의 경우, 심사위원회는 제출된 계획서와 기타 관련 문서 등이 임상시험의 윤리적 측면을 충분히 고려하고 있는지 여부를 검토하여야 한다.[16]

그리고 피험자가 임상시험에 참여하는 대가로 금전적 보상을 받는 경우

---

11) 의약품임상시험관리기준 제7조 제3항.

12) 의약품임상시험관리기준 제7조 제5항.

13) 신속심사(Expedite Review)라 함은 임상시험의 실시와 관련하여 정해진 회의일정에도 불구하고 심사위원회가 신속하게 심사하는 것을 말한다.(의약품임상시험관리기준 제2조 제22호). 그리고 신속심사를 할 수 있는 경우는 다음과 같다. 즉, 1. 신속보고된 이상약물반응의 조치, 2. 임상시험 종료 보고에 대한 처리, 3. 식품의약품안전청장이 승인한 계획서(변경계획서 포함)의 시정 사항에 대한 처리, 4. 모니터요원의 변경·시험담당자의 변경·응급 연락 전화번호의 변경 등과 같은 행정 절차 관련 사항에 대한 변경, 유효성 및 안전성에 영향을 미치지 않는 검사의 추가 및 삭제 등과 같이 계획서의 사소한 변경 사항에 대한 처리, 5. 심사위원회의 심사 결과에 따라 보완되어 제출된 계획서의 심사, 6. 기타 임상시험의 실시와 관련하여 신속심사가 필요하다고 심사위원회의 표준작업지침서에서 정한 사항의 처리 등이다(의약품임상시험관리기준 제7조 제11항).

14) 의약품임상시험관리기준 제7조 제2항, 1. 임상시험(변경)계획서, 2. 피험자 서면동의서 서식, 3. 피험자에게 제공되는 서면정보(피험자설명서를 포함한다), 4. 임상시험자자료집, 5. 안전성정보, 6. 피험자에게 제공되는 보상에 대한 정보, 7. 시험책임자의 최근 이력 또는 기타 경력에 관한 문서, 8. 표준작업지침서 등 심사위원회의 임무 수행에 필요한 서류.

15) 의약품임상시험관리기준 제7조 제4항.

16) 의약품임상시험관리기준 제7조 제8항.

심사위원회는 그 보상액 및 보상 방법과 금전적 보상이 피험자의 임상시험 참여에 부당한 영향을 미치지 않는지 여부를 검토하여야 한다.[17] 그리고 심사위원회는 그 지급방법 · 금액 · 지급시기 등 금전적 보상에 관한 정보가 피험자설명서 또는 기타 피험자에게 제공되는 문서에 사전 명기되어 있는지 여부와 임상시험을 종료하지 못한 피험자에 대한 보상 방안이 제시되어 있는지 여부를 확인하여야 한다.

또 피험자의 권리 · 안전 · 복지를 보호하기 위하여 추가적인 정보가 필요하다고 판단한 경우 심사위원회는 피험자 또는 대리인에게 제공되는 동의를 위한 설명 내용 외의 정보를 제공하도록 의뢰자에게 요구할 수 있다.[18]

(3) 문서의 보존 및 제공

임상시험심사위원회는 의뢰자 또는 식품의약품안전청장으로부터 심사위원회 운영에 관한 표준작업지침서의 직접열람 요청이나 심사위원회 위원명단과 자격에 관한 문서의 제공요청이 있는 경우 이에 응하여야 한다.[19] 그리고 심사위원회의 위원명단, 심사기록 및 기타 관련 자료나 문서를 보존하여야 하며, 이들 문서가 사고 등에 의해 조기에 파손 또는 분실되지 않도록 하여야 한다. 다만, 시험책임자로부터 해당 임상시험의 완료나 조기종료를 보고 받은 경우 해당 자료나 문서를 보관책임자에게 인계하여야 한다.[20]

---

17) 의약품임상시험관리기준 제 7 조 제 9 항. 이 경우 금전적 보상은 피험자의 임상시험 참여 정도 및 기간에 따라 적절히 조정되어야 하며, 임상시험에 끝까지 참여할 것을 조건으로 피험자에 대한 보상이 이루어져서는 아니 된다.

18) 의약품임상시험관리기준 제 7 조 제 6 항.

19) 의약품임상시험관리기준 제 7 조 제12항.

20) 의약품임상시험관리기준 제 7 조 제13항. 이 경우 시험기관의 장은 품목허가일(허가조건이 있는 경우 허가조건 삭제일) 또는 해당 의약품의 개발이 중단되었으면 해당 중단일부터 5년간 보존하게 하여야 한다. 다만, 의뢰자가 5년 이상의 보존을 요청하고 시험기관의 장이 이에 합의한 경우 시험기관의 장은 그 보존기간을 연장하여야 하며, 더 이상 자료의 보존이 필요 없다고 의뢰자가 판단한 경우 의뢰자는 반드시 이 사실을 문서로 시험기관의 장에게 알려야 한다.

3. 임상시험심사위원회의 구성

(1) 임상시험심사위원회 위원

임상시험심사위원회는 임상시험의 윤리적 · 과학적 · 의학적 측면을 검토 · 평가할 수 있는 경험과 자격을 갖춘 5인 이상의 위원으로 구성하되, 의학 · 치의학 · 한의학 · 약학 또는 간호학을 전공하지 않은 자로서 변호사와 종교인과 같은 1인 이상과 해당 시험기관과 관련이 없는 자 1인 이상을 포함하여야 한다.[21] 임상시험기관장이 위원자격에 해당되는 자를 위원으로 위촉하며,[22] 위원들은 임상시험심사위원회에 의해 지정된 모든 회의에 참석할 의무를 가진다.

(2) 임상시험심사위원회 위원장

위원장은 임상시험심사위원회 위원 중에서 호선한다. 위원장은 임상시험심사위원회 운영 및 위원회의 사무를 총괄하며 임상시험심사위원회를 대표한다. 그리고 심사위원회는 위원의 명단과 이들의 자격을 기재한 문서를 비치 · 관리하여야 한다.[23]

(3) 전문간사와 행정직

위원장은 원활한 운영을 위해 위원 중에서 전문간사를 임명할 수 있으며, 행정직을 둘 수도 있다. 전문간사는 신속심의나 교육, 연구, 정보제공 등 위원장이 위임하는 임무를 수행하고, 행정직은 문서의 기록 및 보관, 배부 등 행정적인 업무를 지원하는 역할을 한다. 임상시험심사위원회는 전문 지식이 필요한 사항을 검토할 경우에는 원활한 심의를 위해 특정 분야의 전문가로부터 조언을 구할 수 있다.[24]

---

21) 의약품임상시험관리기준 제8조 제1항.
22) 의약품임상시험관리기준 제6조 제1항.
23) 의약품임상시험관리기준 제8조 제3항.
24) 의약품임상시험관리기준 제8조 제8항.

4. 임상시험심사위원회의 운영

(1) 문서화된 표준작업지침서의 작성 및 준수

임상시험심사위원회는 문서화된 표준작업지침서에 따라 모든 업무를 수행하여야 하며, 이 기준 및 관련규정을 준수하여야 한다.[25] 문서화된 표준작업지시서는 임상시험심사위원회가 공정하고 원활하며 투명하게 운영될 수 있도록 하기 위해 필요한 것이다. 표준작업지침서에 들어갈 내용은 다음과 같다.[26]

1. 심사위원회의 위원 명단과 자격이 포함된 심사위원회의 구성 및 권한
2. 회의 소집, 일정 및 진행 방법
3. 임상시험의 최초 및 지속적 검토의 수행 방법
4. 필요한 경우, 지속적 검토의 빈도 결정에 관한 사항
5. (의약품임상시험관리기준) 제7조 제11항의 규정에 의한 신속심사 및 현재 실시 중인 임상시험의 사소한 변경(Minor Change)의 승인에 관한 사항
6. 계획서 등의 승인이전에 피험자를 해당 임상시험에 참여시키지 않을 것을 명시하는 것
7. 피험자에게 발생한 즉각적 위험 요소의 제거가 필요한 경우 또는 모니터요원의 변경·시험담당자의 변경·응급 연락 전화번호의 변경 등과 같은 행정 절차 관련 사항에 대한 변경을 제외하고 변경계획서에 대한 승인이 내려지기 이전에 원 계획서와 다르게 임상시험을 실시하는 것을 금지한다는 것
8. 시험책임자가 심사위원회에 신속히 보고해야 하는 다음 각목의 1에 해당하는 사항에 대한 보고절차 및 조치방법
   가. 피험자에게 발생한 즉각적 위험 요소의 제거가 필요하여 원 계획서와 다르게 임상시험을 실시해야만 하는 사항
   나. 피험자에게 발생하는 위험 요소를 증가시키거나 임상시험의 실시에 중대한 영향을 미칠 수 있는 변경 사항
   다. 예상하지 못한 중대한 이상약물반응에 관한 사항
   라. 피험자의 안전성이나 임상시험의 실시에 부정적인 영향을 미칠 수 있는 새로운 정보에 관한 사항
9. 심사위원회가 시험책임자에게 문서로 신속히 알려야 하는 다음 각목의 1에 관

25) 의약품임상시험관리기준 제8조 제4항.

26) 의약품임상시험관리기준 제9조.

한 사항

가. 임상시험과 관련된 결정이나 의견, 근거 및 통보절차

나. 결정에 불복할 경우 이의신청을 하는 절차

10. 기타 심사위원회의 운영에 관한 사항

(2) 심의와 의결, 기록의 유지

임상시험심사위원회의 모든 결정은 표준작업지침서에 규정한 의결정족수를 충족하는 사전 고지된 회의에서 이루어져야 한다.[27] 임상시험에 대한 결정과정에 참여하거나 의견을 제시하는 것은 임상시험심사위원회 심의에 참여한 위원에 한한다.[28] 그리고 위원들 중 시험자 및 의뢰자와 관련이 있는 자는 해당 임상시험에 대한 결정 과정에 참여하거나 의견을 제시하여서는 아니 된다.[29] 시험자 및 의뢰자와 관련이 있다는 것은 재정적, 사회적, 물질적 이해관계를 모두 포함하여 결정하여야 할 것이다. 심의 중인 임상시험계획과 관련이 있는 위원은 심의하기 전 이해갈등관계를 위원장에게 밝혀야 하며, 이 이해갈등관계는 회의록에 기록되어야 한다. 이해갈등관계에 있는 위원이 회의에 참석하지 않는 경우, 그 위원은 정족수에 포함되지 않으며, 만일 정족수가 충족되지 않으면 계획서심의는 보류된다. 그리고 시험책임자는 해당 임상시험의 제반 사항에 대하여 정보를 제공할 수는 있으나 심사위원회의 위원에게 영향을 미치거나 해당 임상시험과 관련된 사항의 결정과정에 참여하여서는 아니 된다.[30] 그리고 심사위원회는 제반 활동 및 회의에 대한 기록을 유지하여야 한다.[31]

5. 공동임상시험심사위원회[32]

임상시험을 복수의 실시기관에서 실시할 경우에는 실시기관장간의 협의에 의하여 공동으로 심사위원회를 개최할 수 있다.[33] 공동심사위원회의 임무, 구

27) 의약품임상시험관리기준 제8조 제5항.

28) 의약품임상시험관리기준 제8조 제6항.

29) 의약품임상시험관리기준 제6조 제2항 후단.

30) 의약품임상시험관리기준 제8조 제7항.

31) 의약품임상시험관리기준 제8조 제4항.

32) 공동임상시험심사위원회에 관한 규정은 의약품임상시험관리기준 2007년 개정에서 처음 도입되었다.

33) 의약품임상시험관리기준 제9조2 제1항.

성, 운영 등에 관하여는 의약품임상시험관리기준의 개별 실시기관 임상시험심사위원회에 관한 규정을 준용한다. 다만, 공동심사위원회의 임무는 해당 임상시험의 실시기관 전체에 공통적으로 적용하는 사항으로 하고, 그 외 사항은 개별 실시기관의 심사위원회의 임무로 한다.[34] 그리고 공동심사위원회에서 심의하여 결정한 사항은 해당 임상시험의 개별 실시기관의 심사위원회에서 한 것으로 본다.[35]

V. 임상시험참여자[36]

1. 임상시험기관

(1) 종 류

임상시험기관은 임상시험과 관련된 의뢰자의 임무나 역할의 일부 또는 전부를 대행하기 위하여 의뢰자로부터 계약에 의해 위임받은 개인이나 기관을 말한다. 임상시험관리기준에 따르면 임상시험기관으로 임상시험실시기관과 임상시험수탁기관이 이에 해당한다.

임상시험실시기관(Institution)이란 의약품임상시험실시기관지정에관한규정에 의거 식품의약품안전청장이 별도로 지정하는 의료기관 또는 특수연구기관으로 실제 임상시험이 실시되는 기관을 말한다.[37] 반면 임상시험수탁기관(Contact Research Organization, CRO)이라함은 임상시험과 관련된 의뢰자의 임무나 역할의 일부 또는 전부를 대행하기 위하여 의뢰자로부터 계약에 의해 위임받은 개인이나 기관을 말한다.[38]

(2) 임상시험실시기관

임상시험실시기관과 관련하여 의약품임상시험실시기관지정에관한규정(식

34) 의약품임상시험관리기준 제9조2 제2항.

35) 의약품임상시험관리기준 제9조2 제3항.

36) 임상시험 관련자를 위한 기본교재-임상시험책임자, 임상시험담당자, 임상시험조정자, 임상시험관리약사, 임상시험심사위원회(IRB), 식품의약품안전청 · 국립독성연구원, 2006, 48-57면.

37) 의약품임상시험관리기준 제2조 제20호.

38) 의약품임상시험관리기준 제2조 제43호.

품의약품안전청 고시 제2004-71호)이 있다. 이에 의하면 이 고시는 약사법 제26조의4 및 같은법 시행규칙 제29조, 마약류관리에 관한 법률 제57조의 규정에 의한 의약품임상시험실시기관의 대상의약품별 및 임상시험단계별 지정과 실시기관 지정신청 등에 관한 세부사항을 정하고 있다.[39]

임상시험실시기관 지정을 받고자 하는 자는 실시기관지정신청서와 기타 첨부서류를 식품의약품안전청장에게 제출하여야 한다.[40] 식품의약품안전청장은 실시기관 지정신청을 받은 때에는 관계공무원으로 하여금 실시기관의 실태를 조사·평가하도록 하여야 한다. 이 경우 실태조사 실시 3일전까지 실시기관의 장에게 일정, 조사자 등 실태조사계획을 알려야 한다.[41] 식품의약품안전청장은 실시기관으로 적합하다고 판정한 기관에는 실시기관지정서를 발급하고, 임상시험단계, 의약품 종류, 의료기관의 명칭, 소재지, 지정번호 및 지정일자를 식품의약품안전청 인터넷 홈페이지에 공고한다.[42]

(3) 임상시험수탁기관

의뢰자는 임상시험과 관련된 의뢰자의 임무와 역할의 전부 또는 일부를 임상시험수탁기관에 위임할 수 있다. 이 경우 임상시험자료의 품질과 정확성에 대한 궁극적인 책임은 의뢰자가 진다.[43] 의뢰자로부터 위임받은 임상시험수탁기관은 임상시험의 신뢰성보증 및 임상시험자료의 품질관리를 실시하여야 한다.[44] 그리고 임상시험수탁기관에 위임된 모든 임상시험 관련 임무와 역할은 서면으로 명시되어야 하며, 서면으로 위임되지 않은 사항은 의뢰자의 임무와 역할이 된다.[45] 임상시험수탁기관이 임상시험과 관련된 임무 및 역할을 수행하는 경우에는, 의약품임상시험관리기준에서 정한 의뢰자의 의무 및 기능 등에 관한 사항을 적용받게 된다.[46]

---

39) 의약품임상시험실시기관지정에관한규정 제1조.
40) 의약품임상시험실시기관지정에관한규정 제4조 제1항.
41) 의약품임상시험실시기관지정에관한규정 제5조 제1항.
42) 의약품임상시험실시기관지정에관한규정 제6조 제1항.
43) 의약품임상시험실시기관지정에관한규정 제24조 제1항.
44) 의약품임상시험실시기관지정에관한규정 제24조 제2항.
45) 의약품임상시험실시기관지정에관한규정 제24조 제3항.
46) 의약품임상시험실시기관지정에관한규정 제24조 제4항.

(4) 임상시험기관의 장

임상시험기관의 장은 임상시험실시에 대한 심사 및 관리 등의 임무를 수행할 심사위원회를 해당 규정에 적합하게 임상시험기관에 설치하고 심사위원회의 위원을 위촉하여야 하며, 임상시험 실시에 필요한 사무절차 등에 관한 규정을 마련하여야 한다.[47] 또한 임상시험기관의 장은 심사위원회가 독립적으로 운영될 수 있도록 하여야 하고,[48] 심사위원회의 임무수행에 적정을 기하기 위하여 필요한 사항이 포함된 표준작업지침서를 마련하여야 한다.[49] 그리고 임상시험기관의 장은 해당 임상시험의 실시에 필요한 임상시험실, 설비와 전문인력을 갖추어야 하고, 긴급시 필요한 조치를 취할 수 있도록 하는 등 해당 임상시험을 적정하게 실시할 수 있도록 준비에 완벽을 기하여야 한다.[50]

시험기관의 장은 의뢰자 또는 식품의약품안전청장으로부터 심사위원회 운영에 관한 표준작업지침서의 직접열람 요청이나 심사위원회 위원 명단과 자격에 관한 문서의 요청이 있는 경우 심사위원회로 하여금 이에 적극 협조하도록 하여야 한다.[51] 시험기관의 장은 임상시험에 사용되는 의약품의 적정한 관리를 위하여 해당 시험기관의 약사 중에서 관리약사를 지정하여야 하며, 다기관임상시험을 실시하는 경우에는 각각의 시험기관마다 관리약사를 지정하여야 한다. 다만, 임상시험의 특성에 따라 시험책임자의 요청이 있는 경우 심사위원회의 의견을 들어 시험책임자 또는 시험담당자로 하여금 임상시험에 사용되는 의약품을 관리하게 할 수 있다.[52] 시험기관의 장은 심사위원회 및 시험책임자로부터 인계받은 기록 및 자료 중 다른 법령에서 특히 보존 기간이 정하여진 경우를 제외하고는 보관책임자를 정하여 품목허가일(허가조건이 있는 경우 허가조건 삭제일) 또는 해당 의약품의 개발이 중단되었으면 해당 중단일부터 5년간 보존하게 하여야 하며, 이들 문서가 사고 등에 의해 조기에 파손 또는 분실되지 않도록 대책을 강구하여야 한다.[53] 그리고 시험기관의 장은 의뢰자의 모니터링

47) 의약품임상시험관리기준 제 6 조 제 1 항.
48) 의약품임상시험관리기준 제 6 조 제 2 항.
49) 의약품임상시험관리기준 제 6 조 제 3 항.
50) 의약품임상시험관리기준 제 6 조 제 4 항.
51) 의약품임상시험관리기준 제 6 조 제 5 항.
52) 의약품임상시험관리기준 제 6 조 제 7 항.
53) 의약품임상시험관리기준 제 6 조 제 8 항. 다만, 의뢰자가 5년 이상의 보존을 요청하고 시험기관의 장이 이에 합의한 경우 시험기관의 장은 그 보존기간을 연장하여야 하며, 더 이상 자료

및 점검, 식품의약품안전청장이 실시하는 실태조사에 응하여야 한다.[54)]

2. 임상시험시험자

시험자(Investigator)는 시험책임자, 시험담당자, 임상시험조정자를 의미한다.[55)] 시험책임자(Principle Investigator)는 시험기관에서 임상시험의 수행에 대한 책임을 갖고 있으며,[56)] 충분한 교육을 받고 경험이 있으며 임상시험을 수행할 수 있는 적절한 자원을 보유한 자[57)]로 기본적으로 임상시험에 사용되는 의약품의 적절한 사용방법 및 임상시험 시행과 관련한 규정을 숙지하고 이를 준수하여야 한다. 시험담당자(Subinvestigator)는 시험책임자의 위임 및 감독 하에 임상시험과 관련된 업무를 담당하거나 필요한 사항을 결정하는 의사, 치과의사, 한의사(이하 '의사 등') 및 기타 임상시험에 관여하는 사람을 말한다.[58)] 또한, 임상시험조정자(Coordinating Investigator)는 각 시험기관의 시험책임자 중에서 다기관 임상시험에 참여하는 시험자 사이의 의견을 조정할 책임을 부여받은 사람을 뜻한다.[59)]

시험책임자는 의뢰자의 모니터링 및 점검, 식품의약품안전청장이 실시하는 실태조사에 응하여야[60)] 하며, 관련 업무를 위임한 시험담당자들의 명단을 확보, 유지[61)]하여야 한다. 의약품임상시험관리기준에서 규정하고 있는 시험책임자의 의무와 책임으로 ① 임상시험실시에 필요한 자원의 확보,[62)] ② 시험자에 의한 피험자의 보호,[63)] ③ 심사위원회와 시험자의 정보 교환,[64)] ④ 계획서의 준수,[65)] ⑤ 의약품의 관리,[66)] ⑥ 무작위 배정 및 눈가림 해제,[67)] ⑦ 피험자 동의

의 보존이 필요없다고 의뢰자가 판단한 경우 의뢰자는 반드시 이 사실을 문서로 시험기관의 장에게 알려야 한다.

54) 의약품임상시험관리기준 제10조 제 4 항.
55) 의약품임상시험관리기준 제 2 조 제24호.
56) 의약품임상시험관리기준 제 2 조 제25호.
57) 의약품임상시험관리기준 제30조 제 1 항.
58) 의약품임상시험관리기준 제 2 조 제26호.
59) 의약품임상시험관리기준 제 2 조 제28호.
60) 의약품임상시험관리기준 제10조 제 4 항.
61) 의약품임상시험관리기준 제10조 제 5 항.
62) 의약품임상시험관리기준 제11조.
63) 의약품임상시험관리기준 제12조.
64) 의약품임상시험관리기준 제13조.
65) 의약품임상시험관리기준 제14조.

취득,[68] ⑧ 기록 및 보고,[69] ⑨ 진행상황의 심사위원회 보고,[70] ⑩ 안전성 관련 사항의 보고,[71] ⑪ 임상시험의 조기종료 또는 일시중지,[72] ⑫ 임상시험 완료보고[73] 등이 있다.

3. 임상시험의뢰자

임상시험의뢰자(Sponsor)는 임상시험의 계획, 관리, 재정 등에 관련된 책임을 갖고 있는 의약품의 제조업자(수입업자를 포함)[74]를 뜻한다. 의뢰자는 연구를 의뢰하는 주체로써 보통은 임상시험의 결과에 대한 권리를 가진다.

의뢰자는 시험자와 함께 임상시험을 이루는 주요한 축이다. 의뢰자는 계획서 및 관련 법령에 따라 임상시험이 실시되고, 자료의 생성, 기록 및 보고가 이루어질 수 있도록 문서화된 표준작업지침서를 구비하고 임상시험의 신뢰성보증 및 임상시험자료의 품질관리 체계를 확립하고 유지하여야 한다.[75] 또한 의뢰자는 임상시험자료가 신뢰할 만하고 정확하게 처리되었다는 것을 보장하기 위해 자료 처리의 모든 단계에서 임상시험자료에 대한 품질관리를 실시하여야 한다.[76] 그리고 의뢰자는 의뢰자에 의한 모니터링 및 점검, 식품의약품안전청장 및 외국의 등록기관에 의한 실태조사가 가능하도록 하기 위해 임상시험이 실시되는 모든 장소, 근거자료, 근거문서, 보고서 등의 직접열람에 대한 사전합의를 임상시험 관련 당사자들로부터 얻고 이를 계획서 또는 별도의 합의서에 명시해야 한다.[77] 또 의뢰자는 임상시험과 관련된 의뢰자의 임무와 역할의 전부 또는 일부를 임상시험수탁기관에 위임할 수 있으나[78] 이 경우에도 임상시

66) 의약품임상시험관리기준 第15조.
67) 의약품임상시험관리기준 第16조.
68) 의약품임상시험관리기준 第17조.
69) 의약품임상시험관리기준 第18조.
70) 의약품임상시험관리기준 第19조.
71) 의약품임상시험관리기준 第20조.
72) 의약품임상시험관리기준 第21조.
73) 의약품임상시험관리기준 第22조.
74) 의약품임상시험관리기준 第 2 조 第33號.
75) 의약품임상시험관리기준 第23조 第 1 항.
76) 의약품임상시험관리기준 第23조 第 2 항.
77) 의약품임상시험관리기준 第23조 第 3 항.
78) 의약품임상시험관리기준 第24조.

험자료의 품질과 정확성에 대한 궁극적인 책임은 의뢰자가 진다.

임상시험의뢰자는 ① 임상시험의 설계 및 관리,[79] ② 피험자에 대한 보상,[80] ③ 계획서 및 임상시험 진행에 관련한 식품의약품 안전청장에의 승인과 보고,[81] ④ 심사위원회에 대한 확인,[82] ⑤ 임상시험약의 관리,[83] ⑥ 안전성 관리,[84] ⑦ 모니터링,[85] ⑧ 점검,[86] ⑨ 미준수에 대한 처치,[87] ⑩ 자료의 처리 및 기록보존,[88] ⑪ 시험책임자의 선정 및 기타 임상시험과 관련된 임무의 할당,[89] ⑫ 임상시험의 종료, 중지, 임상시험결과보고서 제출[90] 등의 책임과 역할을 하게 된다.

4. 임상시험 피험자

(1) 피험자의 의의

피험자(Subject/Trial Subject)는 임상시험에 참여하여, 임상시험에 사용되는 의약품을 투여받는 사람을 말한다.[91] 임상시험에서 피험자의 지위는 매우 중요한데, 자칫 열악한 지위로 인하여 이용될 위험을 배제하기 위해서 취약한 환경에 있는 피험자를 따로 설정하여 보호하고 있다. 취약한 환경에 있는 피험자(Vulnerable Subject)[92]는 임상시험 참여와 연관된 이익에 대한 기대 또는 참여를 거부하는 경우 조직위계의 상급자로부터 받게 될 불이익을 우려하여 자발적인 참여결정에 영향을 받을 가능성이 있는 피험자[93]를 말하며, 피험자와 관

79) 의약품임상시험관리기준 제26조, 제27조.
80) 의약품임상시험관리기준 제32조.
81) 의약품임상시험관리기준 제33조.
82) 의약품임상시험관리기준 제34조.
83) 의약품임상시험관리기준 제35조, 제36조, 제37조.
84) 의약품임상시험관리기준 제39조, 제40조.
85) 의약품임상시험관리기준 제41조.
86) 의약품임상시험관리기준 제42조.
87) 의약품임상시험관리기준 제43조.
88) 의약품임상시험관리기준 제28조, 제29조.
89) 의약품임상시험관리기준 제30조, 제31조.
90) 의약품임상시험관리기준 제44조, 제45조.
91) 의약품임상시험관리기준 제2조 제16호.
92) 의약품임상시험관리기준 제2조 제17호.
93) 예를 들면, 의과대학 · 약학대학 · 치과대학 · 간호대학의 학생, 병원 또는 연구소 근무자, 제약회사 직원, 군인, 수감자나, 불치병에 걸린 사람, 시행규칙에서 정한 집단시설에 수용 중인 자, 실업자, 빈곤자, 응급상황에 처한 환자, 소수 인종, 부랑자, 난민, 미성년자, 자유의지에 의

계되는 연구참여자들은 피험자의 육체적 · 정신적 안녕[94]을 위하여 노력하여야 한다.

피험자보호는 임상시험실시에 관한 가장 중요한 기본원칙 중 하나라고 할 수 있다. 그래서 의약품임상시험관리기준 제3조의 기본원칙에서도 피험자 보호에 관한 내용을 가장 중요하게 다루고 있다. 즉 의약품임상시험관리기준에서는 피험자의 권리, 안전, 복지는 우선 검토의 대상으로 과학과 사회의 이익보다 중요하다고 선언하고 있으며,[95] 피험자에게 제공되는 의학적 처치나 결정은 의사 등의 책임 하에 이루어져야 한다고 규정하고 있다.[96] 또 임상시험 참여 전에 모든 피험자로부터 자발적인 임상시험 참가 동의를 받도록 하고 있으며,[97] 피험자의 신원에 관한 모든 기록은 비밀보장이 되도록 관련규정에 따라 취급하여야 한다고 규정하고 있다.[98]

(2) 피험자의 보호

피험자보호는 임상시험에 참여하는 모든 사람이 유의해야 할 원칙이다. 특히 임상시험심사위원회는 피험자의 권리, 안전, 복지를 보호하고, 취약한 환경에 있는 피험자가 임상시험에 참여하는 경우에는 그 이유의 타당성을 면밀히 검토하여야 할 임무를 지니고 있다.[99] 만일 피험자의 이득이 직접적으로 기대되지 않는 비치료적 임상시험을 대리인의 동의에 의하여 실시하고자 하는 경우 심사위원회는 피험자보호를 위하여 제출된 계획서와 기타 관련 문서 등이 임상시험의 윤리적 측면과 의약품임상시험관리기준의 관련 규정을 준수하고 있는지 여부를 검토하여야 한다.[100] 즉, 비치료적 임상시험은 타당한 예외가 있는 경우를 제외하고는 임상시험에 사용되는 의약품이 의도한 질병이나 상태를 갖고 있는 환자에게서만 실시되어야 하며, 이러한 임상시험에서는 특히 면밀하게 피험자를 모니터링해야 하고, 만일 피험자에게 부당한 위협이 가해지는 것으로 판단된 경우 즉시 이들에 대한 임상시험을 중지시켜야 한다.[101] 또 응급환자를

해 동의를 할 수 없는 피험자를 뜻한다.

94) 의약품임상시험관리기준 제2조 제18호.

95) 의약품임상시험관리기준 제3조 제3호.

96) 의약품임상시험관리기준 제3조 제7호.

97) 의약품임상시험관리기준 제3조 제9호.

98) 의약품임상시험관리기준 제3조 제11호.

99) 의약품임상시험관리기준 제7조 제1항.

100) 의약품임상시험관리기준 제7조 제7항.

대상으로 실시하는 임상시험과 같이 피험자 또는 대리인의 사전 동의가 불가능하다고 계획서에 명시되어 있는 임상시험의 경우, 임상시험심사위원회는 제출된 계획서와 기타 관련 문서 등이 임상시험의 윤리적 측면을 충분히 고려하고 있는지 여부를 검토하여야 한다.[102]

그리고 시험책임자 또는 시험담당자 중 의사·치과의사·한의사는 임상시험과 관련된 피험자의 모든 의학적 결정에 대한 책임을 갖는다.[103] 임상시험 중 또는 이후에, 시험책임자는 임상적으로 의미 있는 검사치 이상을 포함하여 임상시험에서 발생한 모든 이상반응에 대해 피험자가 적절한 의학적 처치를 받을 수 있도록 조치하여야 하고, 시험책임자가 알게 된 피험자의 병발질환에 대해 의학적 처치가 필요한 경우 이를 피험자에게 알려주어야 한다.[104] 피험자의 주치의가 있는 경우 시험책임자는 피험자의 합의하에 해당 주치의에게 피험자의 임상시험 참여 사실을 알려주는 것이 권장된다.[105] 피험자가 임상시험 완료 이전에 임상시험에의 참여를 그만 둘 경우 그 이유를 제시해야 할 의무는 없지만, 시험책임자는 피험자의 권리를 충분히 고려하면서 해당 사유를 확인하기 위한 노력을 하여야 한다.[106]

(3) 피험자에 대한 보상

피험자는 임상시험에 참여하는 대가로 금전적 보상을 받을 수 있다. 그러나 금전적 보상 때문에 피험자가 임상시험에 부당하게 참여하거나, 참여하더라도 충분한 보호를 받지 못하는 결과가 생겨서는 안 된다. 따라서 임상시험심사위원회는 그 보상액 및 보상방법과 금전적 보상이 피험자의 임상시험 참여에 부당한 영향을 미치지 않는지 여부를 검토하여야 한다. 이 경우 금전적 보상은 피험자의 임상시험 참여정도 및 기간에 따라 적절히 조정되어야 하며, 임상시험에 끝까지 참여할 것을 조건으로 피험자에 대한 보상이 이루어져서는 안 된다.[107]

---

101) 의약품임상시험관리기준 제17조 제14항.
102) 의약품임상시험관리기준 제7조 제8항.
103) 의약품임상시험관리기준 제12조 제1항.
104) 의약품임상시험관리기준 제12조 제2항.
105) 의약품임상시험관리기준 제12조 제3항.
106) 의약품임상시험관리기준 제12조 제4항.
107) 의약품임상시험관리기준 제7조 제9항.

또 피험자가 임상시험에 참여하는 대가로 금전적 보상을 받는 경우 임상시험심사위원회는 그 지급방법·금액·지급시기 등 금전적 보상에 관한 정보가 피험자설명서 또는 기타 피험자에게 제공되는 문서에 사전 명기되어 있는지 여부를 확인하여야 한다. 이 경우 심사위원회는 임상시험을 종료하지 못한 피험자에 대한 보상방안이 제시되어 있는지 여부도 확인하여야 한다.[108)]

그리고 의뢰자는 임상시험과 관련하여 피험자 또는 대리인으로부터 시험책임자나 시험기관에 대한 법적·재정적 보상요구가 있고 이것이 시험자의 명백한 과실이나 의무태만에 기인한 것이 아닐 경우 이를 보상하여야 한다.[109)] 또한 의뢰자는 임상시험과 관련하여 발생한 손상에 대해 피험자에게 치료비를 제공하는 원칙과 절차를 수립하여야 한다.[110)]

(4) 피험자의 서면동의

앞서 언급한 것처럼 임상시험 참여 전에 모든 피험자로부터 자발적인 임상시험 참가동의를 받는 것은 임상시험의 기본원칙이다. 이런 피험자 동의는 단순하게 구두로 동의하는 것으로 그치는 것이 아니고, 임상시험에 대한 충분한 설명을 듣고 잘 이해한 상태에서 외부의 부당한 영향이 없는 가운데 자발적으로 동의할 뿐만 아니라 그 동의가 서면으로 남겨질 것이 요구된다. 이를 충분한 설명에 의한 동의(Informed Consent)라고 부르며, 헬싱키 선언, 벨몬트 보고서 등 임상시험 윤리문헌들 속에서 확고하게 자리잡은 원칙 중의 하나로 평가된다.

이에 의약품임상시험관리기준에서는 피험자동의를 충분한 설명에 의한 동의(Informed Consent)와 동일한 것으로 규정하면서, 피험자가 임상시험 참여유무를 결정하기 전에 피험자를 위한 설명서(피험자 설명서)를 통해 해당 임상시험과 관련된 모든 정보를 제공받고, 서명과 서명날짜가 포함된 문서(동의서)를 통해 본인이 자발적으로 임상시험에 참여함을 확인하는 절차를 말한다고 정의하고 있다.[111)] 또 피험자로부터 동의를 받고 이를 문서화 할 때, 시험책임자는 약사법시행규칙 제29조 제 1 항 제 4 호[112)]의 규정을 준수하여야 하고, 헬싱키선

108) 의약품임상시험관리기준 제 7 조 제10항.
109) 의약품임상시험관리기준 제32조 제 1 항.
110) 의약품임상시험관리기준 제32조 제 2 항.
111) 의약품임상시험관리기준 제 2 조 제30호.

언에 근거한 윤리적 원칙 및 이 기준에 따라야 하며, 임상시험을 시작하기 전에 시험책임자는 피험자에게 주어지는 동의서 서식, 피험자설명서 및 기타 문서화된 정보에 대해 심사위원회로부터 서면승인을 받아야 한다고 규정하고 있다.[113]

피험자로부터 동의를 받을 때 시험책임자나 시험담당자는 어떠한 경우에도 피험자가 임상시험에 참여 또는 참여를 지속하도록 강요하거나 부당하게 영향을 미쳐서는 안 된다.[114] 만일 피험자의 동의에 영향을 줄 수 있는 새로운 임상시험 관련정보가 수집되면, 동의서 서식, 피험자설명서 및 기타 문서화된 정보는 이에 따라 수정되어야 하며, 사용 전에 반드시 심사위원회의 승인을 받아야 한다. 이 경우 피험자의 임상시험 지속 참여의지에 영향을 줄 수 있는 새로운 정보가 수집되면, 시험책임자는 적시에 피험자 또는 대리인에게 이를 알려야 하며, 이러한 고지와 관련된 모든 사항은 문서화되어야 한다.[115]

동의를 얻기 전에 시험책임자 또는 시험책임자의 위임을 받은 자는 피험자 또는 대리인이 임상시험의 세부사항에 대해 질문하고 해당 임상시험의 참여 여부를 결정할 수 있도록 충분한 시간과 기회를 주어야 하며, 모든 임상시험 관련 질문에 대해 피험자 또는 대리인이 만족할 수 있도록 대답해 주어야 한다.[116] 이때, 동의서 서식을 포함하여 임상시험과 관련된 구두 또는 서면정보에 사용된 용어는 피험자, 대리인 또는 공정한 입회자[117]가 이해할 수 있는 쉬

112) 약사법 시행규칙 제29조 제1항 제4호: 임상시험의 내용 및 임상시험 중 임상시험피험자에게 발생할 수 있는 건강상의 피해에 대한 보상내용과 절차 등을 피험자에게 설명하고 식품의약품안전청장이 고시한 바에 따라 동의서를 받을 것. 다만, 피험자의 이해능력·의사표현능력의 결여 등의 사유로 동의를 받을 수 없는 경우에는 친권자 또는 후견인 등의 동의를 받아야 한다.

113) 의약품임상시험관리기준 제17조 제1항.

114) 의약품임상시험관리기준 제17조 제3항.

115) 의약품임상시험관리기준 제17조 제2항.

116) 의약품임상시험관리기준 제17조 제7항.

117) "공정한 입회자(Impartial Witness)"라 함은 해당 임상시험과는 무관하고, 임상시험에 관련된 자들에 의해 부당하게 영향을 받지 않을 수 있는 자로서, 피험자나 피험자의 법적 대리인이 문맹인 경우 서면동의 과정에 입회하여 서면동의서 및 피험자에게 제공되는 모든 서면정보를 대신하여 읽게 되는 자를 말한다. 의약품임상시험관리기준 제2조 제31호: 이 경우, 공정한 입회자는 동의서 서식, 피험자설명서 및 기타 문서화된 정보를 피험자 또는 대리인에게 읽어 주고 설명한 후, 피험자 또는 대리인이 피험자의 임상시험 참여를 구두로 동의하고 가능하다면 동의서 서식에 자필로 서명하고 해당 날짜를 기재하게 한 다음, 동의서 서식에 서명하고 자필로 해당 날짜를 기재하여야 한다. 공정한 입회자는 동의서 서식에 서명하기 전에 동의서 서식과 피험자설명서 및 기타 문서화된 정보가 정확하게 피험자나 대리인에게 설명되었고, 이들이 해당 사실을 이해하였다는 것과 동의를 얻는 과정이 피험자나 대

운 것이어야 한다.[118] 그리고 동의서 서식을 포함하여 임상시험과 관련된 구두 또는 서면정보에는 피험자나 대리인의 법적 권리가 제한되거나 또는 이를 암시하는 내용, 시험자 또는 시험기관, 의뢰자나 의뢰자의 대리인이 의무를 소홀히 한 책임을 면제받거나 이를 암시하는 내용이 포함되어서는 안 된다.[119]

시험책임자 또는 시험책임자의 위임을 받은 사람은 심사위원회의 승인을 받은 서면 정보를 포함하여 임상시험의 제 측면에 대한 정보를 피험자 또는 피험자가 동의를 할 수 없는 경우에는 대리인에게 충분히 알려야 한다.[120] 또 영유아나 심한 치매 환자를 대상으로 하는 임상시험과 같이 대리인의 동의를 통해서만 피험자의 임상시험 참여가 가능한 치료적 또는 비치료적 임상시험의 경우, 피험자는 피험자 자신이 이해할 수 있는 정도까지 임상시험에 관한 정보를 제공받아야 하며 가능하다면 피험자는 동의서 서식에 서명하고 자필로 날짜를 기재하여야 한다.[121] 그리고 사전에 피험자로부터 동의를 얻는 것이 불가능한 응급 상황에서는 동석한 대리인이 있는 경우 이들로부터 동의를 받아야 한다. 만일, 이러한 응급 상황에서 사전에 피험자로부터 동의를 얻는 것이 불가능하고 대리인도 동석하지 않은 경우에는, 피험자의 임상시험 등재 방법이 계획서나 기타 관련 문서에 명기되어 있고 임상시험심사위원회로부터 문서로 이에 대한 승인을 얻으면 임상시험을 실시할 수 있다. 다만 이 경우 피험자나 대리인에게 가능한 조기에 임상시험에 대한 정보를 제공하여야 하며, 계속적인 임상시험 참여에 대한 동의를 받아야 한다.[122]

피험자가 임상시험에 참여하기 전에 피험자 또는 대리인과 동의를 받은 시험책임자는 동의서 서식에 서명하고, 자필로 해당 날짜를 기재하여야 한다.[123] 그리고 피험자 또는 대리인은 자필로 서명하고 날짜를 기재한 동의서의 사본이나 기타 피험자에게 제공된 문서 정보의 사본을 임상시험에 참여하기 전에 받아야 한다. 또한 임상시험 도중에 동의서 서식이 변경된 경우 피험자나 대리인은 자필 서명 및 날짜가 기재된 변경동의서의 사본을 받아야 하며, 이미

리인의 자유의사에 따라 진행되었다는 것을 확인하여야 한다. 의약품임상시험관리기준 제17조 제 9 항.

118) 의약품임상시험관리기준 제17조 제 6 항.
119) 의약품임상시험관리기준 제17조 제 4 항.
120) 의약품임상시험관리기준 제17조 제 5 항.
121) 의약품임상시험관리기준 제17조 제12항.
122) 의약품임상시험관리기준 제17조 제15항.
123) 의약품임상시험관리기준 제17조 제 8 항.

피험자에게 제공된 문서정보의 변경이 있는 경우에는 해당 변경문서의 사본을 받아야 한다.[124)]

특히 피험자에 대한 이득이 직접적으로 기대되지 않는 비치료적 임상시험은 피험자가 개인적으로 동의를 하고 동의서 서식에 서명 및 날짜를 기재한 경우에만 실시되어야 한다. 다만, 예외적인 경우에는 대리인이 동의한 피험자를 대상으로 비치료적 임상시험을 실시할 수 있다.[125)]

동의를 얻는 과정에서 피험자 또는 대리인에게 제공되는 정보와 문서화된 동의서 서식, 피험자설명서 및 기타 문서화된 정보에는 다음 각 호의 사항이 포함되어야 한다.[126)]

1. 임상시험은 연구 목적으로 수행된다는 사실
2. 임상시험의 목적
3. 임상시험에 사용되는 의약품에 관한 정보 및 시험군 또는 대조군에 무작위배정될 확률
4. 관혈적 시술(Invasive Procedure)을 포함하여 임상시험에서 피험자가 받게 될 각종 검사나 절차
5. 피험자가 준수하여 할 사항
6. 검증되지 않은 임상시험의 실험적인 측면
7. 피험자(임부를 대상으로 한 경우에는 태아, 수유부를 대상으로 한 경우에는 영유아를 포함한다)에게 미칠 것으로 예견되는 위험이나 불편
8. 기대되는 이익 또는 피험자에게 기대되는 이익이 없을 경우 해당 사실
9. 피험자가 선택할 수 있는 다른 치료방법이나 종류 및 이러한 치료의 잠재적 위험과 이익
10. 임상시험과 관련된 손상이 발생하였을 경우 피험자에게 주어질 보상이나 치료방법

---

124) 의약품임상시험관리기준 제17조 제11항.

125) 의약품임상시험관리기준 제17조 제14항, 예외적인 경우라 함은, 1. 개인적으로 동의를 할 수 있는 피험자를 대상으로 한 임상시험을 통해서는 임상시험의 목적을 달성할 수 없는 경우, 2. 피험자에게 예상되는 위험이 낮은 경우, 3. 피험자의 복지가 침해될 가능성이 미미하고 낮은 경우, 4. 심사위원회의 임상시험 실시에 대한 승인이 개인적으로 동의를 할 수 없는 피험자를 포함시킨다는 사실을 명백히 고려한 결정이었고, 이러한 내용이 심사위원회의 임상시험 실시 승인 통보서에 명기된 경우, 5. 관련규정에 의해 해당 임상시험의 실시가 금지되지 않은 경우 등이다.

126) 의약품임상시험관리기준 제17조 제10항.

11. 피험자가 임상시험에 참여함으로써 받게 될 금전적 보상이 있는 경우 예상 금액 및 이 금액이 임상시험 참여의 정도나 기간에 따라 조정될 것이라고 하는 것
12. 임상시험에 참여함으로써 피험자에게 발생이 예상되는 비용
13. 피험자의 임상시험 참여 여부 결정은 자발적인 것이며, 피험자가 원래 받을 수 있는 이익에 대한 손실이 없이도 임상시험에의 참여를 거부하거나 임상시험 도중 언제라도 중도에 참여를 포기할 수 있다는 사실
14. 모니터요원, 점검을 실시하는 자, 심사위원회 및 식품의약품안전청장은 피험자의 비밀보장을 침해하지 않고 관련규정이 정하는 범위 안에서 임상시험의 실시 절차와 자료의 신뢰성을 검증하기 위해 피험자의 의무기록을 직접 열람할 수 있다는 사실과 동의서 서식에 서명함으로써 피험자 또는 대리인이 이러한 자료의 직접열람을 허용함을 의미한다는 사실
15. 피험자의 신원을 파악할 수 있는 기록은 비밀로 보장될 것이며, 임상시험의 결과가 출판될 경우 피험자의 신원은 비밀 상태로 유지될 것이라는 사실
16. 피험자의 임상시험 지속 참여 의지에 영향을 줄 수 있는 새로운 정보가 수집되면 적시에 피험자 또는 대리인에게 알려질 것이라는 사실
17. 임상시험과 피험자의 권익에 관해 추가적인 정보를 얻고자 하거나 임상시험과 관련이 있는 손상이 발생한 경우에 접촉해야 하는 사람
18. 임상시험 도중 피험자의 임상시험 참여가 중지되는 경우 및 해당 사유
19. 피험자의 임상시험 예상 참여 기간
20. 임상시험에 참여하는 대략의 피험자 수

5. 관리약사

관리약사(Clinical Trial Pharmacist)라 함은 시험기관에서 임상시험에 사용되는 의약품의 인수, 보관, 조제, 관리 및 반납에 대한 책임을 갖는 약사로서 시험기관의 장이 지정한 자를 말한다.[127]

의약품임상시험관리기준에서는 임상시험에 사용되는 의약품의 관리에 대한 책임이 해당 시험기관의 시험책임자와 관리약사에게 있는 것으로 정하고 있다.[128] 관리약사는 임상시험에 사용되는 의약품에 대해 인수, 재고 관리, 피험

127) 의약품임상시험관리기준 제2조 29호: 다기관임상시험을 실시하는 경우에는 각각의 시험기관마다 관리약사를 지정하여야 한다. 의약품임상시험관리기준 제6조 제7항.
128) 의약품임상시험관리기준 제15조 제1항.

자별 투약, 반납 등의 업무를 수행하고 관련 기록을 유지하여야 하며 해당 사항을 주기적으로 시험책임자에게 알려야 할 책임과 의무를 가지고 있다.[129] 의뢰자는 임상시험에 사용되는 의약품을 식품의약품안전청장과 심사위원회의 승인을 받은 후 관리약사 등에게 공급하여야 한다.[130] 또한 각 피험자가 계획서에 명시된 적정용량을 투여 받았는지 확인할 수 있는 투약기록을 유지하고, 임상시험에 사용되는 의약품의 재고가 사용기록과 일치하는지의 여부를 확인하여야 한다.[131] 관리약사는 임상시험 의약품이 의뢰자가 지정한 조건과 관련규정에 따라 보관되도록 한다.[132] 관리약사는 각각의 피험자에게 임상시험에 사용되는 의약품의 정확한 투여방법을 설명하여야 하고, 피험자가 해당 지시 사항을 적절히 이행하고 있는지를 일정한 간격으로 확인하여야 한다.[133]

Ⅵ. 의약품 임상시험계획의 승인[134]

1. 임상시험계획서 작성

(1) 임상시험계획서

임상시험을 실시하고자 하는 자는 가장 먼저 임상시험계획서(Protocol)를 작성하여야 한다. 임상시험계획서란 해당 임상시험의 배경이나 근거를 제공하기 위해 임상시험의 목적·연구방법론·통계학적 측면·관련 조직 등이 기술된 문서를 말한다.[135]

---

129) 의약품임상시험관리기준 제15조 제2항.

130) 의약품임상시험관리기준 제37조 제1항, 제2항, 제1항에 따르면 관리약사등이라 함은 관리약사 또는 의약품임상시험관리기준 제6조 제7항 단서의 규정에 의하여 임상시험에 사용되는 의약품을 관리하는 시험책임자 또는 시험담당자를 의미한다.

131) 의약품임상시험관리기준 제15조 제4항.

132) 의약품임상시험관리기준 제15조 제5항.

133) 의약품임상시험관리기준 제15조 제7항.

134) 임상시험 관련자를 위한 기본교재-임상시험책임자, 임상시험담당자, 임상시험조정자, 임상시험관리약사, 임상시험심사위원회(IRB), 식품의약품안전청·국립독성연구원, 2006, 58- 65면.

135) 의약품임상시험관리기준 제2조 제4호.

(2) 계획서의 요건

계획서의 작성은 단순한 연구내용의 기록문서가 아니고 연구의 처음부터 끝까지 모든 과정을 구체적으로 기록한 매뉴얼이 될 수 있도록 충분한 검토와 토의를 거쳐야 한다. 특히 약사법 시행규칙에서는 신약허가를 위한 임상시험계획서에 수록하도록 지정한 주요내용들을 제시하고 있는데 이는 다음과 같다.[136]

1. 임상시험의 명칭 및 단계
2. 임상시험의 실시기관명 및 주소
3. 임상시험의 책임자, 담당자 및 공동연구자의 성명 및 직명
4. 임상시험용 의약품등을 관리하는 약사의 성명 및 직명
5. 임상시험의 의뢰자명 및 주소
6. 임상시험의 목적 및 배경
7. 임상시험용 의약품등의 코드명이나 주성분의 일반명, 원료약품 및 그 분량, 제형 등
8. 대상질환
9. 피험자의 선정기준, 제외기준, 목표한 피험자의 수 및 그 근거
10. 임상시험의 기간
11. 임상시험의 방법(투여·사용량, 투여·사용방법, 투여·사용기간, 병용요법 등).
12. 관찰항목·임상검사항목 및 관찰검사방법
13. 예측 부작용 및 사용상의 주의사항
14. 중지·탈락 기준
15. 효과 평가기준, 평가방법 및 해석방법(통계분석방법)
16. 부작용을 포함한 안전성의 평가기준, 평가방법 및 보고방법
17. 피험자동의서 양식
18. 피해자 보상에 대한 규약
19. 임상시험후 피험자의 진료 및 치료기준
20. 피험자의 안전보호에 관한 대책
21. 그 밖에 임상시험을 안전하고 과학적으로 실시하기 위하여 필요한 사항

---

136) 약사법 시행규칙 제28조 제 2 항.

2. 임상시험심사위원회의 임상시험계획 심사

(1) 개 관

의약품 임상시험은 임상시험의뢰자가 임상시험기관의 장과 문서로 임상시험계약을 체결하는 것으로 준비절차가 시작된다.[137] 이때 임상시험기관에서는 임상시험책임자를 결정하게 되고, 임상시험책임자는 임상시험기관 내 임상시험심사위원회에 임상시험계획서를 제출하고 심사를 의뢰한다. 즉 임상시험을 실시할 연구자는 임상시험심사위원회와 접촉하여 임상시험계획서와 동의서를 포함한 적절한 서류를 제출해야 하고, 임상시험심사위원회의 공식적인 승인을 받아야 한다. 임상시험심사위원회의 공식적인 승인을 받은 임상시험은 식품의약품안전청장으로부터 다시 한 번 임상시험계획승인을 받아야 한다. 이 식품의약품안전청장의 임상시험계획승인이 있으면, 임상시험연구자는 그 때부터 임상시험을 실시할 수 있다.

(2) 심사서류

연구의 윤리성에 대해 철저하고 완벽한 심사를 위해 의약품 임상시험계획승인 신청시 임상시험심사위원회에 제출하여야 하는 자료에는 임상시험계획서, 피험자 서면동의서, 피험자설명서 등 피험자에게 제공되는 서면정보, 임상시험자료집, 안전성정보, 시험책임자의 최근 이력 또는 기타 경력에 관한 문서, 피험자에게 제공되는 보상에 대한 정보 등이 있다.[138] 그리고 피험자의 권리 · 안전 · 복지를 보호하기 위하여 추가적인 정보가 필요하다고 판단한 경우 심사위원회는 규정에 정해져있는 정보 외의 정보를 제공하도록 의뢰자에게 요구할 수 있다.[139]

(3) 임상시험심사위원회의 심사

임상시험심사위원회는 시험책임자가 제출한 임상시험과 관련된 사항을 심

137) "임상시험계약서(Contract, 이하 "계약서"라 한다)"라 함은 임상시험에 관여하는 둘 또는 그 이상의 당사자 간에 이루어지는 서면 합의서로서, 업무의 위임 및 분담, 의무사항, 필요한 경우 재정에 관련된 사항 등이 자세히 기록되고 날짜 및 서명이 기재된 문서를 말한다. 의약품임상시험관리기준 제2조 제23호.

138) 의약품임상시험관리기준 제7조 제2항.

139) 의약품임상시험관리기준 제7조 제6항.

사위원회 표준작업지침서에서 규정한 기간 내에 검토하고, 임상시험의 명칭, 검토한 문서, 날짜 및 심사 의견을 기록하여 문서화하여야 한다. 심사의견은 승인 또는 시정승인, 보완, 반려, 승인된 임상시험의 중지 또는 보류의 4가지 중에서 결정하여야 한다.[140] 임상시험심사위원회는 시험책임자의 최근 이력 및 기타 경력에 관한 문서로부터 시험책임자가 해당 임상시험을 수행하기에 적합한지 여부도 심사시 검토하여야 한다.[141] 기타, 비치료적 임상시험을 대리인의 동의에 의하여 실시하는 경우, 응급환자를 대상으로 실시하는 임상시험과 같이 피험자 또는 대리인의 사전동의가 불가능하다고 계획서에 명시되어 있는 임상시험의 경우, 피험자에 대한 금전적 보상에 관한 사항 등에 대해서는 특별히 유의하여 심사가 이루어져야 한다.

(4) 지속심사(Continuing Review)와 신속심사(Expedite Review)

임상시험심사위원회는 실시 중인 임상시험에 대해 적어도 1년에 1회 이상 지속적으로 검토를 수행하여야 한다.[142] 이 경우 검토의 주기는 피험자에게 미칠 수 있는 위험의 정도에 따라 적절히 정할 수 있지만, 대부분 연구계획서의 심사위원회 승인은 1년간 유효하다.

또 임상시험심사위원회는 일정한 경우 신속심사[143]를 하여야 한다. 의약품임상시험관리기준에서 정하고 있는 신속심사를 하여야 하는 경우는 다음과 같다.[144]

1. 신속보고된 이상약물반응의 조치
2. 임상시험 종료 보고에 대한 처리
3. 식품의약품안전청장이 승인한 계획서(변경계획서 포함)의 시정 사항에 대한 처리
4. 모니터요원의 변경 · 시험담당자의 변경 · 응급 연락 전화번호의 변경 등과 같은 행정 절차 관련 사항에 대한 변경, 유효성 및 안전성에 영향을 미치지 않는 검사의 추가 및 삭제 등과 같이 계획서의 사소한 변경 사항에 대한 처리

140) 의약품임상시험관리기준 제 7 조 제 3 항.

141) 의약품임상시험관리기준 제 7 조 제 4 항.

142) 의약품임상시험관리기준 제 7 조 제 5 항.

143) "신속심사(Expedite Review)"라 함은 이 규정에서 정한 바에 따라 임상시험의 실시와 관련하여 정해진 회의일정에도 불구하고 심사위원회가 신속하게 심사하는 것을 말한다. 의약품임상시험관리기준 제 2 조 제22호.

144) 의약품임상시험관리기준 제 7 조 제11항.

5. 심사위원회의 심사 결과에 따라 보완되어 제출된 계획서의 심사
6. 기타 임상시험의 실시와 관련하여 신속심사가 필요하다고 심사위원회의 표준작업지침서에서 정한 사항의 처리

3. 임상시험계획 승인신청(Investigational New Drug Application)

(1) 개　관

임상시험을 실시하고자 하는 자는 임상시험심사위원회의 승인 결정이 나면 그 다음 과정으로 임상시험계획 승인신청을 위해 제출하도록 정해진 자료를 첨부하여 식품의약품안전청장에게 임상시험계획의 승인신청을 받아야 한다. 이를 임상시험계획 승인신청(Investigational New Drug Application)이라고 한다.[145]

(2) 제출자료

의약품 임상시험계획 승인신청시 식품의약품안전청에 제출하여야 하는 자료는 다음과 같다.[146] 다만 일정한 경우에는 개발계획, 임상시험계획서 및 임상시험자자료집만을 제출하거나,[147] 또는 임상시험계획서 및 임상시험자자료집만을 제출해도 된다.[148]

---

145) "임상시험계획승인신청(Investigational New Drug Application)"은 인체를 대상으로 한 안전성·유효성자료 수집을 목적으로 해당 의약품을 사용하여 임상시험을 실시하고자 하는 자가 식품의약품안전청장의 승인을 신청하는 과정을 말한다. 의약품임상시험계획승인지침 제 2 조 제 2 호.

146) 의약품임상시험계획승인지침 제 4 조.

147) 1. 다음 각목에 해당되지 않는 의약품 가. 세계최초로 국내에서 개발하는 의약품, 나. 외국에서 개발중인 의약품, 2. 임상시험계획승인신청전에 식품의약품안전청장과 제14조 규정에 따라 사전상담절차를 거쳐 임상시험 실시의 타당성이 인정된 경우. 의약품임상시험계획승인지침 제 8 조 제 1 항 제 1 호, 제 2 호.

148) 품목허가후 허가조건 이행을 위하여 실시되는 임상시험의 경우. 의약품임상시험계획승인지침 제 8 조 제 1 항 제 3 호: 1. 희귀의약품, 2. 의약품품목허가(변경포함)와 직·간접적으로 연관되는 치료적 확증 임상시험등을 시작하고자 하는 경우로서 충분한 국·내외 임상적 근거가 있는 의약품, 3. 천연물신약(특성성분을 분리·추출한 경우는 제외), 4. 국내에서 사용예가 있는 성분으로 효능·효과, 용법·용량, 조성, 제형 또는 투여경로를 달리하는 의약품으로 안전성에 특별한 문제가 없는 의약품, 5. 기타 식품의약품안전청장이 별도로 인정하는 의약품. 의약품임상시험계획승인지침 제 8 조 제 2 항.

1. 개발계획[149)]
2. 서론[150)]
3. 구조결정, 물리화학적 및 생물학적성질에 관한자료(위약포함)[151)]
4. 비임상시험성적에 관한 자료[152)]
   가. 효력 및 일반약리작용에 관한자료
   나. 흡수, 분포, 대사, 배설에 관한 자료
   다. 독성에 관한 자료
      (1) 단회투여독성시험자료
      (2) 반복투여독성시험자료
      (3) 유전독성시험자료
      (4) 생식발생독성시험자료
      (5) 발암성시험자료
      (6) 시험물질특성에 따른 기타독성시험자료(국소독성, 의존성, 항원성 및 면역독성 등)
5. 임상시험성적에 관한 자료(제출가능한 경우)[153)]
6. 임상시험계획서[154)]

---

149) 개발계획이란 최소한 개발 첫 해와 그 다음 해에 실시될 전반적인 계획을 간략하게 기술하되 임상시험실시에 대한 이론적 근거, 임상시험 대상 적응증, 임상평가방법과 임상시험용 의약품의 예측되는 중대한 위험성을 기술하고 계획하고자 하는 임상시험계획서별로 임상시험의 형태, 예상 피험자수 등에 대한 개략적인 정보를 반영한 자료를 말한다. 의약품임상시험계획승인지침 제5조 제1호.

150) 임상시험용의약품에 대한 세부적인 정보(의약품명칭, 주성분, 효능군, 제형, 투여경로 등), 예정 임상시험의 목적 및 기간, 임상적 사용경험, 임상시험중단 또는 판매중단된 의약품의 경우에는 그 사유를 간략하게 기술한 자료를 말한다. 의약품임상시험계획승인지침 제5조 제2호.

151) 임상시험용의약품의 원료물질 규격(구조식, 물리화학적, 생물학적 특성 등), 새로운 첨가제를 사용하는 경우 이에 대한 설명, 저장방법, 사용(유효)기간 또는 재검사일자 설정을 위한 안정성관련 자료, 이미 알려진 물질과의 구조적 유사성에 대한 설명, 원료물질의 규격 또는 임상시험용의약품의 기준및시험방법에 따른 품질관리 결과 등이 포함된 자료를 말한다. 의약품임상시험계획승인지침 제5조 제3호.

152) 독성, 약리, 흡수·분포·대사 및 배설에 관한 시험결과를 요약의 형태로 기술하되, 시험방법, 시험결과, 임상과의 연관성에 대한 고찰이 포함되어야 하며, 독성시험자료는 그 결과를 상세히 도표화한 자료와 시험이 비임상시험실시기준에 적합하게 실시되었음을 입증하는 정보를 포함한 자료를 말한다. 의약품임상시험계획승인지침 제5조 제4호.

153) 원칙적으로 임상시험의 이론적 근거와 임상적 고찰이 포함되어야 하며, 이미 임상시험이 실시되었거나 시판되고 있는 의약품의 경우 이용 가능한 약동학, 약력학, 용량반응, 안전성·유효성 결과 등을 요약·기술한 자료를 말한다. 의약품임상시험계획승인지침 제5조 제5호.

154) 약사법 시행규칙 제28조 제2항의 규정에 적합한 임상시험계획서로서 제1상 임상시험계

7. 근거자료목록
8. 임상시험자자료집[155]

(3) 사전상담

임상시험의 원활한 진행을 위하여 임상시험계획승인을 얻고자 하는 자는 미리 관련 자료를 제출하여 임상시험진입의 가능성여부, 향후 임상시험계획승인신청시 필요한 추가자료의 종류, 임상시험계획서의 타당성 여부, 개발계획에 대한 자문, 최종 안전성·유효성 확증임상시험결과를 통한 시판허가와의 연관성 등에 대하여 사전상담을 요청할 수 있다.[156] 신청자는 상담을 원하는 날부터 40일전까지 상담대상자료를 첨부하여 식품의약품안전청장에게 서면으로 요청하여야 하며,[157] 식품의약품안전청장은 사전상담을 요청받은 경우 전문적 검토를 위하여 독성, 약리, 임상전문가, 국립독성연구원 소속 전문가 및 임상시험계획승인신청 관련자등과 협의하여 상담결과를 상담요청일로부터 50일 이내에 서면으로 통보하여야 한다.[158]

사전상담을 하게 되면 식품의약품안전청은 임상시험계획에 대해 미리 알게 되고 또 신청자는 상담을 통해 미비된 것들을 보완할 수 있으므로 임상시험계획승인을 위한 공식적인 절차를 효율적으로 진행할 수 있는 장점이 있다. 뿐만 아니라, 식품의약품안전청장은 사전상담 당일 이전에 신청자와 수시로 면담하여 필요한 자료를 충분히 검토하고 상담결과에 따라 임상시험계획승인신청서를 제출하는 경우에는 특별한 사유가 없는 한 30일 이내에 승인하는 것을 원칙으로 하며, 이 경우 일부 제출서류를 임상시험자자료집으로 갈음할 수 있다.[159]

획서의 경우에는 예상피험자수, 용량계획 등을 포함한 임상시험의 개략적 윤곽을 제시하되 안전성에 관한 사항이 상세히 포함된 계획서를 말한다. 의약품임상시험계획승인지침 제5조 제6호.

155) 임상시험자가 임상시험을 수행하기 위하여 필요한 서론, 구조결정, 물리화학적 및 생물학적 성질에 관한 자료, 비임상시험성적에 관한 자료, 임상시험성적에 관한 자료 등의 정보를 체계적으로 요약·정리하여 기술한 자료를 말한다. 의약품임상시험계획승인지침 제5조 제7호.

156) 의약품임상시험계획승인지침 제14조 제1항.

157) 의약품임상시험계획승인지침 제14조 제2항.

158) 의약품임상시험계획승인지침 제14조 제3항.

159) 의약품임상시험계획승인지침 제14조 제4항.

(4) 임상시험계획의 승인

식품의약품안전청장은 제출된 자료를 근거로 임상시험계획을 승인할 수 있다. 다만, 세포치료제와 같이 신기술(Biotechnology)을 이용하여 생산된 의약품으로 연구자임상시험을 실시하고자 하는 경우에는 식품의약품안전청장이 지정한 임상시험실시기관의 임상시험심사위원회(IRB) 승인서, 해당분야 관련 전문가 5인 이상의 임상시험에 대한 동의서와 임상시험계획서를 첨부하여 임상시험계획승인신청서를 제출할 수 있으며 식품의약품안전청장은 이를 근거로 임상시험계획을 승인할 수 있다.[160]

4. 임상시험용 의약품의 치료목적 사용

(1) 개 관

임상시험용 의약품이나 시판 허가되지 않은 의약품은 원칙적으로 식품의약품안전청의 임상시험계획승인을 얻은 경우에만 피험자에게 투여되게 된다. 그런데 일정한 경우에는 이를 피험자가 아닌 환자에게 투여할 수도 있도록 관련 법령이 규정하고 있다. 예를 들어 생명에 위협을 주는 중대한 질환을 지닌 환자 등에게 치료기회를 마지막으로 줄 필요가 있는 경우에는, 임상시험용 의약품이나 시판 허가되지 않은 의약품이라 하더라도 그 환자에게 투여할 수 있는 것이다.

(2) 식품의약품안전청장의 사용승인

임상시험용의약품의 치료목적 사용을 위한 식품의약품안전청장의 사용승인을 얻기 위해서는 임상시험용 의약품의 사용목적 및 사유, 사용환자 선정기준, 임상시험용 의약품의 투여방법 및 투여량, 의약품사용과 관련하여 안전성·유효성 관련 자료 수집방법, 최신의 임상시험자자료집 또는 동등 이상의 안전성·유효성관련 자료 등이 포함된 계획서를 제출하여야 한다.[161]

이 경우 식품의약품안전청장은 임상적 효과가 객관적으로 관찰된 경우에

160) 의약품임상시험계획승인지침 제 7 조.
161) 의약품임상시험계획승인지침 제11조 제 1 항.

한하여 승인할 수 있다.[162] 이 경우 식품의약품안전청장이 지정한 임상기관의 임상시험심사위원회의 승인을 받아 실시하여야 한다.[163]

(3) 응급상황의 임상시험용의약품 사용

임상시험용 의약품이나 시판허가 되지 않은 의약품을 치료목적으로 사용하려면 원칙적으로 의약품임상시험계획승인지침 제11조 제1항에서 정한 내용이 포함된 계획서를 제출하여 식품의약품안전청장으로부터 승인을 얻어야 한다.

그러나 의사가 심각하거나 긴박하게 생명을 위협하는 응급상황으로 판단한 경우 또는 의사가 치료시기를 놓치면 치료효과를 기대하기 어려운 상황이거나 대체 치료수단이 없는 상황으로 판단하여 세포치료제 등과 같은 신기술(Biotechnology)의약품을 마지막 치료방법으로 사용하고자 하는 경우 등에 임상시험용의약품 또는 시판허가 되지 않은 의약품을 대상 환자의 동의를 받아 의사의 책임 하에 사용하고자 할 때는 환자의 진료기록 및 전문의 소견에 대한 요약자료, 진단서, 환자의 동의서, 개발사의 공급의향서 만을 제출하여 식품의약품안전청장의 사용승인을 얻을 수 있다.[164] 이 때 의사는 해당질환에 대하여 전문적 지식과 윤리적 소양을 갖춘 자로서 식품의약품안전청장이 지정한 임상시험실시기관에 소속된 자여야 한다.[165]

(4) 증례보고

응급상황을 포함한 임상시험용 의약품의 치료목적 사용승인을 얻은 경우, 시험연구자는 사용 완료후 대상환자별로 발생한 이상반응, 치료효과 및 안전성에 대한 추적결과 등 수집된 정보를 개발자가 제공한 증례기록서에 따라 작성하고 이를 개발자에게 제출하여야 하며, 예상하지 못한 중대한 이상반응이 발생한 경우 개발자는 의약품고위공무원에 따라 식품의약품안전청장에게 이를 신속히 보고하여야 한다.[166]

162) 1. 생명을 위협하는 중대한 질환 등을 가진 환자를 치료하기 위한 경우, 2. 대체의약품 또는 치료법이 없어 기존의 방법으로 만족할 만한 치료효과를 기대하기 어려운 질환의 경우, 3. 한국희귀의약품센터장이 환자치료에 필요하다고 인정되는 경우, 의약품임상시험계획승인지침 제11조 제2항.

163) 의약품임상시험계획승인지침 제11조 제3항.

164) 의약품임상시험계획승인지침 제12조 제1항.

165) 의약품임상시험계획승인지침 제12조 제2항.

166) 의약품임상시험계획승인지침 제13조.

5. 임상시험의 변경과 완료

(1) 임상시험의 변경

임상시험의 변경시 시험책임자는 정해진 자료를 해당기관의 식품의약품안전청장에게 제출하여 변경승인을 받아야 한다. 그러나 의약품의 안전성·유효성 평가에 직접적인 영향이 없는 임상시험계획서의 세부사항을 변경하고자 하는 경우에는[167] 식품의약품안전청장의 별도 승인 없이 해당기관의 임상시험심사위원회의 승인을 받아 임상시험을 실시할 수 있고, 이 경우 임상시험성적서에 변경사항을 반영하여야 한다. 다만, 임상시험책임자 또는 임상시험실시기관의 변경 등은 식품의약품안전청장에게 변경사항을 제출하는 것으로 변경승인을 갈음한다.[168]

(2) 의약품 임상시험계획 변경시 제출자료

의약품 임상시험계획 변경시 식품의약품안전청에 제출하여야 하는 자료는 다음과 같다.[169]

1. 승인된 임상시험계획의 범주에 속하는 새로운 임상시험을 실시하고자 하는 경우
   가. 임상시험계획서
   나. 안전성·유효성과 관련하여 최신의 정보가 포함된 임상시험자자료집(변경사항이 없는 경우 제출 면제)
2. 사용하고자하는 임상시험용의약품의 제조(수입)원이 변경된 경우
   가. 약사법시행규칙 제28조 제 1 항 제 2 호에 적합함을 입증하는 자료
3. 새로운 작용기전에 의한 새로운 적응증 추가를 위해 개발계획을 변경하고자 하는 경우
   가. 임상시험계획서
   나. 약리학적으로 입증할 수 있는 자료

167) 다만 다음의 경우는 제외한다. 1. 임상시험용의약품의 원료약품분량, 2. 임상시험 대상질환, 3. 피험자 선정기준, 제외기준, 4. 임상시험용의약품의 투여방법, 투여기간, 5. 안전성 및 유효성 평가기준, 피험자의 안전과 직접적으로 관련이 있는 주요 임상검사항목, 관찰 및 검사방법, 6. 기타 식품의약품안전청장이 별도로 인정하는 경우 등. 의약품임상시험계획승인지침 제10조 제 1 항 각 호.

168) 의약품임상시험계획승인지침 제10조 제 1 항.

169) 의약품임상시험계획승인지침 제 9 조 제 1 항.

4. 임상시험용의약품의 제형 또는 원료약품의 분량을 변경하여 새로운 임상시험을 실시하고자 하는 경우
   가. 임상시험계획서
   나. 자사기준 및 시험방법(필요한 경우)
   다. 제 4 조 제 3 호 내지 제 4 호에서 정한 자료(필요한 경우)
   라. 기타 독성시험결과가 요약된 자료(필요한 경우)

(3) 임상시험의 조기종료 또는 일시중지

임상시험의 조기종료 또는 일시중지시 시험책임자는 임상시험심사위원회와 피험자에게 즉시 알리고 임상시험심사위원회에 사유서를 제출하여야 한다.

(4) 임상시험의 완료

임상시험이 완료된 경우 시험책임자는 결과요약자료와 함께 임상시험 완료사실을 임상시험심사위원회에 보고하여야 한다.

제14장

뇌사와 장기이식

김 장 한*

Ⅰ. 뇌사 개념의 성립

1. 죽음의 기준: 심장, 폐 그리고 뇌사에 대한 현상학적 설명

(1) 죽음의 본질에 대한 질문은 철학적이며 신학적인 것이다. "유기체의 전체적 통합 기능의 영구적인 중지," "생명의 본체로 부터의 이탈," "영혼의 이탈" 등 다양한 언어로 표현되는 형이상학적인 정립 외에 달리 대답할 수 없는 것이 죽음의 본질에 대한 답변이다. 그러나 이러한 논의는 본 논문 범위 외의 것이다. 우리는 생활 속에서 죽음을 느끼고 이를 정의하며 이 현상이 일어나는 시간과 조건들에 대한 임상의학의 발견과 이를 둘러싼 사회적 논의 및 법학적 결단을 통하여 죽음에 대한 현실의 문제를 해결하여야 한다. 이러한 접근은 죽음에 대한 과학적 관찰에 의존하게 된다.

(2) 죽음은 생명의 영구적인 중지를 의미하며, 이것은 생물학적인 현상이다. 생명에 대한 기본 구성단위를 세포(cell)[1]에서 출발시켜 보자. 세포가 특정한 구조와 기능을 가지고 모이게 되면, 이것을 조직(tissue)[2]이라고 하고, 조직

* 울산대학교 의과대학 교수.

1) 세포의 발견은 1665년 영국의 물리학자 로버트 훅(R. Hook, 1635~1703)에 의하여 이루어졌다. 손으로 제작한 현미경을 이용하여 코르크 조각의 표면이 수많은 작은 구획으로 이루어졌음을 관찰하고 이를 세포(cell)이라고 명명하였다. 이후 좀더 정교한 현미경이 발견되면서 1838년 독일의 슐라이덴(M. J. Schleiden. 1804~1881)이 식물에 대하여 세포설을 주장하였고, 다음해 슈반(T. Schwann. 1810~1882)이 동물에 대하여 세포설을 주장하면서 생물 전체에 대하여 세포가 구성의 기본단위라는 세포설이 확립되었다.

2) 특정 구조와 기능을 갖는 세포 집단을 조직이라고 한다. 동물에서 조직은 상피조직, 지지조

이 모이거나 또는 단일한 조직으로서 개체의 생존을 위하여 일정한 기능을 수행하면 이를 장기(organ)[3]라고 한다. 죽음의 개념은 개체사(個體死)를 중심으로 이루어지며, 개체사를 인정하기 위한 증거로서 심장 박동의 중지나 호흡의 중지와 같은 인식 가능한 판단 기준을 사용한다. 장기 수준에서 확인된 죽음의 증거가 개체의 죽음을 즉각적으로 반영한다는 믿음이 우리에게는 존재하는 것이다. 개체의 사망이 즉시 조직이나 세포 단계의 죽음을 의미하는 것은 아니다. 유기체의 부패과정을 통하여 개체의 사망은 시간과 함께 조직과 세포의 죽음으로 연결되어 간다.

(3) 죽음을 정의하고 인지하는 기준은 인간이 개체로서 가지는 생리적 기능의 영구적 중지이다. 그것은 일상의 관찰에 기초한 결과이며, 생활과 법 등에서도 이러한 기준을 이용하고 있다. 심박동이 일시 정지한 경우에 응급소생술을 시행하면 다시 심장을 뛰게 할 수 있고, 심장 수술을 하면서 심장폐기계(heart lung machine)를 작동시키면 상당 시간 심장과 폐의 역할을 대신할 수 있다. 그러므로 심박동이나 호흡의 중지를 사망 판정 기준으로 사용하기 위해서는 비가역적으로 중지(中止 또는 종지, 終止)라는 조건이 충족되어야 한다.

심장은 순환계의 구성 장기이며, 폐는 호흡계의 구성 장기이다. 심박동의 중지 그리고 호흡의 중지라는 사망의 기준은 장기(organ)의 기능 중지 또는 종지를 외부에서 인식하여 이를 개체의 죽음을 판단하는 근거로 사용하는 것이다. 심박동 중지를 맥박종지설, 호흡 중지를 호흡종지설이라고 한다. 이 기준들은 생물학적, 의학적 기준에 의하여 사망을 판단하는 것이며, 이 두 가지 기준을 함께 묶어서 심폐사(心肺死)라고 한다. 호흡이 중지되는 경우를 생각해 보자. 호흡은 뇌간의 호흡 중추에 지배를 받기 때문에 호흡중추의 손상(예컨대 호흡중추에서 일어난 뇌출혈)은 호흡 현상에 즉각적으로 반영된다. 호흡 중추가 손상 받으면 그 정도에 따라 호흡은 평상시와는 다른 형태의 약한 호흡 또는

직, 근육조직, 신경조직으로 구분된다. 세포사이에는 세포간질이 들어 있는데, 상피조직의 경우 세포간질이 거의 없으며, 지지조직에는 세포간질이 풍부한 결합조직, 뼈조직 등이 포함된다.

3) 장기 또는 기관은 서로 다른 장기 또는 기관과 상호 교류하면서 개체의 생존을 위한 일정한 기능을 수행한다. 동물의 경우 해부학적으로 간은 하나의 장기로 분류할 수 있지만, 기능면에서는 몇 가지 별개의 기능을 가질 수 있는데, 다세포 생물에서 몇 개의 조직이 복합하여 일정한 형태를 가지고 특정한 작용을 하는 장기 또는 기관을 묶어서 계통으로 분류한다. 동물의 경우 기능적 공통성에 기초하여 계(system)로 구분하는데, 신경계, 감각계, 운동계, 골격계, 소화계, 호흡계, 순환계, 배출계, 생식계 등으로 분류할 수 있다.

기계적인 호흡 형태로 변화하게 되며, 괴사 등으로 호흡 중추의 기능이 중지되면 호흡도 역시 중지된다.[4] 이에 반하여 심장은 내부에서 스스로 전기적 자극을 발생시키는 자율적인 박동 체계를 가지고 있기 때문에, 호흡이 중지되어도 짧은 시간이지만 자율적인 박동을 계속한다.[5] 하지만 호흡이 중지되면 혈액은 산소를 교환할 수 없기 때문에, 심장도 박동을 계속하기 위한 산소를 보충받을 수 없어 심장 근육세포가 사망하고 이로 인하여 박동이 중지되게 된다. 호흡이 중지되거나 심박동이 중지된 경우, 수 분 이내에 뇌는 생존에 필요한 산소를 받을 수 없기 때문에 불가역적인 단계로 들어서게 된다. 급성 심근경색이 발생하거나, 사고에 의하여 심장이 파열된 경우 일차적으로 심장의 박동이 중지되면 즉각적으로 혈액의 순환이 중지되고(심장이 부정맥 등으로 약하게 박동하는 경우에도 생존에 필요한 혈압을 발생시키지 못하면 유효한 혈액의 순환이 불가능하게 된다), 뇌는 생존에 필요한 산소를 공급받을 수 없게 된다. 뇌는 수분 이내에 불가역적인 단계에 들어서게 되며, 뇌의 일부로서 호흡중추도 기능을 중지하게 되며, 호흡도 뇌의 손상을 반영하여 중지 된다. 이와 같이 심박동, 호흡과 뇌사는 기능적으로 밀접한 관계를 가지고 있으며, 그 기능의 중지가 즉각적인 개체사를 반영하는 인과관계가 인정된다.

(4) 심장이나 호흡의 중지와 달리 뇌에 혈액 공급이 중단되면서 뇌 조직이 불가역적으로 파괴되는 뇌사 상태는 일반인들이 일상에서 감각으로 느낄 수 있는 것은 아니다. 뇌사 상태는 의학의 발달에 따라 알려진 것으로서 뇌사 상태에 대한 첫 기술은 1902년 쿠싱(Cushing)의 논문에서 나타난다.[6] 1956년 로프

---

4) 자발적인 호흡을 일으키는 뇌의 중추기능을 담당한 곳을 호흡 중추라고 한다. 숨뇌(medulla oblongata)와 다리뇌(pons)에 분포하는 신경 세포군으로서 연수의 망양체의 호흡 중추는 흡기중추가 호기중추보다 우위에 있으며, 다리뇌의 호흡중추에는 숨뇌의 호흡중추를 거쳐서 호흡의 리듬에 관계하는 지속호흡중추와 호흡조절중추가 있다. 호흡은 호흡중추, 미주신경, 폐 및 호흡관련근육들의 상호 작용에 의하여 리듬감 있게 조절되며 이루어진다. 혈액내 탄소 농도가 증가하여 흡기 중추에서 흡기 신호가 발생하며, 이 신호는 가로막 신경, 갈비 사이 신경을 통하여 흡기를 위한 근육을 움직이게 하고, 이후 폐가 확장되어 충분히 팽창되면 폐포와 폐포관의 수용체 신호가 미주신경을 통하여 호흡조절중추에 억제 신호를 전달함으로써 흡기는 중단되고 호기가 이루어진다.

5) 심장의 모든 부분은 스스로 박동할 수 있는 능력을 가지고 있는데, 정상 심장에서 자율적인 심장자극전도의 시작은 동방결절(sinoatrial node, SA node)에서 시작한다. 동방결절에서 시작한 전기 자극은 심장내부의 전도계를 따라서 방실결절(Atrioventricular node, AV node)에 전달되고 이후 심실 근육에 전기 자극이 전달되면서 순차적인 심장 수축이 이루어진다.

6) Harvey Cushing, Some Experimental and Clinical Observations Concerning States of Increased Intracranial Tension, Am J Med Sci, 1902; 124: pp. 375-400. 뇌사란 무엇인가? 다

스테드(Lofstedt)와 폰 라이스(von Reis)는 무호흡, 무반사, 저혈압, 저체온 및 요붕증을 나타내는 환자 6례에 대한 보고를 하고 있다. 환자들의 인공호흡기를 사용하고 있었고, 뇌혈류 검사에서 뇌에 혈액이 흐른다는 증거는 없었으며, 2~3일 후 사망하게 된다. 우리가 현재 사용하고 있는 뇌사 개념에 가장 근접한 기술은 1959년 몰라레(Mollaret) 와 그론(Goulon) 등 몇 명의 프랑스 신경생리학자가 그들이 coma dèpassè라고 명명한 인공호흡기를 부착한 심한 혼수상태 환자의 연구 결과를 발표한 것이다. 여러 가지의 검사를 통하여 이 환자에게는 반사와 전기 생리학적 활동성이 없다는 것을 알게 되었다. 사후 부검을 통하여 광범위한 뇌의 파괴(괴사와 자가 융해)와가 발견되었는데, 이 현상은 "인공호흡기 뇌(Ventilator brain)"라고 불리어 왔다. 뇌사상태에서 인공호흡기 등을 사용하면 생체 징후인 맥박, 혈압, 호흡, 체온은 일시적으로 유지될 수 있고 장기적출이 가능하게 된다. 하지만 이러한 상태는 오래 가지 못하며, 어떤 치료 노력을 하더라도 일반적으로 수 일 내지 길어야 2주 안에 심정지가 초래되어 결국은 사망하게 된다. 이러한 사망에 대한 과학적 발견에 기초하여 뇌사설이 나타나게 된다.

2. 뇌사입법의 과정

장기이식의 역사는 기원전 600년 전 경에 인도에서 시행한 기록이 있을 정도로 그 역사가 깊지만, 뇌사 상태에 대한 기술은 비교적 최근인 1902년 쿠싱(Cushing)의 논문에서 첫 언급을 찾을 수 있다. 독립적으로 발달해 온 두 가지 의료기술이 서로 연결되기 시작한 것은 1967년 남아프리카 공화국의 크리스티앙 바나드(Christian Barnard)가 심장이식을 성공한 이후이다. 전 세계에서는 열광적으로 장기이식수술에 뛰어들었고, 이에 맞추어 1968년 하버드 의대 특별위원회에서 뇌사에 관한 하버드 기준(Harvard criterion)을 발표하였다.[7] 이것을 계기로 뇌사판정 기준들이 속속 제시되었으며, 후속적으로 뇌사입법이 이루어지게 된다. 우리나라는 1983년 대한의학협회에서 "죽음의정의연구특별위원회"

케우치 가즈오 지음, 손영수 옮김, 전파과학사, 서울: 1992: 48-49면 재인용. 뇌농양에 의해 호흡이 중지된 후 심장이 정지하기까지 23시간 동안 인공호흡을 실시한 예를 보고하면서, 두개내압이 매우 높아지고 심정지가 일어나기 전에 호흡정지가 일어난다고 보고하고 있다.

7) Ad hoc Committee of the Harvard Medical School to Examine the Definition of Brain Death, "A Definition of Irreversible Coma," JAMA, 1968; 205: pp. 337-340.

를 조직하고 최초로 뇌사판정기준안을 마련하였다. 1988년 서울대학교 병원에서 뇌사자로부터 간이식을 최초로 시행하였고, 이를 계기로 대한의학협회에 “뇌사연구특별위원회”가 구성되어 “심장 및 호흡 기능의 정지 또는 뇌간을 포함한 전뇌기능의 불가역적 소실”이라는 죽음의 정의 및 뇌사 판정 기준을 마련하였으며 1989년 정부에 뇌사입법건의를 하였다.[8] 이후 대한의학협회는 공청회와 세미나 등을 거치다 1993년 3월 “뇌사에관한선언”을 하였고, 동협회제정 “뇌사판정기준” 및 “뇌사자장기이식의료기관요건”에 따라 뇌사판정의료기관 및 뇌사자장기이식의료기관을 인준하기 시작하였다. 뇌사입법이 되지 않은 상태에서 뇌사자로부터 장기를 적출하여 이식하는 시술건수가 점차 증가하였고, 입법의 필요성이 점증하였다. 1998년 12월 1일 국무회의를 통해 “장기등이식에관한법률”안이 확정되고, 1999년 2월 8일 국회에서 법률5858호에 의하여 “장기등이식에관한법률(이하 장기이식법)”이 제정되었고, 2000년 2월 9일부터 발효되었다.

Ⅱ. 뇌사판정기준

1. 뇌사판정기준의 발달[9]

(1) 뇌는 크게 대뇌, 소뇌 및 뇌간으로 구분할 수 있다. 대뇌는 고도의 정신활동을 지배하는 중추로서 인간의 감정, 이성과 같은 것이 존재하며, 감각과 의도적 운동을 조절하는 능력을 가지고 있다. 소뇌는 운동조절중추로서 우리가 느끼지 못하지만 신체의 평형감각을 유지시키는 역할을 하고 있다. 뇌간은 생명유지에 필요한 호흡과 순환기능, 반사 및 의식의 중추로서 기능한다.

8) 뇌사입법 이전에 뇌사자로부터 장기이식을 한 경우는 1988년 서울대학교 병원에서 김수태 교수팀이 간이식을 한 것, 1990년 한림대 부속 강동성심병원의 한덕종 교수팀이 신장이식을 한 것, 1992년 인제대 의대부속병원 이혁상 교수팀이 간이식을 한 것이 있다. 특히 세 번째 사건에 대해서는 서울 기독교 청년회시민중계실이 고발장을 준비하고 세미나를 여는 등 사회적인 반향이 대단하였다. 한겨레 신문, 1992. 4. 29.

9) 독일에서의 뇌사 인정 과정과 법원의 태도에 관하여는 김학태, “뇌사와 장기이식에 관한 법철학적 연구,” 외법논집 2004; 16: 397-398면. 각국의 뇌사입법에 대하여는 뇌사와 장기이식의 법률학, 주호노, 동림, 1997: 19-36면.

(2) 일반적으로 뇌사를 "뇌의 기능이 비가역적인 상실된 상태"라고 정의하지만, "뇌(brian)"는 단일한 구조, 기능을 가진 물체가 아니기 때문에 개념적으로 혼란이 나타날 수 있다. 신피질사(neocortical death), 대뇌사(cerebral death), 전뇌사(total brain death), 뇌간사(brain stem death), 비가역적 혼수(irreversible coma) 및 지속적 식물 상태(persistent vegetative state) 등의 개념들이 언급되고 있지만, 의학적으로 받아들여지는 뇌사 판정 기준은 크게 보면 두 가지로 나눌 수 있다. 첫째는 1968년 하버드 의대 특별위원회에서 발표한 하버드 기준(Harvard criterion)이다.[10] 논문 제목은 "뇌사"라는 단어를 사용하지 않은, "비가역적 혼수의 정의(A Definition of Irreversible Coma)"이고, 이에 기한 기준은 다음과 같다.

① 외부 자극에 대한 인지와 반응이 없는 상태: 외부 자극, 특히 심하게 아픈 통증 자극을 준 경우에도 소리를 포함하여 팔다리를 움직이거나 호흡이 가빠지는 등의 인지와 반응이 전혀 없을 것.

② 신체의 자발적인 움직임이 없거나 자발 호흡이 없는 상태: 통증, 접촉, 소리 및 빛을 포함한 외부 자극에 반응이 없는 것과 함께 적어도 한 시간 이상 관찰한 결과 신체의 자발적인 움직임이 없어야 하고, 인공호흡기를 하고 있는 환자의 경우는 방안의 공기(room air)를 이용하여 10분 동안 인공호흡을 하고 환자 혈액의 이산화탄소 분압이 정상 범위에 있다고 한다면, 인공호흡기를 끄고 3분간 관찰하여 자발적인 호흡을 하려는 환자의 움직임이 없어야 한다.

③ 척수 반사를 포함한 모든 반사의 소실: 확대되고 고정된 동공, 머리를 돌리거나, 얼음물을 이용한 자극에 반응하는 안구의 움직임이 없을 것, 유해한 자극에 대한 반응이 없을 것, 심부건반사(deep tendon reflex)가 나타나지 않을 것.

④ 뇌파 검사에서 평탄파가 나와야 함: 측정은 10uv/mm와 50uv/mm으로 두 번 측정하며, 측정은 10분은 되어야 하고, 두 번 측정하는 것이 바람직하다.

선행 조건으로서 저체온(온도가 90F(32.2°C)) 또는 바비츄레이트류(Barbiturates)와 같은 중추신경계 억제재의 영향이 없어야 한다고 하였다.

1968년 호주 시드니에서 제22차 세계의사대회가 개최되었고, 시드니 선언

---

10) Ad hoc Committee of the Harvard Medical School to Examine the Definition of Brain Death, op. cit., pp. 337-340.

으로서 뇌사 기준을 선언하게 되는데, 기본적으로 하버드 기준을 채택하고 있다. 하버드 기준은 대뇌를 포함한 모든 뇌 기능이 비가역적으로 된 경우 뇌사를 인정하는 견해로서 전뇌사설(total brain death theory)의 기본이 되었다.

둘째는 1971년의 미국 미네소타 대학의 모나다스(Mohnadas)와 쵸우(Chou)에 의하여 제시된 기준이다. 이 기준은 ① 원인을 아는 회복 불가능한 두 개강 내의 병변, ② 자발적 호흡이 없을 것, ③ 인공호흡기를 제거한 상태에서 4분간 호흡이 없을 것, ④ 모든 뇌간 반사의 소실 그리고 이러한 네 가지 기준들이 12시간 이상 지속되어야 한다고 하였다.[11] 미네소타 기준은 ① 대뇌의 뇌파 검사를 하지 않는 점, ② 척수 반사의 여부는 중요하지 않다고 보았다. 이러한 입장은 1972년 코넬(cornell) 대학에서 발표한 뇌사기준에 합치한다. 생명유지중추인 뇌간의 불가역적인 변화를 뇌사로 보는 뇌간사설(brain stem death theory)로서 이후 영국, 대만의 뇌사 판정 기준이 된다.

(3) 1968년 뇌사에 대한 하버드 기준이 발표된 이후, 1970년 캔자스주(Kansas)에서 처음으로 하버드 기준을 받아들인 주 입법을 제정한다. 이 법은 기존의 사망 기준인 심장, 호흡 중지에 의한 사망 판정과 전뇌사설에 기초한 뇌사를 동일한 선상에 놓고 의사의 선택에 의하여 판정할 수 있는 것으로 하였다. 이 법은 미국내 다른 주의 입법 모델이 된다. 1978년 미국 연방의회는 의학, 생물의학 및 행동연구에서의 윤리문제연구를 위한 대통령위원회(the President's Commission for the Study of Ethical Problems in Medicine and Biomedical and Behavioral Research)를 두도록 하였으며, 그 위원회에서 1981년 죽음의 정의에 대한 연구보고서를 내놓았다.[12] 위원회는 ① 의학의 발전은 전통적으로 사망하였다고 인정되던 기준을 고칠 필요성을 제기하였으며, 이 문제는 주법의 관할이며 성문법으로 다루어야 할 문제라는 점, ② 죽음은 심장이나 폐의 비가역적 중지라고 하는 종래의 기준이나, 전뇌 기능의 소실이라는 뇌사 기준 어느 것에 의하든지 명확하게 증명할 수 있는 단일 현상이라는 점, ③ 법률상 죽음의 정의는 장기이식이나 생명유지의 중지 결정에 관한 법규와 분리되고 구별되

11) Mohadas A and Chou SN. Brain death. A clinical and pathological study. J Neurology 1971: 35(2): 211-218면.

12) President's Commission for the study of Ethical Problems in Medicine and Biomedical and Behavioral Research. Defining Death: A Report on the Medical, Legal and Ethical Issues in the Determination of Death. U.S. Government Printing Office, Washing D.C. 1981. 보고서는 "죽음의 정의, 이영균, 고려의학, 1992"으로 번역되어 출간되어 있다.

어야 한다고 하였다. 위의 결론을 성문법 형태로 구체화하기 위하여 통일사망판정법(uniform determination of death act)이 제시되었는데, 이에 의하면 (1) 불가역적으로 순환기능, 호흡기능이 중지된 경우, (2) 뇌간을 포함한 전체 뇌의 모든 기능의 불가역적인 중지가 된 채로 유지되고 있는 상태라면 사망한 것이다. 사망 판정은 인정된 의학적 기준(accepted medical standards)에 합치하여야 한다. 이러한 인정된 의학적 기준으로 이미 "하버드 기준(JAMA 1968; 205: 337-340)"이 있었으며, 이 기준을 미국의 절반 이상의 주에서 입법 또는 판결을 통하여 받아들이고 있었다. 그러나 그 기준이 세밀하지 않은 단점이 있어서 미국의학회를 중심으로 한 일군의 의사들이 좀더 객관적인 기준을 제시[13]하였는데, 이것을 우리나라를 비롯하여 전 세계적으로 받아들이고 있다. 이후 1987년 미국소아과학회(American Academy of Pediatrics)는 유소아의 뇌사판정을 위한 기준을 제안하였다.[14]

(4) 영국에서 뇌사 개념이 처음 도입된 것은 1976년 Medical Royal College의 학술대회에서 발표된 "뇌사의 진단(Diagnosis of brain death)"이라는 논문에 의해서다. 당시 발표문에는 뇌사의 진단을 위해서는 뇌간(brain stem)의 모든 기능이 불가역적으로 상실되어야 한다고 하였다. 당시 발표문에는 비록 일부분일지라도 회복의 가능성이 있는 환자와 전혀 회복할 수 없는 단계로서 뇌사는 구별된다고 표현하고 있다.[15] 두 번째 뇌사 선언은 1979년 Medical Royal College의 학술대회에서 발표된 "사망의 진단(diagnosis of death)"이라는 발표문에서 이루어졌다. 뇌사 신단 기준에 대해서는 아무런 변경이 없었으나, 발표

13) Guideline for the determination of death, Special communication, JAMA, 1981; 246(19): 2184-2186. 내용은 다음과 같다. 첫째, 순환 및 호흡 기능이 비가역적으로 중지된 개인은 사망하였다고 보는데, 호흡이나 심장 박동의 중지(cessation)는 적절한 의학적 진찰로 판정하고, 비가역성(irreversibility)은 일정한 시간 동안 관찰하고/하거나(and/or) 치료의 시도에 의해서도 지속적으로 기능이 중지된 것으로 판정한다. 둘째, 뇌간을 포함한 전체 뇌기능의 비가역적 중지는 깊은 혼수와 외부자극에 대한 무반응성 등 대뇌기능이 소실되고, 무호흡 및 뇌간반사 소실 등 뇌간기능의 상실이 뚜렷한 경우이다. 비가역성의 판정은 혼수의 원인이 확정되어 있고, 그것이 뇌기능상실의 충분한 근거가 되며, 뇌기능이 회복할 가능성이 배제되어야 하며, 전체 뇌기능이 일정한 시간동안 관찰하고/하거나(and/or) 치료의 시도에도 중지되는 것을 의미한다. 또한 뇌사의 판정에는 뇌파나 뇌혈관촬영 등이 도움을 줄 수 있다고 하였으며, 약물중독, 대사성질환, 32.2℃ 이하의 저체온, 5세 이하의 유소아, 쇼크(shock) 상태에서는 뇌사의 판정에 극히 신중해야 한다고 하였다.

14) American Academy of Pediatrics, Task Force on Brain Death in Children. Guidelines for the determination of brain death in children, Pediatrics 1987; 80: pp. 298-300.

15) Clinical Topics, Diagnosis of brain death, BMJ 1976; 2: 1187-1188면.

내용은 “뇌사는 뇌의 모든 기능이 완전히 그리고 불가역적으로 중지된 시점을 의미한다”고 하였고, “뇌사는 환자가 진실로 사망하였다는 단계를 의미한다“고 하였다. 이러한 정의의 개념 확장에 이유에 대하여 특별한 설명을 첨부하지는 않았다. 1982년 영국의사회의 책임하에 뇌사판정지침이 발표된다. 영국의 뇌사 판정기준의 특징은 뇌간사가 이루어진 경우에 심장사는 필연적으로 동반되므로, 대뇌의 기능이 어느 정도 유지되는 것은 뇌사판정에 충분조건이 아니라는 뇌간사설을 채택한 것이다. 또한 무호흡 검사방법을 정한 것이다. 무호흡검사에 대한 중요성은 논의되었으나 검사 도중에 뇌의 무산소증을 새롭게 발생시킬 가능성이 있다는 문제 때문에 명확한 판정 기준을 만든 것은 없었다. 당시 확립한 방식을 일본과 우리나라 법에서 도입하고 있다. 1990년대의 영국에서는 뇌사의 인정여부를 가지고 수많은 논쟁이 이루어졌으며, 1995년 Journal of Royal College of Physicians에 “뇌간사 진단의 기준(criteria for the diagnosis of brain stem death)”이라는 논문이 발표되면서 ‘뇌간사’라는 용어의 사용을 공식적으로 선언하였다.[16)]

장기등이식에관한법[일부개정 2004. 1. 29 법률 7150호]에 따른 뇌사 기준

[별표] 뇌사판정기준(제16조 제 2 항 관련) 뇌사 기준

1. 6세 이상인 자에 대한 뇌사판정기준

   다음의 선행조건 및 판정기준에 모두 적합하여야 한다.

   가. 선행조건

      (1) 원인질환이 확실하고 치료될 가능성이 없는 기질적인 뇌병변이 있어야 할 것
      (2) 깊은 혼수상태로서 자발호흡이 없고 인공호흡기로 호흡이 유지되고 있어야 할 것
      (3) 치료 가능한 약물중독(마취제 · 수면제 · 진정제 · 근육이완제 또는 독극물 등에 의한 중독)이나 대사성 또는 내분비성 장애(간성혼수 · 요독성 혼수 또는 저혈당성 뇌증 등)의 가능성이 없어야 할 것
      (4) 저체온상태(직장온도가 섭씨 32° 이하)가 아니어야 할 것
      (5) 쇼크 상태가 아니어야 할 것

16) Available from http://www.linacre.org/death.html, Accessed at Oct 13th, 2006.

나. 판정기준

(1) 외부자극에 전혀 반응이 없는 깊은 혼수상태일 것

(2) 자발호흡이 되살아날 수 없는 상태로 소실되었을 것

(3) 두 눈의 동공이 확대·고정되어 있을 것

(4) 뇌간반사가 완전히 소실되어 있을 것: 다음에 해당하는 반사가 모두 소실된 것을 말한다.

(가) 광반사(light reflex)

(나) 각막반사(corneal reflex)

(다) 안구두부반사(oculo-cephalic reflex)

(라) 전정안구반사(vestibular-ocular reflex)

(마) 모양체척수반사(cilio-spinal reflex)

(바) 구역반사(gag reflex)

(사) 기침반사(cough reflex)

(5) 자발운동·제뇌강직·제피질강직 및 경련 등이 나타나지 아니할 것

(6) 무호흡검사 결과 자발호흡이 유발되지 아니하여 자발호흡이 되살아날 수 없다고 판정될 것

※ 무호흡검사

자발호흡이 소실된 후 자발호흡의 회복가능 여부를 판정하는 임상검사로서 그 검사 방법은 다음과 같다.

- 100% 산소(O_2) 또는 95% 산소(O_2)와 5% 이산화탄소(CO_2)를 10분 동안 인공호흡기로 흡입시킨 후 인공호흡기를 제거한 상태에서 100% 산소(O) 6ℓ/min를 기관 내관을 통하여 공급하면서, 10분 이내에 혈압을 관찰하여 혈액의 이산화탄소분압(PaCO)이 50torr 이상으로 상승함을 확인하였음에도 불구하고 자발호흡이 유발되지 아니하면 자발호흡이 되살아날 수 없다고 판정하고, 검사가 불충분하거나 중단된 경우에는 혈류검사로 추가 확인하여야 한다.

(7) 재확인: (1) 내지 (6)에 의한 판정결과를 6시간이 경과한 후에 재확인하여도 그 결과가 동일할 것

(8) 뇌파검사: (7)에 의한 재확인 후 뇌파검사를 실시하여 평탄뇌파가 30분 이상 지속될 것

(9) 기타 필요하다고 인정되는 대통령령이 정하는 검사에 적합할 것

2. 6세 미만 소아에 대한 뇌사판정기준

제 1 호의 선행조건 및 판정기준에 적합하여야 하되, 연령에 따라 재확인 및 뇌파 검사를 다음과 같이 실시한다.

가. 생후 2월 이상 1세 미만인 소아

- 제 1 호 나목 (7)에 의한 재확인을 48시간이 경과한 후에 실시하고, 제 1 호 나목 (8)에 의한 뇌파검사를 재확인전과 후에 각각 실시한다.

나. 1세 이상 6세 미만인 소아

- 제 1 호 나목 (7)에 의한 재확인을 24시간이 경과한 후에 실시한다.

2. 뇌사판정기준의 구체적 내용

(1) 6세 이상인 자에 대한 선행 조건[17)]

가. 원인질환이 확실하고 치료될 가능성이 없는 기질적인 뇌병변의 존재

① "원인 질환이 확실하고"는 심한두부외상, 뇌실질내 출혈, 뇌지주막하 출혈, 뇌경색, 뇌종양 등의 일차적 뇌병변과 심장마비나 질식(asphyxia) 후의 저산소성 뇌병증(hypoxic encephalopathy) 등과 같은 이차적 뇌병변이 가능하다.

② "치료의 가능성이 없는"은 원인 질환으로 미루어 판단하건데, 이후에 설명하게 될 '뇌사 판정 기준'을 충족시킬 것으로 볼 수 있다는 보아도 모순이 없을 정도를 의미한다.

③ "기질적인 뇌병변"은 단순한 "뇌 기능 이상"을 배제하는 의미로서 단순한 병력 청취나 임상 진찰 결과만으로 인정하기는 곤란하고, 뇌컴퓨터단층영상(CT)이나 자기공명영상(MRI)과 같은 영상 검사에 의하여 뇌의 형태학적인 변화를 인정할 수 있어야 한다.

나. 깊은 혼수상태로서 자발호흡이 없고 인공호흡기로 호흡이 유지되고 있어야 할 것

"깊은 혼수상태"는 고도의 의식 장애로서 인식과 각성이 모두 사라진 상태를 의미한다. "자발 호흡이 없고, 인공호흡기로 호흡을 유지하는 상태"라는 기준은 깊은 혼수상태에 대한 부가조건으로서 결국 "뇌사판정기준"에 의하여 결정되는 것이다.

다. "① 치료 가능한 약물중독(마취제·수면제·진정제·근육이완제 또는

17) Eelco F. M. Wijdicks. Determining brain death in adults. Neurology, 1995; 45: pp. 1003-11.

독극물 등에 의한 중독)이나 대사성 또는 내분비성 장애(간성혼수·요독성 혼수 또는 저혈당성 뇌증 등)의 가능성이 없어야 할 것 ② 저체온상태(직장온도가 섭씨 32° 이하)가 아니어야 할 것 ③ 쇼크 상태가 아니어야 할 것."

라. 환자가 뇌사 상태라는 것은 인정하기 위한 선행조건이 모두 만족되어야 뇌사 판정기준을 적용할 수 있다.

(2) 6세 이상인 자에 대한 판정기준

가. 외부자극에 전혀 반응이 없는 깊은 혼수상태일 것

"외부 자극"은 청각, 시각에 대한 자극을 포함하여 어떠한 자극이라도 가능하지만, 일반적으로 통증을 유발하는 유해 자극을 의미하며, 눈두덩위에 압력을 가하거나 손톱에 압력을 가하는 것과 같은 자극에 대하여 운동성 반응이 없어지는 것을 말한다. "반응이 없는"을 판정할 때 주의할 점은 척수 반사에 의한 운동 반응은 고려하여서는 안 된다는 것이다. 심부건반사(deep tendon reflex), 표재성 복부반사(superficial abdominal reflex), 바빈스키 반사(Babinski reflex), 라자루스(Lazarus) 징후,[18] 신근자세(extensor posturing)는 뇌사 판정에 반대되는 소견이 아니다. 척수반사에 의한 움직임은 복합척수자동증(complex spinal automatism)이라고 하는데, 상지, 체간, 두부에 까지 나타나는 것으로 보고되고 있다.[19] 팔과 다리의 굴곡, 등이 휘는 것과 같은 큰 움직임이 나타날 수 있기 때문에 뇌사 판정을 곤란하게 하는 경우가 있다.

나. 자발호흡이 되실아날 수 없는 상대로 소실되었을 것

무호흡검사에 의하여 증명하여야 한다. 자발호흡이 소실된 후 자발호흡의 회복가능 여부를 판정하는 임상검사로서 그 검사 방법은 다음과 같다.

> 100% 산소(O_2) 또는 95% 산소(O_2)와 5% 이산화탄소(CO_2)를 10분 동안 인공호흡기로 흡입시킨 후 인공호흡기를 제거한 상태에서 100% 산소(O_2) 6ℓ/min를 기관 내관을 통하여 공급하면서, 10분 이내에 혈압을 관찰하여 혈액의 이산화탄소 분압($PaCO_2$)이 50torr 이상으로 상승함을 확인하였음에도 불구하고 자발호흡이

18) 뇌사 환자에서 자발적인 심한 팔운동이 나타나는 것. Ropper AH. Unusual spontaneous movements in brain dead patients. Neurology, 1984; 34: pp. 1089-92.

19) 이동국·서상일·김태일·곽규호·도진국·오희종, 뇌간사후 생체징후와 복합척수자동증이 장기간 유지된 증례 1례(A Case of Long-term Persistence of Somatic Survival and Complex Spinal Automatism after Brain Stem Death), 啓明醫大論文集, 1998; 17: 276면.

유발되지 아니하면 자발호흡이 되살아날 수 없다고 판정하고, 검사가 불충분하거나 중단된 경우에는 혈류검사로 추가 확인하여야 한다.

① 100%의 산소 등을 인공호흡기로 환자에게 흡입시킨 후, 기관 내관을 통하여 100% 산소를 공급하면, 환자는 흉부의 팽창과 같은 호흡 운동을 하지 않으면서, 일정 시간 동안 혈액에 산소를 공급할 수 있다. 이러한 현상을 무호흡 산소화(apneuic oxygenation)라고 하는데, 1947년 드래퍼(Draper)는 동물실험에서 45~60분 동안 무호흡 상태를 유지시킬 수 있는 것으로 보고하고 있다.[20] PO2와 PCo_2 차이로 인하여 폐포 내에서 무호흡 상태에서 산소와 이산화탄소의 교환이 일어나기 때문에 나타나는 현상으로, 어느 정도 시간이 지나서 $PaCo_2$가 증가하면 다시 호흡이 돌아오는 것으로 알려져 있다.

② 뇌사상태의 환자에게 무호흡 검사를 시행할 경우, 이산화탄소 분압이 얼마까지 상승하는데도 불구하고 자발 호흡이 돌아오지 않는다고 할 것인지를 결정하는 것이 중요하다. 그 수치를 너무 높게 설정할 경우, 부정맥, 맥박수의 급격한 증가 및 혈압의 급격한 하강과 같은 심혈관계 이상이 동반될 수 있으며, 이로 인하여 이식 가능한 장기가 손상을 입을 수 있다. 너무 낮게 설정할 경우, 자발 호흡의 재개 여부를 정확하게 측정하지 못할 수 있다. 1981년 Ropper 등은 40mmHg이면 충분하다고 하였고,[21] 1982년 피츠(Pitts) 등은 60mmHg에서 소생한 사례가 있었기 때문에 60mmHg 까지 상승하는 것을 보아야 한다고 주장하였다.[22] 각국의 기준도 40~60mmHg 사이에서 설정되어 있다. 우리나라는 독자적 연구결과를 바탕으로 기준을 50mmHg으로 설정하였다.[23]

③ 1995년 미국신경과학회의 뇌사판정지침에 의하면 첫째, 인공호흡기를 떼고 8분 경과 후 자발적 호흡 운동이 없고 $PaCO_2$가 목표치(미국의 경우는 60mmHg)에 이르렀으면 뇌사에 합당한 무호흡검사 "양성"으로 판정하고, 둘째,

20) Drapper WB, Whitehead RW, Spencer NJ. Studies in diffusion respiration, Anesthesiology, 1947; 8: pp. 524-33.

21) Ropper HA, Kennedy KS, Russell LRN. Apnea testing in the diagnosis od brain death, J Neurosurg, 1981; 55: pp. 942-46.

22) Pitts HL, Caronna J. Neurosurgical forum, Letter to the editor, Apnea testing in diagnosis of brain death. J Neurosurg, 1982: 57: p. 433.

23) 이인수, "뇌사판정을 위한 무호흡검사(The Apnea Test for the Determination of Brain Death)," 대한신경외과학회지, 1991(20): 6: 399-405면.

자발적 호흡이 검사 도중 관찰되면 무호흡 검사 "음성"으로 뇌사에 합당하지 않으며, 셋째, 검사 도중(8분 이내의 시간)에 수축기 혈압이 90mmHg이하로 떨어지거나, 맥박산소측정기(pulse oximeter)상 유의한 산소불포화(oxygen desaturation)가 발생하거나, 심부정맥이 발생하는 경우에는 동맥혈을 즉시 채취한 후, 호흡기를 연결해야 한다. 동맥혈 분석을 시행하여 $PaCO_2$가 목표치를 달성했으면 뇌사에 합당한 무호흡 검사 '양성'으로, 만약 $PaCO_2$가 목표치에 도달되지 못한 경우에는 불완전한 검사로서 다른 검사를 고려해야 하는 것으로 규정하고 있다. 자발적 호흡은 관찰되지 않았고 혈압의 유의한 하강이나 심부정맥도 발생하지 않았으나, $PaCO_2$가 목표치에 도달되지 못한 경우에는 무호흡 시간을 10분으로 늘려서 검사를 반복할 수 있다.

④ 혈류 검사는 반드시 무호흡 검사를 시행한 이후에 검사가 불충분하거나 중단된 경우에만 시행할 수 있는 보충적 검사 방법이며, 측정 방법에 대하여 법률에 규정이 없으며, 전통적인 혈관조영술(conventional angiography), 동위원소혈관조영술(isotope angiography), 99mTc-HMPAO 뇌단일양자방출뇌CT (brain SPECT) 및 경두개초음파검사(transcranial Doppler ultrasonography)[24] 등이 있다.

다. 두 눈의 동공이 확대·고정되어 있을 것

동공의 크기는 아트로핀(atropine)을 비롯한 여러 약제에 의해 영향을 받을 수 있으므로 판정에 주의해야 한다. 확대된 동공 크기나 얼마인지는 기준을 제시하지 못하고 있다. 일반적으로 뇌사 상태의 동공은 중간 정도인 4~6mm이며, 확대될 경우 9mm까지 가능하다. 동공이 확대되는 이유는 동공확대근(dilator pupillae muscle)을 지배하는 상부 경수 교감 신경계(sympathetic cervical pathway)가 뇌사 상태에서도 기능이 남아 있을 수 있기 때문이다.[25] 시상 출혈로 뇌사 상태가 된 경우에는 도리어 동공의 축소가 올 수 있기 때문에 동공의 확대라는 기준은 일본 뇌사판정 기준에서 제외되어 있다.[26] 그에 반하여 뇌간반사(4)㈎에 의한 광반사 검사에서 동공의 크기에 변화가 없는 것을 동공이 고

24) 김명현·이훈갑·정용구·서중근·이기찬·주정화, "뇌사 환자의 경두개 Doppler 검사 소견," 대한신경외과학회지, 1992: 21: 1578-1587면.

25) Sims JK, Bickford RG. Non-mydriatic pupils occurring in human brain death. Bull LOs Angeles Neurol Soc, 1973: 38: pp. 24-32.

26) 주호노, 축조해설 장기등이식에관한법률, 육법사, 2000: 129면.

정되었다고 한다.

라. 뇌간반사(brainstem reflex)가 완전히 소실되어 있을 것

다음에 해당하는 반사가 모두 소실된 것을 말한다.

(a) **광반사**(light reflex) 정상인의 동공에 빛을 비추면 즉각적인 동공 수축이 발생하고, 빛을 제거하면 동공은 다시 확대된다(direct pupillary light reflex). 이러한 현상은 빛을 비추지 않은 반대편 동공에서도 발생한다(consensual pupillary light reflex). 많은 약물이 동공의 크기에 영향을 미치지만, 광반사에는 영향을 미치지 못한다. 아트로핀의 경우 치료용량을 정맥주사로 사용한 경우에 특별한 동공의 반응을 일으키지는 못하는 것으로 보고되고 있다.[27] 고용량의 도파민을 사용할 경우 동공의 확대와 고정이 보고된 바 있고, 약물의 국소적인 안구 도포가 있거나 각막, 안구에 대한 외상이 있는 경우는 동공의 크기와 반응성에 이상을 가져올 수 있다. 또한 해부학적인 이상, 안구에 대한 수술을 받은 병력이 있는 경우는 주의하여야 한다.

(b) **각막반사**(corneal reflex) 면봉을 이용하여 각막에 가벼운 자극을 가한 경우에 반응이 없어야 한다.

(c) **안구두부반사**(oculo-cephalic reflex) 안면이 정면을 보게 한 뒤, 빠르고 격렬하게 양 옆으로 90도 회전하면, 정상적으로는 안구는 안면이 향하는 반대 방향으로 편향되게 된다. 환자의 경추부위 손상이 없는 것이 확인된 후에 시행할 수 있다.

(d) **전정안구반사**(vestibular-ocular reflex) Caloric 검사라고도 한다. 안면을 30도 정도 올린 후, 양쪽 고막(Tympanum)을 50ml의 얼음물로 관류(irrigation)시킨다. 외이도(external auditory tunnel)을 통하여 작은 관을 삽입한 후, 시행하면 좀더 용이하게 시행할 수 있다. 뇌사자의 경우 찬물을 넣은 귀 쪽을 향하는 안구의 긴장성 편향(tonic deviation)이 사라진다. 관찰자는 찬물을 넣은 후 1분 동안 관찰하여야 하고, 반대편 고막을 자극하기 위해서는 이전의 검사와 5분 정도 시간간격을 두어야 한다. 외이도에 혈액이 굳어 있거나, 고막의 파열이 있는 경우에는 검사가 불가능하므로, 고막을 정확히 확인한 후 시행하여야 한다. 안면의 손상, 약물의 영향으로 안구의 움직임에 제한이 있는 경우

27) Goetting MG, Contreras E. Systemic atropine administration during cardiac arrest does not cause fixed and dilated pupils, Ann Emerg Med, 1991; 20: pp. 55-57.

에는 결과를 신뢰할 수 없으므로 주의하여야 한다.

(e) 모양체척수반사(cilio-spinal reflex) 목이나 얼굴 부위를 긁거나 심한 통증을 주면, 같은 부위 동공이 확대된다.

(f) 구역반사(gag reflex) 설압자(tongue blade)로 인두(Pharynx) 후방을 자극하는 경우에 구역질이 발생하지 않아야 한다. 입을 통하여 기도내 삽관을 시행한 경우 해석하기 어려울 수 있다.

(g) 기침반사(cough reflex) 기관지에 관을 넣어서 흡입을 할 때, 기침이 발생하지 않아야 한다.

마. 자발운동 · 제뇌강직 · 제피질강직 및 경련 등이 나타나지 아니할 것

자발 운동은 외부의 자극 없이 자신의 의사에 의하여 운동하는 것이며, 제뇌강직(decelebrate rigidity)이란 사지가 신전된 상태에서 강직이 발생한 것으로서 뇌와 연수사이의 연락이 끊어진 것으로 생각하며, 제피질강직(decorticate rigidity)은 상지는 굴곡, 하지는 신전 상태에서 강직이 발생한 것으로서 제뇌강직보다는 좀더 상부에서 척수와의 연락이 단절된 것으로 중뇌 정도에서 뇌와의 연락이 끊어진 것으로 본다. 경련은 뇌에서 발생한 의상 자극에 의하여 사지의 근육이 비정상적인 율동인 수축과 같은 형태를 보이는 것으로서 뇌기능이 남아 있을 때 발생한다.

바. 무호흡검사 결과 자발호흡이 유발되지 아니하여 자발호흡이 되살아날 수 없다고 판정될 것.

사. 재 확 인

가. 내지 바.에 의한 판정결과를 6시간이 경과한 후에 재확인하여도 그 결과가 동일할 것.

아. 뇌파검사

사.에 의한 재확인 후 뇌파검사를 실시하여 평탄뇌파가 30분 이상 지속될 것.

뇌파검사 및 평탄뇌파의 기준은 규정 되어 있지 않으나, 일반적으로 미국뇌파학회(American Electroencephalographic Society)의 지침을 적용한다. 16내지 18 채널을 이용하며, 평탄뇌파는 민감도 2μV/mm, 필터를 각각 0.1초 또는 0.3초, 70Hz에서 30분 이상 기록하였을 때, 2μV 이상의 유의한 파형을 보이지 않는 경우를 의미한다. 중환자실에는 많은 의료기기가 있고, 작동을 하면서 여러 가지 인공파를 발생하기 때문에, 뇌파 측정시 평탄파와 잡파를 구별하는 데

해석이 힘든 경우가 많다. 뇌간사설에 의하면 뇌파는 의미가 없다고 한다.

(3) 6세 미만 소아에 대한 뇌사판정기준

연령이 어릴수록 뇌사 판정에 필요한 확인 기간을 길게 하고(24 또는48시간), 특히 1세 이전의 연령군에서는 2회의 뇌파검사를 의무화하였다.

Ⅲ. 뇌사와 죽음의 결정

1. 사망 개념의 이중성 및 뇌사판정기준의 구조

(1) 사망은 생명의 주체인 인간의 삶의 끝을 의미하며, 그를 둘러싼 가족과 친지에게 슬픔을 주고, 법적으로는 권리 의무의 소멸과 상속 같은 승계의 문제를 가져다주는 매우 중요한 사건이다. 그러므로 사망을 판정하는 데 있어서 가장 중요한 가치는 판정 기준을 적용하였을 경우에 오류가 없어야 한다는 것이다. 사망을 호흡과 맥박의 중지라는 생활 현상으로 판단하는 것은 일반인이 외부에서 관찰 가능한 현상이라는 점과 경험적으로 판단하건대, 생명현상 중단으로 간주하는 데 오류가 없을 것이라는 점 때문에 감정적으로 거부감 없이 받아들이는 것으로 볼 수 있다. 하지만 역사적으로 살펴보면 심장과 호흡의 중지가 사망의 명확한 기준이 될 것이라는 일반인들의 신념에 어긋나는 경우가 종종 발생하는 것 같다. 한 가지 예로 1564년 유명한 해부학자 베살리우스가 마드리드에서 자신의 환자였던 귀족을 많은 사람들이 지켜보는 가운데 해부를 시작하였다. 사망한 자의 가슴을 열었을 때, 베살리우스는 아직 심장이 뛰고 있는 것을 발견하게 된다. 이 사건으로 베살리우스는 스페인에서 추방된다.[28] 일반인들 역시 사망하지 않은 상태에서 잘못 판정되어 매장당하는 것을 두려워하고 있었다. 비록 상업적으로 성공을 거두지는 못했으나 관속에서 소생한 것을 알려주는 장치가 특허를 받아서 판매되거나,[29] 사망하고 난 이후 일정한 시간이 지나야 매장하는 것 등은 이러한 일반인의 관념을 반영하는 것이라고 할 수 있

28) Available from http://www.medistudents.com.br/neuro/neuro5.htm, Accessed at 13 Oct, 2006.

29) 다케우치 가즈오, 전게서, 14면.

을 것이다. 하지만 설사 오류가 있다고 할지라도 그것은 아주 예외적인 경우이고, 더 나은 다른 특별한 기준을 제시하기도 어렵기 때문에 이 기준을 반대하는 의견을 찾기란 어렵다.

(2) 인체의 장기 중에서 사망의 기준으로 심장이나 폐를 사용하는 것은 그 기능의 중지가 즉각적으로 개체사를 초래하기 때문이다. 간이나 신장과 같은 경우는 그 기능이 중지하여도 상당 기간 생존할 수 있다. 개체사 과정에서 심장, 폐 및 뇌는 상호간에 긴밀하게 연결되어 있으며, 이것은 사망이라는 사건을 관찰하여 종합한 귀납적 결론이다. 심장, 폐 그리고 뇌 기능 중지는 개체사를 반영하는 증거이며, 개념적으로 심폐사와 뇌사가 개체사를 반영한다는 의학적 사실에 대한 반증이나 오류의 발생 가능성은 없으며, 그것을 주장하는 견해도 없다. 뇌사를 사망의 판정 기준으로 사용하기 위해서는 먼저 뇌사 상태라는 의학적 사실을 개체사의 기준으로 사용할 수 있는가라는 논의가 선행되어야 하는데, 뇌사 상태와 뇌사판정기준을 구분하는 것을 "뇌사 개념의 이중성"이라고 한다.[30] 마찬가지로 심폐사 상태와 심장 박동의 중지와 호흡 중지라는 심폐사 판정기준에도 이러한 의미의 이중성은 존재한다.

(3) 뇌사는 호흡 중지과 심장 박동 중지가 결국 뇌 기능의 불가역적인 변화와 밀접한 관계가 있다는 것이 밝혀지면서 대두된 것이며, 뇌사판정 기준은 결국 소생한계점(point of no return) 결정에 관한 것이다.[31] 이에 대한 첫번째 비판은 "뇌"라는 장기는 수많은 기능과 복잡한 구조를 가지고 있는 장기이므로 심장과 폐와 같은 단순한 장기와 달리 뇌사 판징 기준을 확립하기 어렵다는 "대상으로서의 부적합성"이다. 두 번째 비판은 뇌사 판단 기준에 전뇌사설과 뇌간사설의 대립이 있고, 구체적으로 기준 항목을 적용하는 전제 조건에 대하여 의견 차이를 보여 왔다는 것이다.[32] 이러한 다수의 뇌사 기준 및 적용 조건

30) 주호노, 뇌사와 장기이식의 법률학, 동림, 1997: 55면.

31) 사망을 심박동이나 호흡 중지라는 기준으로 판단한다고 하여, 생명 현상 자체를 모두 이 기준이 포함하는 것은 아니다. 우리 형법이 낙태죄를 처벌함에 있어서, 그 객체에 대하여 통설은 수태(受胎)라는 용어를 사용하고, 시점을 자궁에 착상하는 시기로 해석하거나(이재상, 형법각론, 신정판, 박영사, 1996: 86면) 생명의 시작을 수정 시점으로 보고 배아의 생명을 보호하려는 독일의 배아보호법을 고려한다면, 법체계 내에서 생명은 맥박과 호흡 외에 다양한 기준에 의하여 판단되고 있다는 것을 알 수 있다.

32) 많은 글이 있을 것이지만, 이 논문에서 참조한 것은 Paul AB, Weaver WF. "Brain death" is not death. In Machado, Shewmon DA. Brain Death and disorders of consciousness. KluwerAcademic/Plenum publisher, New York 2004: pp. 43-49.

들의 차이가 뇌사 판정 기준의 불확실성을 의미하는 것은 아닌가라는 의문이 든다는 것이다.

초기 하버드 뇌사 기준에 대한 설명을 보면, 3가지 조건(무반응, 무호흡을 포함한 무움직임, 무반사)은 깊은 혼수를 의미하는 것이며, 뇌파검사는 확증적(confirmatory) 데이터로서 가능하면 반드시 시행하여야 하고, 이것을 시행하는 것이 불가능하면 임상적인 다른 방법으로 대뇌기능의 중지를 결정하여야 한다고 하고 있다. 또한 본문의 뇌파 설명에서는 "대단한 확증적 가치가 있는 것은 평탄 뇌파이다"라고 하여 대뇌 기능 중지를 매우 중요하게 다루고 있다. 하지만 영국의 뇌사기준설을 고려한다면 의학적으로 볼 때 뇌사의 필요충분조건은 뇌간사(brain stem death)이며, 이것은 뇌간 반사의 상실을 통하여 인정된다고 보아야 한다. 무호흡 검사나 뇌간반사소실은 호흡중추를 포함한 뇌간의 사망을 반영하는 것이기 때문이다. 현재 미국, 우리나라를 포함한 여러 나라가 전뇌사설을 취하면서 뇌파를 측정하는 것은 초기 하버드 기준의 설명에도 불구하고 뇌파가 평탄파로 나온다면 그에 기초한 뇌사 판정이 좀 더 확실한 판정이 되었다고 믿을 수 있을 것이라는 추가적인 고려에 의한 것이라고 보아야 한다.

다른 예를 들어 보자. 뇌간사를 확인하는 방법 중에 직접적으로 뇌간반사를 측정하는 방법은 판정기준에서 ㈎ 광반사(light reflex), ㈏ 각막반사(corneal reflex), ㈐ 안구두부반사(oculo-cephalic reflex), ㈑ 전정안구반사(vestibular-ocular reflex), ㈒ 모양체척수반사(cilio-spinal reflex), ㈓ 구역반사(gag reflex), ㈔ 기침반사(cough reflex)의 7개이며, 무호흡검사를 통하여 뇌간의 호흡중추기능 상실을 검사하고 있다.

(4) 실제 의료 현장에서 의사는 환자의 동공이 확대 고정되어 있으면 사망하였다는 심증을 가질 수 있다. 뇌사기준은 이와 같이 사망하였을 것이라는 심증을 일으키게 하는 다수의 기준들을 병렬적으로 제시하고 모든 조건을 충족시킬 것을 요구함으로써, 비록 개별 기준들의 판정이나 판정을 위한 전제 조건의 판단에 오류가 있더라도 다른 기준들에 의하여 오판을 방지하는 중첩적 판단구조를 가지고 있다.

그러므로 뇌간반사를 제외한 검사 절차는 사실상 불필요한 것이며, 단지 환자보호자들 등에게 뇌사라는 죽음을 설명하는 방편으로 이해하는 것은 곤란하다.[33] 또한 심장 중지의 위험이 있으므로 무호흡 검사를 생략하거나, 평탄

뇌파를 얻기 어려우므로 뇌파 검사를 생략하자는 식의 접근 방식은 뇌사 판정 기준의 중첩적 적용 방식을 벗어나려는 것으로서 뇌사 판정의 실체적 불확실성을 증가시키는 것이다. 법률에 뇌사 판정 기준 적용에 대한 규정은 엄격하게 정해진 순서에 의하여야 하며, 이에 대한 예외는 존재하지 않는다.

예컨대 한쪽 안구가 없는 경우에 광반사, 한쪽 고막이 없는 경우에 전정안구검사를 어떻게 할 것인지 의문이 있지만, 이 경우 뇌사 판정은 불가능하다고 보아야 하며, 이러한 기준은 뇌간 반사 외에 다른 조건 모두에 엄격히 적용되는 것이다. 뇌사 판정 기준은 중첩적으로 적용되는 방식이기 때문에, "뇌사의 판정은 임상소견 이외에 객관적 검사법으로 뇌파, 뇌혈류검사, 뇌단층 촬영, 뇌유발전위검사 등이 있다. 이러한 검사들도 뇌심부의 상태를 정확히 측정할 수 없다든가 깊은 혼수와 뇌사를 구별하기 어렵다든가 하여 보조적 진단에 불과하므로 심폐사에 의한 사망 판정보다 주관적 재량의 범위가 넓다"라는 비판[34]을 극복하게 하며, 뇌사 판정 기준이 각국에 따라 차이가 나는 것과 개별 적용 요건들과 전제 조건들의 차이가 난 채로 각국에 적용되는 것을 가능하게 한다.

(5) 소 결

뇌사설을 죽음에 관한 일반적인 기준으로 받아들이기 위해서는 뇌사 상태와 뇌사판정기준을 인정하여야 한다. 뇌사 상태가 존재한다는 사실에 대한 반증은 찾기 어려우면 그것은 심폐사와 동일하다. 다만 일상의 의식에서 이를 받아들일 수 있는가라는 점이 문제가 될 뿐이다. 뇌사판정기준의 불확실성은 과학적 입증이 필요한 부분이다. 위의 논의들은 뇌사 반대론자들이 제기한 몇 가지 의문들에 대한 답안을 제시한 것에 불과하며 "뇌사 판정 기준은 오류가 없는 완전한 것인가?"라는 질문에 대한 충분한 답변이 되었다고 말하기는 어렵다. 또한 뇌사판정기준에 대하여 더 많은 사례들을 관찰하고 이를 추가적인 뇌사판정기준에 포함시킨다고 하더라도 그것이 무오류성에 대한 확정적 답변을 줄 수는 없다. 다만 이를 위하여 뇌사판정기준에 대한 과학적 설명과 이 기준을 충족시킨 자들에 대한 예후를 조사를 한 보고서들이 있다.[35] 이러한 사실들

33) 이상돈, 인권과 정의, 대한변호사협회 1998; 267: 73면.

34) 唄孝一, 醫療問題, 現代の社會問題と法, 東京, 築廳書房, p. 368. 박철우, 인권과 정의, 대한변호사협회, 1993; 198: 99면에서 재인용.

35) "의학, 생체의학 및 행동과학 탐구에 있어서의 윤리적 문제의 연구를 위한 대통령 위원회"

은 뇌사의 판정 기준의 불확실성 주장이 반증 또는 이를 부인할 수 있는 결정적 실험에 의하여 논박되어야 한다는 것을 의미한다.

또한 가설적으로 완전한 입증이 되었다고 하여 뇌사 판정의 불확실성에 대한 불안감이 완전히 제거될지도 의문이다. 뇌사 판정에 대한 불확실성은 다분히 인간의 무의식속에 자리 잡은 것이고, 이것을 해결하기 위해서는 과학적 확실성을 증명하는 것 외에 다른 것을 요구하기 때문이다.

2. 뇌사설의 인정

(1) 뇌사설은 사망의 기준으로 뇌사를 인정하고 판정기준을 제시한 것이다. 그러므로 뇌사설을 인정한다는 것은 심장박동이나 호흡의 중지와 같이 뇌사를 사망의 일반적인 기준으로 인정한다는 것을 의미한다. 뇌사 도입을 주장한 의료계는 뇌사설을 받아들이는 입장에서 장기이식을 한다. 그러나 장기이식법의 제정과정에서 입법적으로 뇌사설을 받아들일지에 관해서는 의견의 대립이 있다.

뇌사설을 인정하여야 한다는 주장은 개념적으로 삶과 죽음을 양자택일의 관계로 본다. 뇌사설을 인정하지 않는다면, 그것은 살아있는 자로부터 장기를 적출하는 것이므로 다른 사람의 생명을 구하기 위하여 한 개인의 생명을 희생할 수 있다는 논리는 인간을 목적이 아닌 수단으로 대하는 것으로서 도저히 받아들일 수 없는 것이다. 이것은 비록 뇌사자가 생전에 장기적출에 동의하였다고 하더라도 마찬가지이며, 헌법상의 인간존엄성원칙에 반하는 것이다.[36]

뇌사설 도입을 반대한 주장은 ① 뇌사는 삶과 죽음의 경계선을 넘어 죽음으로 들어갈 상태가 뇌사상태이고, 이는 의학적인 뇌사판정의 기준에 따라 그 절차를 거쳐서만 확인되는 것[37]이라고 보거나, ② 죽은 자가 아니므로 살인죄의 구성요건에 해당하다라도 형법상의 위법성 조각사유에 의하여 적법해진다고 한다.[38] 뇌사설 인정설에 대하여는 이론적으로 장기적출행위에 대한 살인죄

의 보고서. 부록 B. 미네소타대학의 보고는 뇌사판정기준에 대한 내용 참조. 물론 이에 대하여는 그 관찰 수례가 제한되어 있고, 결론으로 제시한 대규모 관찰 연구가 이후 수행되지 않았다는 비판이 있다.

36) 임상규, "장기이식법상의 뇌사관련규정의 문제점," 형사법연구, 한국형사법학회, 제13호, 2000, 146, 149.

37) 이상용, 장기이식법의 시행과 향후 전망, 한국형사정책연구원, 연구보고서 00-15, 104.

38) 위법성 조각 적용 사유는 통일되어 있지 않다. 형법 제20조 업무로 인한 정당행위 또는 기타 사회상규에 해당한다고 보는 견해, 제22조 긴급피난, 제24조의 피해자 승낙, 업무로 인한

구성요건해당성을 피할 수 있으나, 사망시각의 확정문제나 뇌사기준의 거부문제를 해결해야 한다고 주장한다.[39)]

현행 장기이식법은 정의 조항에서 "뇌사자를 사망에 관한 일반적인 기준으로 한다"라는 일반적이고 적극적 정의를 하지 않는다. 장기이식법상 뇌사에 대한 정의는 다음과 같다. "살아있는 자"라 함은 사람 중에서 뇌사자를 제외한 자를 말하며, "뇌사자"라 함은 이 법에 의한 뇌사판정기준 및 뇌사판정절차에 따라 뇌 전체의 기능이 되살아날 수 없는 상태에서 정지되었다고 판정된 자를 말한다(동법 제3조 4호). 또한 "사망한 자"와도 구분하여 사용하고 있다. "가족" 또는 "유족"이라 함은 살아있는 자, 뇌사자 또는 사망한 자의 다음 각목의 1에 해당하는 자를 말한다(동법 제3조 5호). "뇌사자와 사망한 자의 장기 등은 다음 각호의 1에 해당하는 경우에 한하여 이를 적출할 수 있다(제18조 제2항)." "본인이 뇌사 또는 사망 전에 장기 등의 적출에 동의한 경우(제18조 제2항 1호)"라고 하고 있다. 비록 동법 제17조(뇌사자의 사망원인)에서 "뇌사자가 이 법에 의한 장기 등의 적출로 사망한 때에는 뇌사의 원인이 된 질병 또는 행위로 인하여 사망한 것으로 본다(동항 1호)"라고 하여 뇌사를 사망에 접근시키고 있으나, 전체적으로 보면 살아있는 자, 뇌사자와 사망한 자는 병렬적인 형태로 기술되어 있다.

(2) 사망시각의 확정 문제

일반적으로 인간이 사망한 경우에 의사는 환자를 진찰하고 사망진단서를 발급하거나 시체검안서를 발급한다.[40)] 서식은 의료법 시행규칙 별지 서식 제7호로 법정되어 있는데, 기재 항목 중에 하나가 사망 일시이다. 사망 시각을 확정하는 가장 이상적인 경우는 환자가 죽어가는 상황에서 심전도 기계를 환자의 몸에 부착하고, 사망할 당시에 심박동이 중지되는 현상을 심전도계에 기록하는 것이다. 그렇지 않다면 사망한 이후에 시체에 심전도계를 부착하고 심박동의 중지를 확인하고, 사망시각을 어느 시점으로 추정하여 사망진단서나 시체검안

행위, 상황에 따라서 다원적으로 이해하는 견해 등이 제시되고 있다. 이에 대해서는 주호노, 뇌사와 장기이식의 법률학, 동림, 1992: 239면 참조.

39) 이상용, 장기이식법의 시행과 향후 전망, 한국형사정책연구원, 연구보고서 00-15, 102면.

40) 사망진단서를 발부할 수 있는 항목은 의료법 제18조에 의하여 ① 의사 자신이 진료하고 있던 환자가 사망하거나, ② 진료하였던 환자가 마지막으로 진료한 때로부터 48시간 이내에 사망한 경우이다. 언급한 두 가지 경우 외에는 시체 검안서를 작성하여야 한다.

서에 기재하게 된다. 사망 시각에 관한 직접 증거가 없는 경우에는 의학적 지식을 이용하여 사망시각을 추정하게 되는데 이것은 법의학에서 다루는 중요한 과제 중의 하나이다. 뇌사설을 비판하는 입장은 맥박종지설 기준에 의할 경우 심박동의 중지가 영구적으로 일어난 것을 확인하는 데 일정한 시간이 필요하지만, 그것이 확정되면 죽음의 순간은 심박동이 멎는 순간으로 소급하며, 그 순간을 지켜본 사람이 없거나 시간이 오래 지나서 사실상 사망시각을 추정한다고 하여 그 기준 자체에는 변함이 없기 때문에 사망시각이 유동적으로 되어 법률관계를 불안정하게 하지는 않는 데 반하여, 뇌사설을 받아들일 경우 사망시각을 정하는 데에는 사망시점에 대하여 최초 검사시, 제2차 검사시설 등이 주장되고 있으나, 이는 뇌사가 발생한 시점과 분명한 차이가 있기 때문에 법률관계를 불안정하게 만든다는 비판을 한다.[41)]

심박동 중지를 사망 판정기준으로 이용하면서 사망시각을 추정하는 것과 뇌사판정을 하면서 사망시각을 추정하는 것이 특별하게 다른 일이라고 보지 않는다. 다만 심박동 중지는 그 판정 기준이 단일하고 관찰 가능한 현상이므로 이를 추정하게 하는 증거가 존재할 수 있지만, 뇌사판정기준은 그 기준이 복잡하고 다양하여 이를 추정하게 하는 증거의 존재가 어렵다는 점이 다를 뿐이다. 맥박종지설에서 심박동 중지를 판정하는 요건이 법제화되어 있고, 다양한 판단기준을 만족시켜야만 심장사 판정이 가능하다고 가정해 보자. 예컨대 청진기를 이용하여 수분 동안 심박동을 듣지 못해야 하고, 이를 기계적인 음으로 변화시킨 후 그 크기가 몇 데시벨 이하이어야 한다. 심전도기계를 사용하여 평탄 심전도를 확인하여야 하는데, 여기서 평탄이라는 정의는 그 파형이 어떠해야 한다. 또한 인공호흡기를 끄고 인공심폐소생술을 몇 분간 시행한 이후에 자발적인 심장 박동이 없어야 한다 등등. 이렇게 한다면 심장사설에서도 실제 심장사가 발생한 시점과 심장사를 판정한 검사 시점 간에 분명한 차이가 있기 때문에 법률관계를 불안정하게 만든다는 비판이 가능할 것이다. 또한 뇌사에 대하여 뇌사 판정을 하면서 특별한 정함이 없고 그 기준이 단순하였더라면 그 사망시각의 추정이 심폐사와 유사한 정도의 수준으로 가능하였을 것이다.[42)]

41) 이상용, 전게 보고서 00-15, 105면.

42) 同旨: 주호노, 뇌사와 장기이식의 법률학, 동림, 1992: 110면. "뇌사를 인정하기 위해서는 반드시 법률로 성문화해야 하는 것은 아니다. …1960년대 말부터 1970년대 초에 걸친 논의에서 독일의 다수설은 입법에 반대하였고, 여러 가지 장기이식에 관한 초안에서도 사망의 개념

뇌사는 뇌기능의 중지를 개체사의 판정 기준에 이용하는 것이며, 심폐사와 다른 점은 심폐사의 경우는 이를 인정하기 위한 기준들에 특별한 정함이 없는 데 반하여 뇌사는 중첩적인 객관적인 기준들을 판정기준으로 제시하고 이를 모두 충족시켜야 한다고 하는 것이다. 더욱이 우리나라는 입법을 통하여 법률로서 뇌사판정 기준을 받아들였다.

뇌사설을 인정할 경우 사망시각의 확정에 혼란이 생긴다는 비판은 뇌사 개념 자체에 대한 비판이 아니라 뇌사 개념이 법제화되었기 때문에 발생한 문제이다. 심폐사 기준을 중첩적으로 다양화하고 법제도화 하였더라도 같은 비판이 가능할 것이다. 뇌사설 불인정 견해에 따르면 사망시각을 심폐사 기준에 의하여 결정되어야 하는 데, 장기이식을 시행한 경우 심장은 계속적으로 박동하고 경우에 따라서는 이식되며, 환자는 인공호흡기를 부착하고 있고 경우에 따라서는 폐가 이식되므로 도리어 사망시각을 확정하는 것이 더 불분명해진다. 법적인 뇌사판정조건을 충족하는 시점인 제2차 검사종료시점을 사망시점으로 보는 것이 타당하며 그 이전 시점으로 뇌사추정은 법이 허용하지 않는 것으로 보아야 한다.

(3) 뇌사판정의 거부와 선택의 자유

뇌사설 도입을 반대하는 견해는 현행 장기이식법상 뇌사는 장기이식의 목적을 달성하기 위해서만 적용할 수 있는 것으로 보고 있다. 그러므로 환자가 생전에 장기이식을 원하지 않거나 가족이 장기적출을 반대하는 경우에는 환자에게 뇌사기준을 적용하는 것을 허용하지 않는다.

뇌사설 인정을 반대하는 견해 중의 하나로는 "뇌사자를 아직 산 사람이라고 보는 경우 뇌사자에 대한(고의적인) 치료 중단은 형식 논리적으로는 살인의 구성요건에 해당하기는 하지만, 이미 소극적 안락사(passive euthanasia)라는 개념에 의해 또는 뇌사자에 대한 의사의 생명유지의무를 배제하는 방식으로 합법화할 수 있기 때문이다[43)]"라고 하여 이 문제는 소극적 안락사로 해결할 수 있다고 한다.

"죽음에 직면한 환자가 품위 있는 죽음을 맞도록 하기 위하여 생명유지조

이나 판정기준에 대한 입법제한은 한 번도 없었다. 또 오스트리아에서 1982년 병원법개정시(동법 제62도의 a조 추가시) 입법자는 의도적으로 사망의 정의를 내리지 않았다."

43) 이상돈, 전게논문, 80면.

치를 중지하는 것을 소극적 안락사[44]"라고 한다. 소극적 안락사를 인정하기 위해서는 죽음을 맞이할 대상이 이러한 상황에서 살기보다 죽기를 원하였을 것이라는 생각을 평소에 하고 이를 주위에 의사 표시하거나 문서로서 그 의사를 표시한 것과 같은 평소 의사의 존재를 증명하는 것이 치료 중단의 적법성을 인정하는 기준이 된다.[45] 그러므로 생전에 본인이 뇌사에 의한 죽음의 판정을 거부하였거나 의사 표시가 확실하게 남기지 않은 경우에 소극적 안락사의 법리상 치료 중단을 시행하는 것은 어려워진다.

뇌사설 인정을 반대하는 이론에 의하면 유가족들은 장기이식에 동의하지 않는 한 환자가 뇌사상태라고 하더라도 치료를 계속하여야 하므로 막대한 치료비를 부담하게 될 위험성에 노출되고, 이런 상황이라면 유가족들은 치료를 중단하기 위해서 원치 않지만 장기적출에 동의하여야 한다. 결과적으로 이 이론은 유족의 자율성을 침해하여 장기이식을 강요하는 결과가 발생하게 된다. 더 나아가 본인이 장기적출 거부의 의사를 생전에 명백하였지만, 뇌사판정 기준을 적용하여 치료는 중단하여 주기를 원한 경우에도 치료중단을 할 수 없으므로 죽음의 결정에 관한 환자의 자율성을 침해하게 된다.

장기이식을 위한 뇌사판정을 우선하게 되는 이러한 결과를 정당화하기 위해서는 뇌사판정을 함에 있어서 ① 사망을 의도한 단순한 치료 중단이 ② 사망과 함께 장기이식이라는 목적을 추구하는 것에 비하여 비윤리적(또는 최소한 덜 윤리적)이라는 가치 판단이 서야만 가능한 것이다. 물론 장기이식은 타인의 생명을 구하기 위한 이타적인 행위이므로 단순한 치료 중단에 비하여 윤리적이기 때문에 강요할 수 있다고 생각할 수 있다. 그러나 이는 "뇌사설의 바탕에는 공리주의적 사고가 있으며, 이러한 사고는 생명가치의 실존적 윤리성을 외면하는 대단히 위험스러운 사고[46]"라며 뇌사설을 비판한 바로 그 태도임에 다름이 없다.

뇌사에 기한 치료 중단행위 그리고 뇌사에 기한 치료 중단과 장기이식 행위는 모두 자율성의 원리에 기초한 것으로서 장기 적출 행위는 이러한 자율성

44) 소극적 안락사의 분류에 대해서는 많은 논의가 존재한다. 본 논문에서는 이재상 교수의 형법각론에 의한 단순한 기준을 빌리고자 한다.

45) 카렌 퀸란 사건과 낸시 크루잔 사건에서 미국 법원에 취한 태도. 의료윤리, 구영모 · 김장한 · 이재담, 광연제, 2003, 59-107면.

46) 심재우, "뇌사자 장기이식의 법적 문제," 성곡논총, 제27집 3권, 1996, 재단법인 성곡학술재단, 913면.

원칙의 연장선에서 해석하여야 하며, 공리주의적 시각만으로 해석하는 것은 부당하다. 이식용 장기를 구하고자 하는 필요성만이 뇌사설을 지지하는 근거가 되는 것 같지는 않다. "의학, 생체의학 및 행동과학 탐구에 있어서의 윤리적 문제의 연구를 위한 대통령 위원회"의 보고서에 의하면 불가역적 뇌기능 상실에 근거한 사망선고 환자 36명 중 다만 6명만이 장기 공여자였다. 이 보고서에서는 "죽음의 판정에 관한 의학의 관심은 단지 장기 이식을 촉진시키려는 것보다는 환자에게 적절한 치료를 제공하여 주는 것과 환자가 뇌사상태가 되었을 때 인공생명 유지장치를 유지하는 것 대신 더욱 적합하고 존경스러운 행위로 대치하려는 데 있다[47]"라고 하고 있다.

뇌사설을 인정하게 되면 뇌사에 의한 죽음의 판정을 거부할 수 있는 권리가 유보되는 경우[48]가 있다. 그러나 뇌사설을 인정한다고 하여 반드시 본인의 의사를 무시하여야 하는 것은 아니다. "비록 뇌사가 과학적으로 입증된 완전한 사망기준이고 법적으로 적법한 기준이라고 할지라도 그럼에도 불구하고 나는 심장이 뛰고 있는, 호흡을 하고 있는 따뜻한 신체를 가진 인간을 사망하였다고 선언하는 것에는 절대로 찬성할 수 없다. 내가 사망하였다고 하는 것은 심장과 호흡이 중지한 때를 의미하는 것이야!"라는 의견[49]이 존중받지 못할 이유를 발견하기는 어렵다. 그렇다면 심폐사와 뇌사 중에서 어떠한 사망 판정 기준을 선택할 것인가라는 문제를 죽음의 당사자인 본인이 결정한다는 자율성의 원칙에 의한다는 것은 지극히 당연하다. 그렇지만 본인이 뇌사설을 선택하지 않는다고 하여 객관적 법질서로서의 뇌사기준이 없어지는 것은 아니다. 즉 뇌사를 적용하기를 거부한 환자에 대하여 뇌사 판정을 하고 뇌사 선언하거나, 이에 기하여 치료 중단을 하는 것을 살인죄라고 할 수는 없다. 뇌사설을 객관적 법질서로서 선택한 경우에 본인의 심폐사 선택 의사표시는 존중되어야 할 하나의 가치라고 보아야 한다.

47) 이영균 역, 죽음의 정의, 고려의학, 1992: 27-28면.

48) 이상용, 장기이식법의 시행과 향후 전망, 한국형사정책연구원, 연구보고서 00-15, 99면 주 124.

49) 독일의 에어랄엔의 임상주 사건의 예와 이에 대한 한스 요나스(Hans Jonas)과 헤프너(Haeffner)의 비판. 김학태, 전게 논문, 402-404면 참조.

(4) 소 결

장기이식법의 제정 과정에서 뇌사설을 기존의 심폐사와 비교하여 어떠한 위치에 놓을 것인지에 대한 많은 논의가 있었는데, 현행법의 규정은 이에 대한 결론을 내리지 않고 입법을 추진한 것으로 보인다. 현실적으로는 뇌사인정은 장기이식의 문제였으므로 그 목적을 달성하기 위한 부분만 규율하는 것이 원활한 입법을 위해서는 필요했을 것으로 판단된다.

죽음은 삶으로 돌아올 수 없는 귀환 불가능점(point of no return)의 확정이고, 우리는 이러한 시점의 기준으로 개체사를 정의한다. 삶과 죽음 사이에 중간영역이 존재할 수 있는가? 죽음의 정의(definition)와 관련하여 죽음을 유기체의 부패 과정(process)으로 이해하고, 죽음의 결정(determination)은 이와는 분리된 경제적 비용이나 사회적 관습에 따라 결정되는 사회적인 것으로 보는 시각이 있다.[50] 이 견해는 의료 현장에서 "언제 생명연장장치를 제거할 것인가?"라는 문제에 대하여 답을 구하는 것은 죽음의 결정 문제로 본다. 사망의 시점을 인위적으로 당기려는 시도도 있다. "인격(persons)을 갖지 않은 살아 있는 신체라는 개념을 인정하고, 삶과 죽음을 갈라놓는 기준은 인격이며, 인격을 구현하기 위한 본질적 조건은 뇌이기 때문에 뇌 활동의 정지는 죽음을 결정하는 충분조건이다[51]"라는 주장이 있다. 이에 의하면 인격은 대뇌의 기능을 전제로 하므로 뇌사의 기준으로 대뇌사설을 취하게 된다. 이 견해에 의하면 지속적 식물상태, 심각한 치매 환자 등에 대하여도 뇌사판정이 가능하다. 뇌사설을 인정할 것인가에 관한 논의는 죽음의 정의와 결정의 문제를 분리하여 그 결정을 사회적 가치판단의 영역으로 남겨놓을 것인가 아니면 삶과 죽음을 양자 택일의 관계에서 발생하는 하나의 사건(event)으로 볼 것인가라는 논의의 연장선상에서 파악할 수 있다.

본 논문에서는 뇌사 상태와 뇌사판정기준를 구별하였고, 개념적으로 뇌사 상태가 존재하며 이것이 개체사를 의미하는 것은 심폐사와 동일하다고 보았다.

---

50) Morison RS, Death process or event?, Science 1971; 173: 694-698. 이에 대하여는 삶과 죽음의 경계를 흐리게 하려는 시도는 위험하며, 온전하지 못한 논리라고 비판하고 있다. Kass LR, Death as an event: A commatary on Robert Morison, Science 1971; 173: pp. 699-702.

51) G. J. Agich, The concept of death and embodiment, Ethics in science and medicine, 1976; 1: 100. In: 죽음과 윤리, 이을상, 백산서당 2006: 58면.

비록 유기체의 분해과정을 통하여 죽음의 연속성을 인정할 수 있다고 하여도 이것은 개체사 관점에서 사망을 사건으로 파악하는 것과는 분리되는 자연적 현상에 불과하다. 또한 심폐사와 뇌사 판정기준에 의한 사망 시점이 다르게 나타난다고 하여도, 심장, 폐 및 뇌는 개체의 삶을 지탱하는 장기로서 이들의 기능중지는 즉각적으로 개체의 사망을 반영한다는 사실에서 죽음은 하나의 사건으로 보아야 한다. 뇌사판정기준에 대한 비판은 뇌사 기준을 중첩적으로 다양화하면서 발생한 필연적인 문제이며, 우리는 뇌사를 입법화하였으므로 사망 시각도 입법적으로 규정하는 것이 바람직하며, 본 논문에서는 제2차 검사종료 시점에 찬성한다. 뇌사설을 택할 경우에 뇌사를 거부할 수 있는 권리를 무시할 수 있다는 비판에 대하여는 뇌사설을 사망의 기준으로 인정하는 것은 그 것이 객관적인 법질서의 하나로 인정되는 것이므로, 그 한도 내에서 본인의 의사를 존중할 수밖에 없는 것이라고 본다. 더 나아가 뇌사설을 부정하는 이론은 환자와 유족의 자율권을 침해하여 장기이식을 강요하는 더 나쁜 결과가 발생할 수 있다.

뇌사가 우리에게 일상적인 죽음의 의미로 다가올 수 있는가라는 점도 고려할 필요가 있다. “죽음의 일상성은 과학기술적 합리성으로 대치될 수 없는 문화적 가치이다”라고 하면서 뇌사는 생활개념적 죽음개념이 아니므로 일반적인 죽음의 개념으로 제도화해서는 안 된다[52]고 주장도 이에 해당한다. 그러나 과학기술적 합리성도 일상성을 바탕으로 하는 문화적 가치가 될 수 있으며, 그런 의미에서 뇌사도 생활개념적 죽음 개념으로 인정될 가능성은 열려 있는 것이다. 다만 뇌사가 현재 이러한 단계에 도달하였는지에 대하여는 논의의 여지가 있는 것으로 본다. 그럼에도 불구하고 뇌사설을 인정하지 않으면서 장기이식을 위한 뇌사판정을 허용하고, 그 정당성을 형법상의 위법성 조각 사유에서 찾는 것은 인간을 수단으로 보는 것으로서 헌법상의 인간의 존엄성원칙에 반하는 형식주의 논리로 본다.

---

52) 이상돈, 전게논문, 79면.

Ⅳ. 장기이식

1. 장기이식의 현황

과거 “시체해부및보존에관한법률”에서 시체로부터의 장기적출을 규율하였으나 삭제되었고,[53] 2000년부터 “장기등이식에관한법률”이 제정되어 생체, 뇌사 및 죽은 자에 대한 장기기증을 함께 규율하고 있다. 법 제정 후 국립장기이식관리센터(The Korean Network for Organ Sharing, KONOS)을 조직하여 장기구득에서 기증 이식에 이르는 모든 과정을 감독하는 권한을 부여하였다.[54] KONOS는 장기 등 기증자 및 장기이식대기자의 인적사항과 신체검사의 결과에 관한 자료의 관리를 관리하기 위하여 데이터베이스(data base)를 구축하였고, 이식 대상자의 선정기준(동법 시행령 제18조, 별표 2)과 그에 기한 선정승인(동법 시행규칙 제10조)에 의하여 공정한 장기적출과 이식에 관여함으로써 장기이식절차를 투명하게 관리하게 되었다. KONOS 설립 이후 여러 가지 측면에서 우리나라 장기이식 현황은 변화하였는데, 부작용으로 뇌사자로 부터의 장기이식이 법 시행 이전에 비하여 급격하게 감소하는 현상이 발생하였다. 이를 해소하기 위하여 여러 번의 입법적 개선이 있었다. 장기이식의 현황으로 우리나라는 생체이식이 뇌사자 이식보다 많다. 2002년 뇌사자 장기이식은 70건인데 비하여 생체 장기이식은 625건이고 그중 90%는 신장이식이 차지하고 있다. 스페인의 경우 2002년 뇌사자의 신장이식이 1893건으로 생체이식 31건에 비하여 생체 장기이식이 상대적으로 월등하게 높다.[55] 또한 인구 백만 명을 기준으로 장기 기증 빈도는 2002년 사망자로부터의 장기기증은 백만 명당 0.8건, 생체 신장이식은 백만 명당 14.9건으로 나타나고 있는데, 뇌사자 장기기증의 절대적 빈도가 매우 낮으며 생체 장기이식의 빈도는 매우 높다.[56]

53) 1999. 2. 8. 개정으로 동법 제 5 조 삭제.

54) 장기이식법 제 9 조에 국립장기이식관리기관의 설치 근거를 두며, 동 시행규칙 제 2 조에 의하여 국립장기관리센터를 국립의료원에 설치하게 된다.

55) 장기이식 현황 및 정책과제, 연구보고서 2002-7, 18면.

56) Organ donation and transplant activity per million population(pmp) in Europe. Accessed at http://www.uktransplant.org.uk/statistics/general_statisticson January 8 2004. KONOS, 2002 Annual report. Accessed at http://www.konos.go.kr/home/doc/2002 Konos Annual Report. pdfin January 8 2004.

2. 인체 장기의 법적 지위

(1) 인체로부터 유래한 물질에 대한 권리를 구성하는 법리는 소유권과 인격권의 긴장관계에서 출발한다.[57] 전통적으로는 소유권의 개념 논의에서 출발하는데, 민법전에 인체의 일부분이나 인체로부터 유래한 물질에 대한 소유권에 대하여 명시적으로 규정한 것은 없다. 소유권은 객체에 대한 처분, 사용, 수익에 관한 배타적 권리로서 소유권의 객체는 ① 유체물이거나 관리할 수 있는 자연력, ② 배타적 지배가능성, ③ 비인격성, ④ 독립성이 있어야 한다. 다수설에 의하면 인격을 가진 사람 및 인격의 일부분에 대한 배타적인 지배를 인정할 수 없기 때문에 인체에 부착된 상태의 장기는 소유권의 대상이 아니다. 또한 물건(物件)으로 인정되던 것도 인위적으로 인체에 부착하여 인격성을 취득하면 의치, 의안, 의수, 의족 등과 같이 인체의 일부가 된다. 또한 인체의 일부였지만 분리된 상태가 된 것, 예컨대 이러한 모발, 치아, 혈액, 장기 등은 사회 관념상 독립된 물건으로 취급할 수 있다.

(2) 모발과 같은 것은 전통적으로 사법상 거래의 객체로서 인정되며, 융통물이다. 그러나 대부분의 인체와 분리된 물질들은 독립된 물건으로 인정되어도, 사법상의 거래가 자유로운 것은 아니다. 사법 거래의 객체가 될 수 없는 물건을 불융통물(不融通物)이라고 하는데, 공용물[58](公用物), 공공용물[59](公共用物), 금제물(禁制物)이 여기에 속한다. 금제물에는 아편, 음란물, 위조 통화와 같이 소유와 거래를 금지하는 것과 문화재와 같이 소유는 허용하지만 거래를 금지하는 것이 있다. 생명윤리및안전에관한법률,[60] 장기등이식에관한법률,[61] 인체조직안전및관리등에관한법률,[62] 혈액관리법[63] 등의 규정을 고려하면 인체

57) 인체파생물질의 채취와 보존에 관해서는 인격질서와 재화질서가 병존하며 긴장관계에 의한 특성과 분류에 관하여는 "송영민, 사체 및 인체로부터 파생된 물질의 귀소권자, 대한의료법학회, 의료법학 2003; 4(2): 398-419면" 참조.

58) 공용물이란 국가나 공공단체의 소유에 속하며, 공적목적을 위하여 국가나 공공단체 자신의 사용에 제공되는 물건이다. 예컨대, 관공서의 건물, 국공립학교의 건물.

59) 공공용물이란 일반 공중의 공동사용에 제공되는 물건으로, 도로, 하천, 공원, 항만과 같은 것이 있다.

60) 제13조 제 3 항: 누구든지 금전 또는 재산상의 이익 그 밖에 반대급부를 조건으로 정자 또는 난자를 제공 또는 이용하거나 이를 유인 또는 알선하여서는 아니 된다.

61) 제 6 조: 장기등의 매매행위등의 금지.

62) 제 5 조: 조직의 매매행위 등의 금지.

63) 제 3 조: 혈액매매행위등의 금지.

로부터 유래한 물질에 대하여 대가를 바탕으로 한 매매는 금지하지만 동의를 바탕으로 물질의 이동(기증), 즉 처분을 허용하고 있다. 그러므로 인체 유래 물질로서 매매가 금지된 것은 금제물에 해당한다고 보아야 한다.

(3) 시체나 유골은 통상적으로 독립적인 물건으로 인정하지만, 다음의 점에서 일반적인 물건과는 다르게 취급한다. 시체나 유골은 소유권의 객체가 되지만, 그 내용은 보통의 소유권과 같이 사용, 수익, 처분할 수 없고, 오로지 매장, 제사 등의 권리와 의무를 내용으로 하는 특수한 소유권으로 보며, 제사를 주재하는 자의 소유에 귀속하며, 고인이 생전에 자신의 유해에 대하여 의사표시를 한 경우, 사회질서에 반하지 않는 한 그 의사에 따르는 것이 허용되며, 역시 사회질서에 반하지 않는 한 이러한 의사에 귀속권자가 구속되지 않을 수도 있다. 인체에서 유래한 물질에 대하여 소유권 이론에 충실하게 따르면 뇌사자의 생전 의사는 무시될 수 있다. 그러나 인격권 이론은 뇌사 기증자가 생전에 그의 신체에 관하여 결정한 것은 사망한 후에도 그대로 효력을 유지하는 것으로 보고 있다. 유족들은 그의 생전 의사를 존중하여야 하는 것이 타당하다.[64]

(4) 인체유래물질에 대한 소유권적 취급은 매매를 허용할 것인가라는 문제로 나타나며 각 나라마다 입장의 차이가 있다. 우리나라가 과거에 혈액에 대하여 매매를 허용하였던 것과 같이 혈액이나 정자와 같이 인체에서 재생산이 가능한 물질에 대하여 매매를 허용하는 경우가 많다. 나아가 난자에 대하여도 매매를 명시적으로 허용하기도 한다. 다른 한편으로는 난자의 매매를 불법화하는 입법을 택하지 않음으로써 결과적으로 매매를 허용하는 것으로는 미국의 캘리포니아 주 등이 있다. 인체 유래 물질을 기증하는 과정에서 매매, 또는 이로부터 산출되는 권리의 귀속을 어떻게 할 것인지에 대한 논의가 있다. 이러한 논의는 생물학적 물질 자체에 대하여 특허를 인정하기 시작한 이후 본격화 되었다.[65] 인체 유래 물질에 대한 권리 분쟁으로 유명한 것은 Moore v. Regents of

64) "소유권의 객체로서 물권법적 규율을 필요성은 특히 분리된 신체 일부가 가공되지 않은 상태에서 곧바로 이식되지 않을 경우, 또는 가공되는 경우에도 일정기간 유지 보관이 필요한 경우에 부각된다. … 장기는 통상 적출되고 곧바로 이식되므로 물건법적인 규율의 적용이 사실상 문제되지 않는다." 안법영, 장기 등의 기증계약, 대한의료법학회, 의료법학 5(2), 237-238면. 그러나 사자의 생전 의사존중에 관해서는 인격권적 파악이 필요하다는 점을 인정하고 있다. 동 논문 247면.

65) 미생물의 경우 1980년 원유분해능력이 있는 유전자조작 박테리아에 대하여 특허를 인정한 차크라비티(chakrabarty) 판결 이후 "태양아래 인간이 만든 어떤 것도 특허 가능하다"는 이론이 성립되었다. 이후 동물의 경우 1988년 하버드 쥐에 대하여 인정하였고, 기존의 품종 개량

the University of California[Supreme court of california 793 P.2d 479(Cal. 1990)] 판결[66]이 있다. Moore는 털세포 백혈병(hairy cell leukemia) 환자이고 이로 인하여 비장(spleen) 적출하였다. 이후 적출된 비장에서 유래한 암세포를 이용하여 특이 항체를 생성하는 세포주를 만든 경우에 그에 대한 기증자인 Moore의 권리를 어디까지 인정할 것인지 여부를 다툰 사건에서 과학계는 모어의 청구를 받아주게 되면 과학계의 연구가 불가능해진다고 하였고, 시민단체 등은 착취를 막기 위해서 기증자의 권리를 보호하여야 한다고 하였다. 주 최고법원 판결은 모어의 권리를 인정하지 않았는데, 이유는 세포주가 성립하는 과정에 과학자의 기술이 절대적인 역할을 한 것으로 보았다.[67] 과학계에서는 이 사건 이후 인체 유래물질을 기증받을 때 관행적으로 이후에 발생할 수 있는 특허를 비롯한 모든 권리에 대하여 포기한다는 동의를 받고 있다. 더 나아가 자신의 혈액 부산물인 혈청을 이용하여 벤처 회사를 설립하고 적극적인 매매 행위에 나선 경우도 있다.[68] 일차적으로 기증 등을 통하여 확보된 인체유래물질이 이동하는 경우에 입법에 의하여 보관에 필요한 적절한 비용만을 청구하는 것으로 규정하지 않는 경우에, 사실상 매매의 가능성은 넓게 열려 있다. 공식적으로 규율받는 경우(예컨대 조직 은행)에도 저장된 인체유래 물질이 이동하는 경우에 물질을 공여하는 자가 받는 자에게 기증 계약상 일정한 권리를 유보하는 것이 일반화되어 있다. 물질이전협약(material transfer agreement, MTA)을 작성할 경우, 기증 이후 수행되는 연구를 통하여 기증되는 물질과 그 부산물(derivatives)에 의하여 발생하는 특허권 등을 기증자에게 유보한다는 내용은 일반적으로 유효한 것으로 보고 있다. 장기가 인체에서 적출한 뒤 짧은 시간 내에 이식을 한다면 매매나 특허와 같은 수유권적인 문제가 발생할 가능성이 낮지만, 이식을 하지 않고 장기간 보존하거나 연구에 이용하는 경우에는 이러

방법 외에 유전자 조작을 통한 식물 특허, 유전자의 기능, 인간배아줄기세포 등 생명공학의 많은 분야에서 특허가 인정되면서 인체유래물질이 가지는 재산적 가치가 부각되게 된다. 생명공학과 특허전략, 이처영, 대광서림, 개정판, 2003: 57-62면.

66) Menikoff J, Law and Bioethics, Georgetoen University press, Washington D.C. 2001: 407-413. Moore는 이 사건을 연방최고법원에 상고하였고 역시 기각된다. 2001년 Moore는 사망한다.

67) 우리 민법상의 가공의 법리에 의한 것으로 볼 수 있다.

68) Ted Slavin은 혈우병 환자로서 많은 수혈을 받았기 때문에 B형 간염에 감염되었고, 그로 인하여 그의 혈청에는 높은 수치의 B형 간염바이러스 항체가 형성되어 있다. Ted Slavin 자신의 혈청을 연구자들에게 판매하였고, 연구자를 섭외하여 직접 간염백신을 만드는 과정에 참여하기도 한다. The New York Times Magizine, Rebecca Skloot, April 16, 2006: 41.

한 문제가 나타날 가능성이 높아진다.

3. 장기기증계약

(1) 장기 기증은 장기적출의 시점에 따라 생체 기증(living donation)와 사후 기증(cadaveric donation)으로 구분된다. 장기이식법상 살아 있는 자로부터 장기를 적출하는 경우에는 본인의 동의, 뇌사자 또는 죽은 자로부터 장기를 적출하는 경우에 확장된 동의방식을 택하고 있으며(동법 제18조), 본인의 동의는 서명한 문서에 의한 동의 또는 유언의 방식에 의하도록 하고 있다(동법 제 11조 제 1 항). 장기의 적출은 장기를 기증하는 본인에게는 치료적인 효과가 없는 것으로서 본인의 동의는 장기기증을 목적으로 하는 의사표시이며 생전과 사후 장기기증 모두에 본인의 생전 의사가 필요하다.[69] 장기적출을 위한 기증자의 의사는 장기 기증이라는 목적을 이루기 위한 의사표시이므로, 법률행위의 성립 및 유효 요건을 갖추어야 한다. 이에 더하여 장기 적출의 중요성에 비추어 사회상규나 공서양속에 의한 사회윤리적 제한이 따라야 한다. 사회윤리적 제한은 상해행위 자체로서 장기적출행위를 평가하여야 한다.[70] 이러한 제한은 특히 생체 장기이식의 경우 중요한데, 장기적출이 다른 사람의 생명을 구하는 것이긴 하지만 그로 인하여 기증자의 생명이 위험에 빠져서는 안 된다. 이러한 의미에서 피해자의 승낙이 존재하더라도 장기적출에 대한 적절성을 판단하여야 하며 이것은 비례성의 원칙에 의하여야 한다.[71]

(2) 당 사 자

가. 장기 기증을 위한 자기결정권의 행사는 승낙의 대상이 되는 행위에 대한 의미와 그 침해의 결과를 평가하여 의사 결정을 할 수 있는 정도의 자연적 의미에서 통찰력과 판단력이면 족하다. 부상의 정도가 심하여 큰 수술을 받아서 자신의 생명을 구하여야 하는 경우나 부득이하게 낙태를 하여야 할 경우에 주체의 수술 동의는 자신의 부상의 정도, 수술의 필요성, 수술의 대체적인 성

69) 계약의 청약과 승낙에 따라 이를 승낙이라고 하여야 하지만, 법 규정에 따라 동의로 표현한다.
70) 同旨, 주호노, 뇌사와 장기이식의 법률학, 동림, 1997: 158.
71) 同旨, 주호노, 뇌사와 장기이식의 법률학, 동림, 1997: 145.

질, 부작용 및 결과를 알 정도의 능력을 가진 미성년자에게도 충분히 인정되며, 구체적으로는 사실 판단의 문제이다. 그러나 장기는 희소한 자원으로서 장기적출을 통하여 사회적으로 취약한 지위에 있는 자에 대한 착취가 가능하다는 측면에서 동의능력이 인정되는 경우라도 일정한 절차를 통하여 장기기증자를 보호하는 조치가 필요할 수 있다.

나. 장기이식법은 16세를 기준으로 하여 ① 살아 있는 경우 16세 이상인 미성년자의 장기 또는 16세 미만인 미성년자의 골수를 적출하고자 하는 때에는 본인의 동의 외에 그 부모(부모가 없고 형제자매에게 골수를 이식하여야 하는 경우에는 법정대리인)의 동의를 얻어야 한다(장기이식법 제18저 제1항). ② 뇌사 또는 사망한 경우 16세 이상의 미성년자는 성년자와 동일한 취급을 하고, 16세 미만인 자가 뇌사 또는 사망 전에 장기 등의 적출에 동의 또는 반대하였다는 사실이 확인되지 아니한 경우에는 그 부모가 장기 등의 적출에 동의하여야 한다(장기이식법 제18조 제2항 2호 단서).

다. 정신질환자 및 정신지체자의 경우는 본인이 뇌사 또는 사망 전에 장기 등의 적출에 동의하고 유족들의 명시적 거부가 없는 경우에만 장기적출이 가능하도록 하고 있다(이식법 제18조 제2항 단서 조항에 의한 1호 적용). 현행법상 정신무능력의 대표적인 예로서 정신질환자와 정신지체자를 들고 있다는 견해가 있다.[72] 이 견해는 법률적으로 아무런 의미를 가지지 않는 의사무능력자의 의사에 따라 장기 등의 적출가부를 결정하게 한 이식법의 태도에 의문을 제기하고 있다. 의사능력의 정도는 수행하고자 하는 법률행위의 성질에 많은 영향을 받는다. 특히 자신의 신체에 대한 자기결정권의 행사는 가능한 본인의 의사를 존중하여야 하며, 재산법상의 법률행위에 비하여 낮은 정신능력으로도 족하다. 이러한 의미에서 정신질환자나 정신지체자의 경우도 장기적출에 관한 유효한 의사결정을 내릴 가능성은 있다고 보아야 한다. 그러므로 위 조항은 일반인들에 비하여 정신능력이 떨어지는 자들에 대하여도 자기결정권을 보호하려는 것으로 해석하여야 한다.

라. 고아 및 재소자와 같은 시설수용자들은 그들의 위치가 사회적으로 취약하기 때문에 특별한 보호를 해 줄 필요가 있다. 현행법은 이들에 대한 특별한 보호규정을 두지 않고 있다. 장기이식법 시안에 의하면 "사회복지시설수용

72) 주호노, 축조해설 장기등이식에관한법률, 육법사, 2000: 51면.

자 기타 대통령령으로 정하는 자의 장기기증에 대한 동의는 보건복지부령이 정하는 바에 의하여야 한다(제15조 제3항)"라고 하여 이들의 자기결정권을 보호하려고 하였으나, 이 조항은 법 제정과정에서 없어졌다.[73] 그러므로 이들에 대한 장기기증은 장기이식법상의 일반원칙에 의하여 해결하고 있다. 시설수용자들은 정신적으로나 경제적으로 취약하므로 금전적인 유혹이나 강요의 형태에 의하여 장기적출과정에서 착취될 가능성이 가장 높다. 사회적으로 취약한 자들에 대한 보호를 위해서는 그들의 장기기증 의사를 확인하는 공적인 절차를 두는 것이 필요하다. 특히 우리 입법은 가족 또는 유족의 거부권 및 동의 권한을 인정하고 있는데, 실제 생활을 같이 하면서 부양하는 것이 아니라 단지 가족 또는 유족이라는 이름만으로 장기적출에 대한 결정권을 가지게 되는 것도 문제가 된다. 시설수용자 등으로부터 장기적출을 하는 경우에는 동의권자를 실질적으로 생계를 함께하는 자 등으로 좁게 인정하고, 그 장기기증의 타당성을 판단하는 공적인 절차를 두어야 한다.

(3) 충분한 설명에 의한 동의

환자는 의료의 문외한이므로 장기적출이라는 의료행위를 시행하기 위해서는 환자의 자기결정권을 돕기 위하여 의료진은 환자에게 장기적출에 대하여 의학적으로 충분한 설명을 하여야 한다. 이러한 설명의무는 신체의 자기 결정권에 관여한다는 점에서 의료상의 주의사항을 알려주는 고지의무와는 다른 것이다. 장기이식법은 생체 이식의 경우 본인과 가족에게 장기기증자의 건강상태, 장기 적출수술의 내용과 건강에 미치는 영향, 장기적출 후 치료계획 및 기타 사전에 알아야 할 사항에 대하여 반드시 충분히 설명하도록 하고 있다(장기이식법 제19조).

(4) 강요의 금지

장기를 이식받기 위한 사람이 가족 중에 중요한 위치를 차지하고 있는 사람이라면, 그에게 장기 이식을 시켜주기 위해서 가족 중의 하나가 원치 않는 장기 기증 약속을 할 가능성이 존재한다. 가족 간의 관계가 밀접할수록 이러한 가능성은 더욱 높아지며, 유교적 전통이 지배하고 있는 나라의 경우에는 남편

73) 한국형사정책연구원, 장기이식법의 시행과 향후 전망, 연구보고서 00-15, 33면.

을 위해서 부인이 희생할 가능성도 존재한다. 이런 사회일수록 아픈 가족을 위해서 다른 가족 구성원이 장기를 주는 것이 당연하다고 생각 할 수 있다. 그렇지만 가족 구성원은 원치 않은 장기 기증 상황에 몰려갈 수도 있다. 이러한 자기 결정권의 침해는 생체 장기 이식의 일반적인 문제이다.[74] 기증자 신체의 완전성을 보호하기 위하여 장기적출에 동의를 한 자는 장기 등의 적출을 하기 위한 수술을 시행하기 전에 언제든지 동의의 의사표시를 철회할 수 있다(장기이식법 제18조 제3항).

(5) 부당한 유인의 금지

이식에 제공되는 장기는 항상 부족하기 때문에, 장기이식을 받으려는 자는 장기를 돈으로 사서라도 수술을 받으려는 유혹을 늘 받게 된다. 장기이식법 제6조 제1항에서 "누구든지 금전 또는 재산상의 이익 기타 반대 급부를 주고받거나 주고받을 것을 약속하고 다음 각호의 1에 해당하는 행위를 하여서는 아니된다"라고 규정하고 있으며, 각호에서 처벌되는 장기 매매 행위를 구체적으로 규정하고 있다. 뇌사 또는 사망한 자의 경우보다는 특히 신장, 부분 간이식과 같이 생체 장기이식이 가능한 경우에 특히 문제가 된다. 생체 장기이식의 경우 기증자가 장기를 받는 자를 지정하는 것을 허용할 것인가에 대하여 논란이 있다. 이를 허용하면 장기이식을 둘러싼 금전적 거래를 사실상 막기 어렵고, 이를 불허하면 생체 장기기증은 거의 사라질 것이기 때문이다. 이를 위하여 독일은 법에 의하여 남편, 아내, 약혼자와 같은 오직 가족 또는 극히 가까운 친척에 한하여 누구에게 장기를 줄 것인지 결정하였을 때만 장기 기증을 할 수 있도록 하고 있다.[75]

(6) 장기기증계약을 불이행하는 경우에 이를 강제로 이행 청구할 수 없으며 손해배상을 청구할 수는 없다. 또한 같은 이유로 장기이식이 이루어진 이후에는 의사표시에 하자를 주장하여 무효 취소를 주장하거나 계약의 해제, 해제사유를 주장하면서 원상회복을 요구하며 이식을 받은 자로부터 장기적출을 요

---

74) Feinberg Joel. Autonomy, Sovereignty, and Privacy: Moral Ideals in the Constitution? 58 Notre Dame L. REV 1983: pp. 445-446.

75) Jochem Hoyer. A nondirected kidney donation and its consequences: Personal experience of a transplant surgeon. Transplantation 2003; 76: pp. 1264-1265.

구할 수는 없다. 장기기증계약은 법적인 청구력과 급부보유력은 존재하지만 소구가능성과 강제집행의 가능성은 없으므로 자연채무의 하나로 본다.[76] 장기기증의사를 철회한 경우, 이를 신뢰하고 장기이식 준비를 한 자에 대한 손해배상 문제가 발생할 수 있다. 손해배상을 인정하는 것은 장기기증자의 철회의 자유를 제한하는 것으로서 인정할 수 없다.

4. 장기의 구득과 분배

인체의 장기에 대한 생체, 뇌사 기증자는 희소한 데 반하여 이를 받으려는 환자들이 매우 많다는 것은 장기이식윤리에서 항상 나타나는 배분적 정의의 문제이다. 정부는 장기이식 전 과정에 관여하면서 장기의 매매 및 기증의 강요를 막고, 이 과정이 장기기증을 위축시키지 않고 장기 분배가 공정하게 되도록 하여야 한다. 장기이식법의 제정이후 장기이식의 공정성은 확보하였으나 뇌사자 장기이식이 줄어드는 현상이 발생하였다. 이를 개선하기 위한 여러 가지 입법적 보완이 있었고 생체 이식을 중심으로 한 자발적인 이식시민운동이 나타났다. 장기기증을 유도하기 위한 여러 가지 개선 방안들이 장기이식의 공정성을 해치지 않는 범위에서 시행되고 있다.

(1) 지정 기증

가. 장기기증은 이식 받을 자를 지정하는 것과 지정하지 않는 방식으로 구분할 수 있는데, 지정 기증의 경우 기증을 위장한 매매의 가능성은 높다. 특히 생체 장기이식의 경우 지정기증은 장기매매 및 기증 강요 가능성이 매우 높다. 이를 막기 위해서 독일의 경우는 원칙적으로 약혼자, 배우자 및 가까운 친족에 대한 장기 기증만이 가능하며, 모르는 사람 간에 일어나는 생체익명기증(living anonymous donation, LAD)을 금지하고 있다. 이에 반하여 우리나라는 생체 장기의 지정 기증이 가능하며(장기이식법 제22조 제3항), 더 나아가 장기이식릴레이도 인정되고 있다. 생체지정기증의 경우 국립이식관리기관의 장의 사전 승인을 받아야 한다. 이때 신청서류에 의하여 기증자와 이식대상자와의 관계가 명확하게 확인되지 아니하여, 동법 제6조에 의한 장기매매에 의한 행위라고

76) 안법영, 장기 등의 기증계약, 의료법학 251.

판단되는 경우에는 선정을 승인하지 않을 수 있다. 이때 국립이식관리기관의 장은 사실 확인을 위하여 당해 장기기증자 또는 이식대상자가 등록된 등록기관의 장으로부터 의견을 제출받을 수 있고, 이를 위하여 등록 의료기관은 대개 윤리위원회를 소집하여 병원의 의견을 정리하게 된다.

나. 장기이식 릴레이는 맨 처음 순수한 장기기증을 시작점으로 하여 장기를 이식받은 측에서 자발적으로 장기기증의 의사를 표현함으로써 그 연결 고리를 확장하여 가는 새로운 형태의 장기이식이다. 그러나 이타적인 동기에 의하여 포장된 릴레이 장기이식이 변형될 가능성은 언제나 존재한다. 장기 기증의 의사를 제시하지 않는 환자가 이식 릴레이에 참여하는 것은 이식 릴레이가 종료한다는 것을 의미하기 때문에, 이식순위에서 가장 나중에 고려해야 할 환자가 되어 버린다. 높은 순위를 얻기 위해서는 장기를 수여받는 측에서 다른 사람에게 장기를 기증하겠다는 릴레이 의사를 제시하여야 한다. 예컨대 혈액형은 맞지만 조직항원적합성이 맞지 않기 때문에 장기기증을 할 수 없다고 알고 있던 가족에게, 어느 날 다른 사람에게 장기를 기증하면 자기 가족에게도 장기가 공여될 수 있다고 한다면, 그것은 심각한 강요가 될 수 있다. 또한 연결 고리를 확장하는 과정에서 이식 릴레이를 중단하고, 최종 수여자를 결정할 것인가 아니면 계속 릴레이를 연결해 나갈 것인가라는 것은 이 행위를 중계하는 단체의 순수한 재량에 의하여 결정된다. 조직항원적합성을 고려하는 방식으로 통하여 연결고리를 계속적으로 만들 수 있다는 것은 후순위자를 선순위로 올리는 것이 가능하다는 섯을 의미할 수 있다.[77] 또한 릴레이의 연결을 좀 더 확대하는 것도 최선이라고 할 수만은 없다. 이식 대기자의 이식대기 시간이 길어진다는 것은 환자의 건강에 심각한 부담을 야기 할 수 있다. 또한 장기를 수여받은 측에서 약속한 장기 기증을 하지 않는다면, 릴레이는 중단되며, 이 경우 릴레이를 기다리던 다른 환자들은 심각한 건강상의 부담을 지게 된다. 끊어진 연결을 다시 대치한다는 것은 결국 장기이식 릴레이를 다시 시작하는 것과 다름이 없기 때문이다. 그러므로 이식 대기자의 대기 시간을 한정하거나, 연결 릴레이의 수를 한정하거나 또는 대기 환자의 건강 상태를 고려하여 심각한 상황이 발생할 가능성이 있으면 연결의 확대를 중단하도록 하는 것이 필요하다. 넓게 생체이

77) The Hankyoreh Shinmun(in Korean), February 20 2004. 장기이식에 관련된 시민단체의 전임 대표가 장기이식 순위조작과 뇌물수수 혐의를 받고 기소된 사건.

식을 인정함으로써 발생하는 문제를 해결하기 위해서는 일차적으로는 정부 측의 감시 기능을 강화하는 것이 필요할 것이다. 한 예로 마인즈 모델(Mainz model)에 의하면 상대방을 지정하지 않는 신장 이식(cross-nondirected kidney donation)의 경우, 최종적으로 상대방이 결정되기 전까지 서로 상대방에 대하여 알 수 없도록 다른 팀에서 자료를 가지고 서로 장기를 이식받을 상대방을 검색해 나가는 방법을 사용하도록 하고 있다. 이러한 체계를 감시하는 역할을 정부가 할 수 있을 것으로 본다.

(2) 뇌사자 기증 장기의 분배

가. 뇌사자의 장기는 국립장기이식관리기관의 기준에 의한 선정(동법 시행령 제18조 제1항에 의한 별표 2[78])에 의하여 분배된다. 이식자 선정에서 고려하여야 할 점은 일반 기준과장기별 기준으로 구별된다. 이들은 의학적 고려와 사회적 고려로 구분할 수 있다. 의학적 고려는 이식적합성으로서 ① 혈액형 및 조직적합성 및 이식 장기의 크기 등의 일치 여부이다. 혈액형이 불일치하는 경우는 이식 실패율이 높기 때문에 중요도가 높다. 다만 혈액형에 관계없이 이식이 가능한 각막이나 골수 등은 다르게 취급하며, 사람백혈구항원의 일치성도 이식 장기의 종류에 따라서 그 중요성을 다르게 평가한다. 신장 및 췌장은 사람백혈구항원 및 혈액형의 일치가 높은 순위를 차지하고 있지만, 간장은 이식대기자의 체중이 기증자의 0.8~1.2배에 해당할 것, 심장은 이식대기자의 체중이 기증자의 0.5~1.5배에 해당할 것, 폐는 흉부 X선상 이식대기자의 폐 크기가 장기기증자의 0.7~1.3배에 해당할 것, 골수는 사람백혈구항원 검사결과 모든 항원의 조직형이 일치하는지가 높은 순위를 차지하고 있다. ② 다장기이식대상자에 대하여는 우선 선정할 수 있도록 하되, 개별 장기이식대기자의 순위를 고려하도록 하였다. 사회적 고려는 일반 기준으로서 ① 1순위로서 당해 뇌사자의 배우자, 직계존비속, 형제자매 또는 4촌 이내의 친족 중에 장기 등 이식대기자로 등록된 자, ② 2순위로서 뇌사판정대상자관리전문기관에 등록된 신장이식대상자 1인, ③ 3순위로서 권역구분에 의한 선정, ④ 4순위로서 전국을 대상으로 장기대기자선정이 된다. 장기별 기준에서 동일 순위에 속하는 자가 2인 이상인 경우에 ① 1순위로서 과거에 장기 등을 기증한 사실이 있는 자 또는 배우자, 직

78) 2003. 3. 12. 개정된 기준임.

계존비속, 형제자매 또는 4촌 이내의 친족 중에 뇌사자장기기증을 한 사실이 있는 자, ② 2순위로서 나이가 어린 자, ③ 3순위로서 장기 등 이식대기자로 등록한 기간이 오래된 자로 하고 있다.

나. 장기 배분을 위한 기준에 따라 이식대기자에 미치는 영향은 매우 크기 때문에, 이 기준의 타당성에 대하여 다양한 논란이 있었다. 논란이 된 부분을 정리하면 다음과 같다.

① 응급도가 높은 심각한 상태의 환자에 대하여 장기이식을 시행하는 것이 장기이식의 실패율을 높이기 때문에 사회적으로 희귀한 자원인 장기를 낭비하는 것이 아닌가라는 의문이 있었다. 의학적으로 동일한 정도의 적합성을 가지고 있다면, 장기이식은 장기이식 성공률 및 예후를 높이는 방향으로 우선순위를 정해야 하는 것이 아닌가라는 의문이다. 이 부분에 대해서는 응급도 판정기준과 그에 따른 장기이식 성공률을 입증하는 것이 필요하다. 그러나 논리적으로 경미한 환자에게 우선권을 준다면 얼마나 경미한 환자가 가장 적합하겠는가라는 의문에 답을 하는 것이 어렵다. 그러므로 이 비판은 가장 이식 성공률이 높은 적합한 환자를 찾아서 그들에게 1순위를 주어야 한다는 주장으로 대치되어야 한다. 그러나 장기이식의 성공률을 기준으로 순위를 정하는 것은 생명에 대한 가치 평가를 하는 것이다. 이 주장에 대하여는 가장 위험에 빠진 사람을 우선적으로 구조하는 것이 인간 생명을 목적적인 존재로 보는 것이 아닌가라는 의문이 든다. 응급도가 높은 환자의 경우 장기이식을 시행하지 않으면 가까운 시기에 생명을 잃을 가능성이 높지만, 응급도가 낮은 환자는 가까운 시기에 사망하지 않으므로 좀더 시간을 가지고 기다리면 장기이식을 받을 기회를 가질 수 있을 것이라는 비판도 가능하다. 장기이식법은 일반기준의 1순위로서 혈액형 등 이식적합성을 고려함으로써 이식의 성공률을 중요시하고 있다. 그러나 골수와 같이 수혈 가능 여부와 관계없이 이식수술이 가능한 장기에 대하여는 혈액형을 고려하지 않으며, 심장과 폐에 있어서는 응급도가 가장 높은 등급에 속하는 장기이식대기자 등에서 우선 선정하도록 하고 있다. 더 나아가 장기의 크기나 무게 등 의학적 적합성을 다양하게 반영하고 있다. 불가피한 의학적 선택의 측면으로 보아야 한다. 다만 연소자의 경우 고령자에 비하여 우선권을 주는 것으로 되어 있는데, 이것은 장기이식에 따른 혜택과 예후 등을 고려한 것이다. 그러나 소아와 성인은 이미 장기의 이식 가능성 자체에 차이가 나므로,

소아와 성인간에 동일한 장기를 가지고 이식 순위를 가지고 다툴 필요가 없는 경우라면, 소아들(예컨대 9세와 10세의 나이)이나, 성인들(예컨대 30대와 50대) 사이에서 연소자에게 우선순위를 주는 것은 타당하지 않다.

② 권역별 배정은 장기 배분을 위한 지역 단위를 권역별로 구분한 후에 그 지역에서 발생한 뇌사자의 장기를 그 지역에 대기자에게 우선권을 부여하는 방식으로서 지리적 접근도를 고려한 것인데, 각 지역별로 이식 대기자간의 불평등이 발생하였다. 뇌사자 발생 빈도와 대기자의 숫자가 다르기 때문에 1지역의 경우 아직 1순위 대기자가 이식을 받지 못하였는데, 다른 지역은 2순위자가 이식을 받게 되는 문제가 발생하였다. 또한 권역별로 장기의 이동을 막음으로써 이식대기자가 다른 권역에 위치한 자신이 선호하는 병원을 선택하여 이동할 수 있는 권리를 막고 있다. 장기이식법은 권역별 구분과 함께 신장 췌장 등에서 사람백혈구항원이 모두 일치하는 경우에 한하여 권역별 구분없이 이식대상자를 선정하도록 하였다. 현실적으로 좁은 국토에서 이러한 권역별 구분을 인정하여야 하는지에 대하여는 의문이 있다.

③ 뇌사판정대상자전문관리기관(장기이식법 제16조의2): 장기이식법은 2002년 개정을 통하여 뇌사판정대상자를 전문적으로 관리하기 위한 뇌사판정대상자전문관리기관(이하 뇌사자관리기관) 지정제도를 도입하였다. 일선 의료기관에서 발생한 뇌사자가 뇌사자관리기관으로 이송하면, 여기서 뇌사조사, KONOS와 협조, 기증 장기 평가 및 뇌사판정을 하고, 협의하에 장기적출 임무까지 수행한다. 대신 뇌사자관리기관은 신장이식대상자 1인을 선정할 수 있고, 간장과 각막에 있어서도 혜택이 있으므로, 일반 병원에 의하여 뇌사자관리기관에 등록된 이식대기자는 뇌사자 장기기증의 기회가 높아진다. 일선 의료기관은 뇌사판정위원회 운영 등 뇌사자 관리 부담에서 벗어나면서도 뇌사자를 발굴하고, 장기이식에 참여할 수 있는 기회를 가지게 되었다. 그러나 이러한 전문관리기관에 부여한 여러 형태의 인센티브가 장기이식대기자에 대한 불평등으로 나타날 수 있다. 이를 최소화하기 위해서는 공적인 형태의 장기구득제도의 도입을 통하여, 뇌사자가 발생한 의료기관에서 뇌사 판정과 장기 적출과 같은 관리업무가 이루어질 수 있도록 하고 이를 현행 뇌사자관리기관과 병행하여 운영할 필요가 있다.

(3) 뇌사판정위원회

장기이식법에 의하면 뇌사 판정의료기관은 전문 의사 3인 이상을 포함한 6인 이상 10인 이하의 위원으로 구성된 뇌사판정위원회를 두며(이식법 제14조 제3항), 뇌사 판정은 전문의사인 위원 2인 이상을 포함한 재적위원 과반수의 출석과 출석위원 전원의 찬성으로 뇌사 판정을 한다(이식법 제16조 제2항). 초기 법 조항은 7인 이상 10인 이하의 위원으로 구성되며, 뇌사판정시 3분의 2 이상의 참석을 요구하였다. 그러나 뇌사자 장기이식이 감소하는 이유에 대하여 전문 의사 2인의 결정으로 뇌사를 판정할 수 있도록 한 다른 나라에 비하여 뇌사판정위원회에 다수의 위원이 참여하기 때문에 뇌사 판정 시간이 길어지는 것이 원인이라는 지적으로 인하여 그 구성 인원과 판정 요건을 완화하였다. 실제로 뇌사판정과정을 살펴보면 일반인 뇌사판정위원이 전문 의료인의 뇌사의견에 반대 의견을 제시하는 예를 찾아보기 어렵다. 예컨대 뇌파 검사에서 신경과 전문의가 평탄 뇌파라고 판정한 것을 비의료인이 아니라고 이의를 제기할 수는 없는 것이다. 뇌사 판정에 시간이 소요되는 것은 위원 숫자의 문제가 아니라, 뇌사자 발생이 많지 않기 때문에 일개 의료기관으로서는 많은 위원들로 구성된 뇌사판정위원회를 상설적으로 운영하지 못하기 때문에 일어난 문제로 보아야 한다. 도리어 비의료인 뇌사판정위원에게 뇌사판정 기준에 대한 충분한 교육을 받도록 하여, 절차적 요건을 준수하는지 등에 대하여 실질적으로 참여하도록 하고 이를 공적인 장기구득기관을 통하여 뇌사자발생의료기관들이 이용할 수 있도록 하여, 뇌사자발생의료기관에서 뇌사판정위원회를 운영하는 부담없이 뇌사판정이 일어나도록 하는 것이 바람직하다. 또한 유가족들이 뇌사판정과정에 참여하도록 하는 것도 고려할 만하다. 충분한 설명을 통하여 유가족의 불안감을 해소시켜 주고, 중환자실에서 뇌사판정기준을 적용할 때 유가족에게 시행하는 시술에 대한 설명과 관찰 기회를 부여함으로써 죽음 판정에 있어서 수동적 방관자에서 좀더 적극적인 판단자로서의 기회를 부여함으로써 의사소통의 공간을 마련하는 것이 한 가지 방법이 될 것이며, 일반인이 가지는 막연한 불안감을 치유하는 방법이 될 수 있을 것이다.

제15장

안락사와 법

김 장 한*

I. 서 론

1. 안락사(Euthanasia)의 개념

안락사(euthanasia)는 그리스 단어인 eu(well)와 thanatos(death)에서 유래하였다. 즉, good death(좋은 죽음)란 뜻인데, 말 그대로 안락한 죽음을 의미한다. 이 용어는 프란시스 베이컨(1561~1626)이 처음 사용하였는데, 그는 저서 학문의 발달(1605)에서 "의사의 의무로서는 건강을 회복시킬 뿐 아니라 고통이나 괴로움의 경감시키는 것이 있다…. 이와 같은 경감에 의하여 … 편안하게 숨을 거둘 수 있는 역할에 도움이 되는 경우도 있다"라고 하여 의사는 "죽음의 고통과 괴로움을 완화시키고 달래기 위한 기술의 탐구"에 대한 연구를 하여야 한다고 하고 있다.[1] 초기의 개념은 의도적으로 사망에 이르게 하는 것을 일컬었으나 의학의 발달에 따라 죽음을 막기 위한 필요한 의학적 조치를 취하지 않는 것을 포함하게 되었다.

의학의 발달로 말기 환자들의 생명을 연장하는 것이 가능해지면서 자연적인 사망을 전제로 하여 형성된 기존가치체계의 재정립 필요성이 나타나게 되었다. 그 예로는 말기 암환자와 같이 치료를 하여도 그 성공률이 매우 낮으며 치료 과정에서 환자에게 많은 고통과 부작용으로 고통을 받는 경우, 알츠하이머

* 울산대학교 의과대학 교수.

1) 醫療の法律學, 제 2 판 植木 哲 有斐閣, 2003을 번역한 醫療의 法律學, 韓貴鉉 역, 한국법제연구원, 2004: 322-323면.

병과 같은 뇌질환의 경우 회복의 가능성이 없으며 점차 상태는 나빠지고 마침내 말기에는 치매 상태로서 생전의 인격을 찾을 수 없으며 인간으로서의 존엄성을 유지하기 어려운 상태가 되며 서서히 사망하는 경우, 심한 관절염과 같은 만성병, 루게릭병과 신경계 질환 등과 같이 말기에 이르러 극심한 육체적 고통과 마비에 시달리면서, 산소 호흡기에 생명을 의지하고 의식은 유지된 채 자신의 운명을 바라보며 죽음을 기다려야 하는 경우, 사고 등으로 뇌가 손상된 환자들이 인공호흡기 등의 도움을 받으며 지속적 식물상태로서 생명을 유지하는 경우 등을 들 수 있다.

이러한 환자들에 대하여 인간다운 삶을 유지하고 사기가 임박하였을 때 자연적인 죽음을 맞게 하려는 의도로 안락사가 논의되고 있다. 본 논문에서는 의료처치 상황 밖에서 일어날 수 있는 사망에 관하여 안락사 논의를 확대하지 않는다. 자연사 직전에 있는 노인이 집에서 죽음을 맞이하는 일상의 상황에 대하여 가족들이 노인을 병원으로 이송하지 않는 행위가 연명치료의 보류에 해당한다고 하거나, 바다에 표류된 것과 같은 극한 상태에 나타나는 상황들에 대하여 안락사 요건을 제기하는 것 등은 개별 행위의 다양성으로 인하여 논의가 적절하게 규범화되기 어렵기 때문이다.[2] 반대로 의사조력자살은 의료현장에서 흔히 마주치는 문제로서 기존 안락사와 함께 도덕적으로 동등한 위치에서 논의하는 것이 중요하기 때문에 이를 포함하고자 한다.

의료법학의 측면에서 중요한 것은 인간의 생명이라는 전속적인 법익을 보호하는 형법에서의 살인죄와 관련된 논의들이다. 살인죄는 생명이라는 법익을 보호하는 구성요건이며, 인간의 생명에 대한 보호는 원칙적으로 "절대적 생명보호의 정신"이라는 말로 표현되듯이 절대적 가치를 부여하고 있다. 이러한 절대적 법익 보호 정신으로 인하여 촉탁, 승낙에 의한 살인죄(형법 제252조 제1항)와 자살관여죄(형법 제252조 제2항)를 처벌하고 있으며, 위법성조각사유로서 피해자의 승낙을 인정하지 않고 있다. 안락사, 의사조력자살은 그 행위 태양에 따라 살인죄, 촉탁, 승낙에 의한 살인죄, 자살관여죄가 적용될 수 있으며, 이에 대한 위법성조각사유로서 논의된다.

2) 책임 조각이나 양형 단계에서 고려하는 것이 적절하며 제도화하는 것은 의료 상황에 국한하는 것이 논의의 생산성에 도움이 된다는 의견. 이상용, 치료중단과 안락사, 한국형사정책연구원, 2001, 17.

2. 안락사 논의 배경

(1) 안락사는 역사적으로 다양한 사회에서 인정되어 왔다. 고대 그리스와 로마에서는 특정한 상황에서 사람을 죽도록 하는 것을 인정하였는데, 그리스의 스파르타의 경우는 장애를 가지고 태어난 아이를 죽도록 버리는 것을 허용하였다. 나이가 많은 노인들이 자의에 의하여 죽음을 맞이하도록 가족으로부터 버림을 받는 것이 허용되는 사회도 있었다. 서양에서 기독교가 그 영향력을 발휘하면서 신의 선물인 생명에 대한 침해는 신에 대한 모독으로서 도덕적으로 옳지 않은 것으로 간주되었으며, 이는 유대교나 이슬람에서도 마찬가지 입장을 가지고 있다.

(2) 1930년대부터 영국과 미국에서 자의적 안락사를 합법화하려는 시도가 있었으나 큰 반향을 얻지 못하였고, 1975년 미국의 카렌 앤 퀸란(Karen Ann Quinlan)이라는 21세 여성에 대한 연명치료 중단이 법정에서 논의되면서부터 안락사가 개인의 기본권에 근거하는 죽을 권리(right to die)의 문제로 논의되기 시작하였다. 캐나다의 경우 1990년대 초 Nancy B v. Hotel-Dieu de Quebec 사건에서 길리안-바레(Guillain-Barré)증후군으로 인하여 인공호흡기에 의지하여 생명을 연장하는 여인이 제기한 인공호흡기 제거 청구사건이 1992년 퀘벡최고법원(Quebec superior court)에서 인정되었다. 미국과 캐나다의 법원은 적극적 안락사는 불법으로 하면서도 환자의 의사 또는 환자의 적법한 대리인의 요구에 의하여 연명치료를 하지 않거나(withhold), 제거하는(withdraw)하는 것은 적법한 것으로 하였다. 이로 인하여 환자의 생전 의사를 파악하는 것이 중요한 문제가 되었으며, 이를 위하여 생명에 관한 유언(living will)이나 사전 지시서(advance directives)가 필요하게 되었다. 미연방 내의 각주에서는 환자 의사를 사전에 파악하는 이러한 형태의 문서를 반드시 갖추도록 병원에 강제하는 입법을 하였으며, 1991년 연방 환자자기결정법(Patient Self-Determination Act)이 효력을 발휘함에 따라 이러한 조치들은 더욱 강화되었다. 캐나다 역시 이와 유사한 입법 형태를 가지게 되었다.

(3) 1995년 오스트라리아의 노던 테리터리(Northern Territory)에서 자의적 적극적 안락사를 합법화하는 법이 제정되었으나 1997년 연방의회에서 폐기되었고, 2001년 네덜란드에서 최초로 적극적 안락사와 의사조력자살을 합법화하

였다. 이 법에 의하면 4가지 요건을 만족하는 경우 ① 환자가 충분한 설명을 듣고 안정된 상태에서 한 자의적 결정, ② 환자가 개선의 가능성이 없는 견딜 수 없는 고통(suffering)에 시달리고, ③ 의사는 다른 의사에게 조언을 구하고, 그 의사가 환자를 사망에 이르게 하는 것에 동의하며, ④ 시행은 환자의 상태를 예의 주시하면서 의사가 적절한 방법으로 시행할 것에는 적법한 것으로 하였다. 이에 의하여 연간 네덜란드 사망자의 2%가 안락사를 선택하고 있다. 이후 2002년 벨기에가 이와 유사한 입법을 하였는데, 환자의 안락사 요구는 반복적으로 확인되어야 하며, 문서로서 확인되어야 한다. 반드시 다른 의사가 환자의 의학적 상태를 판단하여야 하며, 개별 안락사 건은 해당 정부 부처에 보고되어야 한다.

(4) 말기 환자에 대한 의사조력 자살에 대한 논의는 히포크라테스 선서에서 그 기원을 찾을 수 있다. 히포크라테스는 그리스 로마 시대에 의사들의 환자에게 죽음을 용이하게 하는 극약을 처방하여 주는 것을 비판하였다. 이러한 행위를 하지 않겠다는 흔히 알려진 히포크라테스 선서에 포함되어 있다. 의사조력 자살에 관해서는 그 행위 형태의 유사성에도 불구하고 부정적인 평가로서 잭 케보키언 사건이, 긍정적인 평가로서 티모씨 퀼 사건이 존재하며, 미국 내에서 유일하게 이를 입법화한 오리건 주의 존엄사법이 존재한다.

3. 안락사의 분류와 구별 개념들

(1) 소극적 안락사(passive euthanasia)

소극적 안락사는 죽음이 가까운 환자에 대하여 필요한 연명 치료를 하지 않음으로써 사망에 이르게 하는 것이다. 사람의 생명에 대한 권리는 사람의 자연적인 죽음과 인간다운 죽음에 대한 권리를 포함하며, 이에 기하여 환자가 치료를 거부한 경우에 이러한 환자의 의사는 존중되어야 한다. 그러므로 환자의 소생 가능성이 소멸하여 사기가 임박한 경우 환자의 생명을 유지하여야 할 의사의 임무는 소멸되고, 환자가 자연스러운 죽음을 맞을 수 있도록 하여야 한다.[3] 이러한 경우로는 말기 암환자가 사기가 임박한 채 입원을 하였는데, 통증을 조절하기 위한 마약만을 투여하면서 생명연장에 필요한 약물(예컨대 폐렴이

3) 이재상, 형법각론, 박영사, 1996, 22-23면.

병발한 상태라면 항생제 투여)을 투여하지 않는 것을 들 수 있다. 특수한 의료적 상황으로 지속적 식물상태 환자에 대한 연명 치료의 중단도 이에 해당하는데, 이를 존엄사(尊嚴死, death with dignity)라 부르기도 한다. 소극적 안락사의 방법으로는 ① 필요한 치료를 처음부터 제공하지 않는 것(withhold)과 ② 시행되고 있던 필요한 치료를 철회하는 것(withdraw)이 있다. 이 두 가지 문제가 발생하는 예는 다음과 같다. 의사결정능력 있는 말기 환자가 생전의사표시(사전지시서)에 의하여 자신이 사망의 단계에 진입하는 경우에 생명을 구하기 위한 응급조치를 시행하지 말 것(Do Not Resuscitate, DNR)을 지시하는 경우가 있다. 이러한 지시가 존재하는 것이 명백하면 의료진은 말기 환자가 심정지가 온 경우에 심폐소생술(Cardio-Pulmonary Resuscitation, CPR)을 시행하지 않는다. 이것은 withhold의 문제이다. 그러나 만약에 이 지시를 거부하고 응급소생술을 시행하였고, 이후 환자가 지속적 식물상태에 빠지게 된다면, 의료진은 이후에 연명 치료의 철회(withdraw)의 문제에 직면하게 된다.

(2) 적극적 안락사(active euthanasia)

적극적 안락사는 죽음에 임박한 환자의 극심한 고통을 덜어주기 위하여 환자의 생명을 단축시키려는 의도를 가지고 행동을 함으로써 그 환자의 생명을 단축시켜 사망에 이르게 하는 것이다. 치사량의 약물을 주입하여 환자를 사망에 이르게 하는 행위가 이에 해당한다. 이 경우 사망시기가 자연사에 비하여 앞당겨지게 되며, 행위가 생명 단축을 의도하고 있으므로 살인죄, 촉탁 승낙에 의한 살인죄로 보아야 하는지가 문제된다.

(3) 간접적 안락사(indirect euthanasia)

환자의 고통을 감소시키기 위한 조치를 취하는 도중에 의도하지 아니했던 생명단축의 부작용을 초래한 경우를 말한다. 말기 환자의 통증을 조절하기 위하여 마약을 투여하였는데, 점점 그 용량을 증가시켜야 했기 때문에 그로 인한 부작용으로 사망한 경우를 들 수 있다. 간접적 안락사의 허용 여부에 관하여는 자연법 사상과 가톨릭 교회의 전통에서 비롯하여 의무론적 윤리체계에서 널리 수용되고 있는 이중효과원리(principle of double effect)에 의하여 설명하는 것이 가능하다.[4] 다량의 진통제를 투여함으로써 환자의 생명이 단축되는 것이 예견되더라도 환자의 통증을 경감하려는 의도하에 이루어 진 행위라면 그것은 이중효과원리에 의하여 도덕적으로 허용된다는 것이다. 고의범과 과실범을 구별하는 우리 형법에 대하여 학설은 범죄의 주관적 요건으로서 인식있는 과실과 미필적 고의를 구별하고 있으며, 특별히 의도를 고의와 구별하고 있지는 않고 있다. 그러므로 사망이라는 나쁜 결과가 인식있는 과실로 인하여 발생하였다면 그것은 치료행위의 부작용에 해당하는 것으로서 원칙적으로 과실범으로서 결과 예견 및 회피의무 위반이 문제가 될 것이며, 미필적 고의에 의하여 발생하였다면 살인죄로서 일반적인 형태의 안락사 논의에 포함되어야 한다. 일차적으로는 적극적 안락사가 문제될 것이다.

(4) 진정안락사(echte euthanasie[5]))

진정안락사는 말기 환자의 고통을 느끼지 못하고 안락하게 죽도록 도와주는 것을 말한다. 환자 생명의 단축은 없다고 본다. 가령 강력한 마취제를 계속적으로 투여하는 방법으로 의식을 마비시켜 환자가 고통(육체적 통증이나 정신적 괴로움)을 느끼지 못하게 하는 경우가 이에 해당한다. 환자의 동의나 승낙이 있는 경우라면 치료행위로서 허용된다고 본다. 환자가 중태에 빠져 있어 그 현실적인 승낙을 얻을 수 없는 때에도 환자가 승낙을 할 수 있었더라면 고통을 제거하거나 경감하는 조치를 승낙했을 것으로 객관적으로 추정한 경우도 마찬가지로 취급할 수 있다. 진정안락사는 생명단축이 수반되지 아니하므로 생명을 침해한다고 볼 수 없다. 진정안락사가 환자의 의사에 반하는 경우에도 그 행위가 생명을 침해하지 않기 때문에 주관적으로 살인의 고의가 없다면 살인죄가 성립하지 않는다. 다만 환자의 의식을 잃게 하는 것이 신체의 건강을 해친다고 할 수 있을지가 문제가 된다.

(5) 자의적 안락사(voluntary euthanasia), 비자의적 안락사(non-voluntary euthanasia), 반자의적 안락사(involuntary euthanasia)

죽임을 당하는 자의 의사(意思)의 존재여부에 따른 구분으로서 ① 자발적 안락사는 죽임을 당하는 당사자의 의사에 따라 안락사가 이루어지는 것으로서

4) 이중결과이론은 간접적 안락사의 형태를 설명한 것이지 정당화의 논지로는 약하다는 비판은 허일태, 안락사에 관한 연구, 한국형사정책연구원, 1994: 134.

5) 적절한 영어를 찾지 못하여 독일 용어로서 인용함.

죽임을 당하는 자가 의사결정능력을 가지는 경우이다. 의사표시의 정도는 죽음 직전에 명시적으로 자신을 죽여 달라는 의사표시를 하는 것과 생전에 미리 자신이 처할 상황을 고려하여 "이러 이러한 상황이 발생하면 자신을 죽여달라"는 의사표시를 하는 것으로 구분된다. 후자의 경우는 의사표시의 존재에 대한 입증이 필요하며, 입증의 곤란을 해결하기 위하여 입법적으로 생명에 관한 유서(living will)를 포함한 사전지시서(advance directives)를 요구하는 것도 있다.
② 비자의적 안락사는 삶과 죽음에 관한 결정능력이 없는 자에게 객관적인 상황에 의하여 안락사를 시행하는 것이다. 첫째 유형은 영유아와 같이 태어나서 아직 의사결정능력을 가져본 적이 없는 사람들이다. 둘째 유형은 출생 이후 성장하여 의사결정능력을 가졌으나, 질환에 의하여 의사결정능력을 상실한 경우로서 의사 확인의 가능성이 없는 경우로서 지속적 식물상태에서 사전 의사를 확인하지 못한 경우, 치매와 같은 만성 질환에 의하여 의사능력을 회복할 가능성이 없다고 판단되는 경우이다. 셋째 유형은 혼수와 같은 급성 질환으로 인하여 의사능력을 잃은 것이고 의식을 회복할 가능성도 존재하지만, 의식을 회복하기 위한 치료 자체가 의학적으로 무의미하다고 판단하기 때문에 자의성 확인을 포기하는 경우로 나누어 생각할 수 있다.

③ 반자의적 안락사는 자신의 죽음에 대한 결정을 할 능력이 있는 자가 동의하지 않았지만, 객관적인 상황에 의하여 안락사를 시행하는 것이다. 객관적인 상황이 국가와 사회의 위기극복이나 번영, 특정하게 우생학적인 이유라면 도태적 안락사라고 한다. 이러한 반자의적 안락사는 개인의 자율성을 무시하는 것으로서 타율적 도덕 기준에 의하여 정당화되어야 하며 그 대표적인 논거는 행위공리주의에 있다. 그러나 국가나 사회의 다수 이익을 위하여 한 개인의 자율성과 삶에 대한 선택이 무시할 수 있다는 것은 인간을 목적이 아닌 수단으로 대하는 것으로서 인간존엄성 원칙에 어긋난다. 다른 상황으로는 한 사람이 앞으로 닥칠 자신의 미래가 얼마나 참혹한지를 알지 못하고 맹목적으로 삶이 이어나가려고 할 때, 이를 보다 못한 타인이 그 사람의 생명을 끊어 주는 것이다. 이러한 입장은 온정적 간섭주의(paternalism)의 극단적인 경우이다. 그러나 현대 의료는 자율성 존중을 원칙으로 하며 온정적 간섭주의와의 조화를 추구하고 있다. 이러한 일반적인 원칙들이 안락사에서 배제될 수 있다고 보기는 어렵다. 현재 반자의적 안락사에 대한 적법화 논의는 찾아보기 힘들지만 반자의적인 안

락사가 시행될 수 있는 상황들에 대한 염려는 존재하고 있다.

(6) 존엄사(尊嚴死, Death with dignity)

카렌 퀸란 사건에서 존엄사란 "죽음에 직면한 환자가 품위 있는 죽음을 맞도록 하기 위하여 생명유지장치를 제거하는 것"을 말하는 것이었으며, 이는 지속적 식물상태에 있는 환자들에 대한 연명치료중단을 표현하는 의미였다. 그러나 미국의 오리건 주에서 존엄사법이 제정되고 그 내용이 말기 환자에 대하여 치명적인 약물을 처방할 수 있는 것이 되었다.

(7) 의사조력자살(physician assisted suicide)와 방조적(幇助的) 안락사

안락사 행위가 의사와 같은 제3자에 의한 살인의 형태로 이루어지는 것이 아니고, 의사조력자살과 같이 의사의 도움을 받아 자신이 직접 자살하는 형태로 이루어지는 경우로서 학자에 따라서는 방조적 안락사라고 하여 "환자 자신이 주체적으로 안락사를 시행하는 과정에서 행위자가 단지 보조적으로 도와주는 데 불과한 행위에 그친 경우에 한정한다[6]"라고 정의 하고 있다. 일반적으로 이러한 형태의 죽음은 의사조력자살로서 안락사와 구분하고 있다.

4. 소 결

"안락사"라는 개념에는 다양한 형태의 사망들이 포함되어 있는데, 이들 개별 행위들에 대한 적법성 평가와 요건들에 대한 견해 차이로 인하여 이에 대한 분류 작업을 하게 된다. 그러므로 형법적으로 의미 있는 안락사 분류는 법적으로 무의한 안락사를 제거하는 작업에서 시작하여야 한다. 진정안락사의 경우 생명의 단축이 없으므로 살인죄의 구성요건에 해당할 수는 없고, 간접안락사의 경우 환자의 고통을 감소시키기 위한 조치 중에 의도하지 아니했던 생명단축의 부작용을 초래한 것으로서 치료상의 과실 또는 적극적 안락사의 문제로 분류할 수 있다. 반자발적 안락사 및 도태적 안락사 역시 그 적법성을 인정하기 어렵기 때문에 논의의 필요가 없다. 의사조력자살의 경우 방조적 안락사라는 구분의 인정 여부에도 불구하고 적극적 안락사와 규범적으로 그 차이를 인정할지에

6) 허일태, 전게논문, 29면.

대하여 논의가 있으므로 안락사의 한 유형 또는 가치적으로 동일한 행위로 보고 이를 논의하는 것이 타당하다. 결국 안락사로서 논의의 대상이 되는 것은 소극적 안락사, 적극적 안락사, 자의적 안락사, 비자의적 안락사으로서 네 가지 유형이 가능하다. 또한 의사조력자살(방조적 안락사)은 자의적인 형태만이 가능하다.

Ⅱ 지속적 식물 상태와 소극적 안락사

1. 사례의 정리

1975년 발생한 카렌 퀸란(Karen Quinlan) 사건과 1980년 발생한 낸시 크루잔(Nancy Cruzan) 사건은 미국 의료 윤리학에서 중요한 쟁점을 던져주었다. 이러한 상태의 환자에게 생명연장을 할 것인가라는 문제는 법정에서 치료 중단을 요구하는 소송으로 나타났고, 의학계에서는 카렌과 크루잔의 상태를 의학적으로 '지속적 식물상태(persistent vegetative state, PVS)'라고 정의하게 된다.

(1) 카렌 퀸란(Karen Quinlan) 사건[7]

<사실 관계>

1975년 4월 15일, 21세의 카렌은 친구의 생일을 축하하기 위하여 진토닉을 몇 잔 마신 상태였다. 갑자기 현기증을 느낀 그녀는 친구들의 도움을 받아 집으로 돌아왔다. 친구들은 그녀를 침대에 눕혔는데, 15분 정도 지난 뒤 숨을 쉬지 않는 것을 발견하였다. 응급심폐소생술을 시행한 뒤 병원으로 옮겨졌으나, 카렌의 의식은 돌아오지 않았다. 카렌의 혈액 검사에서 성분 미상의 약물이 발견되었는데,[8] 이 약물 역시 카렌의 호흡 정지의 원인이 된 것으로 판단되었다. 카렌은 병원의 응급실과중환자실 등에서 치료를 받았다. 입원한 지 5달 정도가

---

7) In re Quinlan, 70 N.J. 10, 355A. 2d 647 Suprem Ct. of N.J. 1976.

8) 먹은 약물이 무엇인가에 대해서는 다툼이 있다. 바비튜레이트(Barbiturate)—진정제(downers) 또는 바륨(Valiumm, benzodiazepam)—항불안제를 먹은 것으로 추정되며, 알코올과 함께 섭취함으로써 상승 작용을 일으켰을 것으로 판단된다. 또한 퀸란은 아마도 체중조절—diet—을 하고 있었던 것으로 보이는데, 며칠간 음식물을 먹지 않은 것으로 보이며, 사건 당시 그녀의 체중은 52kg 정도였다(구영모 · 김장한 · 이재담. 의료윤리 Ⅰ, 광연제, 2003: 60).

지나면서 카렌의 근육은 위축되었으며, 체중도 현격히 줄었다. 당시 카렌은 기관절개술을 하였고, 그 곳으로 인공호흡기를 사용하고 있었다. 또한 비위관(nasogastric tube)을 통하여 유동식이 공급되고 있었다. 카렌은 때때로 눈을 뜨고 갑자기 웃거나 우는 시늉을 했다. 그러나 그녀의 두 눈은 동시에 다른 방향으로 움직이는 등 서로 조응하지 않았고, 시각 자극에 대하여 반응이 없는 상태였다. 그녀의 EEG는 평탄파(isoelectric)가 아니었기 때문에 당시의 뉴저지법에 의해서도 뇌사(전뇌사 기준, total brain death criteria) 상태는 아니었다. 이 상태에서 회복할 가능성을 당시 카렌을 치료하였던 성 클레어 병원은 100만분의 일로 매우 희박한 것으로 판단하였다. 그 해 말 가족들은 카렌의 인공호흡기를 제거해 줄 것을 의사에게 요구하였으나 거절당하였다. 이에 가족들은 뉴저지 법원에 인공호흡기의 제거를 청구하였다. 뉴저지고등법원은 신청을 기각하였고, 뉴저지 최고법원은 인공호흡기의 제거를 명령하였다.

<뉴저지주 최고법원의 판단>

증언을 하였던 신경과 전문의들에 의하면 카렌은 근육이 수축되어 굳어진 상태(flexion contracture)로서 지속적 식물상태의 환자 중에서도 상태가 나쁜 측에 속한다는 것이었다. 회복 가능성에 대하여 비관적으로 보았다. 미국의사협회의 공식입장은 "의사가 환자에게 인공호흡기를 사용하지 않는 것은 허용하되, 만약 환자에게 인공호흡기를 부착하였다면 환자가 죽도록 호흡기를 떼는 것은 금지한다"는 것이었다. 카렌이 이러한 경우가 발생할 것에 대비하여 자신의 의사를 밝히거나 이를 추정하게 할 자료는 발견하지 못하였으므로, 카렌 본인의 의사는 알 수 없었다. 1976년 1월 뉴저지 최고법원은 헌법이 보장한 프라이버시권은 죽어가는 무능력한 환자의 가족이 환자에게서 생명유지장치를 제거함으로써 환자를 죽게 하는 것을 허용할 정도로 넓다고 판시하였다.[9)]

<인공 호흡기 제거 후>

뉴저지 최고법원의 판결이 내려지자, 가톨릭계 병원들은 1973년 낙태 합법화 판결 이후, 시작된 미끄러운 비탈길(Slippery slope)의 다른 단계가 시작된 것이라는 비판을 하였다. 담당 의사인 모스와 야베드는 카렌의 인공호흡기를 여러 주일에 걸쳐 서서히 떼어내는 방식으로 1976년 5월 후반에 완전히 제거하

9) 판결은 장차 문제될 사건들이 발생할 것에 대비하여 윤리위원회를 만들 것을 제안하였고, 카렌의 생명유지 장치를 제거해야 하는 담당 의사인 모스와 야베드에게 면책권을 주었다.

였다. 그녀는 인공호흡기 제거 후 인공 급식을 받으면서 10년 동안 간호(nursing home)를 받으며 살아 있었다. 10년이 지난 1986년 6월 13일, 카렌은 폐렴으로 사망하였다.

(2) 낸시 크루잔(Nancy Cruzan) 사건

1990년 6월 지속적 식물상태 환자의 죽을 권리를 연방최고법원의 차원에서 처음으로 인정한 낸시 크루잔 판결이 내려진다.

<사실 관계>

1983년 1월 11일, 당시 24세였던 낸시는 미주리 주의 시골 빙판길에서 교통사고를 내었다. 그녀는 차 밖으로 튕겨져 나가 물구덩이에 얼굴을 처박은 상태로 발견되었는데, 당시 심장이 멎은 상태였다. 응급구조대가 인공심폐소생술을 시행하여 다시 심장의 박동이 돌아왔지만 15분가량 심장이 멎은 시간이 있었기 때문에 지속적 식물 상태가 되었다. 이후 7년 간 이러한 상태로 있었는데, 몸은 굳어졌고, 손을 비틀어졌다. 인공호흡기는 사용하지 않았으나, 음식을 삼키지 못하였기 때문에 비위관을 통하여 음식을 투여하고 있었다. 당시 미주리 주는 그녀를 치료하는 데 연간 11만 2천 달러를 사용하였다. 1987년 낸시의 부모는 급식관을 제거하여 줄 것을 미주리 주 법원에 청구하였다.

<연방 최고법원의 판단>

낸시 부모의 청구는 미주리 주 최고법원에 의하여 기각되었다. 주정부는 삶의 질과 무관하게 생명을 유지하는데 이익을 가지며, 판단능력이 없는 환자로부터 생명유지장치를 제거하기 위해서는 환자가 이를 원하였다는 명백하고 확신할 만한 증거(clear and convincing evidence)가 있어야 한다고 판시하였다. 이에 대하여 미주리 주법의 위헌을 이유로 연방최고법원에 상소하였다. 연방최고법원은 낸시의 급식관을 제거하는 것이 다른 종류의 생명유지 장치를 제거하는 것과 다르지 않다고 하였고, 이런 점에서 인공호흡기의 제거는 인정하되 급식관의 제거는 인정하지 않았던 몇 몇 주 법률은 위헌이 되었다.[10] 연방최고법원은 판단 능력이 있는 환자의 경우, 비록 치료를 거부하면 죽을 수 있더라도 치료를 거부할 권리가 있다고 하였다. 미주리주법에 의하면 영구적으로 혼수상태에인 사람이 판단능력이 있었을 당시에 원하였을 것에 관하여 명백하고 납득

10) 카렌의 부모는 인공호흡기를 제거하였지만, 음식물을 투여하는 것을 중단하지는 않았다.

할만한 증거기준(clear and convincing evidence)을 가지고 있음이 인정되므로, 미주리법은 합헌이다. 그러므로 기준을 충족하지 못한 낸시 부모의 청구를 기각한 미주리 주 최고법원의 판결은 정당한 것이었다.

<사건 이후>

사건이 처음 알려졌을 때 낸시는 이혼한 상태였기 때문에, 남편의 성을 따른 낸시 데이비스라는 이름으로만 그녀를 아는 몇몇 친구만 있을 뿐이었다. 최고 법원 판결이 나온 후, 증거기준을 충족시키는 새로운 증언들이 나타났다. 하급심에서 급식관 제거를 위한 명백하고 확신할 만한 증거라는 기준을 충족시켰다는 판결을 받게 된다.

(3) 테리 시아보(Terri Schiavo) 사건

<사실 관계>

1990년, 26세의 시아보(본명 Theresa Marie)는 과체중을 조절하기 위하여 무리한 체중 조절을 시도하였고, 섭식 장애(eating disorder)를 일으켰다. 제대로 식사 조절을 못하는 상태에서 심장 발작을 일으켜 쓰러졌고 10주간 혼수상태에 빠진 이후 뇌에 치명적인 손상으로 입게 되었고, 이로 인하여 급식튜브를 통하여 생명을 연장하여야 하는 지속적 식물상태로 진단받게 된다. 1998년 그녀의 남편이자 후견인인 마이클 시아보(Michael Schivo)는 법원에 아내의 급식관을 제거해 달라는 소송을 제기하게 된다. 이에 대해 딸이 회복될 가능성이 있다고 주장하는 부모 간에 법정 다툼이 빚어졌다.

<사건 진행>

▪ 플로리다 주　　1998년 남편 마이클은 플로리다 하급법원에 아내 테리로부터 급식관을 제거해 달라는 취지의 소송을 제기하였다. 의사들의 감정 의견은 지속적 식물상태(persistent vegetative state)였다. 오랜 시간의 법정 공방 후에 2003년 10월 15일 테리 시아보의 급식관은 제거된다. 젭 부시 플로리다 주지사는 2003년 10월 21일 "'문서화된 사전지시서(written advance directive)'가 없는 상태에서 영구적 식물 상태인 환자로부터 급식튜브를 제거할 경우, 환자 가족 중 한 명이 반대하는 경우에 주지사가 재삽입 명령을 내릴 권한을 가진다"는 일명 '테리법(Terri's Law)'을 제정하였고, 젭 부시는 이에 근거하여 테리에게 급식관을 재삽입케 하는 행정 명령을 내린다. 이 법은 플로리다 주 대

법원에 의하여 2004년 9월 23일 위헌 판결을 하였다.

▪ **연방정부** 2005년 2월 25일 플로리다의 pinellas 카운티 순회재판소(circuit court), 검인부(Probate division)의 판사 George W Greer는 명령으로 시아보의 급식관 제거를 승인하였다. 테리의 부모는 이 사건에 대하여 연방대법원에 긴급 청원을 하였고, 연방대법원은 동년 3월 17일 청구를 기각(reject)한다. 동년 3월 18일 급식관은 최종적으로 제거되었다. 연방 의회는 동년 3월 21일 시아보 사건을 연방 대법원이 최종 판결하도록 허용하는 특별 법안을 통과시켰다. 부활절 휴가를 앞당겨 대기하고 있던 부시 대통령은 이 안에 즉각 서명함으로써 이 사건을 연방 대법원에 이전시켰으나, 24일 연방 대법원은 '시아보 사건'의 심리를 거부했다. 이미 플로리다 지방법원과 애틀랜타 연방법원 등에서 판결이 난 사항에 대하여 다시 심리할 이유가 없다는 것이다. 15년간 식물 상태로 급식관에 의존하여 생명을 유지하여 오던 테리 시아보(41. 여)는 2005년 3월 31일 오전 41세의 나이로 사망하였다.[11)]

2. 지속적 식물상태의 정의

(1) 의식은 각성과 인식을 포함하는 개념이다. 의식(consciousness)이 없는 상태로서 각성(awakening)과 인지(cognition)가 모두 사라진 것을 혼수(coma) 상태라고 한다. 혼수상태의 환자는 눈을 감은 채 수면상태로 지내게 된다.[12)] 호흡 기능도 뇌간의 손상 부위에 따라 억압될 수 있고 변화가 있을 수 있다. 무의식이 최소한 1시간 이상 지속된다는 점에서 실신(syncope), 뇌진탕(concussion)과 같은 순간적인 무의식 상태와는 차이가 난다. 혼수상태에서는 수면 상태만 존재하며 수면과 각성주기가 존재하지 않는다. 뇌 손상후 급성기에 혼수

11) 테리 시아보의 사망 후 부검이 이루어졌으며, 부검 결과 뇌에 큰 손상을 입었고, 시력이 없는 상태여서 회복 가능성이 없었던 것으로 밝혀졌다. 부검을 주도한 존 토그마틴 의사는 "시아보의 뇌는 크게 축소돼 있었다"면서 "(뇌에) 대규모 신경 손실 또는 소멸이 있었으며 이것은 돌이킬 수 없는 것이고, 어떤 요법이나 치료를 사용한다 해도 손실된 신경을 재생시킬 수는 없었을 것"이라고 말했다. 그는 "뇌는 정상적인 인간의 뇌의 절반 정도인 615g에 불과했고, 시력을 관장하는 부분은 죽어 있었다"고 덧붙였다. 시아보가 15년 전 어떻게 실신해 식물인간 상태가 됐는지는 밝혀지지 않았다. 토그마틴은 부검과 사후 조사에서는 그녀가 실신 당시에 의심되던 대로 거식증이 있다는 어떤 증거도 발견되지 않았다고 밝혔다. 그러나 질식을 당했거나 다른 학대를 당했다는 증거도 발견하지 못하였고, 사인은 탈수증세라고 말했다.

12) 이것은 상행망상활성계(ascending reticular activating system)의 기능장애로 인한 것으로 본다.

상태가 나타나며, 이러한 혼수상태의 경과 이후 식물상태가 나타나게 된다. 식물상태(vegetative state)[13]란 각성되어 있으면서 인지가 없는 상태를 말한다. 중증의 뇌 외상이나 질환으로 인하여 대뇌에 광범위한 조직손상이 있거나 대뇌와 뇌간 사이의 연락이 단절되거나, 시상의 광범위한 괴사로 인하여 대뇌의 기능이 정지되면 각성상태에 있으나 주위에 대한 인지 반응이 없는 상태가 된다. 뇌간의 생명유지 기능은 유지되기 때문에 인공호흡기를 부착하지 않고서도 자발호흡, 혈압, 맥박, 체온 등의 기본생명유지상태가 지속될 수 있다. 이러한 식물상태의 환자가 증상의 호전 없이 일정기간 지속된 경우를 지속적 식물상태(persistent vegetative state, PVS)라 한다. 지속적 식물상태의 판정기준은 미국의 경우에는 확립되어 있으나, 우리나라는 아직 공식적으로 결정된 바 없다. 이와 유사한 증상으로 감금 증후군(locked-in syndrome)이 있다. 이 상태는 프럼과 포스너(Plum & Posner)에 의하여 1965년 만들어진 개념이다. 의식은 온전하면서 사지마비이며 언어구사가 불능인 환자를 의미한다. 환자는 뇌교(Pontine)의 앞쪽(ventral)의 하행운동경로(descending motor pathway)의 손상이 있었으며, 이러한 상태의 환자는 혼수상태에 있는 것이 아니고 눈 깜박임, 안구의 움직임, 턱의 움직임 등을 통하여 대화를 할 수 있다. 이 점이 PVS와의 차이가 나는 부분이다. 1례에서는 18개월 동안 배뇨의 조절을 완전하게 하면서 모르스 부호를 사용하여 대화를 할 수 있었다고 한다. 통증 자극에 대하여 굴곡반응을 보였고, E.E.G.는 정상이었다. 밤에는 4~6시간 정도 정상적인 수면패턴을 보였다고 한다.

---

13) 지속적 식물상태란 용어는 Jennett과 Plum에 의하여 처음 사용되었다. Jennett 과 Plum은 지속적 식물상태를 "absence of function in the cerebral cortex as judged behaviorally"라고 정의하였고, 다음과 같이 기술하였다. "인정할 만한 정신기능(recognizable mental function)의 소실과 수면양혼수(sleep-like coma)의 발생, 각성 기간(periods of wakefulness)중 개안과 안구 운동의 존재, 사지의 신전(extensor)상태와 자극에 대한 굴곡 반응(flexor withdrawal), 자극에 대한 신음(grunting or groaning)이 나타날 수 있으나, 대부분의 경우 소리를 내지 못한다. 씹거나 이를 가는 행동을 할 수 있으며, 입안에 음식물을 넣으면 삼킬 수 있다. 이러한 증상들은 지속적인 무반응 상태와 연관된 다른 상태와 구별되어야 하며, 이것은 대뇌의 기능 상실로 인한 것이다. 대뇌 기능 상실은 환자의 행동 상태(behaviorally)로 파악되는 것이며, 이때 병변은 대뇌, 대뇌하구조(subcortical structure), 뇌간(brain stem) 또는 전체 부위에서도 발견될 수 있다. 그러나 이러한 병변의 정확한 위치를 임상의사가 알 수는 없다." Jennett B, Plum F. Persistent vegetative state after brain damage: A syndrome in search of a name, Lancet, 1972; 1: pp. 734-737.

(2) 식물상태의 진단 기준14)

가. 1993년 미국신경과협회(American Neurological Association, ANA)의 윤리위원회가 마련한 식물상태 진단기준은 다음과 같다.15)

① 자기 자신과 주위에 대한 인지를 하고 있다는 증거가 없다. 반사 또는 우연하게 눈을 뜰 수는 있다.

② 환자와 검사자간에 소리나 필기로서 의미 있는 의사소통을 할 수 없다. 표적을 사용하여 자극을 주었을 때, 가끔 안구가 표적을 따라 움직이기는 하지만 이에 대한 추적이 존재하지 않는다. 환자에게 음성으로 자극을 주었을 때 정서적인 반응이 없어야 한다.

③ 의미있는 말이나 단어를 발음하지 못한다.

④ 웃음 짓거나, 찌푸리거나, 울 수도 있지만 이것은 어떤 명백한 자극에도 연관되어 있지 않다.

⑤ 수면-각성의 주기는 존재한다.

⑥) 뇌간과 척수 반사 정도는 정도 차이가 있다. 일차적 반사, 예컨대 빨기(sucking), 먹이찾기(rooting), 씹기(chewing)와 삼키는 것(swallowing)은 존재할 수 있다. 빛에 대한 동공반사, 눈머리안구반사(oculocephalic reflex), 움켜잡기반사(grasp reflex)와 건반사(tendon reflex) 는 존재할 수 있다.

⑦ 조금이라도 자발적인 운동이나 행동의 흔적이 존재하면 그것은 인지(cognition)의 증거로서 PVS의 진단에 맞지 않는다. 학습에 의한 행동으로 의심되는 어떠한 운동이나 흉내내기가 없어야 하며, 유해하거나 불쾌한 자극에 대하여 움추리거나 자세를 취하는 것과 같은 운동의 흔적은 있을 수 있다.

⑧ 혈압조절과 심폐 기능은 대개 유지되며 대소변의 조절은 되지 않는다.

---

14) 김장한 · 이정빈 · 이윤성, 지속적 식물상태(PVS)에 관한 의료법학적 고찰, 대한법의학회지, 1999; 1: 35-42면. 본 연구의 결과 지속적 식물상태의 진단기준으로 결정된 임상증상은 다음과 같다. 답변 중에서 50% 이상 찬성한 것을 기준으로 하였다. (1) 대뇌기능상실이 있으며, 기능상실의 정도는 주위의 자극과 지시에 대하여 전혀 반응이 없을 정도여야 한다. (2) 뇌간반사는 몇 개만 유지되어도 된다. (3) 호흡기능은 유지되어야 하며, 자발적인 호흡과 정상적인 호흡패턴을 보여야 한다. (4) 자발적인 개안과 자발적인 눈의 움직임이 있고 지속적인 움직임(sustained tracking)이 없다. (5) 수면과 각성상태의 반복이 있다.

15) ANA Committee on Ethical Affairs. Persistent vegetative state: Report of the American Neurological Association Committee on Ethical Affairs. Ann Neurol, 1993; 33: pp. 386-390.

판정 기준을 정하는 데 중요한 점은 세부적인 내용을 측정하는 표준화된 방식을 결정하는 것이다. 예를 들면 환자의 대뇌기능을 측정할 때 일정한 데시벨의 청각적 자극을 사용하여 일정한 내용을 들려주고 환자의 반응 유무를 관찰한다든지, 일정한 내용이 기재된 규격 크기의 문서를 이용하여 시각적 자극을 주는 것, 이러한 표준화된 청각적, 시각적 방법을 이용하여 환자에게 지시를 내리는 것이다. 환자가 지시에 반응하는 것을 측정하는 방법으로는 감금증후군(locked-in syndrome)과 감별 진단을 위하여 환자가 눈을 깜박일 수 있는지(eye-blinking)를 이용하는 것이 타당하다고 본다. 뇌간반사의 측정은 뇌사 판정시 사용하는 뇌간반사들을 이용하는 것이 타당하다.

나. "지속적" 진단을 위한 관찰기간

지속적 식물상태의 진단을 위한 일정 기간 지속적으로 관찰한 이후에 회복이 불가능하다는 판단을 하게 된다. 이러한 지단을 위한 관찰 기간을 정하는 것은 여러 측면에서 살펴보아야 한다. 첫째는 의학적으로 환자 상태를 평가하기 위하여 사용하는 최소관찰기간이다. 임상적으로는 지속적 식물상태 진단을 위하여 필요한 최소관찰기간을 의미하며, 이러한 기간 이후 환자의 상태가 반드시 회복될 수 없다고 보는 것은 아니다. 지속적 식물상태 환자로 진단 받은 이후에 일정한 비율로 회복하는 것이 보고되고 있다. 물론 이러한 회복은 환자가 완전한 정상적인 상태로 되는 것은 아니다. 단지 식물상태에서 벗어나는 것을 의미한다. 미국신경과협회의 윤리위원회는 지속적이라는 의미가 영구적이나 불가역적이라는 의미가 아니라는 전제하에서 최소한 1개월 이상 식물상태가 지속되면 지속적이라고 하기로 합의하였다. The Multi-Society Task Force Report on PVS(1994)의 연구는 외상성 또는 비외상성 손상(traumatic injury or nontraumatic injury)의 경우 1개월이 지난 식물상태의 환자를 지속적 식물상태로 보고있다.[16] Ashwal 등(1992)[17]은 최소관찰기간에 대하여 전문가를 상대로 설문조사를 하였다. 그는 논문에서 지속적 식물상태 발생원인과 발생 연령에 따른 세부적인 차이를 연구하였는데 3~6개월을 최소관찰기간으로 하고 있다. 둘째는 보상, 배상과 관련하여 환자의 상태를 평가할 때 사용하는 기간이다. 이

16) The Multi-Society Task Force Report on PVS. Medical aspect of the persistent vegetative state(first of two parts). N Engl J Med. 1994; 330(21): pp. 1499-1508.

17) Ashwal S, Bale JF, Coulter DL, et al. The persistent vegetative state in children: Report of the child neurology society ethics committee. Ann Neurol. 1992; 32: pp. 570-576.

경석[18]은 법적인 문제로 지속적 식물상태를 진단할 경우 인위적이기는 하나 1년을 기준으로 삼는다고 하였다. 셋째는 안락사를 인정하기 위하여 환자 상태가 불가역이 되었다는 것을 의미한다. 진단 외에 PVS에서의 삶의 질을 평가하고, 회복 가능성 및 치료 중단을 결정하기 위하여 필요한 기간으로서 훨씬 긴 시간을 관찰하는 것이 필요하다. 생명윤리학에서 다루는 부분이다.

(3) 치료중단의 기준

미국의 경우 치료중단의 정당성을 인정하기 위한 사법적 기준은 두 가지로 나타나고 있다.[19]

가. 주관 심사(subjective test)

환자가 이러한 경우에 대비하여 사전에 명백하고도 납득할 만하게(clearly and convincingly) 생명유지장치를 제거하여 달라는 의사를 사전에 표현한 경우에는 환자가족이 요구하는 치료 중단을 인정한다.[20] 미국은 주에 따라서 병원에 입원하여 치료를 받기 전에 이러한 생명에 관한 유언(living will)를 문서로 받을 것을 병원, 의사의 의무로 입법화한 곳도 있다. 이 기준의 문제점은 환자가 사전적 의사를 공식적인 문서(living will form)로 기재하였거나, 공식적인 장소에서 계속적으로 명백하게 사전적 의사를 표현한 경우를 제외하고는 환자의 의사를 명백하게 판단하기 어렵다는 것이다. 낸시 크루잔 판결에서 연방최고법원이 취한 태도이다.

나. 대체 판단(substituted judgment)

환자가 비록 사전에 명백한 의사를 표현하지 않았지만, 환자가 선택하였을 것이라고 추정되는 의사를 기준으로 생명유지장치를 제거할 수 있다는 견해이

---

18) 이경석, 배상과 보상의 의학적 판단, 개정 3판, 중앙문화 진수 출판사, 1996: 184-214면.

19) Persistent Vegetative State and the Decision to Withdraw or Withhold Life Support, JAMA, 1990: 263(3): p. 657.

20) 증거법적으로 가장 약한 형태인 증거의 우위(preponderance of evidence)의 경우 민사법적인 손해배상 인정을 위한 증거 인정 법칙이며, 가장 강한 형태는 합리적 의심의 여지가 없는(beyond reasonal doubt)로서 형사법적인 유죄 인정을 위한 증거 법칙이다. 명백하고도 납득할 만한 증거(clear and convincing evidence)는 그 중간에 해당한다. Oral declarations: 문서화 되지는 않았으나 환자가 평소에 다른 사람에게 자신의 생명유지장치의 유지 또는 제거의 문제를 명백하게 이야기 하였을 것을 인정해 주는 것이다. 낸시 크루잔 판결에서 요구된 "명백하고 확신할 만한(clear and convincing) 증거"에 의하여 인정되어야 한다는 조건을 충족한다.

다. 카렌 퀸란 판결에서 뉴저지최고법원이 취한 기준이다. 이 기준은 형식적으로는 의사를 추정하는 형식을 취하고 있지만, 실질적으로는 문제되는 모든 경우에 환자의 추정의사를 인정하여 생명유지 장치를 제거하게 할 수 있다는 비판이 있다.

3. 지속적 식물상태에 대한 평가

(1) 회생불가능성의 문제

뇌손상 후 일정한 시간이 지나면서 환자의 의학적 상태는 고정되고 지속적 식물상태에 해당한다는 진단이 내려진 이후에 이에 대하여 치료 중단의 문제가 논의된다. 지속적 식물상태에 관한 Multi-Society Task Force의 연구 보고서에 의하면,[21] 머리에 외상을 입고 의식을 잃은 434명의 환자가 12개월이 지난 후 의식을 회복한 경우는 7례였고, 30개월이 지난 후에 의식을 회복한 환자는 없는 것으로 되어 있다. 머리에 외상을 입고, 30개월 이상 의식을 잃은 후 환자가 의식을 회복한 사례의 보고는 없었다는 면에서 보면, 지속적 식물상태에 있는 환자는 정상으로 돌아올 수 없는 불가역적인 단계에 들어선 것으로 보는 것이다. 그러므로 환자의 생명을 유지하는 치료를 유지하는 것은 결국은 무의미한 치료가 되는 것이며, 더 나아가 환자의 보호자, 부모로서는 급식을 중단하여 달라는 요구를 하게 되는 것이다. 머리에 외상을 입고 의식 불명 상태에 빠진 19명을 관찰한 다른 연구[22]에 의하면 11명은 1년 안에 회복되었고, 1명은 2년 안에 회복되었다. 질식으로 혼수상태가 된 34명에 대한 관찰 연구[23]에서 뇌파가 발생하지 않아서 죽을 것으로 예상되었던 상태에서 2명이 훌륭히 회복한 것으로 되어 있다. 연구 결과에 따라서 예후를 판단하는 데 차이가 나는 것은 의학 연구를 해석하는 데 흔히 나타나는 문제점이다. 가장 오래 지속된 지속적 식물 상태는 1952년에 심장수술을 받던 중에 발생하여 보고 당시까지 생존해 있는 사례(30년 이상)였다. '지속적 식물상태'라는 진단명이 의미하는 것

21) Multi-Society Task Force on PVS, "Medical Aspect of the Persistent Vegetative State," parts 1 and 2, NEJM, 1994; 330(22): pp. 1572-1579.

22) I. Durbroja, S. et al., "Outcome of Post-traumatic Unwareness Persisting for More Than a Month," Journal of Neurological Neurosurgery Psychiatry, 1995; 58(4): pp. 465-466.

23) R. Chen et al, "Prediction of Outcome in Patients with Anoxic Coma: a Clinical and Electrophysiologic Study," Critical Care Medicine, 1996; 24(4): pp. 672-678.

은 이 상태로 십 수년간 생존할 수도 있으며, 관찰 기간이 짧은 상태에서 진단을 한다면 적은 수의 환자에서 의식의 회복이 나타날 수도 있으며, 36개월 이상의 상당 기간을 관찰하여 의식의 회복이 없다면, 환자의 삶은 회복이 불가능한 단계에 들어선 것이라는 것을 의미한다. 회생이 불가능한 환자에 대하여 더 이상의 생명연장 치료를 하는 것이 의학적으로 무의미(futile treatment)하다고 판단되는 경우에는 안락사를 인정하게 된다.

(2) 환자는 통증을 느끼는가(죽음은 안락한가)?

지속적 식물상태의 환자에게 생명유지장치를 제거하는 것이 과연 안락하게 죽음을 가져오는 것인가? 의학적으로 지속적 식물상태에 있는 환자가 고통이나 통증을 느끼지 못하는지는 논란이 있는 부분이다. 통증을 느끼지 못한다고 보면, 지속적 식물상태 환자는 안락사를 맞이하는 것이 아니라, 자연스러운 죽음을 맞이하는 것이며, 안락사의 한 유형이 아니라 하나의 다른 특별한 유형으로 구분될 수도 있을 것이다. 카렌의 사망 후 시행한 부검에서 뇌의 구조를 발표한 연구에서 대뇌 피질이 상당히 잘 유지되고 있는 것을 볼 수 있다. 그와 대조적으로 시상(Thalamus)이 많이 위축되어 있는 것을 볼 수 있다. 이를 근거로 하여 인지 기능이라는 것이 과거에 생각하는 것처럼 대뇌의 기능에 국한하는 것이 아니라, 시상과 대뇌의 백질의 광범위한 손상에 의해서도 발생할 수 있다고 보고 있다. 지속적 식물상태에 대한 의학적 평가는 뇌과학의 발달에 따라서 달라질 수 있는 여지가 있는 것으로 보인다.

(3) 연명 치료의 중단(통상적인 치료를 하지 않는 것)

소극적 안락사를 시행하는 방법은 지속적 식물상태의 환자에게 비통상적인(ordinary) 치료를 시행하지 않는 것이고 설명한다. 비통상적인 치료라는 개념은 무엇이 통상적인 치료이며 무엇이 비통상적인(extraordinary) 치료인가? 이 문제는 1957년 마취전문의들이 교황 비오 12세(Pius XII)에게 "죽어가는 환자에 대하여 의사로서 할 수 있는 조치들이 무엇인지"라는 질문을 하였을 때, "환자들이 받아야 할 치료는 통상적인 치료이다"라고 한 답에 의하여 나타난 쟁점이다. 환자가 인공호흡기를 사용하고 있는 것이 비통상적인 치료인가? 비위급식관을 통하여 음식물을 공급해 주는 것, 생명유지에 필요한 치료, 예컨대 폐렴에 걸린 환자에게 항생제를 투여하는 것이 비통상적인 치료인가? 무엇이 통상적인 치료인가 하는 것은 의료의 발달과 함께 변화하고 있다.

가. 지속적 식물상태의 경우 환자가 사망하는 원인에 대한 Higashi, 등[24)]의 연구 결과를 보면 71례 중에서 39례(54.9%)가 폐렴에 의한 사망이었고, 14례(19.7%)가 전신쇠약(general emaciation or cardiac insufficiency)으로 인한 사망이었다. 그 외 지속적 식물상태를 일으킨 원인 중에서 뇌종양(brain tumor)과 같은 것은 그 원인 질병에 의하여 사망하게 된다고 한다. 이러한 이유로 환자에 대한 호흡기 관리가 가장 중요하면서도 기초적인 치료 문제가 된다. 입을 통한 음식물, 수액의 공급은 가장 자연스러운 방법이면서 환자의 가족에게 거부감이 없는 방법이라고 할 수 있다. 그러나 이 방법은 음식물에 의한 흡인성 폐렴(aspiration pneumonia)의 발생이 문제된다. 이러한 문제점 때문에 비위관(nasogastric tube)을 통한 영양공급, 위루(gastrostomy)를 통한 영양공급을 시행하게 되며, 이에 더하여 기관절개(tracheostomy)를 통한 호흡기 관리를 하게 된다. 그 외에 정맥주사를 통한 수액요법, 감염을 막기 위한 항생제의 사용 여부가 문제가 된다.

나. 지속적 식물상태 환자는 생명연장을 위한 적극적인 치료를 하여도 그 효과가 불분명하다. 이러한 치료가 막대한 사회적인 비용을 소요하며 환자 가족의 경제적인 파산을 가져온다는 점,[25)] 또한 단지 생명을 연장하는 것이 환자 자신을 위해서도 바람직하지 않다는 점에서 적극적인 의료행위를 시행하는 데 대하여 반대하는 견해가 있다. 그러나 실질적으로 지속적 식물상태 환자 중에는 극소수이지만 식물상태를 벗어나는 경우가 있으므로 영양공급을 하지 않아야 된다고 하는 주장은 문제가 있다. 우리나라에서 신경과와 신경외과 전문의를 설문조사한 바에 따르면,[26)] 환자에게 비위관(nasogastric tube)을 사용하는 것이 입(oral route)을 통하거나, 위루(gastrostomy)를 통한 영양공급보다 선호되었다. 기관절개(tracheostomy)를 통하여 호흡기 관리를 하는 것이 90% 이상

---

24) Higashi K, Sakata Y, Hantano M, et al. Epidemiologic studies on patients with a persistent vegetative state. J Neurol Neurosurg Psychiatry, 1977; 40: pp. 876-885.

25) 1994년 연구에 의하면 당시 미국에는 1만에서 2만 5천 명의 성인과 4천 명에서 1만 명 사이의 어린이가 지속적 식물 상태에 있는 것으로 조사되었으며, 1년간 1인당 드는 의료비용은 2만 4천 달러에서 12만 달러 가량 되는 것으로 보고되고 있다.

26) 김장한 · 이정빈 · 이윤성, 지속적 식물상태(PVS)에 관한 의료법학적 고찰, 대한법의학회지, 1999; 1: 35-42면.

의 찬성률을 나타냈다. 또한 정맥수액요법과 항생제 투여도 50% 이상에서 찬성하였다.

Ⅲ. 말기 환자와 적극적 안락사

1. 일본의 경우

일본에서는 종래 안락사로 판결을 받은 경우가 6사례가 되며,27) 그 중에서 안락사에 대하여 포괄적으로 요건을 규정하고 있는 것은 名古屋高裁判決이다. 뇌출혈로 쓰러진 아버지가 전신불수가 되어 대소변을 받아낼 정도에 이르렀고, 전신의 통증이 극심한 환자가 아들에게 자신의 고통을 덜어달라고 부탁하였고, 아들이 유기인 살충제인 EPN을 넣은 우유를 마시게 하여 죽게 한 사건이 있다. 이에 대하여 판결은 행위의 주체가 의사가 아니며, 농약을 사용한 것은 윤리적으로 타당하지 않은 방법이라고 하여 피고인에게 촉탁살인죄를 인정하여 징역 1년, 집행유예 2년을 선고하였다. 판결에서는 안락사를 허용하기 위한 요건을 ① 환자가 현대 의학의 지식과 기술로 보아 불치의 질병으로 죽음에 임박하여야 하며, ② 환자의 고통이 극심하여 누구도 참으로 이를 보고 견딜 수 없을 정도이며, ③ 오로지 이를 제거 또는 완화하기 위한 목적으로 시행되어야 하며, ④ 환자의 의식이 명료하여 의사를 표명할 수 있을 경우에는 본인의 진지한 촉탁 또는 승낙이 있어야 하며, ⑤ 원칙적으로 의사에 의하여 시행되고, ⑥ 그 방법이 윤리적으로 타당하여야 한다. 이 판결 요건에 의하면 적극적 안락사를 인정함에 있어서 육체적 고통을 중요한 요건으로 보며, 정신적인 고통은 이에 해당하지 않는 것으로 보고 있다. 이 사건에서는 안락사를 시행한 자

---

27) 뇌출혈로 반신불수가 된 모친에게 청산가리를 복용하여 살해한 것에 대하여 촉탁살인죄 인정 징역 1년, 집행유예 2년 선고, 東京地判 昭和 25년 4월 14일, 폐결핵 등으로 요양 중이던 처를 교살한 것에 대하여 촉탁살인죄 인정 징역 1년 집행유예 2년 선고 鹿兒島地判 昭和 50년 10월 1일, 심한 경련 발작을 일으키는 병약, 노령의 처를 교살한 것에 대하여 살인죄 인정 징역 3년 집행유예 4년 神戸地判 昭和 50년 10월 29일, 말기 암인 처의 간언을 듣고 사시미칼로 살해한 것에 대하여 촉탁살인죄 징역 1년 집행유예 2년 大阪地判 昭和 52년 11월 30일, 연골육종의 처의 경부를 면도칼로 베고, 목을 졸라 살해한 것에 대하여 촉탁살인죄, 징역 3년, 집행유예 1년 高知地判 平成 2년 9월 17일. 醫療の法律學, 제 2 판 植木 哲, 有斐閣, 2003을 번역한 醫療의 法律學, 韓貴鉉 역, 한국법제연구원, 2004: 319.

가 의사가 아니며, 농약을 사용한 것이 방법으로 윤리적이지 않다고 보았다. 이에 대하여 의사가 안락사를 시행한 첫번째 사건으로는 1991년 발생한 동해대학 사건이 있다. 1991년 동해대학부속병원에 근무하는 피고인 의사는 다발성골수종으로 입원한 환자의 여명이 수일 정도 남았을 때, 처와 자식으로 "해 줄 만큼의 것은 해 주었기 때문에 편안하게 해 주기를 바란다"는 의뢰를 받고, 환자로부터 순차적으로 정맥주사, 소변줄, 호흡관을 제거하고 호흡억제작용이 있는 약제를 2배 가량 증량하여 투여하고, 이후 다시 한번 자식의 요청을 받고 염화칼륨(Kcl)을 주사하여 심정지로 사망하게 하였다. 법원은 살인죄를 인정하여 징역 2년, 집행유예 2년을 선고하였다.[28] 판결에서 안락사 허용요건으로 ① 환자에게 참을 수 없는 심한 육체적 고통이 존재할 것, ② 환자에게 죽음을 피할 수 없고 또한 사기가 다가오고 있을 것, ③ 환자의 의사표시가 있을 것이라는 세 가지 요건을 들었다. 이 판결에서는 환자가 혼수상태라서 의사표시를 할 수 없었기 때문에 의사의 안락사 시행이 적법하지 않다고 하였다. 이 판결에서는 고통으로부터 해방하여 준다고 하더라도 직접 생명을 끊는 것을 목적으로 하는 적극적 안락사의 경우는 최종적인 방법으로 인정된다고 보기 때문에, ④ 의사에 의하여 고통의 제거, 완화를 위하여 용인되는 의료상의 다른 수단이 다해 다른 대체 수단이 없을 것이어야 하는 네 번째 요건이 필요하다고 본다.

2. 미국의 경우

"잭 케보키안"이라는 병리의사에 의한 살인지 문제가 되었는데, 케보키안의 행위는 처음에는 말기환자에 대하여 자살에 이르는 방법에 도움을 주는 형태의 의사조력자살에 해당하는 것이었다. 이러한 행위를 하면서 1998년 11월 22일 "60분(60 minutes)" 프로그램 방송에서 루게릭 말기 환자인 토머스 유크(Thomas Youk)의 명시적인 동의를 받은 후 수면제 주사를 놓는다. 케보키언은 환자가 잠든 것을 확인한 후 직접 근육이완제와 염화칼륨을 주사하여 심장을 멎게 하였다. 1999년 3월 26일 미시간 주 검찰에 의하여 살인죄로 기소되었고, 오클랜드 순회법원은 케보키언 박사에 대하여 2급 살인죄를 적용하여 10~25년 징역형을 선고하였다.

28) 橫浜地判 平成 7年 3月 28日 判時 1530號, 28하.

3. 네덜란드의 안락사 합법화

1971년 의사인 게르트루이다 포스트마(Ggeertruida Posma)는 뇌출혈로 인하여 신체 일부마비, 청력 상실 및 심한 언어 장애를 가진 자신의 어머니에 대하여 살인을 시행하였다. 그녀는 몰핀을 먼저 주사하여 의식불명을 유도한 후, 근육마비제인 큐라레를 주사하여 어머니를 호흡마비로 죽게 하였다. 자수한 후 포스트마는 살인죄 판결과 함께 집행유예를 선고받았다. 1973년 네덜란드 의사협회는 네덜란드 검사들과 다음의 네 가지 지침을 지키는 한도에서 살인죄로 기소하지 않는다는 합의를 하게 된다. ① 의사결정능력이 있는 환자가 죽음을 요구할 것, ② 환자의 요구는 반드시 반복되고 명확하며 강요되지 않을 것, ③ 다른 의사의 의견을 구할 것, ④ 환자는 회복의 가능성이 없는 참을 수 없는 통증이나 고통을 겪을 것. 1994년 네널란드 최고법원은 견딜수 없는 정신적 고통에 대한 안락사를 정당화하였다. 이후 렘멜링크 위원회(Remmelink Commission)는 이십 년간의 자료를 검토하여 1990년 네덜란드 사망자 130,000명 중에서 2%에 해당하는 2300명이 안락사하였다고 보고하였다. 추후보고서에서 의사결정능력이 없는 1000여 명의 환자가 조력 자살을 통하여 사망하였다고 발표되었다. 의사의 조력 자살을 반드시 정부에 신고하도록 의무를 부과한 이후의 1995년 연구에서도 이와 유사한 결과가 나타났다. 기존의 지침에 의하면 의사결정 능력이 없는 환자가 의사결정능력이 있을 때 표시한 의사를 기초로 자살조력을 하는 것은 허용하지 않았기 때문이다. 몇몇 사례를 살펴보면 수년 동안 극심한 거식증에 시달린 20대 환자가 의사의 도움으로 자살한 것, 두 자녀의 죽음과 결혼의 실패로 극심함 우울증에 시달리던 여인이 의사의 도움으로 자살한 예가 있다.[29] 이로 이하여 안락사를 원치 않는다는 '생명선언증'을 지참하는 네덜란드인도 늘고 있다.

29) 김장한 · 구영모 · 이재담, 의료윤리 1, 광연재, 2003: 166.

Ⅳ. 말기 환자와 의사조력 자살

의사조력 자살은 환자 스스로가 생명을 종식시키는 데 필요한 유형적인 수단이나 무형적인 정보를 제공함으로써 돕는 것[30]으로서 환자 자신이 죽음에 있어서 주체적 역할을 한다는 점에서 안락사와 구분된다. 이를 방조적 안락사로 구분하는 견해도 있다.[31]

1. 잭 케보키안(Jack Kevorkian) 사건[32]

▪ 사건 개요

1990년 6월 은퇴한 병리의사 잭 케보키안에게 54세의 알츠하이머(Alzheimer) 환자 쟈넷 애드킨스가 죽을 수 있도록 도와달라는 부탁을 한다. 쟈넷은 활동적인 여성이었는데, 어느 날인가부터 자신의 기억력이 감퇴하고 있다는 사실을 깨닫게 되었다. 알츠하이머병은 회복불가능한 신경세포의 파괴로 인하여 진행적인 기억 상실이 나타나는 질병으로 회복은 불가능하다. 마지막 순간이 다가오면 환자들은 식물상태에 빠지게 된다. 쟈넷은 자신이 스스로 자신의 생명을 처리하기를 바랐으며, 헴록 소사이어티(Hemlock society)의 회원이 되었다. 케보키안이 살고 있는 미시간 주는 조력 자살을 불법으로 간주하지 않았기 때문에, 쟈넷은 자살을 하기 위헤서 케보키안을 찾아 왔다. 쟈넷 가족와 케보키안은 몇 시간에 걸친 면담을 하였다. 면담 후, 쟈넷이 우울증에 시달린다거나 비합리적이라는 판단을 하지 않았기 때문에, 이를 문서화하고 비디오 촬영을 해 두었다. 쟈넷과 케보키안의 가족들은 저녁 식사를 함께 하였다. 다음 날 쟈넷과 케보키안은 한적한 공원으로 가서 타나트론(Thanatron; Death ma-

30) 同旨, 미국의사협회 윤리강령 2.211. Code of Medical Ethics, Council on Ethical and Judical Affairs, 1996-1997.

31) 전술한 안락사 분류 참조.

32) 케보키안은 1928년생이며 병리학 의사이다. 1987년 Detroit 신문에 "Death counseling"이라는 광고를 기재하였다. 1990년부터 1998년까지 100여 명의 자살에 관여하였다. 처음 2명의 자살에 관여할 때에는 Thanatron(Death machine)이라고 명명한 정맥 주사를 이용한 기계를 하였고, 이후 의사 면허가 취소되어 더 이상 염화칼륨과 펜토탈 소디움을 구할 수 없게 되면서, 일산화탄소(CO)를 이용한 질식사 방법을 사용하기도 하였는데 이를 Mercitron(Mercy machine)이라고 하였다.

chine)이라고 불리는 케보키안이 직접 고안한 기계를 사용한다. 케보키안이 쟈넷의 정맥에 주사 바늘을 꽂은 후, 수액이 주입되도록 하였다. 자넷은 스스로 스위치를 돌려서, 강력한 진정제인 티오 펜탈을 주입되도록 하였다. 곧 쟈넷은 의식을 잃어버렸고, 이어서 자동적으로 염화칼륨이 투여되었다. 쟈넷은 깊은 잠이 들었다가 심장마비로 사망하게 된 것이었다. 이러한 행위가 모두 마치는데 6분이 걸리지 않았다. 이 행위에 대하여 검사가 살인죄로 케보키안을 기소하였다.

▪ 미시간 주 지방법원의 판결

지방법원 판사는 미시간주에는 조력자살을 금지하는 법 조항이 없기 때문에 공소를 기각하였다. 그러나 케보키안에게 머시트론의 재사용을 금지하는 명령을 내렸는데, 이 명령의 근거는 불명확한 것이었다.

2. 티모시 퀼(Timothy Quill) 사건

▪ 사건 개요

백혈병 환자인 다이안(Diane)은 지난 3년간 내과의사 티모시 퀼의 환자였다. 그녀의 상태는 갑자기 악화되었고, 급성골수단핵구 백혈병(Acute myelomonocytic leukemia)으로 악화되었다. 퀼은 다이안에게 치료 방침에 대하여 설명해 주었다. 치료는 세 단계로 진행되는데, 첫번째 단계는 유도화학요법(induction chemotherapy)으로서 3주에 걸친 항암화학요법을 시행하는 것이다. 이 과정에서 환자의 25%는 사망한다. 이후 강화요법(consolidation chemotherapy)을 시행하는데, 역시 25%가 사망한다. 이후 전신 방사선 조사 후 골수 이식을 수행하는데, 이식후 이식숙주편대반응(Graft-versus-host-disease)과 같은 부작용으로 25%가 사망한다. 이 치료를 시행하는 동안 심함 구역, 탈모, 감염 등의 부작용이 발생할 수 있다. 또한 다이안에게 적합한 골수 기증자를 병원은 알지 못하는 상태였다. 이러한 설명을 들은 후에 다이안은 치료를 거부하였다. 퀼은 그녀의 의사를 존중하였고, 가족들 역시 그러하였다. 퀼은 그녀가 비합리적이지도, 우울증에 있지도 않다는 사실을 확인하고 바비튜레이트를 처방하여 주었고, 자살하는 방법도 설명하여 주었다. 약 3개월이 지나면서 다이안의 몸은 무척 쇠약해졌다. 신체 조건들이 급격히 악화되기 시작하였을 때, 다이안은 퀼로부터 배운 방법으로 대로 자살을 시행하였다. 이 사건은 의학 잡지에 발표되었지만, 대배심은 이를 기소하지 않았다.

3. 오리건 주의 법제화

미국의 44개 주와 컬럼비아 특별구는 의사조력사를 불법으로 규정하고 있다. 다른 주 들은 법 해석에 불명확한 점이 있지만, 노쓰 캐롤라이나, 오하이오, 유타, 버지니아 및 와이오밍 주의 경우 역시 불법으로 판단된다. 오리건 주만이 그들의 법률아래에서 적법으로 처리하고 있다. 오리건 주에서는 시민이 발의한 법안이 주민투표에 의하여 법률로 확정될 수 있다. 1994년 11월 오리건 주 주민들은 '존엄한 죽음(Death with Dignity)에 관한 오리건 주법'을 승인하였다. 이 법은 의사로부터 약품 처방을 받는 것을 통하여 죽음에 대한 조력을 얻는 것을 합법화하는 것이다. 이 법이 승인되자 연방지방법원은 헌법의 평등조항에 어긋난다는 이유로 금지명령(injunction)을 내렸다. 이에 대하여 제9순회항소법원은 금지명령을 취소하라는 오리건 주의 항소를 받아들여 금지명령을 취소하였다. 1997년 6월 26일 연방최고법원은 의사의 조력을 받는 자살에 관한 기본권은 적법절차에 관한 헌법조항이나 평등한 보호에 관한 헌법 조항에서 도출될 수는 없다고 하였다.[33] 이 법을 주의회가 폐지하는 결정을 하였고 이로 인하여 오리건 주 내에서는 격렬한 논쟁이 일어났다. 1997년 11월 의회에서 폐지결정되었던 존엄사 법안은 오리건 주의 주민투표를 통하여 다시 확정되었다. 이 법에 의하면 존엄사의 대상이 되는 말기 환자는 (1) 명백하게 의사결정능력이 존재할 것, (2) 질병으로 인하여 말기에 있을 것(잔여 생존기간이 6개월 미만인 경우로 한정되며, 이것은 두 명의 의사에 의하여 확인되어야 한다), (3) 환자가 마음을 바꿀 경우를 대비하여 15일간의 유예기간이 경과할 것, (4) 이해관계없는 사람이 증인으로 존재하여야 하며, (5) 주치의는 죽음 당기는 것 외에 다른 대체 방법을 설명하여 주어야 한다. 존엄사에 관한 환자의 의뢰를 받은 의사가 이를 시행하여야 할 의무는 없다. 이러한 법 절차를 위반한 죽음에 대해서는 2급 살인으로 처벌되며, 존엄사를 시행한 경우에는 오리건 주 보건복지부

33) 구영모 · 김장한 · 이재담, 전게서, 180면.

(Department of Human Services)에 필요 사항을 서면 신고하여야 한다. 바비츄레이트(Barbiturates)가 이러한 존엄사를 시행하는 적절한 약물로 선호되었기 때문에, 오리건 주의 존엄사법은 연방의 마약관리법(Controlled Substance Act)에 편입되었다.

1970년 연방의회는 미국 내에서 합법적으로 사용되는 약물의 적정한 관리를 위하여 마약관리법을 제정하였다. 1971년 법무부장관(Attorney General)의 제한적 권한에 기초하여 이 법에 의하여 관리되는 약물을 주(states)에서 사용하는 경우에는 "적법한 의학적 목적"에 의하여 처방되어야 한다는 시행규칙(implementing regulations)고 규정하였다. 그러나 적법한 의학적 목적이 무엇인가에 대한 해석 규정은 없었다.

1998년 미국 법무부 장관 쟈넷 르노(Janet reno)는 도덕적, 법적, 의료적 관행에 기초한 자살 조력 행위는 주법에 의하여 해결되어야 라며, 오리건 주법에 의하여 의사가 존엄사를 시행하는 것은 마약관리법의 규제 대상이 아니라는 결정(ruling)을 하였다. 1998년 3월 26일 이 법에 의하여 미국 오리건 주에서는 말기 유방암 환자에 대하여 주치의가 처방한 극약을 먹고 공개적으로 사망한 의사조력자살이 행하여졌다.

2001년 11월 미국 법무부 장관 애슈크로프트(Ashcrof)는 "Aschcroft directive"를 시행하면서 "적법한 의학적 목적"을 통증을 조절하는 것에 국한한다고 규정하였다. 이로 인하여 오리건 주법인 존엄사법에 의하여 치명적인 약물(바비츄레이트가 대부분을 차지하게 됨으로 연방의 마약관리법에 적용을 받게 된다)을 처방하는 것은 연방의 마약관리법(Controlled Substance Act)을 위반하는 것이 되었다. 이로서 1998년의 Janet reno의 결정은 무효화 되었다. 이에 대하여 오리건 주, 의사들, 말기 환자들이 연방법원에 소를 제기하였다. 1심과 제2 심인 제 9 순회법원에서 Ashcroft의 결정은 주의 권한을 침범하는 것으로서 위험이라는 판결이 내려졌다. 현재 이 법에 의하여 200명 이상의 말기 환자들이 존엄사를 선택하였는데, 2006년 1월 17일 미연방 최고법원은 GONZALES, ATTORNEY GENERAL, et al. v. OREGON et al. 판결[34]에 의하여 오리건 주의 존엄사법에 대한 Ashcroft 전법무부 장관의 명령은 무효라고 하였다. 현

34) http://caselaw.lp.findlaw.com/scripts/printer_friendly.pl?page=us/000/04-623.html Accessed at 27th Jan, 2006.

재 캘리포니아와 버몬트의 주의회에서 존엄사법을 제정하려는 움직임이 있고, 그 외 44개 주에서는 이를 불법화하는 법을 가지고 있[35]다.

V. 의사무능력자와 비자의적 안락사

1. 부모의 치료 거부와 베이비 도우(Baby Doe)사건[36]

(1) 장애 신생아의 부모가 치료를 포기할 때, 의사들이 치료를 계속 주장하게 되면 Baby Doe 사건들이 발생하게 된다. 치료를 포기하는 이유는 다양하기 때문에 구체적인 한 가지 사건을 근거로 이러한 종류의 사건을 평가하는 것은 무리가 있다. 신생아의 장애로 인한 치료 거부와 비자의적 안락사에 관한 초기 사건들은 다운증후군(Down's syndorme)과 척추이분증(spina bifida) 신생아에서 발생한 기형과 관련된 것이다.

(2) 1971년 메릴랜드 주 볼티모어 존스 홉킨스 병원에 치명적인 장결손을 가진 다운증후군 신생아가 출생하였다. 당시 의료 기술에 의하면 다운증후군 성인의 지능지수는 25~60 정도였고, 심하면 25 이하였다. 수술을 받으면 생존할 수 있는 상황이었는데, 부모는 수술을 거부하였다. 의사들은 이 사건을 법정으로 가지고 가지는 않았다. 1982년 인디애나 주 블루밍턴 병원에 기관식도루(tracheoesophageal fistula)를 가진 다운증후군 아이가 출생하였다. 기관지와 식도를 비정상적으로 연결하는 루(fistula)를 폐쇄하는 수술의 성공률은 90% 이상이었는데, 부모는 수술을 거부하였고, 의사들은 이 사건을 법정으로 가지고 갔다. 먼로 카운티의 일심법원에서 존 베이커(John Baker) 판사에 의하여 긴급심리가 진행되었다. 환자가 성장하여 누릴 수 있는 삶에 대한 전문가들의 의견은 최소한의 삶의 질을 확보할 수 없다는 것이었다. 일심, 항소심 및 인디애나 주 최고법원에 대한 상고에서도 모두 지방 검사는 패소하였고, 연방법원에 긴급개입을 요청하던 중 신생아는 사망하였다. 이 사건으로 인하여 연방 차원의

35) http://www.usatoday.com/news/washington/2006-01-17-scotus-suicide_x.htm. Accessed at 27th Jan, 2006.

36) 우리나라의 1996년, 5497명의 총 미숙아 사망 중에서 보호자의 치료포기에 의한 사망이 48.8%인 2687명에 달하는 것이라는 보도가 있다. 한겨레신문, 1998. 10. 24. 국정감사에 지적된 사항으로서 대한신생아학회가 조사한 내용이다.

대책이 수립되었다. 장애를 가진 신생아에 대한 치료포기는 1973년 제정된 사회복귀법(Rehabilitation act) 504조 ― 단지 핸디캡을 이유로 차별하는 것을 금지하는 조항 ― 를 위반한다는 법무부의 해석이 1982년 내려졌다. 이를 근거로 병원의 소아집중간호실(Neonate intensive care unit, NICU)에는 응급실위반베이비 도우(Baby Doe) 명령이 내려졌으며, 수신자 부담 전화(베이비도우 핫라인)를 통하여 누구라도 피해를 신고하도록 하였다. 1983년 3월 7일 잠정적이지만 최종적인(Interim Final) 베이비 도우 명령이 내려졌고, 2주 후인 3월 21일 발효되었다. 이 날 미국소아과학회(American Academy Pediatrics, AAP)는 연방지방법원에 효력의 중지를 요청하는 소송을 제기하였다. 이 소송(Amer. Acad. Ped V. Heckler)에서 절차상의 문제를 들어 AAP에게 유리한 판결이 내려졌다. 연방 보건부(DHHP)는 1984년 1월 새로운 명령을 내렸다. 이 명령은 다시 제2순회항소법원에 의하여 그 해 2월 무력화되었고 12월 금지명령이 내려졌다. 1984년 연방의회는 베이비 도우 사건에서 치료하지 않는 것을 아동학대로 처벌하는 아동학대방지와 치료법(Child Abuse Prevention And Treatment Act)을 개정하였고, 1992년 미국장애인법이 발효되었다.[37] 1983년 10월 11일 베이비 제인 도우가 뉴욕 롱아일랜드 세인트 찰스 병원에서 출생하였다. 아기의 이름은 케리린(Kerri-Lynn)이고, 언론과 법정에서는 베이비 제인 도우(Baby Jane Doe)라고 불렀다. 아기는 척추 이분증, 뇌수종, 신장 이상, 소뇌증을 가지고 태어났다. 의사들의 환아에 대한 예후 평가는 상반되었다. 1983년 10월 18일 케리린의 기사가 보도되자, 버몬트 주 생명권 보호단체에 소속된 변호사 로렌스 위시번(Lawrence Washburn)이 케리린을 대신하여 치료를 받게 해 달라는 소송을 제기하였다. 동월 20일 멜바인 탄넨바움(Melvyn Tannenbaum) 판사가 주재한 심리가 긴급하게 열렸고, 이 소송에 관하여 케리린의 후견인으로서 윌리엄 웨버(Willaim Weber)가 선정되었다. 웨버는 케리린의 치료를 결정할 권한을 부여받았다. 웨버는 아기에 대한 예후가 그다지 나쁘지 않을 것이라는 판단을 하고 수술을 포함한 치료를 승인하였다. 이 결정에 대하여 부모 측에서 주최고법원에 상고하였고, 상고심은 하급심을 파기하였다. "가능한 두개의 선택이 의료적으로 합당한 경우에 그 결정은 아기의 부모에게 맡겨져야 한다"라고 하였다. 부모는 소송이 진행되는 동안 마음을 고쳐먹고, 아기의 뇌수종에 대한 치료와

37) 김장한 · 구영모 · 이재담. 전게서, 362-396면.

폐렴에 대한 치료에 동의하였다. 1984년 4월 7일 5개월 반의 나이로 집으로 돌아오게 되었다.[38]

(3) 미국 의사협회의 윤리 강령(2.215)에 의하면 심각하게 중증인 신생아들에 대한 치료 여부를 결정하는 것은 어떻게 하는 것이 가장 신생아에게 좋은(best) 것인지를 고려하여야 하는데, 고려할 점으로는 ① 치료가 성공할 가능성, ② 치료하거나 치료하지 않을 경우의 관련 위험, ③ 만약 치료가 성공한다면 삶을 연장하는 정도, ④ 치료와 관련된 통증과 불편함, ⑤ 치료하거나 치료하지 않을 경우나 예상되는 신생아의 예상되는 삶의 질을 들고 있다.

삶의 질 평가는 어린이의 관점에서 바라보아야 하며, 견디어야 할 신생아의 통증과 고통이 장래 삶의 즐거움을 압도할 정도로 심각한 경우나 신경학적인 손상이 너무 심각하여 고통이나 삶의 즐거움을 느낄 수 없는 경우에도 치료보류나 중단을 고려할 수 있다. 아기의 예후를 판단하기 어려운 경우, 예컨대 극단적으로 미성숙 신생아의 경우에는 생명유지 치료를 시작하여야 하며, 치료계속 여부는 예후가 좀더 명확하게 판명된 이후에 결정하여야 한다. 모든 정보는 부모에게 제공되어야 하며, 좀더 낳은 결정을 위하여 상담이나 병원 내의 윤리위원회에 도움을 요청할 수 있다. 병원내의 윤리 위원회는 부모의 결정이 아기의 최선의 이익에 부합하지 않는다고 판단되는 경우에는 공적인 기관에 특별한 결정을 내려 줄 것을 요구할 수 있다.[39]

2. 후견인에 의한 치료거부와 사이케비츠(Joseph Saikewicz) 사건[40]

▪ 사건 개요

1976년, 67세의 J. Saikewicz는 40년 이상 주정부의 시설에 수용된 자로서 지능지수(IQ)는 10, 정신연령은 2년 8개월 아이 수준이었다. 그는 몸짓과 괴상한 소리로서 상대방과 소통하였고, 몸짓과 신체 접촉에 반응하는 정도였다. 주변의 위험을 감지할 수 없었고, 낯선 환경에 가면 공간지각을 하지 못하는 정

38) 김장한 · 구영모 · 이재담. 전게서, 356-370면.

39) Code of Medical Ethics, Council on Ethical and Judical Affairs, 1996-1997.

40) T. L. Beauchamp, J. F. Childress. Principles of biomedical ethics. Oxford. 5th ed. 2001; pp. 425-26.

도였다. 1976년 4월까지 그의 건강은 괜찮았다. 그러다 갑자기 급성 백혈병(acute myeloblastic monocytic leukemia)에 걸렸다. 이환되는 백혈병의 30~40% 정도를 차지하는 종류로서 화학항암요법은 2 내지는 13개월 정도 일시적인 증상의 호전을 가져오며 필연적으로 사망할 수밖에 없는 질병이었다. 60세가 넘은 환자의 경우 예후는 더욱 나빴으며, 항암화학요법을 시행하면 빈혈과 감염이라는 원치 않는 부작용이 발생할 것이었다. 보호시설(Belchertown state school)의 장은 청원을 하였고, 검인법원(probate court)은 소송을 위한 후견인(gurdian ad litem)을 선임하여 환자의 치료를 위한 결정을 할 권한을 부여하였다. 후견인은 환자의 질병이 치료 불가능하고, 항암화학요법은 심각한 부작용이 있으며, 사이케비츠는 치료의 의미와 수반되는 통증의 의미를 이해하지 못한다고 보고하였다. 이러한 이유로 그는 치료하지 않는 것이 사이케비츠를 위한 가장 현명한 선택이라고 결론지었다. 매사추세츠최고법원은 1976년 7월 9일 위 청구를 인정하였다. 사이케비츠는 1976년 9월 4일 사망하였다.

3. 병원의 치료 거부와 비자의적 안락사

(1) 1992년 10월 Baby K는 무뇌아(Anencephaly)로서 태어났다. 대뇌가 없는 상태로 태어난 아기는 보고 듣는 것은 할 수 없었으나 뇌간은 존재하였기 때문에 호흡과 뇌간반사 등은 유지되었다. 이런 아기들은 대개 출생 후 수일 내에 사망하는 것으로 되어 있다. 의사는 아기에게 인공호흡기를 걸었고, 어머니에게 상황을 설명하였다. 병원의 방침은 아기에게 일반적인 치료로서 영양, 수분 및 체온 유지만을 제공하려고 하였고, 인공호흡기를 곧 제거할 예정이었다. 어머니는 이러한 병원의 방침에 반대하였다. 1992년 11월 아기는 근처의 요양원(nursing home)으로 옮겨졌다. 이후 요양원에서 살게 된 아기가 호흡곤란을 느끼는 상황이 발생하면 어머니는 아기를 병원으로 옮겨서 응급치료를 받게 하였다. 이러한 일이 여러 번 반복되었고, 병원은 무의미한 치료를 더 이상 할 수 없다며 병원으로서는 더 이상의 의료를 제공할 의무가 없다는 것을 확인해 주기를 바라는 소(declaratory judgement)를 제기하였다. 1994년 아기는 16개월이 된 상황이었다. 버지니아 동부지방법원은 1973년의 사회복귀법(Rehabilitation Act), 1984년의 미국장애인과 수정 아동학대방지법(the Americans with

disabilities Act, the Child Abuse Amendments of 1984), 1986년의 응급의료와 적극적 처치에 관한 법률(the Emergency Medical Treatment and Active Labor Act, EMTALA)에 근거하여 이를 인정하지 않았고, 이에 대하여 병원 측은 연방 제 4 순회 항소법원에 상소하였다.[41] 항소법원은 EMTALA에 초점을 맞추고 지방법원의 판결을 인정하였다. 판결 이유[42]에 의하면 "EMTALAD는 환자가 돈을 지불할 수 없다는 이유로 응급치료를 거부당하거나 의학적 상태가 안정되지 않은 채 다른 병원으로 전원되는 것을 방지하기 위하여 제정된 법이다. 의회는 이 법을 통하여 충분한 치료가 제공될 수 있도록 병원을 포함한 의료공급자들에게 두 가지 의무를 부여하고 있다. 첫째 어떤 환자라도 치료를 위하여 응급실을 찾아오는 경우에 응급치료가 필요한 상황인지를 결정하기 위한 진단(screening)방법을 충분하게 제공하여야 한다. 병원은 동일한 증상을 호소하는 자들에게 동일한 진단 절차를 제공함으로써 이 의무를 완수하여야 한다. 이러한 진단 과정 중에 응급상황임이 판명되면 다른 형태의 의무들이 발생할 수 있을 것이다. …Baby K의 경우 호흡곤란을 치료하기 위하여 병원을 방문한 이상 응급상황으로써 그녀의 신체 기능상에 문제가 발생할 수 있는 가능성이 있다는 것이 합리적으로 인정되고, 병원으로서는 Baby K의 호흡곤란을 치료하거나 이를 치료하기 위한 적절한 다른 의료기관으로 전원할 의무가 있다. …"

(2) 1989년 헬가 왱그리(Helga Wanglie)는 골반뼈 골절로 병원에 입원하였고, 입원 도중 호흡곤란을 겪고 PVS가 되었다. 1991년 병원의 의사들은 치료중단을 위하여 법원에 윤리학자 스티브 마일즈(Steve Miles)를 대리인으로 선임해 줄 것을 청구하였다.[43] 이에 대하여 그녀의 남편과 자식들은 치료 계속을 요구하면서 남편을 대리인으로 선임해 줄 것을 요구하였다. 이러한 법적 공방 속에서 1991년 당사자가 사망함으로써 사건은 종결되었다. 다른 사건으로는 31세의 소냐 커시(Sonya Causey)는 요양원으로부터 심호흡정지 상태로 병원에 이송되었다. 혼수, 사지마비와 신부전 상태인 환자에 대하여 의사는 투석을 시행하는 것이 환자에게 도움(benefit)이 되지 못한다고 보았다. 의사는 인공호흡

---

41) In Re Baby K. United States Court of Appeals for the Fourth Circuit 16 F.3d 590(4th Cir. 1994).

42) Opinion by Judge Wilkins. In: Menikoff J, op. cit., p. 368.

43) In RE Wanglie Minnesota District Court, Hennepin County, Probate Court Division No. PX-91-283, July 1, 1991. In: Menikoff J, op. cit., pp. 357-359.

기와 투석을 할 경우, 2년 정도 수명을 연장할 가능성이 1~5% 정도 있다고 보았다. 가족들은 적극적인 치료를 원했기 때문에 의사는 이 사건을 병원윤리위원회에 넘겼고, 거기서도 의사의 의견이 정당하다는 결정이 내려졌다. 환자의 급식관 등과 인공호흡기가 제거되었고, 환자는 사망하였다. 환자의 남편과 부모는 병원과 의사를 상대로 고의 폭행에 기한 불법행위 손해배상(Intentional battery based tort)을 청구하였다. 일심법원은 피고가 직업적인 견해와 판단에 적합하게 행동하였기 때문에 이 행위는 의료불법행위법(Medical Malpractice Act)에 의하여 보호된다고 보았다. 항소 역시 기각되었다.[44)]

Ⅵ. 안락사에 대한 평가

1. 안락사를 구성하는 개념 요소

안락사의 행위 태양이 다양하기 때문에 안락사를 구성하는 개념 요소에 대해서는 이견이 존재할 수 있다. 형법학계의 안락사 정의는 다양한데, 일반적으로 "격렬한 고통에 허덕이는 불치 또는 빈사의 환자에게 그 고통을 제거 또는 감경하기 위하여 그를 살해하는 것[45)]"에 크게 벗어나지는 않는다. 일반적으로 논의되는 안락사의 공통 요건들을 정리하면 다음과 같다.

(1) 객관적 요건

가. 살아 있을 것

안락사의 대상은 살아 있어야 한다. 뇌사설을 인정하는 입장에서는 뇌사자에 대한 안락사는 인정의 여지가 없다. 뇌사설을 인정하지 않는 견해 중에는 뇌사자에 대하여 장기기증의 목적 없이 치료중단을 하는 것을 소극적 안락사의 개념으로 해결할 수 있다고 한다.[46)]

44) Causey v. ST. Francis Medical Center. Court of Appeal of Lousiana 719 So. 2d 1072(La. Ct. App. 1998). In: Menikoff J, op. cit, p. 362. 이 사건들에서 치료중단이 경제적인 문제와 연관된 것으로 보기는 어렵다는 점도 지적할 만하다.

45) 이재상, 전게서, 21면.

46) 이상돈, 전게논문, 80면.

나. 사망의 시기가 임박하거나 회생 불가능할 것

안락사의 대상은 의학적으로 보아 암과 같은 말기 환자로서 명백하게 사망이 임박한 경우 또는 지속적 식물상태와 같이 사망의 시기는 연장하는 것이 가능하지만 회복의 가능성이 없어야 한다. 사망이 임박하다는 것은 회생이 불가능하다는 것을 의미하지만, 회생이 불가능한 경우가 반드시 사망이 임박한 것을 의미하지는 않는다.

사기의 임박을 어떻게 정의할 것인지에 관하여 여러 의견이 가능하다. 미국 오리건 주의 존엄사법(The Death with dignity law)은 "말기환자는 불치이고 비가역적인 질병으로 인하여, 합리적인 의학적 판단에 비추어, 6개월 이내에 사망할 것으로 판정이 난 경우[47]"라고 하고 있다. 사기의 임박을 결정하는 데에는 연속성의 논리가 적용될 수 있다. 만약 여명이 6개월 정도 남은 것에 대하여 사기가 임박하였다고 할 수 있다면, 6개월 1일은 어떠한가? 이런 식의 논리라면 여명이 1년 정도 남은 것은 어떠한가?

회생불가능성한 환자라도 사망의 시기는 좀더 연장될 수 있다. 예컨대 말기 신장질환으로 신부전에 빠진 환자의 경우 현재는 회생불가능일지라도 투석을 통하여 생명을 연장하는 것이 가능하다. 특히 지속적 식물상태의 경우 카렌 퀸란에게 치료 계속을 주장하였던 성 클레어 병원의 경우 100만분의 일의 확률로 회복할 확률이 있다면 병원에서는 치료를 계속하여야 한다고 법정에서 진술하고 있다. 회복불가능성에 대해서는 Multi-Society Task Force의 연구 보고서에 의한,[48] 머리에 외상을 입고 의식을 잃은 434명의 환자가 12개월이 지난 후 의식을 회복한 경우는 7례였고, 30개월이 지난 후에 의식을 회복한 환자는 없다고 보고하고 있다. 그러나 오랜 시간이 지나서 혼수상태로부터 회복되었다는 사례가 드물게 보고되는 것을 보면, 일반인이 가지는 회복 가능성에 대한 믿음을 일고의 가치가 없는 것으로 보는 것은 일상의 가치 관념에 반할 수도 있다.

사망의 시기가 임박하였다거나 회생불가능하다는 판단에는 의학적인 사실 외에 "삶의 질"의 측면에서 생명유지에 대한 가치 평가가 포함되어 있다. 비록 안락사 대상에 포함하는 모든 사례들이 의학적으로 무의미한 치료라고 하는 규범적 가치 평가의 대상이 되지만, 자의성을 판단하기 어려운 경우에 특히 이러

47) Oregon Death with Dignity Act. Or. Rev. Stat. 127.800-897. Section 1.01 Definition.

48) Multi-Society Task Force on PVS, " Medical Aspect of the Persistent Vegetative State," parts 1 and 2, NEJM, 1994; 330(22): pp. 1572-1579.

한 규범적 판단의 적절성이 중요한 쟁점이 되었으며, 안락사에 대한 미끄러운 비탈길 논쟁의 근거가 되었다.

다. 고통의 제거 및 경감 목적

안락사의 대상이 되는 사람에게 발생하는 고통을 제거 및 경감하는 것을 목적으로 안락사를 시행하여야 한다. 고통은 일반적으로 육체적인 통증과 정신적인 괴로움을 포함하는 개념이다. 일본의 판례는 육체적인 통증에 대하여는 말기 환자의 경우에 인정하지만 정신적인 괴로움을 제거하려는 목적은 인정하지 않는다. 이에 대하여는 육체적 통증과 정신적 괴로움을 분리하는 것에 반대하며 정신적 괴로움에 의한 안락사를 인정하여야 한다는 주장이 있다. 안락사 반대론자들은 육체적 통증 또는 괴로움은 마약의 사용을 비롯한 통증의학과 호스피스 의학의 발달로 충분히 조절할 수 있으므로 고통의 제거 및 경감을 위한 안락사를 금지하여야 한다고 한다.

지속적 식물상태 환자들은 통증이나 괴로움을 느끼지 못한다는 것이 현재의 의학적 증거이다. 심한 장애를 가지고 태어난 신생아, 사이케비츠 사례 등에서도 현재의 통증이나 괴로움은 고려의 대상이 아니었다. 도리어 치료를 시작하면 치료로 인하여 겪게 될 고통 그리고 치료의 결과, 예후 등을 고려하면 의학적으로 치료를 하는 것이 무의미하다는 규범적 평가가 중요한 요소로 나타난다.

라. 생명의 단축

안락사 시행의 결과로 생명의 단축이 일어나야 한다. 생명의 단축은 두 가지로 구분할 수 있다. 첫째는 병이 진행하여 자연적인 사망 시기가 도래하는 전에 사기에 임박하여 고통을 제거 또는 경감하기 위하여 안락사를 시행함으로써 환자가 사망하도록 하는 것, 둘째는 연명치료라는 의료적 개입을 통하여 생명을 인위적으로 연장하고 있는 환자에 대하여 연명치료를 중단함으로써 자연스러운 죽음을 맞이할 수 있도록 하는 것이다.

(2) 주관적인 요건

가. 죽임을 당하는 본인의 사전의사가 존재할 것 또는 생전에 그러하였을 것이라는 추정 의사가 존재하여야 한다.

나. 죽임을 당하는 본인의 사전의사가 확인이 되지 않거나 본인의 의사에

반하여 시행하는 안락사에 대하여는 인정 여부에 관하여 견해의 대립이 있다.

(3) 규범적 요건

객관적 요건들에 대한 규범적 평가는 의학적 무의미성(futile medical care)으로 표현할 수 있는데, 이것은 인간의 존엄성에 비추어 삶을 이어나가는 것이 과연 정당한가라는 삶의 질(quality of life) 개념이 중심이 된다. 그 구체적 평가 대상은 개별 상황에 따라 달라지며 특히 비자의적 안락사에서 중요한 의미를 가진다. 지속적 식물상태 환자들은 치료를 계속 할 경우에 몇 년간 생명을 이어갈 수 있고 통증을 느끼지도 않기 때문에 생명이라는 법익보호에만 초점을 맞춘다면 안락사를 허용할 이유가 없게 된다. 환자의 생전 의사, 삶과 죽음에 관한 가치관, 종교관 등 사회문화적인 요인을 고려하여 지속적 식물상태 환자에 대하여 생명을 단순히 연장하는 것이 죽는 것보다 못하다는 가치 판단을 하게 되면 이것이 의학적 무의미성이 된다. 심한 장애를 가지고 태어난 아이의 경우, 장애의 정도와 치료를 선택할 경우 나타나게 될 결과로서 예후(prognosis) 등이 의학적 무의미성의 구체적 내용이 된다. 죽음이 임박한 말기 환자가 질병으로 인하여 심한 고통을 받는 것, 또한 불치의 환자가 희망 없는 치료를 받아야 하기 때문에 받는 고통들도 규범적 평가의 대상이 된다.

2. 소극적 안락사, 적극적 안락사 및 의사조력 자살의 평가

(1) 윤리적으로 논란이 있는 행위의 허용 여부를 고려할 때 중요한 논점 중의 하나는 미끄러운 비탈길(slippery slope)의 위험은 없는지 검토하는 것이다. 이 논증에는 경험적(empirical) 측면과 개념적(conceptual) 측면이 존재하는데, 경험적 측면은 나쁜 선례가 예외로서 인정되면, 그 사회를 지탱하던 도덕적 규칙을 파괴하는 예외적인 상황들이 추가적으로 발생한다는 경험적 사실이고, 개념적인 측면은 도덕 규칙에 작은 변화가 발생하면 비슷한 경우는 비슷하게 취급하려는 일관성의 요구에 따라 다른 변화들이 불가피하게 발생한다는 것이다. 역사적으로는 나치의 유대인들에 대한 안락사가 초기에 심한 만성적인 질환에 시달리는 환자로부터 시작하여 사회적, 이데올로기적, 우생학적인 이유로 안락사의 범위를 확장해 나간 것을 역사적 증거로 삼고 있다. 그러나 미끄러운 비

탈길 논리가 반대를 위한 주요 근거가 될 수는 있지만 현실적으로 도덕적 기준을 변화시키는 모든 일에서 이러한 변화가 반드시 수반할지는 의문이다. 결국 반대를 위한 입장은 이미 정해진 것이고 반대를 위하여 이 논리를 단지 원용할 뿐이라는 비판이 가능하다. 카렌 퀸란 사건에서 소극적 안락사가 허용되고 네덜란드에서 적극적 안락사가 합법화되었을 때 반대 논변의 주된 근거는 미끄러운 비탈길이었다. 이러한 일들이 미끄러운 비탈길 논증에 의하여 그 사회에 도덕적 기준의 파괴를 가져왔는지는 실증적 연구를 통하여 증명하여야 한다.

(2) 카렌 사건이 일어나기 2년 전인 1973년 미국의사협회(American Medical Association, AMA)의 공식적인 입장은 다음과 같았다.

"한 인간의 생명이 다른 인간에 의하여 의도적으로 종결되는 것 — 자비살인(mercy killing) — 은 의료전문가가 취해야 하는 입장과는 상반된 것이고, 미국의사협회의 정책과도 상반된다. 생물학적인 죽음에 직면하였다는 명백한 증거가 있을 때, 신체의 생명을 연장하기 위한 비통상적인 수단의 도입을 중단하는 것은 환자나 가까운 가족의 결정에 따른다. 의사의 조언과 판단을 환자 본인과 가족들은 자유롭게 활용하여야 한다."

이 입장은 자비살인(mercy killing)은 금지되지만, 비통상적인 생명연장을 중단하는 것은 허용하는 것으로 보았다.[49] 1975년 AMA는 입장을 정리하는데, 죽이기 위하여(letting die) 호흡기를 제거(withdraw)하는 것을 안락사(euthanasia: 여기서는 mercy killing)와 동일한 것으로 보았으며, 안락사는 살인이라고 하였다.[50] 이 입장에 의하면 연명장치를 도입하지 않는 것(withhold)은 허용되지만 연명장치를 제거하는 것(withdraw)은 허용할 수 없는 것으로 보고 있다.

1973년 AMA 입장에 반대하여 적극적 안락사와 소극적 안락사에 대한 규범적 동가치성을 논의한 것은 레이첼스(J. Rachels)이다.[51] 레이첼스는 다음의 두 가지 사례를 들어 양 행위의 동가치성을 논하고 있다.

> [사례 1] 스미스는 그의 여섯 살 난 사촌이 사망한다면 엄청난 액수의 유산을 받을 수 있다. 어느 날 저녁 스미스는 사촌이 목욕하는 동안 욕실에 침입하여 아이

49) A statement adopted by the House of Delegates of the American Medical Association on December 4, 1973. In: James Rachels, Active and Passive Euthanasia, N Engl J Med 1975; 292: pp. 78-80.

50) 김장한 · 구영모 · 이재담, 전게서, 66면.

51) James Rachels, Active and Passive Euthanasia, N Engl J Med 1975; 292: pp. 78-80.

를 익사시킨다. 이후 스미스는 아이가 사고사로 죽은 것으로 꾸민다.

[사례 2] 존스는 그의 여섯 살 난 사촌이 사망한다면 엄청난 액수의 유산을 받을 수 있다. 어느 날 저녁 존스는 사촌이 목욕하는 동안 욕실에 침입하여 익사시키려고 한다. 그런데 욕실에 들어가는 동안 아이가 사고로 욕실에 빠지면서 익사하게 된다. 존스는 아이를 구하지 않고 지켜보면서 사고사로 죽게 한다.

이 두 가지 사례를 규범적으로 동가치적이라고 판단한 뒤, 적극적 안락사와 소극적 안락사는 동일한 가치를 지닌 행동이라고 평가하고 있다. 레이첼스의 논변에 의하면 연명장치의 보류(withhold)와 철회(withdraw)의 구별 역시 불필요한 것이 된다.[52] 연명장치의 보류는 철회에 비하여 일견 좀더 신중한 처사로 보일 수 있다. 그러나 이러한 보류 행위는 적극적인 치료를 시행하는 것을 처음부터 거부하는 것으로서 환자에게 해악이 될 수 있다. 왜냐하면 일단 생명을 구조하기 위한 최선의 치료를 시행한 이후에 환자의 상태가 결정된 이후에 이를 철회하는 행위가 훨씬 환자를 위해서도 더욱 바람직할 수 있기 때문이다. 그럼에도 불구하고 의료진이 초기 단계의 치료 보류를 선호하는 이유는 이 후에 발생할 가능성이 있는 분쟁에 휘말리지 않기 위해서 초기부터 개입하지 않고자 하기 때문이다. 그러나 이러한 행위는 의사가 환자를 위하여 행동하여야 한다는 진료의무를 저버리는 것이다. 그러므로 이 두 가지 행위를 다르게 평가하는 것은 환자를 위해서 바람직하지 않다. 도리어 치료 보류와 치료철회를 적법하게 시행할 수 있는 조건들을 동일하게 규정하여 치료 철회가 원활하게 이루어 질 수 있도록 하는 것이 중요하다고 한다. 이러한 입장은 1983년 미국 대통령윤리문제자문위원회의 견해[53]이며, 미국의사협회는 1986년 입장을 변경하였고, 의사윤리지침 역시 "생명유지치료의 보류와 철회 사이에는 아무런 윤리적 차이가 없다"고 밝히고 있다.[54]

(3) 적극적 안락사와 소극적 안락사가 규범적 동일한 가치를 가지고 있다는 주장과 적극적 안락사에 대한 비범죄화 주장은 의사조력자살에 대하여 동일하게 적용될 수 있다. 또한 독일의 경우에 자살관여죄를 처벌하지 않는 것은

52) 위의 논증은 행위의 작위성과 부작위성의 동가치성을 의미하는 것으로서 이 논증이 안락사 행위에 대한 규범적 평가를 모두 해결해주는 것으로 보지는 않는다.

53) 의료윤리학, 한국의료윤리학회, 계축문화사; 2003: 88면.

54) Code of medical ethics; E2-20 Withholding or Withdrawing Life-Sustaining Medical Treatment.

우리나라와 차이가 있다는 점도 고려하여야 한다. 의사가 환자에게 극약을 직접 주사하여 살해하는 것과 치명적인 약을 처방하여 또는 교부하여 환자 스스로 먹게 하는 것 사이에 존재하는 도덕적 차이는 소극적 안락사와 적극적 안락사간에 존재하는 도덕적 차이보다 커 보이지는 않는다. 의사조력자살의 경우 환자가 자신의 행위에 대하여 그 의미를 좀더 고려하고 사망이라는 결과 실현을 자신의 의지와 스스로의 행위에 의하여 성취하는 것이 적극적 안락사와 차이점으로 보이며, 이것이 두 행위에 존재하는 도덕적 차이의 근거가 될 것이다. 형법상 적극적 안락사를 살인죄로 처벌하고 의사조력자살을 자살관여죄로 처벌하는 것도 이러한 차이점을 반영한 것이다.

케보키안 사건과 티모시 퀼 사건은 종종 대조적으로 설명된다. 퀼은 다이안을 잘 알고 있던 주치의로서 오랫동안 그녀를 치료하여 왔다. 처음에 치료방법을 제안하였고, 그녀의 자율성을 존중하였고 이러한 조력사만을 전문으로 하는 의사도 아니었다. 케보키안의 사례에서 많은 이들이 우려를 나타내었고, 이를 제지하기 위한 검찰의 기소 등도 이루어졌다. 의사조력자살이라는 법적으로는 동일한 평가를 받는 행위임에도 불구하고 일반인의 도덕적 평가에 차이가 나타나는 것은 주목할 만하다. 티모시 퀼 사례에 있어서는 의사조력자살이 남용될 수 있는 소지가 매우 적다고 느낀 것인데, 이러한 점은 네덜란드의 적극적 안락사 합법화에서도 중요한 논의점이 된다.

적극적 안락사에 대하여 적법성을 인정한 나라는 네덜란드와 벨기에에 지나지 않으며, 나머지 모든 나라에서는 적극적 안락사를 불법으로 보고 있다. 우리나라의 경우 다수 학설은 이를 불법이라고 보고 있으며, 소수의 학자들은 이를 비범죄화하여야 한다고 주장한다.[55] 이 견해에 의하면 적극적 안락사를 반대하는 국내의 학설은 독일 형법학계의 지배적인 견해를 답습한 것인데, 독일은 우리나라와 달리 자살관여죄를 처벌하지 않기 때문에 환자가 의사나 약사의 도움을 받아서 안락하게 자살하는 방법이 형법상 허용되어 있다고 한다. 문화적 배경에서 나치의 집단 살해 경험이 독일의 적극적 안락사 반대 논의의 근거가 된다는 점, 비범죄화는 현행 형법의 위법성 조각사유의 적극적 해석을 통하여 가능하지만 입법적 조치에 의하여 합법화하는 것이 낫다고 한다.

적극적 안락사를 적법화한 네덜란드와 의사조력 자살 사례인 티모시 퀼

55) 임웅, 적극적 안락사의 비범죄화론: 2000; 이상용, 치료중단과 안락사, 64면 재인용.

사건에서 적법성을 담보하는 중요한 요소 중에 하나는 의사와 환자 간에 오랜 시간을 가지고 인간적인 신뢰를 쌓을 수 있는 의료체계가 존재한다는 점이다.[56] 현대 의료에서는 병원이 전문화 대형화됨으로써 의사 환자간의 신뢰가 과거에 비하여 많이 희석되어 있다. 환자가 자신의 신체와 생명에 대하여 의사가 마치 물건과 같이 취급된다고 느낀다면, 그 환자가 어떤 식으로든지 안락사를 선택하기는 어려울 것이다. 네덜란드의 경우는 미국에 비하여 환자와 의사들이 개인적으로 친밀하며 수년간이나 자신을 치료해 오던 상황이었다. 의사는 환자의 상태에 대하여 잘 알고 있었던 것이다. 이러한 신뢰관계가 있었기 때문에 적극적 안락사를 합법화하는 것이 가능하였다. 네덜란드의 경우 렘멜링크 보고서에서 적극적 안락사의 기준을 지키지 않은 예들이 보고되었다. 1991년 보고서에 의하면 매년 1040명의 사람들이 비자발적 안락사에 의하여 사망한다. 담당 의사들은 동정심에 사로 잡혀서 환자를 혼란에 빠뜨리지 않기 위하여 안락사에 대한 환자의 의견을 묻지 않았다.[57] 이에 대하여 네덜란드 검찰이 형사책임을 묻지는 않았다.

(4) 우리나라의 경우 소위 보라매 병원 사건[58]에서 의사의 충고에 반한 퇴원에서 환자 보호자가 퇴원을 강요하였고, 이에 의사가 퇴원 허락을 하였고, 이로 인하여 환자가 사망한 사건에서 의사에 대하여 작위에 의한 살인죄를 인정하였는데, 이 재판의 진행 중인 2001년 11월 대한의사협회는 윤리지침을 발표하여 적극적 안락사(제58조), 의사조력자살(제59조)을 금지하였으나, 의학적으로 의미 없는 치료(제60조)에서 "의사가 회생불가능한 환자에게 의학적으로 무익하고 무용한 치료를 보류하거나 철회하는 것이 허용된다"와 제28조(진료중단과 퇴원 요구시 유의 사항) 제3항과 제30조(회복 불능환자의 진료중단) 2항에서 환자 가족 등 대리인의 판단에 의하여 진료의 중단이나 퇴원을 요구하는 것을 허용한다고 규정하여 소극적 안락사, 특히 반자의적 소극적 안락사의 허용 여부에 관하여 논란이 되었다. 전면 개정된 대한의사협회의 윤리지침은 기존 제28조와 제30조를 삭제한 후 제16조[59](말기환자에 대한 의료의 개입과 중단)에

56) 김장한 · 구영모 · 이재담, 전게서, 201-202면.

57) 김장한 · 구영모 · 이재담, 전게서, 201면.

58) 대법원 2002도995. 공2004. 8. 1.(207), 1255면.

59) 대한의사협회, 의사윤리지침 제16조(말기환자에 대한 의료의 개입과 중단) "① 의사는 죽음을 앞둔 환자의 신체적, 정신적 고통을 줄이는 데 최선의 노력을 다하여야 한다. ② 의사는 죽음을 앞둔 환자가 자신의 죽음을 긍정적으로 받아들여 품위 있는 죽음을 맞이할 수 있도록 노

기존 제57조, 제58조, 제59조를 합하여 하나의 조항으로 통합하여, 의사가 관여하는 적극적 안락사와 의사조력 자살을 금지하였으며, 제18조[60](의학적으로 의미없는 의료행위의 중단 등)에서 "의사는 의료행위가 의학적으로 무익, 무용하다고 판단된 회생가능성이 없는 환자에 대하여 환자 또는 그 보호자가 적극적이고 확실한 의사표시에 의하여 환자의 생명유지치료 등 의료행위의 중단 또는 퇴원을 요구하는 경우에 의사는 의학적, 사회통념적으로 수용될 수 있다고 판단되면 그들에게 충분한 설명을 하고 법령이 정하는 절차와 방법에 따라 그 의료행위를 보류, 철회, 중단할 수 있다"라고 하고 있다. 제18조에 의하면 보호자의 의사만으로 의료행위의 보류, 철회, 중단이 가능하므로 반자의적 안락사를 할 수 있다는 해석이 가능하며, 아직 법령이 정하는 절차와 방법이 없다는 점에서 이 규정의 실행이 가능한 것인지 의문이 여지가 있다. 그러나 신설한 제17조[61](생명이 위험한 환자의 의료중단 및 퇴원요구시 조치 등)에서 의식불명인 환자 또는 스스로 의사표시를 할 수 없는 생명이 위급한 환자의 의료 중단과

력하여야 한다. ③ 의사는 감내할 수 없고 치료와 조절이 불가능한 고통을 겪는 환자에게 죽음을 초래할 물질을 투여하는 등의 인위적, 적극적인 방법으로 자연적인 사망 시기보다 앞서 환자가 사망에 이르게 하는 행위를 하여서는 아니 된다. ④ 의사는 환자가 자신의 생명을 끊는 데 필요한 수단이나 그에 관한 정보를 의사가 제공함으로써 환자의 자살을 도와주는 행위를 하여서는 아니 된다"(전면개정, 2006. 04. 22.) Available from http://www.kma.org/General/intro/intro_declaration.asp. Accessed at Nov. 22th, 2006.

60) 제18조(의학적으로 의미 없는 의료행위의 중단 등) 의사는 의료행위가 의학적으로 무익, 무용하다고 판단된 회생가능성이 없는 환자에 대하여 환자 또는 그 보호자가 적극적이고 확실한 의사표시에 의하여 환자의 생명유지치료 등 의료행위의 중단 또는 퇴원을 요구하는 경우에 의사는 의학적, 사회통념적으로 수용될 수 있다고 판단되면 그들에게 충분한 설명을 하고 법령이 정하는 절차와 방법에 따라 그 의료행위를 보류, 철회, 중단할 수 있다.

61) 제17조(생명이 위험한 환자의 의료중단 및 퇴원요구시 조치 등) ① 의료행위가 중단되면 생명에 위험이 초래되거나 또는 생명이 위급한 환자에 대하여 의사가 필요하고도 충분한 설명을 하고 계속적인 의료를 받을 것을 설득하였음에도 그 환자가 심신이 안정적인 상태에서 자유로운 의사에 따라 생명유지 치료 등 의료행위의 중단 또는 퇴원을 서면으로 요구하고, 그 이후 반복적으로 퇴원을 요구하면서 진료를 거부하거나 방해하는 등의 행위를 하는 경우, 의사는 인격권, 행복추구권과 의료선택권 등을 갖는 환자의 그 요구를 의학적으로 회피할 수 없다고 판단되면 의료를 중단할 수 있다. ② 의식불명인 환자 또는 스스로 의사표시를 할 수 없는 생명이 위급한 환자의 가족 등 보호자에 대하여 의사가 필요하고도 충분한 설명을 하고 계속적인 의료를 받을 것을 설득하였음에도 그 보호자가 환자의 생명유지 치료를 비롯한 의료행위의 중단 또는 퇴원을 서면으로 요구하고, 그 이후 반복적으로 퇴원을 요구하면서 진료를 거부하거나 방해하는 등의 행위를 하는 경우, 의사는 환자가 의식이 있다면 그 환자가 가질 수 있는 의사와 이익을 신중히 고려하여 보호자의 의사 및 요구와 환자의 추정적 의사 등이 의학적, 사회통념적으로 수용될 수 있다고 판단되면 보호자의 의사를 존중하여 의료를 중단할 수 있다.

퇴원 조치시 환자의 추정적 의사를 고려하고 보호자 의사에 따르도록 하고 있어서, 반자의적인 형태의 의료 중단이나 퇴원은 금지되므로 반자의적 소극적 안락사는 금지되는 것으로 보는 것이 타당하다.

3. 자의적 안락사, 비자의적 안락사의 평가

(1) 자의적 안락사

자의적 적극적 안락사의 경우, 이를 의뢰한 환자가 안락사를 원하는 것으로서 자의성에 문제가 있을 수는 없다. 소극적 안락사의 경우 카렌 사건에서 1976년의 뉴저지 주 최고법원은 헌법이 보장한 프라이버시권은 죽어가는 무능력한 환자 가족이 환자에게 생명유지장치를 제거함으로써 환자가 죽는 것을 허용할 정도로 광범위하다고 판결하였다. 이 판결은 법리적 논쟁거리를 제공하고 있지만, 결론적으로 확인된 것은 지속적 식물 상태를 포함하여 연명치료를 중단하는 데 있어서, 환자의 사전 의사를 확인하는 것이 가장 강력하면서도 거의 유일한 근거가 된다는 사실이었다. 하지만 이러한 문제에 대하여 사전에 의사표시를 하였다는 것을 증명하기는 매우 어려운 일이었기 때문에 각 주별로 사전지시서 제도가 도입된다. 1990년대 연방 의회는 환자자기결정법(patient self determination act)을 제정하여, 미국의 의료보호제도인 Medicare나 Medicaid 프로그램에 참여하는 모든 의료기관에 대하여 입원하는 환자에 대하여 주법이 허용하는 한 사전지시서를 작성하도록 하였다. 표시된 환자의 의사는 자신의 의무기록에 문서화하도록 하였다. 1990년대까지 미국의 43개주에서 몇 가지 변형된 형태의 사전 지시서를 가지게 되었으며, 환자의 권리 장전(Bill of rights)에 기재하여 병원에 공시하기도 한다.

가. 사전 지시서(advance directives)

사전 지시서(advance directives)는 구두(oral) 또는 문서로 모두 가능하다. 구두로 의사를 표현할 경우, 의료진이나 법원이 환자의 사전 의사를 명확하게 확인하는 것이 사실상 어렵기 때문에, 사례별로 그 적용에 차이가 나타날 수 있다는 단점이 있다. 몇몇 주에서는 이러한 의사 확인이 명백하고 믿을 만한 증거(clear and convincing evidence)에 의하여 인정되어야 한다는 증거법상의 법칙을 요구하고 있다. 구체적으로 몇 가지 형태가 사용되고 있다.[62]

① 처음 나타난 방식은 생명에 대한 유언(living will)을 미리 작성하는 것이다. 주법에 따라 다르긴 하였지만, 생명에 대한 유언이 효력을 발휘하기 위해서 확인되어야 할 사실들, 예컨대 환자가 말기 상태에 있어야 한다는 조건들을 만족시켜야 하기 때문에, 환자들은 영구적 혼수, 지속적 식물 상태와 같은 정작 필요한 상황에 대처하지 못하는 경우가 있었다. 또한 많은 주에서는 미리 인공호흡이나 인공급식을 명백하게 포기할 수 없는 것으로 규정함으로써, 의료 선택의 폭을 좁혀 놓았다.

② 다른 방식으로는 가치 목록(value inventory)을 작성하는 것이다. 환자가 인생에 있어서 중요하게 여기는 가치들이 무엇인지 미리 기재하도록 하여, 환자 가족이나 의료진이 환자를 위하여 결정을 할 때 도움을 받을 수 있는 것이다.[63]

③ 다른 방식으로 지속적인 대리권(durable power of attorney)의 수여에 의하여 환자가 의사 결정을 하지 못할 상황에 처한 경우, 대리권을 수여 받은 자가 대신 결정하는 방식을 택하였다. 대리인은 환자로부터 대리권을 받을 때, 대리권 행사 범위를 제한받을 수 있다. 치료하는 병원의 치료 원칙과 환자의 가치관이 충돌하는 것과 같이 환자가 미리 고려하지 못했던 상황이 발생한 경우, 일반적으로 세 번째 방법이 좀 더 상황 변화에 유연하게 대처 할 수 있으며, 선호되는 것 같다.

나. 사전지시서의 한계

사전지시서로 통칭되는 환자의 의사파악 방법에 의하여 모든 문제가 해결된 것은 아니다. 사전지시서는 대개 병원에 입원하게 되는 경우에 의료진의 도움을 받아서 작성하게 된다. 50대 이하의 사람들은 병원에 입원하는 경우가 적기 때문에, 정작 나이가 들어서 생명의 위협을 받는 상황이 되면 이러한 사전지시서를 가지고 있지 않는 경우가 대부분이었다. 또한 이러한 방식을 근본적으로 반대하는 논리도 있다. 환자들에게 정작 문제가 발생하였을 때, 미리 정해둔 방향으로 결정을 유지할 것인지? 아니면 그 믿음이 바뀌게 될지에 대한 확신이 없다는 것이다.[64] 다른 문제로는 구체적인 상황에 대한 결정을 내리기에

62) American College of Legal Medicine Textbook Committee. Legal Medicine, 6th ed. Philadelphia: Mosby. 2004: pp. 312-13.

63) Gregory. E. Pence. Classic Cases in Medical Ethics. 4ed. Mcgraw Hill, 2004; 53.

64) SUPPORT Principal Investigator, "A Controlled Trial to Improve Care for Seriously Ill Hospitalized Patients. The study to understand Prognoses and Preferences for Outcomes and Risks of Treatment(SUPPORT)," JAMA, 1995; 274: pp. 1591-98.

부족한 경우가 있다. 생명유지장치를 제거하는 것에 음식과 물이 포함되는 지가 명시되지 않은 것이다. 사전지시서는 대개 환자가 입원하면서 작성하기 때문에 50세 이하로서 사고를 당하여 의식을 잃고 입원한 경우에는 그러한 사전지시서가 없는 경우가 다반사이다.

(2) 비자의적 안락사

가. 지속적 식물상태에 대한 소극적 안락사는 법원이 환자의 생전 의사를 확인하는 방식을 통하였기 때문에 비록 일부의 비판이 있기는 하였지만, 비자의적 안락사 논쟁으로 확대되지는 않았다. 비자의적 안락사의 경우 부모, 후견인 또는 병원에 의한 치료 거부 형태로서 대개 소극적 안락사 형태를 가지게 된다. 특히 병원의 치료 거부는 1990년대 전후 미국에서 심각한 논의를 가져왔고, 의학적 치료의 무의성(futile treatment) 판단이 전면에 나타나게 된다.

나. 미국에서 현실적으로 장애를 가지고 태어난 소아의 경우 치료 여부를 결정하는 데 아직 부모의 의사가 가장 중요하며, 법원도 이러한 권리를 인정하고 있다. 그러나 응급실에서의 치료 거부와 같은 사안은 신고만 되지 않는다면, 치료를 중단한 의사를 처벌한 예도 없다. 또한 소아에 관한 1994년의 Baby K 판결에 의하면 비록 응급 치료에 관한 것이기는 하지만 미국은 아직 장애를 가지고 태어난 소아에 대하여는 의학적으로 무의미한 치료에 관한 법적 기준을 가지지 못하고 있다는 것을 알 수 있다.

다. 미국에서 성인 환자에 대하여, 입법적 조치가 있는 경우를 제외하고는 비자의적 안락사에서 환자를 대신하여 치료중단을 결정하기 위해서는 소송 후견인으로 법원에서 임명되어야 한다. 즉 의식을 잃은 남편을 대신하여 아내가 치료 중단을 결정할 수는 없다. 다만 아이들을 위해서 부모가 치료중단을 요구하는 경우는 대부분 예외적으로 인정하고 있다. 미국의 각 주에서는 법원을 통한 소송 후견인 임명이라는 절차를 생략하기 위하여 특정 상황에 따른 치료 중단의 대리결정에 관한 입법을 하기 시작하였다. 2001년까지 3분의 2 이상의 주가 이러한 입법을 하였고, 다음은 일리노이 주의 예이다

Illinois Health Care Surrogate Act(Ill. Ann. Stat. ch 755, para. 40/1 et seq.)[65] 이 법이 적용되기 위해서는 환자가 말기 상태(terminal state)로서 영구

65) Menikoff J, Law and bioethics, Georgetown university press, Washington D.C. 2001: pp.

적인 의식상실(permanent unconsciousness)이고, 불치 또는 불가역적인 상태(incurable or irreversible condition)이어야 한다. 이러한 상태에 환자에게 유효한 생명에 관한 유언(living will)이나 치료에 관한 대리인(power of attorney for health care)이 없는 경우에 적용하며, 이 법에 의하여 결정되어진 사항은 법원의 심리를 거치지 않아도 적법한 것으로 본다. 성인의 경우 그 사람이 이러한 상황에 처했다면 하였을 것이라고 생각되는 결정에 대하여 생전에 그 사람의 개인적인 철학적, 종교적 도덕적 신념 등에 기초하여 선택하며, 이러한 노력에도 불구하고 환자의 선택을 추정하기 어려운 경우 또는 소아의 경우에는 환자의 최선의 이익을 보장하는 것에 기초하여 대리 결정권자가 선택한다. 최선의 이익은 치료를 시작하거나 계속하는 것에 대한 이익과 해악을 비교하여야 하며, 이 때 가족과 친지들의 의견을 참조하여야 한다. 대리 결정권자는 환자가 직접 결정하였다면 선택하였을 결정을 하여야 한다.

의사는 환자를 위한 의사결정을 할 방법(예컨대 법적인 권한이 있는 대리인의 존재)에 대하여 질문하고, 이것이 없다는 것을 확인하여야 하며, 이 경우 다음의 순서에 기하여 대리인의 의사를 확인하고 치료 중단을 결정하는 것은 법원의 개입이 없더라도 적법한 것으로 본다.

> ① 환자의 후견인(gurdian of the person), ② 환자의 배우자, ③ 성인인 환자의 아들이나 딸, ④ 환자의 부모 중 일인, ⑤ 성인인 환자의 형제자매 중 일인, ⑥ 성인인 환자의 손자(녀) 중 일인, ⑦ 환자의 가까운 친구, ⑧ 환자의 부동산에 관한 대리인.

라. 우리나라의 경우 미국과 같은 법적인 절차가 미흡하기 때문에 의료 현장에서는 환자가족들의 의견에 많은 비중을 두고 있다.[66] 신경과와 신경외과 전문의를 대상으로 한 1998년의 설문에 의하면 말기환자에 대한 심폐소생술 거부의 경우 환자 보호자의 의사에 의한 심폐소생술의 거부를 인정하여야 한다는 응답이 45.8%인 데 반하여, 퇴원의 경우는 환자 보호자의 의견을 존중하는 것이 73.7%에 달하고 있다. 이러한 차이는 심폐소생술의 거부의 경우는 환자의 사망으로 연결되는 응급상황인 데 반하여, 퇴원의 경우는 응급 상황이 아니라

271-273.

66) 김장한 · 이정빈 · 이윤성, 전게 논문, 35-42면.

는 점에서 차이가 난 것 같다. 신생아의 경우 60%가 부모의 요구를 무조건 따라야 한다고 하였다. 그리고 40%가 성인의 경우와 동일하게 처리하였다. 설문 결과에 비추어 보면, 성인과 달리 신생아에 있어서 부모의 의사가 절대적이라는 점을 알 수 있다. 이러한 조사 결과는 치료 거부를 법적으로 규율하는 데 있어서, 소위 의료관행이라는 것이 어떻게 형성되는지를 잘 나타내 주는 것이라고 본다.

4. 반자의적 안락사의 상황

(1) 테리 시아보 사건에서 문제가 되었던 것은 텍사스 주의 사전지시서법(Advance Directives Act, 1999)이며, 논쟁은 on Section 166.046, Subsection(e)에 대한 것이었다.[67] 이 법에 의하면 병원은 문서로 일정한 절차를 거쳐 환자 가족 등에게 10일 전에 통지한 이후, 가족이나 후견인이 원치 않아도 연명치료를 중단할 수 있다. 따라야 할 절차는 다음과 같다.

> ① 환자 가족들에게 윤리상담과정에 대한 병원 정책을 문서로 통지한다. ② 가족들에게 이 윤리상담과정에 참여할 것을 48시간 전에 알려주어야 한다. ③ 윤리상담과정은 가족들에게 윤리검토과정에서 발견한 사항들을 가족들에게 문서로 알려주어야 한다. ④ 윤리상담과정이 분쟁을 해결하지 못한 경우, 병원은 가족들과 협조하여 현재 치료 팀에서 거절하는 치료를 제공할 수 있는 다른 의사나 시설들을 알아보아야 한다. ⑤ 10일이 지나도 이러한 시설 등을 찾지 못할 경우 병원은 무의하다고 판단되는 치료를 일방적으로 중단할 수 있다. ⑥ 이러한 상황에 불만이 있는 경우, 양쪽 당사자는 주 법원에 기간의 연장을 요청할 수 있는데, 법원은 환자를 받아줄 시설을 찾을 가능성이 있다고 판단되는 경우에만 기간을 연장할 수 있다. ⑦ 환자 가족들이 연장을 신청하지 않거나, 판사가 연장 거부한 경우 무의미한 치료를 철회한 행위는 민사적, 형사적으로 면책된다.

(2) 이 법의 시행과정에서 소극적 안락사 형태의 수 건의 치료 철회가 이루어 졌는데, 문제가 된 것은 환자가 치료를 더 받기를 원하는 의사가 확인된 상

67) 일명 Texas Futile Care Law로서 Chapter 166 of the Texas Health & Safety Code에 편입되어 있다.

황에서 더 이상의 치료가 의학적으로 무의미하다는 병원윤리위위원회의 결정을 통하여 치료 철회가 결정된 반자의적 소극적 안락사 경우가 있다는 것이었다. 안드레아 크라크(Andrea Clark)은 성 루크(St. Luke's Episcopal) 병원에서 개심(open heart) 수술을 받은 후에 뇌출혈이 일어났고, 이로 인하여 인공호흡기에 의존하고 투석을 받아야 하는 상태가 되었다. 입원 치료 중 2006년 4월 병원으로부터 10일 이내에 퇴원하라는 통보를 받았다. 비록 약물의 영향으로 의사소통에 장애가 있었지만 그녀는 주변을 인지할 수 있었고, 죽기를 원하지 않는다는 의사를 표현하였다. 이 문제에 대한 강한 반대 여론이 일어났고, 병원의 결정은 철회되었다. 그녀는 2006년 5월 8일 병원에서 사망하였고, 환자의 가족들은 이것을 자연사로 정의하였다.

Ⅶ. 결 론

1. 본 논문에서는 안락사와 그 주변 현상들에 대한 기술과 법적인 해결 과정을 기술하는 데 중점을 두었고, 사실관계에 대한 기술을 통하여 안락사 문제에 대한 찬반이론들에 대한 입장을 정리하려고 하였다. 안락사를 논의하는 과정에서 가장 빠지기 쉬운 함정은 이를 단순화하여 적법성을 논의하는 것이다. 안락사에 대한 초기 단계 논의에서 이러한 혼란과 견해의 대립이 있었다. 중요한 것은 법제화하는 과정에서 우리가 이러한 행위를 규범적으로 수용할 만한 능력이 되는지, 이를 수용하기 위해서는 어떠한 전제 조건들이 충족되어야 하는지를 아는 것이다. 의료 현장에서는 늘 의사와 환자 또는 환자 보호자와의 갈등이 일어나고, 이러한 갈등은 환자의 생명에 즉각적인 영향을 미치게 된다. 현재 우리 법체계는 의료 현장에서 일어나는 의사결정을 적절하게 처리하지 못하고 있다. 사회가 수용 가능한 한도를 결정하고, 미끄러운 비탈길을 방지할 윤리적으로 적절한 제어 장치를 갖춘다면 안락사를 도입하는 데 주저할 필요는 없다고 본다.

2. 본 논문에서는 의사조력자살을 안락사와 동일한 수준에서 논의하였다. 규범가치적으로 적극적 안락사와 소극적 안락사 간에 차이가 없다는 것에 동의

한다. 그렇다고 하여 이러한 행위가 법적으로 동일하게 처리되어야 한다고 보지는 않는다. 죽음을 초래하는 방식은 그 사회가 가지는 문화적 가치와 보조를 맞추어야 하는데, 우리 사회의 규범적인 한계를 고려하면 일단은 소극적 안락사가 수용이 가능하다고 보기 때문이다. 소극적 안락사를 인정하고 이에 대한 적절한 치료 중단 절차를 법제화하여 안락사 허용에 따른 윤리적 위기 상황이라는 미끄러운 비탈길이 나타나지 않아야 한다. 이러한 과정을 거쳐서 이러한 행위들이 적절히 통제되고 있다는 사회적 공감대가 형성되면 적극적 안락사의 적법화와 적절한 통제 방안을 논의할 수 있을 것이라고 판단한다. 그런 이유로 반자의적 안락사에는 반대하며 이것은 아직 우리 사회에 적절한 죽음의 수용 단계가 아니라고 본다. 현재 우리나라에는 수많은 지속적 식물상태의 환자들이 법적인 연명치료중단절차를 밟지 못한 채 중환자실 침대에서 비참한 최후를 기다리고 있다. 경제적인 이유로 인한 환자 가족의 치료 거부도 일상의 의료현장에서 마주치는 모습이다. 이들에 대한 법적인 처리로서 소극적 안락사 방법을 우선적으로 고려하는 것이 현실적으로 적절한 접근 방식이 될 것이다.

제 4 부 정보통신과 법

제16장

컴퓨터프로그램의 발전과 보호

구 대 환*

I. 서 론

프로그램을 보호하는 방안으로는 특허와 저작권에 의한 방법 이외에 영업비밀이나 계약에 의한 방법, 그리고 기술적 보호조치에 의하는 방법 등 여러 가지가 있다. 그런데 컴퓨터프로그램은 시장에 제품으로 출시되면 더 이상 비밀로 유지될 수 없기 때문에 영업비밀로는 보호하기 어렵다. 기업들은 대부분 자동적으로 보호되는 저작권 보호를 선택하고 있으며 필요한 경우에 특허 보호를 추구하고 있다.

컴퓨터프로그램은 본래 저작권으로 보호되어 왔다. 저작권은 프로그램을 자동으로 보호하는 장점이 있어 대부분의 기업들이 이용하고 있고 특히 중소기업에 친화적인 제도라고 볼 수 있다. 그러나 저작권은 프로그램의 '표현'을 보호할 뿐 기능이나 공정 또는 아이디어를 보호하지는 못한다. 그러나 프로그램의 가치는 그것의 기능에 있음에도 불구하고 기능을 보호하지 못하는 저작권만으로는 프로그램을 충분히 보호할 수 없으므로 프로그램 개발자들은 특허에 의한 보호를 요청하게 되었다. 이 글에서는 컴퓨터프로그램 보호 방안으로서 특허와 저작권에 의한 보호의 문제점을 중심으로 서술한다.

1980년대에 들어 미국에서 디어(Diehr) 케이스[1]를 계기로 컴퓨터프로그램이 특허로서 보호되기 시작했고 이러한 경향은 일본, 유럽, 한국에까지 확산되

* 서울대학교 법과대학 조교수.

1) *Diamond v. Diehr*(1981), 450 U.S. 175.

기에 이르렀다. 사실 컴퓨터프로그램에 대한 특허보호의 역사는 단순하지 않다. 컴퓨터프로그램 개발업자 및 컴퓨터제조업계의 요구에 대하여 미국 특허청(USPTO)과 법원은 '수학적 알고리즘의 예외,'[2] '정신 과정의 원칙',[3] '인쇄물의 예외'[4] 등의 이론을 동원하여 컴퓨터프로그램의 특허보호를 거절해 왔다.

그런데 컴퓨터프로그램은 텍스트가 다르더라도 동일한 기능을 발휘하는 프로그램을 용이하게 제작할 수 있기 때문에 이를 저작권만으로 보호하게 되면 어렵게 개발한 프로그램이라 할지라도 경쟁자가 이를 쉽게 모방할 수 있다.[5] 산업이 발전함에 따라 컴퓨터프로그램에 의한 자동화는 다양한 산업분야로 확산되어 갔다. 프로그램은 제조공정을 제어하는 것은 물론 비행기의 운항을 자동 제어하는 기능도 수행하게 되었다. 컴퓨터프로그램의 도움으로 문서작성, 데이터 관리가 가능해졌고, 인터넷을 통하여 자료를 송수신할 수 있을 뿐 아니라 전세계의 소비자를 상대로 전자상거래를 할 수 있게 되었다.

한편 이렇게 유용한 기능을 수행하는 프로그램은 경쟁자가 극히 용이하게 복제할 수 있다. 텍스트까지 동일한 복제는 명백한 저작권 침해이므로 저작권법으로 대응할 수 있다. 그러나 경쟁자가 텍스트만을 달리하고 동일한 기능을 수행하는 프로그램을 개발하면 저작권법만으로는 이를 규제할 방법이 없다. 따라서 프로그램의 기능을 보호할 필요성에 따라 특허로써 컴퓨터프로그램을 보호하게 된 것이다.[6]

그런데 컴퓨터프로그램의 특허보호에 대하여는 찬반론이 대립되고 있다. 찬성측은 컴퓨터프로그램을 특허로 보호하게 되면 프로그램 산업의 기술혁신

---

2) The Mathematical Algorithm Exception, Dae-Hwan Koo, *Information Technology and Law*, 박영사, 2005(이하, Koo, *Information Technology and Law*), p. 119 참조.

3) The Mental Steps Doctrine. Koo, *Information Technology and Law*, p. 121 참조.

4) The Printed Matter Exception, Koo, *Information Technology and Law*, p. 122 참조.

5) 이는 시장붕괴를 초래할 수 있다. Pamela Samuelson, Randall Davis, Mitchell D. Kapor, and J. H. Reichman, *A Manifesto Concerning The Legal Protection of Computer Programs*, 94 Colum. L. Rev. 2308(1994)(이하, A Manifesto) 참조. 그러나 반대의견도 있다. 예를 들어 베센(Bessen)과 마스킨(Maskin)은 1980년대 들어서 미국에서의 컴퓨터프로그램에 대한 특허보호는 해당 분야의 R&D 투자와 생산성을 저하시켰다고 주장하고 있다. 그들은 특허에 의해 강력히 보호하는 것보다는 모방하도록 허락하는 편이 오히려 기술혁신에 도움이 된다고 주장한다. 나아가 컴퓨터프로그램의 경우 특허보다는 저작권에 의한 보호가 더 적절하다고 주장한다. James Bessen and Eric Maskin, *Sequential Innovation, Patents, and Imitation*, Working Paper Department of Economics, Massachusetts Institute of Technology, No. 00-01, January 2000 참조.

6) 특허는 기능, 공정, 아이디어 등을 보호한다.

을 장려할 것이라는 주장에 대한 근거로서 다음 사항을 들고 있다.[7] ① 특허는 컴퓨터프로그램의 주요 가치인 기능과 아이디어를 보호할 수 있다. ② 특허는 프로그램의 모방자뿐 아니라 개발자의 프로그램과 동일한 아이디어에 입각하고 있다면 독립적으로 프로그램을 개발한 제3자에 대해서도 보호한다. ③ 특허는 프로그램 개발자에게 잠재적인 수입원이 될 수 있으므로 프로그램 개발자가 연구개발에 상당한 비용을 투자할 인센티브를 지속적으로 유지시켜 줄 수 있다.

반대측은 컴퓨터프로그램은 근본적으로 기계공학이나 토목공학과 같은 전통적인 산업과는 그 특성이 다르기 때문에 이를 특허로 보호하면 기술혁신을 저해할 것이라고 주장한다.[8]

수많은 반대에도 불구하고 프로그램에 대한 특허보호는 계속되고 있을 뿐 아니라 오히려 강화되어 가고 있는 모습을 볼 수 있다. 예를 들면 프로그램을 물건의 발명으로 인정하여 보호하는 것이 그것이다. 일본특허청의 '컴퓨터소프트웨어 관련 발명의 심사기준'에 따르면 프로그램을 「물건의 발명」으로 청구하는 것이 가능하다.[9] 유럽특허청은 IBM 케이스[10]에서 '컴퓨터프로그램 그 자체'가 특허될 수 있다고 하였다.[11]

이러한 배경에서 이 글은, 컴퓨터프로그램의 기술혁신의 특성 및 그 시장의 특성에 입각하여 컴퓨터프로그램을 특허로써 보호하는 것이 부적절한 이유를 설명하고자 한다. 또한 배타적 소유권에 기초하여 저작권 또는 특허권으로 보호하는 것이 프로그램 기술혁신의 특성에 부합하지 아니함을 부각시키고, 보

7) Koo, *Information Technology and Law*, pp. 268-269.

8) 프로그램 특허 반대론에 관한 상세한 사항은 Koo, *Information Technology and Law*, pp. 269-279 참조.

9) 특허청 컴퓨터심사담당관실, 「일본 컴퓨터 · 소프트웨어관련 발명 심사기준 및 비즈니스 관련 발명 사례집」, 2002. 6. pp. 2-4.

10) *T 0935/97-3.5.1* [1999] R.P.C. 861와 *T 1173/97-3.5.1* 1999 OJ EPO[609].

11) 유럽특허청은 *IBM* 케이스에서, '컴퓨터프로그램 그 자체'는 만약 프로그램과 컴퓨터간의 통상의 물리적 상호작용을 넘는 기술적 효과가 있다면 특허될 수 있고, 어떤 종류의 매체에 대한 언급이 없이 컴퓨터프로그램 제품에 대해서 특허를 얻을 수 있다고 하였다. 이와 같이 '컴퓨터프로그램 자체'를 하나의 「물건의 발명」으로 보고 특허성을 인정하는 태도는 컴퓨터프로그램을 가상적 형태를 갖는 고안이나 발명으로 간주하는 것으로도 이해할 수 있다. 유럽공동체위원회의 '지침제안'(유럽공동체위원회, *Proposal for a Directive of the European Parliament and the Council on the Patentability of Computer-implemented Inventions*, Brussels, 2002년 2월 20일 2002/0047(COD))은 컴퓨터관련 발명이 제품(즉, 프로그램된 컴퓨터, 프로그램된 네트워크, 혹은 다른 프로그램된 장치)으로 청구될 수 있다고 규정하고 있다.

상책임체제에 의하는 것이 보다 효과적인 보호가 될 수 있음을 제안한다. 그리고 나아가 실행가능성이 높은 현실적인 방안들을 제시하고자 한다. 이러한 목적을 달성하기 위하여 이 글을 다음의 순서로 기술하고자 한다. 첫째, 프로그램 기술혁신이 어떠한 형태로 이루어지는지를 살펴서 그 특성을 도출한다. 둘째, 컴퓨터프로그램의 시장, 즉 프로그램이 사용되는 환경의 특성을 살핀다. 셋째, 컴퓨터프로그램의 보호 현황을 저작권 및 특허권을 중심으로 소개하고, 이들 제도에 의한 보호가 프로그램 기술혁신과 적절히 조화되지 않음을 증명한다. 넷째, 바람직한 입법방향을 제시하기 위하여 보상책임체제의 구조와 그 의미를 살핀다.

Ⅱ. 컴퓨터프로그램의 발전

1. 현대 컴퓨터프로그램의 발전

1990년대에 이르러 하드웨어 공급자들은 중대형 컴퓨터의 운영체제(Operating System, OS)를 장악했고, 마이크로소프트(MS)와 애플은 데스크톱 컴퓨터의 OS를 지배했다. 특히 MS의 성장은 주목할 만했다. MS-DOS가 사실상의 표준 운영체제로 성장할 무렵, MS는 Windows OS를 개발하기 시작했다. 이 당시 Windows 플랫폼은 MS-DOS와 호환적이었다. MS-DOS 환경에서 작용하도록 디자인된 응용프로그램(applications 혹은 application programs라고 한다)들이 Windows 플랫폼에서도 작동되었다. 그 결과, 새로운 사용자뿐 아니라 대부분의 MS-DOS 사용자들도 Windows 플랫폼을 채택했다. 결국 Windows 플랫폼은 1990년대 중반부터 주도적인 플랫폼이 되었다. 1990년대 MS는 DOS를 Windows 3.0,[12] Windows 3.1,[13] Windows NT,[14] Windows 95,[15] Windows

12) 1990년 5월 22일 출시되었다. 프로그램 관리자와 아이콘으로 작업하는 방식은 MS-DOS가 관리하던 구형 Windows 2보다 훨씬 개선되었고, 파일 관리자도 새롭게 추가되었다. 안정성은 완벽하지 못했지만 Windows 3.0은 광범위한 제3의 하드웨어와 소프트웨어 지원 그리고 PC 제작사들의 번들 제공을 통해 즉시 시장을 장악했다.

13) 1992년 4월 6일 출시되었다. 여러 가지 버그가 수정되었고 보다 안정적이며 몇몇 교체 가능한 트루타입 폰트들을 포함한 새로운 기능들이 첨부되었다.

14) 1993년 5월 24일 출시되었다. Windows NT(New Technology의 약자지만 일부에서는 Not Today, No Thanks, Nice Try의 약자라고도 한다)는 개발자들의 많은 지원을 받게 되었다. 처

98[16]로 개발해 나갔다. 2000년 이후에는 Windows 2000,[17] Windows ME,[18] Windows XP[19] 등의 차기작을 지속적으로 개발해 왔다. 1991년 MS의 OS는 전 세계 마이크로컴퓨터의 거의 90%에 설치되었다.[20] 게다가 MS는 오피스 컴퓨터프로그램 제품들을, MS 워드(Word, 워드프로세싱 컴퓨터프로그램), MS 엑셀(Excel, 스프레드시트 컴퓨터프로그램), MS 액세스(Access, 데이터베이스 컴퓨터프로그램), 그리고 MS 파워포인트(Powerpoint, 프레젠테이션 컴퓨터프로그램) 등의 오피스 제품 세트로 묶기 시작했다. 이러한 시장전략으로 MS는 이런 각 제품 분류에서 주도적인 판매자가 되었다.

한편, PC(personal computer)의 수가 급증하면서 PC간의 연결성이 요구되었다. 다른 PC와 실시간으로 정보를 교류하며 작업할 수 있다면 그 편리함과 효율성은 대단히 클 것으로 예상되었다. 이러한 요구에 부응하여 근거리통신(LAN: Local area networking) 기술이 개발되어 PC를 서로 연결할 수 있게 되었다. 근거리통신 사용자들 사이에 공유되는 정보와 응용프로그램들을 저장하기 위하여 컴퓨터 수요가 크게 증가했다. 더욱이 인터넷의 발달로 전세계의 컴퓨터가 서로 통신할 수 있는 환경이 조성되면서 P2P 프로그램이나 메신저 프로그램 등 온라인 프로그램이 발달하였다. 컴퓨터는 이제 단순한 업무처리 도구가 아니라 TV나 라디오처럼 엔터테인먼트를 제공하는 도구이면서 또한 전자상거래와 같은 일상생활에 밀접해지게 되었고 이에 따라 관련 프로그램들이

음부터 파워 유저와 서버 시장을 겨냥한 최초 버전인 3.1은 실행을 위해 최고의 PC를 요구했고 다소 불안정했다. Windows NT는 보안과 안정성 측면에서 우위를 보였다.

15) 1995년 8월 24일 출시되었다. 최초로 미리 DOS를 설치할 필요가 없는 Windows 95는 기존의 Windows와 확연한 차이를 보인다. 매우 향상된 인터페이스는 Mac 플랫폼과의 격차를 없었으며 마침내 Mac을 컴퓨터 시장의 주변부로 밀어내게 되었다. Windows 95에는 통합된 TCP/IP 스택, 전화 접속 네트워킹, 긴 파일 이름 지원 기능 등이 포함되었다.

16) 1998년 6월 25일 출시되었다. Windows 98은 인터넷익스플로러 5와 결합되었으며, 2GB 이상의 하드디스크를 인식하는 FAT32를 공식적으로 지원하였고, USB에서 ACPI 전원 관리와 같은 새로운 디바이스 타입을 지원하였다.

17) 2000년 2월 17일 출시되었다. 진정한 의미의 플러그 앤 플레이를 실현시켰고, 더 이상 16bit를 지원하지 않아 기존의 DOS 프로그램은 사용할 수 없는 단점을 갖게 되었지만 안정성이 대폭 증가하였고 처리 속도가 크게 향상되었다.

18) 2000년 6월 19일 출시되었다. Windows 98과 호환성을 가졌으며, 시스템 복원기능과 디지털 장비들로부터 이미지 전송을 용이하게 하는 등 멀티미디어 기능이 강화되었다.

19) 2001년 10월 26일 출시되었다. 이는 Windows ME과 Windows 2000으로 나뉘어 있던 운영체제를 하나로 합친 것이었다. 각종 응용 프로그램을 시스템 자체에 내장하였으며, 호환성 모드를 지원하여 기존에 사용하던 프로그램을 사용할 수 있게 설계하였다.

20) http://www.law.berkeley.edu/institutes/bclt/pubs/ipnta/appenb.pdf, 2006. 10. 20. 접속.

다수 개발되었다.[21)]

2. 컴퓨터프로그램의 발전의 특성

컴퓨터프로그램이 어떠한 요구에 의해서, 어떠한 과정을 통하여, 어떠한 모습으로 개발되어 왔는지를 이해하게 되면 컴퓨터프로그램의 기술혁신의 특성을 잘 알 수 있다. 이것은 컴퓨터프로그램의 기술혁신을 효과적으로 보호하기 위한 제도의 고안에 유익할 것이다. 이하에서는 이러한 컴퓨터프로그램 기술혁신의 특성을, 컴퓨터프로그램의 개발 및 공급 과정에 입각해서 OS를 중심으로 살펴보도록 한다. 왜냐하면, PC의 OS는 컴퓨터산업의 발전에서 핵심적인 역할을 해 왔고 앞으로도 그럴 것이기 때문이다.[22)]

(1) 통합(Integration)

상업용 OS 제품은 새로운 프로그램들이 계속해서 통합되면서 발전한다. 일반 컴퓨터 사용자를 대상으로 상업적으로 성공한 모든 OS 제품은 오랜 시간을 두고 기능을 확장해 왔다. 1998년 5월 미국 법무부는 MS를 상대로 제기한 반독점 소송에서, 인터넷익스플로러를 MS의 Windows OS에 통합한 것이 다른 인터넷 브라우징 프로그램과의 경쟁에서 MS의 우월적 지위를 불공정하게 유지하도록 하였다고 주장했다.

상업용 OS 제품은 ① 컴퓨터 기술 진보와 보조를 맞출 필요성, ② 컴퓨터 사용의 단순화할 필요성 그리고 ③ 그 OS를 위한 진보된 응용프로그램 개발을 자극할 필요성 때문에 통합이 필요하다. 통합을 통하여 OS가 어떻게 발전하는지 살펴보자.

(a) 기술진보에 따른 통합 기술혁신이 이루어지면 OS는 업그레이드되어야 한다. 1990년대 초까지 PC의 기능과 속도에 커다란 진보가 이루어졌다.

---

21) 이렇게 컴퓨터의 발전은 다방면에서 컴퓨터프로그램에 대한 수요를 촉발하였는데, 이러한 프로그램들은 공동의 목적을 위하여 조화롭게 작용할 수 있어야 하는 상호연동성(interoperability) 및 새로운 프로그램이 기존의 프로그램을 교체할 수 있는 호환성(compatibility)을 유지해야 했다.

22) Steven J. Davis, Jack MacCrisken, and Kevin M. Murphy, *The Evolution of the PC Operating System: An Economic Analysis of Software Design*, http://www.nber.org/papers.

칩, 배터리, 하드드라이브 등 컴퓨터를 이루는 각 요소들의 효율이 좋아지고 소형화되었다. 또한 1990년 중반에 확산되기 시작한 인터넷은 컴퓨터 환경에 엄청난 변화를 초래했다. 인터넷은 PC와 서버의 수요에 폭발적인 증가를 가져오고, OS 제품에 새로운 특징들을 추가할 필요가 생겼다. 인터넷은 PC를 통하여 방대한 '데이터'에 접근할 수 있도록 해 주었다. 기능이 팽창함에 따라 더 복잡한 사용자 인터페이스로 더 많은 하드웨어와 소프트웨어를 관리할 수 있는 OS 제품에 대한 새로운 수요가 창출되었다.[23)]

(b) **사용의 단순화를 위한 통합** 컴퓨터를 종전보다 편리하고 쉽게 사용할 수 있도록 하기 위한 목적에서 프로그램 요소가 OS에 통합되었다. 프로그램은 매우 복잡한 기술로 이루어졌지만 대부분의 컴퓨터 사용자들은 프로그램의 내부 디자인에는 관심이 없고 사용의 편리성과 호환성을 중시한다.[24)]

이러한 요구에 부응하여 프로그램 제작자는 GUI(graphic user interface) 등의 도구를 써서 PC를 자연스럽고 손쉽게 터득할 수 있도록 디자인하였다. 이러한 디자인 덕택에 사용자들은 이제 명령어를 별도로 외울 필요 없이 그림이나 커서에 따라붙는 지시를 따르기만 하면 컴퓨터를 사용할 수 있게 되었다. 그래서 PC 교육을 전혀 받은 적이 없는 사람이라 하더라도 PC를 구매하기 시작하였고 이에 따라 PC 시장은 급격히 팽창하기 시작하였다. 이러한 시장 현실은 OS로 하여금 컴퓨터 주변기기(예를 들어, 스캐너, DVD 플레이어, 프린터, 팩스, USB 메모리, 디지털카메라)를 작동할 수 있는 프로그램 요소들을 포함하도록 요구하게 되었다.[25)]

(c) **프로그램 개발자를 위한 통합** 어떠한 OS의 가치는 이를 바탕으로 하는 응용프로그램이 많을수록 향상된다. 그래서 OS 개발자는 새로운 응용프로그램이 손쉽게 개발되도록 하기 위하여 여러 프로그램 요소들을 통합시킨다. 핵심적인 컴퓨터프로그램 개발블록을 OS에 통합하면 기술혁신 비용이 감소되므로 기술혁신이 장려될 것이다. 한마디로 통합은 OS에 대한 새로운 응용프로그램의 개발을 촉진한다.

---

23) Steven J. Davis, Jack MacCrisken and Kevin M. Murphy, *Economic Perspectives on Software Design: PC Operating Systems and Platforms*, Working Paper 8411, August 2001 (afterwards, Davis, Economic Perspectives), p. 17.

24) Davis, *Economic Perspective*, p. 29.

25) 웹브라우저는 이제 일상적으로 OS 제품에 통합되었다. MS가 개발한 웹브라우징 기술인 인터넷익스플로러는 Windows 98과 그 후의 Windows 버전들에 통합되었다.

예를 들어 OS에 파일 관리, 메모리 관리, 그래픽 디스플레이, 비디오나 오디오 관리와 같은 일상적인 프로그램이 포함되어 있다면 응용프로그램 개발자들은 이러한 프로그램을 다시 만들 필요가 없게 되고, 자신들의 전문분야에만 초점을 맞출 수 있게 된다. 그래서 OS 통합은 응용프로그램의 기술혁신비용을 줄여준다.[26] 또한 응용프로그램 제품의 배포 비용도 감소시킨다.

(2) 요소화(Componentization)

요소화를 하면 프로그램 제품의 개발과 디자인 및 테스트를 쉽게 할 수 있다. 요소화는 컴퓨터프로그램 제품의 개발비용을 줄여주고, 복잡한 시스템의 지속적 개선을 용이하게 해 준다. 요소화 디자인의 장점을 예를 들어 설명하면 다음과 같다. 통합된 TV-VCR 시스템에 대하여 두 가지 선택적인 디자인 구조를 고려할 수 있다. 첫째는 한 구조에 TV와 VCR을 함께 수용하는 폐쇄적 시스템이다. 이 구조는 장치가 간결하고 사용이 편리하고 제조비가 저렴하다. 둘째는 TV와 VCR을 분리된 장치로 구성하는 모듈 구조이다. 이 두 장치들은 서로 연결되어 있고 함께 작동한다는 의미에서만 통합되어 있다. 두 번째 디자인은 시스템의 개별 장치를 업그레이드하기가 쉽다. 즉, 후에 DVD 플레이어 같은 새로운 요소들을 쉽게 수용할 수 있다. 그래서 모듈 디자인은 비록 단기적으로는 더 비싸지만 시스템을 더 유연하게 만든다. 또한 이런 방식을 통하여 동시에 여러 문제들을 해결하면서 여러 방면에서 개발을 진행할 수 있게 된다.

요소화 디자인의 장점을 정리하면 다음과 같다. 첫째, 동일 세대 프로그램 간에 코드 공유와, 새로운 제품에서의 코드 재사용을 촉진한다. 코드 공유를 하게 되면, ① 각 프로그램을 중복 제작할 필요성이 줄어들어 개발비를 낮출 수 있고, ② 컴퓨터프로그램 코드의 블록들 간에 상호작용을 단순화시킴으로써 제품 시험과 오류 수정 비용을 줄일 수 있으며, ③ 개발자들은 요소들의 기술적 작용을 최적화하는 데에 노력을 집중시킬 수 있고, ④ 사용자 인터페이스와 사용자 경험을 조화시키는 등의 이익이 발생한다.

둘째, 요소화는 새로운 기능을 기존 컴퓨터프로그램에 통합하기 쉽게 해준다. 새로운 기능의 추가가 문제를 야기할 때, 요소화 디자인 구조에서는 문제의 원인을 쉽게 발견할 수 있다. 이러한 장점은 컴퓨터프로그램 제품과 시스템

---

26) Davis, *Economic Perspective*, p. 49, p. 52.

이 커질 때 더욱 중요하게 된다. 효율적으로 요소화된 컴퓨터프로그램은 새로운 기능을 통합하기가 용이하다.

셋째, 요소화는 플랫폼이 발전해 나갈 때, 역방향 호환성을 유지하기 쉽게 해 준다. 컴퓨터 사용자들은 요소들의 인터페이스가 변화되지 않고 남아 있으면 다시 디자인된 컴퓨터프로그램 요소를 계속 사용할 수 있게 된다. 이런 장점은 수많은 응용컴퓨터프로그램의 플랫폼이 되는 Windows 같은 제품에서 특별한 가치가 있다. 사용자들을 끌기 위해서는 Windows의 새 버전은 기존의 응용프로그램들에 대해서도 계속해서 플랫폼으로 작용할 수 있어야 한다.

넷째, 요소화는 대형프로젝트를 관리하기에 용이한 규모의 업무들로 분할하는 것이므로 대형 컴퓨터프로그램 개발을 많은 소그룹이 동시에 진행하기 쉽게 해 준다.[27] 즉, 프로젝트를 분할하여 요소화하면 대규모 팀이 다수의 소규모 팀처럼 일할 수 있게 된다. 그래서 대규모 컴퓨터프로그램 제품을 효율적으로 개발할 수 있게 된다. MS Windows와 MS 오피스는 컴퓨터프로그램 공급자가 제공한 최대의 컴퓨터프로그램에 속한다. 요소화 디자인구조는 소그룹 접근을 쉽게 하므로 특히 이러한 대규모 컴퓨터프로그램 시스템의 개발과 혁신에 특히 유익하다. 실례로 Windows 95 버전에서 MS의 인터넷익스플로러는 요소화되어 있었다. 반면, 넷스케이프 네비게이터(Netscape Navigator)는 1997년 초까지 요소화되어 있지 않았다. 이러한 차이로 말미암아 인터넷익스플로러는 응용컴퓨터프로그램과 인터넷서비스 제공자들에게 보다 매력적이었다.

그러나 컴퓨터프로그램을 체계적으로 요소화하여 디자인하기는 어렵고 시간과 비용이 많이 든다. 또한 원래 이런 식으로 디자인되어 있지 않은 거대한 컴퓨터프로그램 제품을 요소화하는 것은 대단히 어렵다. 요소화가 잘못되면 상호 작용하는 요소들 간에 정보를 주고받는 횟수가 급격히 증가하여 실행이 늦어진다. 그러므로 전체 시스템에 과도한 부담을 주지 않는 방식으로 컴퓨터프로그램 요소들을 구성하는 것이 중요하다.

(3) 재사용(Reuse)

컴퓨터프로그램의 재사용은 프로그램을 개발할 때 기존의 프로그램 요소들을 통합하여 사용하는 것을 말한다.[28] 재사용에는 임시적 방식과 체계적 방

27) Davis, *Economic Perspectives*, pp. 36-38.

식이 있다. 임시적 방식의 재사용은 기존 시스템의 코드를 새 프로그램의 디자인 목적에 맞게 변형하는 것으로 통상 개인과 소규모 컴퓨터프로그램 회사들이 행한다. 체계적 재사용은 새로운 프로그램을 만들 때, 다른 프로그램에 재사용될 수 있도록 이미 디자인된 컴퓨터프로그램들을 이용하는 것으로, 내부 또는 외부의 재사용 프로그램을 이용한다. AT&T, IBM, HP, MS 같은 대형회사들은 이미 내부 재사용프로그램을 가지고 있다.

프로그램을 재사용하면 많은 이익이 있다. 프로그램이 복잡해지고 규모가 증가함에 따라 그 개발은 점점 더 어려워지고 재사용의 중요성은 더욱 커진다. 프로그램 재사용을 체계적으로 하게 되면 재사용 프로그램 요소들의 질이 향상되고, 신규 프로그램 개발의 생산성이 높아지고, 상품을 시장에 내놓기까지의 시간이 단축된다. 시간이 지나면서 자연스럽게 프로그램의 버그가 발견되고 이것이 교정됨에 따라 요소 프로그램의 질도 향상된다.

한편, 재사용할 수 있는 컴퓨터프로그램 요소들을 만들고 유지하려면 상당한 비용이 소요된다. 그러나 재사용 프로그램 요소를 다른 컴퓨터프로그램에 통합하는 비용은 이에 필적하는 새로운 요소를 처음부터 개발하여 통합하는 비용보다 훨씬 저렴하다.[29] 그러므로 최초에 재사용을 위한 목적으로 요소들을 제작하고 데이터베이스화할 때에는 상당한 비용이 들더라도, 요소들의 재사용에 의한 전체적인 비용절감이 초기비용보다 크게 된다. 다시 말해서, 재사용 프로그램의 초기개발은 컴퓨터프로그램을 처음부터 개발하는 것보다 비용이 큰 반면, 프로그램 요소의 재사용을 통한 비용절감이 이를 만회하고도 남는 것이다.

(4) 번들링(Bundling)

응용프로그램에 대한 수요에 대응하기 위해서, 회사들은 여러 프로그램들을 한 패키지에 묶는다.[30] 컴퓨터프로그램 공급자들은 종종 많은 유틸리티와 특별 프로그램들을 OS 및 플랫폼 제품에 함께 포장하여 판매한다. 실례로 1993년 MS Windows는 디스크 압축과 팩스 기능을 포함시켰다.

28) Mark A. Lemley and David W. O'Brien, *Encouraging Software Reuse*, Stanford Law Review, volume 49, No.2, January 1997(이하, Lemley, *Encouraging Software Reuse*).
29) Lemley, *Encouraging Software Reuse*, p. 266.
30) Davis, *Economic Perspectives*, p. 77.

새로운 기능을 통합하는 것뿐만 아니라 번들링도 컴퓨터산업의 기술혁신을 자극한다. 통합은 PC 시스템의 설치와 사용이 편리하기 때문에 신제품의 도입을 촉진하는 것이다. 그래서 널리 사용되는 프로그램들이나 컴퓨터프로그램 개발도구를 OS 속에 통합시키면 표준 설립이 촉진된다.

응용프로그램들과 유틸리티들을 OS 제품에 번들링하면 이들 컴퓨터프로그램을 저렴하게 널리 분배할 수 있게 된다. 따라서 수익성이 불확실한 응용컴퓨터프로그램을 개발할 유인도 있으므로 소비자, 특히 이러한 프로그램을 이용하는 소비자에게는 유익한 것이라고 볼 수 있다. 물론, MS사는 MS Windows 제품에 인터넷익스플로러 또는 MS 메신저를 포함시켜 판매함으로써 Windows의 시장지배력을 웹브라우저 및 메신저 시장에까지 확대하였고, 결과적으로 이들 새로운 시장에서의 공정한 경쟁질서를 왜곡하였다는 비판을 받기도 하였다. 그러나 한마디로 새로운 프로그램들이나 기능들을 PC OS 제품에 통합하고 번들링하는 것은 적어도 단기적으로는 소비자에게 유익하고 컴퓨터산업의 성장과 기술혁신에 도움이 된다고 할 수 있다.

Ⅲ. 컴퓨터프로그램과 그 시장의 특성

1. 서 론

컴퓨터프로그램의 적절한 보호체제를 찾기 위해서는 컴퓨터프로그램과 그 시장의 특성을 파악하여 그것이 사용되는 환경을 이해하고, 그것의 기술혁신이 어떠한 형태로 이루어지며 어떠한 특성을 갖는지를 이해하지 않으면 안 된다. 적절한 보호제도는 이러한 특성을 반영할 것이기 때문이다. 따라서 이하에서는 먼저 컴퓨터프로그램의 특성을 살피고, 그것이 이용되는 환경을 살펴서 컴퓨터프로그램의 기술혁신의 특성을 도출하고자 한다.

2. 컴퓨터프로그램의 특성

컴퓨터프로그램의 주된 가치는 그것을 통하여 발휘할 수 있는 기능에 있고 텍스트에 있지 않다. 그런데 이 기능은 하나의 텍스트로만 구현할 수 있는 것이 아니라 다양한 텍스트로 구현할 수 있다는 점에서 기능과 텍스트는 서로 독립되어 있다. 그리고 프로그램은 손에 잡을 수는 없으나 사실상 유용한 기능을 수행하는 일종의 가상적인 기계로 볼 수 있다.

3. 컴퓨터프로그램 시장의 특성

(1) 표준화(Standardization)

인터넷이 널리 보급되고 이를 통하여 정보를 교환할 필요성이 커짐에 따라 컴퓨터프로그램은 대단히 높은 표준화가 이룩되었다. 국내에서 작성된 워드 문서는 영국이나 미국에서도 무리 없이 읽힌다. 이는 인터넷 프로토콜과 워드프로세서 프로그램이 표준화되어 있기 때문이다.

그런데 표준화가 높아질수록 편리함은 커지지만 기술혁신은 일어나기 어려워진다. 왜냐하면 아무리 훌륭한 혁신적인 기술이라 할지라도 표준에서 크게 벗어나는 기술은 이를 소비자가 사용할 수 없고 그래서 시장에서 외면당하기 때문이다. 성능이 뛰어난 신제품이 출시되었다 하더라도 현재 사용하고 있는 프로그램을 버리고 신제품을 채택함으로써 발생하는 전환비용이 신제품을 구입하여 사용함으로써 얻어지는 이득보다 작다고 판단되면 소비자는 이를 구매하지 않을 것이다. 그러나 대부분의 소비자는 기존의 표준화된 프로그램으로 작업해 온 수많은 파일을 가지고 있을 뿐 아니라 전 세계의 '친구'들과 정보를 교환해야 하기 때문에 일반적으로 전환비용은 엄청나게 크다. 그래서 이렇게 높은 전환비용은 다른 프로그램을 구입할 수 없도록 사용자를 가두어 놓는 결과를 초래한다(이렇게 가두어진 소비자를 'locked in user'라고 한다). 따라서 새로운 프로그램이라 할지라도 표준에서 벗어나지 않아야 하고 호환성과 상호운영성이 있어야 한다.

(2) 호환성(Compatibility)과 상호운영성(Interoperability)

호환성이란 교체가능성을 말한다. 예를 들어 기존의 워드프로세서 프로그램을 새로운 (혹은 업그레이드된) 워드프로세서 프로그램으로 교체할 수 있는 성질을 말한다. 따라서 새로운 프로그램이 기존의 프로그램과의 관계에서 호환성이 높으면 소비자가 새로운 프로그램으로 교체했을 때 별 문제가 발생하지 않는다. 그러나 호환성이 떨어지면 새로운 워드프로세서 프로그램은 기존의 워드프로세서 프로그램으로 작성한 파일들을 제대로 읽을 수 없는 문제가 발생할 수 있다. 이러한 현상은 워드프로세서, 스프레드시트, 윈도우 등의 프로그램뿐 아니라 데이터베이스와 디지털콘텐츠에도 그대로 적용된다. 데이터베이스를 운용하는 데이터베이스 관리시스템(database management system: DBMS)에 있어서 새로운 DBMS는 기존의 데이터를 읽고 관리할 수 있는 능력을 갖추지 않으면, 즉 기존의 DBMS와 호환성이 없으면 소비자에게 채택될 수 없을 것이다. 나아가서 업그레이드된 데이터베이스(또는 디지털콘텐츠)라 할지라도 기존의 데이터베이스(또는 디지털콘텐츠)와 호환될 수 없는 것이라면 소비자가 채택하지 않을 것이다.

상호운영성('상호연동성'이라고도 한다)이란 연결된 서로 다른 시스템들이 공통의 목적을 이루기 위해서 조화된 양식으로 함께 작동할 수 있는 능력을 말한다.[31] 호환성과 상호운영성은 서로 혼동되기 쉬우나 명확히 구별되는 개념이다. 상호운영성은 예를 들어 플러그와 콘센트와 같이 서로 다른 시스템이 함께 결합되어 공통의 목적, 즉 전기를 사용하는 것이 가능하게 해 주는 능력을 말하고, 호환성은 기존에 사용되고 있던 플러그를 새로운 플러그로 교체할 수 있는 성질을 말하는 것이다. 예를 들어 일본에서 사용하던 110볼트용 플러그가 한국의 220볼트용 콘센트에 맞지 않아서 전기를 사용할 수 없다면 이들 플러그와 콘센트는 상호연동성이 없기 때문이다. 그리고 만약 한국에서 사용하던 220볼트용 플러그를 일본에서 사용하는 110볼트용 플러그 대신 사용하여서 전기를 쓸 수 있다면 이들 두 플러그는 서로 호환성이 있기 때문이라고 할 수 있다.

상호운영성은 현대 컴퓨터프로그램에 있어서 대단히 중요한 의미를 갖는다. 다른 프로그램이나 시스템과 상호운영성이 없는 컴퓨터프로그램은 아무 쓸모가 없는 시대가 되어 버렸기 때문이다. 예를 들어 현대 컴퓨터는 프린터, 팩스, USB메모리, 디지털카메라, MP3플레이어 등의 주변기기와 작동할 수 있도록 설계되어 있다. 컴퓨터에 내장되어 있는 OS가 주변기기와 협동하여 작업할 수 있도록 이미 설계되어 있기 때문이다. 주변기기가 발달됨에 따라 이를 컴퓨터와 연동하여 쉽게 사용할 수 있도록 새로운 요소들을 통합하여 설계한 것이

31) http://brie.berkeley.edu/~briewww/pubs/wp/wp79.pdf.

다. 만약 새로운 OS가 주변기기와 조화롭게 작동할 수 없다면 모든 주변기기도 새로운 OS에 맞는 것으로 교체하든지 새로운 OS의 구입을 포기해야 할 것이다. 그러나 대부분의 경우 이러한 주변기기를 교체하는 데 요구되는 비용은 대단히 크다. 그뿐 아니라 소비자는 기존의 주변기기에 이미 충분히 익숙해져 있기 때문에 주변기기의 교체비용을 포함한 전환비용은 대단히 크게 되고 따라서 소비자는 이러한 전환비용을 감수하고서라고 새로운 OS를 구입하려고 하지는 않을 것이다.

결국 새로운 컴퓨터프로그램은 기존의 주변기기뿐 아니라 다양한 프로그램들과 충분한 상호연동성이 확보되지 않으면 안 된다. 이러한 상호연동성에 대한 요구는 컴퓨터 주변기기가 고도로 발달하고 다양해질수록 커질 것이다. 따라서 새로운 컴퓨터프로그램은 주변기기 및 프로그램과 함께 조화롭게 작동할 수 있을 정도의 충분한 상호연동성을 갖지 않으면 안 된다.

호환성과 상호연동성에 대한 이러한 요구 때문에 새로운 프로그램은 기존의 프로그램과 비교해서 크게 변화되기 어렵다. 혁신적인 개선을 포함할 경우 자칫 호환성이나 상호연동성이 떨어져 쓸모없는 프로그램이 되어 버리기 때문이다.

(3) 네트워크 효과(Network effect)와 네트워크 외향성(Network externality)

'네트워크 효과(Network effect)'란 어떤 네트워크의 가치가 가입자의 수에 따라서 커지거나 작아지는 현상을 말한다. 그리고 가입자가 많아질수록 네트워크의 가치가 상승하므로 기존의 가입자는 네트워크로부터 얻는 효용이 커진다. 그 반대도 마찬가지다. 이를 '네트워크 외향성(Network externality)'이라 한다.[32] 네트워크 외향성으로 말미암아 새로운 가입자로 인해 발생하는 네트워크의 증가된 이익은 (새로운 가입자의 의도와는 관계없이) 기존의 가입자들에게 부여된다. 따라서 네트워크 외향성은 네트워크 효과와 혼동되어 사용되는 경우가 있지만 사실은 구별되는 개념이다. 요약하면, 네트워크 효과는 새로운 네트

32) 네트워크 외향성을 가진 대표적인 상품으로 통신서비스를 들 수 있다. 통신망에 새로운 가입자가 생기면 기존의 이용자들은 (자신의 직접적 노력 없이) 더 많은 사람들과 통신할 수 있게 됨으로써 편익이 증대된다. 이종구 외 2인, 정보사회의 이해, 미래M&B, 2005, p. 265.

워크 가입자나 탈퇴자에 의해 네트워크 자체의 가치가 변동되는 현상을 말하고, 네트워크 외향성은 새로운 네트워크 가입자나 탈퇴자에 의해 다른 네트워크 가입자들에게 이익이나 손해가 부여되는 현상을 말한다.

프로그램의 네트워크 효과와 네트워크 외향성에 대하여 살펴보자. 어떠한 프로그램을 이용하는 이용자의 수가 많아질수록 그 프로그램의 이용가치는 상승한다. 이는 프로그램의 네트워크 효과 때문이다. 예를 들어 MS 워드프로세서의 가치는 한글 워드프로세서 프로그램의 가치보다 크다. 이는 사용자의 수에 있어서 MS 워드프로세서가 훨씬 크기 때문이다. 한편, 새로운 프로그램 사용자는 자신의 의사와 관계없이 기존 사용자가 프로그램으로부터 누리는 효용을 증대시킨다. 이것은 프로그램의 네트워크 외향성 때문이다.

가입자가 많아질수록 네트워크의 가치가 증대되고(네트워크 효과) 네트워크의 가입자가 누리는 효용도 함께 커지므로(네트워크 외향성) 가입자가 많은 프로그램은 점점 더 많아지고 가입자가 적은 프로그램은 더욱 적어지는 경향이 있다. 컴퓨터프로그램의 새로운 이용자는 이용가치가 가장 큰 프로그램을 선택하기 때문이다. 이러한 시장의 특성 때문에 완전히 새로운 컴퓨터프로그램이 다른 경쟁자의 프로그램을 대체하는 수요를 목표로 시장에 진출하기는 대단히 어렵게 된다.

(4) 결 론

컴퓨터프로그램은 통합, 재사용, 요소화, 번들링을 통하여 개발되고 있다. 그리고 그 시장은 표준화가 대단히 높고, 높은 호환성 및 상호운영성이 요구되며, 강한 네트워크 효과가 존재한다. 컴퓨터프로그램 개발자는 표준을 지켜야 하고 호환성 및 상호연동성을 유지해야 한다. 컴퓨터프로그램은 이제까지 사용해 오던 프로그램과 호환성이 있어야 하고, 동시에 주변기기 및 다른 프로그램들과 상호연동성이 있어야 한다. 이러한 컴퓨터프로그램의 사용 환경은 컴퓨터프로그램의 기술혁신이 점증적으로 이루어질 수밖에 없도록 제약하는 역할을 한다. 더욱이 네트워크 효과는 첫주자에게 강력한 리드타임의 이익을 주기 때문에 완전히 새로운 컴퓨터프로그램이 시장에 진입하기 어려운 상황을 만든다. 이러한 컴퓨터프로그램 시장의 특성 때문에 컴퓨터프로그램의 기술혁신은 기존 프로그램의 기술을 바탕으로 그 기술의 연장선상에서 조금씩 일어날 수밖에 없게 된다.

이러한 컴퓨터프로그램 기술혁신의 특성은 이를 보호하는 제도의 설계와 구상에 대단히 중요한 의미를 갖는다. 왜냐하면 적절한 보호는 보호대상의 특성을 반영함으로써 기술혁신이 더욱 활발히 일어날 수 있는 여건을 조성하는 것이어야 하기 때문이다. 이를 위해서는 후속개발자들이 선행개발자의 기술혁신을 자유롭게 활용할 수 있음과 동시에 선행개발자에게는 적절한 인센티브를 부여하지 않으면 안 된다. 그러면 먼저 현행 제도하에서 컴퓨터프로그램이 적절하게 보호되고 있는지의 여부를 살펴보도록 하자.

Ⅳ. 컴퓨터프로그램 관련 발명의 보호

1. 저작권 보호

컴퓨터프로그램은 저작물에 속한다.[33] 컴퓨터프로그램에 대한 저작권은 작성과 동시에 발생하고 어떠한 절차나 형식의 이행을 필요로 하지 아니한다.[34] 저작자의 생존기간과 사후 50년간 존속한다.[35] 저작권은 프로그램의 표현을 보호한다. 즉, 저작권법은 프로그램의 아이디어가 표현된 특정한 형태, 즉 소스코드와 목적코드의 복제를 금지한다. 따라서 저작권은 프로그램의 아이디어나 프로그램의 실행으로 야기되는 결과, 즉 공정이나 작용 및 기능은 보호하지 아니한다.

프로그램에 대한 저작권 보호는 아무런 절차가 필요 없이 자동적으로 확보되므로 비용이 들지 않는다. 따라서 중소기업이나 개인에게 편리하다. 그러나 프로그램의 진정한 가치는 표현에 있는 것이 아니라 그 기능에 있으므로 기능을 보호하지 않는 저작권 보호만으로는 프로그램을 충분히 보호할 수 없다. 아무리 우수한 특성이라도 이를 모방하여 다른 방식으로만 표현하면 저작권 침해가 되지 않기 때문에 누구나 프로그램에 내재되어 있는 아이디어나 개념을

33) 저작권법 제 4 조 제 1 항 9호. 컴퓨터프로그램저작물의 보호 등에 관하여 필요한 사항은 따로 컴퓨터프로그램보호법으로 규정하고 있다(저작권법 제 4 조 제 2 항).

34) 저작권법 제10조 제 2 항.

35) 저작권법 제36조 제 1 항.

이용할 수 있다. 이러한 배경에서 프로그램을 특허로써 보호하게 되었다.

2. 특허 보호

어떠한 기술이 특허로 보호되기 위해서는 해당 기술이 특허로서 보호될 수 있는 대상에 속해야 하고(subject-matter patentability), 신규성(novelty)과 진보성(inventive step)이 있어야 한다. 첫째로, 컴퓨터프로그램[36]이 특허로서 보호될 수 있는 대상에 속하는지의 여부(이하, 특허적격성이라 한다)에 대하여는 많은 논쟁이 있었다. 수학적 알고리즘에 불과하다거나[37] 정신작용에 해당한다거나[38] 하여 특허의 보호대상에서 제외시켜 왔다. 그러나 업계의 강력한 요구와 컴퓨터프로그램이 갖는 기능의 중요성이 점차 커짐에 따라 저작권 보호만으로는 불충분하게 되어 컴퓨터프로그램이 내장된 컴퓨터시스템 또는 매체를 특허로서 보호하게 되었고, 급기야 최근에는 컴퓨터프로그램 자체를 "물건의 발명"으로 인정하여 특허를 부여하기에 이르렀다.[39] 이제 컴퓨터프로그램의 특허적격성에 관한 논쟁은 어느 정도 정리되었다고 할 수 있다.[40]

신규성 판단의 문제도 종래 특허가 부여되지 않았을 뿐 아니라 대부분의 선행기술이 공개되지 않은 채 개발자의 서랍에 들어 있는 경우가 많았기 때문에 초기에는 선행기술의 부재로 곤란을 겪었다. 그러나 컴퓨터프로그램을 발명으로 인정하고 특허를 부여하면서부터 선행기술이 누적되어 감에 따라 비교적

36) 컴퓨터프로그램은 "어떤 결과를 가져오기 위해서 컴퓨터에 직간접으로 사용하는 일련의 명령문이나 지시"로 정의할 수 있다(The US Copyright Law at Section 101). 우리 저작권법은 제 2 조에서 "특정한 결과를 얻기 위하여 컴퓨터 등 정보처리능력을 가진 장치 내에서 직접 또는 간접으로 사용되는 일련의 지시·명령으로 표현된 것"을 컴퓨터프로그램으로 정의하고 있다. 한마디로 컴퓨터프로그램은 '컴퓨터가 사용자의 요구를 수행하도록 하는 지시'라고 볼 수 있다.

37) 이를 '수학적 알고리즘의 예외(Mathematical algorithm exception)'라 한다. 컴퓨터프로그램은 수학적 알고리즘을 포함하는 것이고 수학적 알고리즘은 특정인에게 전유되어서는 안 되기 때문에 특허될 수 없다는 이론이다.

38) 이를 '정신과정의 원칙(Mental steps doctrine)'이라고 한다. 인간은 자유롭게 사고할 수 있고 이러한 사고에는 제한이 없어야 함에도 불구하고, 컴퓨터프로그램에는 인간의 정신과정이 내재되어 있으므로 프로그램에 특허를 부여하게 되면 이러한 정신작용의 과정에 대하여 특정인에게 독점권을 부여하게 되어 인간의 사고의 자유를 제한하는 결과를 초래할 수 있기 때문에 컴퓨터프로그램에 대한 특허를 제한해야 한다는 것이다.

39) 일본 컴퓨터프로그램 심사기준, 유럽특허청, IBM case 참조.

40) 컴퓨터프로그램의 특허적격성에 관한 논의는, Koo, *Information Technology and Law*, pp. 101-165 참조.

무리 없이 해결되어 가고 있다고 할 수 있다.

그러나 진보성 판단의 문제는 컴퓨터프로그램 기술혁신의 특성과 관련하여 해결하기 어려운 문제를 안고 있다. 컴퓨터프로그램 기술혁신의 대부분은 진보성 요건을 충족시키지 못하는 작은 기술혁신(sub-patentable innovation)들로 이루어져 있다. 이러한 작은 기술혁신들은 기존의 프로그램 요소(components)들을 새롭게 조합하거나, 기존의 프로그램 요소에 새로운 요소를 추가하여 조합한 것이 대부분이다. 따라서 이러한 기술혁신은 특허에서 요구하는 진보성 요건을 통과하기가 대단히 어렵다. 그렇지만 이러한 작은 기술혁신이라 할지라도 누적되면 진보성을 갖춘 '발명'에 못지않은 중요성을 갖게 되므로 이를 보호하지 않고 방치하는 것은 바람직스럽지 못하다.

그런데 컴퓨터프로그램을 특허로 보호할 때, 진정한 문제점은 특허권이 배타적 권리에 입각하고 있기 때문에 연속적·누적적·점증적 기술혁신을 보호하기에 부적절하다는 것이다. 컴퓨터프로그램의 기술혁신은 기존의 기술을 바탕으로 그 기술의 연장선상에서 조금씩 이루어진다. 이러한 기술혁신을 배타적 권리인 특허로 보호할 경우 상업적 성공의 가능성이 높은 제품의 개발에 사용될 프로그램 요소들의 특허권자는 모두 holdouts의 지위를 갖게 되어 거래비용이 크게 상승하게 된다. 어떠한 새로운 프로그램을 개발하려면 수많은 기존의 프로그램 요소들을 사용해야 한다. 프로그램 개발자는 개발과정에서 자신이 사용하는 모든 요소들에 특허가 존재하는지의 여부를 확인해야 하고 특허가 존재하면 회피설계를 하거나 특허권자로부터 사용허락을 받아야 한다. 그런데 모든 특허권자는 자신의 발명에 대하여 배타적 권리를 보유하고 있으므로 프로그램 개발자는 특허권자의 허락 없이 이를 사용할 수 없다.

수많은 컴퓨터프로그램 관련 특허는 특허숲(patent thicket)을 구성함으로써 유용한 프로그램 제품을 만드는 데 복잡한 장애물로서 작용하고 있다.[41] 각각의 특허는 기술혁신 속도를 저하시키고 비용을 증대시키고 있다. 대부분의 기업들은 이러한 특허숲이 가지는 문제를 잘 인식하고 이러한 특허들을 회피하기 위한 설계를 하고 있으나 이것은 대단한 노력과 비용을 수반한다.

수많은 개별 특허권을 일일이 다 모은다는 것은 쉬운 일이 아니고, 특허권자는 일반적으로 기술혁신과정에서 바람직스럽지 못하게 행동할 유인이 크기

41) 이러한 특허들은 동시에 공유지(public domain)의 축소를 초래하기도 했다.

때문에 어떤 새로운 컴퓨터프로그램을 제작하는 데 필요한 프로그램 요소들의 모든 특허 실시계약이 성공한다는 것은 기대하기 어렵다.

특허보호의 문제점으로서 하나의 예를 들면 "Blocking patents"가 있다. 이것은 프로그램 기술혁신의 누적적 · 점증적 성질에서 기인한다.[42] 후속주자(개량발명자)는 첫주자(원천발명자)의 발명을 개선하여 특허를 받을 수 있다. 그러나 후속주자가 첫주자의 허락 없이 자신의 개량발명을 실시하면 첫주자의 특허를 침해하게 된다. 후속주자가 자신의 개량발명을 실시하려면 첫주자의 허락을 얻어야 한다. 마찬가지로 원천발명을 한 첫주자도 허락 없이 후속주자의 특허발명을 실시할 수 없다. 후속주자의 개량발명특허는 첫주자의 개량을 가로막는다. 후속주자의 '개량'을 이용하려면 첫주자는 후속발명자의 허락을 받아야 한다. 이러한 점에서 첫주자와 후속주자의 특허를, 자연스런 후속기술혁신을 가로막는 'blocking patents'라고 할 수 있다. 이러한 상황 하에서는 후속기술혁신이 자연스럽게 일어날 수 없다.

3. 결　론

컴퓨터프로그램은 현행 제도 하에서 주로 저작권 및 특허권으로 보호되고 있다. 그런데 저작권은 프로그램의 가장 중요한 '기능'을 보호하지 못하므로 보호가 약하고 특허는 '기능'은 보호하지만 특허권자에게 과도한 배타적 권리를 부여하는 경향이 있다.

컴퓨터프로그램을 저작권으로 보호하는 것은 그 가치의 원천을 보호할 수 없으므로 미약하다. 그리고 특허권으로 보호하는 것은 지나치게 강하여 후속기술혁신에 방해가 된다. 특허권에 의한 보호에 의하면 제3자가 자신의 프로그램을 독립적으로 개발하였다 하더라도 그것이 선개발자의 프로그램과 동일한 사상에 기초하고 있으면 침해를 구성하게 된다. 특허권은 배타적이고 강력하므로 연속적 기술혁신 과정에서 후속기술혁신을 방해한다. 한편, 기술적 보호조치에 의한 보호는 이를 우회하거나 무력화시킬 수 있는 기술이 개발되면 쓸모없게 된다.

---

42) Michael S. Mireles, *An Examination of Patents, Licensing, Research Tools, and the Tragedy of the Anticommons in Biotechnology Innovation*, 38 U. Mich. J.L. Reform 141 (2004) at 162-164, at 168.

컴퓨터프로그램의 중요성은 커지고 있다. 따라서 프로그램 산업뿐 아니라 정보통신 산업의 지속적인 발전을 기하기 위해서는 현행 보호제도의 문제점을 보완하여 컴퓨터프로그램의 특성과 그 기술혁신의 특성을 반영할 수 있는 적절한 보호제도가 요청된다. 그런데 컴퓨터프로그램은 저작권으로나 특허권으로 적절히 보호되지 않고 있다. 그렇다고 하여 저작권제도와 특허제도가 서로 보완적 역할을 수행함으로써 예를 들어 저작권으로 보호되지 못하는 컴퓨터프로그램의 기능이 특허로써 적절히 보호되고 있다고 볼 수도 없다.

이러한 문제의 해결책으로서 컴퓨터프로그램을 효과적으로 보호하기 위한 여러 가지 대안들이 제시될 수 있다. 시장지향법률체제,[43] 보상책임체제,[44] 실용신안제도,[45] 기술혁신의 직접보호,[46] 자기보호체제[47] 등이 대표적이라 할 수 있다. 이 글에서는 대표적으로 보상책임체제를 살펴보도록 한다.

---

43) 시장지향법률체제(Market-oriented Legal Regimes)에 관한 상세한 설명은 *A Manifesto*, 보다 간략한 설명은 Koo, *Information Technology and Law*, pp. 101-165, 384-386 참조.

44) 보상책임체제(Compensatory Liability Regimes)에 관하여는, Jerome. H. Reichman, Of Green Tulips and Legal Kudzu: Repackaging Rights in Subpatentable Innovation. Vanderbilt Law Review 53(2000): 1743-1798(이하, Reichman, Green Tulip); Koo, Information Technology and Law, pp. 327-331, 386-388 참조.

45) 실용신안제도(Utility Models)에 관하여는 EU Commission, *Amended proposal for a Directive on the protection of inventions by utility model*, 7 December 1999; EU Commission, *Consultations on the impact of the Community utility model in order to update the Green Paper on the Protection of Utility Models in the Single Market*(COM(95)370 final), Brussels, 26 July 2001.; EU Commission, *Proposal for a European Parliament and Council Directive: approximating the legal arrangements for the protection of inventions by utility model*, 16 December 1997.; 실용신안제도에 의한 컴퓨터프로그램 보호에 관한 사항은 Koo, *Information Technology and Law*, pp. 332-350, 388-390 참조.

46) '기술혁신의 직접보호(Direct Protection of Innovation)'에 관하여는, William Kingston, ed., *Direct Protection of Innovation, Kluwer Academic Publishers*, 1987 참조; '기술혁신의 직접보호'에 의한 컴퓨터프로그램의 효과적 보호방안에 대하여는 Koo, *Information Technology and Law*, pp. 350-372, 390-393, 397-402 참조.

47) 자기보호체제(Self-Help systems)에 의한 컴퓨터프로그램의 보호에 대하여는 Koo, *Information Technology and Law*, pp. 372-379, pp. 393-394 참조.

V. 대 안

1. 서 론

대부분의 컴퓨터프로그램은 선개발자가 개발한 수많은 요소들로 구성되어 있다. 컴퓨터프로그램 기술혁신은 선개발자의 기술혁신 위에서 '누적적으로' 그 기술의 연속선상에서 꼬리에 꼬리를 물고 '연속적으로' 이루어지는 특성이 있다. 이 때문에 대부분의 컴퓨터프로그램 개발자들은 개발과정에서 자신이 의도하지 않았음에도 불구하고 선행개발자의 특허를 침해하는 결과를 초래할 수 있다. 연구과정에서 사용하는 모든 프로그램 요소들의 특허를 확인하고 침해하지 않도록 회피하는 것은 매우 어려운 일이다. 특허가 확인되었다 하더라도 특허권자와 사용계약을 체결하는 것은 더욱 어렵다.

베센과 마스킨의 주장에 의하면, 기술혁신이 연속적 보완적 형태로 이루어지는 기술분야에서는 강력한 특허가 기술혁신에 오히려 장애가 된다. 베센과 마스킨에 의하면 특허의 대상을 확대하고 보다 강력하게 보호하는 정책의 시행은 연구개발투자의 축소와 생산성의 저하를 가져왔다.

연속적 기술혁신 과정에 있어서 첫주자와 후속주자 간의 관계를 설정하는 문제는 대단히 중요하면서도 풀기 어려운 문제이다. 즉, 후속주자가 첫주자의 기술혁신을 자유롭게 이용할 수 있도록 하면서 동시에 첫주자도 연구개발투자에 대한 인센티브를 충분히 보유할 수 있도록 하는 것은 지적재산권 법률가나 경제학자가 바라는 이상적인 모습이다. 한편, 오픈소스 소프트웨어에는 소유권적 권리가 존재하지 않기 때문에 후속개발자는 소프트웨어 소유권자로부터 고발당할 염려 없이 소프트웨어 제품을 자유롭게 사용하고 개선해 나갈 수 있다. 소프트웨어 사용자는 소스코드에의 접근이 허락되고 또한 이를 변형시킬 수 있다.

책임체제(liability rule) 하에서는 일정한 조건하에서 제 3 자는 권리자에게 해가 될 수 있는 행위를 할 수 있다. 예를 들어서 배타적 소유권체제 하에서는 어떤 사람이 차(car)를 소유하고 있을 경우 제 3 자는 소유권자의 허락 없이 이 차를 사용할 수 없다. 그러나 책임체제 하에서는 제 3 자는 일정 조건하에 손해배상책임을 갖고 권리자에게 해가 될 수 있는 행위를 함으로써 개연적 침해(probabilistic invasions)를 구성할 수 있다.[48] 책임체제 하에서 후속주자들은 첫 주자에게 일정액의 로열티를 지불하기만 하면 첫주자의 기술혁신을 사용할 수 있다. 이것은 계약비용을 낮출 뿐 아니라 다른 사람의 기술을 무단으로 이용하는 등의 행위를 줄여준다.

새로운 법률체제는 이와 같이 컴퓨터프로그램의 기술혁신의 특성과 권리의 특성이 조화를 이루도록 구성되지 않으면 안 된다. 수없이 많은 작은 기술혁신들이 연속적으로 이루어지는 상황에서 이러한 기술혁신들을 배타적 소유권으로 보호하게 되면 거래비용이 대단히 크게 될 것이다. 왜냐하면 배타적 소유권체제 하에서는 수없이 많은 작은 기술혁신들의 권리자들은 모두 hold-outs로서 행동할 수 있는 지위에 있게 되고 따라서 이것은 거래비용을 높이기 때문이다. 이러한 의미에서 첫주자와 후속주자 간의 문제, 즉 '후속 기술혁신을 저해하지 않은 채 기술혁신을 장려하는 문제'를 해결하기 위해서는, 새로운 법률제도의 기초를 배타적인 소유권 체제보다는 책임체제에 세우는 것이 바람직할 것이다.

2. 보상책임체제

(1) 보상책임체제의 구조

보상책임체제의 구조를 데이터베이스를 관리하는 프로그램, 즉 DBMS(database management system)로 설명해 보자.[49] 축구경기에 관한 DBMS 제작자 A는 역대 월드컵경기의 데이터를 데이터베이스화하여 관리할 수 있도록 한 데이터베이스관리시스템 '월DBMS'를 제작하였다. 프로그램 제작자 B는 '월DBMS'를 이용하고 여기에 역대 유럽챔피언스리그 경기를 추가하여 '월유DBMS'를 제작하였다. 제작자 C는 '월유DBMS'를 상업화하여 수입을 창출하였고, '월유DBMS'에 역대 '아메리카챔피언스리그' 경기의 데이터를 추가하여 '월유아DBMS'를 제작하였다.

48) Louis Kaplow and Steven Shavell, *Property Rules Versus Liability Rules: An Economic Analysis*, 109 Harv. L. Rev. 713, 716(1996).

49) Reichman 교수는 보상책임체제를 'Green Tulip'으로 설명하고 있다. J.H. Reichman, *Of Green Tulips and Legal Kudzu: Repackaging Rights in Subpatentable Innovation*, Vanderbilt Law Review, Vol. 53: 6: 1743.

제작자 B, C는 제작자 A에게 보상만 하면 A의 허락이 없어도 '월DBMS'를 사용할 수 있다. '월DBMS' 제작자 A는 일정기간 타인으로부터 '월DBMS'의 사용에 대한 보상을 받을 자격이 있다. A는 자신의 DBMS를 다른 사람들이 이용을 요구할 경우 허락하지 않을 수 없다.

'월유DBMS' 제작자 B는 보상할 의사만 있으면 A의 허락이 없어도 A의 '월DBMS'를 이용할 수 있다. B는 A가 보유하고 있는 일정기간의 리드타임이 만료하기를 기다렸다가 '월DBMS'를 자유롭게 사용하거나, 리드타임 기간 종료시까지 기다릴 수 없고 또한 자료와 기술력을 가지고 있다면, A에게 보상하지 않고도 '월유DBMS'를 독립적으로 개발할 수 있다.

C는 B와 유사한 위치에 있다. 즉, C도 보상할 의사만 있으면 B의 '월유DBMS'를 B의 허락 없이 사용하고 자신의 아메리카리그 선수들의 데이터를 추가함으로써 '월유아DBMS'를 제작할 수 있다. 만약 C가 A와 B의 리드타임기간(liability period)에 B의 '월유DBMS'를 빌리면 A와 B 모두에게 보상해야 한다. A의 리드타임이 종료되고 B의 리드타임 기간이면 B에게만 보상하면 된다.

한편 B 또는 C가 A의 '월DBMS'를 빌리지 않고 따라서 A에게 아무것도 지불하지 않더라도 A는 리드타임의 이익을 향유할 수 있고 이를 통해 수익을 창출할 수 있다.

(2) 보상책임체제의 의미

보상책임체제는 선개발자가 자신의 기술을 후개발자가 이용하지 못하도록 배제할 수 없는 자동라이선스의 형태를 취하고 있다. 선개발자의 권리가 약하다고 할 수 있음에도 불구하고 권리자가 항상 적은 수입을 거둔다고 할 수는 없다.

일단 B가 A의 비용에 기여하면, B는 C뿐만 아니라 A로부터도 보상을 거둘 수 있게 된다. 예를 들어 A가 최신 데이터를 자기 제품에 반영하기 위하여 B의 데이터베이스를 이용하는 경우, C는 A로부터도 보상을 받을 자격이 있는 것이다.

이와 같이 자동라이선스 체제 하에서 지정된 기간 동안 모든 시장참여자 A, B, C는 인위적인 법률장벽에 구애받지 않고, 빌려주는 자와 빌리는 자의 지위 사이를 자유롭게 왕래하게 된다. 보상책임체제 하에서 후속개발자는 보상하기만 하면 선행개발자의 기술혁신을 이용할 수 있고 동시에 보상을 받을 수 있는 지위를 갖게 되기 때문에 시장진입장벽이 형성되지 않고 후속개발이 저해되지 않는다. 또한 선행개발자도 후속개발자에게 보상함으로써 후속기술혁신을 이용할 수 있고 이를 통하여 자신의 제품을 향상시켜 나갈 수 있다.[50] 한편, 선행개발자는 공격적인 후속개발자로부터 예측했던 것보다 훨씬 큰 수익을 얻을 수도 있으므로 투자 인센티브를 가질 수 있다. 이러한 제도에서는 누구나 다른 사람의 기술에 접근하고 이용할 수 있기 때문에 기술은 사실상 공공의 영역에 놓여있는 것과 같은 효과를 거둘 수 있게 된다.

J. H. Reichman 교수는 보상책임체제를 통하여 작은 기술혁신(small grain-sized innovations), 즉 신규성과 진보성 기준에 미치지 못하는 작은 기술혁신을 효과적으로 보호하고자 하였다. 보상책임체제하에서는 리드타임 동안 누구든지 개발비에 기여하기만 하면 서로의 기술혁신을 빌릴 수 있다. 허락을 받기 위해 협상할 필요가 없으므로 거래비용이 감소할 뿐 아니라 후속 기술혁신을 방해하는 법률적 장벽이 형성되지 않는다. 따라서 보상책임체제는 컴퓨터프로그램 기술혁신의 특성 즉, 요소화와 재사용 및 호환성과 상호연동성의 필요성에 따라 누적적 점증적으로 이루어지는 컴퓨터프로그램 기술혁신의 특성과 조화를 이룬다고 평가할 수 있다.

그러나 보상책임체제는 실행을 위한 세부적인 구조를 제시하고 있지 않으므로 이를 위한 연구가 필요하다. 예를 들면 적절한 보상비용의 산정기준, 보호대상으로서 '부특허기술혁신(subpatentable innovation)'의 정의, 부특허기술혁신으로서 인정받을 수 있는 신규성 및 진보성의 최저수준, 침해의 구성요건, 등록과정 등에 대한 연구가 필요하다.

Ⅵ. 결론과 제안

이제까지 컴퓨터프로그램 기술혁신의 특성 및 보상책임체제에서 검토된 사항은 컴퓨터프로그램 보호를 위한 특허제도의 개선에 대단히 유익한 의미를 갖는다. 실행가능성이 높은 현실적인 방안들은 다음과 같은 것들이 있을 수

---

50) 이와 같이 이 제도는 거래비용을 감소시킨다.

있다.

첫째, 실시료를 지불할 용의가 있는 사람은 누구나 허락 없이 특허발명을 실시할 수 있도록 한다.

둘째, 특허권 설정등록시 특허등록원부에 실시료(비율 또는 액수) 기재를 의무화 한다. 가장 중요하면서도 어려운 문제는 적정한 실시료의 책정에 있다. 후속개발자가 부담할 수 없을 정도의 높은 실시료는 후속개발자에게 사실상의 진입장벽이 될 것이고 이러한 경우 보상책임체제의 장점을 전혀 살릴 수 없는 상황이 되기 때문이다. 따라서 특허청은 실시료의 비율과 액수 등에 대한 권고범위를 프로그램 업계의 관행을 참고하여 설정해 두고, 특허권자는 특허권 설정등록시 특허등록원부에 실시료를 자율적으로 기재하도록 하는 것이 바람직할 것이다. 그리고 실시료는 프로그램 사용자 또는 특허권자의 요구에 따라 특허청 관련 기구의 심사를 거쳐 증감할 수 있도록 한다. 실시료 비율이 지나치게 높으면 이를 사용하려는 사람의 수가 줄어들 것이고 지나치게 낮으면 사용자는 많아지겠으나 실시료의 총액은 줄어들 것이다. 특허권자는 이러한 현실을 감안하여 스스로 결정하되 장래 시장상황과 실시요구의 추이를 고려하여 실시료 비율을 증감할 수 있도록 하는 것이 바람직할 것이다. 그러나 실시료의 수입 감소를 무릅쓰고서 시장독점을 목적으로 실시료를 지나치게 높게 책정하면 사실상 후발주자는 시장에 진입하기 어려운 상황이 될 수 있으므로 이와 같은 행위는 공정거래위원회(또는 공정거래위원회의 위임을 받아 특허청)가 적절히 규제할 필요가 있다.

셋째, 실시료의 관리는 특허청에서 한다. 즉, 후발주자가 컴퓨터프로그램을 사용하기 위하여 지불하는 실시료는 특허청에서 수납하여 행정비용을 제하고 특허권자에게 송금한다.

넷째, 진보성에 대한 심사기준을 완화하거나 제거한다. 현행 특허제도 하에서는 진보성 기준이 '해당 업계에 종사하는 통상의 지식을 가진 자가 용이하게 창작할 수 없는 정도'이다. 그런데 프로그램 개발은 프로그램 요소들의 통합 재사용 재배열 등을 통해 이루어지고, 일단 프로그램이 완성되면 이 프로그램은 특허청 심사관에게 기존의 프로그램으로부터 논리적으로 자명하게 도출될 수 있는 것이 되기 쉽다. 즉, 당업자가 용이하게 창작할 수 있는 것이라 판단될 여지가 많기 때문에 진보성 기준을 충족시키기 어렵다.

그러나 현대 프로그램 기술의 발전은 점증적으로 조금씩 이루어지는 특성을 가지고 있을 뿐 아니라 이러한 점증적 기술혁신을 누적시키면 대단히 중요한 기술적 진보가 되는 것이므로 이러한 작은 기술혁신도 적절한 방법으로 보호해 줄 필요가 있다. 이를 위하여 컴퓨터프로그램의 경우 진보성 기준을 크게 완화하거나 아예 진보성 기준을 제거하고 신규성 기준만을 두고 심사시 유사성 판단은 하지 않고 동일성 판단만을 하는 방안을 강구할 수 있다.51)

진보성 기준의 완화와 함께 출원인도 컴퓨터프로그램 발명에 대한 특허청구범위의 작성과 해석에 유의해야 한다. 즉, 자신이 발명한 것 이상을 청구하지 않도록 주의해야 한다.

다섯째, 균등론을 엄격하게 적용한다. 점증적으로 이루어진 컴퓨터프로그램 기술혁신에 특허가 부여되었으면 이 특허에 대한 권리범위의 해석은 매우 엄격하게 이루어져야 한다. 왜냐하면 다른 산업에 일반적으로 적용되어지는 균등론의 범위를 컴퓨터프로그램 특허에 적용하게 되면 특허된 프로그램에 대한 대부분의 개량발명이 균등의 범위에 속하게 되기 쉽고 따라서 프로그램 특허의 범위가 지나치게 확장될 가능성이 있기 때문이다. 이것은 결국 특허된 프로그램 발명의 개량을 통한 기술진보를 가로막을 수 있다.

여섯째, 컴퓨터프로그램에 대한 특허권의 존속기간을 축소한다. 프로그램 특허가 소프트웨어 제품 수명의 수세대에 걸쳐 작용하면서 프로그램의 빠른 기술혁신을 저해해서는 안 되기 때문이다. 소프트웨어 제품의 일반적인 제품주기를 평균적으로 고려하여 이를 컴퓨디프로그램에 대한 특허권의 존속기간으로 설정할 필요가 있다.

51) 실용신안의 경우 특허보다 낮은 수준의 진보성을 요구하기 때문에 작은 기술혁신의 보호에 보다 적절하다고 볼 수 있다. 구대환, 실용신안제도에 의한 '소발명'의 효과적인 보호방안, 법학 46권, 4호(2006.2.), pp. 285-311.

제17장

정보통신기술의 표준화와 법규제

이 대 희*

I. 서 론

현대시대에 있어서 표준은 매우 중요한 역할을 수행하고 있으며 생활의 모든 측면에서 표준이 적용되어 사용되고 있다. 예컨대 컴퓨터를 사용하거나 인터넷에 연결함에 있어서는 거의 항상 하드웨어나 소프트웨어에 관한 표준이 관련되어 있다. 전자상거래와 관련하여서는 전자지급, 보안, 전자적 저작권관리 시스템, 초고속 네트워크 기술, 디지털 데이터교환 등에 대한 표준은 필수적이다. 컴퓨터나 인터넷 이외에도 공공의 안전과 건강, 통신, 정보처리, 의료도구 등에도 많은 표준이 존재하고 있다. 심지어 생명공학 부분에서도 표준이 개발되고 있다. 이러한 표준이 광범위하게 개발되어 사용되는 주된 이유는 제품간의 호환성, 공공의 안전 및 건강, 전세계적인 경쟁 등을 들 수 있다. 예컨대 기술표준의 핵심은 CD 플레이어와 CD와 같이 핵심적인 제품과 주변 제품을 정의하는 것에 해당하며 이에 의하여 수많은 생산자들이 모두 호환될 수 있는 핵심제품과 주변제품을 생산할 수 있게 된다. 또한 화재를 진화하기 위한 소화전(消火栓)의 크기가 다른 경우 소방차가 화재를 진압하기 위하여 아무런 역할을 할 수 없듯이 산업표준은 공공의 안전이나 건강과 직결되어 있다. 마지막으로 일정한 표준을 설정함으로써 표준이 외국의 제품이 진입하지 못하게 하는 비관세장벽(non-tariff trade barrier)의 역할을 할 수도 있다.

표준이 중요한 역할을 하고 있으며 표준이 필수적으로 요구되고 있는 분

* 성균관대학교 법과대학 교수.

야가 정보통신분야이다. 현대의 정보통신 분야는 첨단적이며 매우 복잡한 기술을 사용하고 있다는 것과 표준을 필수적으로 요구하고 있다는 것을 특징으로 하고 있다. 컴퓨터나 핸드폰 등 통신을 위한 도구는 다른 도구들과 통신될 수 있어야 하며 어떠한 응용프로그램이 모든 도구에서 작동할 수 있어야 소비자의 욕구는 충족될 것이다. 예컨대 어떠한 워드프로세서 소프트웨어를 이용하여 작성한 문서를 다른 소프트웨어를 이용한 문서로 변환하는 경우, 표준의 존재는 필수적이라고 할 수 있다.

정보통신기술의 표준화에 대한 법규제가 논의되는 것은 첫째, 표준이라는 것은 누구나 자유로이 채택하고 사용할 수 있는 합의에 바탕을 둔, 투명한 표준으로서 일종의 공공적인 성격을 가지고 있다는 것과, 둘째, 표준, 특히 정보통신분야에서의 표준은 특허 등 지적재산을 포함하는 것이 일반적이라는 것에 기인한다. 이러한 두 가지 요소는 서로 연관되는 것으로서, 결국 정보통신기술의 표준화에 대한 법적 쟁점은 누구든지 적용시킬 수 있어야 하는 공공적인 성격을 가지는 표준에 대하여 재산권에 의하여 보호받는 지적재산이 포함됨으로써 발생한다. 일반적으로 특허(출원중인 특허 포함) 등의 지적재산이 표준에 포함시키는 것은 하이테크 분야에서는 특허받은 기술이 최신의 기술이기 때문이다. 특히 호환성에 바탕을 두어야 하는 통신분야에 있어서는 표준을 채택하지 않고서 통신하는 것은 불가능한 것이기 때문에 특허받은 기술에 의존하여야 할 필요성은 더욱 커진다. 특허받은 기술을 사용하여야 하는 통신표준을 승인함에 있어서는 특허권자에 의한 사용료의 지급이 그 기술을 실시하는 모든 사에게 요구된다. 표준에 포함된 특허기술을 사용하는 자는 그 기술이 표준에 필수적인 경우에는 기술을 사용하거나 아니면 사용하지 않는 선택안만을 가지게 된다. 제품을 생산하기 위하여 표준을 적용하는 경우에는 특허권자로부터 사용에 대한 허락을 받아야 하며 그렇지 않으면 특허권을 침해하게 된다. 따라서 통신표준 분야에 있어서는 공공적인 통신을 지원하기 위하여 특허와 같은 재산권적인 성격을 지니고 있는 기술을 회피하기 위한 보다 더 공격적인 정책이 필요하게 된다.

요컨대 정보통신분야는 새롭고 진보적인 향상된 기술에 바탕을 두는 것이 일반적이고 따라서 특허를 받았거나 출원중인 특허의 대상이 되는 기술을 포함하는 경우가 원칙적이다. 이와 같은 표준을 제정하고 이행하는 것과 관련하여 다양한 쟁점들이 발생한다. 첫째, 과연 특허의 대상이 되어 있는 기술을 표준에 포함시킬 것인가이다. 둘째, 어떠한 표준이 지적재산을 포함하는 경우 어떠한 절차가 사용되어야 할 것인가의 문제이다. 셋째, 자신의 지적재산권이 표준에 포함된 경우 지적재산권자에게 요구되는 것이 무엇인가이다. 이 문제는 표준을 적용하려는 자가 어떠한 조건하에 지적재산을 사용할 수 있는가의 문제와 연관된다. 넷째, 표준이 채택된 이후에 표준에 포함된 지적재산의 존재가 확인되고 그 지적재산권자가 지적재산권을 집행하고자 하는 경우 이를 어떻게 처리할 것인가의 쟁점이 발생한다. 다섯째, 표준제정과정에 참여하고 있었던 특허권자가 표준제정과정에서는 자신의 특허기술 또는 출원중인 기술을 공개하지 않다가 표준이 제정된 후에 표준에 포함되어 있는 자신의 기술을 공개하고 특허권을 주장할 수 있는 문제점이 발생한다. 이것은 표준의 제정과 표준에 포함되어 있는 지적재산권의 행사와 관련된 권리남용 내지 반독점법적인 문제점을 나타낸다. 마지막으로 정보통신분야의 표준에 포함되는 기술의 숫자는 매우 많고 따라서 각 기술에 대한 수많은 특허권자 등으로부터 표준을 적용함에 있어서 특허받은 발명에 대하여 어떻게 이용허락을 받을 것인가의 문제이다. 이러한 문제를 해결하기 위한 것으로서 특허풀(patent pool)이나 특허플랫폼(patent platform)이 등장하고, 특허풀이나 특허플랫폼이 반독점법을 위반하였는가의 문제를 발생한다.

Ⅱ. 표준과 지적재산의 충돌 · 양립

산업표준은 지적재산권에 의하여 보호되는 기술, 곧 이미 특허를 받았거나 출원중인 특허의 대상이 되는 기술을 종종 포함하게 되고 특허에 의하여 보호되는 기술이 표준에 포함되는 것도 놀라운 것은 아니다. 심지어 개방 내지 공유를 표방하고 있는 W3C조차도 특허받은 기술을 W3C의 표준에 포함시키기 위하여 W3C의 특허정책방침을 개정할 것을 제안할 정도이다. 이와는 반대로 표준이 지적재산권에 의하여 보호되는 기술을 회피하기 위한 방향에서 제정되는 경우도 있다. 예컨대 미국의 ANSI는 2000년 말에 기존의 DES(Digital Encryption Standard)를 대체하기 위한 새로운 암호표준을 제정하였는데, 이 표준은 Rijmen 알고리즘에 바탕을 둔 것이었다. 이 알고리즘은 표준으로 채택되기 위한 최종의 5개의 후보 중에서 Hitachi社가 보유하고 있는 특허를 침해하지 않을 수 있는 유일한 알고리즘이었다.

특허와 같은 재산권은 개방적인 표준 또는 합의에 바탕을 둔 투명한 표준의 개념과 외관상으로는 모순되는 것처럼 보인다. 왜냐하면 개방적인 표준은 서로 경쟁하는 제품간의 호환성을 보장하기 위한 것으로서 누구든지 자유로이 채택하고 이용할 수 있기 때문이다. 따라서 합의에 바탕을 둔 표준은 개인이 보유하고 있는 재산권과 대조되는 것이고 산업표준에 대한 특허를 인정해서는 안 된다고 주장되기도 한다. 오픈소스(Open Source) 또는 자유 소프트웨어(Free Software) 운동을 주창하는 자들도 이러한 주장을 지지하면서 컴퓨터의 운용체계시스템인 Linux, 프로그램언어인 Pearl, 웹서버인 Apache 등은 지적재산권이 없이도 발달되어 온 성공적인 노력을 지적하고 있다. 심지어 미국에서는 표준에 포함된 기술에 대하여 특허받는 것을 입법에 의하여 금지하여야 한다는 주장까지 제기되고 있다.[1)]

산업표준에 포함되어 있는 기술적인 진보에 대한 특허를 배제하는 것은 바람직하지 않다는 주장이 보다 더 설득력을 얻고 있는 것으로 보인다. 곧 표준과도 관련될 수 있는 특정의 기술, 예컨대 국가의 안전보장이나 핵기술과 같은 기술은 특허의 대상으로부터 이미 제외되었으며, 표준에 포함된 특허를 부정하는 것은 모든 발명에 대하여 특허에 의하여 보호할 것을 요구하는 국제조약(예컨대 TRIPs 협정 제27조 제1항)에 위반될 것이며, 혁신비용을 회수하기 위하여 제한적인 기간 동안 배타적으로 통제할 수 없다면 기술을 개발하기 위한 최적수준의 R&D는 존재하지 않게 될 것이라는 것을 근거로 한다. 특히 매우 복잡하고 많은 비용이 소요되는 기술의 경우, 그 기술을 포함하는 표준의 이용가능성 및 수준은 지적재산권에 제공되는 보상에 의하여 결정될 수 있다. 특허에 의하여 아무런 보호를 받지 않는 자가 시장에 제일 먼저 진입하였다는 이점만으로는 최신기술의 시장에서 필요로 하는 수준의 혁신을 자극하는 데 충분치 않다는 것도 그 근거가 될 수 있다. 특히 기술이 특허에 의하여 보호될 수 있다는 것은 사실표준인 경우에 매우 중요할 수 있다. 공식적인 표준제정이 존

1) Mark A. Lemley, Standardizing Government Standard-Setting Policy for Electronic Commerce, 14 Berkeley Tech. L.J. 745, 757(1999).

재하지 않거나 공식적인 표준제정이 지연되는 경우, 특정의 제품이나 특정의 기술은 산업에 참여하는 다수의 자들이 선호하거나 채택됨으로써 사실표준이 될 수 있다. 이 경우 제품이나 기술이 특허나 기타 지적재산권 체제에 의하여 보호되지 않고 자유로이 복제될 수 있다면, 이 기술을 개발한 회사는 R&D 비용을 회수할 수 없을 뿐만 아니라 기술개발에 의하여 산업에 기여한 것에 대한 이익을 획득할 수 있다. 이익에 대한 동기가 감소함에 따라 시장에서의 주의를 끌 수 있고 사실표준이 될 수 있는 진보적인 제품을 창조할 동기도 감소하게 된다.

표준의 대상을 특허로부터 배제할 수 없는 주된 이유는 특허라고 하는 일정한 제한적인 기간 동안 독점적인 권리를 발명자에게 부여함으로써 발명 내지 혁신을 위하여 투자한 비용을 경제적으로 보상함으로써 발명을 계속할 수 있도록 하는 동기를 부여하고자 하는 특허법적인 정책목표에 기인한다. 이 같은 경제적인 동기가 존재하지 않는다면 표준의 대상이 될 수 있는 기술을 개발하기 위한 일정수준의 연구와 개발은 존재하지 않을 것이다. 특히 표준의 대상이 되는 기술은 매우 복잡하고 개발함에 있어서 많은 비용이 소요되는 것이 일반적이어서 표준이 이용될 수 있는지 여부 및 표준의 질(質)은 지적재산권에 의하여 제공되는 보상에 의존할 수밖에 없다. 어떠한 기술을 처음으로 개발한 자는 시간적으로 다른 개발자보다 앞서는 유리함을 가지고 있지만, 이것만으로는 첨단적인 기술분야의 시장에서 일정한 수준의 진보를 기대할 정도의 자극제가 될 수 없다.

지적재산이 표준에 포함되는 것과 관련하여 ISO는 일반적으로 지적재산을 표준으로 사용하는 것을 억제하고자 하는 정책을 채택하고 있다. 곧 기술적인 이유에 의하여 정당화되는 예외적인 경우에 한하여 지적재산을 표준에 포함시키는 것을 허용하고 있다.[2] ANSI(American National Standards Institute)도 기술적인 이유에 의하여 지적재산을 표준에 포함시키는 것이 정당화된다면 이를 원칙적으로 반대하지 않는다고 규정하고 있다.[3] ETSI(European Telecommunications Standards Institute)는 유럽의 원격통신 분야의 기술적인 목적을 가장 잘 충족하는 해결책에 표준이 기초하여야 한다고 규정하고 그와 같이 표준을 제정함에 있어서 공익과 지적재산권자의 이익을 균형시키고자 하고 있다.[4]

2) ISO Directives Part 2, Annex A. § a.

3) Procedures for Development and Coordination of American National Standards, Annex I, § 1.1.

Ⅲ. 지적재산권의 조기공개

1. 지적재산권의 조기공개의 중요성

표준을 제정하는 과정에서 특허의 존재여부를 조기에 공개하는 것은 표준을 최종적으로 제정하고 승인하는 절차의 능률성을 향상시키는 데 크게 이바지할 수 있다. 곧 특허 등이 조기공개되는 경우, 표준을 개발·제정하는 자들이 적절한 시기에 그 존재를 인식할 수 있으며 특허받은 기술을 표준화하는 것이 적절한지 여부를 평가할 수 있다. 지적재산이 표준에 포함되어 있는 경우, 지적재산권은 독점적인 권리이기 때문에 표준을 이행하고자 하는 자들(실시권자들)은 지적재산권을 침해할 수밖에 없으므로, 지적재산권자와 표준의 이행자간의 지적재산의 사용허락은 중요한 의미를 가진다. 표준제정기관들은 지적재산권자로 하여금 표준을 이행하고자 하는 자가 (일정한 조건에 따라) 지적재산을 사용할 수 있도록 하는 것을 보장할 필요성이 있다. 이에 의하여 특허권자와 실시권자는 표준개발과정과 관계없이 기술의 사용허락에 대한 조건을 협상할 수 있는 충분한 시간을 가질 수 있게 된다. 뿐만 아니라 표준과 관련되는 특허의 존재를 조기에 찾아내는 것은 특허권자가 자신의 발명에 대하여 사용허락할 의도를 가지고 있거나, 부당하게 차별하지 않고 합리적인 조건에 따라 사용허락할 준비가 되어 있거나, 해당 특허가 제안된 표준을 준수하기 위하여 필요하지 않다는 것 등을 조기에 표시하도록 할 가능성을 증가시킨다. 특허권자도 자신의 기술을 표준으로 제정하는 것에 대한 반대를 회피하기 위하여 사용허락의 조건이 합리적이고 부당한 차별이 없다는 것을 조기에 보장하려고 하는 동기를 가지게 된다. 따라서 특허권자와 사용권자는 사용허락의 조건을 협상할 수 있는 기회를 더 많이 가지게 될 것이다.

요컨대 표준에 포함되는 지적재산이 조기에 공개되고 공개된 지적재산에 대한 사용허락의 여부 및 그 조건에 관한 지적재산권자의 의사표시는 표준제정에 있어서 중요한 의미를 가지게 된다. 이에 따라 표준을 개발·제정하는 동안 개발자들은 표준에 사용될 수 있는 특허를 공개시키도록 하기 위한 절차를 채

4) Annex 6: ETSI INTELLECTUAL PROPERTY RIGHTS POLICY in the ETSI Rules of Procedure, 22 November 2000.

택하고자 한다. 이와 관한 주요 표준제정기관들의 정책을 살펴보기로 하자.

2. 지적재산권의 공개

ETSI의 경우, 각 회원사가 알고 있는 필수적인(essential)[5] 지적재산권을 ETSI에 적시에 알려주기 위하여 합리적으로 노력하도록 하고 있다. 특히 표준 또는 기술명세를 위하여 기술적인 제안을 하는 회원사는 그 제안이 채택되었을 경우 필수적일 수 있는 회원사의 모든 지적재산권에 대하여 ETSI가 주의할 수 있도록 하여야 한다. 그렇다고 하여 회원사가 지적재산권에 대하여 검색할 의무를 부담하는 것은 아니다(제 4 조).

ANSI의 경우, 표준을 승인하기 전에 확인된 당사자 또는 특허권자로부터 (i) 그 당사자가, 일반적인 부인문언(disclaimer)의 형태에 의하여, 제안된 미국의 국가표준을 위하여 사용될 것이 요구되는 발명을 보유하고 있지 않으며 현재 보유할 의도가 없다는 취지를 확인하거나, (ii) 표준을 이용하기 위하여 사용허락받고자 하는 자에게 아무런 보상을 받지 않고 사용허락될 수 있다거나 부당한 차별 없이 합리적인 조건에 따라 사용허락될 수 있다는 것을 보장하는 것을 확인받도록 하고 있다. ANSI는 미국의 국가표준에 의하여 사용허락이 요구될 수 있는 모든 특허를 찾아내는 것과 ANSI가 인지하고 있는 특허의 법적 유효성이나 범위를 조사하는 것에 대하여 책임을 부담하지는 않는다.[6]

ISO/IEC의 경우, 표준의 제안자나 제안을 준비하는 데 관련되는 모든 자들은 제안자 자신이 인지하고 있거나 제안을 준비하는 과정에 인지하게 된 특허권에 대하여 위원회의 주의를 환기시켜야 한다. 또한 제안이 채택된 경우, 제안자는 확인된 특허권자에게 특허받은 자신의 기술을 사용하고자 하는 전 세계의 모든 자에게 합리적이고 비차별적인 조건으로 특허에 따른 전 세계적인 사용허락을 협상할 의사가 있다는 확인(statement)을 받아야 한다. 표준을 개발하는 해당 위원회는 이러한 확인이 없이 특허권이 포함하고 있는 항목을 포함

5) '필수적인'이라는 것은, 표준화 당시의 정상적인 기술관행이나 일반적으로 이용될 수 있는 기술의 상태를 고려한다면, 그 지적재산권을 침해하지 않고서는 시설이나 방법을 제작, 판매, 리스, 기타 처분, 수리, 사용 또는 운용하는 것이 (상업적이 이유가 아닌) 기술적인 이유에 의하여 불가능한 것을 의미한다. ETSI Intellectual Property Rights Policy § 15.6.

6) ANSI, Procedures for the Development and Coordination of American National Standards § 1.2.12.

시켜 진행시켜서는 안 된다.[7)]

ITU-T는 특허권의 공개시점을 '처음부터(from the outset)'라고 규정하고 있는데(제 1 항), 이것은 특허권에 관한 정보가 가능한 한 빨리, 예컨대 권고안에 대한 초안이 특허권에 의하여 보호되는 요소의 전부 또는 일부를 포함하고 있다는 것이 명백하게 된 때에 가능한 한 빨리 공개되어야 한다는 것을 의미한다. ITU-T 스터디그룹(study group)은 표준의 제안자나 제 3 자가 보유하고 있는 특허나 출원중인 특허를 포함하고 있는지 여부를 확인해 줄 것이 요청되지만, 이것은 "최선의 노력(best effort)"에 기초하며 특허를 검색할 것이 요구되는 것은 아니다.[8)]

표준에 특허가 포함된 경우, 첫째, 특허권자가 자신의 권리를 포기하고 따라서 특별한 조건에 제한되지 않거나 사용료를 지급할 필요 없이 누구든지 권고안에 자유로이 접근할 수 있는 경우, 둘째, 특허권자가 자신의 권리를 포기하지 않고 다른 당사자와 합리적인 조건에 따라 비차별적으로 특허받은 기술에 대한 사용허락을 협상하고자 하는 경우, 셋째, 특허권자가 특허권을 포기하지도 않으며 사용허락을 위한 협상도 하려고 하지 않는 경우 등의 상황이 발생할 수 있다. 첫째의 경우 표준제정기관에는 아무런 문제가 발생하지 않으며, 셋째의 경우에 대하여 ITU-T는 권고안이 채택될 수 없다고 하고 있다. 두 번째 경우에 대하여 ITU-T는 "General Patent Statement and Licensing Declaration" 및 "Patent Statement and Licensing Declaration"이라는 양식에 의하여 특허권자가 사용허락을 선언할 수 있도록 하고 있다. 후자의 경우, ITU-T 권고안에 포함되는 특허를 보유하고 있거나 특허를 출원 중이라고 믿고 있는 특허권자는 (i) 해당 ITU-T 권고안에 대한 상호성(reciprocity)을 기초로 하여, 사용허락을 받고자 하는 모든 자에게 전세계적이며 비차별적으로 ITU-T의 권고안을 실행한 것을 제조, 이용 및/또는 판매하는 것을 사용허락하거나, (ii) 해당 ITU-T 권고안에 대한 상호성을 기초로 하여, 사용허락을 받고자 하는 모든 자에게 전세계적이고 비차별적이며 합리적인 조건에 따라 ITU-T의 권고안을 실행한 것을 제조, 이용 및/또는 판매하는 것을 사용허락하거나(이 경우 사용허락에 대한 협상은 관계 당사자에게 맡겨지며 ITU와 관계없이 행하여짐), (iii) 위의

7) ISO/IEC Directives, Part 1(Procedures for the technical work) § 2.14.
8) ITU, Guidelines for Implementation of ITU-T Patent Policy.

어느 경우에 따라서도 사용허락을 하고자 하지 않는 것(이 경우 특허번호 및 출원번호, 권고안의 영향받는 부분이 어느 부분인지의 지적, 권고안에 대한 특허청구범위의 설명 등을 선언서의 일부분으로서 제공하여야 함)을 선택할 수 있다.

정보통신표준을 제정하는 한국정보통신기술협회(TTA)는 (i) 표준안을 제안하는 자 또는 이해관계인으로 하여금 당해 표준안에 지적재산권의 내용이 포함되어 있음을 인지한 경우 지적재산권자 및 지적재산권에 관한 사항을 통지하고(정보통신표준화관련 지적재산권취급요령 제3조), (ii) 지적재산권이 인지된 경우 당해 지적재산권자에게 지적재산권의 취급에 관한 확약서의 제출을 요청하며(제4조), (iii) 확약서에서 지적재산권자가 실시를 허용함에 있어서는 ① 지적재산권을 비차별적으로 실시하도록 허여하거나, ② 지적재산권을 합리적 조건하에 비차별적으로 실시하도록 허여하거나, ③ 지적재산권 실시허여를 거절하는 것을 선택하게 하며, (iv) 당해 지적재산권자가 확약서를 제출하지 아니하거나 지적재산권의 실시허여를 거절한 경우에는 표준안 제안자에게 당해 지적재산권의 내용이 포함되지 않는 수정된 표준안을 제출하거나 새로운 표준안을 제안할 것을 요청하여야 한다(제5조 제2항). 이러한 절차는 표준이 채택된 이후 지적재산권이 인지된 경우에도 거의 동일하게 적용된다(제9조).

Ⅳ. 표준 제정과정에서의 지적재산권의 반독점법적 행사의 가능성

표준의 제정과정에서 특허권은 반독점법적인 문제점을 야기할 수 있는데, 이러한 문제점이 어떻게 발생할 수 있는지에 관하여 다음의 Unocal 사례를 통하여 살펴보자. 1990년 미국의 정유회사인 Unocal은 자동차의 배기가스를 감소시키기 위하여 휘발유의 혼합물에 관한 특허를 출원하였다. 이 특허출원이 미국의 특허·상표청(USPTO)에 1991년 11월 계류중일 때 캘리포니아 주의 공기자원위원회(CARB)는 휘발유의 연소를 정화시키기 위한 새로운 규칙을 발표하였고, 이 규칙은 1996년 시행되고 캘리포니아 주의 모든 휘발유 생산업자에 대하여 강제적으로 적용될 예정이었다. CARB가 이러한 규칙을 제정한 것은 Unocal을 비롯한 여러 이해관계 있는 정유업자와 협의를 한 결과에 따른 것이었다. 한편 Unocal의 특허출원에 대하여 1994년 2월 특허가 허여되었고(393 특허) Unocal의 특허는 CARB가 정한 표준에 해당하는 것이었다. 따라서 정유업자들이 캘리포니아 주가 강제하는 표준을 준수하기 위해서는 Unocal의 393 특허를 사용할 수밖에 없고, Unocal의 허락을 받지 않고 표준을 준수하면 결국 Unocal의 특허권을 침해하는 결과가 될 수밖에 없었다.

Unocal이 393 특허권을 행사하여 Unocal의 경쟁업자로부터 실시료를 징수하겠다고 발표하자 수많은 정유업자들이 선언적 판단(declatory judgment)을 구하기 위하여 소송을 제기하였다.[9] 정유회사들은 393 특허의 유효성을 문제삼았는데, 그 근거는 미국 특허법 제112조가 규정하고 있는 서면에 의한 특허출원서의 작성에 관한 요건으로서 Unocal의 특허가 휘발유의 혼합물에 관하여 충분히 기술하지 않았다는 것이었다.[10] 곧 미국의 특허·상표청은 Unocal이 특허를 출원한 1990년에 Unocal이 소유하지도 않은 휘발유에 관한 발명에 대하여 특허를 허여하지 않았어야 한다고 주장하였다. 연방 제1심법원의 배심원들은 Unocal의 41개의 특허청구항이 미국 특허법 제112조의 특허출원서 작성요건을 준수하지 않았다는 것을 이유로 하여 무효가 되지 않는다고 평결하였다. Unocal의 41개의 특허청구항은 특허가 처음 출원될 때부터 출원된 내용이 아니고 특허를 출원하는 과정에서 수정(곧 보정)에 의하여 추가된 것이었다. 연방 항소법원도 제1심법원의 판결을 수용하였다.

정유업자들은 Unocal이 CARB나 환경보호국(EPA) 등에게 제정하고자 하는 표준에 의하여 요구되는 제품에 대하여 특허를 출원하고 있다는 사실을 알리지 않고서 CARB의 표준제정절차에 부당하게 참여하였다는 것을 주된 이유로 하여 연방대법원에 상고하였다. 또한 캘리포니아주의 CARB가 규칙을 발표한 후 Unocal이 원래의 특허청구항을 취소하고 CARB의 규칙과 유사하게 하기 위하여 수정된 특허청구항을 포함시킴으로써, Unocal이 미국 특허법이 규정하고 있는 출원서 작성의 요건을 교묘하게 조작함으로써 캘리포니아 주에서의 규칙제정절차와 특허법적인 절차를 부당하게 이용하였다고 주장하였다. Unocal

---

9) Union Oil Co. of Cal. v. Chevron U.S.A., Inc., 34 F. Supp. 2d 1222, 1224(C.D. Cal. 1998).

10) 미국 특허법 제112조 제1단(first paragraph)은, 한국 특허법 제42조 제2항(제2항 제3호의 규정에 의한 발명의 상세한 설명에는 그 발명이 속하는 기술분야에서 통상의 지식을 가진 자가 용이하게 실시할 수 있을 정도로 그 발명의 목적·구성 및 효과를 기재하여야 한다)과 유사하게, '명세서에 발명, 발명을 행하고 이용하는 방법과 절차를, 당업자가 실시할 수 있을 정도로 완전하고 명확하고 간결하고 정확한 용어에 의하여 서면으로 설명하고 발명자가 자신의 발명을 실시하는 최상의 방법(best mode)을 포함하여야 한다'고 규정하고 있다.

이 393 특허에 대하여 1갤론당 5.75센트의 사용료를 징수하고자 하고 이러한 사용료의 90%가 휘발유가격의 인상에 의하여 소비자들에게 전가될 것이라는 것을 알게 된 일반인들도 Unocal의 수법에 격분하였다. 캘리포니아 주의 주검찰총장과 33개 주의 검찰총장도 정유업자의 상고를 지지하기 위하여 각서(amicus curiae brief)를 연방대법원에 제출하면서 Unocal이 진실한 목적을 숨기면서 독점으로 인한 과실을 수확하기 위하여 행정적인 절차에 참여하였다고 주장하였다. 이러한 주장에도 불구하고 연방대법원은 상고를 허가하지 않았다.[11)]

Unocal의 예에서와 같이 표준을 제정하는 행위에 참여하고 그 표준의 기술적인 측면에 대하여 지적재산권을 획득하는 행위는 지적재산권자가 산업의 표준을 반경쟁적으로 사용하는 행위가 된다. 이와 같이 특허와 표준간에 충돌내지 문제점이 발생하는 경우는 특허받은 기술을 사용하는 것이 표준을 실시하기 위하여 필수적인(essential) 것이어서 표준을 준수하기 위하여서는 특허를 실시할 수밖에 없고 특허권자가 표준의 이용자들에게 상업적으로 불합리한 사용료를 요구하거나 일정한 이용자에게는 사용허락을 거부하는 경우에 발생한다. 이와 같은 경우에 특허받은 기술에 대한 사용허락을 강제할 메커니즘이 존재하지 않는다면 마치 강도가 강탈하는 것과 동일하게 특허권자가 권리를 행사하는 결과가 발생할 수 있다. 특히 특허는 기술을 보호하기 위한 메커니즘으로서 저작권이나 다른 유형의 지적재산권을 압도하는 것이기 때문에 특허와 표준간의 충돌이 발생하는 것은 더욱 더 증가할 것으로 예상된다. 요컨대 표준의 제정은 혁신을 촉진시키기도 하지만 남용되기도 매우 쉬우므로, 특허와 표준제정과의 충돌을 해결할 필요성이 있다.

V. 표준 제정과정 및 제정 이후의 반독점적 행위에 대한 규제

표준은 그 자체가 공공적인 성격을 가지고 있음에 반하여 특허에 의하여 보호되는 발명이 표준에 포함되는 경우 특허권은 상당한 위력을 발휘할 수 있다. 특허권자에게 있어서 자신의 기술이 표준에 포함되는가 여부는 매우 중요하고 따라서 표준제정과정에서 특허받은 자신의 발명을 숨기고 표준제정 이후

11) Atlantic Richfield Co. v. Union Oil Company of California, 531 U.S. 1183(2001).

에 특허권을 행사하려는 의도가 있을 수 있다. 따라서 표준에 포함될 수 있는 특허 등 지적재산권을 조기에 공개하는 것은 중요한 의미를 가지는데, 지적재산권자가 표준제정 과정에서 적극적으로 지적재산권을 공개하지 않은 경우에 어떠한 제재를 가할 것인가가 문제된다. 이에 대한 한국의 사례는 알려진 것이 없지만 미국에서의 좋은 예로서 In re Dell Corp. 케이스[12]를 들 수 있다. 이 케이스는 법원 판결이 아니라 미국의 공정거래위원회에 의한 결정이지만, 자신의 특허를 공개하지 않은 표준제정관여자가 표준이 제정된 후 표준에 포함되어 있는 자신의 특허권을 주장하는 경우 그 특허의 집행을 부인한 매우 중요한 의미를 가지고 있다. 뿐만 아니라 JEDEC는 이 결정에 의하여 표준을 공개하지 않는 경우 특허권을 집행할 수 없다고 경고까지 할 정도로서,[13] 표준제정과정에서 표준에 포함될 수 있는 자신의 특허를 공개하는 데 있어서 핵심적인 역할을 하고 있다.

1. 사실관계

Dell 컴퓨터社(이하 Dell)는 1992년 2월 컴퓨터 하드웨어 및 소프트웨어를 생산하는 미국의 대부분의 생산자들로 구성된 비영리 표준제정기관인 VESA (Video Electronics Standards Association)의 회원사가 되었다. 이 시기에 VESA는 컴퓨터의 각종 데이터원이나 데이터 이용 장치에 접속시키는 공통선(컴퓨터 버스, computer bus)의 디자인을 위한 디자인 표준을 제정하기 위한 작업을 시작하였는데, 이러한 표준은 후에 VESA Local Bus 또는 VL-Bus라고 알려지게 되었다. VL-bus는 다른 모든 컴퓨터 버스와 마찬가지로 컴퓨터의 중앙처리장치와 컴퓨터의 주변장치간의 정보나 지시를 전달하는 것이었다.

1992년 6월 Dell의 대표도 회원사로서 참여하고 있었던 VESA의 위원회 (Local Bus Committee)는 VL-bus 디자인표준을 승인하였다. 이 표준은 새로운 소프트웨어를 충족시킬 수 있도록 그 당시에 있었던 기술을 훨씬 더 빠르고 능률적으로 개선시킨 것이었다. VESA의 위원회가 표준으로 승인한 이 시기보다 약 1년 전인 1991년 7월 Dell은 미국 특허・상표청으로부터 VESA가 승인한

12) 121 F.T.C. 616, 1996 FTC LEXIS 291(1996).

13) JEDEC의 특허정책방침(JEDEC Patent Policy)은 Dell 케이스를 인용하면서 특허나 출원중인 특허를 공개하지 않으면 특허권이 상실될 수 있다고 하고 있다.

표준과 관련되는 특허(5,036,481 특허, 이하 481 특허, 한국과 달리 의장은 디자인 특허(design patent)로서 특허법에 의하여 보호됨)를 이미 허여받은 상태였다.

VL-bus 디자인표준을 승인한 위원회는 모든 회원사에 의하여 이 표준을 승인받고자 하였고, 1992년 7월 20일 Dell도 이 표준의 예비제안(preliminary proposal)에 대하여 승인하는 투표를 하였다. 이 같은 승인을 하는 과정에서 Dell의 대표는 "자신이 알고 있는 최대한, 이 제안은 Dell이 소유하고 있는 어떠한 상표, 저작권, 특허도 침해하지 않는다"고 서면에 의하여 확인하였다. 1992년 8월 6일 Dell은 VL-bus 디자인표준에 대하여 최종적으로 승인하였고, 이러한 최종승인을 함에 있어서도 위에서와 동일한 내용을 서면에 의하여 확인하였다.

VESA의 VL-bus 디자인표준은 매우 성공적이어서 표준의 채택이후 8개월 동안 판매된 140만 개 이상의 컴퓨터에 이 표준이 사용되었다. 바로 이때 Dell은 새로이 채택된 VL-bus 디자인표준을 이용하여 컴퓨터를 생산하고 있었던 VESA의 몇몇 회원사에 대하여 VL-bus 표준을 실행한다면 Dell의 배타적인 권리를 침해하는 것이라고 통지하였다. Dell은 이러한 VESA 회원사들이 Dell의 배타적인 권리가 인정되도록 하는 방법을 결정하기 위하여 Dell의 대표와 접촉할 것을 요구하였다. 또한 Dell은 실제로 몇몇 회사들과 접촉을 하였고 자신의 특허권을 침해하였다는 것을 부인하지 않았다.

2. FTC의 주장

이러한 사실관계에 기초하여 연방거래위원회(FTC) 위원장은 다음의 사실에 의하여 Dell이 부당하게 경쟁을 제한하였다고 주장하였다.

(1) 몇몇 컴퓨터 생산자들이 특허에 관한 쟁점이 해결될 때까지 디자인표준의 사용을 연기함으로써 VL-bus 디자인표준이 산업계에 의하여 수용되지 못하였다.

(2) 특허에 관한 쟁점으로 인하여 디자인표준으로서 VL-bus 디자인표준이 성공하는 데 영향을 끼칠 수 있다고 생각되어, VL-bus 디자인표준을 이용하는 시스템을 회피하였다.

(3) VL-bus 디자인표준이 불확실함으로써 이와 대체할 수 있는 컴퓨터 버

스디자인을 개발하는 비용뿐만 아니라 VL-bus 디자인표준을 실행하는 비용도 증가하였다.

(4) 산업계의 표준제정노력에 참여하려는 의도를 약화시켰다.

3. 결정 및 명령

(1) FTC의 명령이 확정된 이후 30일 이내 그리고 481 특허의 존속기간이 종료할 때까지, Dell은, 컴퓨터 설비의 생산에 VL-bus 디자인표준을 사용하거나 이를 적용함으로써, Dell의 481 특허를 침해하였다고 주장하는 소송이나 기타의 조치(법적, 공평법적, 행정적 분쟁해결수단이나 중재, 조정 또는 기타 민사적인 분쟁해결수단인가에 관계없이)를 위협하거나, 취하거나, 방어하는 것 등 Dell이 취하여 왔던 모든 수단을 중지하여야 한다.

(2) 481 특허의 존속기간이 종료할 때까지, 컴퓨터 설비의 생산, 이용 또는 판매에 VL-bus 디자인표준을 사용하거나 이를 적용함으로써, Dell의 481 특허를 침해하였다고 주장하는 소송이나 기타의 조치(법적, 공평법적, 행정적 분쟁해결수단이나 중재, 조정 또는 기타 민사적인 분쟁해결수단인가에 관계없이)를 위협하거나, 취하거나, 방어하는 것 등 481 특허를 집행하려는 새로운 노력을 하여서는 안 된다.

(3) FTC의 명령이 확정된 후 10일 이내의 기간 동안, Dell은, 표준제정기관이 Dell의 지정된 대표에 대하여 서면에 의하여 문의한 것에 응하여, 산업표준이 검토되고 있는 동안, Dell이 의도적으로 특허권을 공개하지 않았다면, 산업디자인 표준을 실행하거나 산업 디자인표준을 이용한 설비를 판매하는 것이 특허권을 침해한다고 주장함으로써, 특허권을 집행하고자 하거나 집행할 것을 위협하여서는 안 된다.

(4) FTC의 명령이 확정된 후 30일 이내에, Dell은, 481 특허의 침해가능성에 관하여 접촉하였던 VESA의 회원사와 VL-bus 디자인표준을 실행하면 481 특허와 충돌하거나 침해한다는 주장에 관하여 통지를 한 자에 대하여, FTC 명령의 사본을 배포하여야 한다.

4. FTC의 논거

VESA는 표준과 충돌될 수 있는 특허를 확인하고 그러한 특허를 침해하지 않는 표준을 제정하고자 노력하고 있는데, 이러한 목적을 달성하기 위하여 VESA는 다른 표준제정기관과 마찬가지로 회원사가 표준과 충돌될 수 있는 지적재산권을 공개하도록 하는 정책방침을 채택하고 있다. 이와 같은 VESA의 정책방침은 회원사들에 표준과 충돌될 수 있는 특허를 확인할 선의의 의무(good-faith duty)를 부과하는 것이며, 재산권에 의하여 보호되는 기술이 표준으로 채택되지 않도록 하기 위한 것이다.

표준을 채택하는 과정에서 VESA는 회원사들이 제안되어 있었던 VL-bus 디자인표준과 충돌되는 특허, 상표, 저작권을 확인하여 줄 것을 요청하였고, Dell은 그러한 지적재산권이 없다고 확인하여 주었다. VESA가 표준으로 채택한 후에 Dell은 표준을 이행하고자 하는 회사들을 상대로 특허권을 집행하고자 하였다. 이와 같은 경우, 곧 표준제정기구가 표준을 제정하는 과정의 확인단계에서 충돌되는 특허를 통지받았더라면 재산권에 의하여 보도되지 않는 다른 디자인을 표준으로 채택하였고 Dell이 선의에 의하여 그러한 충돌되는 특허를 확인하거나 공개하지 않은 경우, FTC는 경쟁과 소비자에 대한 손해를 방지하기 위하여 일정한 조치를 취하는 것이 적절하다고 보고 있다. 곧 FTC는 VESA의 VL-bus 디자인표준이 일단 광범위하게 채택된다면 이 표준은 특허권자인 Dell에게 시장지배력을 제공하게 된다는 것을 인정하였다. VESA가 Dell의 특허를 인지하였더라면 어떠한 재산권에 의하여 보호되지 않으며 Dell의 특허와 동일한 효과적인 표준을 채택하였을 수가 있었기 때문에, Dell의 시장지배력은 불가피한 것이었다. 또한 Dell이 컴퓨터에 설치되어 있는 VL-bus에 대하여 사용료(royalty)를 부과한다면 컴퓨터의 가격이 상승하게 되어 결국 소비자가 부담하여야 할 가격도 증가하게 될 것이다.

이 케이스에서 FTC가 제공한 구제수단은 VL-bus 표준을 사용하거나 표준제정과정에서 표준제정기관의 요청에 따라 특허권을 의도적으로 공개하지 않을 경우에 특허권을 집행하지 못하도록 한 것이다. 이에 의하여 Dell의 행위에 의하여 경쟁이 손상받지 않는 것이 보장될 수 있다. FTC는 이러한 구제수단이 특허권의 존재를 공개하지 않음으로써 특허권자에 의한 특허권의 집행을 배제시킨 판례들과 일치한다고 설명하고 있다.

Ⅵ. 표준과 특허의 충돌의 해결

표준에 특허에 의하여 보호되는 기술이 포함되고 특허가 표준이 달성하고자 하는 목적과 충돌되거나 상충되는 경우, 이를 어떻게 해결할 것인가가 문제된다. 이 문제에 대하여 미국에서는 반독점법, 기망, 금반언, 묵시적 사용허락, 수용, 강제허락, 특허권 남용 등 여러 원리가 적용되어 왔다.

1. 반독점법

특허를 획득하거나 특허를 출원하여 산업표준을 획득하는 것을 제지하기 위하여 미국에서는 정부에 의한 반독점법 소송이 제기될 수 있다. 대표적인 예로서 연방거래위원회(FTC)의 동의명령(consent decree)으로 귀결된 In re Dell Corp. 케이스[14]를 들 수 있다. 이 케이스는 연방거래위원회법(Federal Trade Commission Act)에 기초한 것인데, 이 외에도 셔먼법(Sherman Act)도 정부와 일반인이 반독점 소송을 제기할 수 있도록 규정하고 있다. 이러한 반독점소송은 일반적으로 셔먼법 제 2 조에 기초하여 제기되는데, 셔먼법 제 2 조는 반경쟁적 행위에 의하여 독점력(monopoly power)을 획득 또는 유지하는 것을 금지하고 있다.[15] 셔먼법 제 2 조를 주장하는 당사자는 특허권자가 시장에서 독점력을 가지고 있고 특허권자가 이러한 독점력을 반경쟁적인 방법으로 획득하였거나 유지하고 있다는 것을 입증하여야 한다.

그러나 실제에 있어서 시장지배력을 입증하여야 하는 요건으로 인하여 특허권자의 일반적인 행위는 반독점 소송에서 배제된다. 반독점법은 특허권을 침해하지 않고서 특허받은 기술을 대체할 수 있는 기술이 존재할 수 있다는 가능

14) 121 F.T.C. 616, 1996 FTC LEXIS 291(1996).

15) 셔먼법 제 2 조: 주간 또는 외국과의 거래 또는 통상의 어느 부분을 독점하거나 독점하고자 시도하거나 타인과 결합 또는 공모하는 자는 중죄(felony)가 있는 것으로 간주된다 … 클레이턴법 제15조 (a)항은 반독점법에 의하여 금지된 것을 이유로 하여 영업이나 재산을 손상받은 모든 자가 3배의 손해배상(treble damages)을 받는 것에 대하여 연방법원이 재판관할권을 가지고 있다고 규정하고 있다.

성을 인정하기 때문에 어떠한 산업표준에 대하여 특허를 보유하고 있다는 사실만으로는 반독점법적인 의미에서 시장지배력을 가지고 있다는 것을 나타낼 수 없다. 더군다나 특허권 침해소송에서 특허권을 침해한 것으로 주장된 자(피고)가 침해소송을 제기한 특허권자에게 반독점법에 기한 반소(counter claim)를 제기하여 성공하는 것은 매우 드물다. 왜냐하면 지적재산권은 경쟁에 배치되는 독점이고 따라서 지적재산권자에게는 일정한 독점적인 보호가 주어질 수밖에 없기 때문이다.[16] 곧 반독점적법적 원리에 의하여 특허권자는 자신의 특허권을 집행하는 데 있어서 반독점법에 기한 책임으로부터 면제되는 특권을 가진다.

이러한 특권이 예외적으로 박탈되는 경우는, 침해소송에서 특허권을 침해한 것으로 주장된 자(피고)가 (i) 의도적인 기망에 의하여 미국 특허·상표청으로부터 특허를 획득하였다는 것 또는 (ii) 침해소송이 경쟁자의 영업관계에 직접 개입하고자 하는 시도를 감추기 위한 속임수에 불과하다는 것을 입증한 경우에 한정된다. 따라서 특허가 표준으로 채택되어 있고 그 특허의 소유권자의 사용허락을 받지 않고 표준을 이용하는 자에 대하여 소송을 제기하는 특허권자는, 침해소송을 제기하는 것이 반독점적인 효과를 가질지라도, 침해소송에서 반독점법에 의한 책임을 면제받을 수 있는 것으로 추정된다.

이와 같이 특허는 그 자체가 독점적 성질을 가질 수밖에 없고 따라서 반독점법에 기한 소송을 제기하는 것이 제한되므로, 미국의 몇몇 학자들은 산업표준을 반독점법상의 원리인 '필수적인 설비(essential facilities)'로 취급함으로써 이러한 한계를 극복할 수 있다고 주장하고 있다.[17] 필수적인 설비의 원리(essential facilities doctrine)에 의하면, 경쟁을 하기 위하여 필수적인 설비의 소유자가 비차별적인 조건에 의하여 이 설비에 대한 접근을 부정하는 경우 반독점법 위반이 된다. 곧 필수적인 설비를 통제하고 있는 회사가 있는 경우, 다른 회사가 이 회사와 경쟁하기 위하여 획득하여야만 하는 제품이나 서비스에 대한 합리적인 접근을 다른 회사에게 거부한다면 설비를 통제하고 있는 회사에게 책임을 묻는 것이다.[18] 필수적인 설비로의 예로서는 지역적인 전기의 독점이나

16) 미국 특허법 제271조 (d)항; 한국의 독점규제 및 공정거래에 관한 법률 제59조 참조.

17) Lemley, supra note 2, at 1084; Wendy Milanese, The Tension Must Break: The Irreconcilable Interplay Between Antitrust, Defenses to Infringement and Protection of Standardized Software Development Tools, 15 Santa Clara Computer & High Tech. L.J. 407, 438 n.4(1999).

18) Alaska Airlines, Inc. v. United Airlines, Inc., 948 F.2d 536, 542(9th Cir. 1991).

경기장을 들 수 있다.

이와 같이 필수적인 설비의 원리가 특허에 의하여 산업표준을 획득하고자 하는 행위를 억제할 수 있는 것처럼 보임에도 불구하고 미국의 법원들은 이 원리를 적용하는 것을 꺼려 왔다. 대표적인 예를 들면, 미국의 어느 항공사가 사용하고 있었던 컴퓨터에 의한 예약 시스템은 필수적인 설비가 아니라고 판시되었다.[19] 그 이유는 이 항공사가 이를 실시함으로써 경쟁사가 더 많은 비용을 부담하게 되었을 뿐 경쟁사를 경쟁에서 제거한 것은 아니었기 때문이다. 이러한 논리는 그 이행이 기술적인 측면에서 자발적인 표준에 대하여 필수적인 원리를 적용하는 것에 대해서도 그대로 적용될 수 있다.

이상에서 살펴본 바와 같이 산업표준에 대하여 특허를 소유하고 있는 자에 대하여서는 필수적인 설비의 원리의 적용이 제한되고 특허권 그 자체가 독점으로부터 어느 정도 면제되기 때문에 표준의 이용자가 반독점에 기한 구제수단에 의존하는 데에는 한계에 직면할 수밖에 없다.

2. 기 망

표준의 제정과정에 참여하면서 표준과 관계되는 특허권을 공개하지 않은 자에 대하여 미국에서는 기망(fraud)을 주장하는 것도 가능하다. 예컨대 Verdict Form, Rambus Inc. v. Infineon Tech., Inc. 케이스[20]에서 버지니아 주의 배심원들은 컴퓨터 메모리칩의 생산자인 Rambus社가 기망에 기하여 350만 달러의 징벌적 손해배상(punitive damages)을 하도록 평결하였다. Rambus社에 의한 특허권 침해에 대하여 피고인 Infineon Technologies社의 기망의 주장은 SDRAM에 대하여 JEDEC가 제정한 표준의 일부에 해당하는 특허를 Rambus社가 공개하지 않았다는 것에 기초하는 것이었다.

3. 금반언 및 묵시적 사용허락

표준을 제정하는 기구에 대하여 특허권의 존재를 공개하지 않은 특허권자가 표준을 준수하기 위하여 특허받은 기술을 사용한 자에 대하여 특허권 침해

19) Alaska Airlines v. United Airlines, 948 F.2d 536(9th Cir. 1991).
20) CIV.A. No. 3:00cv524(E.D. Va. May 9, 2001).

의 주장을 하는 소송의 제기를 제지하기 위하여서는 금반언 원리(doctrine of equitable estoppel)나 묵시적 승낙의 원리(doctrine of implied license)가 사용될 수 있다. 대표적인 예로서는 Wang Laboratories, Inc. v. Mitsubishi Elecs. Am., Inc. 케이스[21]를 들 수 있는데, 이 케이스에서 Wang은 1980년대에 SIMMs(Single In-Line Memory Modules)를 개발하여 JEDEC가 이것을 표준으로 채택하는데 성공하였으나, SIMMs 기술에 대하여 특허를 획득하고자 한다는 것을 JEDEC에게 알리지 않았다. Wang의 침해소송에 대하여, 제1심법원은 침해자로 주장된 Mitsubishi가 철회할 수 없으며 사용료를 지급할 필요가 없이 Wang의 특허를 묵시적으로 사용할 권리가 있다고 판시하였으며, 연방 항소법원은 이를 인용하였다. 이와 같은 판시의 기초로서 법원은 Wang과 Mitsubishi간의 6년에 걸친 관계로 인하여 Mitsubishi는 Wang이 특허받은 발명을 이용하는 것에 대하여 동의하였다는 것을 합리적으로 추론할 수 있다는 것을 들었다. 법원은 Wang이 직접 SIMMs를 생산한 것이 아니고 Mitsubishi와 같은 생산자로부터 구입한 것이지만, SIMMs 시장이 확대되면서 저렴해진 가격에 대하여 Mitsubishi가 이를 신뢰하였고 Wang은 이러한 신뢰로부터 이익을 받은 것이라고 하였다. 항소법원은 Wang이 묵시적으로 승낙하였다고 인정하는 것은 미국의 특허법에서 인정은 되었으나 거의 적용되지 않은 금반언(estoppel)의 성격의 것이지만, 묵시적 승낙을 인정하기 위하여 금반언을 공식적으로 확인할 필요는 없다고 하였다.

묵시적 승낙이나 금반언에 기한 항변이 표준에 적용되었을 경우의 문제점은 특허권자가 자신의 특허권을 집행하지 않을 것이라는 것을 자신이 손해를 입을 정도로 신뢰하여야 한다는 요건이다. 표준을 준수하려는 이용자는 표준을 제정하는 행위에 참여하는 것이 아니며 특허권자와 아무런 접촉을 하는 것이 아니기 때문에 특허권자를 신뢰하였다는 것을 입증하기 어렵기 때문이다.

4. 수 용

민간 산업계가 아니라 정부가 제정한 표준에 대해서는 달리 취급할 필요성이 있다. 정부가 강제하는 표준에 포함된 기술에 대하여 특허권을 주장하는

21) 103 F.3d 1571(Fed. Cir. 1997).

경우에는 두 가지의 중요한 정책목표, 곧 표준을 집행함으로써 공공의 복지를 보호하려는 정책목표와 표준의 분야에서 적절한 수준의 진보를 꾀하기 위하여 특허로서 충분한 인센티브를 제공하여야 한다는 정책목표가 있는데, 이 두 목표가 충돌하는 문제점이 발생한다. 이 같은 문제점에 관하여 미국에서도 판례가 존재하지 않지만, 일정한 경우에는 공공의 건강과 안전이라는 요건에 의하여 지적재산권의 배타적인 권리가 억제될 수 있다고 주장되고 있기도 하다. 곧 정부가 표준을 제정하는 경우, 특히 공공의 건강과 안전과 관련되는 표준을 제정하는 경우, 표준의 대상에 대하여 특허를 보유하고 있는 자는 표준을 이용하는 모든 자에 대하여 상업적으로 합리적인 조건에 따라서 사용허락하게 하는 것이 적절할 수 있다는 것이다.

이보다 좀 더 극단적인 경우에 공공의 건강을 보호하기 위한 입법에 의하여 이와 충돌하는 지적재산권이 파기되었다고 해석되는 경우도 있을 수 있다. 예를 들면 SmithKline Beecham Consumer Healthcare, L.P. v. Watson Pharmaceuticals, Inc. 케이스[22]에서 원고 SmithKline은 금연을 위한 약품을 의사의 처방 없이 판매하기 위하여 식품의약안전청(FDA)에 승인요청을 하면서 함께 제출한 의약품을 표시하기 위한 자료(레이블, 이용자에 대한 사용안내 등)에 대하여 저작권을 주장하였다. 이 의약품에 대한 SmithKline의 특허의 존속기간이 종료한 후 피고 Watson Pharmaceuticals은 원고의 의약품과 동일한 효과가 있는 제품을 판매하기 위하여 FDA에 승인을 요청하면서 원고의 레이블과 거의 동일한 자료를 제출하였다. FDA의 규칙에 의하면 다른 약품과 동일한 효능이 있는 제품을 생산하는 자는 이 보다 먼저 나온 약품의 판매를 위하여 승인된 것과 동일한 레이블을 사용할 것이 요구되는데, 바로 이 규정이 저작권과 충돌될 수 있는 것이었다. 이에 대하여 제 2 연방 항소법원(2nd Cir.)은 저작권 침해에 대한 원고의 주장을 기각하였는데, FDA의 규칙은 동일한 효능이 있는 의약품의 승인 및 판매를 방해하기 위한 것이 아니라 오히려 용이하게 하기 위한 것이므로, 피고가 원고의 레이블과 동일한 것을 사용할 것을 요구하는 FDA의 규칙에 의하여 원고의 저작권 침해 소송은 배제된다고 판시하였다.

공공의 안전이 지적재산권자의 배타적인 권리에 우선하는 경우로서 군사방위나 기타 정부의 목적을 위하여 필요로 하는 특허받은 기술을 정부가 획득

22) 211 F.3d 21(2d Cir. 2000), cert. denied, 121 S. Ct. 173(2000).

하는 것이다. 미국의 연방정부가 제3자가 특허권을 가지고 있는 무기시스템과 같은 기술을 획득할 필요가 있을 경우, 연방법은 연방정부가 특허권자의 사용허락을 받지 않은 공급자로부터 무기시스템을 획득하고 사용할 수 있도록 규정하고 있다.[23] 따라서 미국의 특허를 받는다는 것은 연방정부에 대하여 배타적이지 않지만 사용료를 받을 수 있는 사용허락을 하여야 하는 제한이 따르게 된다. 곧 연방정부는 특허권을 침해하는 공급자의 입장에서의 책임을 부담하며, 만약 연방정부가 구입한 시스템이 특허권을 침해하는 것으로 판단된다면 연방정부가 특허권자에게 합리적인 사용료를 지급하게 된다. 이와 같은 법규정은 연방정부가 사용허락을 수용하고 정당한 보상을 지급할 의무가 있는 일종의 강제허락(compulsory license)이라고도 할 수 있다.

5. 강제허락제도

표준이 정부에 의하여 강제되는 것보다 산업계의 컨소시엄에 의하여 제정된 경우, 표준을 이용하는 모든 자들에게 강제허락을 허용하는 것은 그 가치가 적다. 산업계에 의하여 표준이 제정되는 경우 표준을 실행하는 자는 이를 법적으로 준수할 의무가 없으므로, 강제허락(compulsory licensing)은 표준에 해당하는 특허권을 시간적으로 적절하게 공개하지 못한 것에 대한 징계수단으로 사용되어야 할 것이다. 따라서 표준의 일부분에 대하여 특허권을 소유하고 있거나 특허를 출원하고 있는 자가 이와 같은 징계를 회피하기 위하여서는, 표준의 제정과정에 참여하면서 특허에 대한 정보를 공개하지 않는 경우 반드시 특허나 출원중인 특허를 공개하여야 할 것이다.

표준에 참여하는 자가 특허에 대한 정보를 공개하도록 하고 공개를 하지 않는 경우 강제허락을 허용하는 것으로 보고자 하는 것은 앞에서 살펴본 공평법상의 판례법과 유사할 뿐만 아니라, 미국의 특허・상표청이 특허의 출원과정에서 출원인에게 요구하는 정직의무(duty of candor)와도 유사한 것이다. 이러한 정직의무에 의하여 특허출원인은 특허를 출원하면서 특허청 직원에게 특허를 받을 수 있는지 여부에 대하여 중요한, 자신이 알고 있는 모든 정보를 제공할 것이 요구된다.[24] 정직의무에 기초하여 공개를 하지 않은 것에 대한 제재는

23) 28 U.S.C. §1498(a)(1994).

24) 37 C.F.R. §1.56(2001).

매우 엄격한 것으로서, 정직의무에 의하여 공개를 하지 않고 획득된 특허권은 집행될 수가 없다. 이와 같은 정직의무의 실행은 미국의 특허제도에 있어서 출원인뿐만 아니라 특허변호사들이 너무나도 잘 알고 있는 것임에 반하여, 한국의 경우에는 이와 같은 규정이 사실상 존재하지 않기 때문에 이러한 논리를 특허법체제에 반영하여야만 표준제정의 경우에도 적용할 수 있는 기초가 이루어질 것이다.

표준을 제정하는 기관에 대하여 표준과 관계되는 특허권의 보유나 출원중이라는 정보를 공개하는 것은 필수적인 것이다. 왜냐하면 이러한 정보의 공개를 요구함으로써 표준제정기구는 그 실행을 위하여서는 특허받은 기술을 사용할 것이 요구되는 표준을 채택할 것인지 여부를 결정하고 특허받은 기술을 회피할 수 있는 다른 표준을 제정할 것인지 여부를 결정할 수 있게 되기 때문이다. 공개를 하지 않는 경우에 강제적인 사용허락을 부과하는 이 같은 방법론은 앞서 언급한 정직의무에 위반하여 특허권을 행사할 수 없는 경우, 예컨대 특허를 획득하는 데 중요할 수 있는 선기술을 의도적으로 공개하지 않음으로써 특허권을 집행할 수 없게 될 위험과 유사하게 그 준수를 어느 정도 강제할 수 있다. 따라서 표준을 실행하기 위하여서는 표준의 제정과정에서 시간적으로 적절하게 공개되지 않은 특허를 사용하여야 하는 표준이 최종적으로 채택되었을 경우, 강제허락에 의하여 표준의 이용자는 특허권 침해의 위험을 받지 않고 표준을 실행할 수 있게 된다. 반독점에 관한 FTC의 획기적인 케이스인 In re Dell Computer Corporation 케이스에서 FTC는 특허권자에게 아무런 보상을 지급하지 않고서 강제허락을 부과하였다.

표준과 관계되는 특허권을 공개하지 않은 것에 대한 대가로서 강제허락을 허용하는 경우에 처리하여야 할 것은 강제허락을 허여하게 되는 특허권자에게 보상을 제공하기 위하여 사용허락의 비용, 곧 로열티를 산정하는 것이다. 사실상 상업적으로 합리적인 로열티를 산정하는 것은 매우 어려운 일에 속한다. 만약 특허권자가 자신이 바람직하다고 생각하는 수준에서 로열티를 정하도록 허용한다면 특허권자가 사용허락을 거부하는 것을 허용하는 것일 뿐만 아니라 표준을 이용하고자 하는 모든 자들에게 특허받은 발명을 실시할 수 있도록 하는 강제허락의 취지를 몰각하게 된다. 따라서 사용허락의 비용산정은 정부기관보다는 전문가들에 의하여 수행되어야 한다.

6. 특허권 남용

지금까지 미국에서 특허에 의하여 표준을 획득·지배하는 문제에 대하여 특허권남용 금지의 법리(patent misuse doctrine)가 적용될 가능성을 고려한 법원이 없었으며 특허권 남용이 된다고 판시한 법원도 거의 없다. 56K 모뎀의 표준에 포함되어 있는 특허권의 침해에 대한 소송인 Townshend v. Rockwell International Corp. 케이스[25]에서 미국의 연방 제1심법원은 특허권 남용의 항변을 인정하지 않았다. 이 케이스에서 Townshend는 56K 모뎀기술에 대하여 여러 개의 특허를 획득하고 이를 3Com社에 사용허락하였다. Townshend 및 3Com의 로비에 의하여 ITU는 Townshend의 특허받은 기술을 56K 모뎀의 V.90 산업표준을 채택하였다. Townshend의 특허를 침해한 것으로 주장된 Rockwell and Conexant Systems社는 Townshend가 상업적으로 합리적인 조건에 따라 자신들에게 특허받은 기술을 사용허락하지 않았으며, 불공정한 사용료를 요구하였다고 주장하였다. 이들은 Townshend의 사용허락에 대한 행태는 특허권의 남용, 반독점법 위반, 주법에 의한 부정경쟁 및 불공평한 행위에 해당한다고 주장하였다.

피고가 Townshend에 의한 반경쟁적인 행위를 입증하지 못하였다고 하여 반독점법 위반주장을 기각한 법원은 특허권 남용의 항변에 대해서도 동일한 근거에 따라 기각하였다. 곧 사용허락을 완전히 거부하는 것은 특허권 남용이 되지 않기 때문에, 이보다 정도가 덜하게 사용허락의 조건을 설정하는 Townshend의 행위는 비록 피고에게는 상업적으로 불합리한 것이라고 인식될지라도 특허권 남용이 될 수 없다고 하였다. 이 케이스는 특허를 이용하여 표준을 장악하는 것에 대하여 특허권 남용의 원리를 적용함에 있어 가장 주된 장애는 미국 특허법 제274조 (d)항 (4)라는 것을 나타내는 예이다. 이 규정은 특허권의 침해나 기여침해에 대하여 달리 구제수단을 받을 수 있는 경우 특허권자는 특허권에 대한 사용허락이나 기타의 권리를 사용하는 것을 거절한 것을 이유로 하여 특허권 남용이 되어서는 안 된다고 규정하고 있다.

---

25) Townshend v. Rockwell Int'l Corp., 2000 U.S. Dist. LEXIS 5070, 55 U.S.P.Q.2d(BNA) 1011(N.D. Cal. 2000).

Ⅶ. 특허풀 및 특허플랫폼

1. 의 의

첨단적이며 복잡한 기술을 사용하는 정보통신분야는 기술에 대한 많은 수의 특허권과 특허권자가 존재하며, 특허권자도 전세계에 흩어져 있는 경우가 보통이다. 정보통신분야의 표준을 이행하고자 하는 생산자나 서비스 제공자는 특허받은 기술을 이용할 수밖에 없는데, 이들은 전세계적으로 흩어져 있는 많은 특허권자들로부터 개별적인 사용허락을 얻어야 하며 이러한 사용허락의 획득은 사실상 불가능하거나 가능하더라도 상당한 비용과 시간을 요하게 된다. 예컨대 디지털 텔레비전 셋탑박스(set top box)나 DVD의 기초가 되는 표준으로서 디지털화된 오디오 및 비디오 신호를 압축하고 전송하기 위한 규약인 MPEG-2 및 MPEG-4[26]에 대해서는 전세계적으로 500개 이상의 특허와 삼성전자를 비롯한 많은 특허권자들이 존재하며 더군다나 이들이 전세계적으로 흩어져 있다는 것을 고려한다면, MPEG-2 및 MPEG-4라는 표준을 이행하기 위하여 특허권자로부터 사용허락을 받는 어려움을 쉽게 짐작할 수 있다. 이 경우 표준을 이행하고자 하는 자는 사용허락을 받는 데 상당한 어려움을 겪게 되고, 표준이 사회적으로 실현되는 데도 그만큼 많은 비용과 시간이 소요될 수밖에 없다.

어떠한 기술에 대하여 복수의 특허권자가 존재하는 경우 특허를 사용허락받기 위한 해결방법으로서는 교차사용허락(cross licensing), 특허풀(patent pool) 및 특허 플랫폼(patent platform) 등을 들 수 있다. 교차사용허락은 원칙적으로

26) MPEG(Moving Picture Experts Group)은 디지털 오디오 및 비디오를 코드로 나타내기 위한 표준을 개발하는 책임을 지고 있는 ISO/IEC의 작업반이다. MPEG은 1988년에 설립된 이후 여러 표준을 개발해 왔는데, 대표적인 표준으로서 MPEG-1, MPEG-2, MPEG-4, MPEG-7 등을 들 수 있다. MPEG-1은 '저장 매체에 동영상 및 음향을 저장하고 검색하기 위한 표준'으로서 비디오 CD 및 MP3의 기초가 되는 규약이다. MPEG-2는 디지털 텔레비전 셋탑박스(set top box)나 DVD의 기초가 되는 표준으로서 디지털화된 오디오 및 비디오 신호를 압축하고 전송하기 위한 규약이다. MPEG 4는 고정되어 있거나 이동성 웹(mobile web)을 위한 멀티미디어에 대한 표준이며, MPEG 7은 청각 및 시각적 콘텐츠를 묘사하고 검색하는 것에 대한 표준이다. MPEG에 대하여 좀더 자세한 것은 http://www.mpeg.org/MPEG/index.html 참조.

사용허락자(licensor)와 사용권자(licensee) 두 주체를 전제로 하여 서로가 상대방에게 자신의 특허에 대하여 사용허락을 하는 것이다. 두 명의 주체를 벗어난 교차사용허락도 있을 수 있지만 특허권자가 수백 명에 이르는 경우에는 교차사용허락이 적합하지 않다. 또한 사용권자가 자신에게 사용허락해 준 특허권자에게 사용허락해 줄 특허를 가지고 있지 않은 경우, 곧 사용권자가 동시에 특허권자가 되지 않는 경우에도 교차사용허락이 적합하지 않다. 특허풀은 표준에 포함되어 있는 여러 특허권자들의 특허를 한 데 묶어서(pool) 특허권자들과는 별개의 주체(일반적으로 법인)가 이를 통합하여 표준을 실시하고자 하는 자들에게 한 데 묶인 특허들(portfolio, 포트폴리오)을 일괄적으로 사용허락하기 위한 구조이다. 따라서 복잡한 기술을 바탕으로 하는 통신분야에서 특허풀이 형성될 가능성이 매우 높으며 표준의 제정과 특허풀은 밀접하게 연관되며, 특허풀은 통신관련 표준을 실행하기 위하여 매우 유용한 수단이 될 수 있다. 가장 대표적인 특허풀은 MPEG LA 특허풀인데, 이것은 MPEG-2 규약 등의 표준을 실행하기 위하여 필수적인 것으로 판단되는 모든 특허에 대한 권리를 한데 묶어서 이를 일괄적으로 사용허락하기 위한 특허풀이다.

특허플랫폼은 일반적으로 특허풀보다 더욱 복잡하고 많은 수의 특허가 존재하는 경우에 사용되는데, 용어가 나타내는 바와 같이 많은 수의 특허를 사용허락하고 받기 위한 플랫폼(정거장)으로서 매우 복잡한 다수의 표준과 다수의 기술을 처리하기 위한 것이다. 이에 해당하는 유일한 예는 제3세대 특허플랫폼(Third Generation Patent Platform, 3GPP)인데, 3GPP는 3G 시스템을 생산하고 운용하기 위하여 필수적인 특허의 가치를 평가하고, 필수적인 특허를 인증하고, 필수적인 특허를 지정하고 사용허락하기 위한 것이다.

정보통신분야의 표준에 있어서는 특허풀 및 특허플랫폼의 형성이 일반적인 경향이 될 것으로 예상되며, 따라서 특허풀과 특허플랫폼은 정보통신분야의 표준을 실행하기 위한 사용허락을 위하여 매우 중요한 역할을 할 수 있다. 그런데 특허풀 및 특허 플랫폼은 반독점법(antitrust law)을 위반할 가능성이 있는데, 최근의 MPEG LA 및 3GPP의 예에서 볼 수 있는 바와 같이 미국 및 유럽연합은 일정한 요건하에 그 적법성을 공식적으로 인정하고 있는 상태이다. 국내에서도 정보통신분야의 표준이 성공하기 위하여서는 표준에 포함된 기술에 대한 많은 수의 특허권에 대한 사용허락이 효율적으로 이루어져야 하며 이를 위한 특허풀이나 특허 플랫폼도 그 유효성이 인정되기 위한 요건을 충족하여야 할 것이다. 아직 한국에서는 특허풀이나 특허플랫폼의 존재가 보고되지 않고 있지만 특허풀 및 특허플랫폼이 한국에서도 형성되어 일정한 법적 문제점을 야기할 것으로 예상된다. 특허풀 및 특허플랫폼이 야기하는 법적 문제점 및 이에 대한 외국에서의 판단을 살펴보기로 하자.

2. 특 허 풀

특허풀은 이용저촉관계에 있는 특허문제의 해결, 거래비용의 감소, 신속한 기술발전의 촉진, 소송비용의 감소, 네트워크 외부효과의 증진, 특허청구항 범위의 불명확성의 해결, 특허풀 구성원간의 위험의 분산, 소규모 기업의 성공 촉진, 혁신을 억제하는 누출효과의 제거, 기술확산의 촉진 등 많은 긍정적인 효과를 가지고 있다. 그러나 반독점적 효과, 무효특허의 방어, 경쟁의 억제·제거, 일괄적인 사용허락의 문제점, 사유재산권적인 표준의 제정, 명시적인 합의에 의하지 않는 가격획정 등 부정적인 효과도 가지고 있다. 따라서 이러한 문제점을 해결하고 긍정적인 효과를 가져오기 위하여 특허풀은 일정한 요건을 충족하여야 할 것이다. 이러한 요건에 대하여 미국에서의 판단을 살펴보기로 하자.

특허풀에 대한 미국 정부의 입장은 상당히 많은 변화가 있었다. 1900년대 초에 미국 정부는 특허권자들의 사용허락관행을 존중하였으나, 1900년대 중반에는 특허권의 여러 사용허락관행 그 자체가 금지되었다. 1990년대 중반에 들어오면서 다시 허용하는 정책을 취하였는데, 바로 이것이 1995년 미국의 법무부(DOJ)와 연방거래위원회(FTC)에 의하여 공동으로 발표된 '지적재산권의 사용허락에 관한 반독점법에 관한 가이드라인이다.

가이드라인은 특허풀 및 교차사용허락이 (i) 보완관계에 있는 기술을 통합하고, (ii) 거래비용(transaction cost)을 감소시키고, (iii) 이용저촉관계를 해소하며, (iv) 소송비용을 회피하며, (v) 기술의 확산을 촉진함으로써 경쟁을 촉진하는 이익을 제공할 수 있다는 것을 인정하였다. 또한 가이드라인은 교차사용허락 및 특허풀이 일정한 경우에는 반경쟁적인 효과를 가질 수 있다는 것, 특허풀은 일반적으로 특허풀에 참여하기를 희망하는 자에게 모두 개방될 필요는 없으나 총체적으로 시장지배력을 가지고 있는 당사자간에 교차사용허락이나 특허풀로부터 배제하는 경우 일정한 상황하에서는 경쟁을 저해할 수 있다는 것, 특허풀의 반경쟁적인 효과가 특허풀 참여자가 R&D에 종사하는 것을 제지하거나 억제하는 경우에 발생할 수 있다는 것 등을 지적하였다.

가이드라인은 교차사용허락이나 특허풀에 대하여 일반적인 입장을 밝힌 것에 불과하며, 특정의 특허풀이 과연 유효한지 여부를 판단한 것은 아니었다. 구체적인 판단을 한 것이 바로 MPEG-2, DVD-ROM, DVD-Video에 대한 표준을 실행하기 위하여 형성된 특허풀인데, 미국 법무부는 서한(business review letter)에 의하여 이들에 대하여 어떠한 조치를 취하지 않겠다는 것을 밝힘으로써 MPEG LA 등 여러 특허풀의 유효성을 사실상 인정하였다.[27] MPEG-2에 대한 유효성에 대한 판단을 중심으로 이를 살펴보기로 하자.

미국 법무부는 특허풀에 대하여 전반적으로 "보충적인 기술을 결합시키고, 거래비용을 감소시키고, 이용저촉관계의 입장을 해소하고, 침해소송을 회피함으로써 경쟁적인 이익을 제공할 수 있다"는 것을 지적하면서 기술의 배포를 촉진시킴으로써 특허풀은 경쟁을 촉진시킬 수 있다고 하였으나, 일정한 특허풀이, 특허풀에 포함되어 있는 지적재산권 상호간이나 특허풀에 포함되어 있는 특허권을 이용한 하향적인 제품(downstream products)간 또는 특허풀에 참여한 당사자간의 혁신 등에 있어서, 경쟁을 제한할 수 있다는 것을 지적하였다.

MPEG-2에 대해서는 (i) 사용허락자들이 하향적인 제품 시장에서 경쟁자들을 불리하게 하기 위한 도구로 이용하기 위한 도구로 이용할 가능성, (ii) 하향적인 MPEG-2 제품과 같이 포트폴리오(portfolio) 사용허락계약이 미치는 범위 밖에서 가격에 대하여 공모할 가능성, (iii) MPEG-2 표준 내이거나 이와 경쟁하는 압축기술 내에서 기술이나 혁신에 대한 경쟁을 저해할 가능성을 제시하였다. 법무부는 첫째, 경쟁자에 대한 효과와 관련하여 비차별적인 사용허락의 의무, 동일한 조건에 의한 사용허락, 최혜대우조항 등에 의하여 차별이 봉쇄된다는 것을 지적하고, 일괄적인 사용허락이 불법적인 끼워팔기계약(tying agreement)이 되지는 않으며, 독립적인 전문가에 의하여 필수특허가 판단된다는 것을 지적하였다.

둘째, 공모와 관련하여 비밀의무 조항에 의하여 MPEG LA가 경쟁과 관

27) 해당 웹사이트는 (i) MPEG-2: http://www.usdoj.gov/atr/public/busreview/1170.htm; (ii) DVD: Philips-Sony-Pioneer: http://www.usdoj.gov/atr/public/busreview/2121.htm; (iii) Toshiba-Time Warner: http://www.usdoj.gov/atr/public/busreview/2485.htm.

련된 민감한 정보를 사용허락자들간 또는 다른 사용권자들간에 전달하는 것을 금지되고 있다는 것과 사용료 비율이 MPEG-2 제품가격의 일부분에 불과하다는 것을 지적하고 사용료 비율에 의하여 가격을 조정하는 도구로 사용될 가능성이 극히 희박해 보인다고 판단하였다.

셋째, 혁신에 대한 영향과 관련하여 포트폴리오로부터 필수적이지 않은 특허를 제거함으로써 사용권자들이 사용허락받은 특허를 이용하지 않는 MPEG-2 제품을 생산하기 위하여서는 사용료를 지급할 필요가 없다는 것과 반려조항(grantback)[28]이 반경쟁적이지 않다는 것 등을 지적하면서, MPEG-2 표준을 위한 특허풀의 어떤 부분도 경쟁 제품 및 경쟁기술의 개발에 대하여 반경쟁적인 제한을 가하지 않는다고 판단하였다.

이러한 판단에 기초하여 법무부는 MPEG-2를 위한 특허풀에 의하여 사용허락자와 사용권자들에게 상당히 많은 시간 및 비용을 절약시키며 경쟁촉진적 효과를 향상시키고 반경쟁적인 위험을 완화시키기 위한 특성들을 가지고 있다고 함으로써 특허풀의 유효성을 인정하였다.

3. 특허플랫폼

(1) 특허플랫폼의 의의

특허플랫폼의 유일한 예인 3GPP는 제3세대(3G) 통신시스템을 생산하고 운용하기 위하여 필수적인 특허의 가치를 평가하고, 필수적인 특허를 인증하고, 필수적인 특허를 지정하고 사용허락하기 위한 것이다. 3G 이동통신시스템은 무선에 의한 멀티미디어 서비스를 가능하게 하지만, 3G 시스템을 실행하기 위한 필수적인 특허는 100개 이상의 업체들에 의하여 보유되고 있어서 표준을 실행하는 과정에서 특허받은 기술에 대한 사용허락을 받기 위하여 많은 문제점이 야기된다. 곧 3G 시스템은 매우 복잡한 시스템 및 다양한 기술과 전세계적으로 이용되며 광범위하게 분산되어 있는 특허권과 관계되고, 따라서 특허받은 기술을 사용허락받는 것에 대한 새로운 접근방법을 택하지 않는다면, 무선에 의한 멀티미디어 서비스를 가능하게 하는 제품이나 시스템을 개발하는 것이 좌절되

28) 반려조항에 의하여 장래에 개발될 기술은 자동적으로 사용허락되므로 이에 기초한 사용료를 완전히 독점할 수 없으므로 R&D에 투자할 경제적 동기가 감소될 수 있다. Balto, supra note 15, at 25.

거나 매우 비효율적인 비용구조를 가질 수밖에 없게 된다. 이같은 문제를 해결하기 위한 것이 특허플랫폼이다.

3GPP는 회사와 같은 법인의 실체를 가지는 것이 아니라 3G 시스템을 위한 필수특허에 대하여 사용허락하기 위한 체제를 운용하는 것에 대한 규칙,[29] 곧 플랫폼 명세서(Platform specification)라 할 수 있는 서류(이하 명세서)[30]에 정의된 필수특허를 사용허락하기 위한 일반적인 시스템을 운용하기 위한 규칙을 의미한다. 3GPP는 법인이 아니기 때문에 플랫폼 명세서에 정의된 조직에 의하여 모든 기능이 수행된다. 곧 해당 기술표준에 대한 특허는 독립적인 전문가에 의하여 평가되며, 표준을 실행하기 위하여 필수적인 것으로 판단된 특허를 인증하기 위한 절차가 정하여져 있다. 3G 표준을 실행하기 위하여 특허에 대한 사용허락을 획득하려는 자는 어떠한 특허가 자신이 수행하고자 하는 것에 대하여 필수적인가를 확인할 수 있다. 필수특허의 특허권자와 이에 대하여 사용허락을 획득하려는 자는 "표준적인 사용허락계약(Standard License)"을 이용하거나, 이들이 희망하는 경우에는 플랫폼과 관계없이 표준적인 사용허락과 다른 조건의 사용허락을 협상할 수 있다. 따라서 3G 특허플랫폼에 의하여 전 세계의 기술사용자들은 기술소유자들에게 적절한 보상을 하고 그 기술에 대한 필수특허를 사용허락받을 수 있는 시스템을 이용할 수 있게 된다.

(2) 특허플랫폼과 반독점법의 문제

특허플랫폼의 경우에도 반독점법적인 문제가 발생할 수 있다. 기본적으로 특허권자들이 자신에게 허여된 권리의 범위 내에서 권리를 행사하는 경우 반독점법적인 문제는 발생하지 않는다. 시장에 진입하고자 하는 제 3 자는 특허를 우회할 수 있는 기술을 개발하거나 특허권자로부터 시장에 진입할 수 있는 사용허락을 받아야 할 것이다. 그러나 어떠한 조직이 여러 특허권자로부터 각기 다른 특허권을 한 데 묶어서 그 권리를 행사한다면, 다른 조직들은 특허받은 기술을 대체할 수 있는 기술을 찾는 데 어려움을 가지게 되어 시장에 진입할 수 없게 될 것이고 따라서 산업의 발전은 방해된다. 따라서 여러 회사들이 특

29) 3G Patents, 3G Patent Platform: What, http://www.3gpatents.com/3gplatform.htm.

30) 3G Patent Platform for Third Generation Mobile Communication Systems: Definition, Function, Structure, Operation, Governance," http://www.3gpatents.com/3g3p/9977qwebsite.pdf.

허를 공유하여 제3자가 시장에 진입하는 것을 봉쇄하기 위하여 특허권을 행사하는 경우, 반독점법적인 문제가 발생할 가능성이 있다. 3G3P는 3G 특허플랫폼의 반독점법 위반 문제를 해결하기 위하여 일련의 회의에 의하여 플랫폼 명세서를 작성하였고, 유럽연합, 미국, 일본의 공정거래 담당기관에게 반독점법 위반 여부를 공식적으로 문의하게 되었다. 2000년 12월 14일 일본의 공정거래위원회는 일본의 반독점법과 관련하여 3G 특허플랫폼의 기본구조에는 반독점법적인 문제점이 없다는 견해를 공식적으로 밝혔으며, 2002년 5월 플랫폼 명세서가 개정된 후에도 2002년 6월에도 이를 확인하였다.[31] 미국 법무부의 반독점법 부서는 법적인 문제점이 없다는 것을 2002년 11월 12일 서한(business letter)의 형식으로 공식적으로 밝혔다.[32] 유럽연합도 미국과 같은 날짜에 마찬가지로 인정하였다.[33]

(3) 3GPP에 대한 미국 법무부의 판단

1999년 12월 14일 3G3P(Patent Platform Partnership)는 미국 법무부에 대하여 3GPP에 의한 사용허락체제에 대하여 미국 법무부가 반독점법을 집행할 것인가의 의사에 대한 서한(business letter)을 요청하였다. 3G3P는 3GPP의 구조가 반독점법을 위반할 염려가 있었기 때문에 2002년 5월 28일 원래의 플랫폼을 상당히 수정한 서류를 제출하였다.[34] 수정된 서류에 기초하여 법무부는 2002년 11월 12일 3GPP에 대한 서한(business letter)을 발표하게 되었다.

미국 법무부는 서로 보충적인 특허를 통합시키는 것이 (i) 탐색비용과 거래비용을 감소시키고, (ii) 서로에게 이용저촉관계의 지위를 제거시킬 수 있으며, (iii) 소송을 회피할 수 있지만, (i) 플랫폼에 포함되어 있는 지적재산권이나 플랫폼 특허를 이용한 하향적인 제품(downstream products), 그리고 플랫폼 참여자간의 혁신과 관련하여 경쟁과 관련된 해악의 쟁점이 발생한다는 것을 지적

---

31) Positive view on the Consultation Pursuant to Prior Consultation System relating to Patent and Know-How issued, June 28, 2002.

32) A Positive Business Review Letter published, November 12, 2002.

33) Antitrust clearance for licensing of patents for third generation mobile services(A Positive "comfort letter" published, November 11, 2002).

34) 이 당시의 3G3P의 구성원으로서는 유럽과 아시아의 19개 회사로서 Alcatel, Bosch, Cegetel, ETRI, France Telecom, Fujitsu, KPN, Korea Telecom, LG Telecom, Matsushita Electric Industrial, Mitsubishi Electronic, NEC, NTT CoCoMo, Samsung Electronics, Siemens, SK Telecom, Sonera, Sony, Telecom Italia Mobile 등이 이에 포함되어 있었다.

하였다. 따라서 특허풀과 마찬가지로 (i) 3G3P가 보충적인 특허들을 통합하는지 여부와 (ii) 만약 보충적인 특허를 통합시킨다면 이로 인한 경쟁과 관련된 이익이 플랫폼의 다른 점에 의하여 야기되는 경쟁상의 해악보다 적어지는지 여부를 분석하였다. 이러한 분석에 따라 미국 법무부는 3GPP의 구조가 경쟁을 제한할 가능성이 없으며 여러 3G 표준의 사용자들에 대하여 일정한 효율성을 제공할 수 있는 것으로 보인다고 결론을 내렸다. 또한 사용허락의 기능을 5개의 별개의 독립된 플랫폼 회사로 분리됨으로써 경쟁관계에 있는 기술들에 대한 획일적인 사용허락의 조건이 가질 수 있는 경쟁법적인 문제점이 해결되었다는 것, 심각한 경쟁상의 문제점이 되지 않으며 통합되어 수행되는 경우에는 일정한 효율성을 제공할 수 있는 제한적인 기능만이(가장 중요한 것은 필수특허를 확인하고 인증하는 절차) 공동의 관리회사의 계속하여 수행된다는 것을 지적하면서, 미국 법무부는 3GPP에 의하여 각 5개의 3G 표준과 관련된 보충적인 특허권이 용이하게 이용되며 3G 제품이나 서비스를 제공하기 위하여 이러한 특허권에 대하여 접근할 필요성이 있는 생산자나 서비스 제공자는 탐색비용과 거래비용을 감소시킬 수 있다고 하였다. 이에 따라 법무부는 3GPP에 대하여 반독점법에 기한 소송을 제기할 의사가 없다고 결론을 내렸다.

Ⅷ. 정보통신표준과 통상문제

한 국가에서의 표준의 제정은 국가 간의 통상문제를 야기할 수도 있는 매우 중요한 쟁점이다. 이에 해당하는 대표적인 예가 WIPI(Wireless Internet Platform for Interoperability)인데, 위피는 업체마다 방식이 다른 휴대전화 콘텐츠를 호환해서 쓸 수 있도록 하기 위한 무선인터넷플랫폼에 관한 표준이다. WIPI는 한국무선인터넷표준화포럼(KWISF)과 한국전자통신연구원에 의해 개발되어 2002년 5월 7일에 표준으로 채택되었다. 곧 위피는 컴퓨터의 운용체계(OS)처럼 무선인터넷 서비스를 받기 위한 기본 소프트웨어인 무선인터넷 플랫폼이다. 위피가 표준으로 채택될 당시 SK 텔레콤은 GVM 및 SK-VM이라는 플랫폼을, KTF는 미국 퀄컴社의 브루(BREW)를, LG 텔레콤은 K-VM을 사용하고 있었다. 각 업체들이 서로 다른 플랫폼을 사용함으로써 콘텐츠 제공업체

(contents provider, CP)들은 상품을 개발한 뒤 각 이동통신사의 플랫폼에 맞게 세 가지로 다시 제작해야 하는 등 여러 불편과 경제적 비효율성이 야기되었다. 바로 이 같은 문제를 해결하기 위하여 표준으로 채택된 것이 위피이며, 이에 의하여 무선인터넷 시장의 공정경쟁환경을 조성하고 콘텐츠 공급업체 및 단말기업체들의 중복투자를 방지하며 무선인터넷 서비스에 대한 소비자 선택권을 확대해 주며, 나아가 위피가 독자 표준으로써 세계시장을 주도할 것으로 기대되었다.

그러나 위피에 대하여 미국 정부는 무선인터넷 개발이 불공정거래라고 주장하면서 그 근거로서 한국 정부가 주도하고 있는 것처럼 주장하였고, 미국의 선마이크로시스템스社는 위피가 自社의 지적재산권을 침해하였다고 주장하였으며, 미국의 퀄컴사는 USTR을 통하여 무선인터넷플랫폼 표준화가 불공정무역에 해당한다고 반발한 것으로 보도되었다. 이를 구체적으로 보면, 미국의 무역대표부(USTR)는 위피를 표준 인터넷 플랫폼으로 개발하는 것은 세계무역기구(WTO)의 무역상 기술장벽협정(Agreement on Technical Barriers to Trade, TBT 협정)에서 언급된 기술적 규제에 해당된다고 하면서 위피개발을 포기할 것을 요구한 것으로 보도되었다. 미국의 선마이크로시스템사는 위피가 자사의 모바일 표준인 MIDP 라이센스를 침해하였다고 주장하면서, 위피를 이동전화사업자, 단말기 제조업체, 애플리케이션 개발자 등에 강제할 경우 선마이크로시스템스社의 지적재산권을 침해하고 오용하게 될 것이라고 지적하였다. 심지어 선마이크로시스템스社는 USTR에 한국을 스페셜 301조(Special section 301)상의 지적재산권 우선감시대상국(priority watch list)으로 지정하여야 한다는 의견서를 제출한 것으로 알려졌다.

이에 대하여 한국정부는 정부가 위피를 직접 개발한 것이 아니며, 표준의무화가 확정되지 않았으며, 표준을 만들 때 국제표준을 기반으로 하며 외국기업의 TTA 회원사 가입도 자유롭다는 식으로 대응하였다. 표준의무화란 '전기통신설비의 상호접속기준'을 개정하는 형태로 이동통신사의 위피 채택을 의무화하겠다는 것을 의미한다.

2003년 4월 한국무선인터넷표준화포럼과 선마이크로시스템스社는 위피의 로열티협상과 관련하여 자바와 위피간 융합, 위피기술 구현에 J2ME(Java 2 Micro Edition) 사용, 2004년 3월 말부터 위피2.0 사용화 착수 등을 골자로 하는 양해각서(MoU)를 체결하였다.[35] 이에 따라 위피에 대하여 선마이크로시스템스社의 지적재산권 침해문제는 해결되었으나, 위피 의무화가 무역상 기술규제라는 미국측의 주장과 관련된 문제점은 해결되지 않았었다.

위피에 관한 한미간의 통상문제는 2004년 4월 21일부터 22일까지 개최된 한·미 통신 전문가회의에서 미국의 무역대표부와 합의함으로써 일단락되었지만, 위피는 한 국가의 국내표준이 국가 간의 통상분쟁을 야기할 수 있다는 좋은 예가 되고 있다. TBT 협정은 "회원국들은, 국제무역에 불필요한 장애를 초래하거나 불필요한 장애를 초래하는 효과를 가지게 하기 위하여, 기술규정을 준비, 채택 또는 적용하지 아니할 것을 보장하여야 한다. 따라서 기술규정은, 이를 준수하지 않는 경우에 야기될 위험을 고려하여, 정당한 목적(legitimate purpose)을 수행하기 위하여 필요한 이상으로 무역을 제한하지 않아야 한다. TBT 협정은, 이러한 정당한 목적으로서, 국가안전보장 요건, 기만적 관행의 방지, 인간의 건강이나 안전, 동물이나 식물의 생명이나 건강 또는 환경의 보호 등을 예시적으로 열거하고 있다. 또한 이러한 기술규정을 준수하지 않는 경우에 야기되는 위험을 평가하는 경우에 고려할 요소는 이용가능한 과학기술정보, 관련처리기술, 상품의 의도된 최종 용도 등이다"라고 규정하고 있다(TBT 협정 §2.2).

WiBro에 대한 국내표준은 IEEE 등에서도 상당수 채택된 예에서 볼 수 있다시피, 한 국가의 표준은 해당 국가의 정보통신산업의 발전에 영향을 미칠뿐만 아니라 그 국가의 정보통신산업의 국제시장을 확대하고 제품의 국제경쟁력을 강화하는 등 중요한 역할을 할 수 있다. 그러나 다른 한편으로는 국가 간의 통상분쟁을 야기할 수도 있으므로, 국내에서 표준제정을 추진하고 이를 국제화하는 전략을 정하는 데 있어서 이러한 통상분쟁에 대한 고려가 반드시 이루어져야 할 것이다.

---

35) 그 외에도 합의안에는 선의 모바일 자바가 포럼의 승인을 얻어야 효력이 발생한다는 것, 선의 모바일 자바 3.0 개발전문가 그룹에 KWISF를 포함시키고 위피의 우수 기능 수용을 긍정적으로 검토한다는 것, 세계적인 자바개발자 행사로 올해 6월 미국 샌프란시스코에서 개최되는 '자바원(JavaOne) 콘퍼런스'에 위피기술을 소개하는 세션 개설을 검토한다는 것, 선이 KWISF 측에 개발도구, 개발 중인 산출물, 자바 인증도구 등에 대해 연구 목적으로 영구 라이선스를 무상으로 제공한다는 것, KWISF가 선의 도구를 통해 개발하는 결과물에 대해서는 KWISF의 지재권을 인정한다는 것, 로열티는 이통사와 선간 개별협상으로 진행한다는 것, 선이 위피기술을 도입할 경우 KWISF에 역로열티를 지급하기로 하는 등의 내용도 포함되었다.

제18장

정보기술기업의 인수합병

— 오라클의 피플소프트 인수 사례 연구

김 화 진*

Ⅰ. 머 리 말[1)]

우호적, 적대적 M&A를 막론하고 특정 산업 내에서 발생하는, 또는 시도되는 M&A는 그 산업 내 다른 기업들에게도 직접, 간접적인 영향을 미친다. 이 때문에 다른 기업들의 M&A는 '남의 일'만은 아닌 것이다. 실제로 역사상 가장 큰 규모의 적대적 M&A로 기록되어 있는 영국 보다폰의 독일 만네스만 인수 사건은 만네스만이 보다폰의 경쟁사인 오렌지를 인수하려 하자 발생한 것이다.[2)] 타임과 워너의 합병 발표 때문에 파라마운트가 타임과의 합병을 제안하였고 결국 표면적으로 불리한 조건이었음에도 불구하고 타임과 워너가 합병하자 타임의 주주들이 타임의 이사진을 상대로 소송을 제기하기도 했다.[3)] 업계에서 발생하는 M&A를 주의깊게 모니터하면서 특정 M&A의 파급효과를 분석하고 필요한 경우 자구조치를 취하는 것이 구미에서는 M&A 전략의 기본이

* 서울대학교 법과대학 부교수.

1) 이 글의 작성을 지원해 주신 서울대학교 기술과 법 센터와 정상조 교수님께 감사드린다.

2) 김화진, 소유와 경영(2003) 제 2 장; Martin Höpner & Gregory Jackson, An Emerging Market for Corporate Control? The Mannesmann Takeover and German Corporate Governance(Working Paper, November 2001) 참조.

3) Paramount Communications, Inc. v. Time, 571 A.2d 1140(Del. 1990); Jeffrey Gordon, *Corporations, Markets, and Courts*, 91 Columbia Law Review 1931(1991). 미디어 기업들의 M&A에 대해서는 Bruce Wasserstein, Big Deal: The Battle for Control of America's Leading Corporations(1998), 348-407; Jeffrey S. Young & William L. Simon, iCon: Steve Jobs(2005) 참조.

되어 있다.

이러한 사정은 정보기술(IT)산업에서도 마찬가지이다. 규모의 경제와 범위의 경제를 성취하기 위한 서구 정보기술 회사들의 활발한 M&A는 경쟁이 치열한 시장에서는 공격적, 방어적 적대적 M&A를 발생시킨다. 또, 우호적인 성질의 것이든, 적대적인 성질의 것이든 한 회사가 M&A를 시도하고 나서게 되면 그 회사는 시장의 집중적인 스포트라이트를 받게 되고 관련 전문가들과 다른 회사들이 그 회사에 대한 분석을 행하게 되며 M&A의 결과가 성공적이든 실패이든 간에 그 회사에 대한 전략을 세우거나 조정하게 된다. 즉 공세적인 M&A는 위험을 자초하는 것이기 때문에 스스로가 경영권이 안정적이고 역량에 자신이 있어야만 시도할 수 있는 것이다. 정보기술기업들의 경우 무형자산의 비중이 대단히 크기 때문에 M&A를 통한 성장의 추구가 필요한 동시에 그를 통한 위험의 발생을 감수해야 한다.[4)]

이 글에서는 정보기술산업에서 전개되는 M&A의 특성과 전략적 고려를 오라클(Oracle)의 피플소프트(PeopleSoft) 인수 사례를 중심으로 정리한다. 이 글에서 소개되는 사례는 특정 산업의 특성이 그 산업에서 전개되는 M&A에 다른 산업에서 전개되는 M&A에서와는 다른 많은 고려 요소들을 수반함을 잘 알 수 있게 해 준다. 이른바 '산업특성에 맞춘 M&A 전략과 제도의 정비'가 요청되는 이유가 여기에 있다. 그리고 이 사건은 전략적인 측면뿐 아니라 법률적인 측면에서도 대단히 흥미롭고 특이한 쟁점들을 수반하였는데, 그 법률적 측면에 대한 분석도 함께 소개하기로 한다. 특히, 오라클 사건은 회사가 영위하는 사업의 특성과 고객관계의 특성에 따라 다양한 경영권 방어 장치가 등장할 수 있음과 그로부터 새로운 법률적 문제들이 나타날 수 있음을 예고하고 있다.[5)]

4) A, B, C, D, E 다섯 회사가 시장을 분할하고 있는 산업에서 A와 B가 우호적으로 합병하기로 했다거나 A가 B를 적대적으로 인수하기로 했다는 경우, C, D, E는 왜 자신들은 당사자가 아닌가를 자문하게 된다. A는 누구인가? B는 누구인가? 왜 거래를 발생시키려 하는가? 하는 의문들이 분석되고 A, B에 대해 새삼스러운 조사가 개시된다. 특히, 적대적 M&A의 경우 A와 B는 치열하게 싸우게 되므로 통상적으로는 드러나지 않을 강점과 약점이 고스란히 시장에 노출된다. 그 같은 새로운 정보와 거래의 진행 과정에서 나타나는 A, B의 성격은 C, D, E로 하여금 새로운 전략을 수립하게 하고 경우에 따라서는 A, B 사이의 거래에 개입하거나 자신들 간의 새로운 거래를 창출하게 한다. 특히, 적대적 M&A를 시도하는 A는 B의 격렬한 저항을 받는 경우 C, D, E의 표적이 되거나 B가 끌어들인 C, D, E 중 한 회사의 협공을 받을 수 있기 때문에 자체 경영권의 안정성과 사업의 효율성, 높은 주가 등이 뒷받침 되지 않으면 오히려 시작하지 않은 것만 못한 결과를 입을 수 있다.

5) 이 글의 내용은 2005년 가을학기와 2006년 봄학기에 고려대학교 경영대학에서 개설되었던

Ⅱ. 오라클 대 피플소프트

1. 발 단

이 사건은 2002년 6월에 응용소프트웨어(Enterprise Application Software) 시장에서의 입지를 강화하기 위한 전략 마련에 고심하던[6] 피플소프트의 CEO 콘웨이(Craig Conway)가 오라클의 엘리슨(Larry Ellison) 회장과 접촉함으로써 시작되었다. 콘웨이는 엘리슨 회장에게 피플소프트와 오라클의 응용소프트웨어 사업 부문을 합병시킬 것을 제안하였다. 이 제안에 대해 엘리슨 회장은 대단히 호의적인 반응을 보였다고 한다. 전형적인 규모의 경제가 실현 가능한 구상이기 때문이다. 고객 베이스가 확장되면 연구개발에 더 많은 투자가 가능하며 이는 제품의 품질 향상으로 연결되어 다시 더 많은 고객을 창출할 것이라는 교과서적인 예측이 가능했다. 여기서 창출되는 수익으로 오라클은 SAP와 효과적으로 경쟁할 수 있게 된다.

그러나 이 구상은 실현되지 못하였다. 엘리슨은 피플소프트를 오라클의 일부로 경영하려는 생각을 가지고 있었고 콘웨이는 신설 법인을 출범시켜 자신이 그 회사를 경영하려는 생각을 가지고 있었기 때문이다. 독립 법인 구상은 응용소프트웨어를 특정 업체의 데이터베이스로부터 독립시키기 위한 것이었다. 오라클의 소프트웨어는 오라클의 데이터베이스에서만 구동되도록 되어 있었는데 피플소프트가 오라클에 흡수되면 그 구조가 지속될 것이라는 점이 문제였다.

이 짧은 접촉은 엘리슨과 콘웨이간의 악연을 다시 부상시켰는데, 콘웨이는 1985년에서 1992년까지 오라클의 영업과 마케팅 책임자로 일한 경력이 있고

필자의 'M&A 전략' 과목을 수강하면서 관련 사례연구를 수행한 학생들의 도움을 크게 받은 것이다. 일일이 거명할 수는 없으나 해당 학생들의 자료조사와 사례연구 수행에 감사의 뜻을 표한다. 특히, 한국오라클의 박상규 상무께 정보와 자료 제공에 대해 감사드린다. 이 글이 오라클 사례의 법률적인 측면에 대해 가장 많이 참고한 자료는 David Millstone & Guhan Subramanian, Oracle v. PeopleSoft: A Case Study(Working Paper, 2006)이다. 특별한 인용 표시가 없는 사실관계에 관한 정보와 자료는 이 논문과 각 사의 웹사이트, SEC에 제출된 공시서류 등에서 구한 것이다.

6) 피플소프트는 HR(Human Resources) 응용소프트웨어 주력 회사이다. 다양한 관련 제품을 갖추고 컨설팅까지 제공한다. 당시 북미지역에서 응용소프트웨어 분야 시장 점유율 1위를 차지하였고 HR 분야에서는 세계 시장 점유율 1위를 차지하였다.

1992년에 경영진과의 불화로 회사를 떠난 사실이 있다(해고된 것으로도 알려진다). 콘웨이는 오라클을 떠난 후 TGV와 OneTouch라는 회사에서 각각 성공적인 구조조정을 기록, 피플소프트의 CEO에 오르게 되었는데, 약 10년 만에 다시 엘리슨과 마주치게 되었고 결과는 아래에서 나타나는 것처럼 해피엔딩이 아니었다.

2. 오라클과 경쟁 기업들

[그림 1] Big 4의 제품군 비교

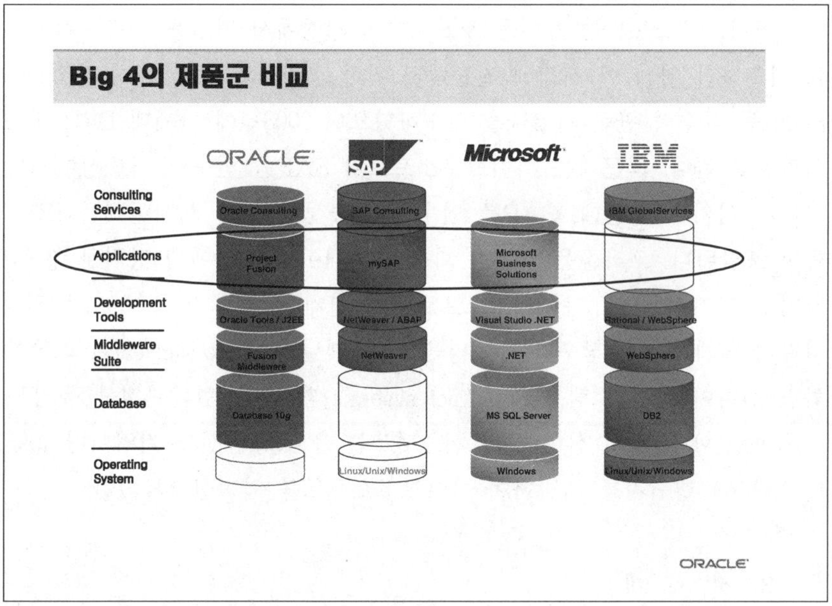

한편, 오라클의 고민은 주력제품인 DBMS가 시장의 포화 상태로 인해 성장의 한계를 맞은 것이었다. IBM, 마이크로소프트 등의 경쟁자들도 점차 성장하고 있었다. 응용소프트웨어 시장은 DBMS 시장의 두 배 이상으로 추산되었고 DBMS 시장에서의 탄탄한 입지는 응용소프트웨어 시장 진출에 대단히 유리한 조건을 제공해 준다. 그리고 어차피 SAP와의 일전을 불사할 수밖에 없을 것으로 여겨졌으며(SAP 고객의 90% 이상이 오라클의 DBMS를 사용하였다) 특화된 소프트웨어를 제조하는 회사들이 나름대로 시장을 분할하고 있었기 때문에 피플소프트의 인수가 가장 매력적인 문제 해결책으로 부각되었던 것이다. 이를 위해 창사 이후 고집해 오던 순혈주의(Pure Oracle — 오라클 제품은 오라클 플랫폼에서만 구동되었다)를 포기하고 필요한 제품이나 솔루션을 자체 개발에만 의존하는 경영 방침을 수정하였다.

오라클로서는 SAP와의 경쟁에서 이기는 경우 마이크로소프트의 시장 진입을 차단할 수 있을 것으로 여겨졌다. SAP는 독일 회사로서 1977년에 설립된 오라클보다 5년 앞선 1972년에 설립되었으며 응용소프트웨어 시장 점유율 1위를 차지한다(2003년의 경우 SAP 36%, 오라클 13%, 피플소프트 10%, JDEC 4% 순. 따라서 후술하는 피플소프트와 JDEC의 결합은 오라클을 3위로 추락시킨다).

마이크로소프트는 개인용 소프트웨어 시장에서 기업용 소프트웨어 시장으로 진출하기 위해 이 시장에 진출하기 위한 장기적인 준비를 하고 있다. Great Plain 등 다수의 관련 기업들을 인수하였으며 2008년에 차세대 ERP 제품을 출시하려고 한다. 최근에는 마이크로소프트가 SAP를 인수할 가능성이 있는지가 화제가 되기도 했는데, SAP를 인수할 가능성이 있는 회사들에는 IBM, 구글 등이 포함된다. 오라클은 엘리슨 회장이 빌게이츠 회장에게 강력한 경쟁의식을 가지고 있기 때문에 마이크로소프트와의 관계는 좋지 않은 것으로 알려지며, 따라서 빌게이츠 저격수라는 별명을 가진 맥닐리(Scott McNealy) 회장이 경영하던 선마이크로시스템즈(Sun Microsystems)와 좋은 협력관계를 유지하고 있다. 1982년에 설립된 선마이크로시스템즈는 유닉스의 선도 기업이며 1995년 자바(JAVA) 랭귀지를 개발하여 마이크로소프트를 압박한 바 있다.

3. 전 개

(1) 공개매수

오라클과의 결합이 무산되자 피플소프트는 J. D. Edwards(JDEC)와의 결합을 결정하였다. 이 사실은 2003년 6월 2일 아침에 언론에 공개되었고 오라클은 6월 6일에 피플소프트에 대한 인수 계획을 발표하였다.

그런데 오라클의 공개매수 가격은 당시 피플소프트 주가에 거의 프리미엄을 붙이지 않은 주당 16달러였다. 이 가격은 30일 평균 가격보다는 3.6% 낮은 가격이다. 이렇게 낮은 공개매수 가격을 설정한 것은 이 작업을 총지휘한 오라클의 캐츠(Catz)에 의하면[7] 전술적인 결정이었는데, 피플소프트가 독자적인 발전을 더 이상 낙관할 수 없게 되어 JDEC와의 결합을 결정한 이상 피플소프트의 주주들은 이 문제에 대해 결정을 내려야만 하는 입장에 처했고 여기서 오라클이 16달러라는 낮은 가격을 제시함으로써 피플소프트 주주들에게 회사의 가치에 대한 모종의 메시지를 던진다는 것이었다.

그러나 당연한 일이지만 이 가격은 시장에서 오라클의 진정성에 대한 의구심을 유발시키게 된다. 다수의 투자은행은 오라클 공개매수의 성공을 의심하였다. 6% 정도 가격을 상향 조정해야 유의한 공개매수가 될 것으로 본다는 애널리스트들의 진단도 나왔다.[8] 피플소프트의 경영진도 이러한 가격에 대해 분노하였으며 이사회가 호의적인 의견을 낼 수 있는 가능성은 애당초 없는 것으로 판단하였다. 오라클의 공개매수 발표 직후 소집된 피플소프트 이사회에서 콘웨이는 즉각적인 거부 의견 표명을 주장하였다. 피플소프트의 법률자문은 Gibson Dunn & Crutcher였는데 담당변호사는 이사회에서 이사들의 의무에 대해 설명하고 회사가 사외이사들로만 구성된 특별위원회를 구성할 것을 제안하였다. 회사는 이를 받아들여 Skip Battle을 의장으로 하는 5인 특별위원회를 설치하였다.[9] 이 위원회는 오라클의 인수 제안을 평가하고 필요시 협상하며 그에 대해 (주주들에게 회사의 입장을 표명해야 하는) 이사회에 의견을 제시하는 임무

7) Safra Catz: 여성 경영자이며 오라클의 M&A 전략을 총괄한다. 와튼스쿨과 하버드법대를 졸업하였다. 10년 이상 Donaldson, Lufkin & Jenrette 등의 투자은행에서 일하였고 1999년 오라클에 영입되면서 2인자로 부상하였다.

8) 그림 2 피플소프트의 주가 변동.

9) M&A에 있어서 특별위원회가 수행하는 역할에 관하여 가장 생생한 기록은 KKR의 나비스코 인수를 그린 다음의 책이다: Bryan Burrough & John Helyar, Barbarians at the Gate: The Fall of RJR Nabisco(1991). 이러한 위원회는 회사와 거래관계가 없는 독립된 변호사를 선임하는 것이 보통이다. James D. Cox, *Managing and Monitoring Conflicts of Interest: Empowering the Outside Directors with Independent Counsel*, 48 Villanova Law Review 1077(2003) 참조. 우리나라 기업들의 이사회도 다양한 종류의 상설 내부위원회를 두고 있으나 특별한 이해충돌 상황이 발생한 경우 사외이사들로 구성된 특별위원회를 구성하여 운영했다는 보고는 아직 없는 것 같다. 특별위원회의 구성과 운영은 이사회 구성원들의 법률적 책임 발생 가능성을 낮추기 위해서도 필요할 것이다. 미국에서는 이 외에도 주주대표소송의 제기 전에 주주가 회사로 하여금 책임 있는 이사에게 소송을 제기할 것을 요구하는 경우 사외이사들로 구성된 특별위원회가 그를 검토하는 실무가 발달되어 있고 판례도 그러한 특별위원회의 역할과 기능을 인정하고 있다. Jeremy J. Kobeski, *In re Oracle Corporation Derivative Litigation: Has a New Species of Director Independence Been Uncovered?*, 29 Delaware Journal of Corporate Law 849(2004) Harry G. Hutchison, *Presumptive Business Judgment, Substantive Good Faith, Litigation Control: Vindicating the Socioeconomic Meaning of Harhen v. Brown*, 26 Journal of Corporation Law 285(2001) 참조.

를 부여받았다.

미국에서는 기업의 인수를 원하는 회사가 대상 회사의 이사회 구성원에게 먼저 접촉하는 것이 관행이었기 때문에 피플소프트의 특별위원회는 그러한 절차를 거치지 않은 오라클의 행동을 어떻게 평가하고 낮은 가격에 인수를 제의한 오라클의 진의를 어떻게 파악할 것인지의 문제를 먼저 다루어야 했다. 진지한 인수 의사를 가진 적대적 M&A의 당사자는 통상 전격적으로 높은 가격의 제의를 통해 목적을 달성하고자 하는 것인데 오라클의 행동은 그 모든 요소와 반대의 특징을 가지고 있었기 때문에 위원회의 일은 쉽지 않았다. 따라서, 자연스럽게 위원회는 오라클이 인수 의도도 없이 상대방을 혼란하게 해서 시장에서 이득을 취하고자 하는 것이라는 의심을 하게 되었다. 이 분야의 특성상 회사와 고객간의 관계는 지속적이며 신뢰를 바탕으로 하는 것이다. 1회성 제품 구입을 속성으로 하는 관계가 아닌 것이다. 고객들은 최소한 5년간의 제품 수명 때문에 장기적인 관계에 대한 불안이 발생하면 즉시 대안을 모색한다. 제품을 생산한 업체의 사업전망이나 정책의 변화는 고객들에게 큰 영향을 미치게 된다. 제품이 고가이기 때문에 직접 비용은 물론이고 그에 적응하는 데 투여되는 간접비용은 회사 내의 구매 의사결정자의 위치와 미래에도 영향을 미칠 수 있다.

오라클의 인수제안은 월스트리트에서 대단히 사악(evil)한 성질의 것으로 평가되었다. 즉, 인수 의사도 없으면서 상대에게 타격만을 주기 위한 것이라는 시각이다. 최고 수준의 투자은행과 로펌들의 지원을 받는 오라클이 잘못된(stupid) 결정을 했을 가능성은 없다는 생각이 이를 뒷받침하였다. 피플소프트는 오라클의 인수 제안이 나온 지 1주일 후인 6월 13일에 캘리포니아 주 알라메다(Alameda) 카운티 법원에 그러한 취지의 주장을 정리하여 소송을 제기하였고 시장도 오라클이 단지 피플소프트를 해하려는 목적으로 공개매수를 발표하였다는 데 동의하는 분위기를 보였다. 이는 엘리슨 회장의 평소 지론이 "우리 회사의 성공만으로는 부족하다. 모든 경쟁자들이 망해야 한다"라는 사실과 잘 맞아 떨어지는 것처럼 보였다. 그러나 오라클 측은 인수 의사는 진격한 것이며 가치 평가도 진지한 것이라는 입장을 견지하였다.

최초 발표 7거래일 후인 6월 18일에 오라클은 공개매수 가격을 20% 상향 조정한 19.50달러로 변경하였다. 총 금액은 63억 달러이다. 이 조정에 대해 오라클은 오라클이 피플소프트를 인수할 의사도 없으면서 JDEC와의 거래를 방해하려 한다는 비난을 불식하고자 하는 것이라고 설명하였다. 그리고 시장조사 결과 피플소프트의 주주들이 16달러에 대해 불만을 표시하고 있다는 사실이 드러났으며 19.50달러는 대다수의 불만 주주들에게 이의가 없는 가격이고 오라클로서도 충분히 부담할 수 있는 가격이라는 사실을 발표하였다. 그러나 피플소프트의 이사회는 단 하루 만에 새로운 제안을 저평가라는 이유로 거부하였다.

(2) 방어전략

피플소프트는 이미 포이즌 필(Poison Pill)을 갖추고 있었으나 추가적인 방어 조치를 신속히 취하였다. 우선, 피플소프트로서는 JEDC와의 결합을 서둘러야 했다. 왜냐하면 JDEC와의 결합은 피플소프트의 신주를 JDEC 주주들에게 발행해 주는 방식으로 준비되고 있었는데, 이렇게 되면 발행주식의 수가 증가해서 오라클로서는 약 30% 정도의 추가적인 부담을 안아야 한다. 피플소프트는 JDEC와의 합병계약서를 수정해서 주식과 현금의 비율을 변경하고 현금의 비중을 높임으로써 주주총회 승인 요건을 피하였다. 오라클의 인수제의가 있는 상황에서 주주들의 동의를 얻을 수 있을지 불분명하였기 때문이다. 그리고 일부의 비난을 감수하면서 JDEC와의 결합에 의한 예상 시너지 규모를 8,500만 달러에서 1억 6,700만 달러로 상향 조정 발표하였다. 이에 대해 후에 이사회 구성원들은 투자은행들이 1억 5,000만 달러 내지 2억 달러의 시너지를 예상하였으나 초기에는 보수적인 수치를 제시하였던 것이라고 진술하였다.

8월에는 새로 황금낙하산과 일반 직원들에 대한 이른바 주석낙하산(tin parachutes)이 채택되었다. 이로 인한 회사의 잠재적인 부담은 약 2억 달러로 추산되었다. 그리고 피플소프트는 6월에 이미 착수한 바 있는 후술하는 CAP 장치의 정비를 계속하였다.

한편, 피플소프트는 법무부의 기업결합 심사와 관련하여 대대적인 홍보와 로비를 전개하였다.[10] 그런데, 이 전략은 양날의 칼과 같은 것으로서 법무부가 기업결합이 반경쟁적인 것이라고 결정하게 되면 추후 피플소프트가 오라클과의 결합을 원하게 되는 경우라 해도 그를 추진하지 못하게 되는 위험성을 내포한 것이다. 특별위원회는 이 전략의 채택이 가장 어려운 결정이었음을 자인하

10) 방어 전략으로서의 반독점소송에 대해 일반적으로, Frank H. Easterbrook & Daniel R. Fischel, *Antitrust Suits by Targets of Tender Offers*, 80 Michigan Law Review 1155(1982) 참조.

였다. 피플소프트의 변호사들도 지나치게 법무부의 결정에 의존하게 되면 선택의 여지를 잃게 되고 이사회가 오라클과의 협상을 완전히 거부하는 것으로 보일 우려가 있다는 견지에서 신중론을 펼쳤으나 이사회는 이 전략을 최종적으로 채택하였다. 피플소프트는 이 전략을 실행에 옮기기 위해 넷스케이프를 대리하여 마이크로소프트와 싸운 바 있는 개리 리벅(Gary Reback)을 선임하였다. 이 전략은 주효하여 연방법무부가 정밀심사를 결정하였다.

(3) 반독점소송

11월이 되자 오라클은 2004년 3월 25일로 예정된 피플소프트의 다음 주주총회에서 자신들이 이사회에 진출시키고자 하는 5인의 명단을 발표하였다. 이사의 정원을 8인에서 9인으로 조정하는 정관변경안도 발표하였다. 그리고 2004년 2월 4일에 오라클은 공개매수 가격을 주당 26달러로까지 상향 조정하였다. 이는 초기 가격에서 63% 증가한 것이다. 이와 동시에 오라클은 이 가격이 마지막 가격이며 피플소프트의 이사회는 주주들의 이익을 위해 이 제의를 진지하게 검토해야 한다고 압박하였다. 그러나 피플소프트는 내심 법무부의 결정을 기대하면서 씨티그룹과 골드만 삭스를 원용하여 26달러가 적절하지 못하다고 응수하였다.[11)]

2월 10일에 법무부가 반독점 소송을 제기하기로 했다는 뉴스가 흘러나오면서 상황은 급변하였다. 실제로 연방법무부와 7개 주 정부는 2월 26일자로 반독점 소송을 제기하였다. 오라클은 이러한 상황에서는 주주총회에서 승산이 없다고 보고 이사 후보 추천을 철회하고 위임장 대결 준비를 중단하였다. 대개의 경우 이러한 발표는 인수 시도를 중단시킨다. 그러나 오라클은 반독점소송에 철저히 대처하면서 피플소프트와 세간을 놀라게 하였다. 오라클의 캐츠는 이 산업이 대단히 큰 고정비용과 거의 무시할 만한 한계비용으로 특징지어지기 때문에 규모의 경제 성취가 그 어느 분야보다도 중요한 것임을 강조하면서 판매

11) 주식(기업)의 가치평가에 대한 최종적인 결정은 이사회가 내린다는 것이 미국 델라웨어 주 판례의 일관된 태도이다. 왜냐하면 회사에 대한 정보는 이사회가 장악하고 있으며 외부에서 인수를 시도하면서 회사의 가치에 대한 의견을 제시하는 주주는 이사회보다는 적은 정보를 가지고 있기 때문이다. 그러나 이에 대해 이사회가 정보를 많이 가지고 있는 것은 부인할 수 없지만 이기적인 동기로 인해 왜곡된 결정을 내릴 우려가 있다는 지적이 있다. Bernard Black & Reinier Kraakman, *Delaware's Takeover Law: The Uncertain Search for Hidden Value*, 96 Northwestern University Law Review 521(2002).

량을 늘리는 데서 오는 한계를 M&A를 통해 실현해야만 한다고 역설하였다.

5월 14일에는 대단히 이례적인 일이 일어났는데, 오라클이 공개매수 가격을 21달러로 하향 조정한 것이다. 이는 시장 상황의 변화와 피플소프트 가치에 대한 재평가에 기인한다고 발표되었다. 실제로 법무부의 발표 이후 피플소프트의 주가는 하락하고 있었다.

9월 9일, 미연방지방법원 북부 캘리포니아 지원은(Vaughn Walker 판사) 법무부의 패소를 판결하였다.[12] 콘웨이는 애써 그 의미를 평가절하 하고자 노력하였으나 그의 독단적인 스타일은 이사회의 콘웨이에 대한 신뢰를 이미 상실하게 하였고 9월에 개최된 한 애널리스트 컨퍼런스에서 콘웨이가 허위의 사실을 말한 것이 기화가 되어 9월 30일 피플소프트의 이사회는 전원 일치로 콘웨이를 해임하였다. 같은 날 오후, 법무부는 항소할 의사가 없다고 발표하였다. 피플소프트는 전 CEO인 듀필드(David Duffield)를 CEO에 임명하였다.

(4) 회사소송

반독점소송이 끝나자 오라클이 델라웨어 주에서 제기해 놓았던 회사법 소송에 관심이 집중되었다. 기일은 10월 4일에 시작되었다. 오라클은 피플소프트의 포이즌 필과 후술하는 CAP의 집행을 금지해 줄 것을 법원에 요청하였다.[13] 사건을 담당한 판사는 레오 스트라인이었는데 스트라인 판사는 미국 회사법학계에서도 최고급의 이론가로 평가 받는 법관이다.[14] 스트라인 판사가 이사회의 경영판단 존중에 경도된 델라웨어 주 법원 판례의 방향을 15년 만에 변경할 것인가가 화제였으며 2004년 12월 11일자 이코노미스트지는 이를 "Will Leo roar?"라는 한 문장으로 요약하였다.[15] 그러나 이 소송은 중단되어 미국 회사

12) Oliver Budzinski & Arndt Christiansen, Simulating the (Unilateral) Effects of Mergers: Implications of the Oracle/PeopleSoft Case(Working Paper, 2006) 참조.

13) Guhan Subramanian, Bargaining in the Shadow of Peaplesoft's (Defective) Poison Pill (Working Paper, 2006).

14) 스트라인 판사의 최근 논문으로, Leo E. Strine, Jr., *Toward a True Corporate Republic: A Traditionalist Response to Bebchuk's Solution for Improving Corporate America*, 119 Harvard Law Review 1759(2006) 참조. 이 논문은 벱척 교수의 논문에 대한 코멘트이다: Lucian A. Bebchuk, *The Case for Increasing Shareholder Power*, 118 Harvard Law Review 833(2005).

15) *Face Value: The Case of the Poison Pill*, The Economist, December 11, 2004. 이 소송은 법정 바로 옆 방에 설치된 화면을 통해 구름같이 모여든 아비트라저들에게 중계되었다. 아비트라저들은 PDA를 보면서 휴대전화를 사용하여 바로 바로 주문을 시장에 전달하였는데, 등

법 역사상 가장 기대되던 판결은 무산되었다.

상술한 피플소프트의 오라클에 대한 소송도 진행되었다. 오라클은 처음에 이 소송을 의례적인 홍보용이라고 생각하고 두 사람의 변호사만 투입하였으나 점차 그 중요성이 높아짐에 따라 2004년 10월에는 12명으로 증원하였다. 피플소프트의 징벌적 손해배상청구 금액은 10억 달러였다. 이는 M&A 성사 후 구조조정으로 인한 해고 문제에 영향을 전혀 받지 않는 델라웨어 주 법관에 의한 소송이 아니라 약 6,000명의 고용 감축이 예상되는 피플소프트의 본거지에서 진행되는 배심원 소송이었다. 억만장자 엘리슨 회장은 호화요트와 미그기 등의 취미로 이미 악명이 높은 터이기도 했다. 그러나 이 소송 역시 사건의 결말로 인해 중단되었다.

(5) 구조조정 문제

11월 1일, 오라클은 인수가격을 21달러에서 24달러로 상향 조정하면서 더 이상의 조정은 없을 것이라고 발표하였다. 그리고, 11월 19일을 기준으로 과반수의 주주들이 청약하지 않는 경우 제안을 철회할 것이라고 덧붙였다. 피플소프트는 이 가격을 비판하면서 주주들에게 청약하지 않을 것을 권고하였다. 양측은 전국을 돌면서 주요 주주들에 대한 설득작업을 펼쳤는데, 이 과정에서 피플소프트의 특별위원회 대표 배틀과 CEO 듀필드간에 이견이 있음이 드러났다. 듀필드는 오라클의 인수가 성공할 경우 발생할 대량 해고를 염려하여 최후까지 방어할 의사를 가시고 있었으나 배틀은 월스트리트의 규칙에 충실하게 주주가치를 생각하였다.

이 문제는 종업원 대표의 이사회 진출 문제와 함께 회사지배구조 이론의 핵심적인 이념적 문제이며 특히 최근 우리 나라에서도 집중적인 재조명을 받고 있다.[16] 정보기술산업은 노P시장의 유연성이 상대적으로 높은 산업으로 분류된다. 따라서, M&A에 따르는 구조조정 부담이 다른 산업에 비해서는 높지 않

장 인물들의 증언 한마디 한마디가 주가에 반영되었다고 한다.

16) 박상용, 기업지배구조의 정치경제학: 적대적 기업인수와 종업원 경영참여를 중심으로, 경영학연구, 제34권 제2호(2005), 569 참조. 일반적으로, Henry Hansmann & Reinier Kraakman, *The End of History for Corporate Law*, 89 Georgetown Law Journal 439(2001); 김화진, 위의 책, 243-251 Mark G. Robilotti, *Codetermination, Stakeholder Rights, and Hostile Takeovers: A Reevaluation of the Evidence from Abroad*, 38 Harvard International Law Journal 536(1997) 참조.

고 이는 정보기술산업에서 M&A가 특히 활성화되어 있는 이유들 중 하나이다.[17] 그러나 약 6,000명의 일괄적인 구조조정 계획을 표명한 인수 희망자의 제안에 대한 이사회의 입장 정립은 결코 쉽지 않은 과제이다. 특히, 이해관계자 이익 모델을 존중하는 경우 과연 이사회가 단기적인 주주들의 이익을 염두에 두고 장기적으로 회사에 해로울 수도 있는 구조조정을 선택하는 것이 이사의 법률적 의무를 다하는 것인지에 대한 의문도 발생할 수 있을 것이다.[18]

또, 이 문제는 사외이사들의 법률적 책임 관점에서도 볼 수 있다. 사외이사들은 경영판단 원칙의 보호를 받을 수 있기는 하지만 경우에 따라서는 결정의 결과에 대한 법률적 책임 공방에 휘말릴 수 있어서 현경영진과 끝까지 행동을 같이 할 것을 기대하기는 어렵다. 하버드 법대 수브라마니언 교수의 계산에 의하면 피플소프트의 포이즌 필이 가지고 있는 기술적인 문제 때문에 이사회가 끝까지 저항하게 되어 포이즌 필이 작동하게 되면 오라클에게 약 6억 달러 내지 6억 4천만 달러의 손해가 발생하게 될 것이고, 그렇게 되면 사외이사들은 손해배상청구 소송을 당하게 될 것이었다. 적절한 가격에 의한 협상이 이루어져서 포이즌 필이 폐기되는 것이 피플소프트 사외이사들의 바램이었을 것임은 명백해 보인다.[19]

4. 결 말

피플소프트의 주주들은 연방증권거래법이 금지하고 있음에도 불구하고 비공식 채널을 통해 상호 의견을 교환하였다. 이들은 대체로 아비트라저들(arbs)이었는데, 청약에 응할 것인지의 전략적 판단에 정보를 총동원하였다. 최종적으로는 61%의 주식이 청약하였고 오라클의 공개매수는 살아남게 되었다.

델라웨어 소송이 계속되고 있던 중 한 대주주가 배틀에게 연락하여 오라

17) Bernard Black, *The First International Merger Wave (and the Fifth and Last U.S. Wave)*, 54 University of Miami Law Review 799, 807(2000).

18) 적대적 M&A 후의 구조조정이 주주들로부터 종업원들에게로 부당하게 이전되었던 부의 흐름을 교정하는 것이라는 시각은 Andrei Schleifer & Lawrence Summers, *Breach of Trust in Hostile Takeovers*, in Corporate Takeovers: Causes and Consequences 33(Alan Auerbach ed. 1988) 참조. 반면, 구조조정이 종업원들과 회사간의 묵시적 고용보장계약을 파기하는 행위라는 시각은 Charles R. Knoeber, *Golden Parachutes, Shark Repellents, and Hostile Tender Offers*, 76 American Economic Review 155(1986).

19) Milstone & Subramanian, 위의 논문, 6-9 참조.

클이 주당 26.5달러 또는 현금 24달러와 3달러 가치의 오라클 주식을 지불할 용의가 있음을 알려 왔다. 배틀은 이 대주주에게 오라클의 의사가 확실한지 재확인해 줄 것을 요청하였다. 공개매수에 성공한 오라클이 그런 제안을 할 가능성이 없다고 생각했기 때문이었다. 그 며칠 후에 진행된 데포지션(deposition)에서 배틀은 그와 같은 일이 있었음을 진술하면서 오라클이 진정으로 그런 의사를 가지고 있다면 피플소프트의 이사회는 26.5달러를 받아들일 것인지를 검토할 용의가 있다고 진술하였다. 이는 다소 애매하기는 하지만 피플소프트가 낸 최초의 역제안에 해당한다. 문제는 데포지션의 내용은 변호사들만 접할 수 있는 것이기 때문에 오라클에 이 의사가 전달될 방법이 없다는 것이었다. 다음 기일에 오라클의 변호사는 변호사만 볼 수 있다는 제한을 해제해 줄 것을 법원에 요청하였다. 다음 기일 4일 전인 12월 9일, 스트라인 판사는 양측의 변호인들과 전화회의를 가졌다.[20] 이 회의에서 스트라인 판사는 해당 제한을 해제하였고 배틀의 제안은 오라클 측에 전달되었다.

2004년 12월 12일 듀필드가 기권한 피플소프트의 이사회는 오라클에게 공식적으로 이 제안을 전달하였고 오라클의 이사회는 그를 받아들였다. 양사의 합병은 2005년 1월 7일에 완결되었다.

5. 후　　기

오라클의 피플소프트 인수는 성공작이었는가? 인수 후 오라클은 소프트웨어 시장에서 마이크로소프트, IBM, SAP 등과 함께 'Big 4'의 하나로서의 입지를 공고히 하였고 응용소프트웨어 시장에서의 2인자의 위치를 차지하였다. 그러나 시장의 평가는 다소 냉담하여 주가 실적은 부진하였다.[21] 다수의 피플소프트 고객들이 최대의 경쟁사인 SAP로 이동하였으며 두 회사의 제품군을 통합하는 데 많은 시간과 비용을 지출해야만 했다. 따라서, 최초에 콘웨이가 우려했던 대로 이 M&A는 경쟁사를 인수해서 시장에서 퇴출시키는 것으로 끝나는 것과 유사한 효과를 발생시켰다. 매출 규모는 증가하였으나 이익 규모는 제자리걸음이었다. 반면 SAP는 지속적으로 성장하였고 주가도 마찬가지였다.[22]

---

20) 이 전화 회의의 요약이 Milstone & Subramanian, 위의 논문, 27-29에 수록되어 있다.

21) 그림 3 오라클의 주가 변동.

22) 오라클과 피플소프트의 결합은 SAP의 미국 시장에서의 입지를 대단히 어렵게 할 것이라는

그러나 오라클은 JDEC 제품에 대한 10년간의 지속적인 지원을 고객에게 보장하고 기존 응용소프트웨어와 피플소프트의 제품을 통합하는 작업을 꾸준히 진행하였다. 피플소프트 인력 중 약 5,000명을 정리해고하였으나 연구개발과 관련된 인력의 정리는 최소한으로 제한하였다. SAP에 대해서도 대대적인 공세를 취하기 시작하여 고객들의 신뢰를 회복하려는 노력을 경주하였다. M&A도 가속화하여 2005년 한 해 동안에만 Oblix, Retek, TripleHop, ProfitLogic, G-Log, TimesTen, context media 등을 포함 무려 12개 관련 회사를 인수하였다. 특히, 2005년 9월에는 세계 최대의 CRM 솔루션 공급업체인 지벨(Siebel)의 인수를 성사시키기도 했다. 지벨은 오라클 출신인 지벨이 1993년에 고객관리 소프트웨어 제품을 중심으로 설립한 회사이다. 급기야 오라클은 2006년 4월에 자체 리눅스 버전 발표를 검토하고 있음과 리눅스 기업들 중 하나인 노벨의 인수를 고려중임을 밝히며 컴퓨터운용체계(OS) 시장 진출을 선언하기에 이른다. 엘리슨 회장은 마이크로소프트와 같이 OS에서 응용소프트웨어에 이르는 모든 분야의 제품을 제조하고 싶다는 희망을 밝힌다. 오라클은 2007년에 들어서는 BI(Business Intelligence) 기업인 하이페리온을 인수하였다. BI는 CRM의 중요한 일부 영역을 구성한다.

오라클의 피플소프트 인수는 단기적인 관점에서는 성공작이 아니었던 것으로 평가되었으나 M&A를 통한 지속적인 성장의 계기를 제공했다는 점에서는 긍정적인 평가를 받게 되었고 닷컴 버블 붕괴 이후 고전하던 실리콘 밸리에 IPO보다는 M&A를 통한 이익시현 또는 성장의 매력을 보여주었다. 2006년 하반기에 들어서면서 오라클의 주가는 괄목할 만한 실적을 기록하고 있다.

6. M&A와 IPO

블룸버그와 톰슨 파이낸셜의 자료에 의하면 2005년 한 해 동안 미국에서는 벤처캐피탈이 투자한 기업들 중 56개만이 IPO를 행하였는데 M&A를 통해 매각된 기업의 수는 330개에 이르렀다고 한다.[23] M&A가 IPO에 비해 선호되

관측도 있다. Avimanyu Datta, SAP America: Strategic Move from Global to Mid-tier Markets(Working Paper, 2004).

23) *Should We Merge or IPO?*, deallawyers.com Webcast, January 24, 2006. 구글의 IPO에 대한 연구는 Victor Fleischer, Brand New Deal: The Google IPO and the Branding Effect of Corporate Deal Structures(Georgetown University Law Center Working Paper, 2005). 구글

는 이유에는 여러 가지가 있겠으나 세계 M&A 시장의 전반적인 활황과 사모투자펀드(PEF)의 비중 증가가 큰 요인인 것으로 분석되고 있다.

벤처캐피탈의 지원을 받아 성장한 정보기술기업들이 일정한 단계에서 부딪히는 중요한 도전은 M&A를 통해 기업을 매각할 것인지, 아니면 IPO를 단행할 것 인지에 대한 결정을 해야 하는 것이다.24) 이는 M&A 전략을 통해 성장을 시도하는 회사의 반대편에서 본 문제의식이다. 오라클은 무수한 관련 기업들을 인수하는 전략을 채택하고 있는데, 이는 상대편 회사 주주들의 입장에서는 아직 미공개인 경우 IPO보다는 M&A를 통해 이익을 시현하는 결정을 한 셈이 된다. 증권시장이 닷컴 버블 붕괴 이후 기술주들에 대해 호의적이지 않기 때문에 오라클과 같은 대기업의 존재는 관련 산업에 큰 활력소이다.25)

Ⅲ. CAP

1. 배 경

M&A는 해당 기업들의 고객들에게도 영향을 미친다. 경영권의 이동이나 변동, 즉 회사를 누가 경영하는가 하는 문제에서의 상황변화는 해당 회사와 거래하는 외부의 고객들에게 큰 이해관계를 가지는 문제다. 이 때문에 M&A가 발생하면 해당 회사의 고객들은 신속히 자신에게 미치는 해당 거래의 의미를 평가하게 되고 그 결과에 따라 입장을 정하게 된다. 대표적인 사례가 채권자들

은 2004년에 IPO를 단행한 후 Picasa, Keyhole, Urchin, Doggeball 등을 인수하였고 델(Dell)과는 검색기능 탑재, AOL과는 검색광고 제휴 등으로 네트워크를 확대해 나가고 있다. 2006년 4월 기준으로 구글의 미국 검색시장 점유율은 42.7%, 야후의 점유율은 28%, MSN의 점유율은 13.2%이다. John Battelle, The Search(2005).

24) Bernard S. Black & Ronald J. Gilson, *Does Venture Capital Require an Active Stock Market?*, 11-4 Journal of Applied Corporate Finance 36(Winter 1999) 참조. 이 논문은 Bernard S. Black & Ronald J. Gilson, *Venture Capital and the Structure of Capital Markets: Banks versus Stock Markets*, 47 Journal of Financial Economics 243(1998)의 요약이며 국문 번역이 해설과 함께 증권법연구 제 2 권 제 2 호(2001) 349에 수록되어 있다. 벤처캐피탈이 투자한 2,895개 기업의 IPO에 대한 연구가 있다. Yochanan Shachmurove, The Reality of IPO Performance: An Empirical Study of Venture-Backed Public Companies(Working Paper, 2004).

25) 정보기술이 미국 경제에서 갖는 의미에 대해 일반적으로, Dale Jorgenson, Information Technology and the U.S. Economy(Harvard Institute of Economic Research Discussion Paper, 2001) 참조.

이며 법률은 M&A의 경우 회사 채권자들이 이해관계를 조정할 수 있는 길을 열어두고 있는데, 합병에 대한 채권자의 동의 절차가 그러하고 통상적인 국제 금융계약은 경영권 변동의 경우 채무자가 기한의 이익을 상실하도록 한다. 이는 이른바 교차채무불이행(cross default) 조항에 의해 회사 채무 전체에 변제기가 도래하도록 하는 효과를 발생시킨다.

그러면, 금융기관이 아닌 회사의 거래처는 어떠한가? 회사에 대규모로 납품하는 부품제조업체, 원료 공급업체, 회사의 제품을 대량으로 구입하는 할인점 등은 거래 상대인 회사에 경영권의 변동이 발생하면 어떤 이해관계를 가지며 어떻게 행동하는가? 이 문제는 종래 그다지 큰 이슈가 되지 못하였다. 왜냐하면 M&A 당사자인 회사의 신구 경영진, 회사의 고객 공히 기존의 거래관계를 변동시킬 큰 유인을 갖지 못하게 때문이다. 그런데 오라클이 피플소프트를 적대적으로 인수하는 과정에서 후자가 고객 관계를 경영권 방어에 활용하는 전략을 사용함으로써 이 문제는 주목을 받기 시작하였다. 정보통신산업에서와 같이 회사와 고객간의 관계가 장기적인 전문적 협조, 상호의존 관계인 경우 고객관계를 경영권 방어에 활용하는 것이 효과적일 수도 있음이 드러난 것이다.[26)]

아래에서는 오라클 사례에서 처음으로 등장한 이른바 CAP(Customer Assurance Program)의 내용과 전략적 기초를 살펴보고 그에 대한 법률적 평가를 소개한다. CAP는 일단 포이즌 필의 속성을 가지는 것으로 이해되고 있다. 아직 미국에서는 그와 같은 경영권 방어장치를 법률적으로 평가하는 판례가 나오지 않고 있으나 후술하는 바와 같이 이 CAP의 실질적 가치는 정보통신기업이나 인터넷기업 등에서 상당히 클 가능성이 있으므로 많은 전문가들이 이에 관심을 기울이고 있는 것으로 알려진다. 우리나라에서는 아직 포이즌 필이 활용되고 있지 못하기는 하지만 CAP가 가지는 전략적 함의는 우리나라에서도 마찬가지로 인식될 수 있을 것이다.

---

26) 일본에서 라이브도어가 후지TV의 인수를 시도했을 때 후지TV에 컨텐츠를 공급하는 거래처들이 후지TV의 컬러가 바뀌게 되면 거래를 중단할 것임을 선언한 바 있고 이 때문에 후지TV의 이사회는 협상의 여지를 상실하고 경영권 방어에 주력했다고 한다. 이 사건에 대한 전반적 분석은 최문희, 신주(예약권)의 제3자 배정에 의한 경영권 방어의 적법성, 서울대학교 금융법센터 BFL, 제12호(2005), 19 참조.

2. 내 용

CAP의 내용은, 회사가 고객들에게 제품 라인에서 지속적으로 신제품을 공급해 주지 못하거나 제품공급계약일로부터 ○년 내에 고객지원 서비스에 중대한 장애가 발생하는 경우 고객에 해당 제품을 구입하는 데 지불한 금액의 ○○배를 배상해 주겠다고 일방적으로 약속하는 것이다. 오라클 사건 당시 이러한 약속은 원칙적으로 이사회의 승인을 필요로 하지도 않고 공시의무를 발생시키지도 않는 것으로 이해되었다.

적대적 M&A의 대상이 된 회사의 고객에 대한 이러한 약속은 공격자에게 원칙적으로 특별한 문제를 발생시키지 않는다. 왜냐하면 회사의 배상의무가 발생하는 것은 회사가 제품을 공급해 주지 않거나 고객지원 서비스에 중대한 장애가 발생할 때로 한정되므로 회사가 자신의 이익에 해가 되는 조치를 취하지 않는 한 이 장치는 가동되지 않기 때문이다. 기업을 인수한 새로운 경영진이 그와 같은 상황을 발생시킬 가능성은 없고, 어쨌든 상황은 인수에 성공한 측이 통제하게 되므로 CAP가 경영권 인수에 장애로 작용하기는 어려워 보였다. 2004년 11월 기준으로 만일 CAP가 가동된다면 피플소프트가 이행해야 할 배상의 약수는 약 20억 달러에 이른 것으로 추산되었다. 이는 피플소프트의 시가총액의 1/3에 달하는 거액이었다.[27]

그러나 CAP는 적대적 인수를 시도하는 공격자가 아닌 대상 회사가 그 내용을 결정하는 것이기 때문에 공격자는 대상회사의 행동을 지켜볼 수밖에 없고 대상 회사는 고객과의 계약 규정을 고의로 모호하게 만드는 방법을 통해 CAP의 발동에 관한 예측가능성을 현저하게 낮출 수 있다. 이렇게 되면 일부 고객들이 기회주의적 행동에 대한 유혹을 받게 된다. 즉, 고객이 전혀 개별적인 이유에 기초하여 CAP를 기초로 배상을 요구하거나 거래관계의 재설정 요구를 제기할 가능성이 발생한다. 만일 악의적인 한 고객이 배상을 요구하면서 대안으로서 지원서비스 수수료를 인하할 것을 요구한다면 (새로운 경영진이 경영하게 된) 회사로서는 그 요구를 수용해야만 하게 되고 그를 알게 된 다른 고객들의 요구가 쏟아져 들어온다면 회사는 막대한 손해를 감수해야 할 것이다. 이

27) *PeopleSoft Board Votes to Extend Rebate Program*, Wall Street Journal, October 13, 2004, B4.

시나리오는 (구 경영진의) 회사가 약속한 배상액이 클수록 실현 가능성이 높아진다. 피플소프트는 구매금액의 5배까지를 약속하였다.

3. 특　　징

CAP가 통상의 포이즌 필과 다른 점은 일단 설치하면 회사가 일방적으로 철회할 수 없다는 것이다. 고객과의 계약에 그 내용이 포함되기 때문이다. 따라서, CAP는 포이즌 필과는 달리 인수 가격을 높이기 위한 협상 도구로서의 기능은 하지 못하며 상술한 반독점소송과 같이 '돌아올 수 없는 다리'가 될 가능성이 있다.

또, CAP의 내용인 고객에 대한 배상책임의 규모는 그것이 클수록 고객들에게 좋은 것이고 클수록 대상회사에 좋은 것이다. 이로 인해 손해를 입을 수 있는 유일한 주체는 인수시도 회사이다. 잠재적인 채무의 현실적인 발생은 계약의 일방 당사자가 아닌 제3자의 행동에 의해 결정된다. 이 때문에 CAP 자체는 어떠한 우발채무도 발생시키지 않는다.

4. 효과의 원인

CAP는 아무 회사나 활용할 수 있는 것은 아니다. 이 사건에서 CAP가 고안되고 실제로 사용되었을 뿐 아니라 소송에까지 이르게 된 것은 CAP가 효과적인 장치였기 때문인데, 그 효과의 원인은 회사가 제조하는 제품과 제공하는 서비스의 특성 때문이다.

오라클과 피플소프트가 제조해서 고객들에게 제공하는 제품은 기업용응용소프트웨어이다. 이는 한번 도입하면 다른 회사의 제품으로 교체하는 데 많은 비용이 들기 때문에 도입 전에 장기간에 걸친 검토 과정을 거치고 잠재적인 공급자와의 협의를 통해 회사의 업무 흐름을 조정하기 까지 해야 한다. 당연하지만, 가격이 고가이며 개발 과정에서는 물론이고 도입 후에도 지속적인 컨설팅을 받아야 하는 비용을 고려해야 한다. 최신 버전의 소프트웨어를 계속해서 공급받는 데 드는 비용도 상당하다. 이 분야 제품의 수익성이 뛰어난 이유도 여기에 있다.[28)]

상술한 바와 같이 고객인 회사의 입장에서는 이처럼 장기간의 검토를 거쳐 회사 내의 업무 프로세스까지 조정하면서 도입한 고가의 프로그램이 지속적인 서비스를 통해 효율성을 유지하지 못한다면 그로 인해 발생하는 비효율과 경제적 손실은 물론이고 도입에 관한 의사결정을 한 임원의 책임 문제까지 거론될 수 있다. 따라서 이 소프트웨어에서 발생하는 일체의 불안정성은 회사로서는 참을 수 없는 것이다. 오라클의 초기 저가 공개매수가 전략적이었다면 바로 이러한 사정을 활용한 것이고, 마찬가지로 피플소프트의 CAP도 이러한 사정을 교묘하게 활용한 방어 장치인 것이다.

5. 평 가

오라클은 델라웨어 주 법원에 CAP를 금지시켜 줄 것을 청구하였다. 첫째 이슈는 CAP가 과연 경영권 방어 장치로 평가될 수 있는가?였다. 오라클은 CAP가 포이즌 필과 같은 기능을 가지기 때문에 포이즌 필의 적법성 평가에 적용되는 제반 법원칙이 CAP에도 적용되어야 한다고 주장하였다. 반면, 피플소프트는 CAP는 회사의 고객과 회사의 거래관계를 보호하려는 목적에 의해 설치되는 것이기 때문에 포이즌 필로 볼 수는 없으며 따라서 경영판단 원칙의 적용 대상이라고 주장하였다.[29)]

CAP를 포이즌 필로 본다면 법원은 유노칼[30)] 사건에서 확립된 2단계 테스

28) 이 소프트웨어는 잘 도입하면 엄청난 비용 절감 효과를 발생시키는 것으로 알려져 있다. 포스코의 경우 예산 편성 시간을 110일에서 30일로 단축하고 약 1억 2천만 달러의 비용을 절감하였다고 한다. 이 산업은 우리나라에서도 가장 빠르게 성장하는 산업들 중 하나이다.

29) 델라웨어 주 판례는 포이즌 필을 원칙적으로 적법하다고 본다. Moran v. Household International, Inc., 500 A.2d 1346(Del. 1985) 참조. 적법성의 한계에 대하여는 Jeffrey Gordon, *"Just Say Never" Poison Pills, Dead Hand Pills and Shareholder Adopted By-Laws: An Essay for Warren Buffet*, 19 Cardozo Law Review 511(1997) 참조. 포이즌 필에 관한 최신 업데이트로, David A. Katz & Laura A. McIntosh, Corporate Governance Update: Poison Pills — Maintain Flexibility in Takeover Defense(Wachtell, Lipton, Rosen & Katz Memorandum, January 26, 2006); Martin Lipton, *Pills, Polls, and Professors Redux*, 69 University of Chicago Law Review 1037(2002). 우리나라에서의 논의는 송옥렬, 포이즌 필의 도입 가능성, 서울대학교 금융법센터 BFL, 제12호(2005), 40.

30) Unocal Corp. v. Mesa Petroleum Co., 493 A. 2d 946(Del. 1985). Ronald Gilson & Reinier Kraakman, *Delaware's Intermediate Standard for Defensive Tactics: Is There Substance to Proportionality Review?*, 44 Business Lawyer 247(1989); Stephen M. Bainbridge, *Unocal at 20: Director Primacy in Corporate Takeovers*, 31 Delaware Journal of Corporate Law 769

트를 CAP에 적용하게 된다. 우선, 피플소프트의 이사회는 오라클의 인수시도가 회사에 위협(threat)을 발생시켰음을 보여야 한다. 다음으로 피플소프트의 이사회는 CAP가 그러한 위협에 대해 합리적인 것이었음을(reasonable in relation to the threat posed) 보여야 한다. 미국의 법원이 이 테스트를 적용해서 특정 회사의 이사회로 하여금 포이즌 필을 폐기하도록 명령한 사례는 아직 없다.[31] CAP가 포이즌 필과 같은 경영권 방어 장치로 간주된다면 두 번째 요건, 즉 약 20억 달러의 잠재적인 부담을 발생시킨 조치가 오라클이 제기한 위협에 대한 합리적인 범위에서의 대응 조치인가가 결정적인 이슈가 될 것이다. 이 문제는 사건이 우호적인 M&A로 종결되면서 법원의 판단을 받지 못하고 종결되어 미해결 상태이다.

만일 우리나라의 한 정보기술기업이 CAP와 같은 장치를 고안해서 경영권 방어에 사용한다면 그에 대한 법률적인 평가는 어떻게 내릴 수 있을까? 우리나라에서는 포이즌 필이 허용되지 않기 때문에 CAP를 포이즌 필과 관련시켜 논의하게 되지는 않을 것이다. 그리고 우리나라에서 포이즌 필이 허용되지 않는 이유는 상법의 신주발행, 배당 등에 관한 규정 때문이므로 그런 규정들과 관계가 없는 CAP가 포이즌 필이 허용되지 않기 때문에 허용되지 않는다고 평가되지는 않을 것이다. 따라서, CAP를 포함하는 계약의 유효성이 문제되든지 그러한 계약을 체결한 이사의 회사에 대한 책임이 직접 문제될 수 있을 것이다. 계약의 효력에 문제가 제기될 것으로 볼 특별한 이유는 없으므로 결국 이사의 충실의무가 논의의 초점이 될 것이고 여기에는 경영권 방어 조치를 집행한 이사의 책임에 관한 법리 일반이 그대로 적용되게 된다.[32] 형사책임의 발생도 간과해서는 안 될 가능성이다.[33]

(2006); Ronald Gilson, *Unocal Fifteen Years Later (and What We Can Do About It)*, 26 Delaware Journal of Corporate Law 49 (2001).

31) Ronald Gilson & Bernard Black, The Law and Finance of Corporate Acquisitions 801-895 (2판, 1995); Guhan Subramanian, *Bargaining in the Shadow of Takeover Defenses*, 113 Yale Law Journal 621(2003).

32) 김화진, M&A 시장의 최근 현황과 정책 및 법적 과제, 서울대학교 금융법센터 BFL, 제6호(2004.7), 31, 51-56.

33) 이종상, 이사의 책임과 배임죄에 대한 비판적 고찰, 서울대학교 금융법센터 BFL, 제19호(2006.9), 44 참조.

6. 법정책적 함의[34)]

CAP는 미국 회사법의 오래된 논쟁들 중 하나인 기업인수에 있어서 주주와 경영진간의 권한 배분 문제를 다시 생각해 보게 하는 계기를 제공해 주었다. 미국 회사법학의 주류적인 입장은 회사에 대한 적대적 인수 시도가 발생한 경우 경영진이 그에 개입해서 주주들의 선택을 방해해서는 안 된다는 것인데,[35)] 이는 특히 CAP와 같이 구체적인 인수 시도가 등장한 후에 설치되는 경영권 방어 장치(이른바 post-bid embedded defense)에 관해 첨예한 논점으로 다루어진다. 그러한 주류적 입장에 대한 반대의 위치에 있는 의견은 경영권 방어 장치는 경영진으로 하여금 인수 시도자와의 협상을 가능하게 해 주기 때문에 지나치게 싼 값으로 주주들이 주식을 매도하게 되는 일을 막아 주며 이를 위해서는 주주들의 선택권보다는 경영진의 행동의 자유가 더 중요하게 여겨져야 한다고 한다.[36)] 이 의견은 주주들은 회사에 대한 정보도 가지고 있지 않을 뿐 아니라 최선의 선택을 할 수 있는 위치에 있지 않다는 점을 강조한다.

어떤 경영권 방어 장치도 부분적으로는 경영진의 지위 보전 목적을 위한 것이다. 그러한 목적이 없었다 해도 실제로 그러한 기능을 발휘한다. 그렇기 때문에 특정 경영권 방어 장치가 도입된 목적이 무엇인지를 따지는 것은 유익한 방법이 아니며 실제로 경영진의 지위 보전 외에 어떤 역할을 하는지를 보아야 할 것이다. 특히, 구체적인 신원을 가진 주주가 회사의 인수를 시도하기 시작한 후에 설치되는 장치는 위 주류적 입장에 의하면 대단히 유해한 것으로 평가되어 왔으며 예컨대 공개매수가 공표된 이후에는 경영진은 어떠한 내용의 방어조

---

34) Jennifer Arlen, Regulating Post-Bid Embedded Defenses: Lessons from Oracle versus PeopleSoft (NYU Center for Law and Economics Working Paper, 2006) 참조.

35) Bebchuk, 위의 논문; Lucian Bebchuk, *The Case Against Board Veto in Corporate Takeovers*, 69 University of Chicago Law Review 973(2002); Black & Kraakman, 위의 논문; Ronald Gilson, *A Structural Approach to Corporations: The Case Against Defensive Tactics in Tender Offers*, 33 Stanford Law Review 819(1981); Frank H. Easterbrook & Daniel R. Fischel, *The Proper Role of a Target's Management in Responding to a Tender Offer*, 94 Harvard Law Review 1161(1981). 이 입장은 공개매수 발표 후 신주 발행 등 이사회의 경영권 방어 조치를 금지하는 세계 각지의 법률에 반영되어 있다.

36) Jennifer Arlen & Eric Talley, *Unregulable Defenses and the Perils of Shareholder Choice*, 152 University of Pennsylvania Law Review 577(2003); Margaret Blair & Lynn Stout, *A Team Production Theory of Corporate Law*, 85 Virginia Law Review 247(1999); Martin Lipton, *Takeover Bids in the Target's Boardroom*, 35 Business Lawyer 101(1979).

치도 취할 수 없게 해야 한다는 의견으로 연결된다. 그러나 오라클 사건에서 그에 해당하는 CAP가 등장하여 이 문제에 대한 새로운 인식의 가능성을 보여 주었다.

오라클은 공개매수를 하면서 피플소프트의 기존 고객들을 불안하게 하였다. 피플소프트의 기존 고객들은 오라클의 인수가 성공할 경우 계속적인 지원과 서비스를 받을 수 있을 것인지를 알아야만 했는데, 오라클은 그에 대해 모호한 태도를 취했을 뿐 아니라 부분적으로는 피플소프트 플랫폼의 폐기를 암시하기도 했다. 이는 기존 고객들을 불안하게 하는 효과 외에도 신규 구매를 주저하게 하는 요인이 되었으며 실제로 피플소프트의 신규 계약체결 실적은 하락하였고 그에 따라 주가도 하락하였다. 이렇게 되면 피플소프트는 협상력을 대폭 상실하게 되고 만일 협상이 타결된다 해도 그 결과는 오라클에게 일방적으로 유리한 가격이 될 가능성이 높다. 나아가, 오라클이 일방적으로 인수 포기를 선언하게 되면 JDEC와의 결합마저도 악화된 조건에 의해야 할 수 있다. CAP는 이러한 문제들을 효과적으로 해결해 주었다. 피플소프트가 CAP를 발표한 후 2003년 2분기 회사의 신규 구매계약 체결 실적은 예측치를 웃돌았던 것이다. CAP와 같은 장치가 없이 피플소프트가 고객을 유지하고 새로 유치하려면 대대적인 할인 공세 등의 마케팅이 필요했을 것이지만 그 경우 회사의 가치와 주가는 더 하락하게 되어 오라클은 더 싼 가격에 목적을 달성할 수 있었을 것이다.[37]

이러한 사실이 보여주는 바는 명확하다. 피플소프트의 이사회는 경영진의 지위 보전 시도와는 전혀 무관하게 CAP와 같은 장치를 고안해서 도입해야 스스로의 충실의무를 이행하게 되는 것이다.[38] 그리고 CAP와 같은 장치는 오라클의 공개매수가 있기 전에는 도입하기 어려운 것이고 경영권 방어 목적이 아니라면 도입할 필요도 없는 것이다. 따라서, 이는 인수 시도자가 출현한 후에도 경영진 내지는 이사회가 일정한 범위에서의 행동의 자유를 보유하는 것이 주주들의 이익에 부합한다는 결론으로 연결된다.[39] 이에 주주들의 동의를 요건으로 부과한다면 주주들의 동의를 설사 얻는다 하더라도 너무 늦은 것이 되어 버린다.

37) Arlen, 위의 논문, 17-19 참조.

38) 김화진, 경영권방어 장치는 이사회 의무, 서울신문(2005년 8월 12일자).

39) Arlen, 위의 논문, 20-23.

Ⅳ. 맺는 말

정보기술산업은 산업화 사회의 마지막 단계에 있거나 정보화 사회로 진입하는 경제에 있어서 핵심적인 산업이며 역동성을 그 본질적인 요소로 하기 때문에 M&A를 통한 성장과 구조조정에 가장 친한 산업들 중 하나이다. 비상장 벤처기업들은 M&A의 대안으로 IPO를 택하기도 하는데, 이는 보다 큰 M&A 시장으로의 진입을 의미한다. 이 글에서는 정보기술산업에서 발생하는 M&A의 특성과 정보기술기업의 사업적 특성으로 말미암아 활용 가능한 전략, 특수한 경영권 방어 장치인 CAP 등을 오라클 사례를 통해 전략적, 법률적, 정책적 측면에서 스터디하였다. 연구 대상 사례가 외국의 것이기는 하지만 우리나라의 관련 업계와 기업들에게도 시사하는 바 클 것으로 여겨지며, 전략적, 법률적 이슈들은 향후 우리나라에서도 마찬가지로 발생할 수 있는 것들이다. 후지TV를 공격하였던 라이브도어가 우리나라의 한 포탈사이트 운영기업을 다음 타깃으로 했었다는 소식도 들린 바 있고, 미국의 정보통신기업에 의한 우리나라 관련 기업 인수설도 종종 미디어에 등장한다. 이 글의 주제는 지속적인 조사와 연구의 대상이 되어야 할 것이다.

이 글에서 나타난 바와 같이 적대적 M&A 시도에 당면하면 해당 기업의 이사회는 일정한 규칙에 따라 그에 대처해야 한다. CAP의 함의가 나타내고 있듯이 적절한 경영권 방어 장치의 설치가 이사회의 의무이기는 하지만 경영권 방어만이 능사는 아닌 것이다. 이 점이 우리나라에서는 아직 잘 인식되고 있지 않은데 그는 대다수의 회사들이 지배주주의 통제 하에 있기 때문이다. 그러나 소유가 분산되고 전문경영진이 경영하는 기업의 경우 사외이사들이 이 짐을 떠맡게 된다. KT&G 사건이 우리나라에서 보기 드문 페어플레이로 진행되었던 것은 상대가 칼-아이칸인 점도 작용하였지만 KT&G가 서구형의 소유지배구조를 갖춘 기업이기 때문이기도 하다. 이 글에서 소개된 오라클 사례는 이사회 및 특별위원회의 역할과 의무, 행동 방식을 잘 보여주고 있으며 이는 정보기술기업의 경우뿐 아니라 일반적으로 참고할 수 있는 가이드라인을 제시해 준다. 상술한 유노칼 사건 판결은 사외이사들로 구성된 회의체가 내린 결정은 이사의 법률적 책임 이행 여부 판단에 있어서 유리한 평가를 받을 수 있다고 하여 미국에서 사외이사제도가 확산되는 데 큰 역할을 하였다. 끝으로, 이 사례는 주주가치와 종업원들의 이해관계 사이에서 항상 고민하게 되는 이사회의 입장도 잘 보여주고 있다.

[그림 2] 피플소프트의 주가 변동(2002년 1월~2004년 10월)

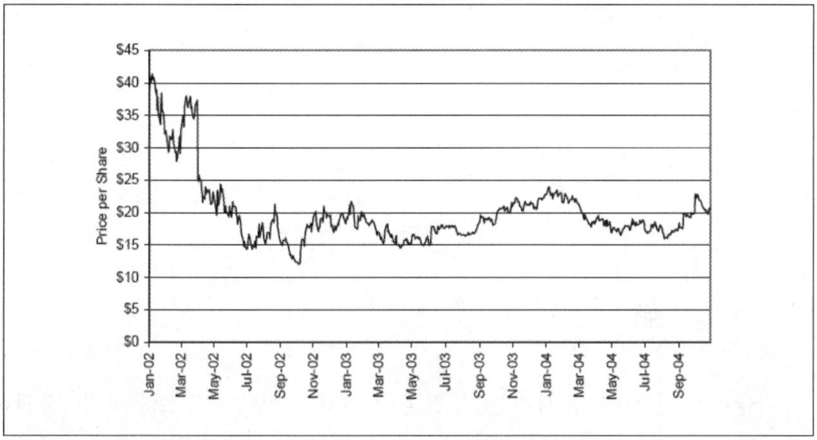

출처: Subramanian, 23.

[그림 3] 오라클의 주가 변동(2005년 1월~2006년 9월)

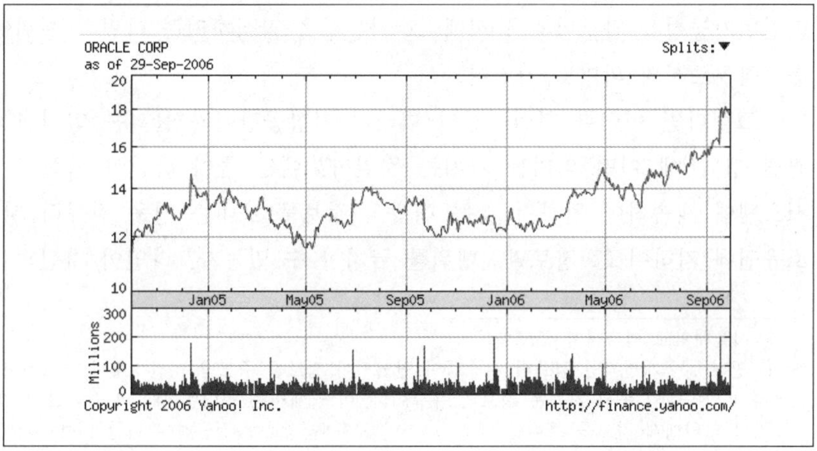

美國 不法行爲法上 動產侵害(trespass to chattel) 法理適用에 관한 最近의 論議와 그 示唆點

권 영 준*

Ⅰ. 序　　論

물리적 공간에 존재하는 물건을 소유하는 자는 그 소유권을 방해하는 자에 대하여 방해의 배제를 청구할 수 있다. 또한 그 행위가 불법행위의 요건을 모두 갖추었다면, 소유권자는 그 행위자를 상대로 불법행위로 인한 손해배상청구권을 행사할 수도 있다. 이러한 권리들은 권리자가 객체에 대하여 가지는 권리실현가능성을 담보함과 동시에 그 가능성을 잠식하려는 타인의 행위에 대한 통제장치로서의 의미도 가진다.

그렇다면 이러한 현실공간의 법리가 가상공간이라 불리는 인터넷상 정보관련 행위[1]에 어떤 의미를 가지는 것일까? 예를 들어 타인이 자신의 컴퓨터 시스템에 계속하여 원하지 않는 대량의 정보를 보내는 경우 컴퓨터 시스템의 소유권에 기하여 그 정보발신행위를 금지할 수 있는가? 타인이 자신의 컴퓨터

* 서울대학교 법과대학 조교수.

1) 인터넷은 개별적인 컴퓨터 시스템이 연결되어 정보를 주고받는 전세계적 네트워크이다. 따라서 인터넷의 주된 기능은 정보의 유통이다. 이 글에서는 인터넷에서 타인이 보낸 정보를 받거나 타인에게 정보를 보내는 행위, 타인이 보유한 정보에 접근하여 이를 이용하거나 가져가는 행위 등 정보와 관련되어 행하여지는 여러 가지 유형의 행위들을 편의상 '정보 관련 행위'라고 포괄하여 표현하기로 한다. 한편 '정보'의 개념을 확정하는 것도 대단히 어려운 문제 중의 하나이지만, 이 글에서는 정보화촉진기본법 제2조 제1호에서 정의한바, 즉 "자연인 또는 법인이 특정 목적을 위하여 광 또는 전자적 방식으로 처리하여 부호, 문자, 음성, 음향 및 영상 등으로 표현한 모든 종류의 자료 또는 지식"의 의미로 사용하기로 한다.

시스템에 접속하여 원하지 않는 방법으로 정보를 수집해가는 경우는 어떠한가? 또는 위와 같은 행위들을 위법하다고 하여 손해배상의 대상으로 삼을 수 있는가?

지난 약 10년간 미국에서는 이러한 문제를 다룬 일련의 판결들이 선고되었다. 이 판결들에서 다루고 있는 쟁점들은 다음 세 가지 유형으로 나누어 볼 수 있다.[2)]

첫 번째 쟁점은 물리적 시설로서의 컴퓨터 시스템이 동산(chattel)에 해당하는 점에 착안하여 보통법(common law)상 불법행위의 한 유형인 동산침해(trespass to chattel)의 법리를 적용할 수 있는가 하는 것이다. 이 쟁점에 관한 판결들은 사안의 내용에 따라 대체로 ① 피고가 원고의 컴퓨터 시스템에 원고가 원하지 않는 이메일을 대량으로 보낸 경우[3)]와 ② 피고가 원고의 컴퓨터 시스템에 접근하여 원고가 원하지 않는 방법으로 정보를 수집해간 경우[4)]로 나누어진다.

두 번째 쟁점은 컴퓨터 사기 및 남용방지법(Computer Fraud and Abuse Act)[5)]에 관한 것이다.[6)] 컴퓨터 사기 및 남용방지법은 정부나 금융기관의 컴퓨터에 저장된 기밀정보, 재정기록, 신용정보 등을 보호하기 위하여, 이러한 정보가 저장된 컴퓨터 시스템에 승인없이 접근하여 정보를 취득하는 행위를 금지하

2) 실제로는 하나의 판결에서 여러 가지 유형의 쟁점들이 다루어지기도 한다. 예컨대 첫 번째 및 두 번째 유형의 쟁점이 함께 다루어진 Am. Online, Inc. v. Nat'l Health Care Disc., Inc., 174 F. Supp. 2d 890(N.D. Iowa 2001); 두 번째 및 세 번째 유형의 쟁점이 함께 다루어진 Register.com, Inc. v. Verio, Inc., 356 F.3d 393(2d Cir. 2004) 등 참조.

3) 영리 목적의 광고성 이메일(소위 스팸메일)을 대량전송한 경우에 관한 판결로서 CompuServe Inc. v. Cyber Promotions, Inc., 962 F. Supp. 1015(S.D. Ohio 1997); Am. Online, Inc. v. LCGM, Inc., 46 F. Supp. 2d 444(E.D. Va. 1998); Am. Online, Inc. v. IMS, 24 F. Supp. 2d 548(E.D. Va. 1998); Am. Online, Inc. v. Nat'l Health Care Disc., Inc., 121 F. Supp. 2d 1255(N.D. Iowa 2000); Am. Online, Inc. v. Nat'l Health Care Disc., Inc., 174 F. Supp. 2d 890(N.D. Iowa 2001) 등 참조. 한편 비영리 이메일을 대량전송한 경우에 관한 판결로서 Intel Corp. v. Hamidi, 1 Cal. Rptr. 3d 32(2003) 참조.

4) 이에 관한 판결로서 eBay, Inc. v. Bidder's Edge, Inc., 100 F. Supp. 2d 1058(N.D. Cal. 2000); Register.com, Inc. v. Verio, Inc., 356 F.3d 393(2d Cir. 2004); Oyster Software, Inc. v. Forms Processing, Inc., No. C-00-0724, 2001 WL 1736382(N.D. Cal. Dec. 6, 2001) 등 참조.

5) 18 U.S.C.A. §1030 참조. 원래 이 법은 1984년 "위장접근장치와 컴퓨터 사기 및 남용방지법(Counterfeit Access Device and Computer Fraud and Abuse Act)"이라는 명칭으로 제정된 것이다.

6) 이에 관한 판결로서 EF Cultural Travel BV v. Explorica, Inc., 274 F.3d 577(1st Cir. 2001); Am. Online, Inc. v. Nat'l Health Care Disc., Inc., 174 F. Supp. 2d 890(N.D. Iowa 2001); Register.com, Inc. v. Verio, Inc., 126 F. Supp. 2d 238(S.D.N.Y. 2000) 등 참조.

는 연방법이다. 이 법에서는 위와 같은 금지조항에 반하는 행위에 대한 민사상 구제수단[7] 및 형사처벌에 관하여 규정하고 있다.

세 번째 유형은 일정한 정보 관련 행위를 금지하는 계약관계가 존재하는 경우 그 계약위반(breach of contract) 여부에 관한 것이다.[8] 전형적으로 상정할 수 있는 예는 포털사이트와 가입자 사이에 회원 가입 당시 체결한 약관에 의한 계약관계가 존재하는 경우이다. 이 때 그 약관 중 어느 회원이 다른 회원들에게 대량의 이메일을 발신하는 것을 금지하는 조항이 있는 경우 그 조항 위반 여부가 쟁점이 될 수 있다.[9]

이 글에서는 그 중 첫 번째 유형, 즉 보통법상 전통적인 불법행위 유형인 동산침해의 법리가 새로운 매체인 인터넷에 어떻게 적용되는가 하는 문제를 검토한다. 세 가지 유형 가운데 첫 번째 유형을 검토하려는 이유는 다음과 같다.

정보 관련 행위를 규율하기 위한 특별법이나 계약관계가 존재하는 경우에는 그 내용에 따라 당해 행위의 권리침해 여부나 위법성을 평가하면 족하다. 그러한 이유에서인지 미국에서도 두 번째 및 세 번째 유형의 쟁점들은 큰 논쟁거리를 제공하지 않았다. 반면 첫 번째 유형의 쟁점은 특별법이나 계약관계가 존재하지 않는 경우에도 보통법상의 법리에 기대어 정보 관련 행위에 대한 통제가 가능한가 하는 점을 다루고 있다. 그 동안 국가권력이 인터넷에 얼마나 개입할 수 있는가는 중요한 주제로 다루어져 왔다. 그러나 개인이 사유재산권에 기하여 인터넷을 얼마나 통제할 수 있는가 하는 점은 비교적 논의가 활발하지 못한 문제였다. 그런 와중에 미국에서 보통법상 동산침해법리가 인터넷에 있어서 개인의 통제권을 확보하는 수단으로 활용되기 시작하였다. 그리고 이러한 전통적인 동산침해의 법리와 새로운 사회현상으로서의 인터넷의 만남, 이를 계기로 촉발된 인터넷의 사적 통제(private control)의 문제는 여러 학자들의 관심과 연구의 대상이 되었다. 이처럼 미국에서 과학기술의 발전에 대응하여 적용되는 동산침해의 법리가 관심을 끌고 있는 점에 주목하여 이를 검토대상으로

---

7) 최초에 이 법에서는 형사처벌에 관하여만 규정하고 있었으나, 1994년에 이르러 민사상 구제수단이 추가되었다.

8) 이에 관한 판결로서 Register.com, Inc. v. Verio, Inc., 126 F. Supp. 2d 238(S.D.N.Y. 2000); Ticketmaster Corp. v. Tickets.com, Inc., No. CV 99-7654, 2003 WL 21406289(C.D. Cal. Mar. 7, 2003); Pollstar v. Gigmania Ltd., 170 F. Supp. 2d 974(E.D. Cal. 2000); Hotmail Corp. v. Van$ Money Pie Inc., 47 U.S.P.Q.2d(BNA) 1020(N.D. Cal. 1998) 등 다수.

9) 위의 Hotmail 사건(47 U.S.P.Q. 2d(BNA) 1020)이 그 전형적인 예이다.

삼고자 하는 것이다.

물론 동산침해의 법리는 영미법에 특유한 것이다. 따라서 이에 관한 미국의 판결들이나 학술적 논의들이 우리 나라에 그대로 적용되기는 어렵다. 그러나 동산침해법리가 지향하는 동산에 대한 정당한 이익 보호의 문제는 우리나라 법체계에서도 그대로 지향하는 바이다. 또한 인터넷에 동산침해법리를 적용하는 과정에서 고려되는 각종 정책적 고민들은, 나라와 국경을 가리지 않는 인터넷의 특성상 우리나라라고 해서 다를 것이 없다. 그러므로 법계(法系)의 이질성에서 오는 외형적인 차이에도 불구하고, 이 문제에 관한 미국 판결들과 학계의 논의에 대한 검토는 우리나라에도 중요한 참고자료가 될 수 있다.[10)]

이러한 배경 아래에서, 이 글에서는 우선 미국 법원의 판결들을 이해하기 위한 전제작업으로 영미법상 불법행위의 하나인 동산침해 전반에 관하여 서술한다. 그 후 인터넷에 동산침해법리를 적용한 대표적인 미국 판결들의 내용과 그 전체적 흐름을 설명한다. 다음으로 이 판결들을 둘러싼 미국 학자들의 논의를 해석론과 정책론으로 나누어 소개한다. 마지막으로 미국의 판결 및 학술적 논의에 관한 나름대로의 평가와 함께, 우리나라의 관점에서는 이 문제를 어떻게 바라보아야 하는지에 관한 사견을 제시한다.

Ⅱ. 動産侵害法理 一般論

1. 美國의 不法行爲法 및 動産侵害法理 槪觀

미국의 불법행위법은 영국 불법행위법의 토대 위에서[11)] 장기간에 걸쳐 축적된 판례에 의하여 보통법의 한 분야로 형성되어 왔다.[12)] 보통법에서는 로마

10) 미국의 동산침해 법리의 현대적 적용에 관하여 다룬 국내 논문으로서 鄭震明, "사이버소유권에 관한 연구," 비교사법, 제12권 제 3 호, 2004; 같은 필자, "사이버불법행위에 관한 법리 소고 — 민사 법리의 적용을 중심으로 —," 財産法硏究, 제22권 제 3 호, 2006; 이재환, "Trespass to chattels," 사이버불법행위법연구회 발표문(2004. 5.)(미공간)이 있다.

11) 미국 불법행위법은 1870년대를 기점으로 하여 영국의 불법행위법과 구별되는 독자적 발전이 시작되었다고 한다. 가정준, "美國 不法行爲法 발전의 이론적 고찰," 비교사법, 제12권 제 1 호, 2005, 385면.

12) 다만 루이지애나(Louisiana)주는 프랑스법의 영향을 강하게 받아 판례법이 아니라 성문법에 의하여 불법행위 분야를 규율한다.

법과 마찬가지로, 불법행위법을 하나의 통일된 체계 안에서 파악하지 않고 개별적인 불법행위유형에 초점을 맞추는 특징을 가지고 있다.[13] 이는 대체로 개별적이고 구체적인 불법행위 유형들을 아우르는 포괄적 불법행위 개념이 발달된 주요 대륙법 국가들의 태도[14]와 구별되는 것이다.[15]

우리 민법 제750조는 『고의 또는 과실로 인한 위법행위로 타인에게 손해를 가한 자는 그 손해를 배상할 책임이 있다』라고 규정한다. 그러므로 아무리 다양한 행위가 존재하더라도 그 행위가 불법행위인지를 결정함에 있어서는 그것이 위법성이나 고의, 과실 등 민법 제750조에서 정한 요건을 충족하는가 하는 문제로 귀결된다. 하지만 영미법상 불법행위는 오랜 역사를 통하여 개별적인 유형별로 형성되어 온 것들이다. 그리고 각 유형마다 불법행위의 요건이나 항변사유가 달라진다. 따라서 어떠한 행위의 불법행위성을 판단하려면, 우선 기존의 불법행위 유형 중 어느 것에 해당하는지, 또한 그 개별적인 성립요건을 충족하는지 살펴보아야 한다. 그러한 면에서 불법행위 개념이 열려 있는 우리나라와 달리 영미법계의 불법행위 개념은 닫혀 있다. 이러한 차이 때문에 미국에서는 문제되는 행위가 기존 불법행위 가운데 어느 유형에 포섭되는지가 중요한 쟁점으로 떠오르게 된다. 특히 불법행위법으로 규율할 필요성이 있는 새로운 사회현상이 등장하면, 그 사회현상이 기존 불법행위 유형 중 어느 하나에 속할 수 있는가가 고민의 대상이 된다.

미국에서는 불법행위로 인한 책임유형을 고의책임(intentional liability), 과실책임(negligence liability), 무과실책임(strict liability)의 세 가지 형태로 구분한다. 그 중 고의책임을 발생시키는 불법행위는 다시 인신에 관한 것과 물건에 관한 것으로 나눈다. 전자에 속하는 것으로는 폭행(battery), 폭행의 위협(assault), 불법감금(false imprisonment), 고의적인 정신적 고통야기(intentional

---

13) James Gordley, *Foundations of Private Law*(2006), 159면.

14) 예컨대 프랑스 민법은 제1382조에서 「타인에게 손해를 야기하는 인간의 모든 행위는 자신의 과책으로 그 손해가 발생한 자로 하여금 이를 배상하도록 의무를 지운다」라고 규정한다(번역은 명순구 역, 프랑스민법전, 法文社, 2004, 585면에서 인용). 한편 독일 민법은 제823조에서 타인의 생명, 신체, 건강, 자유, 소유권 또는 기타의 권리를 위법하게 침해하거나, 타인의 보호를 목적으로 하는 법률에 위반한 행위에 관하여, 제826조에서 선량한 풍속에 위반하여 타인에게 고의로 손해를 가한 행위에 관하여 각각 손해배상의무를 지운다(번역은 梁彰洙 譯, 2005년판 독일민법전, 博英社, 2005, 531면에서 인용).

15) James Gordley & Arthur Taylor Von Mehren, *An Introduction to the Comparative Study of Private Law*(2006), 234, 240면.

infliction of emotional distress)가 있다. 후자에 속하는 것으로는 토지침해(trespass to land), 동산침해(trespass to chattel), 동산의 불법이전(conversion of chattel)이 있다. 이처럼 동산침해는 고의에 기한 불법행위의 하나이다. 그러므로, 과실에 의하여 동산침해의 결과가 발생하였더라도 이를 과실에 의한 불법행위(negligence tort)의 문제로 다룰 뿐 위 동산침해에 해당한다고 보지 않는다.[16]

보통법의 초기 단계에서는 동산침해에 대한 구제수단으로 writ of trespass de bonis asportatis가 부여되었다.[17] 이는 원고가 점유하고 있는 동산을 피고가 침해하는 사안에 관한 것이었다. 이것이 동산침해법리의 원형이라고 할 수 있다. 그 이후 보통법의 발전에 따라 위와 같은 고전적인 동산침해 이외에도 불법점유(detinue)와 횡령(trover)이라는 새로운 불법행위 유형들이 파생되었다.[18] 불법점유(detinue)는 피고가 최초에는 적법하게 점유하고 있었으나 그 점유권원이 상실된 이후에도 계속하여 점유하고 있는 유형의 불법행위였다.[19] 한편 횡령(trover)은 원고가 잃어버린 동산을 피고가 습득하고도 이를 반환하지 않고 스스로 사용하거나 타인에게 처분하는 유형의 불법행위였다.[20] 그런데 그 이후 동산침해는 모든 의도적인 동산에 대한 침해행위를 포괄적으로 포섭하는 것으로 발전하였다. 그 중 침해정도가 중대하여 차라리 피고에게 그 동산을 취득하도록 강제하되 원고에게는 그 가치 상당액을 지급하게 하는 것이 상당한 경우에는 동산의 불법이전(conversion of chattels), 침해정도가 그만큼 중대하지

16) 하지만 영국에서는 이 점에 관하여 의견의 일치가 있다고 보기 어렵다. 예를 들어 trespass에 있어서는 접촉(contact)이 직접적(direct)인가 여부가 문제되는 것이고, 직접적인 접촉으로 인한 침해가 발생하였다면 그 침해행위가 고의(intent)와 과실(negligence) 중 어느 것에 기한 것이라도 상관없다고 설명하기도 한다. W.V.H. Rogers, *Winfield and Jolowicz on Tort*(15th ed. 1998), 83-84면. 이에 반대하는 견해로 R.E.V. Heuston & R.A. Buckley, *Salmond and Heuston on the Law of Torts(21st ed. 1996)*, 136-17. Gordley & Von Mehren, *id.* at 240에서 재인용.

17) 중세 영국에서는 일반 국민이 보통법 법원(common law court)에 민사소송을 제기하려면 상급 관리로부터 영장(writ)을 취득하여야 했다. Writ of trespass *de bonis asportatis*도 그러한 영장의 일종이다. *de bonis asportatis*는 "가져간 물품에 관한"(for goods taken away)이라는 뜻을 가진 라틴어이다.

18) Edward J. Kionka, *Torts(2d ed. 1992)*, 146면.

19) 이 유형은 피고의 점유개시가 적법한 권원에 기한 것이라는 점에서 원칙적인 동산침해와 구분되는 것이었다.

20) 이 유형은 피고가 동산을 습득할 당시 원고의 점유가 상실되어 있었다는 점에서 원칙적인 동산침해와 구분되는 것이었다.

않는 경우에는 (좁은 의미의) 동산침해(trespass to chattels)로 분류되었다.[21] 이 글에서 살펴보는 불법행위 유형은 후자에 해당하는 동산침해이다.

2. 動産侵害의 成立要件

동산침해는 다른 사람이 소유하는 동산의 점유를 정당한 법적 근거없이 물리적으로 방해하는 행위이다.[22] 판례에 의하여 형성되어 온 법리에 따르면, 동산침해의 성립을 위하여는 ① 원고의 점유, ② 피고의 고의적인 점유방해, ③ 손해(harm)의 발생, ④ 점유방해와 손해 사이의 인과관계가 필요하다. 아래에서 각 요건별로 설명한다.

(1) 原告의 動産占有(possession of chattels)

동산침해가 성립하려면 원고가 그 동산을 점유하고 있어야 한다.

우선, 동산은 이동 또는 이전이 가능한 재산, 혹은 수동적인 방법으로 이동할 수 있는 물리적 객체로서 부동산이 아닌 것을 의미한다.[23]

다음으로, 점유는 자기 또는 타인을 위하여 그 동산 위에 물리적 통제권을 행사하는 것을 의미한다.[24] 여기에서 물리적 통제권은 사실상 그 동산을 지배하고 있는 경우뿐만 아니라, 다른 사람을 통하여 이를 사실상 지배하고 있는 경우도 포함한다.[25] 이는 우리 민법상 점유의 개념에 직접점유뿐 아니라 간접점유도 포함되는 것과 비견될 수 있다. 예를 들어 A가 잠시 사무실에 들어간 사이에 사무실 밖에서 A의 운전기사가 자동차에 앉아 A를 기다리는 경우에도 A가 그 자동차를 점유하는 것으로 본다.[26] 또한 점유는 일반적으로 장소적 밀접성을 수반하지만, 점유의 규범성에 의하여 완화될 수 있다. 따라서 A의 말이 농장을 벗어나 고속도로에서 헤매다가 그 곳에서 망아지를 낳은 경우에도 그 망아지는 A가 점유하는 것으로 본다.[27]

---

21) Kionka, *supra* note 18 at 147.
22) BLACK'S LAW DICTIONARY(7th ed. 1999) at 1509.
23) *Id.* at 251.
24) Restatement(Second) of Torts(이하 "Restatement") § 216.
25) *Id.*
26) *Id.*
27) *Id.*

여기에서의 점유는 반드시 소유권에 기한 것일 필요는 없다. 점유할 권원이 없는 경우에도 동산을 사실상 지배하고 있으면 침해자에 대하여 점유권을 주장할 수 있다. 그러므로 동산침해는 동산소유권 보호보다는 동산점유권 보호에 그 초점이 맞추어져 있다.

(2) 被告의 故意的인 占有妨害(intentional invasion of chattel interest)

가. 故意(intent)

동산침해는 고의에 의한 불법행위의 하나이므로 고의를 그 성립요건으로 한다. 여기에서의 고의는 침해에 대한 고의가 아니라 행위에 대한 고의이다. 즉 그가 실제로 그 동산을 다루었던 방법대로 다룰 의도를 가진 것(intended to deal with the chattel in the manner in which he actually did deal with it)으로 족하다. 따라서 자신의 행위가 동산침해에 해당한다는 인식을 요하는 것이 아니라, 자신이 동산의 점유에 관련된 행위를 한다는 인식만으로 족하다.[28] 그 결과 침해행위가 합법적인 것으로 잘못 알았다는 사유만으로는 고의성립을 조각하지 못한다. 또한 침해로 인한 손해까지 의도하였을 것을 요구하지 않는다. 이와 같이 완화된 고의개념 때문에 실제에 있어서 고의 요건은 대부분 쉽게 충족된다.

나. 占有妨害行爲(invasion of chattel interest)

동산침해가 성립하려면 동산에 대한 점유방해행위가 있어야 한다. 이 요건은 동산침해의 성립 여부를 판단함에 있어서 가장 중요한 요건이다. 점유방해행위는 점유박탈(dispossession)과 사용 또는 점유간섭(using or intermeddling)(이하 '점유간섭'이라고만 한다)의 두 가지 모습으로 나누어진다.[29]

점유박탈은 타인의 동산을 동의 없이 가져가거나, 기망이나 강박으로 동산을 취득하거나, 동산에 대한 점유자의 접근을 방해하거나, 동산을 손괴 또는 압류하는 등의 모습으로 나타난다.[30] 한편 점유간섭은 동산에 대하여 의도적으로 행하여지는 물리적 접촉(physical contact)을 의미한다.[31] 점유박탈과 점유간섭을 구별하는 것이 항상 용이한 것은 아니다. 하지만 점유자가 동산을 본래 목

28) Restatement, Comment to §217.
29) *Id.* §217.
30) *Id.* §221.
31) *Id.* §217.

적에 따라 이용하는 것이 불가능한 정도라면 점유박탈, 가능하지만 방해를 받는 정도라면 점유간섭에 해당한다고 볼 수 있다.

(3) 占有妨害로 인한 損害發生(causation and damages)

피고의 점유방해행위가 동산침해로 평가되려면 점유방해로 인한 손해가 발생하였어야 한다. 그리고 이 손해는 명목적 손해(nominal damage)가 아닌 현실적 손해(actual damage)라야 한다.

점유방해행위가 점유박탈에 이른 경우에는 동산 자체에 현실적 손해가 발생한 것으로 추정하므로, 점유박탈 그 자체만으로 동산침해가 성립한다. 그러나 점유방해행위가 점유간섭에 그친 경우에는 동산 자체에 현실적 손해가 발생하였는지를 심리하여야 한다. 따라서 현실적 손해발생 요건은 대부분 점유간섭에 있어서 문제된다.

한편 손해발생과 점유방해행위 사이에 인과관계가 있어야 하는 것은 당연하다.

3. 動產侵害主張에 대한 抗辯事由

위와 같이 동산침해의 요건이 충족되면 불법행위로서의 동산침해가 성립한다. 그러나 피고는 여러 가지 항변사유(defense)를 들어 동산침해책임에서 벗어날 수 있다. 그 대표적인 것을 들면 다음과 같다.

(1) 同意(consent)

원고가 침해행위에 동의한 경우 피고는 동산침해에 대한 불법행위 책임을 부담하지 않는다.[32] 동의는 묵시적 방법으로도 가능하다. 한편 기망(fraud), 강박(duress) 또는 명백한 착오(apparent mistake)에 의한 동의, 동의능력 없는 자에 의한 동의는 유효하지 않다.[33] 또한 동의의 범위를 벗어난 침해행위[34]에 대

32) *Id.* §252.
33) *Id.* Comment to §252 A.
34) 따라서 A가 B에게 X시까지 몰고 갈 자동차를 빌려주면서 특정한 고속도로를 이용하는 것을 조건으로 부가하였는데, 동일한 거리와 상태의 다른 고속도로를 이용하다가 날아온 돌에 앞유리창이 깨졌다면, B는 A에게 책임을 부담한다. *Id.* Comment to §256.

하여는 그 초과범위 내에서 불법행위가 성립한다.[35]

(2) 土地 또는 動產의 保護(defense of the land or chattels)를 위한 不可避한 侵害

합리적 관점에서 볼 때 피고의 토지 또는 동산이나 그에 대한 피고의 점유를 보호하기 위하여 다른 동산에 대한 침해가 불가피하다고 판단되고, 그 침해로 인한 손해가 피고가 입을 손해와 비교하여 비합리적일 정도에 이르지 않는다면, 동산침해책임을 부담하지 않는다.[36] 따라서 A의 자동차가 B의 앞마당에 세워져 있어 B가 그 자동차의 브레이크를 풀고 도로로 차량을 밀어내는 과정에서 자동차에 불가피하게 발생한 손해에 대하여 B는 책임을 부담하지 않는다.[37]

(3) 公共必要 또는 私的 必要에 따른 侵害(invasion as a public or private necessity)

피고가 공공재난(public disaster)을 피하거나, 피고나 원고 또는 제3자를 사망이나 심각한 상해의 위험으로부터 보호하기 위하거나, 토지나 동산을 파괴나 손상의 위험으로부터 보호하기 위하여서는 합리적인 범위 내에서 침해행위를 할 수 있다.[38]

(4) 生活妨害를 減少시키기 위한 侵害(invasion to abate a nuisance)

생활방해(nuisance)는 다른 사람의 재산에 대한 비합리적인 정도의 방해행위 또는 그 방해상태를 의미한다.[39] 한편 피고는 다른 사람의 동산으로 인하여 야기된 생활방해를 감소시키기 위하여 합리적인 범위 내에서 그 동산에 대한 침해행위를 할 수 있다.[40]

---

35) *Id.*
36) *Id.* §260(1).
37) *Id.* Comment to §260(1).
38) *Id.* §242, 243.
39) BLACK'S LAW DICTIONARY at 1096.
40) Restatement. §247.

4. 動產侵害에 대한 救濟

불법행위에 대한 재판상 구제방법은 보통법상 인정되는 손해배상이지만, 형평법상 인정되는 금지명령의 요건을 충족하는 경우에는 그에 따른 구제도 가능하다. 아래에서는 그 각각의 제도에 관하여 간략하게 살펴본다.

(1) 損害賠償(damages)

동산침해는 보통법상의 불법행위이므로, 그 구제수단 역시 보통법이 부여하는 것이어야 한다. 그런데 보통법상 구제수단은 손해배상이다. 그러므로 동산침해에 대한 원칙적인 구제수단 역시 손해배상이다. 만약 피고의 행위가 점유박탈(dispossession)의 정도에 이르면 원고는 그 점유박탈로 인하여 원고에게 발생한 손해 상당액(예컨대 동일한 동산을 빌리는 데에 들어가는 비용)의 지급을 구할 수 있다. 만약 피고의 행위가 점유간섭(intermeddling)에 해당한다면 동산 자체에 발생한 현실적 손해 상당액의 지급을 구할 수 있다.[41] 동산침해는 부동산침해와 달리 명목적 손해배상(nominal damages)이 인정되지 않는다.

(2) 禁止命令(injunction)

금지명령(injunction)[42]은 특정한 행위를 명하거나 금지하는 법원의 명령으로서,[43] 형평법(law of equity)상 인정되는 구제수단이다. 불법행위에 관한 금지녕령은 가해자의 불법행위를 중지하거나 장차 하지 말 것을 명하는 형태로

41) 앞서 설명한 것처럼 점유간섭에 해당한다면 현실적 손해를 입증해야 비로소 동산침해가 성립한다.

42) Injunction은 "금지명령"으로 번역하는 것이 일반적이고(예컨대 李相潤, 英美法, 改訂版, 226면. 李在哲, 미국의 民事抗訴節次, 裁判資料 80輯, 1998, 5면 이하; 한편 "금지"로 번역한 것으로 서철원, 미국불법행위법, 137, 225면), "유지명령"으로 번역하기도 한다(吳大性, "미국의 민사소송에 있어서 留止命令," 民事裁判의 諸問題(下), 松泉 李時潤博士華甲紀念論文集, 1995, 562면 이하). 하지만 Injunction은 특정한 행위의 금지뿐만 아니라 이행을 명할 수도 있다는 점에서 금지명령이라는 용어는 Injunction의 유형을 모두 포괄할 수 없다는 단점이 있다. 이러한 점 때문에 Injunction이라는 용어를 번역하지 않고 그대로 사용하는 논문(李峻, "미국법상의 민사보전처분," 裁判資料 80輯, 1998, 121면 이하)도 있다. 엄밀히 말하자면 Injunction을 금지명령으로 번역하는 것은 특정 행위를 명하는 Injunction을 포괄할 수 없게 되어 불완전한 것이다. 하지만 이 글에서 문제되는 Injunction은 특정한 행위의 금지나 예방을 구하는 Prohibitory Injunction이나 Preventive Injunction이 대부분이므로, 일단 이를 금지명령으로 표현하기로 한다.

43) BLACK'S LAW DICTIONARY at 800.

나타난다. 과거에 발생한 손해에 대한 손해배상과, 현재 계속되거나 장차 발생할 불법행위를 중지 또는 방지하기 위한 금지명령은 동시에 구할 수 있다. 그러나 이 경우에도 두 청구는 개념상 구분된다.

금지명령은 형평법에 의하여 인정되는 것이므로, 보통법상 불법행위인 동산침해의 성립요건이 충족되었다고 하여 막바로 인정되는 것은 아니다. 금지명령이 허용되려면 금지명령이 부여되지 않으면 회복되지 않는 손해가 발생하고, 적절한 보통법상 구제수단이 존재하지 않는다는 점이 주장, 입증되어야 한다.[44] 한편 위 두 가지 요건은 사안의 성격, 금지명령을 구하는 목적, 금지명령이 부여되거나 거절되는 경우 당사자들에게 미치는 영향 등 여러 가지 요소들을 종합적으로 고려하여 판단한다.[45]

이처럼 금지명령청구는 형평법에 의하여 인정되지만, 불법행위에 대하여 주어지는 구제수단이므로 실제에 있어 금지명령을 발하기 위하여서는 불법행위 성립 여부를 검토하게 된다.

Ⅲ. 關聯 判決

1. 背　　景

지금까지 미국 불법행위법상 동산침해의 성립요건과 항변사유 및 구제수단에 관하여 살펴보았다. 동산침해는 미국 불법행위법 분야에서 중요한 비중을 차지한다고 보기 어렵다. 우선 보호대상인 동산은 부동산에 비하여 상대적으로 그 경제적 가치가 적다. 따라서 동산침해는 부동산침해에 비하여 상대적으로 경미하게 다루어진다. 또한 동산침해의 정도가 심각하여 침해자에게 지배권이 이전되었다고 평가할 정도가 되면 동산의 불법이전(conversion of chattels)에 해당한다. 그러므로 현실적으로 중대한 동산침해는 동산침해가 아닌 동산의 불법이전의 법리에 의하여 규율된다. 위와 같은 이유들 때문에 동산침해법리는 그다지 많은 주목을 받지 못한 채 불법행위법 분야의 한 구석을 차지하고 있었을 뿐이었다.[46]

44) *Id.*
45) Restatement, §933(1).

그런데 인터넷의 발전과 더불어 가상공간에서 원하지 않는 정보 관련 행위에 대한 제한법리가 모색되면서, 동산침해법리는 극적으로 부활하기 시작하였다. 인터넷은 개별적인 컴퓨터 시스템을 연결하는 네트워크이므로, 정보의 유통과 저장도 이러한 컴퓨터 시스템을 통하여 이루어진다. 그런데 물리적 시설로서의 컴퓨터 시스템은 동산(chattel)에 해당한다. 따라서 원하지 않는 정보 관련 행위가 행하여진 경우에는 동산인 컴퓨터 시스템을 침해한다고 평가할 수 있는 행위유형을 찾아내고, 이에 기대어 정보에 관한 통제권을 정당화하고자 하는 시도가 나타났다. 이 글의 서론 부분에서 언급한 동산침해에 관한 미국 판결들은 바로 이 부분에 대한 법원의 판단을 담고 있는 것이다. 아래에서는 그 중 대표적인 판결들을 소개한다.

2. 前哨的 判決－Thrifty Tel. Inc. v. Bezenek et al. 判決[47)]

(1) 事實關係

이 사건의 원고는 전화회사인 Thrifty Tel(이하 '원고 회사'라고 한다)이고, 피고들은 10대 미성년자 아들들을 둔 Bezenek 부부이다.

Bezenek 부부에게는 미성년자 아들들인 Ryan Bezenek과 Gerry Bezenek(이하 '피고 자녀들'이라고 한다)이 있었다. 이들은 원고 회사의 장거리 전화를 무료로 이용할 목적으로 친구들과 함께 집에 있는 컴퓨터와 모뎀을 이용하여 원고 회사의 컴퓨터 시스템에 대한 해킹을 시도하였다.

한편 원고 회사의 전화서비스는 다음과 같은 경로로 이루어졌다. 우선 원고 회사의 전화서비스 가입자들의 전화기에게는 비밀접근번호와 6자리로 이루어진 승인번호가 부여되었다. 가입자들이 그 전화기로 장거리 통화를 할 때에는 위와 같은 번호를 통하여 자동으로 원고 회사의 컴퓨터 시스템에 접속되어 전화서비스가 제공되었다. 만약 가입자가 아닌 자가 비밀접근번호와 승인번호를 알고 있다면, 원고 회사에 비용을 지불하지 않고도 장거리 전화를 이용할

46) Prosser의 표현에 의하면, 동산침해의 주된 의미는 동산의 불법이전에 이르지 않는 정도의 점유방해행위가 있더라도 구제수단이 부여된다는 정도에 그치는 것으로서, 동산침해는 동산의 불법이전의 작은 동생(a little brother of conversion)으로 살아남았다고 한다. Prosser & Keeton, *Prosser & Keeton on Torts*(5th ed, 1984), §14, at 85-86.

47) 54 Cal. Rptr. 2d 468(Cal. Ct. App. 1996).

수 있었다.

그런데 피고 자녀들에게는 원고 회사의 컴퓨터 시스템에 대한 비밀접근번호를 알고 있는 친구가 있었다. 이에 피고 자녀들과 몇몇 친구들은 1991년 11월경 피고들의 집에서 컴퓨터와 모뎀을 이용하여 시스템에 접속할 수 있는 나머지 정보, 즉 6자리 승인번호를 알아내기 위한 수동검색작업을 시작하였다. 판결이유에 의하면, 피고 자녀들과 그 친구들은 처음 이틀 동안 약 24분 동안 90회에 걸쳐 원고 회사의 시스템에 접속하였고, 그 다음날에는 피고 자녀들이 거의 16분 동안 72회에 걸쳐 접속하였다. 원고 회사는 내부보안시스템을 통하여 거의 즉각적으로 이러한 해킹사실을 인지하였다. 그리고 1991년 11월 말경에는 해킹장소가 피고들의 집이라는 것도 알아내었으나 그 사실을 피고들에게 통지하지는 않았다.

약 3개월 후 피고 자녀들은 다시 수일간 수동검색작업을 재개하였다. 그 후 이들 중 Ryan Bezenek은 이 작업을 자동으로 수행하는 소프트웨어를 입수하였다. 1992년 2월 18일 그는 이 소프트웨어를 이용하여 자동으로 승인번호 검색을 시작하였는데, 그 검색은 고속으로 이루어져 6~7시간 동안 무려 1,300회의 접속이 행하여졌다. 한편 비교적 적은 숫자의 전화회선을 가지고 있었던 원고 회사의 시스템은 이러한 과도한 자동접속으로 인하여 과부하를 일으켜 몇몇 가입자들의 전화접속에 장애가 발생하기도 하였다.

(2) 訴訟의 經過

원고 회사는 피고들을 상대로 1992년 4월 1일 캘리포니아 주 오렌지카운티 법원에 동산의 불법이전(conversion) 및 사기(fraud)를 이유로 손해배상소송을 제기하였다. 이들이 구한 손해액은 공공요금위원회(Public Utility Commission)에서 인가받은 원고 회사의 요금표에 따른 전화사용요금 상당액이었다. 1심 법원은 원고 회사의 주장에 따라 피고들에게 위 요금표에 기하여 계산한 33,270달러 상당의 손해배상을 하도록 명하였다.[48)]

피고들은 이러한 1심 판결에 대하여 항소하였다. 항소이유는 ① 승인번호를 획득하기 위하여 비밀접근번호를 무단이용한 것만으로는 동산의 불법이전

48) 항소심 판결문에 나타난 원심 판결의 정보는 다음과 같다. The Superior Court, Orange County, No. 685646(담당 판사는 Eleanor Palk).

에 해당하지 않고, ② 기계적인 무단접속 및 이에 기한 자동적인 처리가 사기(fraud)에 해당한다고 할 수 없으며, ③ 원고 회사가 해킹사실을 알고도 막바로 이에 대한 적절한 조치를 취하지 않아 발생한 손해에 대하여는 피고들에게 배상책임이 없고, ④ 피고들의 손해배상액은 원고 회사의 요금표에 기하여 계산하는 것이 아니라 실제 발생한 손해에 기하여 산정하여야 하며, ⑤ 부모가 자녀들의 불법행위에 대하여 책임을 지는 것은 별론으로 하고, 그들의 친구들이 행한 행위에 대하여서까지 책임을 지지는 않는다는 것이었다.

(3) 法院의 判斷

이에 대한 캘리포니아 주 제 4 항소법원의 판결요지는 ① 피고 자녀들의 행위는 동산침해에 해당하고, ② 기계적인 무단접속 및 이에 기한 자동적인 처리도 사기의 개념에 포함되며, ③ 원고 회사가 손해경감을 위하여 필요한 조치를 취하지 않아 발생한 손해에 대하여는 피고들에게 배상책임이 없고, ④ 피고들이 배상하여야 하는 손해액도 요금표가 아니라 실제 발생한 손해에 기하여 산정하여야 하며, ⑤ 자녀들과 그 친구들이 공동으로 행한 행위에 대하여는 부모가 책임을 질 수 있다는 것이었다.

그 중 ①의 점, 즉 동산침해에 관한 사항이 이 글과 연관성이 있는 부분이므로 이 부분에 관하여 조금 더 설명한다.

사실관계에서 본 것처럼 원고 회사가 명시적으로 주장한 것은 동산의 불법이전이있다. 그러나 항소심에서는 이 사안이 동산의 불법이전에 해당하는지에 관하여는 판단을 유보한 채, 기록상 원고 회사가 동산침해를 주장, 입증한 것으로 볼 수 있다고 전제한 뒤 이에 관하여 판단하였다. 항소심 법원은 동산침해의 법리는 동산의 불법이전의 정도에 이르지 않는 동산의 점유방해에 대한 구제수단이 될 수 있다고 한 뒤, 자세한 요건분석을 거치지 않은 채 피고 자녀들이 원고 회사의 시스템에 접속하여 승인번호를 검색한 행위들이 원고 회사의 시스템에 대한 침해행위에 해당한다고 판시하였다.

한편 판결이유의 각주에서는 점유방해가 성립하기 위하여 필요한 물리적 접촉 요건이 충족되었는가 하는 부분에 관하여 부연설명하고 있다.[49] 이에 따르면 초기 보통법에서는 침해의 성립을 위하여 타인의 동산에 대한 물리적 접

49) *Thrifty Tel.* 54 Cal. Rptr. 2d at 473.

촉이나 토지에 대한 침입을 요구하였는데, 근래의 법리에 의하면 간접적인 접촉이나 침입만으로도 이 요건이 충족되었다고 본다는 것이다. 이처럼 이제 유형성의 요구는 거의 포기될 정도로 완화되어 극히 작은 입자들이나 연기, 음파들도 침해의 요건을 충족시킬 수 있으므로, 피고 자녀들의 행위로 인하여 발신된 전자신호들도 동산침해에 필요한 물리적 접촉으로 보기에 충분하다는 것이다.

(4) 意　味

이 판결은 동산침해의 법리가 컴퓨터 시스템과의 관련성 아래에서 최초로 적용된 판결이라는 점에서 큰 의미가 있다. 특히 전자신호의 발신도 점유방해행위에 필요한 물리적 접촉 요건을 충족할 수 있다고 판시한 점은 그 이후의 판결들에게 많은 영향을 미쳤다.

다만 이 판결은 원고 회사가 명시적으로 주장하지 않은 동산침해법리를 끌어오면서까지 결론을 내린 과감함에 비하여, 그 구체적인 요건별로 자세한 검토를 거치지 않았다는 약점이 있다. 그러한 점에서 동산침해법리의 현대적 적용에 관한 본격적인 판결이라고 평가하기에는 어려움이 있다.

3. 인터넷상 情報發信行爲에 관한 本格的 法理適用—CompuServe Inc. v. Cyber Promotions, Inc. 判決[50)]

(1) 事實關係

이 사건의 원고인 CompuServe사(이하 '원고 회사'라고 한다)는 가입자들에게 이메일 서비스를 비롯하여 여러 가지 온라인컴퓨터서비스를 제공하는 업체이다. 한편 피고들은 Cyber Promotions사(이하 '피고 회사'라고 한다)와 그 회장인 Sanford Wallace이다. 피고 회사는 영리 목적의 광고성 이메일(스팸메일)을 대량발송하는 업체이다. 피고 회사가 스팸메일을 보내는 상대방 가운데 상당수는 원고 회사의 가입자들이었다.

원고 회사는 피고들에게 이러한 메일을 보내거나 저장하기 위하여 원고 회사의 컴퓨터 시스템을 사용하여서는 안 된다고 통보하여 이메일의 발송금지

50) 962. F. Supp. 1015(S.D. Ohio 1997).

를 요청하였다. 그러나 피고들은 이러한 원고 회사의 요청에도 불구하고, 원고 회사의 가입자들에게 계속적으로 다량의 이메일을 발송하였다. 원고 회사는 이를 차단하기 위한 소프트웨어를 작동시키는 등 기술적 조치를 취하였으나, 피고들은 발신자 정보표시를 바꾸어 가며 이메일을 발송하였으므로 위와 같은 기술적 조치는 별 도움이 되지 못하였다. 이러한 상황에서 원고 회사는 일부 가입자들로부터 이러한 스팸메일의 문제를 해결하지 않으면 더 이상 원고 회사의 서비스를 이용하지 않겠다는 항의를 받았다.

(2) 訴訟의 經過

원고 회사는 1996년 10월 24일 피고들을 상대로 오하이오 주 연방지방법원에 예비적 금지명령을 구하는 소송을 제기하였고, 그 이후 다시 그 금지기간의 연장신청을 하였다. 원고 회사는 피고들의 위와 같은 행위가 동산침해에 해당한다고 주장하였고, 오하이오 주 연방지방법원은 1997년 2월 3일자 결정문을 통하여 관련 쟁점들에 관하여 다음과 같이 판시하였다.

(3) 法院의 判斷

이 사건에서는 동산침해의 성립요건 중 점유간섭과 손해 존재 여부, 항변사유 중 동의 여부가 주요 쟁점으로 다루어졌고, 그 이외의 관련 쟁점으로 표현의 자유와의 관계가 다루어졌다.

첫 번째 쟁점은 메일 서버에 이메일을 보내는 것이 동산침해에 있어서 점유간섭에 해당하는가 하는 점이었다. 점유간섭에 해당한다고 하기 위하여는 물리적 접촉이 요구되었다. 이에 관하여 법원은 위에서 본 Thrifty 판결[51] 등을 원용하면서, 이메일이 원고 회사의 서버로 전송되는 것은 점유간섭에 이를 정도의 충분한 물리적 의미를 가진다고 판시하였다.[52]

두 번째 쟁점은 원고 회사에 현실적 손해가 발생하였는가 하는 점이었다. 점유박탈이 아닌 점유간섭에 있어서는 현실적 손해가 구체적으로 주장, 입증되어야 하기 때문이었다.[53] 이에 대하여 법원은 피고들의 대량 이메일 발송행위가 원고 회사의 컴퓨터 시설을 물리적으로 손상시킨 것은 아니지만, 이로 인하

51) 54 Cal. Rptr. 2d 468(Cal. Ct. App. 1996).
52) *Id.* at 1021.
53) Restatement, § 218.

여 디스크 공간(disk space)을 상당한 정도로 잠식하여 처리능력을 저하시켰다는 점에 주목하였다.[54] 또한 법원은 피고 회사의 활동이 원고 회사의 명성과 신용을 떨어뜨린 점을 지적하였다. 실제로 원고 회사의 가입자들은 계속하여 원하지 않는 스팸메일을 수신하게 될 경우 회원탈퇴를 하겠다고 하기도 하였다. 법원은 이러한 측면에서 동산침해의 성립에 필요한 현실적 손해가 존재한다는 논리를 구성하였다.

세 번째 쟁점은 원고 회사의 묵시적 동의가 있었는가 하는 점이었다. 만약 이메일 발송에 대한 묵시적 동의가 존재한다면, 피고들의 행위는 동산침해에 해당하지 않기 때문이었다. 피고들은 원고 회사가 그 시스템을 인터넷에 연결하고, 자신의 가입자들에게 발송되는 이메일을 시스템에 수신할 수 있도록 해 놓은 이상, 상대방의 이메일 발송행위를 묵시적으로 동의한 것이라고 항변하였다. 그러나 법원은 이러한 동의도 그 이후 취소하거나 제한하는 것이 가능하다고 판시하였다.[55] 즉 법원은 이러한 피고들의 항변은 마치 일반 공중이 일단 상인의 묵시적 초대 아래 상거래의 목적으로 상인의 재산에 들어가기만 하면, 그 이후에는 접근을 제한하거나 취소할 수 없다는 논리가 되어 부당하다고 지적하였다. 그런데 이 사건에서 원고 회사는 1995년 10월경 피고 회사 측에 이미 대량의 이메일 발송행위를 중지하라고 요구한 바 있었다. 이러한 요구는 더 이상 상대방의 이메일 발송행위를 동의하지 않는다는 의사를 담고 있는 것이었다. 따라서 피고 회사의 위와 같은 항변은 법원에 받아들여지지 않았다.

네 번째 쟁점은 표현의 자유와의 상호관계였다. 이에 대하여 법원은 원고 회사와 같은 온라인서비스제공자들은 어디까지나 사적 주체(private actor)에 불과한데, 표현의 자유를 규정한 연방헌법 수정 제1조는 공적 주체(state actor)의 표현제약적 행위에 적용된다는 점을 지적하였다. 따라서 타인의 사적인 재산권을 침해하고 있는 자가 이를 표현의 자유로 정당화할 수 없다고 판시하였다.

이러한 판단과정을 거쳐 법원은 피고 회사의 이메일 발송행위가 원고 회

54) CompuServe, 962 F. Supp. at 1022.

55) 이와 관련하여 법원은 판결이유에서 상업적으로 초청받은 사람에 대하여서도 명시적인 제한이나 거절의 의사표시가 있으면 침해자(trespasser)가 될 수 있다는 취지의 State v. Carriker, 5 Ohio App.2d 255, 214 N.E.2d 809(1964) 및 Allstate Ins. Co. v. U.S. Associates Realty, Inc., 11 Ohio App.3d 242, 464 N.E.2d 169(1983) 판결들을 인용하였다.

사에 대하여 동산침해에 해당한다는 결론에 이르렀고, 원고 회사의 예비적 금지명령신청을 받아들였다.

(4) 意 味

이 판결은 정보발신행위에 본격적으로 동산침해의 법리를 적용하기 시작하였다는 점에서 큰 의미가 있다. 정보발신행위는 인터넷에서 가장 빈번하고 일상적으로 행하여지는 정보 관련 활동이다. 그리고 정보발신행위에 어떠한 규제를 가할 수 있는가 하는 점은 정보유통망으로서의 인터넷에 큰 영향력을 가지는 것이었다. 이에 대하여 이 판결은 인터넷에 연결된 컴퓨터 시스템이 사적 재산(private property)임을 명백하게 하고, 컴퓨터 시스템 소유자의 명백한 의사에 반한 정보발신행위가 과도하여 그 재산의 가치를 저하시키는 정도에 이른다면 불법행위에 해당된다는 점을 밝히고 있다. 이러한 논리는 그 이후 이와 유사한 사안에도 그대로 적용되었다. Am. Online, Inc. v. Nat'l Health Care Disc., Inc., 판결,[56] Am Online, Inc. v. LCGM. Inc. 판결,[57] Hotmail Corp. v. Van$Money Pie Inc., 판결[58]에서도 대량으로 영리 목적의 광고성 이메일을 발송한 행위에 대하여 동산침해를 긍정하였다.

4. 情報蒐集行爲에 대한 擴張適用－eBay, Inc. v. Bidder's Edge, Inc. 判決[59]

(1) 事實關係

이 사건의 원고는 인터넷경매사이트로 유명한 eBay사(이하 '원고 회사'라고 한다)이고, 피고는 100개가 넘는 인터넷경매사이트에 있는 상품들의 정보를 수집하여 인터넷이용자들에게 비교제시하는 영업을 영위하는 Bidder's Edge사(이하 '피고 회사'라고 한다)이다.

피고 회사는 위와 같은 정보제공을 위하여 원고 회사를 비롯한 여러 인터넷경매사이트에서 소프트웨어 로봇을 이용하여 정보를 수집하였다. 소프트웨어

56) 121 F. Supp. 2d 1255(N.D. Iowa 2000).
57) 46 F. Supp. 2d 444(E.D. Va. 1998).
58) 47 U.S.P.Q. 2d(BNA) 1020(N.D. Cal. 1998).
59) 100 F. Supp. 2d 1058(N.D. Cal. 2000).

로봇은 인터넷의 각 웹사이트를 다니면서 필요한 정보를 자동적으로 검색하고 수집하는 기능을 가진 컴퓨터 프로그램이다.[60] 소프트웨어 로봇을 이용할 경우 단시간 내에 대량의 정보검색 및 수집작업이 이루어지므로 그 대상이 되는 컴퓨터 시스템의 처리속도를 느리게 하거나 시스템을 마비시킬 가능성도 있다.

원고 회사는 1998년 초부터 피고 회사에게 경매 정보 수집행위를 단계적으로 허용하고 있었다. 한편 1999년 4월 24일에는 피고 회사와 사이에 소프트웨어 로봇을 이용한 포괄적인 경매 정보 수집행위를 허용하는 내용의 라이센스 계약체결이 거의 성사단계에 이르렀다. 그러나 최종 계약체결과정에서 원고 회사의 시스템에 걸리게 될 부하를 줄이기 위하여 세부적인 정보수집방법을 논의하다가, 합의가 이루어지지 않아 계약이 무산되었다. 이에 원고 회사는 피고 회사측에 원고 회사의 경매리스트를 더 이상 게재하지 말 것을 통지하고 피고 회사의 정보수집행위를 막기 위한 기술적 조치를 시행하였으나, 피고 회사는 이러한 기술적 조치를 우회하여 계속하여 소프트웨어 로봇을 이용한 정보수집행위를 하였다.

(2) 訴訟의 經過

원고 회사는 캘리포니아 북부 연방지방법원에 피고 회사를 상대로 동산침해 등 9개의 사유를 들어 예비적 금지명령을 신청하였다. 예비적 금지명령이 받아들여지기 위하여서는 원고는 승소가능성과 회복하기 어려운 손해를 주장, 입증하여야 하는데, 법원은 그 중 동산침해에 관한 승소가능성에 대하여 다음과 같이 판시하였다.

(3) 法院의 判斷

법원은 동산침해에 관한 승소가능성이 인정되기 위하여서는, ① 피고 회사가 원고 회사의 컴퓨터 시스템의 점유이익(possessory interest)을 고의적으로 무단방해하였어야 하고, ② 피고 회사의 이러한 무단이용이 원고 회사에 손해를 끼쳤어야 한다고 전제하였다.

우선 점유방해행위가 있었는가에 관하여, 법원은 전자신호의 발송도 점유

60) 이러한 컴퓨터프로그램을 웹크로울러(webcrawler), 스파이더(spider) 또는 검색로봇(search robot) 등으로 표현하기도 한다.

간섭에 필요한 물리적 접촉요건을 충족하기에 충분하다는 Thrifty 판결을 원용하면서 피고 회사의 자동적이고 반복적인 정보수집행위가 원고 회사의 컴퓨터 시스템에 대한 점유간섭(intermeddling)을 구성한다고 보았다.[61] 이와 관련하여 원고 회사의 웹사이트는 경매정보를 알려 주기 위하여 개설된 것이므로, 비록 피고 회사가 자동화된 방식으로 정보를 대량 수집하였다고 하더라도 이것은 이미 묵시적으로 허용된 것이라는 피고 회사의 항변이 있었다. 그러나 사실관계에서 본 것처럼 원고 회사는 피고 회사에게 명시적으로 정보수집에 대한 거절의 의사를 표시하였으므로 이러한 항변은 받아들여지지 않았다.[62]

다음으로 원고 회사에게 현실적 손해가 발생하였는가에 관하여 법원은 이를 긍정하였다.[63] 피고 회사의 소프트웨어 로봇은 원고 회사의 컴퓨터 시스템에 하루 약 100,000번 정도의 자동화된 정보요청을 하였는데, 이는 최대한으로 보더라도 원고 회사의 컴퓨터 시스템 용량의 약 1.53% 정도를 점유할 뿐이었다.[64] 그런데 법원은 비록 피고 회사의 정보요청이 차지하는 점유율이 낮다고 하더라도 이는 여전히 원고 회사 컴퓨터 시스템의 질이나 가치를 감소시키는 것이라고 보았다. 첫 번째 이유로는 이러한 이용으로 인하여 원고 회사가 그 부분을 다른 용도로 이용할 수 있는 기회를 상실하였다는 점을 들었다. 두 번째 이유로는 원고 회사의 반대에도 불구하고 계속 피고 회사의 정보 수집 요청행위를 용인한다면, 이는 피고 회사와 유사한 다른 경매정보 수집주체들이 원고 회사의 웹사이트에 몰려 들어와 정보를 수집하는 것을 조장하는 셈이 되고, 이는 궁극적으로 원고 회사의 진정한 소비자들의 효율적인 접근권을 부정하는 결과로 이어지게 될 것이라는 점을 들었다. 이처럼 법원은 ① 피고 회사가 원고 회사 서버의 일정 부분을 이용함으로써 다른 이용의 폭을 감소시킨 점, ② 그리고 이러한 이용이 다른 정보수집 주체에 의한 유사한 이용으로 이어짐으로써 피고 회사의 서버에 장차 해악을 가져올 수 있는 점을 현실적 손해를 긍정하는 근거로 들었다.

이러한 판단과정을 거쳐 법원은 동산침해에 대한 승소가능성을 인정한 뒤, 원고 회사의 예비적 금지명령신청을 받아들였다.

---

61) *Id.* at 1069, 1070.
62) *Id.* at 1070.
63) *Id.* at 1071, 1072.
64) *Id.* at 1063.

(4) 意　味

eBay 판결은 인터넷에서 일상적으로 행하여지는 정보수집행위의 제약논리를 제공한다는 점에서 매우 파급력이 큰 판결이었다. 이 판결의 논리에 따르면, 공개된 웹사이트에서 자동적으로 정보를 수집하는 행위가 시스템에 아무런 현실적 장애를 야기하지 않더라도, 이를 금지할 가능성이 열리게 된다. 이는 인터넷의 꽃이라고 할 수 있는 검색엔진의 일상적인 정보수집활동까지도 금지가 능하다는 논리로 이어질 수 있는 것으로서 인터넷의 기본적인 정보유통구조에 큰 영향을 미칠 수 있는 것이었다. 해석론상으로도 이 판결은 동산침해에서 요구하는 현실적 손해요건을 매우 완화하여 해석함으로써 고유의 보통법 법리와 현실적인 정보통제의 필요성 사이의 간극을 보여주었다.

eBay 판결의 취지는 그 이후 선고된 다른 판결에서도 발견된다. Register.com, Inc. v. Verio, Inc 판결[65]에서는 자동화된 소프트웨어를 이용하여 공공데이터베이스에서 도메인 이름 등록자의 명단을 추출해 낸 행위에 대하여 예비적 금지명령을 발하였다. 또한 Oyster Software, Inc. v. Forms Processing, Inc. 판결[66]에서도 자동화된 프로그램을 이용하여 원고의 웹사이트에서 메타택(metatag)을 복제한 행위가 침해에 해당한다는 주장을 받아들였다.

하지만 Ticketmaster Corp. v. Tickets. com, Inc. 판결[67]에서는 eBay 판결과 다른 결론에 이르렀다. 여기에서도 자동정보수집 프로그램인 웹크로울러(webcrawler)를 이용하여 정보를 수집한 행위가 동산침해에 해당하는지 여부가 문제되었다. 그런데 법원은 피고 회사의 정보수집행위가 원고 회사에게 어떠한 해악을 미친다고 볼 만한 충분한 증거가 없다는 이유로 예비적 금지명령을 발하지 않았다. 만약 eBay 판결의 논리를 적용하였다면, 원고 회사의 의사에 반하여 자동적으로 정보를 수집하는 행위 그 자체가 동산침해의 성립요건을 충족시킨다고 판단하였을 것이다.

이러한 후속 판결들의 불일치는 eBay 판결이 가지고 있는 논란성을 그대로 보여주는 것이었다.

---

65) 356 F. 3d 393(2d Cir. 2004).

66) No. C-00-0724, 2001 WL 1736382(N.D. Cal. Dec. 6, 2001).

67) No. CV 99-7654, 2000 WL 1887522(C.D. Cal. Aug. 10, 2000).

5. 嚴格한 要件解釋으로 回歸—Intel Corp. v. Hamidi 判決[68]

(1) 事實關係

이 사건의 원고는 세계적인 반도체회사인 Intel사(이하 '원고 회사'라고 한다)이고, 피고는 원고 회사의 전직 직원이다.

원고 회사의 컴퓨터 시스템은 인터넷에 연결되어 있고, 직원들은 이를 통해 인터넷에 접속하여 회사계정의 이메일을 송수신할 수 있었다. 회사방침에 의하면 직원들에게는 합리적인 범위 내에서 직무와 무관한 인터넷 이용이 허용되었다.

한편 피고는 원고 회사에서 해고된 이후 1996년부터 1998년까지 사이에 6번에 걸쳐 원고 회사의 다수 직원들에게 회사의 고용 및 인사정책을 비난하면서 회사를 옮길 것을 권유하고 자신이 운영하는 전현직 직원조직인 FACE-Intel(Former and Current Employees of Intel)에 가입하도록 유도하는 이메일을 보냈다.[69] 한편 피고는 자신이 보내는 이메일에 대하여 향후 수신거절을 할 수 있다고 안내하였고, 실제 그 이후 450명 정도가 수신거절의 의사표시를 하자, 이들을 수신자 명단에서 제외하였다.

원고 회사는 여러 가지 기술적 조치를 통하여 피고의 이메일을 차단하고자 시도하였으나, 피고는 서로 다른 컴퓨터를 이용하거나 이메일 제목에 의도적으로 오자(misspelling)를 삽입하는 등의 방법으로 이러한 기술적 조치를 우회하였다. 원고 회사는 1998년 3월 피고에게 이러한 이메일 송신행위를 중지할 것을 요구하였으나, 피고는 그 이후에도 대규모로 이메일을 송신하였다.

피고의 이메일 송신은 원고 회사 컴퓨터 시스템의 정상적인 운영을 방해하지 않았고, 기타 현실적인 손해가 발생하였다는 점을 인정할 자료는 없었다.

(2) 訴訟의 經過

원고 회사는 1998년 9월 피고를 상대로 영구적 금지명령(permanent injunction) 및 손해배상을 구하는 소송을 제기하였다. 최초의 청구원인에는 동산침해 이외에도 생활방해(nuisance)가 있었으나, 원고 회사는 생활방해에 기한

---

68) 1 Cal. Rptr. 3d 32(2003).

69) 문제의 이메일들은 약 35,000개 정도의 이메일 주소로 송신된 것으로 추정되었다.

주장은 철회하였다. 아울러 손해배상청구 부분도 취하함으로써 결국 동산침해에 기한 금지명령의 가부에 대하여서만 심리가 진행되었다.

1심 법원인 새크라멘토 카운티 주법원(The Superior Court, Sacramento County)에서는 약식절차(summary judgment)를 거쳐 원고 회사에게 영구적 금지명령을 발하였다.[70] 이에 대하여 피고가 항소하였으나 다수의견이 1심 법원의 결론을 지지함으로써 그 항소도 기각되었다.[71] 피고는 다시 캘리포니아 주대법원에 상고하였다.

(3) 法院의 判斷

캘리포니아 주 대법원은 원심판결을 파기하였다. 그 판결요지는 다음과 같다.

가. 정보발신행위가 그 정보를 수신하는 컴퓨터 시스템에 손상을 가하거나 그 기능을 저하시키지 않는다면 동산침해는 성립하지 않는다.

나. 피고가 이메일을 발송함으로써 일시적으로 원고 회사의 컴퓨터 프로세서나 저장공간을 사용하게 된 것만으로는 원고 회사가 컴퓨터에 관하여 가지는 어떠한 이익도 해쳐졌다고 볼 수 없다.

다. 원고 회사는 피고의 행위로 경제적 손해(예컨대 직원들이 피고의 메시지를 읽고 반응하는 과정에서 발생한 생산성 감소나 회사가 그 메시지를 차단하기 위하여 들인 노력 등으로 인한 손해)가 발생하였다고 주장하나, 피고의 행위가 컴퓨터에 관련된 원고 회사의 어떠한 이익도 해쳤다고 볼 수 없다. 이는 마치 불쾌한 편지를 읽음으로써 개인적인 고통을 겪었더라도 메일박스에 어떠한 손해가 발생한 것이 아니고, 성가신 전화로 인하여 사생활이 침해되었더라도 전화기에 어떠한 손해가 발생하였다고 할 수 없는 것과 마찬가지이다.

라. 보통법상 동산침해의 법리는 단지 내용이 불쾌할 뿐 그 이외의 해악은 없는 전자적 의사소통을 배제할 정도로 확장되어서는 안 된다. 만약 내용에 의한 손해의 개념을 채택하면, 원하지 않는 전화나 팩스, 라디오 전파 또는 TV 신호에 대하여도 동산침해가 성립하는 부당한 결과가 된다.

마. 원고 회사가 일정한 경우에는 헌법상 "듣지 않을 권리(right not to listen)"를 주장할 수 있다고 가정하더라도, 피고는 이러한 권리를 침해하지 않

---

70) No. 98AS05067.

71) Intel Corp. v. Hamidi, 114 Cal. Rptr. 2d 244(Ct. App. 2001).

왔다.

(4) 意 味

이 판결은 그 동안 인터넷상 동산침해와 관련하여 가장 큰 쟁점이던 현실적 손해 요건에 관하여 이를 엄격하게 해석하던 전통적인 입장으로 회귀하면서 동산침해 법리가 인터넷에서 지나치게 확장되는 것에 제동을 걸었다는 점에서 의미가 있다. 특히 eBay 판결에서 손해의 개념에 경제적이고 간접적인 손해를 포함한 것에 반하여, 이 판결에서는 이러한 유형의 손해는 동산침해에서 요구하는 손해라고 볼 수 없다는 점을 명백하게 하였다. 그러한 점에서 이 판결은 현실적 손해 요건을 완화한 eBay 판결과 대립되는 판결이다. 한편 이러한 eBay 판결과의 차이, 그리고 캘리포니아주 대법원 내에서조차 이 판결의 결론에 관하여 4:3으로 의견이 갈린 점을 감안하면, 인터넷상 동산침해법리의 해석과 관련하여 사법부의 입장정리가 여전히 현재진행형임을 보여주는 것이다.

Ⅳ. 美國에서의 論議

1. 論議의 槪觀

위에서 검토한 판결들에 관한 미국 학자들의 논의는 다양한 각도와 관점에서 복잡하게 얽혀 있다. 그러나 이를 풀어서 재배치하여 보면 이른바 해석론과 정책론으로 나누어 볼 수 있다.

해석론은 인터넷에 있어서 동산침해의 법리를 어떻게 해석·적용할 것인가에 관한 논의이다. 예를 들어 동산침해의 성립에 필요한 "물리적 접촉"이나 "현실적 손해"의 요건을 어떠한 개념으로 파악할 것인지에 관한 것이다. 이는 현행법의 테두리 내에서 사안을 해결한다는 전제 위에 서 있는 것이다.[72]

72) 이와 관련하여 동산침해가 아니라 생활방해(nuisance)의 법리를 적용하여 문제를 해결하여야 한다는 입장도 있다. Adam Mossoff, *Spam — Oh, What a Nuisance!*, 19 Berkeley Tech. L.J. 625(2004); Steven Kam, Note, *Intel Corp. v. Hamidi: Trespass to Chattels and a Doctrine of Cyber-Nuisance*, 19 Berkeley Tech. L.J. 427(2004) 등 참조. 미국 불법행위법에서 생활방해 여부는 침해되는 권리의 내용과 방해행위의 모습 등 여러 가지 요소들을 고려한 수인가능성의 기준에 따라 결정한다. 따라서 이러한 접근방법을 취할 경우 법원은 피고의 이용

정책론은 이러한 실정법의 해석론을 뛰어넘어 정보 관련 활동에 대한 통제권을 누구에게 어느 정도로 인정하는 것이 정책적으로 바람직한가에 관한 논의이다. 이는 동산침해의 법리 자체보다는 그 법리가 인터넷의 전반적인 구조에 가져오는 파급효과에 더 초점을 맞추고 이에 대한 방향을 제시하고자 하는 것이다. 이러한 논의는 실정법에 따라 실제 사안을 해결해야 하는 실무적 관점에서 볼 때에는 유용성이 떨어진다고 볼 여지도 있다. 그러나 정책론은 다음 두 가지 점에서 의미가 있다. 우선 실정법의 요건을 해석, 적용하는 데에도 일정한 범위 내에서 정책적 고려가 반영되는 것이므로, 정책론은 해석론에 도움을 준다. 다음으로 새로운 입법을 행할 때에 어떠한 방향을 채택할 것인가에 관한 시사점을 던져 준다.

이처럼 두 가지 논의는 완전히 별개의 것이라고 보기는 어렵다. 하지만 체계적인 설명의 편의상 두 가지 논의로 나누어 서술하기로 한다.

2. 解 釋 論

전술한 바와 같이 인터넷상 정보 관련 활동이 동산침해에 해당하는가에 관하여 주로 문제되는 쟁점은 물리적 접촉 및 현실적 손해 요건의 충족 여부였다. 이 쟁점들에 관한 미국 학자들의 태도를 비판적 견해를 중심으로 간단하게 소개한다.

(1) 物理的 接觸 要件과 關聯하여

물리적 접촉 요건에 관하여는 Thrifty 판결[73]에서 전자신호의 전송이 점유간섭에 이를 정도의 충분한 물리적 의미를 가진다고 판시한 이래, CompuServe 판결[74]이나 eBay 판결[75] 등 그 이후의 판결들[76]에서도 이러한 태도가 유지되고 있다. 뒤에서 살펴보는 현실적 손해 요건에 관하여 판결의 일치가 이

에 따른 사회적 편익과 시스템 소유자에게 발생하는 비용을 비교하여 구체적 타당성있는 결론을 내릴 수 있는 장점이 있다고 한다. 그러나 이러한 생활방해의 법리는 동산이 아니라 부동산에 관한 것이므로 부동산과는 아무런 관련이 없는 인터넷 분쟁에 적용하기 곤란하다는 한계가 있다.

73) 54 Cal. Rptr. 2d 468, 473(Cal. Ct. App. 1996).

74) 962. F. Supp. 1015, 1021(S.D. Ohio 1997).

75) 100 F. Supp. 2d 1058, 1069(N.D. Cal. 2000).

76) 예컨대 Am. Online, Inc. v. LCGM, 46 F. Supp. 2d 444, 452(E.D. Va. 1998).

루어지지 않는 것과 대조적으로 물리적 접촉 요건에 관하여는 이러한 주류적 태도에 반기를 드는 판결이 발견되지 않는다.

뒤에 설명하는 현실적 손해 요건에 비하여 이 부분에 대한 학자들의 논의가 그리 활발한 것 같지 않다. 다만 주류적인 판결의 태도에 대하여 전통적인 동산침해에서는 실제의 물리적 접촉을 요구하고 있으므로, 전자신호가 전송되는 것만으로는 동산침해가 성립할 수 없다는 비판이 있다.[77] 이 판결의 논리대로라면, 전화를 걸거나 팩스를 보내거나 텔레비전 신호를 전송하는 것까지도 동산침해행위 안에 포섭될 수 있어 부당하다는 것이다.[78] 또한 이와 같은 물리적 접촉개념의 확장은 동산침해와 생활방해(nuisance) 사이의 경계선을 애매모호하게 하고, 동산침해법리에서 설정한 소유자와 그 이외의 자 사이의 균형추가 소유자 쪽으로 부당하게 기우는 결과를 가져왔다는 것이다.[79]

(2) 現實的 損害 要件과 關聯하여

어떠한 경우에 현실적 손해가 발생한 것인가는 인터넷상 동산침해와 관련하여 가장 큰 해석론상 쟁점이었다. 전통적으로 손해 요건은 엄격하게 해석되었다. 그러나 eBay 판결은 단순히 서버 소유자의 의사에 반하여 이를 일부 이용하는 것만으로도 현실적 손해가 발생한다는 논리를 전개하여 손해 요건을 완화하였다. 반면 Intel 판결은 이와 달리 현실적 손해의 엄격성을 유지하는 종전의 태도로 회귀할 것을 촉구하였다.

이에 관하여는 현실적 손해 요건을 느슨하게 해석하는 eBay 판결을 비판하는 의견들이 주류를 이룬다.[80] 이러한 의견들에 따르면 간접적이고 새로운 유형의 손해들, 예컨대 기업의 신용하락, 이메일을 읽으면서 발생하는 정신적 스트레스, 직원들이 이메일을 읽으면서 낭비하는 시간 등은 동산으로서의 컴퓨

77) Dan L. Burk, *The Trouble with Trespass*, 4 J. Small & Emerging Bus. L. 27, 32-34 (2000); Laura Quilter, *The Continuing Expansion of Cyberspace Trespass to Chattels*, 17 Berkeley Tech. L.J. 421, 439(2002); Ned Snow, *Accessing the Internet Through the Neighbor's Wireless Internet Connection: Physical Trespass in Virtual Reality*, 84 Neb. L. Rev. 1226, 1243(2006).

78) Burk, *supra* note 77, at 34.

79) Quilter, *supra* note 77, at 439.

80) 예컨대 Maureen A. O'Rourke, *Shaping Competition on the Internet: Who Owns Product and Pricing Information?*, 53 Vand. L. Rev. 1965, 1980(2000); Burk, *supra* note 77, at 36; Quilter, *supra* note 77, at 438.

터 시스템에 대한 손해가 아니라고 한다.[81] 그런데 현실적 손해요건을 완화하여 컴퓨터 시스템 자체와는 무관한 손해로 족하다고 해석하는 것은 컴퓨터 시스템 소유자에 대하여 근거 없는 물권법적 보호를 부여하는 결과를 가져온다.[82] 아울러 실제 손해액이 얼마인지 산정하기도 어려울 뿐만 아니라, 객관적 잣대가 아닌 주관적 잣대(예컨대 컴퓨터 시스템 소유자의 의사)에 따라 불법행위 성립 여부가 좌우되어 예측가능성을 해하게 된다는 문제점도 있을 것이다.

3. 政 策 論

이 글에서 표현하는 정책론은 동산침해의 법리를 기폭제로 하여 촉발된 인터넷의 통제구조 설계, 또는 인터넷 사유화를 둘러싼 거시적 논의를 의미한다. 이러한 논의는 정보통제권을 누가 어떠한 방법으로 행사하게 할 것인가 하는 점으로 귀착된다. 인터넷상 동산침해의 법리를 다루는 대부분의 논문들이 실정법적 해석론을 뛰어넘어 이러한 정책론을 다루는 것이 흥미롭다.

이에 관한 견해는 크게 인터넷에 동산침해의 법리를 적용하는 것에 관하여 긍정적인 태도를 가지면서 인터넷상 개인의 통제권을 지지하는 입장[83]과, 이에 관하여 부정적인 태도를 가지면서 인터넷상 개인의 통제권을 비판하는 입장[84]으로 나누어 볼 수 있다. 수적으로 보면 후자의 입장이 우세한 것으로 보

81) Quilter, *supra* note 77 at 440.

82) Susan M. Ballantine, *Computer Network Trespasses: Solving New Problems With Old Solutions*, 57 WASH & LEE. L. Rev. 209, 212(2000).

83) 이러한 입장 위에 서 있다고 볼 수 있는 논문으로서, Daniel J. Caffarelli, *Crossing Virtual Lines: Trespass on the Internet*, 5 B. U. J. Sci. & Tech. L. 6(1999); David McGowan, *Website Access: The Case for Consent*, 35 Loy. U. Chi. L.J. 341(2003); Richard A. Epstein, *Cybertrespass*, 70 U. Chi. L. Rev. 73(2003); Patricia L. Bellia, *Defending Cyberproperty*, 79 N. Y. U. L. Rev. 2164(2004); David M. Fritch, *Click Here for Lawsuit: Trespass to Chattels in Cyberspace*, 9 J. Tech. L. & Pol'y 31(2004); Daniel Kearney, *Network Effects and the Emerging Doctrine of Cybertrespass*, 23 Yale L. & Pol'y Rev. 313 (2005). Joshua A.T. Fairfield, *Virtual Property*, 85 B.U. L. Rev. 1047(2005).

84) 이러한 입장 위에 서 있다고 볼 수 있는 논문으로서, Niva Elk-Koren, *Let the Crawlers Crawl: On Virtual Gatekeepers and the Right to Exclude Indexing*, 26 U. Dayton L. Rev. 179(2001); Edward W. Chang, *Bidding on Trespass: eBay. Inc. v. Bidder's Edge, Inc. and the Abuse of Trespass Theory in Cyberspace-law*, 29 AIPLA. Q.J. 445(2001); O'Rourke, *supra* note 80; Steve Fischer, *When Animals Attack: Spiders and Internet Trespass*, 2 Minn. Intell. Prop. Rev. 139(2001); Lawrence Lessig, *The Architecture of Innovation*, 51 Duke L.J. 1783(2002); Quilter, supra note 77; R. Clifton Merrell, *Trespass to Chattels in the*

인다.

학자에 따라서는 이러한 입장 차이를 법경제학적 관점에서 분석하기도 한다.[85] 이러한 분석에 따르면 전자는 컴퓨터 시스템 소유자가 타인이 그 시스템에 접근할 수 있을지 여부에 대한 결정권을 가진다는 점에서 property rule, 후자는 그렇지 못하다는 점에서 liability rule에 기반한 것이다.[86]

이러한 논의를 이해함에 있어서 유의하여야 할 사항이 있다. 앞서 살핀 것처럼 미국에서는 불법행위인 동산침해가 성립한 경우에도 금지명령의 형태로 배타적인 권리를 행사할 수 있는 길이 널리 열려 있다. 실제로 앞에서 설명한 사건들 중 Thrifty 사건을 제외한 나머지 사건들에서는 모두 원고가 금지명령을 구하는 사건들이었다. 그러므로 인터넷에 동산침해의 법리를 넓게 적용하여 불법행위의 성립범위를 넓히게 되면 배타성을 본질적 요소로 하는 물권적 질서가 퍼지게 되어 개인의 통제권이 상당히 강화된다. 그러나 우리나라는 현행법상 불법행위에 대한 구제수단은 손해배상청구권일 뿐 물권적 청구권이 아니다. 따라서 불법행위의 성립 여부가 인터넷 전반의 질서에 미치는 영향은 미국처럼 크지 않다. 이를 고려한다면, 이른바 liability rule에 기초하여 property rule의 입장을 비판하는 미국의 다수설적 입장이 가지는 설득력은 우리나라에서 줄어들 수밖에 없다는 점에 유의하여야 한다.

Age of the Internet, 80 Wash. U. L.Q. 675(2002); Dan Hunter, *Cyberspace as Place and the Tragedy of the Digital Anticommons*, 91 Cal. L Rev. 439(2003); Mark A. Lemley, *Place and Cyberspace*, 91 Cal. L. Rev. 521(2003); James Boyle, *The Second Enclosure Movement and the Enclosure of the Public Domain*, 66 L & Contemp. Probs. 33(2003).

85) 예컨대 David McGowan, *Website Access: The Case for Consent*, 35 Loy. U. Chi. L.J. 341(2003); Bellia, *supra* note 83.

86) Property rule과 liability rule은 Guido Calabresi & A. Douglas Melamed, *Property Rules, Liability Rules, and Inalienability: One View of the Cathedral*, 85 Har. L. Rev. 1089(1972)에 처음 소개된 이래 법경제학의 중요한 개념으로 자리잡게 되었다. 이 논문에 따르면 property rule은 권리자가 자신의 의사에 기하지 않고서는 권리를 침해당하지 않도록 하는 권리보호방법으로서 권리자는 타인의 이용이 손해를 발생시키는가에 관계없이 그 행위를 배제할 수 있다. 따라서 타인이 권리를 취득하려면 권리자를 접촉하여 자발적인 거래를 성사시켜야 한다. 반면 liability rule은 권리자가 아닌 타인이라고 하더라도 그 권리에 대하여 법원이나 입법부 등 제3자에 의하여 객관적으로 결정되는 대가를 지급하기만 하면 그 권리침해가 가능한 권리보호방법이다. 따라서 권리자는 property rule에 있어서와는 달리 자신의 의사에 따라 타인의 침해행위를 배제할 수 없다. 권리자의 특정이 쉽고 거래비용이 낮을 때는 property rule이, 그 반대의 경우는 liability rule이 더 효율적인 결과를 가져온다.

(1) 個人의 統制權을 支持하는 立場

먼저 개인의 통제권을 지지하는 입장에서는 네트워크에 연결된 컴퓨터 시스템 소유자가 정보통제권을 가져야 한다고 주장한다. 이 입장의 요지는 다음과 같다.

인터넷 산업이 발전하기 위하여는 네트워크를 구성하는 물적 시설에 투자한 주체를 보호해 주어야 한다.[87] 만약 개인의 컴퓨터 시스템이 만인의 공유물처럼 이용되어 개인이 이에 관한 아무런 통제권을 가질 수 없다면, 소유자로서는 이를 개선하기 위한 투자나 노력을 행할 유인(誘因)이 없다. 이 경우 이른바 공유지의 비극[88]이 발생하여 효율적인 자원의 활용이 좌절되거나 이로 인하여 발생하는 비용이 모두 개인에게 전가된다. 그러므로 컴퓨터 시스템의 소유자에게 적절한 통제권을 부여하는 것은 자원의 효율적 사용에 기여한다.

또한 현실적으로도 약관에 동의하고 비밀번호를 입력하는 회원에게만 웹사이트의 정보에 접근하도록 하는 광범위한 관행에 관하여 아무런 의문을 제기하지 않으면서도, 규범적으로 이러한 통제권을 인정하는 것에 관하여 반발하는 것은 설득력이 없다.[89] 만약 자신의 컴퓨터 시스템에 관한 통제나 보호에 관하여 규범적 수단에 의지할 수 없다면, 이들은 더욱 강화된 기술적 조치를 사용하여 통제권을 행사할 것이고, 이는 선의의 이용자마저도 배제하는 부당한 결과를 가져올 것이다.[90]

---

87) Miichael J. Madison, *Rights of Access and the Shape of the Internet*, 44 B. C. L. Rev. 433, 436(2003)에서는 컴퓨터 시스템에 대한 접근을 통제하고자 하는 많은 법리들은 무형의 정보를 생산, 분배하기 위한 투자가 활성화될 수 있도록 법적 보호를 해 주어야 한다는 정책적 목표를 공유한다고 설명한다.

88) 공유지(tragedy of commons)의 비극은 1968년 Garret Hardin이 Science지에 기고한 논문의 제목이다. 공유지의 비극은 다음과 같은 현상을 지칭한다. 아직 배타적 지배권이 도입되지 않은 공유의 목초지가 있다고 가정한다. 공유의 상태이므로 누구라도 자유롭게 목축을 할 수 있다. 이 경우 개인이 가축을 한 마리 더 방목하여 얻는 이익은 그 개인에게 집중된다. 그러나 이로 인하여 발생하는 목초지의 황폐화 비용은 모든 공동체 구성원들이 분담한다. 이 경우 방목의 사적 한계비용이 사회적 한계비용보다 적으므로 가축의 과다방목현상이 일어난다. 이러한 개인들의 행동이 누적되면 목초지라는 공유자원의 과도한 황폐화를 가져와서 궁극적으로 이를 쓸모없는 땅으로 만들게 된다. 이에 대한 자세한 내용은 朴世逸, 法經濟學, 改訂版(2000), 127-130면 참조.

89) Bellia, *supra* note 83, at 2200.

90) David M. Fritch, *Click Here for Lawsuit: Trespass to Chattels in Cyberspace*, 9 J. Tech. L. & Pol'y 31, 48-49(2004).

한편 저작권법의 보호를 받지 못하는 정보들 가운데에도 보호가치 있는 정보들이 있을 수 있는데, 현행 저작권법이 이를 보호하지 못하는 이상 보통법에 따라 컴퓨터 시스템에 저장된 보호가치 있는 정보를 보호할 필요도 있다.[91]

다만 이처럼 인터넷상 개인의 통제권을 부여하자는 것은 어디까지나 통제할 권한을 부여하였다는 것이지 반드시 이를 통제하여야 한다는 것을 의미하지는 않는다. 오히려 네트워크에 컴퓨터 시스템을 연결하고 웹사이트를 운영하는 주체는 합법적인 접근과 이용은 모두 허락한 것으로 추정하고, 다만 이를 허락하지 않는다는 취지의 통지가 행하여질 때 비로소 통제권을 행사할 수 있게 된다.[92]

(2) 個人의 統制權에 批判的인 立場

다음으로 개인의 통제권에 비판적인 입장에서는 인터넷의 과잉재산권화(over-propertization)는 인터넷의 광범위한 사용과 혁신을 지연시키고, 자유로운 표현매체로서의 인터넷의 본래 가치를 손상시킬 것이라고 반박한다. 이 입장의 요지는 다음과 같다.

인터넷은 다수의 컴퓨터 시스템과 이를 연결하는 정보유통망, 또는 정보유통을 가능하게 하는 규약(protocol)일 뿐 공간과는 아무런 관련이 없다. 그러나 가상공간(cyberspace)이라는 용어사용[93]으로 말미암아 가상공간과 현실공간의 유사성이 부각되고, 이로 인하여 현실공간의 법리가 더욱 손쉽게 인터넷에 적용되기 시작하였다. 인터넷과 현실공간의 엄연한 차이에도 불구하고, 동산침해의 법리를 비롯하여 현실공간의 재산법 체계가 가상공간에 지대한 영향을 미치는 것은 잘못된 것이다.[94] 특히 eBay 판결처럼 무형적인 데이터를 보호하기

---

91) Bruce P. Keller, *Condemned to Repeat the Past: The Reemergence of Misappropriation and Other Common Law Theories of Protection for Intellectual Property*, 11 HARV. J.L. & TECH. 401, 406(1998).

92) McGowan, *supra* note 85, at 341-342.

93) 같은 맥락에서 인터넷에도 주소(address)라는 개념이 사용되고, 사이트(site)나 홈(home) 같은 장소적 용어가 사용되는가 하면, 인터넷 쇼핑몰이나 온라인 게시판은 마치 현실공간인 것처럼 각자의 기능을 수행한다.

94) Hunter, *supra* note 84에서는 이러한 논지를 전개하면서, 경제학에서 이야기하는 공유지의 비극(the tragedy of the commons)이 온라인상에서는 오히려 반공유지의 비극(the tragedy of the anticommons)을 가져 온다고 한다. 또한 Boyle, supra note 84에서는 동산침해의 법리에 기초한 정보통제의 움직임을, 15세기부터 19세기에 걸쳐 영국의 영주들이 더 많은 양모(羊毛)를 생산하기 위하여, 자신의 토지에서 경작하던 농노들을 쫓아 내고 울타리를 쳤던 인클로

위하여 유형적인 동산을 보호하기 위한 동산침해의 법리를 끌어들이는 것은 타당하지 않다.[95)]

이러한 경향이 계속될 경우 여러 가지 부작용이 생겨난다. 우선 시스템 소유자는 그 시스템에 있는 정보가 저작물이 아니라고 하더라도 그 정보에 접근, 이용하는 것을 막을 수 있게 되는데, 이는 저작권자의 보호와 일반 공중의 이용보호라는 두 가지 가치 사이에 정교한 균형을 설정한 저작권법의 취지를 몰각시킨다.[96)] 정보접근권이 제한되어 알 권리나 표현의 자유가 위축된다.[97)] 또한 인터넷의 가치는 인터넷에서 이용할 수 있는 정보의 총량이 늘어나면서 함께 늘어나는데, 정보에 대한 접근제한은 네트워크 효과(network effect)[98)]를 감소시켜 인터넷의 사회적 효용성도 축소시킨다.[99)] 아울러 인터넷 이용자들은 개별적 웹사이트를 방문할 때마다 그 소유자들이 설정한 접근 및 이용조건을 충족시키기 위한 교섭 및 거래를 해야 하므로 인터넷 이용비용이 상승하게 된다.[100)]

우져 운동(enclosure movement)에 빗대어, 공유되어야 할 정보의 영역에 울타리를 치는 현상을 두 번째 인클로우져 운동(the second enclosure movement)이라고 표현한다.

95) Chang, *supra* note 84, at 465-466.

96) Quilter, *supra* note 77, at 437; Burk, *supra* note 77, at 39-40, 43-44; Elk-Koren, *supra* note 84, at 200, 208-209; Mark A. Lemley, *Beyond Preemption: The Law and Policy of Intellectual Property Licensing*, 87 Cal. L. Rev. 111, 119-121(1999).

97) 특히 eBay 판결의 논리가 확장되면 다른 웹사이트에서 정보를 수집하는 것에 상당한 장애가 생겨서 검색사이트나 가격비교사이트 등 알 권리를 충족하는 많은 웹사이트에 문제가 생긴다. 또한 정보를 전송받는 것에 대한 통제권이 강화되면 검열로 인한 표현의 자유의 위축이 일어날 수도 있다. Intel 사건의 결론도 Intel사의 입맛에 맞지 않는 내용의 이메일을 통제할 수 있게 하는 것은 내용에 따른 표현의 제약(content-based restriction)의 위험성이 있다는 점을 염두에 둔 것이다.

98) 네트워크 효과(network effect)는 재화의 소비로부터 얻는 효용이 그 소비자들의 숫자가 늘어나면서 함께 늘어나는 효과를 의미한다.

99) Lemley, *supra* note 84, at 484.

100) Lawrence Lessig, *The Future of Ideas: The Fate of the Commons in a Connected World*(2001) at 171.

V. 私見－우리나라에 대한 示唆點과 더불어

1. 概 要

지금까지 살펴본 미국의 논의들은 우리나라에 어떠한 시사점을 주는 것인가?

우선 동산침해의 해석론은 유사한 사안에 관한 우리나라 민법의 해석론에 하나의 참고자료가 될 수 있다. 동산침해의 법리는 그 본질에 있어서 동산에 관한 물권적 이익을 보호하기 위한 것이다. 또한 그 구제수단에 있어서 금전배상 이외에도 일정한 요건 하에 금지명령이 허용된다. 이는 우리나라에서 동산침해시 발생하는 불법행위법적 문제뿐만 아니라 물권법적 문제에도 대응되는 것이다. 따라서 미국의 동산침해법리는 우리나라에서 동산침해시 발생하는 물권법적 문제와 불법행위법적 문제에 모두 요긴하게 참고할 수 있다.

한편 이러한 해석론을 둘러싸고 이루어지는 인터넷의 사적 통제에 관한 정책론은 우리나라에 시사하는 바가 더욱 크다. 이는 나라를 불문하고 논의되어야 할 주제이기 때문이다. 특히 인터넷상 분쟁은 국경을 초월하여 일어나는 일이 빈번하여 비단 어느 한 나라만의 문제가 아니다. 그러므로 이러한 문제를 함께 공유하고 고민하는 것은 필요한 일이기도 하다.

그러므로 아래에서는 그 동안 살펴본 미국의 논의에 바탕을 두고 우리나라에서는 이 문제에 관하여 어떤 입장을 세우는 것이 타당한지 검토하고자 한다.

2. 問題의 核心

이 쟁점에 관한 올바른 접근은 문제의 본질과 현상을 구분하여 본질에 해당하는 문제의 핵심을 정확하게 파악하는 데에서 출발해야 한다고 생각한다. 필자가 느끼기로는 미국에서 논의되는 문제의 본질은 동산으로서의 컴퓨터 시스템 보호에 있다기보다는 그 컴퓨터 시스템 안에서 일어나는 정보유통에 관한 통제권 보호에 있다. 물론 사안에 표면적으로 적용되고 있는 것은 전자에 초점을 맞춘 동산침해 법리이다. 그러나 이는 후자, 즉 정보유통의 통제라는 쟁점에 관한 일반적인 규범의 부재로 인하여 부득이하게 끌어 온 형식이다. 따라서 실재하는 문제의 본질과 여기에 적용되는 법리 사이에 괴리가 존재한다. 이러한 본질과 현상 사이의 괴리는 단기적으로는 기존 규범체계의 테두리 내에서 감싸 안아야 할 대상이지만, 장기적으로는 새로운 규범체계의 확립을 요구하는 원동력이기도 하다. 이 문제에 관한 미국의 논문들이 거의 예외 없이 동산침해에 관한 해석론을 넘어서서 정보유통에 관한 정책론을 다루는 것도 결국 이러한 괴리를 인식하기 때문이 아닐까? 아래에서 이 점을 더 자세히 살펴본다.

(1) "動產"보다 "情報"

원고가 주장하는 동산침해 법리의 적용 여부에 관하여 미국 법원은 당연하게도 "동산"으로서의 컴퓨터 시스템에 판단의 초점을 맞춘다. 따라서 보통법상 동산침해의 요건, 예컨대 컴퓨터 시스템에 대한 물리적 접촉이 일어났는지, 또는 컴퓨터 시스템에 현실적 손해가 발생하였는지 등을 판단하는 것이 1차적인 관심사로 떠오른다.

그러나 실제 분쟁에 있어서 문제의 무게중심은 유체물로서의 컴퓨터 시스템 그 자체라기보다는 이를 통하여 유통되는 무형적인 "정보" 쪽으로 더 기운다. 예를 들어 보자. eBay 사건의 진정한 핵심은 eBay사가 소유하는 컴퓨터 시스템의 온전성이라기보다는 그 안에 저장되어 있던 "경매정보"에 대한 통제권이었다.[101] Intel 사건에서 당사자들이 진정 관심을 가졌던 부분은 Intel사의 컴퓨터 시스템에 관한 물권적 이익이라기보다는 Hamidi가 Intel사의 직원들에게 배포한 "메일의 컨텐츠"였다. 만약 Hamidi가 Intel사의 직원들에게 동일한 분량의 메일을 보냈더라도 그 메일의 내용이 Intel사를 찬양하는 것이었더라도 분쟁이 발생하였을까? 이와 같이 미국 판결들이 다룬 분쟁들은 동산침해라는 외피(外皮) 속에 정보통제에 관한 다툼이라는 내용(內容)을 가지고 있었던 것이다.

이러한 점은 미국의 Yochai Benkler가 제시한 인터넷 중층구조론[102]에 대입하여 설명할 때 더욱 명확해진다. Yochai Benkler에 의하면 인터넷은, ① 컴

101) 그리고 eBay사는 그 경매정보가 가격비교사이트에 자유롭게 제공되어 eBay사의 잠재적 고객들이 더 저렴한 경매가가 제시된 다른 경매사이트로 옮겨감으로써 발생할 경제적 손실도 염두에 두었을 것이다.

102) Yochai Benkler, *From Consumers to Users: Shifting the Deeper Structures of Regulation Toward Sustainable Commons and User Access*, 52 Fed. Comm. L.J. 561(2000) 참조.

퓨터나 전선, 케이블 등 하드웨어로 구성되는 물리적 기반층(physical infrastructure layer), ② 네트워크 및 하드웨어 운용방법을 정의하고 지시하는 코드나 네트워크 규약으로 구성되는 논리적 기반층(logical infrastructure layer), ③ 이러한 네트워크를 통하여 실제 전송되는 정보로 구성되는 컨텐트층(content layer)의 중층구조로 이루어진다. 한편 컴퓨터 시스템은 물리적 기반층에 속하고, 정보는 컨텐트층에 속한다. 동산침해는 물리적 기반층에 관한 것이다. 그러나 정보분쟁의 문제는 주로 컨텐트층에 관한 것이다.[103] 컨텐트층은 물리적 기반층 위에서만 저장되고 유통될 수 있다는 점에서 양자는 분리될 수 없는 밀접한 관계에 있다. 그러나 개념적으로 볼 때 양자는 분명히 구별된다. 따라서 인터넷 중층구조론의 관점에서 볼 때 동산침해의 법리 적용에 관한 분쟁은 외견상으로는 물리적 기반층, 내면적으로는 컨텐트층에 관한 문제를 품는 이중성을 보여준다.

그렇다면 이러한 이중성 내지 불일치 현상은 어디에 기인하는 것일까? 이는 결국 문제의 본질에 해당하는 정보통제권을 규율하는 일반적인 규범기반이 미비한 데에서 비롯된 것이다. 물론 저작권법을 비롯하여 각종 특별법들은 여러 가지 형태로 정보에 관한 규율을 제공하고 있다. 그러나 정보의 영역에 있어서는 민법의 지위에 필적할 만한 일반법이 존재하지 않는다. 따라서 정보에 관한 재산법적 질서는 충분히 정립되지 않았다. 그 결과 정보에 관한 특별법에 의하여 규율되지 못하는 많은 분쟁들은 결국 이러한 현상을 예상하지 못한 민법의 일반 법리에 기대는 수밖에 없게 되었다. 그러나 민법, 특히 물권법의 이론은 여러 사람이 이용할수록 재화의 사용 및 수익가치가 떨어지는 물리적 재화를 염두에 둔 것이다. 따라서 여러 사람이 이용하더라도 그 가치가 떨어뜨리지 않는 정보에 관한 분쟁에 그대로 적용되기는 어렵다. 이러한 문제는 정보와 관련된 일반적인 법리체계의 확립이 향후 과제로 남아 있음을 시사한다.

(2) "情報 자체"보다 "情報流通"

앞서 문제의 무게중심이 "동산"보다는 "정보" 쪽에 있다고 설명하였다. 이를 조금 더 정확하게 표현하자면 문제의 핵심은 정보 자체가 아니라 정보유통

103) 정보유통통제권의 문제는 네트워크 규약과도 무관하지 않으므로 논리적 기반층에도 어느 정도 영향을 미친다.

에 있다.

그런데 이른바 liability rule에 기초한 미국의 논의에서는 정보통제권과 정보유통통제권 사이의 혼선이 발견된다. 이 입장의 대표적 논거는 컴퓨터 시스템 소유자에게 property rule에 의하여 인터넷상 정보에 관한 통제권을 부여하게 되면, 저작권법으로 보호되지 않는 정보에 대하여서까지 물권적 보호가 이루어지게 되는 부당한 결과가 발생한다는 것이다.[104] 즉 컴퓨터 시스템 소유자에게 사적인 통제권을 허용하면 저작권과 유사한 정보통제권이 창설된다는 것이다. 그러나 이는 잘못된 지적이다.

저작권은 저작물 그 자체 위에 존재하는 물권적 권리이다. 따라서 저작물에 해당하는 정보가 어디에 위치하고 있더라도 저작권자의 허락 없이는 누구도 그 정보를 이용할 수 없는 것이 원칙이다. 그러나 이 글에서 논의되는 통제권은 정보 그 자체에 대한 통제권이 아니다. 예컨대 CompuServe 판결에서 인정한 통제권도 서버의 기능을 저하시킬 정도로 대량의 상업용 이메일을 자기에게 전송하는 행위를 막을 수 있는 권리일 뿐, 이를 넘어서서 그 정보를 다른 모습으로 이용하는 것까지 통제할 권리는 아니다. 정보에 관한 개인의 통제권을 지나치게 확장시켰다고 비판받는 eBay 판결의 논리에 의하더라도 eBay 서버 안에 있는 정보를 특정한 유통방법으로 가져가는 것을 저지할 수 있을 뿐 다른 경로를 통해 동일한 정보를 이용하거나 재생산하는 것을 통제하지는 못한다.

이처럼 문제의 본질이 정보 그 자체에 대한 통제권이 아니라 하나의 컴퓨터 시스템에 소재하는 정보의 유통에 대한 통제권에 있다는 점을 인식하면, 미국의 관련 논의들의 공과(功過)도 더욱 명료하게 판단할 수 있다. 이러한 관점에서 본다면 인터넷에 있어서 사적 통제권의 허용이 저작권과 유사한 정보통제권의 확장으로 이어진다는 비판들은 그 심각성이 과장된 것이다.

(3) "全般的" 情報流通보다 "自己 領域 안"에서의 情報流通

앞서 언급한 정보유통에 관한 통제권은 인터넷 전반을 가로지르는 포괄적 정보유통이 아니라 특정한 컴퓨터 시스템의 영역 안에서 이루어지는 부분적 정보유통에 관한 통제권이다. 따라서 특정 컴퓨터 시스템 소유자가 어떠한 이유

104) Quilter, *supra* note 77, at 437; Burk, *supra* note 77, at 39-40, 43-44; Elk-Koren, *supra* note 84, at 208-209; Lemley, *supra* note 96, at 119-121 등.

로 자기의 시스템 내에서 정보 관련 활동을 통제한다고 하더라도, 이는 일반적으로 당해 정보의 전반적인 흐름을 제약하는 것이 아니라, 방대한 네트워크의 일단(一端)에 있어서의 정보흐름을 제약하는 것에 불과하다.105)

이처럼 정보유통에 관한 통제권의 영역이 당해 컴퓨터 시스템의 영역 안에만 국한된다는 점에서 이러한 의미의 통제권은 정보에 대한 재산권의 성격을 띠는 것이 아니다. 오히려 이는 컴퓨터 시스템 및 그 안에서의 정보의 흐름에 대한 일종의 자기결정권에 더 가까운 성격을 가진다.

(4) 小 結

결국 동산침해의 해석론 및 정책론 속에서 추출할 수 있는 문제의 핵심은 특정한 컴퓨터 시스템 영역에 있어서 정보의 흐름에 관한 통제권을 어느 정도까지 인정해 줄 것인가 하는 점이다.

3. 우리나라에 있어서 情報流通統制權

그렇다면 우리나라에서 위와 같은 통제권은 무슨 근거에 의하여 어떠한 모습으로 존재하는 것인가? 그리고 그것은 바람직한 것인가?

(1) 動産으로서의 컴퓨터 시스템에 관한 統制權

가. 우신 동산에 해당하는 컴퓨터 시스템의 소유권으로부터 일정한 범위의 통제권이 도출되는 것은 명백하다. 소유권은 물건을 사용, 수익, 처분할 수 있는 전면적 지배권이다.106) 이러한 소유권의 실현이 방해되거나 방해될 염려가 있다면 소유자는 그 방해의 제거나 예방을 청구할 수 있다.107) 따라서 컴퓨터 시스템의 소유자는 그 소유권의 실현을 방해하는 정보 관련 행위의 중지 또는 예방을 청구할 수 있다. 이러한 방해배제청구권은 손해배상청구권과 함께 동산

105) 물론 당해 정보가 오로지 특정한 컴퓨터 시스템에만 저장되어 있고, 아무도 그 정보에 접근하지 못하도록 통제한다면 그 정보에 관하여서는 인터넷 전반에 걸친 유통통제의 결과를 가져온다. 그러나 이러한 특별한 경우를 일반화하여 자기 영역 안에서의 정보유통통제가 네트워크 전체의 유통통제로 이어진다고 단정하는 것은 곤란하다. 일반적으로는 정보접근의 경로가 일부 열려 있거나, 다른 컴퓨터 시스템에서도 동일한 정보를 구할 수 있거나, 또는 그 정보를 재생산하는 것이 가능하다면 그 정보의 유통을 막을 수 없다.

106) 민법 제211조.

107) 민법 제214조.

으로서의 컴퓨터 시스템을 보호하기 위한 통제권의 핵심적 내용을 이룬다.[108] 그리고 컴퓨터 시스템을 보호하기 위하여 정보 관련 행위에 대하여 방해배제청구권을 행사하면 정보유통에 대한 통제의 결과가 나타난다.

나. 그렇다면 어떠한 경우에 "방해"가 발생하였다고 볼 것인가? 일반적으로 방해는 상대방의 행위나 상대방의 물건의 상태로 인하여 소유물에 대한 소유권의 완전한 지배가 실현되지 못하는 경우에 발생한다. 이러한 의미의 방해가 발생하였다고 하려면 컴퓨터 시스템을 사용, 수익하는 데에 객관적으로 지장이 발생한 상태에 이르러야 한다. 예를 들어 대량정보전송이나 수집, 악성 바이러스 유포 등으로 과도한 부하가 걸려 컴퓨터 시스템이 마비되었다거나, 수인가능한 범위를 벗어나는 기능장애가 초래된 경우라야 비로소 컴퓨터 시스템에 대한 방해가 발생하였다고 볼 수 있다.[109]

따라서 특정인의 정보 관련 행위가 단순히 컴퓨터 시스템 소유자의 의사에 반한다는 이유만으로는 방해를 구성한다고 볼 수 없다. 예컨대 컴퓨터 시스템 소유자가 일정한 범위의 이용자들이 접근하는 것을 막기 위하여 기술적 조치를 실시하고 있는데 이 기술적 조치를 무력화하거나 우회하여 접근하는 행위, 원하지 않는 정보(예를 들어 스팸메일이나 음란물)를 계속하여 보내는 행위, 미성년자가 만 19세 이상만 들어올 수 있는 성인 웹사이트에 타인의 주민등록번호를 도용하여 접속하는 행위는 그 행위가 컴퓨터 시스템에 물리적, 기능적 장애를 초래하지 않는 이상 그 위법성 여부는 별론으로 하고 컴퓨터 시스템에 대한 방해행위라고 하기는 어렵다.[110]

다. 이에 대하여는 eBay 판결의 논리에 기대어 위와 같은 행위가 컴퓨터 시스템의 장애를 초래하는 데에 이르지는 않더라도, 시스템 처리용량 중 일부

108) 다만 불법행위로 인한 손해배상청구권은 컴퓨터 시스템에 이미 발생한 손해에 대한 전보수단이라는 면에서 컴퓨터 시스템에 대한 통제권으로서의 성격은 약하다. 따라서 방해배제청구권을 중심으로 살펴본다.

109) 이러한 논리구성에 따르면 방해 발생 여부는 피고의 행위뿐만 아니라 원고 서버의 처리기능 및 용량에 따라 크게 좌우된다. 즉 피고가 발송한 이메일의 양이 많지 않아도 원고 서버의 처리용량이 현저하게 낮아 이로 인하여 원고 서버의 장애가 발생할 수 있는 반면, 피고가 발송한 이메일의 양이 많더라도 원고 서버의 처리용량이 매우 높다면, 아무런 장애가 발생하지 않을 수도 있다. 그러나 소유권의 보호는 개별적인 객체에 대하여 각각 이루어지는 것이므로 그 보호의 모습이 객체에 따라 달라지는 것은 불가피한 일이다.

110) 불쾌한 편지를 읽음으로써 개인적인 고통을 겪었더라도 메일박스에 어떠한 손해가 발생한 것이 아니고, 성가신 전화로 인하여 사생활이 침해되었더라도 전화기에 어떠한 손해가 발생하였다고 할 수 없다는 Intel 판결의 판시내용은 우리나라에도 시사하는 바가 크다.

를 잠식함으로써 결과적으로 시스템 보유자가 다른 용도로 정보를 처리할 수 있는 기회를 상실시켰다는 점에서 방해가 발생하였다고 반론할 수도 있다. 물론 이러한 행위로 말미암아 정당하게 접속하려던 다른 이용자의 접속이 불가능해졌다는 사정, 즉 접속장애의 사정이 입증된다면 이러한 행위는 방해를 구성할 수 있다. 하지만 위와 같은 경우는 현실적으로 드물 뿐만 아니라, 그 인과관계를 입증하기도 쉽지 않을 것이다. 한편 이러한 행위가 접속장애상태를 야기하지는 않더라도 컴퓨터 시스템 이용자들의 숫자를 늘림으로써 적어도 이론적으로는 전반적인 정보처리속도를 감소[111]시켰다는 점에서 방해가 발생하였다고 볼 수는 없는 것인가? 일반적으로 그렇게 보기는 어려울 것이다. 이용자들의 증감에 따라 정보처리속도가 조금씩 달라지는 것은 통상적인 것이고, 어느 정도까지는 수인되어야 한다. 따라서 그 처리속도의 감소가 객관적으로 시스템 장애로 평가될 정도에 이르지 않는다면 이는 수인되어야 하는 것이고, 그러한 의미에서 이를 초래한 행위가 위법한 방해를 발생시켰다고 할 수 없다.[112] 결국 이러한 행위들은 대부분의 경우 소유권에 기한 방해배제의 대상이 되지 않는다.

현실적으로도 컴퓨터 시스템에 관한 소유권에 기한 방해배제청구권을 행사할 수 있는 경우는 많지 않다. 우선 상대방의 행위로 발생한 방해에 대한 배제청구권을 행사하기 위하여는 방해행위 자체가 계속되어 제거대상인 방해상태가 존속하고 있어야 한다.[113] 그런데 인터넷에서 이루어지는 정보 관련 행위는 행위 당시 컴퓨터 시스템에 과중한 부하(負荷)를 안기더라도 일단 행위종료

111) 정보처리속도는 이용자들의 절대적인 숫자뿐만 아니라 개별 이용자들의 이용행태, 컴퓨터 시스템이나 회선의 성능 및 용량 등 다른 변수에 의하여도 영향을 받는다. 인터넷 속도 저하의 원인과 해결방식에 대하여는 김정호·이완재 공저, 사이버공간의 법경제학(2004), 67-103면 참조.

112) 객관적으로 방해상태가 야기되었더라도 수인가능한 범위 내에 있어 위법하지 않다면 방해배제청구의 대상이 되지 않는다. 民法注解〔V〕, 246-247면(梁彰洙 집필부분) 참조: 한편 鄭震明, "사이버소유권에 관한 연구"(註 10), 24-25면에서는 이 경우 수인한도는 일반적인 불법행위에 있어서와 같이 피해의 정도, 피해이익의 성질 및 그에 대한 사회적 평가, 전송행위의 목적, 상업성, 인터넷 이용의 선후관계, 가해방지 및 피해회피의 가능성, 공법적 규제의 위반 여부, 교섭 경과 등 모든 사정을 종합적으로 고려하여 판단하여야 한다고 설명한다. 이러한 위법성의 요구는 객관적으로 방해상태가 발생하였으나 이를 정보행위자에게 귀속시킬 수 없는 다른 일반적인 경우에도 요긴하게 활용된다. 따라서 예컨대 입시결과 발표와 같이 중요한 정보를 신속하게 취득하기 위하여 수많은 사람들이 동시에 접속함으로써 시스템이 다운될 우려가 있다는 이유로 시스템 소유자가 접속예정자들을 상대로 방해예방청구권을 행사할 수 없게 된다.

113) 民法注解〔V〕, 246면(梁彰洙 집필부분) 참조.

이후에는 그 상태가 지속되지 않는다. 따라서 시스템 장애는 방해배제청구가 아니라 손해배상청구의 문제로 귀결될 가능성이 크다. 그나마 시스템 용량이 지속적으로 증가하는 현실 속에서 이러한 시스템 장애발생의 가능성은 낮아진다. 설사 시스템 장애상태가 발생하거나 발생할 우려가 있더라도 시스템 관리주체의 입장에서는 시간이 걸리고 불확실한 법적 수단보다는 신속하고 확실한 기술적 수단을 사용하여 문제를 해결하는 것을 선호할 것이다. 아울러 이러한 방해배제청구권은 컴퓨터 시스템에 소유권을 가진 자에게만 인정되는 것이다. 따라서 컴퓨터 시스템을 소유하지 않으나 웹사이트를 운영하는 많은 주체들에게 있어서 이러한 통제권은 별 의미를 가지지 못한다.[114)]

라. 이러한 여러 가지 이유 때문에 물권적 의미의 통제권은 실제에 있어서 중요한 비중을 차지하지 않는다. 이는 앞서 설명한 것처럼 문제의 핵심이 동산으로서의 컴퓨터 시스템 보호가 아니라 그 시스템에서 구현되는 정보의 흐름에 있는데, 물권적 청구권에 기하여는 정보의 흐름을 통제하기 곤란하기 때문이다.

(2) 無形的 利益으로서의 情報의 흐름에 관한 統制權

가. 實際의 모습

물리적 시설인 컴퓨터 시스템에 저장된 정보는 이른바 컨텐트층을 구성한다. 이는 일반인이 시각적으로 인식할 수 있는 웹사이트(website)상에서 구현된다. 웹사이트의 가치를 구현하는 요소에는 여러 가지가 있지만,[115)] 그 중에서도 웹사이트가 담고 있는 정보는 웹사이트가 가지는 무형적 이익[116)]의 핵심적

114) 다만 경우에 따라 소유자를 대위하여 제3자에게 소유자의 물권적 청구권을 행사하는 것은 가능하다. 이와 관련하여 이재환, "Trespass to chattels"(註 10), 28-29면에서는 컴퓨터 시스템을 소유하지 않고 리스한 ISP에게 불법행위로 인한 손해배상청구권이 발생하였다면, 이를 피보전권리로 하는 임시의 지위를 정하는 가처분(민사집행법 제300조 제2항)의 허용 여부를 검토할 만하다고 서술한다. 임시의 지위를 정하는 가처분은 장래의 집행보전이 아닌 현존하는 위험방지를 위한 것이므로 다툼이 있는 권리관계가 존재하면 족하고, 권리관계의 종류에도 제한이 없어 금전채권의 경우도 포함되므로, 금전채권도 현재의 위험 또는 손해를 방지할 필요가 있으면 가처분의 대상이 될 수 있다고 한다. 이러한 일반론에 비추어 사이버 공간상에서의 침범행위에 관하여도 이러한 행위가 계속되어 손해발생이 계속된다거나 임박하였다는 특수한 사정이 있다면, 그 행위의 금지를 구하는 내용의 가처분을 허용함이 상당하다고 한다.

115) 예컨대 웹사이트가 소재하고 있는 도메인 이름, 웹사이트를 구동하는 소프트웨어 및 웹사이트에 관하여 축적된 인지도나 신용, 가입회원들의 숫자 등이 그것이다.

116) 이러한 웹사이트의 경제적 가치 때문에 웹사이트 자체가 거래의 대상이 되기도 한다. 예컨대 웹사이트의 거래를 중개하는 http://www.sitemarket.co.kr 참조.

요소이다. 이러한 이익은 비단 컴퓨터 시스템을 직접 소유하고 있지 않은 웹사이트의 운영주체도 향유할 수 있다는 점에서 물리적 시설로서의 컴퓨터 시스템에 대한 권리와 비교된다. 웹사이트 운영자들은 이러한 무형적 이익을 극대화하는 수준에서 웹사이트에 대한 접근성 및 정보유통의 정도를 통제하고자 하는 동기를 가지게 된다. 이는 기술이나 계약을 수단으로 한 여러 가지 모습의 진입장벽으로 이어진다. 이러한 진입장벽은 예컨대 회원으로 가입하고 비밀번호를 입력하거나 관리자의 승인을 얻지 않으면 더 이상 정보에 접근할 수 없도록 하는 모습으로 나타나기도 하고, 방화벽과 같이 순수하게 기계적이고 자동화된 모습으로 나타나기도 한다. 이러한 다양한 접근통제현상은 기술적 조치에 의하여 뒷받침된 것으로서 현실 속에서 매우 널리 퍼져있다.

이와 같은 현실을 염두에 둔다면, 정보의 흐름에 관한 통제권의 논의는 이미 일종의 자구행위로서 광범위하고 일상적으로 시행되는 기술적 조치의 사용을 적법하다고 보아 허용할 것인가 여부에 그 초점이 있다.

나. 規範的 根據

(a) 그렇다면 이러한 사적 통제권의 행사가 현행법 아래에서는 정당화되는가?

이는 결국 웹사이트의 운영 주체가 통제권을 행사하여 지켜내고자 하는 이익이 법적으로 보호되는 이익인가 하는 문제와 밀접한 관련이 있다. 이러한 이익은 여러 가지 형태로 나타난다. 개인신상정보나 영업비밀처럼 널리 알려져서는 안 되는 정보에 대한 보안을 유지하고, 정보관련자에 대하여 정보유출에 따른 손해배상책임[117]을 지지 않는 이익일 수도 있다. 신원이 검증되지 않은 무단접속자들이 악성 게시물을 올림으로써 하락할 수 있는 웹사이트의 신뢰도와 평판일 수도 있다. 개인 홈페이지에 극히 제한된 범위의 친구들만 방문할 수 있도록 함으로써 누릴 수 있는 안온함과 평온감일 수도 있다. 원하지 않는 스팸메일을 확인하거나 지우는 데에 들어가는 시간과 노력일 수도 있다. 이러한 이익들은 지적재산권에 의하여 보호되는 정보에 관한 이익이 아닌 이상, 물권적 보호를 받을 수는 없다. 그러나 대부분의 경우 불법행위제도에 의하여 보호받는 넓은 의미의 법익에는 포함시킬 수 있다. 그렇다면 이러한 이익을 지켜

117) 게임 서버의 업데이트 과정에서 이용자들의 개인정보인 아이디와 비밀번호가 암호화되지 않은 상태에서 로그파일에 저장되도록 함으로써, 이를 유출되도록 한 온라인게임회사에 대하여 위자료지급을 명한 서울중앙지방법원 2006. 4. 28. 선고 2005가단240057 판결 참조.

내기 위한 사적 통제권의 행사는 그것이 강행법규나 사회질서에 반하지 않는 한 적법하다고 평가하여야 한다.

이러한 일반론 위에 위와 같은 통제권의 정당성을 더해주는 규범적 근거의 단서는 정보통신망 이용촉진 및 정보보호 등에 관한 법률(이하 '정보통신망법'이라고 한다)에서 찾을 수 있다.[118)]

정보통신망법 제48조 제1항에서는 누구든지 정당한 접근권한 없이 또는 허용된 접근권한을 초과하여 정보통신망[119)]에 침입하여서는 아니 된다고 규정한다. 한편 같은 조 제2항은 악성 프로그램의 전달, 유포금지를, 제3항은 대량 신호 발송 등에 의한 정보통신망 장애야기금지를 규정한다. 같은 법 제49조에서는 누구든지 정보통신망에 의하여 처리, 보관 또는 전송되는 타인의 정보를 훼손하거나 타인의 비밀을 침해, 도용 또는 누설하여서는 아니 된다고 규정한다. 같은 법 제50조 및 제50조의 4 제1항 제1호는 영리 목적의 광고성 정보에 관한 규제를, 같은 법 제50조의 2는 홈페이지 운영자 또는 관리자의 동의 없는 전자우편주소 자동수집행위에 대한 금지를 각각 규정한다. 이러한 규정들은 대체로 정보통신망 및 정보에 관한 사적인 통제권의 행사가 허용된다는 점을 그 당연한 전제로 하고 있다.

(b) 위에서 살펴 본 바에 의거하여 인터넷상 정보유통통제와 관련된 우리나라 법의 태도를 추론하여 본다면 다음과 같다.

첫 번째로 자신이 관할하는 정보통신망 영역 내의 무형적 이익을 통제하기 위하여 개인적으로 취하는 기술적 조치는 특별한 사정이 없는 한 적법하다.[120)]

두 번째로 위와 같은 정당한 기술적 조치를 무력화하거나 회피하여 임의로 타인의 컴퓨터 시스템에 접속하거나 정보를 취득하는 행위는 위법하다. 또한 이러한 행위가 고의 또는 과실에 기한 것으로서 손해를 발생시켰다면 손해

118) 그 이외에도 정보통신기반보호법 제12조에서도 주요 정보통신기반시설 침해행위를 금지하는 규정을 두고 있다. 그리고 정보통신기반시설의 개념 안에는 정보통신망도 포함된다(같은 법 제2조 제1호). 그러나 이는 주요 정보통신기반시설만 보호대상으로 하는 점에서 그 범위가 정보통신망에 비하여 매우 좁다.

119) 위 법률 제2조 제1항 제1호에 의하면 정보통신망은 전기통신기본법 제2조 제2호의 규정에 의한 전기통신설비를 이용하거나 전기통신설비와 컴퓨터 및 컴퓨터의 이용기술을 활용하여 정보를 수집, 가공, 저장, 검색, 송신 또는 수신하는 정보통신체제를 말한다.

120) 당해 정보가 저작물인 경우에는 기술적 보호조치의 무력화방지에 관한 저작권법 제92조 제2항이 적용될 것이다.

배상청구의 대상이 된다.[121] 그러나 그렇다고 하여 정보통신망법이 컴퓨터 시스템 소유자에게 위와 같은 위법한 행위를 금지시킬 수 있는 물권적 보호수단까지 부여한 것은 아니다. 인터넷 서비스 제공자가 위법한 정보를 임의로 삭제하는 것이 정당화되는 경우도 있으나, 이는 물권의 행사에 따른 것이 아니라 계약에서 인정되는 권리를 행사하거나, 법령 또는 조리에 따른 주의의무를 이행한 결과에 불과하다.

세 번째로 정보발신행위는 정보수집행위보다 통제가능성이 낮다. 위 두 가지 유형의 행위는 비록 이 글에서 정보 관련 행위라는 포괄적 개념 아래 동거하고 있으나, 똑같이 취급되기 곤란한 이질성을 가지고 있다. 우선 정보수집행위는 정보에 관한 법률상 또는 사실상 이익에 직접적인 해악을 끼치지만, 정보발신행위는 그렇지 않다. 반면 정보수집행위에 비하여 정보발신행위에 대한 규제는 표현의 자유에 더 직접적인 영향을 미친다. 이러한 이유 때문에 정보발신행위의 규제 정도는 정보수집행위보다 낮아야 한다. 정보통신망법에서도 원하지 않는 정보의 발신행위 일체를 금지하는 것이 아니라, ① 정보통신망의 안정적 운영을 방해할 목적으로 대량의 신호 또는 데이터를 보내는 행위(제48조 제3항), ② 수신자의 명시적인 수신거부의사에 반하는 영리 목적의 광고성 정보 전송행위(제50조 제1항), ③ 법률에서 금지하는 재화 또는 서비스에 대한 광고성 정보 전송행위(제50조의8)를 금지하고 있을 뿐이다.[122] 그러므로 위에서 금지하는 유형이 아니라면, 원하지 않는 정보를 발송하였다는 이유만으로 곧바로 위법성을 띠게 되는 것은 아니고, 그 이외에 위법성을 인정할 만한 나른 사정이 있는 경우에만 위법성을 띤다.

다. 政策的 正當性

그렇다면 현실과 규범의 양자에 의하여 뒷받침되는 정보유통에 관한 사적

121) 인터넷상 불법행위의 성립요건에 관한 설명으로 鄭震明, "사이버불법행위에 관한 법리 소고"(註 10), 270-280면 참조.

122) 영리 목적의 광고성 정보 전송행위의 위법성을 인정한 판결로 서울중앙지방법원 2004. 10. 26. 선고 2002가단134922 판결(확정) 참조. 이 사건에서 원고는 다음커뮤니케이션이었고, 피고는 인터넷 성인사이트를 운영하는 업체인 와우시스템이었다. 피고는 원고가 제공하는 전자우편 서비스에 가입한 한메일넷 회원들에게 무작위로 대량의 광고성 이메일을 발송하였다. 회원들로부터 스팸메일신고를 접수받은 원고는 여러 차례에 걸쳐 피고에게 중단경고 및 메일발송 IP의 차단조치 등을 하였다. 그러나 피고는 차단된 기존 IP 이외의 다른 IP를 이용하는 방법으로 계속하여 스팸메일을 발송하였다. 서울중앙지방법원은 이러한 행위는 전자우편 서비스업체의 영업과 신용 등을 침해하는 위법한 행위라고 판단하고 손해배상을 명하였다(다만 이 사건은 자백간주사건이었음).

통제권의 허용이 정책적으로는 바람직한 것인가?

컴퓨터 시스템의 운영주체가 그 시스템 내에서 정보가 들어오거나 나가는 것에 관하여 아무런 결정권이 없는 상태, 즉 모든 시스템이 만인에 의하여 공유되는 상태는 현실적으로 가능하지도 않고 바람직하지도 않다. 정보는 대단히 다양한 속성과 모습을 가지고 있다. 그 중에는 개인신상정보처럼 컴퓨터 시스템에 저장되어 있으나 공유되어서는 안 되는 정보도 있다. 이러한 정보에 대한 통제가 정당화되어야 하는 것은 당연하다. 또한 일체의 통제권 박탈은 효율적이지도 않다. 만약 컴퓨터 시스템의 소유자가 자신의 시스템을 인터넷에 연결하는 모습으로 네트워크에 참여할 경우 자기 영역에 대한 아무런 통제를 행할 수 없게 된다면, 이들은 네트워크에 참여하지 않는 쪽을 선택할 가능성이 크다. 이러한 선택이 반복되면 장기적으로 인터넷의 가치가 떨어진다.

사적 통제권의 행사를 허용하면 이를 허용하지 않는 경우에 비하여, 일반 공중이 자유롭게 접근할 수 있는 정보의 총량을 줄일 가능성은 있다. 그러한 점에서 사회에는 일정한 비용이 발생할 수 있다. 하지만 앞서 설명한 대로 실제에 있어서 이러한 사적 통제권의 행사는 특정한 컴퓨터 시스템의 영역 안에서에만 영향이 미치는 것이다. 또한 일반 공중에 큰 영향을 미치는 컴퓨터 시스템의 소유자들은 공공기관이거나 상업적 서비스제공자일 가능성이 크다. 그런데 공공기관이 보유한 정보는 원칙적으로 공개가 강제되고 있다.[123] 또한 상업적 서비스제공자의 경우 영리의 차원에서라도 일반 공중의 정보수요를 대폭 고려하여 가급적 폭넓은 정보를 제공하고자 할 것이다. 이와 같이 정보공개에 관한 강행법규의 존재 및 시장메커니즘에 따른 정보유통의 현상에 비추어 보면, 규범적으로 사적 통제권의 행사를 허용한다고 하더라도 사회에 초래할 비용이 그 이익을 초과한다고 보기 어렵다.

그러므로 정보유통에 관한 사적 통제권의 허용은 원칙적으로 정책적 타당성을 인정할 수 있다. 다만 이를 어느 정도까지 허용하는 것이 타당한가 하는 점은 별도로 논의할 문제이다.

123) 공공기관의 정보공개에 관한 법률 제3조 및 제9조 참조.

Ⅵ. 結 論

그 동안 별로 주목을 받지 못하던 미국 불법행위법상 동산침해의 법리는 인터넷상 분쟁을 다룬 일련의 판결들에 적용되면서 뜨거운 논란의 중심에 서게 되었다. 동산침해의 요건을 얼마나 완화하여 해석할 것인가에 관하여 미국의 판결들이 보여 주는 혼란스러움만큼이나 학계에서는 이 법리가 인터넷의 통제구조에 미칠 파급효과에 관하여 각각의 진영에서 이론적 대립각을 세우고 있다.

이 글에서는 최근 미국에서 많은 관심을 모았던 이 문제를 살펴보기 위하여 동산침해 법리 일반에 대한 설명과 함께 그 법리가 미국 판결들에 어떻게 적용되었고, 이를 둘러싸고 어떠한 학술적 논의가 있었는지에 대하여 소개하였다. 미국과 우리 나라의 법체제의 차이로 인하여 이러한 판례나 학술적 논의를 우리 나라에 그대로 적용하는 데에는 한계가 있다. 그러나 물리적 환경을 염두에 둔 기존의 법리를 정보적 환경에 확장적용하는 것에 관한 치열한 고민들은 우리 나라에 시사하는 바가 크다. 특히 동산침해의 법리를 광범위한 정보통제권으로 연결하고자 하였던 eBay 판결에 대한 저항적 의미로 이루어진 Intel 판결이나 다수 학자들의 비판은 우리에게 인터넷의 물리적 기반층의 법리를 컨텐트층에 무리하게 확장적용하는 것은 타당하지 않다는 교훈을 준다. 그럼에도 불구하고 컴퓨터 시스템이 엄연한 사유재산이고, 이를 보유한 자는 이에 기하여 일정한 범위의 통제권을 행사할 수 있다는 입장을 견지하는 모든 미국 판결들과 이러한 통제권을 지지하는 학자들의 논의는, 가상공간이라 불리는 인터넷도 이제 더 이상 사유(私有)와 공유(公有)가 공존하는 현실공간과 본질적으로 다르지 않다는 교훈도 준다. 이러한 바탕 위에서 우리나라에 있어서 인터넷상 사적 통제권의 문제를 잠정적으로 정리해 보면 다음과 같다.

우선 물리적 시설로서의 컴퓨터 시스템의 온전성을 보호하기 위한 측면이다. 이 측면은 민법에 따라 규율된다. 컴퓨터 시스템 소유자는 시스템의 물리적·기능적 온전성을 방해하는 정보 관련 행위에 대하여 물권적 청구권 또는 경우에 따라 손해배상청구권을 행사할 수 있다. 그러나 이러한 정보 관련 행위가 컴퓨터 시스템을 방해한다고 하기 위하여서는 단지 당해 행위가 시스템 소유자의 의사에 반한다는 것만으로는 부족하고, 시스템의 기능실현에 객관적 장애를 야기하는 정도에 이르러야 한다. 그러므로 시스템 소유자의 의사에 반하는 접근, 정보전송, 정보수집이 당연히 방해를 구성하는 것은 아니다.

다음으로 컴퓨터 시스템을 통하여 구현되는 정보영역 내에서의 자율성 내지 통제성을 확보하기 위한 측면이다. 이 측면은 1차적으로는 저작권법이나 정보통신망법 등 정보 및 그 유통에 관한 법률, 2차적으로는 일반법으로서의 민법에 따라 규율된다. 이 영역에 관한 통제는 다시 정보수집행위와 정보발신행위에 대한 통제로 나눌 수 있다. 먼저 정보수집행위에 관하여 본다. 컴퓨터 시스템에서 저장, 유통되는 정보의 관리주체는 그 정보가 지적재산권 등의 보호대상이 되지 않는 한 이에 대하여 배타적 권리를 가지지 못한다. 하지만 강행법규에 반하지 않는 한, 기술적 조치를 통하여 자신이 관리하는 정보영역에 대한 다양한 통제권을 행사하는 것은 허용된다. 또한 이러한 정당한 통제장치를 회피하거나 무력화하여 시스템에 접근하거나 정보를 취득하는 행위는 위법하다. 다만 이러한 행위는 손해배상청구의 대상이 되는 것은 별론으로 하고 물권적 청구권의 대상은 되지 못한다. 한편 정보발신행위에 관하여 본다. 정보통신망법은 수신거부의사에 반하는 영리 목적의 광고성 정보전송 등 일정한 유형의 정보발신행위를 금지하고 있으므로, 이러한 행위는 위법하다. 그러나 그 이외의 정보발신행위는 그 행위가 물리적 시설로서의 컴퓨터 시스템의 온전성을 해치지 않는 한 당연히 위법성을 띠는 것은 아니고, 그 위법성 여부는 각 사안에 존재하는 여러 사정들을 종합하여 판단하여야 한다.

이러한 결론을 잠정적이라고 표현한 이유 중의 하나는, 아직 정리되지 않은 새로운 쟁점(인터넷의 재산질서)과 이러한 쟁점을 염두에 두지 않고 형성되어 온 전통적 규범(동산침해의 법리) 사이에 간극이 존재하기 때문이다. 이러한 간극을 메우기 위한 법리의 발전이나 새로운 입법의 노력은 지속될 것이고, 그 긴장된 과정 속에서 결론은 계속 변화할 수 있다. 한편 이러한 법적 개입이 현실 속에서 가지는 한계를 분명히 인식할 필요도 있다. 실제에 있어 인터넷은 법이 아니라 기술과 코드, 그리고 국제적인 협력에 따라 지배되는 경향이 강하다.[124] 시장의 수요에 맞는 유연하고 신속한 변화와 국제적으로 통용되는 표준

124) 웹사이트 운영자가 로봇(robot)이라 불리는 정보자동수집 프로그램이 웹사이트의 어느 부분을 방문할 수 있는지 지정할 수 있도록 하는 로봇배제규약(Robots Exclusion Protocol)이 그 한 예이다. Yahoo나 Google, MSN 등 주요 검색엔진들은 모두 이 규약에 가입되어 있다.

을 요구하는 인터넷은 한 나라의 법이 장악하기에는 너무 먼 거리에 있다. 따라서 인터넷의 질서는 법이 아니라 기술과 코드에 의하여 주로 형성될 것이다. 입법이나 법의 해석, 적용과 같은 규범적 차원의 개입은 이러한 요소들에 의하여 형성된 질서의 정당성을 판단하는 소극적, 보충적 차원에서 이루어질 가능성이 크다. 그러한 의미에서 법이 인터넷에 미치는 영향은 보충적이다.

따라서 자동화된 정보수집행위에 관하여는 이미 웹사이트 운영자의 사적인 통제권 행사가 가능하다는 것을 전제로 한 자율적인 규율체계가 상당한 정도로 정립되어 있는 셈이다. http://www.robotstxt.org/wc/norobots.htlm(최종방문일 2006.12.31.) 참조.

제20장

不法行爲法理에 의한 인터넷상의 情報프라이버시 保護문제에 관한 一考*

— 리니지Ⅱ 게임 아이디 · 비밀번호 노출사건**을 중심으로

허 성 욱***

Ⅰ. 들어가는 말

인터넷의 폭발적인 보급과 컴퓨터 기술의 발전에 수반하여 정보의 흐름이 대량화, 가속화되는 이른바 '정보화사회'에 접어들게 되면서, 인터넷상의 개인정보의 무단유출의 위험도 자연스럽게 증가하게 되었다. 현실에서도 개인정보 유출의 문제가 자주 뉴스에 보도되고 있고,[1] 학계에서도 이 주제에 관한 많은

* 이 논문을 작성하는 과정에서 서울대학교 법과대학원 석사과정의 문병선, 송귀연 두 학생들로부터 자료정리와 교정의 면에서 많은 도움을 받았다. 위 학생들의 앞날에 무궁한 학운이 함께 하기를 진심으로 기원한다.

** 서울중앙지방법원 2006. 4. 28. 선고 2005가단240057 사건.

*** 서울대학교 법과대학 조교수.

1) 비교적 가장 최근의 기사로는, 전자신문 2006. 12. 14.자 [UCLA 교직원과 학생 개인정보 해킹당해] "미국 서부의 명문대학인 UCLA가 재학생 · 졸업생 · 교직원 등 80만 명의 개인정보가 해킹당했다고 AP · 레드헤링 등 외신이 12일(현지시각) 보도했다. UCLA는 이날 80만 명의 재학생 · 졸업생 · 교직원들에게 보낸 경고 메시지에서 지난해 10월부터 올 11월 21일까지 1년여 기간 동안 해커들이 이 대학 컴퓨터 시스템을 공격해 이들의 이름 · 주소 · 생년월일 같은 개인 정보를 해킹했다고 밝혔다. UCLA는 자체 조사 결과, 해커들이 일부 학생과 직원들의 사회보장번호를 입수한 것으로 파악됐다고 밝혔다. 해커들이 실제로 접속한 데이터는 전체의 5%에 불과하지만, 만일을 위해 데이터베이스에 정보가 저장된 모든 사람들에게 이 같은 사실을 알리게 됐다고 전했다. 그러나 AP는 이 정도 규모만으로도 미국 고등교육기관의 사상 최대 규모 개인정보 유출사고라고 지적했다. 학교 측은 미 연방수사국(FBI)에 정보유출 사고를 신고해 현재 조사가 진행되고 있다고 밝혔다."

논의가 이루어지고 있다.[2] 이와 같이, 많은 전문가들이 인터넷 시대의 개인정보 보호의 중요성을 지적하고 있고 개인정보유출사고가 적지 않게 일어나고 있음에도 불구하고, 이 문제가 직접적으로 소송화되어 그에 대한 법적인 판단이 내려진 사례는 많지 않다. 비교적 최근이라고 할 수 있는 2006. 4. 28. 이 문제를 직접적으로 다루었다고 볼 수 있는 하급심 판결(서울중앙지방법원 2005가단240057 판결, 이하 이 사건 판결이라고 한다)이 하나 선고되었는데, 필자는 당시 이 사건 재판을 맡은 재판장이었다. 이하 이 글에서는 위 판결의 사실관계 및 법적인 쟁점을 중심으로 인터넷상의 정보프라이버시 보호문제를 기존의 불법행위법리에 의해 다루는 것의 長短處 및 그것과 관련하여 이러한 정책판단의 문제를 의회가 아닌 법원의 판사가 결정하는 것과 관련된 문제점에 관해 살펴보기로 한다.

Ⅱ. 서울중앙지방법원 2005가단240057판결[3]

1. 사실관계

(1) 피고 주식회사 엔씨소프트(이하 피고 회사라고 한다)는 게임사업을 운영하며 다중 이용자 온라인 롤플레잉게임(MMORPG: Massively Multiplayer

연합뉴스 2006. 11. 24.자 [서울대 커뮤니티 개인정보 '누출'] "서울대생 전용 커뮤니티인 '스누라이프'의 회원간에 주고받은 쪽지 메일을 볼 수 있는 인터넷 주소가 알려져 학생들의 사생활 노출에 대한 불안감이 커지고 있다. 24일 인터넷 사이트인 '디시인사이드'에 따르면 한 네티즌이 이 사이트 서울대 게시판에 '스누라이프의 개인정보 유출'이란 글을 올려 스누라이프 회원들간 주고받은 쪽지를 볼 수 있는 방법을 공개했다. 이 네티즌이 제시한 방법으로 이날 오전까지는 회원들 간의 개인쪽지를 확인할 수 있었지만 오후부터는 접속자가 몰려 서버가 다운돼 있는 상태며 사이트 운영진은 긴급 복구에 나선 것으로 알려졌다. 이와 관련, 서울대생들은 심각한 사생활 침해를 우려하며 당혹스러워 하고 있다. 서울대 총학생회 게시판에는 "이 문제는 과거에 유출된 개인정보 문제보다 훨씬 심각하다"(아이디 VarR), "도대체 세상에 믿을게 하나도 없다"(까치), "화가 굉장히 많이 나 가능하다면 형사소송이라도 걸고 싶은 생각이다"(app14541) 등의 항의 글이 쇄도하고 있다. 서울대생 박 모 씨는 "개인 간에 주고받은 쪽지를 볼 수 있다는 사실이 알려지면서 학생들의 사생활 유출에 대한 불안감과 당혹감이 무척 크다"며 "사이트 운영자들의 제대로 된 해명이 필요하다"고 말했다. 앞서 서울대에서는 최근 정보 포털사이트를 통해 성적 등 개인정보가 유출되는 등 수차례 개인정보 노출 사고가 발생한 바 있다."

2) 최정열, "인터넷과 개인정보의 보호," 정보법학 제 6 권 제 1 호(2002), 정재훈, "민간부문에서의 정보프라이버시보호," 정보법학, 제 2 호(1998), 양창수, "정보화사회와 프라이버시의 보호 — 사법적 측면을 중심으로 —," 인권과정의(1991. 3.) 등 다수 문헌.

3) 이 사건은 항소되어 서울중앙지방법원 2006나12182호로 항소심이 진행되었고, 2007. 1. 26. 1심판결의 내용을 일부 변경하는 판결이 선고되었다.

Online Role Playing Game)인 리니지Ⅱ게임(이하 이 사건 게임이라고 한다)을 개발하여 그 이용서비스를 제공함으로써 수익을 올리는 회사이고, 원고 정○○ 외 5인은(이하 이 사건 원고들이라고 한다) 이 사건 게임서비스를 이용하고 있는 이용자들이다.

(2) 피고 회사는 2005. 5. 11. 이 사건 게임 서버 및 네트워크 정기점검 및 업데이트 작업을 실시하는 과정에서, 담당 직원이 아이디·비밀번호 입력과 관련된 기능을 테스트하기 위하여 임시로 이용자들의 아이디와 비밀번호가 로그파일(log file)[4]에 기록되도록 하였다가, 테스트 종료 후 아이디·비밀번호 기록기능을 삭제하지 않은 상태에서 서버 업데이트 작업을 마치는 바람에, 2005. 5. 11. 오전 10시부터 이 사건 게임에 접속한 이용자들에 대하여 생성된 로그파일에 이용자들의 아이디와 비밀번호가 기록되게 되는 사고(이하 '이 사건 사고'라고 한다)가 발생하게 되었다.[5]

(3) 피고 회사는 2005. 5. 16. 12:00경에서야 이용자들의 아이디와 비밀번호가 로그파일에 기록되고 있음을 알게 되었고, 즉시 이용자들의 게임서버 접속을 차단하고, 아이디와 비밀번호가 로그파일에 기록되도록 하는 기능을 삭제하였으며, 이미 개별 컴퓨터에 생성된 로그파일이 삭제되도록 하는 시스템 패치 작업을 실시하였다.

(4) 피고 회사는 이러한 시스템 패치 작업과 더불어, 2005. 5. 16. 13:20부터 15:45까지 이용자들의 게임서버 접속을 차단하고, 이 사건 사고기간(2005. 5. 11. 10:00~2005. 5. 16. 12:00) 동안에 이 사건 게임에 접속하였던 모든 이용자들로 하여금 주민등록번호로 동일인 확인을 거친 후에 새로운 비밀번호로 변경한 다음에만 이 사건 게임에 접속할 수 있도록 하는 조치를 취하였다.

(5) 원고들은 이 사건 사고기간 동안 이 사건 게임에 접속한 이용자들이다.

(6) 이 사건 게임의 로그파일은 이용자가 이용하는 컴퓨터의 하드디스크 C

---

4) 컴퓨터에 어떤 프로그램을 설치하였을 경우, 컴퓨터 또는 해당 프로그램에 문제가 발생하였을 때 그 원인을 진단하고 분석하기 위하여, 해당 프로그램의 접속, 접속해제, 실행, 수정, 변동 등에 관한 기록을 위하여 그에 관한 내용을 담고 해당 프로그램이 설치된 컴퓨터의 하드디스크에 시간 순으로 저장되는 파일. 거의 모든 컴퓨터 시스템 및 프로그램은 로그파일을 자동 생성하고 있는데, 대부분 일반 텍스트 파일의 형태를 취하되 아이디, 비밀번호와 같은 보안항목은 로그파일에 기록하지 않고 있음. 피고 회사도 평소에는 접속자 이용자의 아이디와 비밀번호는 이 사건 게임의 로그파일이 기록되지 않도록 처리하고 있음.

5) 이 사건 사고기간 중에 리니지Ⅱ게임에 접속한 이용자는 50만 명 이상인 것으로 추산된다.

드라이버에 C://Program Files/ncsoft/lineageII/system/l2.log라는 경로를 가진 파일로 저장이 된다.

(7) 피고 회사는 2005. 5. 16. 이 사건 사고와 관련하여 이 사건 게임 홈페이지에 이용자들에 대한 사과문을 게재하고, 유료 이용자들에게 1일간의 무료사용권을 제공하는 이외에는 이 사건 사고와 관련하여 이용자들에게 별다른 보상조치를 취한 것이 없다.

2. 관련 규정

(1) 이 사건 게임서비스 이용약관 제13조 제 2 항에서는 "회사는 이용자의 계정 정보를 포함한 일체의 개인정보가 서비스 시스템으로부터 유출되지 않도록 하며, 제 3 자에게 공개 또는 제공되지 아니하도록 보호합니다"라고 정하고 있었다.

(2) 한편, 「정보통신망 이용촉진 및 정보보호 등에 관한 법률」(이하 '정보통신망법'이라고 한다) 제49조에서는 "누구든지 정보통신망에 의하여 처리·보관 또는 전송되는 타인의 정보를 훼손하거나 타인의 비밀을 침해·도용 또는 누설하여서는 아니 된다"라고 규정하고 있고, 같은 법 제62조는 위 제49조를 위반하여 타인의 정보를 훼손하거나 타인의 비밀을 침해·도용 또는 누설한 자를 5년 이하의 징역 또는 5,000만 원 이하의 벌금에 처하도록 정하고 있다.

3. 당사자들의 주장 및 이 사건의 법적 쟁점

(1) 원고들은 자신들의 개인정보에 해당하는 이 사건 게임의 아이디와 비밀번호가 로그파일에 기록되는 형태로 공개됨으로써 정신적 손해를 입게 되었다고 주장하며 원고 1인당 500만 원씩의 손해배상을 청구하였다. 그에 대해 피고 회사는 앞에서 인정한 사실관계의 내용대로 자신의 직원의 과실로 인해 게임 업데이트 과정에서 이용자들의 아이디와 비밀번호가 로그파일에 기록되도록 한 사실관계에 대해서는 다툼이 없지만, 그렇게 유출된 아이디와 비밀번호가 불법적으로 이용되어 게임 내에서의 아이템 불법거래가 있었다거나, 나아가서 그 아이디와 비밀번호를 이용하여 원고들의 금융거래계좌의 불법적인 접속

등을 통한 현실적·경제적인 손해가 발생한 바 없으므로 원고들의 손해배상청구에 응할 수 없다고 다투었다.

(2) 이 사건의 쟁점은 결국 원고들의 이 사건 게임 아이디와 비밀번호가 "개인정보"에 해당하는 것인지 여부, 그 아이디와 비밀번호가 이용자의 컴퓨터 하드디스크에 로그파일의 형태로 기록된 것이 개인정보의 "유출"에 해당하는 것인지 여부, 현실적으로 확인된 경제적 손해가 없는 경우에도 개인정보가 유출되었다는 사실만으로 인터넷게임 사업자가 원고들의 정신적 손해에 대한 배상책임을 지는 것인지 여부 등이었다.

4. 법원의 판단

(1) 이 사건에서 법원은 손해배상책임의 발생여부에 관해 "… 살피건대, 피고 회사는 이 사건 게임 서비스 업자로서 이 사건 게임을 이용하는 이용자들의 개인정보가 유출되지 않도록 필요한 조치를 다하여야 할 계약상, 법상의 의무를 부담하고 있다고 할 것이다. 그런데, 앞에서 본 바와 같이 피고 회사가 이 사건 게임 서버의 업데이트 과정에서 이용자들의 개인정보인 아이디와 비밀번호가 암호화되지 않은 상태에서 로그파일에 저장되도록 함으로써, 컴퓨터에 관한 상당 수준의 전문지식이 있는 사람이라면 누구라도 그에 접근하여 이용자들의 아이디와 비밀번호를 알 수 있는 상황을 발생시킨 것은 이용자들의 개인정보를 유출되도록 한 것으로서 이는 이 사건 게임 서비스 이용계약 및 법에서 요구하는 주의의무를 다하지 않은 과실에 해당한다고 할 것이다. 따라서, 피고 회사는 이 사건 사고 기간 동안 이 사건 게임서비스에 접속하여 개인 정보 유출의 위험에 처하게 된 원고들이 입은 정신적 손해(원고들은 이 사건에서 정신적 손해의 배상만을 구하고 있다)를 배상할 책임이 있다. 피고 회사는 원고들이 이 사건 사고 기간 중에 PC방 등과 같이 불특정 다수인이 함께 사용하는 컴퓨터를 사용한 경우가 아니라 개인용 컴퓨터를 사용하여 이 사건 게임 서비스에 접속하였다면 개인정보유출의 위험이 없고, 또한 PC방 등에서 접속하였더라도 피고 회사가 신속한 패치작업을 통하여 개인 정보유출을 막았으므로 손해발생의 가능성이 전혀 없으며, 이 사건 사고 이후에도 이 사건 사고로 인하여 원고들 등 이 사건 게임 서비스 이용자들의 개인정보가 유출되어 실제로 피해가 발

생한 사실이 없으므로 원고들의 이 사건 손해배상청구에 응할 수 없다는 취지의 주장을 한다. 그러나 오늘날과 같이 컴퓨터 기술과 인터넷의 발전에 수반하여 해킹 등 타인의 정보를 불법적으로 수집하는 방법도 고도로 발달되어 있는 상황에서는 이 사건 사고로 인하여 원고들의 개인정보가 공개된 로그파일이 PC방 등에 있는 컴퓨터가 아닌 개인용 컴퓨터에 저장되었다 하더라도 원고들의 개인정보유출의 위험이 없다고 볼 수 없고, 피고 회사의 주장에 의하더라도 2005. 5. 16. 12:00경 이전에는 피고 회사는 이 사건 사고로 인한 피해예방조치를 취하지 않았을 뿐만 아니라, 이 사건 사고발생 사실도 제대로 알지 못하고 있었다는 것이고, 갑 제10호증의 1, 2, 3의 각 기재 및 변론의 전취지에 의하면 피고 회사가 2005. 5. 16. 12:00 이후에 PC방 등에서 패치 작업을 한 이후에도 상당 기간 동안은 로그파일의 개인정보가 그대로 남아 있어서 개인정보유출의 위험이 존재하였던 사실을 인정할 수 있으며, 또한 피고 회사의 주장대로 이 사건 사고로 인하여 유출된 원고들의 개인 정보를 이용한 다른 사고가 확인된 바가 없다고 하더라도 원고들이 정신적 손해를 입지 않았다고는 말할 수 없으므로 피고 회사의 위 주장은 받아들이지 아니한다"라고 판단하여 이 사건 게임 아이디와 비밀번호가 원고들의 개인정보에 해당하고, 그것이 암호화되지 않은 상태에서 로그파일에 기록된 것은 개인정보유출에 해당하며, 그 유출이 다른 경제적인 손해발생에까지 이르지 않았다고 하더라도 피고 회사는 그러한 개인정보유출로 인한 원고들의 정신적 손해를 배상할 책임이 있다고 판단하였다.

(2) 한편 손해배상책임의 범위에 관하여 법원은, "피고 회사가 원고들에게 배상해야 하는 손해배상의 범위에 관하여 보건대, 오늘날과 같이 컴퓨터 기술과 인터넷이 고도로 발달한 사회에서는 개인 정보의 유출이 가져올 수 있는 피해가 심각하다는 점, 피고 회사와 같이 다수의 이용자들을 회원으로 가입시켜 게임서비스를 제공하고 그로 인하여 수익을 얻고 있는 업체에게는 그 사업과정에서 알게 되는 이용자들의 개인 정보를 보호하기 위한 특별한 주의의무를 부담하도록 하는 것이 미래에 더 고도로 발달될 정보 사회에서의 개인의 비밀과 자유의 보호를 위해 바람직한 것으로 판단되는 점, 피고 회사는 이 사건 사고 이후에도 앞에서 본 바와 같이, 이 사건 게임 홈페이지에 이용자들에 대한 사과문을 게재하고, 유료 이용자들에게 1일간의 무료사용권을 제공하는 이외에는 이 사건 사고와 관련하여 이용자들에게 별다른 보상 조치를 취한 것이 없고,

이 사건 소송 과정에서도 피고 회사의 과실을 인정하지 않고 책임지려는 자세를 전혀 보이지 아니한 점, 원고들이 이 사건 사고로 인하여 현실적, 경제적으로 입은 손해는 이 사건 변론 종결일까지 확인되지 아니한 점 등을 참작하여, 피고 회사가 원고들에게 배상해야할 위자료로 원고들 각자에게 500,000원씩으로 정하기로 한다"라고 판단하였다.6)

6) 이 판결에 대한 법리적인 당부의 검토는 별론으로 하고, 언론 및 여론의 반응은 비교적 우호적인 편이었다. 그만큼 개인정보 유출문제에 관한 우리 사회의 관심이 깊었다고 말할 수 있겠다. 이 판결과 관련된 몇 개의 신문 사설을 옮겨 두기로 한다.

국민일보, 2006.4.30.자 사설[개인정보노출, 피해 없어도 책임] "온라임 게임 리니지 II 사용자 아이디(ID·이용자신분)와 비밀번호 유출을 둘러싼 소송에서 법원이 개인정보 유출 책임을 물어 게임 회사인 엔씨소프트가 원고들에게 50만 원씩의 위자료를 지급하라는 판결을 내렸다. 서울지법의 이 판결은 고의성이 없다는 점과 현실적 손해는 확인되지 않은 점을 참작했으면서도 정신적 손해는 배상하도록 한 점이 주목된다. 이는 개인정보 유출이 현실적으로 어떤 결과를 야기하지 않았더라도 정보화 사회의 기초인 정보의 신뢰와 안전성의 근간을 위협할 수 있는 만큼 사업자의 책임과 의무를 분명하게 제시한 판결이라고 할 수 있다. 다른 비슷한 소송에 영향을 미칠 가능성이 높은 이번 판결이 무분별한 개인정보 수집 관행에 제동을 걸 수 있기를 기대한다. 우리 사회에서 개인정보가 끊임없이 새나가는 가장 큰 이유는 전자상거래나 게임 등 서비스 사업자들이 회원가입을 요구하며 주민번호를 포함한 개인정보를 과다하게 수집하기 때문이다. 주민번호를 꼭 알아야 할 이유가 없으면서도 이를 요구하는 것이 인터넷 업계의 관행이다. 그런 반면 정보 관리 노력이나 위탁업체 관리 감독은 크게 소홀해 개인정보의 노출은 일상화되다시피 하고 있다. 정보통신부에 의하면 지난 한 해만도 1950개 공공기관의 홈페이지에서 62만 명의 개인정보가 노출된 것으로 나타났다. 이같이 노출된 개인정보는 인터넷 사이트의 카페, 게시판, P2P 등을 통해 유통되게 마련이다. 그럼에도 우리나라의 개인정보보호 관련법들은 민간과 공공의 영역 구별이 모호해 실효성이 높지 않은데다, 텔레마케팅에 필요한 개인정보의 수집이나 이용에 대한 법 제도는 완비되어 있지도 않다. 법제를 보완하는 동시에 불법적인 개인정보 유통을 차단해야 하고 처벌도 강화해야 한다. 불법과 무질서가 판치기 시작하면 인터넷은 특성상 그 혼란상을 뿌리뽑기가 매우 어렵다."

파이낸셜 뉴스, 2006.5.3.자 사설[개인정보 유출에 경종 울린 법원] "개인정보가 유출된 온라인 게임 '리니지 II' 이용자 5명에게 게임업체 엔씨소프트는 1인당 50만 원씩을 지급하라는 법원 판결이 나왔다. 이번 판결은 신상자료가 유출된 게임 이용자들이 게임 회사를 상대로 승소한 첫 사례로 구멍 뚫린 인터넷 보안에 경종을 울리고 있다. 정보 유출에 따른 구체적인 피해가 없음에도 불구하고 법원이 이용자들의 손을 들어주었다는 점에 주목할 필요가 있다. 개인정보 유출에 관한 한 기업에 사실상 무한 책임을 묻겠다는 뜻이다. IT 강국이라는 명성에 걸맞지 않게 개인정보 보안은 허술하기 짝이 없는 게 우리의 현실이다. 엔씨소프트는 이번 건과는 별도로 '리니지' 명의도용 피해자 8500여 명으로부터 집단소송에 직면해 있다. 유출의 당사자는 아니지만 명의도용을 알면서도 회원 가입 때 본인 확인을 소홀히 하는 등 이를 '방조'했다는 게 이유다. 또 국민은행은 고객에 e메일을 보낼 때 고객 3만 2000여 명의 신상 정보를 '실수'로 첨부했다가 414명으로부터 집단소송을 당한 상태다. 예전 같으면 슬쩍 넘어갈 일도 이제는 고객들의 엄격한 '보안망'을 빠져나가기 힘들게 됐다. 어느 날 갑자기 물건을 사라거나 회원으로 가입하라는 전화를 받았을 때 느끼는 불쾌감은 이루 다 말할 수 없다. 회원 확보와 마케팅에 급급한 나머지 보안을 소홀히 다뤘던 종래의 관행은 더 이상 통하지 않는다. 무엇보다 회원 가입 때 습관적으로 주민번호를 요구하는 등 과다한 정보를 수집하는 것부터 고쳐야 한다. 이래놓고 관리·감독을 허술하게 하니까 개인 자료가 인터넷 카페와 게시판에서 거래되

Ⅲ. 문제의 제기

1. 이 논문은 이 사건 판결을 하는 과정에서 필자가 고민했던 몇 가지 주제들에 관해 좀 더 여유를 갖고 생각해보고, 많은 사람들과 의견을 나누어 보고 싶은 생각에서 작성된 논문이다.

2. 이 사건 재판을 진행함에 있어 재판장으로서 필자가 가졌던 문제의식은 다음과 같다.

첫째, 이미 사회적으로도 큰 걱정의 대상이 되고 있는 바와 같이, 인터넷상의 개인정보유출 문제를 더 이상은 미온적으로 두고 볼 수는 없게 되었고, 그 문제에 관한 법적인 판단 내지 선언이 필요하다는 상황판단을 하게 되었다. 특히 인터넷 기업들과 같이 많은 가입자들을 유치하고 그들의 개인정보를 DB화

고 오프라인 상에선 아예 CD 형태로 사고파는 일이 벌어지는 것이다. 개인정보 보호는 과태료를 물리는 법 규정보다 고객, 즉 시장의 '보복'이 훨씬 큰 효과를 낼 수 있다. 그런 점에서 이번 판결은 기업들에 개인정보 보안 문제를 경영 차원에서 진지하게 접근할 것을 요구하고 있다."

조선일보 2006.5.2.자 사설[개인정보 유출시키는 기업 망하는 시대 온다] "'정보 보호 後進國' 소리를 듣던 일본 기업들이 요즘 완전히 바뀌어 경쟁적으로 고객정보 보호에 앞장서고 있다고 한다. 5000만 명의 顧客 정보를 갖고 있는 휴대전화 서비스업체 NTT도코모는 개인정보가 새나가는 것을 막기 위해 신규가입 때 고객이 쓴 신청서 원본을 고객에게 되돌려준다. 필요한 고객 정보만 스캐너로 컴퓨터에 저장한 뒤 책임자만 열람이 가능하게 전자 자물쇠로 잠가놓는다는 것이다. 새 휴대전화를 사면서 반납한 휴대전화는 거기에 든 신상정보가 유출되지 않도록 고객이 보는 앞에서 분쇄시킨다고 한다. 다른 기업들도 社內에 노트북·CD와 같은 개인 정보저장장치를 일절 갖고 들어오지 못하도록 막는 곳이 늘어나고 있다. 일본 기업들이 이처럼 달라진 것은 작년 4월부터 시행된 개인정보보호법 때문이다. 고객 정보를 잘못 관리한 기업은 형사처벌까지 받을 수 있게 된 것이다. 그러나 기업들이 더 무서워하는 것은 회사 이미지 실추와 갈수록 배상액 규모가 커지는 損害賠償 소송이다. 2004년 초 450만 명분의 고객정보가 새나간 일본 IT업체 '소프트뱅크'는 소송과는 별도로 사죄의 뜻으로 고객에게 40억 엔(약 400억 원)어치의 상품권을 돌려야 했다. 우리나라에서도 며칠 전 고객 신상정보가 유출된 게임업체 엔씨소프트에 대해 법원이 '피해자 한 사람당 50만 원씩 지급하라'는 判決을 내렸다. 고객 정보가 부주의로 새나간 경우까지 기업 責任을 물은 것이다. 다른 온라인 게임 가입자 8500여 명과 시중은행 예금자 400여명도 개인정보를 盜用당했다며 법원에 손해배상을 내놓고 있다. 수백만 명의 개인 신상정보가 떠돌아다니며 한 명당 1원씩에 팔리고 있는 게 우리 실정이다. 최근 판결 추세를 감안해 보면 앞으로 개인정보 관리를 잘못해서 망한다는 기업이 나올 날도 머지않았다. 미국은 2002년 새 정보시스템을 고안할 때 개인정보 보호장치를 우선적으로 설치토록 의무화했다. OECD(경제협력개발기구)도 비슷한 내용의 勸告案을 냈다. 기업이 고객정보 보호 의무를 소홀히 하면서 적당히 넘어가던 시대는 지나갔다는 얘기다. 우리 기업도 정보보호에 쓰는 돈은 '아깝다'는 생각을 버리고 '投資'로 받아들여야 할 때다."

하는 것을 수익의 기초로 삼는 기업들에 대해서는 개인정보유출에 대하여 법적으로 엄격한 책임을 묻는 것이 장기적으로 바람직하다는 판단을 하게 되었다.7)

둘째, 문제는 구체적인 사건에서의 타당한 결론의 도출인데, 아이디와 비밀번호가 로그파일에 암호화되지 않은 상태로 기록된 것을 '개인정보유출'에 해당한다고 볼 수 있을 것인지, 만약 그렇다면 이 사건의 경우와 같이 개인정보유출로 인한 현실적·경제적인 손해가 확인되지 않은 상태에서도 개인정보가 유출되었다는 사실만으로 원고들에게 위자료손해배상청구권이 발생한다고 볼 수 있겠는지가 고민의 대상이었다.

셋째, 위자료청구권을 인정하는 경우에는 그 액수가 문제였다. 앞에서 본

7) 꼭 이 사건 판결의 영향이라고만은 할 수 없겠지만, 이 사건 판결 이후에 피고 회사를 비롯한 많은 인터넷 기업들이 개인정보보호를 위한 여러 가지 대책을 내놓은 것은 주목할 만하다.
뉴시스 2006. 9. 27.자[리니지, 개인정보유출 끝!] "㈜엔씨소프트(대표 김택진 www.ncsoft.com)는 리니지 고객의 개인 보안을 지원하기 위한 'PC 등록 서비스'를 27일부터 시작한다고 밝혔다. PC 등록서비스는 리니지에 접속할 수 있는 PC를 등록해 등록된 PC가 아닌 곳에서의 불법 접속을 원천적으로 차단할 수 있는 개인 보안 시스템으로 고객은 최대 5개의 PC를 등록할 수 있다. 리니지 관계자는 "피싱사이트 등을 통해 일반 개인들의 아이디와 패스워드가 대량으로 유출되는 등 보안 환경이 급속히 악화됨에 따라 고객 보호 차원에서 마련했다"며 "휴대폰의 일회용 비밀번호를 활용해 접속하는 NC OTP(One Time Password) 서비스와 병행 사용할 경우 보안 효과를 한층 더 기대할 수 있다"고 밝혔다. PC 등록 서비스를 이용하는 고객들은 가입 동의 및 본인 인증을 거쳐 무료로 등록할 수 있으며 등록된 PC를 통해 리니지에 접속시 별도의 인증절차 없이 간편하고 안전하게 게임을 즐길 수 있다."
헤럴드경제 2006. 9. 21.자['고객정보유출땐 50억 보상해 드려요', KT 통신업계 최초로 배상책임보험 가입] "'고객의 정보가 불법 유출됐을 때 최대 50억 원까지 보상해 드립니다'. KT는 국내 통신업계에서는 처음으로 사내 주요 정보시스템을 통해 고객 개인정보가 유출돼 피해가 발생할 경우 최대 50억 원까지 보상하는 '개인정보 유출 배상책임보험'에 가입했다고 21일 밝혔다. KT는 최근 통신사와 인터넷 서비스 업체들이 갖고 있는 고객 개인정보가 불법 유출돼 사회 문제가 되고 있는 점을 감안, 만일의 사고때 고객피해를 보상하고 회사 손실을 최소화하기 위해 배상책임보험에 가입한 것이라고 말했다. 이 배상책임보험에는 개인 정보유출이 고객의 금전적인 피해로 직결될 수 있는 일부 금융사들이 가입하고 있다. 경찰청이 집계한 개인정보 유출 건수는 지난 3월 300만 건, 5월 837만 건 등 올 들어 총 1200만 건을 넘어설 정도로 증가하고 있다. 특히 고객정보 유출과 관련, 리니지는 지난 6월 1인당 50만 원을 물어주라는 배상판결을 받았고, 국민은행은 1인당 300만 원에 이르는 배상청구 소송을 진행하고 있다. KT는 시스템과 네트워크 이상에 따른 서비스 장애에 대비해 보험을 가입한 적이 있지만 고객 정보 보호에 관한 보험을 가입한 것은 처음이다. 개인정보 피해보상 대상은 고객 정보시스템 등 KT IT 본부에서 운용되는 주요 정보시스템에서 유출되는 개인정보로 한정된다. 양재훈 KT 서비스 기획부장은 "사내 시스템을 통한 개인정보 유출이라는 최악의 사고에 대비해 피해보상 체계 마련이 절실했다"며 "가입자 데이타베이스(DB)가 워낙 방대하고 운용하는 시스템의 규모가 커 보험 가입에 어려움이 있었으나, KT의 정보보안에 대한 안전성을 납득시켜 보험에 가입할 수 있었다"고 말했다."

바와 같이 이 사건 사고기간 동안 이 사건 게임에 접속하여 개인정보가 유출되었다고 볼 수 있는 사람은 50만 명 이상이었고, 5명의 원고들로 구성된 이 사건 소송은 시범소송의 성격이 농후했다. 이 사건 소송에서 인정되는 위자료의 액수가 크면 클수록 그에 비례하여 기하급수적으로 더 많은 사람들이 후속 소송에 원고로 참여하게 될 것이었다.[8] 앞서 보았듯이, 인터넷 시대의 개인정보보호의 중요성에 대한 인식을 높이는 계기를 만드는 것은 충분히 의미 있는 일이지만, 그렇다고 해서 직원 한 명의 순간적인 실수로 인해 나름대로 건실한, 몇 안되는 성공한 벤처기업 중의 하나라고 평가받는 피고 회사를 이 사건 사고 및 이 사건 판결로 인하여 망하게 할 것은 아님은 분명한 사실이었다.[9][10] 이런 점

8) 한편, 이 사건 판결 이후에 이 사건 원고들을 대리했던 소송대리인은 추가적으로 원고들을 모집해서 2차 소송을 제기하였다. 2차 소송제기 과정에서 원고 소송대리인과 피고 회사 사이에서 이 사건 사고기간 동안의 회원들의 로그기록 공개를 놓고 약간의 다툼이 있기도 하였다.
[관련기사: 디지털 타임즈 2006.10.13.자 "리니지 Ⅱ 정보유출 2차소송" 제목의 기사 "엔씨소프트 온라인게임 '리니지 Ⅱ'의 회원정보 유출 사건이 2차 소송으로 비화됐다. 12일 법률사무소 넥스트로에 따르면 리니지 Ⅱ 이용자 44명은 자신들의 게임 아이디와 비밀번호 51개가 유출되었다며 엔씨소프트를 상대로 한 아이디당 100만 원씩 총 5100만 원을 청구하는 소송을 제기했다. 엔씨소프트 측은 게임 업데이트를 실시하면서 사용자들의 개인정보를 담은 '로그파일'을 암호화하지 않아 지난해 5월 11일부터 16일까지 리니지 Ⅱ 게임에 접속했던 이용자들의 아이디와 비밀번호를 그대로 노출시키는 사고를 야기한 바 있다. 이번 소송은 지난해 8월 리니지 Ⅱ 회원 5명이 제기한 소송에 이은 것으로 당시 사건을 맡았던 서울중앙지법은 회사측의 과실을 인정하고 각각 50만 원을 지급하라는 원고 일부 승소 판결을 내렸다. 1차 때부터 사건을 맡고 있는 넥스트로의 박진식 변호사는 "1차 소송의 승소로 참여자가 크게 증가할 것으로 예상했으나 엔씨소프트 측의 조직적이고 계획적인 방해로 그러지 못했다"고 말했다. 그는 엔씨소프트가 사고 발생기간 동안 이용자들의 접속기록(로그기록)의 공개를 거부하다 1차 판결 이후 이용자들의 항의가 이어지자 회사를 직접 방문하거나 주민등록초본을 팩스로 보낸 사람에게만 이를 공개했으며 이용자들의 관심이 떨어진 한 달 후에야 전면 공개하는 등 철저히 계획적으로 소송 확대를 차단했다고 주장했다. 박 변호사는 "개인정보유출의 과실이 있음에도 로그기록 공개마저 거부한 엔씨소프트의 부도덕함에 대한 책임을 엄중히 추궁하기 위해서라도 끝까지 소송을 수행, 개인정보유출에 대한 기업의 책임을 환기시키는 계기를 마련할 것"이라고 덧붙였다. 이에 대해 엔씨소프트의 관계자는 "로그기록 공개 문제는 로그기록과 같은 높은 수준의 개인고객정보의 경우 일정 절차를 통해서 공개가 가능하다는 정부의 개인정보 공개에 관한 가이드라인을 준수한 것"이라며 "현재 1차 소송 판결에 항소, 현재 2심 재판에 기다리고 있는 만큼 판결을 지켜본 뒤 회사의 최종 방침을 결정할 것"이라고 밝혔다."]

9) 위자료 액수로 1,000,000원이 인정되었다고 했을 때, 위 50만 명 중 20만 명만 원고로 참여한다고 보더라도 피고 회사가 배상해야 할 액수는 200,000,000,000원(=1,000,000×200,000)에 이르게 된다. 피고 회사가 아무리 cash flow가 좋은 회사로 알려져 있다 하더라도 그와 같은 손해배상을 하고도 버티기는 쉽지 않을 것이다.

10) 실제로 이 사건 판결은 피고 회사의 주가를 평가하는 analyst들에게 있어서는 큰 관심의 대상인 판결이었다.
연합뉴스 2006.5.2.자[〈거래소〉엔씨소프트 약세 … 개인정보유출소송 패소] "엔씨소프트[036570]가 개인정보 유출소송 패소 판결의 여파로 이틀째 약세를 이어가고 있다. 2일 오전 9

에서 인터넷 기업들로 하여금 개인정보보호조치를 위한 건전한 자극을 줌에 충분한 위자료액수의 산정이 문제로 되었다.

넷째, 기본적으로 의회의 정치적인 결단에 따른 입법에 의해 해결되는 것이 바람직한 이 문제에 대해 법원이 어느 정도까지 개입하는 것이 바람직한 것

시 29분 유가증권시장에서 엔씨소프트는 전날보다 2천 800원(3.54%) 내린 7만 6천 200원에 거래되고 있다. 서울중앙지법은 지난달 28일 엔씨소프트가 게임 '리니지 Ⅱ' 이용자의 아이디와 비밀번호를 실수로 유출한 데 대해 이용자들에게 1인당 50만 원의 위자료를 지급하라고 판결했다. 대신증권은 이날 "향후 유사 소송에 영향을 줄 것"이라며 "엔씨소프트에서 항소할 가능성이 높아 추이를 더 지켜봐야 하겠지만 최종 확정 때까지는 불확실성이 상존할 것으로 보여 주가 측면에서도 부정적인 요소로 작용할 것"이라고 말했다."

머니투데이 2006.5.2.자[온라인게임, 보수적 접근 바람직-대신증권-] "대신증권은 2일 온라인게임 사이트의 개인정보 유출을 계기로 온라인 게임에 대한 규제가 강화될 것으로 예상된다며 보수적인 접근이 바람직할 것으로 전망된다고 밝혔다. 2004년 5월 '리니지 Ⅱ' 업데이트시 사용자의 게임정보를 담은 파일인 로그파일을 암호화하지 않아 게임 이용자들의 아이디와 비밀번호가 노출되는 사건이 발생했었다. 이후 사용자 5명은 2005년 8월에 위자료 500만 원을 청구하는 소송을 제기했고 서울중앙지방법원은 2006년 4월 28일 소송 원고 5명에게 각 50만 원을 지급하라는 판결을 내렸다. 강록희 대신증권 애널리스트는 "엔씨소프트에서 항소를 할 가능성이 높아 추이를 더 지켜보아야 할 것으로 보이지만 최종 확정 때까지는 불확실성이 상존할 것으로 보여 주가측면에서도 부정적인 요소로 작용할 것"이라고 예상했다. 올해 '리니지' 대규모 명의도용 발생 후 3월 24일에 피해자 8573명은 법무법인을 통해 1인당 손해배상액 100만 원, 총액 86억 원 수준의 손해배상 청구 소송을 서울중앙지방법원에 제기했다. 이번 판결이 이 사건에도 부정적인 영향을 줄 가능성이 있는 것으로 예상했다. 또한 '리니지' 명의도용 피해자가 추가적으로 소송을 제기할 가능성이 높아 소송에 패할 경우 손해배상액이 크게 증가할 것으로 예상 내다봤다. 이 외에도 개인정보 보호를 위한 추가적인 투자비용이 증가할 가능성이 높은 것으로 전망했다. 강 애널리스트는 "온라인게임 사이트의 개인정보 유출을 계기로 게임 아이템의 현금거래, 게임중독, 폭력성 문제 등의 사회적 역기능에 대한 사회적인 경각심이 높아지면서 정부의 온라인게임에 대한 규제가 강화될 것"이라고 예상했다. 따라서 현시점에서는 온라인게임산업에 대한 보수적인 접근이 바람직할 것으로 보인다고 진단했다. 이에 따라 향후 온라인게임업체 보다는 인터넷 포털업체에 대한 투자가유망할 것이라며 온라인게임산업에서도 MMO-RPG(롤플레잉게임)업체보다는 케주얼게임과 FPS(First Person Shooting)업체에 대한 투자가 바람직할 것으로 판단된다고 덧붙였다."

헤럴드생생뉴스 2006.5.2.자[리니지판결, 장기적으론 호재], "삼성증권은 법원의 리니지 개인정보 유출 배상판결을 계기로 개인정보 보호정책이 강화돼 오히려 장기적으로는 온라인게임 환경 개선으로 이어질 것이라고 2일 밝혔다. 박재석 삼성증권 연구원은 "이번판결이 단기적으로 투자심리에 다소 부정적으로 작용할 수 있으나 장기적 영향은 제한적"이라면서 "일련의 소송에도 불구하고 엔씨소프트의 펀더멘탈은 손상되지 않을 것"이라고 내다봤다. 이번 판결이 징벌적 차원보다는 최근 국내 인터넷 업체에서 발생하고 있는 개인정보 유출에 대한 경각심을 일으키기 위한 계도적 차원에서 의미가 있다는 판단이다. 그는 올 초 발생했던 리니지 명의도용 사건에 대해 8500명이 엔씨소프트를 상대로 집단소송을 진행하고 있는 데 대해서도 패소 가능성이 낮다고 점쳤다. 이번 사건은 지난 2004년 5월의 개인정보 유출 사건과는 달리 엔씨소프트의 과실이 아니며 명의도용 사실인지 여부도 논란이 되고 있기 때문이라는 것. 법원은 지난달 28일 엔씨소프트가 사용자 정보관리를 게을리 한 것을 인정해 개인정보가 유출된 원고 5명에게 50만 원씩 배상판결을 내린 바 있다."

인가를 고민했어야 했다. 이 사건의 경우와 같은 인터넷 시대의 개인정보 유출의 문제를 우리가 가지고 있는 전통적인 불법행위법리로 대응하는 것은 간단한 일이 아니다. 경우에 따라서는 불법행위의 개념, 손해의 개념, 위자료의 발생근거 등에 관해 기존의 판례 및 법리에 구속되지 않고 새로운 해석을 시도할 필요가 있는데, 보는 입장에 따라서는 이러한 해석이 무리한 법리해석으로 보일 수도 있기 때문이다. 개인정보보호의 중요성에 대한 지적은 비교적 최근에 강하게 이루어졌었고, 그에 따라 현재 국회에는 노회찬, 이은영, 이혜훈 의원이 발의한 세 개의 별개의 개인정보보호법안이 계류 중에 있지만,11) 국회의 무관심, 각 입법안 발의자들간의 의견차 등으로 인해 제대로 심의조차 이루어지지 못하고 있는 상황이다.12) 그렇다면 비교적 소극적 국가기관인 법관으로서는 이

11) 국회 입법발의안 검색시스템, http://likms.assembly.go.kr/bill/jsp/BillSearchResult.jsp

12) 관련 기사

디지털타임스 2006.11.24.자 사설[개인정보보호법 언제까지 미룰건가] "개인정보 보호 관련 법안들이 국회에서 2년째 낮잠을 자고 있는 가운데 최근 국회 미래사회포럼과 관련 시민단체 사업자단체 전문가그룹 등이 통합 개인정보보호법안을 마련했다. 개인정보보호법이 조속히 제정돼야 한다는 취지에서 국회에 제출된 기존 법안들의 공통분모를 모아 통합법안을 만든 것이다. 통합법안 논의에 참여한 단체와 전문가들은 "각자의 입장에 따라 철학과 가치를 달리하는 부분이 있음을 인정하고, 상호 양보 정신에 따라 통합안 작성에 협력했다"고 밝혔다. 입장과 철학의 차이로 그 동안 대립해왔던 단체들이 상호 양보를 통해 통합법안을 만들었다는 점에서 우리는 박수를 보낸다. 지난 10월 24일 열린우리당 변재일 의원과 한나라당 진영 의원이 통합안 작성을 합의한 때를 기점으로 친다면, 채 한 달이 안 돼 통합법안이 나온 셈이다. 비록 초안이기는 하지만 짧은 시간적 제약에도 불구하고 통합법안이 나올 수 있었던 것은 입장이 다른 그룹들이 개인정보보호법 제정이 시급하다는 원칙을 공감했기 때문이다. 사실 자진 철회된 두 개 법안을 포함해 지난 2년간 무려 다섯 개 법안이 국회에 발의됐음에도 불구하고 하나도 입법화에 이르지 못한 데는 발의 의원들의 열의 부족, 국회의 무관심 등 여러 이유를 들 수 있다. 여기에 건강정보보호법, 유전자감식정보의 수집 및 관리에 관한 법 등 특수목적 법들이 우후죽순으로 발의되면서 혼란이 더해진 데도 이유가 있다. 그런 점에서 통합법안은 개인정보보호법 제정을 위한 물꼬를 다시 튼 것이자, 상이한 입장을 지닌 당사자들을 논의의 장으로 모으는 계기를 마련했다는 의미가 있다. 또 통합안에 익명성의 원칙, 비례성의 원칙 등이 추가돼 현재 추진중인 다양한 개별 법의 지침이나 기준이 마련됐다는 점도 주목할 만하다. 기존 공공기관개인정보보호법 등 개별 법의 폐지나 통폐합 여부를 신설될 개인정보보호위원회에서 추진키로 한 점도 논의의 진전으로 보인다. 이제 통합안을 중심으로 본격적인 입법 절차를 추진하는 일만 남았다. 이를 위해서는 앞서 세 가지 법안을 발의했던 노회찬, 이은영, 이혜훈 의원의 합의를 이끌어내야 한다. 국회 행정자치위원회가 그 동안 세 법안의 병합심리를 한다며 차일피일 시간을 미뤄왔다는 점을 생각하면, 통합안을 중심으로 합의점을 찾아 입법과정에 탄력을 불어넣는 것이 더 현실적이라는 것이 우리 생각이다. 물론 아직 핵심 쟁점에 대해 의견이 엇갈리고 있고, 행자위의 협조 여부도 필요하지만 이는 논의과정에서 풀어가면 될 일이다. 이미 개인정보보호법을 발의했던 의원들이나 이 작업에 참여했던 인사들의 입장에서는 이번 통합안에 아쉬움도 있겠지만 무참히 외면당하고 있는 개인정보 피해자를 생각해서라도 신속하게 통합법 제정에 협력해야 한다. 지금 우리 사회는 급속하게 유비쿼터스 사회로 진

런 경우에도 의회에 의한 새로운 입법이 있기 전까지는 기존의 불법행위법리를 보수적으로 해석하여 가급적 이 문제에 깊이 관여하지 않는 것이 바람직한 것일까? 아니면 혹시라도, 법관이 이와 같은 사안에 대해 적극적인 법해석을 함으로써 개인정보보호의 문제가 법적으로도 중요한 문제라는 일반의 인식을 일깨우고, 그것을 통해 당파적 이해관계에 의해 사회적으로 필요한 입법을 제대로 해내지 못하고 있는 의회에 대하여 일종의 압력을 가하는 것이 바람직한 경우도 있지는 않을까?[13] 과연 법관은 그와 같은 결정을 하고 사회적 영향력을 행사하기에 충분한 자격을 국민으로부터 부여받은 것일까?

Ⅳ. 인터넷상의 개인정보의 의의와 보호의 법적 근거, 프라이버시권의 내용

1. 개인정보의 의의

우리 실정법상 개인정보에 관한 정의는 「공공기관의 개인정보보호에 관한 법률」과 「정보통신망 이용촉진 및 정보보호 등에 관한 법률」에서 찾아볼 수 있다.

「공공기관의 개인정보보호에 관한 법률」 제 2 조에서는 "개인정보"를 "생존하는 개인에 관한 정보로서 당해 정보에 포함되어 있는 성명·주민등록번호 등의 사항에 의하여 당해 개인을 식별할 수 있는 정보(당해 정보만으로는 특정 개인을 식별할 수 없더라도 다른 정보와 용이하게 결합하여 식별할 수 있는 것을 포함한다)를 말한다"라고 정의하고 있고, 「정보통신망 이용촉진 및 정보보호 등에 관한 법률」 제 2 조 제 6 호에서는 "개인정보"라 함은 "생존하는 개인에 관한 정보로서 성명·주민등록번호 등에 의하여 당해 개인을 알아볼 수 있는

입하고 있다. 취약한 보안 환경과 잇단 개인정보 침해 사례를 이대로 방치한다면, 인터넷 세상의 안전성과 신뢰성에 치명타를 입힐 수 있다. 국회와 정부는 이해관계나 정쟁에 휘말려 개인정보보호법 같은 중요 법 제정을 더 이상 미뤄서는 안 된다. 개인정보보호법을 발의했던 의원들과 관련 단체, 전문가들이 협력해 가능한 조속히 법안을 처리하기 바란다."

13) 이 경우에 해당하는 대표적인 미연방 대법원 판결로는 "분리하되 평등하게(separate but equal)"의 원칙이 위헌이라고 판단했던 1954년의 Brown v. Board of Education of Topeka (349 U.S. 294) 판결을 들 수 있다.

부호·문자·음성·음향 및 영상 등의 정보(당해 정보만으로는 특정 개인을 알아볼 수 없는 경우에도 다른 정보와 용이하게 결합하여 알아볼 수 있는 것을 포함한다)를 말한다"라고 정의하고 있다.

위의 현행 실정법상의 정의에 따르면 개인을 식별할 수 있는 모든 유형의 정보는 개인정보에 해당한다고 할 것이고, 인터넷이나 정보통신기술의 발달에 따라 단독으로는 개인을 식별하는 정보로 사용될 수 없다고 하더라도 다른 정보들과의 기술적 결합을 통하여 개인을 식별할 수 있는 정보도 개인정보에 해당한다고 할 것이며, 특히 「정보통신망 이용촉진 및 정보보호 등에 관한 법률」은 민간부문에서 정보통신망을 통하여 수집되는 개인정보들은 그 특성상 소리, 영상, 부호 등과 같은 형태의 정보가 많다는 점을 고려하여 이러한 비문자적인 정보도 개인정보에 포함되는 것임을 명백히 하고 있다고 할 것이다.[14)]

이러한 현행 실정법상의 개인정보의 정의에 따르면 on-line 게임 상의 아이디와 비밀번호는 다른 정보들과의 기술적 결합을 통하여 개인을 식별할 수 있는 정보로 손쉽게 사용될 수 있다고 할 것이므로 개인정보에 해당한다고 할 것이다.

2. 개인정보보호의 법적 근거

개인정보를 법적으로 보호하는 근거는 헌법상의 프라이버시권(사생활보호권, right of privacy) 또는 그 한 내용으로서의 개인정보자기결정권에서 찾는 것이 일반적이다.[15)]

개인정보자기결정권으로서의 프라이버시의 권리의 내용은 다음과 같다.

인간은 타인에게 알리고 싶지 않다고 생각하는 것이 정당한 일정한 사적인 개인정보에 관하여, (1) 개인정보의 수집·취득, (2) 개인정보의 보유·이용, (3) 개인정보의 열람·제공의 각각의 단계에서 정보주체에 의한 통제의 권리보장을 요구함과 동시에, 이러한 권리를 실효적으로 확보하기 위하여, (4) 개인정보의 열람청구권·정정청구권을 갖는다는 것이다.[16)]

한편 법적인 권리로서의 프라이버시권이라는 용어의 사용은 Samuel D.

14) 최정열, 전게논문, 107면.
15) 권영성, 헌법학원론, 법문사(2006), 449; 최정열, 전게논문, 107면.
16) 백윤철, "헌법상 개인정보자기결정권에 관한 연구," 법조 2002.5.(통권 548호), 187면.

Warren과 Louis D. Brandeis가 1890년 Harvard Law Review에 실은 "The Right to Privacy"라는 논문에서부터라고 평가되고 있다.[17][18] 그들은 Cooley 판사의 정의에 따라 프라이버시권을 "the right to be alone"이라고 정의 내리면서,[19] 당시 과학기술의 진보와 사회환경의 변화에 따라 이와 같은 새로운 유형의 권리를 인식할 필요성이 있음을 강조하였다.[20] 이러한 주장은 학설로부터는 처음부터 지지를 얻었으나, 법원으로부터는 처음부터 전폭적인 지지를 받은 것은 아니었다. 1902년의 뉴욕주 최고법원(the Court of Appeals)은 피고 회사가 미모의 젊은 여자인 원고의 승낙 없이 원고의 사진을 "The Flour of the Family"라는 문구와 함께 밀가루 광고용으로 사용한 것에 관한 Roberson v. Rochester Folding Box Co.[21] 사건에서 격론 끝에 4:3의 의견으로 the right of privacy의 존재를 부인하였다. 근거는 1) 그러한 권리를 인정한 선례가 존재하지 않고(the lack of precedent), 2) 전적으로 정신적 손해에 그치는 것이며(the purely mental character of the injury), 3) 그러한 손해에 대하여 법적인 권리를 인정하는 경우에는 지나치게 많은 소송이 제기되는 문제가 발생할 수 있고(the vast amount of litigation that might be expected to ensue), 4) 공적인 인물과 사적인 인물의 경계를 나누는 것이 쉽지 않은 일이며(the difficulty of drawing any line between public and private figures), 5) 언론의 자유의 과다한 제약을 가져올 수 있다(the fear of undue restriction of the freedom of the press)는 것이었다.[22]

이러한 Roberson 판결은 여론으로부터 강한 비판을 받게 되었고, 위 판결의 다수의견에 찬성한 한 판사로 하여금 판결의 취지를 설명하고 옹호하는 논문을 Law Review에 싣도록 하는 전례 없는 사태에까지 이르렀으며,[23] 결국

---

17) Warren & Brandeis, *The Right to Privacy*, 4 Harv. L. Rev. 193(1890); 양창수, 전게논문, 73; 정재훈, 전게논문, 133면.

18) Warren & Brandeis의 위 논문은 Warren의 딸의 결혼식에 관한 언론의 보도에 불쾌감을 느낀 Warren이 자신의 law partner였던 Brandeis에게 도움을 청하고, 당시 무책임한 상업언론(yellow journalism)으로부터 개인의 사생활을 보호할 필요를 지적하는 논문을 함께 쓰기로 하여 만들어진 것이고, 그렇게 만들어진 논문은 법률잡지에 실린 논문이 미국법에 얼마나 큰 영향을 미칠 수 있는지를 보여주는 대표적인 사례로 평가받게 되었다[William L. Prosser, *Privacy*, 48 Cal. L. Rev. 383(1960), 383].

19) Warren & Brandeis, 전게논문, 195면.

20) 정재훈, 전게논문, 133면.

21) 171 N.Y. 538, 64 N.E. 442(1902).

22) Prosser, 전게논문, 385면.

뉴욕주 의회는 타인의 이름, 초상, 사진을 그의 동의 없이 광고나 거래의 목적으로 사용하는 행위를 민·형사상의 불법행위로 규정하는 법률을 통과시키게 되었다.[24)]

결국 3년 후의 Georgia주 대법원의 Pavesich v. New England Life Insurance Co.[25)] 사건에서는 피고 보험회사가 광고의 목적으로 원고의 이름, 사진, 원고 명의의 허위의 보증서를 사용한 것은 원고의 프라이버시권을 침해한 것이라고 판단하여 Warren & Brandeis의 의견을 받아들였고, 이것은 그 후 이 주제에 관한 Leading Case가 되었다.[26)] 그 후 30여 년간 미국에서는 Roberson 판결과 Pavesich 판결 사이에서 어느 선례를 따를 것인가를 놓고 많은 논란이 있었으나, 1930년대 말에 Restatement of Torts에서 프라이버시권의 존재를 인정하면서 판례의 경향은 급격하게 Pavesich 판결 쪽으로 기울었고, 1960년경에는 Rhode Island,[27)] Nebraska,[28)] Texas,[29)] Wisconsin[30)] 주에서 일부 프라이버시권을 인정하지 않는 판결[31)]이 발견되는 이외에는 대부분의 주법원에서 프라이버시권의 존재를 인정하게 되었다.[32)]

그리고 1965년에 프라이버시권을 헌법상의 독자적인 권리로 인정한 미국 연방대법원의 Griswold v. Connecticut, 381 U.S. 479 판결[33)]이 나오면서 프라이버시권의 존재뿐만 아니라 그 내용과 성질에 관해서도 본격적인 논의가 시작되었다.[34)35)]

---

23) O'Brien, *The Right of Privacy*, 2 Colum. L. Rev. 437(1902).

24) Prosser, 전게논문, 385면, 양창수, 전게논문, 74년.

25) 122 Ga. 190, 50 S.E. 68(1905).

26) Prosser, 전게논문, 386면.

27) Henry v. Cherry & Webb, 30 R.I. 13, 73 Atl. 97(1909).

28) Brunson v. Ranks Army Store, 161 Neb. 519, 73 N.W. 2d 803(1955).

29) Milner v. Red River Valley Pub. Co., 249 S.W. 2d 227(Tex. Civ. App. 1952).

30) Judevine v. Benzies-Montanye Fuel & Warehouse Co., 222 Wis. 512, 269 N.W. 295(1936).

31) 이들 판결은 대체로, 전통적인 common law에 의하여 인정되던 권리가 아닌 새로운 권리를 인정하는 문제는 의회의 입법에 의할 것이지 법원의 결정에 의할 것은 아니라는 논거에 입각한 것이었다. Prosser, 전게논문, p. 388.

32) Prosser, 전게논문, p. 338.

33) 이 판결은 피임기구의 사용을 금지하는 Connecticut 주법이 결혼생활에 있어서의 프라이버시권을 침해하였고, 나아가 수정헌법 제14조의 적법절차규정에 반한다고 하여 그 무효를 선언한 판결이었다. 양창수, 전게논문, 75면.

34) 양창수, 전게논문, 75면.

35) 한편, 일본에서 개인정보의 근원이 되는 프라이버시권리가 재판소에서 인정된 것은「잔치의 흔적(宴のあと)」사건의 판결(東京地裁 1964. 9. 28. 판결[下民集 15. 9. 2317: 判例時報 385.

3. 프라이버시권의 내용

프라이버시권이 법률과 판례를 통해 법적인 근거를 갖게 된 경위는 앞에서 본 바와 같다. 그런데, 1960년대 이전의 대부분의 판례들에서는 프라이버시권이라는 권리를 인정할 것인가, 즉 프라이버시권의 '존재' 여부에 관해서만 주로 논의가 이루어졌을 뿐, 구체적으로 그 권리가 어떤 경우에 발생하며, 그 침해가 인정되는 경우에는 어떤 법적인 구제가 가능한지 등의 실체적인 문제에 관해서는 거의 논의가 이루어지지 않았다. 이 문제에 관해서는 Prosser가 1960년에 그 때까지 나온 300개 이상의 판례들을 분석해서 유형화한 것[36]이 표준적인 분석으로 인정되고 있다.[37]

그 분석에 따르면 Cooley 판사에 의해 "혼자 가만 놓아두어질 권리(right to be let alone)"로 정의된 프라이버시권은 크게 다음의 네 가지 서로 종류가 다른 권리침해의 경우에 문제가 된다.

(1) 원고의 신체적·장소적 사영역에 대한 침입 또는 그 사적 사항에 대한 침투(intrusion upon the plaintiff's seclusion or solitude, or into his private affairs)[38][39]

12])인데, 이 사건은 동경도지사 선거의 후보자였던 인물과 그의 처 사이의 애정문제를 묘사한 삼도유기부의 소설 '잔치의 흔적'을 둘러싸고 소설의 모델이 된 전외무대신이 프라이버시 침해를 이유로 손해배상과 사죄광고를 청구한 사건이다. 판결은 프라이버시권을 사생활을 함부로 공개되지 아니할 법적 보장 내지 권리라고 정의하고 그 불법한 침해에 대하여 법적 구제를 부여함에 있어 가장 중요한 인격적인 이익으로 위자료의 지불을 명하였다. 여기서 권리침해의 요건으로 공개된 내용이 1) 사생활상의 사실 또는 사생활상의 사실이라고 할 수 있는 것, 2) 일반인의 감수성을 기준으로 한다면 공개를 원하지 아니할 것이 인정되는 것, 3) 공지된 것이 아니고, 공개로 보다 실제적으로 불쾌, 불안감을 느끼는 것을 들고 있다[백윤철, 전게논문, 175].

36) Prosser, 전게논문, p. 388 이하.

37) 양창수, 전게논문, 75면.

38) 아래에서 위 각 네 가지에 대한 구체적인 설명은 양창수 교수님의 "정보화사회와 프라이버시의 보호"의 해당 부분 설명을 옮기는 것으로 갈음한다.

39) "가령, 원고가 출산하는 장소에 그 동의 없이 들어오거나 그 주거에 침입한 경우, 주거 안을 들여다본 경우, 쇼핑백을 뒤진 경우, 나아가 원고의 전화나 사적 대화를 도청하거나 비밀리에 녹음한 경우를 들 수 있다. 뿐만 아니라 원고에게 불필요한 전화를 계속 또는 장시간 걸어댄 경우, 원고의 예금구좌를 탐지한 경우, 권원 없이 혈액검사를 하는 등의 경우도 이에 속한다. 이에 해당하려면 그 침입의 대상이 사적인 성질을 가지는 것 외에 그 간섭이 합리적인 사람에게 납득할 수 없는 것이어야 하는데, 그 판단은 '수단의 적절성'과 '그 정보를 얻는 목적'을 고려하여 이루어진다"[양창수, 전게논문, 75면].

(2) 사생활의 공개(Public disclosure of embarrassing private facts about the plaintiff)[40)]

(3) 공중에게 원고에 대한 잘못된 인식을 심어주는 행위(Publicity which places the plaintiff in a false light in the public eye)[41)]

(4) 성명 또는 초상 등에 대한 침해(Appropriation, for the defendant's advantage, of the plaintiff's name or likeness)[42)]

이 사건의 경우와 같은 개인정보유출은 위 네 경우 중에 어디에 해당하는 것인지에 대한 판단은 생각만큼 간단하지는 않다. 일견 위 두 번째 "사생활의 공개"에 해당할 여지가 많아 보이지만 이는 정보주체가 공개하기를 꺼리는 "부끄러운(embarrassing)" 사실에 관한 것이라는 점에서 일반적인 개인정보공개 사건의 경우를 모두 포섭하기에는 난점이 있다. 개인정보유출은 보는 관점에 따라서 위 (1)의 경우에 해당한다고 볼 여지도 있고, (3)의 경우에 해당하는 결과로 나타날 수도 있다. 컴퓨터 기술의 발달과 정보처리 속도의 증대라는 시대적 배경을 기초로 하여, 종래 '혼자 있을 권리'라는 소극적인 의미에서의 프라이버시권은 '자기정보 내지 개인정보에 관한 정보의 흐름을 통제하는 개인의 권리'라는 적극적인 내용을 포함하게 되었다.[43)] 이런 의미에서 개인정보유출과

40) "Warren & Brandeis의 논문은 주로 이 경우를 염두에 둔 것이었다. 대표적인 사안은 과거에 창녀로서 살인죄로 기소된 바 있던 원고가 무죄판결을 받은 후 창녀생활을 청산하고 결혼하여 정상적인 삶을 영위하고 있었는데, 피고가 그 이야기를 영화화하여 원고의 과거를 공개함으로써 그녀의 새 인생을 망치게 한 것에 관한 1931년의 캘리포니아 주 최고법원의 판결[Melvin v. Reid, 112 Cal. App. 285, 297 Pac. 91(1931)]이었다. 이러한 사안유형에서 청구가 인용되기 위하여는 1) 그 공개가 공연한 것이어서 공중에게 알려져야 하고, 2) 그 알려진 사실이 사적인 것이어야 하며, 3) 그 사실이 통상의 감수성을 가진 합리적인 인간에 있어서 현저하게 불쾌하고 수용할 수 없는(highly offensive and objectionable) 것이어야 한다고 인정되고 있다. 이 유형과 관련하여 가장 어려운 문제는 언론 및 표현의 자유와의 충돌을 어떻게 조정하는가 하는 점이다. 이와 관련하여 공적 인물(public figure)의 프라이버시라는 어려운 문제가 등장한다"[양창수, 전게논문, 76면].

41) "가령 원고가 말한 바 없는 견해를 원고의 의견으로 인용하거나, 상품추천서 등의 형태로 선전목적으로 사용하거나 원고가 지원하지 않은 직무에 입후보로 나선 것으로 만드는 등의 행위가 이에 속한다. 또한 이에 포함되는 것으로서는, 상관없는 사진을 일정한 기사에 부가시킴으로써 그 사진에 나와 있는 인물을 그 기사 중의 부정적인 인식을 주는 사건과 연관시키는 경우 등을 들 수 있다. 이러한 행위유형은 많은 경우가 명예훼손에도 해당될 것이나, 모든 경우가 그러한 것은 아니다"[양창수, 전게논문, 76-77면].

42) "원고의 동일성을 구성하는 징표들, 가령 성명·초상·사진 등을 상품의 선전, 영업 기타 피고의 사적인 이익을 위하여 사용하는 행위가 이 유형에 포함된다"[양창수, 전게논문, 77면].

43) 백윤철, 전게논문, 175면.

관련된 프라이버시권은 이른바 "확대된 프라이버시권으로서 개인정보자기결정권"으로 보는 것이 타당해 보인다.

이런 맥락에서 현시대의 프라이버시권을 "타인이 멋대로 개인의 사적인 사실에 관하여 정보를 취득하지 못하게 하고, 또 타인이 자기가 알고 있는 개인의 사적인 사실을 멋대로 제3자에게 공표하거나 이용하지 못하게 함으로써 인격적 자율 내지 사생활 상의 평온을 유지하는 이익"이라고 정의하고 있는 일본 판례의 입장은 일응 수긍할 수 있는 정의라고 할 수 있겠다.[44]

4. '인터넷 시대'의 개인정보보호

가. 앞에서 본 바와 같이 개인정보보호의 근거로서 프라이버시권은 인터넷이 나오기 훨씬 전인 1900년대 초반부터 인정되었지만, 인터넷이 상용화된 현대에서 개인정보보호의 문제는 보다 특별한 의미를 가진다.

나. 우리나라는 최근 인터넷 기술과 컴퓨터 기술의 비약적인 발전에 힘입어 고도의 정보화사회로 진입하였고, 그 속도는 세계의 다른 어떤 나라보다 빠른 편이다. 이러한 정보화사회로의 진전은 on-line 산업규모의 폭발적인 성장을 가져왔는데, 이러한 on-line 산업은 기존의 제조업과는 달리 사람들의 관심을 끌 수 있는 혁신적인 idea만 뒷받침되면, 막대한 생산비용을 들이지 않고서도 많은 가입자들을 유치할 수 있고, 이렇게 형성된 많은 가입자들 사이에서 발생하는 network externalities[45]가 그 사업의 주요한 자산이 되어 새로운 수익을 창출해 내는 구조를 가지고 있다. 우리가 인터넷에서 자주 접하게 되는 검색서비스 사업, on-line 쇼핑몰 사업, 미니홈피 사업, 블로그 사업, on-line 게임사업 등은 모두 이러한 구조를 가지고 있다. 이러한 사업들에 있어서는 일차적으로 가능한 한 많은 가입자들을 유치하는 것이 그 사업의 성패를 결정하지만, 한 단계 더 나아가서는 그렇게 유치된 가입자들의 연령, 성별, 기호, 성향 등에 관한 정보를 분석하여 체계적으로 정리한 DB가 주요한 회사자산이 된다.

다. 이러한 개인정보는 많은 경우에 각 정보주체들이 회원가입 등의 과정에서 자발적으로 제공하는 정보를 통해서 수집된다. 대부분의 인터넷 홈페이지에서는 홈페이지의 정보를 이용하거나 홈페이지를 사용한 전자상거래를 이용

44) 東京地裁 昭 62. 11. 20.(判例時報 1258. 22), 민법주해 XI, 392면에서 재인용.

45) Posner, Economic Analysis of Law 6th ed.(2003), pp. 324-326 참조.

하기 위한 전제조건으로 회원가입을 요구하고 있고, 회원가입과정에서 개인의 신상에 관한 자세한 정보를 요구하고 있다. 이렇게 수집된 정보는 적어도 정보수집 단계에서는 이용자들의 자발적인 동의하에 수집되고 있으므로 특별한 문제가 없어 보인다. 그러나 회원가입을 통해 인터넷 사업자가 제공하는 서비스의 종류와 내용에 비해 지나치게 자세한 정보의 제공을 요구하고 있다는 비판이 제기되고 있으며, 그렇게 수집된 정보를 인터넷 사업자가 과연 얼마나 주의를 기울여서 관리를 하는가라는 점에서는 많은 문제의 여지가 남는다. 실제로 최근 문제되고 있는 여러 개인정보유출사고는 대부분 이렇게 자발적으로 수집된 정보들을 인터넷 사업자들이 제대로 관리를 하지 못하여 발생한 것들이다. 이 사건 사고도 마찬가지이다.[46)]

라. 문제는 이렇게 회원가입단계에서 자발적으로 수집되는 정보 이외에도, 인터넷상에서는 여러 가지 기술적 수단을 이용하여 정보주체가 의식하지 못하는 사이에 정보주체에 관한 식별정보를 수집하는 것이 가능하고, 실제로 대부분의 인터넷 사용과정에서 그러한 정보수집이 이루어지고 있다는 점이다. 이러한 방법에 의한 개인정보의 수집은 대부분 정보주체의 사전동의를 얻지 않은 것이고, 수집의 대상인 정보의 내용이 어떤 것인지도 알 수 없기 때문에 여러 가지 법률적 문제를 야기한다. 특히 개인정보 수집의 대표적인 기술적 수단인 쿠키, 웹버그, 스파이웨어, 피싱 등은 프라이버시 침해가능성이 매우 높은 수단이다.[47)]

---

46) 한편 미국에서 기업들의 개인정보 수집이 문제된 대표적인 사건으로는 DoubleClick사 사건과 토이마트 사건이 있다. DoubleClick사 사건의 내용은 쿠키를 사용하여 개인들의 인터넷 정보를 수집한 DoubleClick사가 1999. 11. 카탈로그 마케팅을 하는 미국 내 1,100개 디렉트 마케팅 업체로부터 개인들의 물품구매정보 및 홈쇼핑습관 등에 관한 정보를 수집하여 카달로그 마케팅에 관하여 미국 내에서 가장 큰 데이터베이스를 보유한 Abacus사를 합병하여 사회적 문제가 제기된 사건이었고, 토이마트 사건은 월트디즈니의 사실상 계열사로서 인터넷을 통하여 어린이를 위한 교육용 완구를 판매하던 Toysmart.com이 영업부진으로 파산하자, 파산절차 중에 회사가 보관 중이던 고객에 관한 DB를 포함한 회사자산에 대한 매각광고를 하였는데, 그 DB에 웹사이트가 개설된 이래 사이트를 방문한 25만 명 이상의 고객 및 그 가족의 프로필, 신용카드 정보 등이 포함되어 있어 사회적 문제가 제기된 사건이었다. 두 사건에 관한 구체적인 내용은, 최정열, 전게논문, 116-118면, 박상구, 전자거래와 개인정보, CYBER LAW의 제문제(上), 법원도서관(2003), 522-531면 참조.

47) 최정열, 전게논문, 108면, 기술적 수단을 이용한 정보의 수집에 관한 내용에 관한 자세한 내용은 위 논문의 109-113면 부분을 참조.

(1) 쿠키(Cookie)[48]

쿠키란 이용자가 접속한 웹서버로부터 웹브라우저로 보내지는 텍스트 파일 형태의 메시지로서 그 메시지는 이용자의 하드디스크의 주어진 폴더에 저장되어 있다가 이용자가 당해 웹서버에 접속하여 웹페이지를 요청할 때마다 다시 웹서버로 보내진다. 쿠키의 본래 목적은 웹서버가 접속자의 신원을 확인하고 그에 알맞은 맞춤 서비스를 제공하기 위한 것이었다. 쿠키파일에는 이용자의 해당 웹사이트 방문기록이나 구매 물건 등에 관한 정보가 저장되어 있기 때문에 이를 통하여 인터넷 사업자는 차별적인 마케팅이 가능하며, 보다 효과적인 서비스를 제공할 수 있다.[49] 또한 쿠키를 이용하면 이용자는 회원제로 운영되는 웹사이트에서 매번 접속할 때마다 아이디와 비밀번호를 기억하여 입력하는 불편도 해소할 수 있다.

이처럼 쿠키는 이용자에게는 편리함을, 인터넷 사업자에게는 효율적인 마케팅 및 서비스질의 향상을 가져다주었지만, 다른 한편으로는 이용자가 의도하지 않았던 정보가 이용자들이 모르는 사이에 다른 사이트에 유출될 수도 있다는 점에서 개인정보의 부당한 침해를 가져올 수 있다. 즉 쿠키에 의한 자동적인 개인정보의 수집에 관하여 이용자가 관여하는 것이 거의 불가능하기 때문에 개인정보의 수집단계에서부터 프라이버시 침해의 위험이 있다. 물론 웹브라우저의 옵션설정을 통해 쿠키의 저장을 허락하지 않을 수도 있지만, 많은 인터넷 사업자들이 쿠키를 허용하지 않는 경우에는 웹사이트의 이용을 허락하지 않고 있어서, 이는 인터넷 사이트의 정보이용을 포기하지 않는 한 실제로는 거의 이용이 불가능한 방법이다.

나아가 쿠키정보의 이용 측면에서는 쿠키에 담기는 정보가 일상적인 아이디나 비밀번호 및 해당 사이트에서의 간단한 구매기록이나 정보이용기록이라고 하더라도 그와 같은 정보와 웹사이트의 데이터베이스 및 오프라인이나 제3자로부터 수집된 기록의 결합을 통하여 개인에 대한 완벽한 프로필을 만든다거나 중요한 개인정보의 노출이 가능하게 되므로 이는 인터넷 상의 개인정보보호

48) 최정열, 전게논문, 109면의 내용을 정리한 것임.

49) 실제로 www.amazon.com에서 책을 한 번이라도 주문해 본 사람은 이 표현이 어떤 의미인지 쉽게 이해할 수 있을 것이다. amazon에서는 이용자가 구입하였거나 관심을 보인 책에 관한 정보를 수집하여 그 이용자가 관심을 가질 만한 관련된 주제에 관한 다른 책을 추천해 준다.

의 문제와 관련하여 큰 문제를 야기할 수 있다. 또한 쿠키정보가 해킹 등에 의하여 쿠키를 설정한 인터넷 사업자가 아닌 제 3 자에 의하여 도용당하는 경우에는 더욱 심각한 개인정보침해의 문제가 발생하게 된다.[50)]

(2) 웹버그(Web bug)[51)]

웹버그는 웹비콘(Web beacon)이라고 불리우는 것으로서 통상 쿠키와 함께 사용되는 1×1 픽셀 정도 작은 크기의 투명한 그림 파일로서 인터넷 사이트의 홈페이지나 이메일 속에 포함되어 홈페이지 방문자나 이메일 이용자의 인터넷 이용을 모니터링하는 데 이용된다. 구체적으로 보면, 웹페이지나 이메일에 포함된 HTML 코드가 이미지 파일(웹버그)을 가져오기 위해 당해 이미지가 저장된 사이트를 호출하면 위 코드는 동시에 위 이미지가 저장된 사이트에 이미지를 가져가려는 컴퓨터(인터넷 호스트 컴퓨터 또는 이용자의 컴퓨터)의 인터넷 주소(IP address), 웹버그가 이용자에게 노출되기 시작한 시간, 그리고 이미 저장된 쿠키 값 등을 웹버그 파일이 존재하는 서버로 전송하게 된다. 웹버그 또한 인터넷 이용자의 동의 없이 이메일 등을 통하여 인터넷 이용자의 이용 행태에 관한 정보를 수집할 수 있다는 점에서 개인정보침해의 위험이 높은 정보수집기술이다.

(3) 스파이웨어(Spyware)

스파이(spy)와 소프트웨어의 합성어로, 본래는 어떤 사람이나 조직에 관한 정보를 수집하는 데 도움을 주는 기술을 뜻한다. 광고나 마케팅을 목적으로 배포되는 것이 대부분이어서 애드웨어(adware)라고도 불린다. 그러나 최근에는 다른 사람의 컴퓨터에 몰래 숨어들어가 있다가 중요한 개인정보를 빼가는 프로그램을 지칭하는 말로 사용된다. 대개 인터넷이나 PC통신에서 무료로 공개되

---

50) Cookie의 이용이 인터넷상의 개인정보유출과 관련하여 발생시킬 수 있는 문제에 관해 다룬 문헌으로는, Lawrence Jenab, *Will the Cookie Crumble: An Analysis of Internet Privacy Regulatory Schemes Proposed in the 106th Congress*, 49 U. Kan. L. Rev. 641(2000-2001), Forrett Nichoel, *Cookie Monster: Balancing Internet Privacy with Commerce, Technology, and Terrorism*, 20 Touro L. Rev. 507(2004-2005), Joshua B. Sessler, *Computer Cookie Control: Transaction Generated Information and Privacy Regulation on the Internet*, 5 J.L. & Pol'y 627(1996-1997).

51) 최정열, 전게논문, 111면의 내용을 정리한 것임.

는 소프트웨어를 다운로드받을 때 함께 설치되는데, 최근에는 파일공유프로그램을 통하여 가장 흔하게 전파된다. 미국의 인터넷 광고전문회사인 라디에이트(Radiate)에서 개인 사용자의 취향을 파악하기 위하여 처음 개발되었다고 한다. 처음에는 사용자의 컴퓨터에 번호를 매겨 몇 명의 사용자가 광고를 보고 있는지를 알기 위한 단순한 것이었다. 그러나 최근에는 사용자 이름은 물론 IP주소와 즐겨찾는 URL, 개인 아이디, 패스워드까지 알아낼 수 있게 발전되어 악의적으로 사용될 소지가 많다.[52)]

스파이웨어는 정보윤리와 프라이버시 침해문제뿐만 아니라 이용자의 컴퓨터 메모리 자원을 이용하고, 이용자의 인터넷 연결을 이용하여 정보를 스파이웨어의 기지가 되는 서버에 전송함으로써 이용자의 시스템자원을 도용하고 그 결과 종종 시스템의 프로그램들이 충돌을 일으키게 하거나 불안전한 작동을 하게 만들기도 한다.[53)] 또한 스파이웨어는 독립적으로 실행되는 프로그램이므로, 이용자의 keystroke을 모니터하고, 하드디스크에 저장된 파일들을 검색하기도 하며, 채팅프로그램이나 문서작성프로그램의 동작을 엿보고 쿠키를 읽어내며, 인터넷 브라우저의 기본 홈페이지를 바꾸기도 한다. 그리고 스파이웨어가 이렇게 수집한 정보는 광고나 마케팅 또는 개인정보의 판매목적으로 스파이웨어를 유포한 자에게 전달된다.[54)]

(4) 피싱(phishing)[55)]

최근에는 금융기관 등으로부터 개인정보를 불법적으로 알아내 이를 이용하는 사기수법으로 피싱(phishing)이 등장하였다.

금융기관 등의 웹사이트나 거기서 보내온 메일로 위장하여 개인의 인증번호나 신용카드번호, 계좌정보 등을 빼내 이를 불법적으로 이용하는 사기수법이다. 개인정보(private data)와 낚시(fishing)를 합성한 조어(造語)라고 하는 설과 그 어원은 fishing이지만 위장의 수법이 '세련되어 있다(sophisticated)'는 데서 철자를 'phishing'으로 쓰게 되었다는 설이 있다. 대표적인 수법으로 이메일의 발신자 이름을 금융기관의 창구 주소로 한 메일을 무차별적으로 보내는 것이

52) naver 백과사전: http://100.naver.com/100.nhn?docid=770172 참조.
53) 많은 인터넷 이용자들이 이러한 스파이웨어로 인하여 결국 windows 프로그램을 새로 설치해야하는 불편을 한 번쯤은 겪어 보았을 것이다.
54) 최정열, 전게논문, 112면.
55) naver 백과사전: http://100.naver.com/100.nhn?docid=784797 참조.

있다. 메일 본문에는 개인정보를 입력하도록 촉구하는 안내문과 웹사이트로의 링크가 기재되어 있는데, 링크를 클릭하면 그 금융기관의 정규 웹사이트와 개인정보입력용 팝업 윈도가 표시된다. 메인윈도에 표시되는 사이트는 '진짜'이지만, 팝업 페이지는 '가짜'이다. 진짜를 보고 안심한 사용자가 팝업에 표시된 입력란에 인증번호나 비밀번호, 신용카드번호 등의 비밀을 입력·송신하면 피싱을 하려는 자에게 정보가 송신된다.

URL에 사용되는 특수한 서식을 이용하여, 마치 진짜 도메인에 링크되어 있는 것처럼 보이게 하거나, 팝업 윈도의 어드레스바를 비표시로 하는 등 교묘한 수법을 이용하고 있어 피해자가 속출하고 있다.

(5) 이처럼, 개인정보가 체계적으로 대량으로 수집되고, 경우에 따라서는 정보주체의 동의 없이 고도로 발달된 기술적 수단에 의해 개인정보가 수집되고 있는 인터넷 시대에 있어서는 Warren & Brandeis가 생각했던 것과는 양적으로, 질적으로 전혀 다른 형태로 프라이버시 침해의 문제가 발생한다. 문제는 이러한 상황변화에도 불구하고, 이 문제에 대응할 수 있는 법체계는 그에 발맞추어서 빠르게 발전하지 못하고 있다는 사실이다. 다음 장에서는 우리가 현재 가지고 있는 불법행위법리로 이러한 변화된 시대의 개인정보보호의 문제에 적절히 대응할 수 있을지 여부에 관해서 검토해 보기로 한다.

V. 불법행위법리에 의한 인터넷상의 개인정보보호에 관한 몇 가지 문제점

1. 앞에서 본 바와 같이 개인정보에 관한 프라이버시권은 헌법상 인정된 권리이고, 정보주체의 의사에 반한 개인정보의 공개는 민법 제750조에서 정한 불법행위에 해당한다. 특히 인터넷의 발달에 의해, 정보주체의 개인정보가 정보주체가 인식하지 못하는 사이에 급속하게 전파되어 불법적으로 가공되거나, 정보주체의 의사에 반하여 사용될 위험이 고도화된 현대사회에서는 이를 불법행위로 인정할 필요성이 더욱 크다고 할 것이다. 그러나 인터넷 상의 개인정보 유출의 문제를 우리 민사소송체계가 가지고 있는 불법행위의 법리로 효과적으로 대응하는 데에는 여러 가지 어려움이 있다.

우선 불법행위자를 정확하게 식별하여 그를 상대로 민사소송을 제기하는 것이 쉽지 않다. 인터넷의 급속한 확장의 한 원인인 "익명성"에 비추어 볼 때, 넓은 인터넷의 바다에서 불법적인 목적을 가지고 해킹 등의 방법으로 타인의 개인정보에 접근하는 불법행위자를 정확하게 식별해내는 것은 여간 어려운 문제가 아니다.

불법행위자를 정확하게 식별해 낸다 하더라도 여러 가지 문제들이 남는다.

불법행위법리에 의한 구제는 결국 손해배상을 통해서 이루어질 수밖에 없는데, 인터넷 상의 개인정보유출로 인해 정보주체가 입게 되는 손해의 정확한 평가가 쉽지 않다. 한번 유출된 개인정보는 인터넷의 특성인 고도의 전파성에 의해 급속도로 퍼져나갈 우려가 있게 된다. 개인정보를 유출당한 정보주체가 불법행위자를 상대로 손해배상청구의 소를 제기한다고 하더라도 과연 자신의 개인정보가 넓디넓은 인터넷의 바다 중 어디까지 흘러가서 어떠한 형태로 이용되고 있는지 알기는 至難한 일이다. 경우에 따라서는 유출된 개인정보가 정보주체의 금융거래계좌의 불법적인 이용에 활용될 수도 있고, 유출된 개인정보를 이용하여 새롭게 생성된 새로운 인터넷 상의 identity가 그 정보주체도 알지 못하는 사이에 불법을 저지르고 다닐 수도 있다. 하지만 정보주체가 소송을 제기하는 단계에서 그와 같은 결과를 파악해서 정확한 손해액을 계산하는 것은 불가능한 일이다. 또한 어느 한 불법행위자에 의해 유출된 개인정보가 다른 사람들에 의해 불법적으로 활용되어서 정보주체에게 손해를 가한 경우에 어느 범위까지 최초의 정보유출행위자에게 책임을 물을 수 있을 것인가를 정하는 것도 어려운 일이다.

이러한 현행의 불법행위법리체제 하에서의 여러 가지 난점으로 인해 실제 소송에서 원고들은 현실적이고 경제적인 손해의 배상을 받는 것을 포기하고, 대신 그러한 사정을 반영한 위자료의 배상을 청구하는 경우가 많다. 이 사건 판결에서 원고들도 마찬가지였다. 그러나 현실적·경제적 손해가 확인되지 않은 상태에서 개인정보가 유출되었다는 사정만으로 위자료의 배상을 명하는 것이 타당한 것인지, 그러하다면 적정한 위자료 액수는 얼마인지 등의 문제에 관하여 계속적인 어려움이 발생한다.

그 밖에 앞에서 본 모든 문제가 해결된다고 하더라도, 일반적으로 개인정보유출의 피해자는 이 사건 판결에서와 마찬가지로 소액의 피해를 입고 있는 수많은 사람들로 구성되어 있는데, 집단소송제도가 일반적으로 도입되지 않은 상태에서 각 피해자들이 소송대리인을 선임해서 소송을 제기하는 것도 쉽지 않은 일이다. 아래에서는 위에서 열거한 문제점들을 중심으로 이 사건 개인정보 유출 사건을 불법행위법리를 통해 대응하는 것과 관련된 제반 문제점들에 관해 살펴보기로 한다.

2. 불법행위라함은 法律의 근본목적에 어긋나고, 법률질서를 깨뜨리는 행위로서, 법률이 그 본질상 이를 허용할 수 없는 것으로 평가하는 행위를 말한다. 구체적으로는 타인에게 손해를 주는 위법한 행위이며, 행위자는 피해자에게 그 행위로 말미암아 생긴 손해를 배상하여야 한다.[56] 한편, 우리 민법 제750조에서는 "고의 또는 과실로 인한 위법행위로 타인에게 손해를 가한 자는 그 손해를 배상할 책임이 있다"라고 정하고 있고, 제751조 제 1 항에서는 "타인의 신체, 자유 또는 명예를 해하거나 기타 정신상 고통을 가한 자는 재산 이외의 손해에 대하여도 배상할 책임이 있다"라고 정하고 있으며, 앞서 본 바와 같이 정보통신망법 제49조에서는 "누구든지 정보통신망에 의하여 처리·보관 또는 전송되는 타인의 정보를 훼손하거나 타인의 비밀을 침해·도용 또는 누설하여서는 아니 된다"라고 정하고 있다. 위 정보통신망법 규정은 그것 자체가 민사상의 불법행위책임에 관한 독립된 의미를 갖는 규정이라기보다는, 개인정보유출행위의 불법행위성립여부와 관련하여 민법 제750의 "고의 또는 과실로 인한 위법행위"의 내용을 구체화하는 의미를 가시는 것으로 이해할 수 있다.

3. 이 사건 사고에 있어서 피고 회사의 직원이 "과실로 정보통신망에 의하여 처리·보관 또는 전송되고 있던 원고들의 리니지Ⅱ 게임 아이디·비밀번호를 누설"하는 행위를 한 것이라는 점에 관해서는 크게 의문의 여지가 없어 보인다. 재판과정에서 단순히 로그파일에 기록되게 한 것만으로는 개인정보가 유출되었다고 볼 수 없다는 취지의 피고측 주장이 일부 있기는 하였지만, 게임서버 내부에서 관리되고 있어야 하는 아이디·비밀번호가 이용자들이 접속하는 컴퓨터의 하드디스크에 암호화되지 않은 상태로 저장된 것은 개인정보의 "유출"에 해당하는 것으로 보아야 할 것이다. 피고 회사의 위와 같은 주장도

56) 곽윤직, 채권각론(제 6 판), 박영사, 377면.

큰 맥락에서는 뒤에서 살펴볼 "현실적·경제적 손해가 발생하지 않았다"는 취지의 주장에 포함시켜서 이해할 수 있다고 본다. on-line 게임의 아이디와 비밀번호가 이용자들의 "개인정보"에 해당하겠는가에 관한 의문의 제기가 가능하겠으나, 위 Ⅳ. 1.절에서 본 바와 같이 현행 법률의 정의에 따르면 개인을 식별할 수 있는 모든 유형의 정보는 개인정보에 해당한다고 할 것이고, 인터넷이나 정보통신기술의 발달에 따라 단독으로는 개인을 식별하는 정보로 사용될 수 없다고 하더라도 다른 정보들과의 기술적 결합을 통하여 개인을 식별할 수 있는 정보도 개인정보에 해당한다고 할 것인바, 적어도 리니지Ⅱ 게임이 만들어내고 있는 on-line상의 가상공간 내부에서는 아이디와 비밀번호만으로도 독립적인 식별의 대상인 게임 캐릭터에 관한 개인정보에 해당한다고 할 것이고, 가상공간이 아닌 현실의 세계에서도 아이디·비밀번호 정보는 리니지Ⅱ 게임 이용을 위한 회원가입 절차에서 이용자들이 제공한 다른 개인정보들과의 기술적 결합을 통해 개인을 식별할 수 있는 충분한 정보로 기능할 수 있다고 볼 것이므로, 이 사건 사고에서 유출된 아이디·비밀번호도 개인정보에 관한 프라이버시권에서 인정하고 있는 보호대상인 개인정보에 해당한다고 할 것이다.

4. 다음으로 피고 회사 직원의 과실에 의한 이러한 개인정보 유출행위가 과연 위법한 것인지가 문제된다. 살피건대, Ⅳ장에서 충분히 지적한 바와 같이 프라이버시권의 한 내용으로서 개인정보에 대한 자기결정권은 헌법에 의해 인정되는 기본권이고, 인터넷 시대에는 고도로 발달된 기술적 수단에 의한 개인정보의 수집 및 불법적인 이용의 위험이 크다는 점을 고려하여 정보통신망법 제49조에서는 그러한 개인정보의 누설행위를 금지하고 있으므로, 그러한 개인정보 유출행위는 민법 제750조에서 정한 위법행위에 해당한다고 할 것이다.

5. 이 사건 소송에서 원고들의 대리인은 소제기단계부터 피고 회사의 위법행위가 인정되더라도 원고들이 입은 재산적 손해의 입증은 어렵다고 판단하여, 재산적 손해발생가능성 및 위험까지 고려한 정신적 손해의 배상을 구하였다. 이 부분이 이 사건 재판의 결론을 내림에 있어 필자가 가장 많은 고민을 하였던 부분이고, 함께 의견을 나누어 본 동료 법관들 사이에서도 견해의 차이가 심하게 발견되었던 부분이다.

(1) 위자료의 본질과 기능

가. 민법 제751조 제 1 항은 "타인의 신체, 자유 또는 명예를 훼손하거나 기타 정신상 고통을 가한 자는 재산 이외의 손해에 대하여도 배상할 책임이 있다"라고 정하고 있어 위자료청구원의 근거를 마련해 두고 있다. 이 조항과 민법 제750조의 관계에 관해서는 제751조는 제750조의 해석상 의문이 생기지 않도록 하기 위하여, 즉 민법 제750조의 '손해' 가운데는 '정신적 손해'도 포함된다고 하는 것을 분명히 하기 위하여 둔 조항이라고 일반적으로 설명되고 있다.[57]

위자료의 성질에 관해서는, 일본 학설상 그 본질을 손해배상이라고 보는 배상설과, 제재적 성질을 강조하는 제재설의 대립이 있었다고 한다. 그러나 근대법질서 하에서는 일종의 사적 제재로서의 위자료의 기능을 인정할 수는 없다고 할 것이다. 우리나라에서는 위자료를 순수한 손해배상으로서 정신적 손해 내지 재산 이외의 손해의 배상으로 이해하는 배상설이 학설의 주된 입장이다.[58]

판례는 대부분 사건에서 위자료의 본질에 대해 직접 언급하고 있지는 않지만, 위자료가 정신적 손해의 배상인 것을 당연한 전제로 하고 있는 것으로 보인다. 다만, 판례는 위자료의 산정에 있어서 아래에서 보는 바와 같이 그 산정을 법관의 재량에 위임하여 실제 산정요소로서 피해자측의 사정뿐만 아니라 가해자측의 사정(과실의 정도, 사회적 지위, 재산상태)도 포함한 일체의 사정을 참작하는 것을 인정하고 있다. 즉, 판례는 위자료의 실제상의 운용에 있어서는 어느 정도 제재적 기능을 부과하는 것을 인정하고 있다고 볼 수 있다.[59]

나. 위자료의 액수는 법관의 재량에 의해 유연하게 정해진다. 이는 위자료가 손해배상 소송에 있어 경직적인 법적 해결에 구체적 타당성을 부여하는 중요한 역할을 할 수 있게 한다. 이를 위자료의 보완적 내지 조정적 기능이라고 한다.[60] 최근 실무에서는 이러한 기능을 적극적으로 사용하여 재산적 손해를

57) 민법주해 XI, 348면.
58) 곽윤직, 채권각론(재전정판), 박영사, 737면.
59) 민법주해 XI, 352면.
60) 위자료의 보완적 기능에 관한 자세한 설명은, 민병훈, "손해배상액 산정이 곤란한 경우에 있어서 법원의 손해배상액 결정방법," 「민사판례연구(XXVIII)」 193-196면 참조.

포함한 전체로서의 손해 배상액의 타당한 산정을 하려는 경향이 있다.61)

판례는 "법원은 위자료액을 산정함에 있어서 피해자 측과 가해자 측의 제반사정을 참작하여 그 금액을 정하여야 하므로 피해자가 가해자로부터 당해 사고로 입은 재산상 손해에 대하여 배상을 받을 수 있는지의 여부 및 그 배상액의 다과 등과 같은 사유도 위자료액 산정의 참작 사유가 되는 것은 물론이며 특히 재산상 손해의 발생이 인정되는데도 입증곤란 등의 이유로 그 손해액의 확정이 불가능하여 그 배상을 받을 수 없는 경우에 이러한 사정을 위자료의 증액사유로 참작할 수 있다고 할 것이나, 이러한 위자료의 보완적 기능은 재산상 손해의 발생이 인정되는데도 손해액의 확정이 불가능하여 그 손해 전보를 받을 수 없게 됨으로써 피해회복이 충분히 이루어지지 않는 경우에 이를 참작하여 위자료액을 증액함으로써 손해전보의 불균형을 어느 정도 보완하고자 하는 것이므로 함부로 그 보완적 기능을 확장하여 그 재산상 손해액의 확정이 가능함에도 불구하고 편의한 방법으로 위자료의 명목 아래 사실상 손해의 전보를 꾀하는 것과 같은 일은 허용되어서는 안 될 일이다"라고 판시(대법원 1984. 11. 13. 선고 84다카722 판결)하여 위자료의 이러한 보완적·조정적 기능에 대한 한계를 정하고 있다.

또한 적극적 손해, 소극적 손해, 위자료를 3개의 소송물로 보고 있는 현재의 판례의 입장 하에서는 재산적 손해 부분에 대한 입증 곤란 등을 이유로 위자료 액수를 청구금액 이상으로 인정하는 것은 민사소송법상의 처분권주의에 반하여 허용될 수 없다.62)

다. 이러한 위자료의 본질과 기능에 비추어 보면 이 사건의 경우 원고들이 주장하는 잠재적 경제적 손해의 발생가능성, 재산적 손해의 입증의 곤란함 등을 고려하여 정신적 손해의 배상으로서 위자료의 배상을 명한 것에 큰 문제는 없어 보인다. 다만 판결문에서도 언급되어 있듯이 비단 원고들의 손해의 전보 문제뿐만 아니라, 장기적인 관점에서의 우리나라 인터넷 산업에서의 개인정보 보호의 노력을 고취하기 위해 피고 회사와 같은 인터넷 사업자에게 엄격한 책임을 묻는 것이 바람직하다고 하는 '정책적 고려'를 위자료 배상여부에 반영한 것이 적절한 것인가에 관해서는 좀더 검토를 요한다. 이 문제에 관해서는 후술

61) 민법주해 XI, 353면.

62) 대법원 1997. 1. 24. 선고 96다39080 판결; 1980. 7. 8. 선고 80다1192 판결; 1989. 10. 24. 선고 88다카29269 판결 등 참조.

하기로 한다.

(2) 위자료청구권의 발생원인

가. 위자료청구권의 발생원인으로 규정된 민법 제751조의 신체·자유·명예가 침해된 경우라는 표현은 단지 예시적인 열거일 뿐이고, 위자료청구권은 위에 열거된 사항에 한하지 않고 널리 비재산적 손해(정신적 손해)가 있는 경우에 인정되는 것이라고 학설에 의해 일반적으로 인정되고 있다.[63] 즉 위자료청구권은 인격권이나 순수한 재산권의 침해로 인하여 비재산적 손해가 발생한 경우 인정된다.

인격권은 인격적 속성을 대상으로, 그의 자유로운 발전을 위하여, 제 3 자의 침해에 대하여 보호되어야 할 제반 이익을 의미하는 것으로 해석된다.[64][65] 인격권은 그 개념정의에서 알 수 있듯이 포괄적인 성격을 가진 권리이어서, 그 보호범위 또한 매우 광범위하고 한정하기 어렵다. 위자료청구권의 발생원인으로서 인격권침해의 내용으로는, 생명·신체·자유·정조 등과 같은 신체적 측면에 관한 인격권의 침해, 명예·성명·초상·사생활의 비밀과 자유 등과 같은 정신적 측면에 관한 인격권의 침해 및 신용·영업 등과 같은 경제적 측면에 관한 인격권의 침해로 분류되기도 한다.[66]

재산권침해의 불법행위의 경우 재산상 손해의 배상 이외에 위자료청구권이 별도로 인정되는지 여부가 문제되는데, 판례로 정립된 이론은 ① 일반적으로 타인의 불법행위에 의하여 재산권이 침해된 경우에는 그 재산직 손해의 배상에 의하여 정신적 고통도 회복된다고 보아야 할 것이고, ② 다만, 재산적 손해의 배상에 의하여 회복할 수 없는 정신적 손해가 발생하였다면 이는 특별한 사정으로 인한 손해로서 가해자가 그러한 사정을 알았거나 알 수 있었을 경우에 한하여 그 손해에 대한 위자료를 인정할 수 있다는 것이다. 그러나 구체적인 사례들에 있어서는 위 이론에 정확하게 부합하는 논리적인 설시가 없는 경우가 많아 사전적인 단계에서 위자료의 배상청구가 받아들여질 것인지 여부를

---

63) 민법주해 XI, 354면.
64) 민법주해 XI, 354-355면.
65) 이 주제에 관해서는, 김재형, "인격권일반 — 언론 기타 표현행위에 의한 인격적 침해를 중심으로 —," 「민사판례연구(XXI)」 참조.
66) 민법주해 XI, 355-356면.

예측하기는 쉽지 않다.[67)]

사생활의 비밀과 자유에 관한 권리로서 프라이버시권의 침해가 위자료청구권의 발생원인인 인격권의 침해에 해당함은 의문의 여지가 없다. 프라이버시권의 내용에 관해서는 앞에서 상론하였으므로 여기에서 다시 논하지는 않기로 한다.

나. 이 사건 사고의 경우, 원고들은 피고 회사에서 서비스를 제공하는 리니지Ⅱ 게임의 이용자들이었고, 이 사건 사고기간 동안 게임서버에 접속함으로써 자신들이 이용하는 컴퓨터의 하드디스크에 아이디·비밀번호가 공개되는 프라이버시권 침해를 입었다. 피고 회사 측에서는 PC방과 같이 다중이 함께 이용하는 컴퓨터가 아닌 개인용 컴퓨터를 이용해서 게임에 접속한 원고들은 개인정보유출의 피해를 입은 것이 아니라고 주장하였으나, 법원은 앞에서 본 바와 같이 기술적 수단을 통하여 타인의 개인정보에 접근하는 방법이 고도로 발달된 현재의 인터넷 시대에는 이용자의 개인컴퓨터라 하더라도 완벽한 정보통제권이 보장되는 것이 아니라는 점을 참작하여 피고 회사 측의 위 주장을 받아들이지 아니하였다.

문제는 이용자의 컴퓨터에 개인정보인 아이디·비밀번호가 공개되었다는 사실만으로 원고들이 정신적 손해를 입었다고 볼 수 있을 것인가 하는 것이었다. 논란의 여지는 있을 수 있겠지만, 지금까지 검토한 바와 같이 아이디·비밀번호를 개인정보로 인정하고, 그 개인정보가 암호화되지 않은 상태로 로그파일에 기록되게 한 것을 개인정보의 '유출'이라고 인정한 이상 이를 프라이버시권의 침해로 보는 데는 특별한 어려움이 없고, 그렇다면 그로 인하여 원고들에게는 정신적 손해가 발생하였다고 보는 것이 타당하다고 할 것이다.

(3) 위자료 산정의 기준

가. 위자료도 어디까지나 손해배상이므로 그 산정을 위해서는 재산적 손해배상과 마찬가지로 전보될 손해가 무엇인지, 그 액수가 얼마인지가 확정되어야 한다. 그런데 손해전보란 재산적 손해배상이든 비재산적 손해배상이든 피해자를 가해행위가 없었던 상태로 회복시키는 것을 목적으로 하고 있다. 따라서 손

67) 이 주제에 관해서는, 황정근, "불법행위로 인한 재산권의 침해에 대한 위자료 청구,"「민사판례연구(ⅩⅥ)」 참조.

해배상액수는 가해행위가 없었더라면 존재하였을 피해자의 비현실의 상태와 가해행위로 인하여 가해자에게 생긴 현실의 상태와의 차액이라고 설명되고 있다.[68]

그러나 위자료는 차액평가의 대상이 되는 손해가 처음부터 금전평가가 곤란한 정신적 손해이므로 그와 같은 방식으로 손해배상액을 산정할 수 없다. 우리 민법은 위자료의 산정방법 및 산정시 고려하여야 할 요소에 대하여 아무런 규정을 두지 않고 있고, 이는 전적으로 법원에 일임되고 있다. 판례는 일관하여 불법행위로 인하여 입은 정신적 고통에 대한 위자료 액수에 관해서는 사실심 법원이 사실심 변론종결시까지 구두변론에 나타난 모든 제반 사정을 참작하여 그 직권에 속하는 재량에 의해 이를 결정할 수 있다고 판시하고 있다.[69] 그리고 이 경우 참작할 수 있는 제반 사정에는 제한이 없고, 피해자측, 가해자측, 그 외 일체의 사정이 고려의 대상이 될 수 있으며, 또 인정의 근거를 일일이 설시할 필요도 없고, 나아가 위자료 산정의 기초가 되는 사실은 간접사실에 불과하므로 변론주의가 적용되지 않으며 원고가 위자료액의 증명을 하고 있지 않더라도 법원은 제반의 사정을 참작하여 그 액수를 정하는 것이 가능하다고 한다.[70] 판례에 의하여 제시된 위자료 산정의 구체적인 참작사유에는, 피해자의 피해정도 · 연령 · 성별 · 직업 · 재산상태 · 생활상태 · 교육정도 · 과실유무 및 과실정도와 가해자의 고의 또는 과실의 정도 · 직업 · 재산상태 및 배상책임자의 생활상태 등이 있다.[71] 그러나 이러한 제반 사정을 어떤 기준에 의하여 참작할 것인가에 관하여는 분명하게 밝히지 않고 있고, 각 사실심 법관의 재량에 맡겨 두고 있다.

그러나 같은 유형의 사건에 대하여 담당 법관의 성향에 따라 위자료 액수가 큰 차이를 보이는 것은 법적 안정성 관점에서 바람직하지 않다. 이러한 고려에서 실무에서는 교통사고 등과 같이 동종의 사고로부터 유형화할 수 있는 동종의 피해가 반복적으로 발생하는 사건에 대하여는 일정한 기준에 의하여 위

68) 민법주해 XI 421면, 이러한 설명은 물론 징벌적 손해배상(punitive damages)를 전제로 하지 않는 설명이다. 징벌적 손해배상의 경우에는 이러한 피해자의 손해전보의 목적뿐만 아니라 가해자에 대한 응징 및 동일 · 유사한 불법행위의 재발을 막고자 하는 법정책적 목적까지 고려하여 손해배상액수가 정해질 것이다.

69) 대법원 99.4.23. 선고 98다41377 판결; 98.3.27. 선고 98다3016 판결; 95.2.28. 선고 94다31334판결 등 참조.

70) 민법주해 XI, 422면.

71) 대법원 1995.2.28. 선고 94다31334 판결 등.

자료액수를 산정하는 경향을 보이고 있다.[72)]

나. 이 사건 재판 과정에서 가장 어려웠던 부분이 위자료액수 산정의 문제였던 것 같다. 이 사건 재판이 이 사건 원고들 5명과 피고 회사 사이의 법률관계라면 분쟁해결은 그다지 어렵지 않았을 것으로 보인다. 아마 최종 판결까지 가지 않고서도 피고 회사측에서 적절한 금액을 원고들에게 지급하는 조정·화해로 쉽게 분쟁이 종결될 수 있었을 것이다. 문제는 이 사건 재판 결과에 관심을 두고 있는 50만 명 이상의 동종의 피해자들이었다. 앞에서 언급한 바 있듯이 이 사건 소송은 시험소송의 성격이 명백했고, 이 사건 재판의 결과에 따라 동종의 피해자들인 50만 명의 소송여부에 관한 의사결정이 달라질 수 있을 것이며, 이에 따라 피고 회사가 그 운영에 치명적인 타격을 받을 것인지가 결정될 수 있었기 때문이었다. 실제로 이 사건 원고들을 대리한 변호사는 인터넷카페를 개설하여 원고들을 모집하고 있었고, 각종 게임관련 웹사이트에 이 사건 소송에 대하여 광고를 하고 있었으며, 원고들 청구를 일부 인용한 판결이 선고되자 언론 인터뷰 등을 통해 이를 홍보하고, 후속 소송의 원고들을 모집하였다.[73)] 후속 소송에 얼마나 많은 피해자들이 참가할 것인지 여부는 이 사건 소송에서 인정되는 위자료 액수에 의해 전적으로 영향을 받을 것인데, 변호사와의 접촉비용 등 여러 가지 거래비용을 고려하면 소송참가자의 수는 이 사건 소송의 위자료액수의 증가에 따라 기하급수적으로 증가할 것이었다.

처음에 언급하였듯이, 이 사건 재판을 진행하는 과정에서 필자는 인터넷 시대에 인터넷 사업자들에게 보다 엄격한 책임을 물음으로써 인터넷 업계로 하여금 개인정보수집을 통한 사업의 확장 못지않게 개인정보보호를 위한 제반 조치를 강구하는 것이 중요한 시대가 도래하였다는 메시지를 전하고 싶다는 고려와 동시에, 치열한 생존경쟁의 시장에서 비교적 건실하게 성장한 인터넷 기업을 이 사건 사고와 같은 순간적인 실수에 의해 망하게 할 것은 아니라는 고려를 하였는데, 양자를 적절히 조화시킬 수 있는 위자료 액수의 산정은 쉬운 문제가 아니었다.

실무에서는 일단 위자료의 배상의무가 인정되면 그 액수가 100만 원 미만으로 정해지는 경우는 그렇게 많지 않다. 이 사건 재판과정에서도 일단 위자료

---

72) 민법주해 XI, 430면.

73) http://cafe.daum.net/lineage2lawsuit 참조.

배상의무를 인정하는 경우에는 100만 원 이상으로 위자료를 정해야 하지 않을까라는 생각도 했었지만, 그렇게 하면 필요 이상으로 많은 사람들이 후속 소송에 참가하게 될 수도 있다는 판단에서 최종적으로는 원고 1인당 위자료 액수를 50만 원으로 정하였다.

앞에서 언급하였듯이, 이 사건 판결 이후에 인터넷 업계의 개인정보보호문제의 심각성에 관한 여론의 환기가 있었고, 피고 회사를 비롯한 인터넷 기업들의 개인정보보호조치가 뒤따랐다는 점에서 위 첫번째 고려는 어느 정도 성공을 거두었다고 볼 수 있다. 또한, 아직 피고 회사의 재무구조에 영향을 줄 정도로 많은 피해자들이 후속 소송에 참여하고 있지는 않다는 점에서 위 두 번째 고려도 소기의 성과를 거두었다고 판단된다.[74)]

Ⅵ. 판사에 의한 정책 판단의 문제에 관하여

1. 많은 법적인 문제들이 그러하듯이 이 사건도 그에 관한 정답은 없는 문제라고 볼 수 있다. 보는 관점에 따라서 현실적·경제적 손해가 확인되지 않은 상황에서 on-line 게임 아이디와 비밀번호가 노출되었다는 사정만으로는 위자료배상을 명할 만한 정신적 손해가 발생하지 않았다고 보아 원고 청구를 기각할 수도 있고, 이 사건 판결처럼 정신적 손해의 개념을 전향적으로 인정하여 일부이지만 원고의 청구를 인용할 수도 있을 것이다. 이 사건이 만약 다른 판사에게 배당이 되었다면 다른 결론에 이르게 되었을 가능성도 충분히 있고, 이 사건 자체도 항소심에서 어떤 판결이 내려질지는 아무도 장담할 수 없다.[75)]

---

74) 한국경제신문 2006.5.2. 자[삼성증권, 엔씨소프트 배상판결 영향 제한적 … 매수] "삼성증권은 엔씨소프트에 대해 개인정보 유출 배상 판결이 미치는 영향은 제한적인 것으로 내다봤다. 2일 삼성 박재석 연구원은 "이번 판결은 징벌적인 차원보다 최근 국내 인터넷업체에서 발생하고 있는 개인정보 유출에 대한 경각심을 불러 일으키기 위한 차원에서 개도적 의미가 있다고 판단된다"고 밝혔다. 일련의 소송에도 불구하고 엔씨소프트의 펀더멘털은 손상되지 않을 것으로 전망했으며 강화된 개인정보 보호 정책으로 오히려 장기적으로 온라인 게임 환경이 개선될 것으로 예상. 매수 의견과 목표가 9만 원을 내놓았다."

75) 이러한 불확실성이 논쟁의 대상이 되고 있는 도덕적 주제에 관해서는 어떠한 과정을 거치더라도 하나의 정답을 도출해 낼 수 없다는 Archimedean Scepticism에까지 이르는 것인지 여부에 관해서는 좀더 검토를 요한다. Ronald Dworkin, *Constitutionalism and Democracy*, Constitutionalism and Democracy(The International Library of Essays in Law & Legal Theory, second series) edited by Richard Bellamy, pp. 7-10 참조.

2. 결국 이 사건에서 원고 청구를 인용할 것인지, 기각할 것인지는 지금과 같은 고도의 인터넷 시대의 개인정보보호 문제를 어떤 관점에서 볼 것인가라는 정책적 판단의 문제라고 볼 수 있다. 만약 법원의 역할을 헌법과 법률에 의해 구체적으로 내용이 특정된 생명, 신체, 재산권에 관한 소수자의 권리가 다수자로부터 침해되는 경우에 그 구제를 하는 것으로 엄격하게 새긴다면 이 사건과 같이 구체적으로 보호되는 프라이버시권의 범위가 불명확한 상태에서 법원이 위자료의 개념 및 손해발생의 개념을 적극적으로 해석하여 손해배상을 인정하는 것은 법원에게 주어진 고유의 역할에 비추어볼 때 적절치 않은 것으로 판단될 여지가 있다. 반면에 법원의 역할을 적극적으로 해석하여, 정치과정 및 입법과정에 실패가 있어서 우리 사회가 꼭 필요로 하는 부분에 대한 입법이 미진한 경우에는 법원이 기존의 법률을 전향적으로 해석하여 개인의 권리구제에 나설 수 있다고 보는 입장에서 보면 이 사건 판결과 같은 결론을 내리는 것도 수긍할 만한 면이 있다고 할 것이다.

3. 이 사건 판결문에서 법원은 "오늘날과 같이 컴퓨터 기술과 인터넷이 고도로 발달한 사회에서는 개인 정보의 유출이 가져올 수 있는 피해가 심각하다는 점, 피고 회사와 같이 다수의 이용자들을 회원으로 가입시켜 게임서비스를 제공하고, 그로 인하여 수익을 얻고 있는 업체에게는 그 사업과정에서 알게 되는 이용자들의 개인 정보를 보호하기 위한 특별한 주의의무를 부담하도록 하는 것이 미래에 더 고도로 발달될 정보 사회에서의 개인의 비밀과 자유의 보호를 위해 바람직한 것으로 판단되는 점"이라고 설시하여 날로 심각해지고 있는 인터넷상의 개인정보유출의 문제에 대응하기위해 이 사건의 피고에게 엄격한 책임을 묻는 것이 더 바람직하다는 정책적인 고려를 하였음을 알 수 있다.

4. 어찌 보면 이러한 정책적인 의사결정은 민주적 정당성을 구비하지 못한 법원의 판사가 하기에는 부적절한 것인지도 모른다. 판사는 그 사회에서 비교적 똑똑한 엘리트 집단 중에서 선발되었고, 기본적으로 성실하고 맡은 바 직무에 충실한 속성을 갖추었다고 볼 수 있지만, 사무실과 집이 대부분의 활동 공간이고, 만날 수 있는 사람도 한정되어 있는 경우가 일반적이다. 또한 판사는 선거로 선출되는 것이 아니므로 국민들은 판사의 잘못된 결정에 대해 책임을

묻을 수 있는 어떠한 공식적이고 제도적인 수단도 갖고 있지 않다. 그러한 사실적·법적 지위를 가지고 있는 판사가 오늘날처럼 급격하게 변화하는 시대의 흐름에 부합하는 정책적인 의사결정을 모든 사안에 있어 제대로 잘 해내리라고 기대하는 것은 무리라고 볼 수 있기 때문이다.[76)]

그렇지만, 이 주제는 생각만큼 간단한 문제가 아니다. 우리나라의 경우를 보더라도 최근의 헌법재판소에 의한 대통령의 탄핵여부 및 수도이전여부에 관한 결정사례, 대법원에 의한 새만금간척사업 등 대형 국가사업의 지속여부에 관한 결정 사례 등에서 보듯이, 이미 사법부(대법원과 헌법재판소)는 대한민국의 정치마당에서 독립변수로서 기능하면서 정책결정에 해당하는 권한을 행사하고 있다. 나아가 여성이나 성적(性的) 소수자 등 이른바 마이너리티(minority)의 지위와 권한에 대한 결정도 행정부나 의회가 아닌 사법부가 헌법해석이라는 이름 하에 내리고 있다.[77)] 사법부의 이러한 역할변화를 인식하게 된 정치가들과 국민들은 과거와는 완연히 다르게 사법기능의 본질 및 대법관과 헌법재판관의 인선과정에 많은 관심들을 가지게 되었다.[78)]

5. 민주적 정당성 구비절차를 갖추지 못한 판사들에 의한 헌법해석 및 정책결정의 당부의 문제는 우리나라는 물론이고, 미국에서도 독립전쟁 및 헌법제정 당시부터 큰 관심의 대상이었다.

18세기 영국의 식민지 상태에서 지나치게 과다한 사법부(royal judges)의 재량권이 문제라고 이해했던 미국인들은 1776년의 혁명전쟁과정에서부터 사법부의 권한을 극도로 제약하기 위한 노력을 하였다. 그래서 common law상의 여러 가지 법리들을 의회의 법률제정과정을 통해 법규화해서 판사들이 그 법규의 문구에 엄격하게 따르도록 하자는 codification 운동이 시작되었고, 이는 19세기까지 그 흐름을 이어갔다.[79)]

그러나 이러한 codification 운동과정에서 미국인들은 곧 그 작업이 그리

76) Antonin Scalia, *the Doctrine of Standing as an Essential Element of the Separarion of Powers*, 17 Suffolk U. L. Rev. 896(1983), 896 참조.

77) 전원열 譯, 민주주의와 법원의 위헌심사{John Hart Ely, Democracy and Distrust — A Theory of Judicial Review — (1980)의 번역서}, 나남출판(2006), 5.

78) 사법작용과 정치과정의 상호작용에 관한 실증적 분석에 관해서는, 拙稿, 정치와 법, 서울대학교 법학, 제46권 제 2 호[통권 135호](2005. 6.), 서울대학교 법학연구소, 344-376면 참조.

79) Antonin Scalia, A Matter of Interpretation — Federal Courts and the Law — (1997) 중 Scalia의 글에 대한 Gordon S. Wood의 comment 부분, 위 책 50페이지 참조.

간단한 일이 아니라는 인식을 하게 되었고, 1780년대부터 벌써 자신들의 대표인 의회가 자신들이 원하는 내용대로 모든 입법을 해 줄 수 있으리란 것에 대해 의심을 갖기 시작했으며, 경우에 따라서는 의회권력이 국민들을 억압할 수 있는 독재권력의 창구로 전락할 수 있음을 깨닫기 시작하였다. 그리고 이러한 인식의 변화는 자연스럽게 미국인들이 그 전까지 가지고 있던 사법권력과 재량에 대한 적대감을 다시 평가하는 계기가 되었다.[80]

결국 1780년대를 거치면서 미국의 정부조직체계는 Montesquieu의 권력분립의 원리에 따라 전면적으로 재편성되었는데, 그 과정에서 사법부에 대한 인식은 "왕권의 부속물로서 횡포를 부리는 두려움의 대상(much feared appendages of crown power)"에서 "국가를 구성하는 든든한 세 기둥 중의 하나(one of the three capital power of Government)"로 탈바꿈하게 되어 결국 사법부는 기존의 국가기관 중에 가장 이득을 많이 본 셈이 되었다.[81]

권력분립의 원리로서 사법부의 독립은 종신제로 임명되는 판사의 독립과 판사를 선거의 결과로 구성되는 기관인 의회나 행정부와 동등하게 취급하는 것을 그 본질적인 요소로 하는데, 미국 국민들로 하여금 그에 관한 확신을 갖게 하는 것은 처음부터 쉬운 일은 아니었다. James Madison은 이 문제와 관련하여 "이것(판사에게 의회와 동등한 지위를 부여하고 독립된 법률해석권한을 주는 것)은 실제로는 사법부를 의회를 능가하는 최고의 권력기관으로 만드는 것이고 이는 있을 수 없는 일"이라고 평가하였다.[82]

이러한 dilemma의 상황은 결국 의회의 대표성을 약화시키고, 사법부의 국민에 대한 대표성을 강화하는 방향으로 정리되어 나갔는데, Hamilton은 The Federalist No. 78에서 사법부를 국민과 의회의 중간에서 의회가 국민들이 위임한 범위 내에서 권한을 행사하도록 감독하도록 설계된 기관으로서 경우에 따라서는 법률해석의 형식으로 의회가 가지는 입법권을 나누어 가지는 기관으로 이해하였고, 이러한 이해는 각 주에서 법관을 선거로 뽑아야 한다는 주장에 힘을 실어 주게 되었다.[83]

이처럼 사법부를 국민의 대리인(agent)의 하나로 보는 이해는 1776년 혁

80) Wood, supra, pp. 51-52.
81) Wood, supra, p. 52.
82) Madison's Observations on Jefferson's Draft of a Constitution for Virginia, 1788, in Boyd, *Papers of Jefferson*, 6:315, Wood, supra, p. 53에서 재인용.
83) Woods, supra, p. 54.

명전쟁 이전과 비교해 볼 때 사법기능의 본질에 관해 가장 근본적으로 달라진 내용이었다.

그리고 사법부의 정책결정기능을 둘러싼 논의는 지금까지 미국 법학계에서 가장 중요하게 다루어지고 있는 주제 중의 하나이다.[84]

6. 이 문제는 민사소송의 이상인 "실체적 진실의 발견"[85] 중에서 "진실(truth)"이라는 단어가 가지는 이중적인 의미에서 태생적으로 발생하고 있는 문제인지도 모른다. "진실(truth)"이라는 단어는 기본적으로 "사실(facts)"에 관한 측면과 "가치(value)"에 관한 측면으로 모두 내포하는 개념이다.[86] 가령 "내가 지난 주에 하와이를 다녀왔다"라는 표현은 일반적으로 사실(fact)에 관한 설명으로 이해될 뿐 이를 두고 "진실(truth)"에 관한 표현이라고는 하지 않는다. 왜냐하면 그 표현은 "가치(value)"에 관한 아무런 내용을 담고 있지 않기 때문이다. 또한, "미국 건국의 아버지들이 독립선언문에서 모든 인간은 평등하게 태어났다라는 자명한 '진실(truth)'을 선언하였다"라는 표현을 접한 여러분은 그 표현이 주로 가치(value)에 관한 내용만을 담고 있다는 점에서 '진실(truth)'이라는 단어가 약간은 어색한 맥락에서 사용되었다고 이해할 것이다. 진실(truth)이라는 단어가 사실과 가치의 양측면을 모두 갖고 있다는 점은 비단 우리말이나 영어에만 국한되는 것이 아니다. 진실이라는 의미의 독일어 Wahrheit 및 같은 뜻의 러시아어 pravda 모두 사실과 가치의 양측면을 가지고 있다.[87] 이런 맥락에서 보면 실체적 진실발견이라는 재판과정 자체 속에는 이미 사실확정의 문제뿐만 아니라 가치판단의 문제가 포함되어 있으므로, 그 가치판단 과정에서 판사가 어느 정도의 정책판단을 하는 것이 불가피한 면이 있다고 볼 수 있겠다.

7. 이 문제는 결국 사법기능의 본질을 어떻게 이해할 것인가에 관한 큰 주

84) 이 주제에 관한 대표적인 문헌으로는 Alexander M. Bickel, The Least Dangerous Branch — The Supreme Court at the Bar of Politics — (1986), John Hart Ely, Democracy and Distrust — A Theory of Judicial Review — (1980) 등.

85) 호문혁, 민사소송법(제 5 판), 법문사, 37면; 이시윤, 신민사소송법, 박영사, 23면.

86) Edward Hallett Carr, What is History?(The George Macaulay Trevelyan Lectures Delivered at the University of Cambridge, January-March 1961), Vintage Books(1961), p. 175.

87) Carr, supra, p. 175.

제에 대한 것이고, 그 속에는 헌법, 행정법, 법철학, 법정책학 등 법이론 일반, 나아가서는 정치학, 경제학 등 사회과학 전반에 관한 논의가 뒷받침되지 않으면 답을 찾는 것이 쉽지 않은 주제이다.

따라서 이 문제를 이 논문에서 더 이상 깊게 다루는 것은 무리가 있다고 보이므로, 이는 필자를 비롯한 다른 학자, 실무가들의 추가적인 연구과제로 남기기로 하고 이 정도 문제제기를 하는 선에서 논의를 정리하기로 한다.

Ⅶ. 결론에 대신하여

'판사는 판결로만 말한다'는 일종의 法諺이 예전에는 법관이 지켜야 할 미덕 중의 하나로서 판사들 사이에서 전해지던 때가 있었다. 판사가 판결 외적으로 구체적인 사건에 관하여 언급하는 것은 재판의 독립과 관련하여 불필요한 오해의 소지가 있을 뿐만 아니라, 재판과 관련된 공격의 대상이 될 우려가 있다는 점을 고려하여 만들어진 표현이라고 생각한다. 그러나 최근의 법원의 분위기는 위 法諺을 그대로 금과옥조처럼 받드는 분위기는 아닌 듯하다. 오히려, 사법불신의 여러 가지 원인 중의 하나가 법원이 하고 있는 일을 제대로 국민에게 알리지 못하고 있기 때문이라는 판단 하에 대법원을 비롯한 각급 법원에서는 공보관제도를 통해 법원에서 내린 주요 판결에 대해 국민들에게 가능하면 좀더 정확하게 많은 내용을 설명하기 위해 노력하고 있다. 필자가 재판장으로 판결한 이 사건에 대해 다시 논문의 형식으로 거론하는 것은 어쩌면 앞에서 본 法諺에 정면으로 반하는 것인지 모르겠다. 그러나 인터넷 상의 개인정보유출의 문제가 현대 사회에서 가지는 심각성, 그에 대한 일반의 관심 등을 고려하면 이 사건 재판을 함에 있어서 필자가 가졌던 여러 가지 고민들을 이런 식으로라도 정리해서 논의의 대상으로 삼는 것은 그럴만한 충분한 가치가 있다고 생각한다. 이 판결과정에서 문제되었던 쟁점 중 많은 부분이 순전한 법적인 판단의 문제라기보다는 인터넷 시대의 개인정보보호문제를 어떻게 볼 것인가에 관한 정책적 판단의 문제에 관한 것이라는 점을 고려하면 더욱 그러하다.

제21장

컴퓨터과학·기술의 발전에 의한 인감업무의 전산화가 인감증명제도의 발전에 미친 영향

남 효 순*

Ⅰ. 序 論

(1) 과학·기술의 발달은 새로운 법의 제정과 기존의 법의 변경을 초래하기도 한다. 또 과학과 기술의 발달에 의하여서 기존의 법에 대한 해석도 영향을 받을 수 있다. 즉, 과학과 기술의 발달은 기존 해석론의 완전한 폐기 또는 중요한 수정을 초래하거나, 기존 해석론의 골격은 유지한 채 그 일부의 변경을 요구하거나 또는 기존 해석론을 더욱 공고하게 할 수도 있다. 물론 과학·기술의 발달에 의하여 기존의 해석론이 어떠한 영향을 받았는가 하는 것을 규명하는 것은 장시간의 논의를 필요로 하는 참으로 어려운 문제일 수도 있다.

(2) 인감증명제도는 1914년에 일본으로부터 도입된 후, 현재 사인간의 거래에서뿐만 아니라 관공서 등과 사인간의 법률관계에서도 印鑑證明書의 요구가 빈번하게 이루어지면서, 이제 국민의 일상생활에 깊게 뿌리내린 제도로 발전하였다. 인감증명제도는 그 동안 사회의 변화에 순응하고 또 국민생활의 편의를 위하여 많은 변화를 겪으면서 개선되었다. 그러한 변화 중에서 무엇보다도 중요한 것은 바로 2002년에 있었던 인감증명방식의 변경이라고 할 것이다. 즉, 인감증명방식은 印鑑證明書의 신청인이 자신의 인감도장을 제출하면 증명청이 그 인영과 신고된 印鑑을 대조하여 그 동일성을 확인한 후 印鑑證明書를 발급

* 서울대학교 법과대학 교수.

하던 직접증명방식에서 증명청이 전산정보처리조직에 있는 인감화일로부터 印鑑의 복사본을 바로 출력하여 印鑑證明書를 발급하는 간접증명방식으로 변경되었다. 이러한 간접증명방식의 채택은 인감업무의 전산화와 밀접한 관련이 있다. 즉, 인감업무의 전산화와 더불어 간접증명방식이 채택되었기에, 인감업무의 전산화와 간접증명방식의 채택은 마치 동전의 양면과 같은 관계에 있다. 요컨대 이제 인감증명제도는 컴퓨터과학·기술의 발달에 힘입어 간접증명방식이 채택되면서 과학·기술의 첨단시대에 부합하는 제도로 발전하게 되었다고 할 수 있다.

(3) 간접증명방식이 채택된 후 전혀 예상하지 못한 반응이 학계에서 등장하였다. 그것은 간접증명방식에서는 印鑑證明書가 본래의 효력(本人推定力)을 가질 수 없고 따라서 인감증명제도는 마땅히 폐지되어야 한다는 주장(印鑑證明書 본인추정력부정설)이 그것이다. 그리고 이러한 학설에 영향을 받아 2006년에는 印鑑證明書의 효력을 부정하는 하급심판결(서울고법 제6민사부 2006. 8. 16, 2006나12390)도 나왔다. 만일 학설과 판결이 주장하는 대로라면, 인감업무의 과학화, 신속화, 간편화를 위하여 이룩한 인감업무 전산화작업은 오히려 인감증명제도의 존재를 소멸시키는 반대의 결과를 초래하여 버리고 말 것이다. 다시 말하면, 종래 직접증명방식의 인감증명제도가 안고 있는 문제점을 개선하고자 하였던 노력이 오히려 인감증명제도를 폐지하는 것이 되어버리고 마는 것이다.

(4) 간접증명방식에서의 印鑑證明書의 효력의 문제는 일견 과학·기술의 발달과 아무런 관련이 없는 것처럼 보이지만, 전술한 바와 같이, 인감업무의 전산화에 의하여 인감화일로부터 印鑑을 복사하는 간접방식의 도입이 이루어졌다는 점에서 양자는 밀접한 관련이 있는 것이다. 따라서 간접증명방식에서의 印鑑證明書의 효력의 문제는 바로 과학·기술의 발달이 기존 법의 해석론에 대하여 어떠한 영향을 미치는가 하는 문제의 하나라고 할 것이다.

(5) 印鑑證明書의 本人推定力을 부정하는 학설과 판례에 대하여는 강한 반론을 제기하지 않을 수 없다. 이 반론은 과학 기술의 발달에 힘입어 수년간 엄청난 예산을 투자하여 이룩하였던 인감업무 전산화가 수포로 돌아가서는 안 된다거나 또는 수십 년 동안 우리 생활 속에 뿌리내려 온 제도가 하루아침에 폐지되어서는 안 된다는 안타까움에 의해서 제기되는 것만은 아니다. 그것은 인감도장의 인영이 전산화되어 입력된 인감화일을 복사하여 印鑑을 증명하는 것

이 과연 인감증명제도의 본질에 반하는 것인가 하는 인감증명제도의 본질적 차원에서 제기되는 것이다. 더더욱 그것은 간접증명방식을 채택하면서 과연 印鑑證明書의 本人推定力을 부정하는 입법개정이 있었는가 하는 법률적 차원의 의문에서 제기되는 것이기도 하다. 달리 말하면, 필자는 현행 인감증명법하에서도 인감증명제도의 본질은 여전히 유지될 수 있고 따라서 印鑑證明書는 종전과 마찬가지로 本人推定力을 가질 수 있는 것이 아닌가 하는 반론을 제기하는 것이다.

(6) 이상의 문제를 해결하기 위해서는 인감증명의 본질과 印鑑證明書의 효력·기능(Ⅱ)에 대한 고찰이 불가피하다. 또한 인감업무의 전산화(Ⅲ)의 구체적 내용을 검토하는 것이 필요하다. 한편 그 동안 인감증명제도의 변화에는 관련법령의 개정이 함께 이루어졌다. 간접증명방식의 채택도 예외가 아니어서, 2002년 관련법령의 개정에 의하여 간접증명방식이 도입된 것이다. 따라서 인감업무의 전산화의 법적 근거가 된 관련법령의 개정내용을 면밀히 분석할 필요가 있다. 이상의 검토를 기초로 하여 최종적으로 인감업무의 전산화가 印鑑證明書의 本人推定力에 미치는 영향(Ⅳ)을 규명하고자 한다.

Ⅱ. 印鑑證明의 본질, 印鑑證明書의 효력과 기능

(1) 인감업무의 전산화가 印鑑證明書의 효력에 미치는 영향을 규명하기 위해서는 인감증명제도의 절차, 印鑑證明의 본질, 印鑑證明書의 효력·기능 전반에 대한 정확한 이해가 필요하다.[1] 이 중 무엇보다도 印鑑證明의 본질과 효력·기능을 검토하는 것이 중요하다. 첫째, 印鑑證明의 본질이 간접증명방식으로 변경된 현행 인감증명제도에서도 종전과 동일하게 유지될 수 있는지를 검토하여야 한다. 이를 위해서는 현행 인감증명법령의 관련조문에 대한 분석뿐만 아니라, 현행 인감증명법에 이르기까지의 개정과정도 함께 면밀히 추적하여야 할 것이다. 특히 印鑑證明의 본질에 있어서는, 印鑑證明의 내용을 이루고 있는 인영증명과 본인증명의 관계를 정확히 밝히는 것이 필요하다. 양자의 관계가

1) 상세한 것은 南孝淳, "간접증명방식의 현행 印鑑證明法에서의 印鑑證明書의 本人推定力 — 印鑑證明의 본질과 印鑑證明書의 기능에 대한 분석에 기초하여 —"(이하 南孝淳), 저스티스, 2006/12 通卷 第95號(韓國法學院, 2006), 50-69면 참조.

밝혀지면, 인영증명방식의 변경, 즉 인감파일로부터 印鑑의 복사본을 출력하는 간접증명방식이 印鑑證明書의 推定力에 어떠한 영향을 미치는지를 규명할 수 있게 될 것이다. 둘째, 印鑑證明書에 本人推定力이 인정되는 것은 궁극적으로 거래에서 거래당사자가가 사용하는 실인의 인영을 印鑑證明書의 인영과 대조하여 거래당사자가 본인임을 추정하는 印鑑證明書의 기능에서 비롯되는 것이다. 따라서 이러한 印鑑證明書의 기능이 간접증명방식으로 변경된 현행 인감증명에서도 종전과 동일하게 인정할 수 있는지를 검토하여야 한다.

(2) 인감증명제도에 대한 전반적인 이해를 위해서는, 그 문제점과 폐지론에 대한 검토 역시 필요하다.

1. 인감증명제도 일반

(1) 인감증명제도의 목적

인감증명제도란 특정인이 장차 법률행위를 하면서 사용할 것으로 예정한 특정 인장(인감도장)의 인영을 印鑑으로 미리 행정기관에 신고한 후, 印鑑을 증명하는 문서, 즉 印鑑證明書를 발급받아 이를 소지하고 해당 법률행위를 하면서 특정 인장을 사용하여 거래당사자가 자신이 바로 印鑑證明書상의 특정인임을 증명하기 위한 제도이다. 다시 말하면, 어느 거래당사자가 날인한 인장의 인영이 印鑑證明書상의 인영과 동일할 경우, 거래당사자는 바로 자신이 印鑑證明書상의 특정인임을 증명할 수 있게 된다. 한편 거래의 상대방은 문서에 날인된 인영과 동일한 인영이 印鑑으로 신고되어 있음을 증명하는 印鑑證明書를 확보함으로써, 거래당사자가 印鑑證明書상의 특정인임을 그리고 이에 기초하여 당사자의 거래의사, 문서의 성립과 내용의 진정성을 확인할 수 있게 되고, 그 결과 장차 있을지도 모를 분쟁에서 사용할 증거를 확보할 수 있게 된다.

(2) 인감증명제도의 연혁과 경과

가. 인감증명제도는 일제식민지시대인 1914년 7월에 제정된 「印鑑證明規則」(朝鮮總督府令 第110號)에 의하여 처음으로 우리나라에 도입되었다. 대한민국정부가 수립된 후에는 1961.9.23자 법률 제724호의 제정과 1962.6.12자 각령 제800호의 제정에 의하여 印鑑證明規則이 폐지되고, 새로운 법적 근거가 마

련되었다. 새로운 법적 근거를 마련함에 있어서, 일제식민지시대에 도입된 인감증명제도의 근간은 그대로 유지되었다.

나. 인감증명제도는 일본에서 만들어진 후, 우리나라와 대만에 도입되었다. 세 나라의 인감증명제도는 동일한 뿌리를 가지고 있다. 그러나 인감증명제도의 구체적인 내용과 그 운용방식은 나라에 따라 많은 차이가 있다.[2] 우리나라의 경우도 인감증명제도는 각 시대의 사회변화와 특히 경제발전에 따른 거래 현실에 적응하기 위하여, 수차례의 관련법령의 개정을 거쳐 대폭 변경·개선되어 현재에 이르고 있다. 그러한 변경·개선의 중요한 내용 중 개인별 주민등록표와 인감대장의 통합(1977.12.31자 법률 제3040호),[3] 주민등록과 인감대장의 분리(1991.1.14자 법률 제4315호),[4] 간접증명방식의 채택(2002.3.25자 법률 제6667호), 印鑑證明書 발급기관의 전국적 확대(2004.10.16자 법률 제7231호), 印鑑證明書의 대리신청시 발급사실의 본인에 대한 통보(2005.1.15자 대통령령 제18681호) 등을 중요한 것으로 들 수 있다. 특히 간접증명방식과 본인통보제도의 채택은 인감사고의 방지와 관련하여 아주 중요한 의미를 갖는다.

2. 印鑑證明의 본질

인감증명은 印鑑證明書에 의하여 신청인이 「본인」이라는 것과 본인이 신고한 「印鑑」이 어떠한 것인지를 증명하는 데에 있다.

(1) 印鑑證明의 내용: 본인증명과 인영증명[5]

가. 「위 인감은 신고되어 있는 인감임을 증명합니다」라는 인감증명법상의 증명문언에 따르면, 印鑑證明이란 신고되어 있는 印鑑을 증명하는 것을 말한다

2) 우리나라, 일본 및 대만의 인감증명제도의 비교는, 睦榮晩, 行政電算網擴充에 따른 印鑑證明制度 改善에 關한 硏究(이하 睦榮晩), 서울大學校 行政大學院 碩士學位論文(1992), 20-35면 참조.

3) 주민등록표에 새로 인감란을 둔 결과 별도의 인감대장은 사라지게 되었다.

4) 1987년부터 주민등록은 전산화가 이루어졌으나, 인감대장은 그렇지 못하였다. 따라서 주민등록 전산화작업이 본격화되면서 더 이상 주민등록과 인감대장을 통합하여 관리할 수 없게 되자, 역으로 주민등록과 인감대장의 분리가 필요하게 된 것이다.

5) 印鑑證明이란 엄밀히 말하면 「本人의 證明」과 「印鑑의 證明」(협의의 印鑑證明)을 그 내용으로 한다. 그리고 印鑑이란 당연히 특정인 「본인」의 印鑑임을 전제로 하므로, 「印鑑의 證明」, 즉 「협의의 印鑑證明」이란 「本人印鑑의 證明」을 말한다. 이 논문에서는 용어의 혼동을 피하기 위하여 이른바 「협의의 印鑑證明」은 「인영증명」이라고 부르기로 한다.

(제 1 조).[6] 조문의 문언에 의하면, 印鑑證明은 본인의 증명은 하지 않고 印鑑만을 증명하는 것을 그 내용으로 하고 있다. 즉, 증명청은 印鑑證明書를 발급하는 단계에서 신청인이 본인임을 확인함에도 불구하고(본인확인), 印鑑證明은 인영증명만 하는 것처럼 되어 있는 것이다.[7] 그러나 印鑑證明이란 어느 특정「본인」이 신청한 것에 대한 것이므로, 印鑑을 증명한다는 것은 결국 신청인이「본인」임을 증명하는 것을 포함한다. 달리 말하면, 印鑑證明이란 본인이 印鑑證明書를 신청하는 데에 대한 증명이므로, 印鑑證明에는 다시 신청인이 본인이라는 증명(본인증명)과 본인의 印鑑이 어떠한 인영인 것인가라는 증명(인영증명)이 함께 포함되어 있다. 이처럼 印鑑證明이 본인증명과 인영증명을 그 내용으로 하는 이상, 印鑑證明은「本人과 印鑑의 證明」이라고 부르는 것이 더 정확할지도 모른다.[8] 그러나 印鑑證明이란 당연히 특정인「본인」이 신청한 것을 전제로 하므로,「本人과 印鑑의 證明」을 간단히 印鑑證明이라고 부르고 있는 것이다.

나. 印鑑證明이 그 본질상 본인증명과 인영증명을 그 내용으로 한다고 하는 것은 印鑑證明書의 서식에는 인감란뿐만 아니라 본인의 성명란도 함께 존재하고 있다는 사실로부터도 잘 알 수가 있다. 印鑑證明書에 본인의 성명란이 있는 이상,「위 인감은 신고되어 있는 인감임을 증명합니다」라는 印鑑證明書의 증명문구는「위 인감은 본인에 의하여 신고되어 있는 인감으로서 본인이 신청한 것임을 증명합니다」라는 의미를 갖는다고 할 것이다.[9]

(2) 본인증명과 인영증명의 관계

가. 본인증명과 인영증명이 어떠한 관계에 있는지를 알기 위해서는, 인감

6) 이하에서 법명 없이 인용되는 법조문은 인감증명법의 조문을 가리킨다. 그리고 시행령이란 인감증명법시행령을 말한다.

7) 대리신청의 경우에도 신분증에 의하여 위임장의 내용 확인, 즉 본인확인이 이루어지므로(시행령 제13조 제 2 항), 이하에서는 본인신청과 대리신청을 구분하지 않고 본인확인을 설명하기로 한다.

8) 필자는 印鑑證明에 인영증명뿐만 아니라 본인증명이 포함된다는 것을 표현하기 위하여「本人印鑑의 증명」이라는 표현을 사용하였으나(南孝淳, 57), 이를 보다 명확히 하기 위하여「本人과 印鑑의 證明」이라는 표현을 사용하기로 한다.

9) 필자는「위 인감은 신고되어 있는 印鑑임을 증명합니다」라는 印鑑證明書의 문언은「위 인감은 본인에 의하여 신고되어 있는 印鑑임을 증명합니다」라는 의미를 갖는다고 하였다(南孝淳, 66). 그러나 印鑑證明이 신청인이 본인이라는 것도 증명하고 있는 점을 고려할 때,「위 인감은 본인에 의하여 신고되어 있는 인감으로서 본인이 신청한 것임을 증명합니다」라는 의미가 더 정확하다고 할 것이다.

신고와 印鑑證明의 과정을 분석하는 것이 필요하다. 우선 인감신고를 함에 있어서, 본인은 자신의 신분증과 印鑑에 사용할 인장을 제출하여야 한다(제 3 조 제 1 항, 시행령 제 7 조 제 1 항). 그러면 증명청은 신분증에 의하여 「본인」임을 확인하고, 인감대장의 인감란에 인장을 날인하여 印鑑의 신고를 받는다(본인확인→인감신고)(시행령 제 7 조 제 2 항). 그리고 印鑑證明의 과정에서도 증명청은 신청인이 「본인」임을 확인한 후(시행령 제13조 제 2 항 · 제 4 항), 이에 기초하여 본인의 「印鑑」을 증명한다. 이처럼 인감신고에서 특정인이 증명청에 「본인」임을 신고하면서 본인의 「印鑑」을 신고하는 것이듯, 印鑑證明에서도 증명청이 「본인」임을 확인하고 이에 기초하여 본인의 「印鑑」을 증명하는 것이다. 요컨대 印鑑證明에서도 당연히 본인확인이 있어야 하므로, 본인증명이 선행되고 이를 전제로 인영증명이 실행되는 것이다(본인증명→인영증명).

나. 인영증명은 본인증명을 전제로 하는 이상, 그것은 어디까지나 본인의 「印鑑」을 증명하는 것일 뿐이지, 결코 「본인」 그 자체를 증명하는 것이 아니다. 즉, 「印鑑」증명을 통하여 결코 「본인」이 증명되는 것이 아니다. 또 인영증명이 「본인」과 「印鑑」을 동시에 증명하는 것은 더더욱 아니다.

(3) 인영증명방식과 본인증명 · 인영증명의 관계

가. 인영증명방식의 종류

증명청은 반드시 印鑑證明書 위에 모종의 인영을 현출하여 이것이 신고된 印鑑의 인영과 동일함을 증명함으로써 신고되어 있는 본인의 印鑑이 어떠한 것인지를 증명하여야 한다. 印鑑證明書 위에 어떠한 인영을 현출하여 본인의 印鑑을 증명하느냐가 바로 인영증명방식의 문제이고, 그에 따라서 인감증명제도의 종류를 구분한다. 현재 실인인영의 확인여부에 따라 직접증명방식과 간접증명방식으로 구분된다.

나. 인영증명방식과 본인증명 · 인영증명의 관계

인영증명과 본인증명의 관계는 인영증명방식이 직접증명방식이냐 아니면 간접증명방식이냐에 따라 달라지지는 않는다. 그러므로 실인의 인영을 증명하여 印鑑證明書를 발급하는 직접증명방식에서도 인영증명은 어디까지나 본인의 「印鑑」 그 자체를 증명하는 것일 뿐이다.

3. 印鑑證明書의 효력과 기능

인감증명제도가 우리나라에 도입된 이래 우리 사회에서 뿌리를 내릴 수 있었던 것은 바로 印鑑證明書가 갖는 효력과 그 기능 때문이다.

(1) 사인, 신분증, 전자인증 또는 공증과 印鑑證明書

印鑑證明書의 효력과 기능에 대한 정확한 이해를 위해서는 印鑑證明書가 사인(sign), 신분증, 전자인증 또는 공증과 어떻게 다른지를 검토할 필요가 있다. 印鑑證明의 폐지하자는 견해는 흔히 사인, 신분증, 전자인증 또는 공증이 印鑑證明書의 대체수단이 될 수 있다고 주장한다. 이는 사인, 신분증, 전자인증, 공증이 印鑑證明書와 유사한 기능을 가지고 있다고 보고 있기 때문이다. 그러나 이들 수단과 印鑑證明書는 기능 또는 기타의 점에서 많은 차이가 있다.

가. 사 인

(a) 사인이란 넓은 의미를 갖는다. 사인의 사전적 의미는 개인의 이름을 기명(서명)하는 것을 말한다. 그러나 이름을 형상화한 기호나 표시를 나타내는 것도 이에 포함된다. 印鑑證明書와 비교하여 의미를 갖는 것은, 후자의 의미이다.

(b) 인장을 사용하지 않는 서양에서는 사인이 우리의 기명날인에 해당한다. 사인은 그 자체로 印鑑證明書과 비교될 수 없다. 따라서 사인으로 印鑑證明書를 대체하려는 것은 印鑑證明書의 기능을 전혀 이해하지 못하는 것이다. 사인은 기명날인의 경우처럼 별도의 사인증명제도가 존재하지 않는 한 그 자체만으로는 印鑑證明書를 대체할 수 없다. 이러한 이유에서 사인이 생활화된 외국에서는 서명 이외에 별도로 공증제도가 마련되어 있는 것이다.

나. 신 분 증

신분증 등(주민등록증 또는 여권, 운전면허증, 의료보험증 등)은 문서에 서명하거나 기명날인한 자가 본인과 동일한지의 여부를 확인할 수 있다. 그러나 신분증 등을 제시하는 것을 印鑑證明書와 비교할 수 없다. 신분증 등을 제시하는 것만으로는 거래당사자의 동일성이 문서에 현출되지 않기 때문이다. 이는 신분증 등의 사본을 문서에 첨부하는 경우에도 마찬가지이다. 신분증 등의 사본은 해당 행위 이외에 다른 용도로 작성된 것일 수도 있기 때문이다. 요컨대 신분증 등의 제시 또는 그 사본의 첨부는 해당 행위와 관련하여 거래당사자 동일성에 대하여 印鑑證明書와 같은 정도의 강한 推定力은 발생할 수가 없다.

다. 전자인증

전자인증은 비대면(非對面)거래인 전자거래에서 印鑑證明과 동일한 본질을 가지고 있다.

라. 공 증

(a) 공증에는 다시 공정증서의 작성과 사서인증의 인증이 있다. 임명공증인 또는 공증인가합동법률사무소·법무법인에 의하여 작성된 공정증서는 민사소송절차에서 공문서와 동일한 취급을 받는다.[10] 문서의 진정성립이 추정될 뿐만 아니라(민사소송법 제356조 제 1 항), 공정증서에 의하여 당사자의 의사 진정성, 문서의 진정성이 추정된다.[11] 또 사서증서의 인증이란 증서가 작성명의인의 의사에 의하여 작성된 것임을 증명하는 것을 말한다. 따라서 공정증서이든 사서증서의 인증이든 증서의 진정성립이 추정되고 또 작성명의인의 의사가 추정된다는 점에서는 印鑑證明書와 동일하다.

(b) 공증은 印鑑證明書와 비교하여, 첫째, 공증인이 부족하고, 둘째, 이용자에게 많은 경제적 부담을 지운다는 문제점을 안고 있다.

마. 印鑑證明書의 장점

(a) 전술한 바와 같이, 사인 또는 신분증은 印鑑證明書의 기능을 전혀 갖지 못하고, 전자인증은 비대면의 거래에서만 사용될 수 있을 뿐이다. 한편 공증은 印鑑證明書 이상의 효력을 가지고 있지만, 현재로서는 그가 안고 있는 문제점으로 인하여 印鑑證明書의 대체수단이 될 수 없다.

(b) 印鑑證明은 서명, 신분증 등의 제시 公證 등과 비교하여 다음과 같은 장점이 있다. 첫째, 印鑑에 관한 사무가 국가기관(증명청)에 의하여 관리되고 있어서, 인감증명제도는 공적 권위를 가지고 있다. 이 점이 국민이 印鑑證明書에 의존하는 중요한 원인이 된다. 둘째, 증명청이 시·군·구청·읍·면·동사무소 또는 출장소이어서, 인감증명제도는 국민이 언제나 간편하게 이용할 수 있는 제도이다. 이 점이 현재 공증인이 매우 부족한 공증과 비교되는 점이다. 이 점도 印鑑證明書에 의존하는 하나의 원인이 된다고 할 것이다. 셋째, 印鑑證

10) 공정증서는 형법상으로도 공문서와 동일한 취급을 받는다. 참조, 大判 1977. 8. 23, 74도2715(公 1977, 10247).

11) 大判 1994. 6. 28, 94누2046(公 1994, 2134).

明書는 이를 발급하는 비용이 저렴하다. 이 점도 현행 공증과 비교되는 점이다. 이 점도 국민이 印鑑證明書에 의존하는 중요한 원인이 된다고 할 것이다. 넷째, 印鑑證明書는 문서의 기명날인과 관련이 있고 따라서 거래행위 자체와 관련이 있다. 당사자의 동일성을 추정하는 자료 중의 하나인 신분증은 당사자가 하는 행위 또는 당사자가 작성하는 문서와는 직접적으로 관련이 없다. 이에 반하여 印鑑證明書는 문서에 현출되는 기명날인과 관련된 것이어서 행위 및 문서와 직접적인 관련이 있다. 이 점이 印鑑證明書가 자주 사용되는 가장 중요한 원인이라고 할 것이다.

(2) 印鑑證明書의 효력: 印鑑證明書의 本人推定力

ⓐ 印鑑證明書의 효력은 本人推定力에 있다. 印鑑證明書가 本人推定力을 갖는 것은 본인이 거래에서 사용할 특정 인장의 인영을 印鑑으로 신고하였음을 증명하는 印鑑證明의 본질에서 비롯되는 것이다.

ⓑ 印鑑證明書의 本人推定力은 印鑑證明書가 발급되고 그 후 거래에서 사용되는 과정 중 어느 단계에 있느냐에 따라 신청인에 대한 本人推定力과 거래당사자에 대한 本人推定力으로 구분할 수 있다.

가. 신청인에 대한 본인추정력

ⓐ 신청인에 대한 本人推定力이란 印鑑證明書가 발급되어 신청인이 이를 소지하고 있는 단계에서 印鑑證明書가 갖는 효력이다.

ⓑ 印鑑證明書에 의하여 그 위의 인영은 「본인」의 「印鑑」으로 추정된다(본인인감추정력). 이를 다시 세분하면, 우선 印鑑證明書상의 인영이 印鑑과 동일한 것으로 추정된다(인감추정력). 그리고 印鑑證明書의 신청인이 본인과 동일인으로 추정된다(본인추정력). 그런데 印鑑證明書는 궁극적으로 印鑑이라는 매개수단을 통하여 본인을 추정하는 데에 이바지하는 것이므로, 이상의 추정력을 간단히 本人推定力이라고 부른다. 즉, 印鑑證明의 본질상 印鑑證明은 「本人印鑑의 증명」이라고 하여야 함에도 불구하고 印鑑證明이라고 하는 데에 반하여, 印鑑證明書의 효력은 굳이 인감추정력이라고 하지 않고 本人推定力이라고 하는 것은 바로 이러한 이유에서이다.

ⓒ 증명청은 인감신고시에 본인(甲)이 印鑑(a)을 신고하는 것을 확인한다(甲=a). 그리고 증명청은 印鑑證明書의 발급시에 신청인(乙)이 본인(甲)임을

확인하고(乙=甲), 印鑑證明書의 인영(b)이 신고된 인감(a)임을 증명한다(b=a). 따라서 印鑑證明書에 의하여 신청인이 본인이라는 것(乙=甲)과 그 위에 현출된 인영이 본인의 印鑑이라는 것(b=a)이 推定된다.

나. 거래당사자에 대한 본인추정력

ⓐ 거래당사자에 대한 本人推定力이란 거래당사자가 印鑑證明書를 소지하고 거래에서 인감도장을 사용하는 단계에서 印鑑證明書가 갖는 효력이다.

ⓑ 印鑑證明書를 소지한 거래당사자가 거래에서 날인한 인장의 인영이 印鑑證明書의 인영과 동일할 경우에는, 거래당사자는 본인이라고 추정된다. 즉, 거래당사자가 印鑑을 신고하고 印鑑證明書를 신청한 본인이라고 추정된다(거래당사자에 대한 본인추정력).

ⓒ 印鑑證明書를 소지하여 거래를 하는 당사자(丙)가 印鑑證明書의 인영(b)을 가진 인장을 사용하면, 그가 바로 인감증명 신청인(乙)이라는 것이 推定되고(丙=乙), 그 결과 印鑑證明書가 이미 확인하고 있는 바(乙=甲)에 의하여 거래당사자(丙)는 본인(甲)으로 推定된다(丙=甲). 즉, 印鑑證明書에 의하여 印鑑證明書의 인영(b)과 동일한 인영의 인장을 사용하는 거래당사자(丙)가 바로 본인(甲)이라고 추정되는 것이다.

(3) 印鑑證明書의 증거법상의 기능

ⓐ 印鑑證明書는 本人推定力을 가지기 때문에, 더 나아가 거래(행위)당사자의 거래(행위)의사, 문시의 성립과 그 내용의 진정성까지도 추정될 수 있게 된다. 印鑑證明書는 장차 거래당사자의 동일성, 거래의사의 진정성 등에 대한 유력한 증거가 되는 것이다. 이러한 이유에서 상대방은 장차 발생할지도 모르는 분쟁에 대비하여, 印鑑證明書를 요구하여 유력한 증거를 확보하고자 하는 것이다.

ⓑ 印鑑證明書의 이러한 효력과 기능 때문에 많은 경우 법령이 印鑑證明書를 요구하고 있다. 예를 들면, 전원개발사업자에 대한 토지매수청구(정원개발촉진법시행령 제23조), 대리인의 촉탁에 의한 공정증서작성(공증인법 제32조), 양도신고(소득세법 제97조 제 7 항), 특허신청(특허등록령 제31조의 2 제 1 항), 특허출원인변경신고(특허법시행규칙 제 8 조), 프로그램저작권의 등록신청(컴퓨터프로그램보호법시행규칙 제14조 제 2 항), 유족대표자에 의한 연금수령(군인연금

법시행령 제24조), 시민주화운동관련 보상금신청(민주화운동관련자명예회복및보상등에관한시행령 제20조), 부동산등기(부동산등기법시행규칙 제53조) 등 이루 헤아릴 수 없는 많은 경우에 법령이 印鑑證明書의 제출을 요구하고 있다.

ⓒ 印鑑證明書의 제출이 요구되는 대표적인 경우로서 들 수 있는 것이 부동산등기이다. 예를 들면, 부동산등기법시행규칙(제53조)은 부실등기를 방지하기 위하여 소유권이전등기(제1호), 소유권이전의 가등기(제2호), 등기필증이 분실되어 임의대리인이 대리신청을 하는 소유권 이외의 권리에 관한 등기(제3호), 토지의 분할등기(제4호), 협의분할에 의한 상속등기(제5호), 제3자의 동의 또는 승낙이 필요한 등기(제6호)의 경우 印鑑證明書를 요구하고 있다. 그리고 대법원부동산등기예규도 많은 경우 印鑑證明書의 제출을 요구하고 있다.

4. 인감증명제도의 문제점, 폐지론 및 그 남용

인감증명제도에 대하여는 그 동안 많은 문제점이 제기되어 왔다. 또 여러 가지 이유로 인감증명제도의 폐지가 주장되기도 한다. 특히 많이 문제되고 있는 것이 관공서에 의한 인감증명제도의 남용이다.

(1) 인감증명제도의 문제점

가. 인감증명제도에 대하여 제기되고 있는 문제점의 내용도 실로 다양하다. 예를 들면, 인감사무도 포함되는 기관위임사무의 과다에 의하여 지방자치단체의 고유사무가 위축되고, 대리신청시 본인의사 확인이 사실상 어려움에 따라 인감업무의 처리가 비현실적이고, 국가가 인감을 증명한다는 것은 사경제의 자율성을 침해하는 것이라는 것 등을 들 수 있다.[12] 또 관계공무원에 의한 인감대조의 부실, 위조인장에 의한 印鑑證明書의 발급에 따른 인감사고의 발생 등도 인감증명제도의 문제점으로 지적되었었다.

나. 인감증명제도에 제기되는 문제점에는 인감증명제도 자체에 내재적인 것뿐만 아니라 외재적인 것도 있다. 예를 들면, 인감증명제도는 일본에서 도입된 제도로서 식민지의 잔재라거나, 대리신청의 경우 본인의사의 확인이 곤란하다는 것 등은 대표적인 외재적 문제점이라고 할 수 있다.[13] 한편 인감대조의

12) 상세한 것은 睦榮晩, 53-68면.

부실, 그에 따른 인감사고의 빈번한 발생 등은 인감증명제도 자체의 내재적인 문제점으로 바로 직접증명방식의 문제점이라고 할 것이다.[14][15]

(2) 인감증명제도의 폐지론

가. 인감증명제도를 폐지하여야 한다는 주장의 논거도 매우 다양하다. 위에서 살펴본 인감증명제도의 문제점을 이유로 하여 인감증명제도의 폐지가 주장되기도 한다. 그리고 이제는 간접증명방식으로의 변경을 이유로 인감증명제도의 폐지를 주장하기도 한다. 예를 들면, 현행 간접증명방식에서는 印鑑證明書가 本人推定力을 상실하였고 그 결과 인영을 대조하여 본인의 동일성을 확인하여야 할 책임이 상대방에게 전환되었으므로 폐지하여야 한다는 주장이 그것이다.[16] 또는 관공서나 금융기관 등이 印鑑證明書를 지나치게 요구하는 폐해를 이유로 그 폐지를 주장하기도 한다.

나. 현행 인감증명법이 간접증명방식을 채택함으로써 직접증명방식이 갖는 문제점은 많은 부분 해결되었다. 즉, 인감대조 부실의 문제는 사라졌고 또 인감사고의 발생은 많이 줄어들었다. 외재적인 문제점을 이유로 인감증명제도의 폐지를 요구하는 주장은 인감증명제도가 우리 사회에서 갖는 순기능과의 관계에서 그 검토가 이루어져야 할 것이다. 그리고 관공서가 印鑑證明書를 지나치게 요구하는 것은 인감증명제도의 남용의 문제일 뿐이지, 그것만으로 바로 인감증명제도를 폐지할 충분한 논거는 될 수 없다고 할 것이다. 더군다나 印鑑證明書를 대체할 마땅한 대안이 마련되어 있지 않은 현 상태에서, 그 남용을 이유로 이를 폐지한다는 것은 적절한 주장이 아니라고 할 것이다. 마지막으로 간접증명방식에서는 印鑑證明書가 本人推定力을 상실하였다는 주장은 후술하는 바와 같이, 현행 인감증명법상으로도 印鑑證明의 본질이 그대로 유지된다는 점에서 전혀 타당하지 않은 주장이라고 할 것이다.[17]

---

13) 대리신청의 경우 본인의사의 확인이 곤란하다는 문제점은 印鑑證明書의 신청에 대리신청이 허용된다는 사실에서 비롯되는 것이므로, 그것은 인감증명제도 자체의 문제점이라고 할 수도 있다. 그러나 대리제도가 印鑑證明書 신청의 경우뿐만 아니라 모든 공적 행위와 사적 행위에서 원칙적으로 허용된다는 점에서 본다면, 이는 외재적인 문제점의 성격도 동시에 갖는다고 할 수 있을 것이다.

14) 睦榮晩, 55-7면, 79면.

15) 이에 대하여는 Ⅲ.1.⑶ 나. 직접증명방식의 문제점과 그 해결에서 검토하기로 한다.

16) 金柄斗, "印鑑證明에 관한 小考," 法曹, 通卷 577호(法曹協會, 2004)(이하 金柄斗), 266-7면, 276면.

다. 전술한 바와 같이, 인감증명제도의 본질에 비추어 볼 때 공증 또는 전자인증이 인감증명제도를 대체할 수는 있다. 그러나 아직 공증제도가 인감증명제도 대체할 수 있는 상태에 있지 않고, 전자인증제도도 확립되어 있지 않다. 따라서 이러한 상황에서는 인감증명제도를 폐지할 수는 없다. 그리고 공증제도를 보완하고 전자인증제도를 도입하더라도, 인감증명제도 자체를 폐지할 필요는 없다. 오히려 공증, 전자인증과 인감증명제도를 병존시켜, 거래당사자에게 그 선택의 폭을 넓힘으로써 거래당사자의 편의를 도모하는 것이 필요하다. 그렇게 하지 않으면, 손쉽게 입증책임의 부담을 벗어나려는 상대방의 요구에 의하여 공증 또는 전자인증이 사실상 강요될 것이고, 그렇게 되면 인감증명제도의 남용에 의한 폐해와 동일한 폐해가 또 발생하게 될 것이다.

(3) 인감증명제도 남용과 그 방지

가. 인감증명제도의 남용이란 印鑑證明書가 그 본질과 기능을 벗어나 요구되는 것을 말한다. 현재 인감증명제도와 관련하여 제기되는 문제점 또는 인감증명제도의 폐해의 핵심은 印鑑證明書 요구의 남용이라고 할 수 있을 것이다. 印鑑證明書 요구의 남용은 인감증명제도의 폐지가 요구될 정도로 그 폐해가 큰 것이 사실이다.

나. 印鑑證明書의 요구가 남용된 것은 특히 관공서와 사인간의 법률관계에서 발생하는 경우가 많다. 관공서는 많은 경우 법령의 근거도 없이 내규 또는 관행으로 부당하게 印鑑證明書를 요구한다. 물론 법령의 근거가 있는 경우에도, 과연 印鑑證明書의 제출이 그 기능에 부합하는 것인지에 대하여는 구체적인 검토를 요한다.[18] 사인과 공공기관의 법률관계에서는 사인이 일정한 사항을 부정하거나 또는 행위의 의사를 부정하는 예가 없는 경우가 많은데, 이러한 경우에도 印鑑證明書의 제출을 요구하는 경우가 많다. 예를 들면, 본인에 의한 주택공급신청시에도 본인의 印鑑證明書를 제출하도록 되어 있으나(주택공급에 관한 규칙 제9조 제2항), 이 경우 신분증으로 당사자를 확인하는 것으로 족하다고

17) 상세한 것은 Ⅳ.1.(1) 나. 참조.

18) 2006.3.17 행정자치부에 공공부문의 인감증명제도개선을 위한 T/F가 발족되어, 2007.1.19까지 관공서에 印鑑證明書의 제출을 요구하는 법령, 조례, 규칙, 훈령, 예규를 면밀히 검토하여, 불필요한 印鑑證明書의 제출을 대폭 감축하였다. 이에 대하여는 정부인감감축 T/F 회의자료(국무조정실·행정자치부, 2006.12.22), 정부인감감축 T/F·관계기관 회의자료(국무조정실·행정자치부, 2007.1.19) 참조.

할 것이다. 의료법인의 임원선임을 보고할 때에 선임임원의 印鑑證明書를 요구하고 있으나(의료법 시행규칙 제38조), 이 경우에도 신분증의 사본을 첨부하는 것으로 족하다고 할 것이다. 또 건설기계의 폐기요신청시(건설기계폐관리법시행규칙 제91조의2)에는, 건설기계가 저당권등의 목적이 아닌 한, 본인신청이든 대리인신청이든 印鑑證明書는 필요 없다고 할 것이다.

Ⅲ. 印鑑業務의 전산화

(1) 우리나라의 경우 인감업무의 과학화, 신속화, 간편화를 위한 印鑑業務의 전산화는 두 단계로 나누어 볼 수가 있다. 1단계는 인감자료의 전산화 단계이고, 2단계는 印鑑電算網의 확립 단계이다.[19] 달리 말하면, 1단계는 전산정보처리조직에 의한 印鑑證明書의 발급을 위한 인감자료의 전산화라 할 수 있고, 2단계는 본인의 주소지 이외에서의 印鑑證明書의 발급을 위한 인감전산망의 확립이라 할 수 있다.

(2) 전술한 바와 같이 인감업무의 전산화도 인감증명법과 그 시행령의 개정에 기초하고 있다.

1. 印鑑資料의 전산화

행정사무의 전산화가 시작되면서 인감자료 전산화의 필요성도 일찍부터 제기되었다.

(1) 인감자료 전산화의 필요성

가. 아래 통계에서도 알 수 있듯이, 경제발전에 따라 거래가 증가하면서 사인간의 거래에서 그리고 공공기관과 사인 사이의 법률관계에서 印鑑證明書의 요구가 폭증하였다.

나. 印鑑證明書 발급신청의 폭증은 여러 가지 문제를 야기하였다. 첫째, 인

---

19) 印鑑業務의 전산화에 관하여는 행정자치부(주민제도팀)의 평가보고서 '— 전국 시·군·구청, 읍·면·동사무소 온라인 인감증명발급시행 — 인감업무 전산화 완료 평가보고'(행정자치부 주민제도팀, 20006.5)를 참조하였다.

[최근 4년간 인감증명서 발급현황] (단위: 천 건/천 통)

연 도	발급건수	발급통수
2001년	28,082	52,451
2002년	30,031	56,662
2003년	30,503	59,251
2004년	28,363	53,882

감대장의 보존과 관리를 철저히 하고 또 인감업무를 간소화하는 것이 절대적으로 필요하게 되었다.[20] 둘째, 증명청이 印鑑證明書 신청인이 제출한 인감도장의 인영을 하나하나 인감대장상의 인영과 대조하여 印鑑證明書를 발급하는 것이 매우 불편하게 되었다. 이상의 문제 특히, 직접증명방식의 문제는 인감업무의 전산화에 의하여 해결되었다.

(2) 인감자료 전산화의 내용

가. 정부는 2002년 4월부터 2003년 3월에 걸쳐 1년간 인감자료의 전산화를 실행하였다. 인감자료의 전산화는 인감신고기관이자 인감증명서발급기관인 읍 · 면 · 동(출장소 포함)(이하 동일)의 사무소에서 실행되었다.

나. 인감자료 전산화작업은 간접증명방식에 대한 법적 근거가 마련되었던 2002. 3. 25자 인감증명법의 개정 직후인 2002년 4월부터 시작되었다. 정부는 이를 위하여 먼저 프로그램을 개발하고, 프린터 등 전용기기를 마련하여 인감자료전산화의 기반을 마련하였다. 그리고 개발된 프로그램에 따라 읍 · 면 · 동의 인감자료를 전산화하여 입력하였다. 연 30만 명이 투입되어, 2천 7백만 건에 이르는 인감정보가 전산정보처리조직에 입력되었다. 정부는 4개월의 시험운영을 마친 후, 2003년 3월 26일부터 드디어 전산정보처리조직에 의하여 印鑑證明書를 발급하기 시작하였다.

20) 증명청의 인감보존 · 관리의무에 대하여는 鄭勝允, "印鑑證明과 國家賠償責任," 法曹, 통권 509호(法曹協會, 1999)(이하 鄭勝允), 132-7면 참조.

(3) 인감자료의 전산화와 인감증명방식의 변경: 직접증명방식에서 간접증명방식으로의 변경

가. 인감증명방식의 종류

인감증명방식에는 직접증명방식과 간접증명방식이 있다. 전자는 印鑑證明書를 발급받기 위해서 신청인이 자신의 인감도장인 실인을 증명청에 제시하고, 증명청은 실인의 인영과 인감대장에 있는 신고된 印鑑을 대조하여 그 동일성을 확인한 후 印鑑證明書를 발급하는 방식이다.[21] 직접증명방식에도 그 동안 약간의 변화가 있었다. 처음에는 신청인이 현재의 印鑑證明書에 해당하는 인감증명원에 직접 인감도장을 날인하여 증명청에 제출하면(1962. 6. 12자 각령 제800호 제 9 조 제 1 항), 증명청이 이를 증명하여 인감증명원을 발급하였다. 그 후에는 신청인이 인감도장을 지참한 채 증명청에서 구두로 印鑑證明을 신청하면(1972. 10. 30자 대통령령 제6370호 제 9 조 제 1 항),[22] 증명청이 인감도장의 인영과 신고된 印鑑의 동일성을 확인한 후 印鑑證明書에 인감도장을 날인하여 印鑑證明書를 발급하였다. 이에 반하여 간접증명방식은 증명청이 전산정보처리조직에 있는 인감화일로부터 印鑑의 복사본을 출력하여 印鑑을 증명하는 방식이다. 즉, 증명청은 실인의 인영을 印鑑과 대조하는 복잡한 업무를 하지 않고 印鑑證明書를 발급하는 것이다. 종전의 증명방식은 신청인이 제출한 인장의 인영을 印鑑과 직접 대조·확인한다고 하여 이를 직접증명방식이라 부르는 데에 반하여, 현행 증명방식은 이를 하지 않는다고 하여 간접증명방식이라고 부른다.

나. 직접증명방식의 문제점과 그 해결

(a) 관계공무원이 실인의 인영과 印鑑을 육안으로 대조하는 직접증명방식은 크게 네 가지 문제점을 안고 있다. 첫째, 印鑑證明書의 신청인은 언제나 인감도장을 지참하여야 하는 번거로움이 있다. 둘째, 인감대조는 육안에 의한 정밀한 검사를 필요로 어려운 업무이다. 印鑑證明書의 신청이 폭증할 경우, 인감대조가 부실하게 이루어질 가능성이 많다. 셋째, 인장은 언제든지 위조될 수 있

---

21) 증명청의 실인의 인영과 인감대장에 있는 신고된 印鑑을 대조하여 그 동일성을 확인할 의무를 印影照合義務라고도 한다. 그 내용과 그에 따른 책임에 대한 상세한 것은 鄭勝允, 117-22면 참조.

22) 1978. 4. 6자 대통령령 제8919호(제 9 조 제 1 항)에 의한 개정이 있은 후에는 시행령에 신청인이 인감도장을 지참한다는 것에 대하여 아무런 규정을 두지 않고 있다. 그러나 직접증명방식이 유지되는 한, 그것은 당연한 것으로 전제되었다고 할 것이다.

고 또 조금만 주의를 태만히 하면 위조된 인장임을 모르고 印鑑證明書가 발급될 수 있으므로, 인감위조에 의한 인감사고가 발생할 수 있다. 인감업무가 증가하면 할수록, 부실한 인감대조로 인하여 인감사고가 발생할 가능성은 더욱 커진다. 넷째, 인감사고가 발생할 경우 인감대조를 게을리한 증명청은 이로 인하여 손해를 입은 당사자에 대하여 책임을 져야 한다. 이러한 이유에서 증명청은 오래전부터 인감증명제도의 폐지 또는 그 개선을 요구하였다.

(b) 직접증명방식이 안고 있는 이러한 문제점을 해결하기 위하여 간접증명방식이 채택되었다.

다. 직접증명방식과 간접증명방식의 異同

(a) 직접증명방식과 간접증명방식은 여러 가지 점에서 동일하고 또 다르기도 하다. 첫째, 직접증명방식은 증명청이 실인의 인영과 印鑑이 동일함을 확인하여 「印鑑」을 증명하는 것이고, 간접증명방식은 증명청이 印鑑의 사본을 출력하여 그것이 印鑑과 동일함을 확인하여 「印鑑」을 증명하는 것이다. 그 결과 직접증명방식이냐 간접증명방식이냐에 따라 印鑑證明書에 현출되는 인영은 실인의 인영이냐 아니면 인감화일의 인영이냐가 다르다. 둘째, 간접증명방식에서는 증명청은 신청실인의 인영을 확인하지 않고 그에 따른 책임을 지지는 않는다. 그러나 증명청은 印鑑證明書에 현출된 印鑑의 사본이 신고된 印鑑과 동일하지 않은 경우에는 이에 대하여 책임을 지므로, 여전히 인영증명에 따른 책임을 진다는 점에서는 완전히 동일하다. 그리고 印鑑證明書를 발급함에 있어서 신청인이 본인인지의 여부를 확인하여야 하고 이에 대하여 책임을 져야 한다는 점에서는 완전히 동일하다.[23)]

(b) 간접증명방식하에서도 印鑑證明書의 推定力, 推定力의 근거 및 요건 그리고 상대방의 거래실인의 인영확인책임은 종전 직접증명방식과 동일한지가 문제이다. 전술한 바와 같이, 간접증명방식이 채택된 후 이를 부정하는 견해가 대두되었다. 부정설은 현행 인감증명법하에서는 印鑑證明의 본질이 변경되었다고 보는 것이다. 이에 대하여는 후술한다.[24)]

---

23) 증명청의 본인확인의무와 그에 따른 책임에 대하여 상세한 것은, 鄭勝允, 122-32면 참조.

24) Ⅳ.1. 참조.

(4) 인감자료의 전산화와 印鑑證明法의 개정

인감자료의 전산화에 관련된 印鑑證明法令의 개정은 크게 두 가지로 나눌 수 있다. 하나는 인감화일에 의한 인감대장의 신설을 포함한 전산정보처리조직에 의한 인감관리에 관한 것이고, 다른 하나는 인감증명방식의 변경에 관한 것이다.

가. 전산정보처리조직에 의한 인감관리

(a) 증명청은 인감대장을 비치하고 신고인감을 보존·관리하여야 한다(제 4 조 제 1 항). 그런데 전산정보처리조직에 수록된 인감화일도 인감대장으로 하는 개정이 1997년 이루어졌다. 인감증명법은 "證明廳은 電算情報處理組織에 의하여 第1項의 規定에 의한 사무를 수행할 수 있다"(1997. 12. 17자 법률 제5460호에 의한 제4 조 제 4 항의 신설)고 규정하였다. 즉, 전산정보처리조직에 의하여 인감대장을 비치하고 신고인감을 보존·관리할 수 있음을 규정하였다. 그리고 이 경우 전산정보처리조직에 수록된 인감화일은 인감대장으로 본다(제 4 조 제 4 항 제 2 문).

(b) 1997. 12. 17자 인감증명법의 개정 당시에는 인감자료의 전산화는 아직 이루어지지 않았다. 따라서 당시의 법개정은 장차 인감자료의 전산화가 실현될 경우를 대비한 입법에 해당하는 것이었다. 이러한 이유에서 당시는 전산정보처리조직에 의하여 인감업무를 「수행할 수 있다」라고만 규정하고 있었던 것이다. 그리고 인감화일이 구체적으로 무엇을 의미하는지에 대하여도 명확한 규정이 없었던 것이다.

(c) 인감자료의 전산화가 아직 이루어지기 전인 2002년 3월 25일에도 전산정보처리조직에 의한 인감관리와 관련하여 인감증명법의 개정이 있었다. 그 개정의 중요내용을 보면, 첫째, 동개정은 인감화일에 대한 정의를 명확히 하였다. 즉, 인감화일이란 「자기테이프·자기디스크 그 밖의 이와 유사한 것에 보관·관리하는 것」을 말한다(제 4 조 제 4 항 제 2 문). 둘째, 인감증명법은 종전과 달리 증명청이 전산정보처리조직에 의하여 인감사무를 「수행하여야 한다」(제 4 조 제 4 항 제 1 문)고 규정하여, 간접증명방식의 시행을 강제사항으로 규정하였다. 셋째, 간접증명방식의 본격적인 시행을 위하여 전산정보처리조직의 운영 및 관리에 관한 사항을 대통령령으로 정할 것을 규정하였다(제 4 조 제 5 항).

(d) 현행 간접증명방식의 인감증명제도는 인감대장의 2중적 구조라는 특징을 가지고 있다. 즉, 현행 인감증명법상 수기식인감대장이 존재하는 상태에서, 이를 기초로 인감자료가 수록된 별도의 인감파일이라는 인감대장이 존재한다. 이는 인감신고는 여전히 신청인이 제출한 인감도장을 수기식인감대장의 인감란에 날인하는 방식으로 이루어지고 있기 때문이다(시행령 제7조 제2항).

나. 인감증명방식의 변경을 위한 印鑑證明法의 개정

(a) 간접증명방식은 2002.3.25자 법률 제6667호에 의한 인감증명법의 개정에 의하여 법적 근거가 마련되었다. 동개정은 「증명청은 전산정보처리조직을 이용하여 인감증명을 할 수 있다」(제12조 제2항)고 규정하여, 비록 추상적이기는 하지만 간접증명방식에 대하여 언급하였다. 전술한 바와 같이 인감자료 전산화작업이 완료된 직후인 2003년 3월 26일부터 전산정보처리조직에 의하여 印鑑證明書가 발급되기 시작하였으므로, 2002.3.25자 법률 제6667호는 간접증명방식의 시행에 앞서 법률적 근거를 먼저 마련한 것이라고 할 수 있다.

(b) 2002.3.25자 법률 제6667호에 의한 개정만으로는 「전산정보처리조직을 이용하여 인감증명을 할 수 있다」(제12조 제2항)는 것이 구체적으로 무엇을 의미하는지가 명확하지 않다. 그러나 다음의 사정들에 의하여 동개정에 의하여 간접증명방식이 채택되었음을 확인할 수 있다. 첫째, 「전산정보처리조직을 이용하여 인감증명」을 한다는 것은 인감화일(제4조 제4항)로부터 印鑑을 복사하여 印鑑을 증명하는 간접증명방식이라는 것을 쉽게 예상할 수 있다. 둘째, 개정전의 제12조 2항은 「特定人이 소지하는 印鑑과 印鑑화일에 收錄된 申告印鑑의 일치여부만을 判讀하고자 하는 者는 印鑑判讀機(所持印鑑과 印鑑화일에 收錄된 申告印鑑의 일치여부만을 判讀할 수 있는 電算裝備를 말한다)를 設置하고 이를 이용하여 그 일치여부를 判讀할 수 있다」고 규정하고 있었다. 이것이 직접증명방식의 전제인 증명청의 실인의 인영과 印鑑의 대조에 관한 것임은 어렵지 않게 알 수 있다. 이제 이 문언이 인감증명법에서 완전히 삭제됨으로써, 직접증명방식이 완전히 폐지되었음을 암시하고 있다. 셋째, 무엇보다도 2002.3.25자 법률 제6667호의 개정법률안심사보고서가 「인영증명방식을 등록증명방식(이른바 간접증명방식, 필자주)으로 전환함에 따라 담당공무원에 대한 신고인감과 사용인감간의 동일성 대조 · 확인의무가 없어」라고 하여, 간접증명방식을 명확히 언급하고 있다.[25)]

(c) 간접증명방식은 그 후 2002. 12. 31자 대통령령 제17867호에 의한 시행령 개정에 의하여 보다 구체적으로 명확하게 되었다. 시행령은 "증명청은 … 인감대장의 신고인감을 복사하여 이를 별지 제14호 서식에 첨부·간인하여 발급하고 …"(제13조 제 5 항)라고 규정하고 있는바, 이 규정과 인감증명법(제12조 제 2 항)의 조합에 의하여 간접증명방식이 보다 명확하게 드러나게 되었다. 한편 시행령은 인감증명법(제4조 제 5 항)에 근거하여, 전산정보처리조직의 운영 및 관리에 관한 구체적인 규정(제5조의 2)을 신설하였다. 전산정보처리조직에 수록된 인감화일은 멸실 또는 손상에 대비하여 그 입력된 자료와 프로그램을 다른 기억매체에 따로 입력시켜 격리된 장소에 안전하게 보관하고(시행령 제 5 조의2 제 1 항) 또 증명청은 인감화일을 작성·변경 또는 폐기하는 때에는 이를 화일목록에 등재하여야 하며, 그 보관·폐기방법 등에 관하여는 공공기관의 기록물관리에관한법률·동법시행령 및 사무관리규정에 따르도록(시행령 제 5 조의2 3항) 규정하여, 시행령은 인감대장인 인감파일의 운영 및 관리에 만전을 기하였다.

(5) 인감자료의 전산화와 간접증명의 관계

앞에서 살펴본 바와 같이, 인감자료의 전산화는 간접증명방식의 채택에 결정적으로 기여하였다. 종래 인감자료가 종이로 된 문서인 인감대장에 수록되는 체제하에서는 印鑑을 印鑑證明書에 그대로 동일하게 현출한다는 것은 기술적으로 어려웠다. 따라서 印鑑證明書를 발급하기 위해서 신청인에게 인감도장인 실인을 제시하도록 한 후, 증명청이 이 인영을 신고한 印鑑과 대조한 후, 실인의 인영이 印鑑과 동일하다는 증명이 담긴 印鑑證明書를 발급할 수밖에 없었던 것이다. 모든 인감자료가 전산정보처리조직에 전자적 정보인 인감화일로 저장되고 또 印鑑證明書의 서식도 전산화되면서, 이제 증명청은 인감화일로부터 印鑑의 복사인영을 印鑑證明書에 현출하는 것이 지극히 간단하게 되었다. 따라서 이제는 더 이상 신청인으로 하여금 인감도장인 실인을 제시하게 할 필요가 없이 신고되어 있는 印鑑의 복사본을 출력하는 것만으로도 印鑑證明書를 할 수 있었던 것이다.

---

25) 국회 행정자치위원회, 인감증명법중개정법률안 심사보고서(2002. 2. 18)(이하 인감증명법중개정법률안 심사보고서).

2. 印鑑電算網의 확립

행정사무의 전산화가 시작되면서 모든 행정기관이 정보를 공유할 수 있는 행정전산망이 구축되었다. 인감업무의 전산화도 예외가 아니다. 印鑑電算網의 확립은 印鑑證明書를 전국 어디에서나 발급받을 수 있는 커다란 변화를 가져왔다.

(1) 印鑑電算網 확립의 필요성

종래에는 인감업무는 인감신고인의 주소지를 중심으로 이루어졌다. 즉, 인감신고가 본인의 주소지인 읍 · 면 · 동사무소에서 실행되었을 뿐만 아니라(제 3 조 제 1 항), 印鑑證明書의 발급도 인감신고인의 주소지에서 이루어졌다. 그러나 사인간의 거래 또는 공공기관에 대한 행위가 반드시 주소지에서만 이루어지는 것은 아니므로, 주소지가 아닌 곳에서도 印鑑證明書를 발급받을 필요가 있다. 더더욱 교통수단의 고속화로 전국이 일일생활권에 들어가 버린 광역권 생활시스템에서는 더욱 그러하다. 이러한 점에서 종래의 인감증명제도는 많은 불편을 야기하였다. 이러한 불편을 제거하기 위해서는, 본인의 주소지인 읍 · 면 · 동사무소뿐만 아니라 전국의 시 · 군 · 구청 어디에서도 손쉽게 印鑑證明書를 손쉽게 발급할 수 있도록 할 필요가 있다.

(2) 印鑑電算網 확립의 내용

가. 정부는 본인이 전국의 어디에서도 손쉽게 印鑑證明書를 손쉽게 발급받을 수 있도록 하기 위하여 한편으로 시 · 군 · 구청에도 인감자료에 대한 전산정보처리조직을 구축하여 증명청의 지위를 부여하고, 다른 한편으로 증명청 사이에 인감정보를 공유할 수 있도록 印鑑電算網을 구축하였다.

나. 정부는 2004년 4월부터 2005년 9월에 걸쳐 1년 6개월간 전국적으로 印鑑電算網을 구축하였다. 이를 위하여 우선 정부는 전국의 모든 시 · 군 · 구청에도 전산정보처리조직을 확립하고 동시에 인감발급창구를 신설하였다. 그리고 정부는 7개월에 걸쳐 20만 명의 인력을 투입하여, 5개월간 시 · 군 · 구청에 인감자료를 입력하고, 나머지 2개월 동안 2천 9백만 건의 인감자료를 일제히 정비하였다.

(3) 印鑑電算網의 확립과 인감증명제도

가. 印鑑電算網이 확립됨으로써 인감증명제도는 인감신고를 받는 기관이 印鑑證明書를 발급하는 기관이 다를 수 있게 되었다. 달리 말하면, 인감신고를 받는 곳은 본인의 주소지인 읍·면·동사무소에 국한되지만,[26] 印鑑證明書의 발급기관은 전국의 시·군·구청, 읍·면·동사무소로 확대되었다. 그리고 이로 인하여 종전 주소이전시 인감대장 우송기간(2일 이내) 중에는 印鑑證明書를 발급할 수 없었던 불편도 해소되었다(시행령 제5조의3 제1항).

나. 印鑑電算網의 확립에 의하여 印鑑證明書 발급기관이 확대되더라도, 인감증명제도의 본질은 전혀 훼손되지 않는다. 印鑑證明書의 발급을 신청받은 증명청이 본인 주소지의 증명청이 아닐 경우에도, 해당 증명청은 印鑑電算網을 통하여 증명청으로서의 모든 업무를 수행할 수가 있기 때문이다. 즉, 해당 증명청은 본인 주소지의 증명청과 신청인에 대한 인감증명에 필요한 정보를 공유할 수 있기 때문이다. 예를 들면, 해당 증명청은 印鑑證明書의 발급에 있어서 가장 중요한 사항인 본인 또는 대리인을 확인하는 데에도 전혀 문제가 없다. 신분증만으로 본인을 확인하는 것이 의심스러운 경우에는, 제출된 신분증의 주민등록번호를 컴퓨터에 입력하면 본인에 대한 정보를 통하여 본인을 확인할 수 있기 때문이다.

다. 현재 전국 어디에서나 印鑑證明書를 발급받을 수 있는 것을 「온-라인 인감증명발급」이라고 부르기도 한다. 발급지의 증명청이 주소지의 증명청과 온라인상으로 전자적 방법에 의하여 인감정보를 공유하여 인감자료를 확인하고 印鑑證明書를 발급하고 있다는 점에서 이러한 명칭이 사용되고 있는 듯하다. 그러나 印鑑證明書의 신청인이 자신의 컴퓨터에 직접 印鑑證明書를 다운로드받는 것은 아니다. 따라서 엄격한 의미에서 온-라인 인감증명발급제도라고 부르기는 곤란하다고 할 것이다. 印鑑證明書의 인터넷발급이 가능한 경우에는 명실공이 「온-라인 인감증명발급」제도가 확립된다고 할 것이다.

라. 장차 온-라인상으로 본인 또는 대리인의 신분확인이 가능하다면 印鑑

---

26) 원래 시장·구청장도 인감증명법상 印鑑證明書를 발급할 수 있는 발급기관이었다(개정전 제2조). 그러나 시장·구청장은 그 권한의 전부 또는 일부를 동장 또는 출장소장에게 위임할 수 있었는데(개정전 제14조의2), 시행령은 내국인의 인감사무에 관한 시장·구청장의 권한을 전부 동장에게 위임하였었다(개정전 제2조).

證明書의 인터넷발급도 가능하게 될 것이다.

(4) 印鑑電算網의 확립과 印鑑證明法의 개정

2004년 4월에 印鑑電算網의 구축작업이 시작된 후 바로 印鑑證明書 발급기관의 확대에 대한 법적 근거가 마련되었다. 2004년 10월 시장(특별시장·광역시장을 제외한다)·군수 및 자치구의 구청장이 인감증명에 관한 사무를 관장할 수 있도록 하고, 또 시장·군수·구청장(자치구가 아닌 구의 구청장을 포함한다), 읍장·면장·동장(또는 출장소장, 이하 동일)에게 인감증명신청서를 제출할 수 있도록 인감증명법이 개정되었다(제12조 제1항, 2004.10.16자 법률 제7231호).

3. 結語: 컴퓨터과학·기술의 발전과 인감증명제도의 발전

전술한 바와 같이 컴퓨터과학·기술의 발전은 인감증명제도의 발전을 가져왔다. 우선 인감자료의 전산화에 의하여 이제 전산정보처리조직에 의하여 인감대장을 정확히 보존·관리하는 것이 가능하게 되었고, 또 신청인의 실인 제시와 증명청의 인영대조라는 번거로운 절차가 필요없이, 전산정보처리조직에 의한 印鑑證明書의 발급이 가능하게 되었다. 이로써 지난 1914년 처음으로 인감증명제도가 도입된 이래 90여 년간 시행되어 오던 인감증명제는 전자인감증명제도로서 탄생하게 된 것이다. 한편 印鑑電算網의 확립에 의하여 印鑑證明書는 전국 어느 곳에서나 전산정보처리조직에 의하여 발급받을 수 있게 되었다. 그것은 일반국민을 위한 전자정부의 실현을 의미하는 것이다.

Ⅳ. 印鑑業務의 전산화에 따른 印鑑證明書의 본질 및 효력

인감업무의 전산화에 대하여는 당연히 종래의 印鑑證明書의 본질, 기능 및 효력이 어떠한 영향을 받는가 하는 의문이 발생할 수 있다. 이 의문은 인감자료전산화(간접증명방식)와 印鑑電算網으로 나누어 이를 살펴본다.

1. 인감자료전산화(간접증명방식)의 印鑑證明의 본질 및 印鑑證明書의 효력에 대한 영향

접증명방식에서 印鑑證明의 본질이 변경되었음을 이유로 印鑑證明書의 효력을 부정하고 따라서 인감증명제도는 폐지되어야 한다는 주장이 대두되었음은 이미 전술하였다. 그리고 이러한 학설에 영향을 받아 印鑑證明書의 효력을 부정하는 하급심판결(서울고법 제 6 민사부, 2006. 8. 16, 2006나12390)도 나왔다.

(1) 印鑑證明書의 본인추정력 부정설(인감증명제도 폐지설)과 그 비판

가. 본인추정력부정설[27)]

(a) 직접증명방식에서는 증명청이 실인의 인영을 공증하므로 印鑑證明書 자체가 본인의 동일성을 추정하는 기능을 가지고 있지만, 간접증명방식에서는 증명청이 印鑑의 복사본을 공증하는 것일 뿐이므로 印鑑證明書를 소지하고 있는 자가 본인이라고 증명하는 기능이 없다.[28)] 즉, 印鑑證明書의 증명기능이 본질적으로 바뀌었다.[29)] 직접증명방식에서는 「그의」 인영이라는 것이 추정되었는데 반하여, 간접증명방식에서는 「그의」 인영이라는 것이 推定되지 않는다는 것이다.[30)]

(b) 간접증명방식에서는 본인과 거래를 하는 상대방이 본인의 거래실인 인영과 印鑑證明書의 인영을 대조하여 본인의 동일성을 확인하여야 하므로 입증책임의 전환이 있고,[31)] 따라서 입증책임이 전환된 간접증명방식은 印鑑證明書를 소지하고 있다는 것 자체만으로는 본인이라고 추정할 수 없고 상대방이 印鑑證明書를 비롯하여 실인 그 밖의 모든 주위상황을 고려하여 본인 또는 대리인이라는 것을 입증하여야 한다.[32)]

(c) 요컨대 본인추정력부인설은 간접증명방식에서는 본인의 인감도장의 인영을 확인하지 않는 이상, 印鑑證明書는 本人推定力을 상실하고 또 상대방에게 입증책임이 전가되므로 인감증명제도는 더 이상 존재이유가 없다고 한다.

---

27) 상세한 것은 金柄斗, 263-85면 참조.
28) 金柄斗, 266면.
29) 金柄斗, 267면.
30) 金柄斗, 268면.
31) 金柄斗, 268-9면.
32) 金柄斗, 276면.

(d) 본인추정력부정설의 주장은 결과적으로 수년을 거쳐 엄청난 비용을 들여 정부가 추진하여 온 인감자료의 전산화작업의 취지를 전면적으로 부정하는 것이 된다. 인감업무의 전산화가 오히려 인감증명제도의 존재근거를 소멸시켜 버리고 마는 것이 되어 버린다. 그것은 마치 인간의 삶을 개선하고자 하는 과학과 기술의 발달이 반대로 인간의 삶 자체를 소멸시켜 버리는 것과 마찬가지라고 할 것이다.

나. 본인추정력부정설에 대한 비판[33)]

(a) 본인추정력부정설은 실인의 「인영」을 印鑑과 대조하지 않는 것은 「본인」을 확인하지 않는 것으로 전제하여 印鑑證明書의 「본인」에 대한 추정력도 소멸한다고 보는 듯하다. 그러나 간접증명방식을 택한 현행 인감증명법하에서도 印鑑證明이 「본인」확인을 그 내용의 일부분으로 하고 있는 이상, 본인추정력부정설의 전제는 법적 근거가 없는 것이라고 할 것이다.

(b) 현행 인감증명법하에서도 증명청은 인감신고시뿐만 아니라(시행령 제7조 제1항), 印鑑證明書 발급시에도 「본인」을 확인하여야 한다(시행령 제13조 제4항). 그리고 대리신청의 경우에는 증명청은 위임장의 기재내용을 확인하기 위하여 위임한 사람인 본인의 주민등록증 등 신분증을 요구하여 「본인」을 확인할 수 있다(시행령 제13조 제2항). 印鑑證明書의 本人推定力은 바로 「본인」확인에서 비롯되는 것이다. 그것은 결코 「인영」확인에서 비롯되는 것이 아니다. 종전의 직접증명방식의 경우에도 인영확인은 어디까지나 본인확인이 있음을 전제로 실행되는 것일 뿐이지, 그것이 결코 「본인」을 확인하는 절차는 아니다. 예를 들면, 甲이 인장A를 印鑑으로 신고하였는데, 乙이 인장A를 절도하거나 위조하여 印鑑證明書를 발급받으려는 경우, 증명청은 신분증에 의하여 乙이 甲이라는 것을 확인할 수 없는 이상, 인장A의 인영이 印鑑과 동일하다는 이유로 印鑑證明書를 발급할 수는 없다. 또 직접증명방식에서 甲이 인장A를 소지하고 印鑑證明書를 신청하는 경우, 증명청은 신분증에 의하여 신청인이 甲이라는 것을 확인하여 「본인」확인을 한 후 인장A가 甲이 신고한 印鑑과 동일하다는 것을 확인하는 것이지, 결코 인영확인에 의하여 「본인」확인을 하는 것은 아니다. 이러한 이유에서 간접증명방식에서 실인의 「인영」을 印鑑과 대조하지 않는 것이 결코 印鑑證明書가 본인추정력을 부정하는 이유가 될 수 없다고 할 것이다.

33) 본인추정력부정설에 대한 상세한 비판은 南孝淳, 69-73면 참조.

다만, 대리신청의 경우 인감도장의 교부가 대리권 수여의 방식이 될 수 있다는 대리의 법리에 따라(일반거래에서는 본인의 인감도장과 인감증명서의 교부가 확실한 대리권수여방법이 되겠으나, 인감증명서 자체의 발급을 신청하는 대리신청의 경우는 인감도장의 교부만으로 대리권수여방법이 되는 것이다), 인영확인을 통하여 「본인」도 확인할 수 있었다. 이러한 이유에서 종래 인감증명법령은 대리신청의 경우 본인의 신분증을 요구하지 않았던 것이다. 그러나 이것은 인영확인이 대리법리에 따라 「본인」확인의 기능도 수행할 수 있었던 것이지, 원래 인영확인이 「본인」확인의 본질을 가졌기 때문은 아니다.

(c) 간접증명방식에서도 印鑑證明의 본질상 증명청은 여전히 인영증명의 부담을 진다. 즉, 간접증명방식에서는 증명청은 실인의 인영을 印鑑에 조회하는 부담만 없을 뿐, 인영증명에 따른 책임을 여전히 부담한다. 다만, 간접증명방식하에서는 印鑑을 전산화하거나 또는 전산화자료를 관리하는 과정에서 발생할 수 있는 과실이 직접증명방식하에서 인영을 印鑑과 대조하는 과정에서 발생하는 과실보다 훨씬 적을 것이므로, 간접증명방식에서는 직접증명방식에서보다 증명청의 책임은 훨씬 적다고 할 것이다. 한편 거래의 상대방이 최종적으로 실인의 인영과 印鑑證明書상의 인영을 대조·확인하고 또 印鑑證明書의 소지인이 본인이 아니라는 의심이 들 경우에는 다른 수단을 통하여 본인을 확인하여야 하는 것은 간접증명방식이나 직접증명방식이든 마찬가지라고 할 것이다. 결코 간접증명방식에서만 인영확인의 입증책임이 증명청에서 상대방으로 전환되기나 또는 상대방의 본인확인부담이 증가하는 것은 아니라고 할 것이다.

(2) 印鑑證明書의 본인추정력부정 判決과 그 비판

가. 印鑑證明書의 본인추정력부정 판결

(a) 서울고등법원은 "현행 인감증명법은 간접증명방식을 취하여 담당공무원이 인감증명서를 발급하면서 종전과 같은 형태의 인영조회를 하는 대신에 신고되어 있는 인영의 복사본을 공증하여 주는 것에 불과하고, 인감증명을 사용하는 단계에서 이용자가 스스로 인영조회를 하도록 되어 있으므로, 결국 인감증명은 인감 자체의 동일성만 증명할 뿐이고 거래행위자의 동일성 및 거래행위가 행위자의 의사에 의한 것임을 증명하는 기능은 없다고 볼 것이다," "대리인이 인감증명 발급신청을 하는 경우 위임장에 날인되는 인영이 본인의 인감이어

야 한다고 규정하고 있지 않아 본인 명의의 어떠한 인장의 날인이라도 가능하게 되어 있다. 따라서 현행 인감증명법하에서는 인감증명서를 소지하고 있다는 것 자체만으로는 본인이라고 추정하기 곤란하고, 그 결과 인감증명서가 이용되는 거래행위를 하려는 자가 자기의 책임으로 상대방의 사용 인영과 그가 소지하고 있는 인감증명서상의 인영을 대조함과 아울러, 주민등록증 등 신원확인서류 또는 관계자 확인 등의 방법으로 본인의 동일성을 확인하여야 할 것이다"라고 판시하고 있다. 즉, 위 판결은 인감화일로부터 印鑑의 복사본을 출력하여서는 印鑑證明書로 본인의 동일성을 추정할 수 없고, 그 결과 상대방의 본인확인에 대한 책임이 종전의 직접증명방식에서보다 훨씬 가중된다고 보는 것이다. 이는 印鑑證明書의 본인추정력을 인정하였던 종전의 判例에 정면으로 반하는 것이다.

ⓑ 현재 위 판결에 대하여는 대법원에 상고가 이루어졌다.

나. 印鑑證明書의 본인추정력부정 판결에 대한 비판[34]

印鑑證明書의 본인추정력을 부정하는 판결에 대하여서도 대체로 본인추정력부정설에 대한 비판과 동일한 비판을 가할 수 있다. 우선 첫번째 판시사항에 대하여는 실인의 인영을 조회하든 印鑑을 복사하든, 그것은 인영증명의 방식에 불과한 것이고, 간접증명방식에서도 증명청은 印鑑證明시 본인확인을 하고 있으므로, 印鑑證明書의 本人推定力은 바로 여기에서 비롯되고 그 결과 간접증명방식에서도 印鑑證明은 印鑑 자체의 동일성만 증명하는 것이 아니라는 비판을 가할 수 있다. 또 두 번째 판시사항은 종전의 직접0증명방식에서도 대리신청의 경우 위임장에 본인의 인감도장의 날인을 요구하지 않았었고, 더군다나 간접증명방식에서 위임장에 본인의 인감도장의 날인을 요구하지 않는 것은 증명청의 인영확인을 폐지하는 인감증명법의 개정취지에 따르는 것이고, 또 현행 인감증명법 시행령(제13조 제2항)은 신분증에 의하여 위임장의 기재내용, 즉 본인을 확인할 것을 규정하고 있다는 비판을 면할 수 없다. 인감증명서발급의 실무에서도 증명청은 대리신청의 경우 위임자인 본인의 신분증에 의하여 본인을 확인하고 있다. 더구나 두 번째 판시사항은 본인신청에 의하여 발급된 印鑑證明書의 本人推定力을 부정하는 논거가 전혀 될 수 없다는 비판을 면하기 어렵다.

34) 印鑑證明書의 본인추정력을 부정하는 判決에 대한 상세한 비판은 南孝淳, 74-76면 참조.

(3) 結　語

가. 대법원이 印鑑證明書의 推定力을 인정하던 종전의 判例를 변경할 것인지 아니면 종전대로 이를 유지할 것인지는 인감증명제도의 존속과 관련하여 아주 중대한 문제라고 하지 않을 수 없다. 만일 印鑑證明書의 本人推定力을 부정하는 위 판결이 대법원에서 수용이 된다면, 그것은 인감증명제도의 근간을 뿌리 채 흔드는 것이라 하지 않을 수 없다.

나. 현행 간접증명방식의 인감증명제도하에서도 「본인」을 확인하여 「인영」을 증명하는 印鑑證明의 본질이 유지되는 한, 본인추정력부정설은 법적 근거가 없는 주장이다. 간접증명방식의 채택은 「인영」의 증명방식을 변경한 것일 뿐이고, 印鑑證明의 본질에는 아무런 영향을 미치지 않았다. 즉, 간접증명방식이라고 해서 印鑑證明書의 효력이 부인되는 것이 아니라고 할 것이다. 무엇보다도 印鑑證明書에 推定力을 인정하지 않는다면, 그것은 인감증명제도의 존재이유 자체를 부정하는 것이 되어버린다고 하지 않을 수 없다.

2. 印鑑電算網의 印鑑證明의 본질 및 印鑑證明書의 효력에 대한 영향

현재 印鑑電算網의 확립과 관련하여서는 印鑑證明의 본질이 변질되었다거나 또는 印鑑證明書의 本人推定力을 인정할 수 없다는 주장은 전혀 나오지 않고 있다. 이는 주소지 이외의 증명청도 印鑑電算網에 의하여 주소지의 증명청과 마찬가지로 「본인」을 확인할 수 있고 또 본인의 「印鑑」을 확인할 수 있어, 印鑑證明을 하는 데에 아무런 법적 장애가 없기 때문이다. 요컨대 印鑑電算網의 확립은 印鑑證明書 발급기관의 확대라는 결과를 가져왔을 뿐이고, 그것에 의하여 印鑑證明의 본질이 그대로 유지되고 있기 때문이다.

3. 結　語

이상의 논의를 통하여 현행 간접증명방식의 인감증명제도하에서도 印鑑證明의 본질과 印鑑證明書의 本人推定力은 아무런 영향을 받지 않는다는 것이 규명되었다. 이로써 수년간 수백억 원의 예산을 투자하여 이룩한 인감업무의 전산화는 인감업무를 과학화, 신속화, 간편화 그리고 정밀화시킴으로써, 인감증명제도를 더욱 발전시켰음을 확인할 수가 있었다.

V. 結　　論

(1) 이상의 논의를 통하여 현행 간접증명방식의 인감증명법에서도 印鑑證明의 본질은 종전과 동일하게 유지되고 그 결과 印鑑證明書도 그 본래의 효력을 유지할 수 있음을 확인할 수 있었다. 즉, 간접증명방식에서도 印鑑證明書는 신청인에 대한 本人推定力과 거래당사자의 本人推定力(거래당사자의 동일성에 대한 推定力)이 그대로 유지될 수 있음이 규명되었다. 이로써 간접증명방식의 인감증명제도하에서는 印鑑證明書의 효력이 인정될 수 없다거나 따라서 입증책임이 전환되었다는 주장 그리고 이를 이유로 인감증명제도는 폐지하여야 마땅하다는 주장은 현행 인감증명법하에서는 전혀 인감증명제도의 본질에 부합하지 않는 것임이 밝혀졌다.

(2) 전술한 바와 같이, 과학 · 기술 발달의 부산물이 어느 제도에 도입되었을 경우 관련법에 대한 해석론이 과연 어떠한 영향을 받는가 하는 것은 규명하기가 참으로 어려운 문제이다. 이러한 문제는 무엇보다도 우선 해당 제도의 본질이 무엇인지를 명확히 하고, 그 본질이 과학 · 기술의 발달에 의하여 어떠한 영향을 받았는가를 추론하고 그리고 그 영향이 관련법에 어떠한 모습으로 실현되고 있는지를 검토하여야 비로소 해결이 가능한 것이다.

(3) 컴퓨터과학 · 기술의 발달에 의한 인감업무의 전산화가 종래 인감증명제도의 본질과 전혀 배치되지 않는다는 것이 이상의 논의에서 밝혀졌다. 다른 과학 · 기술의 분야에서 자주 그러하였던 것과 마찬가지로, 컴퓨터과학 · 기술의 발달은 인감증명제도를 합리화하고 과학화하는 데에 기여하였다. 그것은 인감자료의 전산화와 印鑑電算網을 내용으로 하는 인감업무의 전산화는 인감증명제도의 정확화, 신속화, 간편화, 합리화를 통하여 증명청과 국민 모두에게 편의를 도모하였고, 인감증명제도를 더욱 공고히 하는 데에 기여하였다.

(4) 인감증명제도는 앞으로도 컴퓨터과학 · 기술의 발달에 의하여 더욱더

많은 영향을 받게 될 것이다. 예를 들면, 온-라인상으로 본인 또는 대리인의 신분확인이 가능하다면 印鑑證明書의 인터넷발급이 가능하게 될 것이다. 또 인감도장의 인영을 직접 인감화일에 수록하는 방식이 가능하게 되면, 수기식인감대장이 사라져, 인감대장을 인감화일과 수기식인감대장으로 이중적으로 유지할 수고가 사라지게 될 것이다. 그리고 언젠가는 과학·기술의 발달에 힘입어 더 이상 인감도장을 사용하지 않고 다른 대체수단을 통하여 본인을 추정하는 제도가 탄생할 수도 있을 것이다. 이미 사람의 홍채, 목소리 또는 지문에 관한 자료를 전산화하는 방식이 시도되거나 성공하고 있다. 그러므로 이러한 대체수단을 이용한 증명제도의 도입도 멀지 않았음을 예상할 수 있다. 그러나 어떠한 대체수단이 이용되든, 그것은 현재의 인감증명제도의 기본법리가 그대로 유추적용될 수 있는 증명제도임에 변함이 없다고 할 것이다. 즉, 본인에 의한 대체수단의 신고와 본인과 대체수단의 증명이라는 증명제도의 기본법리는 원칙적으로 그대로 유지된다고 할 것이다. 다만, 대체수단의 위조·변조가 100% 불가능하다면, 해당 증명제도에서는 본인확인이라는 절차는 더 이상 필요하지 않게 될 것이다.

제22장

조선시대 烽燧制度에 대한 法史的 고찰

정 긍 식*

Ⅰ. 序 論

정보통신은 국가를 유지하기 위한 근간이다. 국가기관 사이에 또는 국가와 개인, 개인과 개인 사이에 어떤 의사를 전달하기 위해서는 반드시 정보통신망이 있어야 한다. 이를 신체에 비유하면 신경망에 해당한다. 정보와 인간 그리고 통신, 이의 3자의 관계는 '인류의 생존을 규정하는 3요소'라고 할 수 있다. 따라서 원활한 사회와 국가를 유지하기 위해서는 반드시 정보통신망이 정비되어야 한다.[1] 정보를 전달하는 방법은 다양하다. 정보의 원형 그대로 사람을 통하여 직접 전달하는 것이 확실하지만, 전달하는 데 많은 시간이 소요된다. 정보의 원형을 부호로 변형시켜 사람을 통하지 않고 간접적으로 전달하는 방법도 있다. 이는 전달속도는 빠르지만, 정보의 내용이 왜곡될 우려가 있다. 직접적이든 간접적인 모두 정보가 중간에 단절될 우려는 있다. 직접적인 방법의 대표적인 것으로는 郵驛이나 擺撥이 있으며, 간접적인 방법의 대표적인 것으로는 봉수를 들 수 있다.

봉수는 고대 원거리 통신수단 중에서 대표적인 것이다. 봉수는 특정지점, 즉 봉화대 사이에 낮에는 연기, 밤에는 불을 피워 의사나 정보를 전달하는 수단이다. 경국대전 가운데 어려운 용어를 풀이한 ≪經國大典註解(後集)≫[2]에서

---

* 서울대학교 법과대학 부교수.

1) 진용옥, 『봉화에서 텔레파시통신까지 ── 정보와 통신의 원형을 찾아서 ──』(지성사, 1996), 19-21면.

2) 1485년 경국대전을 반포한 후 시행하면서 논란이 된 규정을 국가에서 유권적으로 해석한 것

는 봉화를 불과 연기로 서로 연락을 하는 것으로 풀이하였다.

> 봉수: 봉은 망보는 표시이다. 적이 이르면 불을 들어 서로 알리는 것을 '봉'이라 하고, 나무를 태워 그 연기를 바라보는 것을 '수'라고 한다. 낮에는 연기(燧)를 내고, 밤에는 횃불(烽)을 든다.[3)]

봉수는 정보의 원형을 변형시켜 전달하는 점에서 원형 그대로 전달하는 郵驛이나 擺撥과 다르고 현대 통신원리와 유사하다. 정보를 디지털 형태의 5단위 부호로 변환하여 연기나 횃불이라는 빛의 매체로 전달한 점에서 광파통신원리와 동일하다.[4)] 봉화는 위급의 정도에 따라 炬火數를 1~5개로 달리 하는데, 이를 부호화(encoding) 과정이며, 또 올리거나 올리지 않아 정보를 보내는데, 이를 변조(modulation) 과정이다. 봉수는 가시광선이므로 광통신이며, 부호화 과정을 거치는 방식에서 컴퓨터 부호와 데이터통신의 원조이다. 이러한 특징들에서 봉수는 전기통신의 원조라고 할 수 있다.[5)]

그 동안 봉수제에 대한 연구는 군사통신의 관점에서 많은 연구가 이루어졌다. 그 결과 봉수제의 실태, 담당자의 처우 등에 대해 많은 부분이 해명되었으며, 근래에는 실제 답사를 통하여 봉화가 재현되기까지 하였다.[6)] 그러나 제도사

이 ≪經國大典註解≫이다. 이 작업을 하면서 동시에 난해한 어구 등에 대한 풀이도 하였다. 전자를 ≪經國大典註解(前集)≫, 후자를 ≪經國大典註解(後集)≫이라고 한다. ≪經國大典註解(後集)≫은 유일본으로 일본의 田川孝三 소장본이 알려져 있다.

3) ≪經國大典註解(後集)≫ 〈吏典〉 [六曹]條 "烽燧 烽候表也 有寇至 擧火以相告曰烽 燃柴望其烟曰燧 晝則燔燧 夜則擧烽"; 한국학문헌연구소 편, 『經國大典註解』(아세아문화사, 1983), 90쪽; ≪通典≫ 권152 〈兵5〉 [守拒法 附] "성위에 네 부대를 세워 사방에 따로 표시를 세워 망을 보는 것으로 삼는다(城上立四隊 別立四表 以爲候視)"라는 유사한 내용이 있다(杜佑 撰/王文錦 編, 『校點本 通典』, [中華書局: 北京, 1988], 3895面).

4) 진용옥, 앞의 책, 137면.

5) 진용옥, 앞의 책, 157-8면

6) 대표적인 연구성과로는 다음을 들 수 있다. 육군사관학교 한국군사연구실, 『한국군제사(상·하)』(육군사관학교, 1968); 南都泳, 「朝鮮時代의 烽燧制」, 『歷史敎育』 23(역사교육연구회, 1978); 方相鉉, 「朝鮮前期의 烽燧制 — 國防上에 미친 影響을 중심으로 —」, 『史學志』 14(단국대학교 사학회, 1980); 南都泳, 「朝鮮時代 烽燧制: 朝鮮後期 擺撥制와 關聯하여」, 『韓國近代社會經濟史研究 — 魯山劉元東博士 華甲紀念論叢』(정음문화사, 1985); 許善道, 「近世朝鮮前期의 烽燧制(상·하)」, 『韓國學論集』 7·8(국민대 한국학연구소, 1985·1986); 南相虎, 擺撥制考; 中國의 擺鋪制·斥堠鋪制를 기준으로」, 『경주사학』 8(동대 국사학회, 1989); 國防軍史研究所, 『韓國의 烽燧制度』(國防軍史研究所, 1997); 方相鉉, 「朝鮮時代 烽燧軍 身分과 生活」, 『史學研究』 58·59(韓國史學會, 1999); 김난옥, 「고려후기 烽卒의 신분」, 『韓國史學報』 13(高麗史學會, 2002); 조병로·김주홍, 『한국의 봉수』(눈빛, 2003). 특히 허선도의 연구는 봉수제

의 관점에서, 특히 봉수제와 관련된 법규의 정비과정 등에 대해서는 크게 주목을 하지 않았다. 본론에서 자세히 살펴보겠지만, 1485년(성종 14)에 반포된 ≪經國大典≫에서는 봉수제에 대해 비교적 간단하게 규정하고 있다. 즉 거화수와 담당기관, 봉수의 노선 그리고 날씨가 불순하여 봉화가 제 기능을 못할 경우의 조처에 대해서만 규정을 하였다. 그리고 담당자의 처우 등에 대해서는 여러 곳에 분산되어 규정되어 있다. 그러나 1865년(고종 2)에 반포된 ≪大典會通≫에서는 이에 추가하여 봉수담당자의 역을 고정하고, 임무를 제대로 수행하지 못한 담당자들에 대한 처벌규정 등에 대해 규정하였다. 이러한 규정의 변화는 봉수제를 시행하면서 나타난 문제점을 입법적으로 해결한 것이라고 할 수 있다. 본고에서는 이러한 변화의 과정을 추적하여 봉수제 시행에 나타난 문제점을 해결해가는 과정을 살피기로 한다.

먼저 기존의 연구를 토대로 봉수제도의 연혁을 간단하게 살핀다. 그리고 ≪경국대전≫의 관련규정을 통하여 관련법제의 형성과 이어서 ≪大明律≫에서 처벌규정을 검토한다. 후속법령에 보이는 봉수와 관련되는 규정을 고찰하여 봉수관련 법제의 변화를 추적하고, 이 변화들이 ≪續大典≫ 등에서 종합되는 과정을 입법사적으로 규명한다. 마지막으로 처벌규정의 변화추이를 고찰하여 그 역사적 의미를 고찰하려고 한다. 처벌규정과 관련하여서는 조선시대의 일반형사법인 ≪大明律≫과의 관계를 집중적으로 조망한다.

Ⅱ. 봉수제의 연혁

서양에서는 기원전 3세기에 알렉산더 대왕이 봉수제를 이용하였다는 기록

에 대한 종합적인 연구로 이 글 역시 허선도의 연구로부터 많은 도움을 받았다. 조병로 등의 책은 실제 봉화대를 답사한 결과라는 점에 큰 의의가 있다. 그리고 지방화시대를 맞이하여 현재 남아 있거나 유적을 발굴하는 연구도 많은데, 姜仁中의 논문이 그 효시이다. 姜仁中, 「부산지방의 烽燧臺 沿革 및 位置考」, 『朴元杓先生回甲記念 釜山史研究論叢』(朴元杓先生回甲記念論文集編纂委員會, 1970); 權恩濤, 「申石山城」, 『安東文化研究』 2(安東文化研究會, 1987); 金一龍, 「統制營의 烽燧制度」, 『慶南鄉土史論叢』(慶南鄉土史研究協議會, 1992); 朴相佾, 「朝鮮時代의 烽燧運營體系와 遺蹟現況; 第5炬 烽燧路線을 중심으로」, 『清大史林』 6(清州大學校 史學會, 1994); 김봉옥, 「삼성・구진과 봉수대・연대」, 『耽羅巡歷圖研究會論叢』(濟州道・耽羅巡歷圖研究會, 2000); 趙炳魯, 「朝鮮時代 天臨山烽燧의 構造와 出土遺物」, 『京畿史論』 4・5(京畿大學校史學會, 2001) 참조.

이 있다.[7] 중국에서는 周代에 처음 나타나며 唐代에 제도로 완전히 정착되었다. 본고의 주제와 관련하여 ≪唐律疏議≫에 보이는 봉수제도를 간단하게 검토하자. ≪唐律疏議≫ 卷8 〈衛禁〉33 第90條 [烽候不警]에서 봉수제도와 관련된 처벌규정을 두고 있다.[8]

당률에서는 봉화를 올리지 않은 경우와 단절된 경우 및 규정대로 봉화를 올리지 않거나 착오를 일으키게 한 경우에 대해 처벌규정을 두고 있다. 烽候로 신호를 하지 않아 적이 변경을 침범하게 한 경우 및 봉수를 올려야 하는데 올리지 않거나 또는 많은 수의 봉화를 올려야 하는데 적은 수의 봉수를 올린 경우에는 각각 도3년으로 처벌하였다.[9] 봉화를 올렸으나 다음 봉수대에서 봉화를 받지 않으면 즉시 가서 알리게 하고 만약 그렇게 하지 않으면 도3년으로 처벌하였으며, 만약 이 때문에 군민이나 성곽 등이 살상・함락되면 교수형에 처했다.[10] 또 봉수를 올리지 않아야 하는데 올리거나, 적은 봉수를 올려야 하는데 많은 봉수를 올린 경우 및 봉수대 주위 2리 안에서 함부로 연기나 불을 피운 자는 각각 도 1년에 처하였다.[11]

'봉후'는 봉수대를 설치하여 변경에서 서울까지 연락하여 비상시에 대비하는 것이다. 그리고 봉화의 수는 〈軍防令〉과 ≪武經總要≫에서는 1炬에서 4炬까지를 적과의 거리에 따라 규정하였다.[12] 尙書省 兵部의 職方郎中이 봉수의 일을 관장하므로 봉수제도에 대해서는 〈職方式〉에 수록되어 있다. 여기에서는 봉화가 단절될 때 연락병을 보내어 알리도록 하였다.[13]

이러한 당률의 규정은 완비된 봉수제를 형사법적으로 뒷받침하는 것으로 직간접적으로 우리의 봉수제에 영향을 주었다.

---

7) 姜仁中, 앞의 논문, 77면.

8) 金鐸敏・任大熙 主編, 『譯註 唐律疏議-各則(上)』(한국법제연구원, 1997), 2094-7쪽; 당률소의는 "律文"과 그에 대한 유권해석인 "疏議"로 구성되어 있어 입법취지 및 구체적인 해석을 알 수 있다. 또 당률의 구조를 이해하기 위해서는 당의 법령체제인 律令制를 이해하여야 한다. '律'은 형법규정이며, '令'은 행정규정이고, '格'과 '式'은 律과 令의 사례이다. 따라서 '영'에서는 어떤 행위를 명령 또는 금지만 규정하고 이를 지키지 않은 경우의 처벌은 '률'에 규정하였다.

9) [律文1] "諸烽候不警 令寇賊犯邊 及應擧烽燧而不擧 應放多烽而放少烽者 各徒三年"

10) [律文2] "若放烽已訖 而前烽不擧 不卽往告者 罪亦如之 以故陷敗戶口軍人城戍者 絞"

11) [律文3] "卽不應擧烽燧而擧 若應放少烽而放多烽 及遶烽二里內輒放煙火者 各徒一年"

12) [疏1]議曰, "烽候 謂從緣邊置烽 連於京邑 烽燧相應 以備非常 放烽多少 具在別式"; '別式'이 본문의 軍防令이다.

13) [疏2] 議曰 "依職方式 '放烽訖而前烽不擧者' 卽差脚力往告之 不卽告者 亦徒三年 故云'亦如之'"

1. 고려시대

우리나라의 경우, ≪三國遺事≫ 〈駕洛國記〉에 수로왕이 留天干을 시켜 望山島 앞바다에 나가 許皇后가 탄 배가 오면 봉화로 인도하라는 기사와 ≪三國史記≫에 보이는 㷭山城 등의 기사에서 볼 때 군사적 의미를 갖는 조직적 봉수제가 이미 삼국시대에 도입되었음을 추정할 수 있다.[14)]

사료에서 봉수제가 구체적으로 등장하는 것은 고려시대이다. 1149년(의종 3)에 서북병마사 曹晋若의 상주에 따라 봉수제를 정비하였는데, 그 내용은 밤에는 횃불, 낮에는 연기(夜火晝燧)로 평시에는 각 1회, 二急(보통 위급)시에는 각 2회, 三急(정세긴박)시에는 각 3회, 四急(정세 초긴급)시에는 각 4회씩 올리도록 하고, 봉수대에는 防丁 2인, 白丁 28인 모두 30인을 배치하고 그들에게 平田 1결을 지급하도록 하였다. 그러나 20년 이전인 1123년 宋 使臣 徐兢의 ≪高麗圖經≫에는 송나라 사신의 선박을 봉수로 인도했다는 기록이 있으므로 이미 의종대 이전에 봉수제가 정비되었다. 봉수제와 짝하는 驛制가 성종(982~997), 현종(1010~1031) 대의 中央集權過程에 확립된 것에 비추어보면 봉수제도 이때 완비되었을 것이다. 따라서 위 조진약의 상주는 이를 더욱 세밀하게 한 것으로 보아야 한다. 그러나 고려의 봉수제는 몽골의 침략과 함께 붕괴되고 元의 봉수조직이 대체하였다. 원의 몰락과 倭寇의 발호로 봉수제는 다시 정비되었다. 1351년(충정왕 3)에 개성 송악산에 烽燧所를 두고 장교와 군인들을 배치하였다. 1357년(공민왕 6) 이후 고려말까지 죄수를 烽卒로 삼거나 봉수를 잘 지켜 斥候를 엄히 하여 왜구를 격퇴시킬 것을 신칙하는 기사가 많다. 이러한 조처는 조선초기에 봉수제도를 정비하는 데 토대가 되었다.[15)]

2. 조선전기

조선초기에는 고려말의 제도를 이어받았으며, 특히 왜구의 침입에 대비하면서 봉수제가 정비되었다. 1408년(태종 8)에 왜구를 대비하여 해안경비를 강화하기 위해 海道察訪을 충청 · 전라 · 경상 下三道에 보내 담당자인 千戶와 萬戶를 단속하면서, 봉화로 해상을 경비하는 것은 군사상 긴요하므로 이를 소홀

14) 許善道, 앞의 논문(상), 136-9면.
15) 허선도, 앞의 논문(상), 141-6면.

히 하는 자를 엄히 처벌하도록 하였다. 세종대에는 왜구를 대비하여 남서연안에서 왜구를 경계하는 시설, 즉 烟臺를 설치하였다. 그리고 봉수제도를 정비하였는데, 고려의 것을 토대로 하고 부분적으로 당의 제도를 참조하였으며, 연대를 건축하고 봉수노선을 정비하였다.[16] 봉수는 서울 목멱산(남산)이 총집결지인 京烽燧와 국경의 제1선인 沿邊烽燧, 중간의 內地烽燧로 구분된다.

연변봉수는 적과 맞닿는 곳이므로 要塞的 시설을 갖추어야 하는데, 이를 烟臺라고 한다. 이는 1422년(세종 4) 慶尙道水軍都按撫使의 건의로 처음 설치되었고, 세종 중기 이후 두만·압록강변에도 설치되었다. 이들을 봉수대라고 통칭하나 구조를 1447년(세종 29) 3월에 "沿邊烟臺構造之式"과 "腹裏[內地]烽火排設之制"로 구분하였다. 전자는 營造尺(약 31cm)으로 높이 25척, 둘레 70척, 대 아래는 4면 30척이며, 바깥에 깊이와 너비 각 10척의 참호를 파고, 참호 밖에 길이 3척으로 끝이 날카로운 말뚝을 박으며, 말뚝지대의 넓이는 10척이며 연대 위에는 가옥을 짓고 병기와 생활에 필요한 도구를 둔다. 후자는 위험이 적기 때문에 연대를 쌓지 않고 봉수가 있던 燧頭에다가 아궁이(烟竈; 연조)를 쌓는다. 연조는 위는 뾰쪽하고 아래는 크게 하는데 방형이나 원형으로 하되 높이는 10척 이하로 하며, 그 둘레에 담장을 쌓아 짐승의 접근을 막았다.[17] 이러한 과정을 거쳐 세종대에 봉수제와 관련된 기본적인 제도는 정비되었으며, 이는 ≪經國大典≫ 〈兵典〉 [烽燧]조에 규정되었다.

그러나 봉수제가 정비되는 과정은 단선적이지 않았다. 봉졸이 제대로 근무를 하지 않아 實效性이 논의되어 폐지가 주장되기도 하였다. 예컨대 1446년(세종 28)에 김종서는 봉수제를 폐지하든가 그렇지 않으면 더욱 강화할 것을 주장하였으며, 그에 따라 봉졸의 수를 늘리고 수령에게 책임을 묻는 것으로 제도를 정비하였다. 연산군대에는 목멱산 일대가 왕의 사냥터에 편입되어 일시적으로 봉수제가 폐지되었다. 1555년 乙卯倭變 때에는 봉수가 서울로 전달되지 않은 실례에서 보듯이 전국적 군사통신망으로서의 봉수제는 제 기능을 다하지 못하였다.[18]

---

16) 허선도, 앞의 논문(상), 146-7면.
17) 허선도, 앞의 논문(상), 150-7면.
18) 허선도, 앞의 논문(상), 158-162면.

3. 조선후기

봉수제가 군사통신망으로 제 기능을 다하지 못한 것은 임진왜란 때 더욱 두드러졌다. 임진왜란 때 왜의 병선을 처음 발견한 곳은 경상우수사의 관할인 가덕도의 응봉과 연대의 봉졸이다. 그리고 부산진 공격의 급보를 전한 것은 경상좌도 황령산 봉졸 裵乭伊이었다. 이를 보면 4월 15일 이전에는 경상도 연안의 봉수대가 제대로 작동한 듯이 보인다. 하지만 경상우수사 원균이 전라좌수사 이순신에게 보낸 回答關文에서는 이미 봉화가 끊겼다는 내용이 있으며, 또 尙州의 趙靖은 전쟁중에도 봉화는 여전히 1炬였다고 한다.[19]

임진왜란 중에는 봉수가 제 기능을 다하지 못하였기 때문에 사람이 말을 타고 직접 정보를 전달하는 擺撥制로 대치되었다. 그렇다고 해서 봉수가 역사의 흔적으로만 남게 된 것은 아니었다. 효종과 숙종연간에는 북벌책을 논의하면서 봉수에 대한 논의가 다시 잦아졌다. 遊齋 李玄錫[20]은 '燧山建寺說'을 제시하였다. 봉수가 있는 산에 절을 세우고 승려들에게 寺役을 면제하는 대신에 봉수를 專管시키고, 僧將 1인을 두어 급료를 지급하며 軍官 등으로 봉수를 감독시키면, 서민들은 봉군의 고역을 지지 않고 봉수를 운용할 수 있다는 내용이나 실현되지 못하였다.

영조와 정조대에는 봉수제에 대한 근본적인 개혁은 없었으나 虛設化의 원인을 규명하고 이를 바탕으로 봉수제의 개선을 논의하였다. 그래서 지형적 장애를 극복하며, 符信으로 직접 연락하거나 포를 쏘는 등의 방법을 논의하였다. 그리고 연대의 건축방법에 대한 연구도 있어 구운 벽돌을 이용하여 수원성에 활용하였으나 전국적으로 확대되지는 못하였다. 조선후기에도 봉수제는 세종대의 규모를 벗어나지 못하였다. 1895년(고종 32) 전신통신방법이 도입됨에 따라 8路烽燧가 폐지되고 봉수군이 해체되었다.[21]

---

19) 崔永禧, 「壬辰倭亂 첫 戰鬪에 대하여」, 『한국사학논총(상)』(수촌박영석교수화갑기념논총 편찬위원회, 1992), 828-9면.

20) 李玄錫(1647[인조 25]~1703[숙종 29]): 이수광의 증손으로, 한성부 판윤, 형조판서 등을 역임하였다. 국방정책에도 관심을 가져 축성방안 등을 개선하는 상소를 올렸다. 실용적인 사상을 바탕으로 조세의 감면 등의 정책을 입안하였고, 易理로써 君道와 治術을 설명한 ≪易義窺斑≫을 저술하였으며, 실천적 성리학에 중점을 두었다(한국학중앙연구원 제공, 한국역대인물종합시스템[http://people.aks.ac.kr] 검색).

21) 강인중, 앞의 논문, 84-6면.

Ⅲ. 봉수 관련 법제

본장에서는 봉수제와 관련되는 법제를 살펴보기로 한다. 예비적으로 조선시대의 입법 및 법전편찬과정에 대해 알아보자. 특정사안에 대한 국왕의 결정, 즉 국왕의 명령이 개별법이 된다. 입법권은 국왕에게 있기 때문에 이를 '教'라고 하며, 이를 집행하는 행정관청의 입장에서 보면 국왕의 명령, 즉 '教'를 받는 것이므로 그래서 이를 '受教'라고 한다. 이러한 수교들이 바로 법전편찬의 토대가 된다. 동일 또는 유사한 사안에 대해 여러 차례에 걸쳐 수교가 있기 마련이므로 어느 정도 시간이 경과되면 유사한 수교들이 다양하게 집적이 된다. 이러한 수교들을 종합적으로 정리하여 법령을 통일할 필요성이 제기된다. 이러한 과정이 바로 법전편찬과정이다.[22)]

조선 건국 후 최초의 성문법전은 1397(태조 6)의 ≪經濟六典≫이다. 이는 조선 건국세력이 집권한 1388년(고려 우왕 14) 이후에 반포된 수교들을 정리한 것이다.[23)] 이후 태종대의 ≪續六典≫과 세종대의 ≪新撰經濟續六典≫의 편찬이 있었다. 이때의 법전편찬은 元六典 등을 그대로 두고 이후에 추가된 수교를 종합하는 방식이었다. 이러한 법전편찬방식이 불식된 때는 세조대이다. 1454년 세조가 즉위한 후 ≪經濟六典≫ 등 기존의 법전을 종합 집성한 법전의 편찬에 착수하여 30년 동안 切磋琢磨하여 1485년(성종 16)에 ≪經國大典≫이 편찬되어 조선초기의 법진편찬은 대미를 장식하였다.[24)]

본장에서는 먼저 경국대전을 중심으로 봉수제의 기본적인 구조를 검토한다. 이어서 봉수제와 관련된 처벌규정을 대명률에서 추적한다. 다음에 경국대전 이후 속대전까지의 입법의 추이를 단행법전을 통해 알아보기로 한다. 마지막으로 앞의 여러 규정들이 속대전에 반영되는 모습을 확인하고 이후 조선조 최후의 전통법전인 대전회통까지 추가되는 규정을 검토하여 봉수제가 시대의

22) 이에 대해서는 金池洙, 「受教의 法的 性格과 理念」, 『박병호교수환갑기념논문집 韓國法史學論叢』(박영사, 1991) 참조.

23) 이는 이두와 방언으로 되어 있으며, 우리나라 최초의 성문법전이라는 점에 역사적 의의가 있다. 그리고 태종대에 속육전을 편찬하면서 이두 등을 없애고 순한문으로 법전을 다시 편찬하였다. 이를 "≪元六典≫"이라고 한다.

24) ≪經國大典≫에 대해서는 정긍식, 「국가경영의 원대한 기획 ≪經國大典≫」, 고운기 외, 『한국의 고전을 읽는다 4: 역사·정치』(휴머니스트, 2006), 182-201면 참조.

흐름에 따라 변하는 모습을 그리려고 한다.

1. 봉수법제의 형성

(1) 경국대전

봉수제는 군사통신망이므로 ≪經國大典≫ 〈兵典〉 [烽燧]로 독립된 항목으로 규정되어 있다. 그 내용은 다음과 같다.

> 烽燧는 평상시에는 1炬, 賊의 모습이 나타나면 2炬, 國境에 접근하면 3炬, 境界를 침범하면 4炬, 接戰하면 5炬를 올린다. 서울에서는 5員이 兵曹에 보고하고, 지방에서는 伍長이 鎭將에게 보고한다〈할주: 木覓山 烽燧臺는 동쪽으로 第1臺가 永安道와 江原道에서 오는 楊州 峨嵯山의 烽燧를 받고, 第2臺가 경상도에서 오는 廣州의 穿川嶺의 烽燧를 받으며, 第3臺가 평안도의 陸路에서 오는 毋岳山 동쪽 봉우리의 烽燧를 받고, 第4臺가 평안도와 황해도의 海路에서 오는 무악산 서쪽 봉우리의 봉수를 받으며, 第5臺가 충청도와 전라도에서 오는 陽川 開花山의 烽燧를 받는다. 兵曹에서는 사람을 정하여 망을 보게 해서 이튿날 이른 새벽에 승정원에 보고하여 임금에게 아뢴다. 만약 變故가 있으면 비록 밤일지라도 즉시 보고한다. ○木覓山 烽燧臺의 每所에는 軍士 4인과 伍長 2인을 두고, 海邊과 邊境지방에는 每所에 軍士 10인과 伍長 2인을 두며, 내륙지방에는 每所에 軍士 6인과 伍長 2인을 둔다. 군사와 오장은 모두 봉수대 근처에 살고 있는 사람을 선정하여 임명한다. ○혹시 구름이 끼어 어둡거나 바람이 마구 불어 연기나 불로써 연락할 수 없을 때에는 烽燧軍이 차례대로 직접 달려가서 보고하도록 한다〉.[25)]

위 내용은 첫째, 봉수의 보고방법과 담당자 및 기관, 둘째, 봉수대의 근무자, 셋째, 날씨 때문에 정상적으로 연락을 할 수 없을 때의 조처에 대해 간단히

25) ≪經國大典≫ 〈兵典〉 [烽燧] "烽燧平時一炬 賊現形則二炬 近境則三炬 犯境則四炬 接戰則五炬, 京則五員 告本曹 外則伍長告鎭將〈할주: 木覓山烽燧 東第一準永安道・江原道來楊州峨嵯山烽燧 第二準慶尙道來廣州穿川嶺烽燧 第三準平安道陸路來毋岳東峯烽燧 第四準平安道・黃海道海路來毋岳西峯烽燧 第五準忠淸道・全羅道來陽川開花山烽燧, 本曹定人候望 翌日早晨告承政院以啓 若有變則雖夜卽告 ○木覓山每所軍四人伍長二人 沿邊則每所軍十人伍長二人 內地則每所軍六人伍長二人 軍及伍長並以烽燧近處居人差定 ○或雲暗或風亂 煙火不通之時 烽軍次次馳報〉": 번역은 韓沽劤 외, 『譯註 經國大典』(한국정신문화연구원, 1986) 및 李鍾日, 『大典會通研究(兵典篇)』(정정판: 한국법제연구원, 1996)을 참조하였다.

규정하였다. 이의 연혁에 대해 살펴보자.

먼저 봉수의 보고방법은 고려의 제도를 토대로 보충하였다. 당률에서는 적의 규모에 따랐지만, 경국대전에서는 적의 침입 정도에 따라 봉수의 수를 2에서 5까지 구분하였는데, 이는 고려의 제도를 바탕으로 한 것이다. 이는 1419년(세종 1) 5월 경오에 확정되었다. 즉 왜구가 바다 가운데에 있으면 2번, 가까이 접근하면 3번, 병선과 전투를 하면 4번, 왜군이 상륙하면 5번을 들도록 하였으며, 육전의 경우에는 국경 밖에 있으면 2번, 가까운 곳에 있으면 3번, 국경을 침범하였으면 4번, 전투를 하면 5번을 든다. 그리고 낮에는 연기로 하고, 밤에는 불로 하였으며, 제대로 관찰하지 않은 봉졸과 지방관을 함께 율에 따라 처벌하도록 하였다.[26)]

봉수의 보고체계는 서울에서는 司直·司果·司正·司猛·司勇[27)] 등 오원이 兵曹에, 지방에서는 伍長이 鎭將[28)]에게 보고하였다. 최종적으로 보고를 받는 기관은 승정원과 국왕이었다. 즉 병조에서는 남산 봉화대에 관찰할 사람을 정하여 이튿날 새벽에 승정원에 보고하였는데, 만약 적이 국경을 침입한 경우 등 긴급한 상황에는 밤에도 보고하도록 하였다.[29)]

서울 남산을 중심으로 한 전국적 규모의 봉수체제가 확립된 것은 1423년(세종 5)이다. 병조에서 鎭撫所와 함께 지형을 살피고 불을 들어 거리를 측량하여 결정하였다. 제1봉화는 동쪽의 봉화를 받는 것으로 明哲坊의 洞源嶺에 있는데, 양주 아차산의 봉화와 짝하여 함길도와 강원도의 봉화를 받으며, 제2봉

26) ≪세종실록≫ 권4 세종 1. 5. 경오: "兵曹啓 前日各道烽火 令無事則一擧 有事則再擧 乞自今倭賊在海中則再擧 近境則三擧 兵船與戰則四擧 下陸則五擧 如陸地賊變 在境外則再擧 近境則三擧 犯境則四擧 與戰則五擧 晝則代以烟氣 其不用心觀望 烽火干及所在官司 依律科罪 上王從之 [원주: 烽火干 擧烽火者 國俗以身良役賤者 或稱干或稱尺]"; 이하 조선왕조실록은 국사편찬위원회에서 제공하는 홈페이지(http://sillok.history.go.kr)를 이용하였다.

27) ① 司直: 五衛의 한 관직으로 현직이 아닌 文武官과 蔭官을 임용하였다. 정5품으로 副護軍의 다음이며 副司直의 위로 실무는 없었다. ② 司果: 조선조 때 五衛에 딸린 정6품의 군직으로 현직에 있지 아니한 文武官 및 蔭官 중에서 뽑았으며, 副司直 다음이다. ③ 司正: 五衛의 한 관직으로 현직이 아닌 문관·무관 및 음관을 임용하는데, 정7품으로 副司果 아래이다. ④ 司猛: 조선조 때 五衛에 둔 정8품의 軍職으로, 副司正의 다음이며, 현직에 있지 아니하는 문관과 무관 및 음관 중에서 뽑았다. ⑤ 司勇: 五衛의 정9품 군직의 하나. 현직이 아닌 24명의 문관·무관·음관으로 채웠다. 오희복 편, 『봉건 관료기구 및 벼슬이름 편람』(여강출판사, 1992)에서 정리하였다.

28) 鎭將: 각도의 監營·兵營의 관할에 속하는 각 鎭營의 將官을 일컫는데, 營將이라고도 한다.

29) ≪성종실록≫ 권55 성종 6. 5. 을해; 실록에서는 "一 本曹依舊例 定人候望 有變則雖夜卽告承政院 無事則翌日早晨 告承政院以啓(밑줄은 필자)"라고 하고 있다. 여기서 '舊例에 따라서'라고 하고 있으므로, 이 규정은 고려 이래의 관행에 따른 입법이라고 할 수 있다.

화는 誠明坊의 洞源嶺에 있는 것으로, 광주 천천의 봉화를 이어 경상도의 것을 받으며, 제 3 봉화는 薰陶坊의 洞源嶺에 있어 무악 東峰 봉화와 연결되어 평안도의 봉화와 이어지고, 제 4 봉화는 明禮坊의 洞源嶺에 있으며, 무악 西峰과 연결되어 평안도·황해도의 봉화와 연결되며, 제 5 봉화는 好賢坊의 洞源嶺에 있는데, 양주 개화봉의 봉화와 짝하여 충청·전라도의 바닷길로 연결되도록 하였다. 그리고 烟臺가 오래되면 변동이 있을 수 있기 때문에 한성부에서 대를 쌓고 표를 세워 유지될 수 있게 하였다.30) 이로써 봉수제도의 근간이 확립되었다.31)

근무자에 대한 규정은 1446년(세종 28)에 확정되었다. 그 해 1월에 김종서는 봉화가 제대로 작동하지 않음을 보고하고 그 이유로 봉화를 담당하는 烽火干이 殘亡한 한두 사람만 있을 뿐이며 또 봉화의 勤怠를 수령을 평가하는 데 참고하지 않기 때문이라고 보았다. 이에 대한 대책으로 연대에 6명을 정하여 3番으로 나누어 근무하고 이를 감독할 監考를 선정하여 수령을 평가할 때 봉화도 대상으로 삼을 것을 건의하였다.32) 이 건의를 받아서 10월에 의정부에서 봉수법을 재정비하였다. 즉 남산 봉화 5소의 看望軍을 각각 3명에서 1명씩 더하여 모두 20명으로 매소에 각각 4명으로 정하여 上下番으로 나누어 근무하며, 이를 감독하는 자 역시 2번으로 근무하게 하였다. 그리고 沿邊의 烟臺에서는 烽燧 1소에는 봉화군 10명과 감고 2명을, 中腹[內陸]에서는 1소에 봉화군 10명과 감고 2명을 정하여 2번으로 근무하게 하였다.33)

그리고 極邊에 봉화가 있는 곳에는 煙臺를 쌓고 근처의 백성들을 봉졸로 정하여 항상 근무를 서게 하였으며, 극변이 아니어도 맹수의 위험이 있는 곳에

30) ≪세종실록≫ 권19 세종 5. 2. 정축: "兵曹啓 京城南山烽火五所 曹與鎭撫所登山 看望擧火相準後 度地設置 其地名及來歷 具錄如左 東第一烽火在明哲坊洞源嶺 與楊州峩嵯山烽火相準 自咸吉·江原道來 第二烽火誠明坊洞源嶺 與廣州穿川烽火相準 自慶尙道來 第三烽火薰陶坊洞源嶺 與毋岳東峯烽火相準 自平安道來 第四烽火明禮坊洞源嶺 與毋岳西峯烽火相準 自平安·黃海道海路來 第五烽火好賢坊洞源嶺 與楊州開和烽火相準 自忠淸·全羅道海路來 右擧火相準處 恐年代久遠 則或有變易 請令漢城府築臺立標 書相準地名 擧火式例 從之"; 경국대전에는 '함길도'가 아닌 '영안도'인데, 1413년(태종 13)에 永吉道로, 16년에 咸吉道로 하였다가 1470년(성종 1)에 永安道로 개칭하였다.

31) 전국 봉수의 노선은 〈부록: 봉수도〉 참조.

32) ≪세종실록≫ 권111 세종 28.1. 갑오: "上謂右贊成金宗瑞曰 烽火 所以應事變也 前日烽火再擧 而終無變 且或有邊警 而烽火不報 是則烽火無益於事 不若不行之爲愈也 如不可廢 則不可如此緩弛 宗瑞曰 今烽火干 每處只有殘亡一二人 且不以烽火爲守令功過 故致此陵夷 若每處各定六名 分爲三番 又擇定監考 兼責守令 則庶乎可矣 命更加商議以啓"

33) ≪세종실록≫ 권111 세종 28.10. 경자: 이때 처벌에 대해서도 논의하였다(후술 주50) 참조).

는 수령으로 하여금 연대와 유사한 조처를 하고 국경에 變故가 있으면 즉시 보고하게 하여 육전의 봉화법을 다시 밝히고, 매 월말에 병조에 보고하게 하였다.[34] 이는 1475년(성종 6)에 다시 구체적으로 논의되었다. 즉 봉졸의 역이 가볍기 때문에 많은 사람들이 다투어 봉졸이 되려고 하여, 멀리 사는 사람이 배치되니 다만 밤에만 근무를 하는 폐단이 생겼다. 이를 막기 위해 근처의 사람을 선정하여 임명하여 항상 근무하여 떠나지 못하게 하고 수령이 더욱더 철저히 규찰하며 위반하면 봉졸은 물론 수령까지 처벌하였다.[35] 이 조처는 경국대전에 반영되었다.

봉화는 자연적 조건, 특히 비바람의 영향을 많이 받기 마련이다. 1475년(성종 6)에 날씨 때문에 봉화로 제대로 연락을 할 수 없을 경우에는 앞의 봉졸이 달려와서 다음 봉화에 연락을 하도록 하였다.[36] 이 조처는 앞서 본 당률의 영향을 받은 것이다.[37] 그런데 위 당률의 규정은 1446년(세종 28) 10월에 이미 논의된 것이다.[38] 1475년(성종 6)의 이 논의는 세종대의 수교를 다시 확인하고, 당률과는 독립적이면서도 더욱 정제된 형태로 규정된 것이다.

위 규정에서는 봉수제도 자체에 대해서만 규정하였을 뿐이다. 봉화군에 대한 처우 등에 대한 내용은 보이지 않는다. 조선시대는 兵農一致制로 양인은 원칙적으로 군역의무를 지고 있다. 봉수제도는 군사제도이며 따라서 봉화군은 군역의 일종이다. 따라서 군사제도를 규정하고 있는 ≪경국대전≫ 〈병전〉에 관련 규정이 보인다.

군역을 부담하는 양인이 실제 병역에 복무하면 생계를 위하여 奉足 또는 保人을 지급하였다. 보인은 정병과 같이 직접 군역을 이행하고 있는 자를 경제적으로 돕는 자인데, 이를 奉足이라고 한다. 人丁은 국역을 부담하는 자로 16세에서 60세까지의 남자이다.[39] 세종대 군제를 개편하면서 正丁 1명에 餘丁을 두

---

34) ≪세종실록≫ 권76 세종 19.2. 기묘; "議政府啓 今後各道極邊初面烽火之處 高築烟臺 聚旁近居民十餘人 定爲烽卒 每番三人 兼持兵器 常在其上 晝夜偵候 五日而遞 雖非極邊 惡獸傷害可慮 令守令依烟臺例 量宜布置 嚴加考察 若有事變 須急馳報 申明六典烽火之法 每月季 令移牒兵曹"

35) ≪성종실록≫ 권55 성종 6.5. 을해; "一 以烽燧軍爲役歇 人爭投屬 故或以遠地居人充定 但乘昏候望而已 晝夜無復有人 實爲未便 今後竝以附近居人差定 常時不離候望 所在守令嚴加考察 違者竝論守令"

36) ≪성종실록≫ 권55 성종 6.5. 을미; "一 風亂烟散 不得候望之時 則所在烽燧軍馳告轉報"

37) 주 10) 참조.

38) 후술 주 53) 참조.

39) 이종일, 앞의 책, 344-5면.

어 정정을 돕게 하였는데, 이를 奉足 또는 保人이라고 하였다. 그리고 1464년(세조 10)에는 군역부담의 원칙을 확립하였다. 2丁을 1保로 하고, 1田는 5結을 1丁에 준하여 지급하였다. 그리고 兵種에 따라 군역을 실제로 이행하고 있는 1保에게 1보 내지 3보의 봉족을 주었다. 봉졸은 獨保로 규정하였으며,[40] ≪경국대전≫에서는 봉화군에게 1保를 지급하였다.[41] 봉군은 貢賦 외의 잡역을 면제받았으며, 봉군은 국가로부터 전답을 받아 봉족이 경작하여 경제적 문제를 해결하였다.[42] 그리고 군인은 국왕이 군사를 사열할 때에 오위에 소속되어야 했다. 하지만 봉화군은 항상 근무를 하면서 국경을 경계해야 하므로 이때에도 면제를 받았다.[43]

위에서 보듯이 봉수제도의 근간은 세종대, 특히 1447년(세종 29)경에 완비되었다.[44] 이는 물론 한 때에 집중적으로 정비된 것이 아니라 정확한 시점을 알 수 없는 고려 이래의 관행에 근거를 둔 규정도 있으며, 성종대까지도 이어진다. 이는 조선시대의 입법과정과 법전편찬의 특징을 잘 보여주고 있다. 즉 개별사안에 대한 논의를 정리하여 개별적인 법으로 정립되는데, 이를 受教라고 한다. 이러한 수교를 종합적으로 정리한 것이 바로 법전편찬이다. 경국대전은 조선 건국 이후의 개별적인 수교를 종합적인 시각에서 정리한 것이다.

(2) 처벌과 대우

위에서 본 경국대전에는 처벌규정은 보이지 않는다. ≪經國大典≫〈刑典〉[用律]조에서는 "대명률을 적용한다(用大明律)"라고 규정하여 대명률을 일반형사법으로 선언하였다. 따라서 경국대전에는 원칙적으로 처벌규정이 없이 다만 행정조직규정과 행위규정만을 규정하고 있으며, 처벌규정이 있으면 오늘날

40) ≪세조실록≫ 권34 세조 10.10. 을미: "忠淸道軍籍使愼後甲·慶尙道軍籍使權攀·全羅道軍籍使姜老等辭 授事目曰 (중략) 其條如左 一 二丁爲一保 一田五結 準一丁 一 有三保奉一保者曰甲士 有二保奉一保者曰騎·正兵·吹螺赤 有一保奉一保者曰平虜衛·破敵衛·近仗·別軍·步·正兵·太平簫·騎船軍, 有獨保者曰烽燧軍·防牌·攝六十(하략)."

41) ≪經國大典≫〈兵典〉[給保] "京·外軍士 給保有差 二丁爲一保 … 烽燧軍 … 並一保."

42) 方相鉉, 「朝鮮時代 烽燧軍 身分과 生活」, 690-1쪽.

43) ≪經國大典≫〈兵典〉[屬衛] "大閱時 則雜色軍·各品伴倘 皆屬五衛 ○水軍·烽燧軍 不在常徵"

44) 허선도는 세종 29년 이후에는 구조적인 변화 없이 연대의 축소 내지 봉화간의 처우에 대한 기사가 산견되는 것을 근거로 봉수제가 세종 29년경에 확립되어 경국대전에 수록되었다고 한다(앞의 논문[상], 162-3면).

의 특별법과 유사하게 이는 대명률에 우선하여 적용되었다. 경국대전에는 처벌 규정이 드무나 속대전[45] 등 후기로 갈수록 처벌규정이 늘어나고 있다.[46]

앞서 본 것처럼 당률에는 직접적으로 봉수제도에 대해 규정하고 있다. 그러나 이와는 달리 대명률에서는 봉수제도를 직접 규정하는 조문은 없다.[47] 따라서 봉수제도와 관련하여 처벌을 할 때에는 사안을 대명률에 포섭하는 작업이 필요하며, 포섭이 불가능할 때에는 별도의 입법을 거쳐야 한다.

조선왕조실록에서 봉화와 관련된 처벌기사는 1423년(세종 5)에 처음 보인다. 그 전해인 1422년 겨울에 적군이 閭延郡에 침입했을 때 泰日 烽火干 黃連이 봉화를 올리지 않은 것에 대해 병조에서는 평안도 감사의 關文에 의거하여 "律에 따르면 '높은 곳에서 망을 보고 순찰하며 경계를 서는 사람이 빨리 보고하지 않아서 적이 경내로 침입하여 인민을 노략질하게 한 자는 장 100으로 처벌하고 변방의 군인으로 삼도록' 하는데, 여연군민이 사로잡힌 것은 봉화를 들지 않아서가 아니니 다만 장 100으로 처벌할 것"을 보고하였다. 이에 대해 국왕은 장 80으로 처벌하고 일을 그대로 명하였다. 그리고 앞으로 봉화를 중간에 단절시키면 이 예에 따라 죄를 다스릴 것으로 정하고 다른 도에도 공문으로 알렸다.[48]

여기에서 율은 대명률인데, 이에 해당하는 조문은 ≪大明律≫〈兵律〉「軍政」[主將不固守]조이다.[49] 이 조문에서 위 사례에 해당하는 내용은 "만약 적과 국경에서 대치하고 있을 때 망보는 사람과 순찰하는 사람이 제때 보고하지 못하여 성이 함락되고 군에 손해를 입게 하면 또한 斬刑으로 처벌하며, 만약 적이 경내에 침입하여 인민을 약탈하게 하면 杖 100에 처하고 먼 변방에 보내

45) ≪續大典≫〈刑典〉[用律]에서는 "경국대전에 따라 대명률을 적용하되, 경국대전과 속대전에 해당하는 율문이 있으면 2전을 따른다(依原典用大明律 而原典·續典有當律者 從二典)"라고 규정하여 우리의 國典과 대명률의 관계를 분명히 하였다.

46) 조선시대 ≪대명률≫의 위상에 대해서는 趙志晩, 「朝鮮時代 刑事法으로서의 ≪大明律≫과 國典」(서울대학교 법학박사학위논문, 2006) 참조.

47) 중국에서 통신제도는 왕조마다 변화가 있었다. 명의 주요 군사통신제도는 사람이나 말을 이용하는 擺撥制이었다. 南相虎, 「擺撥制考; 中國의 擺鋪制·斥堠鋪制를 기준으로」, 참조.

48) ≪세종실록≫ 권19 세종 5.1. 경술; "兵曹據平安道監司關啓 去壬寅閏十二月初九日 賊入寇閭延郡 泰日烽火干黃連不擧烽火 罪按律 望高巡哨之人失於飛報 被賊入侵境內 虜掠人民者 杖一百 發邊遠充軍 然閭延人民被虜 非是烽火不擧所致 請只杖一百 仍定前役 命 杖八十 仍定前役 自今烽火中廢不擧人 依此例論罪 幷他道行移"

49) ≪大明律≫〈兵律〉「軍政」[主將不固守] "… 若與賊臨境 其望高巡哨之人 失於飛報 以致陷城損軍者亦斬 若被賊侵入境內擄掠人民者杖一百 發邊遠充軍 …"

어 군인으로 삼는다"이다. 평안도 감사는 대명률에 따른 처벌을 건의했으나, 국왕은 다른 사정을 들어 부과적인 처벌이라고 할 수 있는 변방의 군인으로 삼는 것은 면제하였다. 그리고 앞으로도 이 수교에 따를 것을 명하였다.

이후 산발적으로 처벌하는 예가 나타나는데 주로 명률에 의거하지만 통일되지는 않았다. 1446년(세종 28)에 봉화제도를 정비하면서 처벌규정도 함께 정비되었는데, 그 내용은 다음과 같다.

첫째, 봉화군의 근무태도를 감찰하여 관찰사와 절제사는 봉수를 검열하되 闕點, 즉 불출번의 경우, 초범은 笞 50, 재범은 杖 80, 3범은 杖 100으로 처벌하고, 이를 규찰하지 못한 수령과 감고 등은 초범은 태 50, 재범부터는 1등씩 加重하되 장 100이 되면 파직시킨다.[50][51]

둘째, 노약한 봉졸이 사사로이 타인을 대신 근무하게 하였으면 대명률의 "수어군인이 사람을 고용하여 冒名代替한 자는 각각 2등을 감경하는 예"에 따라 대립한 자는 장60에 적을 거두어 충군하고, 본인은 장 80으로 처벌하고 여전히 봉군의 역을 지게 하며, 만약 자손이나 아우 조카 또는 동거하는 친족이나 봉족 중에서 직무를 할 수 있는 자가 대체근무를 자원하였으면 허용하였다.[52] 이에 해당하는 律은 ≪大明律≫ 〈兵律〉「軍政」[軍人替役]이다.

> 무릇 군인이 직접 출정하지 않고 타인을 고용하여 이름을 속여서 대체하는 경우에 그 대체된 사람은 장 80에 처하여 군적에 부쳐 군대에 충당하고, 본인은 장 100에 처하여 예전대로 군대에 충당한다. 만약 수어군이 사람을 고용하여 이름을 속여 대체하는 경우에는 각각 2등을 감한다. 다만 아들, 손자, 동생, 조카 및 동거하는 나이가 적은 친속이 스스로 대체하기를 원하면 허락한다. 만약 실제로 늙고 약하며 쇠잔하고 병이 있어 본관 관사에 나아가 사실을 고하면 실제로 그런지 직접 조사하여 군적에서 면제하여 준다.[53]

50) ≪세종실록≫ 권111 세종 28.10. 경자; "觀察使節制使所管各處 差人擲簡 如或闕點 初犯笞五十 再犯杖八十 三犯杖一百; 不能考察官吏 初犯笞五十 再犯加一等罪 至杖一百罷職"

51) 대명률은 구체적 구성요건과 이에 따른 법정형을 규정하고 있다. 형벌은 五刑體制로, 笞刑(10~50대) 5단계, 杖刑(60~100대) 5단계, 徒刑(1년~3년; 장 60~100대까지 부가) 5단계, 流刑(2천~3천里; 장 100 부가) 3단계, 사형(絞刑, 斬刑) 2단계로 규정되어 있으며, 감경과 가중은 이 순서에 따른다.

52) ≪세종실록≫ 권111 세종 28.10. 경자; "若以老弱殘疾不堪其任者 私自代替人 依 大明律 守禦軍人雇人冒名代替者各減二等條 替身杖六十 收籍充軍 正身杖八十 依舊充軍 其子孫弟姪同居親屬奉足人內 能堪其任者 自願代替 則聽許"

53) ≪大明律≫ 〈兵律〉「軍政」[軍人替役]; "凡軍人 不親出征 雇倩人 冒名代替者 替身 杖八十

위 수교는 이를 다시 반복 · 확인한 것에 지나지 않으며, 다만 늙은이 등이 신고하면 사실을 조사하여 봉졸의 역에서 면제시키는 절차만 간단히 하였다.[54]

셋째, 봉화가 단절된 경우에 대한 처벌이다. 봉화군이 봉화를 단절시키면 당률에 따라 그 사실을 다음 봉화에 馳告하여야 한다. 이 때 소재관은 그 사실을 추고하여 병조에 보고하는데, 變時의 경우 '비보하는 군정을 은닉하여 빨리 보고 奏聞하지 않은 경우에는 장 100에 처한다'는 조문에 따라 처벌하며, 평상시에는 違令罪로 처벌하였다.[55] 이 수교는 당률에 따른 부분과 명률에 의거한 부분으로 구성되어 있다.

명률에는 봉화에 대해 직접 규정하고 있지 않다. 그래서 당률을 인용하여 봉화가 단절되었을 때 즉시 가서 알릴 것을 규정하였다. 그리고 소재관에서는 그 원인을 조사하여 ≪大明律≫〈兵律〉「軍政」[飛報軍情]에 따라 처벌하도록 하였는데, 내용은 다음과 같다.

> 무릇 군사정보를 신속히 보고할 때, 지방의 府州에서는 사람을 보내서 1통은 布政司에게, 1통은 都指揮使司에 보고하며, 본도의 按察使에게 이첩한다. 다만 守禦官은 사람을 보내어 도지휘사사로 이첩한다. 도지휘사사는 사람을 보내어 1통은 그곳을 관할하는 都督府로 이첩하고, 1통은 튼튼하게 密封하여 포정사에게, 1통은 사람을 보내어 兵部로 이첩하고, 1통은 실봉을 갖추어 모두 어전에 도달한 후에야 개봉한다. 안찰사는 사람을 보내는데 튼튼하게 密封하여 임금에게 직접 보고한다. 직할의 軍民官司는 모두 사람을 보내어 관할하는 도독부 및 병부에 보고하고 따로 튼튼하게 密封하여 각자 奏聞한다. 만약 서로 알면서 사실을 숨기고 신속히 奏聞하지 아니한 경우에는 장 100에 처하고 파면하여 서용하지 아니한다. 이것으로 인하여 軍機를 失誤하게 한 경우에는 참형에 처한다.[56]

收籍充軍 正身 杖一百 依舊充軍 若守禦軍人 雇人 冒名代替者 各減二等 其子孫弟姪及同居少壯親屬 自願代替者 聽 若果有老弱殘疾 赴本管官司 陳告驗實 與免軍身"

54) 직해문은 다음과 같다 "凡軍人*亦* 親*亦* 出征*不冬爲遣* 他人乙 給價冒名代立*爲良在*等 代立人*乙良* 杖八十 付籍充軍*遣* 當身*乙良* 杖一百 依舊充軍*齊* 防禦軍人*亦* 他人乙 給價冒名代立*爲在乙良* 減二等*爲遣* 子孫弟姪及同居少壯親屬等*亦* 自望代立*爲在乙良* 聽許*齊* 實則老弱殘疾等*亦* 仰屬官*良中* 陳告*爲良在*等 推考閱實放免軍役*令是齊*"(이탤릭체는 이두로 아래도 같다).

55) ≪세종실록≫ 권111 세종 28.10. 경자; "常時晝烟夜火 若前烽不準 則依唐律 卽時往告于次烽火所在官 辭緣推考 移文兵曹 其烟火不準之軍 有變時則依律文'凡飛報軍情 隱匿不速奏聞者 杖一百條'決罪 無事時則以'違令'論罪"

56) "凡飛報軍情 在外府州差人 一申布政司 一申都指揮使司 及行移本道按察司 其守禦官差人 行移都指揮使司 都指揮使司差人 一行本管都督府 一具實封布政司 一差人行移兵部 一具實封 俱至

여기에서는 율문의 앞부분인 절차규정은 행정체계 등이 다르기 때문에 삭제하고 숨기고 보고하지 않는 것만 규정하였다(강조 부분).[57] 그리고 아무 일이 없을 때에는 違令罪로 擬律하여 태 50으로 처벌하였다.[58] 성종대에는 국경의 봉화대에서 서울까지 봉수가 중단된 경우에는 철저하게 鞫問하여 중죄로 논하였으며, 이어서 소급하여 조사하여 중단된 봉화대를 색출하여 처벌하였다.[59]

넷째, 봉졸이 근무를 태만한 경우이다. 만약 봉졸이 경계를 게을리 하여 인구나 군인, 성 등이 함락되었으면 봉졸은 대명률에 따라 성이 함락되고 군사가 손실되면 참형에 처하고, 적이 경내에 침입하여 인민을 약탈하게 되면 장 100으로 처벌하고 변방의 군인으로 삼도록 하였다.[60] 이는 앞에서 본 1423년(세종 5)의 조처를 다시 확인하면서 더욱 명률에 충실하여 邊遠充軍까지 포함시킨 것이다.

위 입법내용을 정리하면 다음과 같다. ① 봉졸과 이를 감찰하는 수령, 감고 등의 근무태만에 대한 처벌로 이에 대해서는 독자적으로 처벌규정을 마련하였다. ② 봉졸이 임의로 대체하였을 때에는 명률에 따라 처벌하였다. ③ 봉화가 단절되었을 때 적이 침입한 경우와 그렇지 않은 경우로 구분하여 각각 명률에 따라 처벌하였다. ④ 봉졸이 근무를 태만하여 적으로부터 침입을 받아 피해가 발생한 경우에는 명률에 따라 처벌하였다. 기본적으로는 명률을 토대로 하고 명률에서 누락된 부분을 독자적인 입법으로 보충하였다.

또 봉화간을 확보하기 위해 죄인으로 徒刑에 해당하는 자는 봉수소로 보

御前開拆 按察司差人 具實封直奏 在內直隸軍民官司並差人 申本管都督府 及兵部 另具實封 各自奏聞 **若互相知會隱匿 不速奏聞者 杖一百罷職不叙** 因而失誤軍機者 斬"

57) 이 조문은 대명률강해와 대명률직해의 판본 자체가 많이 차이가 나며 따라서 직해도 상당히 다르다. 따라서 더 치밀한 조사·연구가 필요하다. 직해문은 다음과 같다.

"凡軍情事乙 馳報*爲乎矣* 外方各村官員軍官 等*亦* 一道乙*良* 都摠節制使 一道乙*良* 按廉使 一道乙*良* 都評議使司*爲等如* 馳報*遣* 一道乙*良* 實封*爲* 大內進呈*爲白齊* 萬一互相知想*遣* 隱匿*爲* 卽時申報*不冬爲在乙良* 杖一百停職*齊* 因而失誤軍機*爲在乙良* 斬*爲乎事*"

58) ≪大明律≫〈刑律〉「雜犯」[違令] "무릇 令을 어긴 경우에는 태 50에 처한다〈주: 令으로는 금지한 바가 있으나 律에는 그 罪名이 없는 경우를 말한다(凡違令者 笞五十〈註: 謂 令有禁制而律無罪名者).": 율령체제에서 '令'에서 특정행위에 대해 규정하고 이를 위반한 경우 처벌을 '律'에서 규정하지 않은 경우에 이 조문에 따라 처벌한다.

59) ≪성종실록≫ 권55 성종 6.5. 을해 "一 今後自邊鎭至京師所在烽燧 不謹候望 如有中絶不通者 窮鞫重論": 허선도, 앞의 논문(하), 92-3면.

60) ≪세종실록≫ 권111 세종 28.10. 경자; "若烽燧不謹 未及整兵 以致陷敗戶口軍人城守者 當該烽火軍 依律文'望高巡哨之人 失於飛報 以致陷城損軍者 斬 若被賊侵入境內 侵掠人民者 杖一百 發邊遠充軍條'論置"

내 봉졸로 삼아 그 근무일수가 차면 석방하도록 하였다.[61] 봉족의 삶은 다양하였다. 연변봉수는 오지인데다가 신역의 부담, 적의 공격과 맹수의 위험 그리고 추위 때문에 어려웠다. 하지만, 내지의 봉졸은 역도 가볍고 또 근무도 편하여 자원하기도 하였으며 그래서 代立이 만연하기도 하였다. 또, 봉졸은 법상으로는 필요한 식량 등은 국가에서 공급하기로 되어있으나 실제로는 채소 등 부식품이나 의복 등은 봉군이 직접 조달하였다. 대개 봉군은 身良役賤이며, 봉졸이 고역이었다. 그렇기 때문에 세조 때 남포 봉화군 이덕명은 승려가 되려고 승 학수에 의탁하여 도망하였는데, 이 때 함께 도망간 이는 保納하고 이덕명은 장 100으로 처벌한 한 후 변방에 유배하고 승 학수는 장 80으로 처벌한 후 환속하였다.[62]

실제 여말부터는 중앙의 문무고관이 죄를 얻어 봉졸로 杖配되기도 하였다. 이들이 봉졸로 編配되는 원인은 군사지휘자나 책임자가 전투에서 패하거나 경계에 실패하는 등 군사적 이유, 정치세력간의 알력, 반란에의 연좌 등이며, 그 대상자는 관직자나 그 자손이었다. 이는 일반인이 아닌 관직자인 지배층에 부과된 형벌로 死刑보다는 가볍고 流刑보다는 무거운 형벌이었다.[63] 1448년(세종 30)의 기사에서 빈약자가 差定되고 또 다른 업무에도 종사시켜 봉수의 역할을 할 수 없기 때문에 富實한 사람으로 택정하고 아울러 식량과 의복을 공급하였다. 1459년(세조 5)에도 유사한 기사가 보인다. 이러한 것으로 보아 봉졸의 처지는 그리 높지 않았다. 봉군과 감고는 貢賦 외의 잡역을 면제받았으며, 늙었을 경우에는 그 직무를 수행할 수 있는 子孫弟姪이나 동거하는 親族 또는 봉족 가운데 자원하는 자로 대립할 수 있었다.[64]

그리고 봉졸을 감독하는 오장은 양민으로 구성된 甲士나 품관이 임명되었다. 봉수제의 중요성에 비추어 봉졸을 우대하기도 하였다. 봉졸이 임무를 완수하여 적을 방어하게 되면 選軍과 같이 임용되었고 실지근무일수에 따라 海領職에 差任되었으며, 1459년(세조 5) 경에는 양계의 봉졸로 9년을 근무하면 散官職에 임명되었다. 監考도 1447년(세종 29)경부터 6년 근무 마다 1차씩 산관직을 제수받게 되었다.[65] 그러나 도죄수를 봉군으로 삼는 것은 봉군의 사기를 떨

61) ≪세종실록≫ 권111 세종 28.10. 경자: "京外罪人犯徒者 隨卽不拘烽火元額 定送供役 役滿放遣"

62) 방상현, 앞의 논문, 682-4면.

63) 김난옥, 「고려후기 烽卒의 신분」, 175면.

64) 허선도, 앞의 논문(하), 89-90면.

어뜨렸다. 죄인이 충정되었고, 근무지가 위험하며, 야간근무로 가정과 떨어져 있어 가정의 일상사와 멀어지는 점 등 때문에 봉군의 지위는 격하되었다.66)

봉수와 관련된 처벌은 당시의 형사입법의 방침에 따라 ≪대명률≫에 의거하여 처벌하였다. 명률에 없는 것은 중단의 경우에서 보는 것처럼 당률에 근거하여 규정을 하였다. 또 ≪대명률≫을 기계적으로 적용하는 것이 아니라 현실에 맞게 약간의 수정을 하였다. 그리고 부분적으로 개별입법으로 더 구체화하였다.

2. 봉수법제의 변화

1485년에 반포된 ≪경국대전≫에서 봉수제의 기본적인 틀은 갖추어졌지만, 고정불변의 것은 아니었다. 시대의 흐름과 새로운 사건의 발생과 짝하여 새로운 규정은 등장하기 마련이다. ≪경국대전≫이 반포된 후 ≪속대전≫이 반포되기 전에는 각종수교를 종합한 다음 법전이 편찬되었다. 1492년(成宗 23)의 ≪大典續錄≫, 1543년(中宗 38)의 ≪大典後續錄≫, 1636년(인조 14) 또는 1639년(인조 17)의 ≪各司受教≫, 1698년(肅宗 24)의 ≪受教輯錄≫, 1740년(英祖 16)의 ≪新補受教輯錄≫ 등이 있다. 그리고 16세기의 특징은 지방에서 직접 재판을 하는 수령을 위한 私撰法書가 편찬된 점이다.67) 대표적인 사찬법서로는 ≪大典詞訟類聚≫, ≪詞訟類聚≫ 등을 들 수 있다.

위 법전 가운데 ≪大典續錄≫, ≪各司受教≫에는 봉수제와 관련된 내용은 없다. ≪大典詞訟類聚≫에는 직접적으로가 아니라 〈兵典〉 [復戶]에서 ≪大典後續錄≫의 조문과 [給保]에서 ≪경국대전≫ 〈兵典〉의 규정을 인용하고 있다. 다만 조세 부담과 관련하여 각종 국역을 면제하는 복호에서 언급되는 정도일 뿐이다. 군역의 일종인 봉수는 백성들의 실생활과는 밀접한 관련이 있을 것 같지만 실제로는, 특히 지방수령 차원에서는 거의 관련이 없었다. 그래서 다른 사찬법서에도 봉수제와 관련된 규정은 찾기 어렵다.

≪大典後續錄≫, ≪受教輯錄≫, ≪新補受教輯錄≫ 등에 나오는 규정을 내용별로 분류하여 봉화군을 우대하여 봉수제를 유지하려는 조치와 경계를 게을

65) 허선도, 앞의 논문(하), 90-1면.
66) 방상현, 앞의 논문, 690-1면.
67) 정긍식 · 임상혁 편, 『十六世紀 詞訟法書 集成』(한국법제연구원, 1999), 참조.

리 하거나 거짓으로 봉화를 올릴 때 처벌하는 조치로 나누어 살펴보자.

≪대전후속록≫에서는 해안의 긴요한 방어지의 봉졸에 대해서는 나루터 사공의 예에 따라 각종 국역을 면제[復戶]해 주었으며, 봉졸의 보인에 대해서도 역시 모든 잡역을 면제하였다.[68] 그리고 1720년(숙종 46)의 수교에서는 국경에서 위급한 警報를 담당하므로 봉수대를 떠날 수 없는 봉졸의 처지를 고려하여 因山 때 상여를 매는 轝士軍의 役이나 烟戶의 잡다한 역을 지지 않도록 하였다.[69]

이러한 우대 내지 보호조처에도 불구하고 신량역천이라는 신분과 험지에서 근무하는 봉졸은 여전히 기피하는 자리였다. 그래서 봉졸의 정원을 유지하기 위한 특별한 조처를 하였다. 1648년(인조 26)에는 함경도의 高山道·居山道·輸城道 등 세 驛[70]에 소속된 驛吏의 良妻所生으로 正軍이나 봉졸이 된 자 가운데 1643년(인조 21) 이전에 이미 공식적으로 봉졸에 편입[歲抄][71]된 자는 그대로 본역인 봉졸의 역을 지도록 하였으며, 公·私賤으로 1643년 이전에 이름이 續案이나 宣頭案[72]에 기록된 자들도 위의 예와 같이 시행하였고, 1643년 입법 이후에 태어난 자식이나 1643년 이전에 태어났다 하더라도 아직 역이 정해지지 않았거나 속안이나 선두안에 이름이 기록되지 않은 자는 모두 그 역에 소속시키도록 하였다.[73]

위의 경우는 함경도 지방의 특수성을 반영하여 강제적으로 봉졸에 편입시키는 경우를 다음과 같이 규정하였다. 첫째, 역리의 양처소생으로, 이들은 從母法에 따르면 양인이어야 하지만, 1643년 이전에 이미 봉졸에 편입된 자, 둘째 공사노비로 1643년 이전에 노비명부에 등재된 자이다.

---

68) ≪大典後續錄≫〈兵典〉[給保] "沿邊防禦緊處烽燧軍 依津夫例復戶 其保人 並除雜役"

69) ≪新補受敎輯錄≫〈兵典〉[烽燧] 661 "○烽軍專管報警 晝夜不離 轝士軍之役及烟戶雜役 切勿出役 [康熙庚子承傳]": 번역은 한국역사연구회 중세2분과 법전연구반 역, 신보수교집록(청년사, 2000); 수교집록(청년사, 2001)를 참조하였으며, 조문 앞의 일련번호는 조선총독부에서 1943년 편찬할 때 순서대로 붙인 번호로 위 번역본에서도 이용하고 있으며, 참조하기에 편리하므로 그대로 쓴다.

70) ≪經國大典≫〈吏典〉[外官職]에 따르면 함경도에는 高山道·居山道·輸城道 등 세 곳의 察訪道가 있고 그 아래에 20곳 전후의 站이 있다.

71) 歲抄: 매년 6월과 12월에 사망 또는 도망하거나 질병에 걸린 軍兵을 대신하여 보충하는 것.

72) 宣頭案은 內需司의 公賤을 20년마다 자세히 조사하여 元帳簿를 만들어 임금이 보도록 한 것을 말하고, 그 이후 변동 사항을 조사하여 3년마다 장부를 만드는데 이것을 續案이라 한다.

73) ≪受敎輯錄≫〈兵典〉[驛路] 553 "咸鏡道三驛 驛吏良妻所生之爲正軍烽燧軍 癸未以前 已爲歲抄者 仍爲本役施行 公私賤 癸未以前 名付續案宣頭案者 亦如右例施行 而癸未立法以後所生及癸未以前 未定役未付續案宣頭案者 一切屬驛 [順治戊子承傳]."

그러나 위와 같은 강제적인 조처에도 불구하고 봉졸은 제대로 충원되지 않았고, 또 도망을 가는 경우가 많았다. 그래서 40년 후인 1685년(숙종 11)에는 北路, 즉 함경도의 봉졸은 경국대전에 따라 그 인원수를 채우며, 봉수와 관련되는 시설들의 정해진 숫자를 분담하여 갖추어 올리도록 한 뒤에 병조에 보고해서 나중에 조사하여 잘잘못을 가리는데 고찰할 근거로 삼도록 하였다.[74)]

이러한 법전의 규정으로 볼 때 봉수제도는 법으로는 잘 갖추어졌으나, 실제로는 봉졸의 도망 등으로 제대로 작동되지 않았음을 알 수 있다. 따라서 법과 제도를 실천하기 위해서는 엄격한 시행, 즉 처벌이 불가피하였다.

경국대전에는 봉수제의 기본틀과 봉졸에 대한 대우만 규정하였을 뿐, 처벌에 대해서는 아무런 규정이 없다. 다만 위에서 살펴본 것처럼 경계를 게을리해서 적군의 침입을 받아 인명이 살상되거나 성이 함락되었을 때에 대해 대명률의 규정을 적용하는 것뿐이었다. 봉수제를 운영하면서 구체적인 처벌규정이 등장하기 시작하였다. 1532년(중종 27)의 다음 수교가 첫 사례이다.

적의 모습이 나타났는데도 봉수를 올리지 않으면 그 봉졸은 장 80으로 처벌하고, 수령과 鎭將에게는 봉졸보다 1등을 내려 장 70으로 처벌한다. 적이 국경에 가까이 왔는데도 봉수를 올리지 않으면 그 봉졸은 장 100으로 처벌하고, 변방의 먼 곳으로 충군한다. 그리고 수령과 진장은 장 100으로 처벌하며 파직하고 서용하지 않는다. 적과 전투가 벌어졌는데도 봉수를 올리지 않으면 그 봉졸은 물론 수령과 진장도 참형에 처한다.[75)] 즉 적의 상황에 따라 봉졸과 수령, 진장 등에 대한 처벌의 강도를 높여 장70에서 참형까지로 처벌하였다.

이어서 약 20년 후인 1556년(명종 11)에는 봉졸의 임무를 더욱 특정하고 이를 감시하는 監考를 선정하고 이들의 책임까지 물었다.

먼저 봉수의 煙臺가 있는 각 고을에서는 봉졸들을 다른 역에 정하지 않고 경계를 하는 일에만 전념하게 하였다. 그리고 사리를 알고 부지런하며 재간이 있는 品官 각 4인을 별도로 監考로 지정하여 2번으로 나누어 서로 교대하면서 밤낮으로 봉졸이 제대로 근무하는 지를 규찰하도록 하였다. 만일 사변이 일어났는데도 봉화가 끊겼다면 그곳의 수령은 장 80으로 처벌하고, 감고는 장 100

74) ≪受教輯錄≫〈兵典〉[烽燧] 584 "○北路烽軍 依法充數 機械定數 分付備上後 報兵曺 摘奸憑考 [康熙乙丑承傳]"

75) ≪受教輯錄≫〈兵典〉[烽燧] 581 "○賊現形 不擧烽燧 杖八十 守令鎭將杖七十 賊近境 不擧者 杖一百 發邊遠充軍 守令鎭將 杖一百 罷職不叙 接戰不擧者斬 守令鎭將斬[嘉靖壬辰承傳]"

으로 처벌하며, 담당 아전과 봉졸은 장 100으로 처벌한 다음 極邊 지역의 군인으로 삼되 모두 형벌을 금전으로 대신[收贖]하지 않고 실제로 형을 집행한다. 적이 당도했는데도 봉화를 올려 보고하지 않은 곳의 봉졸은 군법에 따라 먼저 참형에 처한 후에 啓를 올려 아뢴다.[76]

1532년의 수교와 1556년의 수교를 비교해 보자. 먼저 행위 태양은 적의 출현·적의 접근·적과의 교전시에 봉화를 올리지 않은 것[不擧火]과 사변 시·적도래시 봉화의 단절[不報]이다. 다음 처벌의 객체는 각각 봉졸 및 수령·진장과 봉졸·담당아전 및 감고이다. 그리고 처벌은 봉졸의 경우 장 80에서 참형까지와 장 100에서 참형까지이며(1556년의 수교에는 담당 아전도 포함), 수령과 진장은 장 70에서 참형까지와 수령은 장 80, 감고는 장 100이다.

이를 볼 때 1532년의 수교는 국경에 접하고 있는 봉수대에서 적변의 상황에 맞게 봉화를 올리지 않은 봉졸과 수령·진장 등을 처벌하려는 것이 그 취지이다. 이에 반해 1556년은 봉화가 중단된 경우, 봉졸과 담당아전은 물론 봉졸을 감독하는 수령과 감고 등을 처벌하는 것이 주목적이다. 직접 봉화를 담당하는 봉졸의 경우, 국경 부근의 봉수대에서 봉화를 올리지 않는 것보다는 중간에 단절하는 것을 더 무겁게 처벌하였다. 봉졸을 감독하는 수령의 경우, 일률적으로는 논할 수 없지만 반대로 중단된 경우를 더 무겁게 처벌하였고 볼 수 있다.

세종대에 봉수제의 기본틀이 갖추어지고 이후 부분적인 보완을 거쳐 성종대에 반포된 경국대전에 규정되었다. 이후 몇 차례 賊變을 겪으면서 봉화가 제대로 전달되지 않게 되자 봉졸 등에 대한 처벌과 처우 그리고 감시체제와 감독책임을 더욱 구체화한 것이다. 이들 수교는 경국대전에서 처벌규정으로 상정하고 있는 대명률보다는 더욱 加重處罰하는 특별법에 해당하는 것이다.

실제 봉수제가 가장 큰 문제가 된 때는 임진왜란 때이었다. 봉수제는 거의 작동이 되지 않았고 그 대안으로 직접 사람이 전달하는 파발제가 도입되었다. 정유재란이 발발한 1597년(선조 30) 明의 파발제를 도입하였다.[77] 그러나 임진왜란 동안에는 봉수제와 관련된 수교 등은 보이지 않는다. 임진왜란 이후에 처

76) ≪受教輯錄≫〈兵典〉[烽燧] 582 "○烽燧煙臺所在各官 烽軍等毋定他役 專爲候望 事知勤幹品官 各四人 別定監考 分二番相遞 晝夜檢擧 萬一有事變絶火處 守令決杖八十 監考杖一百 色吏烽軍杖一百 極邊充軍 並除收贖決杖 賊到處不報火烽卒 依軍法處斬後 啓聞 [嘉靖丙辰承傳]": 여기서 '啓'는 임금에게 보고하는 문서의 양식이다.

77) 南相虎, 앞의 논문, 74-7면.

음으로 나타나는 봉수제와 관련된 수교는 1627년(인조 5)의 수교이다. 봉화대 등을 점검할 때에 빠지거나 봉화를 올리지 않은 봉졸과 伍長은 각각 장 100으로 처벌하고, 감고와 담당아전은 장 90으로 처벌하며, 수령과 鎭將은 장 80으로 처벌하도록 하였다.78)

위 수교는 1627년 1월 여진족이 침입한 정묘호란을 즈음한 수교로 봉화제를 더욱 강화하기 위한 조처이다. 여기서는 봉졸 등 근무자에 대한 감찰을 강조하고 있다. 이러한 조처는 전쟁이 끝난 후에도 지속되어, 1703년(숙종 29)의 수교에서도 확인되고 강화되었다.

즉, 平時와 같이 특별한 일이 없을 때에도 점검에 빠지거나 봉화를 올리지 않는 자는 軍官·監考·봉졸을 막론하고 각별히 무거운 형률을 적용하여 棍杖을 집행한 후에 가장 먼 변방 지역에 충군하되 이것만으로는 엄벌하려는 의지가 약하므로 형벌의 등급을 더해 죄를 논단하여 모두 함경도의 마천령 이북지역[北關]의 각 진에 충군하도록 하였다.79) 여기에서는 대명률에서 규정한 刑具인 杖이 아닌 軍人과 强竊盜에 대한 형구인 棍杖으로 형을 집행할 것을 선언한 것이 특징적이다.

실제 적변이 있는데도 봉화를 올리지 않는 것뿐만 아니라 거짓으로 봉화를 올리는 것도 문제로 되었다. 1701년(숙종 27)에는 거짓으로 봉화를 올리는 자는 봉화를 올린 장소가 烟臺이거나 다른 곳이거나 가리지 않고 모두 참형에 처한 다음 그 시체를 저자거리에 매달아서 다른 사람에게 경계를 삼게 하였다[梟示].80) 그리고 1735년(영조 11)에는 봉수대 아래에서 거짓으로 봉화를 올린 자는 먼 외딴섬에 유배하였다.81) 국경의 급보를 전하는 봉화는 정확한 전달이 중요하였기 때문에 거짓으로 봉화를 올리는 것을 봉화를 잘못 전달하거나 단절하는 경우보다 더욱 엄하게 처벌하였다.

경국대전이 반포된 후 봉화와 관련되는 규정은 대전후속록과 수교집록 등에 분산적으로 수록되었다. 경국대전 반포 후의 규정은 주로 봉화를 제대로 올

78) ≪受教輯錄≫〈兵典〉[烽燧] 583 "○摘奸時闕點 及不擧烽火軍伍長 各杖一百 監考色吏 杖九十 守令鎭將 杖八十[天啓丁卯承傳]"

79) ≪新補受教輯錄≫〈兵典〉[烽燧] 662 "○無事時 闕點不擧火者 勿論軍官監考烽軍 各別從重決棍後 以極邊充軍 加等論斷 並於北關各鎭充軍 以示嚴治之意[康熙癸未承傳]"

80) ≪新補受教輯錄≫〈兵典〉[烽燧] 660 "○僞擧烽火者 勿論烟臺與他處 一併梟示[康熙辛巳承傳]"

81) ≪新補受教輯錄≫〈兵典〉[烽燧] 663 "○烽臺下僞擧烽火者 絶島定配 [雍正乙卯承傳]"

리지 않은 경우에 대한 처벌이 대부분이다. 이에 대해서는 대명률에는 직접적인 규정이 없다. 하지만 봉화를 제대로 전달하지 못하였기 때문에 인명의 살상과 성의 함락 등 결과에 대한 규정은 있었고, 이에 따라 처벌하였다. 그러나 실제로는 대명률보다는 훨씬 엄하게 처벌을 하였고, 이것들이 수교의 형태로 잠정적이나마 후대를 구속하였다. 이런 수교들은 개별사건을 처리하는 과정에서 등장한 것이다. 따라서 이러한 수교는 다시 경국대전과 같은 종합법전을 편찬할 때 종합·정리되어야 했다.

3. 봉수법제의 종합

경국대전 이후의 각종 수교는 1747년(영조 23)에 편찬된 ≪續大典≫에 일차적으로 정리되어 1785년(정조 9)의 ≪大典通編≫, 1865년(고종 2)의 ≪大典會通≫에까지 연속되었다. 양란이 끝난 후 사회가 어느 정도 안정이 되어서야 비로소 법전의 편찬에 착수할 수 있었다. 속대전 편찬의 기초는 경국대전 반포 이후에 양산된, 그래서 때로는 비슷하고 때로는 모순된 수교를 종합하는 것이다. 이 작업은 앞서 본 1698년(肅宗 24)의 ≪受敎輯錄≫과 1740년(英祖 16)의 ≪新補受敎輯錄≫의 편찬으로 완결되어 1746년(영조 22)에 ≪續大典≫이 편찬되었다.[82] 그리고 속대전에서 누락된 수교와 그 이후의 수교를 종합한 1875년(정조 9) ≪大典通編≫이 반포되었다.[83] 1865년(高宗 2)에 반포된 ≪大典會通≫은 六典體制를 따른 조선왕조 마지막 종합법전으로, ≪大典通編≫ 반포 이후와 당시 수교를 종합한 것이다.[84] 이는 조선시대 입법의 기본원칙인 '祖宗成憲尊重主義'에 따라 경국대전, 속대전, 대전통편의 조문을 집성한 것이다.[85]

경국대전 반포 이후의 수교가 속대전에서 어떻게 종합되어 규정되었는지에 대해 살펴보자. 먼저 서울에서 봉화를 보고하는 자가 "五員"에서 守直禁軍으로 바뀌었다.[86] 금군은 禁軍廳이나 龍虎營에 배속되어 宮中을 지키고, 임금

82) 洪順敏, 「조선 후기 法典 編纂의 推移와 政治運營의 변동」, 『한국문화』 21(서울대학교 한국문화연구소, 1998.6) 및 정긍식, 「續大典의 위상에 대한 소고—'奉祀 및 立後'조를 대상으로—」, 『법학』 46-1(서울대학교 법학연구소, 2005) 참조.

83) 염정섭, 「大典通編 해제」, 『大典通編』(서울대학교 규장각, 1998) 참조.

84) 정긍식, 「大典會通의 編纂과 그 意義」, 『법학』 41-4(서울대학교 법학연구소, 2001) 참조.

85) 경국대전의 규정은 '原', 속대전의 규정은 '續', 대전통편의 규정은 '增', 대전회통의 규정은 '補'로 陰刻으로 표시하였다. 본고에서는 개별적으로 또는 "[續]" 등으로 표시한다.

86) ≪大典通編≫ 〈兵典〉 〈烽燧〉 "[原] … 京則五員 〈할주: [增] 今 守直禁軍〉"

이 거둥할 때 호위와 경비를 맡아하는 군인이다. 궁궐과 임금을 호위하는 수직 금군의 당연한 임무로 1666년(현종 7)에 內禁衛・兼司僕・羽林衛를 합쳐 금군청을 설치하면서 수정된 내용이다. 그리고 ≪大典通編≫에서는 木覓山의 烽燧將은 忠順衛가 혁파된 후 그 대신 禁軍 중 녹봉이 후한 자로 하여금 윤번으로 守直하게 하는 것으로 개정되었다.[87] 이러한 담당군인의 변화 그리고 우대는 목멱산 봉수를 중시하였기 때문에 나타난 결과이다.

봉졸의 임무와 우대 그리고 임무를 해태한 경우의 처벌에 대해서도 속대전에 규정되었다. 즉 烽燧煙臺에 所在하는 烽軍 등은 다른 身役에 充定될 수가 없으며 오로지 望을 보는 일에 전념하도록 하였다. 그리고 이들이 제대로 근무하고 있는지를 감시하기 위해 監考를 두었다. 감고는 부지런하고 재능이 있는 品官 각 4인을 선정하여 2番으로 나누어 서로 교대하여 밤낮으로 烽燧를 올리는 상태를 점검하도록 하였다. 그리고 만약 煙火가 끊어진 곳이 있으면 守令은 杖 80에 처하고 監考는 杖 100에 처하며 色吏와 烽軍은 杖 100에다 極邊으로 充軍하되 모두 收贖하지 않고 형벌을 집행하도록 하였다. 적변이 있어도 이를 봉화로 알리지 아니한 봉졸은 법에 따라 먼저 斬刑에 처한 후 임금에게 보고하도록 하였다.[88]

이 속대전의 규정은 위 1556년(명종 11)의 수교를 그대로 이은 것으로 봉화의 단절을 막고 만약 단절된 경우 처벌하기 위한 규정이다. 이와 유사한 1532년(중종 27)의 수교, 즉 처음부터 봉화를 올리지 않은 경우의 처벌규정은 전혀 반영이 되어 있지 않다. 이러한 속대전의 입법태도는 어디서 연유하는 것일까? 일단 봉화를 올리지 않은 것에 대해 규정을 하지 않은 것은 대명률에 따라 처벌하겠다는 세종대와 이를 반영한 경국대전의 입장을 존중한 것이다. 그러나 경국대전은 물론 대명률에서도 봉화가 중단되었을 때에 처벌하는 규정은 없다. 따라서 이에 대비한 별도의 입법이 필요하고 그 단초는 1556년의 수교였으며, 속대전은 이를 그대로 이은 것이다. 그리고 봉수대 근무자에 대한 규찰을 규정한 1703년의 수교도 속대전에 반영되었는데, 함경도 마천령 이북의 각 鎭의 군인으로 삼는 것은 삭제되었다.[89]

---

87) ≪大典通編≫〈兵典〉〈烽燧〉"木覓山烽燧將忠順衛革罷之代 以禁軍中祿厚者 輪回守直"

88) ≪續大典≫〈兵典〉[烽燧] "烽燧煙臺所在烽軍等 毋定他役 專爲候望〈할주: 勤幹品官各四人別定監考 分二番相遞 晝夜檢擧 或有絶火處 守令決杖八十 監考杖一百 色吏・烽軍杖一百 極邊充軍 並除收贖決杖 賊到處不報火烽卒 依法處斬後 啓聞〉"

거짓으로 봉화를 올린 경우에 대한 수교도 속대전에 반영되었다. 먼저 거짓 봉화를 올린 자를 연대 여부와 관계없이 극형에 처하는 1701년의 수교는 속대전에 반영이 되었는데, 형벌이 '梟示'에서 '一律'로 규정되었다.[90] 이는 대전통편에서는 더욱 강화되었다. 즉 거짓으로 烽火를 올린 자는 斬刑으로 처벌하는데 추분을 기다리지 아니하고 즉시 집행하였으며, 烽燧臺 근처에서 放火한 자는 斬刑으로 처벌하는데, 추분을 기다려 집행하였다.[91] 다만 봉수대 아래에서 거짓 봉화를 올린 자를 처벌하는 1735년의 수교는 삭제되었는데, 이는 전체적으로 보아 1701년의 수교에 포섭될 수 있기 때문에 속대전을 편찬하면서 굳이 별도로 수록하지 않았다. 그리고 큰 흐름으로 보아 거짓 봉화는 아주 엄격하게 처벌하였다고 할 수 있다. 다만 형벌의 측면에서는 '梟示'에서 '一律'로, 그리고 '不待時斬' 또는 '待時斬' 등으로 완화되었을 뿐이다.

그리고 연대를 비롯한 봉수대 시설을 보호할 필요가 있어서 ≪大典通編≫에는 이와 관련되는 규정이 추가되었다. 烽燧臺에는 標를 설치하여 경계를 분명히 정하고 거짓으로 烽火를 올리거나 放火한 것 따위를 막론하고 100步 이내에 그런 일이 생겼을 경우에는 兵曹에서 맡아서 다스리고, 100步 밖의 경우에는 해당 軍營에서 담당하여 다스리도록 하였다.[92] 봉수를 관장하는 병조의 속아문은 武備司로, 軍籍과 馬籍, 兵器, 군사의 검열과 훈련, 城堡와 봉수 등 군사시설을 관장하였다. 그리고 봉수대가 위치하는 곳은 산정상으로 사방이 터여 있어 전망이 좋은 곳이다. 그래서 봉수대 주위는 巫俗行爲 등이 설행하기 좋은 곳이다. 이러한 행위로부터 봉수시설을 보호하고 또 봉졸이 근무를 제대로 할 수 있도록 무속행위 등에 대해서도 규제를 하였다. 즉 烽燧臺 근처에서 국가에서 인정하지 않은 제사[淫祀]나 祈禱는 금지하며 이를 위반한 자에 대해서는 지방관이 制書有違律로 처벌하도록 하였다.[93] 여기 처벌의 근거조문인 制書有

89) ≪續大典≫ 〈兵典〉 [烽燧] "○無事時闕點者 勿論軍官·監考·烽軍 各別從重決棍"

90) ≪續大典≫ 〈兵典〉 [烽燧] "僞擧烽火者 勿論煙臺與他處 並用一律"; 기존의 번역본에서는 단순히 "極刑"이라고 하고 있다(李鍾日, 앞의 책, 263면 참조). 그런데 입법연혁을 고찰하면 '梟首'일 듯하다. 그러나 '효시' 대신에 '一律'으로 굳이 표현을 바꾼 것을 고려하면, 효수가 아닌 일반적인 사형, 즉 교형이나 참형으로 볼 수 있을 듯하다.

91) ≪續大典≫ 〈兵典〉 [烽燧] "[增] 擧僞烽者 不待時斬 近處放火者 待時斬"; 조선시대 사형은 자연의 섭리에 맞추어 원칙적으로 가을과 겨울인 추분에서 춘분 사이에 집행하였다. 율문에서 "(不)待時[絞/斬]"라고 할 때 '時'는 바로 가을이 시작되는 추분을 가리킨다.

92) ≪大典通編≫ 〈兵典〉 [烽燧] "○烽臺設標定界 毋論僞烽·放火等事在百步內者 本曹句管 百步外者 該營當之"

93) ≪大典通編≫ 〈兵典〉 [烽燧] "○烽臺近處 禁淫祀祈禱 犯者 地方官施以制書有違律"

違律은 ≪大明律≫ 〈吏律〉 「公式」에 있는 조문으로 국왕의 명령을 이행하지 않거나 준수하지 않는 행위를 장 100으로 처벌하는 것이다.[94] 다만 대개 제서유위률은 처벌객체를 官人인 경우가 많은데, 이 경우는 일반백성인 점이 특징적이다.

또 봉수의 중요성에 비추어 전기보다 봉졸을 우대하는 조처가 있었다. 앞서 본 것처럼 경국대전에서는 봉졸의 보인으로 1保를 주었으나, 속대전에서는 1丁을 추가로 배정하였다. 즉 봉대마다 25호의 봉졸을 두고 그들에게는 모두 1보1정을 주며, 2정을 1보로 하였다.[95] 나아가 대전통편에서는 전국의 봉수가 집결되는 목멱산과 무악산의 봉졸과 보인은 더욱 우대하였다. 두 산의 봉졸과 보인은 각각 120명으로 5명씩 24번으로 나누어 6일마다 교대근무를 하게 하였다. 또 봉졸호는 30호로 정하고 호에는 보인 3명을 배정하였다.[96]

전체적으로 속대전을 편찬하면서 기존의 수교를 그대로 수용하면서 부분적인 수정만 하였다. 그리고 대전통편과 대전회통을 편찬할 때에는 이후에 추가된 수교를 수용하였다. 속대전 편찬 이후에 새로이 추가된 수교는 봉수대의 시설을 보호하기 위한 조처와 봉수제의 중요성에 비추어 봉졸을 우대하는 조처이다. 그러나 이러한 노력과 입법조처에도 불구하고, 개국과 통신기술의 도입으로 대전회통이 편찬된 지 30년이 지나 봉수제는 역사의 뒷골목으로 사라졌다.

Ⅳ. 맺 음 말

고대 원거리 통신수단인 봉수는 불과 연기를 이용하여 정보를 전달하는 수단으로, 중국에서는 唐代에 확립되었다. 우리나라에서는 고려시대에 완비되어 조선으로 이어졌으며, 조선의 문화가 꽃을 피운 세종대에 전국적인 조직이 갖추어지는 등 봉수제도의 근간이 확립되었다. 이후 부분적인 보완을 거

94) ≪大明律≫ 卷3 〈吏律〉 「公式」 [制書有違] "무릇 제서를 받들어 시행함에 있어 위배되는 바가 있을 경우에는 장100으로 처벌한다(凡奉制書 有所施行而違者 杖一百).": '제서'는 황제의 명령이다.

95) ≪續大典≫ 〈兵典〉 [給保] "諸色人給保有差 〈할주: … 烽燧軍 每烽臺二十五戶, 並給一保·一丁, 二丁爲一保〉"

96) ≪大典通編≫ 〈兵典〉 [烽燧] "○木覓·毋岳兩山烽軍戶·保 並〈할주: 戶三十戶 每戶各給保三名〉 各一百二十名 分作二十四番 〈할주: 每番 五名立番 六日替〉"

쳐 1485년(성종 16)에 편찬된 ≪경국대전≫에 규정되었다.

≪經國大典≫ 〈兵典〉 [烽燧]조에서는 거화수, 담당기관, 봉수노선 등 봉수제도의 기본적인 것만을 규정하였다. 그리고 이와 관련된 처벌규정은 ≪大明律≫ 〈刑律〉 「軍政」편의 조문에 따라 처벌하였다. 그리고 봉수제를 직접적으로 규정하고 있는 ≪唐律疏議≫를 부분적으로 수용하기도 하였다. 대명률에서는 당률과 달리 봉수제를 직접 규정하고 있지 않았다. 그렇기 때문에 대명률에 포섭될 수 없는 사건이 발생하면 대명률의 규정 등을 참조하여 새로운 수교를 제정하여 처벌하였다.

경국대전이 편찬된 후 봉수제와 관련된 규정이 증가하였는데, 관련자들이 제대로 근무하지 않은 경우에 대한 처벌규정이 대부분이었다. 이러한 과정을 거쳐 봉수제와 관련된 법의 내용은 풍부해졌다. 이러한 규정은 1747년(영조 23)의 ≪續大典≫에 거의 그대로 반영되었으며, 이후 부분적으로 추가된 내용은 1785년(정조 9)의 ≪大典通編≫에 추가되었다. ≪續大典≫ 등을 편찬하는 과정은 경국대전이 반포된 이후의 수교를 내용적으로 정리하는 것이었다. 전체적으로 볼 때 조선초기 봉수제를 정비할 때보다는 규정이 늘어났다. 또 이러한 규정은 대개는 처벌규정으로 일반형사법으로 예정하고 있는 대명률보다 형벌이 엄한 것으로 오늘날의 개념을 빌려 표현하면 특별법에 해당하는 것으로 우선적으로 적용되었다.

그러나 봉수제도는 그 군사적 중요성에도 불구하고 제대로 작동되지 않았다. 초기부터 논란이 되었으며, 특히 임진왜란 때에는 거의 제 기능을 하지 못하여 1597년 정유재란이 발발하면서 明의 擺撥制를 도입하였다. 그래서 일시적으로 폐지되었지만, 속도 등의 면에서 다시 주목을 받았다. 특히 孝宗代에 북벌을 논의하면서 봉수제는 부활되었고, 다양한 개선방안이 제시되었다. 봉수제는 실제의 작동 여부와 큰 관계없이 1895년 근대적 전기통신기술이 도입될 때까지 조선시대의 군사통신망의 근간으로 유지되었다.

봉수제는 국방상의 중요성과 법제도의 지속적인 보완과 수정에도 불구하고 제 기능을 다하였다고는 볼 수 없다. 그 이유는 우선적으로는 근무자의 태도이다. 戰時보다는 平時가 많은 것이 당연하며 또 희망이다. 이러한 상황에서 항상 철저히 경계할 것을 기대하는 무리일지도 모른다. 또 봉졸 등 근무자의 열악한 근무여건이다. 특히 국경부근의 연변의 봉수는 적의 습격과 맹수의 공격에 무방비 상태로 노출되어 있다. 그리고 봉수는 험준한 산의 정상에 위치하고 있기 때문에 아무래도 가족들과 떨어져 지내야 하는 등의 문제가 있다. 그들은 신분으로는 양인이지만 실제 하는 일은 賤役으로 신분도 낮았다.

이러한 상황에서 국가의 지속적인 관심과 정책적 배려 그리고 임무를 제대로 수행하지 않을 때 엄격한 처벌 — 시체를 저자거리에 매다는 梟示까지 — 에도 불구하고 중앙집권적 군사통신망인 봉수가 제대로 작동하지 않았다. 그러나 실패는 필연적 결과가 아닐까? 제도를 갖추기 위해서는 제도만이 아니라 이를 위한 물적 시설을 갖추고 있어야 하며 또 이를 운영·유지할 인적 자원의 구축도 필요하다. 이 점은 일상적 위험 — 그 위험은 결코 위험이 아니다 — 속에 살고 있는, 흔히 말하는 '위험사회(risk society)'에 대한 역사적 시사점이 아닐까?

◈ 부록 — 봉수도

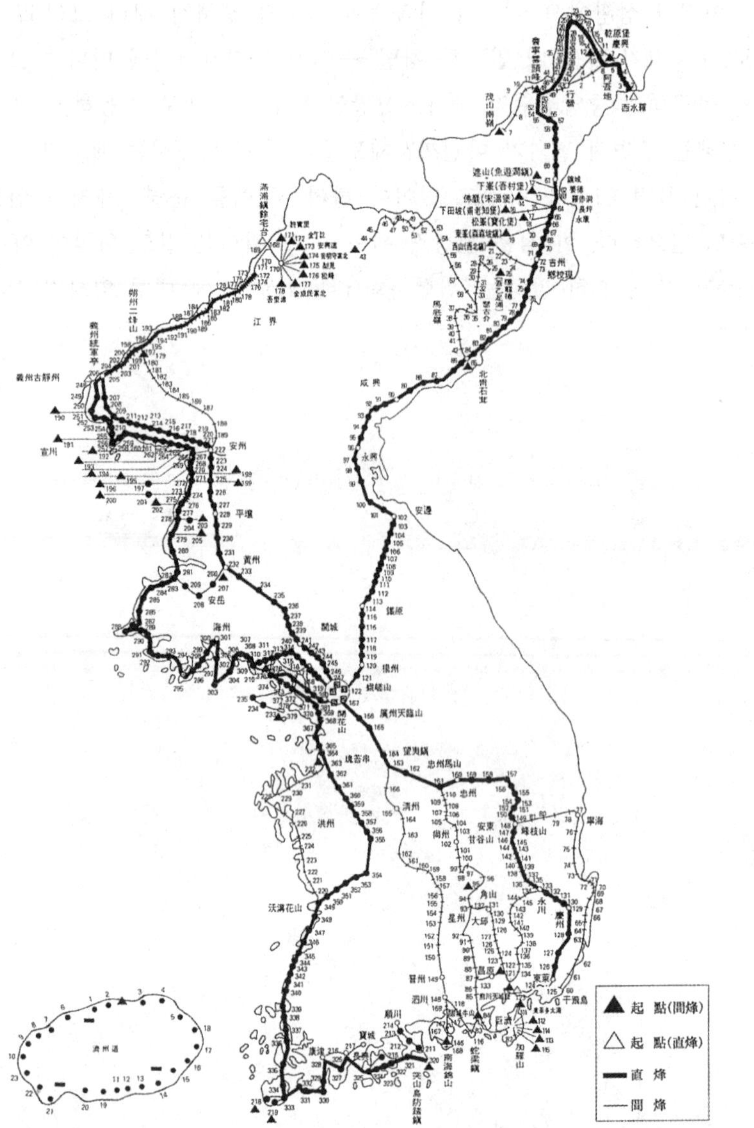

조선 후기 전국 봉수지도 자료:『증보문헌비고』

* 출전: 조명호 · 김주홍,『한국의 봉수』, 224쪽.

제5부 기술혁신과 경쟁질서

제23장

技術革新과 競爭의 法則

정 상 조*

Ⅰ. 머 리 말

1. 技術革新과 競爭의 의미

技術革新과 競爭이 무엇인가는 한마디로 말하기 어렵지만, 기술혁신과 경쟁을 가능하게 해 주는 法則이 무엇인가는 더욱 어려운 질문이 될 것이다. 革新과 競爭은 일상적으로 빈번히 사용되는 용어이지만 실제로 그 경제적, 경영학적 또는 법적 의미를 분석해 보면 아주 다양한 의미를 내포한 용어임을 부인할 수 없다. 첫째, 혁신에는 經營方法상의 혁신도 있고 生産方法상의 혁신도 있는가 하면 생각하는 방식의 추상적인 혁신도 있고 반복적으로 구체적인 결과물을 생산해내는 技術的 革新도 있다. 둘째, 경쟁의 의미도 혁신주체의 시각에서 본 경쟁은 자신의 競爭上 地位를 높이는 것인 데 반해서, 시장 전체의 시각에서 본 경쟁은 市場占有率과 競爭制限的 行爲 등으로 인해서 타인의 경쟁을 제한하는지 여부의 문제를 의미하기도 한다. 셋째, 개인 企業의 차원에서는 수익성이 높은 혁신을 통해서 관련시장에서 최고의 競爭力을 확보하는 것이 최대의 과제가 되겠지만, 사회 전체의 경제적 시각에서 보면 지속가능한 혁신의 촉진과 消費者 厚生(consumer welfare)의 향상을 도모할 수 있는 有效한 競爭을 확보하는 것이 중요한 과제가 될 것이다. 넷째, 技術的 革新은 기존 시장의 競爭에 커다란 영향을 미치거나 전혀 새로운 市場을 펼쳐주기도 하고, 이러한 기술

* 서울대학교 法科大學 教授, 서울대학교 技術과法센터장.

과 시장의 변화에 따라서 法도 변화하거나 法的인 변화가 요구되기도 한다.

여기에서는 무엇이 기술혁신과 공정한 경쟁을 촉진하고 가능하게 해주는가에 한정해서 생각해 보도록 한다. 고전경제학의 아버지 애덤 스미스가 '국부론'에서 설파한 바와 같이, 개인과 기업의 이기심이 '보이지 않는 손'을 통해서 국부의 증가에 기여하게 된다고 보면, 경제주체의 利己的 經濟行爲 또는 자유와 창의를 토대로 한 私的自治를 가능하게 해 주는 契約과 不法行爲의 법리만으로도 혁신과 경쟁이 어느 정도 가능하고 촉진될 수도 있을 것이다.[1] 그러나 아담 스미스의 '보이지 않는 손'은 자유롭고 공정한 경쟁이 이루어지는 理想的인 市場에서만 작동되는 불완전한 경제법칙이고, 아담스미스가 중시한 '利己心'이라는 동기는 혁신을 위해서도 작동되지만 모방과 무임편승을 위해서도 작동되는 양면성의 심리법칙이다. 경쟁이 왜곡되기 쉬운 현실의 시장환경에서 '보이지 않는 손'을 회복시키기 위해서 공정거래법이 생기고, '이기심'이 모방보다는 혁신의 방향으로 달려갈 수 있도록 유도하기 위해서 다양한 종류의 지적재산권법이 탄생한 것이라고 말할 수 있다. 이하에서는 기술혁신을 촉진하고 유효한 경쟁질서를 확보하기 위해서 特許法과 公正去來法이 어떠한 역할을 수행하는지 검토해 보도록 한다.

2. 技術革新과 競爭의 법칙으로서의 特許法

우리나라의 特許法은 역사적으로 여러 가지 기능을 수행해 왔다. 일제시대에는 일본인들의 시장확장의 법적 도구로서 기능한 바도 있고, 해방 이후에는 열악한 산업구조와 기술적 기반으로 인해서 장식물에 불과했던 시기도 있고, 80년대 중반이후에는 미국 등 외국의 보호강화 요구와 국내 기술집약적 산업의 발전에 힘입어서 技術革新의 효율적인 견인차로서의 기능을 수행해 왔다. 기술혁신을 촉진하고 보호하는 데에는 특허법 이외에도 영업비밀보호에 관한 부정

1) 근대적인 모습의 저작권법이 제정되기 이전에 영국에서 보통법으로 발전해온 계약 및 불법행위법이 저작자의 경제적 이익을 보호해 준 바 있고(From Rights in Copies to Copyright: The Recognition of Authors' Rights in English Law and Practice in the Sixteenth and Seventeenth Centuries, The Construction of Authorship(Duke University Press, 1994), pp. 206-207), 우리 서울지방법원 1995. 1. 18.자 94카합9052 결정에서 본 바와 같이 저작권법에 명문의 규정이 없더라도 묵시적 계약의 법리를 통해서 업계의 관행과 예술가의 이익을 보호해줌으로써 예술활동을 촉진하는 기능을 보여준 바도 있다.

경쟁방지법이라거나 민법상 계약 및 불법행위에 관한 규정 그리고 재산과 비밀을 보호법익으로 한 형법규정 등도 있다. 다른 한편으로는, 기술혁신을 촉진한다고 하는 특허법의 기능에 관해서도 다양한 견해와 많은 논란이 있다. 특허법이 과연 기술혁신을 촉진한다고 하는 기능을 수행하는 데 효율적인 제도라고 말할 수 있는가라고 하는 근본적인 의문으로부터 시작해서, 특허법이 기술혁신을 촉진하더라도 그 부작용으로 특허권이라고 하는 배타적 지위가 관련 시장에서 競爭을 제한함으로써 궁극적으로 消費者厚生을 떨어뜨리고 기술혁신도 위축시킨다고 하는 이론적 비판이 제기되고 있다. 특히, 소프트웨어관련 발명 내지 營業方法 發明에 대한 특허출원과 그에 대한 특허권등록이 급증하고 있는데, 특허제도가 소프트웨어 내지 인터넷산업에서의 競爭을 제한하거나 위축시키는 것이 아닌가하는 심각한 의문이 제기되고 있다.[2] 본래 特許法은 혁신을 촉진함으로써 경쟁에도 기여할 수 있는 것으로 이해되어 왔지만, 무효가능성의 증가 및 특허권남용 가능성의 증가로 인해서, 특허법이 혁신은 촉진할 수 있지만 경쟁제한의 부작용을 어떻게 줄일 수 있는가의 문제가 중요한 과제로 등장하게 되었다.[3] 따라서, 이제 특허법이 혁신과 경쟁에 어떠한 영향을 미치고 있고 어떻게 혁신과 경쟁을 동시에 촉진시킬 수 있는가에 관한 체계적인 연구를 해보아야 한다.

3. 技術革新과 競爭의 법칙으로서의 公正去來法

우리나라의 公正去來法은 物價安定을 주된 목적의 하나로 삼고 출발한 후,[4] 지난 20여 년간 재벌규제 또는 경제적 집중억제를 최고의 지상과제로 삼고 운영되어 왔다. 기본적으로 공정거래법은 자유롭고 공정한 경쟁을 통해서 최적의 가격과 수량으로 상품과 서비스가 공급될 수 있도록 해줌으로써 궁극적으로 소비자 후생을 향상시키기 위한 것이다. 물가안정이나 재벌규제도 소비자 후생의 향상에 중요한 과제이지만, 技術集約産業 또는 知識基盤經濟하에서는 공정거래법이 새로운 상품과 서비스의 개발을 촉진함으로서 소비자 후생을 향

2) Julie E. Cohen & Mark A. Lemley, Patent Scope and Innovation in the Software Industry, 89 Cal. L. Rev. 1(2001), p. 46.

3) John R. Thomas & Wendy H. Schacht, Patent Reform: Innovation Issues(CRS Report for Congress, 2006), CRS-12.

4) 물가안정에관한법률(제정 1973. 03. 12 법률 제2599호).

상시키는 보다 중요한 기능을 가지고 있다. 독과점기업은 기술개발을 해야 할 필요성을 크게 느끼지 못하겠지만, 경쟁적인 시장에서는 기업들이 보다 먼저 뛰어난 기술을 개발하기 위한 치열한 경쟁을 하게 된다. 다시 말해서, 공정거래법은 가격과 수량에 관한 경쟁뿐만 아니라 技術革新에 관한 競爭도 촉진한다. 만일 관련 기술이 복제하기 어렵거나 복제하는 데 상당한 시간을 소요하는 경우에는, 경쟁사업자보다 먼저 기술혁신을 이룩한 기업은 특허제도의 도움 없이도 상당기간 동안 기술적 우위의 혜택을 누릴 수 있을 것이다. 그 이외의 경우에는, 먼저 기술혁신을 한 기업은 특허권을 취득할 수 있게 되기 때문에, 자유롭고 공정한 경쟁은 특허권취득의 경쟁을 통해서 기술혁신을 촉진한다.

Ⅱ. 技術革新과 特許權의 기능

1. 特許權의 經濟的 機能

자유경쟁의 시장질서 내에서 특허권이라고 하는 배타적 지위를 부여하는 것이 과연 타당하고 효율적인 것인가?[5] 特許權制度가 技術革新(innovation)과 創作(creation)을 촉진해서 科學·技術·文化·藝術의 발전에 커다란 기여를 해 왔다고 보는 견해도 있지만, 다른 한편으로 그 기능을 부정적으로 보는 견해도 있다. 17세기 초에 근대적인 특허권제도가 형성되면서부터[6] 지금에 이르기까지 부정적인 견해가 계속 있어 왔지만, 특히 19세기에 상당수의 경제학자들에 의하면, 특허권제도가 특허권자에게 獨占的地位를 가져다주고 독점은 자원의 배분을 왜곡시키고 경제의 효율성을 떨어뜨린다고 보아서, 특허권제도에 대해서 부정적인 견해가 많았고 나아가서 特許權制度의 폐지론까지 대두되기도 했었다.[7] 최근에는 Microsoft에 대해서 제기된 공정거래법 위반 관련 소송

5) F.-K. Beier, The Significance of the Patent System for Technical, Economic and Social Progress, IIC(1980), p. 563.

6) 英國의 James 1세 등에 의해서 자의적으로 부여된 정치적 특혜에 의해서 누리던 去來上의 特權들은 논외로 하고, 발명에 대한 投資를 誘引함으로써 기술과 산업을 발전시키기 위해서 형성된 합리적 법제도로서는 1624년에 영국의 Statute of Monopolies가 제정되었고, 그 뒤를 이어서 유럽대륙과 미국에서 그와 유사한 근대적 특허제도들이 도입되었다.

7) William R. Cornish, Intellectual Property(London, Sweet & Maxwell, 1989), p. 75.

과[8] 디지털화된 음악화일, 즉 mp3파일의 共有 및 複製防止技術의 회피를 둘러싼 논쟁에서 著作權 무용론 내지 폐지론이 제기되기도 했다.[9]

특허권이나 저작권이 존재하지 않는다면 발명활동과 창작활동은 비밀로 유지될 수 있는 성질의 발명이나 창작에 집중되거나 소수 이용자들과의 계약에 의해서 발명과 창작을 보호하려고 노력할 것이다. 그러나 비밀로 유지하는 것은 일반대중을 상대로 한 상업화에 커다란 제약요인이 될 것이고 계약에 의한 보호는 계약 당사자 이외의 제 3 자에 의한 무단이용을 차단하기 어렵다는 한계가 있다. 결과적으로 특허권이 존재하지 않는다면, 대부분의 인력과 자본이 비밀유지 또는 타인의 발명이나 창작을 모방하는 데 투입될 것이기 때문에 인력과 자본은 극히 비효율적으로 배분되는 결과가 초래될 것이다. 여기에서 특허법제도가 발명과 창작을 유도하는 경제적 인센티브가 되어서 인적·물적 자원의 효율적 배분을 가능하게 해주는 법제도라고 하는 측면을 가진다.[10] 중요한 생산요소의 하나인 土地 등의 物的資源의 효율적 배분을 위하여 소유권제도가 필요했던 것처럼, 特許法制度는 經濟學的 측면에서 보면 발명과 창작 등을 가능하게 하는 人的資源과 資本이 효율적으로 활용되도록 유도하기 위한 經濟的 인센티브라고 볼 수 있다. 다시 말해서, 특허권이라고 하는 경제적 인센티브를 통해서 장기적으로 발명과 창작을 유도함으로써 動態的 效率性(dynamic efficiency)을 도모하는 것이 특허권의 경제적 기능이라고 말할 수 있다. 특허권을 비롯한 특허권이 발명과 창작을 유도하는 인센티브로 기능한다는 것은 우리 인류의 역사적 경험에서도 확인되고 있다.[11]

특허권이 권리보유자에게 獨占에 의한 시장지배를 가능하게 해 준다면 자원배분의 왜곡과 경제적 효율성의 저하를 초래하는 역기능을 가지지만, 현실적으로는 특허권이 경제학적인 의미에서의 독점을 초래하는 경우는 아주 드물다. 경제학적인 의미의 독점이란 특정기업이 공급량 또는 가격을 일방적으로 조절할 수 있는 상태를 뜻하는데, 대부분의 경우에 특허권자가 그러한 지위에 있는 경우는 드물고 특허권자가 공급량이나 가격을 일방적으로 변경하더라도 소비

8) 홍명수, "Microsoft 사건에서 나타난 끼워팔기(tying)의 경쟁법적 검토," 정보법학 8卷 2號(2004. 12), 211면 이하.

9) www.copyleftmedia.org.uk; www.copyleft.co.nz; www.gnu.org/copyleft.

10) Richard A. Posner, Economic Analysis of Law(Little, Brown and Company, Boston and Toronto, 1977), p. 54.

11) F.-K. Beier, Op. cit., IIC(1980), p. 563.

자들은 代替財 또는 競爭的인 상품이나 서비스를 선택할 수 있기 때문에 시장 전체에서의 공급량이나 시장가격은 아무런 영향을 받지 않기 때문이다. 물론 예외적으로 특허발명의 기술적 진보가 아주 뛰어난 것이거나 아주 널리 알려진 저작물이 당시의 유행을 지배하고 있거나 또는 저명한 상표에 관한 반복적인 광고로 인하여 소비자에게 선택의 여지를 주지 않는 예외적인 경우에는 당해 특허권의 보유자가 공급량이나 가격을 일방적으로 조절할 수 있는 독점적 지위에 있을 수도 있다. 그러나 그러한 獨占的 地位의 形成이나 濫用에 대해서는 공정거래법이 적용됨으로써, 그 독점의 폐해가 시정될 수 있고 의약품과 같이 정부에 의한 가격통제가 이루어지는 경우도 있기 때문에,[12] 독점의 가능성만으로 특허권의 기능을 부정적으로 보거나 특허법의 폐지를 주장하기는 어렵다.

2. 研究 · 開發, 技術革新, 技術移轉

특허권제도가 보다 많은 발명과 창작을 유인 · 장려해서 과연 어느 정도로 과학 · 기술 및 문화 · 예술의 발달 및 산업과 경제의 발전에 기여하였는가를 분석해보아야 하겠지만 실제로는 그에 관한 평가가 어렵다. 가장 효율적으로 발명과 창작을 유인 · 장려하기 위해서 일정한 제도적 뒷받침이 있어야 한다는 데에는 이의가 없으나, 그러한 유인 · 장려가 특허권제도에 의해서 이루어져야 하는 것인지 또는 사회주의체제하에서처럼 국가로부터의 장려금지급 등 다른 제도에 의해야 하는 것인지에 대해서는 상당한 논란이 있을 수 있다. 특허권제도에 반대하는 자들은 상당수의 발명이 특허권제도의 유인과는 무관하게 아주 우연하게 이루어져 왔음을 지적한다. 실제로 학자들이나 연구가들의 순수한 연구의욕에 의해서 중대한 발명이나 위대한 창작이 이루어지고, 이들 학자들이나 연구가들은 특허권제도에 의한 보상보다는 순수한 성취동기 또는 영예감에 의해서 연구에 몰두하고 발명과 창작을 해 왔음을 부인할 수 없다. 그러나 Venture Capital과 같이 발명의 상품화에 대한 금융지원제도가 발달된 오늘날에는 개인 연구가들도 특허권제도에 의한 보상을 염두에 두고 연구 · 발명 · 창작에 종사하는 경우가 많다. 또한 대기업의 경우에, 특허권제도의 뒷받침이 없어도 대규모의 연구 · 개발(R&D) · 창작을 위해서 막대한 투자를 할 것인지는

---

12) Scherer and Weisburst, Pharmaceutical Patent Protection in Italy, IIC(1995), p. 1009.

극히 의문이다. 발명과 창작에 관한 상이한 동기들을 고려하면 특허권제도만이 효율적인 유인·장려 방법이라고 할 수는 없지만, 특허권제도가 자유경쟁시장에서의 투자회수를 기대하고 있는 대부분의 경제주체들에게 研究·開發, 技術革新, 創作의 효율적인 인센티브가 되고 있음은 부인할 수 없다. 다만, 특허권이 기술혁신과 창작의 인센티브로 기능하는 정도가 산업에 따라서 다소 다를 수 있다. 예컨대, 자동차 또는 섬유 산업에서는 기술혁신에 있어서 특허권의 취득이 그렇게 중요한 것으로 취급되지 않는데 반해서, 醫藥 및 化學産業에서는 특허권의 취득이 연구개발 및 기술혁신에 있어서 중요한 인센티브가 되고 있다.[13)]

특허권이라고 하는 경제적 인센티브는 발명과 창작을 촉진할 뿐만 아니라 국가간의 기술과 문화의 교류를 활성화하는 기능도 수행한다. 특허권의 보호가 주어지는 국가에는 모방이나 도용의 위험이 감소하기 때문에 특허권자와 이용자간에 실시허락 또는 이용허락을 통해서 기술과 문화의 교류가 왕성하게 이루어지고 로열티도 낮게 책정될 수 있다.[14)] 또한 특허권제도는 특허권과 같은 배타적 지위의 대가로서 발명을 공개토록 한다든가 저작권의 제한을 통해서 저작물이 널리 이용될 수 있도록 함으로써, 인류 전체가 가진 지식의 총량 증가에 직접적으로 기여한다. 예컨대 특허법은 特許出願人으로 하여금 명세서에 출원발명이 속하는 기술분야에서 통상의 지식을 가진 자가 용이하게 당해 발명을 실시할 수 있을 정도로 출원발명을 상세하게 기재하도록 요구하고 있는데, 이는 특허권 부여의 대가로 발명을 공개토록 해서 인류전체의 지식의 증가에 기여하도록 하기 위한 것이다. 이러한 맥락에서 특허권의 부여는 발명의 공개를 대가로 해서 특허권자와 국가(또는 일반 공중)와의 사이에 체결되는 계약이라고 설명하기도 한다. 명세서의 상세한 기재를 통해서 발명을 공개하도록 하는 것은 특허권자 이외의 제 3 자로 하여금 특허발명을 토대로 해서 새로운 발명을 하기 위한 연구개발투자를 하도록 정보를 제공해 주는 역할도 수행한다.[15)]

---

13) Edwin Mansfield, Patents and Innovation: An Empirical Study, 32 MGMT. SCIENCE 173(1986): Federal Trade Commission, "To Promote Innovation: The Proper Balance of Competition and Patent Law and Policy"(October 2003), p. 81에서 재인용.

14) Seok Yong Khang, Role of the Industrial Property Administration in Government Economic Policy Formulation and Implementation(WIPO Round Table Paper, Kuala Lumpur, April 5 to 7, 1993)은 Pfizer와 Roche의 직접투자를 그 예로 들고 있다.

15) Siegfried Grief, Patents and Economic Growth, IIC(1987), p. 191.

3. 特許權制度의 效率性

특허권제도가 기술혁신과 창작의 유인·장려에 어느 정도로 효율적인가 하는 것은 구체적인 특허권제도에 따라서 상당한 차이가 있을 수 있다. 그리고, 어떠한 발명과 창작에 대하여 어떠한 특허권을 부여할 것인가는 특정 국가의 경제적 발전단계와 기술수준에 따라서 좌우된다. 예컨대 특허받을 수 있는 발명으로서 화학물질 등의 물질발명이나 유전공학적 방법에 의한 식물발명 등을 포함시킬 것인지 여부라거나, 고안 또는 "작은발명"을 유인하고 장려하기 위하여 실용신안제도를 채택할 것인지 여부, 또는 산업디자인에 대하여 무심사등록 등의 방법으로 신속하지만 짧은 존속기간 동안 보호를 해 줄 것인가 여부라거나, 반도체집적회로와 컴퓨터프로그램 등의 새로운 지적산물에 대하여 저작권 또는 저작권유사의 법적 보호를 해 줄 것인지 여부 등은 특정 국가의 경제적 발전단계와 기술수준에 따라서 당해 국가가 법정책적으로 결정할 문제인 것이다. 세계 각국의 경험들을 종합해 보면, 특정 국가의 1인당 국민소득이 미화 8,000달러에 이를 때까지는 당해 국가의 특허법이 아주 낮은 수준의 특허권보호만을 인정하고, 그 이상으로 국민소득이 증가함에 따라서 특허권의 보호수준을 높이게 되는 현상을 볼 수 있다.[16)]

우리나라의 경우에는 화학산업 또는 의약산업의 후진성으로 인하여 물질발명에 대한 특허법적 보호를 인정해 오지 않다가 1987년 7월 1일부터 물질발명에 대한 특허법적 보호를 인정하기 시작하였다. 우리 경제의 중심이 경공업에서 중화학공업중심으로 그리고 노동집약산업으로부터 기술집약산업으로 이동함에 따라서, 물질발명에 대한 특허법적 보호가 필요하다고 인식이 생기게 되었고, 결과적으로 물질발명에 대한 특허법적 보호가 화학물질의 자체개발을 위한 연구개발의 증가와 국내기업의 물질발명에 관한 특허출원의 증가 그리고 외국화학업체들의 국내 직접투자의 증가라고 하는 긍정적 결과를 가져다주고 있다.[17)] 우리나라의 실용신안제도는 해방이후 국내기업들의 개량기술을 보호해 줌으로써 기술발전의 견인차 역할을 해 준 제도로 커다란 역할을 해 온 것으로 평가되고 있고, 현재까지도 약 90%의 실용신안출원은 국내인에 의하여

16) Commission on Intellectual Property Rights, Integrating Intellectual Property Rights and Development Policy(London, 2002), p. 23.

17) Seok Yong Khang, Op. cit.

이루어지고 있다.[18]

이와 같이 특허법제도가 나라마다 상이할 수밖에 없는 측면이 있지만, 또 다른 한편으로 특허법이 과학기술과 학문예술의 발전에 기여하기 위한 인센티브로서 효율성을 갖추기 위하여 모든 나라의 입법례가 채택하고 있는 공통된 기술적 측면도 많다. 예컨대 특허법의 경우에 공통적인 점은 신규성과 진보성을 갖춘 발명에 한해서만 특허권을 부여하고 있다는 점이다. 진보성이 높은 발명은 상품화된 경우에 시장에서 성공할 가능성이 높은 반면, 다른 경쟁업자들이 유사한 상품을 만들어내려고 하는 많은 시도와 강력한 도전을 받게 될 것이다. 물론 경쟁업자들은 특허권을 침해하지 아니하기 위해서, 특허받은 발명을 우회하여 상품을 만들도록 하겠지만, 시장에서의 경쟁이 치열할수록 특허권 침해의 시비가 많아질 가능성이 있다. 여기에서 특허권의 범위가 분명하지 아니하면, 특허권 침해의 사전예방이 어려워질 것이고 그에 따라서 특허제도의 발명 유인·장려책으로서의 기능도 현저히 떨어지게 된다.[19] 이러한 점을 고려하면, 특허제도가 효율적인 유인·장려수단이 될 수 있는가는, 특허권의 부여시에 출원발명이 진보성에 관한 객관적이고 명백한 심사기준에 의해서 철저하게 심사되었는가 그리고 특허권의 범위가 명확한가의 여부에 의해서 크게 좌우된다.

Ⅲ. 技術革新과 特許權의 取得

1. 문 제 점

특허권이 기술혁신을 촉진하는 데 효율적인 인센티브가 된다고 하더라도, 기술혁신이 개인발명가 또는 개인창작자에 의해서 이루어지는 것이 아니라 기업에 속한 종업원에 의해서 이루어지는 경우에는 그 기업과 종업원간에 특허권에 따른 이익 또는 인센티브의 적절한 분배가 중요한 관건으로 된다. 종업원이 발명을 많이 할 수 있도록 적절한 인센티브를 제공하는 것은 국가적으로도 중요한 과제이지만 기업으로서도 사활이 걸린 문제이기도 하다. 따라서 기업으로

18) 특허청 홈페이지(http://www.kipo.go.kr/html/SerIndex.html).
19) William R. Cornish, Intellectual Property(London, Sweet & Maxwell, 1989), p. 83.

서는 종업원의 발명을 인사고과에 반영해서 승진의 기회를 부여해 주기도 하고 미국기업들처럼 발명 종업원에게 주식매수권(stock option)을 부여하기도 한다. 대다수의 기업들은 발명 종업원에게 일정한 기준에 따라 보상금을 지급하기도 한다.

저작권법은 단체명의저작물이라는 이름하에 기업이 저작인격권을 포함한 모든 권리를 원시적으로 취득하는 것으로 규정하고 있는 데 반해서, 발명진흥법은 그 권리귀속과 이익분배에 관해서 보다 복잡하고 상세한 규정을 두고 있다. 기업의 종업원인 발명자가 자신의 발명을 비밀로 유지하는 경우에 그 營業秘密의 귀속에 관해서 不正競爭防止및營業秘密의保護에관한法律은 아무런 규정을 두고 있지 않지만, 그 발명이 발명진흥법상 직무발명의 요건을 갖추어서 특허출원이 된 경우에는 발명진흥법이 그 권리귀속 및 이익분배에 관해서 비교적 상세한 규정을 두고 있다.[20)]

대학교수의 발명에 대한 권리는 대학에 귀속하는지 발명자 교수 개인에게 귀속되는지, 그리고 국립대학의 경우에 그 수익은 국고로 환수되는지 아니면 대학이 재투자할 수 있는 것인지 등의 어려운 문제가 있었다. 그래서, 국립대학의 교수에 의한 발명이 직무발명에 해당되는 경우에는 발명진흥법에 따라서 그 특허받을 권리가 대학 산하 기술이전전담조직에 이전되어 관리되고 그 수익이 대학에 환원될 수 있다고 규정하게 되었다.[21)] 사실 대학교수가 정부예산의 지원을 받거나 국립대학의 교수가 발명을 한 경우에 그 발명에 대한 권리가 국가에 귀속되어 국민으로 하여금 그 발명을 자유롭게 이용할 수 있도록 하는 것도 기술확산에 도움은 될 수 있을 것이다. 그럼에도 불구하고 대학에서의 직무발명, 특히 국립대학에서의 직무발명의 경우에 대학산하의 기술이전전담조직으로 하여금 권리를 취득하게 하고 교수 및 대학이 금전적 수익을 확보할 수 있도록 예외를 만든 이유는 무엇인가? 이것은 아주 흥미로운 경제학적 문제임에 틀림없다. 결론부터 말하자면, 기술개발의 촉진이 기술확산보다 더 중요하다고 보고, 기술개발의 촉진을 위해서는 발명을 담당한 교수에게 금전적 보상이 충분히 돌아갈 수 있도록 할 필요가 있고, 그러한 금전적 보상이라고 하는 인센티브를 부여하기 위해서 국립대학의 산하 기술이전전담조직이 특허권을 승계해

---

20) 발명진흥법 제10조 내지 제19조.

21) 발명진흥법 제10조 및 기술이전촉진법 제20조 1항.

서 관리하도록 한 것이다.

2. 職務發明의 槪念

발명진흥법은 직무발명의 개념을 "종업원·법인의 임원 또는 공무원이 그 직무에 관하여 발명한 것이 성질상 사용자·법인 또는 국가나 지방자치단체의 업무범위에 속하고, 그 발명을 하게 된 행위가 종업원 등의 현재 또는 과거의 직무에 속하는 발명"이라고 정의하고 있다(발명진흥법 제2조). 다시 말해서, 발명진흥법상 직무발명이라고 함은 사용자의 업무범위에 속하는 것으로서 종업원의 직무에 속하는 발명을 뜻한다. 사용자의 업무범위는 당해 사용자의 사업목적을 고려하여 판단할 수 있을 것이고, 당해 사용자가 법인인 경우에 당해 법인의 정관에 정하여진 목적범위를 고려하여 판단할 수 있을 것이다. 보다 어려운 문제는 종업원의 직무에 속하는 발명의 범위를 어떻게 정할 것인가 하는 문제일 것이다.

종업원의 직무에 속하는지 여부를 판단함에 있어서 종업원과 사용자 사이에 체결된 근로계약 또는 근무규칙뿐만 아니라, 종업원의 직책이나 지위 그리고 사용자가 제공한 시설과 자금을 이용한 것인지 여부와 근무시간 중에 만들어진 발명인지 여부 등을 참고해야 할 것이다. 종업원이 특정한 과제를 부여받아서 발명을 하도록 고용된 경우뿐만 아니라, 특정 분야에서의 연구개발을 주된 근무내용으로 하여 채용되어서 사용자가 제공한 시설로 근무시간 중에 당해 분야의 발명이 이루어진 경우에도 직무발명이 성립될 수 있을 것이다. 예컨대 종업원의 직책으로 보아서 발명을 하는 것이 예상되거나 기대되는 연구소 연구원, 설계부의 설계사, 공장장, 기술담당이사 등의 발명은 직무에 속하는 것으로 해석될 수 있다.[22]

대학의 교수가 연구개발한 결과로 만들어진 발명은 직무에 속하는 발명에 해당되는가 아니면 自由發明에 해당되는가? 물론 대학교수가 대학측으로부터 특정 연구과제를 지정받고 연구자금과 시설을 제공받아서 연구개발을 수행하는 경우라거나, 외부 사기업과의 연구용역계약에 따라서 연구개발을 수행함에 있어서 당해 연구용역계약의 조건으로서 특허받을 권리를 연구위탁기업에 귀

22) 대법원 1991. 12. 27. 선고 91후1113 판결.

속시키도록 계약체결하는 경우에는, 각각 직무발명에 해당되거나 계약상의 권리귀속조항에 따라서 권리가 귀속된다. 그러나 그 이외의 경우 일반적으로 교수가 발명을 한 경우에 그 발명에 대한 권리는 어디에 귀속되는가? 교수는 강의뿐만 아니라 연구도 수행하는 것을 전제로 하여 대학에 고용되었고 교수의 전공분야에 속하는 연구를 수행한 결과로 발명이 만들어졌다면 당해 발명이 교수의 직무에 속하는 발명이라고 볼 수 있다는 견해도 있을 수 있다. 그러나 대학교수의 연구의무는 상사기업의 종업원이 가지는 연구개발의무와 구별되어야 한다. 우선, 연구의무의 성질에 있어서 커다란 차이가 있는바, 상사기업의 종업원은 자신이 고용되어 있는 기업을 위하여 연구개발하고 발명이라고 하는 재산적 가치있는 결과를 생산해 내야 할 의무를 가지고 있는 데 반하여, 대학교수는 대학을 위하여 연구하는 것이 아니라 일반적으로 인류의 지식축적에 기여하기 위하여 연구하고 그 연구결과를 널리 출판 등의 방법으로 공개하고 강의에 활용할 의무를 가지는 것이다. 대학교수가 연구결과를 공개하게 되면 그에 대한 특허권취득은 불가능하게 되고 그 재산적 가치가 상실되지만, 연구결과를 공개하였다는 이유만으로 대학이 당해 교수를 징계하는 경우는 거의 없었다.[23] 이와 같이 상사기업 종업원의 연구의무과 대학교수의 연구의무가 그 본질상 차이점을 가지고 있기 때문에, 대학교수의 발명은 직무에 속하는 발명이라고 획일적으로 볼 수 없는 것이다.

3. 使用者의 權利

우리 발명진흥법은 발명자에게 특허받을 권리가 주어지는 發明者主義에 입각하고 있기 때문에 종업원의 직무발명에 대해서도 당해 종업원이 발명자로서 특허받을 권리를 가지게 되고, 당해 종업원이 특허를 받게 되면 사용자는 그 특허권에 대하여 통상실시권을 가지게 될 뿐이다.[24] 사용자의 통상실시권은 사용자가 직무발명에 필요한 자금의 제공 등의 기여를 한 점에 대한 보상적성격의 권리인 것이다. 사용자의 통상실시권은 당사자간 약정에 의하여 설정되는 것이 아니라 발명진흥법의 규정에 의하여 발생하는 권리이기 때문에 특허권설

23) Gary W. Matkin, Technology Transfer and the University(New York, Macmillan Pub. Co., 1990), p. 85.
24) 발명진흥법 제10조.

정등록시부터 당연히 발생하며 별도의 등록을 필요로 하지 않는 것으로 해석된다.[25] 사용자가 통상실시권의 취득에 대한 대가를 지급해야 하는지 여부에 대해서는, 우리 발명진흥법이 예약승계 또는 전용실시권 설정의 경우에 보상에 관한 명문의 규정을 두고 있는 점에 비추어볼 때 그 반대 해석에 의하여 통상실시권에 대한 대가의 지급은 요구되지 않는 것으로 보인다. 發明振興法이 직무발명의 보상을 통하여 발명을 장려하기 위하여 마련된 법이지만, 위 법에서도 직무발명의 보상이 통상실시권에 대한 대가의 지급까지 포함하는 것인지 여부를 명시적으로 밝히지 않고 있다. 직무발명에 관한 권리 귀속과 적절한 보상을 통하여 발명을 장려한다고 하는 입법론적 수요가 충족되었는지 의문이다.

사용자는 계약이나 근무규정에 의하여 종업원의 직무발명에 대하여 특허받을 권리 또는 특허권을 승계하거나 전용실시권을 설정할 수 있고, 사용자가 그 발명에 대한 권리의 승계의사를 알린 때에 그 발명에 대한 권리는 사용자에게 승계된 것으로 본다(발명진흥법 제13조 제 2 항). 이러한 권리승계 또는 전용실시권 설정이 있으면 사용자는 해당 종업원에게 정당한 보상을 해야 한다(발명진흥법 제15조).

권리승계 또는 전용실시권 설정에 관한 계약 또는 근무규정이 있음에도 불구하고 사용자가 직무발명에 대한 승계여부를 종업원에게 통지하지 아니한 경우에는 사용자가 그 발명에 대한 권리의 승계를 포기한 것으로 본다(발명진흥법 제13조). 사용자가 직무발명에 관한 권리를 명시적으로 포기한 경우에는 직무발명에 관한 발명진흥법 규정의 적용을 배제하고 직무발명을 자유발명으로 보아서 종업원이 모든 권리를 취득, 행사할 수 있도록 할 필요가 있을 것이다. 이와 같이 자유발명으로 보게 되면 당해 발명에 대하여 종업원이 스스로 특허출원을 할 수 있고 당해 특허권에 대하여 제 3 자에게 전용실시권을 설정할 수도 있게 될 것이다.

4. 使用者의 補償義務

종업원 등은 직무발명에 대하여 특허를 받을 수 있는 권리 또는 직무발명에 대한 特許權을 계약 또는 근무규정에 의하여 사용자 등으로 하여금 승계하

---

25) 특허법 제118조 2항.

게 하거나 전용실시권을 설정한 경우에는 정당한 보상을 받을 권리를 가진다(발명진흥법 제15조). 이 경우 보상액을 결정함에 있어서는 직무발명에 의하여 사용자가 얻을 이익의 액과 그 발명의 완성에 사용자가 공헌한 정도를 고려해야 한다. 직무발명에 대한 보상에는 여러 가지 방식이 있으나, 출원 및 등록시 일정액을 보상하고 등록된 특허권의 상업화실적에 비례한 일정금액을 보상하는 보상방식이 널리 채택되고 있다.

직무발명의 정당한 보상에 대해서 근무규정이나 계약에 그 구체적인 산정방식을 규정해 두는 경우가 있다. 정당한 보상에 관한 계약규정이 있는 경우에, 종업원은 당해 계약규정에도 불구하고 특허법에 따른 정당한 보상을 청구할 수 있는지 문제된다. 직무발명에 대한 보상은 노사계약의 일부로서의 측면도 있지만 동시에 특허법이 추구하는 발명촉진의 현실적인 인센티브로서의 중요한 기능을 수행하는 측면도 있다. 따라서, 근무규정 등에 규정된 보상액이 너무나 미미해서 특허법이 상정한 발명촉진의 인센티브로서 충분하다고 볼 수 없는 경우에, 종업원은 추가적으로 "정당한 보상"을 청구할 수 있다.[26)]

직무발명에 대하여 특허받을 권리나 특허권이 승계되거나 전용실시권이 설정된 경우에는 발명자에게 보상해야 한다는 규정이 있으나, 직무발명에 대해서 발명자가 여전히 권리를 보유하고 사용자가 단순히 通常實施權만을 가지는 경우에 사용자가 직무발명을 한 종업원에게 보상해야 하는지 여부에 대해서는 아무런 법규정이 없는 실정이다. 직무발명에 대한 권리승계의 경우에 보상에 관한 명시적인 규징이 있는 것을 보면, 반대로 권리승계가 없는 경우에는 그러한 보상의 의무가 없다는 것을 추론해 볼 수 있다. 그러나 직무발명에 대한 권리승계의 경우에 발명자에게 보상하도록 한 것이 경제적 인센티브로서 발명을 촉진하는 기능을 발휘할 수 있는 것과 마찬가지로, 사용자로서는 종업원들의 발명을 촉진하기 위해서 통상실시권을 행사함으로써 얻게 된 수익의 일부를 종업원에게 보상하는 것어 기업으로서나 국가로서나 더 많은 발명을 유도할 수 있는 방법이 될 것이다.

---

26) 일본 특허법 제35조는 직무발명에 대한 "상당한 보상"을 규정하고 있는데, Olympus Optical Co., Ltd. v. Shunpei Tanaka, 2003. 4. 22. 最高裁 平成13(受)1256은 근무규정에도 불구하고 종업원은 그 이상의 상당한 보상을 청구할 수 있음을 인정하고 있고, 이러한 최고재판소 판례에 따라서 동경지방재판소는 2004. 1. 30 東京地裁 平成13(ワ)17772에서 Nichia 화학공업에 대하여 그 종업원에게 2천억 원을 지급하라고 판시한 바 있다.

Ⅳ. 公正한 競爭과 特許權 行使

1. 特許權과 競爭

特許權은 競爭에 많은 영향을 미친다. 우선, 특허권은 그 보유자에게 법률적으로 배타적 지위를 부여해 줌으로써 관련 시장에서 경제적으로 유리한 지위 또는 競爭力을 확보할 수 있게 해 준다. 일반적으로 기술혁신을 통해서 경쟁력을 확보한다는 것은 법률적으로 특허권의 보호를 받기 때문에 가능해진다고 말할 수 있다. 또한, 특허권제도는 기술혁신을 하도록 인센티브를 부여해 주는 것이기 때문에 관련시장 또는 技術革新市場(innovation market)에서 보다 먼저 더 뛰어난 기술혁신을 하기 위한 경쟁을 촉진시키기도 한다. 따라서, 특허권은 권리보유자 개인의 競爭力을 높여 줄 뿐만 아니라 관련시장에서의 競爭을 촉진시키기도 한다.

다른 한편, 특허권이 그 보유자의 경쟁력을 높여주고 관련 시장에서의 경쟁을 촉진시키는 것을 목적으로 삼고 있지만, 현실적으로 특허권자가 그 권리를 남용하거나 특허권자가 시장지배적 지위를 남용하는 경우와 같이 관련 시장에서 경쟁을 위축시키거나 경쟁을 제한하는 경우도 빈번하게 발생한다. 우리나라의 특허법의 전면적으로 개정된 1986년 이래 지난 20여 년간 특허권 보호의 강화가 주된 과제였고 강화의 방법론만이 주된 관심사였다고 말할 수 있는데, Qualcomm 사건에서처럼[27] 특허권자가 실시허락계약의 부당한 조건을 통해서 특허권을 남용하거나 경쟁질서를 제한 내지 왜곡시킬 수 있는 가능성도 있다는 점이 주목되기 시작했다. 또한, eBay 사건에서처럼 특허권자가 "실시허락의 의사"를 가지고 많은 실시료를 요구한 바 있고 "특허기술을 활용한 영업행위"를 전혀 하고 있지 않다는 사정을 토대로 해서 특허권자에 의한 침해금지청구를 기각할 수 있는지도 많은 논란의 대상으로 되고 있다.[28] 우리 특허법은 특허권

27) Broadcom Corp. v. Qualcomm Inc., Civil Action No. 05-3350(MLC), 2006 WL 2528545 (D.N.J.).

28) 연방지방법원은 침해금지청구를 기각한 바 있는데(eBay Inc. v. MercExchange, L.L.C., 275 F.Supp.2d 695(2003), 연방항소법원은 특허권침해가 입증되면 언제나 침해금지청구도 인용되어야 한다고 판시한 바 있고(401 F.3d 1323, (2005)), 이에 대해 미국연방대법원은 특허권침해가 있다고 해서 기계적으로 침해금지명령을 내려야 하는 것은 아니지만 침해금지로 인

침해시 언제나 침해금지청구를 할 수 있고 법원이 침해금지의 판단에 아무런 재량의 여지가 없는 것으로 규정하고 있지만, 특허권남용에 해당된다고 볼 수 있는 예외적인 경우라거나 가처분신청사건에서 긴급한 보전의 필요성이 없다고 볼 수 있는 예외적인 경우도 있을 수 있을 것이다.[29]

특히, 技術標準으로 채택된 기술에 대해서 특허권 등의 특허권을 가진 기업은 당해 기술시장에서 지배적인 지위를 가지게 되기 때문에, 지배적 지위의 남용이나 관련 시장에서의 경쟁제한 가능성이 문제되고 있다. 기술표준과 혁신 및 경쟁과의 관계에 관해서는 후에 자세히 검토해 보기로 한다.

그 이외에 특허권이 소프트웨어의 개발을 촉진하는 것이 아니라 오히려 위축시키는 것이 아닌가[30] 또는 특허권의 보호가 중소기업들의 혁신과 창작활동에는 어떠한 영향을 미치는지 등에 관한 분석은 필자가 관련 데이터를 확보하지 못해서 곤란한 형편이지만, 중요한 연구과제라고 생각한다.

2. 特許權과 相互互換性

特許權은 발명과 창작을 촉진하기 위해서 부여된 경제적 인센티브인데, 권리보유자가 경쟁을 제한하고 배타적인 지위를 강화하기 위해서 경쟁사업자가 자신의 제품과 유사하거나 호환성이 있는 제품을 만드는 것까지 권리침해에 해당된다고 주장한다면 오히려 경쟁적인 발명과 창작이 위축될 위험도 있다. 따라서, 특허제품의 경우에는 특히 標準으로 채택된 특허기술의 경우에 당해 특허권자로 하여금 "合理的이고 非差別的인(reasonable and non-discriminatory: RAND)條件"으로 특허기술에 대한 실시허락을 해 줄 것이 요구되는 경우가 많다. 특허기술을 표준으로 채택할 때 그러한 표준을 채택하는 국가기관이나 사업자협회 등이 특허권자로 하여금 경쟁사업자를 포함한 제3자에게 "합리적이고 비차별적인 조건"으로 실시허락을 해 주도록 하는 계약상 의무를 부과한 경

한 원피고에의 영향과 공익에 미치는 영향을 분석해서 법원이 합리적으로 판단해야 한다고 전제하고 사건을 파기환송한 바 있다(126 S.Ct. 1837, 164 L.Ed.2d 641).

29) 결론의 타당성에 대해서는 논란의 여지가 있지만, 권리보유자가 아무런 영업을 수행하고 있지 않고 상대방은 상당한 규모의 영업을 수행하고 있는 경우에 보전의 필요성이 없다고 보아 침해금지가처분신청을 기각한 대법원 1994. 11. 10.자 93마2022 결정도 있다.

30) 특허제도가 소프트웨어산업에 미치는 영향에 대해서는 Federal Trade Commission, "To Promote Innovation: The Proper Balance of Competition and Patent Law and Policy" (October 2003)이 상세한 논의를 소개하고 있다.

우도 있지만,[31] 그러한 계약이 없더라도 표준으로 채택된 기술에 대한 실시허락을 거절하거나 불합리한 조건으로 실시허락을 하는 것이 특허권의 남용이나 공정거래법의 위반에 해당될 수 있는 가능성은 남아 있다.

특허법과 달리, 저작권법은 저작물의 表現에 한정해서 보호하기 때문에 아이디어의 자유로운 이용을 허용하고 따라서 경쟁적인 작품의 개발이 비교적 자유롭다고 볼 수 있다. 그러나 소프트웨어는 대부분의 경우에 자연인이 이해할 수 없는 기계어 즉 목적코드(object code)로 작성되어 배포되고 있어서 경쟁사업자가 그 아이디어를 확인할 수가 없고 경쟁적인 제품이나 호환성 있는 제품을 만들기 위해서는 그러한 목적코드를 자연인이 이해할 수 있는 원시코드(source code)로 변환할 필요가 있다. 우리 컴퓨터프로그램보호법은 이와 같이 목적코드를 원시코드로 변환하는 것을 逆分析(reverse engineering, 컴퓨터프로그램보호법 제 2 조 10호)이라고 하고, 이러한 역분석의 방법에 의해서 저작권자의 프로그램의 source code와 같은 일련의 개별적 명령어를 확인하고 그러한 구체적 code 또는 표현으로부터 일련의 모듈로 구성된 계층적 구조 및 프로그램을 처음 작성할 때의 블럭 다이아그램(diagram)과 프로그램의 목적 또는 기능이라고 하는 아이디어를 찾아낼 수 있게 된다.[32] 컴퓨터프로그램보호법은 기술적 창작을 장려하기 위해서 이와 같이 "프로그램의 기초를 이루는 아이디어 및 원리를 확인하기 위하여 프로그램의 기능을 조사연구·시험 목적으로 복제하는 경우"를 이른바 역분석(Reverse Engineering)의 예외로서 허용하고 있다.[33] 다만 여기에서 어려운 문제는 조사·연구·시험 목적의 프로그램 복제 및 원시코드로의 역변환(reverse engineering)을 해서 프로그램의 아이디어나 원리를 파악한 후 경쟁관계에 있는 새로운 프로그램을 창작해도 저작권 침해로 되지 않는지의 문제이다. 이 문제는 복제대상이 된 프로그램과 역변환의 결과물로서 개발된 프로그램의 실질적 유사성의 문제로서, 그 전단계의 행위인 역변환 자체의 적법성과는 구별되어야 할 문제이다.

---

31) 한국정보통신기술협회(TTA)의 정보통신표준화 관련 지적재산권 취급요령 제 4 조 내지 제 6 조; 미국국립표준원 American National Standards Institute("ANSI") Patent Policy Section 3.1.1.; 유럽통신표준화기구 European Telecommunications Standards Institute IPR Policy Section 6.1.

32) Computer Associates Int'l, Inc. v. Altai, Inc., 982 F.2d 693(2d Cir. 1992)

33) 컴퓨터프로그램보호법 제12조 6호.

3. 特許權의 有效性과 公正한 競爭

소프트웨어 및 유전공학 발명은 특허가능한 발명(subject matter)에 해당되는지 여부도 문제되어 왔지만, 그 特許要件의 不明確性과 그에 관한 審査의 不充分性으로 인해서 그 유효성이 의심스러운 특허권이 증가하고 결과적으로 혁신과 경쟁에도 악영향을 미칠 수도 있다. 일반적으로 기업들은 타인의 특허권 침해를 피하려고 하고 특허권침해의 가능성이 있는 분야의 연구개발(R&D)을 위한 투자도 회피하려고 하는데, 그 유효성이 의심스러운 특허권은 사회적으로 상당한 기술혁신을 제공했는지도 의심스러울 뿐만 아니라 다른 기업의 競爭과 技術革新도 방해할 위험성을 가지고 있다. 특허권의 유효성이 의심스럽다고 해서 특허권자의 허락 없이 동일한 분야의 연구개발을 하게 되면 값비싼 침해소송의 위험을 감수해야 할지도 모르고, 그 유효성이 의심스럽지만 그냥 눈감고 비싼 실시료를 지급하면서 실시허락을 받게 되면 불필요한 실시료부담으로 인해서 研究開發 費用 및 販賣價格의 상승을 초래하게 된다.

유효성이 의심스러운 또는 무효의 가능성이 높은 특허권 등록이 많아지면 기술혁신과 경쟁이 위축될 수 있다고 하는 것은 특히 소프트웨어 발명의 경우에 더욱 분명해진다. 컴퓨터 하드웨어나 소프트웨어 산업에서는 하나의 제품을 만드는데 작게는 수십 건 그리고 많게는 수천 건의 특허발명을 실시해야 하는 상황이다. 이와 같이 하나의 하드웨어 또는 소프트웨어 제품을 만드는 데 많은 특허발명을 실시하게 되는 이유는 기본적으로 컴퓨터 관련 발명이 다른 분야의 발명과 달리 아주 많은 과학기술자들의 노력에 의해서 조금씩 조금씩 이루어지는 수많은 점진적 발명들로 구성되어 있기 때문이다.

4. 特許技術 實施許諾과 公正한 競爭

유효한 특허권을 토대로 해서 實施許諾契約을 체결하더라도 그 구체적인 계약조건에 따라서 공정한 경쟁을 해할 수 있는 가능성이 있다. 예컨대, 실시허락계약을 체결하면서 實施權者(licensee)에게 競爭製品의 取扱制限(exclusive dealing or tie-out)에 관한 의무를 부과하면, 특허권자가 판매비용을 절약할 수 있고 시장변동에 관계없이 규모의 경제를 실현할 수 있으며 동시에 실시권자는 원료나 부품을 안정적으로 확보하고 장기계획을 수립할 수 있어서 생산의 효율성이 증가할 수 있다는 장점이 있는 반면에, 그 경쟁제한적인 효과로 기술발전이 빠른 오늘날 실시권자로 하여금 진부한 기술의 사용을 강제하거나 타인의 기술 또는 장래의 기술과의 경쟁을 배제하고 실시권자에 의한 경쟁기술개발의 의욕을 감퇴시킴으로써 특허제도의 목적에도 반할 위험도 있다.[34] 또한, 끼워팔기(Tying restrictions) 또는 계약제품 이외의 제품에 대해서 기술료를 부과하는 것은 실시권자의 기술선택의 자유를 박탈하는 한편 일괄실시되는 기술의 시장이나 일괄구입이 강요되는 제품의 시장에서의 경쟁을 감소시킬 위험이 있다.[35] 또한, 실시권자가 창작한 개량발명에 대한 권리 전체를 특허권자에게 무상으로 양도할 것을 강요하거나 특허권자에게 전용실시권(exclusive license)을 부여하도록 강요하는 경우와 같이 불합리한 조건의 改良技術 移轉義務 또는 逆實施許諾 규정(Grant-back provisions)은 실시권자의 독자적인 노력의 산물을 특허권자가 모두 빼앗아 가는 것과 마찬가지이기 때문에 실시권자의 개량발명의 의욕을 위축시킬 위험이 크고 특허권자가 가진 市場統制力(market power)을 강화해 줌으로써 장기적으로 기술발전 및 기술시장에서의 경쟁을 저해할 위험성을 가지고 있다.[36]

V. 技術標準과 革新 및 競爭

1. 技術標準의 長點과 短點

기술표준이 채택되거나 확립되면 사회적으로 많은 이익이 수반되는데, 예

34) 공정위 1991. 8. 30. 시정권고 91-56호, 9106국343, 9106국407(심결집 11권 813면 이하). 동일한 취지의 미국사례로는 McCullough v. Kammerer Corp., 166 F.2d 759(9th Cir. 1948) 및 National Lockwasher Co. v. George K. Garrett Co., 137 F.2d 255(3d Cir. 1943).

35) Fortner Enterprises v. United States Steel Corp., 394 U.S. 495, 89 S.Ct. 1252, 22 L.Ed.2d 495(1969); GRID Systems Corp. and Tandy Corp. v. Texas Instruments Inc., 771 F.Supp. 1033(N.D.Cal., 1991).

36) United States v. General Electric Co., 82 F.Supp. 753(D.N.J. 1949); Duplan Corp. v. Deering Milliken, Inc., 444 F.Supp. 648(D.S.C. 1977), aff'd 594 F.2d 979(4th Cir. 1979), cert. denied, 444 U.S. 1015(1980); United States v. Associated Patens, Inc. 134 F. Supp. 74 (E.D.Mich. 1955), cert. denied, 350 U.S. 960(Supreme Court, 1956); Transparent-wrap Machine Corp. v. Stokes & Smith Co., 329 U.S. 637(Supreme Court, 1947).

컨대 기술표준에 따라서 제작된 제품이나 기술표준에 따라서 제공되는 서비스는 相互互換性(interoperability)을 확보할 수 있고, 따라서 사업자로서는 그 생산의 비용을 줄이고 생산의 효율성을 높일 수 있으며 소비자들은 어느 제품이나 서비스든 모두 동일한 성능을 보장받을 수 있기 때문에 다양한 선택과 우수한 품질을 향유할 수 있게 된다. 기술표준에 관한 현행법도 기술표준의 권장 또는 추진에 의해서 과학기술의 혁신과 산업구조의 고도화를 촉진하고 국민복지의 향상을 도모하는 것을 목적으로 삼고 있다.37)

기술표준의 이러한 장점은 기술표준이 모든 사업자들에 의해서 실시될 수 있을 때 가능한 것인데, 특정 기술표준에 대해서 특허권을 보유한 특허권자가 경쟁업체에 실시허락을 거절하거나 불합리한 조건으로 실시허락을 해 줌으로써 부당하게 경쟁을 제한하거나 새로운 기술의 개발을 위축시키는 결과를 초래할 위험성도 있다. 따라서, 기술표준을 둘러싼 이해관계의 대립을 면밀히 검토하고 특허권 남용이나 공정거래법 위반을 효율적으로 규제함으로써 비로서 기술표준의 단점을 극복하고 장점을 극대화할 수 있는 것이다.

2. 技術標準을 둘러싼 利害의 對立

특정 기술이 우수하면 시장에서 성공함으로써 그 경제적 가치가 증가하고, 그로 인한 이익을 당해 기술의 보유기업이 가져가는 것은 당연한 것이다. 그러나, 특정 기술이 표준으로 채택되면 그 제품의 호환성 등 소위 네트워크효과가 생겨서 표준으로 채택되기 전보다 훨씬 더 많은 경제적 가치를 가지게 되는데, 당해 기술의 보유기업이 그러한 경제적 가치의 증가분도 모두 자신이 가져가야 한다고 주장할 수 있는가? 그러한 경제적 가치의 증가분이 기술표준의 채택으로 인한 결과라고 볼 수 있다면, 기술보유기업은 비차별적이고 합리적인 조건으로 경쟁사업자에게 그 기술의 실시허락을 하고 경쟁사업자와 소비자들도 기술표준의 상업화를 통해서 모두 함께 이익을 향유할 수 있어야 할 것이다.

기술표준의 채택을 둘러싼 이해의 대립은 국내 사업자들과 소비자들만의 문제가 아니다. 기술보유기업이 국내사업자이고 경쟁사업자가 외국기업인 경우에는 기술표준의 채택이 중요한 통상문제로 제기되기도 한다.38) 기술표준의 채

37) 국가표준기본법 제1조, 산업표준화법 제1조, 전기통신기본법 제29조, 전파법 제37조, "정보통신망 이용촉진 및 정보보호 등에 관한 법률" 제12조 1항.

택을 둘러싼 이해의 대립은 법률 가운데 특히 특허법 등의 특허법이 표준기술의 보유기업에게 배타적 지위를 부여해 주었다는 점으로부터 출발해서 기술표준을 둘러싼 이해당사자들의 이익을 극대화하기 위해서 그러한 특허권의 정당한 범위를 어떻게 해석하거나 제한할 수 있는가의 문제로 종결된다. 특히, 표준으로 채택된 기술의 보유기업이 지나치게 높은 로열티를 요구함으로써 사실상 경쟁사업자의 시장진입을 저지하거나 기술표준의 선정과정에서는 자신의 특허권을 공개하지 않고 표준채택 이후에 자신의 특허권을 행사함으로써 경쟁사업자에게 예측하지 못한 손해를 가하는 경우에, 특허권의 정당한 행사라고 볼 것인가 아니면 특허권의 남용이나 공정거래법의 위반이라고 볼 것인가 라고 하는 어려운 문제가 제기된다. 기술표준에 관해서는 특허권 문제 이외에 저작권,[39] 상표권 등의 문제도 있을 수 있다.

3. 合理的이고 非差別的인 條件

대부분의 표준화기구들은 표준기술에 必須的인 特許權을 보유한 회원으로 하여금 "合理的이고 非差別的인 조건으로(reasonable and nondiscriminatory terms)" 특허발명의 실시허락을 해 줄 것을 요구하고 있다.[40] 다만, 무엇이 "합리적이고 비차별적인 조건"에 해당되는지에 대해서는 구체적인 규정을 두기 어렵기 때문에 분쟁의 소지가 많은 문제로 남아 있다. 생산지역이나 생산규모에 관계없이 모든 사업자들에게 완전히 동일한 조건으로 실시허락을 해야만 비차별적인 조건이라고 말할 수는 없을 것이다. 그러나 어느 정도로 상이한 조건이 차별적인 조건에 해당되는지의 문제는 구체적인 상황에 따라서 달라질 수 있는 어려운 문제인 것이다.

만일 차별적인 조건이나 불합리한 조건으로 실시허락을 했거나 또는 차별

38) 서울대학교 법학연구소 기술과법센터 제9회 워크숍 "통신기술표준의 현황과 과제"에서의 장승화 교수 발표 참조.

39) 기술표준의 저작권법 문제에 관해서는 Practice Mgmt. Info. Corp. v. Am. Med. Ass'n, 121 F.3d 516(9th Cir. 1997), Lotus Dev. Corp. v. Borland Int'l, Inc., 49 F.3d 807(1st Cir. 1995) 등의 미국사례를 참고해 볼 수 있다.

40) 한국정보통신기술협회(TTA)의 정보통신표준화 관련 지적재산권 취급요령 제4조 내지 제6조; 미국국립표준원 American National Standards Institute("ANSI") Patent Policy Section 3.1.1.; 유럽통신표준화기구 European Telecommunications Standards Institute IPR Policy Section 6.1.

적이고 불합리한 조건으로 인해서 실시허락계약이 체결되지 못했다면, 그에 대한 제재나 구제수단은 무엇인가? 합리적이고 비차별적인 조건으로 실시허락을 해주어야 하는 것이 표준화기구의 회원들에게 부과된 의무라고 본다면, 그러한 의무 위반이 있는 경우에 표준화기구는 내부적인 규정에 따른 제재를 가할 수 있겠지만 보다 근본적인 제재 또는 구제수단으로 표준채택의 취소와 대체적 기술표준의 채택을 들 수 있다. 그러나 일단 기술표준이 채택되고 난 이후에는, 표준기술의 네트워크효과가 크고 관련 업계와 소비자들이 표준기술에 익숙해져 있기 때문에, 기술표준의 취소에도 불구하고 특허권자는 사실상 계속 시장지배적 지위를 유지하는 경우가 많을 것이다. 따라서, 이러한 경우에는 표준화기구의 내부적인 제재 이외에도, 특허법상 특허권남용의 법리와 공정거래법상의 구제수단을 검토해 볼 필요가 생기게 된다.

4. 標準技術을 둘러싼 公正한 競爭

표준기술에 관해서 특허권이 등록되어 있지 않거나 특허권자가 무상 조건이나 합리적이고 무차별적인 조건으로 실시허락을 한다면 특허권의 정당한 권리행사로서 공정거래법 위반의 문제를 야기하지 않는다. 특정 특허기술이 표준으로 채택된 경우에도 언제나 당해 표준기술이 관련 시장에서 지배적 지위를 가지는 것은 아니다. 그러나 표준을 채택하는 표준기구의 회원들이 관련 시장의 주요 사업자들로 구성되어 있고, 과거의 표준기술이 관련 시장을 지배해 왔으며 관련시장에서 대체적인 표준이 없어서 당해 표준기술이 배타적인 지위를 가지고 당해 표준기술에 대해서 특허권을 보유한 특허권자가 합리적이고 무차별적인 조건으로 실시허락을 해 주지 않는 경우에는, 특허권의 행사가 특허법의 취지에 반하고 공정거래법에 반하는 경쟁제한의 결과를 초래할 위험성이 크다.[41] 따라서, 어떠한 경우에 특허법의 취지에 반하는 권리행사가 공정거래법의 위반에 해당되는지 검토해 볼 필요가 있다.

41) Mark A. Lemley, Intellectual Property Rights And Standard-Setting Organizations, 90 Cal. L. Rev. 1889(2002) at 1933.

5. 技術標準 채택 前後의 特許權의 價値變化

표준기술에 대해서 특허권을 보유한 특허권자도 표준채택 이전에는 관련 시장에서 소비자들의 선택에 영향을 미치는 가격과 성능 등에서의 우수성을 확보하기 위해서 경쟁업자들과 치열한 경쟁을 벌인다. 이와 같이 표준채택 이전에 특허권자의 제품에 대해서 소비자들이 판단한 우수성의 정도 또는 가치를 '事前的 價値(ex ante value)'라고 한다면, 표준채택 이후에 당해 특허기술의 증가된 가치를 '事後的 價値(ex post value)'라고 한다.[42] 즉, 특허권자가 보유한 특허기술이 표준기술로 채택되면, 특허권자는 당해 기술시장 또는 관련 제품시장에서 우월하거나 지배적인 지위를 가지게 되고 그러한 지위로 인해서 자산의 특허기술의 경제적 가치가 크게 증가하게 된다. 혹자는 그러한 가치 증가를 특허권자에게 주어지는 부당한 횡재라고 보는가 하면, 혹자는 표준채택으로 인해서 특허기술에 내재되어 있던 가치가 확인된 것에 불과하므로 그러한 가치증가는 당연히 특허권자에 대한 정당한 보상이라고 보기도 한다.

특허기술이 표준으로 채택되면 그 기술을 실시하고자 하는 업자가 대폭 증가하기 때문에 필연적으로 당해 특허기술의 경제적 가치가 증가하는 것은 당연하다. 따라서, 표준채택이후에 증가된 사후적 가치를 모두 부당한 것으로 보는 것은 특허법이 특허권자에게 부여한 경제적 인센티브를 모두 부인하는 것처럼 불합리하지만, 다른 한편으로 특허법의 취지에 반하는 불합리한 조건으로 실시허락을 함으로써 사후적 가치를 부당하게 확대하는 경우까지 정당화되기는 어렵다. 다만, 문제의 어려움은 무엇이 합리적인 조건인가를 판단하는 문제로 남게 된다. 특히 무엇이 合理的인 수준의 實施料(royalty)인가의 문제는 명확한 기준을 찾기 어려운 문제이고, 궁극적으로 법원이 해결해야 할 문제일 것이다. 技術標準의 채택으로 인해서 특허권의 경제적 가치도 증가하고 특허권자의 시장에서의 지위도 대폭 강화되는데, 합리적인 기술료는 표준채택당시를 기준으로 결정하고 판단해야 할 것이다. 표준채택 이후에 변화된 시장을 토대로 해서 기술료를 정하게 되면, 관련 시장과 경쟁업자들이 당해 표준기술에 얽매이게 된 상황 속에서 특허권자의 강화된 또는 지배적인 지위의 남용을 허용해 주는 것과 마찬가지로 되기 때문이다.

---

42) Robert M. Webb, There Is a Better Way: It's Time To Overhaul the Model for Participation in Private Standard-Setting, 12 J. Intell. Prop. L. 163(2004), at 176.

제24장

정보통신기술의 변화와 독과점규제

이 봉 의*

Ⅰ. 머 리 말

1. IT기술의 발전과 규제환경의 변화

우리나라를 비롯하여 이미 많은 나라에서 자연독점산업,[1] 대표적으로 통신, 우편, 에너지 및 운송산업에 대한 광범위한 규제개혁이 이루어지고 있다.[2] 그 이념적 배경으로는 경쟁이야말로 자원의 최적배분을 보장하고 기술진보 및 소비자후생을 제공하는 가장 효율적인 수단이라는 믿음이 확산된 점을 들 수 있다. 아울러 네트워크기술의 발전으로 막대한 설비투자 없이도 서비스제공이 가능해짐으로써 진입장벽이 낮아지고, 규모의 경제가 갖는 중요성이 상대적으로 약화되면서 이들 산업에 독점을 유지할 경제적 근거가 사라진 점도 간과할 수 없다. 이러한 맥락에서 각국은 종래 네트워크산업에서 독점사업자가 누리고 있던 특별한 지위를 점차 제거하기 위한 입법적 조치를 마련하기에 이르렀다.

우리나라에서는 상대적으로 네트워크산업에 대한 경쟁원리의 도입이 미미하여, 통신시장에서만 경쟁체제가 도입되는 데 그치고 있을 뿐, 전력과 천연가스, 우편, 운송산업(특히 철도)에 대해서는 아직까지 경쟁마인드가 자리잡지 못하고 있는 실정이다. 그런데 그간의 경험을 살펴보면 네트워크산업에 경쟁원리

* 경북대학교 법과대학 조교수.

1) 자연독점의 일반적 성질에 대해서는 Kahn, The Economics of Regulation(1971), 113면 이하.

2) 네트워크산업에서 각국의 민영화동향에 대해서는 Newbery, Privatization, Restructuring, and Regulation of Network Industries(2000) 참조.

가 효과적으로 정착하는 데에는 단순히 법적 진입장벽을 제거하는 것으로는 충분치 않음이 입증되고 있다.[3] 유효경쟁이 자유화된 시장부문에 즉각적으로 확산되지 않는 이유는 여러 가지가 있겠지만, 대표적으로 통신산업에서 우량 가입자의 선점이나 전기통신설비의 독점 등이 기왕의 독점사업자를 보호하는 경향이 있다는 점을 들 수 있다.

그런데 1990년대에 들어오면서 정보통신산업을 중심으로 주목할 만한 기술변화가 진행되고 있는바, 대표적으로 디지털기술, 전송 및 네트워크기술과 인터넷기술의 발전을 들 수 있다. 이들 기술은 정보통신시장에 심대한 영향을 미치고 있는바, 가장 주목할 만한 현상으로 다양한 서비스간의 '융합'(convergence)을 빼놓을 수 없다. 융합은 한때 특정 산업을 구분하던 경계가 점차 사라지는 현상을 말하며, 그 결과 종래 '특정 분야 내지 설비를 중심으로 한 규제'(sector- or infrastructure specific regulation)는 새로운 시장환경에 적응하지 않을 수 없게 되었다.[4] 이때 경쟁정책의 관점에서 기술발전은 두 가지 이슈를 제기하게 된다. 하나는 기존의 산업규제법이 새로운 기술발전을 충분히 수용하고 있는지, 오히려 기술발전을 저해하는 측면은 없는지 여부이다. 이 부분은 규제의 '기술중립성'(neutrality of technology)이라는 관점에서 현행법을 조망할 것을 요구한다. 다른 하나는 기술발전으로 인하여 서비스간 경쟁이 심화된다는 점에서 기존의 독과점규제방식에 어떤 변화가 요구되는지 여부이다.

2. 논의의 범위

디지털기술의 발전과 대체적 플랫폼의 등장, 그에 따른 신규서비스의 보급확대는 네트워크산업의 자연독점성을 상대화할 뿐만 아니라, 네트워크독점에 따른 서비스독점을 약화시키는 모티브로 작용하고 있다. 디지털융합은 대표적으로 통신산업과 방송산업의 관계에서 두드러지게 진전되고 있다.[5] 즉, 종래에

3) Kerf/Geradin, "Post Liberalization Challenges in Telecommunications: Balancing Antitrust and Sector-Specific Regulation," 23 World Competition 27(2000).

4) Humpe, "Convergence in the European Communications Sector — An Analysis," 1 J. of Network Industries 185, 186(2000).

5) ETRI는 이미 멀티미디어 콘텐츠 서비스 및 유통에 관한 국제표준인 MPEG-21 기반의 통신·방송 융합형 범용 멀티미디어 접근(UMA: Universal Multimedia Access) 기술을 개발하였다. UMA 기술은 영화, 드라마 등 멀티미디어 콘텐츠 방송망은 물론 유·무선 통신망에서도 끊김 없이 서비스하는 기술로서 TV뿐만 아니라 PC, 노트북, 스마트폰, PDA 등의 휴대단

는 기술적으로 별개의 네트워크를 통해서 제공되던 서비스의 구분이 더 이상 의미를 가지기 어려워지고, IPTV나 DMB, VoIP의 예에서 알 수 있는 바와 같이 통신사업자와 방송사업자가 현실적인 경쟁관계에 놓이게 된 것이다. 그런데 전기통신사업법이나 방송법은 통신 및 방송의 특성을 고려하여 전문규제기관에 의한 특수한 규제를 담고 있으며, 여기에서 다음과 같은 여러 가지 쟁점이 대두하게 된다.

첫째, 디지털융합에서 제기되는 근본적인 문제로서 '산업 내지 네트워크에 특수한 규제'가 여전히 적합한지, 융합이 '규제의 융합'(regulatory convergence)을 수반하여야 하는지 여부이다. 이는 디지털융합이 진행되는 통신·방송산업에 적용되는 규제법과 규제기구, 절차를 통합 내지 조화하는 문제이다. 둘째, 통신·방송의 융합에 따라 규제의 융합이 어떤 형태로든 불가피할 것이나, 그 방식과 상관없이 기존의 통신 및 방송시장에 적용되던 규제의 패러다임이 여전히 유지될 수 있는지 여부이다. 종래의 규제패러다임이 비대칭적 사전규제를 통한 방송시장의 경쟁촉진이나 프로그램규제를 통한 방송의 독립성·다양성촉진을 추구하고 있는 상황에서 디지털융합이 갖는 경쟁촉진의 잠재력을 고려하여 또 다른 규제완화의 시발점으로 삼을 것인지와 결부된다. 여기서는 구체적으로 디지털융합이라는 새로운 환경 하에서 종래의 비대칭규제가 여전히 유지될 수 있는지, '접근에 기초한 경쟁'(access-based competition)과 '망설비에 기반한 경쟁'(facilities-based competition)의 관계를 어떻게 새로이 설정할 것인지가 다루어진다.[6]

끝으로, 광의의 경쟁법[7]상 디지털융합에 따른 이슈를 빼놓을 수 없다. 디지털융합으로 종래에는 서로 무관하던 사업자들이 경쟁관계에 직면하는 과정에서 무수한 논란이 제기되고 있는바, 융합서비스를 기존의 역무분류체계에 어떻게 포섭시킬 것인지, 융합에 따른 경쟁상황의 변화를 현행 규제틀에 어떻게 반영할 것인지, 사업자간 수직적 결합이나 혼합결합이 시장구조에 어떤 영향을 미칠 것인지 등을 들 수 있다.

말기 등에서도 방송을 즐길 수 있는 통신·방송 융합환경을 제공한다.

6) Humpe, 앞의 글, 194면.

7) 여기서 광의의 경쟁법이란 모든 산업분야에 적용되는 일반경쟁법, 즉 공정거래법과 특수한 산업분야에 적용되는 특별경쟁법, 여기서는 전기통신사업법상 경쟁촉진을 위한 규제법을 포섭하는 것으로 사용하기로 한다.

아래에서는 주로 정보통신기술의 발전이 정보통신산업에 대한 기존의 독과점규제들에 제공하는 시사점을 살펴보기로 한다. 이때 논의의 출발점이자 종착점은 과연 기존의 통신규제법이 최근의 기술발전에 따른 시장의 환경변화에 적절히 대응할 수 있는지, 규제의 패러다임에 어떤 변화가 요구되는지 여부이다. 기존의 통신법은 민영화 및 규제완화에 따라 과거의 독점사업자에 의한 지위남용을 방지하고 경쟁을 촉진하기 위하여 망접속이나 요금규제 등 특수한 독과점규제를 두고 있는바, 이들 규제는 대체로 선·후발사업자간의 대등한 경쟁여건 조성을 위한 비대칭적 성격을 갖고 있다. 여기서 디지털화를 핵심으로 하는 기술발전에 따라 종래의 독과점규제가 어떻게 개선되어야 하는지를 규명해 보고자 한다. 이를 위하여 먼저 정보통신기술의 변화와 그것이 시장에 미치는 효과를 융합을 중심 살펴보고, 기술혁신 및 융합을 촉진하기 위한 규제패러다임의 변화를 모색하기로 한다(Ⅱ). 이어서 기술혁신 및 유효경쟁이 규제완화에 제공하는 함의를 정리하는 한편(Ⅲ), 정보통신기술의 발전에 따라 등장하는 새로운 경쟁이슈를 차례로 살펴보기로 한다(Ⅳ). 끝으로 정보통신기술의 발전을 염두에 두고 통신시장의 독과점규제를 개선하기 위한 방안을 제시해 보기로 한다(Ⅴ).

Ⅱ. 정보통신기술 및 규제패러다임의 변화

1. 정보통신기술변화와 융합

(1) 융합의 세 가지 차원

정보통신산업에서 융합이란 흔히 전통적으로는 별개의 것으로 여겨지던 기술, 네트워크(망)설비, 서비스, "시장" 간의 경계가 점차 사라지는 현상 내지 과정을 말한다. 종래 통신산업은 주로 망설비 내지 네트워크에 기반하고 있으며, 전통적으로 서로 다른 서비스는 각기 다른 네트워크에 의해서 제공되어 왔다. 예컨대, 고정된 통신망설비는 음성메시지를 전달하는 데 사용되거나 비교적 최근에는 인터넷접속을 위해 사용되었다. 반면, 음악이나 영상은 케이블 망설비나 공중파를 통해서 제공되었다. 이러한 상황을 근본적으로 변화시킨 것은 바로 디지털기술의 등장이다. 디지털화는 어떤 형태의 메시지라도 산술적인 포맷으로 단순화함으로써 보다 정교한 데이터 처리수단의 발전을 가능케 하였다. 또한 새로운 압축기술의 개발은 망설비의 처리속도와 능력을 획기적으로 개선하게 되었다.

이때 기술발전의 양상은 크게 세 가지 형태의 융합을 가져오는 것으로 알려져 있다.[8)] 첫째, 네트워크나 망설비간의 대체성이 증대하고 있다. 이는 '네트워크융합'(network convergence)라고도 하는데, 대표적으로 멀티미디어 서비스를 제공함에 있어서 케이블망과 유선전화망, 그리고 최근에는 전력선(power line)[9)] 등이 훌륭한 대체적 네트워크로 활용될 수 있게 되었다.[10)] 이 같은 망설비의 융합은 기존의 설비를 다른 용도로 사용케 하거나 새로운 서비스제공에 활용케 하는 기술의 발전 및 그에 따른 이른바 '범용효과'(despecialising effect)에 의해서 뒷받침되고 있다. 우리나라에서 케이블사업자는 당초 방송사업자로 출발하였으나 케이블모뎀의 등장으로 이제 통신업체와 함께 가정에 인터넷을 통한 양방향 브로드밴드를 제공하는 주요 경쟁자로 자리잡고 있다.[11)] 케이블TV는 광범위한 소비자층을 상대로 다채널을 제공하는 한편, 방송사업자로서 전파사용료를 면제받는 이점을 활용하여 보다 저렴한 요금에 인터넷접속서비스를 제공하고 있을 뿐만 아니라, KCT라는 컨소시엄을 구성하여 VoIP사업에도 공동으로 진출하는가 하면, 방송과 인터넷과 전화 등을 패키지로 하는 결합판매에도 나서고 있다. 둘째, 통신기술의 발전은 새로운 서비스의 등장을 용이하게 하며, 통신과 방송서비스의 성격을 모두 갖고 있는 혼합서비스(hybrid service)를 가능케 하며, 이를 흔히 '서비스융합'(service convergence)이라 한다. 후술하는 VOD나 IPTV가 대표적인 예이다.

끝으로, IT기술의 발전은 기업으로 하여금 여러 관련분야로의 확장을 촉진

8) Geradin, "Regulatory Issues Raised by Network Convergence: The Case of Multi-Utilities," 2 J. of Network Industries 113, 115(2001).

9) 전력선기술의 장점은 가입자선로라는 통신네트워크에 대한 훌륭한 대안으로서, 전기회사로 하여금 전화시장에서 "설비에 기반한 경쟁"(facilities-based competition)을 가능케 한다는 데에 있다. 그 밖에 전력선통신은 이미 모든 가정에 전기선이 깔려 있다는 점에서 ubiquitous의 성질을 갖고 있고, 여러 개의 소켓을 통하여 처리능력을 분산할 수 있으며, 매우 효율적인 보편적 역무 제공수단이 될 수 있다.

10) Ungerer, Ensuring Efficient Access to Bottleneck Network Facilities: The Case of Telecommunications in the European Union, 1998.

11) 케이블TV사업자의 통신시장 진출에 관하여는 김용규·김대호, 통신·방송 네트워크의 융합과 규제정책방향, 정보통신정책연구 제11권 제3호(2004.9), 6면 이하.

하는바, 예컨대 프랑스의 Vivendi는 에너지, 물, 통신, 멀티미디어, 건설분야에 진출해 있으며, 미국의 에너지기업으로 잘 알려진 Enron 역시 통신 및 브로드밴드서비스사업을 수행하고 있다.[12] 국내에서 사업다각화차원의 인수·합병으로는 KT가 영화콘텐츠를 확보하기 위하여 사이더스FNH를 인수한 사례나, SKT가 YTN미디어의 지분을 인수한 데 이어 종합엔터테인먼트기획사인 IHQ[13]의 지분 27.6%를 인수하는 한편 음악서비스인 멜론의 음원을 확보하는 차원에서 YBM서울음반의 지분 60%를 인수한 사례를 들 수 있다. 그 밖에 자회사나 합작회사의 설립을 통한 다각화의 예로는 KT가 KTH를 통하여 유·무선콘텐츠서비스를 제공하거나 SKT가 MBC, SBS 등과 함께 TU미디어에 최대주주로 지분참여한 사례를 들 수 있다. 이러한 전략적 결합은 새로 진입하는 시장에서 기존의 고객층, 확립된 브랜드 이미지를 활용할 수 있을 뿐만 아니라 다양한 결합서비스(service bundling)를 가능케 한다.

(2) 멀티유틸리티와 융합

여러 통신기술 중에서도 특정 망설비를 다른 용도로 사용할 수 있게 하는 것은 새로운 설비투자 없이도 다른 분야로 사업영역을 확장할 수 있다는 의미에서 산업간 상호진입을 용이하게 하는 경쟁촉진효과를 갖는다. 여기서 '멀티유틸리티'(multi-utilities)란 하나의 설비를 통하여 종래 별개로 인식되던 둘 이상의 서비스를 제공하는 것을 말하며, 최근에는 보다 넓은 의미에서 한 사업자가 전기와 통신, 전기와 가스 등을 복합적으로 제공하는 것을 가리키기도 한다.[14]

멀티유틸리티는 이미 대역폭이 높은 통신서비스를 전송하기 위한 기술 및 위성이나 무선케이블(wireless cable)과 같은 새로운 기술을 통하여 발전해 왔다. 위성이나 무선케이블은 양방향 브로드밴드 도매서비스를 제공해 왔다. 그

12) 그 밖의 사례에 대해서는 Sommer, Multi-Utilities: Trends, 227 Viewpoint(2001. 3.), The World Bank, 3면 도표 참조.

13) IHQ는 사이더스HQ(연예기획), 엔트리브소프트(게임개발), 아이필름(영화제작), 케슬인더스카이(드라마제작) 등을 자회사로 두고 있다.

14) Sommer, 앞의 글. 2000년 말 기준으로 미국의 약 200개 민간 전기회사 중 2/3 정도가 ISP나 시내전화회사와 제휴하는 형태로 통신서비스를 제공하고 있으며, 브라질에서는 운송기간망을 보유한 회사들이 기존의 전화회사와 경쟁적으로 장거리 백본설비와 시내통신망구축에 협력하고 있다고 한다.

간 위성은 요금이 비싸 가입자가 적고, 서비스의 이용도가 낮다는 이유로 별다른 주목을 받지 못하였으나, 최근 KT가 SkyLife 서비스를 개시하는 등 위성을 통한 "가정으로의 직접 방송"(direct-to home broadcasting)이 등장하면서 상황이 변화하였다. 마찬가지로 무선케이블 역시 이제는 다채널 가입자에게 프로그램을 방송하는 용도로 널리 사용되고 있다. 뿐만 아니라 압축기술이 개선되면서 인터넷이 전통적인 라디오나 TV방송과 직접 경쟁하는 디지털 콘텐츠를 공급하는 데에 활용되고 있다. 여기에는 단순히 라디오방송을 웹을 통해 공급하는 것뿐만 아니라, 스포츠경기의 생방송을 비롯하여 추후 재시청을 VOD서비스가 포함된다. 이러한 멀티유틸리티에 대하여 각국은 원칙적으로 긍정적인 입장을 취하고 있는바, 이는 멀티유틸리티와 그에 따른 융합이 네트워크산업에서의 경쟁을 촉진하고 소비자선택의 폭을 확대할 수 있기 때문이다.[15)]

다른 한편으로 '멀티유틸리티'는 전통적인 방식의 독과점규제에 새로운 문제를 제기하고 있다. 종래의 독점사업자가 통신서비스와 여타의 미디어서비스 등을 부당하게 결합판매하거나 과다한 할인을 제공할 우려가 있고, 통신시장에서의 요금규제는 더욱 곤란해질 수 있다.[16)] 그러나 무엇보다 중요한 것은 지금까지 단일용도의 설비를 염두에 두었던 역무별 규제체계가 멀티유틸리티라는 새로운 환경에서 더 이상 유지되기 어렵다는 점이다. 이를테면, 서비스에 따라 규제권한이 중복되거나 또는 규제기관간 조정이 원만하지 못할 경우 규제의 비효율성을 가져올 수 있고, 특히 규제기관간 권한과 책임이 명료하지 못할 경우에는 사업허가나 요금인가 등에 있어서 불필요한 지연을 초래하거나 새로운 서비스제공에 대한 승인절차가 지나치게 번잡해지기 때문이다.

이러한 문제를 해결하는 방법의 하나는 '관련산업을 포괄하는 규제기관'(cross-sectoral regulatory authority)을 창설하는 것이다.[17)] 예컨대, 영국의 경

---

15) 1990년대 말 유럽집행위원회는 전기회사가 통신시장에 진입하는 것이 갖는 친경쟁적 성격을 인식하여 일련의 합작기업 설립을 허용한 바 있다. ACEA와 Telefonica의 합작기업 설립에 관하여는 Comm., Press Release IP/99/932; Telecom Italia와 스페인의 전기회사인 Endesa, Union Fenesark 스페인 이동통신시장의 3대 회사인 Retevision Mobil SA.를 공동으로 인수한 사례에 대해서는 Comm., Press Release IP/98/962 참조. 전기회사는 이미 인프라설비, 브랜드, 요금청구 및 보수설비 등을 보유하고 있고, 나아가 전기와 통신서비스를 결합판매할 경우 비용절감으로 인한 가격경쟁력을 갖출 수 있기 때문에 직접 또는 합작기업을 통하여 통신시장에 진입할 유인이 충분하다.

16) Sommer, 앞의 글, 3면.

17) 통합규제당국의 설치에 관한 찬반론에 대해서는, Smith, Utility Regulators — Roles and

우 Ofcom의 출범 이전에 이미 전기와 가스산업간의 융합에 따라 Offer(전기)와 Ofgas(가스)가 Ofgem이라는 단일 규제기관으로 통합된 바 있다.[18] 또한 궁극적으로 분야별 규제기관의 권한을 일반경쟁법의 담당기구로 이전하거나,[19] 분야별 규제당국간의 유기적인 협력체제를 구축하는 방안도 생각할 수 있을 것이다.

2. 기술발전에 따른 규제패러다임의 변화

통신산업의 비약적 발전과 함께 통신기술의 발전은 현실적으로나 잠재적으로 커다란 경제적 파급효과를 가져온다. 기술발전과 그에 따른 융합은 기존의 별개로 여겨지던 서비스간의 경쟁을 촉진시키거나 새로운 서비스에 대한 경쟁을 창출한다. 디지털융합은 현실적으로나 잠재적으로 경쟁촉진효과를 가진다. 이는 융합의 개념에 내지된 것이기도 한데, 디지털융합이란 결국 종래 서로 다른 산업과 시장을 하나의 시장으로 통합해 가는 과정이기 때문이다. 유·무선 네트워크의 통합, 음성·데이터·멀티미디어의 통합, 그리고 멀티유틸리티에 기반한 사업자통합이 그것이다. 그 결과 기존의 전화역무에서도 유·무선전화를 비롯하여 VoIP가 서로 경쟁하게 되고, 사업자측면에서도 전통적인 전화회사 외에 인터넷접속역무를 제공할 수 있는 케이블TV사업자가 경쟁관계에 서게 된다.

그 결과 우선 역무별로 지정된 시장지배적 사업자의 시장행위에 관한 기존의 산업별 사전 규제는 재검토되지 않으면 안 된다. 아울러 통신법 및 경쟁법상 규제는 과거의 사실보다는 미래의 변화하는 시장환경을 고려하여야 한다는 점에서, 기술발전이 시장의 경계를 허물고 나아가 새로운 시장을 창출하는 경우에는 이들 시장에 대한 진입을 저해할 수 있는 규제를 자제하는 것이 현명할 뿐만 아니라,[20] 새로운 시장획정과 경쟁분석이 요구된다.

Responsibilities, 127 Viewpoint(1997. 10.), The World Bank. 특히 통신·방송융합에 따른 규제체계의 정비에 관하여는 김원식·한은영·임동민, 유럽 주요국의 통신방송융합 대응사례 분석, KISDI 이슈리포트 04-11, 정보통신정책연구원(2004); 프랑스의 경우에 대해서는 임동민, 프랑스의 통신·방송융합 대응사례 분석, 정보통신정책 제16권 18호(2004. 10) 참조.

18) 그 밖에 유럽 각국의 통합규제당국 현황에 대해서는 Geradin, "Institutional Aspects of EU Regulatory Reforms in the Telecommunications Sector: An Analysis of the Role of National Regulatory Authorities," 1 J. of Network Industries 5, 21(2000).

19) Kerf/Geradin, Controlling Market Power in Telecommunications(2003), 333면 이하.

또한 이제 막 형성된 서비스 또는 아직 형성중인 서비스시장에서는 과연 어떤 시장실패가 나타날 것인지를 미리 알 수 없고,[21] 당장은 몰라도 조만간 문제를 해결할 수 있는 시장메커니즘이 작동할 수도 있다. 그에 앞서 새로운 서비스를 기존의 규제에 무작정 편입할 경우 시장조화적 해결방식이 등장하지 못하거나, 처음부터 새로운 네트워크의 구축이나 서비스개발을 저해할 우려가 있는 것이다. 이러한 맥락에서 디지털융합이 시장의 경계를 허물고 나아가 새로운 시장을 창출하는 경우에는 이들 시장에 대한 진입을 저해할 수 있는 각종 규제를 자제하고 '최소한의 규제'(soft-touch regulation)에 그치는 것이 현명할 수도 있다.[22] 유럽집행위원회의 '전자통신분야의 시장획정에 관한 권고'[23] 이유서 제15호에서 '선발자의 이익'(first mover' advantage)으로 인하여 시장지배력이 발생할 수 있더라도 '새로운 시장이나 형성중인 시장'(new and emerging markets)은 원칙적으로 사전규제의 대상으로 삼아서는 안 된다고 규정하고 있는 것도 이러한 취지로 이해할 수 있다.

한편, 디지털융합은 기존의 독점적 지배력을 유지·확대하는 효과를 가질 수 있는바, 이러한 지배력은 새로 진입하는 시장에서 기존의 고객층, 확립된 브랜드 이미지뿐만 아니라 여러 서비스를 결합판매(bundling)할 수 있는 능력에서 비롯되며, 하나의 설비로 여러 서비스를 제공하게 될 경우에 새로 진입한 시장에서의 경쟁상 우위확보를 위하여 활용될 수 있다. 또한 통신산업과 같이 막대한 투자를 요하는 분야에서 네트워크, 소프트웨어나 콘텐츠에 대한 투자에는 적지 않은 리스크가 수반되고, 이러한 위험을 분산하기 위하여 이루어지는 기업결합은 원칙적으로 바람직하나, 네트워크와 서비스, 콘텐츠사업자의 수직

20) 1999년 당시 FCC 위원장이었던 William E. Kennard의 다음과 같은 지적을 떠올릴 필요가 있다. "What we need to remember now is that no one could have predicted these innovations. We cannot regulate against problems that have yet to materialize in a market that has yet to develop"(WSJ, 1999. 8. 24).

21) 특히, 멀티유틸리티는 통신시장에서의 요금규제를 곤란하게 할 수도 있다. 효과적인 요금규제를 위해서는 규제당국이 비용에 대한 신뢰할 만한 정보를 얻을 수 있어야 하는데, 멀티유틸리티의 특성은 하나의 설비에서 여러 서비스를 제공하는 데에 있고, 이때 비용구조는 단일서비스체계에 비하여 매우 복잡해질 수밖에 없기 때문이다. Sommer, 앞의 글, 3면.

22) 1999년 당시 FCC 위원장이었던 William E. Kennard의 다음과 같은 지적을 떠올릴 필요가 있다. "What we need to remember now is that no one could have predicted these innovations. We cannot regulate against problems that have yet to materialize in a market that has yet to develop"(WSJ, 1999. 8. 24).

23) Comm., Recommendation on relevant product and service within the electronic communications sector susceptible to ex ante regulation, 2003 OJ L 114/45.

적 결합은 관련시장에서 봉쇄효과를 수반할 수 있다는 점에서 주의를 요한다. 왜냐하면 그로 인하여 잠재적 경쟁자나 신규진입자가 서비스를 제공함에 있어서 망설비나 콘텐츠에 접근하기가 곤란할 경우 결국 시장진입 자체가 어려워지기 때문이다.[24)]

끝으로, 정보통신기술의 발전은 융합과 동시에 '분산'(divergence)을 초래하기도 한다. 분산의 예로는 시장을 봉쇄하거나 경쟁자를 배제하기 위하여 인코딩(encoding)을 사용하거나 미디어단말기간의 호환성이 거부되는 경우 등을 들 수 있다. 디지털TV의 경우에도 초고속인터넷망이 쌍방향성을 보장하는 최고의 수단임에도 불구하고, 아직까지 범용의 return channel이 존재하지 않는다. 이는 곧 초고속인터넷을 비롯한 정보통신기술이 융합의 전제조건으로서 필요조건이기는 하나, 충분조건은 아니라는 것이다. 따라서 만약 융합의 친경쟁효과를 고려하여 이를 촉진하고자 한다면 분산을 방지하거나 융합저해요인을 제거하는 등의 정책수단이 필요하게 된다.[25)]

Ⅲ. 기술발전-융합-유효경쟁-규제완화

1. 전기통신사업법상 유효경쟁의 의미

전기통신사업법은 전기통신사업의 건전한 발전이나 이용자의 편의도모, 궁극적으로 공공복리의 증진을 동법의 목적으로 들고 있을 뿐, 유효경쟁에 대해서는 언급하지 않고 있다(법 제 1 조). 다만, 전기통신사업법은 제 4 장에서 정통부장관의 의무로서 전기통신사업의 효율적인 경쟁체제의 구축과 공정한 경쟁환경의 조성을 규정하고 있는바(법 제33조의 4), 민영화 및 규제완화를 근간으로 하는 통신시장의 자유화라는 맥락에서 흔히 전기통신사업법이 추구하는 목적의 하나로 유효경쟁체제의 확립이 지적되고 있다. 이때 유효경쟁은 적극적 정책목표로서의 성격을 갖게 된다. 그리고 효율적인 경쟁체제와 공정한 경쟁환

24) Humpe, 앞의 글, 188면.

25) 각국의 정부가 인터넷설비용량의 증대에만 관심을 가질 뿐, 정작 융합이 발전할 수 있는 제도적 환경에 규제(법)을 적응시키는 노력은 기울이지 않는다는 비판으로는 Firth/Longstaff/Dowd, "Broadband and Convergence," 3 J. of Network Industries 161, 163(2002).

경을 일응 넓은 의미에서 유효경쟁[26]의 맥락에서 이해할 수는 있으나, 동법 제1조의 목적과 유효경쟁간의 관계는 모호한 점이 적지 않다.[27]

한편, 유효경쟁(effective competition)[28]이란 완전경쟁이나 경합시장에 비하여 현실적으로 실현가능한 상태를 표현한 경쟁관념으로서, 경쟁법은 물론이고 여타의 산업규제법에서 널리 사용되고 있다. 이때 경쟁의 유효성 내지 최적의 경쟁정도를 보여주는 일반적인 기준은 존재하지 않으며, 다분히 개별 시장의 특성에 따라 좌우된다. 다만, 경쟁법의 경우 유효경쟁은 예외적으로 경쟁을 제한·왜곡하는 행위를 금지함으로써 보호될 수 있는 반면("현상유지의 측면"), 통신시장의 경우 사전적 규제를 통하지 않고는 형성될 수 없는 경쟁상태("시장구조의 변화라는 적극적 측면")라는 데에 차이가 있다. 따라서 경쟁법상 유효경쟁의 판단기준을 통신시장에 그대로 적용할 수는 없다.

그런데 전기통신사업법상 유효경쟁이 갖는 함의를 이해하기 위해서는 경쟁기능간의 충돌을 먼저 살펴볼 필요가 있다. 전통적인 구조-행태-성과(structure-conduct-performance; SCP) 패러다임에 의할 경우, 실제 전기통신사업법상 비대칭규제가 시장지배적 사업자라는 기준과 결부되는 이상 독점적 시장구조의 제거와 생산적 효율성, 동태적 효율성간에 충돌이 발생하게 되고, 이 문제는 이들 경쟁기능간에 가중치를 달리 정함으로써 해결할 수 있을 뿐이다. 이때 유효경쟁은 구조나 행태 및 성과 면에서 안정적으로 경쟁기능이 수행될 수 있는 상태를 의미하며, 따라서 종래의 독점사업자가 규제완화 이후 경쟁사업자를 다시 배제할 수 없을 정도로 구조적으로 안정되어 있을 것을 요한다.

그렇다면 유효경쟁을 시장지배적 사업자의 부재와 동일시하는 입장은 수용할 수 없으며, 이를테면 시장지배력에 의한 경쟁기능의 저해가 생산적 효율성이나 동태적 효율성, 혁신에 의하여 충분히 상쇄될 수 있는 경우에는 유효경쟁과 충분히 양립가능한 것이다.[29] 다만 이러한 비교형량에 있어서 시장지배력

---

26) 정통부장관의 경쟁촉진의무는 제4장에 규정되어 있으나, 통신시장에의 진입허가나 합병 등의 인가제, 이용약관의 허가·신고제 등도 유효경쟁체제의 확립을 위한 규제수단으로 이용되고 있다는 점에서, 이들 절차에서도 유효경쟁의 관념이 고려되지 않으면 안 된다.

27) 이를테면, 경쟁법상 유효경쟁의 보호는 원칙적으로 소비자에게 이익이 되는 반면, 통신법의 영역에서는 유효경쟁의 형성과정에서 소비자의 이익이 적어도 단기적으로 희생될 수 있다.

28) Clark, "Toward a Concept of Workable Competition," 30 American Economic Review 241 (1940).

29) Koenig/Vogelsang/Kühling/Loetz/Neumann, "Der Begriff des funktionsfähigen Wettbewerbs im deutschen Telekommunikationsrecht," Kommunikation und Recht(K&R) 2003. 10면.

이 강하면 강할수록 그 폐해를 상쇄하기는 어려워진다. 아울러 구체적인 사례에서 비교형량은 언제나 매우 부정확할 수밖에 없고, 이는 규제당국의 재량여지를 넓히게 되는바, 재량판단의 정당성은 결국 소비자후생 내지 이용자이익이라는 경쟁의 궁극적 목표에 비추어 판단될 수밖에 없을 것이다.

이어서 전기통신사업법상 유효경쟁의 관념을 올바르게 이해하기 위해서는 구체적인 역무별로 별도의 시장분석이 요구되며, 이는 통신시장의 여러 하위시장마다 다르게 나타나는 경제적 특성을 반영하여야 한다는 의미이다. 이를테면 유선망이나 케이블망의 분야에서 발견되는 특성으로는 외부효과, 규모의 경제, 수직적 통합, 애로설비 등을 들 수 있고, 이러한 특성은 기존 독점사업자의 지위를 강화시키는 경향이 있다. 그 결과 기존 독점사업자를 수직적으로나 수평적으로 분할하지 않는 이상 경쟁의 도입을 위하여 여러 비대칭규제가 가해지게 된다. 즉, 이러한 분야에서 전기통신사업법상 규제는 구 독점사업자의 지배력을 약화시키는 방법으로 경쟁기능을 제고하려는 것이다. 그러나 이러한 규제는 필연적으로 생산적, 동태적 효율성 및 경우에 따라서는 가격상의 효율성을 감소시키는 효과를 갖기 때문에, 유효경쟁이 지배하게 되면 곧바로 철폐되지 않으면 안 되는 것이다. 다만, 주로 외부효과에 기인하는 규제, 즉 상호접속이나 보편적 역무, 번호이동성과 같은 규제는 유효경쟁이 어느 정도 실현되더라도 계속해서 유지될 필요가 있다.

반면, 이동전화시장은 유선 내지 케이블망의 독점을 특징으로 하는 유선전화시장과 달리 과점적 시장구조를 보이고 있으며, 경제적인 측면에서도 규모의 경제나 수직적 통합의 정도가 상대적으로 낮은 반면, 막대한 출연금이나 전파사용료 등이 요구된다는 특징이 있다. 이러한 차이가 공급측면에서 볼 때 유무선의 통합을 저해하는 하나의 요소가 됨은 물론이다. 여기서 도출되는 중요한 시사점은 통신시장 전체에 대하여 유효경쟁을 판단하는 기준이 일반적으로 도출되기 어렵고, 일률적인 규제는 시장진입장벽을 낮추고 경쟁제한행위를 제거함으로써 경쟁의 유효성을 제고하는 반면, 투자와 혁신 및 여타 시장참가자의 자유로운 활동을 제약함으로써 오히려 경쟁의 유효성을 약화시키는 상반된 효과를 가질 수 있다는 점이다.[30)]

30) Jorde/Sidak/Teece, "Innovation, Investment, and Unbundling," 17 Yale Journal on Regulation 1(2000).

2. 유효경쟁과 전기통신사업법상 규제완화

어떤 통신역무시장에서 유효경쟁이 이루어지고 있다면 적어도 기업활동에 대한 사전적 규제는 보편적 역무와 같은 비경제적 규제를 제외하고 더 이상 존립근거를 갖기 어렵게 된다. 예컨대, 이동전화시장에서 유효경쟁이 지배할 경우 전기통신사업법상 규제의 핵심은 경쟁법적 규제에 놓이게 되고, 통신역무의 기술적 특성이나 공공성을 이유로 한 규제 등을 제외한 여타의 사전적 규제는 대폭 완화되지 않으면 안 된다. 이처럼 규제완화의 모멘텀으로서 유효경쟁을 이해하기 위해서는 미국이나 영국 등 통신시장에서 경쟁체제를 우리보다 앞서 경험한 나라에서 (유효)경쟁이 갖는 정책적 의미를 살펴볼 필요가 있다.

먼저, 2002년에 유럽공동체에서 제정된 '전자통신 네트워크 및 서비스에 대한 공통 규제체계에 관한 지침'(Framework Directive; 이하 "기본지침"이라 함)[31] 제27호는 유효경쟁을 하나 또는 복수의 SMP(Significant Market Power) 사업자가 존재하지 않는 상태로 정의하고 있고, 당시 제정된 일련의 지침[32]은 그러한 유효경쟁이 존재하지 않는 한도에서 통신분야에 특수한 규제들을 담고 있는 것으로서, 기본지침 제16조 제3항은 유효경쟁이 지배하게 될 경우 사전적 의무를 부과하지 말 것과 기존의 규제라도 이를 철폐할 것을 명정하고 있다. 여기서 유효경쟁은 일반경쟁법에서와 달리 통신시장을 특징지어오던 규제, 특히 시장지배적 통신사업자에 대한 각종 비대칭규제를 완화 또는 제거하기 위한 판단기준으로서 핵심적인 역할을 담당하게 된다.[33]

또한 영국의 통신법은 "점진적으로 유효한 경쟁"(prospectively effective competition)이 이루어지는 중간단계에는 부분적인 규제완화가 이루어질 것을 예정하고 있으며, 이때 입법론상 핵심적인 기준은 바로 이용자의 이익이다.[34] 미국의 통신법 제11조 역시 연방통신위원회(FCC)에 매 2년마다 규제완화의 가능성을 평가하도록 규정하고 있는바, 이때 중요한 기준은 기존의 규제가 공공

31) OJ, 2002 L 108/33 "Directive 2002/21/EC of the European Parliament and of the Council of March 2002."

32) 기본지침은 일련의 세부지침(Specific Directives), 즉 인가지침(Authorization Directive; OJ, 2002 L 108/21), 접속 및 상호접속 지침(Access and Interconnection Directive; OJ, 2002 L 108/51), 그리고 보편적 역무지침(Universal Service Directive; OJ, 2002 L 24/1)과 함께 2002년 3월 채택되었고, 2003년 7월 말까지 회원국의 국내법으로 전환하도록 하였다.

33) Koenig 외, 앞의 글, 12면.

34) Oftel, Implementing Oftel's Strategy: Effective Competition Review Guidelines, 3, 4면.

의 이익을 위하여 필요한지 여부만이 아니라 "의미 있는 경제적 경쟁"(meaningful economic competition)이라는 기준에 비추어 규제의 필요성 유무를 따져 보게 된다는 점이다.[35]

이러한 관념을 기초로 규제완화를 위한 전제조건으로 유효경쟁을 심사할 경우, 규제완화조치로 인하여 최소한 기존의 경쟁상태가 악화되지는 않아야 한다. 이러한 판단은 언제나 미래의 시장상황에 대한 예측과 분석을 요하는바, 여기서 필요한 것은 비단 경쟁의 목적간 충돌을 비교하고 경쟁의 구조적 정착 여부를 살피는 데에 그치는 것이 아니라 규제완화에 따라 예상되는 장래의 효과를 고려하는 것이고, 이는 현재 상태에서 시장지배적 지위를 가리는 작업보다 훨씬 어렵다.

구체적으로 규제완화의 목적으로 경쟁의 유효성을 심사함에 있어서는 시장지배적 지위의 존부를 확인하여야 한다. 어떤 통신역무시장에 시장지배력이 존재하지 않는다면, 통신법상 유효경쟁의 촉진을 위한 규제수단은 적용될 수 없고, 따라서 규제의 완화 내지 폐지가 수반되어야 하기 때문이다. 시장지배적 지위가 인정되면, 두 번째 단계로 생산적, 동태적 효율성의 관점에서 경쟁이 효과적으로 이루어지고 있는지를 분석하여야 한다. 이때 시장지배력이 클수록, 효율성이 더욱 커야 함은 물론이다. 그러나 이들 양자를 비교하기란 지극히 곤란하기 때문에, 구조적인 관점에서 시장에서의 경쟁강도가 매우 중요하게 된다. 대표적으로 시장진입장벽이 매우 낮다거나, 기존사업자의 수직적 분리가 이루어졌다거나, 기술발전으로 구 독점사업자가 보유한 설비에 대한 경쟁사업자의 의존성이 약해졌다거나 또는 역무간 융합으로 인하여 새로운 경쟁관계가 형성된다거나[36] 하는 등의 요소가 경쟁의 구조적 정착을 보여주는 징표에 해당될 수 있을 것이다.

Ⅳ. 정보통신기술의 변화와 새로운 경쟁이슈

정보통신기술의 발전으로 망·서비스의 구분이 약해지고, 네트워크에 기

35) FCC, Biennial Regulatory Review 2000, 2면.

36) 이러한 맥락에서 기본지침 제14조 제3항이 시장지배적 지위를 판단함에 있어서 인접시장을 포함시키도록 요구하고 있는 점을 이해할 수 있다.

반한 서비스구분과 경쟁분석, 그리고 그에 따른 기존의 사전적 독과점규제는 새로운 전기를 맞게 되었다. 그렇다면 이러한 기술발전이 규제법 및 규제정책에 제공하는 함의는 무엇인가? 첫째는 기술발전과 그에 따른 융합이 기존의 시장에서 경쟁을 촉진하고, 새로운 서비스시장을 창출한다는 점이다. 둘째는 기술발전에 따라 종래 규제법 하에서 외부의 경쟁압력으로부터 보호받던 기업들이 점차 무한경쟁에 놓이게 된다는 점이다.

전기통신사업법상 통신시장의 독과점을 규제하는 수단으로는 크게 진입규제, 요금규제, 설비의 제공 및 공동이용의무, 상호접속규제, 금지행위, 번호이동성, 사전선택제 등으로 구성되며, 기존의 독점사업자를 대상으로 한 비대칭규제가 대부분을 차지하고 있다. 시장지배적 사업자의 판단여부는 매출액, 시장점유율 또는 필수설비의 보유여부를 기준으로 하며, 이들에 대해서 주로 사전적 규제가 이루어지고 있다.[37] 독과점규제는 이를 사전적 규제와 사후적 규제로 나눌 수도 있다. 사전적 규제(ex ante regulation)로는 요금제를 포함한 약관인가제, 전기통신설비의 제공의무와 상호접속규제, 도매요금의 규제, 번호이동성과 단말기보조금의 금지를 들 수 있으며, 사후적 규제(ex post regulation)에는 전기통신사업자의 차별취급, 결합판매 등 금지행위가 포함된다. 사후적 비대칭규제는 공정거래법상 시장지배적 지위남용규제와도 그 맥락을 같이하는바, 최근 중복규제논란의 원인을 제공하기도 하였다.

1. 역무구분 및 시장획정의 문제

통신시장에서 적절한 시장획정은 현실의 경쟁구조와 상태를 분석하여 바람직한 독과점 규제정책을 마련하기 위한 출발점이다.[38] 통신시장을 독점에서 경쟁체제로 전환하는 과정에서 요구되는 비대칭적, 사전적 독과점규제는 '상당한 시장지배력'(significant market power)을 전제로 하고, 그 판단을 위해서는 문제의 '시장'을 정의하여야 하기 때문이다. 전기통신사업법상 통신서비스에 관한 시장지배적 사업자를 판단함에 있어서는 시행규칙상의 역무분류나 허가단

37) 공정거래법의 경우 시장지배적 사업자에 대한 추정요건을 1사업자의 시장점유율이 100분의 50 이상, 3 이하의 사업자의 시장점유율의 합계가 100분의 75 이상(시장점유율이 100분의 10 미만인 사업자 제외)일 경우로 정하고 있지만, 전기통신사업법은 시장지배력의 기준을 이용약관 인가사업자, 상호접속 및 공동이용 등 개개의 조항마다 달리 정하고 있다.

38) 이봉의, "통신·방송융합과 역무구분의 체계정립," 경쟁법연구, 제13권, 2006.5, 37면 이하.

위 등을 활용하고 있으나, 기술발전과 융합추세 등을 고려할 때 향후 역무분류 제도 그 자체의 필요성 여부와 별도로 독과점규제에 적합한 시장획정의 문제로 관점을 전환할 필요가 있다. 기술의 발전이 시장에서의 경쟁관계에 변화를 가져오는 이상, 시장획정에 보다 많은 유연성이 필요할 것이기 때문이다.[39)]

외국의 통신시장 획정에 관하여 간략하게 살펴보자면, 먼저 미국의 경우 시장획정은 무엇보다 합병에 따른 경쟁제한성 여부를 판단하기 위해서 이루어지며, 통신사업자 간의 인수·합병을 심사하는 과정에서 당해 기업결합이 시장에서의 경쟁에 미치는 영향을 분석하기 위한 목적으로 연방통신위원회(FCC), 연방거래위원회(FTC) 및 법무부(DOJ)가 각각 독립적으로 행하고 있다. 이때 시장획정의 기본원칙은 다른 산업과 마찬가지로 수요대체성이다. 이러한 태도는 유럽의 경우도 마찬가지여서, '통신서비스규제에 관한 기본지침'(Framework Directive)은 규제대상시장을 유럽경쟁법의 일반적 시장획정 원칙에 따라 정의하도록 하고 있다(지침 제15조, 제16조).

경쟁법에 기초한 시장획정으로의 변화는 무엇보다 종래의 네트워크를 중심으로 한 수직적 규제체계에서 서비스를 중심으로 한 수평적 규제체계로의 전환을 의미하며, 기술발전에 따른 망융합, 서비스융합을 적극적으로 입법에 반영한 나라의 경우 경쟁법의 시장획정원리에 비교적 충실한 서비스시장획정을 시도하고 있다. 통신과 방송, 유선과 무선, 음성과 데이터 등의 대체·융합의 진전, 기존 서비스와 연관성이 큰 새로운 서비스의 출현, 기존 통신사업의 다각화 등에 따라 수요자의 관점에서 본 합리적 시장획정의 필요성과 유용성은 앞으로 더욱 커질 것이다. 특히, 융합이 진전됨에 따라 신규사업권 허가, 기간통신사업자의 영업양수나 합병, 결합판매의 경쟁제한성 분석, 시장의 세분화(접속구간의 분리, 도매와 소매의 구별, 이용자 계층별 시장구분 등) 등에 있어서 합리적인 시장획정의 요구 또한 거세질 것으로 보인다.

2. 인·허가제도 및 진입규제의 문제

인·허가는 대표적인 진입규제로서 그 목적과 상관없이 결과적으로 독과점적 시장구조를 보호하는 효과를 갖는다. 그런데 통신기술의 발전에 따라 네

39) Firth 외, 앞의 글, 162면.

트워크 및 주파수의 의소성이 약화되고 그 결과 경쟁원리가 확산되면서 기존의 인·허가에 대한 근본적인 재검토가 요구되고 있다. 특히, 방송시장에서는 여전히 KBS, KBS2, MBC의 공영방송체제가 지배적이고, 통신사업자가 방송분야에 진출할 경우 유료방송시장뿐만 아니라 공영방송시장에도 적지 않은 영향을 미칠 것으로 예상되는바, 방송법상 매우 엄격하게 운영되고 있는 허가제는 기술혁신 및 혁신기술의 상용화에 중대한 걸림돌로 작용할 우려가 있다.

인·허가제도는 중복규제 또는 차별적 규제의 형태로도 나타날 수 있다. 주문형비디오인 VOD[40] 서비스는 유선망 기반의 통신사업자와 전통적인 방송사업자간에 치열한 경쟁이 예상되는 대표적인 통신·방송의 융합서비스이다. 특히, 보고 싶을 때 보고 싶은 콘텐츠를 선명한 TV의 화질과 돌비 음향으로 시청할 수 있는 TV-VOD는 유선통신의 측면에서 볼 때에는 양방향 초고속인터넷이 진화한 것(대역폭의 확대)으로, 유선방송의 입장에서는 일방향 아날로그 케이블TV가 발전한 것(양방향화)으로 이해할 수 있다.

이러한 맥락에서 KT 등 초고속인터넷 사업자는 홈네트워크의 초기서비스로, 종합유선방송사업자(SO)들은 향후 디지털전환 또는 디지털미디어센터(DMC) 구축을 통하여 TV-VOD 서비스를 준비해 왔다. 그리고 2004년 6월 KT가 세계 최초로 디지털가입자회선(xDSL), 즉 광대역기반의 TV-VOD 서비스인 '홈엔'(HomeN; 현재는 메가패스TV)의 상용서비스에 돌입하고, 2006년 7월 하나로텔레콤 또한 VDSL 및 광랜을 통한 TV포털 '하나TV'를 개설하면서 통신과 방송사업자간 TV-VOD 서비스경쟁은 한층 치열하게 전개될 전망이다.[41] 여기서 티브로드, CJ케이블넷, C&M커뮤니케이션 등 케이블의 디지털전환속도가 상대적으로 빠른 복수종합유선방송사업자(MSO; Multiple System Operator)조차 TV-VOD 상용서비스를 둘러싼 문제를 제기하고 있다.

여기서 문제는 전기통신사업법상 VOD 서비스는 부가통신서비스로서 신고만으로 누구라도 서비스를 제공할 수 있는 반면(동법 제 4 조 제 4 항, 제21조), 방송법은 이를 방송의 일종(기타 방송)으로 파악하여 공익성을 최우선의 가치로 여기는 기본이념에 따라 까다로운 규제를 가하고 있다는 점이다. 즉, 종합유선방송사업자가 VOD 서비스를 제공하려면 방송법상 방송채널사용사업자(PP)

40) VOD는 인터넷망을 기반으로 하는 개방형과 별도의 셋톱박스를 통해 제공되는 폐쇄형으로 나눌 수 있고, 전자는 부가통신서비스로 이미 오래전부터 제공되어 왔다.

41) 그 밖에 통신사업자의 방송시장 진출에 대해서는 김용규·김대호, 앞의 글, 8면 이하.

로 등록하여야 하고, 방송프로그램의 편성 및 채널의 운용, 방송광고 등에 있어서 별도의 까다로운 규제를 하고 있기 때문이다(동법 제15조 제 1 항, 제69조, 제70조, 제73조 등). 또한 부가통신서비스로서 VOD는 통신사업자가 자율적으로 기술을 채택할 수 있고, 요금도 신고로 족한 반면, 방송으로서의 VOD를 제공하기 위해서는 방송사업자가 엄격한 기술규격의 준수, 시설변경 허가추천과 허가, 이용요금에 대한 방송위원회의 승인 등의 규제가 적용된다(방송법 제77조, 제79조, 제80조 등). 이처럼 융합서비스의 제공주체에 따라 상이한 진입규제와 행위규제가 적용됨으로써 관련 사업자간에 공정경쟁이 보장되지 못하고 있는 것이다.

이처럼 VOD에 대한 차별적 규제는 비단 국내시장에서 통신사업자와 방송사업자간의 차별규제로 끝나지 않고, 시장개방의 추세와 맞물리면서 국내업체의 융합서비스부문에 대한 경쟁력을 저해할 수 있다는 점도 간과할 수 없다. 지난 10월 27일 종료된 한미 FTA 제 4 차 협상에서 미국측이 VOD를 부가통신서비스로 주장하면서, 지난 1994년 우루과이라운드협정 체결 당시 우리나라가 부가통신서비스시장을 개방한 점을 들어 VOD시장의 실질적 개방을 요구한 것으로 알려졌다.42) 따라서 향후 협상결과에 따라서는 미국의 유력한 콘텐츠사업자가 국내시장에 진입하면서 상당한 변화가 예상되는바, 이는 국내 규제법의 합리적 정비가 절실한 또 다른 이유가 될 것이다.

중복규제와 차별규제는 IPTV와 관련해서도 찾아볼 수 있다. IPTV란 VOD가 한 단계 발전한 형태로서, 초고속인터넷을 기반으로 한다는 점에서는 VOD와 동일하나 양방향서비스가 가능하다는 점에 차이가 있다. IPTV를 interactive TV, broadband TV라고 부르는 것도 이와 같은 맥락에서 이해할 수 있다. IPTV는 VOD뿐만 아니라 화상전화, 전자상거래, 온라인게임, e-러닝 등 다양한 부가서비스를 제공할 수 있고, 무선인터넷서비스인 Wibro 및 단말기 융합과 결합될 경우 그 영역이 무한히 확장될 잠재력을 갖고 있는 것으로 평가받고 있다.

문제는 2003년 이후 여러 나라에서 상용화를 시작하였으나, 우리나라에서는 아직까지 규제를 둘러싼 논란이 해소되지 않고 있다는 점이다. 그간 SO가

42) 우리 정부는 VOD가 부가통신서비스가 아니라 '융합서비스'라는 점을 들어 개방대상에서 유보할 것을 주장하였다.

지상파재전송을 극력 반대하고, 방송위원회가 IPTV에 대하여 방송법의 적용을 강하게 주장하면서 상용화가 지연되었다. 그 후 2006년 10월에야 방송위원회가 KT중심의 씨큐브 컨소시엄과 Daum 컨소시엄을 2달간 시범사업자로 선정함으로써 한 단계 진전된 상태이다. 그리고 11월 1일 정통부가 발표한 IPTV관련(잠정)합의사항에 의하면 핵심쟁점이던 '지상파동시재전송'은 KBS1, EBS에 한해 의무재송신하고, IPTV사업자는 현재 SO와 마찬가지로 KBS1의 18개 지역총국별로 재송신하는 방식을 따르며, VOD와 마찬가지로 IPTV 역시 방송채널사용사업(PP)으로 간주하여 방송위원회에 이를 등록하도록 한다고 한다. 그 밖에 눈에 띄는 부분으로 정보통신부와 방송위원회는 특히 IPTV 규제를 (가입자 수를 기준으로 한) 시장점유율로 하기로 한 것인데, 향후 IPTV에도 일정 수준 이상의 점유율을 차지한 사업자에 '시장지배적 사업자' 개념이 도입될지 여부가 주목된다. 여기서 공정경쟁의 문제는 주로 방송법의 적용을 받던 SO와 전기통신사업법의 적용을 받던 IPTV사업자간에 발생하는바, 그 기저에는 방송법이 방송의 공적 책임을 강조하여 규제가 강한 반면, 전기통신사업법은 IT산업을 활성화시키기 위하여 오히려 지원이 이루어지고 있다는 사실이 자리잡고 있다.

물론 인·허가제도 및 진입규제상의 차이는 양 규제법의 목적을 반영하는 측면도 있다. 전기통신사업법은 통신산업에 있어서 설비접속의 보장을 통한 신규진입촉진 등을 통하여 선·후발사업자간 대등한 경쟁여건의 보장과 유효경쟁의 촉진에 주된 관심을 두고 있는 반면, 방송법은 방송의 공적 책임, 방송의 공정성과 공익성, 그리고 시청자의 권익보호라는 차원에서 콘텐츠(방송프로그램의 편성·기획, 제작 등을 포함)에 대한 규제에 치중하고 있기 때문이다(방송법 제3조 내지 제6조). 그런데 진입규제의 완화 내지 철폐는 다양한 기술을 이용한 서비스제공을 가능케 할 뿐만 아니라, 이를 위한 설비투자를 유인함으로써 중장기적으로 설비기반경쟁을 촉진할 수 있다.[43] 따라서 방송의 공공성을 최대한 보장하면서 불필요한 진입규제를 철폐하기 위한 새로운 규제방식을 모색할 필요가 있다.

이와 관련하여 유럽의 기본지침에서는 이른바 전통적인 인·허가를 폐기하고 기술적으로 중립적인 '일반면허'(general authorization)라는 제도를 지향하

43) Firth 외, 앞의 글, 172~173면.

고 있다. 동 제도의 특징은 통신이나 방송서비스를 묻지 않고, 특히 콘텐츠의 기술적 전송수단이 무엇인지와 상관없이 기술중립적으로 서비스를 제공하려는 사업자에게 원칙적으로 폭넓은 사업개시권한을 부여하는 것이고, 서비스의 특성에 따라 일정한 조건이 부과될 수 있을 뿐이다. 따라서 일단 일반면허를 받은 사업자로서는 향후 새로운 서비스를 개시하기 위하여 별도의 절차를 밟을 필요가 없게 된다는 점에서 시장의 융합과 그에 따른 교차진입을 촉진할 수 있는 효과적인 방안으로 평가된다.

3. 설비접속의무

전기통신사업법상 지정된 통신사업자는 전기통신설비의 제공의무, 상호접속의무, 전기통신설비의 공동사용의무 등을 부담한다. 이것이 '설비접속의 보장'(open access; unbundling)을 통한 서비스시장의 경쟁촉진을 위한 것임은 물론이다.[44] 그런데 접속규제란 유효경쟁이 기능하지 못하는 시장에서 시장지배적 지위를 갖는 사업자에 한하여 적극적인 경쟁촉진의무를 부과하는 것이다. 따라서 일단 전기통신사업법이 구분하고 있는 역무별로 정보통신기술의 발전과 대체적 네트워크의 등장 등을 종합적으로 고려하여 당해 시장에서의 유효경쟁 여부를 분석하고, 유효경쟁이 존재하지 않을 경우 기존의 사전적 접속의무 부과가 일응 정당화될 수 있는 반면, 유효경쟁이 나름대로 이루어지고 있다면 그러한 규제의 정당성이 유지되기 어려울 것이다.

먼저, 전기통신사업법상 사전적 접속규제를 받는 역무는 시내전화, 이동전화, 인터넷접속 및 회선설비 임대역무이다. 그 중 예컨대 인터넷접속역무의 경우 LG파워콤의 신규진입이나 SO의 케이블방송망을 이용한 브로드밴드서비스 제공, Wibro의 등장 등을 고려할 때 나름대로 유효경쟁이 기능하는 것으로 판단될 여지가 충분하며, 이 경우 굳이 선발사업자에게 접속규제를 가할 필요가 있는지 의문이다. 더구나 광통신망, 전력망, 무선망설비 또는 케이블TV전송망 등 대체적 설비의 등장에 따라 네트워크의 필수성은 상대화될 수 있기 때문이다. 기술발전으로 접속을 통한 경쟁뿐만 아니라 설비간 경쟁이 비로소 가능해지고, 이 경우 단순히 네트워크접속(network access)에 기반한 경쟁뿐만 아니라

44) 설비개방의무가 일반적으로 설비투자의 감소를 초래하지 않는다는 분석으로는, OECD, The Development of broadband access in OECD countries, 2001 참조.

설비에 기반한 경쟁이 비로소 중요한 의미를 가질 수 있을 것이다.[45)]

또한 이들 역무시장에서 시장지배력을 판단하는 기준도 문제된다. 설비제공의무와 관련하여 필수적인 설비를 보유한 사업자[46)]의 경우 기술발전을 고려할 때 필수성의 개념은 상대적으로 이해될 수 있다는 점을 염두에 두어야 한다. 아울러 공정거래법상 필수요소의 개념이 다소 폭넓은 것임을 감안할 때[47)] 향후 공정거래법의 적용 여부가 다투어질 여지가 있을 것이다. 그 밖에 전기통신사업법은 설비접속을 위하여 시장점유율 50%의 기준을 사용하고 있는바, 이것은 우리나라에서 설비를 보유한 과거의 독점사업자가 여전히 압도적인 시장점유율을 차지하고 있는 점을 고려할 때, 선후발사업자간의 공정경쟁이라는 차원에서는 일응 타당할 수 있다. 다만, 전술한 바와 같이 기술발전에 따른 네트워크간 대체성이 높아지는 상황을 계속해서 고려할 필요가 있을 것이고, 이는 접속규제를 받는 사업자의 문제라기보다는 접속규제 자체의 정당성과 결부되는 문제이다.

4. M&A 규제

통신법상 기간통신사업자의 사업의 전부 또는 일부를 양수하거나 그 법인을 합병하는 경우 또는 기간통신사업자가 허가받은 기간통신역무의 제공에 필요한 전기통신회선설비(자산)를 매각하는 경우에는 정통부장관의 인가를 받아야 한다. 그밖에 복수의 기간통신역무를 허가받은 기간통신사업자가 그 중 일부의 역무제공을 위하여 법인을 설립하는 경우(합작회사 또는 자회사의 설립)[48)] 에도 정통부장관의 승인을 얻어야 한다(법 제13조 제1항, 제2항).[49)]

그런데 합병 등이 경쟁에 미치는 효과와 이용자이익 및 공익에 미치는

45) Humpe, 위의 글, 194면.

46) 현재까지 필수설비를 보유하고 있는 사업자로는 시내전화역무에서 KT만이 지정되어 있다.

47) 공정거래법상 시장지배적 지위남용의 하나로 금지되고 있는 필수요소의 거래거절에 있어서, '요소'란 네트워크나 기간설비 등 유·무형의 요소를 모두 포함한다(동법 시행령 제3조의2 제1항 3호, 시장지배적지위남용행위심사기준 Ⅳ 3 다).

48) 통신합병고시 제18조, 제19조 참조. 이때 통신법은 양수인 또는 합병인에 아무런 제한을 두지 않고 있기 때문에 양수인 또는 합병인은 기간통신사업자일 수도 있고 별정 또는 부가통신사업자일 수도 있다.

49) 반면, 별정통신사업이나 부가통신사업의 전부 또는 일부의 양도·양수, 별정통신사업자나 부가통신사업자인 법인의 합병인 경우에는 양수인 또는 합병 후 존속 또는 새로 설립된 법인이 사후에 정통부장관에게 신고하는 것으로 족하다(법 제25조).

영향을 제외하면 대체로 기간통신사업자의 허가와 합병인가의 기준이 유사하고, 통신합병고시에서 양수(합병)인이 법 제5조의2에 의한 허가의 결격사유에 해당하는 경우에는 기간통신사업의 양수(합병)인가를 받을 수 없다고 규정하고 있는 취지도 이러한 맥락에서 이해할 수 있다(법 제13조 제8항, 고시 제5조). 따라서 기간통신사업자가 아닌 자가 기간통신사업을 양수 또는 그 법인을 합병하는 경우에는 별도의 사업허가를 요하지 않는 것으로 해석하거나 이를 명문화하여 불필요한 이중규제가 발생하지 않도록 하는 것이 바람직할 것이다.

인가·승인의 기준과 관련하여 통신법은 정보통신부장관으로 하여금 위 합병 등을 심사함에 있어서는 다음의 사항을 종합적으로 고려하도록 하고 있다(법 제13조 제3항 각호; 통신합병고시 제10조 제1항 각호). 즉, 재정 및 기술적 능력과 사업운용능력의 적정성, 주파수 및 전기통신번호 등 통신자원관리의 적정성, 이용자보호 및 공익에 미치는 영향, 그리고 기간통신사업의 경쟁에 미치는 영향을 고려하며, 경쟁제한 여부를 심사함에 있어서는 당해 양수로 인한 양수인의 시장점유율 변화추이, 경쟁사업자의 유휴 전기통신설비 및 신규 전기통신설비 투자 능력 보유 여부, 시장진입의 용이성 여부, 이용자의 가입전환 비용의 과다 여부 및 사업자간 공동행위의 용이성 여부 등을 종합적으로 고려한다(통신합병고시 제4조, 제12조).

이 같은 심사기준에서 야기되는 문제점으로는 이들 다양한 요소를 종합적으로 고려함으로써 심사의 우선순위를 알 수 없고, 전술한 요소 간에 trade off가 발생할 경우 이를 객관적으로 비교형량하기란 거의 불가능하며, 그 결과 인가여부결정의 경제적 합리성과 법적 타당성을 뒷받침할 수 없다는 점을 들 수 있다. 더구나 통신법이 합병인가와 관련하여 아무런 불복절차를 두지 않고, 설사 양수(합병)인이 불인가를 다투는 경우에도 정통부가 제시하는 불인가사유의 타당성 여부를 반증하기가 어렵다.

먼저 합병 등이 경쟁에 미치는 영향을 판단하기 위해서는 관련시장을 획정하여야 한다. 그런데 통신법은 경쟁효과와 관련하여 '기간통신사업의 경쟁'에 미치는 영향을 고려하는 것으로 규정하고 있다(법 제13조 제1항 3호). 그러나 이로부터 '기간통신사업'을 당연히 하나의 관련시장으로 간주할 수 있는 것은 아니다. 기간통신사업이란 당초 통신시장에 대한 진입규제를 목적으로 한 역무분류의 하나로 고안된 것으로서, 시장분석의 수단은 아니기 때문이다. 즉, 통신법은 "전기통신설비"의 유무 및 설비의 이용방법에 따라 역무를 구분하고 있을 뿐, 설비이용을 통하여 제공되는 역무의 특성과 이들간의 경쟁관계에는 별다른 관심이 없고, 역무구분은 경쟁제한성판단의 전제가 되는 시장획정과는 무관한 것이다. 기간통신사업에 속하는 역무라도 당연히 해당 역무간에 경쟁관계가 성립하는 것은 아니며(예컨대 전화역무와 인터넷접속역무), 부분적으로는 별정역무와 경쟁관계가 성립할 수도 있다.

반면, 관련시장의 획정은 소비자의 관점에서 합리적 대체가능성(SSNIP test)[50]을 핵심 기준으로 판단하며, 소비자의 관점에서 정보가 전송되는 망의 특성은 전혀 중요하지 않다. 이는 대체가능성의 독립변수가 바로 '가격'이라는 점에서도 추론할 수 있다. 즉, 통신서비스의 요금을 기준으로 소비자의 대체 내지 거래처전환이 이루어질 수 있는 역무는 모두 하나의 관련시장에 포섭될 수 있고, 합병규제시에도 마땅히 해당 관련시장에 미치는 경쟁효과만이 중요한 의미를 갖게 되는 것이다.

이어서 경쟁제한성 판단과 관련하여 몇 가지 살펴볼 것이 있다. 통신법이 흔히 비대칭규제를 행하고 있다는 의미는 민영화와 경쟁원리도입 이후 선발사업자 내지 구 독점사업자가 자신의 지위를 이용하여 과도한 요금경쟁, 교차보조 등 후발사업자를 방해 또는 배제하기 위한 수단으로 나아가는 것을 막고, 선·후발사업자간에 공정한 경쟁여건을 마련하기 위한 것이다. 이는 곧 초기 경쟁단계에서는 별도의 차별적 규제 없이는 통신시장에 유효경쟁이 구조적으로 정착하기 어렵다는 의미이고, 아직 통신시장에서 유효경쟁이 지배하지 않고 있다는 데에서 그 정당성을 찾을 수 있는 것이다. 그런데 통신법상 유효경쟁은 원칙적으로 사전적 규제의 정당성을 판단하기 위한 것으로서, 시장지배력의 부존재상태를 유효경쟁으로 이해할 경우 다분히 정태적이고, 사후적인 관점에서 판단하게 된다.[51] 반면, 어느 경우에나 합병규제는 장래의 시장구조변화에 관심을 가지며, 단순히 시장점유율에 기초하기 보다는 무엇보다 잠재적 경쟁을 고려한 시장상황의 예측을 요한다.[52]

50) 공정위, 기업결합심사기준(고시 제1999-2호, 1999.4.15), Ⅵ. 1. 가. 참조.

51) 물론 요금규제와 같은 사전적 규제도 일견 행태 내지 성과규제이기는 하나, 그 목적이 유효경쟁의 확보에 있는 이상 규제가 장래의 시장구조에 미칠 효과를 고려하지 않으면 안 된다. Mayen, "Feststellung der Marktbeherrschung auf den Märkten der Telekommunikation," MMR 2001, 648, 649면.

52) Immenga, "Auslegung des Marktbeherrschungsbegriffs im TKG," MMR 2000, 141, 142면.

그렇다면 통신시장, 예컨대 유선시장과 무선시장이 각기 독과점의 상태에 놓여 있다면, 이들 독과점시장에서 일어나는 합병의 경쟁제한성은 어떻게 판단할 것인가? 시장획정에 관하여는 공정거래법상 일반원칙을 수정할 필요가 없고, 동 기준을 적용함에 있어서 통신시장의 특성을 함께 고려하면 족할 수 있으나, 경쟁제한성에 관하여 경쟁법상 논의는 매우 제한적이다. 무엇보다 경쟁제한성을 판단함에 있어서 특정사업자가 가격인상을 통하여 시장점유율을 늘릴 수 있는지 여부는 통신법상 요금규제가 이루어지는 한도에서 그 중요성이 현저히 감소하게 된다. 아울러 이른바 수직적으로 통합된 사업자의 레버리지효과의 경우도 투입요소에 대한 규제, 즉 망의 공동활용의무나 도매요금규제가 이루어지는 한도에서는 그 실현가능성이 매우 낮다.[53] 이미 독점적 지위를 가진 선발사업자가 후발사업자를 인수·합병하는 경우, 유효경쟁의 관점에서 사실상 '당연금지'(per se illegal)해야 하는지도 의문이다.

이와 관련하여 공정거래법 제7조 제4항의 추정조항이 통신법에는 존재하지 않는 점도 간과할 수 없다. 동항에 의하면 당사회사의 시장점유율 합계가 시장지배적 사업자의 추정요건에 해당하고, 당해 거래분야에서 제1위이며, 시장점유율 합계와 점유율 제2위인 회사의 시장점유율의 차이가 25% 이상일 경우 당해 기업결합은 관련시장에서 경쟁을 실질적으로 제한하는 것으로 추정되는바, 이러한 관념을 통신법상 합병 등에 원용할 경우 KT가 유선시장에서, SKT가 무선시장에서 다른 후발 경쟁사업자를 인수·합병할 경우 경쟁제한성이 추정될 우려가 크고, 원칙적으로 금지될 가능성이 매우 높다. 다만, 통신법의 경우 설사 경쟁에 미치는 영향이라는 관점에서는 부정적이더라도 여타 이용자보호나 공익에 미치는 영향 등이 긍정적일 경우에는 허용될 여지가 있을 뿐이다.

끝으로 통신법은 공정거래법과 달리 합병에 대한 예외적 허용사유를 명시하지 않고 있다. 이는 공정거래법이 그 보호목적인 경쟁을 실질적으로 저해하는 기업결합을 원칙적으로 금지하는 대신 효율성증대효과가 경쟁제한의 폐해보다 크거나 회생가능성이 없는 기업과의 결합을 예외적으로 허용하는 것과 달리, 통신법은 처음부터 경쟁제한성 외에 이용자보호나 공익에 미치는 영향 등을 종합적으로 심사하도록 하고 있기 때문으로 보인다.[54] 이는 동시에 통신법

53) Mayen, 앞의 글, 651~652면.

의 궁극적인 목적이 다분히 애매한 개념인 공공복리의 증진으로 규정되어 있는 것과도 무관하지 않을 것이다.

요컨대, 공정거래법상 경쟁제한성을 판단하기 위한 기준은 통신시장에도 여전히 타당하나, 여전히 남는 문제는 유효경쟁의 촉진을 추구하는 통신법의 이념에 비추어볼 때, 선발 독과점사업자의 합병 등에 대하여 '경쟁에 미치는 영향'에 어느 정도의 우선순위를 인정할 것인지 여부일 것이다.

5. 금지행위의 문제

전기통신사업법은 공정한 경쟁 또는 이용자의 이익을 저해하거나 저해할 우려가 있는 행위를 열거하여 금지하는 한편, 보다 구체적인 금지행위의 유형과 기준을 대통령령으로 규정하고 있다(법 제36조의3 제1항, 제3항). 그런데 이들 금지행위에는 전기통신설비의 제공의무, 상호접속의무 등을 부담하는 통신사업자가 정당한 이유 없이 협정체결을 거부하는 행위와 같이 일견 시장지배적 사업자에게만 적용되는 행위뿐만 아니라 시장지배력의 유무와 상관없이 금지되는 행위가 포함되어 있다. 이 중 독과점규제의 성격을 갖는 대표적인 예로는 전기통신역무의 요금 등을 다른 이용자에 비하여 부당하게 차별적으로 제공하는 행위와 서로 다른 전기통신역무를 묶어서 판매("결합판매")하여 이용자의 이익을 저해하거나 저해할 우려가 있는 행위 등을 들 수 있다(법 제36조의3 제1항 1호, 4호).

(1) 이용자차별행위

전기통신사업법은 이용약관과 다르게 전기통신역무를 제공하는 행위를 금지하고, 동 행위에는 이용약관에 위반되는 역무제공뿐만 아니라, 이용약관과 다르게 개별약정을 하여 역무를 제공하는 행위도 포함되는 것으로 해석되고 있다. 그 취지는 모든 국민에게 동등하게 통신역무를 제공함과 아울러 통신분야

54) 다만, 공정거래법상 기업결합규제의 경우 경쟁을 실질적으로 제한할 우려가 있는 기업결합이라도 개별 기업차원이나 국민경제상의 효율성 증대효과를 들어 예외적으로 허용될 여지는 있다. 그렇다면 통신법과의 차이는 이러한 긍정적 효과를 예외사유로 보아 비교형량을 거칠 것인지, 아니면 처음부터 인가심사과정에서 양자를 종합적으로 고려할 것인지에 불과할 수도 있다.

에 문외한인 이용자의 부당한 차별을 방지하기 위한 것이다. 이러한 차별금지 원칙이 약관인가제의 실효성을 담보하고, 개별약정의 부당성판단을 용이하게 하는 등 규제의 편의에도 부합하는 점도 간과할 수 없다. 문제는 시행령이 이용자의 이익을 현저히 저해하는 행위의 하나로 구체화하고 있는 "이용자에 따라 전기통신역무의 요금 등을 부당하게 차별적으로 제공하는 행위"이다.

이용자차별은 먼저 공정거래법상 불공정거래행위의 일 유형인 차별취급에 해당한다. 공정거래법상 차별은 서로 같은 것을 다르게 취급하는 것을 말하며, 가격 등의 거래조건을 차별적으로 설정함으로써 당해 사업자가 속한 시장 또는 거래상대방이 속한 시장에서의 경쟁을 제한할 우려가 있는지 여부에 따라 부당성을 판단한다.[55] 예컨대, 차별이 현저한지, 경쟁자를 배제할 의도가 있는지, 거래상대방이 거래처를 쉽게 전환할 수 있는지, 차별이 일회성인지 지속적인지 등이 부당성 판단의 중요한 요소가 된다. 특히 당해 사업자가 시장지배력이 있는 경우에는 경쟁을 제한할 우려가 더욱 크며, 공정거래법은 시장지배적 사업자의 지위남용의 하나로 가격 등의 거래조건을 부당하게 차별하는 행위를 별도로 규정하고 있다(동법 제 3 조의2 제 1 항 3호, 심사기준 Ⅳ. 3. 라. (2)[56]).

이러한 맥락에서 전기통신사업법상 이용자차별의 "부당성" 판단기준과 적용대상사업자를 구체적으로 살펴볼 필요가 있다. 먼저, 일반적으로 시장지배력과 무관하게 이용자차별을 금지할 필요가 있는지에 대해서 의문의 여지가 없지 않으나, 중요한 것은 시장지배력을 가진 통신사업자의 차별취급은 무엇보다 경쟁제한성과 결부하여 보다 엄격하게 금지할 필요가 있다는 점이다. 그런데 이에 관한 전기통신사업법의 태도는 모호하여 일견 사업자의 시장지배력 유무를 묻지 않고 이용자차별을 금지하고 있다. 여기서 경쟁법의 일반원리와 달리 전기통신사업법이 이용자차별을 금지할 필요가 있는지를 밝히는 것이 부당성 판단에서 매우 중요하다. 경쟁제한성 외에 전기통신사업법 고유의 규제목적을 비교형량하고자 할 경우에도 동법 제 1 조가 정하는 목적이 규범적합적이거나 사법심사의 대상이 될 수 있는 기준인지는 다분히 의문이다. 그 결과 예컨대, 장기이용 또는 다량이용자에게 보다 유리한, 그러나 단기이용 또는 소량이용자에게는 상대적으로 불리한 조건으로 전기통신역무를 제공하는 행위는 일응 합리

55) 공정위 예규 제25호, "불공정거래행위 심사지침" 참조.
56) 공정위 고시 제2002-6호 "시장지배적 지위남용행위 심사기준."

적인 차별에 해당될 수 있음에도 불구하고 전기통신사업법에서는 이를 금지할 수 있게 되는바, 그 근거가 여전히 확실치 않다.

(2) 결합판매

결합판매란 경쟁법상 흔히 '끼워팔기'(tying)로 불리며, 통상 한 시장에서 독점력을 가진 사업자가 이를 인접시장으로 확대하는 이른바 레버리지효과를 이유로 금지되는 행위유형이다. 종래 전기통신사업법은 '전기통신사업의 금지행위의 유형 및 기준'[57] 제22조의2에서 전기통신사업자에게 일정한 결합판매[58]를 금지하는 한편, KT의 시내전화와 SKT의 이동전화와 관련해서는 결합판매를 원칙적으로 금지하고 있었다. 그 후 2002년 12월 전기통신사업법개정에 이어 2004년 3월 종전의 고시가 시행령으로 격상되면서 현재의 체제를 갖추게 되었다. 즉, 지정사업자에 대한 결합판매의 일률적 금지가 폐지되고, 모든 전기통신사업자의 결합판매에 대하여 비용절감, 이용자편익증대효과 및 시장지배력의 전이 등 공정경쟁저해효과를 고려하여 최종적으로 이용자이익저해여부를 판단한다는 것이다. 그 밖에 종래에는 전기통신역무와 여타의 상품·용역간의 결합판매도 전기통신사업법상 금지대상이었으나, 현재는 서로 다른 전기통신역무의 결합판매만이 전기통신사업법의 규제를 받게 되어 있다.[59]

그런데 전기통신사업법상 결합판매규제는 몇 가지 측면에서 개선의 여지가 있다. 먼저 규제대상사업자와 관련하여 과연 모든 전기통신사업자를 대상으로 하는 것이 타당한지 여부이다. 시행령에서도 명시하고 있는 바와 같이 시장지배력의 전이를 고려하기 위해서는 해석론상 시내전화나 이동전화에 국한하지 않고 관련시장에서 지배력을 가진 사업자를 전제로 할 수밖에 없을 것이기 때문이다. 또한 결합대상인 전기통신역무의 별개상품성이 문제될 수 있다. 일응 전기통신사업법상 역무구분을 기준으로 결합판매 여부를 판단할 수 있으나,

---

57) 정통부 고시 제2000-76호(2000.10.5).

58) 여기서는 결합판매에 전기통신역무와 다른 재화 또는 용역을 묶어서 판매하는 행위를 포함시키는 한편, ① 개별구매가 가능한 전기통신역무에 대해 결합판매의 방식으로만 구매하도록 강요하는 행위, ② 결합판매에서 발생하는 비용의 절감에 비해 현저히 할인(무료통화나 경품제공과 같은 모든 경제적 혜택을 포함)된 가격으로 판매하는 행위, ③ 이용자의 선택권을 제한하는 부당한 장기간의 계약조건으로 결합판매를 하는 행위를 열거하고 있었다.

59) 그 결과 전기통신역무와 여타의 상품·용역의 결합판매에 대해서는 여전히 공정거래법만이 적용된다.

레버리지를 통한 경쟁제한성을 분석하기 위해서는 개별 전기통신역무마다 별개상품성이 인정되어야 하고, 이를 위해서는 경쟁법리에 따른 시장획정이 이루어져야 하기 때문이다. 이때 기술의 발전과 융합의 진전으로 인하여 역무간 경계가 모호해지고 역무간 대체관계가 형성되는 상황을 고려하여 탄력적으로 별개상품성을 인정할 필요가 있음에 유의하여야 한다.

끝으로 이용자이익의 저해여부는 결합판매의 금지여부를 좌우하는 핵심기준의 하나이다. 이와 관련해서 전기통신사업법 시행령은 단순히 이용자의 편익 외에 경쟁제한효과를 고려하도록 하고 있다. 이 점에서 공정거래법상 끼워팔기의 금지요건과 눈에 띄는 차이를 찾기 어렵다. 그런데 동 시행령에서는 명시하지 않고 있으나 이용자의 편익과 더불어 이용자에 대한 '강제성', 즉 이용자의 선택권제한 여부를 함께 고려하여 결합판매의 부당성을 판단할 필요가 있다. 설사 어떤 결합판매가 이용자의 편익을 증대시키는 측면이 있더라도 결합상품을 구매할 것인지, 개별 역무를 따로 구매할 것인지는 이용자의 선택에 맡겨져 있어야 하기 때문이다.[60]

V. 기술발전에 따른 독과점규제의 개선방안

1. 사전적 · 사후적 규제의 역할분담

전기통신사업법상 요금인가나 접속의무 등의 사전적 규제는 유효경쟁의 정착을 위하여 과거의 독점사업자에 적용되는 과도기적 성격(Übergangsinstrumentarium)을 가지며, 유효경쟁이 실현될 경우 완화 내지 폐지되어야 한다.[61] 사전적 규제는 경쟁법상 사후적 규제로 해결할 수 없는 문제를 다루기 위한 것이라는 의미에서 보충적 성격을 갖는 것이다. 따라서 통신법상 사전적 규제의 필요성과 존속 여부를 판단하기 위해서는 경쟁법리에 따라 획정된 통신역무시장의 경쟁상태를 주기적으로 객관적인 제 3 자가 분석 · 평가할 필요가 있다.

60) 이봉의, 독점적 사업자의 끼워팔기: 마이크로소프트사(MS)의 지위남용을 중심으로, 법과사회 제27호, 2004, 354~357면.

61) Bunte/Welfens, Wettbewerbsdynamik und Marktabgrenzung auf Telekommunikationsmärkten, 2002, 37면.

그런데 우리나라에는 통신시장의 경쟁상황을 객관적으로 분석할 전문기관이나 제도가 존재하지 않는다. 여기서 향후 전기통신사업법상 사전적 규제의 정당성과 개선방안을 실증적으로 뒷받침할 '유효경쟁심사'(effective competition review)를 제도화할 필요가 있다. 독일의 경우 독점위원회(Monopolkommission)가 매 2년마다 통신시장의 역무별로 경쟁상황의 개선여부와 규제법 및 경쟁법적 규제의 평가 등을 담은 의견서를 작성·제출하게 되어 있고(법 제121조), 그 결과에 따라 해당 역무시장의 규제완화 여부가 상당부분 좌우된다는 점도 참고할 만하다.

이때 사전적 규제의 대상사업자를 합리적으로 정하기 위해서도 올바른 시장획정이 이루어지지 않으면 안 된다. 이때 시장획정은 유효경쟁을 촉진하기 위한 적극적 경쟁정책수단의 하나로서, 장래의 시장상황을 전망하는 입장에서 역무구분과 결부되어야 한다. 아울러 사전적 규제는 효율성 및 혁신을 저해하는 측면이 강하므로, 향후 네트워크융합이나 서비스융합의 추세를 적극적으로 고려하여 통신시장의 경쟁을 촉진시키는 방향으로 규제대상과 사전적 의무를 조정해나가는 것이 바람직할 것이다.

2. 규제기관의 개편

통신과 방송이 융합하는 환경에서 통합규제기관을 창설하는 것이 합리적인 규제의 필수조건은 아니다. 규제기관간의 조정과 협력을 통하여 융합으로의 전환을 원활하게 수행할 수도 있기 때문이다. 실제로 단일규제기관을 설립한 일부 국가에서는 기능상 별도의 부서들이 여전히 존속하는 예가 있고, 더구나 일부 국가와 같이 통합규제법이 융합환경에 뒤쳐져 있는 경우에는 규제기관통합의 효과를 발휘하기 어렵다. 따라서 관건은 규제기관이 명목상 하나의 우산 아래 통합되는지 여부가 아니라 변화하는 시장환경에 맞게 신속하고 탄력적으로 의사결정을 내릴 수 있는 시스템을 구축하는 일이다.[62)]

이와 함께 통신법상 사전적 규제는 유효경쟁 및 공정경쟁의 촉진을 위한 것으로서 통신시장에 대한 식견 외에 경쟁법에 관한 전문지식을 요한다. 다만, 아직 통신시장 전반에 유효경쟁이 정착되지 않은 상태에서 규제기관의 독립성

62) Firth 외, 앞의 글, 169면.

은 상대적 의미를 가진다는 점에 유의하여야 한다. 이 경우 규제기관은 단순히 법령의 해석·적용을 수행하는 것이 아니라 고도의 정책적 판단을 내리게 되고, 그러한 판단에는 어느 정도의 정치적 책임이 수반되어야 하기 때문이다.

이와 관련하여 공정한 경쟁환경의 조성임무를 맡고 있는 통신위원회(전기통신기본법 제37조)의 조직구조에는 몇 가지 개선이 요구된다. 현재 통신위원회의 위원 7명 중에서 상임은 1명에 불과하고, 상임위원은 정통부 국장급으로 보함으로써 위원회의 전문성과 독립성을 보장하기에는 턱없이 미흡한 실정이다. 따라서 상임위원의 비중을 늘리고, 통신법 및 경쟁법 전문가를 보완함과 아울러 위원 개인의 독립성을 제고하기 위하여 상임위원을 포함한 모든 위원의 임기를 법률로 보장하는 것이 바람직할 것이다.

3. 사후적 금지행위의 개선

사후적 금지행위의 규제목적은 무엇보다 경쟁의 촉진과 이용자보호에 있다. 따라서 규제대상사업자의 시장지배력 유무에 따라 금지요건과 제재를 차등하여 규정할 필요가 있다. 구체적으로 시장지배력을 가진 사업자의 경우 경쟁의 촉진 및 통신시장의 특성을 모두 고려한 합리적인 금지기준이 마련될 필요가 있으며, 무엇보다 독일 통신법 제42조와 같이 기존의 열거주의방식보다는 지위남용을 금지하는 일반조항과 예시조항을 결합하는 방식을 고려할 필요가 있을 것이다.

장기적으로는 전기통신사업법상 금지행위를 시장지배적 사업자의 지위남용으로 개편하는 방안이 바람직할 것이다. 동법상 금지행위규제가 시장구조의 관점에서 유효경쟁을 촉진하기 위한 것이고 일반경쟁법으로 제거할 수 없는 위험을 방지하기 위한 것이라면, 사후적 규제를 시장지배력과 무관한 통신사업자로까지 확대할 이유가 없기 때문이다. 아울러 현재의 사후적 금지행위는 종래의 독점사업자가 그 지위를 부당하게 유지·확대하기 위한 수단으로서 행하는 통신시장에 고유한 위험만을 포섭하는 방향으로 축소조정할 필요가 있다.

제25장

정보통신기술과 필수설비

홍 명 수*

Ⅰ. 서 론

필수설비(essential facility) 내지 필수설비론은 미국의 반독점법, 특히 Sherman법 제 2 조의 해석과 적용 과정에서 발전하여 왔다. 독점이나 독점의 기도를 위법한 것으로 규제하는 동조의 一般條項的인 규정 태도와 관련하여, 이를 구체화하는 법리가 개발되어 왔으며, 필수설비론은 그 과정에서 제시된 대표적인 법리에 해당한다.

필수설비론의 전개는 미국에 국한되지 않는다. 미국 법원의 판례에서 논의되고 체계화된 필수설비론은 많은 국가에 영향을 미쳤으며, 그 중에는 미국과 독점에 관하여 기본적으로 다른 입장을 취하고 있는 국가들도 포함된다. 예를 들어 독점 자체가 아니라 독점적 지위의 남용을 규제하는 입장에 서있는 국가들에서도 필수설비론은 해석론상 또는 입법적으로[1] 수용되었다. 그러나 이와 같은 필수설비론의 전세계적인 확산에도 불구하고, 독점규제의 법리로서 필수설비론의 의의가 명확하게 정립된 것은 아니며, 동 이론이 독점 내지 독점의 기도를 규제함에 있어서 적절하고 타당한 결론을 도출해 낼 수 있는지에 관한 본질적인 의문은 여전히 남아 있다.[2]

필수설비론과 관련하여 통신산업은 동 이론의 적용 가능성이 큰 대표적인

* 명지대학교 법과대학 조교수.

1) 독일 경쟁제한방지법(GWB) 제19조 제 4 항 제 3 호 참조.

2) 그러한 문제의식에 대한 개괄로서, Herbert Hovenkamp, Federal Antitrust Policy, West Group, 1999, 306면 참조.

영역에 해당한다. 통신서비스를 제공하기 위하여 불가피하게 요구되는 대규모의 통신망은 필수설비로서의 요건을 충족하기에 용이하며, 더욱이 과거 이러한 설비들은 대부분 獨占的으로 운영되고 있었다. 이와 같은 통신산업의 특성은 필수설비론적 접근의 기초를 이루지만, 다른 한편으로 논의의 구체적 전개에 있어서 최근 전세계적인 흐름이 되고 있는 통신산업의 구조적 변화에 대한 이해가 전제될 필요가 있다. 예를 들어 통신산업이 여전히 규제산업(regulated industry)의 논리에 따라서 경쟁법이 적용되지 않는 영역으로 이해된다면, 반독점의 구체화를 의미하는 필수설비론이 적용될 여지는 제한될 것이다. 즉 통신산업이 경쟁적인 산업구조로 재편되거나 이를 지향할 경우에 필수설비는 비로소 문제가 되며, 또한 1983년 미국 법원의 판결에 의하여 해체되었던 AT & T의 사례에서[3] 시사되었던 것처럼, 필수설비론은 경쟁적인 구조로의 전환을 위한 출발점이 된다.

이하에서는 우선 필수설비 내지 필수설비론의 의의와 전개과정을 미국과 유럽의 경쟁법을 중심으로 살펴보고자 한다. 특히 필수설비론을 경쟁제한방지법에 명문의 규정으로 도입하였다는 점에서 특별한 의미를 갖고 있는 독일에 대해서는 EU 차원에서의 필수설비론과 별도로 고찰할 것이다. 이어서 통신법 영역에서 필수설비론의 구체적인 의의를 통신산업의 특성에 기초하여 살펴본다. 여기서는 접속이나 상호접속의 의무를 부과하는 것과 같은 필수설비론에 근거한 일련의 법제도들이 종합적으로 검토될 것이다. 끝으로 우리 통신산업과 관련하여 독점규제및공정거래에관한법률(이하 독점규제법)과 전기통신사업법상 필수설비론이 어떻게 구현되고 있는지를 살펴보고, 나아가 제도적 미비점이나 문제점을 지적하고자 한다. 이로써 결론에 대신할 것이다.

---

3) 552 F. Supp. 131(D.D.C. 1982), 460 U.S. 1001(1983). 동 사건에서 법원은 통신산업을 장거리통신시장, 지역통신시장 그리고 통신장비시장으로 구분하고, 이 중에서 지역통신시장에 대해서는 자연독점적인 성격을 인정하였지만, 장거리통신시장과 통신장비시장은 잠재적인 경쟁시장으로 파악하였다. 이때 지역통신시장에 구축된 망은 장거리통신시장과 통신장비시장에 있어서 필수설비에 해당하며, 이는 AT&T가 지역통신시장에서의 독점력을 다른 시장에 이전시키는 수단이 됨으로써, Sherman법 제 2 조의 독점 및 독점화 금지조항을 위반하고 있다고 판단하였다. 이에 기초하여 법원은 AT&T를 각 지역별로 spin-off 방식에 의하여 분할할 것을 명하였다. Gerald W. Brock, Telecommunication Policy for the Information Age, Harvard Univ. Press, 1994, 153면 이하 참조.

Ⅱ. 경쟁법상 필수설비론의 형성과 전개

1. 미국 반독점법상 필수설비론의 형성과 전개과정

(1) 필수설비론의 형성

전술한 것처럼 필수설비론은 Sherman법 제2조를 구체화하는 과정에서, 특히 去來拒絶의 특수한 형태로 전개되었다. 필수설비에 관한 선례적인 의미를 갖고 있는 일련의 판례 이후,[4] Aspen 사건에 이르러 필수설비론적인 사고는 구체적인 내용을 갖게 된다.[5] 그러나 동 사건에 대한 미 연방대법원의 최종 판결을 통해서 필수설비론 자체가 법적 쟁점으로 분명하게 부각되었거나 '필수설비'라는 용어가 명시적으로 사용되었던 것은 아니며, 따라서 Hovenkamp의 지적처럼 독점적 행위로서 거래거절에 관한 일반론을 대신할 특수성을 필수설비론이 제공할 수 있는지에 관한 의문이 해소되지는 않았다.[6]

구체적으로 보면, Aspen 사건은[7] 하나의 지리적 관련시장으로 획정된 Aspen 지역에 세 개의 스키활강시설을 갖고 있던 Aspen社(Aspen Skiing Co.)와 한 개의 스키활강시설을 갖고 있던 Highlands社(Aspen Highlands Skiing Corp.) 간에 문제가 된 사건이다. 전자는 후자에 대하여 두 회사가 각각 영업하고 있는 스키시설을 모두 이용할 수 있는 상품인 'all-aspen ticket'의 판매의 계속을 거절하였다. 비록 연방대법원의 판결에서 필수설비론이 입론의 기초가 되지는 않았지만, 대법원은 최종적으로 Aspen사의 거래거절을 셔먼법 제2조의 독점화에 해당하는 위법한 것으로 판단하였으며,[8] 이 과정에서 필수설비론의 전개에 있어서 핵심적인 사항들이 다루어졌다.

Aspen 사건에서 셔먼법 제2조에 해당하는 위법한 독점화에 관한 법원의 판단은 Grinnell 판례에 기원하는 다음의 기준, 즉 ① 관련시장에서 독점력의

4) 예를 들어, United States v. Terminal R.R. Assn., 224 U.S. 383(1912), Associated Press v. United States, 326 U.S. 1(1945), Otter Tail Power Co. v. United States, 410 U.S. 366(1973).
5) E. Thomas Sullivan & Jeffrey L. Harrison, Understanding Antitrust and Its Economic Implications 2. ed., Matthew Bender, 1994, 232면.
6) Herbert Hovenkamp, 앞의 책, 306면.
7) Aspen Skiing Co. v. Aspen Highlands Skiing Corp., 472 U.S. 585(1985).
8) 사건의 구체적인 내용과 지방법원, 항소법원, 대법원의 판단과정에 관해서는, (사)한국공정거래협회 편, 공정거래 심결사례 국제 비교, 박영사, 2003, 36면 이하(권오승 집필부분) 참조.

보유와 ② 그 독점력이 반경쟁적, 배타적인 수단에 의하여 또는 반경쟁적, 배타적인 목적을 위해서 의도적으로 획득, 유지 또는 활용되었을 것 등의 표지에 기초하였다.[9] 물론 이러한 기준이 그 자체로 자명한 것은 아니며, 특히 반경쟁적이고 배타적인 행위와 정당한 행위 사이의 경계는 여전히 불명확한 상태로 남아 있다. 이 부분은 Aspen 사건에서도 집중적으로 다투어졌으며, 전제로서 독점적인 지위에 있는 사업자가 소규모 사업자에 대하여 일반적인 거래의무를 부담하는지도 문제가 되었다. 우선 연방대법원은 독점력을 보유한 사업자에게 일반적인 거래의무가 부과되는 것은 아니지만 거래를 거절할 권리가 절대적인 것으로 이해될 수 없다는 점을 분명히 하였다.[10] 또한 연방대법원이 Aspen社의 거래거절이 위법한 독점화에 해당한다는 결론에 이르는 과정은 주목할 만한 것이었는데, 시장분석에 기초하여 'all-aspen ticket'에 대한 소비자 선호가 다른 상품에 비하여 높았으며, Aspen社는 다른 대체적인 방법을 채택하지 않았다는 점, 거래거절 이후 Highlands社의 시장점유율이 감소하였다는 점, 그리고 거래거절을 정당화할 수 있는 어떠한 사유도 Aspen社에게 존재하지 않았다는 점 등이 입론의 근거가 되었다.

(2) 필수설비론의 내용과 법적 쟁점

필수설비론이 내용적으로 정립된 것은 MCI 판결에서였으며, 당해 사건을 담당하였던 제7항소법원은 필수설비론의 요소로서, 1) 독점사업자가 필수적 설비를 지배할 것, 2) 경쟁자가 필수적 설비를 복제하는 것이 실질적으로나 합리적으로 불가능할 것, 3) 경쟁자에게 설비의 이용을 거절하였을 것, 4) 설비 제공이 가능하였을 것 등을 제시하였다.[11]

이상의 기준은 필수설비론을 통한 위법한 독점화 판단기준의 정형이 됨으

9) Grinnell 사건에서 제시된 셔먼법 제2조에 해당하는 위법한 독점화의 기준은 다음과 같다. "the possession of monopoly power in the relevant market and the willful acquisition or maintenance of that power as distinguished from growth or development as a consequence of a superior product, business acumen, or historic accident." United States v. Grinnell Corp., 384 U.S. 563, 570-571면(1966).

10) 물론 이러한 판결이, 사적인 영업에 종사하는 사업자는 거래를 거절한 자유를 보유한다라고 본 1919년 Colgate 판결에서 본질적으로 벗어나는 것은 아니다. United States v. Colgate Co., 250 U.S. 300(1919).

11) MCI Communic. Corp. v. AT&T, 708 F.2d 1081, 1132-1133(7th Cir.), cert. denied, 464 U.S. 891(1983).

로써, 이후 미국 법원에 중요한 영향을 미쳤지만, 좀더 구체적인 이해가 필요한 부분도 있다. 우선 필수설비란 무엇인가라는 물음에 대하여 "필수설비는 관련시장에서 시장지배력이 행사되도록 하는 입구(bottleneck)를 제공하여야 한다"라는[12] Hovenkamp의 지적은, 필수설비론의 경쟁법적 의미를 명확히 한다는 점에서 적절한 것으로 보인다. 그 함의로써, 당해 설비가 관련시장을 구성하지 않거나 또는 당해 관련시장을 지배하지 않기 때문에 경쟁적인 대체재가 이용가능한 경우라면, 그 설비는 필수설비에 해당하지 않는다. 이와 관련하여 구조적인 관점이 유효할 수 있는데, 근본적으로 필수설비는 2차 상품의 생산을 위한 필수적 요소로 획정된 별도의 관련시장을 구성하는 것이며, 이러한 관점은 필수설비론에 기초한 垂直的인 접근의 출발점이 된다.

또한 위의 기준이 제시한 것처럼, 거래거절은 경쟁자와의 사이에서 발생하여야 한다. 이때의 경쟁자에는 당연히 잠재적 경쟁자도 포함되며, 잠재적 경쟁의 관계에도 해당하지 않는 상대방에 대한 거래거절은 이론적으로나 실제적으로 반경쟁적 효과를 갖기 어려울 것이다.[13] 나아가 Aspen 판결이 시사하는 것처럼, 거래거절의 반경쟁성을 판단함에 있어서 소비자 후생의 평가, 경쟁감소의 상황 그리고 거래거절을 정당화할 수 있는 합리적 사유의 존재 등의 고려가 반드시 이루어져야 한다.[14]

(3) 필수설비론의 문제점

앞에서 언급하였듯이, 우선 필수설비론이 위법한 독점화에 대한 규율로서 독자적인 의의를 갖고 있는지에 관하여 의문이 있다. 거래거절의 반경쟁성을 판단함에 있어서도 설비를 포함한 제반 상황이 고려되어야 하며, 그 과정에서 필수설비론이 제기한 법적 쟁점들이 논의될 수 있다.

한편 필수설비에 대한 공유 의무의 부과가 곧바로 소비자후생의 증대를 보장하는 것은 아니라는 지적도 주목할 만한 것이다. 설비의 독점적 보유자가 설비에 대한 접근을 경쟁자에게 허용한다 하더라도, 종래 초과이윤을 가능하게 하였던 수준에서 설비의 이용가격을 책정할 경우에, 가격에 대한 추가적인 규

12) Herbert Hovenkamp, 앞의 책, 307면.

13) 위의 책, 308면.

14) Phillip E. Areeda & Herbert Hovenkamp, Antitrust Law vol. IIIA, Little, Brown and Company, 1996, 187면 이하.

제 없이 소비자 후생의 증대를 기대하기는 어려우며,[15] 이는 필수설비 이용료 등의 책정에 대한 규제의 유력한 근거가 된다.

좀더 근본적인 문제로서 필수설비론의 적용 확대는 설비투자를 억제할 수 있으며, 장기적인 관점에서 소비자 후생의 증대에 반하는 효과를 낳을 수 있다. 특히 이러한 인식은 설비의 대체불가능성에 관련되는데, 산업환경이나 기술조건의 변화 그리고 발전가능성 등은 설비의 복제가 가능한지 여부를 판단함에 있어서 충분히 고려되어야 할 사항이다.[16]

2. EC 경쟁법상 필수설비론

(1) EC 경쟁법에서 필수설비론의 법적 근거

유럽에서의 필수설비론은 미국의 영향 하에 급속하게 발전하였다. 양 법제에는 독점에 대한 기본입장의 차이가 존재하는데, 미국이 셔먼법 제 2 조에 의하여 위법한 독점화 자체를 금지하는 반면에, 유럽에서는 시장지배적 지위는 승인하면서 그 지위의 남용을 EC조약 제82조에 의하여 규제하고 있다. 동조는 필수설비론의 규범적 근거가 된다. 물론 양 법제상의 독점에 대한 기본입장의 차이, 즉 원인적 규제와 남용에 대한 규제의 상이가 필수설비론의 전개에 어느 정도 반영되고 있는지가 명확한 것은 아니다. Goyder에 따르면, EC 경쟁법에서 거래거절뿐만 아니라 차별적 행위에 대해서도 필수설비론적 접근이 이루어지고 있고,[17] 이러한 이해는 행태상 거래거절을 중심으로 필수설비론이 전개되고 있는 미국에 비하여 유럽에서 필수설비론의 확대를 의미하는 것으로 볼 여지도 있다. 그러나 Doherty의 주장에 따라서 필수설비론을 시장의 독점화 시도에 제한할 경우에, 양 법제 사이에서 적용범위상 의미 있는 차이가 존재하지 않을 수도 있다.[18] 어쨌든 미국에서 필수설비론의 전개과정에 나타난 상호대립하는 논의들이 갖고 있는 함의는 유럽에서도 유효하지만, 시장지배적 지위남용행위로서 규제할 경우에 시장지배적 지위와 남용행위에 대한 이중적 판단 구조는 유럽에서의 필수설비론 적용의 기본 틀이 되고 있다.

15) Herbert Hovenkamp, 앞의 책, 310면.
16) Phillip E. Areeda & Herbert Hovenkamp, 앞의 책, 201면.
17) D. G. Goyder, EC Competition Law 4. ed., Oxford Univ. Press, 2003, 316-317면.
18) Barry Doherty, "Just what are Essential Facilities?," Common Market Law Review, 2001, 401면 이하.

(2) 유럽법원의 사례와 필수설비론의 적용 요건

필수설비론은 경쟁자들이 서비스를 그들의 고객들에게 제공하기 위하여 접근을 필요로 하는 설비 또는 하부구조를 소유하거나 통제하고 있고 이에 의하여 그 접근을 허용할 수 있는 사업자에 의한 거절 또는 차별적 조건이 부과되는 경우에 적용된다. 유럽 법원에서 다루어진 필수설비론 적용 사례로서 선례에 해당하는 것은 Magill 사건이며,[19] 동 사건은 특히 지적재산권과 같은 무형의 자산도 필수설비에 해당할 수 있다는 것을 보여주고 있다. 동 사건에서 개별적으로 TV가이드를 발행하던 세 아일랜드 방송국은 종합 TV가이드를 발행하고자 하는 사업자 Magill에게 정보 제공을 거절하였으며, 이를 정당화하는 근거로서 지적재산권을 원용하였다. 법원은 이러한 항변을 받아들이지 않고, 당해 거절행위를 EC조약 제82조가 규정한 남용행위에 해당하는 것으로 판단하였다.[20]

Bronner 사건에서[21] 법원은 필수설비론이 적용되기 위한 구체적 요건을 명확히 제시하였다. 동 사건에서는 원고가 신문업에서 경쟁관계에 있으며 광범위한 판매망을 갖고 있던 피고에게 당해 판매망에 참가시켜 줄 것을 요구하고, 이에 대하여 피고가 거절한 것이 문제가 되었다. 법원은 거절행위가 EC법 제82조에 해당하기 위해서는 다음의 요건을 충족하여야 한다는 견해를 피력하였는데, 이에 의하면 1) 거절행위가 당사자가 접근을 요구하고 있는 당해시장에서의 모든 경쟁을 배제할 개연성이 높고, 2) 거절행위가 객관적으로 정당화될 수 없어야 하며, 3) 접근이 허용된 설비가, 당해 설비에 대한 실제적 또는 잠재적 대안이 없기 때문에, 접근을 요구하는 당사자의 활동을 위해서 필수불가결한 것이 되어야 한다. 이상의 요건에 비추어, 법원은 당해 사건에서 원고가 자신의 판매망을 갖출 수 있으므로 피고의 거래거절행위가 EC법 제82조에 해당하지 않는다고 판단하였다.[22] 동 판결에 대해서는 종래 필수설비론에 대한 지나친 경도를 전환시켰다는 점에서 긍정적인 평가가 유력하였다.[23] 또한 판결에

19) ECJ, RTE v. Commission(1995), ECR I-743.

20) 동 판결의 경쟁법적 의의에 관한 개괄로서, Wolfgang Deselaers, "Die 'Essential Facilities' Doktrin des Magill-Urteils des EuGH," EuZW, 1995, 564면 이하 참조.

21) ECJ, Oscar Bronner v. Mediaprint Zeitungs- und Zeitschriftenverlag(1998), ECR I-7791.

22) ECJ, Oscar Bronner v. Mediaprint Zeitungs- und Zeitschriftenverlag(1998), ECR I-7791, para. 41.

대한 구체적인 평가를 떠나서, 유럽 법원이 필수설비라는 용어를 직접적으로 언급하기보다는 그 요건을 구체화하고 있다는 점에 의미를 부여하는 견해도 있다.[24]

(3) 유럽위원회의 사례

유럽 법원과는 달리 유럽 위원회는 직접적인 명칭의 사용을 포함하여 필수설비론에 보다 적극적이다. 논의의 발전은 특정한 항구의 사용과 여객 운송의 관계에서 발생한 분쟁을 해결하는 과정에서 이루어졌으며, 특히 Wales에 있는 Holyhead항구를 소유하고 있던 Sealink를 중심으로 전개된 일련의 사건이 대표적이다. 분쟁은 항구를 소유 및 관리하는 Sealink가 자신이 운영하는 여객선과 경쟁관계에 있는 여객운송 사업자에 대하여 항구의 이용을 제한하는 것에서 촉발되었다.[25] 위원회는 경쟁자들에게 필수설비를 제공하는 지배적 회사가 그 설비를 남용하여, 객관적 정당성 없이 접근을 거절하거나 또는 그 회사가 자신의 서비스에 제공되는 것보다 덜 우호적인 조건으로만 접근을 허용한다면 EC조약 제86조(제82조)를 침해하는 것이라는 기본입장을 관철하였다.[26]

(4) 전 망

미국에서 논의되었던 것처럼, 필수설비를 보유하고 있는 자의 경쟁자에 대한 접근 허용의 범위가 어떻게 설정될 수 있는지의 문제는 유럽에서도 용이하지 않다. Goyder의 지적처럼, 필수설비론의 발전이 궁극적으로 접근을 추구하는 경쟁자들을 위하여 확장될 수 있는 것인지 또는 필수설비가 경쟁자의 경쟁적 활동에 결정적이고, 국내 전화망이나 에너지망에 접근하는 것에서 제기되는

23) 대표적으로 Holger Fleischer & Hartmut Weyer, "Neues zur 'essential facilities'-Doktrin im Europäischen Wettbewerbsrecht," WuW, 1999, 350면 이하 참조.

24) Andreas Bartosch, "Essential Facilities: The Access to Telecommunications Infrastructures and Intellectual Property Rights under Article 82 EC," Christian Koenig, Andreas Bartosch & Jens-Daniel Braun ed., EC Competition and Telecommunications Law, Kluver Law International, 2002, 132면.

25) B & I Line v. Sealink Harbours(1992), 5 CMLR 255 그리고 Sea Containers v. Stena Sealink, (1994) OJ L15/8 참조. 한편 Sealink가 덴마크에 있는 Rodby 항구와 관련하여 원고로 나타난 사건이 이어졌는데, 동 사건은 특히 잠재적 경쟁자에 대해서도 필수설비론에 기초한 거절행위의 위법성을 판단하였다는 점에서 의미가 있다. Stena v. DSB(1994), OJ L55/22 참조.

26) D. G. Goyder, 앞의 책, 317-318면.

상황과 같이 복제될 수 없는, 그러한 상황에 더욱 엄격하게 제한될 것인지는 아직 확실하지 않은 상황에 있다.[27)]

한편 이러한 지적은 필수설비론에 대한 산업별로 규제산업적인 접근의 가능성을 시사하는 것이기도 하다. 이와 관련하여 통신 분야에서 필수설비론에 영향을 받은 접속(access)에 관한 고시는 중요한 의미가 있으며, 이러한 영역에서 필수설비론은 단순한 판례법의 차원에서 공동체 입법에 반영되는 문제의 차원으로 그 중점이 이전되고 있다.[28)]

3. 독일 경쟁제한방지법상 필수설비론

(1) 입 법 화

1998년 독일 경쟁제한방지법(이하 'GWB')의 제 6 차 개정에 의하여 네트워크 또는 기간설비에의 접근에 관한 규정이 동법 제19조 제 4 항 제 4 호에 도입되었으며, 이는 EC 조약 제82조의 적용에서 다루어졌던 필수설비론의 의식적인 수용으로 이해되고 있다.[29)] 이와 같은 규정의 도입에 있어서 헌법적합성의 문제가 선결적으로 다루어져야 하며, 특히 필수설비에의 접근에 대한 규제는 헌법상 보장되는 사적자치, 재산권의 존중 그리고 영업의 자유 등과의 충돌을 예정하고 있다는 지적이 있었으며,[30)] 이에 대하여 공공의 이익에 기초하여 사적자치 등의 기본권 제한이 허용될 수 있지만, 그 판단을 위하여 단기적인 경쟁촉진 효과와 장기적인 시장구조의 혁신이 가져올 효과를 형량하여야 한다는 견해가 제시되고 있다.[31)]

동법 제19조 제 4 항 제 4 호를 보면, "다른 사업자가 시장지배적 사업자 소유의 네트워크 또는 다른 기간설비를 공동으로 이용하지 않고서는 법률상 또는 사실상의 이유로 전방 또는 후방의 시장에서 시장지배적 사업자의 경쟁자로서 활동하는 것이 불가능한 경우에, 그 다른 사업자가 적절한 대가를 지급하고 시

27) D. G. Goyder, EC Competition Law 3. ed., Clarendon Press, 1998, 350면.
28) 위의 책, 같은 면.
29) Ulrich M. Gassner, Grundzüge des Kartellrechts, Verlag Vahlen, 1999, 116면; Fritz Rittner, Wettbewerbs- und Kartellrecht, C. F. Müller, 1999, 301면.
30) 신동권(Dong-Kweon Shin), Die "Essential-Facilities"-Doktrin im europäischen Kartellrecht, Logos, 2003, 197면 이하.
31) 위의 책, 232-234면.

장지배적 사업자의 소유의 네트워크 또는 다른 기간설비에 접근하는 것을 거절하는 경우"에 시장지배적 지위의 남용행위에 해당하며, 동호 단서에 의하여 "시장지배적 사업자가 사업운영상 또는 기타 이유로 공동이용이 불가능하거나 합리적으로 기대하기 어렵다는 것을 입증한 경우"에는 적용이 배제된다. 동 규정에서 알 수 있듯이, 필수설비론이 일반조항의 형식으로 규정된 독점화나 시장지배적 지위의 남용의 구체화 과정에서 논의되고 있는 미국이나 EU와는 달리, 독일은 필수설비론을 적극적으로 입법에 반영하였으며, 필수설비론에 관한 여러 법적 쟁점들은 동조항의 해석론으로 전개되고 있다.

(2) 법적 주요쟁점

가. 설비시장과 파생시장

동 규정은 시장지배적 사업자의 지위남용행위를 구체화하고 있으며, 특히 상호 인접한 2개 시장의 관련성에 기초하여 설비시장에서 파생된 시장(abgeleiteter Markt)에서의 경쟁 제한을 문제삼고 있다. 즉 설비시장에서의 독점력이 파생시장에 이전됨으로써, 설비를 소유하고 있는 사업자와 수직적으로 관련되는 시장에서 수평적인 경쟁제한이 초래될 수 있는지에 초점이 모아지고 있다.[32] 이러한 구조적 이해에 비추어, 적어도 비경쟁 사업자에 대한 거래거절에 대하여 동 규정의 적용 여지는 없다.[33]

나. 시장지배적 지위 판단의 기초

두 개의 시장이 관련되는 것으로부터, 시장지배적 지위가 어느 시장에 근거하는 것인지, 구체적으로 두 시장 중 어느 하나에 시장지배적 지위가 있다면 동 규정의 요건이 충족되는 것인지가 다투어지고 있다.[34] 지배적 지위와 지위남용의 2단계 심사와 양자 사이의 인과관계가 요구되고 있는 동규정의 규범구조 그리고 궁극적으로 경쟁의 보호를 목적으로 하는 동 규정의 입법취지에 비추어, 파생 시장에서 시장지배적 지위가 존재하여야 한다는 것이 지배적인 견해이다.[35] 만약에 설비시장과 파생시장 중 어느 하나에서 시장지배력이 있을

---

32) Ulrich Immenga & Ernst-Joachim Mestmäcker hrsg., GWB-Kommentar 3. Aufl., C. H. Beck, 2001, 712면 이하(Wernhard Möschel 집필부분).

33) 위의 책, 730면(Wernhard Möschel 집필부분).

34) 위의 책, 712면(Wernhard Möschel 집필부분).

35) 위의 책, 712-713면(Wernhard Möschel 집필부분).

경우에 동규정의 요건이 충족되는 것으로 보면, 동조의 규범목적 자체가 경쟁보호를 넘어서 확장되어야 한다는 지적이 유력하다.[36]

다. 설비의 의의

네트워크 또는 다른 기간설비(Netze und andere Infrastrukteinrichtungen)의 개념이 입법적으로 또는 해석상 좀더 면밀하게 정의되고 있는 것은 아니다. 일반적인 용어의 사용례에 따르면, 활동의 기초로서 경제적 단위로 획정되는 시설(Anlage), 설비(Einrichtungen) 그리고 일정한 조건(Gegebenheiten) 등이 고려될 것이다. 구체적으로 교통, 정보, 에너지 수송시설 등이 여기에 해당하며, 공적 역무시설, 건물, 의료 시설[37] 등으로 확대될 수도 있다.[38]

한편 동 조항은 지배적 사업자와 설비와의 관계를 소유의 관계(eigen)로 규정하고 있다. 이에 관해서는 기능적인 이해가 유력한데, 이에 의하면 설비의 소유는 자신의 사업영역에서 자신의 소유물처럼 처분할 수 있는 상태를 의미한다.[39]

라. 필요성 판단

설비의 복제 여부에 관해서는 미국 판례에서 발전된 이론이 대체적으로 받아들여지고 있다. 즉 필수설비로 인정되기 위해서는 복제가능성(Duplizierbarkeit), 그리고 다른 방식으로의 대체가능성(Substituierbarkeit)이 없어야 한다. 특히 대체가능성 개념은 복제가능성과는 별개의 개념으로 이해되어야 하는데, 복제가능성이 없어도 대체가능성이 있는 경우를 상정하는 것이 가능하기 때문이다.[40] 이때 복제가능성은 기술적, 물리적인 의미에서뿐만 아니라 경제적인 관점에서도 검토되어야 한다.[41]

마. 거래거절

필수설비에의 접근에 대한 거래거절(Verweigerung)이 있어야 하며, 이는 미국 반독점법에서 필수설비론이 거래거절과 관련하여 논의되는 것과 그 맥을

36) 위의 책, 713면(Wernhard Möschel 집필부분).

37) 미국에서 의료 시설에 관하여 필수설비론을 적용한 대표적 판례로는, Advanced Health-Care Service, Inc. v. Radford Community Hospital, 910 F. 2d 151(4th Cir. 1990) 참조.

38) Gerhard Wiedermann hrsg., Handbuch des Kartellrechts, C. H. Beck, 1999, 840-841면(Gerhard Wiedermann 집필부분) 참조.

39) Ulrich Immenga & Ernst-Joachim Mestmäcker hrsg., 앞의 책, 717면(Wernhard Möschel 집필부분).

40) 신동권, 앞의 책, 153면 이하.

41) Ulrich Immenga & Ernst-Joachim Mestmäcker hrsg., 앞의 책, 717면 이하(Wernhard Möschel 집필부분).

같이 하는 것이다. 이때 거래거절의 정당성이 있는 경우에, 동규정의 적용은 배제된다. 궁국적으로 수범자의 재산권 또는 영업상의 이익과 동 규범의 목적간에 형량의 과정으로 귀결될 것이다. 그러나 경향적으로 보았을 때, 연방대법원에 의하여 확립된 다음과 같은 원칙, 즉 어떠한 사업자에게도 자신의 손해에 기초하여 경쟁자를 지원할 의무가 부과되지 않는다는 원칙이 필수설비에의 접근을 거절하는 행위에 무제한으로 적용될 수는 없다.[42]

일반적으로 설비를 제공할 수 있는 용량의 한계는 정당화 사유로서 원용될 수 있다. 접근을 가능하게 하기 위한 설비 증설과 같은 포괄적인 의무가 설비보유자에게 부과되는 것으로 보기는 어렵다.[43] 이 외에도 영업활동에 기초한 거래거절의 정당화가 가능한데, 경쟁정책적으로 긍정될 수 있는 장기적인 구조개혁이나 설비 혁신 등은 한시적인 정당화 사유로서 받아들여질 수 있다. 기타 급박한 경영상의 위험 등도 정당화 사유로서 고려될 수 있을 것이다.[44]

바. 요금 산정의 문제

Rittner는 필수설비의 공유문제는 실제적으로 적정한 대가의 지급문제로 환원될 수 있다고 보고 있다.[45] 물론 적정한 대가의 기준을 제시하는 것이 용이하지 않지만, 궁극적으로 이때의 대가는 유효한 경쟁에서 발생하는 비용을 반영하여야 하며, 비용통제는 실제 발생한 비용이 아닌 보다 효율적인 급부제공에 따른 비용을 지향하여야 한다.[46]

Ⅲ. 통신법상 필수설비론

1. 통신산업에 있어서 필수설비론 적용의 의의

(1) 경쟁구조로의 전환을 위한 수단으로서 필수설비론

통신법에서 필수설비론의 적용은 보다 확고하게 승인되고 있으며, 통신산

42) 위의 책, 721-722면(Wernhard Möschel 집필부분).
43) 위의 책, 722-724면(Wernhard Möschel 집필부분).
44) 위의 책, 724면 이하(Wernhard Möschel 집필부분).
45) Fritz Rittner, 앞의 책, 301면.
46) Ulrich Immenga & Ernst-Joachim Mestmäcker hrsg., 앞의 책, 721면(Wernhard Möschel 집필부분).

업의 고유한 규제법리로 발전되어 나가고 있다.[47] 그 배경에는 우선 통신산업의 기술적 특성이 자리잡고 있다. Hovenkamp가 예로 들었던 석유수송 파이프라인의 경우에, 설비에의 접근 허용여부에 상관없이 설비를 통한 공급량은 한정되며, 따라서 가격에 대한 일정한 규제가 수반되지 않는 한 소비자 후생의 직접적인 증가를 기대하기는 어렵다.[48] 반면에 통신산업의 경우에, 하나의 회선이 전송할 수 있는 정보는 상당한 양이며, 설비용량의 한계가 곧바로 드러나지 않는다. 이러한 특성은 설비에의 접근 허용이 경쟁적인 구조로의 전환과 소비자 후생의 증대로 이어질 개연성을 보여주는 것이다.

그러나 통신산업에서 필수설비론의 발전이 기술적 요인으로만 설명될 수 있는 것은 아니다. 과거 국영으로 또는 최소한 규제산업의 영역에서 독점의 형태로 존재하여 왔던 통신산업은, 이러한 구조를 정당화하였던 경제사회적 환경이나 기술적 조건 등의 변화에 상응하여 급격한 구조전환의 과정에 있다. 전환의 기본방향은 民營化와 경쟁적인 산업구조로의 재편을 의미하는 自由化로 집약되며, 이를 추진함에 있어서 시장진입의 확대는 중요한 정책목표에 해당한다. 통신시장에서의 필수설비론의 전개는 이러한 상황적 특성과 밀접하게 관련된다. Wegmann의 지적처럼, 단지 과거의 통신사업자의 독점권을 박탈하는 것만으로 통신시장이 경쟁적인 구조로 전환되는 것을 기대하기는 어려우며,[49] 당해 시장에의 진입을 가능하게 하는 일련의 조치가, 즉 Wegmann이 칭한 경쟁촉진적 再規制(wettbewerbsfördernde Re-Regulierung)가 결합될 필요가 있다.[50] 필수설비론은 이와 같은 새로운 규제의 법리적 기초로서 핵심적인 의미를 갖는다.

일반적으로 경쟁법상 필수설비론은 기존의 시장에서 거래거절과 같은 일정한 행태를 규제하는 법리로서 기능한다. 그러나 본래의 의미에서의 시장이 새롭게 형성되는 단계에서 필수설비론은 반경쟁적인 행태에 대한 규제를 넘어서 경쟁적인 조건을 적극적으로 창출하는 법리로서 기여할 수 있다. 통신망과 같은 필수적인 설비가 독점되고 있는 상황에서 통신시장의 개방은 가능하지 않으며, 필수설비론은 이와 같은 설비의 독점적 운영을 해체하는 의미를 갖는다.[51] 이를 대비하면, 기존 시장에서의 필수설비론이 접근을 거절하는 행태에

47) D. G. Goyder, 주 17)의 책, 541면.

48) Herbert Hovenkamp, 앞의 책, 310면 참조.

49) Winfried Wegmann, Regulierte Marktöffnung in der Telekommunikation, Nomos, 2001, 177면.

50) 위의 책, 같은 면.

대한 규제라면, 새로운 시장의 형성단계에서 필수설비론은 접근 자체를 적극적으로 의무화한다. 즉 전자의 경우에 필수설비론이 事後的(ex post)이고 消極的(negative)인 규제를 기초지우고 있는 반면에, 후자의 관점에서 필수설비론은 事前的(ex ante)이고 積極的(positive)인 규제방식을 상정할 수 있다. 필수설비론에 관한 심도깊은 논의가 통신산업에 있어서 접근에 관한 법제도를 배양하였다는 주장도[52] 이러한 맥락에서 이해될 수 있을 것이다.

(2) 사전적 규제의 입법화

이상에서 논의된 경쟁구조로의 전환의 관점에서 볼 때, 사전적이고 적극적인 규제의 필요성은 종래 사후적인 의미를 갖는 필수설비론의 적용과는 별개로 논의되어야 한다. 즉 필수설비론이 위법한 독점화 내지 시장지배적 지위의 남용의 하나로서 규제되고 있음에도 불구하고, 적극적으로 설비에의 접근을 의무화하는 규정이 요구될 수 있다.

비교법적으로 보면, 필수설비론이 경쟁법의 법리로서 적용되고 있는지 여부와 무관하게 접속(access)이나 상호접속(interconnection)의 법제도화가 확대되고 있으며, 이는 통신시장의 자유화를 위한 불가피한 전제로서 이해된다.

2. 접속(access) 등에 대한 법제도화의 비교법적 검토

(1) 미국의 통신법(1996)

1996년 미국 통신법의 개정 목적의 하나는 지역통신시장을 경쟁적으로 개편하는 것이었으며, 이를 위하여 지역 통화서비스를 제공하는 지역 통신사업자들의 기간설비를 경쟁자들이 이용할 수 있도록 하는 일련의 규정을 도입하였으며, 접속과 상호접속에 관한 규정 등이 이에 해당한다. 특히 제251조가 중요한데, 동조는 기존의 지역사업자들이 다른 사업자들에게 번호이동성과 다이얼링 페러티(dialling parity)를 보장하기 위한 상호접속(interconnection)과 경쟁자들에게 자신의 네트워크에 대한 개별적인(unbundled) 접속(access)의 허용을 요구하고 있다. 이와 관련하여 연방통신위원회(FCC)는 설비에 기초한 경쟁 하에

51) 이에 관한 적절한 사례로서 AT & T의 해체를 들 수 있을 것이다.
52) Rohan Kariyawasam, "Inteconnection, Access and Peering: Law and Precedent," Ian Walden & John Angel ed., Telecommunications Law, Blackstone Press, 2001, 162-163면.

서의 상호접속과 네트워크에 대한 접속의 가격을 설비보유자의 총요소의 장기 비용 증가분에 기초하여 결정한다. 또한 제252조는 상호접속과 관련한 분쟁 해결을 위한 특별 절차를 각 주 차원에서 설립할 것을 규정하고 있다. 한편 동법 제271조 이하는 지역 통신사업자들이 제251조에서 규정한 상호접속 의무를 충족하는 등의 조건 하에서 자신의 고객들에게 장거리 통신서비스를 제공할 수 있음을 규정하고 있다.[53)]

이러한 변화에 대하여 부정적인 견해도 제시되고 있는데, 특히 이러한 견해는 경쟁자들이 자신의 설비를 건설토록 함으로써 보다 경쟁적인 구조로 전환될 수 있는 계기를 잃게 되는 것이 아닌가 하는 의문에 근거하고 있다. 그러나 기술적 진보에도 불구하고, 여전히 상당수 네트워크는 복제불가능한 상태로 남아 있으며, 지역 통신사업자에 의한 시장의 지배도 계속되고 있다. 이러한 상황에서 접속(access)의 법제도는 여전히 경쟁을 촉진하는 유력한 수단이 될 수 있다는 견해도 유력하다.[54)]

(2) 유럽의 접속(access) 및 상호접속(interconnection)에 관한 고시

가. 1998년 접속(access)에 관한 위원회 고시와 비판

1998년의 접속에 관한 고시는 위원회의 통신시장에 위치한 필수설비 해석에 관한 일반적 기준을 제시하고 있다. 이에 의하면, "당해 시장에서 활동하기 위하여 다른 어떠한 사업자에게도 접근이 허용되지 않고 있는 상황에서 서비스의 제공을 위한 접속의 거절"은 남용행위에 해당한다.

이에 대해서는, 우선 필수설비의 소유자가 갖는 재산권의 문제가 충분히 검토되지 않았다는 점, 대체적 통신망 설치에 관한 투자의 유인을 제공함으로서 달성될 수 있는 통신의 자유화와의 충돌의 문제가 발생할 수 있다는 점, 끝으로 접속에 대한 요금을 경쟁당국이 사후적으로 결정할 권한이 있는지 등에 기초한 비판이 제기되었다.[55)] 또한 이와 관련하여 접속에 관한 1998년의 고시는 EC 조약 제82조의 해석과 관련하여 이해되어야 한다는 견해도 제시되었다.[56)]

---

53) Damien Geradin & Michel Kerf, Controlling Market Power in Telecommunications: Antitrust vs Sector-specific Regulation, Oxford Univ. Press, 2003, 99면.

54) 위의 책, 99-100면.

55) Andreas Bartosch, 앞의 글, 136-137면.

56) 위의 글, 138면.

유의할 것은 동 고시의 성격인데, 동 고시에 의한 규제는 적극적인 접근에 대한 의무화라기보다는 필수설비론을 통신산업에 적용한 규제지침으로 보이며, 따라서 접속에 대한 사전적이고 적극적인 규제로서의 성격과는 거리가 있었다.

나. 2002년 접속(access)에 관한 지침

2002년에는 유럽 차원에서 통신법의 체계를 정비하고 그 동안의 발전된 논의를 수용하는 차원에서 일련의 체계적이고 종합적인 지침이 제정되었으며, 접속(access)에 관한 지침도 여기에 해당한다.

동 지침은 그 이전의 1998년의 지침과 비교하여 내용적으로도 중요한 변화가 있었다. 동 지침 제1조에 의하면, 동 지침의 목적은 네트워크와 서비스 공급자 간의 관계를 정립하여 지속가능한 경쟁과 전기통신 서비스의 공공이용과 소비자 후생의 증진을 기하는 것이며, 이를 위하여 접속(access)이나 상호접속(interconnection)을 규율하는 방식을 조율한다. 한편 동 지침 제3조에 의하여 회원국들은 사업자들이 동일한 회원국이나 다른 회원국 내에서 접속 혹은 상호접속과 관련하여 기술적이거나 상업적인 협정을 맺는 것을 막는 어떠한 제한도 폐지하는 것을 확인하여야 한다. 중요한 것은 동 지침 제4조에서 규정하고 있는 사업자의 의무에 관한 것인데, 이에 의하여 사업자는 접속 또는 상호접속에 관한 요청을 받은 경우에 협상에 응할 의무를 부담한다. 이러한 규정태도는 1998년의 지침에서처럼 접속에 대한 거절을 남용행위로서 규제하는 것이 아니라 접속 자체를 의무지우는 것으로서의 변경을 의미하는 것이다.

Ⅳ. 우리 독점규제법과 전기통신사업법에 있어서 필수설비

1. 개관-규제의 중복 문제

독점규제법상 필수설비는 단지 법리로서뿐만 아니라 독일과 마찬가지로 명문의 규정으로서 우리 법제에 수용되고 있다. 기본 체계는 대체적으로 독일과 유사한데, 즉 독점규제법은 동법 시행령에 의하여 필수설비(요소)에 대한 접근의 거절을 시장지배적 지위의 남용행위의 한 유형으로 규정하고 있다. 또한 전기통신사업법은 미국의 통신법이나 EC의 접속에 관한 지침에 상응하는 필수설비와 관련된 특별한 규정을 두고 있다.

결국 통신산업에서 필수설비에 관한 규정의 체계적 이해는 양 법률의 관계에 기초하여야 한다. 이에 관하여 전기통신사업법 제37조의3은 명시적 규정을 두고 있는데, 이에 의하면 "전기통신사업자의 제36조의3 제1항 각 호의 규정에 따른 행위 또는 제36조의4 제1항 내지 제6항의 규정을 위반한 행위에 대하여 제37조의 규정에 의한 조치 또는 제37조의2의 규정에 의한 과징금의 부과를 한 경우에는 그 사업자의 동일한 행위에 대하여 동일한 사유로 독점규제및공정거래에관한법률에 의한 시정조치 또는 과징금의 부과를 할 수 없다." 위의 규정에서 제36조의3 제1항의 행위에는 필수설비에 관련된 행위가 포함되며, 따라서 독점규제법상 필수설비에 관한 규정은 전기통신사업법의 적용에 의하여 제한될 수밖에 없다.

그러나 전기통신사업법 제37조의3의 해석상 공정거래위원회에 의한 독점규제법의 적용 가능성은 남아 있으며, 이러한 점에서 경쟁정책에 관한 공정거래위원회의 입장과 통신위원회의 견해가 충돌될 여지도 있다. 한편 독점규제법 제58조는 "이 법의 규정은 사업자 또는 사업자단체가 다른 법률 또는 그 법률에 의한 명령에 따라 행하는 정당한 행위에 대하여는 이를 적용하지 아니한다"고 규정하고 있으며, 당연히 전기통신사업법은 동조에서 규정하는 타 법령에 해당한다. 그러나 동조에 의한 적용제외는 독점규제법적 관점에서 정당한 경우에만 가능한 것이므로, 정당성 판단을 통한 사후적 개입의 가능성도 있다.[57)]

이와 관련하여 통신규제당국과 연방카르텔청의 협의의무를 규정하고 있는 독일 통신법 제123조의 규정처럼, 통신위원회와 공정거래위원회의 견해를 조정하고 협의할 수 있는 제도의 도입을 검토할 필요가 있다고 생각된다.[58)]

2. 독점규제법상 필수설비

(1) 필수설비에 관한 규정

전술한 것처럼, 독점규제법상 필수설비에 관한 규정은 시장지배적 지위의

57) 권오승, 경제법, 법문사, 2002, 148면 참조.

58) Klaus-Dieter Scheurle & Thomas Mayen hrsg., 앞의 책, 1081면 이하(Winfried Ulmen 집필부분) 참조.

남용행위의 하나로서 도입되었다. 동법 제3조의2 제1항 각호는 시장지배적 지위의 남용에 해당하는 행위를 규정하고 있으며, 이는 동법 시행령 제5조에 의하여 보충되고 있다. 구체적으로 보면, 동법 시행령 제5조 제3항 제3호는 다른 사업자의 사업활동에 대한 부당한 방해로서 '정당한 이유 없이 다른 사업자의 상품 또는 용역의 생산·공급·판매에 필수적인 요소의 사용 또는 접근을 거절·중단하거나 제한하는 행위'를 규정하고 있으며, 동조 제4항 제3호는 새로운 경쟁사업자의 참가에 대한 부당한 방해로서 '정당한 이유 없이 새로운 경쟁사업자의 상품 또는 용역의 생산·공급·판매에 필수적인 요소의 사용 또는 접근을 거절하거나 제한하는 행위'를 규정하고 있다.

동 규정의 해석과 적용에 있어서 시장지배적 지위의 확정과 이에 선행하는 관련시장의 획정은 당연한 전제가 된다. 비교법적 검토에서 다루어졌던 것처럼, 남용행위의 판단에 있어서 핵심적 문제는 필수설비에서의 필수성 판단이다. 이에 관하여 "필수적 요소라 함은 네트워크, 기간설비 등 유무형의 요소를 포함하는 것으로서, 당해 요소를 사용하지 않고서는 상품이나 용역의 생산, 공급 또는 판매가 사실상 불가능하여 일정한 거래분야에 참여할 수 없거나 당해 거래분야에서 피할 수 없는 중대한 경쟁열위상태가 지속되고, 특정한 사업자가 이를 독점적으로 소유 또는 통제하고 있으며, 당해 요소를 사용하거나 이에 접근하려는 자가 이를 재생산하거나 다른 요소로 대체하는 것이 사실상, 법률상 또는 경제적으로 불가능한 것을 말하는 것"으로 보는 견해가 있으며,[59] 이는 대체적으로 미국이나 독일에서의 필수성 판단과 동일한 입장에 있다.

(2) 적용 사례

전술한 바와 같이, 독점규제법상 필수설비는 시장지배적 지위의 남용행위를 판단하는 기초로서 규정되어 있다. 그러나 공정거래위원회의 심결이나 법원의 판례에 의하여 시장지배적 지위의 남용행위와 관련된 필수설비의 판단은 이루어지지 않고 있다. 그러나 다른 규제유형과 관련하여 필수설비론에 기초한 판단이 나타나고 있는데, 에스케이(주)의 기업결합규정위반행위 사건은[60] 그 최초의 예에 해당한다.

---

59) 권오승, 앞의 책, 165면.
60) 공정위의결 제2001-090호.

동 사건에서는 피취득회사인 송유관공사의 민영화과정에서 취득회사인 원유정제처리업을 하는 에스케이(주)가 기존의 지분과 합하여 34.04%의 지분을 갖는 기업결합이 문제가 되었다. 공정거래위원회는 당해 송유관이 필수설비나 이에 준하는 설비에 해당한다고 보고, 송유관공사와 에스케이(주)의 수직적 결합에 따른 실질적 경쟁제한성이 있다고 판단하였다. 이에 공정거래위원회는 피심인이 송유관이용에 있어서 송유관사업자의 석유수송신청의 거부, 수송신청물량의 제한, 수송순위의 차등, 수송료율 및 기타 계약요건의 차별, 영업정보의 유출 등 경쟁제한행위를 금지하는 내용을 (주)대한송유관공사의 정관에 규정하고 이를 준수할 것을 명하였다.

한편 필수설비와 관련하여 법원에서 다루어진 사건으로서는, 신용카드업을 영위하는 기존의 7개 사업자가 공동으로 가맹점공동이용망을 운영하고 있는 상황에서 신규사업자인 (주)신한은행에 대하여 당해 망의 이용에 관하여 지나치게 높은 가입비를 산정한 사건이 주목할 만한 것이다.[61] 동 사건은 독점규제법 제26조의 사업자단체의 금지행위로서 규제된 것이지만, 판결과정에서 필수설비에 관한 중요한 판단이 도출되었다는 점에서 중요한 의의가 있다. 즉 당해 사건에서 대법원은 필수설비적 성격을 갖는 시설의 보유자에 대하여 경쟁상대방에게 이를 이용할 수 있도록 강제하는 취지는 당해 거래분야에서의 공정한 경쟁을 촉진하고 그러한 시설에 대한 불필요한 중복투자를 방지하여 소비자후생을 기하고 국민경제의 균형 있는 발전을 도모하고자 함에 있는 것이므로, 이러한 시설은 그 독점적 이익이 배제된 적정한 가격에 이용할 수 있도록 해 줄 필요가 있다는 점을 지적하고 있다.[62] 따라서 가입신청을 하는 자가 그 시설을 구축한 사업자들과 같은 조건으로 이용하기 위하여 지급하여야 할 적정한 가입비는, 시스템 구축비와 신청인이 추가적으로 이용하는 데 따르는 추가비용의 합으로 구성되는 것이 원칙이라는 점을 밝히고 있다.

이상의 공정거래위원회의 심결과 대법원의 판결은 필수설비를 명시적으로 다루고, 또한 그 법리에 기초하여 위법성 판단과 시정조치를 부과하였다는 점에서 그 의의를 찾을 수 있으며, 나아가 필수설비론이 명문으로 규정된 시장지

61) 대법원 2005. 8. 19. 선고 2003두5709 판결.

62) 물론 필수설비론이 궁극적으로 국민경제와 소비자 후생에 기여할 수 있는지에 대하여는 상반되는 시각도 있으며, 이에 관한 지속적인 논의가 필요하다. 김권회, 필수설비의 법리에 관한 연구, 서울대학교 박사학위논문, 2005, 127-128면 참조.

배적 지위의 남용행위 판단에서뿐만 아니라 경쟁제한성 판단이 요구되는 다른 규제의 근거로서 원용될 수 있음을 보여주었다는 점에서 시사하는 바가 크다.

3. 전기통신사업법상 필수설비

(1) 전기통신사업법상의 규정

전기통신사업법상 필수설비에 관한 명문의 규정은 필수설비를 보유한 기간통신사업자에 대한 다음과 같은 의무 부과, 즉 다른 전기통신사업자에 대한 당해 설비의 제공의무를 규정하고 있는 제33조의5 제2항 제1호, 전기통신역무를 제공하는 다른 전기통신사업자와 상호접속을 의무화하고 있는 제34조 제3항 제1호, 다른 전기통신사업자와 전기통신설비의 공동사용의 의무를 규정하고 있는 제34조의3 제3항 제1호 그리고 필수설비를 보유한 기간통신필수설비를 보유한 기간통신사업자의 다른 전기통신사업자에 대한 정보제공 의무를 규정한 제34조의4 제3항 제1호 등이다. 한편 이러한 의무에 반하는 행위는 동법 제36조의3 제1항의 금지행위에 해당하여 통신위원회의 규제 대상이 된다.

(2) 규정에 대한 평가

이상의 전기통신사업법상 필수설비에 관한 명문의 규정뿐만 아니라, 설비의 제공, 상호접속, 설비의 공동이용 등에 관한 규정 자체가 법리적으로 필수설비론에 연원하는 것이다. 따라서 동 규정들의 해석과 적용에 있어서 불가피성과 대체가능성 그리고 설비의 이용제한이 경쟁정책에 미치는 효과 등에 대한 종합적인 분석이 수반되어야 한다.

또한 설비에의 접근이나 상호접속에 관한 의무를 부과하는 것은 진입장벽의 완화를 통하여 경쟁시장으로의 구조전환을 목적으로 하는 것이지만, 이와 같은 목적이 실현되기 위해서는 접근이나 상호접속을 원하는 전기통신사업자와 설비 보유자 사이에 동등한 경쟁조건이 보장되어야 한다. 따라서 접근의 허용 자체를 넘어서 접근의 구체적 조건이 공정하게 부과되는 것이 무엇보다 중요하다. 한편 전술한 Rittner의 주장처럼, 필수설비에의 접근의 문제는 실질적으로 접속료 산정의 문제가 될 수 있다.

이와 관련하여 현행 전기통신사업법 제34조의2는 상호접속에 관한 대가를 정함에 있어서 공정하고 타당한 방법에 의할 것을 규정하고 있으며, 구체적인 산정절차는 동법 제34조 제2항에 근거한 고시에 위임하고 있다. 기술적이고 세부적인 절차에 관하여 하위법령에의 위임은 불가피할 것이다. 그러나 EC의 접속에 관한 지침에서 투명성의 원칙 하에 접속과 관련한 회계정보, 기술적 특성, 공급과 사용에 관한 조건과 가격 등을 공개할 의무를 네트워크 운영자에게 부과하는 것에 관하여 규정하고 있는 제9조나 비차별의 원칙을 규정하고 있는 제10조에서 볼 수 있듯이, 전기통신사업법에서 직접 접속과 접속료 산정에 관한 기본 원칙을 규정하는 것은 의미가 있다.

한편 구체적인 요금 산정에 있어서 비용에 기초한 요금산정이 기본원칙이 되어야 한다는 점에 의문이 없지만, 나아가 필수설비를 보유한 전기통신사업자가 접속이나 상호접속을 필요로 하는 사업자와 경쟁하는 상품시장에서 설비 보유 사업자의 요금책정에 대해서도 주의를 요한다. 만약에 접속료에 상응하는 액수가 설비 보유 사업자의 최종 상품가격에도 마찬가지로 반영되지 않으면, 그 상품가격은 실질적으로 경쟁자에 대한 퇴출을 강요하는 가격 압착(squeeze)을 의미할 수 있으며, 이러한 상황에서 당해 시장에서 실질적인 경쟁이 이루어지기를 기대하기는 어려울 것이다.

4. 통신산업에서 필수설비론 적용의 개선

우선 독점규제법의 적용과 관련하여, 통신산업은 대규모 통신망에 기초한 서비스를 제공하는 기본적인 특징을 갖고 있다는 점에서 독점규제법상 필수설비론의 적용가능성이 높다고 볼 수 있다. 즉 통신 서비스의 제공에 있어서 통신망의 존재가 불가피하고, 이와 같은 통신망의 구축은 후발 사업자에게 실질적으로 기대하기 어려울 수 있다. 그러나 이러한 판단을 함에 있어서, 급속한 발전을 이루고 있는 정보통신산업의 특성이 고려되어야 한다. 즉 기술적 내지 경제적 조건의 급속한 변화는 필수설비론의 적용과 관련하여 핵심이라 할 수 있는 설비의 필수성 판단에도 영향을 미칠 수 있다. 앞에서 언급한 것처럼 필수설비에 대한 접근 거절이 독점규제법상 위법한 행위가 되기 위해서는, 설비의 복제(재생산)가능성과 대체가능성이 부인되어야 한다. 그러나 이러한 가능성은 유동적인 것이며, 특히 경제사회적 그리고 기술적 조건의 변화에 따라서 상이한 판단이 이루어질 수 있다. 예를 들어 유선통신시장에서 단거리통신망(시내전화망)의 경우에, 이를 새롭게 구축하는 것이 용이하지 않다는 점에서 종래 필수설비적인 성격이 인정되어 왔다. 그러나 이러한 판단에는 새로운 음성전송의 기술적 개발이 고려되어야 한다. 즉 유선TV망이나 VoIP를 통한 음성전송이 결합될 수 있는 초고속 인터넷망이 대체적인 수단으로 이해될 수 있는지가 검토되어야 한다.[63] 또한 유선통신 자체가 무선통신과 대체가능한 서비스로 인식될 수 있는지가 시장의 분석을 통하여 지속적으로 확인될 필요가 있다.

전기통신사업법상 필수설비론의 적용에 대해서도 논의의 여지가 있다. 무엇보다 통신망의 보유자와 통신서비스 제공자가 동일한 사업자일 경우에 발생할 수 있는 경쟁제한적인 손실을 억제하고 통신산업에서의 유효경쟁을 실현하기 위한 것에서, 전기통신사업법상 필수설비론의 의의를 찾을 수 있다는 점에 대한 분명한 이해가 전제되어야 한다. 이러한 관점에서 통신망의 보유와 통신서비스 제공이 동일 사업자에게 귀속될 경우에 발생할 수 있는 경쟁제한적 효과를 억제하기 위한 다양한 방안이 검토되어야 한다. 즉 접속이나 상호접속을 통하여 경쟁사업자에게 통신망에 대한 접근을 가능하게 하는 조치를 취할 것인지 아니면 보다 구조적인 조치로서 통신망의 보유와 통신서비스의 제공을 법적으로 또는 회계상으로 분리할 것인지 등이 유효경쟁의 실현과 소비자 후생 제고의 관점에서 형량되어야 한다는 점에도 주의를 요한다.[64] 또한 필수설비론의 적용과 관련한 근본적인 논의로서, 유효경쟁의 실현 과정에서 네트웍 경쟁과 서비스 경쟁 간에 어느 것에 정책적 우선을 둘 것인지가 지속적으로 논의되어야 한다.

63) 김상택, "BCN시대의 필수설비원칙," 디지털융합과 통신규제정책: 학제간 접근-한국경제학회·서울대 법학연구소 공동 세미나, 2006, 134-135면 참조.

64) 김상택, 위의 글, 136면 이하 참조.

제26장

특허풀과 독점규제법

정 연 덕*

Ⅰ. 서 론

IT(Information Technology) 등의 첨단산업분야에서는 기업 상호간의 기술을 標準化(Standardization)하고 막대한 R&D 비용을 절감하고자 상호간의 제휴를 하고 있다. 이에 따라 특허풀(Patent Pool)[1]과 같은 제도가 시장에서 요구되고 있다. 그러나 특허풀은 독점규제법상에서 규제되는 카르텔과 유사한 성격

* 건국대학교 법과대학 조교수.

1) Patent Pool의 용어 사용과 관련하여 '특허권의 共同利用'(정상조, 지적재산권법, 홍문사, 2004, 150면; 구재군, 지적재산권과 독점규제법의 관계, 사법행정, 2000년 7월, 33면.), '특허권 共同出資'(서천석, MPEG-2 표준과 특허권 공동출자, 지식재산 21, 2000년 5월, 97면.), '특허권 공동실시'(김두진, 지적재산권과 관련한 독점규제법의 적용연구, 2004-07 연구보고, 한국법제연구원, 2004, 114면.), '특허풀'(강수경, 특허권사업화촉진방안으로서 "Patent Pool"의 법적 문제, 공법학연구, 한국비교공법학회, 제 5 권 제 3 호, 2004, 680면; 권오승 집필부분, 특허권과독점규제법, 정상조 편, 지적재산권법강의, 홍문사, 1997, 620면; 김두진, 특허풀에 대한 경쟁법의 적용, 경쟁법연구, 한국경쟁법학회, 제11권, 2005년 4월, 393면; 김병일, 비즈니스방법특허와 경쟁정책, 연세법학연구, 연세법학회, Vol 10, no. 1, 2003, 177면; 양기진, 독점규제법상 특허권에 관한 연구, 서울대석사학위논문, 1997, 49면; 유병호, 특허권과 산업표준 그리고 특허풀, 전기전자재료학회지 제13권 제10호, 2000년 10월, 47면; 육소영, 특허풀과 시장경쟁, 한국상사판례학회, 제19편 제 1 권, 2006년 3월, 121면; 윤선희 · 임근영, 지적재산권과 산업표준화 및 독점규제법관계연구, 한국발명진흥회, 지적재산권연구센터, 1999년 12월, 172면; 이대희, 특허풀 및 그 유효성에 관한 연구, 산업재산권 제15호, 한국산업재산법학회, 2004, 179면; 이로리, 특허풀과 경쟁법과의 관계: 미국과 EU의 경우를 중심으로, 통상법률, 법무부, 제69호, 2006년 6월, 129면; 이상무 · 박기식, MPEG LA의 특허 POOL 및 라이센싱체계분석, 전자통신동향분석, 제15권 제 4 호, 2000년 8월, 64면; 정상기 · 이영우, 지식재산권의 위탁관리에 관한 연구, 지식재산권연구센터 연구보고서, 한국발명진흥회, 2002-12, 27면; 특허청, MPEG-2 · 4 및 IEEE 1394를 중심으로 한 국제특허풀분석, 2003 연구보고서, 51면)로 사용하시는 분이 있다. 이하에서는 특허풀로 사용하도록 한다.

을 가지고 있어 독점규제법을 위반할 소지가 있었다. 미국의 기업들은 1856년에 최초로 독점을 유지하기 위한 방편의 하나로 재봉틀에 관한 특허풀을 형성하였다.[2] 특허권자들은 각 특허권자가 보유한 관련된 특허를 모아 공동으로 하나의 Pool을 형성한 후 Pool에 가입한 회원만이 사용할 수 있게 하고, 경쟁자들에게는 특허를 반독점적수단으로 사용하였다. 기업들은 특허풀의 본래의 목적보다는 특허권이 없는 경쟁기업의 영업활동을 방해하거나 특허권자들의 이익을 지속하려 하였다. 이러한 것은 독점규제법의 제재를 받게 되었다.

미국의 법무부(DOJ: United States Department of Justice, 이하 DOJ)는 지적재산권의 사용허락에 관한 반독점지침(Antitrust Guidelines for the Licensing of Intellectual Property(이하, 미국 지적재산권 지침))을 1995년에 제정하였다.[3] 이 지침은 특허풀에 관하여 제기되는 독점규제법상의 문제점에 대하여 특허풀의 경쟁친화성을 인정한다.[4] 미국에서는 독점규제법측면에서 특허풀에 대해 많은 연구가 이루어졌다.[5] 특허풀의 장점과 단점을 분석하고, 단점이 크므로 규제가 필요하다고 주장도 있으나,[6] 대체로 논문의 경향은 특허풀 도입을 찬성하면서 특허풀의 장점을 살려 거래비용을 줄이고, 명확한 기준을 마련하자고

---

2) Floyd L. Vaughan, *The United States Patent System Legal and Economic Conflicts in American Patent History*, 1956, pp. 39-68.

3) U.S. Department of Justice, *Antitrust Guidelines for the Licensing of Intellectual Property*, U.S. Department of Justice and the Federal Trade Commision, 1995 April.(이하 US.IP Licensing guidelines), http://www.usdoj.gov/atr/public/guidelines/ipguide.htm.[2005년 4월 1일 접속].

4) Letter form Joel I. Klein, Assistant Attorney General, Department of Justice, Antitrust Division, to Gerrard R. Beeney, Esq., June 26, 1997. [MPEG-LA 특허풀에 관한 서한] http://www.usdoj.gov/atr/public/busreview/1170.htm.; Letter form Joel I. Klein, Assistant Attorney General, Department of Justice, Antitrust Division, to Gerrard R. Beeney, Esq., December 16, 1998. [소니 DVD 특허풀에 관한 서한] http://www.usdoj.gov/atr/public/busreview/2121.htm.; Letter form Joel I. Klein, Assistant Attorney General, Department of Justice, Antitrust Division, to Carey R. Ramos, Esq., June 10, 1999. [도시바 DVD 특허풀에 관한 서한] http://www.usdoj.gov/atr/public/busreview/2485.htm.; Letter form Chales A. James, Assistant Attorney General, Department of Justice, Antitrust Division, to Ky P.Ewing, Esq., Nov 12, 2002. [3G PatentPlatform에 관한 서한] http://www.usdoj.gov/atr/public/busreview/200455.htm.[2005년 4월 1일 접속].

5) Roger B. Anderwelt, *Analysis of Patents Pools under the Antitrust Laws*, 53 Antitrust Law journal 611, 1985; Willard K. Tom, *Antitrust and Intellectual Property: From Separate Spheres to Unified Field*, 66 Antitrust Law Journal 167, 1997.

6) Steven C. Carlson, *Patent Pools and the Antitrust Dilemma*, 16 Yale Journal on Regulation 359, Summer 1999.

주장한다.[7)]

일본의 공정거래위원회는 2005년에 표준화에 수반하는 특허풀의 형성등에 관한 독점규제법상의 지침(이하 일본 특허풀 지침)[8)]을 제정하였다. 일본의 경우 복수의 사업자가 공동으로 표준을 정해 널리 보급을 진행시키는 표준화나, 표준과 관련되는 특허를 일괄실시허락하기 위한 특허풀의 형성이 표준의 신속한 보급을 위해 사업자의 활동에 대해 독점규제법상의 적용범위를 명확화 해야 한다는 요청이 많았다. 또, 지적재산추진계획 2004[9)]에서도 특허풀의 형성・운용등에 관한 독점규제법상의 적용 범위의 명확화가 요구되었다. 이에 따라 일본 공정거래위원회는 기존에 1999년 7월에 공표한 '특허・노하우 실시허락 계약에 관한 독점규제법상의 지침'(이하 특허・노하우 가이드라인)[10)]에 보충적인 내용을 가진 특허풀 지침을 마련하였다. 일본에서도 특허풀에 대해 많은 연구가 이루어지고 있다.[11)]

우리나라의 독점규제및공정거래에관한법률(이하 독점규제법)은 특허풀에 대하여 직접적으로 규정하지는 않고, 공정거래위원회의 지적재산권의 부당한 행사에 대한 심사지침[12)]을 통하여 대략적으로 규율하고 있다. 정보통신부는 IT 지적재산권풀(Pool)제도의 도입을 시도하고 있으나, 현재 기업들간의 이해

---

7) Daniel Lin, *Research versus Development: Patent Pooling, Innovation and Standardization in the Software Industry*, 1 John Marshall Review of Intellectual Property Law 274, 2002; Jeanne Clark・Joe Piccolo・Brian Stanton・Karin Tyson, *Patent Pools: A Solution to the Problem of Access in Biotechnology Patents?*, USPTO, 2000 December 5. http://www.uspto.gov/web/offices/pac/dapp/opla/patentpool.pdf.[2005년 4월 1일 접속]; Richard Ekenger, The Rationale for Patent Pools and Their Effect on Competition, master thesis, University of Lund, 2003 spring: http://www.jur.lu.se/Internet/Biblioteket/Examensarbeten.nsf/0/30F926B40D44ACF5C1256D9E00447A5D/$File/xsmall.pdf?OpenElement.[2005년 4월 1일 접속]; Garrard R. Beeney, *Pro-Competitive Aspect of Intellectual Property Pools: a Proposal for Safe Harbor Provisions*, http://www.ftc.gov/opp/intellect/020417garrardrbeeney.pdf.[2005년 4월 1일 접속].

8) 標準化に伴うパテントプールの形成等に關する獨占禁止法上の考え方, 平成17年 6月 29日 公正取引委員會, http://www.jftc.go.jp/pressrelease/05.june/05062902.pdf.[2006년 9월 1일 접속](이하 일본 특허풀지침).

9) 知的財産推進計畫2004, 平成16年 5月 知的財産戰略本部決定.

10) 日本の公正取引委員會, 1999年 7月 30日 公表, 特許・ノウハウライセンス契約に關する獨占禁止法上の指針.

11) 根岸哲, 反トラスト法とパテントプール歷史的素描, 知的財産法の系譜-小野昌延先生古稀記念論文集,青林書院, 2002; 宮井雅明, 特許プールに關するアメリカ判例法の研究, 立命館法學, 1988년 4호, 1989년 1호, 2호.

12) 지적재산권의 부당한 행사에 대한 심사지침[제정 2000. 8. 30].

대립과 법과 제도의 미비 등으로 인해 활성화되지 못하고 있는 실정이다.

이하에서는 특허풀의 개념을 검토하고, 미국과 일본에서의 특허풀에 대한 독점규제법상의 규제의 변화를 검토한 후, 우리나라에서 적용 가능한 시사점을 검토한다.

Ⅱ. 특허풀의 개념

특허풀과 유사한 개념인 상호실시허락(Cross Licence)과 특허풀의 개념을 비교한다.

1. 相互實施許諾(Cross Licence)

상호실시허락(Cross Licence)은 계약당사자가 각각 필요로 하는 상대방의 특허권에 대하여 개별적으로 특허권자가 보유한 특허를 실시허락하는 대가로 상대방이 보유한 특허를 실시허락받는다.[13] 즉 상호실시허락은 계약의 당사자가 보유한 각자의 특허권에 관하여 상호간에 실시를 허락하는 계약체결방식이다.[14]

상호실시허락은 경쟁 기업들간의 상호교섭이라는 점에서 독점규제법상의 부당공동행위에 해당하여 위법한 것은 아닌지 문제된다. 당사자 쌍방의 각 특허발명이 상호 관련되지 않은 경우에는 독점규제법상 두 개의 독립된 실시허락과 마찬가지로 취급된다. 그러나 일방적인 특허의 실시와 달리 위 계약은 두 당사자 쌍방의 공동행위의 결과이므로 당사자 쌍방의 각 특허발명이 그 분야에 있어서 상호 관련되어 있는 경우에 두 당사자의 쌍방의 공동행위의 결과로서 행해진다는 점에서 위법성의 여지가 있다.[15] 상호실시허락이 수평적 경쟁자간에서 이루어진 경우에는 그러한 계약으로 인하여 관련시장에서 실재적·잠재적으로 존재하는 경쟁이 저해되었는가의 여부가 검토되어야 한다.[16]

13) 松田政行・三好秀和, IT知財と法務 ビジネスモデル&コンプライアンスプログラムの構築, 212면.

14) 구재군, 지적재산권과 독점규제법의 관계, 사법행정, 2000년 7월, 32면.

15) 구재군, 전게논문, 33면.

16) US.IP Licensing guidelines, §5.5.

United States v. Singer Manufacturing Co.사건[17]에서와 같이 당해 상호실시허락이 경쟁자를 배제하기 위한 목적인 경우에는 거래제한의 공모를 금지하는 내용의 미국 셔먼법[18] 제1조[19] 위반으로 판시되었다. 우리나라에서도 상호실시허락계약의 내용이 실시 내용 및 수량제한 등에 관한 제한을 부과할 경우 이는 시장 분할, 판로 분할, 수량 카르텔로서 우리나라 독점규제법 제19조의 부당공동행위에 해당할 가능성이 있다.[20]

2. 특허풀(Patent Pool)

특허풀(Patent Pool)은 '특허 등의 복수의 권리자가 각각의 보유하는 특허 등 또는 특허 등의 실시허락을 하는 권한을 일정한 기업체나 조직체에 집중해 해당 기업체나 조직체를 통해서 특허풀의 구성원 등이 필요한 실시허락을 받는 것'으로 정의된다.[21] 특허풀은 상호실시허락의 대상이 되는 특허권의 집적으로 경쟁적인 특허권자 사이에 자신의 특허를 공통의 기관에서 관리하여 상호간에 실시허락을 하는 계약체결방식이다.[22] 당해 특허권을 직접 특허권자에 의해 실시권자에 실시허락할 것인지, 당해 풀을 관리하기 위해 특별히 설립된 조인트 벤처(Joint Venture)와 같은 중개조직체를 통해 실시권자에게 실시허락할 것인지는 문제되지 않는다.[23] 특허풀은 최소한 두개의 특허에서 많게는 수천 개의 특허로 구성된다.[24] 기업들은 특허풀을 이용하여 불필요한 침해소송을 회피하고 필수적인 특허발명이나 서로간의 실시에 장애가 되는 특허를 제거하여 경쟁을 활성화하고, 기술 교류를 촉진하여 기술의 발전에 기여하게 할 수 있다.

---

17) 374 U.S. 173, 199-200(1963).

18) 권오승, 경제법, 법문사, 제4판, 2004, 109-110면. 이 법의 실체적 규정은 제1조의 부당한 거래제한(restraint of trade)의 금지와 제2조의 독점의 금지이다.

19) 제1조는 거래제한의 금지에 관한 규정으로 수 주간 또는 외국과의 거래 또는 통상(trade or commerce)을 제한하는 모든 계약, 트러스트 또는 기타형태의 결합(combination) 또는 공모(conspiracy)는 위법이다.

20) 양기진, 독점규제법상 특허권에 관한연구, 서울대석사학위논문, 48-49면.

21) 일본 공정거래 위원회의 특허・노하우 실시허락 계약에 관한 독점규제법상의 지침.

22) Lerner Josh・Jean Tirole, *Efficient Patent Pool*, p. 3.

23) Joel I. Klein, *An Address To The American Intellectual Property Law Association, On The Subject Of Cross-Licensing And Antitrust Law*, May 2, 1997, http://www.usdoj.gov/atr/public/speeches/1123.htm.[2004년 12월 1일 접속].

24) Steven C. Carlson, op. cit., p. 368.

3. 특허풀과 상호실시허락의 비교

특허풀과 상호실시허락은 그 형성의 방식이 다르나 유사한 기능을 수행한다. 과거에 기술 관련 카르텔들은 특허풀의 이용보다는 상호실시허락을 이용해 왔다.[25] 미국의 '지적재산권지침'에서는 특허풀과 상호실시허락을 유사하게 취급한다.[26] 다수의 특허권자들은 특허풀과 같은 효과를 보기 위하여 중첩적으로 상호실시허락을 행하는 경우도 있다. 상호실시허락은 특허풀의 목적을 달성시킬 수 있는 대안으로서 특허풀의 목적을 달성하기 위한 다른 메커니즘이다.

중첩적인 상호실시허락과 특허풀과의 가장 큰 차이점은 상호실시허락의 경우 중앙에서 특허를 관리하는 기관이 없다는 점이다.[27] 중첩적인 상호실시허락의 경우에 기업들은 하나의 공통된 관리기관을 설립하는 것이 아니라 회사들이 중복되는 특허를 상호간에 이용할 수 있는 계약을 체결하게 된다.[28]

Ⅲ. 美國의 특허풀에 대한 규제

1. 미국의 특허풀에 대한 독점규제법의 태도

미국에서의 특허풀에 대한 독점규제법의 태도는 특허법이 독점규제법에 우선하는 것으로 보는 시기, 독점규제법이 특허법에 우선하는 것으로 보는 시기, 양자가 상호보완적인 관계에 있다고 보는 3기로 나눌 수 있다.[29]

특허풀에 대한 제 1 기는 독점규제법 최초의 입법인 셔먼법이 1890년에 제정된 이후 최초의 20년간이다. 이 시기에 셔먼법은 특허풀에 대해 매우 관용적이었고 특허풀에 대해 독점규제법으로부터 실질적인 적용예외를 하였다. 셔먼법 제정 후 특허권을 공익보호의 관점에서 규제할 필요성은 인식되지 않았다. 즉 특허권을 사적독점권으로 최대한으로 존중하는 것이 학문 및 기술의 진보를

25) United States v. Singer Mfg. Co. 374 U.S. 174, 174(1963). 일본의 재봉기계의 판매를 막기 위한 국제적 상호실시계약을 비난하였다.
26) US.IP Licensing guidelines. pp. 28-29.
27) Richard Ekenger, op. cit., p. 10.
28) Carl Shairo, Navigation the patent Thicket, 제 3 장 2절.
29) Steven C. Carlson, op. cit., pp. 373-376.

촉진한다는 특허의 목적으로 이해되었다. 그리고 법원은 지적재산권자의 권리를 침해될 수 없는 사적재산으로 보았다.[30] 법원은 이러한 인식을 바탕으로 특허풀에 대해 관용적인 판단을 하였다. 제1기와 제2기는 모두 독점규제법과 특허법이 상호 모순·대립하는 관계에 있다고 보는 점에서 공통점을 가진다. 양법의 모순·대립을 해결함에 있어서 제1기는 특허법을 독점규제법에 우선시키는 형태로 해결하였다. 제2기는 반대로 독점규제법을 특허법에 우선시키는 형태로 해결한 것이라고 볼 수 있다.

독점규제법 위반을 이유로 특허풀의 해체를 명한 1912년의 Standard Sanitary Manufacturing Co. v. United States 사건 이후 기간이 제2기이다.[31] 독점규제법의 집행기관인 DOJ는 1960년 후반까지 특허풀을 기본적으로 독점규제법에 적대적인 것으로 보았다. 모든 특허풀에 대해 「당연 위법」으로 판단할 정도로 매우 엄격한 태도를 취하게 되었다.

2. 특허풀에 대한 적대적인 태도

(1) 1960년대

미국의 DOJ는 1960년 후반까지는 특허 실시허락을 기본적으로 적대시하였다. DOJ는 특허권을 보유하고 있는 경우에 시장지배력이 있는 것으로 추정하고 특허제품이 경쟁하는 시장의 구조적 특징이나 특허권 실시상의 효율성도 전혀 고려를 하지 않았다. 1947년의 U.S. v. National Lead Co.판결[32]에서 문제된 미국 시장을 과점하고 있던 National Lead와 du Pont은 상호간의 특허침해 문제를 해결하기 위하여 현재 및 장래에 있어서 모든 특허 및 노하우를 상호실시허락하여 시장에서 강력한 지위를 보유하게 되었다. 연방대법원은 시장지배적인 두 기업간의 특허권의 상호실시허락이 시장 지배를 강화시키고 거래를 저해하는 한 셔먼법에 위반된다고 하였다. 1948년에 법원은 가격고정(price fixing)이 관련된 특허풀은 위법하다고 보았다. 법원은 United States v. Line Material Co.[33]사건에서 전기회로 휴즈에 대하여 개척발명을 갖는 기업과 개량

---

30) Heaton-Peninsular Bytton Co. v. Eureka Specialty Co., 77F. 288(6th Cir. 1896).
31) 226 U.S.20(1912).
32) 63 F. Supp. 513(S.D.N.Y. 1945), aff d, 332 U.S. 319(1947).
33) United States v. Line Material Co.,333 U.S. 287(1948).

발명을 한 기업이 상호간에 한 상호실시허락은 양자의 합의에 가격유지조항이 포함되어 있기 때문에 셔먼법에 의해 당연위법이라고 하였다.[34] 또한 1957년 U.S. v. Krasnoc 사건[35]에서 연방대법원은 시장지배력을 갖는 회사가 공동으로 특허를 관리하고 동의하지 않은 제3자에게 실시허락하는 것을 거부하고, 시장 분할, 가격 유지, 특허침해소송의 공동수행 등을 결정한 것을 셔먼법 제1조 및 제2조 위반으로 보았다. 그리고 Zenith Radio Corp. v. Hazeltine Research, Inc. 사건[36]에서 연방대법원은 외부에 대해 배타적인 특허풀이 당연위법임을 확인하였다.

(2) Nine No-Nos

미국은 1960년대에 DOJ의 주도로 특허풀의 반독점성과 관련하여 그 자체로 독점규제법에 위배되는 9개의 사업 관행을 설정하였다. 이를 흔히 "Nine No-Nos"라 한다.[37] 9개의 특허 실시허락 관행은 당연위법으로 판단되었다. 「Nine No-Nos」의 공표 후 법원의 판결 및 다른 보고서에서 특허풀의 등장은 급격히 감소하게 되었다. 사법부의 태도와 미국 DOJ의 독점규제법의 강력한 집행방침에 의해 특허풀과 상호실시허락을 통한 특허권자의 협력 의욕은 저하되었다. 따라서 기업들의 특허풀을 형성하려는 의욕은 감소되었다.[38] 기업들이 특허풀을 형성하려고 하는 경우에, 기업들 중에는 Nine No-Nos를 독점규제법상의 소송을 하겠다고 위협을 하면서 높은 로열티를 요구하는 협상의 수단으로 이용하기도 하였고, 반대로 특허풀의 특허를 필요로 하는 기업들은 특허풀에 대하여

34) Roger B. Anderwelt, *Analysis of Patents Pools under the Antitrust Laws*, p.637.

35) 143 F. Supp. 184(S.D.N.Y. 1945), aff d per curiam, 335 U.S. 5(1957).

36) 395 U.S. 100, 89 S.Ct. 1562(1969).

37) Bruce B. Wilson, Deputy Assistant Attorney General, Remarks before the Forth New England Antitrust Conference, Patent and Know-How License Agreement: fields of Use, Territorial, Price and Quantity Restriction, Nov.6, 1970; (1) tying the purchase of unpatented materials as a condition of the license, (2) requiring the licensee to assign back subsequent patent, (3) restricting the right of the purchaser of the product in the resale of the product, (4) restricting the licensee's ability to deal in products outside the scope of the patent, (5) a licensor' agreement not to grant further licenses, (6) mandatory package license, (7) royalty provisions not reasonably related to the licensee's sales, (8) restrictions on a licensee's use of a product made by a patented process, (9) minimum resale price provisions for the licensed products.

38) Merges Robert P., *Contracting into Liability Rules: Intellectual Rights and Collective Rights Organizations*, 84 California Law Review 1293, 1996, p. 1355.

특허를 실시하지 않으면 독점규제법상의 소송을 수행하겠다는 위협을 이유로 실시료를 적게 낼 수 있게 됐다.[39] 이러한 정부의 정책에 따라 특허풀은 적절하게 구성되면 비용을 절감하고 효율적으로 이용될 수 있음에도 불구하고, 점차 이용이 감소되었다.[40] 이 당연위법의 취급에 관한 규정은 현재는 폐기되었다.

3. 1970年代 以後 兩者의 調和를 重視하는 態度

(1) 새로운 시각의 대두

1970년대 중반 이후로는 새로운 시각이 대두되었다.[41] Bowman의 연구[42] 이후 지적재산권법과 독점규제법의 관계는 상호 단절된 것은 아니며, 양 법은 공통 목적을 갖는다는 시각이 대두되었다. 독점규제법과 지적재산권법은 어느 면에서는 상호 충돌하는 면도 있지만, 양자는 소비자의 후생 및 기업의 혁신을 증진시키는 것이라는 점에서 공통된 목표를 갖는다. 1970년대 후반에 들어서 미국 정부가 기술입국 정책을 채용함에 따라 특허풀이 재등장하게 되었다. 미국의 DOJ는 1977년 이후 사업자가 제안한 여러 가지 타입의 거래 관행에 대하여 독점규제법과의 관계에 대한 사전상담을 받아 회답한 비즈니스 리뷰 레터의 제도[43]를 채용하였다. FTC(Federal Trade Commission)도 1979년 이후 마찬가지로 Advisory Opinions의 제도[44]를 각각 채용하였다. 독점규제법의 양 집행기관은 이러한 제도를 통하여 지적재산권 실시허락에 대한 집행방침을 형성해 왔다. 이러한 시각은 1980년대와 1990년대의 미국 법원의 판결에 영향을 주었다.[45]

(2) 1980년대

1980년에 Carpet Seaming Tape Licensing Corp. v. BESET Seam, Inc. 사건[46]에서 하급심은 특허권자 간의 특허풀의 형성 및 특허실시권자들에 대한

39) Ibid.
40) Lin Daniel, op. cit., p. 303.
41) Willard K. Tom, op. cit., pp. 173-174.
42) Ward S. Bowman, Jr., *Patent &Antitrust Law: A Legal & Economic Appraisal*, 1973.
43) 28 C.F.R. section 50.6(Antitrust Division Business Review Procedure).
44) 28 C.F.R. sections 1.1-1.4(Advisory Opinions).
45) Atari Games Corp. v. Nintendo of Am., inc., 897 F.2d 1572, 1576(Fed Cir. 1990).
46) 616 F.2d 1133(9th Cir. 1980).

동일 실시료의 부과, 특허침해의 소의 제기 위협을 무기로 경쟁상대방에 실시허락을 강제하는 것은 특허권의 남용 또는 업계를 독점하려고 하는 기도라고 하였다. 그러나 미국 제 9 항소법원은 하급심 판결을 파기하면서 복수특허의 공동관리 및 그 이익을 향수하는 것은 법적으로 허용되며 나아가 특허가 상호 간섭할 경우의 해결책으로 특허풀을 형성하는 것은 합법이라고 하였다.[47]

1993년에 Dual-Deck Video Cassette Recoder Antitrust Litigation Go video inc. v. Matsusihta Electrical Inc. 사건[48]에서 대법원은 특허풀이 독점의 목적이 없다고 판시했다. 클레이튼법(Clayton Act) 제 7 조[49]의 해석과 관련하여 특허권은 이 조항에서 말하는 자산에 해당하며, 2개의 대규모 기업이 그 범위가 유사한 특허권들을 소유하고 서로 경쟁하지 않고 자신들의 특허권으로 특허풀을 형성하여 하나의 관리회사를 설립하거나 특허풀을 형성함으로써 각사가 이 회사의 주식의 50%씩을 나누어 소유하고 있는 경우에 대해 이것이 경쟁을 완화시킬 경향을 나타낼 수 있으며, 독점을 강화하려는 공모의 증거도 없다고 판시하였다.

4. 1995年 反獨占指針

(1) 1970년대 후반 이후 미국의 DOJ와 FTC는 더불어 독점규제법과 특허법이 상호 보완적인 관계에 있는 것이라고 보았다. 특허풀이 중요한 경쟁촉진효과를 가지고, 급속한 기술혁신의 시대를 살아나가는 기업능력을 개선시킨다는 것을 인정하여 종래의 특허풀을 기본적으로 독점규제법에 적대적인 것이라고 보는 태도를 수정하게 된다. 따라서 특허풀에 대해서는 경쟁촉진효과와 경쟁제한효과를 비교 형량한 「합리성의 원칙」에 기초하여 독점규제법을 적용하였다. 이와 같은 태도를 집대성한 것이 미국의 DOJ와 FTC가 공동으로 작성 · 공표한 1995년의 지적재산권 지침이다.

---

47) ABA Section of Antitrust Law, *Antitrust Law Developments*, 5th ed., American Bar Association, 2002, p. 1081.

48) In re Dual-Deck Video Cassette Recoder Antitrust Litigation Go video inc. v. Matsusihta Electrical Inc. 11 F.3d 1460, C.A. 9(Cal.), 1993. Dec. 15, 1993.

49) Clayton Act 제 7 조(15 U.S.C. §18)는 경쟁을 실질적으로 완화시키거나 독점을 형성할 경향을 나타낼 수 있는 어떠한 자산(asset)의 획득도 금지하고 있다.

(2) 知的財產權 使用許諾에 관한 反獨占指針

1995년 4월에 DOJ와 FTC는 공동으로 '지적재산권의 사용허락에 관한 반독점지침'(Antitrust Guidelines for the Licensing of Intellectual Property)[50]을 제정하여 특허풀에 대한 규제의 틀을 마련하였다. 미국의 1995년 지침에서 특허풀에 대하여 경쟁촉진효과와 경쟁제한효과를 비교형량한「합리성 원칙」에 기초하여 독점규제법을 집행할 것을 명확히 하고 있다.[51]

지침은 ① 지적재산권은 어떠한 형태의 권리이든 독점의 목적을 가지는 경우에는 규제될 수 있으며, ② 독점규제기관은 단순히 지적재산권이 있는 것만으로는 독점의 목적이 있다고 판단하여서는 안 되며, ③ 지적재산권은 보완적이며 친경쟁적인 한도에서는 실시허락을 주는 것을 허용한다.

특허풀이 ① 보완기술(complementary technologies)의 통합, ② 거래비용의 감소와 차단적 지위(blocking positions)를 제거하여 특허권의 저촉을 해소하는 경우, ④ 침해소송비용의 절감과 같이 비용이 드는 특허침해소송을 회피하는 경우, ⑤ 기술 전파를 촉진하는 경우에는 친경쟁적(procompetitive) 효과를 가진다는 점을 인정하고 있다. 그러나 이 지침이 상품가격이나 생산량을 통제하기 위한 수단으로 이용되는 때에는 당연히 독점규제법 위반이 된다고 하였다.

나아가 특허풀에서 특정기업을 배제하거나 장래의 특허를 특허풀의 대상에 포함시켜 결과적으로 기술혁신을 위한 연구 및 개발을 등한시하게 됨으로써 기술혁신을 지연시키는 경우에는 반독점적(anticompetitive)이라고 평가하였다.[52] ① 특허풀로부터 배제된 사업자가 특허풀에 포함되어 있는 특허기술을 이용한 제품의 관련시장에서 유효하게 경쟁할 수 없는 경우, ② 특허풀 참가자가 관련시장에서 집합적으로 시장 지배력을 보유하는 경우, 그리고 ③ 특허풀 참가자에 대한 제한이 특허풀에 포함된 특허기술의 효율적인 개발과 이용에 합리적 관련성이 없는 경우에는 경쟁제한에 해당될 수 있다고 서술하고 있다. 더욱이 ④ 풀 협정이 참가자의 연구개발의 방해 또는 의욕 상실을 초래하는 경우에도 경쟁제한적이 될 수 있다. 특히 풀 협정이 혁신 시장에 잠재적인 연구개발의 큰 부분을 포함한 경우에 경쟁제한에 해당되기 쉽다고 서술하고 있다.

---

50) IP Guidelines. p. 28.
51) IP Guidelines, p. 28.
52) 정상기 · 이영우, 전게논문, 10면.

5. 特許풀에 대한 承認

(1) 承認된 特許풀

미국의 DOJ는 MPEG,[53] LA,[54] VIA Licensing Corporation,[55] IEEE 1394 LA,[56] DVD3C Licensing Agency(DVD-ROM · DVD-Video Formats Ⅰ),[57] DVD6C Licensing Agency(DVD-ROM · DVD Format Ⅰ)[58]의 특허풀을 승인하였다.[59]

MPEG-2 특허풀은 Columbia University, 후지쯔(富士通), General Instrument, Lucent Technologies, 마쯔시타(松下)전기산업, 미쯔비시전기, Philips Electronics, Scientific-Atlanta 및 소니에 의해 1997년에 결성되었다. MPEG-2 화상압축기술표준 설정에 따른 필수특허의 실시료 수입을 공동하여 배분하기 위해 설립되었다.

DVD 특허풀은 DVD 표준 특허를 가진 업체들이 양분되어 각각의 특허풀을 보유하고 있다.[60] 1998년에는 소니, Philips Electronics 및 Pioneer에 의해 DVD-Video 및 DVD-ROM의 규격사양 준수에 필수인 발명에 관한 특허풀이 설립되었다. 1999년에는 도시바, 히다치(日立), 마츠시타(松下)전기산업, 미츠비

53) MPEG(Moving Picture Expert Group) 분야로 동영상전문가그룹을 뜻하는 말이다. 현재는 동영상의 부호화 표준을 지칭하고 있다. 1988년 설립되었다. 시간에 따라 연속적으로 변화하는 동영상 압축과 코드 표현을 통해 정보의 전송이 이루어질 수 있는 방법을 말한다.

54) Licensing Administrator, 1997년 출범하여 미국 덴버에 소재하고 있다. MPEG-2에는 22개 기업이 가입하고 있으며, 총575건의 특허를 보유하고 있다. MPEG-4영상에는 20개 기업이 가입하고 있으며, 총 98건의 특허를 보유하고 있다. MPEG-4시스템에는 7개 기업이 가입하고 있으며, 총 20건의 특허를 보유하고 있다.

55) 음성압축기술 관련 특허풀이다. 1998년에 출범하여 미국 샌프란시스코에 소재하고 있다. 13개 기업(AT&T, 돌비, 소니 등)이 특허권자로 가입하고 있다.

56) 대용량 고속 전송기술 관련 특허풀이다. 1999년에 출범하여 미국 덴버에 소재하고 있다. 소니 등 8개 기업 가입하여, 총 93건의 특허를 보유하고 있다. 1394 LA의 특허업무대행업체는 MPEG LA와 동일하다. 1394는 IEEE(전기전자기술자협회)에서 확정한 기술표준의 일련번호이다.

57) DVD 기술에 대한 특허풀로 1998년에 3개회사(필립스, 소니, 파이어니어)가 결성하였다. 2003년 LG전자가 추가로 가입하여 명칭이 DVD4C로 바뀔 예정이다.

58) DVD 기술에 대한 특허풀로 1999년 6개사(미츠비시, 도시바, 히다치, 파나소닉, 타임워너, JVC)가 결성하였다. 총 239개의 특허를 보유하고 있다.

59) Jeanne Clark, Joe Piccolo, Brian Stanton, Karin Tyson, Patent Pools: A Solution to the Problem of Access in Biotechnology Patents?, USPTO, December 5, 2000, pp. 13-16. http://www.uspto.gov/web/offices/pac/dapp/opla/patentpool.pdg.[2004년 6월 5일 접속].

60) 특허청, MPEG-2 · 4 및 IEEE1394를 중심으로 한 국제특허풀 분석, 2003, 80면.

시전기 및 Time Warner에 의해 별개의 DVD-ROM 및 DVD-Viedo의 포맷에 준거한 제품에 관한 특허풀이 설립되었다.[61]

(2) MPEG 特許풀에 대한 承認

미국의 DOJ는 MPEG와 DVD 특허풀을 승인하면서 특허풀에 대해 과거와 같은 엄격한 기준이 아닌 보다 관대한 태도를 보이고 있다.[62] 미국의 DOJ는 MPEG-2 특허풀에 대해 1997년과 1998년 2년 연속하여 독점적이지 않다고 승인하였다. MPEG-2 특허풀은 특허권자 및 실시권자 모두에게 상당한 비용절감을 제공할 것으로 보이며, MPEG-2 필수특허에 대한 권리를 장래의 실시권자 모두에게 보급하도록 의무화하는 데 소요되었을 시간과 비용을 실질적으로 감소시킨다고 판단하였다.[63] 이러한 계약은 경쟁촉진적 효과를 증진시키고 잠재적인 반독점적 리스크를 완화시키고자 고안된 특징들을 가지고 있다. MPEG-2 기술의 개량 및 이에 대한 대체기술의 개발 및 사용에 있어서 경쟁을 촉진하는 데 기여할 것이라고 하였다.

미국의 DOJ는 최근 제안된 3개의 특허풀을 심사하고 승인한 비즈니스 리뷰 레터에서도 이 같은 태도를 보이고 있다.

첫 번째 MPEG-LA 비즈니스 리뷰 레터[64]에서는 다음과 같은 추가적인 지침을 명확히 하고 있다. 즉 ① 특허풀 내의 특허권은 유효하게 존속해야 한다, ② 경쟁기술을 집적하여 단일가격을 설정해서는 안 된다. ③ 어느 특허기술이 특허풀에 포함된 기술을 보완하기 위해 필수적인가 아닌가를 판단하기 위해서는 독립의 전문가를 이용해야만 한다. ④ 풀 협정은 downstream제품 시장의 경쟁자에 불이익을 주는 것이어서는 안 된다. ⑤ 특허풀 참가자는 풀의 범위를

---

61) 根岸哲, 전게논문, 811면.

62) Andrea C. Brunetti, Wading in Patent Pools, Intellectual Property, Nov 1997, www.ipmag.com/brunetti.html.[2005년 4월 1일 접속].

63) DOJ가 밝힌 MPEG LA를 통한 특허풀 경영에 대한 공식 견해는 (i) 실시자에 있어서는 다수의 특허권자와 교섭하는 수고와 필수특허조사 부담을 경감할 수 있는 점, (ii) 특허풀에 의한 단일한 허락에 의함으로써, 누적적인 실시료에 비하여 실시료(royalty)가 저렴해지는 효과가 예상되는 점, (iii) 각 특허권자에 있어서도, 개별적으로 실시허락을 행하는 것에 비해 비용절감이 기대되는 점, (iv) 필수특허만을 대상으로 하기 때문에, 주변특허 같이 사용되지 않는 특허를 포함시키는 공모의 리스크가 없는 점이다.

64) Letter form Joel I. Klein, Assistant Attorney General, Department of Justice, Antitrust Division, to Gerrard R. Beeney, Esq., June 26, 1997.

넘는 예를 들어 downstream제품 시장에서 가격의 공모를 해서는 안 된다는 것이다.

그 후 DOJ에 의해 공표된 두 번째의 DVD 특허풀에 관한 소니 비즈니스 리뷰 레터[65] 및 세 번째의 DVD 특허풀에 관한 도시바 비즈니스 리뷰 레터[66]의 특허풀에 관한 지침은 다음의 두 개의 기준으로 집약될 수 있다.

첫 번째는 제안된 실시허락계획이 보완특허를 통합하는 것인지 여부, 두 번째는 만약 이 경우에 그 결과로 생기는 경쟁 촉진적 이익이 경쟁 제한적 폐해보다 더 클 것인지 여부를 검토하였다. 즉 DOJ는 다음을 중심으로 판단을 하고 있다. 관련 기술 분야에서 독립의 전문가가 특허권이 특허풀에 포함된 기술과 관련된 필수특허이며 보완특허인지 여부와 공동의 실시허락이 독점의 목적이 없고 기술에 대한 실시권자들의 접근성을 높일 수 있는 것인지 여부와 특허풀이 혁신을 계속하여 유인할 수 있는지를 판단한다. 예를 들어 장래의 특허권에 접근할 기회가 많이 있는지와 새로운 특허권에는 실시료의 산정을 보다 높게 평가하는지 등을 고려한다.

(3) MPEG 特許풀의 示唆點

MPEG 특허풀은 실시허락의 구조가 단순하다. 특허가치의 경중을 두지 않아 필수특허에 해당하면 동일한 가치를 부여한다. 특허의 가치평가의 경우에 개별 기업이 가진 특허의 가치가 모두 동일하다고 할 수는 없지만, 가치 평가의 논쟁에 휘말려 특허풀의 형성이 힘들게 되면 장기적으로 특허풀의 활성화에 어려움이 있어 개별 기업이 가진 특허가치가 저하될 수 있다.[67] 따라서 MPEG 특허풀은 특허가치를 획일화하였다는 데에 실행의 강점을 가지고 있다. MPEG LA는 정보통신기술의 상호운용성과 보편적 서비스달성을 위한 표준화의 비배타적이고 비차별적인 속성에 합리적인 특허권 보상조건을 조화시킨 획기적인 방법이라 할 수 있다.[68] MPEG 특허풀은 특허권의 실시료 부담을 경감시켜 표준의 시장적용을 원활히 하였다. 필수특허가 많아질수록 특허권자의 실시료 수

65) Letter form Joel I. Klein, Assistant Attorney General, Department of Justice, Antitrust Division, to Gerrard R. Beeney, Esq. December 16, 1998.

66) Letter form Joel I. Klein, Assistant Attorney General, Department of Justice, Antitrust Division, to Carey R. Ramos, Esq. June 10, 1999.

67) 원정욱 · 전학성, 전게논문, 413면.

68) 이상무 · 박기식, 전게논문, 75면.

입은 줄어드나, 그리하지 않으면 개별협상의 경우에 특허권자의 욕심이 과하게 되면 MPEG기술의 상용화는 저해를 받게 되고 결국은 제조업체나 특허권자 모두 손해를 볼 수 있다.[69] MPEG LA는 자발적으로 독점규제법위배 여부의 판정을 미국 DOJ에 신청하여 공정경쟁을 조성한다는 공증을 얻었다.[70] 향후 시장전망을 고려하여 업계의 부담을 사전에 trade off[71]함으로써 결과적으로 안정적 수익을 확보하였다.[72] MPEG 특허풀은 표준의 이용자나 특허권자 모두에게 공개적이고 실증적이며 적절한 편리성을 제공하는 중개자가 되고 있다.

(4) Summit Technology, Inc. Visx. Inc.의 違法한 相互實施許諾

FTC는 라식수술과 관련한 기업들인 Summit Technology, Inc.와 Visx. Inc.의 상호실시허락이 위법하다고 판단하였다.[73] 이들 두 회사는 안과수술용 레이저(Photorefractive Keratectomy)에 관련된 25가지의 특허를 보유한 2개의 회사들이었다. 이들의 상호실시허락은 원래 양 회사의 특허침해소송을 회피하기 위하여 실행되었다. 양 회사는 심지어 특허기간이 만료되어 특허권의 효력이 종료될 특허까지도 상호실시허락에 포함시켜 형성하였다. 양사의 협의는 양 당사자간의 소송의 위협을 제거하는 친경쟁적인 측면이 있지만, 정부는 양 당사자의 협의가 가격고정(price fixing)의 효과를 갖는다고 판단하였다. 이러한 협의는 다른 당사자의 참여가 없이 단지 두 회사만의 참여로 이루어졌다.[74] Summit/VISX 풀에서는 구성원에 의한 독자적 실시허락이 금지되어 있어 개별적인 실시허락이 금지되어 있는 것이 불승인의 하나의 원인이 되었다.

(5) 3G 플랫폼에 대한 承認

미국의 DOJ는 2002년 11월 12일의 비즈니스 리뷰 레터를 통해 다음과 같

---

69) 원정욱 · 전학성, 전게논문, 411면.

70) 이상무 · 박기식, 전게논문, 75면.

71) 두 개의 정책목표 가운데 하나를 달성하려고 하면 다른 목표의 달성이 늦어지거나 희생되는 경우의 양자간의 관계로 이 경우 어느 한쪽을 위해 다른 쪽을 희생시키는 것을 trade off라고 한다.

72) 이상무 · 박기식, 전게논문, 75면.

73) Federal Trade Commission, Analysis of Proposed Consent Order to Aid Public Comment: Summit Technology, Inc.[http://www.ftc./os/1998/9808/d9286.htm.[2004년 12월 1일 접속].

74) Michael Bednarek, Makus Ineichen, Patent Pools As An Alternative to Patent Wars In Emergent Sector, 16 Journal of Property Rights, July 2004, p. 4.

은 이유로 3G 특허 플랫폼을 승인하였다.[75] DOJ는 승인을 하게 된 주요한 이유로 첫째로 플랫폼에 포함된 모든 특허가 보완특허는 아니지만 기본적으로 보완특허의 통합을 추구하고 있으며, 둘째로 필수특허의 심사를 독립된 특허 전문가가 하고 있으며, 셋째로 그러한 필수특허평가자가 이해관계자인 개별 기업에 고용된 것이 아니라 공동관리회사(3GPL)에 의해 고용되어 있으며, 넷째로 공동관리회사(3GPL)가 다섯 개의 플랫폼의 사무를 일부 공동으로 처리하고, 각기 다른 3G 규격을 가진 각 플랫폼은 독립적으로 실시료를 결정할 수 있으며, 다섯째로 실시권자에 대한 실시료 정보와 같은 경쟁에 민감한 정보[76]의 공유가 회피되고 있으며, 여섯째로 플랫폼의 가입 조건에 특허권자가 그 특허를 평가 또는 실시허락하지 않은 경우에는 플랫폼에 가입할 의무가 없으며, 일곱째로 특허실시허락권자와 특허실시권자가 표준화된 합의에 기초한 것이 아니라 자유롭게 독립적 또는 쌍무적인 교섭을 행할 자유가 있으며, 그리고 마지막으로 필수특허에 한정된 grant back 규정의 유효성 등을 검토할 때 3G 특허 플랫폼이 경쟁을 촉진한다고 보아 이를 승인하였다.

Ⅳ. 日本의 특허풀에 대한 규제

1. 日本의 獨占規制法

일본의 독점규제법[77]의 특허관련 조항은 우리나라의 독점규제법의 체계와 매우 유사하다. 일본 독점규제법 제21조는 우리 법 제59조[78]와 유사하게 "이 법률의 규정은 저작권법, 특허법, 실용신안법, 의장법 또는 상표법에 의한 권리의 행사라고 인정되는 행위에는 이를 적용하지 아니한다"고 규정하고 있다. 또한 일본의 특허법 역시 우리나라 법과 유사한 체계를 취하고 있다. 특허법상의

75) Letter form Chales A. James, Assistant Attorney General, Department of Justice, Anti-trust Division, to Ky P.Ewing, Esq., Nov 12, 2002.[3G PatentPlatform에 관한 서한] http://www.usdoj.gov/atr/public/busreview/200455.htm.[2005년 4월 1일 접속].

76) 다른 기업이 가진 특허에 대한 기술적인 정보가 아니라, 실시료의 구체적인 내용이나 기간, 조건 등과 같은 실시계약에 있어서의 정보를 말한다.

77) 私的獨占의 禁止및 公正去來의 確保에 關한 法律.

78) 제59조(무체재산권의 행사행위) 이 법의 규정은 저작권법, 특허법, 실용신안법, 의장법 또는 상표법에 의한 권리의 행사라고 인정되는 행위에 대하여는 적용하지 아니한다.

경쟁정책의 반영이라고 볼 수 있는 강제실시권제도 또한 우리와 유사한 요건과 절차를 취하고 있다.[79)]

과거에는 제21조에서 규정하는 특허권의 행사에는 일본 독점규제법이 적용될 수 없다고 보았다. 동 조항을 일본 독점규제법상 예외로 취급한다는 것을 선언한 규정으로 보는 견해가 지배적이었다. 그러나 이러한 논의는 수정되어 근래에는 특허법은 사유재산제도하에 무체재산의 일종인 기술발명이 보다 용이하게 재산권으로 확립될 수 있도록 의도한 것이며 일본 독점규제법 적용의 예외를 규정한 것은 아니라고 본다. 실무적으로는 다음의 두 가지 경우를 상정할 수 있다. 첫째는 형식적·외견적으로 특허권 등의 행사 형식을 갖추지만, 실질적으로는 그것을 인정하기 어려운 경우이다. 두 번째는 특허권의 행사라고 인정되는 행위에 포함된 행위이다. 예를 들어, 그 배후에서 공모 등을 하여 결과적으로 경쟁질서에 악영향을 미치게 되는 경우이다. 이것은 특허법이라고 하는 기술보호제도의 취지를 일탈하는 행위라고 평가할 수 있다.[80)] 특허권의 행사를 형식적이 아니라 실질적으로 보아 배후에 공모가 존재하는 경우 특허권의 행사를 부정할 수 있는 독점규제법의 적용을 받는다.[81)]

2. 獨占規制法上의 特許 노하우 실시허락에 대한 指針

일본은 1968년에 「國際的技術導入에 관한 協定基準」을 공표하였다.[82)] 그러나 그간의 경제환경의 변화와 축적된 운용경험을 바탕으로 이를 개선·보완하여 새로이 특허·노하우 실시허락계약에 관한 독점규제법의 지침[83)]을 공표하였다. 지침은 일방적인 실시허락계약뿐만 아니라 상호실시허락(cross license), 특허풀(patent pool), 복수의 실시허락계약 등 상호적 및 다수 당사자간의 실시허락계약에 대하여도 적용된다. 그러나 이 지침은 특허·노하우 실시허락계약

79) 정상조. 지적재산권의 국제적조화, 대외경제연구원, 1994, 36면.

80) 伊従寛·上杉秋則, 知的所有権と獨占禁止法, 別册NBL no. 52, 商事法務研究會, 1998, 35면.

81) 伊従寛·上杉秋則, 전게논문, 35면.

82) 구지침에서는 불공정한 거래방법에 해당할 우려가 있는 사항을 9개 항목으로 나누었다. 그리고 특허법에 의한 권리의 행사로 인정되는 행위를 5개 항목(이 5개 항목은 일본 독점규제지법 제23조를 따라 적용예외로 되는 '권리의 행사로 인정되는 행위'에 속하는 항목으로 불공정한 거래방법에 해당하지 아니하는 것을 밝힌 것이었다)으로 하여 2종류의 기준으로 나누었다.

83) 日本の公正取引委員會, 1999年 7月 公表, 『特許・ノウハウライセンス契約に關する獨占禁止法上の指針』.

에 있어서의 불공정한 거래방법에 대한 판단기준에 불과하다. 이러한 제한이 부당한 거래제한을 위한 수단 등으로 이용되는 경우에는 일본 독점규제법 제3조[84] 등의 규제를 별도로 받도록 하고 있다.

3. 日本에서의 特許풀과 獨占規制法의 事例

(1) 파친코기 공정취인위원회 審決

일본에서는 지금까지 지적재산권과 관련하여 공정취인위원회(일본은 우리의 공정거래위원회에 해당하는 공정취인위원회를 가지고 있음)가 독점규제법위반으로 인정한 사건은 총 7건이 있지만, 이 중 6건이 가격 카르텔, 산출량 제한, 그리고 시장분할에 관한 사건이고 특허풀에 관련된 사건은 1997년의 파친코기 특허풀 사건 심결이다(1997년 8월 6일)[85] 파친코기 특허풀[86]사건은 파친코기 제조업자가 특허풀을 형성하여 신규 사업자에 대해 실시허락을 거절하고 특정 제조업자들에게만 실시허락을 하여 문제가 된 사건이다.[87] 공정거래위원회는 특허풀에 의한 실시허락 거절은 신규 참가 제한에 해당하며 정당한 지적재산권 행사라고 인정할 수 없다고 판단하여 독점규제법 제3조 전단 위반이라는 심결을 내렸다.[88] 지적재산권의 행사와 독점규제법의 제한이 충돌할 가능성이 있는 본 사건에서 공정취인위원회는 특허풀에 의한 실시허락 거절은 지적재산권 행사라고 인정할 수 없다고 판단하였다. 특허풀에의 참가 거절과 외부자에 대한 특허권의 실시허락 거절은 정당한 이유가 있는 경우에는 독점규제법 위반의 不當共同行爲가 아니다. 그러나 본 건에서는 실시허락 거절이 정당한 특허풀의 관리라고 인정되지 않았다.[89]

---

84) 사적 독점 또는 부당한 거래 제한의 금지.

85) 平成9年(勸) 第5号・三共他10名に對する件, 審決集 44卷, 238면.

86) 실시허락의 관점에서 문제가 되는 것은 10개사가 소유한 특허권 등이 상호적인 관계에 있는 경우에 그 공동 행사가 어느 정도 허용되는가 하는 것이다. 본 건에서 파친코기 제조 분야에의 진입을 배제하는 방침, 진입 방지의 목적에서 특허권 등의 집적을 도모한 사실 및 구체적인 배제사례가 인정되기 때문에 독점규제법위반이 되는 것은 인정될 수 있지만, 그렇다고 주문에서 특허풀 자체의 해체를 요구한 것은 아니므로 특허풀에서의 특허의 공동행사 자체는 인정된다고 해석된다.

87) 伊従寛・上杉秋則, 전게논문, 42면.

88) 金正勳, 전게논문, 158면.

89) 後藤晃・長岡貞男, 전게서, 280면.

(2) 파친코기 특허풀 1심판결

파친코기의 특허풀과 관련한 손해배상청구 사건에서 도쿄 지방법원은 2002년 6월 25일에 원고의 청구를 기각하는 판결을 하였다.[90] 원고는 파친코기에 관한 특허권을 가진 회사이며, 피고는 파친코기를 제조하는 회사이다. 피고 보조참가인은 파친코기의 특허풀을 관리 위탁하여 제조회사인 피고에 대하여 특허권의 재실시를 허락하고 있었다. 원고는 피고에 대해 피고가 제조・판매하는 제품은 원고의 특허권의 기술적 범위에 속해 특허권을 침해한다고 주장하였다. 원고는 보조참가인으로부터 본 건 특허권의 재실시의 승락을 얻고 있는 피고에 대하여 위 실시승락계약은 종료하였고, 피고가 제조, 판매하는 파친코기는 원고의 발명의 기술적 범위에 속하고 있다고 주장하여 손해배상을 청구하였다. 법원은 피고 보조참가인과 피고가 한 특허권 실시계약은 갱신되어 유효하고 원고와 피고와의 사이에 있어 계속되고 있으므로 원고의 손해배상청구를 기각하였다. 법원은 본 사안의 이유에서 파친코기의 특허풀에 경쟁 제한적인 내부의 규제는 없으며, 특허풀이 관리하는 특허권은 파친코기의 제조에 불가결한 모든 특허권을 망라하고 있다고는 말할 수 없어 독점규제법 위반이 아니라고 설시하였다.[91] 이후 항소심에서도 도쿄 고등법원은 파친코기 특허풀이 독점규

90) H14. 6. 25 東京地裁, 平成 12(ワ)3563, 特許權 民事訴訟事件, 東京地方裁判所民事 第46部.

91) 1심의 판시내용: 본 건 특허풀에 있어서는 특허권을 가지는 제조업자 5사 등이 그 보유하는 특허권 등 을 피고 보조 참가인에게 관리 위탁해 피고 보조 참가인이 조합원 20사(국내의 파친코기 제조업자의 대부분이다)에 실시 허락하고 있다. 파친코기 업계에 있어 피고 보조 참가인에 대해 13사의 신규 참가 희망자가 있었지만, 그 대부분이 피고 보조 참가인으로부터 재실시 허락을 받을 수가 없었다. 平成 6년 계약으로부터 平成 8년 계약의 계약기간 3년간에 있어 피고 보조 참가인으로부터 새롭게 재실시 허락을 받을 수가 있게 된 파친코기 제조업자는 외국 기업 2사와 일본 기업 1사뿐 이였다. 본 건 특허풀에 있어서는 경쟁 제한적인 제도는 설치되지 않았다. 조합원이 제품을 제조 판매하는 데 있어서, 그 수량이나 형식을 제한하는 등의 규제를 모두 마련하지 않았다. 그리고 파친코기 업계에 있어도 신규 참가가 어려운 상황에 있었던 것은 인정되지만, 신규 참가의 방지를 어떠한 방침으로서 내걸어 이 방침을 확인한 것 같은 일도 없다. 게다가 본 건 특허풀에 있어서는 그 대상이 되는 특허권 등은 원고와 같은 보유자가 가지는 모든 특허권을 제공하는 것은 아니다. 특허권의 보유자는 자기가 가지는 모든 특허권을 당연하게 피고 보조 참가인에게 참가하고 있는 파친코기 제조업자에게 사용시키지 않으면 안 되는 것은 아니다. 피고 보조 참가인에 대해서 실시 허락하는 특허권을 자기의 의사로 선택할 수가 있는 것이기 때문에 파친코기 제조에 필요한 특허가 모두 피고 보조 참가인에 의해 관리되고 있는 것은 아니다. 이상에 의하면 본 건 특허풀은 경쟁 제한적인 내부의 규제는 없으며, 한편 그 관리하는 특허권은 파친코기의 제조에 불가결한 특허권을 망라하고 있다고는 말할 수 없고, 특허권의 보유자도 모든 권리를 제공하고 있는 것은 아니다. 따라서, 이

제법에 위반되지 않는다는 판결을 하였다.

(3) 高等法院 判例

도쿄 고등법원(지적재산부)은 파친코기에 관한 특허풀이 독점규제법에 위반되지 않는다는 판단을 하였다.[92] 동 판결은「본 건 특허풀의 구조는 복수의 권리자가 소유하는 특허권을 서로 사용케 하여 해당 특허권의 이용가치를 높여 권리자 사이의 기술 교류를 촉진하는 등의 효과를 가지는 것이다. 그 자체는「특허권 등의 행사」에 해당하는 것이기 때문에 독점규제법 제21조에 의해 원칙적으로 독점규제법의 적용을 받지 않는 것이다. 따라서 특허풀이라고 하는 방식을 채용하고 있는 것 자체가 곧 독점규제법에 위반되는 것은 아니다. 무엇보다 해당 특허풀의 운용의 방침, 현실의 운용이 특허권의 기술 보호 제도의 취지를 일탈하거나 또는 동제도의 목적에 반한다고 인정되는 경우에는 특허권에 의한 권리의 행사라고 인정되는 행위에 해당하지 않고, 독점규제법 위반의 문제가 발생하는 일이 있다」라는 판단을 하였다. 이 외에도 동 법원은 (1) 본 건 특허풀 설립의 목적이 파친코기 제조업계에의 신규 참가 저지를 목적으로 한 것이라고는 인정되지 않으며, (2) 본 건 특허풀의 현실의 운용으로서 판매가격, 판매수량, 판매처 등의 제한이라고 하는 경쟁 제한적인 내부 규제는 존재하지 않고, 신규 참가의 방지를 어떠한 방침으로서 내걸어 이 방침을 확인한 적도 없었다고 인정되며, (3) 본 건 특허풀이 현재 및 장래에 있어 파친코기의 제조에 불가결한 특허권을 망라하는 구조였다고는 인정되지는 않는다고 하여 본 건 특허풀의 운용이 특허권의 기술 보호 제도의 취지를 일탈해 일정한 제품 분야 또는 기술 시장에 있어서의 경쟁을 실질적으로 제한하는 것이 아니며, 특허권의 행사라고 인정되는 범위에 머무르는 것이라고 판단했다.[93]

(4) 判決에 대한 檢討

이 판결에 대해서는 특허풀 자체가「특허권 등의 행사」에 해당하는 원칙

것들을 전체적으로 보면 구속의 정도는 약하고 독점규제법 제３조에 정하는 사적 독점, 혹은 부당한 거래 제한, 제19조에 정하는 불공정한 거래 방법에 해당되지는 않는다.

92) H15. 6. 4 東京高裁, 平成 14(ネ)4085, 特許權 民事訴訟事件, 東京高等裁判所 第３民事部.

93) 長澤哲也, パテントプールの獨禁法上の問題点 — 東京高裁 平成 15年 6月 4日 判決(パチスロ機パテントプール事件)の檢討, ＮＢＬ773호, 2003. 11. 15, 32면.

으로써 독점규제법의 적용의 제외가 된다고 한 판시는 문제가 있다는 비판이 있다. 독점규제법 제21조에 대한 학설들은 대체로 특허풀 형성과 그것을 통한 공동실시허락거절에 독점규제법이 적용된다고 보기 때문이다.[94] 즉 본 판결은 독점규제법 제21조의 통설적인 해석을 무시한 것이라고 비판하는 견해가 있다.[95] 본 판결은 「본 건 특허풀이 현재 및 장래에 파친코기의 제조에 불가결한 특허권 등을 망라한 구조인 것은 인정할 수 없다」고 하여 본 건 특허풀의 운용은 특허권 등의 권리 행사라고 인정되는 범위에 머무른다고 판단하고 있다.

그러나 파친코기의 제조에 불가결한 특허권을 본 건 특허풀이 망라한 구조가 아니더라도 풀에 포함된 특허권 중에서 파친코기의 제조에 불가결한 특허권 등이 포함되어 있을 수 있다. 파친코기 제조업자는 당해 특허권 등의 실시허락을 받는 것이 불가능하다면 파친코기의 제조 사업을 하는 것이 곤란하게 된다. 따라서 특허풀로부터의 실시허락이 거절된 것에 의해 경쟁이 실질적으로 제한되었는지를 판단하는 데는 경쟁자의 사업 활동에 불가결한 특허권 등이 포함되어 있는지 여부를 검토해야 한다. 본 판결은 이와 같은 검토를 하지 않고 단순히 ① 파친코기에 관한 특허권 중에서 본 건 특허풀에 집적되어 있지 않은 것이 있다.[96] ② 어느 특허권 등 관리 회사에도 귀속되지 않은 파친코기를 제조하는 회사가 있어 1997년 당시도 이러한 상황에서 변화가 있었다라고 인정할 수 없다[97]는 것을 근거로 본 건 특허풀은 파친코기의 제조에 불가결한 특허권 등을 망라한 구조였다고 인정할 수 없다고 판시했다.[98]

---

94) 森平明彦, パチスロ機製造業者によるパテントプールと參入の排除, ジュリスト No. 1264, 2004, 127면.

95) 長澤哲也, 전게논문, 32면.

96) ①에 대해서는 아무리 본 건 특허풀에 집적되지 않은 특허권 등이 존재한다고 해도, 파친코기의 제조에 불가결한 특허권 등이 하나라도 본 건 특허풀에 포함되어 있다면 파친코기의 제조사업을 하는 것이 곤란하게 된다.

97) ②에 대해서는 본 판결에 의하면 1997년 당시 본 건 특허풀의 피참가자인 마쯔야상회가 제조 판매한 파친코기의 대수는 전 제조회사의 총판매대수의 0.8%에 지나지 않았지만, 본 건 특허풀에 집적된 특허권 등을 일절 침해하지 않고 당해 파친코기를 제조하는 것이 가능한가에 대해서는 다루지 않았다. 본 판결은 「1997년 당시도 이러한 상황에 변화가 있었다고 인정할 수 없다」고 하고 있고, 원래 이러한 사실 인정이 적절하다고 할 수 있는가에 의문을 금할 수 없다.

98) 長澤哲也, 전게논문, 33면.

4. 3G 플랫폼에 대한 承認

일본의 공정취인위원회는 미국 DOJ와 유럽위원회보다 앞서 2000년 12월 14일에 사전상담제도(prior consultation system)를 통해 3G 플랫폼을 승인하는 태도를 보였다. 일본의 경우 특허풀에 대한 경쟁정책심사는 공정취인위원회에 의해 행해진다. 공정취인위원회의 심사는 두 가지의 가이드라인 즉「공동연구 지침」(1993년 공표)과「특허・노하우에 관한 불공정한 거래방법에 관한 지침」(1989년 공표)에 기초하여 행해졌다. 두 지침에서는 명확하게 불공정한 거래 행위를「黑條項」으로, 상황에 따라서 흑조항이 되는 행위를「灰色條項」으로 구분한다.[99] 그리고「회색조항」에 해당하는 경우에는 사전상담제도가 이용된다.[100] 이 사전상담제도는 1999년에 발족한 것으로 민간사업자로부터의 상담에 행정부가 대처하는 형식이고 합리성의 원칙에 기초한 분석이 행해진다.[101]

특허풀에 관해 공정취인위원회가 사전상담제도에 의해 견해를 표명한 최초의 예가 3G 플랫폼에 관한 것이었다. 3G 플랫폼에 관한 사전상담제도에서는 첫째, 플랫폼이 정한 실시허락 계약과는 별도로 사업자 서로가 쌍무적 실시허락 계약을 체결하는 것이 가능하다는 점, 둘째, 플랫폼에 포함된 특허가 필수특허에 한정되어 있는 점, 셋째, 플랫폼에의 참가가 개방되어 있는 점, 그리고 마지막으로 플랫폼간의 경쟁 가능성이 존재하는 점 등으로 인해 3G 플랫폼은 공정취인위원회에 의해 승인되었다.[102]

V. 일본의 특허풀 지침

1. 서 론

정보통신분야 등 기술 혁신의 현저한 분야에서 신제품의 시장을 신속히 개척하여 수요 확대를 도모하기 위해, 경쟁 사업자가 공동으로 표준을 채택하

99) 미국에서는 전자가「당연위법원칙」이 적용되는 행위이고, 후자가「합리성의 원칙」이 적용되는 행위이다. 유럽에서도 이러한「黑條項」,「灰色條項」을 채용하고 있다.

100) 金正勳, 전게논문, 157면.

101) 金正勳, 전게논문, 158면.

102) 金正勳, 전게논문, 158면.

여 널리 보급을 진행시키는 활동(표준화 활동)을 하고 있다. 한편, 표준기술에 관련된 특허권을 가지는 사람이 다수 존재하는 경우 표준을 채택하여도 해당 표준을 채용한 제품을 개발·생산하기 위해서는 복잡한 권리관계의 처리가 필요하다. 이를 개별의 교섭에 의하는 경우에 필요로 하는 방대한 노력 및 비용은 해당 표준을 채용한 제품의 시장의 신속한 수요의 확대를 저해할 우려가 있다. 이러한 상황에 따라 일본에서는 표준화에 수반하는 특허풀의 형성등에 관한 독점규제법상의 지침[103]을 만들어 규제한다.

2. 표준화 활동

(1) 표준화 활동

표준화 활동에는 여러 종류의 것이 있지만, 기본적으로는 다수의 경쟁사업자가 활동을 공개해 공동으로 표준을 채택하여 넓게 보급을 진행시키는 활동에 대한 독점규제법상의 고려이다. 관련된 사업자가 공동으로 표준을 채택하여 널리 보급을 진행시키는 활동은 종래에는 공적인 기관에 의해 행해지는 것이 일반적이었다. 그러나 정보통신 분야 등 연구 개발 활동이 활발하게 행해지고 있는 분야에서는 연구 개발 활동의 성과의 신속한 제품화를 도모하기 위하여 경쟁 사업자 사이에서 신기술을 제품화에 앞서 정보 전달 방법식이나 접속 방법 등의 표준을 공동으로 채택하여 널리 보급을 진행시켜 활동을 하고 있다.[104]

(2) 표준화 활동 자체에 관한 독점규제법의 적용

표준화 활동은 활동 자체가 즉시 문제가 되는 것은 아니지만, 표준화와 관련하여 아래와 같은 제한을 부과하는 것은 독점규제법상 문제가 된다.[105]

가. 판매 가격 등의 상호결정

표준화 활동에 참가하는 사업자가 채택된 표준을 채용한 제품 등의 판매가격, 생산 수량 또는 제품화의 시기에 대하여 공동으로 결정한다(부당한 거래제한).

103) 標準化に伴うパテントプールの形成等に關する獨占禁止法上の考え方, 平成17年 6月 29日 公正取引委員會, http://www.jftc.go.jp/pressrelease/05.june/05062902.pdf.[2006년 9월 1일 접속](이하 일본 특허풀지침).

104) 일본특허풀지침, p. 2.

105) 일본특허풀지침 p. 3.

나. 경쟁 표준의 배제

표준화 활동에 참가하는 사업자가 서로 합리적인 이유 없이 경쟁하는 표준의 개발을 제한하는 또는 경쟁하는 표준을 채용한 제품의 개발·생산 등을 금지한다(부당한 거래 제한, 구속 조건부 거래).[106)]

다. 표준화 범위의 부당한 확장

표준화 활동에 참가하는 사업자가 표준을 채택할 때에 서로 제품 개발 경쟁을 회피하는 것을 목적으로 하고, 호환성의 확보 등 표준화의 장점을 실현하기 위한 필요범위를 넘어 제품의 사양·성능 등을 공통화한다(부당한 거래 제한).

라. 기술제안 등의 부당한 배제

표준화 활동에 참가하는 일부의 참가자가 표준을 채택하는 과정에서, 부당하게 특정의 사업자의 기술 제안이 채용되는 것을 저지하는 또는 표준이 기술 개량의 성과를 배제하여 표준에 채용되는 것을 저지한다(사적 독점, 공동 행위에 의한 차별 취급).

마. 활동에의 참가 제한

표준화 활동에 참가하지 않으면 채택된 표준을 채용한 제품을 개발·생산하는 일이 곤란해져 제품 시장으로부터 배제될 우려가 있는 경우에, 합리적인 이유 없이 특정의 사업자의 참가를 제한한다(사적 독점).

(3) 표준 기술에 관한 특허권의 행사와 독점규제법의 적용

표준화 활동에 참가하고 있지 않는 사업자가 해당 활동에 의해 채택된 표준에 있는 특허를 가지고 있었을 경우에 실시허락을 거절해도 보통은 문제가 되지 않는다. 그렇지만, 표준화 활동에 참가하여 스스로가 특허권을 가지는 기술이 표준에 포함시키도록 적극적으로 움직이고 있던 특허권자가 표준이 채택되어 널리 보급한 후에 실시허락을 합리적인 이유 없게 거절하는 것은 독점규제법상 문제가 된다(사적 독점, 거래 거절).

표준 기술에 대해 특허권을 가지는 사람이 그 특허를 다른 사람에게 실시허락하지 않는 독점규제법상의 문제에 대해서는 기본적으로는 특허 노하우 지

106) 표준화 활동의 종류가 소수의 경쟁 사업자가 비공개로 신제품을 개발하여 경쟁 제품과의 시장경쟁을 통해 사실상의 표준화를 목표로 하는 등 실질적으로 공동 연구 개발이라고 인정될 때는 이러한 제한에도 불구하고 합리적인 이유가 인정되는 경우가 있다(일본 「공동 연구 개발에 관한 독점규제법상의 지침」(共同研究開發に關する獨占禁止法上の指針」 第2-2-(1)-ア-⑧⑨).

침에 의해 판단된다. 예를 들면, 표준화 활동에 참가하고 있지 않는 사업자가 해당 활동에 의해 채택된 표준에 포함된 특허를 가지고 있었을 경우에 표준을 채용하는 사업자에 대해서 해당 특허를 실시허락하는 것을 거부했다고 해도 보통은 독점규제법상 문제가 되는 것은 아니다.

그렇지만, 표준화 활동에 참가하여 스스로가 특허권을 가지는 기술이 표준에 포함되도록 적극적으로 행동하던 특허권자가 표준이 채택되어 널리 보급한 후에, 표준을 채용하는 사람에 대해서 해당 특허를 허가하는 것을 합리적 이유 없이 거절(거절과 동일시할 수 있는 정도로 고액의 실시료 요구하는 경우도 포함)하여 거절된 사업자가 표준을 채용한 제품을 개발·생산하는 것이 곤란해져, 해당 제품시장에 있어서의 경쟁이 실질적으로 제한되는 경우에는 사적 독점으로 볼 수 있고, 경쟁이 실질적으로 제한되지 않는 경우에도 공정한 경쟁을 저해할 우려가 있는 경우에는 불공정한 거래(기타 거래 거절 등)으로 독점규제법상 문제가 된다.[107]

또, 표준화 활동에 직접적으로는 참가하고 있지 않는 경우에 예를 들면, 활동에 참가하는 사람과 공모하는 등, 스스로가 특허권을 가지는 기술이 표준에 받아들여지듯이 적극적으로 행위하였을 경우에, 위와 같은 독점규제법상의 문제가 있다.

3. 표준과 관련되는 특허에 대한 특허풀에 관한 독점규제법상의 문제점의 검토

표준과 관련되는 특허에 대해 특허풀을 통해서 실시허락할 때, 라이센시의 활동에 일정한 제한을 부과해도 특허풀의 시장점유율이 20% 이하이거나 자기 외의 표준이 4개 이상인 경우는 보통은 문제되지 않는다. 이와 같은 조건이 채워지지 않은 경우 해당 표준의 보급의 정도, 풀이나 표준기술의 유무 등 시장의 상황을 보아 경쟁에 주는 영향을 종합적으로 검토해 판단한다.

(1) 기본적인 생각

표준화 활동을 통해서 표준이 채택된 후에, 해당 활동에 참가한 사업자가

107) 일본특허풀지침, p. 4.

중심이 되어 표준과 관련되는 특허에 대해 특허풀을 형성·운용하는 행위에 대해서 특허풀을 형성하는 주체와 표준화 활동의 참가자가 다른 경우가 있어, 경쟁에 미치는 영향도 표준의 채택과는 다르게 된다. 따라서, 표준화 활동 자체가 독점규제법상 문제가 없는 경고 그 후에 특허풀이 형성·운용되는 경우에는 별도로 독점규제법상의 문제가 검토된다.[108)]

일반적으로 표준 기술에 관해서 다수의 특허권이 취득되어 그것들이 다수의 특허권자가 보유하고 있는 경우에 표준을 채용한 제품을 생산·판매하려면 모든 특허권자를 찾아 개별적으로 실시허락 조건에 대해 결정하는 등 권리 관계의 처리에 많은 노력과 비용을 필요로 한다. 또한, 제품을 생산·판매하기 위해서 지불하는 실시료도 개개의 특허권자에게 지불한 실시료가 누적하기 때문에 고액이 될 수 있다. 이에 따라 표준을 채용한 제품의 개발·보급이 곤란해질 우려가 있다. 표준과 관련되는 특허에 대해 특허풀을 형성·운용하는 것은 표준의 채용에 따르는 복잡한 권리관계의 처리를 효율화하여 실시료를 조정해 고액화를 회피하여 일을 용이하게 하는 등 표준을 채용한 제품의 개발·보급을 촉진하기 위한 유효수단으로 경쟁촉진적으로 기능할 수 있다.

표준과 관련되는 특허에 대해 특허풀을 형성·운용하는 경우, 독점규제법상의 문제에 대해서 개별의 사안 마다, 표준이 어느 정도 보급되어 있는지, 표준이 넓게 보급되어 있는 경우에는 해당 풀이 표준에 관련하는 시장에서 어떠한 지위를 차지하는지 관련시장의 상황을 근거로 하여 경쟁촉진적인 효과 및 경쟁제한적인 효과를 포함하고 경쟁에 미치는 영향에 대해 종합적으로 검토한 후 판단하는 것이 필요하다.[109)]

일반적으로 다수의 경쟁사업자가 공동으로 표준을 채택하여 표준과 관련되는 특허에 대해 특허풀을 형성하는 경우에 해당 표준이 널리 보급되어 있더라도 그 밖에 유사한 기능·효용을 가지는 표준이 복수로 존재하고 있는 경우나, 널리 보급되어 있는 경우에도, 해당 특허풀로부터 실시허락을 받지 않아도 필요한 특허를 이용할 수 있는 경우에는 해당 풀이 경쟁에 미치는 영향은 작아진다.[110)]

---

108) 일본특허풀지침, p. 4.

109) 일본특허풀지침, p. 5.

110) 표준과 관련되는 특허에 대한 특허풀의 형성·운용이 경쟁에 미치는 영향에 대해서는 일반의 기술방법 거래와 같이, 개별의 사안마다, 표준에 관련하는 제품 시장 또는 기술 시장에 있어 서로 경쟁 관계에 있다고 인정되는 사업자의 거래에 미치는 영향의 크기에 근거해 판

특히, 복수의 경쟁 사업자가 표준과 관련된 특허를 특허풀을 통해서 실시허락할 때에, 라이센시의 사업 활동에 대해서 일정한 제한을 부과하더라도, 표준을 채용한 제품의 판매 가격이나 판매 수량을 제한하는 등 명백히 경쟁을 제한하는 것이 인정되는 경우를 제외하고, ① 해당 특허풀의 표준에 관련하는 시장에 차지하는 시장점유율이 20% 이하의 경우,[111] ② 시장점유율로는 경쟁에 미치는 영향을 적절히 판단할 수 없는 경우는 경쟁 관계에 있다고 인정되는 표준이 그 밖에 4 이상 존재하는 경우에는 보통은 독점규제법상의 문제를 일으키는 것은 아니다.[112]

또, 이러한 조건이 채워지지 않은 경우에도 특허풀을 통한 제한이 곧바로 독점규제법상 문제가 되는 것은 아니고, 표준의 보급의 정도, 대체적인 특허풀이나 표준 기술의 유무 등 시장의 상황을 검토한 다음, 개별 사안마다 경쟁에 미치는 영향을 검토하여 판단하는 것이다.

(2) 특허풀의 형성에 관한 독점규제법상의 고려

특허풀에 포함되는 특허가 표준의 기능·효용을 실현하기 위해서 필수특허만 있는 경우는 특허간의 경쟁이 제한될 우려는 없고, 문제가 되지 않는다.[113]

가. 특허풀에 포함되는 특허의 성질

① 표준으로 규정되는 기능 및 효용의 실현에 필수적인 특허에 한정되는 경우 표준과 관련되는 특허에 대해 특허풀을 형성하는 것이 기술 시장에 있어서의 경쟁에 어떠한 영향을 미칠지는 해당 풀에 포함되는 특허가 표준으로 규정하는 기능 및 효용의 실현에 필수적인 특허[114](이하 필수 특허)만을 포함

단된다.

111) 통상 어느 표준에 관련하는 시장에 차지하는 특허풀의 시장점유율에 대해서는 해당 표준을 채용했던 제품 및 그것과 기능 및 효용이 유사한 제품의 시장에 있고, 해당 풀로부터 실시허락을 받아 생산 판매 된 제품(해당 풀에 특허를 포함하고 있는 사업자가 스스로 생산·판매하는 제품을 포함한다)이 차지하는 비율을 기본으로 판단된다.

112) 기술은 그 이전에 필요로 하는 비용이 적고, 국제적인 거래의 대상이 되고, 표준화 활동 중에는 국제적인 규모로 진행되는 것도 많으므로, 경쟁 관계에 있는 표준 기술이나 표준의 유무의 판단에 있어서 해외에서 개발된 것도 고려할 필요가 있다.

113) 일본특허풀지침, p. 6.

114) 표준으로 규정되는 기능 및 효용을 실현하기 위해서 필수적인 특허란 표준을 채용하기 위해 해당 특허권을 침해하는 것을 회피할 수 없는 또는 기술적으로는 회피 가능하더라도 그것을 선택시에 비용·성능 등의 관점에서 실질적으로는 선택할 수 없는 것이 분명한 것을

한 경우와 그렇지 않은 경우와는 다르다.

특허풀이 필수 특허로만 구성되는 경우에는 모든 특허는 표준으로 규정되는 기능 및 효용을 실현하는 데 있어서 보완적인 관계에 있는 것으로 실시허락조건이 일정하게 정해져도 이러한 특허간의 경쟁이 제한될 우려는 없다. 따라서, 특허풀에 포함되는 특허의 성질에 관해서 독점규제법상의 문제가 생기는 것을 확실히 피하는 관점에서 특허풀에 포함되는 특허는 필수 특허에 한정되는 것이 필요하다.

덧붙여 독점규제법 위반행위의 미연 방지의 관점에서 특허풀에 포함된 특허가 필수 특허인지 아닌지에 대해 자의적인 판단을 피하기 위해 특허풀에 참가하는 사업자로부터 독립한 전문적인 지식을 가진 제삼자가 이를 판단하는 것이 필요하고, 또 당초에는 필수 특허이어도 특허풀의 형성 후에 표준으로 규정되는 기능 및 효용을 실현하는 더욱 뛰어난 기술이 개발되어 기존의 표준기술이 진부화 했을 경우에는 즉시 특허풀로부터 삭제하는 것이 중요하다.

② 필수특허라고 할 수 없는 특허가 포함되는 경우 필수특허라고 할 수 없는 특허가 합리적인 이유 없이 특허풀에 포함되어 있는 경우에는 표준 기술의 사이의 경쟁에 다음과 같은 영향을 미쳐 기술 시장에 경쟁이 실질적으로 제한되는 등의 독점규제법상의 문제를 일으킬 우려가 있다.

a. 특허풀에 포함되는 특허가 서로 대체적인 관계에 있는 경우(이하, 「대체 특허」) 이러한 특허는 실시허락조건 등에 있어 경쟁 관계에 있으므로 이러한 대체 특허간의 경쟁이 제한된다.

b. 특허풀에 포함되는 특허가 대체특허가 아닌 경우라도 특허풀에 포함된 특허가 해당 풀 외의 다른 특허와 대체적인 관계에 있는 경우에 필수 특허와 일괄실시허락되는 경우는 해당 풀 외의 대체 특허는 용이하게 실시허락을 받을 수 없어 기술 시장으로부터 배제된다.

따라서, 필수 특허 이외의 특허가 특허풀에 포함되는 경우에는 경쟁제한효과가 커질 수 있기 위해, 해당 표준의 보급의 정도, 대체적인 특허풀이나 표준기술의 유무 등의 시장의 상황을 감안해 경쟁에 미치는 영향에 포함하여 다음을 고려하여 종합적으로 판단한다.[115]

가리킨다.

115) 일본특허풀지침, p. 7.

a. 특허풀에 필수 특허 이외의 특허를 포함할 수 있는 것이 합리적인 필요성이 인정되는지 또는 경쟁 촉진 효과가 인정되는지,

b. 특허풀에 특허를 포함하는 사람이 해당 풀을 통하지 않고 해당 특허를 다른 사업자에게 직접 실시허락받는 것이 가능한지. 또, 사업자가 특허풀에 포함되는 특허중에서 필요한 특허만을 선택하여 실시허락을 받는 것이 가능한지 여부.116)

나. 특허풀에의 참가와 관련되는 제한

① 특허풀에의 참가를 제한하는 것은 제한의 내용이 합리적으로 필요한 범위의 것이며, 경쟁을 제한하는 것이 아니면 보통은 독점규제법상 문제가 되지 않는다. 특허풀에의 참가를 일정한 조건을 채우는 사람에게 제한하는 것은 특허풀을 원활히 운영하여 표준을 채용하는 사람의 편리성을 향상시켜 합리적으로 필요하다고 인정되므로 경쟁을 제한하는 것이 아니면, 보통은 독점규제법상의 문제를 일으키는 것은 아니다.117)

② 표준화 활동의 참가자가 표준과 관련되는 특허는 특허풀을 통해서 실시허락 하도록 사전에 결정하는 것은 대상이 필수 특허에 한정되어 그 밖에 자유 이용을 방해할 수 없는 등의 경우에는 보통은 독점규제법상 문제가 되지 않는다.

③ 특허풀의 참가자에게 일정한 룰을 부과하는 것은 제한이 합리적으로 필요한 범위의 것이며, 특정의 사업자에게만 부당하게 차별적인 조건을 부과하는 것이 아니면 보통은 문제가 되지 않지만 특허의 자유로운 이용을 제한하는 경우에는 독점규제법상 문제가 된다(사적 독점, 부당한 거래 제한 등).

특허풀 참가자에 대해 특허풀 운영을 위해서 일정한 규칙을 부과하는 것 등은 제한의 내용이 특허풀을 원활히 운영해 표준을 채용 하는 사람의 편리성을 향상시키기 위해서 합리적으로 필요하다고 인정되어, 특정의 사업자에게만 부당하게 차별적인 조건을 부과하는 것이 아닌 한, 독점규제법상의 문제를 일으키는 것은 아니다. 예를 들어 실시료의 분배 방법을 특허풀에 포함되는 특허가 표준으로 규정되는 기능·효용을 실현하는 데 있어서 어느 정도 중요한지,

116) 특허풀의 참가자가 미리 결정한 조건으로 개별적으로 실시허락 계약을 체결하는 것으로 하는 것 외에도, 해당 조건에 따르지 않아도 별도 실시허락 계약을 맺을 수 있다고 하는 실시허락 방식의 경우, 표준의 채용자는 표준과 관련되는 특허의 실시허락 조건에 대한 선택이 가능하고, 기술 시장 또는 제품시장에 있어서의 경쟁이 제한될 우려는 적게 된다.

117) 일본특허풀지침, p. 7.

특허풀에 참가자도 표준을 채용한 제품을 생산·판매하고 있는지 등 여러가지 요인에 근거해 결정했다고 해도, 보통은 독점규제법상의 문제를 일으키는 것은 아니다.

그렇지만, 특허풀 참가자에 대해 특허풀을 통한 실시허락 이외의 방법으로 허락하는 것을 인정하지 않는 등, 특허의 자유로운 이용을 제한하는 것은 보통은 특허풀의 원활한 운영에 합리적으로 필요한 제한이라고는 인정되어도 제품 시장 및 기술 시장에 있어서의 경쟁에 미치는 영향도 크다고 생각할 수 있으므로 독점규제법상 문제가 될 우려가 있다(사적 독점, 부당한 거래 제한 등).

다. 특허풀의 운영

특허풀의 운영자에게 집중하는 라이센시의 사업 활동에 관한 정보에 대해 해당 풀에의 참가자나 라이센시가 접근하지 못하도록 하는 것이 중요하다.[118]

보통 특허풀의 운영에서 라이센시로부터의 실시료의 징수, 실시허락 조건의 이행 상황의 확인 등의 활동을 통해 라이센시에 의한 물건의 생산·판매 수량, 판매 가격 등 라이센시의 사업 활동에 관한 중요한 정보가 특허풀의 운영자에게 집중하게 된다. 특허풀에의 참가자나 라이센시가 이러한 정보에 접근할 수 있는 경우에 라이센시가 제품의 생산·판매수량, 판매 가격 등에 대해서 서로 제한을 부과하기 위해서 이용하는 등의 독점규제법 위반행위를 행하기 위한 수단으로 이용될 우려가 있다.

따라서, 독점규제법 위반행위를 미연에 방지하고, 특허풀에 기대되는 경쟁 촉진 효과를 충분히 발휘시키기 위해서는 특허풀의 운영자에게 집중하는 라이센시의 사업 활동에 관한 정보로 대해 특허풀에의 참가자나 라이센시가 접근할 수 없게 하는 것이 중요하다. 예를 들면, 특허풀의 참가자와 인적·자본적으로 관계가 없는 제삼자에게 운영 업무를 위탁하는 등의 조치가 바람직하다.

4. 특허풀을 통한 실시허락에 관한 독점규제법상의 고려

특허풀을 통한 실시허락에 대해서 부과되는 제한은 기본적으로는 개별의 사안마다 특허 노하우 가이드라인에 기초하여 경쟁에 미치는 영향이 판단되지만, 라이센시의 사업 활동에 미치는 영향이 크고, 영향이 미치는 범위도 광범위

118) 일본특허풀지침, p. 8.

하므로 경쟁에의 영향에 대해 신중하게 검토할 필요가 있다.[119)]

(1) 실시허락 조건의 차별적 설정

특별한 합리적인 이유 없이 특정의 라이센시에게만 실시료를 현저히 높게 하는 등의 표준의 이용 범위를 제한하는 차별을 하는 것은 독점규제법상 문제된다(사적 독점, 공동의 거래 거절).

표준에 대한 특허를 가지는 사람이 특허풀을 형성하여 표준을 채용하는 사람에게 실시허락할 때에, 실시허락되는 특허의 이용 범위(기술 분야, 지역 등)나 이용시기를 제한하여 실시료에 차이를 두는 것은 즉시 독점규제법상 문제가 되는 것이 아니고, 개별 사안에 따라 차이를 두는 것에 대한 합리적인 필요성에 따라 경쟁에의 영향이 판단된다. 예를 들어 실시료에 대해서 실시허락을 받아 생산·판매되는 개개의 물건의 수급 관계를 반영하도록 하거나 또는 실시허락을 받은 제품의 생산 수량에 따르도록 하는 것은 보통 독점규제법상 문제가 되지 않는다.[120)]

그렇지만, 특허풀을 통한 실시허락에 대하여 특별한 합리적인 이유가 없고, 특정의 사업자에게만 ① 실시허락을 거절하거나 ② 다른 라이센시와 비교해서 실시료를 현저하게 높게 하거나 ③ 표준의 이용 범위를 제한하는 등의 차이를 마련하는 것이 차별을 받는 사업자의 경쟁 기능에 직접 한편 중대한 영향을 미치는 경우에는 독점규제법상 문제가 될 우려가 있다(사적 독점, 공동의 거래 거절 등). 독점규제법 위반행위의 미연 방지의 관점에서 합리적인 이유가 없는 한 비차별적으로 허가하는 것이 필요하다.

(2) 연구 개발의 제한

표준이 채택된 후 표준과 관련되는 특허에 대해 특허풀을 통해서 실시허락 할 때에 라이센시가 스스로 또는 제삼자와 공동으로 실시하는 연구 개발을 제한하는 것은 독점규제법상 문제가 된다(사적 독점, 부당한 거래 제한).[121)]

119) 일본특허풀지침, p. 8.

120) 실시허락 조건을 정할 때에, 라이센시가 필수 특허를 가지고 있어 그 특허를 특허풀을 통해서 다른 라이센시에게 허가하고 있는 경우에 필수 특허를 갖지 않는 라이센시와 다른 조건으로 하는 것은 그 차이가 합리적인 정도이고 경쟁에 중대한 영향을 미칠 우려가 없는 한, 보통은 독점규제법상 문제가 되는 것은 아니다.

121) 일본특허풀지침, p. 9.

가. 표준과 관련되는 특허를 특허풀을 통해서 실시허락할 때에 표준 기술 또는 경쟁 하는 표준에 대해 라이센시가 스스로 또는 제삼자와 공동 하고 연구 개발을 실시하는 것을 제한하는 것은 대체적인 표준 기술이나 표준의 개발이 곤란하게 되어, 제품 시장 및 기술 시장에 있어서의 경쟁이 제한될 우려가 있다(사적 독점, 부당한 거래 제한 등).

나. 소수의 사람이 비공개로 표준과 관련되는 기술을 새롭게 개발하는 등 실질적으로 공동 연구 개발이라고 인정되는 경우에는 해당 활동에 참가하는 사람이 서로 표준 기술이나 해당 표준과 경쟁 관계에 서는 표준을 개발하는 것을 제한하거나 또는 제삼자와 공동으로 개발하는 것을 제한하거나 하는 것이 해당 활동을 원활히 진행하는 데 합리적으로 필요한 범위의 제한이라고 인정되는 경우도 있다.[122)]

그렇지만, 이러한 경우에도 표준이 채택된 후에 해당 표준와 관련되는 특허에 대해 특허풀을 형성해 실시허락할 때에, 라이센시의 연구 개발을 제한하는 것은 아무런 합리적인 필요성이 있다고는 인정되지 않고, 독점규제법상 문제가 될 우려가 있으므로 주의가 필요하다.

(3) 표준의 개량 성과와 관련되는 특허의 실시허락 의무(그랜트 백)

라이센시가 표준 기술에 관해서 실시하는 개량·응용의 성과를 특허풀에 추가하도록 의무화하는 것은 제한의 종류가 ① 필수 특허에 한정해 해당 풀에 비독점적으로 허가하도록 하고, ② 그 밖에 자유로운 이용이 제한되지 않고, ③ 실시료의 분배 방법 등으로 다른 풀 참가자에게 비교하여 부당하게 차별적인 취급을 부과하는 것이 아닌 경우는 보통은 독점규제법상 문제되지 않는다.[123)]

---

122) 공동 연구 개발 가이드 라인에서는 이하와 같은 제한에 대해 원칙적으로 불공정한 거래 방법으로 해당하지 않는다고 하고 있다.

① 공동 연구 개발의 테마와 동일한 테마의 독자적인 또는 제삼자와의 연구 개발을 공동 연구 개발 실시중에 제한하는 것.

② 공동 연구 개발의 성과에 대하여 분쟁이 생기는 것을 방지하기 위해 또는 참가자를 공동 연구 개발에 전념시키기 위해서 필요하다고 인정되는 경우에, 공동 연구 개발의 테마에 밀접하게 관련하는 제삼자와의 연구 개발을 공동 연구 개발 실시 기간중에 대해 제한하는 것.

③ 공동 연구 개발의 성과에 대하여 분쟁이 생기는 것을 방지하기 위해 또는 참가자를 공동 연구 개발에 전념시키기 위해서 필요하다고 인정되는 경우에, 공동 연구 개발 종료 후의 합리적 기간에 한해서 공동 연구개발의 테마와 동일 또는 지극히 밀접하게 관련하는 테마의 제삼자와의 연구 개발을 제한하는 것.

(4) 특허의 무효 심판 청구 등에의 대항 조치(不爭義務)

표준과 관련되는 특허를 특허풀을 통해서 실시허락할 때에 라이센시에 대해서 부쟁의무[124]를 부과하여 라이센시가 실시허락된 표준에 관계되는 특허에 대해 무효 심판 청구를 제기했을 경우에 해당 풀에 포함되는 모두의 특허에 대해 해당 라이센시와의 계약을 해제하는 것은 해당 풀에 참가하는 개개의 특허권자가 개별적으로 이러한 조치를 하는 것에 비해 라이센시의 사업 활동에 미치는 영향이 크고, 라이센시가 실시허락을 받은 특허의 유효성을 다툴 기회를 잃을 우려가 있다. 따라서, 표준과 관련되는 특허에 대해 특허풀을 통해서 실시허락한 경우에 라이센시가 실시허락을 받은 특허의 유효성에 대해 다투는 경우에 풀의 참가자가 공동으로 실시허락 계약을 해제하는 취지의 결정은 독점규제법상 문제가 될 우려가 있다(공동의 거래 거절).

한편, 표준과 관련되는 특허의 유효성에 대해 다투어질 경우에 특허풀에의 참가자 중 무효 심판 청구를 일으켜진 특허권자만이 해당 특허를 특허풀로부터 제외하고, 분쟁을 야기한 라이센시와의 계약을 해제하는 것은 라이센시가 실시허락된 특허의 유효성에 대해 다툴 기회를 잃는다고 인정하기 어려우므로 보통은 독점규제법상 문제가 되는 것은 아니다.

(5) 다른 라이센시등에의 특허권의 불행사(非係爭義務)

라이센시가 가지는 특허에 대해 다른 라이센시에게 권리행사하지 않도록 의무화 하는 것(비계쟁의무[125])은 실질적으로, 제한의 종류가 ① 필수 특허에 한정해 특허풀에 비독점적으로 허가하는 것을 의무화하고, ② 그 밖에 자유로운 이용이 제한치 않고, ③ 실시료의 분배 방법 등으로 다른 풀 참가자에 비해 부당하게 차별적인 취급을 부과하는 것이 아니라고 평가되면 보통은 독점규제법상 문제가 되지 않는다.[126]

---

123) 특허풀지침, p. 10.

124) 부쟁의무란 예를 들면 라이센시는 실시허락 된 특허에 대해 특허 무효 심판 청구를 행사하는 등, 해당 특허의 유효성에 대해 다투지 않을 의무를 부과하는 것을 말한다.

125) 라이센시가 가져 또는 취득하게 되는 전부 또는 일부의 특허 등을 라이센서 또는 라이센서의 지정하는 사람에 대해서 허가할 의무를 포함한다.

126) 특허풀지침, p. 11.

Ⅵ. 韓國의 獨占規制法의 規律

1. 問題의 所在

특허풀은 상호 간섭하는 특허 사이에 일어나는 분쟁을 해결하기 위한 효과적인 방법이다. 분쟁비용 및 거래비용을 절감해 주는 면이 있다. 특허풀은 각자가 가지고 있는 특허를 개방하여 공동의 이익을 도모하기 위하여 행하는 경우가 많기 때문에 각자의 연구에 요하는 시간과 비용을 절약하여 기술 발전에 기여할 수 있다는 긍정적인 측면이 있다. 따라서 특허풀 그 자체를 위법하다고 할 수 없다.[127] 그러나 경쟁회사들 사이의 경쟁억제적인 담합의 수단으로 사용되거나 생산량 억제수단으로 사용되는 경우는 독점규제법 위반으로 판시된 바도 있다.[128] 경쟁을 제한하고 시장지배력을 확장하려는 목적으로 특허풀이 운영되는 것은 위법한 공동행위에 해당하므로 보호될 수 없다. 상호경쟁관계에 있는 자가 특허를 공동 관리하는 경우에는 가격을 공동으로 결정하거나 배타적인 협정 또는 시장분할 협정을 맺을 가능성이 높다. 즉 특허풀은 그 자체가 위법한 것은 아니지만, 많은 경우에 이들 협정을 수단으로 독점규제법에 저촉되는 결과가 야기될 수 있기 때문이다.

지적재산권은 무체물을 대상으로 하는 추상적 권리이다. 따라서 지적재산권은 일반 권리와 구별되는 많은 특징을 내포하고 있다. 독점규제법상의 시장지배적 지위남용, 부당한 공동행위, 불공정거래행위 등의 규제원리를 별도의 특징적 법 원리에 의하여 규율되고 있는 지적재산권 분야에 그대로 적용할 수 없다. 다만 지적재산권을 남용하는 등의 방법으로 불공정거래행위 등을 할 경우에는 독점규제법 제59조에 불구하고 경쟁법 원리를 적용하여 규제를 가할 수 있다.[129]

---

127) 구재군, 지적재산권과 독점규제법의 관계, 사법행정, 2000년 7월, 33면.
128) Hartford-Empire Co. v. U.S., 323 U.S. 386(1945).
129) 최병규, 지적재산권과 경쟁법의 상호관계, 지식재산 21, 2004년 3월, 76면.

2. 限界規定의 어려움

지적재산권법과 독점규제법은 경쟁의 유지를 통한 사회복지의 증진이라는 공통의 목적을 추구한다고 볼 수 있지만, 지적재산권에 의해 규율되는 영역은 특수한 상황이 고려되어야 할 것이다. 이는 특허풀의 규율이 어려움을 의미한다. 특허풀을 구성하는 특허들의 내용을 확정하는 것은 어려운 일이다. 상호실시허락과 특허풀의 경우에 특허의 이용과 공동행위나 불공정행위의 경계를 획정하기 어렵다. 미 DOJ의 지침은 효율적이고 효과적인 한도에서 실시허락을 부여하면 친경쟁적인 목적을 달성할 수 있다고 규정하지만, 이러한 실시허락이 부여되지 않는 영역을 어떻게 규율할지가 문제된다. 이러한 영역이 불분명한 경우 법원은 판단을 내리기가 어렵다.[130] 게다가 우리나라 공정거래위원회에서도 이와 관련한 지침조차 마련되어 있지 못한 실정이다. 따라서 특허풀을 활성화하기 위해서는 특허풀에 대한 규율을 독점규제법의 관점에서 규제위주로만 판단하여서는 안 된다. 특허풀을 활성화하여 기업의 연구개발을 증진시키고, 연구 결과물을 누구나가 이용할 수 있게 하기 위해서는 특허풀에 대한 보다 세심한 배려가 필요하다. 이를 위해서는 기술의 발달과 시장상황에 따른 고려가 있어야 한다.

특허풀은 기술 개발을 전제로 한다. 그런데 기술경쟁의 속성은 시간과의 싸움이라고 할 수 있다. 새로운 기술이 개발되면 경쟁 업체가 이를 추격하게 된다. 무어의 법칙(Moore's Law)[131]에서 알 수 있듯이 반도체 기술은 하루가 다르게 발전하고 있으며, 작년에 구입한 핸드폰이 벌써 구형으로 취급되고 있는 실정이다. 따라서 특허풀에는 기술의 발전 속도를 고려한 유연한 태도가 필요하다. 규제기관이 특허풀의 승인을 위해 1년 내지 2년을 허비하는 경우 이미 그 기술에 대한 특허풀은 경쟁우위를 잃어버릴 수도 있기 때문이다.

3. 特許풀 運用에서의 合理性 原則

특허풀은 역사적으로 회원 간의 기업 합병과 경쟁자의 배제를 위해 많이

130) Richard J. Gilbert, Antitrust for Patent Pools: A Century of Policy Evolution, p. 108.

131) 무어의 법칙(Moore's Law)은 마이크로칩 기술의 발전 속도에 관한 것으로 마이크로칩에 저장할 수 있는 데이터의 양이 18개월마다 2배씩 증가한다는 법칙이다.

이용되어 왔다. 독점 목적의 특허풀은 경쟁당국이 엄격하게 규제할 필요가 있다. 경쟁제한을 위해 이용된 풀은 대부분의 경우 시장 분할·기업 합병(경쟁자 배제의 不當共同行爲)인 경우가 많다. 독점 목적의 특허풀을 경쟁당국이 엄격하게 규제하는 것은 합리적 근거를 가진 풀에 대한 호의적 취급과 대응된다.[132) 특허풀은 효율향상과 경쟁제한의 양 요소를 포함하고 있다. 따라서 위법·합법의 흑백 판정이 아닌 효율적 요소를 살리면서 경쟁제한성을 배제하기 위한 지도를 경쟁당국이 실시할 필요가 있다.[133) 이를 위한 법적 기준으로 미국 독점규제법의 합리성의 원칙 기준이 적합하다. 공정거래위원회 심사에서는 풀에 포함되는 특허를 보완적 특허로 한정하고 대체적 특허는 포함시키지 않을 필요가 있다. 업계에서 지배적 표준을 형성한 풀에는 모든 희망기업에 대한 무차별 조건의 실시허락을 의무화해야 한다.[134)

4. 特許풀의 運用에 있어서의 不當共同行爲

(1) 特許풀의 運用과 不當共同行爲

특허풀의 운용에 있어서 문제되는 것은 특허풀의 특허권을 실시하지 않는 경우이다. 이는 독점규제법상 금지되는 부당공동행위로 볼 수 있다. 금지되는 공동행위는 '부당한공동행위'이다(동법 제19조). '부당성'의 의미에 관하여 독점규제법에 직접적인 해석규정은 없으나, 다만 독점규제법은 부당한 공동행위의 유형을 열거하고 있다. '부당성' 요건을 판단함에 있어서 다른 기준도 있을 수 있으나 신규진입의 용이성을 가지고 판단하는 것이 타당하다. 즉 진입장벽이 결여되어 있거나 낮을 때에는 그 공동행위는 위법하지 않다고 평가될 수도 있다. 물론 공동행위가 성립되고 있다는 것 자체가 이미 진입장벽이 존재한다는 것을 나타낸다. 그러나 반드시 강한 진입장벽의 존재가 그 성립의 전제요건이 된다고 볼 수 없다. 공동행위의 반독점성의 가능성이 있는 경우에도 신규진입의 적시성, 개연성 및 충분성이 존재하는 경우에는 그 반독점성을 완화하거나 상쇄할 수 있는지를 고려해 볼 필요가 있다.[135) 지적재산권의 행사가 필요 이

132) 後藤晃·長岡貞男, 전게서, 278면.
133) 後藤晃·長岡貞男, 전게서, 284면.
134) 後藤晃·長岡貞男, 전게서, 285면.
135) 한병영, 전게논문, 186면.

상으로 경쟁을 제한한다거나 다른 사업자의 사업 활동이나 산업 지배에 사용되는 남용의 경우를 독점규제법은 제한하고 있으나 이는 사안별로 판단되어야 할 것이다.[136] 따라서 특허풀의 경우는 특허풀의 특허를 실시허락하는 조건 등을 검토한 후에 부당성을 검토하여야 할 것이다.

(2) 지적재산권의 부당한 행사에 대한 심사지침

공정거래위원회는 지적재산권의 부당한 행사에 대한 심사지침[137]에서 지적재산권의 정당한 권리행사에 대하여는 독점규제법의 적용을 배제하나, 정당한 권리행사로 볼 수 없고 불공정거래행위로 인정되는 행위유형에 해당하는 경우에는 독점규제법이 적용된다고 하고 있다. 특히 상호실시허락이나 특허풀의 경우에 경쟁을 제한한다면 이를 부당공동행위로 볼 수 있다고 규정하고 있다. 그러나 어떠한 경우에 이를 부당공동행위로 볼 수 있다고 명확하게 규정하고 있지 못하고 있어서 공정거래위원회의 판단에 많은 재량의 여지가 있는 것으로 보인다. 이하에서는 공정거래위원회의 공동행위심사기준을 검토하여 본 후 특

---

136) Ibid.

137) 지적재산권의 부당한 행사에 대한 심사지침제정 2000. 8. 30 제 1 조【목적】 특허권, 실용신안권, 상표권, 의장권, 노하우, 저작권 등 지적재산권에 의한 정당한 권리의 행사는 독점규제및공정거래에관한법률(이하 "법"이라 한다) 제59조(무체재산권의 행사행위)의 규정에 의거 법의 적용이 배제된다. 그러나 외형상 또는 형식상으로는 지적재산권에 의한 권리의 행사로 보이는 행위라도 발명과 창작을 장려하는 지적재산권 제도의 취지를 벗어나 정당한 권리의 행사로 볼 수 없는 일정한 행위는 기술시장 또는 상품시장 등에서의 경쟁을 제한하는 경우 법이 적용될 수 있다. 이 지침은 지적재산권의 행사와 관련하여 불공정거래행위로 인정될 수 있는 행위유형 및 위법으로 보기 어려운 행위유형들을 제시함으로써 법적용의 일관성과 예측가능성을 제고하고 공정한 거래관행을 촉진하는 데 그 목적이 있다. 제 2 조【적용범위】 ① 이 지침은 특허권 · 실용신안권 · 상표권 · 의장권(이하 "산업재산권"이라 한다), 노하우, 저작권 등 지적재산권의 제 3 자에 대한실시 · 이용 · 사용(이하 "실시"라 한다)허락계약, 상호실시허락계약(Cross-Licensing), 공동실시허락계약(Pooling-Arrangements) 및 지적재산권의 양수 등 지적재산권과 관련된 거래에 대하여 적용된다. 다만 지적재산권과 관련된 일정한 거래가 법 시행령 제47조(국제계약의 종류)에서 규정하고 있는 국제적 협정이나 계약에 해당하는 경우에는 [국제계약상의불공정거래행위등의유형및기준](공정거래위원회고시제1997-23호)을 적용한다. ② 지적재산권과 관련된 거래가 이 지침에서 특별히 규정되지 않은 것이라고 하여 법 제 3 조의 2(시장지배적지위의 남용금지), 제 7 조(기업결합의 제한), 제19조(부당한공동행위의 금지), 제23조(불공정거래행위의 금지) 및 제29조(재판매가격유지행위의 제한) 규정의 적용이 배제되는 것은 아니다.

제 7 조【지적재산권의 상호실시허락계약과 공동실시허락계약】 상호 경쟁적 · 대체적 관계에 있는 지적재산권자들이 각기 자신이 보유한 지적재산권과 관련하여 상호실시허락계약 또는 공동실시 허락계약을 체결함으로써 경쟁을 제한하는 효과가 발생하는 경우 법 제19조(부당한 공동행위의 금지)의 규정을 적용한다.

허풀의 운영에 있어 시사점을 얻을 수 있는지 검토한다.

(3) 共同行爲審査基準

공정거래위원회는 공동행위심사기준[138]과 지적재산권의 부당한 행사에 대한 심사지침[139]을 제정하였다. 동 지침은 시장지배력남용행위, 구속조건부거래행위, 부당한 공동행위 등 지적재산권의 행사와 관련하여 공정거래법 위반행위로 인정될 수 있는 유형을 구체적으로 제시하고 있으나, IT 및 BT 등 새로운 분야에서의 특허와 경쟁정책에 관한 관점은 미흡한 것으로 보인다.[140] 다만 이는 특허풀의 설립을 염두에 둔 것은 아니나, 일정한 기준이 될 수 는 있다고 본다.

독점규제법은 부당한 공동행위를 원칙적으로 금지하고 있다.[141] 그러나 산업합리화, 연구·기술개발, 불황의 극복, 산업구조의 조정, 거래조건의 합리화 또는 중소기업의 경쟁력 향상을 위한 공동행위로서, 공정거래위원회의 인가를 받은 경우에는 이를 예외적으로 허용하고 있다.[142] 특허풀과 관련되는 것은 산업합리화를 위한 공동행위의 요건과 연구·기술개발을 위한 공동행위의 요건과 중소기업의 경쟁력향상을 위한 공동행위의 요건이 있다. 공정거래위회에서는 시행령에서 부당한 공동행위의 인가요건과 법에서 정한 요건의 세부지침을 정하고 있다.[143]

---

138) 공정거래위원회공동행위 심사기준[일부개정 2002.5.8].

139) 공정거래위원회지적재산권의 부당한 행사에 대한 심사지침[제정 2000.8.30].

140) 김병일, 비즈니스방법특허와 경쟁정책, 189면.

141) 권오승, 경제법, 287면.

142) 독점규제및공정거래법 제19조(부당한 공동행위의 금지) ① 사업자는 계약·협정·결의 기타 어떠한 방법으로도 다른 사업자와 공동으로 부당하게 경쟁을 제한하는 다음 각호의 1에 해당하는 행위를 할 것을 합의(이하 "부당한 공동행위"라 한다) 하여서는 아니 된다. 〈개정 1992.12.8, 1994.12.22, 1996.12.30, 1999.2.5〉 1. 가격을 결정·유지 또는 변경하는 행위 2. 상품 또는 용역의 거래조건이나, 그 대금 또는 대가의 지급조건을 정하는 행위 3. 상품의 생산·출고·수송 또는 거래의 제한이나 용역의 거래를 제한하는 행위 4. 거래지역 또는 거래상대방을 제한하는 행위 5. 생산 또는 용역의 거래를 위한 설비의 신설 또는 증설이나 장비의 도입을 방해하거나 제한하는 행위 6. 상품의 생산 또는 거래시에 그 상품의 종류 또는 규격을 제한하는 행위 7. 영업의 주요부문을 공동으로 수행하거나 관리하기 위한 회사등을 설립하는 행위 8. 기타 다른 사업자의 사업활동의 또는 사업내용을 방해하거나 제한함으로써 일정한 거래분야에서 경쟁을 실질적으로 제한하는 행위.

② 제1항의 규정은 부당한 공동행위가 다음 각호의 1에 해당하는 목적을 위하여 행하여지는 경우로서 대통령령이 정하는 요건에 해당하고 공정거래위원회의 인가를 받은 경우에는 이를 적용하지 아니한다. 〈신설 1996.12.30〉 1. 산업합리화 2. 연구·기술개발 3. 불황의 극복 4. 산업구조의 조정 5. 거래조건의 합리화 6. 중소기업의 경쟁력향상.

143) 독점규제법시행령 제24조(공동행위의 인가요건) 법 제19조(부당한 공동행위의 금지) 제2

(4) 특허풀의 運用을 위한 共同行爲의 要件의 提案

공정거래위원회가 특허풀의 운용과 관련한 공동행위의 요건을 규정하고 있지는 않으나, 향후 특허풀의 발전을 위해서 입법안으로서 몇 가지의 요건을 제안해 본다. 예를 들어 공정거래위원회는 기술혁신과 기업의 지적재산권이용 촉진을 위한 특허풀에서의 공동행위를 인가하고자 하는 경우에는 ① 당해 공동행위에 의한 기업의 특허의 실시의 용이 또는 기술의 향상 등 생산성향상이나 거래조건에 관한 교섭력 강화의 효과가 명백한 경우, ② 당해 공동행위에 의해 기업의 연구, 기술개발의 산업경쟁력의 강화를 위해 필요한 경우, ③ 당해 공동행위에 의해 경쟁제한을 금지하는 효과보다 그 경제적 파급효과가 클 경우에는 특허풀의 공동행위를 인가할 수 있도록 하여야 할 것이다.

(5) 소 결

현재 부당공동행위심사기준에서도 직접적으로 특허풀에 대해 규율한 것도 없는 실정이다. 또한 특허풀과 관련한 심결이나 법원의 판결도 없는 실정이다. 다만 서울고등법원 2001누16288 사건(2004.2.10. 선고)에서 처음으로 공정거래법상 끼워 팔기에 관한 판결을 내리면서 그 위법성 판단기준을 자세히 제시하고 있다.[144] 본 판결은 전통적인 끼워 팔기에 관한 사건이며, 특허풀과 관련된 사건은 아니지만, 우리나라 공정거래법상의 끼워 팔기에 관한 첫 판결이라는 점에서 중요성을 가진다. 대상 판결에서는 끼워 팔기의 위법성 요건의 판단시에 명시적으로 합리성 원칙을 적용한다는 문구는 없으나, 우리 법 규정상 끼워 팔기의 규제 취지로서 "종된 상품시장에서의 경쟁질서의 보호"를 명시적으로 인정하고 있는바, 이는 관련시장에서의 경쟁제한성 여부를 구체적으로 따져 본 이후에 끼워 팔기를 규제할지를 결정하겠다는 입장이기 때문에 합리성 원칙을 채택한 것으로 볼 수 있다.[145] 마찬가지로 특허풀의 공정거래법 위반여부를 판단함에 있어서 일의적으로 당연위법원칙에 따른 판단이 아닌 합리성의 원칙에

항 본문에서 "대통령령이 정하는 요건"이라 함은 제24조의2(산업합리화를 위한 공동행위의 요건) 내지 제28조(중소기업의 경쟁력향상을 위한 공동행위의 요건)의 규정에 의한 요건을 말한다. [본조신설 1997.3.31]

144) 장승화, 공정거래법상 '끼워 팔기'의 위법성 판단기준, 서울대학교 법학 제45권 4호, 2004, 493면.

145) 장승화, 전게논문, 506면.

따른 판단이 필요하다.

이에 따라 개별 특허풀에 대한 공정거래법 위배 여부를 판단함에 있어 특허풀을 구성하는 필수특허의 내용, 당사자간의 계약의 내용, 특허풀의 실시권의 내용과 범위를 검토한 후에 공동의 거래거절여부 및 부당공동행위 여부를 판단하여야 한다. 그러나 특허풀을 활성화하기 위하여는 규제당국이 사전에 철저한 감독을 하는 것 보다 사후적으로 최소한으로 개입하는 것이 타당하다. 이에 관련하여서는 다음 절에서 보다 자세하게 검토한다.

5. 特許풀의 獨占規制法 規律의 限界

특허풀은 기업이 가진 기술을 다른 기술이 보다 쉽게 이용할 수 있게 해주는 반면에 독점의 폐해가 있을 수 있는 가능성이 있다. 경쟁을 저해할 가능성이 있다고 현실로 발생하지 않은 것을 이유로 특허풀을 금지하는 것은 적절치 않다. 특허풀은 지적재산권과 독점규제법이 충돌할 수 있는 한계 영역에 존재한다. 이 경우 독점규제법을 강력하게 적용하면 특허풀이 활성화 될 수 없다. 특허풀의 장점을 살리기 위해서는 특허풀의 특수한 사정을 고려하여 이를 규율하는 것이 타당하다.

(1) 迅速한 技術開發의 必要性

기술개발의 증진과 신속성이 있어야 한다. 공정거래위원회의 사전인가와 같은 제도는 신속한 기술개발을 더디게 할 수 있다. 일반적으로 규제당국은 제품 특성을 협상하기 위한 경쟁사 간의 회합을 달가워하지 않는다. 그러나 표준합의에 의해 공익이 증진되는 경우가 많다는 점은 분명하다. 규제당국이 자문해야 할 점은 하등의 표준설정 절차가 없어도 기술이 신속히 개발될 수 있는지의 여부이다. 규제로 인하여 기술 개발이 지연되거나 저지되며, 또는 소비자에게 중요한 호환성 편익이 상실될 수 있다면 규제당국은 표준 정립 활동을 용인하고 나아가 고무해야 한다.[146] 일반적으로 「공동의 연구개발」 자체에서 독점규제법의 문제가 생기는 예는 적다. 공동연구개발이 사실상 노골적인 경쟁제한 계획의 명목에 불과한 경우도 있을 수 있다. 이 경우 연구성과인 기술을 이용

146) Carl Shapiro, *Information Rules : A Strategic Guide to the Network Economy*, p. 306.

하여 출시 시기를 공동으로 지연시키거나 제품의 가격과 판매 지역, 생산 수량 등의 담합이 행해질 수 있다. 이는 당연히 독점규제법상의 부당한 거래 제한의 위반이 된다. 다만 이와 같은 불공정거래의 목적이 강한 공동행위가 공동연구개발에 감춰져 행해질 가능성은 거의 없다.[147] 시장의 구조가 변화하게 되면 시장에 대한 규제의 근거가 소멸되거나 변화되면 서비스가 가지는 사회적 의미도 변화하게 된다. 이로써 규제체계도 변화하여야 한다.[148]

(2) 技術發展 沮害可能性

법제도가 기술 발전을 가로막을 수도 있다. 일반적으로 기술개발에 종사하는 엔지니어는 법이나 관련된 제도와 절차에 익숙하지가 않다. 기술개발인력이 사전적인 강력한 심사에 대응하기 위하여 기술개발보다는 사전허락을 받기 위한 절차에 집중하게 되면 효율적인 연구성과를 낼 수 없을 것이다.

(3) 技術의 保安과 秘密維持

특허풀이 독점규제법에 위배되는지를 미리 심사받는 경우 영업비밀이나 회사의 전략이 노출될 수 있다. 기업의 공동 연구개발 계획의 경우 다른 경쟁기업과의 협상에서 기업의 전략이 노출될 수 있다.

(4) 過度한 規制

과도한 규제는 기업의 의욕을 상실하게 한다. 「Nine No-Nos」의 공표 후 법원의 판결 및 다른 보고서에서의 특허풀의 등장은 급격히 감소하게 되었다. DOJ의 공격적인 독점규제법의 집행 방침이 특허풀과 상호실시허락을 통한 특허권자의 협력 의욕을 빼앗아버린 것이다.[149] 한국의 정보통신 발전 요인은 정보통신부가 적절히 정책을 유도하고 이에 상응한 시장형성을 한 반면에 미국은 자유로운 시장경제와 정보통신 사업자의 규제정책으로 발전이 상대적으로 정체되었다고 보는 견해도 있다.[150] 한국의 성공은 강력한 국가산업정책과 적정

147) 稗貫俊文, 知的財産權と獨占禁止法, 有斐閣, 1994, 212면.

148) 이원우, 통신시장에 대한 공법적 규제의 구조와 문제점, 방석호·정상조 편저, 정보통신과 디지털법제, 서울대학교 기술과 법센터 위크숍시리즈 I, 커뮤니케이션 북스, 2004년, 616면.

149) 根岸哲, 전게논문, 816면.

150) Howard A. Shelanski, *Telecommunications Policy in Korea and the United States: Exchanging Lessons and Sharing Challenge, Telecommunication and Intelectual Property:*

한 독점규제로 인하여 가능하였으나, 반면에 미국의 경우는 정보통신산업의 발달이 상대적으로 저조하게 된 이유로 약한 국가산업정책과 강력한 독점규제를 들 수 있다.[151)]

(5) 소 결

특허풀의 발전을 위해서는 공정거래위원회의 개입이 최소화 되어야 한다. 개입이 있더라도 특허풀을 형성하여 부당공동행위를 하는 기업들이 있는 경우 사후적으로 이를 규제하는 것이 타당하다. 다만 이 경우에도 특허풀을 형성하고 운용하는데 중요한 투명하고 공정한 기준을 마련하도록 하는 것이 필요하다. 기업의 입장에서는 특허풀의 형성과정에서 명확한 기준이 있으면 특허풀의 형성과 운용에서 많은 도움을 얻을 수 있을 것이다. 특허풀은 수많은 특허권자들의 권리를 교섭하고 협상하여야 하므로 불명확한 규제기준이 있으면 협상이 어려워 특허풀의 성립자체가 어려울 것이다. 특허풀의 목적인 기술의 신속한 이전과 개발이라는 목적을 달성하기 위해 공정거래위원회의 개입이 최소화되고, 개입의 경우에도 명확한 기준을 마련하는 것이 필요할 것이다.

U.S. and Asian Perspectives, SNU Center for Law & Technology, 2004. Jan. 29-31, pp. 5-8.

151) Ibid.

제27장

특허제도와 독점금지법의 조화적 관계

오 승 한*

Ⅰ. 서 론

일반적으로 특허권자에 대한 배타적 권리행사를 허용하는 특허법과 경쟁제한적인 배타적 행위를 금지하는 독점금지 및 공정거래에 관한 법률(이하, "독점금지법")은 서로 충돌하는 관계로 해석될 여지가 있다. 이론적으로 특허권이 합법적인 독점을 창설하는 것으로 해석되고, 독점금지법이 모든 독점을 금지하는 것으로 해석되는 한 이러한 양법의 상충적인 관계는 불가피한 것이 된다. 그러나 최근에는 특허 자체가 독점을 의미하는 것도 아니고, 독점금지법이 모든 독점자체를 금지하는 것도 아니기 때문에 양자를 상충관계로만 해석하던 견해들은 설득력이 없는 것으로 이해되고 있다.

오히려 특허법과 독점금지법은 상호 보완적인 관계로 해석할 필요성이 있다. 특히 전통적으로 독점금지법은 특허권자의 배타적 특허권 행사에 적용되어 그 권리행사의 한계를 정하는 역할을 해 왔다. 그러나 전통적 독점금지법의 관점에서는 오직 행위의 '사회적 효율성'만이 중요한 위법성 판단 기준이 되기 때문에 특허법이 보장하는 발명자에 대한 '개인적 차원의 투자이익'에 대한 보장 필요성은 간과될 우려가 있다. 즉, 전통적인 독점금지법은 사회적 이익이 아닌, 경제활동을 하는 개별 행위자의 투자이익을 중요한 고려의 요소로 간주하지 않기 때문이다.

무엇보다도 동일한 특별법적 지위에 있는 특허법이 보장한 배타적 권리의

* 아주대학교 법과대학 조교수.

행사를 독점금지법이 어떠한 근거에서 제한할 수 있는 것인지에 대해서는 지금까지의 많은 논의에도 불구하고 충분한 이론적 근거가 제시되지 못했다. 물론 특허권을 법률에 의해 형성된 단순한 재산권의 한 유형으로 해석하고, 재산권 제한의 일반원리에서 독점금지법의 적용근거를 찾는 견해도 존재한다. 이러한 견해는 일종의 독점금지법 우위론의 입장이라고 할 수 있는데, 독점금지법이 일반경제질서 법규로서 특허법보다 우위에 있다는 것을 전제한다. 그러나 특허법(저작권법도 동일)은 단순히 발명자에게 무체재산권을 보장하기 위해 특허권을 창설하는 것이 아니고, 지속적인 기술혁신을 보장함으로써 사회복지를 증진시키기 위한 보다 더 궁극적인 목적을 가지고 있다. 특허권의 행사를 무조건 일반 재산권과 같이 제한하는 경우에는 사인의 재산권 행사만을 제한하는 것이 아니라, '지속적 혁신에 의한 사회적 효율성'을 감소시킬 우려가 있다. 무엇보다, 사회복지를 증진시킨다는 점에서 특허법은 독점금지법과 동일한 목적을 가지고 있기 때문에 독점금지법이 일방적으로 우위의 위치에 있다고 할 수도 없다.[1)]

특허법과 독점금지법 양자가 기본정책을 서로 공유하고 있는 것으로 해석할 수 있다면, 단순한 독점금지법 우위론이나 반대의 특허법 우위론의 견해에서 벗어나 특허법과 독점금지법의 충돌 문제를 법 해석이론의 조화를 통해 해결할 수 있다. 먼저, 특허법의 기본정책들은 독점금지법의 경쟁정책을 수용함으로써 특허권의 배타적 권리의 범위를 사회복지의 증진이라는 공동의 목적을 달성하기 위한 범위 내로 제한하게 된다. 반면 특허법의 궁극적 목적인 지속적 혁신을 통한 사회적 복지 증진이 역시 독점금지법의 공통된 목적이기 때문에, 독점금지법은 특허권의 행사에 대한 위법성 판단에 있어서 특허법의 기본 정책들을 고려할 의무를 부담하게 된다. 이러한 해석 하에서 독점금지법은 특허권의 배타적 행사에 적용되어 그 남용을 제한하는 역할을 수행한다. 특히, 특허법은 이미 독점금지법의 경쟁정책을 그 기본정책으로 수용하고 있기 때문에 경쟁제한효과를 발생시켜 독점금지법 위반을 성립시키는 특허권의 행사는 특허권

1) 또한 기술적 혁신을 증진하는 특허권의 특별한 목적을 위해 독점금지법의 예외를 인정하여야 한다는 견해도 있다. 그러나 현실적으로 혁신을 증진하기 위한 목적이 아니라 단순히 사익만을 확보하기 위해 경쟁제한적 효과를 발생시키는 남용적인 특허권 행사를 방치하는 것이 특허권의 목적에 부합한다고 할 수는 없다. 또한 특허권 자체의 특허남용이론만으로는 경쟁제한적인 특허남용을 적절히 규제하지 못하는 한계를 가진다.

남용으로서 더 이상 특허법의 보호범위에 들지 않는다. 또한 특허법의 보호범위를 벗어난 특허권 남용행위에 독점금지법이 적용되는 것이기 때문에 이론적으로는 독점금지법의 적용이 특허정책 침해의 문제를 발생시키지 않는다. 다만, 이와 같은 해석은 최근 독점금지법의 변화된 위법성 판단방법을 전제로, 독점금지법의 위법성 판단이 특허법의 기본목적인 동태적 효율성을 충분히 고려할 것을 전제 조건으로 한다.

이러한 논의를 위해, 이 글에서는 먼저 Ⅱ에서 특허권의 배타적 권리와 독점금지법의 독점개념과의 관련성을 살펴본다. 다음으로 독점금지법의 목적인 분배적 효율성을 시행하기 위한 경쟁정책과 동태적 효율성을 목적으로 하는 특허법의 기본정책들을 분석한다. 결과적으로 특허법의 기본정책 중 일부가 독점금지법의 경쟁정책을 수용하고 있다는 점을 설명하고 이것이 특허법과 독점금지법의 교차지점으로서 독점금지법이 특허권 남용의 한 기준이 되는 근거임을 설명한다. 마지막으로 Ⅳ에서는 기존의 분배적 효율성에 중점을 두고 현재시점의 경쟁제한성을 주로 평가해 왔던 독점금지법상의 위법성 판단방법의 개선방향과 관련된 문제를 살핀다. 이것은 독점금지법이 특허권의 배타적 행사에 적용될 때 해결하여야 할 마지막 문제로서 기존 독점금지법의 위법성 판단 방법이 미래 지향적인 특허법의 동태적 효율성을 어떻게 고려할 수 있는지에 대한 해답을 제시하는 것이 된다.

Ⅱ. 특허권의 의의와 독점금지법의 독점화 금지규정의 의미

1. 특허권의 의의

독점금지법과 특허법은 사회복지의 증진이라는 동일한 궁극적인 목적을 추구함에도 불구하고, 그 실현 방법의 차이 때문에 서로 상충된 결과를 가져올 수 있다고 이해된다.[2] 구체적으로, 공공복리 증진에 있어서 독점금지법은

---

2) *See, e.g.*, Ramsey Hanna, Note, *Misusing Antitrust: the Search for Functional Copyright Misuse Standards*, 46 Stan. L. Rev. 401, 419-21(1994)(저자는 특허법과 저작권법의 정책들은 독점금지법과 반드시 양립하지 않는다고 말하고, 따라서 독점금지법의 분석은 특허법에 의해 부여된 특권을 제한하기 위해 IP에 적용되지 않아야 함을 주장한다)(*id.* at 418).

독점을 금지하는 데 반해 특허법은 그와 같은 독점을 보호함으로써 사회적 효율성을 추구해 왔고, 이것이 독점금지법과 특허법을 영구적인 긴장 상태에 있게 만드는 원인을 제공하는 것으로 해석되었다.[3] 이와 같은 이론을 전제로, 양법의 충돌관계를 해결하기 위해서 특허권의 행사는 독점금지법 적용의 예외가 된다고 설명되어 왔다.[4]

그러나 특허법과 독점금지법의 충돌은 독점금지법이 독점을 금지하기 때문에 발생하거나, 특허법이 특허권자에게 독점을 허용함으로써 발생하는 것은 아니다. 무엇보다, 특허법에 의해 부여되는 배타적 권리를 경제학적 용어인 '독점'과 동일시하는 것은 바람직하지 않다. 많은 법원과 학자들이 종종 사용하는 '특허독점'[5]이란 용어의 의미는 시장에서 발생하는 실체적·경제학적 의미의 독점을 의미하는 것이 아니고, 단지 특허상품, 서비스, 기술 자체에 대한 배타적 권리를 의미할 뿐이다.[6]

먼저 특허의 대상이 되는 자연법칙을 이용한 기술적 사상은 무형의 '공공재'로서 1) 비경합성(non-rivalry)과 2) 비배타성(non-excludability)이라는 두 가지 특징을 가진 상품 혹은 용역으로 정의된다.[7] 먼저 공공재의 특징으로서 비

---

3) 그러나 몇몇 저자들은 여전히 특허법의 주된 목적이 IP 소유자에게 생산량의 통제를 통한 초과경쟁가격을 설정하도록 하는 것이기 때문에, 독점으로부터 IP형태를 구분하는 것이 어렵다고 주장한다. 이 저자는 결국 특허의 보호가 일반적인 독점금지 법칙에 대한 예외라고 설명한다. See 2 Dratler Jr. Jay, Licensing of Intellectual Property § 6.02(Supp. 2004); Aaron Xavier Fellmeth, *Copyright Misuse and the Limits of the Intellectual Property Monopoly*, 6 J. Intell. Prop. L. 1, 3(1998).

4) *See* 2 Jay, supra note 3, § 6.02; Fellmeth, supra note 3, at 3.

5) *See* Sony Corp. of America v. Universal City Studios, Inc., 464 U.S. 417, 429(1984)("의회가 부여한 독점적 특권은 무제한적인 것이 아니고, 또한 특별한 사적이익을 제공하기 위한 것도 아니다"고 판시함); Broadcast Music, Inc. v. Columbia Broadcasting System, Inc., 99 S. Ct. 1551, 1567(1979); United States v. Line Material Co., 333 U.S. 287, 308(1948).

6) *See* Abbott Labs. v. Brennan, 952 F.2d 1346(Fed. Cir. 1991), *cert. denied*, 505 U.S. 1205, 112 S.Ct. 2993(1992); U.S. Steel Corp. v. Fortner Enterprises(Fortner Ⅱ), 429 U.S. 610(1977)(이 사건에서 법원은 상품의 "유일성(uniqueness)이 시장지배력을 야기한다는 별도의 증거가 존재하지 않는 한, 유일성 그 자체는 시장지배력 요건을 충족시키기에 충분하지 않다"고 판시하였다)(*id.* at 612); Department of Justice and the Federal Trade Commission, *Antitrust Guidelines for the Licensing of Intellectual Property*, § 2.2(Apr. 6, 1995) (hereinafter "IP Guideline").

7) *See* Dennis W. Carlton & Jeffrey M. Perloff, Modern Industrial Organization 507-510(3rd ed., 1999); Henry N. Butler, Economic Analysis for Lawyers 88(1998); Robert Cooter & Thomas Ulen, Law and Economics 46-48(1988); Mark A. Lemley, *The Economics of Improvement in Intellectual Property Law*, 75 Tex. L. Rev. 989, 994-96(1997).

경합성의 특성 때문에 소비자들은 상품의 양적, 질적 저하 없이 공공재를 동시에 다수가 사용하는 것이 가능하다. 예를 들어, 포도주를 빨리 맛있게 만드는 방법, 디지털로 변환된 음악 파일, 뉴스기사 등의 정보재는 거의 0의 한계비용으로 무한정하게 복사, 재생산하는 것이 가능하다. 반면, 비배타성의 특성은 상품 혹은 서비스에 가격을 지불하지 않은 소비자들을 그 상품, 서비스의 사용에서 배제할 수 없게 만든다. 전형적인 예는 국방·안전·소방·경찰 등의 필수 서비스이다. 정보재의 특성은 이와 같은 필수 공공재 서비스의 성격과 유사하다. 정보재의 생산자가 한번 그 정보를 유포시킨 후에는 다른 제3자의 비용지급 여부에 관계 없이 다른 일반인들이 그 정보를 사용하고 그것에 의해 이익을 얻는 것을 쉽게 배제할 수 없다. 이와 같은 특성으로 인해 소비자는 그와 같은 서비스, 상품에 대해 금액을 지불하지 않을 강한 동기를 가지게 된다. 특허권의 존재 목적은 이와 같은 공공재의 비배타성과 직접적인 관련을 가지고 있다.

공공재의 비배타성 때문에 모든 공공재의 사용자가 대가를 지불하지 않을 동기를 가지게 된다. 따라서 정보재의 생산자는 그 시장에서 그의 상품 혹은 서비스에 대한 적절한 이익을 얻을 것을 기대할 수 없고, 결론적으로 그러한 상품 혹은 서비스를 더 이상 생산하기를 원하지 않게 된다. 이와 같은 이유로 자연상태에서 '공공재'는 언제나 생산의 부족이 예상되고, 결국 무임승차자에 의한 시장실패가 야기되는 것이다.[8] 특허법은 이와 같은 공공재의 생산자에게 배타적 권리를 부여함으로써 공공재의 배타성을 인정하여, 혁신적 기술사상의 지속적인 생산을 의도하고 있다. 이와 같은 혁신적 기술사상의 재생산 과정을 통해 사회복지가 향상되는 것이 특허법의 궁극적인 목적이 된다.[9]

---

8) *See supra note* 7.

9) 이와 같은 견해는 특히 미국의 공리주의적 관점에서 특허권을 해석하는 입장으로서 현재 미국 연방대법원과 미국 학자들의 견해이다. 다만 전통적으로 지적재산권법의 궁극적인 목적을 바라보는 견해는 두 가지로 나누어진다. 첫째는 공리주의 혹은 경제적 동기의 관점(utilitarianism/economic incentive perspective)에서 지적재산권의 사회복지에 대한 영향력에 중점을 두는 견해와 자연권적 정당성을 강조하는 견해(the perspective of a natural rights justification)로서 지적재산권은 그 사회적 복지증진에 대한 효과와 관계없이 발명자·창작자의 노동에 대한 보수로서 부여되는 자연적 권리임을 주장하는 견해가 존재한다. 미국연방대법원은 첫번째의 공리주의적 관점을 지적재산권의 목적으로 받아들이고 있는 반면 대부분의 유럽 지적재산권의 입장은 지적재산권을 발명·창작자가 그들의 노동에 대한 보수로서 자신들의 작품의 배포 사용들을 통제할 자연적 권리라고 보고 있다(Robert P. Merges, Peter S. Menell, and Mark A. Lemley, Intellectual Property In The New Technological Age 8-18(2d ed. 2000)).

그러나 현재에는 이와 같은 관점상의 차이점은 점점 더 불분명해지고 있다. 즉, "노동가치이 따라서 특허법이 특허권자에게 부여하는 것은 특허사항에 대한 배타적 지배권에 불과하고 이것은 공공의 이익을 증진하기 위한 궁극적인 목적을 위한 수단으로서 기술혁신을 위한 최소한의 인센티브를 보상하기 위한 것이다. 따라서 특허상품 혹은 기술이 관련 시장에서 독점적 지위를 차지하는 것은 특허법의 목적과 직접적인 관련성을 가지고 있지는 않다.

2. 특허권의 유일성과 시장독점

특허권이 부여되기 위해서는 특허 수여요건으로 신규성, 진보성, 산업적 이용가능성을 충족하여야 하는데, 결과적으로 당해 특허상품, 서비스는 그 본질적 특성으로 이전상품과는 다른 유일성(uniqueness)을 가지게 된다.[10] 특허법은 이러한 유일성과 그 배타적 지배를 통해, 특허권자가 거래에 의한 배타적 이익을 얻을 수 있는 조건을 부여하고 있지만, 그것 자체가 관련시장에서 독점적 지위 자체를 부여하는 것은 아니다.[11] 즉, 특허법에 의해 보호되는 상품의 유일성 혹은 호감성(desirability)은 독점적 지위를 획득하는 하나의 중요한 원인이 될 수 있기는 하지만, 그 자체만으로는 시장지배력을 창설하기에 충분하지 않다. 특허권자의 시장지배적 지위는 시장의 구조, 특정상품의 특성, 그리고 다른 시장의 경제적 조건들에 의해 좌우되는 부수적인 현상일 뿐이다. 특히, 독점적 지위의 생성은 대체제의 출현가능성, 다양한 시장에서 시장지배력의 크기, 대체제를 위해 요구되는 유사성의 정도 등, 여러 제반 조건에 좌우된다.[12] 무엇보다, 시장지배적 기업이 책정할 경쟁수준 이상의 초과경쟁적 가격을 지불할 소비자의 수요가 존재하여야 한다.[13] 만일 유사한 상품이 현재 존재하거나,[14]

론에 기반을 둔 자연권적 정당성을 옹호하는 견해들도 창조자들이 소비자에게 이익을 주는 방법으로 '적절한 수단 안에서' 그들의 권리를 인정하여야 한다고 주장하기 때문이다"(John Shepard Wiley, Jr., *Copyright at the School of Patent*, 58 U. Chi. L. Rev. 119, 140 (1991); William W. Fisher Ⅲ, *Property and Contract on the Internet*, 73 Chi. Kent L. Rev. 1203, 1215(1998)).

10) 특허법 제29조 1항.

11) 따라서 특허·저작권의 존재 자체가 시장지배력으로 추정될 수 있다고 판단한 미국 연방대법원의 Loew's 사건(United States v. Loew's Inc., 371 U.S. 38, 46(1962)) 이후에 많은 학자들은 이와 같은 연방대법원의 태도를 비판해 왔다. *See* Hanna, *supra note* 2, at 414.

12) Kenneth J. Burchfiel, *Patent Misuse and Antitrust Reform: Blessed Be the Tie?* 4 Harv. J. L. & Tech. 1, 77-78(1991).

13) 시장 지배력은 통상 경쟁수준 이상으로 상품가격을 책정할 수 있는 힘이라고 정의된다. 또

혹은 특허품이 실제 수요를 확보하지 못하면, 판매자에게는 경제학적으로 의미 있는 시장지배력이 존재하지 않는다. 따라서 상품의 호감성, 유일성 자체가 특별한 시장지배력을 생성하는 것은 아니고, 결국 특허권자에 대한 배타적 권리의 부여가 독점력의 부여로 간주되는 것은 타당하지 않다.[15)]

게다가 특허법의 배타성이 특정 시장 안의 독점권으로 해석된다고 하여도 독점금지법은 합법적 영업행위 혹은 경제주체의 특별한 자산, 재능에 의해 발생한 독점적 지위 자체를 금지하는 것은 아니다. 입법초기에 원인금지 주의를 표방했던 미국 독점금지법인 셔먼법 제2조의 초기 적용사례가 있지만, 현재의 미국 연방독점금지법은 독점적 지위 자체를 금지하는 것이 아니고, 법률에 의해 보장된 법적 재산권을 사용하는 합법적 행위가 아닌, 오직 '독점적 지위를 유지하기 위해' 또는 '시장의 독점화를 위해 시도하는' '불법적 행위'만을 금지하는 것으로 해석된다.[16)] 우리 독점금지법 제3조의2 제1항도 시장지배적 사업자의 지위 자체를 금지하는 것이 아니라 그 '지위남용행위'를 금지하고 있다.[17)] 따라서 독점적 지위의 존재 자체만으로는 독점금지법상의 위법 구성요건을 성립시키지 못한다.

결론적으로 독점금지법과 특허법간의 실질적인 충돌은 특허권의 존재가 야기하는 특허권자의 시장내 독점적 지위 자체에 의해서 발생하는 것은 아니라

한 독점력은 일반적으로 상당 수준의 시장지배력으로 특정된다. *See* Landes & Posner, *Market Power in Antitrust Cases*, 94 Harv. L. Rev. 937, 939-52(1981).

14) Note, *Clarifying the Copyright Misuse Defense: The Role of Antitrust Standards and First Amendment Values*, 104 Harv. L. Rev. 1289, 1298-99(1991).

15) 그럼에도 불구하고 최근 연방항소법원은 *Independent Ink v. Illinois Tool Works* 사건에서 (396 F.3d 1342(Fed. Cir. 2005)) 여전히 특허가 특허품 자체의 관련 시장에서 시장지배력 추정을 야기한다고 판시하고, 특허권자가 그러한 추정을 번복할 입증책임을 부담한다고 판결하였다(*id.* at 1352). 즉, 이 사건에서 항소법원은 특허와 저작권의 끼워팔기 행위들은 다른 끼워팔기 사건과 달리 시장지배력의 적극적인 입증이 요구되지 아니한다고 판단하였던 이전의 연방대법원의 결정들이(International Salt v. United States, 332 U.S. 392, 396 (1947)), United States v. Loew's Inc., 371 U.S. 38, 46(1962)) 여전히 구속력을 가지는 유효한 것이라고 확인하였다. 그러나 항소법원은 선례구속의 원칙 때문에 연방대법원의 이러한 결정들을 따를 수밖에 없음을 판시하여, 간접적으로 연방대법원의 결정번복을 촉구하고 있다(*id.* at 1348-49). 이와 같은 연방항소법원의 결정에 대해 연방대법원은 결국 최종적으로 특허권의 존재만으로 시장지배력을 추정하던 선례들을 번복하여, 특허권 자체가 시장지배력의 존재를 추정하지 않음을 확인하였다(Ill. Tool Works Inc. v. Indep. Ink, Inc., 126 S. Ct. 1281(2006)).

16) *See* Herbert Hovenkamp, Federal Antitrust Policy § 6.3(2d ed. 1999); IP Guideline, supra note 6, § 2.2.

17) 권오승, 「경제법」 제5판, 법문사, 2005, 163-164면.

고 할 수 있다. 이와 같이 살펴볼 때 특허권의 행사가 독점금지법이 보호하는 자유시장 경제체제내의 경쟁질서에 대한 예외라고 보는 것은 타당하지 않다. 오히려 독점금지법과 특허법 모두 사회의 복지증가라는 공동의 목적을 가지고, 상호 공유하는 공통의 정책을 집행하고 있다고 해석할 수 있다.

Ⅲ. 독점금지법의 목적과 특허법의 목적

1. 사회복지 증진을 위한 특허법과 독점금지법의 공통목적

다음 Ⅲ.2에서 살펴본 것처럼 특허법과 독점금지법의 세부적인 정책적 목표는 각각 동태적 효율성과 정태적 효율성의 증진이라고 별도로 표현되지만, 궁극적으로 양자 모두는 사회복지의 증가라는 공통의 최종적인 목적을 가진다.[18] 이와 같이 특허법이 사회복지의 증가를 직접적인 목적으로 한다는 점에서 특허법을 독점금지법의 연장이라고 이해하는 견해도 존재한다.[19]

공공복리의 증진을 위한 목적의 추구과정에서 독점금지법과 특허법은 양자 모두 상품생산의 확대를 요구하고 그에 의해 사회복지의 증진을 가져온다.[20] 다만, 사회복지의 증진을 위한 양자의 구체적인 역할을 논의하기에 앞서, 지나치게 추상적인 사회복지의 개념을 좀더 실체적이고 구체화된 법적 개념으로 바꾸어 이해할 필요가 있다. 먼저, 사회복지라는 추상적 개념을 구체적으로

18) *See* 1 Herbert Hovenkamp, Mark D. Janis, and Mark A. Lemley, IP and Antitrust § 1.3a (Supp. 2004); David McGowan, *Regulating Competition in the Information Age: Computer Software as an Essential Facility Under the Sherman Act*, 18 Hastings Comm. & Ent. L.J. 771, 774-775(1996); Ward S. Bowman, Patent and Antitrust Law: A Legal and Economic Appraisal, 1-2(1973). 다만, Bowman은 특허법과 독점금지법의 역할을 '분배적 효율성'의 증가에 한정시켰다. 실제로 전통적인 미시경제학에서는 분배적 효율성 자체가 사회복지를 의미하는 것으로 간주되었다(*See* Hal R. Varian, Microeconomic Analysis 404-409(3d ed. 1992)). 그러나 동태적 혁신 모델이 출연한 이후, 1980년대 후반 부터는 동태적 효율성이 사회복지에 영향을 미치는 중요한 요소로 주장되어 오고 있다(*See*, e.g., Thomas M. Jorde & David J. Teece, *Innovation and Cooperation: Implications for Competition and Antitrust*, 4 J. Econ. Persp. 75, 77-79(1990); Andrew B. Abel et al., *Assessing Dynamic Efficiency: Theory and Evidence*, 56 The Review of Economic Studies 1, 1-3(1989)).

19) Aaron Xavier Fellmeth, *Copyright Misuse and the Limits of the Intellectual Property Monopoly*, 6 J. Intell. Prop. L. 1, 3(1998).

20) *See* Hovenkamp, Janis, and Lemley, *supra note* 18, § 1.3.

이해하기 위해 법학자들은 주로 '소비자 복지'라는 대체적인 개념을 사용해 왔다.[21] 최적의 소비자 복지는 단기에는 자유경쟁이 가져오는 상품의 가격, 품질, 다양성에 의해 달성되지만, 장기에는 최적의 혁신과 더 효율적인 경제시스템을 요구하게 된다.[22] 이러한 소비자 복지 개념을 좀더 구체화한 실체적 개념으로 '소비자 주권' 개념이 제시된다.[23] 소비자 주권개념을 통해 소비자 복지와 소비자 잉여를 극대화하기 위한 법규와 정책의 구체적인 내용이 간접적으로 설명될 수 있을 것이다.

우선 소비자 주권개념(consumer sovereignty)은 "소비자가 완전한 정보를 가지고 자신이 원하는 상품 서비스를 시장에서 자유롭게 선택할 수 있는 권리를 말한다."[24] 소비자의 선택권을 보장하고 상품 용역에 대한 완전한 정보를 제공하며, 합리적인 소비자 선택을 방해하는 외부의 영향력으로부터 소비자를 보호함으로써 소비자 주권을 확립하는 것이 소비자복지 증대의 실천적인 방법이라고 이해되고 있다.[25] 먼저, 이러한 소비자 주권은 시장에서 다양한 상품이 존재할 때 확보되는 '소비자 선택권'의 행사에 의해서 구체적으로 실현된다.[26] 특정 상품 혹은 용역의 선택에 의해 소비자는 자신의 필요를 충족하고 다음 생산을 위한 신호를 시장에 보내게 된다. 따라서 소비자 주권의 확보를 위해서는 소비자 선택권의 행사가 필연적으로 보호될 필요가 있는 것이다.

이러한 소비자의 선택권은 1) 시장에 다양한 상품들이 존재함으로써 소비자의 선택가능성이 확보될 때, 2) 소비자가 그러한 상품들을 합리적으로, 자유롭게 선택할 수 있는 능력을 가질 때 실질적으로 보장된다고 할 수 있다.[27] 그러나 소비자 주권의 관점에서 볼 때, 두 가지 시장실패에 의해서 두 가지 요건

21) 사회복지(Social Welfare) 개념을 설명하기 위한 파레토 최적(Pareto-optimal)의 경제학적 분석과 이를 다시 법적 용어로 변환하는 소비자 복지개념의 정의에 대한 국내문헌은, 권오승, 앞의 책, 82-88면 참조; Hovenkamp, *supra* note 16, § 2.3c; Sullivan and Grimes, *supra* note 52, § 17.2.

22) Neil W. Averitt and Robert H. Lande, *Consumer Sovereignty: A Unified Theory Of Antitrust And Consumer Protection Law*, 65 Antitrust L.J. 713, 716, note 5(1997).

23) *See id.* at 713-714.

24) Milton Handler, *Reforming The Antitrust Laws*, 82 Colum. L. Rev. 1287, 1328, note 257 (1982).

25) Ernest Gellhorn, *Trading Stamps*, S & H, *And The Ftc's Unfairness Doctrine*, 1983 Duke L.J. 903, 936-938(1983); Averitt and Lande, *supra* note 22, at 716, note. 5(1997).

26) Averitt and Lande, *supra* note 22, at 716.

27) *Id.*

이 충족되지 못할 수도 있고, 결과적으로 소비자 선택권의 행사가 침해될 소지가 있다. 즉, 소비자의 관점에서 볼 때 외부적인 요소와 내부적인 요소가 각각 외부적 시장실패와 내부적 시장실패를 야기하게 된다.[28]

먼저 소비자에게 외부적 시장 실패는 독과점, 카르텔과 같은 독점금지법적 문제에 의해 발생하는 것으로, 경쟁제한 행위들은 궁극적으로 경쟁자의 수를 감소시킴으로써 소비자 선택의 범위를 감소시킨다.[29] 예를 들어, 독점화 행위에 의해 공급자의 수가 감소하고 따라서 소비자는 수많은 공급자에 의해 제공되는 다양한 품질과 다양한 가격의 상품, 용역을 선택하는 대신에 오직 독점자의 제한된 상품과 용역을 선택하도록 강요당하는 결과가 발생한다. 이와 같은 시장실패는 상품·용역을 소비하는 최종 소비자의 통제범위 밖에서 발생하게 되므로 외부적 시장 실패로 분류된다.[30] 반면, 소비자의 내적 요인에 의해 발생하는 내부적 시장실패는 특정 요인이 소비자의 합리적인 구별능력에 영향을 줌으로써, 소비자가 비합리적인 선택을 하고, 결국 선택권이 적절히 행사되지 못함으로써 발생한다.[31] 예를 들어, 각종 불실(不實)표시, 고객유인, 허위·과장광고 등은 소비자의 통제 범위 안에서 작용하여, 다양한 선택가능성이 존재하는 경우에도 소비자 선택권이 합리적으로 사용되지 못하는 원인을 제공한다. 이러한 내적 시장실패는 소비자 보호법상의 문제와 직접 연관을 가진다. 결국, 소비자 주권 보장의 관점에서 볼 때, 독점금지법은 외부적 시장실패를 회피하기 위한 수단이 되고, 각종 소비자 보호법들은 내적 시장 실패를 회피하기 위한 수단으로써 역할을 하게 된다.[32] 다시 말해, 독점금지법은 시장에서 경쟁을 유지하고, 자원을 효율적으로 배분하여 소비자 선택의 폭을 넓게 확장하는 역할을 한다. 반면, 각종 소비자 보호법규들은 사기, 불실표시, 상품정보의 은닉

28) 일반적으로 외부적 시장실패의 원인은 다음과 같은 요소들 때문에 발생하는 것으로 설명된다: "불완전한 정보, 시간차(time lag), 신규 참입자에 대한 진입장벽, 자연독점의 발생, 긍적적 혹은 부정적 외부효과, 무임승차자 혹은 공공재와 같은 상황의 존재"(*See* Neil W. Averitt and Robert H. Lande, Consumer Sovereignty: A Unified Theory Of Antitrust And Consumer Protection Law, 65 Antitrust L.J. 713, note 41-58(1997)). 반면, 내부적 시장실패를 야기하는 요소들은 다음과 같다: "공공연한 강압, 부적절한 영향력, 사기, 정보의 불완전성, 정보의 혼동 야기"(*See* Neil W. Averitt and Robert H. Lande, *id.* at 733.).

29) Averitt and Lande, *supra* note 22, at 729.

30) *Id.*

31) *Id.*

32) Robert H. Lande, *Wealth Transfers as the Original and Primary Concern of Antitrust: The Efficiency Interpretation Challenged*, 50 Hastings L.J. 871, 929-30(1999).

등의 방지 등에 의해 소비자들이 선택권을 합리적으로 행사할 수 있도록 보조하는 역할을 한다.[33)]

특허법은 독점금지법과 마찬가지로 소비자 선택권의 범위를 확장하는 역할을 하고 그에 의해서 소비자 복지를 증대시킨다. 특허법의 보호대상인 정보재는 공공재의 특성을 가짐으로써 시장의 힘만으로는 적재 적량이 생산될 수 없는 한계를 가지기 때문에, 소비자가 그 스스로는 적절한 선택권을 행사 없는 외부적 시장실패가 필연적으로 발생하게 된다.[34)] 특허법은 이와 같은 문제점을 보완하기 위한 중요한 방법이 된다. 소비자 주권의 관점에서 특허법은 지속적인 혁신을 유도하여 전보다 개량되거나 새로운 상품이 지속적으로 공급되도록 하고, 결국 소비자 선택의 범위는 지속적으로 확대된다. 물론 특허법이 혁신을 지속적으로 유인하여 소비자 선택권의 범위를 확대하는 과정은 단순히 초기 발명자에 대한 인센티브를 보장함으로써 이루어지는 것이 아니고, 그 기본정책들의 조화를 통해서 이루어진다.[35)] 이러한 점에서 특허법은 소비자 선택의 범위를 확대·증진하는 독점금지법과 동일한 목적으로 가지고 있다고 할 수 있다. 특허법은 결국 독점금지법과 같이 사회복지 증진이라는 공통의 목적을 추구한다.[36)]

2. 독점금지법의 분배적 효율성과 특허법의 동태적 효율성의 기본개념

(1) 독점금지법의 분배적 효율성 개념과 경쟁정책

독점금지법의 궁극적 목적은 '분배적 효율성'과 '생산적 효율성'을 극대화

33) Neil W. Averitt and Robert H. Lande, *Consumer Sovereignty: A Unified Theory Of Antitrust And Consumer Protection Law*, 65 Antitrust L.J. 713, 714-16(1997).

34) *See supra* Ⅱ. 1.

35) 이와 같은 과정은 특허법이 먼저 인센티브 보상정책에 의해 혁신자의 초기 투자를 유도하고, 정보접근 보장정책을 통해 잠재적 경쟁자들의 공개된 정보에 접근을 보장하며, 자유진입 정책에 의해 후속혁신의 지속적인 흐름을 보장함으로써 지속적인 혁신을 유지하여 달성된다 (오승한, "특허·저작권의 기본목적과 정책에 대한 경제적 분석 및 독점금지법의 경쟁정책과의 비교," 「상사판례연구」 제18집 제3권, 상사판례학회, 2005, 247-287면).

36) 상표법의 역할은 특허와 저작권과 구별된다. 상표법은 소비자 혼동을 막아 내적 시장실패로부터 소비자를 보호하는 역할을 한다. 상표법에 있어서 가장 결정적인 기준은 "소비자의 혼동가능성"이다. *See* Roger E. Schechter & John R. Thomas, Intellectual Property — The Law of Copyrights, Patents and Trademarks § 29.1(2003).

함으로써 '사회복지(social welfare)'를 증가시키는 것으로 이해된다.[37] 분배적 효율성은 어떤 경제활동행위의 결과로서 어디에 자원을 배치할 것인지, 그리고 그 배치가 소비자의 가치평가에 어떻게 반응할 것인지를 가리키는 용어이다.[38] 통상 이것은 "소비자가 가치 있게 평가 하는 것들을 효율적으로 공급하는 것"으로 이해된다.[39] 이러한 분배적 효율성 개념은 다양한 경쟁자가 존재하는 경쟁적인 '현재의 시장기능'과 밀접한 관련을 가지고, 종종 그 자체가 사회복지자체를 의미하는 것으로 해석되기도 한다.[40] 반면 생산적 효율성은 투입물에 대한 생산물의 비율로서 해석되며, "소비자가 원하는 것을 가장 적은 비용으로 생산함으로써 사회적 부를 극대화시키는 것"으로 해석된다.[41] 그러나 비효율적인 기업에 대한 훈련은 시장이 스스로 시키는 것이기 때문에, 독점금지법은 생산적 효율성에 대해서는 수동적인 태도를 취한다.[42] 따라서 독점금지법의 중점은 '소비자가 원하는 것을 생산·공급하는 것'을 의미하는 '분배적 효율성'에 집중된다.[43]

이와 같은 분배적 효율성 개념은 다양한 경쟁자에 의해 다양한 상품이 적재적소에 공급되는 경쟁적인 '현재의 시장기능'과 직접적 관련을 가지기 때문에 독점금지법의 기본정책으로 경쟁정책이 그 궁극적인 실현정책이 된다. 따라서 독점금지법의 위반을 구성하는 핵심 궁극적인 지표는 당해 행위가 경쟁정책을 침해하는지 여부, 즉 관련시장에서 경쟁을 저해하는 반경쟁성을 가지는지에 대한 판단이라고 할 수 있다. 예를 들어, 독점사업자의 시장지배력 남용 혹은 과점사업자들의 가격담합 등의 존재는 더 나은 성능을 가진, 더 싼 가격의, 더 많은 다양한 상품이라는 소비자의 욕구에 부합하지는 않은 사회적으로 비효율

37) Bowman, *supra* note 18, at 2-3; 생산적 효율성은 투입량에 대한 생산량의 비율로 정의된다. 그러나 분배적 효율성은 생산적 효율성보다 더 추상적이고 논란이 많은 개념이다. 분배적 효율성은 전체로 사회복지를 의미하기도 한다. 예를 들어, 어느 정도의 투입물과 자원이 존재한다고 하면, 분배적 효율성은 어떤 자원의 분배가 사회를 가장 경제적으로 풍요하게 만들 것인지를 묻게 된다. 통상 이 질문에 대한 대답은 '소비자가 실제로 원하는 것을 공급'하는 것이 된다. *See* Hovenkamp, *supra* note 16, § 2.3c.

38) *See* Frederic M. Scherer, Industrial Market Structure and Economic Performance 16-18 (1980).

39) *Id.*

40) *See supra* note 37.

41) Bowman, *supra* note 18, at 2-3(1973).

42) Hovenkamp, *supra* note 16.

43) *Id.*

적인 행위라고 할 수 있다.

특히, 분배적 효율성 개념은 우선 현재자원이 한 곳에 집중되지 않고 분산됨으로써 더 많은 경쟁자간의 경쟁에 의해, 더 다양한 상품·서비스가 생산 공급됨으로써 증가되는 사회 복지의 증가 혹은 소비자 복지의 증가를 의미한다. 분배적 효율성을 강조하게 되면 우선 독·과점과 같은 사회자원의 집중을 막는 정책이 중요한 의미를 가지게 된다. 특히 고전적 의미에서 분배적 효율성은 특정시점의 정태적 분석을 의미하기 때문에, 비록 장기적으로 독점사업자가 생산·공급하는 상품, 서비스에 의한 사회적 효율성이 존재한다고 해도 우선 현재 상태에서 자원의 집중에 의해 발생하는 비효율성을 금지하도록 한다. 따라서 극단적으로 분배적 효율성을 주장하게 되면 특정 사업자에게 사회적 자원을 배타적으로 집중시키는 특허권의 부여와 같은 특권의 부여는 바람직하지 않다는 결론에 이르게 된다.

(2) 특허법의 동태적 효율성 개념

가. 특허법의 궁극적 목적인 지속적 혁신

특허법의 목적은 과학기술과 창작물의 발전을 유도함으로써 미래의 혁신에 의한 사회 복지 증가를 달성하기 위한 것이라고 할 수 있다.[44] 즉, 특허·저작권법의 목적은 '혁신의 유지'에 의한 공공이익의 증가라고 정의된다.[45] 다만, '사회의 발전과 진보'는 단순히 혁신적인 행위들을 현재 시점에서 달성하는 것을 넘어서서 지속하고 확장하는 것을 의미하므로 동태적 의미가 보충되어야 한다. 따라서 특허법의 궁극적인 목적은 '지속적인 혁신(continuing innovation)'이란 말에 의해 보다 더 정확히 설명될 수 있다.[46]

특허와 저작권법에 대한 근거를 규정한 미국헌법 1조, 8항, 8절은 양 법의 입법목적은 "과학과 예술의 진보(Progress of Science and useful Arts)"를 위해서라고 규정하고 있는데, '지속적 혁신'은 이를 경제정책적 개념으로 해석한 정의라고 할 수 있다.[47] 먼저, 미국 연방헌법에서 사용하는 진보(progress)는 정

44) *See supra* note 9.

45) *See id.*

46) '지속적인 혁신'은 "세대를 넘어선 동태적 시장 효율성"으로 정의되기도 한다. *See* Lemley, *supra note* 7, 997.

47) U.S. Const. art. 1, §8, cl. 8("The Congress shall have Power to promote the Progress of Science and useful Arts, by securing for limited Times to Authors and Inventors the

태적인 개념이 아닌 동태적이고 지속적인 개념으로 이해될 수 있는데, 통상 유사한 의미를 가진 '혁신(innovation)'이란 단어가 특허·저작권법의 헌법적 목적을 설명하기 위해 사용되어 왔다.[48] 그러나 '진보'는 단순히 어느 단계로서 완성되는 것이 아니기 때문에 혁신적인 행위들을 지속하고 확장하는 동태적 의미가 보충되어야 한다. 따라서 특허·저작권법의 궁극적인 목적은 '지속적인 혁신(continuing innovation)'이란 말에 의해 보다 더 정확히 설명될 수 있다.

우리법도 특허권과 저작권의 보장이 모두 동일한 헌법조항에서 근거하므로 양자의 목적을 동일하게 파악해도 큰 무리는 없다고 할 수 있다. 구체적으로 우리 특허·저작권법의 수권규정인 우리헌법 제22조는 저작자와 발명가의 권리를 규정하고 있으나, 이를 보호하는 궁극적인 목적에 대해서는 언급하고 있지 않다. 일반적으로는, 특허·저작권의 보호이유로 '창의적' 경제활동을 보장하고 있는 헌법 제119조가 그 궁극적인 헌법적 근거가 된다고 해석하게 된다.[49] 그러나 119조 1항에 따라 "창의적 경제 활동"만을 보장하는 것을 특허·저작권의 궁극적인 근거로 보는 것은 지나치게 좁은 해석이라고 할 수 있다. 즉, 개인의 발명, 창작품을 단순히 개인의 자유권 보호라는 차원을 넘어서서 적극적으로 국가정책상 보호하는 이유는 이러한 창조적 활동이 단순히 개인의 기호 만족을 위해서 행해지는 것이 아니라, 그것이 궁극적으로 국민경제의 발전에 이바지하기 때문이다. 따라서 특허권 보장의 근거는 제127조 1항을 통해 더 보충될 필요가 있는데, 결론적으로 '국가는 과학기술의 혁신 등을 통해 국민경제의 발전에 노력해야 할 의무'가 있고, 이와 같은 맥락에서 특허 및 저작권의 적극적 보호는 궁극적으로 지속적 혁신을 통한 공공의 이익증진을 가져오기 위해서라고 해석할 수 있을 것이다.[50]

나. 특허법의 지속적 혁신을 통한 동태적 효율성의 추구

독점금지법의 분배적 효율성과 대조적으로 특허법은 지속적 혁신을 유지함

---

exclusive Right to their respective Writings and Discoveries."); *See* Roger E. Schechter & John R. Thomas, Intellectual Property — The Law of Copyrights, Patents and Trademarks § 2.2.3(2003).

48) *See* Roger E. Schechter & John R. Thomas, Intellectual Property — The Law of Copyrights, Patents and Trademarks § 1.3.1(2003).

49) 정상조, 「지적재산권법」 홍문사, 2004, 36면.

50) 헌법 제127조 ① 국가는 과학기술의 혁신과 정보 및 인력의 개발을 통하여 국민경제의 발전에 노력하여야 한다.

으로써 사회 복지의 증가를 가져온다는 점에서 동태적 효율성을 추구한다.[51] 그 내용을 간략히 언급하면 다음과 같다. 동태적 효율성은 상품을 개선하고 그것을 보다 효율적으로 생산하거나, 혹은 기존의 상품을 능가하는 전혀 다른 새로운 상품으로 구형의 상품을 대체하는 일종의 새로운 '기술적 진보'에 의해 발생하는 효율성을 의미한다.[52] 동태적 효율성 개념에 의하면, 공공의 이익은 현존 자원의 배분 상태를 의미하는 정태적인 분배적 효율성(static allocative efficiency)뿐만 아니라 기존의 기술들을 발전시키는 지속적인 혁신과 결정적인 연관성을 가진다.[53]

이와 같은 동태적 효율성에 대한 정의를 고려할 때, 특허법이 추구하는 미래의 혁신으로부터 발생하는 공공의 이익은 결국 동태적 효율성이라는 경제학적 개념 정의로 귀결하게 된다. 결론적으로, 혁신자들의 혁신행위를 유도하기 위해 특허권자에게 배타적 권리를 부여하는 것은 동태적 효율성의 정의에 따라 '장래에 사회적 이익을 가져오기 위한' 단기적인 인센티브의 부여라고 이해될 수 있다. 이러한 이유로 동태적 효율성은 사회적 복지를 증가시키기 위한 특허법의 궁극적인 목적을 설명하기 위한 중요한 경제학적 개념이 된다.[54]

다. 특허법의 기본정책들

살펴본 바와 같이 특허법의 목적을 '지속적인 혁신의 유지'에 의한 공공이익의 증가라고 정의할 때, 이를 구체적으로 실현하는 기본정책들을 살펴볼 필요가 있다. 무엇보다 독점금지법과 특허법의 관계를 정확히 파악하기 위해서는 독점금지법의 경쟁정책과 비교되는 특허법상의 기본정책들이 어떻게 다른지를 서로 비교할 필요가 있다. 이를 통해 특허법의 작용 메커니즘에 독점금지법이 어떠한 영향력을 미치는지를 이해할 수 있다.[55] 구체적으로 특허법의 기본정책은 보상정책, 정보확산 보장정책, 후속혁신 보장정책으로 구분할 수 있고, 이

51) 이에 대해서는 이미 발표된 글에서 자세히 논의하였으므로 여기서 자세한 논의는 생략하기로 한다. 오승한, 앞의 글(「상사판례연구」), 252-257면.

52) Lawrence A. Sullivan & Warren S. Grimes, The Law of Antitrust: An Integrated Handbook §1.5b2(2000).

53) 이와 같은 이유로 "최적의 특허제도를 위한 공공정책의 분석은 정태적 효율성과 동태적 효율성 사이의 상호보완 작용에서 도출된다"고 주장된다. *See* Janusz A. Ordover, *A Patent System for Both Diffusion and Exclusion*, 5 J. Econ. Persp. 43, 43(1990).

54) *See* Ordover, *supra* note 53, at 43.

55) 이에 대해서는 이미 발표한 글에서 논의한 바 있으므로 이 논문에서는 간략한 개념만을 언급한다. 오승한, 앞의 글(「상사판례연구」), 257-273면.

중에서 가장 기본적인 '보상정책'을 제한하는 역할을 나머지 정보확산 보장정책, 후속혁신 보장정책이 수행하여 특허권자의 배타적 권리를 일정범위 내로 제한한다.

첫째, 앞 Ⅱ.1.에서 언급한 바와 같이 특허법의 보호 객체인 정보재는 시장실패의 한 원인이 되는 공공재의 일종이고, 특허법의 첫번째 의의는 정보재에 대한 배타성의 부여를 통해 무임승차자를 배제할 수 있도록 함으로써, 특허권자가 특허의 공공재적 성질 때문에 자연상태에서는 수취할 수 없던 이익을 환수할 수 있도록 보장하는 것이라고 할 수 있다. 따라서 특허권자가 그들의 노력에 대한 충분한 보상을 받을 수 있는 이익을 보장해 주는 것이 동태적 효율성을 달성하기 위한 기본정책으로서, 이것을 인센티브 보상정책이라고 할 수 있다.[56] 그러나 특허법의 목적 달성을 위해 보상정책이 반드시 필요한 것은 사실이지만, '혁신의 지속'을 위해서는 무한정하게 보장될 수 없는 내재적 한계를 가지고 있고 앞으로 설명될 정보확산정책과 후속혁신 보장정책에 의해 제한된다.

둘째로, 특허 제도는 잠재적 경쟁자를 비롯한 시장의 일반대중이 공개된 특허 정보에 접근하는 것으로 보장한다.[57] 공개된 정보를 바탕으로 새로운 후속발명이 이루어진다는 점에서 특허정보에 대한 공공의 접근은 지속적 혁신을 위해 매우 중요한 의미를 가진다. 따라서 특허 제도의 공공이익을 증가시키기 위한 또 하나의 결정적인 수단은 정보의 확산 혹은 혁신적인 새로운 생산품 그룹에 대한 공공의 접근을 증진하는 것이다.[58] 예를 들어, 특허법은 제한된 기간 안에 부여된 배타적 권리가 소멸한 후에는 공공이 특허 정보에 자유롭게 접근 하는 것을 허용한다.[59] 더 나아가 그러한 배타적 권리들이 소멸하기 전이라도, 특허법은 특허권자가 다른 경쟁자들이 후속발명 혹은 창작하는 데 필요한 정보를 공개하도록 요구하고 있다. 즉, 특허 신청자는 공공에게 그 발명품을 완

---

56) Louis Kaplow, *The Patent-Antitrust Intersection: A Reappraisal*, 97 Harv. L. Rev. 1813, 1821-22(1984).

57) 이것은 정보확산을 위한 IP 정책의 역할을 의미한다.

58) United States v. Paramount Pictures, Inc., 334 U.S. 131, 158(1948); Department of Justice and the Federal Trade Commission, *Antitrust Guidelines for the Licensing of Intellectual Property*, §1.0(Apr. 6, 1995)(hereinafter "IP Guideline")("지적재산권법은 새롭고 유용한 상품, 보다 효율적인 방법들, 그리고 창조적인 표현들에게 실행 가능한 재산권을 부여함으로써 혁신과 그 혁신의 확산을 위한 인센티브를 제공한다").

59) *See* Ramsey Hanna, Note, *Misusing Antitrust: The Search for Functional Copyright Misuse Standards*, 46 Stan. L. Rev. 401, 419(1994).

전히 공개할 의무를 부담하기 때문에,[60] 발명품에 대한 명세서는 반드시 완전하고 구체적인 세부적 사양을 담아야 하고, 관련 분야에 종사하는 누구라도 그 명세서에 의존하여 동일한 발명품을 만들거나 이용할 수 있어야 한다.[61] 게다가 특허 신청자는 발명품의 실행을 위해 필요하다고 생각하는 가장 적합한 구체적 기술 수단 또는 방법을 공개하여야 한다.[62] 정보의 확산이 없다면, 혁신적 상품의 창조는 공공의 이익에 기여할 수가 없다. 혁신적 발명품은 후에 살펴보는 것처럼 본질적으로 이전의 생성물에 기반을 둔 축적된 지식을 요구하고, 이를 위해서는 특허정보에 대한 충분한 공공의 접근을 보호할 필요가 있는 것이다.[63] 이러한 점에서 특허법의 두 번째 중요한 정책은 기존의 특허품에 대한 '정보확산의 보장 정책'이라고 할 수 있다.

셋째, 특허법의 궁극적인 목적이 되는 혁신이 지속적으로 유지되기 위해서는 기초적인 선행기술의 보호뿐만 아니라 개선된 새로운 후속기술, 발전된 새로운 창작품의 출현 가능성을 보장하여야 한다. 따라서 현재 혹은 잠재적인 경쟁자의 후속 혁신상품이 시장에 진입하고, 소비자에 접근하는 것을 보호하기 위한 특허권의 기본정책으로서 '후속 혁신의 자유진입정책'이 필요하게 된다. 최근의 산업기술의 발전과 융합화로 인해 생물·유전공학, 컴퓨터소프트웨어, 화학, 항공공학 등의 각종 산업에 있어서 혁신은 이전의 혁신에 상당부분을 의존하고, 누적적으로 발생하는 것으로 평가된다.[64] 이러한 누적적 기술 산업에

60) Bonito Boats, Inc. v. Thunder Craft Boats, Inc., 489 U.S. 141, 150-51(1989).

61) 우리 특허법 제42조 3항: 특허법 42조에 의하여 특허를 출원하고자 하는 자는 명세서와 필요한 도면 및 요약서를 첨부하여야 하는데, 이중 가장 중요한 명세서에는 '발명의 상세한 설명'이 기재되어야 한다. 여기서 '발명의 상세한 설명'은 그 발명이 속하는 기술분야에서 통상의 지식을 가진 자가 용이하게 실시할 수 있을 정도로 그 발명의 목적·구성·효과 등을 기재한 것을 말한다(대법원 2001. 11. 13. 선고 99 후 2396 판결). 명세서 요건이 충족되지 못한 경우에는 특허거절결정 혹은 무효심판의 사유가 된다(특허법 제62조 4호 및 133조 1항); 미국 연방특허법 35 U.S.C. § 112 (1)(2000).

62) *See* 미국 연방특허법 35 U.S.C. § 112 (1)(2000)(the best mode and enablement 요건).

63) Maureen O'Rourke, *Toward a Doctrine of Fair Use in Patent Law*, 100 Colum. L. Rev. 1177, 1183 (2000).

64) David Victor, *An Analysis of an Affirmative Defense for Reverse Engineering Within A System of Legal Protection for Computer Software*, 66 S. Cal. L. Rev. 1705, 1722 note 61 (1993); Wendy J. Gordon, *On Owning Information: Intellectual Property and the Restitutionary Impulse*, 78 Va. L. Rev. 149, 156(1992); Mark A. Lemley, The Economics of Improvement in Intellectual Property Law, 75 Tex. L. Rev. 989, 997(1997)('지식은 누적적'임을 주장 "저자와 발명가들은 자신의 창조물을 반드시 이전에 만들어진 것들 위에 만들 수밖에 없다").

있어서, 혁신은 두 가지 단계로 나누어지는데, 초기의 혁신(initial innovation or stand-alone innovation)과 그에 기반을 두는 후속혁신(follow-on innovation)이 존재한다.[65] 특히, 후속혁신은 일반적으로 선행하는 상품·기술들에 의존하여 생성되는 2차적인 상품·기술의 개발 과정을 의미한다.[66] 특허법의 목적으로서 지속적인 혁신의 의미는 보다 진보된 후속혁신들이 시장에 계속적으로 나타나고 그에 의해 공공의 이익이 증가되는 것을 의미한다. 산업적 영리성과 직접적 연관이 있고, 선행·후행경쟁자들간의 이해관계를 직접적으로 다루어야 하는 특허법에서 이와 같은 후속혁신의 진입보장정책은 중요한 의미를 가지게 된다. 특허법은 이미 초기특허와 후속특허의 이해관계 조정을 통해 후속혁신의 진입을 보장하기 위해, 비록 제 3 자가 기존 발명품을 이용한 다른 개선상품을 원발명자의 허락 없이 개발한 경우에도 원 특허와 별도로 특허를 받을 수 있도록 하고 있다.[67] 다만, 후속 혁신자는 그 특허받은 개선품을 원특허자의 특허기간 동안 그의 허락 없이는 실시할 수 없도록 함으로써 양자의 이해관계를 조정하고 있다. 또한 특허권의 신규성, 진보성 요건의 해석을 통해 후행발명의 성립가능성에 대한 조정을 하고 있다.

특허법의 기본정책들 중에서 첫번째 인센티브 보장정책은 특허법이 혁신을 유도하기 위해 사용하는 가장 기본적인 수단으로, 아이디어에 배타성을 부여하여 특허권자에게 적절한 수익을 보장하는 역할을 한다. 다만, 이 인센티브 보장정책은 '정보 확산보장정책'과 '자유진입 정책'에 의해 제한되어, 특허법의 궁극적인 목적을 달성하기 위해 허용되는 범위 안에서만 인정되는 한계적 개념이라고 할 수 있다. 특허권자의 배타적 권리가 혁신적인 창작활동을 유지하기

65) 종종 후속혁신은 '누적적 혁신'이라는 용어로 불리우기도 한다. *See* Victor, *supra* note 64, at 1722-1723.

66) *See id.*

67) 우리 특허법 제98조 & 미국 연방 특허법 35 U.S.C. §101. 우리 특허법 제98조는 기본적인 선행발명이 특허되어 있는 경우에 그를 개량·개선한 이용발명의 경우에 기본특허 발명자와 이용발명자 간의 이익을 조정하기 위해, 이용 발명관계가 성립하면 이용발명자는 이용 발명의 특허 실시를 위해 기본발명의 특허권자 등의 동의를 받거나 통상실시권을 허여하는 심판을 얻어야 한다고 규정한다. 특히, 이와 관련해 우리 특허법은 강제실시권을 규정하고 있는데, 제 1995년 12월 법 개정에 의해 제107조 1항 4호에서 "사법적 절차 또는 행정적 절차에 의하여 불공정거래행위로 판정된 사항을 시정하기 위하여 특허발명을 실시할 필요가 있는 경우"에는 강제실시를 청구할 수 있도록 하고 있다. 따라서, 만일 원 특허권자의 특허실시의 거부가 후속 혁신자인 이용발명가의 시장진입을 거부하기 위한 목적으로 판단되는 경우에는 강제실시의 사유가 될 수 있을 것이다.

위해 필요한 정도를 넘어서 공공의 정보접근을 방해하여 정보확산정책을 침해하는 경우에, 혹은 합리적인 범위를 넘어서 후속혁신의 성립과 시장 진입을 방해하는 경우에는 특허권의 기본정책을 침해하는 행위로서 특허법 자체의 내재적 한계에 의해 허용되지 않는다고 할 수 있다.

(3) 소결: 독점금지법의 경쟁정책과 특허법의 기본정책들

특허법의 기본정책들에 대한 세부적 분석은 우선 특허법의 가장 기본적인 정책인 인센티브 보장정책이 무한정하게 보장되지 않는 내제적 한계를 가지고 있다는 점을 보여준다. 특히 특허권 행사에 의한 인센티브 보장을 제한하는 기본정책으로서 후속혁신의 자유진입 보장정책은 독점금지법의 경쟁정책과 유사한 것으로 독점금지법의 경쟁정책이 특허법의 기본정책들 안에 일부 수용되어 있음을 보여준다. 즉, 후속혁신의 자유진입정책은 후속 혁신자들에게 혁신시장에 진입할 더 많은 자유를 주기 위해, 후속 혁신자에 대한 시장접근 방해를 목적으로 하는 초기 혁신자의 특허권 행사를 제한한다. 따라서 범위의 차이점은 존재하지만, 특허권의 자유진입정책에 의하여 특허법은 독점금지법과 같이 경쟁에 대한 고려를 하고 있다.

구체적으로, 후속 혁신자에 대한 진입장벽의 제거라는 점에서 후속혁신 보장정책은 독점금지법의 경쟁정책과 거의 유사한 기능을 보유하고 있다. 실제로 1980년대 몇몇 특허·저작권 남용사건에서, 미국 연방 항소법원은 이미 독점금지법의 경쟁정책에 가까운 기준들을 특허·저작권의 남용판단 기준으로 사용했었고,[68] 종종 독점금지법에 근거한 항소가 특허권 자체의 남용 항변과 구분할 수 없는 것으로 평가되기도 했다.[69] 특히 특허권자의 경쟁제한 행위가 독점금지법 위반을 성립시키는 경우, 그와 같은 특허권의 행사는 시장기능에 영향을 미쳐서 특허법의 보상정책의 기능을 방해하고, 결과적으로 후속혁신자의 특허시장 접근을 막게 된다.

그러나 특허법상의 자유진입정책은 독점금지법의 경쟁정책과 비교할 때

68) *See, e.g.*, Windsurfing Int'l v. AMF, Inc., 782 F.2d 995(Fed. Cir. 1986); USM Corp. v. SPS Technologies, Inc., 694 F.2d 505, 511(7th Cir. 1982); Sullivan & Grimes, *supra* note 52, § 15.11a.

69) Roger Arar, Note, *Redefining Copyright Misuse*, 81 Colum. L. Rev. 1294-1295(1981); Philip Abromats, Comment, *Copyright Misuse and Anticompetitive Software Licensing Restrictions: Lasercomb America, Inc. v. Reynolds*, 52 U. Pitt. L. Rev. 629, 635(1991).

훨씬 더 넓고, 구별되는 특징을 가진다. 비록 특허권에 의한 배타적 행위가 독점금지법 위반을 성립시키지 못해서, 독점금지법에 의해 획정된 상품시장과 지리적 시장에 경쟁제한적 영향력을 미치지 못했다고 하더라도, 개별 특허상품의 차별화된 상품시장에서 초기 혁신자는 우월적인 지위를 이용하여 후속 혁신자들을 종속하고 후속혁신을 제한할 수 있다.[70] 따라서 독점금지법 위반과 별도로 특허남용이 성립될 수 있다. 결국 자유진입정책에 근거한 특허남용심사는 독점금지법상의 반경쟁성 심사보다는 더 넓은 구성요건을 가지고 있다.[71] 다만, 미국에서 특허항소심에 대한 전속적 관할권을 가진 연방항소법원은 이러한 결론과 다르게 "특허남용을 판단하기 위해서는 합리성의 원칙에 의한 경쟁제한성에 대한 판단이 필요하다"고 하여 실질적으로 특허남용의 판단과 독점금지법 위반을 동일한 것으로 판단하고 있다.[72] 어느 견해에 따르던, 독점금지법에 위반하는 경쟁제한적인 효과를 가져오는 특허권의 행사는 결국 특허정책에 의해 허용되지 않는 특허권 남용행위라는 결론에는 차이가 없다. 무엇보다도 독점금지법에 위반하는 특허권의 행사는 더 이상 특허법이 보호하는 정당한 특허권의 행사가 아니라는 점에서 독점금지법에 의한 특허권 행사의 제한이 특허법의 목적과 기본정책을 침해한다는 비판도 더 이상 설득력을 가질 수 없다. 이러한 결론은 특허권의 행사에 독점금지법이 적용될 수 있다는 중요한 근거를 제시한다고 할 수 있다.

---

70) 유일성이란 특성을 가진 IP 상품들은 각각의 구별되는 IP 브랜드를 구성하는데, 이것은 개별 소비자의 기호와 밀접한 연관을 가진다. 각각의 IP 브랜드 안에는 브랜드 내부 시장이 존재하는데, 이것은 전통적인 독점금지법에 의해 획정되는 상품시장보다 더 좁은 개념이다.

71) Donald S. Chisum et al., Principles of Pantent Law 1096(2d ed. 2001); C.R. Bard, Inc. v. M3 Sys., Inc., 157 F.3d 1340, 1372(Fed. Cir. 1998); Virginia Panel Corp. v. MAC Panel Co., 133 F.3d 860, 873(Fed. Cir. 1997); Braun Medical, Inc. v. Abbott Laboratories, Inc., 124 F.3d 1419, 1427(Fed.Cir. 1997); Zenith Radio Corp. v. Hazeltine Research, Inc., 395 U.S. 100, 140-41, 23 L. Ed. 2d 129, 89 S. Ct. 1562, 161 U.S.P.Q.(BNA) 577, 597(1969); C.R. Bard 사건에서 연방항소법원은 다음과 같이 판시하였다:

"특허남용은 특허권자의 배타적 힘으로부터 파생될 수 있는 경제적 힘 때문에 독점금지법 위반보다 더 넓은 위법행위 범위를 가진다. … 핵심은 특허로부터 야기되는 힘으로 조건을 부과하여 특허권자가 반경쟁적 효과와 함께 부여된 특허권의 범위를 허용할 수 없을 만큼 더 넓혔는지에 대한 것이다"(157 F.3d at 1372).

72) Mallinckrodt, Inc. v. Medipart, Inc., 976 F.2d 700, 708(Fed. Cir. 1992)(*emphasis supplied*); B. Braun Med., Inc. v. Abbott Labs., 124 F.3d 1419, 1426-27(Fed. Cir. 1997); Virginia Panel Corp. v. MAC Panel Co., 133 F.3d 860, 868(Fed. Cir. 1997).

3. 독점금지법의 분배적 효율성과 특허법의 동태적 효율성과의 관계

(1) 독점금지법의 분배적 효율성과 특허법의 동태적 효율성과의 조화적 관계

언급한 바와 같이 특허법은 독점금지법과 달리 적극적으로 특허권자에게 인센티브를 제시함으로써 혁신을 유인한다. 독점금지법의 분배적 효율성이 정태적 개념으로서 '현재'의 자원배분 결과로부터 발생하는 현시점의 효율성에 중점을 두는 반면, 동태적 개념인 특허법의 동태적 효율성은 현재의 투자에 의해 '장래'의 혁신으로부터 발생하는 '미래'의 효율성에 우선권을 둔다. 우선, 분배적 효율성에 중점을 두는 경우에는 현재의 자원 배분에 중점을 두기 때문에 '개인 혹은 기업들이 수행하는 연구 개발로부터 발생하는 지식자산의 광범위한 분산사용을 장려하는 것'을 적극적으로 주장하게 되고, 그와 같은 의미에서 특허 권리들은 최소화되어야 한다고 주장된다.[73] 그러나 최소한의 범위로 제한된 특허 권리보장은 투자위험을 감수하면서 혁신을 진행해 온 특허권자들에게 충분한 인센티브를 보장할 수 없고, 결국 초기 투자를 위축하여 '미래에 발생하는' 동태적 효율성을 감소시킬 수 있다는 비판을 받을 수 있다.[74] 이러한 논쟁하에서 독점금지법의 목적인 정태적, 분배적 효율성은 일반적으로 특허법의 목적인 동태적 효율성과 충돌관계에 있는 것으로 간주되어 왔다.[75] 따라서 몇몇 학설들은 언급한 독점금지법의 분배적 효율성과 동태적 효율성을 지나치게 형식적으로 해석함으로써 서로 상충하는 것으로 해석을 하고, 특허법이 종종 경쟁제한 효과를 수반하는 배타적 효력을 특허권에 인정한 것은 독점금지법의 원칙에 대한 일종의 예외로 해석하였다.[76]

그러나 정태적·분배적 효율성과 동태적 효율성을 충돌관계로만 해석하는 것은 지나치게 과장된 견해로 평가될 수 있다. 실제로 동태적 효율성을 강조한다고 하여도, 특허권자의 혁신적 역할을 유도하기 위해 무한정한 수익을 보장하여야 하는 것으로 이해되지는 않는다. 오히려, 혁신은 단순히 하나의 단계로

---

73) *See* Ordover, *supra* note 53 , at 43.
74) *See id.*
75) *See id.*
76) 2 Dratler Jr. Jay, Licensing of Intellectual Property §6.02(Supp. 2004).

완성되지 않기 때문에, 누적적 혹은 단계별로 연속하여 혁신이 연장되는 동태적 기술혁신의 모델에서는 초기 혁신자의 배타적인 수익보장의 범위를 후속혁신을 유지하기 위해서 필요한 일정 범위 안에서 제한할 필요가 있다.

또한, 분배적 효율성의 관점에서 볼 때, 분배적 효율성의 증가를 위해서 반드시 특허권자의 배타적 이익을 부인하고, 인센티브 보장을 최소화하여야 하는 것은 아니다. 만일, 일반적인 시장상황에서 무임승차자 등의 원인에 의해 생산될 수 없는 혁신적인 상품이 특허법의 배타성 부여와 인센티브 보장 정책에 의해 새롭게 생산되고, 소비자에게 공급될 수 있다면 소비자는 이전보다 더 많은 선택권을 시장에서 보장받게 되고, 그 선택으로부터 이익을 얻게 된다. 따라서 정태적·분배적 효율성과 동태적 효율성과의 갈등은 그렇게 크지 않고, 양자의 경제적 개념은 사회복지 증가라는 목적을 위해 서로 밀접한 관련을 맺고 있다고 할 수 있다. 이러한 논거는 결국 특허법의 행사에 독점금지법이 적용되어 특허권의 남용적 행사를 제한하는 기능을 할 수 있다는 이론에 대한 중요한 근거가 된다.

다만, 양자간에 분명한 차이는 존재한다. 특히 아래 Ⅳ.2.(1)에서 후술하는 바와 같이 독점금지법이 동태적 효율성 개념을 도입하고 경쟁분석에서 이를 고려하여야 하는 것은 중요한 사실이지만, 그것은 정당성 항변으로서 현재의 시장 구조에 근거하는 정태적 경쟁제한성 판단을 '보완'하는 역할을 수행하는 것으로 해석하는 것이 타당하다. 원칙적으로 독점금지법은 분배적 효율성이 자유시장경제에서 시장 자체에 의해 달성될 것을 가정한다.[77] 이러한 관점에서 독점금지법은 통상 경쟁제한적 행위만을 막기 위한 소극적 방법을 사용하고, 경쟁자들간의 경쟁에 의해 시장이 완전히 작동되고 있다는 가정을 유지한다. 따라서 경쟁제한성 판단에서는 분배적 효율성이 제한되고 있는지에 대한 '현재'의 상황 분석에 중점을 두어야 하고, 다만, 추가적으로 현재 시점의 분배적 효율성에 문제가 있는 경우에도, 그것을 정당화할 동태적 효율성의 증진 가능성이 있는지를 제한적으로 검토할 필요가 있는 것이다. 만일 동태적 효율성을 독점금지법이 전면적으로 내세우게 되면 미래의 불확실한 가정에 지나치게 의존함으로써 현재 시장구조의 경쟁제한적인 구조를 도외시하게 될 우려가 있고,

77) 아담 스미스의 견해에 의하면 경쟁의 역할은 시장 안에서 가격을 결정하는 일을 넘어서서 자원을 분배하는 일을 수행하게 된다. *See* John Vickers, *Concepts of Competition*, 47 Oxford Economic Papers 1, 3(1995).

경쟁제한성의 판단 기준이 실현되지 않은 불확실한 미래에 의존하게 되는 문제점을 발생시킬 수 있다.

(2) 특허법의 목적 달성을 위해 필수적인 독점금지법의 역할

독점금지법의 경쟁정책은 특허상품, 서비스가 거래되는 시장을 경쟁적인 시장 구조로 유지함으로써, 특허권자가 그들의 혁신적 행위에 대해 인센티브를 보장받을 수 있는 필수적인 전제조건을 제공한다. 이러한 의미에서 독점금지법의 경쟁정책은 특허법의 궁극적인 목적 달성을 위해 특허 정책들을 보완하는 역할을 한다.[78] 먼저 앞의 Ⅲ. 2. (2) 다.에서 언급한 특허법의 인센티브 보상정책은 '사회적 가치'가 있는 특허품을 창조하는 '성공적인 혁신자'에게 충분한 보상을 주기 위해 의도된 것이고, 혁신자들은 특허 시장에서 '거래를 통해' 적절한 보상을 받게 된다. 결국, 사회적 효율성이 있는 특허품을 생산한 성공적인 혁신자들이 인센티브를 얻기 위해서는, 당해 특허품에 대한 소비자들의 접근과 선택가능성이 보장되어야 한다. 이러한 소비자들의 접근과 선택가능성을 보장하기 위해서는 경쟁적 시장구조가 필수적으로 요구된다. 경쟁적 시장구조 하에서 소비자들은 비로소 충분하고, 다양한 선택을 누릴 수 있고, 많은 선택 대상 중에서 가장 우수한, 효용가치가 있는 상품을 합리적으로 선택할 수 있다.[79]

특히, 소비자의 관점에서 혁신적 특허품이 더 유용할수록, 특허 보유자는 더 많은 보상을 얻게 된다. 따라서 혁신자에 대한 인센티브 보장은 혁신시장에서 더 많은 경쟁을 자극하게 된다. 그러나 이렇게 예견된 특허법의 인센티브 보장정책의 기능은 '특허 시장의 정상적인 기능'을 전제로 하는 것이기 때문에 효율적인 경쟁체제를 배제하는 '독점화' 혹은 '근접 시장에 대한 독점의 시도', '진입장벽 설정에 의한 독점유지' 등과 같은 반경쟁적인 행위에 의해 방해받지 않는 경쟁적인 시장기능을 요구한다. 경쟁적 시장구조는 특허 상품의 가격이 상품의 실제가치를 정확히 반영하도록 한다. 결국, 혁신 행위에 대한 정확한 평가에 의해 오직 성공적인 혁신만이 적절한 보상을 받고, 혁신진행에 있어서 효

78) *See* IP Guideline, *supra* note 6, § 1.0. 여기서의 중심은 주로 특허법이기는 하지만, "저작권법 역시 경쟁정책을 포함하고 있고, 이것은 개별 저작자의 보수와 그 결과에 따르는 인센티브를 결정하는 자유로운 시장을 위한 필수적인 조건이 된다"는 것이 일반적인 주장이다(*See* Roger Arar, Note, *Redefining Copyright Misuse*, 81 Colum. L. Rev. 1291, 1307-08(1981)).

79) *See supra* Ⅲ. 1. 관련시장에서 소비자 선택권의 확대는 사회복지 증가를 나타내는 대체 평가지표로 사용될 수 있을 것이다.

율성이 달성되는 것이다.

이와 같은 정상적인 시장기능이 없다면, 가장 효율적인 창조행위는 반경쟁적 행위와 진입장벽에 의해 소비자의 합리적인 선택을 받지 못할 것이고, 결국 성공적인 혁신자는 시장에서 정당한 수익을 얻는 데 실패하게 된다. 따라서 혁신자들은 특허법이 의도한 인센티브를 더 이상 제공받지 못하게 된다. 미국 연방대법원은 Paramount Pictures 사건에서 "특허법의 궁극적 목적달성이 효율적인 시장의 운영에 직접적으로 의존한다"고 이미 설시한 바 있다.[80] 이 사건에서 법원은 창작자 · 예술가에 대한 보상은 그들의 능력을 유인하기 위한 수단으로 궁극적으로 공공의 이익 증진을 위한 것이나, "만일 특허 · 저작권자가 얻는 수익이 특허 · 저작품의 품질에 의해 결정되지 않는다면, 특허 · 저작권법이 인정하는 특허 · 저작권자에 대한 보상은 더 이상 공공의 이익과 관련성을 가지지 못한다"고 설시하였다.[81] 이것은 특허 · 저작권자가 정상적인 자유경쟁시장의 경쟁을 회피하여 이익을 획득하는 때에는, 특허 · 저작권법의 목적이 적절히 달성될 수 없음을 지적한 것이라고 할 수 있다. 또한 법원은 반경쟁적 행위는 개별적인 특허 · 저작권에 대한 수익을 차별화하지 않고, 효율성에 의해 발생하는 상품간의 차이를 제거하여 비합리적인 결과를 가져올 것임을 강조하고 있다.[82]

결론적으로, 독점화, 가격고정, 집단배척 등의 후속 경쟁자를 배척하기 위한 반경쟁적 행위에 의해 정상적인 시장기능이 왜곡되는 때는 특허법은 그 목적인 동태적 효율성을 달성할 수 없다.[83] 즉, 경쟁적 시장구조하에서, 혁신자에 대한 보상이 실제 특허권의 가치와 직접 연결되어 있지 않는다면 결국 그것은 더 이상 공익목적에 봉사할 수 없는 것이 된다.[84] 그와 같은 이유에서 시장의 경쟁구조를 보호, 유지하는 독점금지법의 경쟁정책은 궁극적인 특허법의 목적을 달성하기 위한 필수적인 조건이 된다.

---

80) *See* United States v. Paramount Pictures, Inc., 334 U.S. 131(1948); Brett Frischmann and Dan Moylan, *The Evolving Common Law Doctrine of Copyright Misuse: A Unified Theory and Its Application to Software*, 15 Berkeley Tech. L.J. 865, 884(2000).

81) United States v. Paramount Pictures, Inc., 334 U.S. 131, 157-158(1948)(이 사건은 본래 저작권에 관한 사건임).

82) *Id.*

83) Mallinckrodt, Inc. v. Medipart, Inc., 976 F.2d 700, 704(Fed. Cir. 1992).

84) United States v. Paramount Pictures, Inc., 334 U.S. 131, 157-158(1948).

(3) 장기분석에서 특허권 제도에 의한 독점금지법의 분배적 효율성 증대

먼저, 특허제도는 장기적으로 독점금지법의 궁극적 목적인 분배적 효율성 증진에 기여한다.[85] 즉, 특허법은 시장에 더 많은 경쟁을 유도함으로써 분배적 효율성의 증진에 결정적 역할을 한다. 특허법은 잠재적 혁신자가 새로운 개발에 투자하도록 보상정책과 자유진입 정책을 통해 초기 혁신뿐만 아니라 지속적인 후속혁신을 촉진한다. 특허법의 인센티브 보상정책에 의해 유도된 새로운 혁신자는 소비자들의 선택에 반응하여, 다양한 소비자 수요를 충족시키고, 그에 의해 궁극적으로 "소비자가 실제 원하는 것"이 생산되도록 연구·개발을 수행한다.[86] 즉, 특허 제도는 바람직한 특허 상품에 배타적 특권을 부여하고, 새로운 창조를 위한 정보를 공개하며, 남용적인 특허 행사를 막아 분배적 효율성을 달성하는 데 적극적 역할을 수행한다.[87] 특히, 초기 혁신뿐만 아니라 후속혁신을 유도함으로써 혁신자들이 시장의 신호에 적절히 반응하도록 하는 데 결정적 역할을 한다. 특허제도가 존재하지 않는 경우, 특허 상품은 영업비밀의 형태로 거래될 수밖에 없을 것이고, 따라서 폐쇄된 정보는 정보의 독점을 가져와 기술의 진입장벽을 만들고, 궁극적으로 추가적인 후속혁신과 미래의 경쟁 가능성을 봉쇄하게 될 것이다. 적어도 그와 같은 결과는 혁신의 속도를 더 느리게 만들고 더 적은 경쟁을 가져와 창조와 혁신을 더 저하시킬 것이고, 분배적 효율성을 더 악화시킬 것이다.[88]

그러나 일부 견해는 특허제도에 의해 특허권자에게 독점을 부여하는 것은 사회가 발명을 증진하기 위해 분배적 효율성을 포기함을 선택했다는 것으로 해석하는 견해도 있다.[89] 이러한 입장에서, 이 견해는 그러한 분배적 효율성의

85) 이것은 궁극적으로 정당한 IP 체제의 보호가 독점금지법의 목적과 합치됨을 보여준다. 또, 독점금지법 위반이 IP 남용과 궁극적으로 밀접한 관련이 있음을 암시 한다.

86) "소비자가 실제 원하는 것을 생산하는 것"은 분배적 효율성을 의미한다. *See* Scherer, *supra* note 38, at 16-18.

87) 이와 같은 역할은 특허법의 인센티브 보장정책, 정보확산 보장정책, 후속혁신의 진입보장정책에 의해 달성된다. 특허법의 정책들과 그 궁극적인 목적의 달성에 대해서는 전편의 글을 참조(See 오승한, 앞의 글(상사판례연구) 참조).

88) *See* Andrew Beckerman Rodau, *Patent Law — Balancing Profit Maximization and Public Access to Technology*, 4 Colum. Sci. & Tech. L. Rev. 1, 16(2002).

89) *See* Note, *An Economic Analysis of Royalty Terms in Patent Licenses*, 67 Minn. L. Rev. 1198, 1198-99 n.5(1983).

포기에도 불구하고 법원이 특허독점에 의한 분배적 효율성의 왜곡을 쉽게 허용하려 하지 않는다고 비난한다.[90] 그러나 특허법은 단지 정보(Idea 특허)에 대해 배타성을 부여하여 그에 의해 특정 아이디어(특허권)에 판매 가능성을 부여한 것일 뿐, 시장에서 독점적 지위 자체를 정당화한 것은 아니다.[91] 따라서 Ⅱ.2에서 논의한 것처럼 특허법이 부여한 배타성이 자동적으로 시장 지배력을 야기하는 것도 아니고, 분배적 효율성의 포기를 의미한 것도 아니다.[92]

결론적으로, 특허법은 혁신을 위한 더 많은 경쟁을 유도함으로써 장기에는 분배적 효율성을 증대시키는 데 기여한다. 따라서 특허법에 근거한 배타적인 특허권의 행사는 단기적인 반경쟁적 효과에도 불구하고, 장기적으로 더 많은 혁신에 인센티브를 주기 위해서, 결과적으로 사회복지를 증진시키기 위해 잠정적인 필요성이 인정될 수도 있다. 이러한 이유로 독점금지법에 의한 경쟁제한성 심사에서는 배타적 특허권 행사에 의한 경쟁제한적 효과와 그 위법성을 장기적인 효율성 증진이라는 관점에서 재고할 여지가 있다. 예를 들어, 특허 라이센스 체결의 상대방이 비록 시장지배적 사업자의 지위를 가지고 있고, 라이센스 계약 안에 배타적 약정을 포함하고 있다고 해도 그것만으로 독점금지법상 경쟁제한적 행위로 판단 할 수는 없다. 따라서 특허권 행사에 의한 경쟁제한행위의 친경쟁적 효과를 고려하는 새로운 발전된 독점금지법의 위법성 판단방법이 필요하다. 이에 대해서는 아래 Ⅳ.2에서 구체적으로 논의한다.

---

90) United States v. Paramount Pictures, Inc., 334 U.S. 131, 158(1948) note.12.("the exclusive right granted by the Copyright Act, 35 Stat. 1075, 17 U.S.C. §1, includes no such privilege."); Picard v. United Aircraft Corp., 128 F.2d 632, 643(2d Cir.), *cert. denied*, 317 U.S. 651 (1942).

91) *Id.*

92) *See, e.g.*, Note, *The Presumption of Economic Power for Patented and Copyrighted Products in Tying Arrangements*, 85 Colum. L. Rev. 1140, 1150(1985); Note, *An Economic Analysis of Royalty Terms in Patent Licenses*, 67 Minn. L. Rev. 1198, 1198 n.5(1983); Jefferson Parish Hosp. Dist. No. 2 v. Hyde, 466 U.S. 2, 37 n.7(1984)(O'Connor, J., concurring); A.I. Root Co. v. Computer/Dynamics, Inc., 806 F.2d 673, 676(6th Cir. 1986); USM Corp. v. SPS Technologies, Inc., 694 F.2d 505, 511(7th Cir. 1982), *cert. denied*, 462 U.S. 1107(1983). 특히, 미국 연방 특허법 35 U.S.C. §271(d)(5)는 특허상품의 끼워팔기 약정에 대한 IP 남용 심사를 위해서는 반드시 시장지배력의 입증이 있을 것을 요구한다.

Ⅳ. 독점금지법의 시장구조보호와 특허법의 지속적 혁신정책에 대한 영향

Ⅳ.에서는 마지막으로 특허권자에게 배타적 수익을 보장하는 특허 라이센스 조항의 배타성을 독점금지법에서 어떻게 심사하여 특허법의 목적과 기본정책의 침해 없이 독점금지법을 집행할 것인지를 살펴본다. 즉, 특허권자의 인센티브 부여를 위해 단기적 경쟁제한성을 수반하는 라이센스 조항의 해석과정에서 분배적 효율성을 중시하던 전통적 독점금지법이 그 단기적 경쟁제한성을 수반하는 동태적 효율성을 목적으로 하는 특허권의 행사를 어떻게 해석할 것인지가 문제된다. 이것은 결국 동태적 효율성을 고려한 독점금지법의 새로운 위법성 판단방법에 대한 논의가 된다.

1. 특허권의 배타적 권리행사에 대한 독점금지법상의 해석상 문제점

지금까지 논의를 통해 이론적으로 특허법과 독점금지법이 공통의 목적을 가지고 상호조화적 관계에 있다는 것을 충분히 논증하였지만, 특허권자의 배타적 권리의 행사는 경쟁제한 효과를 수반함으로써 실제 적용과정에서 독점금지법과 특허법간의 해석상 충돌을 야기할 수 있다.[93] 구체적으로 특허권자의 배타적 권리는 특허 라이센스 계약에서 상위 사업자인 라이센스 허가권자로서 가지는 우월적 권한의 행사로 실현된다. 따라서 특허 라이센스 계약에서 라이센스 허락과 관련해 부과되는 각종 제한조건들은 대부분 전형적인 수직적 거래제한행위로서 성격을 가진다. 결국 특허권자가 시장지배적 사업자인 경우에는 독점금지법상 시장지배적 사업자의 경쟁제한행위에 대한 심사가 진행될 수도 있고, 시장지배적 지위가 없는 경우에도 일반 불공정거래행위로서 수직적 거래제한행위 여부가 문제될 수 있다.

독점금지법 적용과 관련하여, 특허법이 특허권자에게 시장을 독점할 특권

93) IP의 배타성에 대한 문제는 IP소유자와 그 면허자간의 수직적 거래약정인 라이센스 계약에 삽입되는 다양한 조건에 의해 야기된다.

을 부여한 것은 아니지만, 특허권자는 그 특허 자체의 뛰어난 경쟁력으로 인해 결과적으로 시장에서 지배적 지위를 차지할 수 있고 특허법이 보장한 배타적 수익을 얻고 있을 수도 있다. 그런데, 독점금지법은 반경쟁적 효과의 분석을 위해 이러한 시장지배력 및 배타적 행위의 존재, 그리고 독점적 이익의 존재여부 등을 중요한 위법성 판단 표지로 사용해 왔다.[94] 일반적으로 독점금지법이 특허권의 우월성에 근거한 시장지배적 지위 자체를 금지하는 것은 아니지만, 시장지배적 특허권자가 배타적 행위를 하고 있고 그 시장으로부터 독점적 이익을 얻고 있다면, 특허법이 그 배타적 권리행사를 허용하고 있음에도 불구하고 독점금지법상 위법성이 인정될 수 있다. 예를 들어, 시장지배적 사업자인 특허권자가 수직적 관계에 있는 라이센스 이용자에게 경쟁자 배제, 경쟁상품의 개발제한, 특정 판매지역 책정, 기술 사용 용도지정, 2차 후속발명의 개발제한 조건들을 부과한 경우에는 경쟁제한 효과를 수반하는 수직적 경쟁제한 행위로서 우리법 3조의2 혹은 제23조 내의 수직적 경쟁제한행위 규정들의 적용대상이 될 수 있다. 또 시장지배적 사업자의 라인센스 계약 자체의 거부는 필수설비 제공거부로서 역시 시장지배적 사업자의 거래상 지위남용(독점금지법 제3조의2)에 해당될 수 있으며, 그 외 수 개 사업자가 공동의 특허권자인 경우에 타사업자에 대한 라이센스의 거절은 공동행위 유형 중에서 집단배척(Boycott)에 의한 사업방해로서 우리 독점금지법 제19조 혹은 제23조의 공동의 거래거절 규정에 의해 위법으로 판단될 수 있다.

그러나 특허권자의 시장지배력은 부수적인 결과일 뿐이고, 그 배타적 행위는 새로운 혁신을 유도하여 장기적으로 사회적 효율성을 증진시키는 필수적 수단으로 특허법이 허용하는 인센티브 보장 수단일 수도 있다. 따라서 장기적으로 볼 때 그러한 배타적 행위는 특허 제도의 목적을 충족시키고, 새로운 혁신을 통해 소비자에게 새로운 선택권을 부여한다는 점에서 전체 사회복지적 측면에서 바람직하다고 평가될 수도 있다. 이러한 점에서 현재의 시장구조, 즉 분배적 효율성에만 집중하는 전통적인 독점금지법의 집행은 보장되어야 할 특허권의 행사를 방해하고, 혁신적 특허상품을 창조하는 데 필요한 동기들을 감소시킬 우려가 있다.

따라서 독점금지법은 단기적 경쟁제한성에도 불구하고 장기적인 효율성을

94) *See* Hovenkamp, *supra* note 16, § 6.3.

가져올 수 있는 특허권 행사를 합리적으로 허용할 수 있는 위법성 판단방법이 필요하다. 이것은 결국 독점금지법이 기존의 분배적 효율성 이외에 동태적 효율성을 위법성 판단의 한 요소로서 받아들이는 결과가 된다. 결국 독점금지법은 특허법의 인센티브 보장정책이 허용하고 있는 특허권자의 배타적 행위가 장기적인 사회적 효율성을 위해 필수적인 경우에는 예외적으로 허용하는 유연한 위법성 판단의 필요가 있는 것이다.

2. 독점금지법 안에서 특허 보상정책의 고려

(1) 동태적 효율성을 고려하는 독점금지법의 새로운 경향

독점금지법의 경쟁제한성 판단과 관련해, 1990년대 초반부터 본격적으로 시작된 동태적 효율성에 대한 논의는 혁신자에 대한 정당한 보상과 그에 의한 새로운 혁신의 유도가 친경쟁적 이익을 가져다주는 중요한 효율성의 한 요소로 간주될 수 있음을 암시하고 있다. 1980년 후반 이래, 몇몇 독점금지법 학자들과 경제학자들은 독점금지법의 이론들이 단지 정태적·분배적 효율성만을 고려함으로써 장기적 관점에서 소비자 복지를 증진하는 혁신의 역할을 충분히 고려하지 못했고, 결과적으로 기술적 발전과 혁신을 저해시키는 결과를 가져왔다는 비판을 제기하였다.[95] 최근, 대부분의 독점금지법 학자들과 미국 연방거래위원회, 연방법무성은 동태적 효율성과 혁신의 증진을 독점금지법의 또 하나의 목적으로 받아들이고 있다.[96] 다만, 독점금지법이 혁신의 필요성과 동태적 효율

---

95) *See, e.g.*, Antitrust, Innovation, and Competitiveness 3-4(Thomas M. Jorde & David J. Teece ed., 1992); F. Scherer & D. Ross, Industrial Market Structure and Economic Performance 31(3d ed. 1990); *See* Richard Gilbert & Steven Sunshine, *Incorporating Dynamic Efficiency Concerns in Merger Analysis: The Use of Innovation Markets*, 63 Antitrust L. J. 569, 601(1995)(새로운 접근방법에 대한 개괄적인 분석방법을 제시). 그러나 동태적 효율성이 항상 전통적인 독점금지법과 갈등관계에 있게 되는지에 대해서는 논란이 있다. 몇몇 경제학자들은 동태적 효율성 증가에 의한 공공의 이익이 분배적 효율성에 의한 것보다 더 높다고 한다. *See* Scherer and Ross, *supra* note 95, at 31. 반면 다른 학자들은 독점금지법의 정책은 혁신의 증진과 상업화를 위한 후속혁신 정책과 일치한다고 주장한다. 그 근거로 "독점자는 혁신을 위한 인센티브를 감소시킬 것이고, 현재의 시장진입장벽은 경제가 사회의 자원을 효율적으로 배분하여 독점금지법의 궁극적인 목적을 실현하기 위한 새로운 방법을 발전시키는 것을 방해할 것"이기 때문이라고 한다. *See* Sullivan and Grimes, *supra* note 52, §1.5b2; John Hilke & Philip Nelson, Antitrust Policy and the Market Concentration Doctrine: A Response, J. Bus. Econ., 17, 19(March 1981).

96) *See* Sullivan and Grimes, *supra* note 52, §1.5b2; Hovenkamp, *supra* note 16, §5.2; Gilbert

성을 고려한다고 할 때, 가장 본질적인 문제는 '동태적 효율성'을 측정할 기준을 만드는 일이 된다.[97] 결국, 급변하는 혁신시장에서 동태적 효율성의 인정은 경쟁당국이 독점금지 심사에서 단순히 시장점유율과 독점적 이익의 존재, 배타적 행위의 존재와 같은 정태적 시장구조 분석뿐만 아니라 장기적 효율성과 같은 동태적 요소들도 분석도구로써 고려할 것을 요구한다.[98]

이러한 새로운 경향은 전통적인 독점금지 소송에서 많은 변화를 초래하였다.[99] 예를 들어, 장기적 관점에서 혁신에 의한 효율성의 증가를 고려하기 위해 공동행위와 합병, 특허 라이센스 등 다양한 경쟁제한 행위에 대한 위법성 판단 방법이 변화해 왔다. 예를 들어, 공동의 가격결정, 시장분할, 집단배척과 같은 경쟁자간의 공동행위는 미국 독점금지법의 실무에서 가장 엄격한 규제를 받는 행위로서, 그 행위 존재가 당연히 시장의 경쟁을 제한하여 가격을 올리고 생산량을 줄일 수 있는 것으로 인식되어, 합병이나 독점 사건에 비해 훨씬 더 엄격하게 규제 되어 왔다.[100] 따라서 합병과 독점화 사건에 대해서는 모든 친경쟁적 정당화 요소를 분석하는 합리성의 원칙이 적용되는 반면에, 가격구조와 생산량에 영향을 주는 대부분의 공동행위는 행위의 존재 자체만으로 당연위법이 선언되어 왔다.[101] 그러나 현재 이러한 공동행위에 대한 당연위법적 위법성

---

and Sunshine, *supra* note 95, at 601; Joseph Kattan, *Antitrust Analysis of Technology Joint Ventures: Allocative Efficiency and the Rewards of Innovation*, 61 Antitrust L.J. 937(1993); Charles A. James, *Opening Day Comments Joint DOJ FTC Hearings on Competition and Intellectual Property Law and Policy in the Knowledge Based Economy* 1(Feb. 6, 2002), available at http://www.usdoj.gov/atr/public/speeches/10162.htm.

97) Charles M. Gastle & Susan Boughs, Microsoft *Ⅲ and the Metes and Bounds of Software Design and Technological Tying Doctrine*, 6 Va. J.L. & Tech. 7, 109(2001).

98) Gilbert and Sunshine, supra note 95, at 601.

99) 특히 혁신을 위한 개발을 위해 엄청난 자산이 필요한 우주항공, 생명공학 등의 산업 등에서는 단일 회사가 혼자서 혁신을 만들어내는 것이 매우 어렵기 때문에 소위 '경쟁자들 사이의 공동협력' 필요성이 높아지고 있다. 따라서 독점금지법이 이와 같은 혁신을 통한 더 큰 사회적 이익을 재고려하여야 한다는 비판이 높아지고 있는 것이다. See Sullivan and Grimes, supra note 52, §1.5b2; Hovenkamp, *supra* note 16, §5.2.

100) *See*, e.g., United States v. Socony Vacuum Oil Co., 310 U.S. 150, 224(1940); United States v. Topco Assocs., 405 U.S. 596(1972); United States v. Sealy, Inc., 388 U.S. 350(1967);United States v. General Motors Corp., 384 U.S. 127, 145-48(1966); Klor's, Inc. v. Broadway Hale Stores, 359 U.S. 207(1959).

101) 일반적으로 당연위법 원칙은 특정 범주의 행위들이 그 행위가 불합리한 것인지 혹은 경쟁적 정당성을 가지는 것인지에 대한 실질적 판단 없이 위법으로 판단 될 수 있음을 의미한다. 구체적으로 당연위법 원칙은 1) 경쟁제한 효과 혹은 시장지배력에 대한 입증을 요구하지 않고, 2) 피고의 정당성 항변에 대한 심사를 할 필요가 없음을 의미한다. 특히 후자인,

판단방법은 대폭적인 개혁의 과정을 겪어 왔다. 무엇보다, 금융 및 기술개발 위험의 분산, 신기술개발을 위한 연구개발 비용의 공동충당 등과 같은 목적에서 경쟁자간의 공동행위 필요성이 증가하였고, 결과적으로 상당히 다양한 공동행위 조직 형태가 전세계에서 만들어졌다. 이러한 공동행위 조직은 통상 공동행위에 참가하는 개인 사업자의 시장내 영업방식을 제한하고 전체 회원들의 이익을 증진하기 위한 부속적 약정을 수반한다. 그러한 공동행위에 부속된 경쟁제한 행위는 단기적인 경쟁제한성에도 불구하고, 장기적으로 친경쟁적 이익을 달성하기 위한 부속적 약정에 불과할 수 있다. 최근, 미국 경쟁당국의 가이드라인과 연방법원의 해석에 의하면 그러한 부속약정은 그 형태가 비록 전통적으로 당연위법 원칙이 적용되던 경쟁제한 약정이라고 하더라도, 구체적인 합리성의 원칙에 의해 합리적이라는 평가를 받을 수도 있다.[102] 이것은 독점금지법 시행에 있어서 중요한 변화 중 하나이고, 연방대법원도 이러한 새로운 유형의 분석을 이른바 '단축된 합리성의 원칙'이란 이름으로 인정하여, 이를 이전의 당연위법 심사가 적용되던 행위에 적용될 여지가 있는 것으로 설시하고 있다.[103]

(2) 특허권자의 정당한 이익을 고려하는 독점금지법의 유연성

앞서 언급한 동태적 효율성을 고려하는 독점금지법의 새로운 경향에 따라 독점금지법은 특허 제도의 혁신증진에 의한 궁극적인 사회적 효율성을 고려하

정당성 항변에 대한 심사부인에 주목할 필요가 있다. 첫번째 의미인 경쟁제한 효과에 대한 심사거부는 원고에게 실제 혹은 가능한 경쟁제한 효과를 입증하여야 할 입증책임을 면제시켜 주는 것이 된다. 반면 두 번째, 피고의 정당성 항변에 대한 심사부인은 피고가 원고의 경쟁침해 주장에 의한 위법성의 추정에 대해 대항할 어떠한 수단도 가지지 못하는 것이 된다. *See* Arizona v. Maricopa County Medical Soc'y, 457 U.S. 332, 351(1982); United States v. Socony Vacuum Oil Co., 310 U.S. 150, 224 note.59(1940)("Whatever economic justification particular price fixing agreements may be thought to have, the law does not permit an inquiry into their reasonableness. They are all banned because of their actual or potential threat to the central nervous system of the economy").

그러나 현재의 당연위법 원칙은 제한적인 의미만을 가진다. 따라서 현재의 당연위법의 의미는 위법성의 추정을 의미하므로 행위자가 그러한 추정을 번복할 정당성 사유를 입증하여야 한다. *See, e.g.*, Broadcast Music, Inc. v. Columbia Broadcasting System, Inc., 441 U.S.1,9(1979); NCAA v. University of Oklahoma, 468 U.S.85(1984); Timothy J. Muris, *The New Rule of Reason*, 57 Antitrust L. J. 859, 861(1989).

102) Sullivan and Grimes, *supra* note 52, § 13.3a; The Federal Trade Commission(FTC) and the Antitrust Division of the U.S. Department of Justice(DOJ), *Antitrust Guidelines for Collaborations Among Competitors* § 3.2(February 4, 2000)(hereinafter "Collaboration Guideline"); Hovenkamp, supra note 16, § 5.6c; IP Guideline, supra note 6, § 3.4.

103) *See* California Dental Ass'n v. FTC, 526 U.S. 756, 770-71(1999).

여야 한다. 따라서 경쟁제한성 판단에서는 특허 보상정책에 의한 특허권자에 대한 인센티브 부여의 필요성을 동태적 혁신을 가져올 수 있는 하나의 요소로 재고려할 수 있을 것이다. 즉, 특허권자에 대한 보상과 그에 의한 인센티브 부여는 장기적으로 잠재적 경쟁자의 지속적인 혁신 시장진입을 증가시키는 데 기여할 수 있을 것이다.[104] 그와 같은 기여는 중요한 친경쟁적 효과의 하나로 간주될 수 있는데, 그러한 인센티브의 부여가 없다면 역사적으로 중요한 결정적인 기술 발전들은 존재하지 않았을 것이고 소비자들은 효용을 얻을 수 있는 새로운 혁신적 상품에 대한 선택권 자체를 가질 수 없었을 것이다. 따라서 독점금지법상 특허 라이센스 계약에서 발생하는 배타적 행위들에 대한 위법성 판단에서는 동태적 효율성에 대한 고려를 통해 특허법의 인센티브 보상정책을 고려하여야 한다.

이러한 이유에서 미국 경쟁당국은 특허 라이센스에 포함된 대부분의 배타적 경쟁제한행위를 합리성의 원칙에 따라 심사를 하고, 특허권 행사의 동태적 효율성을 고려한다.[105] 예를 들어, 제 9 항소법원은 경쟁제한행위의 합법성을 심사하는 하나의 요소로 '투자에 대한 인센티브'를 이미 고려한 적이 있다.[106] 또한 미국 경쟁당국은 특허 라이센스 행위에 의해 발생하는 효율성을 기본적으로 인식하고 있고, 특허 라이센스에 수반하는 다양한 유형의 배타적 행위가 특허품의 상업화와 불가분적인 관계에 있을 수 있음을 고려하고 있다.[107] 이에 따라 독점금지법의 합리성의 원칙에 의한 심사에서는 특허권의 배타적 행사가 단기적으로는 경쟁제한 효과를 가져오는 경우에도 그것이 특허권자의 인센티브 보장을 위해 합리적으로 필요한 범위 안에 있는 것이라면 정당성 항변을 인정하는 방법으로 특허권의 동태적 효율성에 대한 고려를 하게 된다.[108]

---

104) *See* IP Guideline, *supra* note 6, § 2.3.

105) *Id.* § 3.4.

106) Metro Indus., Inc. v. Sammi Corp., 82 F.3d 839, 844(9th Cir. 1996), *cert. denied*, 519 U.S. 868(1996).

107) IP Guideline, supra note 6, § 2.3; 예를 들어, 미국 경쟁당국의 IP Guideline § 2.0은 "지적재산권 라이센스는 기업들이 생산의 보완요소를 결합하도록 함으로써 일반적으로 친경쟁적 효과를 가져온다"고 규정하고 있다.

108) 특허권 라이센스에 대한 합리성의 원칙에 의한 분석에 대해서는 오승한, "지적재산권 라이센스의 배타적 조건에 대한 독점금지법의 위법성 판단," 비교사법 제13권 1호(한국비교사법학회, 2006), 770-781면 참조.

V. 결　론

특허제도는 기술적 혁신을 증진하기 위한 수단으로 자본주의 사회에서 중요한 의의를 가진다. 특히, 특허 라이센스 계약에 포함되는 배타적 경쟁제한행위는 특허법의 관점에서 볼 때 발명 창작자의 창조행위를 유도하기 위해 인센티브를 보장하는 기본정책의 수단으로서 의미를 가지고, 더 나아가 특허법의 궁극적인 목적인 동태적 효율성을 증진하기 위한 중요한 수단이 된다. 그러나 자본주의 경제의 질서원리인 독점금지법의 입장에서 볼 때, 단기적인 경쟁제한 효과를 수반하는 배타적인 특허권의 행사는 현재 시장의 분배적 효율성을 저해한다는 관점에서 위법으로 판단될 가능성이 높다. 따라서 대부분의 학자들은 적어도 이론적인 측면에서는 특허제도와 독점금지법이 상호보완관계에 있다고 해석을 해 오고 있지만, 실제로 특허 라이센스 계약에 포함되는 배타적 경쟁제한행위에 대한 해석에 있어서는 특허법과 독점금지법이 상충관계에 있는 것이 사실이다.

이 글에서는 이러한 외견적인 상충관계에도 불구하고 특허법의 기본정책이 독점금지법의 경쟁정책을 포괄하는 넓은 의미를 가지고 있고, 양법 체계는 모두 사회복지의 증가를 목적으로 함을 논증하였다. 특히, 특허법의 목적은 지속적 혁신의 유지에 의한 동태적 효율성의 증가이고, 인센티브 보장정책은 그와 같은 목적 안에서만 의의를 가진다. 따라서 후속혁신을 방해하는 배타적 권리의 행사는 특허법의 기본정책상 허용될 수 없는 것으로 독점금지법에 의해 특허권 행사의 한계가 규정되는 근거가 된다. 다만, 문제는 독점금지법의 적용이 특허법의 기본정책인 인센티브 보장정책을 어떻게 고려하여야 할 것인지가 문제된다. 무엇보다도 특허법의 궁극적인 목적이 장기적인 동태적 효율성의 증진이라고 규정됨에 반해, 독점금지법은 단기적인 분배적 효율성을 달성하기 위한 제도로 특허권 행사의 단기적 경쟁제한효과를 우려하는 경향이 있었다.

그러나 독점금지법의 경쟁정책은 궁극적인 사회복지를 증진하기 위한 제도로서, 외형상의 경쟁제한 행위가 단기적 경쟁제한성에도 불구하고 장기적으로는 혁신을 가져와 사회적 효율성을 증가시키는 경우에는 그 행위의 적법성을 인정하여야 할 필요가 있다. 최근의 독점금지법은 이와 같은 동태적 효율성을 그 위법성판단의 중요한 판단 요소로 고려하고 있다. 따라서 특허 라이센스 계약에 포함되는 배타적 경쟁제한행위에 대한 독점금지법상의 위법성 판단은 현재 시장에서 나타나는 경쟁제한효과와 그 행위가 가져올 장래의 동태적 효율성 증진의 효과를 비교 분석하여 최종적인 위법성 여부를 판단할 필요가 있다. 특히, 독점금지법상의 위법성 분석에서는 동태적 효율성의 증진이 궁극적으로 독점금지법이 목적으로 하는 사회복지의 실현에 기여한다는 점을 고려하여 단기적 경쟁제한 효과가 장기의 효율성 증진을 위해 합리적으로 필요한 수단인지를 검토할 필요가 있다.

이와 같은 조심스런 접근에 의해, 경쟁당국은 독점금지법의 부실 집행 위험을 최소화할 수 있고, 독점금지법과 특허법의 양립적인 관계가 유지될 수 있다. 특히, 이와 같은 독점금지법의 유연한 시행은 특허정책에 대한 침해를 최소화하여 궁극적인 사회복지의 증진에 기여할 수 있을 것이다. 다만, 이와 같은 효율적인 집행은 실무적으로 경쟁당국이 친경쟁적 특허권의 행사로부터 반경쟁적 행위를 효율적으로 분리해 낼 수 있는 역량에 의존한다고 할 수 있다. 무엇보다, 각 산업의 특성과 당해 기술·창작품의 특성에 따라 배타적 특허권 행사의 반경쟁성과 동태적 효율성의 평가가 달라져야 할 것이다.

과학기술과 법

2007年 8月 20日 初版印刷
2007年 8月 31日 初版發行

編 者 서울대학교 기술과법센터
發行人 安 鍾 萬
發行處 博 英 社
서울特別市 鍾路區 平洞 13-31番地
電話 (733) 6771 FAX (736) 4818
登錄 1952. 11. 18. 제1-171호(倫)

www.pakyoungsa.co.kr e-mail: pys@pakyoungsa.co.kr

定 價 45,000원 ISBN 978-89-10-51443-5